乌兰察布市文物考古与博物馆学文集

乌兰察布市博物馆　编
李树国　张　涛　主编

（上）

GUANGXI NORMAL UNIVERSITY PRESS
广西师范大学出版社
·桂林·

乌兰察布市文物考古与博物馆学文集
WULANCHABU SHI WENWU KAOGU YU BOWUGUANXUE WENJI

图书在版编目（CIP）数据

乌兰察布市文物考古与博物馆学文集 ：上、下 / 乌兰察布市博物馆编 ；李树国，张涛主编. --桂林 ：广西师范大学出版社，2023.9

ISBN 978-7-5598-6195-5

Ⅰ. ①乌… Ⅱ. ①乌… ②李… ③张… Ⅲ. ①文物一考古一乌兰察布市一文集②博物馆学一文集 Ⅳ. ①K872.263.4-53②G260-53

中国国家版本馆 CIP 数据核字（2023）第 130740 号

广西师范大学出版社出版发行
（广西桂林市五里店路 9 号　邮政编码：541004
网址：http://www.bbtpress.com）
出版人：黄轩庄
全国新华书店经销
三河弘翰印务有限公司印刷
（三河市黄土庄镇二百户村北　邮政编码：065200）
开本：889 mm × 1 194 mm　1/16
印张：44.75　　字数：1 200 千
2023 年 9 月第 1 版　　2023 年 9 月第 1 次印刷
定价：390.00 元（上、下）

《乌兰察布市文物考古与博物馆学文集》
编辑委员会

前　言

为了深入贯彻落实习近平总书记关于文物工作的重要指示精神，充分发挥文物促进各民族交往交流交融、铸牢中华民族共同体意识的重要作用，同时加大文物保护力度，让文物在完善的体制机制中“活”下去，让沉寂的文物在百姓生活中“活”起来，乌兰察布市博物馆编辑了《乌兰察布市文物考古与博物馆学文集》（以下简称“《文集》”）一书。通过《文集》，集中展示乌兰察布市文物考古和博物馆工作取得的丰硕成果，反映我市文博战线学术研究的新进展。我们谨以此书，作为向中国共产党成立101周年的献礼，同时也为乌兰察布市博物馆建馆30周年献上一份厚礼，以表辛勤耕耘在这块学术领域的学人的拳拳之心。

乌兰察布市博物馆是乌兰察布市唯一的市级综合性公立博物馆，也是全市唯一的市级综合性文博事业单位，不仅具有文物收藏、展览陈列、学术研究等基本功能，还承担着全市文物保护、田野考古、协助市文新广局进行文物行政管理等职能。其前身为1958年10月建立的乌兰察布盟文物工作站。1962年，因精简机构，乌兰察布盟文物工作站被撤销。1977年5月，乌兰察布盟行政公署根据文物事业发展的需要，恢复了乌兰察布盟文物工作站建制。1992年11月，在乌兰察布盟文物工作站基础上建立了乌兰察布博物馆。

乌兰察布市历史悠久，文化底蕴深厚。历史上，乌兰察布市境内活动和居住过很多民族。汉族（华夏族）从战国开始往北方扩展。北狄、林胡、楼烦、匈奴、鲜卑、突厥、契丹、女真、蒙古、满族等民族崛起于北方，其中鲜卑、契丹、女真、蒙古、满族等民族还建立了自己的王朝，深刻影响了中华文明发展历程。从战国至中华民国时期，历朝历代都在乌兰察布市境内建郡设治，留下了很多重要的文化遗存、遗迹和遗物，为铸牢中华民族共同体意识研究留下了丰富的实物材料。中华人民共和国成立后，从1958年开始，文物考古工作者为研究乌兰察布古代文化内涵，进行了深入细致的田野文物调查、勘探和考古发掘工作，获取了丰富的实物资料，取得了重要的学术成果。如1987年园子沟遗址发掘被评为年度全国考古新发现之一，2003年集宁路古城遗址发掘被评为2003年度全国十大考古发现之一。

这部《文集》是乌兰察布市博物馆专业技术人员撰写的文物考古学和博物馆学文章汇编，文章类型包括考古发掘报告、考古发掘简报、考古调查报告、考古工作综述，古生物研究、历史研究、文物鉴定与鉴赏、博物馆学研究、展览设计等论文，以及简讯、文物普查报告等，共89篇。其中，关于文物考古的内容包含史前考古、青铜时代考古、历史时代考古发现及研究等内容。史前考古部分包含旧石器时代考古和新石器时代考古。旧石器时代考古部分包含大窑文化，主要介绍乌兰察布市的旧石器时代遗存的发现情况。新石器时代考古部分主要以裕民文化、石虎山文化、王墓山文化、庙子沟文化、老虎山文化等乌兰察布市境内的考古学文化的诞生和发生时间为线索，着重介绍其考古学文化的遗址地点、发掘年限、面积和研究情况等。青铜时代考古部分从乌兰察布市境内朱开沟文化遗存的发现、发掘和研究情况开始，重点介绍了毛庆沟文化的发现、发掘和研究概况。历史时代考古部分包含战国、秦汉、魏晋南北朝、隋唐、辽金、蒙元、明清等时期的内容。文物和博物馆学论文的内容主要涉及博物馆建设和管理、展览策划和设计、文物保护、文物鉴定、文化遗产保护等方面。

我们编辑出版这部《文集》，旨在全面汇总并系统反映乌兰察布市文物考古和博物馆学领域的工作成果，为相关领域研究人员的研究提供方便，进一步促进乌兰察布市文物考古与博物馆学研究工作的深入开展。在编辑过程中，我们充分尊重作品的原貌，不做大幅改动，只做了适当调整和统一，遵循的原则包括以下几点：

第一，所收文章除个别篇目尚未公开发表，其余文章均公开发表于期刊、报纸，或者被收录于公开出版的各类文物考古文集。

第二，收录的文物考古学文章按照涉及的历史时期或朝代顺序进行编排，博物馆学文章按照发表的时间顺序进行编排。

第三，对于收录的文章，文字全部收录；因部分文章发表或出版时间较早，图版已不清晰，故未收录图版；插图基本保持原大，个别尺寸较大的适当缩小；对部分不清晰的插图进行重绘或修复；图题基本采用原有图题，图号、图注等则根据《CY/T171—2019学术出版规范　插图》进行规范和统一。

第四，收录的文章发表于不同时期的各类期刊和报纸，收录于不同时期的各类文物考古文集。收入本书时，采用文章发表和出版时的作者署名，单位名称不做改动；统一了各篇文章的各级标题格式；历史纪年，中华民国成立前的纪年使用朝代年号纪年，括注公元年份，中华民国成立后的纪年均使用公元纪年；数字用法采用《GB/T 15835-2011　出版物上数字用法》的规定；脚注和参考文献著录格式均按学术出版规范做了修改和统一。

第五，文章题名和正文中出现的行政区划名称，均依文章写作或发表、出版时的行政区划名称或简称，如使用“乌兰察布盟”“集宁市”“丰镇县”等旧称，“乌盟”“锡盟”“呼市”“察右前旗”“察右中旗”“察右后旗”“达茂旗”“和林县”等简称，均不做改动。

虽然我们多方搜索和查找乌兰察布市博物馆专业技术人员撰写的文物考古和博物馆学领域的文章，尽力收入书中，但是仍有可能遗漏一些作品。同时，限于水平和经验，《文集》难免存在疏漏和错误，敬请专家学者批评指正。

编者

2022年7月1日

目　录

乌兰察布市文物考古工作综述

李树国

乌兰察布市为内蒙古自治区的地级市，地处中国正北方、内蒙古自治区中部，北纬39°37′～43°28′，东经109°16′～114°49′。乌兰察布市东南部与河北省接壤，东北部与锡林郭勒盟相邻，南部与山西省相连，西南部与首府呼和浩特毗连，西北部与包头市相接，北部与蒙古国交界，东西长458千米，南北宽442千米，总面积5.4万平方千米。全市下辖1个市辖区、1个县级市、4个旗、5个县：集宁区、丰镇市、四子王旗、察哈尔右翼前旗、察哈尔右翼中旗、察哈尔右翼后旗、凉城县、卓资县、兴和县、商都县、化德县。

乌兰察布市的田野考古工作开始于清代晚期，很多中外著名科学家及国际古生物学界考察团在乌兰察布大地上开展古生物化石调查与发掘，其中较有影响的有1872年德国的李希霍芬，1893年俄国的奥布鲁切夫，1921—1930年美国纽约自然历史博物馆组织的美国中亚考察团，1922年瑞典的安特生，1927年中国的袁复礼、丁道衡与瑞典的斯文·赫定、步林等组织的中瑞西北科学考察团，1930年中国的杨钟健和法国的德日进组织的中法科学考察团等，他们所做的调查和发掘都属于田野考古工作的范畴。因本文论述的是1949年以后的乌兰察布市田野考古工作，故不对上述调查和发掘活动做详细论述。

乌兰察布市的考古工作真正起步是在中华人民共和国成立之后。1958年，乌兰察布盟文物工作站成立。同年，内蒙古文物工作队对集宁路古城附近古墓葬进行发掘，发表了《察右前旗土城子古墓清理记要》[①]等发掘报告。著名考古学家贾兰坡先生在乌兰察布盟四子王旗、察哈尔右翼中旗等地进行考古调查和发掘。内蒙古文物考古界的李逸友、盖山林、田广金、陆思贤、汪宇平、张宇、郭素新等老一辈文物考古工作者在乌兰察布地区做了大量的文物考古工作，为乌兰察布市的文物考古工作奠定了基础。他们发现了石虎山文化、王墓山下文化、老虎山文化等史前考古学文化，出版了《岱海考古（一）——老虎山文化遗址发掘报告集》[②]《岱海考古（二）——中日岱海地区考察研究报告集》[③]

① 内蒙古文物工作队：《察右前旗土城子古墓清理记要》，《文物》1961年第9期。

② 内蒙古文物考古研究所编：《岱海考古（一）——老虎山文化遗址发掘报告集》，北京：科学出版社，2000年。

③ 内蒙古文物考古研究所、日本京都中国考古学研究会编著，田广金、秋山进午主编：《岱海考古（二）——中日岱海地区考察研究报告集》，北京：科学出版社，2001年。

《岱海考古（三）——仰韶文化遗址发掘报告集》[①]等书。其中老虎山的发掘曾被评为中国考古五大发现之一。1977年，乌兰察布盟文物工作站恢复组建。1992年，乌兰察布盟文物工作站改为乌兰察布博物馆。其后，塔拉、魏坚、郭志中、郭殿勇、陈永志、曹建恩等文物考古工作者通过辛苦的工作，发现了庙子沟文化、毛庆沟文化、集宁路古城遗址（2003年度全国十大考古发现之一）等，出版了《庙子沟与大坝沟——新石器时代遗址发掘报告》[②]《岱海地区东周墓群发掘报告》[③]《内蒙古集宁路古城遗址出土瓷器》[④]等论著。60多年来，内蒙古自治区文物考古研究所、乌兰察布市博物馆（包括乌兰察布盟文物工作站和乌兰察布博物馆）先后在乌兰察布市境内清理发掘了化德县裕民遗址、兴和县叭沟鲜卑墓群、察哈尔右翼前旗豪欠营辽墓群、凉城县崞县窑子元代壁画墓等重要遗址和墓群，出土了大量的珍贵文物，取得了很多研究成果，出版了《契丹女尸》[⑤]等研究报告。

现将1949年以来乌兰察布市境内的重要考古发掘及研究分述如下。

一、原始文化的考古及研究

乌兰察布地区有可靠的文字记载的历史，大致始于公元前4世纪初期。在此之前漫长的历史都属于史前史。乌兰察布的史前考古包括旧石器时代考古、新石器时代考古和青铜器时代考古。这种划分方式完全不同于中原地区。中原地区青铜器时代的夏、商、周代考古，基本属于有文字记载的历史时期，而乌兰察布地区青铜器时代的考古学文化被视为原始文化，划入了史前考古学的范畴。

（一）旧石器时代考古及研究

在旧石器时代考古方面，乌兰察布地区少量的考古发现证明，早在几十万年前的远古时代就有人类在这里繁衍生息。目前为国内外学术界所承认的呼和浩特市东部大窑村旧石器时代早期石器制造场，已正式命名为“大窑文化”。乌兰察布市境内的卓资县火石沟里石器制造场、后营子石器制造场和四子王旗供济堂阿玛乌素石器制造场3处遗址的打制石器加工方法都与大窑旧石器时代早期石器制造场发现的打制石器加工方法相似，主要以各种形状的刮削器为主，其次为砍砸器、尖状器、石核等。汪宇平先生在《内蒙古阴山地带的石器制造场》[⑥]一文中有详细的研究。以上3处石器制造场的时间距今1万多年，是目前乌兰察布市发现的最早的人类活动遗存。现在乌兰察布市境内发现的大窑文化遗址点还有卓资县三道营乡后营子村、坤兑沟、阳坡村、十八台车站北，化德县铜鼎山地等十余处。

① 内蒙古文物考古研究所、北京大学中国考古学研究中心、“聚落演变与早期文明”课题组编著：《岱海考古（三）——仰韶文化遗址发掘报告集》，北京：科学出版社，2003年。

② 内蒙古文物考古研究所、魏坚编著：《庙子沟与大坝沟——新石器时代遗址发掘报告》，北京：中国大百科全书出版社，2003年。

③ 内蒙古自治区文物考古研究所、内蒙古自治区文物保护中心编著，曹建恩主编：《岱海地区东周墓群发掘报告》，北京：科学出版社，2016年。

④ 陈永志主编：《内蒙古集宁路古城遗址出土瓷器》，北京：文物出版社，2004年。

⑤ 乌盟文物工作站、内蒙古文物工作队编：《契丹女尸》，呼和浩特：内蒙古人民出版社，1985年。

⑥ 汪宇平：《内蒙古阴山地带的石器制造场》，《内蒙古文物考古》1981年创刊号。

（二）新石器时代考古及研究

乌兰察布市新石器时代考古学文化在地理位置及考古类型学上属于北方干旱地区农业文化区域，即内蒙古中南部黄河流域及环岱海地区的新石器时代文化，主要属于中原地区的仰韶文化和龙山文化序列。[①]主体为古遗址，有少量的古墓葬。下面按发掘的年代顺序介绍乌兰察布市境内的新石器时代遗存及考古学文化。

1972年9月，著名考古学家贾兰坡先生在乌兰察布盟四子王旗、察哈尔右翼中旗等地的考古调查是乌兰察布境内真正意义上的新石器时代考古工作的开始。其中察右中旗大义发泉村细石器文化遗址发掘面积不详，采集到75件新石器时代文物标本。从发掘的出土文物分析，该遗址应该是以狩猎为主的部落。发表的研究成果有内蒙古自治区博物馆、文物工作队《察右中旗大义发泉村细石器文化遗址调查和试掘》[②]，周昆叔、叶永英、严富华《察右中旗大义发泉村细石器文化遗址花粉分析》[③]两文。

老虎山遗址发现于1980年。1982年开始发掘，发掘面积500平方米。1983年，发掘面积200平方米。1986年，田广金发表《凉城县老虎山遗址1982—1983年发掘简报》。后陆续发掘了园子沟、西白玉、面坡、大庙坡等遗址，发掘面积达到4000多平方米。1989年，考古工作接近尾声。老虎山遗址考古工作持续了8年，后续整理研究出版了《岱海考古（一）：老虎山文化遗址发掘报告集》。老虎山遗址5处遗址面积达到了74万平方米，其中面积最大的园子沟遗址面积达30万平方米，其次的大庙坡遗址面积达25万平方米，西白玉、老虎山和面坡遗址面积分别为9万、13万、7万平方米。1995—1997年，内蒙古自治区文物考古研究所与日本京都中国考古学研究会合作组建中日岱海地区考察队，在岱海地区联合开展“岱海地区文明起源和发展”和“游牧民族文化的形成与发展过程”的考古学研究，对石虎山Ⅰ期、Ⅱ期遗址，王墓山坡上遗址、板城遗址进行发掘。1993年发现石虎山遗址，当年发掘面积100平方米。1995年发掘长9米、宽1.5米的探沟1条。1996年发掘面积2800平方米。石虎山Ⅰ期遗址面积15000平方米，发掘面积1270平方米。石虎山Ⅱ期遗址面积3000平方米，发掘面积1545平方米。1998年，中日岱海地区考察队发表《内蒙古乌兰察布盟石虎山遗址发掘纪要》[④]一文。王墓山坡上遗址面积11000平方米，1987—1995年进行发掘，所获新石器时代遗存属海生不浪文化庙子沟类型，分坡上和坡中两个区域，坡中区外围环有一段壕沟；已清理出半地穴式房址21座、灰坑15个，另有少量清代遗存。2001年，出版了《岱海考古（二）——中日岱海地区考察研究报告集》。

1987年、1989年、1992年和1995年，内蒙古自治区文物考古研究所、日本京都中国考古学研究会岱海地区联合考察队对王墓山坡上遗址共进行了4次发掘，发掘面积900平方米，发表了《凉城县王墓

① 陈永志：《内蒙古文化遗产概论》，载陈永志、吉平、张文平主编《乌兰察布文化遗产》，北京：文物出版社，2014年。

② 内蒙古自治区博物馆、文物工作队：《察右中旗大义发泉村细石器文化遗址调查和试掘》，《考古》1975年第1期。

③ 周昆叔、叶永英、严富华：《察右中旗大义发泉村细石器文化遗址花粉分析》，《考古》1975年第1期。

④ 内蒙古文物考古研究所、日本京都中国考古学研究会中日岱海地区考察队：《内蒙古乌兰察布盟石虎山遗址发掘纪要》，《考古》1998年第12期。

山坡上遗址发掘报告》[①]一文。红台坡下遗址于1987年和1992年进行了两次发掘。靠下坡的位置分布着后冈一期文化遗存，上坡悉归海生不浪文化庙子沟类型。属于后者的F3出土一个饰缜密之字形戳印纹的陶罐，G2出土一块饰“回”字形刻划纹的陶钵残片，均可视作与东面燕山一带的文化有过交往的证据。

2003年，内蒙古自治区文物考古研究所、北京大学中国考古学研究中心、“聚落演变与早期文明”课题组编辑出版了《岱海考古（三）——仰韶文化遗址发掘报告集》。仰韶文化红台坡下类型[②]遗址发现于凉城县十三号乡安家营子村，其年代为距今6300～6500年。遗址分坡下和坡上两部分。

仰韶文化王墓山下类型年代为距今5800～6000年。该类型遗存与关中地区的遗存不一样，关中地区的半坡类型和庙底沟类型泾渭分明、互补混杂，而王墓山坡下类型遗存可能是半坡晚期和庙底沟早期的人群在沿汾河谷地北上时相遇，并且在北上的途中又吸收了沿途的土著文化，因而出现了半坡晚期和庙底沟早期两种文化因素混杂的类型。因王墓山坡下遗址发掘的面积较大，遗迹布局清楚，出土遗物丰富，类似遗存在内蒙古中南部普遍存在，故有学者将其命名为“仰韶文化王墓山下类型”[③]，有的学者称其为“王墓山类型”[④]。该类型典型遗址点位于凉城县六苏木乡泉卜村南的王墓山及商都县章毛乌素遗址[⑤]二、三期村落遗存。王墓山下类型属于仰韶文化早期向中期过渡性遗存，以王墓山坡下、白泥窑子BGF1001和包头西园⑤层为代表。[⑥]内蒙古自治区文物考古研究所、乌兰察布市博物馆和商都县文物管理所曾于1990年一同对商都县章毛乌素遗址进行发掘，发掘面积约3000平方米。其遗存发展分为4期：第一期年代相当于仰韶文化早期阶段，属白泥窑文化早期；第二期年代相当于仰韶文化中期偏早阶段，属白泥窑文化中期；第三期年代相当于仰韶文化中期偏晚阶段，属白泥窑文化晚期；第四期年代相当于庙子沟文化晚期至阿善文化早期阶段。距今约6400年前，本地区的仰韶文化进入繁荣发展时期，在文化面貌上也出现了空前的统一，人们已开始定居，居住在半地穴的房屋中；出土遗物主要有陶器、骨器及石制农业生产和狩猎工具，说明其经济结构以从事初期农业生产和狩猎业为主。

老虎山文化遗址年代在距今4300～4500年。老虎山文化中斝式鬲和甗的出现，改变了前一期完全以平底器作为炊具的局面，尤其是与之伴随的石城聚落的出现，显示出该地区的文化面貌有了划时代的变革。城是原始聚落发展的较高形式，也是文明产生的重要标志之一。城址的出现表明文明的发展，说明乌兰察布大地进入又一次大变更、大发展的阶段，使用炊具的变化表示饮食结构出现了很大变化。根据考古发现，该地区原来的以农耕为主的生产方式已经部分被畜牧业替代，初期的农牧交错文化可能在老虎山文化时期开始萌芽。[⑦]

① 内蒙古文物考古研究所、日本京都中国考古学研究会岱海地区联合考察队：《凉城县王墓山坡上遗址发掘报告》，载内蒙古文物考古研究所编、魏坚主编《内蒙古文物考古文集（第二辑）》，北京：中国大百科全书出版社，1997年。

② 田广金：《论内蒙古中南部史前考古》，《考古学报》1997年第2期，第123页。

③ 田广金：《论内蒙古中南部史前考古》，《考古学报》1997年第2期，第123页。

④ 杨杰：《内蒙古中南部新石器时代考古学文化命名问题综述》，《内蒙古文物考古》1994年第1期。

⑤ 内蒙古文物考古研究所、乌兰察布博物馆商都县文物管理站：《商都县章毛乌素遗址》，载内蒙古文物考古研究所编、魏坚主编《内蒙古文物考古文集（第二辑）》。

⑥ 田广金：《内蒙古石器时代—青铜时代考古发现和研究》，《内蒙古文物考古》1992第Z1期，第6页。

⑦ 李兴盛：《乌兰察布盟文物考古的主要收获》，《内蒙古文物考古》2003年第1期。

庙子沟遗址位于乌兰察布市察右前旗新风乡庙子沟村南。1985年9—10月，新风乡砖窑在庙子沟村南取土时发现。1985年10—11月，内蒙古自治区文物考古研究所进行考古发掘，确认遗址面积30000平方米，发掘面积1500平方米，命名为“庙子沟遗址Ⅰ区”。1986年7—10月，内蒙古自治区文物考古研究所对该遗址进行第二次发掘，发掘面积4100平方米。1987年5—9月，内蒙古自治区文物考古研究所对该遗址进行第三次发掘，发掘面积4900平方米。经过连续3年的发掘，发掘面积达10500平方米，清理出房址51座、墓葬43座、窖穴（灰坑）132个，出土陶、石、骨等文物1000余件。其出土器物具有中原半坡期的文化特征，故应为仰韶文化阶段，距今5000～5500年（仰韶中晚期阶段）。到目前为止，该遗址是内蒙古自治区发掘面积最大、出土遗物最多的一处古聚落遗址，被命名为“庙子沟文化”。其出土器物有别于周邻地区的同时代考古学文化，具有明显的地域特征。

庙子沟文化无疑是在西阴文化统一局面解体后，于内蒙古中南部兴起的具有显著地域特征的强势文化，它基本和半山文化、以菜园子遗址为代表的遗存、泉护二期文化、义井文化、秦王寨文化、大司空文化、大汶口文化晚期、雪山一期文化、小河沿文化、屈家岭文化及良渚文化同时。在文化关系方面，庙子沟文化同半山文化、小河沿文化、义井文化及雪山一期文化有着更为密切的关系。[①]目前发现的庙子沟文化遗址有察哈尔右翼前旗庙子沟、大坝沟、大西沟、许武家，丰镇市后河湾、23号地、阎家沟、绿化村，凉城县狐子山、王墓山、黄土坡、黄土坡西、大坡、平顶山，商都县章毛乌素、风旋卜子、狼窝沟、棒槌梁，化德县德善等20多处。据环境考古研究证明，由于这一时期的干湿度非常适宜农业生产，乌兰察布地区的原始文化在这时得到了空前发展，其经济结构仍以农业生产为主，兼营狩猎、渔猎业，家庭饲养业开始出现。

1993年，内蒙古自治区文物考古研究所和丰镇市文物管理所在丰镇市新城湾乡北黄土沟村发掘庙子沟文化时期遗存，发掘面积600平方米，后整理发表《丰镇市北黄土沟遗址发掘简报》，其文化属性是庙子沟文化。[②]

2003年，内蒙古自治区文物考古研究所和魏坚编著的《庙子沟与大坝沟——新石器时代遗址发掘报告》出版。

2010年，在乌兰察布市化德县德包图乡裕民村发现一处遗址。同年，内蒙古文物考研究所、乌兰察布市博物馆和化德县文物管理所进行联合考古，发掘面积100平方米。其后，2014年发掘面积775平方米，2015年发掘面积700平方米，2016年发掘面积1575平方米。4次发掘总面积3150平方米。现考古学者称之为“裕民文化”。裕民文化是中国北部边疆地区发现的新石器时代遗存中年代最早的一期考古学文化，它的发现把草原文明和农耕文明的诞生年代往前推了约1000年。遗址出土的石器原料以灰黑色泥岩（角页岩）占绝大多数，砂岩次之，还有少量的燧石、石英石、花岗岩等。器型有半圆形石铲、片状砍砸器、矛形器、三角状石锥、刮削器、石片状器、石叶、石核、石球等。生活陶器的器型简单，陶质疏松、陶胎厚、火候低，制法为泥片贴筑，反映出陶器制作的原

① 张忠培：《庙子沟与大坝沟·序》，载内蒙古文物考古研究所、魏坚编著《庙子沟与大坝沟——新石器时代遗址发掘报告》，《序》第3页。

② 内蒙古文物考古研究所、丰镇市文物管理所：《丰镇市北黄土沟遗址发掘简报》，载内蒙古文物考古研究所编、魏坚主编《内蒙古文物考古文集（第二辑）》。

始性。[①]裕民遗址出土石器数量多、类型丰富，是北方草原地区较早期的考古学文化的表现。它从石器加工上来看是旧石器时代向新石器时代的过渡。石器以狩猎、农耕器相结合，多数为狩猎石器，少数为农耕石器，所以当时的社会经济为以狩猎或游牧为主，以农耕或采集为辅。

裕民遗址的文化面貌不同于东北、西北和华北其他地区已知的新石器时代诸考古学文化。目前，经田野考古调查，在化德县境内发现与裕民遗址文化性质相近的遗址60余处，在乌兰察布市的商都县、察哈尔右翼后旗、察哈尔右翼中旗，锡林郭勒盟的锡林浩特市、正镶白旗、镶黄旗、苏尼特右旗、苏尼特左旗、阿巴嘎旗、东乌珠穆沁旗、西乌珠穆沁旗，河北省张家口市的康保县北部都已发现此类文化遗存。值得一提的是，在巴彦淖尔市的阴山北麓亦发现有裕民文化特征的石器。[②]

（二）青铜时期的考古及研究

青铜时代，乌兰察布地区环境气候继续向干冷发展。在距今3800年左右，相当于夏代中晚期，本地区出现了从事半农半收经济的人群，其人口数量少，发现的少量遗址主要在岱海盆地周围。目前，在乌兰察布市凉城县杨厂沟、三道沟、板城，卓资县大平梁等遗址，出土以蛇纹鬲、蛋形腹三足瓮为代表性文物的遗址，应归属于朱开沟文化。这一时期北方的游牧民族开始形成和壮大。[③]发掘者命名的“朱开沟文化”为广义朱开沟文化，该文化主要集中在内蒙古中南部，分布在黄河河套及其东部、北部地区。另外，与其文化面貌类似的考古学遗存分布范围则更广，南界可能在吕梁山至晋中以北和陕西地区，东界可能在张家口左近，西界当不会跨越贺兰山，北界大约在阴山南麓一线，时间从龙山时期晚期至商代早期。在乌兰察布地区，遗址点主要集中在凉城县岱海地区。根据环境考古学的研究材料得知，本时期的气候变得寒冷，有助于畜牧业经济的发展。社会组织已经建立起了一种全新的框架，社会发展阶段当处于父权制高度发达的“古国”文明后期阶段。[④]经过考古发掘证明，以鄂尔多斯青铜器为代表的朱开沟文化是商周时期中国北方民族的文化遗存，其时代下限距今2500年左右。[⑤]该文化时代上限，根据其文化第一段主要流行的平面圆角方形的白灰面房址和内蒙古凉城县老虎山遗址二期房址的造型较为接近[⑥]，判断该文化来源可以追溯到公元前4200年左右，即老虎山文化晚期。

凉城县杨厂沟遗址[⑦]，1988年内蒙古自治区文物考古研究所和北京大学考古系在凉城县城关镇杨厂沟村北坡发掘，其发掘面积不详，该遗址年代文化属性属于朱开沟文化第四期段，发表有《凉

---

① 包青川、胡晓农、岳够明：《内蒙古化德县发现八千年前村落遗址》，《中国文物报》2016年6月3日第8版。

② 内蒙古自治区文物考古研究所、乌兰察布市博物馆、化德县文物管理所：《内蒙古化德县裕民遗址发掘简报》，《考古》2021年第1期。

③ 李逸友：《内蒙古元代古城遗址概说》，《内蒙古文物考古》1986年总第4期。

④ 内蒙古自治区文物考古研究所、鄂尔多斯博物馆编著：《朱开沟——青铜时代早期遗址发掘报告》，北京：文物出版社，2000年。

⑤ 田广金：《内蒙古石器时代—青铜时代考古发现与研究》，《内蒙古文物考古》1992年总第6、7期；李逸友：《论内蒙古文物考古》，载内蒙古文物考古研究所编《内蒙古文物考古文集（第一辑）》，北京：中国大百科全书出版社，1994年；陈永志、吉平、张文平主编：《乌兰察布文化遗产》，北京：文物出版社，2014年。

⑥ 内蒙古自治区文物考古研究所、鄂尔多斯博物馆编著：《朱开沟——青铜时代早期遗址发掘报告》，第282页。

⑦ 内蒙古自治区文物考古研究所、北京大学考古系：《凉城县杨厂沟遗址清理简报》，《内蒙古文物考古》1991年第1期。

城县杨厂沟遗址清理简报》一文。

凉城县三道沟遗址[①]，1988年内蒙古自治区文物考古研究所和北京大学考古系在凉城县厢黄地乡三道沟村北发掘100平方米，发现墓葬1座、房址1处，发表《凉城县三道沟遗址的试掘》一文，其时代为朱开沟文化时期。

经过畜牧业的迅速发展，乌兰察布大地进入了毛庆沟文化[②]时期。毛庆沟文化以乌兰察布市凉城县毛庆沟墓地得名，发掘者将其命名为“毛庆沟类型”[③]，属北方草原游牧民族文化，主要分布在蛮汉山地区，时间段在春秋至战国。在此时间段，根据史料记载，乌兰察布大地上活动的主要北方民族有狄和楼烦。该文化时期不可移动文物遗存中发现了大量的墓葬，极少数为灰坑和制陶窑址，不见居住址。乌兰察布地区主要有毛庆沟墓地[④]、饮牛沟墓地[⑤]、崞县窑子墓地[⑥]、忻州窑子墓地[⑦]、小双古城墓地[⑧]、凉城县水泉墓地等。根据考古发现资料分析该文化时期，前期为半农半牧社会，经过该文化的过滤和发展，形成了完整的牧业经济形态。西周时期，活动在乌兰察布地区的北方游牧民族泛称为“狄”，在乌兰察布境内已发现的凉城县毛庆沟墓地、饮牛沟墓地、崞县窑子墓地均属于这一时期的遗存。在这些墓葬中，大量出土诸如弓、弭、牌饰等具有北方游牧民族特点的随葬品，流行殉牲习俗，表明其经济结构主要以畜牧业为主。[⑨]

饮牛沟墓葬的发掘在乌兰察布市青铜时代考古中是一个重量级的发掘，1981年共发掘15座墓葬，发表《凉城饮牛沟墓葬清理简报》。该墓葬群应为华夏族和北方匈奴族共同使用的墓地，当时匈奴族和华夏族的融合已经开始了，其时代在赵武灵王“胡服骑射”前后，即战国晚期阶段。[⑩]1997年，内蒙古自治区文物考古研究所在凉城县饮牛沟又发掘23座墓葬。

毛庆沟墓地位于蛮汉山区永兴毛庆沟缓坡上，属于春秋战国时期遗址。墓葬区东西宽80余米，南北长约100米。1982年发掘的79座墓葬，绝大多数属于游牧民族北狄的东西向墓坑，有的带有殉牲习俗；只有十多个属于中原民族的南北向葬坑，有的有棺椁，随葬物为铜带钩等。整个墓地相继出土了上千件大小文物。这是游牧民族和中原民族墓葬，这种两个不同生活习俗的民族共同使用一个墓地的情况客观地反映了古代这里的各民族和睦相处、平等生活的历史事实。内蒙古自治区文物

① 内蒙古文物考古研究所、北京大学考古系：《内蒙古凉城县三道沟遗址的试掘》，《北方文物》2004年第4期。

② 乌恩：《东周时期北方少数民族文化遗存试析》，《北京文物与考古》1992年第2期，第265～284页；乌恩：《欧亚大陆草原早期游牧文化的几点思考》，《考古学报》2002年第4期；王大方主编：《内蒙古自治区志·文物志》，2014年，第157页。

③ 内蒙古自治区文物工作队、田广金、郭素新编著：《鄂尔多斯式青铜器》，北京：文物出版社，1986年。

④ 内蒙古自治区文物工作队、田广金、郭素新编著：《鄂尔多斯式青铜器》，第227页。

⑤ 内蒙古自治区文物工作队：《凉城饮牛沟墓葬清理简报》，《内蒙古文物考古》1984年总第3期，第26页；内蒙古文物考古研究所、日本京都中国考古学研究会岱海地区考察队：《饮牛沟墓地1997年发掘报告》，载内蒙古文物考古研究所、日本京都中国考古学研究会编著，田广金、秋山进午主编《岱海考古（二）——中日岱海地区考察研究报告集》，第278页。

⑥ 内蒙古文物考古研究所：《凉城崞县窑子墓地》，《考古学报》1989年第1期，第57页。

⑦ 内蒙古文物考古研究所：《内蒙古凉城县忻州窑子墓地发掘简报》，《考古》2009年第3期，第28页。

⑧ 内蒙古文物考古研究所：《内蒙古凉城县小双古城墓地发掘简报》，《考古》2009年第3期，第15页。

⑨ 内蒙古文物工作队：《毛庆沟墓地》，载内蒙古自治区文物工作队、田广金、郭素新编著《鄂尔多斯式青铜器》。

⑩ 内蒙古自治区文物工作队：《凉城饮牛沟墓葬清理简报》，《内蒙古文物考古》1984年总第3期。

工作队、田广金、郭素新编著的《鄂尔多斯式青铜器》中有一章为《毛庆沟墓地》。

崞县窑子墓地，1983年内蒙古文物工作队对该墓地进行发掘，共发掘19座墓葬，清理残墓6座，征集墓位不清的6座，总计31座墓葬，出土753件文物。该墓群文化属毛庆沟文化，是古代北方民族墓地。1989年，内蒙古自治区文物考古研究所发表《凉城崞县窑子墓地》一文。

忻州窑子墓地，2003年内蒙古自治区文物考古研究所在该墓地发掘墓葬69座。墓葬年代大致为春秋晚期至战国初期。墓地居民以从事畜牧业为主，也有一定的农业经济。该墓地的居民由具备北亚和古代中原体质特征的两类人群构成，但在文化内涵上已经完全融为一体。

凉城县水泉东周墓地①，2008年发现于凉城县永兴镇水泉村北。墓地南北长120米，东西宽70米，总面积达8400平方米，共发掘29座墓葬，其中27座为东周时期墓葬、2座为辽代墓葬。2012年，发表《凉城县水泉东周墓葬发掘简报》一文。

（三）历史时期的考古及研究

自中国历史有文字记载开始，在本地区居住过很多民族，并且留下了很多文化遗存。汉族以外的民族主要有北狄、林胡、楼烦、匈奴、鲜卑、突厥、契丹、女真、蒙古、满族等。其中匈奴、鲜卑、契丹、女真、蒙古、满族等民族建立了自己的王朝。它们都是北方崛起的民族，在一定程度上影响着中华文明的发展史。在南面崛起的华夏族从战国开始往北方扩展，战国时赵国、秦、汉、唐、辽、金、元、明、清、民国等都在今乌兰察布市范围内设治。中华人民共和国成立后，考古工作者在乌兰察布市境内进行了多次考古发掘，取得了很多考古发现。

1.战国至秦汉时期

从有文字记载以来，乌兰察布大地就是北方游牧民族从事畜牧、狩猎以及农业生产的场所。《史记》卷一《五帝本纪》记载，与黄帝同时的北方部族是荤粥，活动区域大约包括今内蒙古中南部。夏代，荤粥与夏为邻，有密切来往。商周时期，甲骨文记载这一地区有土方、鬼方等部族活动。这些游牧部族以鬼方为强者，活动区域包括今天的鄂尔多斯高原、呼和浩特平原及乌兰察布丘陵南部。②春秋时期，活动在乌兰察布大地的北方部族主要有林胡、楼烦。林胡、楼烦和春秋时期的晋、燕等国相邻，主要在今山西北部和内蒙古中南部地区活动。

战国时期，林胡、楼烦、东胡发展为北方主要游牧部族，并称为“三胡”。此时赵国版图已经北扩到了今乌兰察布市境内。兴和县南湾村古城为战国时期赵国延陵县城址③，兴和县大同窑古城为赵国代郡的延陵城址④。其他战国时期城镇还有卓资县三道营古城址。⑤古墓葬有丰镇市黑圪塔洼乡十一窑子战国墓⑥、丰镇市新城湾乡潘家圪塔战国墓等。

秦统一六国后沿用赵国建制，乌兰察布南部属于云中、雁门、代三郡。城镇有卓资县城卜子城

① 内蒙古自治区文物考古研究所：《凉城县水泉东周墓葬发掘简报》，《草原文物》2012年第1期。
② 谭其骧主编：《中国历史地图集》第一册，北京：中国地图出版社，1982年，第11～12页。
③ 李逸友：《论内蒙古文物考古》，载内蒙古文物考古研究所编《内蒙古文物考古文集（第一辑）》。
④ 李逸友：《中国北方长城考述》，《内蒙古文物考古》，2001年第1期。
⑤ 李兴盛：《内蒙古卓资县三道营古城调查》，《考古》1992年第5期。
⑥ 乌兰察布盟博物馆：《内蒙古丰镇市十一窑子战国墓》，《考古》2003年第1期。

址[①]、卓资县土城子村遗址[②]等。

丰镇市十一窑子战国墓，1994年乌兰察布博物馆对该墓群进行发掘，共发掘清理墓葬8座。该墓葬群年代应为战国时期。从出土遗物和殉葬习俗来初步推断，这些墓葬的墓主应属同一民族，即中原华夏族。2003年，发表《内蒙古丰镇市十一窑子战国墓》。

卓资县土城子村遗址，2009年4月—8月由内蒙古自治区文物考古研究所主持，乌兰察布市博物馆和卓资县文物保护管理所对该遗址进行发掘。遗址总面积10000平方米，发掘1000平方米。该遗址年代为公元前300年左右。2013年，发表《卓资县土城子村遗址发掘简报》。

西汉初期，正是匈奴势力空前强大的时期，在冒顿单于的统领下，“控弦之士”三十余万众，不断侵扰邻族。今乌兰察布市全境属于匈奴管辖。他利用当时楚汉相争、中原内乱时机，南越长城，侵扰现今的冀北、山西、陕西及河套一带，对刚刚建立的西汉王朝造成莫大的威胁。[③]到汉武帝刘彻（前156—前87年）时代，通过反击匈奴，今乌兰察布南部在内的阴山以南地区属定襄、雁门、代三郡管辖。

西汉除了在今乌兰察布地区筑建了大量的长城，还修建了不少的城址。其中的卓资县三道营古城从战国开始使用，延续使用到西汉，是西汉定襄郡武要县故城。[④]卓资县其他汉代古城还有土城村古城、旗下营古城、拐角古城等。凉城县板城古城为西汉雁门郡参合县故城、双古城古城为雁门郡沃阳县故城，兴和县南湾古城是代郡延陵县故城。[⑤]乌兰察布市境内的汉代古城还有凉城县左卫窑古城、大古城城址、索岱沟古城、厂汉营古城等，察右前旗口子古城和土城城址，察右中旗永生堂障址、阳湾子边堡，化德县向阳城址。其中凉城县左卫窑古城和兴和县南湾古城都是汉武帝时期及其以后建立的。墓葬有察右前旗呼和乌素墓葬[⑥]和兴和县沟里头匈奴墓葬。兴和县沟里头匈奴墓葬是1988年8月兴和县石湾乡刘家村村民李二洼在村西沟里头取土时，在距地表50厘米深处发现的，其葬俗大约与桃红巴拉匈奴墓类似，年代也相同。

东汉初年，今乌兰察布地区属于匈奴管辖。建武十二年（36年），匈奴逐渐削弱，东汉控制了五原、云中、定襄、朔方、雁门五郡，今乌兰察布地区短暂属于东汉管辖。建武十六年（40年），东汉改郡县制为州县制，乌兰察布大地上的定襄、雁门二郡归并州，代郡归幽州。到汉灵帝（168—189年）时期，北方战乱增多，东汉对乌兰察布地区的统治彻底结束，今乌兰察布北部地区被南匈奴控制。

匈奴兴起于公元前3世纪，衰落于公元1世纪（东汉初）。建武二十四年（48年），驻牧于匈

① 内蒙古自治区文物考古研究所、乌兰察布博物馆：《卓资县城卜子古城遗址调查发掘报告》，载内蒙古自治区文物考古研究所编、陈永志主编《内蒙古文物考古文集（第三辑）》，北京：科学出版社，2004年；内蒙古师范大学历史文化学院考古文博系、内蒙古自治区文物考古研究所：《卓资县城卜子古城遗址2010年发掘简报》，《草原文物》2013年第1期。

② 内蒙古自治区文物考古研究所、乌兰察布市博物馆、卓资县文物保护管理所：《卓资县土城子村遗址发掘简报》，《草原文物》2013年第2期。

③ 林幹：《匈奴史》，呼和浩特：内蒙古人民出版社，2008年，第44页。

④ 李兴盛：《内蒙古卓资县三道营古城调查》，《考古》1992年第5期。

⑤ 李逸友：《论内蒙古文物考古》，载内蒙古文物考古研究所编《内蒙古文物考古文集（第一辑）》。

⑥ 魏坚编著：《内蒙古中南部汉代墓葬》，北京：中国大百科全书出版社，1998年。

奴南部，管领南边八部之众的右薁鞬日逐王比（呼韩邪单于稽侯珊之孙，名比）归顺东汉，自立为呼韩邪单于（即醢落尸逐鞮单于），匈奴遂分裂为南、北二部。永元三年（91年），北匈奴西迁，残留的十余万户加入了鲜卑。乌兰察布市白家湾出土的虎叼鹰金饰牌正是这段时期留下来的精品文物。有关匈奴的考古发掘有察右前旗白家湾金器窖藏[①]，出土遗物以虎咬鹰金饰牌和兽咬马饰牌为代表。发掘者认为白家湾金器窖藏的年代应为战国晚期至西汉初期（前2世纪左右）。

“鲜卑者，亦东胡之支也，别依鲜卑山，故因号焉。”[②]鲜卑是东胡一支。公元1世纪末，北匈奴西迁，鲜卑各部占据蒙古高原。此后鲜卑迅速强大起来，地域扩大，今乌兰察布地区大部分由鲜卑统治。尤其2世纪中叶檀石槐被推荐为联盟大人，变成鲜卑部落中势力最强大的首领，建立了空前强大的檀石槐汗国。220年，拓跋力微成为酋长，娶窦斌女，自立为部，别居长川。长川城址为兴和县西北的土城村古城。[③]248年，拓跋鲜卑没鹿回部大人窦宾死后，拓跋力微控制了没鹿回部。258年，拓跋力微将牙帐从兴和县长川城迁到盛乐，其势力范围在今锡林郭勒盟西部、呼和浩特市和乌兰察布市。

此时期的考古发现主要为兴和县大青山摩崖石刻、长川古城址；其他均为古墓葬，有凉城县北营子墓葬[④]，察右后旗二兰虎沟墓地[⑤]、赵家房子墓地[⑥]、三道湾墓地[⑦]，商都县东大井墓地[⑧]，察右前旗下黑沟墓地[⑨]、常家村东滩墓葬[⑩]，兴和县叭沟墓葬[⑪]，化德县陈武沟墓葬[⑫]，等等。

凉城县北营子墓葬位于凉城县城关镇东北约2千米处的北营子村东，1987年砖厂取土发现砖室墓1座，出土十余件文物。1988年，内蒙古自治区文物考古研究所、乌兰察布盟文物工作站对该墓地进行发掘，共发掘22座墓葬。从墓葬形制和出土遗物分析，为东汉晚期墓葬。

二兰虎沟墓地位于察右后旗察汉淖尔乡韩勿拉村乌拉山山沟北坡及平地处。墓葬在1969年夏秋之际被人严重破坏，内蒙古自治区文物考古研究所对墓地进行了调查，发掘清理1座墓葬，后发表了报告。

---

① 内蒙古自治区文物考古研究所、乌兰察布市博物馆：《察右前旗白家湾金器窖藏发掘简报》，《草原文物》2011年第1期。

② 范晔撰：《后汉书》卷九十《乌桓鲜卑列传》，北京：中华书局，1965年。

③ 常谦：《北魏长川古城遗址考略》，《内蒙古文物考古》1998年第1期。

④ 内蒙古文物考古研究所、乌兰察布盟文物工作站：《凉城县北营子汉墓发掘简报》，《内蒙古文物考古》1992年第1期。

⑤ 郑隆：《内蒙古文物工作组再一次调查二兰虎沟的匈奴墓葬》，载内蒙古文物工作队编《内蒙古文物资选辑》，呼和浩特：内蒙古人民出版社，1964年，第99页。

⑥ 盖山林：《内蒙古察右后旗赵家房村发现匈奴墓葬》，《考古》1977年第2期，第139页。

⑦ 乌兰察布博物馆：《察右后旗三道湾墓地》，载内蒙古文物考古研究所编《内蒙古文物考古文集（第一辑）》。

⑧ 魏坚主编：《内蒙古地区鲜卑墓葬的发现与研究》，北京：科学出版社，2004年。

⑨ 郭治中、魏坚：《察右前旗下黑沟鲜卑墓及其文化性质初论》，载内蒙古文物考古研究所编《内蒙古文物考古文集（第一辑）》。

⑩ 内蒙古自治区文物考古研究所、乌兰察布市博物馆、察右前旗文物管理所：《察右前旗常家村东滩鲜卑墓文物调查简报》，《草原文物》2015年第1期。

⑪ 盖山林：《内蒙古察右后旗赵家房村发现匈奴墓葬》，《考古》1977年第2期，第139页。

⑫ 内蒙古自治区文物考古研究所、乌兰察布市博物馆、化德县文物管理所：《化德县陈武沟鲜卑墓地发掘简报》，《草原文物》2014年第1期。

三道湾墓地位于察右后旗红格尔图乡光明村东北约3千米的山湾之内（当地村民俗称“三道湾”）。1983年，墓地被人盗掘。同年，内蒙古自治区文物考古研究所、乌兰察布盟文物工作站共同对该墓地进行了抢救性清理。1984年，进行第二次清理。两次共清理墓葬50座（其中含被盗掘的25座）。该墓地的发掘者根据墓葬形制、墓内随葬品及葬俗，将其大致推定为东汉晚期墓葬。

赵家房子墓地位于察右后旗红格尔图乡赵家房子村南的台地上。20世纪70年代初，墓地被人严重破坏，内蒙古自治区文物考古研究所对墓地进行了调查。该墓地均为长方形土坑竖穴墓，有的墓内有木棺。葬式多数为仰身直肢葬，头下多枕一块石头，头向西北。墓内随葬品多寡不一，有的墓内无任何随葬品。墓内随葬的铁刀、剑等兵器多置于尸骨背部，金饰片含在口中，陶器多置于头部。

下黑沟墓地位于察右前旗三岔口乡下黑沟村西山脚缓坡地带。1985年9月，墓地被人破坏1座，内蒙古自治区文物考古研究所、乌兰察布盟文物工作站对其进行了清理。该墓用当地盛产的石灰岩片石砌成，四周立砌边框，墓口用石板封盖。墓向273度，头向西北。该墓地出土随葬品有陶器1件，双耳铜釜、小铜环和铜环各1件，各种质地珠饰6件，玉佩1件，还有少量的铁器和丝织品残片。

东大井墓地位于商都县西坊子乡东大井村南的山坡上。1998年，墓地被当地砖窑取土时破坏。同年9月，内蒙古自治区文物考古研究所、乌兰察布博物馆、商都县文物管理所联合对该墓地进行抢救性发掘，共清理墓葬18座。

叭沟墓地位于兴和县团结乡叭沟村东南约300米的台地上。墓地被当地砖厂取土时部分破坏。1988年，乌兰察布博物馆在文物普查中发现并对濒临破坏的3座墓进行了清理，征集陶器6件。

陈武沟墓葬群位于乌兰察布市化德县德包图乡裕民村东北2千米处。墓地坐落于丘陵环绕的山湾坡地上，其西南形成较为狭窄的山湾口，中部有一条蜿蜒曲折的冲沟，地势东北高、西南低；地表覆盖着由山上流失下来的沙石层，厚0.4米。墓地南北长100米，东西宽50米。2010年6—8月，因集通铁路复线工程建设，内蒙古自治区文物考古研究所、乌兰察布市博物馆、化德县文物管理所对该墓葬群进行了抢救性考古发掘，揭露面积2500平方米，共清理墓葬15座。

2015年，集宁路古城东南旗杆山发现和发掘鲜卑墓葬6座。

2.魏晋南北朝至隋唐时期

鲜卑是我国历史上建立政权较多的一个民族。他们的上层贵族于4—6世纪在黄河流域各地建立过多个政权，如前燕、西燕、后燕、西秦、北魏、南凉、南燕、东魏、西魏、北齐、北周等。

登国元年（386年），拓跋珪自称代王，重建代国，定都盛乐。同年四月，代国改国号为“魏”，史称“北魏”。北魏时期，今乌兰察布市整体属于北魏管辖，南部属凉城郡管辖。凉城郡治在今内蒙古凉城县岱海北，天平二年（535年）置，下辖参合、旋鸿二县。参合县在今内蒙古凉城县西南，旋鸿县现在今内蒙古丰镇市东北。[①]北部属北魏“六镇”之武川、抚冥、柔玄三镇。

乌兰察布市的北魏时期不可移动文物较多，其中国家级重点文物保护单位1处，即察右后旗克里孟古城；自治区级重点文物保护单位4处，即四子王旗抚冥镇古城、兴和县长川古城址、察右中旗北魏御园遗址、北魏长城遗址；市级重点文物保护单位有化德县朝阳镇收图城址、四子王旗库伦镇大井古城址；县级重点文物保护单位有凉城县冀家圐圙遗址、助马口遗址、陈家湾遗址，察右中

① 王仲荦：《北周地理志》，北京：中华书局，1980年，第1056页。

旗七郎山墓群、明水泉墓群，察右后旗韩元店墓群，兴和县河南地遗址，卓资县旗下营镇旧德义遗址，等等。其中考古发掘的遗址及墓葬有凉城县小坝子滩遗址[①]、商都县石豁子村遗址[②]、察右中旗七郎山墓地[③]、察右前旗呼和乌素墓葬[④]等。

凉城县小坝子滩遗址，1956年发现于乌兰察布盟凉城县西北25千米处的小坝子滩村的一处土坑，为一处金银器窖藏，共出土金银器13件。根据金银器器型及一件金器上的铭文和两方金印——“晋鲜卑归义侯”金印和“晋乌丸归义侯”金印可知，这批金银器虽然出土于同一个窖藏，但是属于两个民族——鲜卑和乌桓。

商都县石豁子村遗址，1983年10月发现于商都县大库伦乡石豁子村，发现窖藏1处，出土铜器2件、铁器9件。两件铜器为“大员”铜壶和熊足铜盘。

七郎山墓地，位于察右中旗五号乡东四号村的山坡之上（当地俗称“七郎山”）。1995年、1996年，内蒙古自治区文物考古研究所、乌兰察布博物馆、察右中旗文物管理所对该墓地进行了发掘，共清理墓葬20座。根据其出土遗物和墓葬形制分析，该墓葬应为魏晋时期鲜卑墓葬。

察右前旗呼和乌素墓葬，1995年内蒙古自治区文物考古研究所、乌兰察布博物馆对墓地进行发掘，共发现11座墓葬。该墓葬根据出土遗物和墓葬形制来分析应为汉代汉族墓葬。同时发现1座北魏时期墓葬。

隋初，为了加强中央集权，对管理体制进行了大规模的改进，在中央确立三省六部和九寺制的同时，为管理边疆少数民族地区，建立署；在地方，前朝的州、郡、县管理制度被废除，改为州、县（后改为郡、县）两级制度。

隋初，今乌兰察布市为隋朝和突厥管辖。南部地区分属于定襄、马邑、雁门三郡。定襄郡，包括今乌兰察布市西南部。开皇年间，置云州总管府。大业年间，废除总管府，改称定襄郡。马邑郡，包括今乌兰察布市凉城县、丰镇市、集宁区等地。雁门郡，包括今乌兰察布市兴和县、商都县、化德县等地。北部地区受突厥管辖。隋末，今乌兰察布市南部集宁、丰镇属投靠突厥、自称皇帝的刘武周管辖。

武德元年（618年），李渊建立唐朝。李渊祖上世居北魏武川镇，是一名在乌兰察布大地上生长的开国皇帝。唐初，北方被突厥汗国控制，李渊为了稳固中原而奉行讨好突厥，以求自保的政策。今乌兰察布市南部属于河东道云州管辖，商都、化德属于河北道管辖。贞观四年（630年），东突厥亡国。突厥部众一部分留在薛延陀汗国，一部分入西域，大部分降唐。唐朝在灵州与幽州之间设羁縻府州，就地安置南下的突厥部众。这样的安置给唐朝北疆带来了空前的生机，对防御薛延陀汗国起了关键作用。

唐朝在先前的行政建制州、县的基础上“又于边境置节度、经略使，式遏四夷”[⑤]。唐朝之节

---

① 内蒙古自治区文物工作队：《内蒙古出土文物选集》，北京：文物出版社，1963年。

② 乌兰察布盟文物工作站：《内蒙古商都县发现北魏窖藏》，《文物》1989年第12期；陈棠栋：《商都县出土窖藏铜、铁器考》，《内蒙古文物考古》1991年第1期。

③ 魏坚主编：《内蒙古地区鲜卑墓葬的发现与研究》，北京：科学出版社，2004年。

④ 魏坚主编：《内蒙古地区鲜卑墓葬的发现与研究》，北京：科学出版社，2004年。

⑤ 刘昫等撰：《旧唐书》卷三十八《志第十八·地理一》，北京：中华书局，1975年，第1385页。

度使、经略使是一个军政合一的统治机构，主要的任务是捍御边疆。[①]今乌兰察布市西部属振武节度使管辖，南部和东南部属河东节度使管辖。全市范围内，除察右中旗园山子古城遗址[②]，没有发现其他唐代城址。对园山子古城，调查者认为"可能是唐代城址，其上限可能早到北朝晚期"。在张文平、苗润华《北魏长城与六镇镇戍遗址调查新识》[③]中确认该古城为北魏戍城，是否在唐代沿用过该古城待考证。凉城县吉成庄唐代墓葬，2003年由内蒙古自治区文物考古研究所发现，发掘唐代土洞1座。

3.辽金时期

据史料记载："契丹国，在库莫奚东，异种同类，俱窜于松漠之间。登国中，国军大破之，遂逃迸，与库莫奚分背。经数十年，稍滋蔓，有部落，于和龙之北数百里，多为寇盗。"[④]契丹和库莫奚杂居在一同，他们在北魏登国年间（386—396年）败于北魏，分居到不同的地方。唐代，契丹人居潢水之南、黄龙之北的鲜卑故地，东邻高丽，西接奚，南至营州，北毗室韦。[⑤]唐末，契丹人迅速崛起。神册元年（916年），耶律阿保机建立以契丹为主体的契丹国。大同元年（947年），耶律德光改国号为辽。

辽朝的统治机构的特点为南、北分制。"至于太宗，兼制中国，官分南、北，以国制治契丹，以汉制待汉人。……北面治宫帐、部族、属国之政，南面治汉人州县、租赋、军马之事。"[⑥]这种南北双重的体制以辽朝皇帝为核心，契丹、汉人共同参与，设置统一的政权机构，统治中国北疆200多年，与五代和北宋先后对峙。

辽朝建五京，以五京为重心立五道，称为五京道。道下设府、州、军、县、投下军州、边防城等各级各类的地方政权。今乌兰察布市属西京道管辖，察右前旗、察右后旗、察右中旗、卓资县北部属丰州管辖，丰镇市、凉城县、卓资县南部属德州管辖，兴和县、商都县、化德县、察右前旗东部属奉圣州管辖，四子王旗属倒塌岭节度使司管辖。

乌兰察布市境内的辽代遗存较多。古城址有凉城县淤泥滩古城、马莲滩古城，集宁区白海子土城村古城，商都县西坊古城、新围子古城，察右后旗西土城城址，化德县白土卜子古城，等等。其他类型的遗存有察右前旗豪欠营墓地[⑦]，兴和县尖山辽墓[⑧]，商都县前海子辽墓[⑨]，凉城县忻州窑子辽墓[⑩]、水泉辽代墓葬[⑪]，丰镇市九墩沟辽墓、永山庄遗址[⑫]，集宁区白海子辽金墓葬[⑬]，

---

① 曹永年主编：《内蒙古通史》，呼和浩特：内蒙古大学出版社，2007年，第439页。

② 张郁：《内蒙古察右中旗园山子唐代古城》，《考古》1962年第11期，第591页。

③ 魏坚、武燕主编：《北魏六镇学术研讨会论文集》，呼和浩特：内蒙古人民出版社，2015年。

④ 魏收撰：《魏书》卷一百《列传第八十八·契丹》，北京：中华书局，1974年，第2223页。

⑤ 周清澍主编：《内蒙古历史地理》，呼和浩特：内蒙古大学出版社，1994年，第74页。

⑥ 脱脱等撰：《辽史》卷四十五《志第十五·百官志一》，北京：中华书局，1974年，第685页。

⑦ 乌盟文物工作站、内蒙古文物工作队编：《契丹女尸》。

⑧ 乌兰察布博物馆：《内蒙兴和尖山辽墓发掘简报》，《北方文物》1988年第4期。

⑨ 富占军：《内蒙古商都县前海子辽墓》，《北方文物》1990年第2期。

⑩ 内蒙古自治区文物考古研究所：《凉城县忻州窑子辽代墓葬清理简报》，《草原文物》2012年第2期。

⑪ 内蒙古文物考古研究所：《内蒙古凉城县水泉辽代墓葬》，《考古》2011年第8期。

⑫ 王新宇、崔利民：《丰镇出土辽代银器》，《乌兰察布文物》1989年总第3期。

⑬ 乌兰察布市博物馆、集宁区文物管理所：《集宁区白海子村辽金墓葬清理简报》，《草原文物》2015年第1期。

卓资县忽洞坝[①]、石家村、二道泉、前东岔、大白彦、王墓子、公忽洞等辽墓，察右后旗白家湾遗址[②]，等等。

察右前旗豪欠营墓地，位于察哈尔右翼前旗固尔班乡豪欠营村。该墓葬群共发掘两次。第一次发掘时间为1972年，乌兰察布盟文物工作站发掘3座墓葬。第二次发掘时间为1981年10月，乌兰察布盟文物工作站清理辽代墓葬7座。两次发掘共清理10座辽代墓葬。豪欠营墓地是辽代契丹族的一个家族墓地。据碳14测定，M2的年代为距今1140±75年，树轮校正为距今1080±80年，属于辽代早期的墓葬。M6的时代要晚一些，应属于辽代中晚期的墓葬。所以该墓群辽代早、中、晚期的墓葬均有。豪欠营墓地发掘完成后，工作人员整理资料，出版专著《契丹女尸》，发表《察右前旗豪欠营第六号辽墓清理简报》和《契丹女尸在民族史研究上的意义》两篇文章。

兴和县尖山辽墓，位于兴和县二台乡尖山村西北。1985年6月，乌兰察布盟文物工作站对所属兴和县进行文物普查时，在此地发现一座被破坏的古墓并进行了抢救性清理。从墓葬的结构来看，其仿木结构的形式具有辽代中晚期的特征，斗拱的形式同豪欠营辽墓三号墓中的斗拱相似。因此，判断该墓的时代应为辽代中晚期。

商都县前海子辽墓，位于商都县十八顷乡南5千米处。该地属丘陵山区的山间漫岗地带。1988年夏，该村一村民在其院内挖地窖时发现此墓，将其扰乱。当时正在商都县进行文物普查的乌兰察布盟文物工作站商都文物普查队闻讯后及时赶到并清理了该墓葬。该墓以石砌圆形墓室、穹窿顶、大型石板棺葬具为特点，这种墓葬形制在乌盟地区尚属首次发现。前海子辽墓的年代当属于辽代中期辽圣宗前后。

集宁区白海子辽金墓葬，位于集宁区白海子镇白海子村北部嘉禾小学建设工地中南部。2014年发掘2座墓葬，其中M1为辽代墓葬，M2为金代墓葬。2016年，发掘单位发表《集宁区白海子村辽金墓葬清理简报》一文。

卓资县忽洞坝辽墓，位于卓资县碌碡坪乡忽洞坝村南端。1980年春，忽洞坝村一位农民在采集盖房基石时，于村南部的冲沟内发现了大量的铜器和少量的金器、银器、铁器等物品。乌兰察布盟文物工作站闻讯后，随即派工作人员进行了实地调查，确认该处为一座古代墓葬。根据出土遗物和墓葬形制来分析，该墓葬应该是辽代早期的契丹人墓葬。

辽天庆五年（1115年），女真完颜部首领完颜阿骨打建立金朝。金太宗天会三年（辽保大五年，1125年），辽天祚帝被金兵俘虏，辽朝灭亡。乌兰察布地区整体归于金朝。金朝保留辽朝地方行政建制，乌兰察布地区属西京路管辖，今四子王旗属净州管辖，今察右前旗、察右后旗、集宁区、卓资县、凉城县、丰镇市属大同府管辖，其中察右前旗、察右后旗、兴和县、商都县等地属集宁县管辖。

乌兰察布地区的金代遗存有四子王旗城卜子古城[③]，被命名为“净州路古城遗址”，被国务院公布为第六批全国重点文物保护单位。此城为金代天山县（后升为净州路）县城遗址。

---

① 赵杰：《乌兰察布市卓资县忽洞坝辽代墓葬》，《草原文物》2016年第1期。

② 崔利明：《察右前旗白家湾遗址发掘报告》，《内蒙古文物考古》2003年第1期。

③ 内蒙古文物考古研究所、乌兰察布博物馆、四子王旗文物管理所：《四子王旗城卜子古城及墓葬》，载内蒙古文物考古研究所编《内蒙古文物考古文集（第二辑）》。

其他金代古城还有察右前旗土城子古城，察右中旗广益隆古城，凉城县淤泥滩古城，商都县大拉子城址、西坊城址，察右后旗察汗不浪古城，等等。其中被学术界考证了的古城有察右前旗土城子古城为集宁县城址①，凉城县淤泥滩古城为西京路宣宁县城址，凉城县天成村古城为大同府属县天成县城址，兴和县台基庙古城为宣德州威宁县城址。②未考证的金代古城遗址有凉城县小围子古城，商都县新围子古城、大拉子古城、西井古城、泉子沟古城、公主城古城，察右后旗韩元店古城，四子王旗希拉哈达古城、大庙古城、波罗板申古城，化德县德善城址、大湾子城址，察右前旗大土城城址，等等。

古墓葬有四子王旗红格尔地区金代墓葬③、察右前旗巴音镇二台沟金代墓葬④、察右后旗种地沟墓地⑤、集宁区白海子村金代墓葬⑥等。

察右前旗巴音镇二台沟村落遗址，位于察右前旗巴音镇土城村二台沟自然村西2千米。2002年，内蒙古自治区文物考古研究所、乌兰察布博物馆对遗址进行了抢救性考古发掘。遗址为一古村落遗址，现存面积约10000平方米。遗址东部有墓葬区，集老高速公路从遗址中部呈东西向穿过。遗址发掘面积2600平方米，清理墓葬6座。根据出土遗物和遗迹分析，该遗址的时代应为金末元初。

察右后旗种地沟墓地，位于察右后旗乌兰哈达乡政府所在地西约5千米、南营自然村南约0.5千米处。1984年，乌兰察布盟文物工作站在文物普查时对被破坏的种地沟墓地进行抢救性清理，共清理墓葬9座。根据出土遗物和墓葬形制初步判断，该墓地应为金元时期汪古部墓葬。

4.蒙元时期

1206年，铁木真统一蒙古高原的各部族，建蒙古汗国，称大汗，号成吉思汗。蒙古于1227年灭西夏，1234年灭金。1271年，忽必烈称帝，改国号为“大元”。1279年灭宋朝，统一中国。元朝是中国历史上第一个由北方草原民族建立并实现了南北大一统的封建王朝。蒙古汗国及元朝的统治虽然不足200年，却对中国社会生活、经济、贸易及东西方交流产生了深远影响。成吉思汗时期沿用金朝旧制。窝阔台时期“析天下为十道，沿金旧制画界”⑦，其“十道”又称“十路”，分派达鲁花赤监治。⑧蒙哥汗时期加强对地方监治，增加了三大行尚书省。忽必烈时期，延续使用旧制度的同时，于1260年设中书省总领执政；地方设行中书省，简称“行省”或“省”，省下设路、府、州、县。

元代，今乌兰察布市属中书省管辖，位于中书省中心部位，由集宁路、净州路、兴和路、大同路及砂井总管府等组成。集宁路，即金代集宁县，元代升为路。集宁路古城遗址即今察右前旗巴音

① 内蒙古自治区文物工作队：《集宁路遗址清理记》，《文物》1961年第9期。
② 李逸友：《论内蒙古文物考古》，载内蒙古文物考古研究所编《内蒙古文物考古文集（第一辑）》。
③ 田广金：《四子王旗红格尔地区金代遗址和墓葬》，《内蒙古文物考古》1981年创刊号。
④ 内蒙古自治区文物考古研究所：《察右前旗巴音镇二台沟金元时期墓葬发掘简报》，《草原文物》2013年第1期。
⑤ 乌兰察布博物馆、察右后旗文物管理所：《察右后旗种地沟墓地发掘简报》，《内蒙古文物考古》1997年第1期。
⑥ 乌兰察布市博物馆、集宁区文物管理所：《集宁区白海子村辽金墓葬清理简报》，《草原文物》2015年第1期。
⑦ 李鸿章总裁、张树声总修、黄彭年监修：《畿辅通志》卷一百六十八《张柔传》，上海：上海古籍出版社，1991年。
⑧ 张金铣：《元代地方行政制度研究》，合肥：安徽大学出版社，2001年，第24页。

镇土城子古城。[1]净州路，即金代天山县，元代升为净州路。净州路古城遗址在今四子王旗吉生太苏木土城子古城。[2]兴和路，金为抚州，元代升为兴和路。兴和路威宁县县城遗址在今兴和县台基庙古城[3]。大同路，金为西京路总管府，元代升为大同路。大同路宣宁县县城遗址在今凉城淤泥滩古城。[4]平地县县城遗址在今察右前旗平地泉苏集村南[5]。砂井总管府，城址位于今四子王旗红格尔苏木大庙古城。[6]蒙元时期其他未考定的古城有凉城县小围子古城，兴和县魏家村古城、大圪达古城，化德县土城子古城，商都县大拉子古城、西井子古城、泉子沟古城和公主城古城，察右后旗韩元店古城[7]、察汗不浪古城、头道湾古城[8]，察右中旗广益隆古城，四子王旗希拉哈达古城、波罗板申古城，等等。

乌兰察布市拥有蒙元时期不可移动文物达1604处。其种类有古遗址（包括古城址）、古墓葬、古建筑、石刻、近现代重要史迹及代表性建筑。其中已经进行科学发掘的墓葬有四子王旗潮洛温克钦墓葬[9]、城卜子古城附近墓葬[10]，兴和县五甲地墓葬[11]，凉城县后德胜墓地[12]，察右前旗巴音镇二台沟元墓[13]、集宁路古城周围墓葬[14]，卓资山元贞元年壁画墓[15]，等等。墓葬之外，已经发掘的遗址有察右后旗韩元店古城遗址，集宁路古城遗址，凉城县吉成庄遗址[16]、忻州窑子遗址[17]，等等。

卓资山元贞元年壁画墓，位于卓资县梨花镇围堡村。2015年10月30日，村民耕作时发现该墓葬，乌兰察布市博物馆和卓资县文物管理所组成调查小组进行实地调查和抢救性发掘，发掘面积200平方米，发掘壁画砖室墓1座。后发表《卓资山梨花镇围堡村元贞元年壁画墓发掘简报》一文。

集宁路古城遗址，城址内的遗迹、遗物丰富。从20世纪50年代开始进行了6次大型发掘。1958年，为配合集宁至张家口铁路工程建设，在城址的西南部进行了抢救性考古发掘，发掘面积862平

---

① 内蒙古自治区文物工作队：《集宁路遗址清理记》，《文物》1961年第9期。

② 内蒙古文物工作队编：《内蒙古文物资料选辑》。

③ 周清澍主编：《内蒙古历史地理》，第117页。

④ 李逸友：《论内蒙古文物考古》，载内蒙古文物考古研究所编《内蒙古文物考古文集（第一辑）》。

⑤ 李逸友：《论内蒙古文物考古》，载内蒙古文物考古研究所编《内蒙古文物考古文集（第一辑）》。

⑥ 周清澍主编：《内蒙古历史地理》，第103页。

⑦ 内蒙古文物考古研究所、察右后旗文化管理中心：《察哈尔右翼后旗韩元店元代古城遗址》，载内蒙古自治区文物考古研究所编、陈永志主编《内蒙古文物考古文集（第三辑）》。

⑧ 内蒙古文物考古研究所、乌兰察布博物馆、察哈尔右翼后旗文物管理所：《察哈尔右翼后旗头道湾古城遗址发掘简报》，载内蒙古自治区文物考古研究所编、陈永志主编《内蒙古文物考古文集（第三辑）》。

⑨ 盖山林：《阴山汪古》，呼和浩特：内蒙古人民出版社，1991年。

⑩ 内蒙古文物考古研究所、乌兰察布博物馆、四子王旗文物管理所：《四子王旗城卜子古城及墓葬》，载内蒙古文物考古研究所编、魏坚主编《内蒙古文物考古文集（第二辑）》。

⑪ 盖山林：《兴和县五甲地古墓》，《内蒙古文物考古》1984年总第3期。

⑫ 内蒙古文化厅文物处、乌兰察布盟文物工作站：《内蒙古凉城县郭县窑子元墓》，《文物》1994年第10期。

⑬ 内蒙古自治区文物考古研究所：《察右前旗巴音镇二台沟金元时期墓葬发掘简报》，《草原文物》2013年第1期。

⑭ 内蒙古文物工作队：《乌兰察布盟察右前旗古墓清理记》，《文物》1961年第9期。

⑮ 乌兰察布市博物馆、卓资县文物管理所：《乌兰察布市卓资县围堡村元代壁画墓发掘简报》，《草原文物》2017年第2期。

⑯ 内蒙古文物考古研究所：《凉城县吉成庄遗址发掘简报》，《内蒙古文物考古》2006年第1期。

⑰ 内蒙古文物考古研究所、乌兰察布市博物馆、凉城县文物管理所：《乌兰察布市凉城县大忻州窑遗址发掘简报》，《草原文物》2014年第2期。

方米，清理墓葬27座、窖藏多处。窖藏中发现大量的瓷器、陶器、铁器等。在窖藏出土的一件漆器底部发现有“内府官物”等字，说明此地埋藏有元代官府的器物。1976—1977年，先后两次在内城中发现窖藏，出土有纺织品、漆器、瓷器等物。纺织品中有提花织锦被面、绣花棉袄、印金提花绫左衽长袍等珍品。在一片提花绫残片上有“集宁路达鲁花赤总管府”墨书题记。此外，还出土龙泉窑香炉、钧窑钵、双耳白瓷壶等。1984年6月，乌兰察布盟文物训练班在集宁路城址进行考古调查与发掘。2002年4月—2005年11月，为了配合集宁—老爷庙高速公路建设，内蒙古自治区文物考古研究所等单位对城内高速公路建设地带进行了抢救性考古发掘，发掘面积达22045平方米，共发现房址91组、灰坑（包括窖穴）822座、灰沟110余条、水井22眼、道路9条、地炉及窑址23座、墓葬11座、瓮棺葬4座、窖藏34座，出土完整瓷器200余件、可复原瓷器7416件、陶器877件、金银器10件、铜器351件、铁器268件、骨器456件、铜钱36849枚，以及其他石器、木器等各类器物2000余件。该古城遗址考古发掘项目被评为“2003年度全国十大考古新发现”。2014年，内蒙古自治区文物考古研究所在集宁古城遗址附近发掘2040平方米，发现65座墓葬，其中59座为元代墓葬、6座为鲜卑时期墓葬。2016年，集宁路古城遗址附近又发现和发掘金元时期墓葬46座。

四子王旗城卜子古城附近墓葬，位于四子王旗乌兰花镇西北25千米、吉生太乡南约5千米丘陵山湾之内的城卜子古城附近。该古城在20世纪五六十年代曾出土较多的文物，具有代表性的是元大德年间文庙石碑。1994年，内蒙古文物考古研究所、乌兰察布博物馆、四子王旗文物管理所抢救性清理发掘墓葬32座。该墓葬群应为与城卜子古城同时之元代墓葬，个别留有生土二层台的墓葬年代上限很可能早到金代。

凉城县后德胜墓地，位于凉城县崞县窑乡后德胜村东北1.5千米的山谷之中。1990年秋发现6座墓葬。1991年7—10月，乌兰察布盟文物工作站完成了抢救清理工作，共清理壁画墓、砖室墓各1座，土洞墓4座。考古清理发掘后，内蒙古博物馆对壁画做了揭取。根据墓室结构和壁画的内容与风格，尤其是墓主人家居图、二十四孝行图所表现的人物形象、服饰、发型以及盖笠式盔形帽等来分析，该墓地应为元代蒙古贵族墓地。

凉城县吉成庄遗址，2003年内蒙古自治区文物考古研究所发掘3000平方米，发现唐代墓葬1座，其他均属于金代中期至元代晚期墓葬。

四、结语

乌兰察布市有高原、山地、平川、火山、熔岩台地等地形，各地自然地理环境差异显著，直接制约着人类的生存和农牧产业活动，而只有气候条件较好的平原、丘陵山区等有着丰富水源的地方，才适宜于人类的生息。在远古的旧石器时代早期，乌兰察布境内已有人类活动。这里是我国北方新石器时代文化区域之一，是史前时期人类社会从野蛮走向文明的重要活动地带。自有文字记载的历史时期起，北狄、匈奴、鲜卑、契丹、女真、蒙古、满族等民族先后生活在乌兰察布地区，创造了丰富多彩的民族文化。

乌兰察布市博物馆馆藏实物资料，包括建筑、青铜器、碑刻、货币、玺印、岩画、绘画、陶器、瓷器、纺织品、文化用品、工艺美术作品等。这些实物资料既是研究人类物质文明发展历史的重要依据，又是研究人类精神文明发展历史的重要依据。其中既有文字、舞蹈、戏剧、体育、杂技等文化方面的资料，又有原始信仰、佛教、道教、伊斯兰教、基督教等宗教信仰方面的资料。这些精神文明范畴的实物资料，既包括各民族的传统文化，又有学习和借鉴其他民族的文化而创造出的新文化，这对研究我国各民族的传统文化、各民族文化交流和中国文化吸收外来文化等方面都有重要作用。

自新中国成立以来，乌兰察布地区获取的大量考古资料是人类社会发展的历史见证，有着重要的现实意义。其中有许多考古资料是关于古代科学技术方面的，包括纺织、农业、建筑、医药等多方面，不仅可以研究我国古代科学技术的发展历程，更重要的是，还可以利用这些宝贵资料来为社会主义现代化建设服务。文物考古工作所取得的成果也是进行历史唯物主义教育、爱国主义教育和民族团结教育的好教材。

乌兰察布地区的文物考古工作经历了60多年的风雨历程，在自治区文物考古部门的支持下，取得了丰硕的成果。但是，我们的工作也有不足之处，需要在今后逐渐改进，不断提高工作水平。

本文综合论述了60多年来乌兰察布文物考古工作的重要成果，写作时难免有所遗漏，望诸位学者、同行不吝赐教。

乌兰察布地区古生物

李树国

乌兰察布市位于祖国北疆、内蒙古中部，北与蒙古国毗邻，东接锡林郭勒盟，西连包头市、呼和浩特市，南与山西省接壤。近100多年以来，乌兰察布地区较系统的新生代地层层序和丰富的古生物化石成为世界古生物学界所瞩目的中心之一。很多中外著名科学家及国际古生物学界考察团在此开展古生物化石考察与发掘，其中较有影响的有1872年德国的李希霍芬，1893年俄国的奥布鲁切夫，1921—1930年美国纽约自然历史博物馆组织的美国中亚考察团，1922年瑞典的安特生，1927年中国袁复礼、丁道衡与瑞典斯文·赫定、步林等组织的中瑞西北科学考察团，1930年杨钟健、法国德日进组织的中法科学考察团，1959年中国科学院与苏联科学院组织的中苏古生物考察团，1995年内蒙古博物馆与比利时皇家自然科学院组织的中比恐龙考察团，1980年周明镇、邱占祥与西德托宾、法尔布什组织的中德生物考察团，1988年董枝明与加拿大戴尔·罗索组织的中加恐龙考察团等，他们先后在乌兰察布地区重点考察，发现了大量的动物化石。

乌兰察布地区发现的化石以新生代化石为主，中生代、古生代、元古代、太古代化石发现较少。下面就新生代化石做一重点介绍。

一、新生代化石

新生代时期的古生物化石以哺乳动物为主，重要的哺乳动物群以古近纪古新世脑木根动物群，始新世沙拉木伦动物群、马兰戈楚动物群，新近纪中新世晚期二登图动物群、中新世至上新世三趾马动物群为代表。

（一）古近纪古新世化石

古近纪古新世化石以四子王旗脑木根哺乳动物群为代表。脑木根化石群位于四子王旗脑木根苏木，1976年由周明镇教授发现。化石产于脑木根苏木阿曼马苏、哈留特、公忽洞等地点，时代为晚古新世，距今5600万年。在距地表4米深的浅红色泥质结核层内，有小锯齿兽、伟楔齿兽、鼓泡斜剪齿兽、小古柱齿兽、大古柱齿兽、伴同齿兽、安徽鼠兔、北方鼠兔、假古猬、双尖中兽、斜齿中兽、湖牧兽、圆谷齿兽、哈流特谷齿兽、陆龟等化石。

（二）古近纪始新世化石

乌兰察布地区始新世化石较多，始新世中期动物群以沙拉木伦哺乳动物群和马兰戈楚哺乳动物群为代表。

沙拉木伦哺乳动物群距今4000万年，产自四子王旗白音敖包的马拉木苏、巴楞少，土格木庙卫井的江岸牧场，脑木根的乌兰希力等地。化石埋藏于河湖相的浅灰色砂岩、泥岩层内，有托戈壁兔、谷氏沙漠兔、弱全脊齿兽、壮全脊齿兽、奇异戈壁兽、原恐角兽、蒙古安氏中兽、东方强中兽、蒙古裂齿兽、喜列肯纳氏兽、强大细齿兽、土克木链齿雷兽、蒙古鼻雷兽、蒙古沼貘、快棱脊齿默貘、原新脊犀、沙拉木伦始巨犀、原巨两栖犀、东方戈壁猪兽、小拉乌苏兽、喜悦古鼷鹿、锡拉陆龟、蒙古无盾龟、内蒙古鳖等动物化石。

马兰戈楚哺乳动物群距今3500万年，化石分布于四子王旗脑木根的脑岗代梁，白音敖包的乌兰戈楚、岗盖脑包，红格尔的岗岗敖包、浩台敖包，兴和县白脑包、大同窑子，察哈尔右翼前旗玫瑰营等地，主要有阿尔丁鼠、呼尔嘎那鼠、安氏戈壁兔、汤氏后冠齿兽、粗壮强中兽、安氏大角雷兽、进步晚雷兽戈壁简脊爪兽、阿尔丁卡地犀、全门齿乌尔丁巨犀、葛氏巨犀、巨两栖犀、河套古猪兽、恐猯、鹿类、半圆锡拉龟、簇鳖等动物化石。

（三）新近纪中新世化石

乌兰察布地区新近纪中新世化石中最有代表性的是中新世晚期二登图化石群，距今800万~500万年。中新世化石产地主要分布于四子王旗红格尔、阿曼马苏、供济堂，察右后旗土牧尔台、土城子、石门口、大六号，化德县哈尔敖包、官围子、十三股地大湾，四子王旗乌兰花、布鲁台庙，察右中旗铁沙盖、广益隆、元山子，察哈尔右翼前旗巴音塔拉、红卫、黄旗海、赛汉塔拉，丰镇市红圪塔洼，商都县西房子、章毛乌苏，兴和县大同窑、团结窑，集宁区等地区，主要有戈壁安琪马、铲齿象、古长颈鹿、爪蹄兽、汤氏皇冠鹿、三叉柄杯鹿、蒙古刺猬、原掘鼹、柯氏麝鼩、意外水鼩、后生上新猿、西洲假山河狸、副跳鼠、德氏黎明仓鼠、艾氏原鼢鼠、开端仿田鼠、弗氏跑兔、拉氏兔等化石。

（四）新近纪晚中新世至上新世化石

乌兰察布地区分布最广泛的化石是新近纪晚中新世至上新世哺乳动物化石，距今800万~260万年。晚中新世至上新世化石中最有代表的是四子王旗乌兰花犀牛动物群，主要产地有四子王旗乌兰花、供济堂、红格尔、布鲁台庙，察右中旗铁沙盖、广益隆、元山子，察右后旗土牧尔台、土城子、石门口、大六号，察哈尔右翼前旗巴音塔拉、红卫、黄旗海、赛汉塔拉，丰镇市红圪塔洼化德县十三股地、官围子，商都县西房子、章毛马苏，兴和县大同窑、团结窑，集宁区、卓资山等地。动物化石种类主要有齐氏中华马、小三趾马、贺风三趾马、李氏三趾马、安氏大唇犀、维氏大唇犀、古中华对角犀、五棱齿象、集宁轭齿象、内蒙古轭齿象、山西轭齿象、双枝后麂、麅后麂、原麝、谷氏叉角鹿、长颈鹿、保德羚羊、古猪、熊、鬣狗、似剑齿虎和鸟类、龟类化石等。

（五）新生代第四纪化石

乌兰察布地区第四纪化石主要发现是晚更新世化石，距今3万~1万年。化石主要产地有集宁区霸王河岸，丰镇市麻迷图、大庄科、元山子，凉城县永兴、刘家夭、双古城，商都县六台河、二道洼，兴和县二台乡、大同窑，察哈尔右翼前旗黄旗海，察右中旗得胜乡，察右后旗马兰哈达，四子王旗大庙，化德县朝阳乡，卓资县旗下营、卓资山等地。化石大多发现在山前阶地、河谷台地的黄土层内。化石种类主要有纳玛象、披毛犀、野驴、野马、诺氏双峰驼、原始牛、马鹿、普氏羚羊、鹅喉羚、纳呼尔绵羊、盘羊、水牛、虎、熊、最后鬣狗、安氏鸵鸟等。

二、结语

乌兰察布地区古生物化石中，古近纪古新世脑木根哺乳动物群是我国华北地区首次发现的古新世化石群，其中有一半以上的种类为国际上首次发现的新种类。古近纪始新世沙拉木伦哺乳动物群是我国及亚洲最早发现的始新世动物群，目前亚洲绝大多数始新世纪化石的名称均沿用了此地的首次命名。该地区出土了目前世界上唯一保存完整的始巨犀骨架、蒙古两栖犀骨架、蒙古鼻雷兽骨架等。沙拉木伦是目前国际上唯一产喜悦古麑鹿的化石产区。在凉城县发现的中生代禽龙背椎、荐椎、尾椎化石是我国迄今所知唯一的禽龙珍贵标本。总之，乌兰察布地区化石及化石群在世界古生物、中国古生物中占有很重要的地位，有极高的研究价值。

载于《内蒙古文物考古》2005年第1期

内蒙古乌兰察布市新石器时代遗存发现与研究综述

顾　佩　李兴盛

乌兰察布市处于内蒙古自治区中南部，北与蒙古国接壤，东面和南面分别与河北省张家口市、山西省大同市相邻。本区域处于北纬40度线，阴山山脉东西横贯中部，黄河的一条较大的支流大黑河发源于此，境内还有岱海、黄旗海两大淡水湖。该地区是目前内蒙古中西部地区发现新石器时代文化遗存较为丰富的地区之一。现将本区域内新石器时代遗存发现与研究情况叙述如下。

一、乌兰察布市新石器时代遗存发现情况

乌兰察布地区大量的考古发现证明，早在几十万年前的远古时期就有人类在这里生产和生活。目前为国内外学术界所公认的呼和浩特市东郊大窑村旧石器时代早期石器制造场首次发现，经地质学、考古学等多学科联合研究，基本确定其年代距今五六十万年。这类旧石器时代遗存在汪宇平先生对阴山地区旧石器时代遗存调查中，于乌兰察布境内的卓资县梨花镇后营子村、巴音锡勒镇火石窑沟村，四子王旗供济堂乡阿玛乌素村①等地均有发现。

在第三次全国文物普查中发现的化德县裕民遗址，距今约8400年，是内蒙古中南部迄今为止发现时代最早的人类活动遗迹，填补了本地区新石器时代早期遗存的空白。

目前，经过考古调查或发掘，这个阶段居住村落遗址年代最早的是化德县裕民遗址。房屋为圆形半地穴式。从遗址中出土大量的兽骨和生产工具看，该遗址人群是以狩猎和采集为主要生产方式。

在距今约6000年（相当于中原地区后岗一期、半坡、庙底沟文化阶段），由于乌兰察布地区的气候条件十分有利于农业生产的发展，来自陕、晋、冀地区的原始先民沿着南流黄河两岸和汾河谷地溯源北上，纷纷涌入乌兰察布地区，使本地区的人口有了一个较大的增加，遗址数量有较大的增长。这个阶段经过考古发掘的居住村落遗址有凉城县六苏木乡石虎山Ⅰ遗址、石虎山Ⅱ遗址、②王

① 汪宇平：《内蒙古阴山地带石器制造场》，《内蒙古文物考古》1981年创刊号。

② 内蒙古文物考古研究所、日本京都中国考古学研究会编著，田广金、秋山进午主编：《岱海考古（二）——中日岱海地区考察研究报告集》，北京：科学出版社，2001年。

墓山坡下遗址[①]、商都县章毛乌素遗址[②]。这一时期的遗存在考古学文化面貌上与中原地区同时代的遗存有着较大的一致性，但也存在着明显地方文化元素。这时的人们过着定居生活，居住在半地穴式房屋中，出土文物主要有陶器、骨器和石制农业生产和狩猎工具，反映其经济结构为初期农业生产和狩猎业。

时间发展到距今5500～5000年（即仰韶文化晚期），乌兰察布地区的文化得到了空前的发展，逐渐发展成具有地方特色的以察右前旗乌拉哈乡庙子沟遗址[③]为代表的文化遗存。因其出土器物有别于周邻地区的踏实的考古学文化，具有鲜明的地域特征，考古学界将其命名为“庙子沟文化”。这类遗存在乌兰察布市、呼和浩特市、包头市、鄂尔多斯市都有大量的发现。根据环境考古学研究成果得知，由于这一时期的气温和干湿度非常适宜农业生产，从而使乌兰察布地区的原始文化得到了空前的发展。其家庭形态可能已经进入偶婚制氏族家庭阶段。从出土的文物和动物标本分析，本地区的经济结构仍以农业生产为主，兼营狩猎、渔猎业，家庭饲养业开始出现。

从凉城县六苏木镇王墓山坡中遗址[④]发现了环壕遗迹，环壕围绕整个村落遗址一周，在东、北两侧留有出口，反映出当时部落之间杀伐征战的缩影，军事防御体系由此产生。

距今约4500年（即龙山文化晚期），乌兰察布地区的考古学文化被以凉城县永兴镇老虎山遗址[⑤]为代表的老虎山文化所取代。环境考古学证明，由于气候变化，从距今约5000年之后，本地区气候逐渐由暖湿向干冷转变。到距今约4500年，其气候条件呈现出较强的干冷气候，不利于农业生产的发展，人口开始向暖湿地区迁移，其分布范围和遗存数量较庙子沟文化有所缩减。老虎山文化的人们改变了单纯半地穴式房屋的居住方式，在有条件的乌兰察布地区南部黄土丘陵区出现了窑洞式房屋，在房屋的地面和墙壁上抹有平整的白灰面，有效地改善了居住条件。这种窑洞式房屋是国内目前发现的时代最早的窑洞式房屋。在遗址内还发现有小型陶窑，也是内蒙古中南部地区发现的最早的陶窑。老虎山文化出土最具代表性的器物是瓮和斝，其中老虎山文化一期出土的钝尖底斝是国内目前发现最早的斝。老虎山文化代表性器物瓮和斝在国内同时期器物中独具特色，著名考古学家苏秉琦曾对黄河以北广大地区的原始文化用诗做了概括：“华山玫瑰燕山龙，大青山下斝与瓮。汾河岸边沁和鼓，夏商周及晋文公。”足见其独特性和代表性。从遗址出土遗物分析，初期的农牧交错文化可能在老虎山文化时期开始萌芽。

在凉城县永兴镇老虎山遗址发现有大型石砌围墙，说明当时已经有了完整的军事防御体系，被考古学和历史学界普遍认为是城市的雏形，对研究城市起源有着极其重要的价值。

① 内蒙古文物考古研究所、北京大学中国考古学研究中心、“聚落演变与早期文明”课题组编著：《岱海考古（三）——仰韶文化遗址发掘报告集》，北京：科学出版社，2003年。

② 内蒙古文物考古研究所、乌兰察布博物馆商都县文物管理站：《商都县章毛乌素遗址》，载内蒙古文物考古研究所编、魏坚主编《内蒙古文物考古文集（第二辑）》，北京：中国大百科全书出版社，1997年。

③ 内蒙古文物考古研究所、魏坚编著：《庙子沟与大坝沟——新石器时代遗址发掘报告》，北京：中国大百科全书出版社，2003年。

④ 内蒙古文物考古研究所、北京大学中国考古学研究中心、“聚落演变与早期文明”课题组编著：《岱海考古（三）——仰韶文化遗址发掘报告集》。

⑤ 内蒙古文物考古研究所编：《岱海考古（一）——老虎山文化遗址发掘报告集》，北京：科学出版社，2000年。

二、环境考古与人地关系研究

随着考古工作的不断深入，乌兰察布地区环境考古学的研究在察右前旗黄旗海地区和凉城县岱海地区具备了环境考古学研究和人地关系研究的各项条件。

（一）黄旗海盆地

黄旗海盆地在东经112°49′~113°40′、北纬40°4′~41°43′，属于中国北方温凉半干旱偏润气候区、北方季风尾闾区（年平均降水量250~450毫米的地区）①。北京大学环境学院莫多闻教授对黄旗海地区现代环境与全新世环境演变进行了实地考察和研究。②对庙子沟村附近沟谷、庙子沟村西剖面、庙子沟下游沟谷剖面、提取的土壤样本中的孢子花粉进行分析，得知该地区从晚更新世末期到全新世早期，其早期黏土矿物伊利石含量较多，蒙脱石含量较低，草本、灌木花粉占优势，属于较冷的环境，气候的发展方向明显地向暖湿转变。中全新世前期，距今8000~5000年，孢粉分析和黏土矿物分析，蒙脱石和伊利石含量较多，黄旗海湖面在现代海拔1300~1330米波动，是全新世最为暖湿的时期。中全新世后期，距今5000~3000年，黏土矿物中的蒙脱石含量陡降，孢粉中乔木花粉含量大幅上升，黄旗海湖面退至现代海拔1300米之下，气候明显趋于干旱。

通过上述对黄旗海地区气候演变的研究，基本得知中全新世（距今8000~3000年）的气候变化和黄旗海水平面的海拔高度，庙子沟遗址所在区域最高点的海拔为1300米。庙子沟遗址、大坝沟遗址经过考证确定的大致年代为距今5500~5000年，是目前黄旗海地区发现的年代最早的人类遗存。其原因正是该地区的气候十分适宜于农业生产与发展，人口得到了大幅度的扩张，这一时期的村落远远多于其他阶段村落就是一个很好的例证。大量的半地穴房屋，说明庙子沟人已完全过着稳定的定居生活。从遗址内出土的石斧、石铲、石刀等生产工具反映出其农业生产的状况；石磨盘、石磨棒应该是初期的粮食加工的具体表现；蚌饰、螺饰及动物骨骼、石球等渔猎工具的出土，表明当时人们已经掌握熟练的渔猎和狩猎技能；石纺轮、骨锥、石凿、石钻等纺织、生产工具的出土，说明当时已经有了简单的纺织业和手工业。

从以上对黄旗海地区环境演变和人地关系分析结果，大致可以判断出其经济形态以农业生产为主，兼有渔猎和狩猎业，纺织和手工业也由此得到发展。

（二）岱海盆地

岱海地区在东经112°10′~113°02′、北纬40°10′~40°50′，岱海湖面在现代海拔1230米，该区域总面积约150平方千米。属大陆性季风气候，处于中国北方季风尾闾区边缘，即东南季风、西南季

① 张兰生、史培军、侯乐峰等：《中国北方季风尾闾区全新世不同时期降水变化及其区域分异规律的研究》，载张兰生主编《中国生存环境历史演变规律研究（一）》，北京：海洋出版社，1993年。

② 莫多闻、王辉、杨晓燕：《黄旗海地区现代环境与全新世环境演变及其对人类活动的影响》，载内蒙古文物考古研究所、魏坚编著《庙子沟与大坝沟——新石器时代遗址发掘报告》。

风环流共同作用的地带。[①]内蒙古自治区文物考古研究所与北京师范大学地理系联合对岱海地区距今7000～2000年环境气候变化做了实地考察和研究。[②]对从老虎山全新世沉积剖面和大火地区考古学地层中提取的土样加以分析研究，基本得出以下结论：在7300年前，该地区为年均温度0摄氏度线反复通过地区，气候和降水的变化格外敏感，气候与降水处于不稳定时期。至全新世早期，距今7300～6600年，岱海地区的气候才相对稳定下来，逐渐进入暖湿期，平均气温2～3摄氏度，岱海湖面高出现代海拔1250米，但在此期间曾有100年的寒冷期。在距今5800～5000年，气候进入稳定的暖湿期，年平均温度2～4摄氏度，年降水量380～580毫米，是该地区最有利于农业生产的阶段。在距今5000～4900年，岱海地区（内蒙古中南部）气候突然降温，从岱海东岸苜花河地层剖面反映，其年平均气温在0摄氏度以下。在距今4800～4400年，气温又转入温湿期。距今4400年之后，岱海地区气温逐渐下降至0摄氏度左右，降水量由多转少，经济形态由有利于农业生产向畜牧业生产转化，原始畜牧业经济形态逐渐产生。

通过对岱海地区距今7000～4000年气候变化的分析，基本了解了该地区由于气候变化规律和对农牧业所产生的影响。再通过大量的考古发掘资料研究，使对其人地关系的探讨有了一定的依据。

岱海地区目前发现时代最早的遗存是红台坡下、石虎山Ⅰ和石虎山Ⅱ遗址，距今6530～6440年。其居住方式为半地穴式房屋，陶器以夹砂陶为主，石器中石磨棒、石磨盘、石斧、石铲均为典型的农业生产和加工工具，说明当时的农业生产已经发展到一定水平。遗址内出土的细石器比例虽然不大，但是表明狩猎业仍然存在。由此得知当时的经济形态以农业生产为主，兼有狩猎业。

王墓山坡下遗址，距今约6000年，环境考古学的研究结论是比较适宜于人类生存的环境。居住方式仍为半地穴式房屋，同时出现了用于保存火种的火种罐。但陶器以泥质陶为主，夹砂陶次之，有少量的沙质陶。夹砂陶是当时人们的炊具，泥质陶作为容器和汲水器来使用，说明人们在自给自足的基础上，生活用品有了一定的结余。石磨盘、石磨棒、石刀出土数量较多，反映了当时的农业生产和加工达到了相应水平。石镞、刮削器、双刃刀等狩猎工具的出土，说明其狩猎业的普遍存在。纺轮、石斧、石凿代表了这一时期简单手工业和纺织业已经产生。王墓山坡下的经济形态以农业为主，兼有狩猎业，原始手工业、纺织业开始出现。

王墓山中遗址，距今5500～5000年。本阶段的环境考古证明是最适宜于农业生产和生存的时期，人类扩张在内蒙古中南部达到了鼎盛时期。在遗址周边出现的环壕遗迹，反映出当时已经有了稳定的部落存在。半地穴式房屋反映出人们过着定居生活。房屋内出现用于专门储存物品的窖穴，应该是随着物品储存量的增加而产生的。同时出现了面积较大的房屋（比其他房屋大10～15平方米），推测其应该出现了宗教祭祀或贫富差距。陶器仍以泥质陶为主，夹砂陶和沙质陶次之。遗址内出土的石磨盘、石磨棒代表了当时的农业生产和加工水平；砺石、石叶说明狩猎业的存在；石斧、石凿、石锛、石锉等生产工具种类的增加，应是手工业水平提高的反映。这个阶段的总体经济形态仍以农业生产为主，兼有狩猎业，手工业生产水平和规模有所提高。

① 张兰生、史培军、侯乐峰等：《中国北方季风尾闾区全新世不同时期降水变化及其区域分异规律的研究》，载张兰生主编《中国生存环境历史演变规律研究（一）》。

② 张兰生、方修琦、史培军等：《我国北方农牧交错带全新世环境演变》，载符淙斌、严中伟编著《全球变化与我国未来的生存环境》，北京：气象出版社，1996年。

老虎山遗址、园子沟遗址等遗址，距今4500～4300年。这一时期的遗存多数出现石围墙，在环岱海遗址群的老虎山遗址、西白玉遗址、板城遗址、大庙坡遗址①均发现石砌围墙遗迹，说明其军事防御设施进一步完善，有学者推断中国城市的起源因此开始。居住房屋由初期的半地穴式房屋，后期发展为窑洞式房屋。在窑洞式房屋前面出现小型院落，同时出现了前堂后室的前后相连房间，有了主、副室之分，说明其生活条件有了较大的改善，增强了抵御自然的能力。房屋的布局呈现出成区、排、院落分布，推断其出现了家族或更大的社会组织。该阶段发现了数量较多的陶窑、储藏坑、泥坑、工作面等，折射出老虎山人的制陶业已形成相应的规模和工种间有了一定的分工。遗址内出土数量众多的体形硕大的三足瓮、直口罐、宜口瓮和石刀、石磨盘等农业生产工具，反映出当时仍以农业为主，有较多的剩余和储存。遗址内出土数量较多的石镞和大量的动物骨骼，说明其狩猎业也占有一定的比重。遗址内发现大量的石（陶）制纺轮、骨锥等器物，代表了手工业发展到了一个新的水平。

从以上对黄旗海、岱海地区距今8000～4000年的环境演变和人地关系发现，大致可以得出这样的结论：本地区新石器时代各遗存大面积扩张时期都是在环境演变的暖湿期，从距今7000年的以农业生产为主，兼有狩猎业的经济形态，到距今6000年的以农业为主，兼有狩猎业，原始手工业、纺织业开始出现的经济形态，再到距今5500～5000年其经济形态以农业生产为主，兼有渔猎和狩猎业，纺织和手工业也由此得到发展并出现了具有军事防御性质的环壕，至距今4500～4000年，具有城市功能的石筑围墙开始出现，生产力有了进一步提高，农业生产、制陶业、狩猎业、纺织业和手工业都进入了新的阶段。

三、考古学文化及谱系编年研究

考古学文化有其独特含义，专门指考古发现中可供人们观察到的属于同一时代、分布于共同地区，并且具有共同的特征的一群遗存。②本地区（内蒙古中南部）考古学文化及谱系编年研究起步于20世纪70年代，自治区文物考古工作者在大量地面调查的基础上，重点对乌兰察布市凉城县王墓山遗址、红台坡遗址、西白玉遗址、面坡遗址、大庙坡遗址，③商都县章毛乌素遗址④，察右前旗庙子沟遗址、大坝沟遗址⑤等进行了大面积的考古发掘，积累了丰富的第一手资料，为研究本地区的考古学文化和谱系编年奠定了坚实的基础。

经过考古学家多年的探索与研究，本地区的距今7000～4000年考古学文化和谱系编年如下：

① 内蒙古文物考古研究所编：《岱海考古（一）——老虎山文化遗址发掘报告集》。

② 中国大百科全书总编辑委员会《考古学》编辑委员会、中国大百科全书出版社编辑部编：《中国大百科全书·考古学卷》，北京：中国大百科全书出版社，1986年。

③ 内蒙古文物考古研究所、北京大学中国考古学研究中心、“聚落演变与早期文明”课题组编著：《岱海考古（三）———仰韶文化遗址发掘报告集》。

④ 内蒙古文物考古研究所、乌兰察布博物馆商都县文物管理站：《商都县章毛乌素遗址》，载《内蒙古文物考古文集（第二辑）》。

⑤ 内蒙古文物考古研究所、魏坚编著《庙子沟与大坝沟——新石器时代遗址发掘报告》。

乌兰察布地区的新石器时代遗存的考古学文化及其谱系编年共分为5段。

红台坡下组：年代约相当于后岗一期文化，距今约6500年。遗址内出土的石斧、红顶钵及陶器中夹杂较多云母片，陶器装饰流行刺纹、指甲压印纹等，均明显具有后岗一期文化的特征。该阶段的遗存在白泥窑子遗址、西园遗址、狐子山遗址均有发现。

狐子山组：年代应属庙底沟类型阶段，距今约6200年。遗址仅见少量陶片，有黑彩宽带纹钵、夹砂罐等。

章毛乌素组：年代相当于庙底沟文化，距今约6000年。出土有双唇小口尖底瓶、黑彩宽带纹钵、彩陶盆、曲腹钵、夹砂罐、火种罐等。该阶段遗存在王墓山坡下有同类遗存存在。

庙子沟文化：年代约相当于半坡文化四期，距今5500～5000年。代表性器物有小口双耳罐、筒形罐、喇叭口尖底瓶、折腹钵等。这类遗存在内蒙古中南部分布范围广、数量多。由于地域的原因，在文化面貌上有一定的差异，又可分为庙子沟类型、海生不浪类型和阿善三期类型。

老虎山文化：年代应在龙山文化早期，距今4500～4300年。以斝和三足瓮为主要代表器物，大致相当于同时代的遗存有园子沟遗址、面坡遗址、板城遗址、西白玉遗址。

从上述分析结果排列出本地区的考古学文化编年：

红台坡下组→狐子山组→章毛乌素组→庙子沟文化→老虎山文化。

四、其他相关研究

（一）庙子沟遗址人类体质学研究

在庙子沟遗址发掘中发现了一定数量的墓葬。吉林大学考古系对墓葬内出土的17例尸骨进行了体质人类学的研究。[①]17例尸骨均为成年人，其中男性8例、女性9例，年龄在17～50岁。研究通过获得的颅骨指数结果与现代人种的数据进行比较，基本推断其居民种族类型属于东北蒙古人种，也有某些北亚蒙古人种的体质因素。

从遗址墓葬内出土的59例尸骨年龄来看，年龄在10岁以下的14例，约占其总数的23.73%；10～20岁年龄段的13例，比例为22.03%；20～40岁的成年人29例，占比为59.16%；40岁以上的仅有3例，约占5.08%。反映出人类的寿命大多在20～40岁，婴幼儿和未成年人的死亡比例较大，可以活到40岁以上的人十分稀少。这些数据反映了当时人们的生存状况。

（二）对动物骨骼的相关研究

乌兰察布地区新石器时代动物骨骼研究，主要集中在出土动物骨骼相对较多的狐子山遗址[②]和

① 朱泓：《内蒙古察右前旗庙子沟遗址新石器时代颅骨的人类学特征》，载内蒙古文物考古研究所、魏坚编著《庙子沟与大坝沟——新石器时代遗址发掘报告》。

② 黄蕴平：《石虎山Ⅰ遗址动物骨骼鉴定与研究》，载内蒙古文物考古研究所、日本京都中国考古学研究会编著，田广金、秋山进午主编：《岱海考古（二）——中日岱海地区考察研究报告集》。

庙子沟遗址[①]两处。

1.石虎山遗址动物骨骼研究

石虎山遗址出土动物骨骼可用于鉴定研究的标本有2036例，其中以狍（866例）、马鹿（532例）、水牛（520例）、猪（171例）最多，貉（56例）、狗（39例）、棕熊（30例）、狗獾（22例）、中华盼鼠（27例）次之，还有少量的豺、野兔、黄鼠、斑鹿、黄羊等17种动物。此外，还发现少量的鲤科鱼类的咽齿、鲍盖骨、脊椎骨，以及河蚌、鳖和少量的禽类。这种情况同岱海地区同时期遗存中王墓山遗址出土的动物种类与比例一致，说明本地区动物种类的生存状况。从对遗址动物骨骼的全面分析得知，以野生动物占绝对多数，比例高达84.4%；家养的狗、猪数量不多，约占15.6%。家畜的死亡年龄多在6个月左右，1/3的年龄达到成年。说明狩猎是当时人类肉食的主要来源，家畜饲养业和渔猎业属于从属地位。

2.庙子沟遗址动物骨骼研究

庙子沟遗址共采集遗址内出土的234件动物骨骼进行鉴定和研究，以狍（65例）、猪（46例）、牛（42例）、黄羊（33例）为主，马鹿（19例）、马（12例）、狗（6例）次之，还有少量的貉、鼠兔、鸟、螺、珠蚌等15个种类。

随着人类对自然规律的探索和积累，庙子沟时期的家庭饲养业得到较快的发展，家养的马、牛、猪、狗4类占45.29%，野生动物类占53.45%，鱼蚌类占1.26%。上述研究数据基本可以得出以下结论：虽然野生动物的比例仍微占优势，但家养动物也接近半数，说明家庭饲养业在稳步提升的同时，有取代狩猎业的趋势；鱼蚌类的占比虽然很小，但从遗址内出土数量较多的蚌饰、贝饰、螺饰分析，渔猎业仍是当时的重要的经济来源。

（三）庙子沟、大坝沟遗址的石制品研究

庙子沟、大坝沟遗址出土了多达858件石器，其中庙子沟遗址558件、大坝沟遗址300件，对研究两处遗址的石制品提供了丰富和可靠的实物依据。

庙子沟、大坝沟遗址所处的黄旗海南岸为侵蚀低山和熔岩低山，裸露出的地层依时代由远及近有太古代、元古界、古生界、中生界、新生界5个地质年代。

遗址内出土石器均用当地的岩浆岩、沉积岩、变质岩三大类岩石制成，其中岩浆岩占15.87%、火山碎屑岩占22.75%、碎屑岩石占13.11%、变质岩占11.68%。从两处遗址的石制品原料选材结构分析，庙子沟遗址有明显的单重数特征，即岩浆岩占明显优势；大坝沟遗址有明显的双重数特征，以比例相近的岩浆岩和火山碎屑岩占主导。从石制品组合判断，庙子沟遗址对大坝沟遗址有明显的继承关系，主要表现在两处居民都认识到火山碎屑岩的韧性在制作石刀时体现出的优点，庙子沟遗址的人们很好地利用岩石的物理性质来制造耐用的石器；大坝沟遗址的人们在石材的选择上存在一定的盲目性，体现在不适当选用片麻岩、大理岩和变质岩制作石刀、石斧、石铲、石凿等生产工具。

从以上分析得知，由大坝沟遗址到庙子沟遗址的石器文化发展历程中，既有后人对前人的继

① 黄蕴平：《庙子沟与大坝沟遗址动物骨骼鉴定报告》，载内蒙古文物考古研究所、魏坚编著《庙子沟与大坝沟——新石器时代遗址发掘报告》。

承，又体现了人类在获取和利用石材的水平日臻成熟，人们可以有计划地选取所需要的原料来制作相应的石器。

总之，乌兰察布市的新石器时代考古与研究，通过几代考古专家的艰辛努力和研究，取得了阶段性的成果。但从以上综述不难看出，其中还存在许多不足之处和研究空白，仍需要通过今后大量的田野考古和研究来充实。

载于中国人民大学北方民族考古研究所、中国人民大学历史学院考古文博系编：
《北方民族考古（第4辑）》，北京：科学出版社，2017年

内蒙古化德县裕民遗址发掘简报

内蒙古自治区文物考古研究所　乌兰察布市博物馆　化德县文物管理所

裕民遗址位于内蒙古自治区乌兰察布市化德县德包图乡裕民村东北1.25千米处，西南距化德县城32千米，遗址东面1千米处为南北向省道S105线。遗址中心点坐标为东经114°19′25.2″、北纬42°04′11.94″，海拔1489米（图一）。

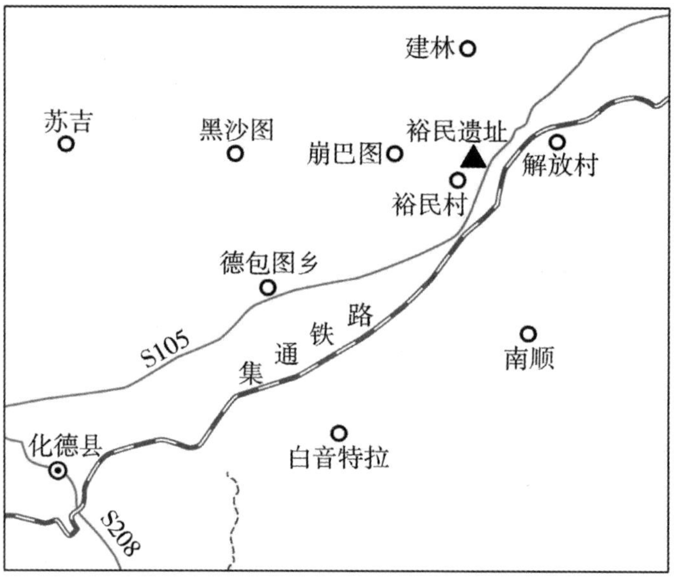

图一　裕民遗址位置示意图

2010年，在配合集通铁路复线工程建设开展调查时发现该遗址。同年8月，内蒙古自治区文物考古研究所、乌兰察布市博物馆和化德县文物管理所组成联合考古发掘队，对遗址进行了考古试掘，揭露面积100平方米。为了探索裕民遗址的文化面貌，此后又连续开展正式发掘，2014年8—11月发掘面积775平方米，2015年7—11月发掘面积700平方米，2016年6—11月发掘面积1575平方米。4个年度的考古发掘，共布设5米×5米的探方126个，发掘总面积3150平方米（图二，图三）。

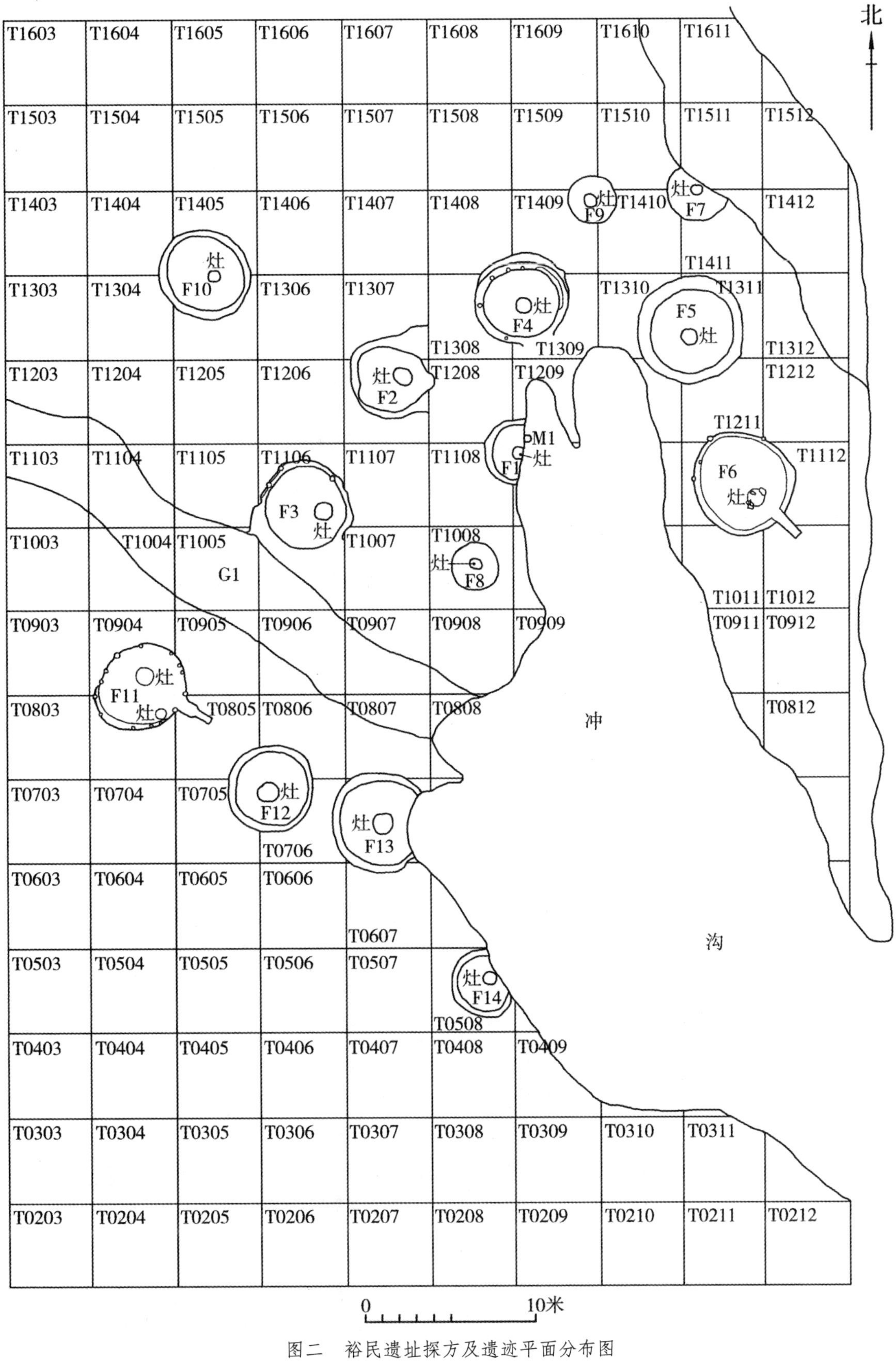

图二　裕民遗址探方及遗迹平面分布图

一、地貌环境与地层堆积

化德县地处内蒙古高原南部，在阴山山脉东北部支脉的边缘地带。向东、北部与锡林郭勒草原相交，南部与冀北坝上丘陵相接。境内多山，属浅山丘陵区，丘陵与盆地、谷地、坡状高原、山间洼地相交错。基本无常年性河流，只有水泊淖尔和季节河。此区域属北温带干燥草原地带典型的大陆性高原气候。土质多属微碱性和砂质土壤，还有部分黏土和胶土，其中黄色沙土、褐色沙土分布最广。天然草场植被比较丰富，适宜半农半牧生计发展。

图三　裕民遗址发掘区正射影像图（上为北）

裕民遗址坐落于化德县境内东北部的丘陵山地。遗址整体地势呈簸箕形，东、北、西三面山丘环绕，缓坡向下，坡向南偏东。遗址的南部连接一矮山丘。东部紧邻的两条冲沟在遗址东南角交汇，在多雨的季节还有泉水渗出。遗址的中南部被现代冲沟侵扰，周邻的山顶、山腰均裸露出原生山石的坡面，水土流失严重。遗址南部500米处的山丘下，有一条自西向东的季节性河流（图四、图五）。从遗址冲沟的断面和探方剖面观察，该区域土质主要为黄褐色沙土、灰褐色沙土、黑褐色沙土和黄色沙土。地表的植被为低矮的杂草和稀疏的天然柠条。遗址现存范围南北长约80米、东西宽约60米，总面积约5000平方米。

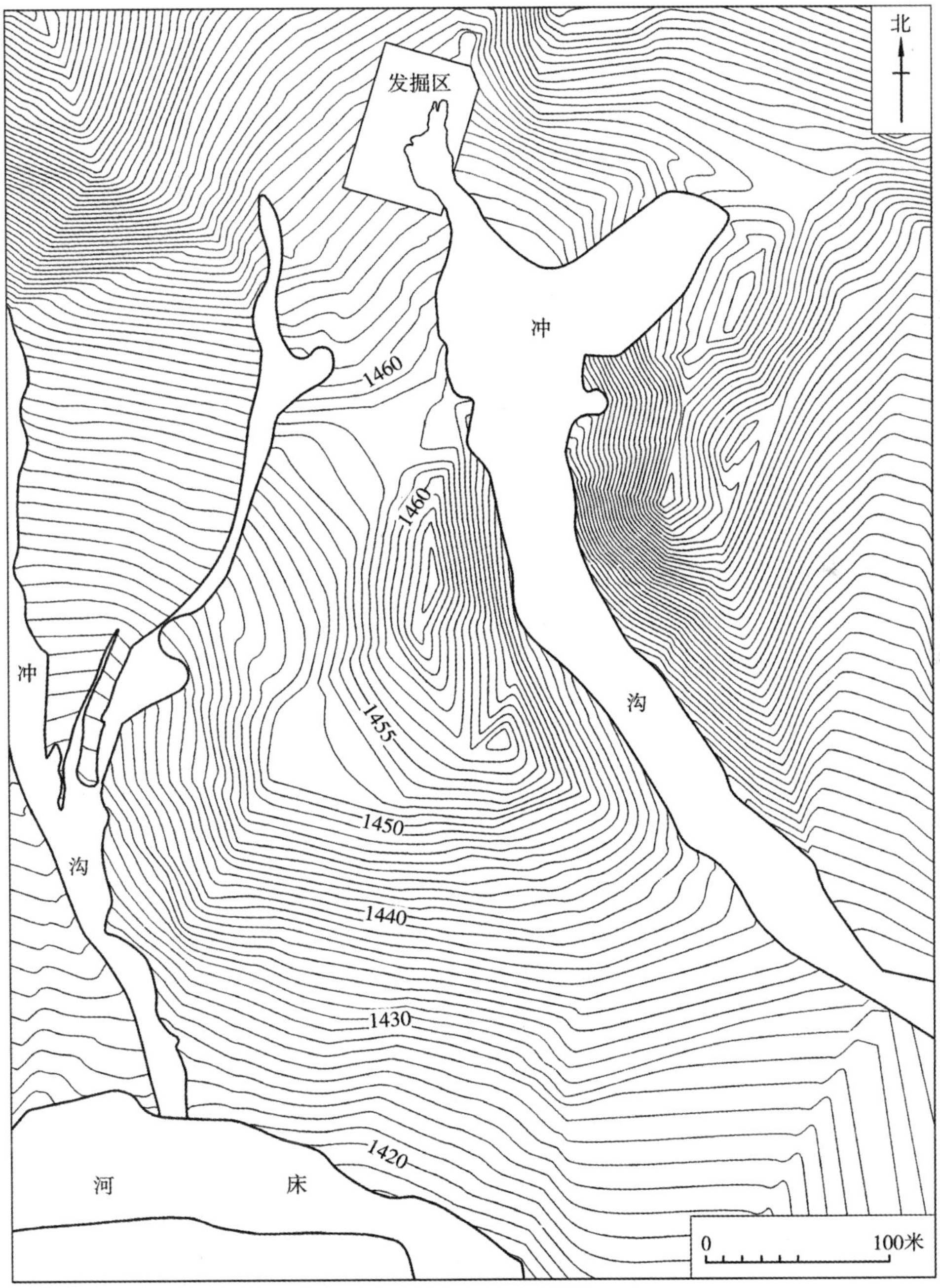

图四　裕民遗址区地形及发掘区位置图

图五　裕民遗址位置及周边环境（南—北）

遗址的地层堆积成坡状，地表水土流失严重，周围山坡的地表土被雨水冲刷或风蚀至地势较低的遗址上面，随着遗址地表坡度向东南各层堆积逐渐变厚。

现以T1103、T1203西壁剖面为例介绍地层堆积的情况（图六）。

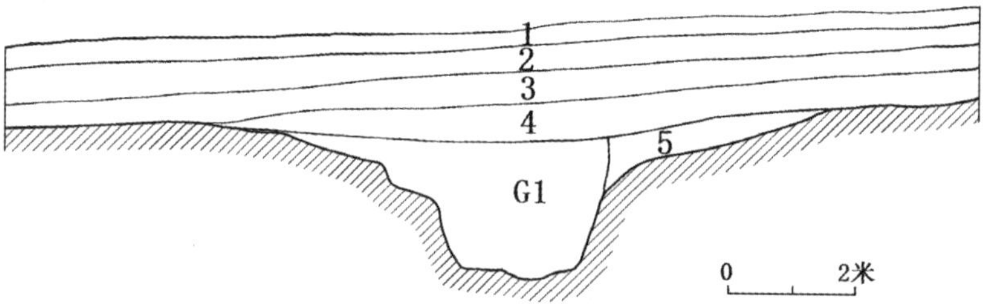

1.黄褐色沙土　2.深黄褐色沙土　3.灰褐色沙土　4.灰黑色沙土　5.黄褐色沙土

图六　T1103、T1203西壁剖面图

第一层：表土层。黄褐色沙土，颗粒较大，土质疏松，含有较少的沙石及少量的植物根系。厚0.2～0.4米。

第二层：深黄褐色沙土，颗粒较大，土质疏松而纯净，含有较少的沙石。厚0.3～0.4米。

第三层：灰褐色沙土，颗粒较大，土质疏松而纯净，含有较少的沙石。厚0.3～0.6米。

第四层：灰黑色沙土，颗粒较大，土质疏松，内含少量陶片、打制石器、石片、兽骨等。厚0.3～0.6米。

第五层：黄褐色沙土，夹杂灰黑色斑块，颗粒较大，包含物极少。厚0.1～0.2米。

第五层之下为生土，黄色沙土，颗粒较大，土质纯净而疏松。

二、遗迹

在裕民遗址共清理房址14座、灰沟1条、墓葬1座，未发现灰坑（图二）。房址、灰沟均叠压于第四层下，打破第五层和生土。房址有圆形和椭圆形两种类型，均为半地穴式结构，有二层台、柱洞、壁柱，地面和墙壁粗糙，圆形地面灶堆积有烧灰土，个别房址发现了斜坡式门道。房址大小不一，保存较好，相互间无叠压打破关系。

下面以F3、F4、F6、F11、G1、M1为例对主要遗迹加以介绍。

F3　位于发掘区的中西部，叠压于第四层下，打破生土。房址为圆形半地穴式结构，有二层台，南部的二层台被破坏。房址直径4.6～4.8米、残深0.2～1.05米，二层台宽0.2～0.3米、高0.1～0.4米（图七、图八）。居住面为灰褐色沙土，硬结面不明显。房内发现有3个壁柱洞，分布在靠墙壁的二层台上，为圆形筒状，保存较差，直径0.25米，壁柱存高0.56～0.9米。在房址的中部偏东南设有圆形地面灶，直径0.98米，灶土堆积厚0.2米，灶上部有一块较大的片状石块，石块长0.46米、宽0.38米、高0.16米。房内四周墙壁为黄色沙土，残高0.2～0.98米。门道情况不详。房内堆积为深黑灰色土，颗粒较大，包含有烧灰土和少量陶片、石器、兽骨等。在房址内的南部居住面上散落着较多的兽骨和石块。兽骨有肋骨、肢骨、脊椎骨、蹄骨等，其中有一个动物蹄骨排列完整。房内出土陶片的器型有釜、圜底罐、片状器等，出土石器有磨盘、磨棒、磨石、锛状器、石叶、刮削器及石料、废片等。

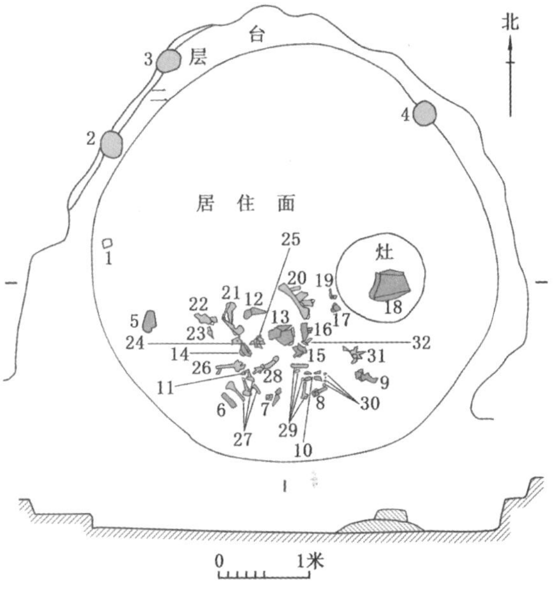

1.磨石　2～4.柱洞　5～18.石块　19～32.兽骨

图七　F3平、剖面图

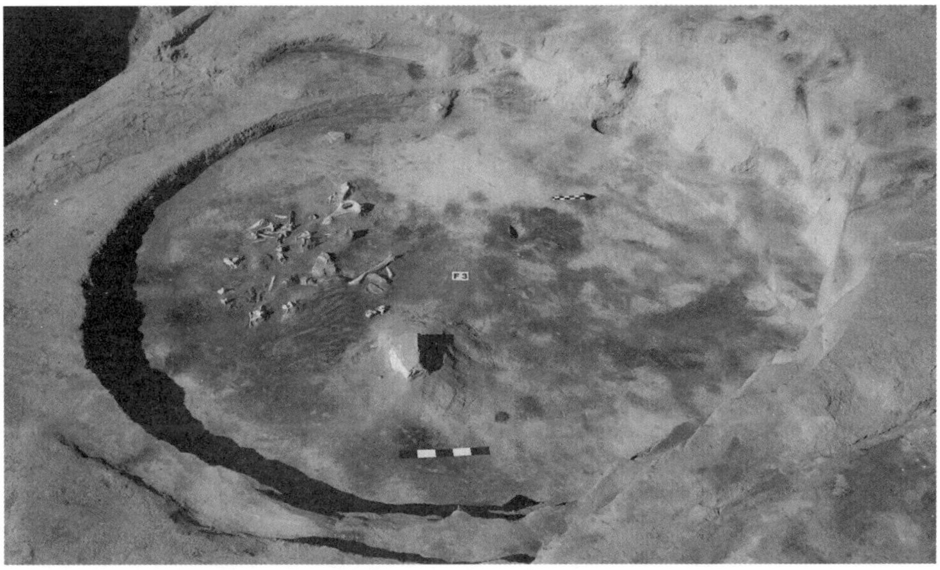

图八　F3（东—西）

F4　位于发掘区的中北部，叠压于第四层下，打破生土。房址为圆形半地穴式结构，有二层台。房址直径5.6～5.8米、残深0.3～1.14米，二层台宽0.5～0.6米、高0.25～0.4米（图九）。居住面为灰褐色沙土，硬结面不明显。房内二层台上发现有5个柱洞，圆形筒状，保存较差，直径0.18～0.25米，深0.07～0.21米。灶位于房址的中部偏东，为圆形地面灶，直径0.9米，灶土堆积厚0.16米。房内四周墙壁为黄色沙土，残高0.38～1.14米。门道情况不详。房内堆积为深黑灰色土，颗粒较大，包含有烧灰土和少量陶片、石器、兽骨等。在房址西北部和东南部的居住面上有两块较大的石头，尺寸分别为长0.52米、宽0.26米、高0.16米，长0.4米、宽0.22米、高0.18米。

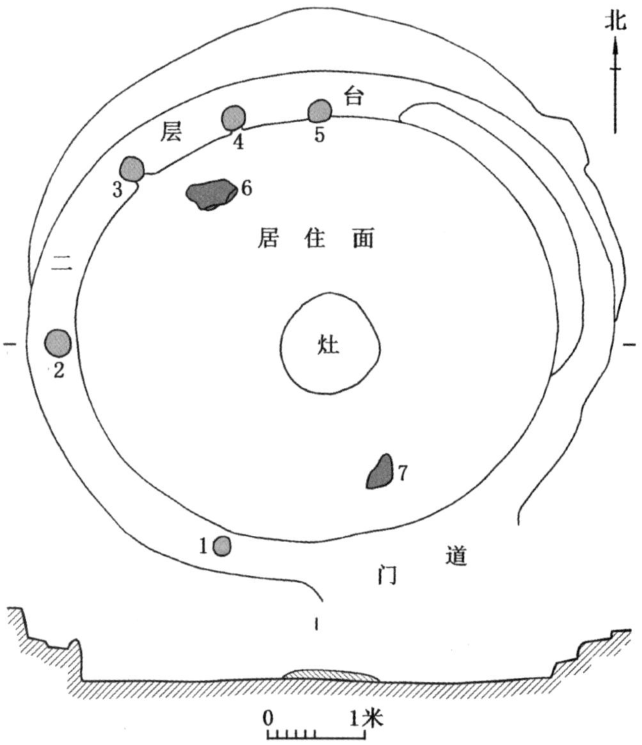

1～5.柱洞　6、7.石块

图九　F4平、剖面图

F6　位于发掘区的东部，叠压于第四层下，打破生土。房址略呈椭圆形，半地穴式结构，有二层台。房址直径5.1～5.6米、残深0.45～1米，二层台宽0.2～0.4米、高0.1～0.2米（图十、图十一）。居住面为灰褐色沙土，硬结面不明显。房内二层台上发现有3个壁柱洞，圆形筒状，保存较差，直径0.2米，壁柱存高0.56～0.7米。灶位于房址南部，为圆形地面灶，直径0.9米，灶土堆积厚0.1米，灶上两侧有较大的片状石块。房内四周墙壁为黄色沙土，残高0.45～1米。门道为梯形斜坡状，残长1.7米，内宽0.6米，外宽0.46米，门向135度。房内堆积为深黑灰色土，颗粒较大，包含有烧灰土和少量陶片、石器、兽骨等。在灶的西南侧散落着较多兽骨和石块，居住面上还有磨石、磨棒、狍角、鹿角等遗物。出土陶片的器型有釜、圜底罐、片状器等，石器有磨盘、磨棒、锛状器、石叶、刮削器及石料、废片等。

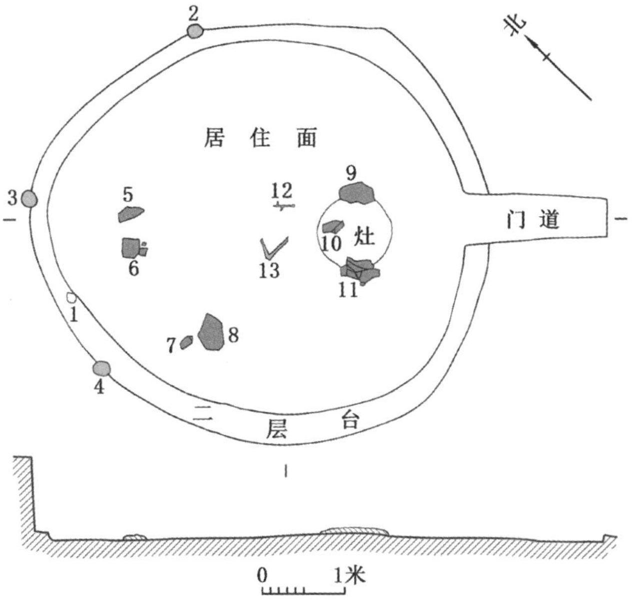

1.磨石 2～4.柱洞 5～11.石块 12、13.兽骨

图十 F6平、剖面图

图十一 F6（东南—西北）

F11 位于发掘区的东部，叠压于第四层下，打破生土。房址略呈椭圆形，半地穴式结构，有二层台。房址直径4.8～5.6米、残深0.2～0.4米，二层台宽0.1～0.4米、高0.1米（图十二、图十三）。居住面为灰褐色沙土，硬结面不明显。房内二层台上发现有14个柱洞，圆形筒状，保存较差，直径0.14～0.3米，深0.05～0.26米。房址内有两个圆形地面灶，灶1位于房内中部，直径1米，灶土堆积厚0.2米，灶上散落有石块；灶2位于房内南部，直径0.6米，灶土堆积厚0.1米。房内四周墙壁为黄色沙土。门道为“凸”字形斜坡状，残长2米，内宽0.8米，外宽0.46米，门向110度。房内

堆积为深黑灰色土，颗粒较大。出土有磨盘、石片、石叶、骨锥、兽骨，还有少量陶片等，陶片的器型有釜、圜底罐、片状器等。

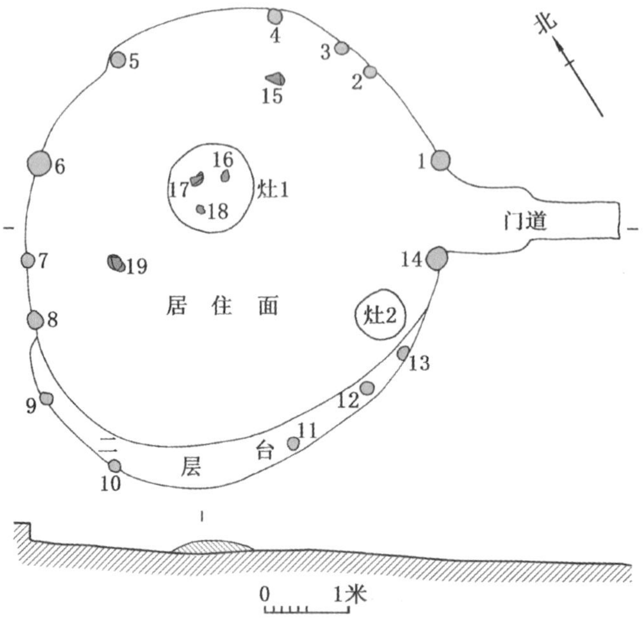

1～14.柱洞　15～19.石块

图十二　F11平、剖面图

图十三　F11（东南—西北）

G1　位于发掘区的西南部，叠压于第四层下，打破生土。西北至东南走向。沟南侧坡面略平缓，沟北侧坡面较陡直，现存沟口宽3.5～4米、底宽1.5～2米、深2.4米。沟内堆积为浅灰褐色沙土，颗粒较大，土质较纯净，没有任何文化遗物，可能为早期的自然冲沟。沟的南北侧均有房址分布。

M1　位于发掘区的中部，叠压于F1房址居住面下，在现代冲沟的沟边。圆形竖穴状，直径0.55米，深0.7米，葬式为蹲踞葬，未见随葬品（图十四）。

图十四　M1（东—西）

三、出土遗物

裕民遗址发掘出土遗物数量较多，主要在第四层和房址内。共有各类遗物4500余件，其中石器占98%，余者骨器较多，陶器和其他制品较少。此外，还出土了大量的动物骨骼。

（一）石器

石器共4428件，以打制石器为主，另有少量磨制石器。石料以安山岩为主，砂岩、玄武岩、凝灰岩和花岗岩次之，还有少量玉髓、玛瑙、石英岩、黑曜岩等。整理中观察测量标本1053件，其中工具类679件，主要有端刮器、刮削器、尖状器、镞、钻、砍砸器、锛状器、锛、斧、凿、锄、刀、石球、杵、磨盘、磨棒、磨石、箭杆整直器等，其余为石核、石叶、石片等。石料主要来源于本地区。

磨盘　92件。其中2件保存完整，其余则不同程度残断。以砂岩为主，安山岩次之，还有少量凝灰岩。T1111④：2，灰色粗砂岩。圆角长方形，片状。单面使用，磨面略粗糙，中部轻微凹陷，有坑疤。长37厘米，宽19.5厘米，厚4.7厘米，重5172克（图十五，1；图十六，1）。F12：1，灰色砂岩。残，圆角长方形，片状。单面使用，磨面有坑疤，中部凹陷明显。残长28.9厘米，宽25.7厘米，厚2.86厘米，重3340克（图十五，2；图十六，2）。F6：229，灰色砂岩。残，圆角长方形，片状。单面使用。磨面凹陷处有平行分布的坑疤。残长22厘米，宽19.55厘米，厚2.96厘米，重1853克（图十五，3；图十六，3）。

磨棒　57件。其中9件保存完整，其余则不同程度残损。以砂岩为主，安山岩次之，还有少量凝灰岩。F5：58，红色砂岩，颗粒较大。两端圆突，横截面呈椭圆形，一端较粗，另一端较细，一侧磨面有残损。长24.5厘米，横截面直径4.8～5.32厘米，重740克（图十五，4；图十六，4）。F12：56，灰色凝灰岩，质地粗糙。两端面略平，圆边外突，中部略细，横截面呈圆角梯形。长19.56厘米，横截面直径3.85～4.26厘米，重380.7克（图十五，5；图十六，7）。T1212④：1，灰色安山岩，颗粒较大。两端圆突，中部略细，横截面呈圆三角形，一侧磨面较深。长24.5厘米，横截面直径4.6～5.7厘米，重648.8克（图十五，6；图十六，5）。F4：5，灰色砂岩，颗粒较小。方圆形，柱状。磨面较细腻。长23.8厘米，横截面直径6～6.48厘米，重1215克（图十五，7；图十六，8）。F4：6，灰色砂岩。圆形，柱状，一端圆突，一端呈圆柱状，略有残损。磨面较粗糙。长17厘米，横截面直径4.59～4.92厘米，重551克（图十五，8；图十六，6）。

磨石　72件。其中15件保存完整，其余均有残损。以砂岩为主，安山岩次之，有少量凝灰岩。F2：3，红色砂岩。圆角长方形，两面使用，磨面细腻，一角略有残损。长12.45厘米，宽9.61厘米，厚2.37厘米，重496克（图十五，9；图十六，9）。F8：2，灰色凝灰岩，质地粗糙。圆角长方形，单面使用，磨面略凹。长8.6厘米，宽6.1厘米，厚2.46厘米，重17.82克（图十五，10；图十六，10）。

石球　1件。F6：22，灰黑色安山岩。椭圆形，磨制，磨面光滑。长轴3.51厘米，短轴2.98厘米，重38.3克（图十五，11；图十六，11）。

石杵　5件。砂岩或安山岩。以磨制为主，其中1件为打制。F3：1，黄色砂岩。圆角长方形，顶端略窄。底端摩擦面使用痕迹明显。长8.69厘米，宽4.36厘米，厚2.89厘米，重143.5克（图十五，12；图十六，12）。F3：182，黄色粗砂岩。呈梯形，柱状。表面较粗糙，底端有磨痕。长9.4厘米，宽5.24厘米，厚3.02厘米，重177.4克（图十五，13；图十六，13）。

石斧　3件。皆凝灰岩，均为磨制。F6：238，凝灰岩。圆角梯形，顶部略薄，刃缘残。残长7.55厘米，宽3～4.5厘米，厚2.59厘米，重135克（图十五，14；图十六，14）。F5：59，凝灰岩。梯形，薄片状，偏锋。长10.5厘米，宽2.1～4.2厘米，厚0.91厘米，重77.3克。刃缘长4.4厘米，刃角53度（图十五，14；图十六，15）。

石凿　1件。F13：58，黑色安山岩。残，梯形，呈长条状。通体磨制，顶部略薄。长4.26厘米、宽1.33厘米，厚0.94厘米，重10克。刃缘长1.3厘米，刃角58度（图十五，16；图十六，16）。

石锛　1件。T1011④：6，黑色安山岩。梯形，片状，刃部残。通体磨制，顶部较薄。长5.15厘米，宽3.85厘米，厚1.3厘米，重38.2克。刃缘长4.1厘米，刃角59度（图十五，17；图十六，17）。

箭杆整直器　2件。F3：259，黄色砂岩。长方形，一面中间有凹槽，磨面粗糙。长5.59厘米，宽3.32厘米，厚2.09厘米，重5.4克（图十五，18；图十六，18）。F8：26，红色砂岩。长方形，两面使用，一面弧凸，另一面中间有凹槽。长5.06厘米，宽3.38厘米，厚1.2厘米，重34.6克（图十五，19；图十六，19）。

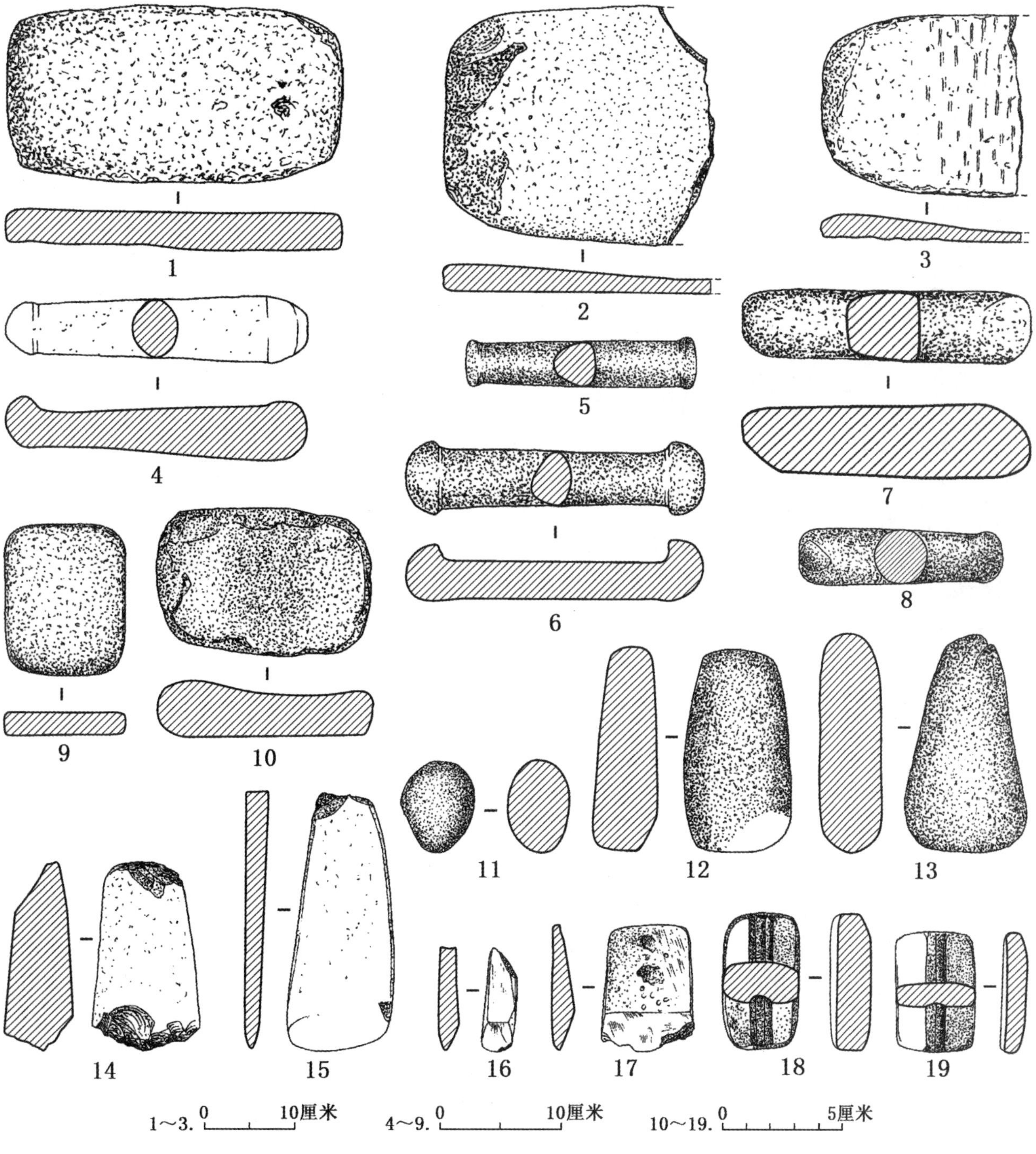

1～3.磨盘（T1111④：2、F12：1、F6：229）　4～8.磨棒（F5：58、F12：56、T1212④：1、F4：5、F4：6）　9、10.磨石（F2：3、F8：2）　11.石球（F6：22）　12、13.杵（F3：1、F3：182）　14、15.斧（F6：238、F5：59）　16.凿（F13：58）　17.锛（T1011④：6）　18、19.箭杆整直器（F3：259、F8：26）

图十五　出土石器

1～3.磨盘（T1111④：2、F12：1、F6：229） 4～8.磨棒（F5：58、T1212④：1、F4：6、F12：56、F4：5） 9、10.磨石（F2：3、F8：2） 11.石球（F6：22） 12、13.杵（F3：1、F3：182） 14、15.斧（F6：238、F5：59） 16.凿（F13：58） 17.锛（T1011④：6） 18、19.箭杆整直器（F3：259、F8：26）

图十六 出土石器

锛状器 28件。以安山岩为主，凝灰岩次之，还有少量燧石。以打制为主，少量为局部磨制。F8：1，角砾岩。梯形，石片毛坯，两面修理。顶端经减薄修理，两边刃经磨圆，底端刃缘正向修理成陡刃，刃缘平直，刃面内凹。腹面光滑且弧凸，背面微内凹。长6.04厘米，宽2.9～4.2厘米，厚1.35厘米，重44.1克。刃缘长4.5厘米，刃角70度（图十七，1；图十八，1）。T1107④：4，黑色安山岩，质地细腻。梯形，石片毛坯，两面修理。顶端经减薄修理。主刃缘正向修理成陡刃，刃缘微弧凸，刃面内凹。腹面有一条突出的棱脊，背面微弧凸。长5.6厘米，宽2.5～4.42厘米，厚2.4厘米，重34.5克。底端刃缘长4.1厘米，刃角91度（图十七，2；图十八，2）。F3：15，黑色安山岩。梯形，石片毛坯，两面修理。顶部保留石片原台面。两边刃向背面单向修理，刃缘、刃面弧凸。主刃缘单面正向修理成陡刃，刃缘、刃面弧凸。腹面和背面均有一条突出的棱脊。长6.62厘米，宽2.1～3.8厘米，厚1.7厘米，重49.6克。主刃缘长4厘米，刃角74.5度（图十七，3；图十八，3）。F1：140，黑色安山岩。梯形，石片毛坯，单面修理。顶端减薄、两边刃向背面单向修理，刃缘、刃面弧凸。腹面较平，背面有两条突出的棱脊，底端刃缘微凸。长7.32厘米，宽3～5.03厘米，厚1.95厘米，重86.2克。底端刃缘长5.3厘米，刃角71度（图十七，4；图十八，4）。F1：15，黑色安山岩，质地细腻。三角形，石块毛坯，两面修理。顶端减薄修理成弧刃状，两边刃错向修理，底端刃缘向背面正向修理成陡刃，刃缘、刃面弧凸。腹面和背面均有一条突出的棱脊。长6.75厘米，宽4.88厘米，厚2.38厘米，重72.5克。底端刃缘长5.6厘米，刃角60度（图十七，5；图十八，5）。F4：18，灰色安山岩。三角形，石片毛坯，两面修理。顶端减薄修理成弧刃状，两边刃错向修理，底端刃缘向背面正向修理成陡刃，刃缘弧凸，刃面内凹。腹面和背面弧。长5.56厘米，宽4.53厘米，厚1.76厘米，重43.7克。底端刃缘长5.2厘米，刃角75.5度（图十七，6；图十八，6）。T1305④：6，灰白色凝灰岩，质地细腻。圆锹形，片状毛坯，两面磨制。顶端减薄修理成圆弧状，两边刃两面修理并磨光，底端刃缘向背面正向修理成陡刃，刃缘、刃面弧凸。腹面和背面弧凸，磨光明显。长4.9厘米，宽4.3厘米，厚1.33厘米，重31.6克。底端刃缘长4.6厘米，刃角69度（图十七，7；图十八，7）。

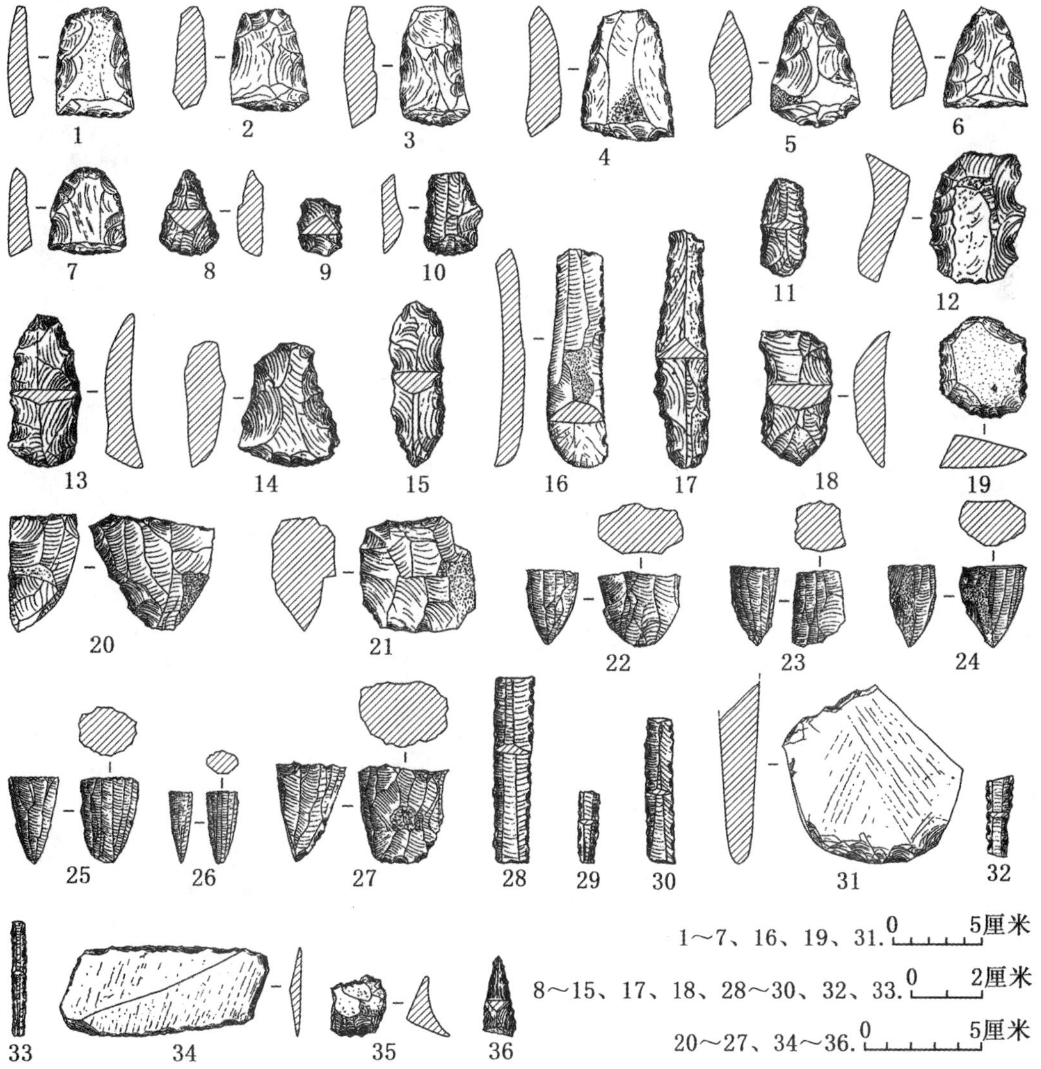

1～7.锛状器（F8：1、T1107④：4、F3：15、F1：140、F1：15、F4：18、T1305④：6） 8～10、13、14.端刮器（F3：720、F3：550、T1007④：66、F13：103、T1011④：3） 11、12、15～19.刮削器（F5：485、F3：496、F5：69、F3：175、T1005④：56、F3：152、F13：19） 20～27.石核（F2：34、F6：34、F6：253、F3：303、F5：126、T1412④：3、F13：57、T0402④：1） 28～30、32、33.石刃（F5：68、F5：405、F6：289、F6：338、F8：24） 31.砍砸器（F3：172） 34.刀（T1207④：3） 35.修理台面石片（T1005：131） 36.尖状器（F2：101）

图十七 出土石器

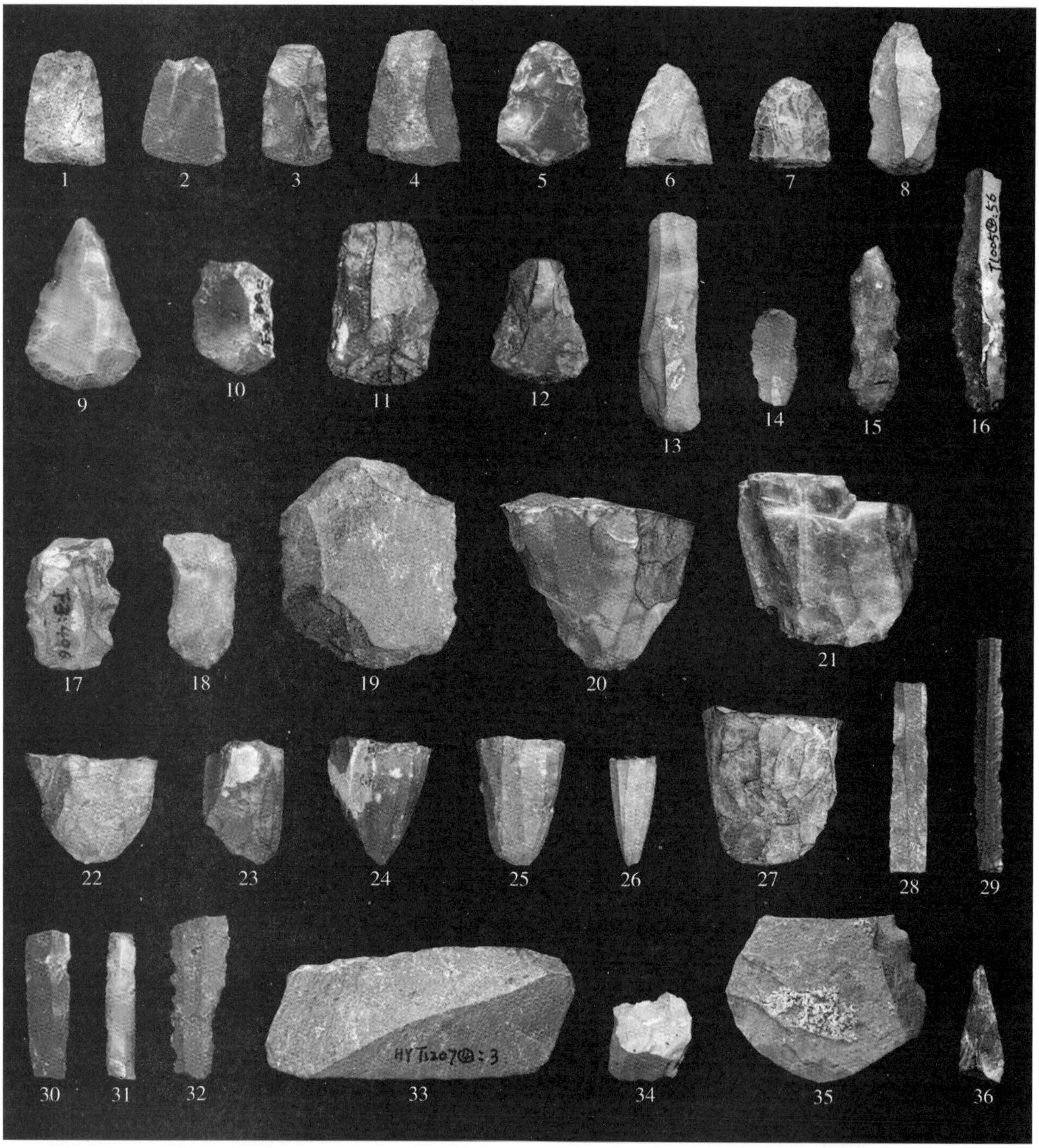

1～7.锛状器（F8：1、T1107④：4、F3：15、F1：140、F1：15、F4：18、T1305④：6） 8～12.端刮器（F13：103、F3：720、F3：550、T1007④：66、T1011④：3） 13～19.刮削器（F3：175、F5：485、F5：69、T1005④：56、F3：496、F3：152、F13：19） 20～27.石核（F2：34、F6：34、F6：253、F3：303、F5：126、T1412④：3、F13：57、T0402④：1） 28～32.石刃（F5：68、F8：24、F5：405、F6：289、F6：338） 33.刀（T1207④：3） 34.修理台面石片（T1005：131） 35.砍砸器（F3：172） 36.尖状器（F2：101）

图十八 出土石器

端刮器 87件。以安山岩和燧石为主，玉髓和凝灰岩次之，还有少量石英岩。F13：103，黑色安山岩。石片毛坯，顶端和两侧边均经修理。端刃正向修理成陡刃，刃缘弧凸，使用痕迹明显。

长4.2厘米，宽1.98厘米，厚0.8厘米，重5.5克。刃缘长2.1厘米，刃角62度（图十七，13；图十八，8）。F3：720，白色燧石。石片毛坯，三角形，两侧边精细修理，上端收窄成尖状。端刃正向修理成陡刃，刃缘弧凸，使用痕迹明显。长2.32厘米，宽1.52厘米，厚0.59厘米，重2克。刃缘长2.1厘米，刃角76度（图十七，8；图十八，9）。F3：550，玉髓。石片毛坯，长方形。顶端和两侧边均修刃，远端刃缘正向修理成陡刃，刃缘弧凸，左侧边刃缘有使用痕迹。长1.62厘米，宽1.2厘米，厚0.59厘米，重1克。刃缘长1.3厘米，刃角61度（图十七，9；图十八，10）。T1007④：66，黑色安山岩。长方形。顶端保留石片原台面，两侧边经过简单修理，端刃缘正向修理成陡刃，刃缘平直。长2.2厘米，宽1.5厘米，厚0.67厘米，重2.9克。刃缘长1.7厘米，刃角61度（图十七，10；图十八，11）。T1011④：3，黑色安山岩。梯形，顶端保留石片原台面，两侧边经过简单修理。端刃正向修理成陡刃，刃缘弧凸。长3.48厘米，宽2.65厘米，厚1.2厘米，重9.6克。刃缘长3厘米，刃角71度（图十七，14；图十八，12）。

刮削器　187件。以安山岩为主，燧石和凝灰岩次之，还有少量玉髓、玛瑙、石英岩等。F3：175，灰黑色凝灰岩。长石片毛坯。刃缘分布于两侧和一端，均正向修理，加工精细。底端刃甚陡，刃缘弧凸，右侧边刃较平直。长11.98厘米，宽3.17厘米，厚1.23厘米，重59.6克（图十七，16；图十八，13）。T1005④：56，灰色硅质岩。冠状石叶为毛坯。刃缘分布于两侧边，左刃缘平直，右刃缘弧凸，均为双向修理。长6.55厘米，宽1.53厘米，厚0.6厘米，重6.7克（图十七，17；图十八，16）。F5：485，灰黑色凝灰岩。石片毛坯。刃缘分布于两侧和一端，刃缘弧凸，均为正向修理。长2.72厘米，宽1.24厘米，厚0.26厘米，重1.5克（图十七，11；图十八，14）。F5：69，燧石。石片毛坯。刃缘周身分布，均为正向修理。两侧边平直，两端呈尖圆状，加工精细，使用痕迹明显。长4.57厘米，宽1.4厘米，厚0.68厘米，重5.4克（图十七，15；图十八，15）。F3：496，黑色安山岩。石片毛坯。刃缘分布在两侧和一端，均为正向修理。左侧为锯齿刃，右侧为凹缺刃。长3.6厘米，宽2.49厘米，厚1.19厘米，重12.2克（图十七，12；图十八，17）。F3：152，燧石。石片毛坯。刃缘周身分布，两端呈弧状。两侧刃缘甚陡，一侧使用痕迹明显。长3.67厘米，宽1.89厘米，厚0.86厘米，重7.4克（图十七，18；图十八，18）。F13：19，黑色安山岩。大石片毛坯。刃缘分布在两侧边及端部，两侧边为锯齿刃，端部为弧刃。长5.8厘米，宽4.8厘米，厚1.9厘米，重57.2克（图十七，19；图十八，19）。

石核　178件。其中细石核89件、普通石核61件、预制石核28件。以安山岩为主，燧石和凝灰岩次之，还有少量玉髓、石英岩等。F2：34，黑色安山岩。预制石核。台面呈椭圆形，底缘有预制修理痕迹。高4.54厘米，宽4.94厘米，厚3.1厘米，重72.6克（图十七，20；图十八，20）。F6：34，黑色安山岩。普通石核。宽楔形，台面数量4个。高4.99厘米，宽4.75厘米，厚2.79厘米，重67.8克（图十七，21；图十八，21）。F6：253，黑色安山岩。细石核。宽楔形，有一条侧缘，底缘呈线状，处于剥片初期阶段。高2.83厘米，宽3.4厘米，厚2.14厘米，最大剥片面长2.82厘米，重22.2克（图十七，22；图十八，22）。F3：303，灰色硅质岩，质地细腻。细石核。锥形，有一条侧缘，底缘呈线状，处于剥片中期阶段。高3.12厘米，宽1.89厘米，厚1.92厘米，最大剥片面长1.6厘米，重2.93克（图十七，23；图十八，23）。F5：126，黑色安山岩。细石核。锥形，有一条侧缘，底缘呈点状，处于剥片中期阶段。高3.28厘米，宽2.63厘米，厚1.88厘米，最大剥片面长3.27厘米，重18克（图十七，24；图十八，24）。T1412④：3，凝灰岩。细石核。锥形，底缘呈刃状，处于剥片后期阶段。高3.3厘米，宽2.3厘米，厚2.1厘米，最大剥片面长3.2厘米，重18.3克（图十七，25；图十八，25）。F13：57，燧石。细石核。铅笔头状，底缘呈点状，周身剥片，处于剥片后期阶段。高3厘米，宽1.15厘米，厚0.9厘米，最大剥片面长2.9厘米，重3.4克（图十七，26；图十八，26）。T0402④：1，黑色安山岩。细石核。宽楔形，有一条侧缘，底缘呈刃状，处于剥片中期阶段。高4厘米，宽3.7厘米，厚2.8厘米，最大剥片面长3.53厘米，重47.4克（图十七，27；图十八，27）。

石刃　113件。以燧石和安山岩为主，其次为凝灰岩、玉髓、玛瑙等。F5：68，燧石。毛坯为细石叶远端。有两条背脊，侧缘使用痕迹明显。长5.08厘米，宽1.01厘米，厚0.3厘米，重2.1克（图十七，28；图十八，28）。F5：405，安山岩。毛坯为石叶远端。镶嵌缘和使用缘均为反向压制修理，使用痕迹明显。长1.98厘米，宽0.59厘米，厚0.17厘米，重0.4克（图十七，29；图十八，30）。F6：289，玉髓。毛坯为完整石叶。石刃弯曲，有两条背脊，两侧缘均有使用痕迹。长3.93厘米，宽0.8厘米，厚0.31厘米，重1.2克（图十七，30；图八，31）。F6：338，凝灰岩，质地细腻。毛坯为石叶近端。有两条背脊，两侧缘均为正向压制修理，其中一侧呈锯齿状，使用强度高。长2.15厘米，宽0.8厘米，厚0.2厘米，重0.4克（图十七，32；图十八，32）。F8：24，燧石。毛坯为石叶近端。有两条背脊，左侧缘反向压制修理，右侧缘正向压制修理，使用强度高。长3.15厘米，宽0.38厘米，厚0.14厘米，重0.1克（图十七，33；图十八，29）。

石刀　1件。T1207④：3，灰色安山岩。平行四边形，片状，打制。长8.3厘米，宽3.6厘米，厚0.6厘米，重23.1克。刃缘长7.1厘米，刃角48度（图十七，34；图十八，33）。

修理台面石片　49件。以安山岩为主，凝灰岩和燧石次之，还有少量玉髓。T1005：131，褐色凝灰岩。可见原台面和侧面剥片痕迹。长2.8厘米，宽2.8厘米，厚1厘米，重4.8克（图十七，35；图十八，34）。

砍砸器　8件。以安山岩为主，有少量石英岩、辉绿岩。F3：172，辉绿岩。近椭圆形。长10.28厘米，宽8.93厘米，厚2.43厘米，重344.8克。一条凸刃，双向加工，刃缘长7.5厘米，刃角59度。一条直刃，单向加工，刃缘长6.9厘米，刃角64度（图十七，31；图十八，35）。

尖状器　1件。F2：101，黑色安山岩。石片毛坯，三棱锥状。尖刃一侧边正向压制修理。长3.3厘米、宽1.3厘米、厚0.75厘米，重2克，尖刃夹角28度（图十七，36；图十八，36）。

（二）陶器

陶器出土较少，可复原器极少，多数为较小的陶片。陶质以夹砂陶为主，泥质陶次之，质地疏松，火候低，略显不均匀。陶色以褐色为主，多为黑褐色、黄褐色及灰褐色，偶见红色陶。均为手制，制法为泥片贴筑法；陶器可能多为编织软模，内贴泥片成型；个别小型陶器采用捏塑法成型。陶器器类简单，出土有尖圜底釜、圜底筒形罐、片状器、杯等。纹饰多为编织纹，素面者也占一定比例，少量有指甲压印纹和网纹（图十九）。该遗址所见编织纹在东北亚区域亦有发现，多表述为“麻点纹”或“坑点纹”，但从制作方法和纹饰特征看，“麻点纹”或“坑点纹”的定义似乎与之有较大差距，所以现定义为“编织纹”。

1、3.釜腹部（F4：1、2） 2、4.釜口沿（F2：1、2）

图十九 出土带纹饰陶片

圜底釜 4件。均为夹石英砂褐色陶，质地疏松，火候低。大口，深腹，尖圜底。根据整体形制特征可分为2型。

A型：2件。黑褐陶。直口，方圆唇，深腹下收。器壁薄厚均匀，外壁饰有编织纹。F2：1，内壁抹平，器型较为规整。口径23.2厘米，高24.2厘米（图二十，1）。F5：666，夹砂黑褐陶。口部俯视为椭圆形，下腹有一较大的圆孔，周边环绕7个小圆孔。内壁手工抹平，做工粗糙。器底有烧痕。可能在烧制过程中发生变形。口径19厘米，宽10.8厘米，高20.2厘米，大孔径3.2厘米，小孔径0.7厘米（图二十，7；图二十一）。

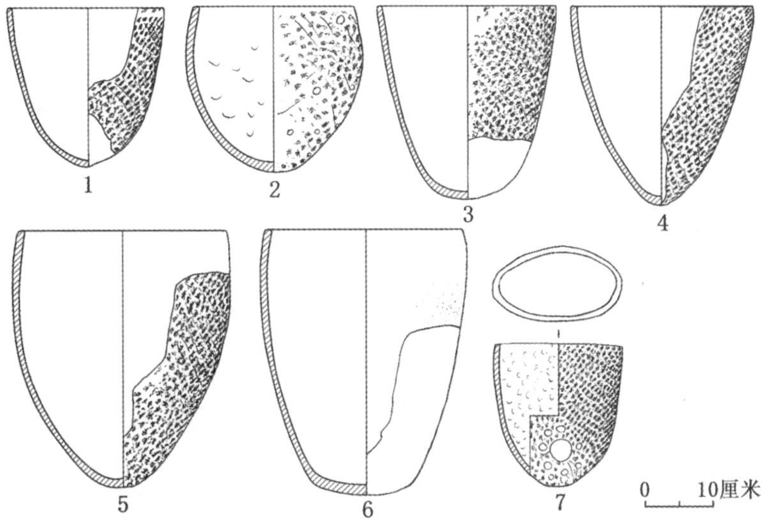

1、7.A型圜底釜（F2：1、F5：666） 2.A型圜底筒形罐（F2：3） 3、6.B型圜底筒形罐（F2：4、2） 4、5.B型圜底釜（F5：653、F4：297）

图二十 出土陶器

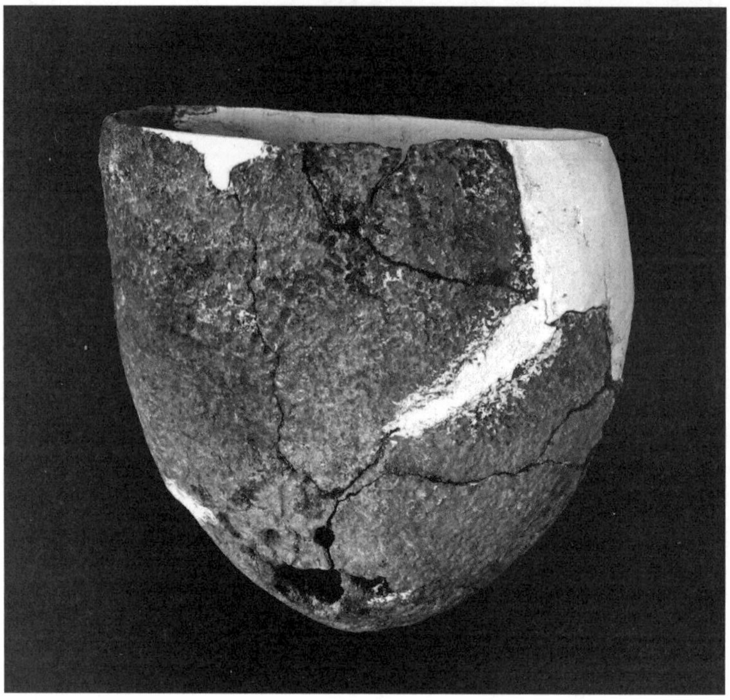

图二十一　A型圜底釜（F5：666）

B型：2件。均为灰褐陶。敞口，方唇，深腹，圜底。器壁薄厚均匀，外壁饰有编织纹，内壁抹平，器型较为规整。F4：297，斜直腹，上腹略鼓。口径31.4厘米，高37.4厘米（图二十，5）。F5：653，斜直腹。口径26.8厘米，高29厘米（图二十，4；图二十二）。

图二十二　B型圜底釜（F5：653）

圜底筒形罐　4件。均为泥质褐陶，器壁薄厚均匀。根据整体形制特征可分为2型。

A型：1件。F2：3，敛口，方圆唇，上腹略鼓，下腹内收，圜底。外壁饰有编织纹，纹络杂乱，内壁抹平。口径23.5厘米，高23.6厘米（图二十，2；图二十三）。

图二十三　A型圜底筒形罐（F2：3）

B型：3件。敞口，方唇，斜直腹，圜底。F2：2，素面。口径28.6厘米，高37.8厘米（图二十，6；图二十四）。F2：4，外壁饰有编织纹。口径26.2厘米，高27.6厘米（图二十，3；图二十五）。

图二十四　B型圜底筒形罐（F2：2）

图二十五　B型圜底筒形罐（F2：4）

片状器　数量较多。多为泥质褐陶，少量为红陶。形状多见圆形、长方形、圆角长方形，亦有少量为不规则形。器物较为规整，少数略显粗糙。以素面为主，部分器物背面印有竖草纹。多数边缘齐整，少量边缘按压出花边。依整体形制特征可分为4型。

A型：圆形，均为素面。F5：662，器体边缘按压出花边。复原直径20厘米，厚0.8厘米（图二十六，3）。F6：743，手工捏塑成近圆形的薄片，正面与背面均不平整，正面边缘有一圈宽窄均匀的凸棱。复原直径13.3厘米、厚0.6厘米（图二十六，7；图二十七，2）。

B型：长方形，均为素面。F5：655，长10厘米，宽8.5厘米，厚0.8厘米（图二十六，9；图二十七，4）。F5：656，已残。复原长15.3厘米、宽11.4厘米、厚0.8厘米（图二十六，10；图二十七，3）。

C型：圆角长方形。F2：5，器表较为平整，中间厚，四周薄。背部印有竖草纹。复原长26.4厘米、宽23.4厘米、厚1.2～1.6厘米（图二十六，1；图二十七，6）。F3：835，素面。复原长22厘米、宽18.4厘米、厚1.2～1.5厘米（图二十六，4）。F5：657，素面。复原长14厘米、宽11.8厘米、厚1.2～4厘米（图二十六，8）。F5：661，素面。器体边缘按压有花边。复原长24.2厘米、宽21.6厘米、厚1.2～1.4厘米（图二十六，5）。

D型：不规则形，均为素面。F4：295，器体边缘按压有花边。复原最大直径22.6厘米、厚0.8厘米（图二十六，2；图二十七，1）。F4：296，复原最大直径21.1厘米、厚0.8厘米（图二十六，6；图二十七，5）。

杯　泥质黑褐陶。F5：654，直口，圆唇，深腹微弧，腹部下收，圜底。器表素面，器壁薄厚均匀，外壁粗糙不平。口径5厘米，高5.2厘米（图二十八；图二十九）。

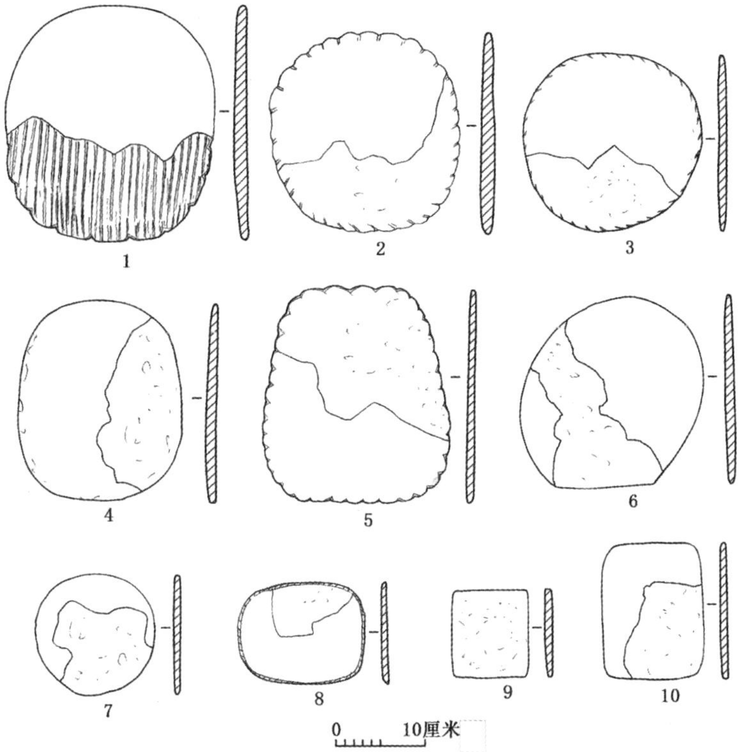

1、4、5、8.C型（F2：5、F3：835、F5：661、F5：657） 2、6.D型（F4：295、F4：296） 3、7.A型（F5：662、F6：743） 9、10.B型（F5：655、F5：656）

图二十六 出土陶片状器

（三）其他遗物

骨器数量较多，可辨器型有锥、刀、铲、刀柄、标枪头柄、匕、针、笄等，多数利用动物的肢骨、肋骨制成，亦见少量的肩胛骨制品。还有部分残损的骨器，器型与用途无法辨别。骨器以外，还出土了极少量的角制品、牙饰、蚌饰、贝饰等。另外，在部分房址内，集中出土了较多动物骨骼。

1、5.D型（F4：295、F4：296） 2.A型（F6：743） 3、4.B型（F5：656、F5：655） 6.C型（F2：5）

图二十七 出土陶片状器

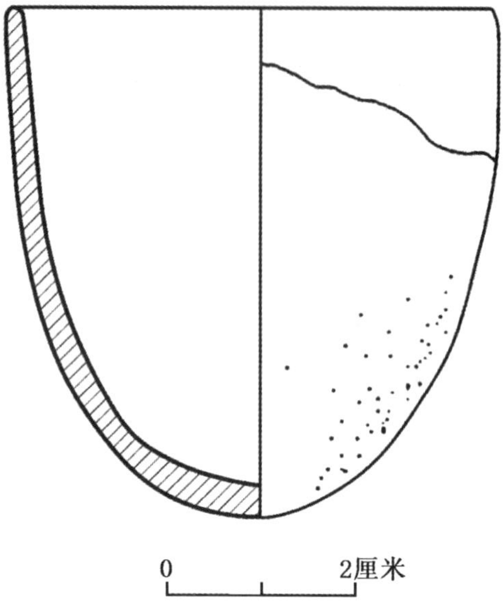

图二十八　出土陶杯（F5：654）

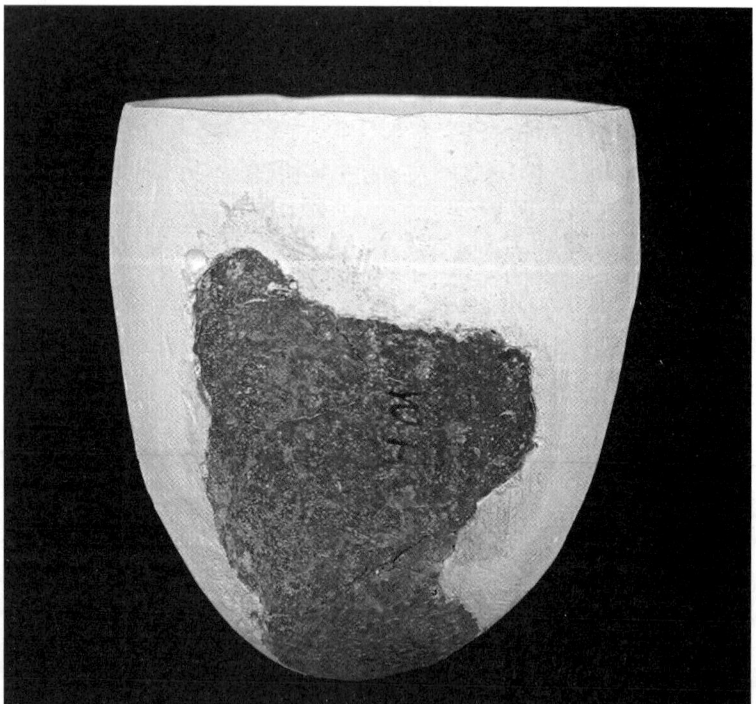

图二十九　陶杯（F5：654）

骨锥　11件。用动物的肢骨劈裂、切割、磨制而成。根据整体形制可分为4型。

A型：2件。器体一端有较深的髓腔并保留关节面；另一端磨出锥尖，较锋利，使用痕迹明显。F5：645，器体较直。长17.2厘米，上宽2.2厘米（图三十，1；图三十一，1）。F6：734，器体略弯曲。长11厘米，上宽1.8厘米（图三十，2）。

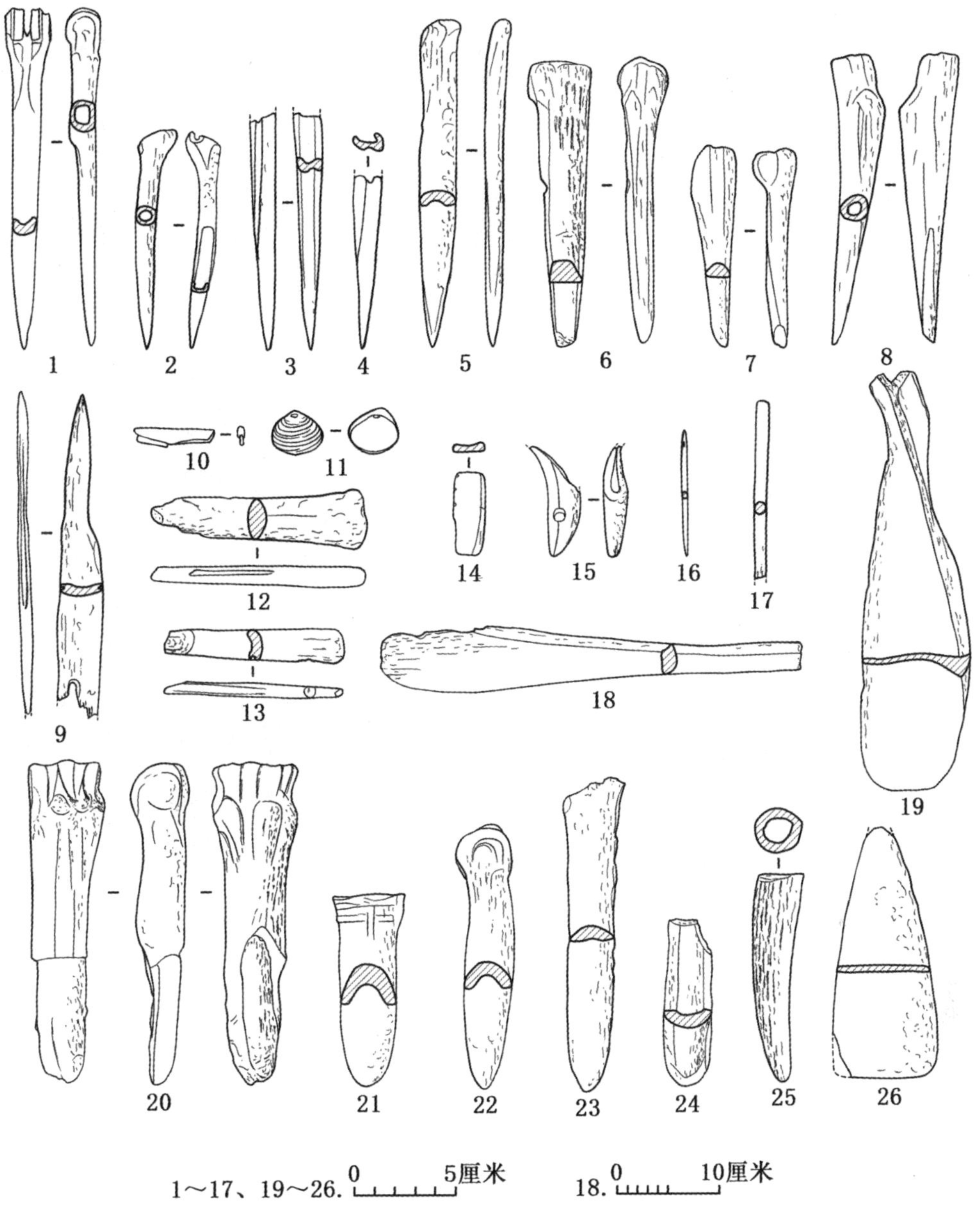

1、2.A型骨锥（F5：645、F6：734） 3、4.B型骨锥（F8：32、F6：735） 5、6.C型骨锥（F5：646、F1：190） 7、8.D型骨锥（F1：191、F5：647） 9.骨标枪头柄（F6：739） 10.B型骨刀柄（F6：738） 11.贝饰（F5：651） 12、13.A型骨刀柄（F6：736、F6：737） 14.蚌饰（F5：652） 15.牙饰（F1：194） 16.骨针（F5：650） 17.骨笄（F6：741） 18.骨刀（F6：740） 19.骨铲（F3：833） 20.A型骨匕（F4：294） 21、22.B型骨匕（T0811④：19、T1007④：149） 23、24.C型骨匕（F3：832、T1007④：151） 25.角器（F1：193） 26.骨片状器（F3：834）

图三十 出土遗物

B型：2件。用小型动物的肢骨纵向劈裂、磨制而成。一端磨出锥尖，较锋利，使用痕迹明显；柄端不保留关节面，为砍砸后的断面。F6：735，长8.6厘米，上宽1.4厘米（图三十，4）。F8：32，长12厘米，上宽1.4厘米，厚0.8厘米（图三十，3；图三十一，2）。

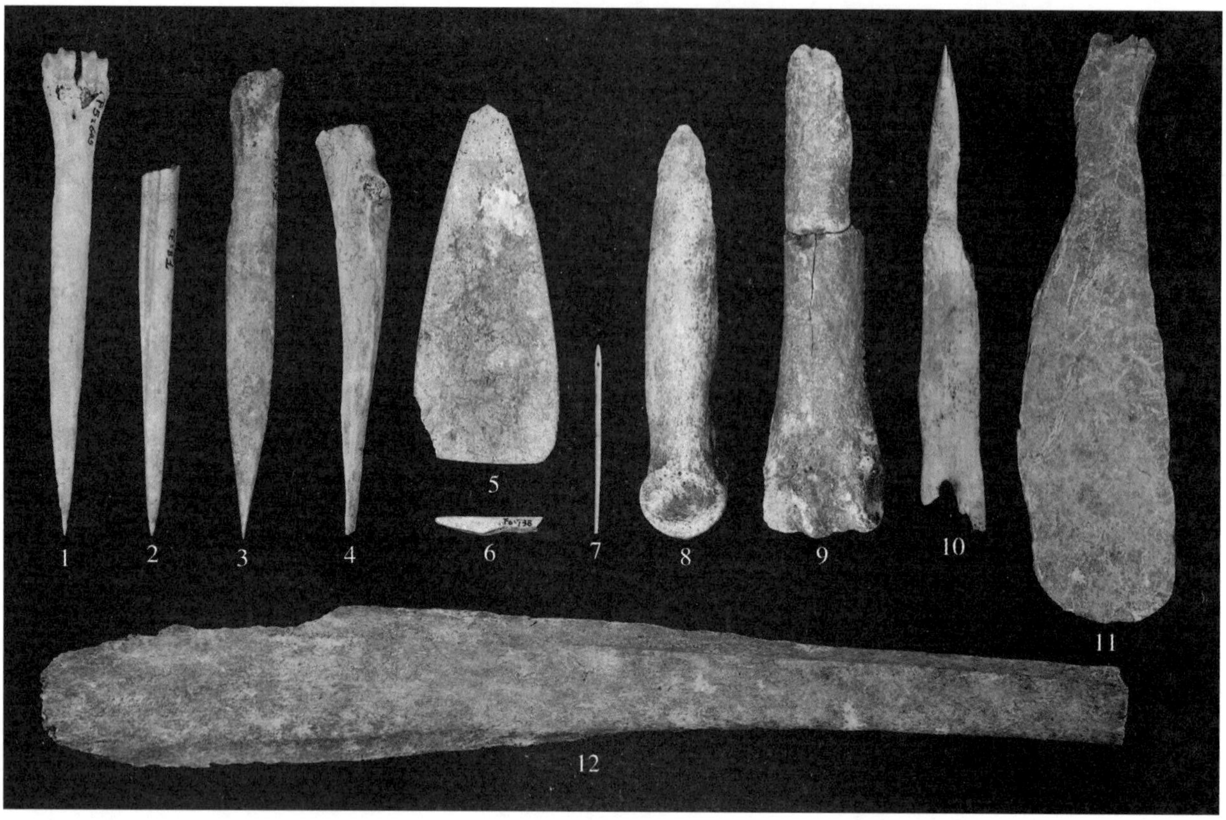

1.A型骨锥（F5：645） 2.B型骨锥（F8：32） 3.C型骨锥（F5：646） 4.D型骨锥（F5：647） 5.骨片状器（F3：834） 6.B型骨刀柄（F6：738） 7.骨针（F5：650） 8.B型骨匕（T1007④：149） 9.A型骨匕（F4：294） 10.骨标枪头柄（F6：739） 11.角铲（F3：833） 12.骨刀（F6：740）

图三十一 出土骨器

C型：3件。器体较直，皆为纵向劈裂，一面为骨面，另一面为骨腔；上端保留有关节面，下端磨制成锥尖，使用痕迹明显。F1：190，长14.4厘米，上端宽3.1厘米（图三十，6）。F5：646，长16.8厘米，宽1.9厘米（图三十，5；图三十一，3）。

D型：4件。用野马骨骼加工、磨制而成。器体较直，柄端保留关节面，尾端磨出较为锋利的锥尖。F1：191，椎体下端残。残长10.3厘米，上宽2厘米（图三十，7）。F5：647，残。椎体柄端关节面残损，下端斜向劈裂，露出髓腔，锥尖残。残长13.6厘米，上端宽1.6厘米（图三十，8；图三十一，4）。

骨刀　1件。F6：740，用大型动物的肋骨切割、磨制而成。背部圆润，刃部有使用痕迹，刀前端损毁严重。外侧面磨损严重，内侧面保留骨骼原状，柄部保存较好。残长41.2厘米，宽8.2厘米，厚1.6厘米（图三十，18；图三十一，12）。

骨铲　1件。F3：833，用动物的肩胛骨切割、磨制而成。保留出脊的一侧，铲面前端钝圆，柄部较短。长21.2厘米，宽5.4厘米，厚1.1厘米（图三十，19；图三十一，11）。

骨刀柄　3件。根据柄和刃部特征可分为2型。

A型：2件。直柄，直刃。骨柄为动物肢骨劈削成片状，单侧开槽以镶嵌石刃。F6：736，前端残。残长10.8厘米，上端宽3厘米（图三十，12）。F6：737，前端残。残长8.8厘米，上端宽1.6厘米（图三十，13）。

B型：1件。F6：738，柄残，弧刃。利用动物骨骼劈削磨制成弧状，单侧开细槽以镶嵌石刃。残长4厘米，刃长2厘米（图三十，10；图三十一，6）。

骨标枪头柄　1件。F6：739，利用动物肢骨劈削成长条片状，两侧开槽以镶嵌石刃，前端磨出锋尖，尾部有穿孔，已残。该器残损后，又经修理做其他用途。残长16.2厘米，宽2.1厘米（图三十，9；图三十一，10）。

骨匕　6件。用动物肢骨加工而成，大部分经过较为精细的磨制。根据整体形制可分为3型。

A型：2件。器体一端有较深的髓腔并保留关节面；另一端磨成扁薄圆弧形刃口，刃部稍钝，使用痕迹明显。F4：294，长16.4厘米，上端宽3.8厘米（图三十，20；图三十一，9）。

B型：2件。刃口斜磨呈圆弧状。器体较直，纵向劈裂，一面为骨面，另一面为骨腔；上端保留有关节面，下端磨制略呈尖弧刃，使用痕迹明显。T0811④：19，长9.6厘米，宽3.6厘米，厚2.1厘米（图三十，21）。T1007④：149，长13.3厘米，宽2.3厘米，厚1.3厘米（图三十，22；图三十一，8）。

C型：2件。将动物肢骨劈削成片状，一面扁平，一面弧凸，尖弧刃，使用痕迹明显。T1007④：151，长8.4厘米，宽2.4厘米，厚0.9厘米（图三十，24）。F3：832，长15.8厘米，宽3厘米，厚0.8厘米（图三十，23）。

骨针　1件。F5：650，磨制精细，针尖使用痕迹明显。通体磨光，尾部为圆锥形，有圆形针孔，为两侧对钻而成。长6.3厘米，横截面直径0.15厘米（图三十，16；图三十一，7）。

骨笄　1件。F6：741，用动物肢骨加工磨制而成。圆柱形。残长8厘米，横截面直径0.4厘米（图三十，17）。

骨片状器　1件。F3：834，薄骨片。形状呈等腰三角形，一角微残。表面磨制光滑。高12.6厘米，底宽5.4厘米，厚0.4厘米（图三十，26；图三十一，5）。

角器　2件。用动物角切割加工而成。弯曲状，横截面呈圆形。尖部有明显使用痕迹。F1：193，长10.6厘米（图三十，25）。

牙饰　1件。F1：194，用动物的犬齿制成，月牙形。已残，中部钻孔。长5.5厘米，宽1.5厘米（图三十，15）。

蚌饰　1件。F5：652，长方形，片状。长4.1厘米，宽1.6厘米（图三十，14）。

贝饰　1件。F5：651，在贝壳顶部钻有小孔。长2.5厘米，宽2.2厘米，孔径0.2厘米（图三十，11）。

四、结语

裕民遗址坐落在地势较高、丘陵环绕的沙土坡地。聚落规模不大，依山坡自然分布，未发现房址存在叠压打破关系。房址均为圆形或椭圆形半地穴式结构，设二层台，有柱洞或壁柱、圆形地面灶。房屋建筑技术较为成熟。石器出土数量多且类型丰富。工具组合和加工技术承袭了旧石器时代晚期阶段北方细石器文化特征，同时还出现了新石器时代常见的石器类型。出土工具按功能可划分为狩猎，加工处理动植物资源，农业耕种，石、骨器，木料加工等类型。其中，既有即打即用、缺乏稳定形制的权宜性工具，又有经过精致修理的定型工具。此外，遗址中还出土大量石器制作的不同阶段所产生的废料，体现出高强度的石器工具生产活动。锛状器最具本地文化特征，出土数量较多，类型丰富，有梯形、三角形、圆锹形，按主刃缘形态分为直刃、弧凸刃和弧凹刃。顶端均经减薄修理，或呈刃状，或呈多边形小斜面，甚至有的直接保留原石片台面。两边刃也都经过修理，两面修理居多数，个别为由腹面向背面单面修理，还有少量刃缘有磨光痕迹。主刃缘均是由锛状器腹面向背面单向修理成陡刃，刃面或内凹，或弧凸。腹面多数为原石片的腹面，也有个别锛状器采用了石片的背面做腹面进行加工修理。两面多为弧凸状或有一到两条突出的棱脊，只有少量单面修理的锛状器腹面较平。根据刃缘使用情况可明显分辨出锛状器从毛坯阶段、使用初期阶段、中期阶段直至使用末期的不同形态。可见锛状器在当时是一种制作技术成熟、很重要的生产工具。锛状器与虎头梁遗址①、籍箕滩旧石器时代晚期细石器遗址②、孟家泉遗址③、大安后套木嘎遗址④等地点出土和采集的同类器相近，不同的是裕民遗址出土的锛状器两面修理者居多，与虎头梁遗址出土的锛状器腹面特征差距较大，可能存在加工技术或使用功能上的差异性。另外裕民遗址出现了圆锹形器型，不见长方形锛状器。石核出土数量相对较多，包括预制石核、细石叶石核和石片石核3种。其中细石叶石核形制丰富，有宽楔形、柱形、锥形、铅笔头形，还有个别为不规则形。处于剥片初期阶段的以宽楔形为主，到剥片中期多呈柱形和锥形，铅笔头状石核则进入剥片末期甚至接近废弃阶段。石刃出土数量也较多，多镶嵌于骨柄制成复合工具使用。大量复合工具的出现和应用，说明当时石器工具的生产制作技术已经非常成熟。这一时期人们在使用细石器工具的同时还使用大型打制石器、局部磨光的石器和骨器等。磨盘、磨棒在遗址中也大量出现，磨棒往往存在多个使用面，包括磨棒侧面与端部，存在磨与杵于一体的多功能性。另外，通过对提取包括磨盘、磨棒、细石叶、端刮器等石器以及陶器表面的残留物进行分析，目前发现的植物遗存包括小麦族、黍亚科以及块茎类植物⑤，这些发现意义重大。

出土的陶器器类简单，以圜底釜、圜底罐、片状器组合为代表，不见平底器，亦是该遗址文化的主要特征之一。其特点为夹砂、泥质褐陶，颜色深浅不一，泛黑、灰、黄色。质地疏松，火候低。制法为泥片贴筑法。器表主要饰编织纹、网纹或素面，部分器口有压印纹。仔细观察纹饰的形成，制作中可能是应用编织软模的外模具，用泥片贴筑而成器，形成了底部厚、器壁略薄的特点。从编织纹的经纬和纹络观察，编织软模用料可能有3种：一是用细草直接编织成形（麻点纹）；二是用动物的鬃毛编织细绳，再编成网模（凌乱麻点纹）；三是用植物的内皮（可能为麻类植物）编织细绳，再编织成网模（网纹）。不同器物上的纹饰还存在不同的形态，由于制作手法不同，器物

① 盖培、卫奇：《虎头梁旧石器时代晚期遗址的发现》，《古脊椎动物与古人类》1977年第4期。

② 河北省文物研究所：《籍箕滩旧石器时代晚期细石器遗址》，《文物春秋》1993年第2期。

③ 河北省文物研究所等：《河北玉田县孟家泉旧石器遗址发掘报告》，《文物春秋》1991年第1期。

④ 陈全家等：《吉林大安后套木嘎石制品研究》，载教育部人文社会科学重点研究基地吉林大学边疆考古研究中心编《边疆考古研究（第4辑）》，北京：科学出版社，2006年。

⑤ 据美国斯坦福大学东亚语言与文化系刘莉、贺亚辉提供的残留物初步分析结果。

上的纹饰存在不均匀和深浅不一的现象。这似乎可解释东西伯利亚地区史前绳纹圜底器的纹饰成因[①]。片状器的形状各异，大小不一，经残留物试验分析[②]，在器物上发现了淀粉粒与植硅体，并有淀粉粒糊化现象，因此这类器物极有可能与日常食物加工及饮食相关。

新石器时代早期的尖圜底器、圜底器、片状器组合在我国北方地区发现尚属首次，是一个很有意义的文化现象。过去尖圜底器、圜底器的发现只见于较远的华南、东西伯利亚地区（贝加尔湖周围），其中在“贝加尔湖沿岸新石器时代主要流行网纹陶，纹饰有坑点纹、压印的条状纹等”[③]。裕民遗址出土的尖圜底器及纹饰与之有相近之处，但在时间上有一定差距。裕民遗址应该与贝加尔湖周围的新石器时代文化有一定关系，在蒙古国东部套格图河–5遗址也出土了相似纹饰的陶片[④]。

北京大学科技考古实验室、美国贝塔（Beta）放射性实验室对房址、墓葬和第四层出土的木炭、人骨、动物骨骼样品进行碳14年代测定，结果显示裕民遗址的年代范围为距今8400～7600年（表一）。在裕民遗址还采集光释光年代样品，由南京大学地理与海洋科学学院地貌过程实验室进行了光释光年代测试。结果显示，地层堆积中第二层顶部年龄为距今1500年左右，第三层顶部年龄为距今6000年左右，第四层为距今8600～7300年。

表一　裕民遗址采集样品碳14测年数据表

实验室编号	样品编号	测年材料	碳 14 年代（B.P.）	树轮校正年代（B.P.）		树轮校正年代（B.P.）	
				1Sigma	2Sigma	1Sigma	2Sigma
Beta–424836	FX020F5	炭屑	7560 ± 40 年	8375.5 ± 25.5 年	8319.5 ± 104.5 年	8376 ± 26 年	8320 ± 105 年
BA150470	YMM1	人骨	7430 ± 30 年	8255.5 ± 64.5 年	8259.5 ± 76.5 年	8256 ± 65 年	8260 ± 77 年
BA150471	YMT0911 ④	兽骨	7310 ± 30 年	8105.5 ± 66.5 年	8103.5 ± 73.5 年	8106 ± 67 年	8104 ± 74 年
BA150472	YMT0906 ④	兽骨	7295 ± 35 年	8101 ± 67 年	8099.5 ± 75.5 年	8101 ± 67 年	8100 ± 76 年
BA150473	YMT1008 ④	兽骨	6870 ± 30 年	7701 ± 32 年	7702 ± 83 年	7701 ± 32 年	7702 ± 83 年

中国社会科学院考古研究所科技考古中心对遗址出土的动物骨骼进行了初步鉴定，种类有蚌、雉、鸟、狗、狼、马鹿、梅花鹿、狍、獐、野兔、野马、野驴、野牛、圣水牛、野猪等，其中狗为驯养家畜。赤峰学院历史文化学院对土样进行了植物浮选，初步发现植物种子类有粟、水棘针、繁缕、藜、大籽蒿、猪毛菜等。美国斯坦福大学东亚语言与文化系对部分石器、陶器进行了初步的微植物遗存和微痕分析，目前发现的植物遗存包括小麦族、黍亚科以及块茎类植物，可鉴定出的块茎类植物大致包括百合、天花粉、香蒲等。细石叶上的微痕多数展现的是与动物相关，部分标本上发现残留植物纤维、块根类植物的淀粉粒以及少量禾本科植物的植硅体，存在一器多用现象。

裕民遗址是一处族群规模较小的聚落遗址，房屋建筑技术较为成熟。整体石器工具的组合，呈

① 大贯静夫：《远东史前陶器》，载苏秉琦主编《考古学文化论集》（四），北京：文物出版社，1997年。

② 据美国斯坦福大学东亚语言与文化系刘莉、贺亚辉提供的残留物初步分析结果。

③ 冯恩学：《我国东北与贝加尔湖周围地区新石器时代文化交流的三个问题》，《辽海文物学刊》1997年第2期。

④ N.V. 策登诺娃等：《蒙古国东部套格图河 –5新发现的全新世时期遗存》，载内蒙古博物院、内蒙古自治区文物考古研究所编《中国北方及蒙古、贝加尔、西伯利亚地区古代文化》（上），北京：科学出版社，2015年。

现出明显的旧石器时代向新石器时代过渡阶段的文化特征。这一时期的承上启下，器物组合与取舍间的变化，反映出了人群在生产活动中发生变化的过程。以裕民遗址为代表的考古学文化是新石器时代早期森林-草原过渡带，以多元化的狩猎、采集为主，兼有原始农业发展过程的经济形态。

陶器的形态及组合显示出其原始性和该区域新石器时代的早期文化特征。它的文化面貌不同于东北、西北和华北其他区域已知的新石器时代诸考古学文化。目前经田野考古调查，在化德县境内已发现与裕民遗址文化性质相近的遗址60余处，在乌兰察布市的商都县、察哈尔右翼后旗、察哈尔右翼中旗，锡林郭勒盟的锡林浩特市、正镶白旗、镶黄旗、苏尼特右旗、苏尼特左旗、阿巴嘎旗、东乌珠穆沁旗、西乌珠穆沁旗，张家口市的康保县北部都已发现此类文化的遗存。值得一提的是，在巴彦淖尔市的阴山北麓亦发现具有裕民文化特征的石器。该文化向西可能影响到阴山山脉西段的北麓地区，向北进入蒙古国的南部地区。近两年来又对化德县四麻沟遗址进行考古发掘，其文化内涵与裕民遗址相同，出现了圆形、长方形、方形3种形制的房址，并有相互间的打破关系，遗物种类更加丰富，说明此类文化人群在该区域延续时间较长。综上，可以将具有裕民遗址文化相同属性的遗存，命名为一个新的考古学文化“裕民文化”。

通过对裕民遗址的考古发掘及周边区域的田野考古调查工作，以及对裕民文化内涵的深入研究，可知裕民文化是迄今为止内蒙古地区发现最早的新石器时代考古学文化。目前发现的这类遗存主要分布于阴山山脉东段北麓及蒙古高原的草原地区，它的发现填补了中国北方草原地带新石器时代早期考古学文化的空白，为研究东北亚旧、新石器时代过渡阶段的生产演变过程、早期人群交流以及中国北方生态交错地带、草原地区原始农业和畜牧业的产生提供了重要线索。

附记：本考古项目负责人为包青川，考古发掘领队为胡晓农，先后参加发掘、整理、科技考古研究的工作人员有李恩瑞、陈文虎、任喜贵、刘雪峰、王涛、陈玲、岳够明、徐炎、刘扬、贾鑫、吕鹏、刘莉、贺亚辉、陈冉、赵朝、孙永刚、叶灿阳、张新香、贾超等，器物绘图由李宁、李力完成，器物照片由陈文虎拍摄。中国社会科学院考古研究所科技考古中心、赤峰学院历史文化学院、南京大学地理与海洋科学学院地貌过程实验室、北京大学科技考古实验室、美国斯坦福大学东亚语言与文化系和化德县人民政府对发掘和研究给予了大力支持，陈星灿、赵志军、乔梁、魏坚、塔拉、陈永志、曹建恩、陈胜前等诸位先生给予了指导和关心，在此一并表示感谢！在考古发掘期间，张忠培先生给予了极大的关注。2016年8月13日，由塔拉、曹建恩带领发掘组一行，在故宫博物院向先生和有关专家进行汇报，先生对裕民遗址的发掘和北方草原地带新石器时代考古做了具有前瞻性的指导及工作规划，谨此缅怀。

执笔者：胡晓农、包青川、李恩瑞、陈文虎

载于《考古》2021年第1期

内蒙古化德县四麻沟遗址发掘简报

内蒙古自治区文物考古研究所　故宫博物院
乌兰察布市博物馆　化德县文物管理所

四麻沟遗址位于乌兰察布市化德县白音特拉乡解放村南2千米处，西南距化德县城37千米，遗址以北1.8千米处为东西走向的集通铁路线，西距裕民遗址6.5千米。遗址中心点坐标为东经114°24′03.38″、北纬42°04′18.91″，海拔1450米（图一）。此前在发掘裕民遗址过程中，为了进一步探索阴山北麓新石器时代早期裕民文化的时空关系及文化内涵，考古发掘队于2016年5月在化德县境内开展了新石器时代早期遗址专题调查，发现了四麻沟遗址。2017年7—11月，由内蒙古自治区文物考古研究所主持，联合故宫博物院、乌兰察布市博物馆、化德县文物管理所，对该遗址进行了考古发掘工作，发掘面积600平方米。之后又连续开展考古发掘，2018年8—11月发掘面积1000平方米，2019年发掘面积600平方米。3个年度的发掘总面积为2200平方米（图二）。

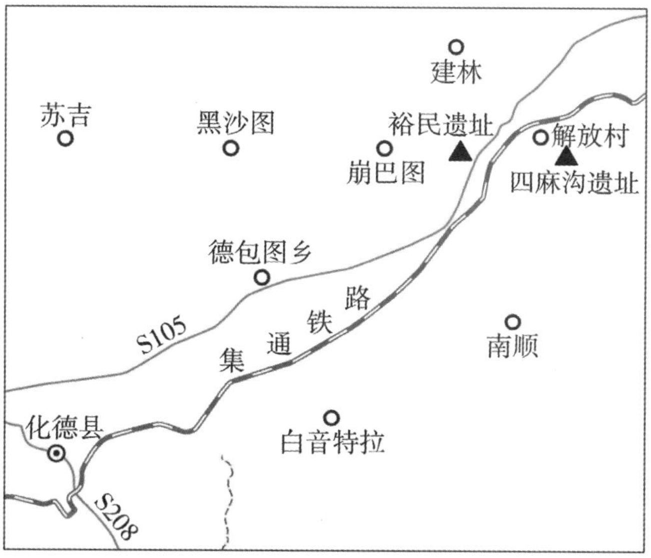

图一　四麻沟遗址位置示意图

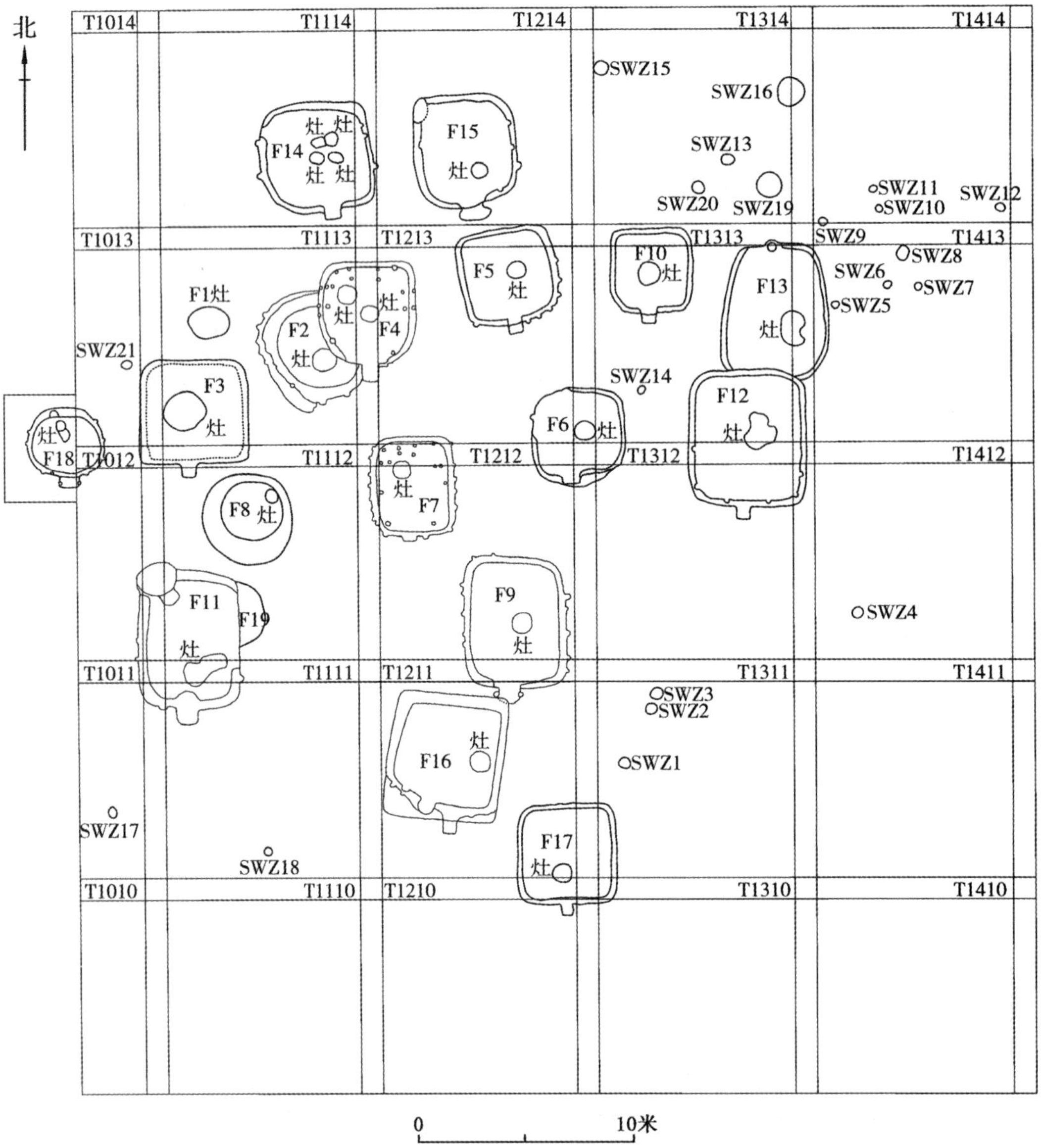

图二　四麻沟遗址发掘区探方及遗迹平面分布图

一、地貌环境与地层堆积

化德县地处内蒙古高原南部、阴山山脉东北部支脉的边缘地带，东部、北部与锡林郭勒草原相交，南部及西南部与冀北丘陵相接。境内属浅山丘陵区，中低山脉与盆地、谷地、坡状高原相互交错。此区域属北温带干燥草原地带典型的大陆性高原气候。土质多属微碱性和砂质土壤，其中黄色沙土、褐色沙土分布最广。天然草场植被比较丰富，适宜半农半牧生计发展。四麻沟遗址坐落于丘陵山间泉水沟岸东侧的坡地之上，坡向南高北低，四周山丘环绕。遗址东侧为绵延的山丘，南部是延伸的山坳坡地，西部是两山间的坡川地带，北部是较为开阔的山间川地（图三、图四）。遗址现存分布范围南北长约500米、东西宽约60米，总面积近30000平方米。遗址地表的植被为低矮的杂草和稀疏的天然柠条，散布有大量石制品及少量陶片。沿着沟岸自北向南，依据地表遗物散布情况和文化层的保存状况，可划分为6个区，除第Ⅲ区遗存保存较好，其余5个区破坏较严重。目前考古发掘主要在第Ⅲ区，位于遗址的中部，分布范围南北长80米、东西宽50米。

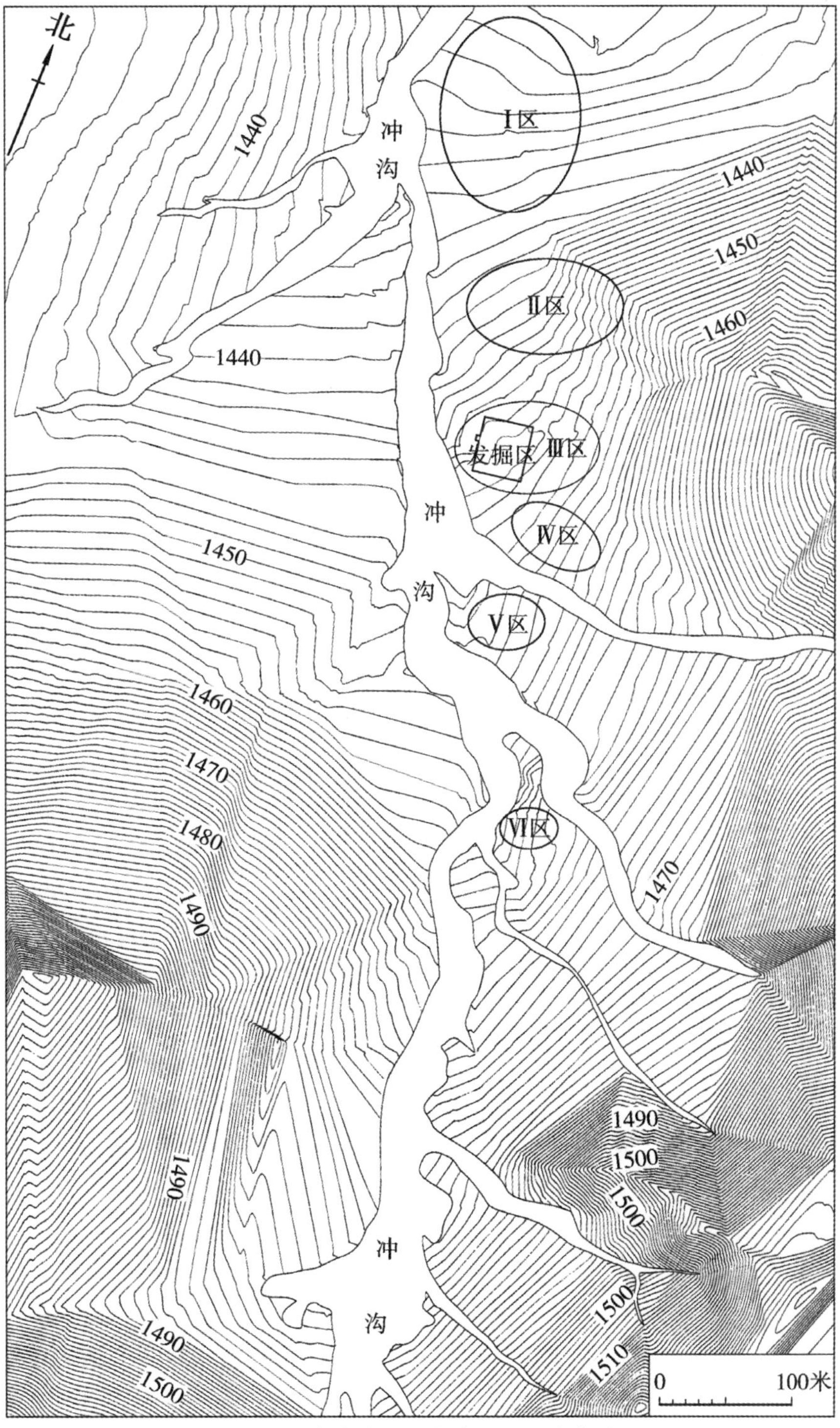

图三　四麻沟遗址分布范围及周边地形图

图四 四麻沟遗址位置及周边自然环境（北—南）

地层堆积呈坡状分布，东南高、西北低。以T1312北壁剖面为例将地层堆积情况介绍如下（图五）。

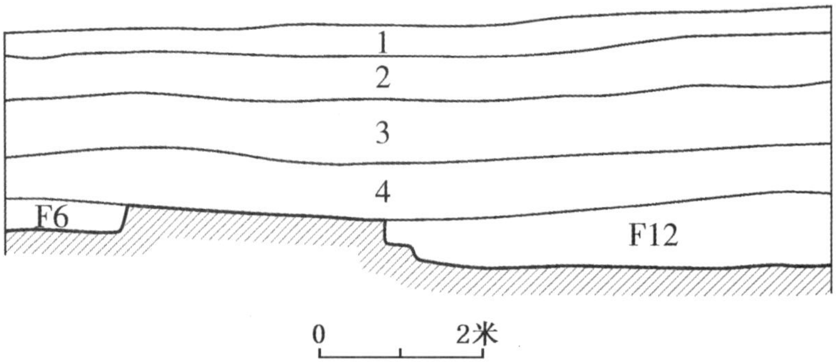

1.黄褐色沙土 2.深黄褐色土 3.灰褐色土 4.灰黑色土

图五 T1312北壁底层剖面图

第一层：表土层。黄褐色沙土，颗粒较大，土质疏松，含有少量沙石和植物根系。厚0.25～0.3米。

第二层：深黄褐色土，颗粒较大，土质疏松而纯净，含有少量沙石。厚0.1～0.5米。

第三层：灰褐色土，颗粒较大，土质疏松而纯净，含有少量沙石。厚0.1～0.45米。

第四层：灰黑色沙土，颗粒较大，土质疏松。厚0.15～0.55米。内含少量石制品、陶片、骨器和兽骨等。

第四层以下为生土，黄色沙土，颗粒大，土质纯净。

二、遗迹

该遗址现共发掘房址19座、室外灶21座（见图二）。各类遗址均叠压于第四层下，打破生土。房址有成排排列现象，形状有圆形、圆角长方形、长方形3种，均为半地穴式结构，有二层台，发现柱洞、壁柱，圆形地面灶上堆积有灶土；地面、墙壁较粗糙。大部分房屋设有门道。房址中F1破坏严重，只残存圆形地面灶，形制不详；其他房址保存较好，在F11和F13中发现有圆形室内窖穴。

室外灶（编号为SWZ）发现有石堆灶和土坑灶两类，多分布于发掘区的东部；大小深浅不一，多为圆形，部分只保存有灶底，灶内填土为烧灰土，直径0.2～1.4米，深0.05～0.2米。房址中发现有3组打破关系：F4—F2、F12—F13、F16—F9。下面以F2、F4、F7、F9、F11、F16、SWZ1、SWZ16为例介绍。

F2　位于发掘区的西北部，叠压于第四层下，打破生土。F2被F4打破，为圆形半地穴式，有二层台。房址直径4.5米、残深0.25～0.4米，二层台宽0.2～0.5米、高0.1～0.15米。房址西南部二层台上依墙壁保存有壁柱槽及柱洞，柱1直径0.2米、残深0.1米，柱2直径0.3米、残深0.06米，柱3直径0.18米、残深0.08米。灶位于房址的中部偏南，为圆形地面灶，直径1米，灶土堆积厚0.15米。居住面为灰褐色沙土，硬结面不明显。房内四周墙壁为黄色沙土，保存较差，残高0.1～0.45米。门道情况不详。灶和居住面上散落有石块。房内堆积为黑灰色土，颗粒较大，包含有少量石制品、陶片、兽骨等（图六）。

F4　位于发掘区的北部偏西，叠压于第四层下，打破F2和生土。为圆角长方形半地穴式结构，南墙壁略呈弧状，有二层台。房址进深4.6米、间宽4.4米、残深0.6～0.7米，二层台宽0.2～0.3厘米、高0.2～0.3厘米。房址内两侧二层台上沿墙壁发现壁柱槽5个，直径0.12米、存高0.55米；南部两转角处各有1个柱洞，直径0.2～0.3米、深0.1米；北部沿二层台内侧发现两排柱洞，共12个，直径0.16～0.2米、深0.05～0.08米。房内有两个圆形地面灶，灶1位于房内西北部，直径0.8米，烧土堆积厚0.1米；灶2位于房内中部，直径0.72米，烧土堆积厚0.15米。居住面为灰褐色沙土，硬结面不明显。门道向南，呈长方形台阶状，长0.85米、宽0.7米，台阶宽0.45米、高0.1米。房内堆积为深黑灰色土，颗粒较大，在居住面和灶上散落有少量石制品、陶片、骨器和兽骨等（图七、图八）。

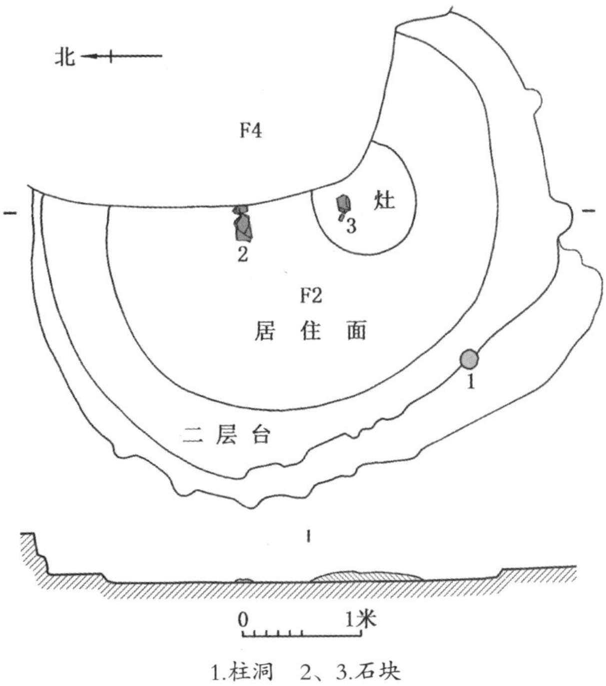

1.柱洞　2、3.石块

图六　F2平、剖面图

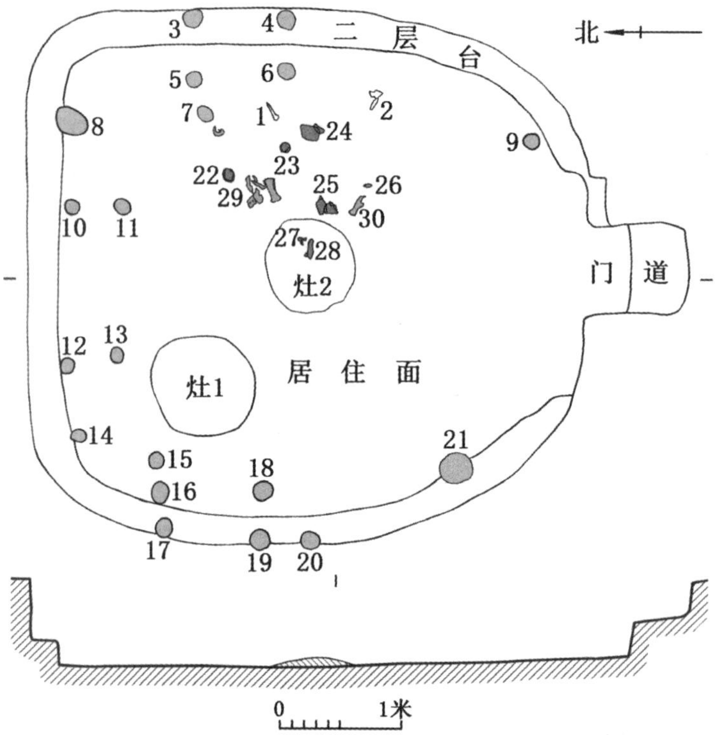

1.骨锥 2.石制品 3～21.柱洞 22～28.石块 29、30.兽骨

图七 F4平、剖面图

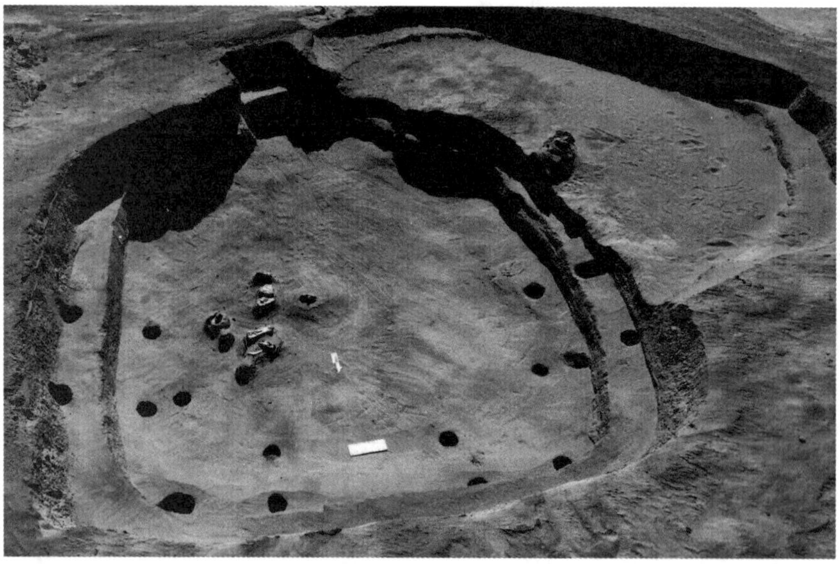

图八 F4（北—南）

F7 位于发掘区的中部，叠压于第四层下，打破生土。为圆角长方形半地穴式结构，有二层台。房址进深4.25米、间宽3.6米、残深0.4～0.7米，二层台宽0.16～0.3米、高0.2～0.25米。房址的二层台上周边有壁柱槽，可辨识的有16个，直径0.16～0.25米、存高0.14～0.45米。在居住面沿二层台的周边亦分布有柱洞，另在房内的北部发现两排柱洞，共计14个，直径0.12～0.16米、深0.04～0.08米。在房址内西北部有一圆形地面灶，直径0.8米，灶土堆积厚0.25米。居住面为灰褐色

沙土，硬结面不明显。房内四周墙壁为黄色沙土，保存较差，残高0.1～0.5米。门道向南，长0.4米、宽0.62米。房内堆积为黑灰色土，颗粒较大，在居住面和灶上散落有少量石制品、陶片、骨器和兽骨等（图九、图十）。

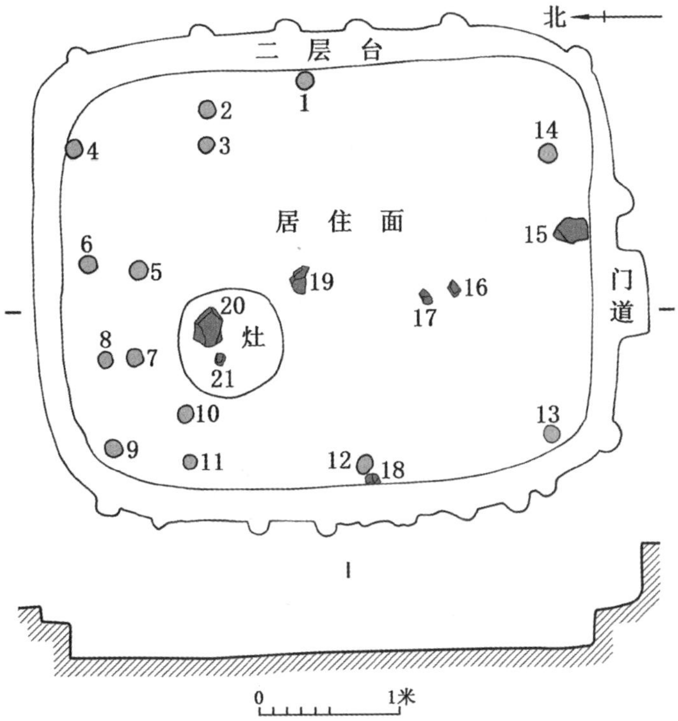

1～17.柱洞　18～21.石块

图九　F7平、剖面图

图十　F7（北—南）

F9　位于遗址的中南部，叠压于第四层下，打破生土。为圆角长方形半地穴式结构，有二层台。房址进深为6米、宽4.7米、残深0.5～0.8米，二层台宽0.28～0.4米、高0.3～0.45米。房址的二层台周边有壁柱槽，可辨识的有12个，直径0.16～0.3米，存高0.3～0.5米。在房址内中部有一圆形地面灶，直径0.9米，灶土堆积厚0.2米。居住面为灰褐色沙土，硬结面不明显。房内四周墙壁为黄色沙土，保存较差，残高0.3～0.5米。门道向南，长0.75米，宽0.9 米。在距门道外0.2米的两侧设有对称的壁柱，直径0.22～0.25米，存高0.7米。房内堆积为黑灰色土，颗粒较大，在居住面和灶上散落有少量陶片、石制品、骨器和兽骨等（图十一、图十二）。

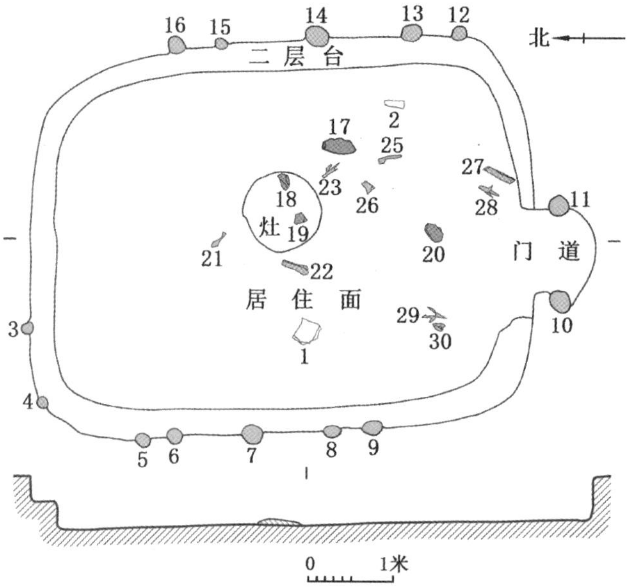

1.石器　2.骨铲　3～16.柱洞　17～20.石块　21～30.兽骨

图十一　F9平、剖面图

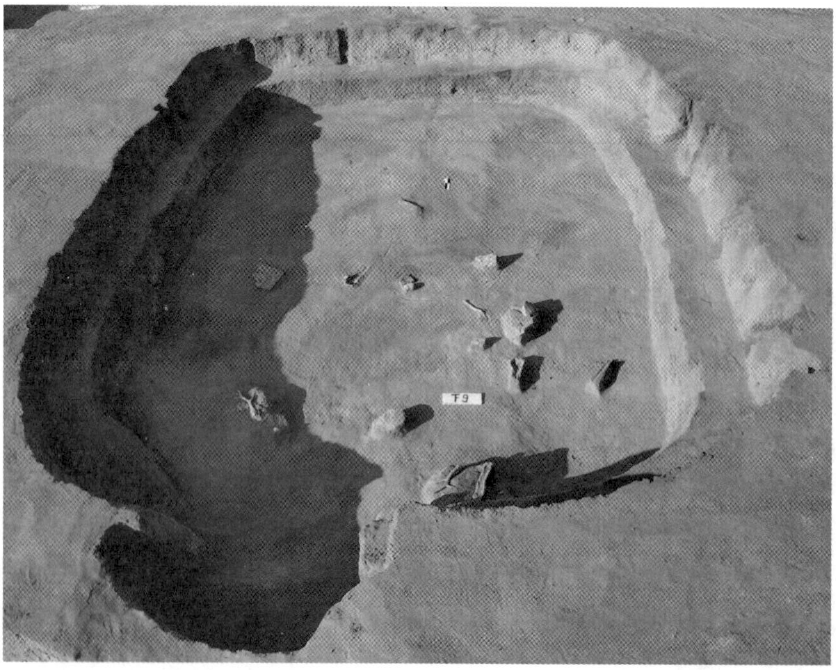

图十二　F9（南—北）

F11　位于遗址的西南角，叠压于第四层下，打破生土。为圆角长方形半地穴式结构，有二层台。房址进深6.9米、宽4.5米、残深0.15～0.3米，二层台宽0.2～0.5米、高0.1～0.15米。房址内南部二层台上依墙壁保存壁柱槽4个，直径0.2～0.4米、残深0.12米。居住面为灰褐色沙土，硬结面不明显。在房址内西北角有一圆形窖穴，最大直径1.8米，深0.75米；东南侧有凸出的长方形台阶，长0.5米，宽0.9米，深0.25米。灶位于房址南部偏东，为不规则条形地面灶，东西长2米、宽0.8～1.2米，灶面有烧土和大量的碎石块，堆积厚0.1米。房内四周墙壁为黄色沙土，残高0～0.2米。门道朝南，外凸，长0.8米，宽0.9米，深0.1米。房内堆积为深黑灰色土，颗粒较大，包含有烧灰土和少量石制品、陶片等（图十三、图十四）。

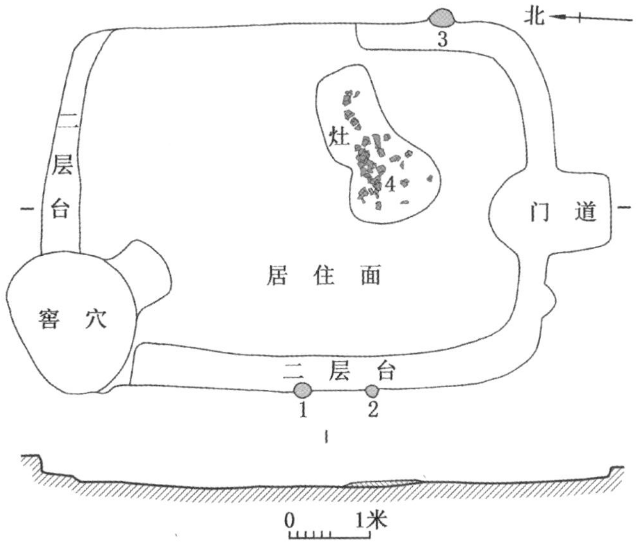

1～3.柱洞　4.石块

图十三　F11平、剖面图

图十四　F11（南—北）

F16　位于发掘区的南部，叠压于第四层下，打破F9并打破生土。为长方形半地穴式结构，有二层台。房址进深5.8米、宽5.3米、残深0.4～0.48米，二层台宽0.2～0.5米、高0.15～0.2米。在房址的东南和西南角设置有角台，角台高于二层台0.12米。角台的内边有3个壁柱槽，直径0.14～0.2米，残深0.12米。房内居住面东北角有1个柱洞，直径0.25米，深0.2米。在房内近门处右侧有一圆形筒状窖穴，直径0.8米，深0.4米。居住面为灰褐色沙土，硬结面不明显。灶位于房内中东部，距东壁0.5 米，为圆形地面灶，直径0.9米，烧土和石块堆积厚0.25米。门道向南，呈长方形，长0.85米，宽0.68米，深0.1米。房内四周墙壁为黄色沙土，残高0.15～0.3米。房内堆积为黑灰色土，颗粒较大，包含少量石制品、陶片等（图十五）。

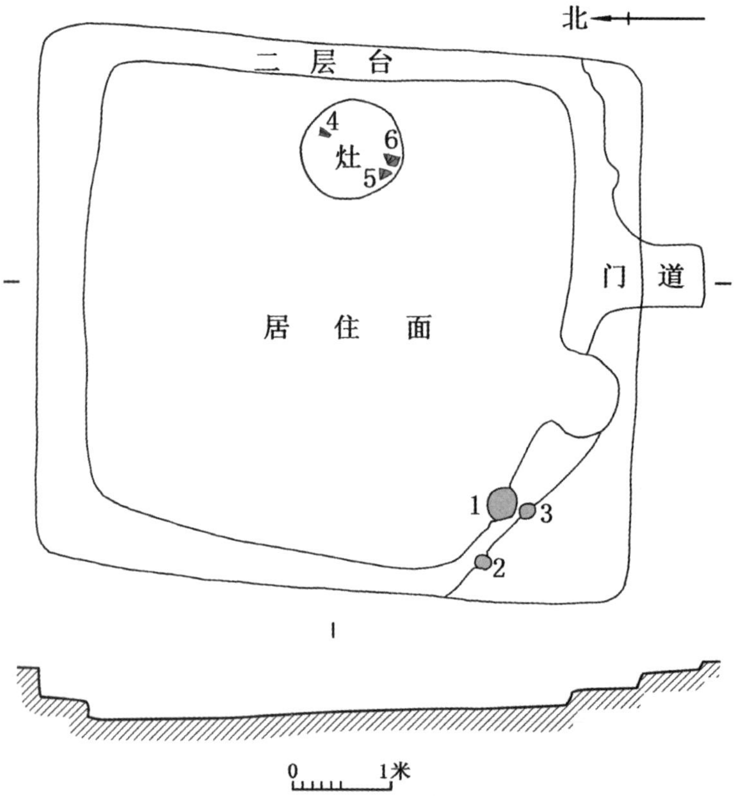

1～3.柱洞　4～6.石块

图十五　F16平、剖面图

SWZ1　此室外灶位于发掘区的东南部，F17东北面1.6米处。近似圆形，直径约0.6米。灶土为黑灰色烧土，土质较硬，表面有烧结迹象，厚0.04米。灶内有较多的石块并有烧痕。依散落痕迹判断，应为灶膛垒石（图十六）。

SWZ16　此室外灶位于发掘区的东北部，F13北面7米处。近似圆形，直径约1.4米。灶土为黑灰色烧土，土质较硬，表面有烧结迹象，厚0.08米。灶内散落有较大的石块并有烧痕，可能为灶膛垒石（图十七）。

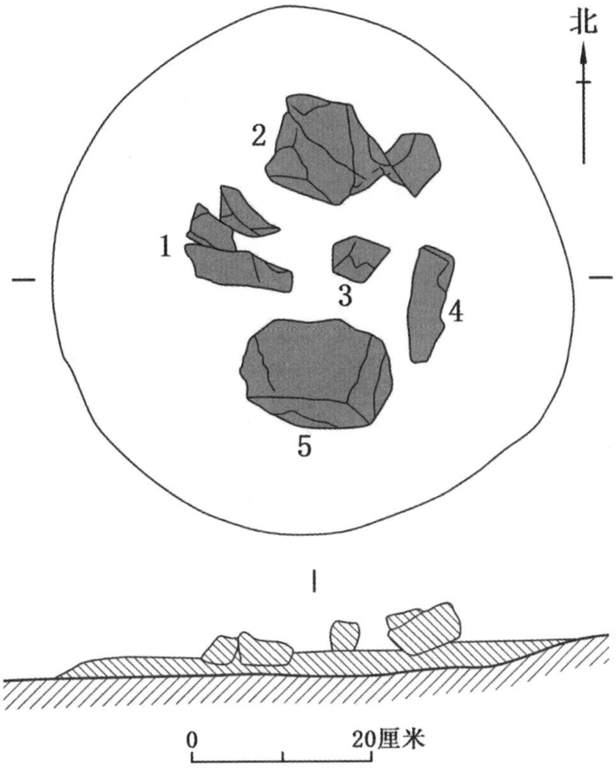

1～5.石块

图十六　SWZ1平、剖面图

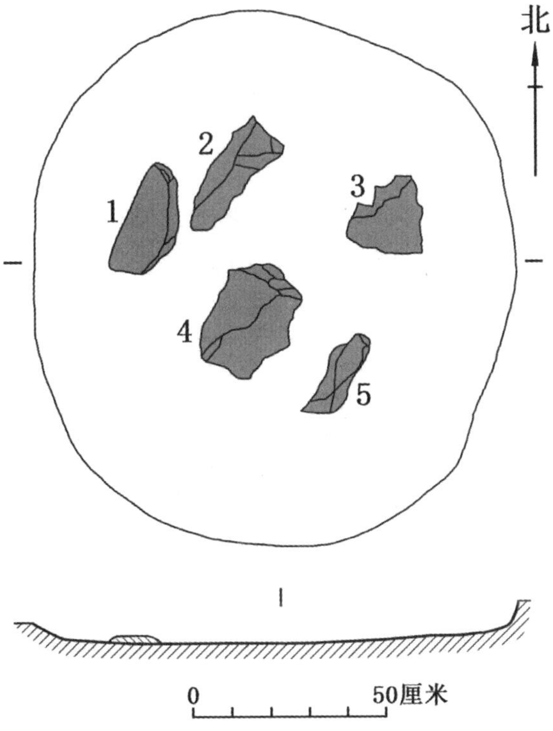

1～5.石块

图十七　SWZ16平、剖面图

三、出土遗物

四麻沟遗址发现的遗物数量较多，主要出土于第四层与房址内，共有各类遗物4000余件，其中大部分为石制品，骨器次之，少量为陶器残片、兽骨等。

（一）石制品

共3225件。以安山岩为主，砂岩、花岗岩、玄武岩和凝灰岩次之，还有少量玉髓、玛瑙、页岩、石英岩等。整理中观察测量标本627件，其中工具515件，主要包括磨盘、磨棒、磨石、铲、锄、犁、镢、镐、饼形器、斧、杵、刀、锛、锛状器、砍砸器、敲砸器、刮削器、石核、石刃、镞、穿孔器、尖状器等。

磨盘　66件，其中7件保存完整，其余59件均不同程度残断。以砂岩为主，有少量安山岩。T1314④：1，灰色安山岩，颗粒较大。马鞍状。使用强度高，在中部最薄处断裂，磨面凹陷深5厘米，磨面有坑疤。长37厘米，宽16.5厘米，厚8.26厘米，重5095克（图十八，6；图十九，9）。F16：2，灰色砂岩。残存部分近半圆形。两面使用，磨面凹陷明显，使用强度高，在磨盘中部最薄处残断。残长16.36厘米，宽18.89厘米，厚3.23厘米，重1258克（图十八，5；图十九，7）。

磨棒　33件，其中8件保存完整，其余25件均不同程度残断。以砂岩为主，有少量安山岩。T1314④：2，灰色砂岩。椭圆柱状，两端有敲砸痕迹。长22.2厘米，横截面直径4.8～6.9厘米，厚4.94厘米，重194克（图十八，1；图十九，8）。T1412④：10，灰色粗砂岩。圆柱状。长18厘米，横截面直径6.9厘米，厚6.6厘米，重1316.8克（图十八，2；图十九，5）。T1112④：8，红色砂岩。圆柱状，一端呈尖圆状。长19.6厘米，横截面直径4.1～4.7厘米，厚4厘米，重546.2克（图十八，4；图十九，6）。T1313④：23，灰色粗砂岩。残存部分一端呈蘑菇头状，横截面呈方圆形。残长13.2厘米，横截面直径2.8～5.3厘米，厚4.2厘米，重296.6克（图十八，3；图十九，4）。

磨石　40件，其中17件保存完整，其余23件均不同程度残损。以砂岩为主，有少量安山岩和石英岩。F10：1，红色砂岩。长方形，两面使用。长10.42厘米，宽9.65厘米，厚2.56厘米，重443克（图十八，8；图十九，3）。

铲　6件。以安山岩为主。其中2件肩部凹陷，捆绑痕迹明显。F9：106，灰黑色安山岩。石片毛坯，打制。底部宽，向上收窄，刃缘呈弧凸状，双向加工，正锋。长25.1厘米，宽17.5厘米，厚2.47厘米，刃缘长19厘米，重1275克（图十八，10；图十九，13）。

锄　14件。以安山岩为主，有少量砂岩。均为打制。T1112④：2，青色安山岩。毛坯为片状断块，呈亚腰梯形。刃口一角略有残缺，偏锋，刃部磨圆痕迹明显，一侧崩疤较多，两侧亚腰位置的凹口有捆绑磨圆痕迹。长15.1厘米，宽19.2厘米，厚2厘米；刃缘微弧凸，残长17.1厘米，刃角50度。重767.3 克（图十八，12；图十九，10）。F7：1，灰黑色安山岩。大石片毛坯，打制。两面修理，底宽上窄，呈梯形，刃缘微弧凸，偏锋。长13.78厘米，宽9.84厘米，厚3.12厘米；刃缘长11.4厘米，刃角64度。重440.6克（图十八，7；图十九，12）。T1112④：1，青色粗粒安山岩。毛坯为片状断块，边缘经过打制修理，呈亚腰三角形。刃部磨圆明显，有擦痕与光泽，使用强度高，两侧亚腰位置的凹口有捆绑磨圆痕迹。长20.6厘米，宽14.9厘米，厚1.8厘米；刃缘长16.2厘米，刃角35度。重827.4克（图十八，11；图十九，11）。

犁形器　1件。T1312④：3，青灰色安山岩。毛坯为片状断块。两面加工，使用痕迹不明显，刃缘呈尖弧状。长35厘米，宽24.5厘米，厚4.7厘米；刃缘长25.5厘米，刃角48度。重4421克（图十八，16；图十九，14）。

镢　2件。均为安山岩。T1312④：2，青色安山岩。器身长且厚重，边缘打制修理，刃缘呈弧状。长27.8厘米，宽13.7厘米，厚5.5厘米；刃缘长1.25厘米，刃角71度。重2950.1克（图十八，14；图十九，16）。

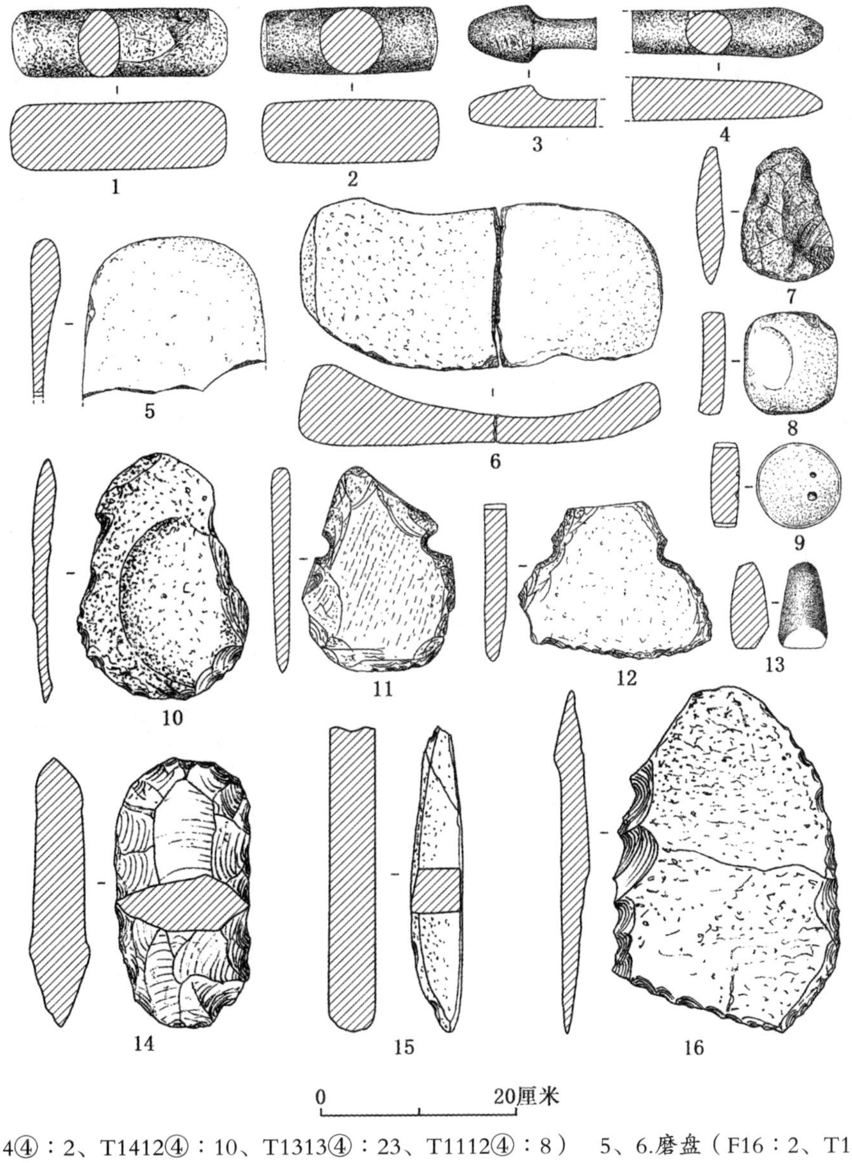

1～4.磨棒（T1314④：2、T1412④：10、T1313④：23、T1112④：8）　5、6.磨盘（F16：2、T1314④：1）　7、11、12.锄（F7：1、T1112④：1、T1112④：2）　8.磨石（F10：1）　9.饼形器（T1213④：28）　10.铲（F9：106）　13.杵（T1213④：35）　14.镢（T1312④：2）　15.镐（T1313④：1）　16.犁形器（T1312④：3）

图十八　出土石制品

1.饼形器（T1213④：28） 2.杵（T1213④：35） 3.磨石（F10：1） 4～6、8.磨棒（T1313④：23、T1412④：10、T1112④：8、T1314④：2） 7、9.磨盘（F16：2、T1314④：1） 10～12.锄（T1112④：2、T1112④：1、F7：1） 13.铲（F9：106） 14.犁形器（T1312④：3） 15.镐（T1313④：1） 16.镢（T1312④：2）

图十九 出土石制品

镐 3件。安山岩。T1313④：1，褐色安山岩。毛坯为条状断块，器身窄长厚重，偏锋。长31.4厘米，宽5.3厘米，厚5.3厘米；刃缘长6.3厘米，刃角65度。重1740克（图十八，15；图十九，15）。

饼形器 11件。以砂岩为主，安山岩次之。T1213④：28，红色砂岩。通体磨制，圆形。直径9厘米，厚2.9厘米，重384.7克（图十八，9；图十九，1）。

杵 18件。以砂岩和安山岩为主，有少量石英岩。T1213④：35，红色粗砂岩。磨制，底端有敲砸痕迹，局部磨光明显。长8.9厘米，宽4.8厘米，厚3.75厘米，重208.6克（图十八，13；图十九，2）。

斧 8件。以安山岩为主，有少量为凝灰岩。F14④：95，黑色安山岩。长方形。通体磨光，顶端一侧略有残缺，刃部使用强度高，已钝，刃缘呈弧状。长7.54厘米，宽4.89厘米，厚1.9厘米，刃长5.4厘米，重109克（图二十，17；图二十一，6）。T1112④：19，黑色安山岩。形体窄长，两面打制修理。一面局部磨光，一侧边磨圆，顶部减薄修理，刃缘弧凸。长12厘米，宽4.1厘米，厚1.7厘米；刃长5.4厘米，刃角50度。重115.4克（图二十，21；图二十一，16）。T1112④：20，灰黑色安山岩。下宽上窄呈水滴状，打制。一面局部磨光，顶部经减薄修理，刃缘弧凸。长16.64厘米，宽6.82厘米，厚2.45厘米；刃长7.3厘米，刃角63度。重336.8克（图二十，22；图二十一，15）。T1213④：10，黑色凝灰岩。长方形，上部有穿孔，通体磨制，刃缘平直。长5.87厘米，宽2.94厘米，厚1.5厘米；刃长3厘米，刃角73度。重36.5克（图二十，16；图二十一，3）。

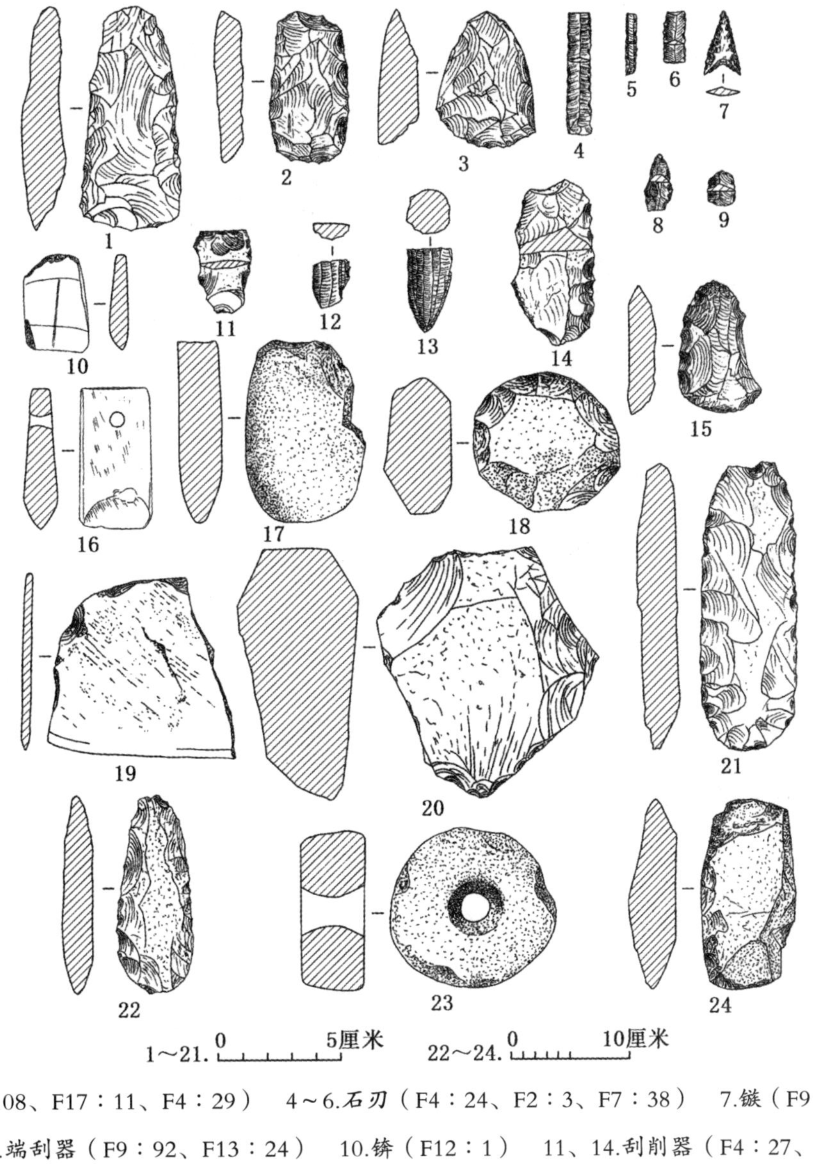

1～3.锛状器（F9：108、F17：11、F4：29） 4～6.石刃（F4：24、F2：3、F7：38） 7.镞（F9：88） 8.尖状器（F3：22） 9、15.端刮器（F9：92、F13：24） 10.锛（F12：1） 11、14.刮削器（F4：27、F10：14） 12、13、20.石核（F3：45、F5：8、F9：81） 16、17、21、22.斧（T1213④：10、F14④：95、T1112④：19、T1112④：20） 18.敲砸器（F15：22） 19.刀（F12：20） 23.穿孔器（F6：14） 24.砍砸器（F14：33）

图二十 出土石制品

1、2、17.锛状器（F4：29、F17：11、F9：108） 3、6、15、16.斧（T1213④：10、F14④：95、T1112④：20、T1112④：19） 4.锛（F12：1） 5.敲砸器（F15：22） 7、19.端刮器（F9：92、F13：24） 8.尖状器（F3：22） 9～11.石刃（F7：38、F2：3、F4：24） 12、14、21.石核（F3：45、F5：8、F9：81） 13.镞（F9：88） 18、20.刮削器（F10：14、F4：27） 22.刀（F12：20） 23.砍砸器（F14：33） 24.穿孔器（F6：14）

图二十一　出土石制品

刀　8件。以安山岩为主，有少量页岩。F12：20，青灰色安山岩。毛坯为片状断块，磨制。已残，刃部经过磨制修理，刃缘平直，分布于一侧边。残长7.27厘米，宽7.71厘米，厚0.48厘米，刃角30度，重35.6克（图二十，19；图二十一，22）。

锛　2件。F12：1，灰黑色凝灰岩。通体磨制，扁方形，偏锋，顶部一角残缺。长3.96厘米，宽2.63厘米，厚0.8厘米；主刃缘长2.54厘米，刃角49度。重15.6克（图二十，10；图二十一，4）。

锛状器　11件。以安山岩为主，有少量凝灰岩、燧石、石英岩等。F9：108，灰色安山岩。毛坯为石片，顶部经减薄修理，底部宽，向上微收窄呈梯形，两面修理。腹面有一条突出的棱脊，背面内凹且局部磨光，底端刃缘弧凸，刃面内凹。长9.15厘米，宽3.92厘米，厚1.84厘米；刃缘长4.5厘米，刃角46度。重75.5克（图二十，1；图二十一，17）。F4：29，紫色凝灰岩。石片毛坯，呈三角形，顶部经减薄修理，两侧边磨圆明显，两面修理。背部突起，腹面微弧凸，局部磨光，底端刃缘、刃面弧凸，刃口崩疤明显，使用强度较高。长5.45厘米，宽4.2厘米，厚1.54厘米，刃缘长0.48厘米，重36.7克（图二十，3；图二十一，1）。F17：11，安山岩。石片毛坯，呈梯形，顶端为小斜面，减薄不明显，两面修理。两侧边磨圆明显，腹面有一条突出的棱脊，背面略平，底端刃缘弧凸，刃面弧凸，刃口崩疤明显。长6.2厘米，宽3.1厘米，厚1.2厘米；刃缘长3.4厘米，刃角61.5度。重34.4克（图二十，2；图二十一，2）。

砍砸器　21件。以安山岩为主，有少量砂岩和页岩。F14：33，青灰色安山岩。刃缘分布在两端，砍砸痕迹明显。长16.35厘米，宽9.18厘米，厚4.02厘米。刃缘均为双向修理，微弧凸，一端刃长7.8厘米，刃角59度；另一端刃长6.6厘米，刃角68度。重794克（图二十，24；图二十一，23）。

敲砸器　29件。以安山岩为主，有少量砂岩和石英岩。F15：22，灰黑色安山岩。毛坯为磨石或磨盘残块，近圆形，敲砸痕迹沿侧面周身分布，使用痕迹明显。长6.09厘米，宽5.92厘米，厚3.06厘米，重156.5克（图二十，18；图二十一，5）。

刮削器　78件。以安山岩为主，燧石次之，还有少量玉髓、石英岩等。F4：27，安山岩。石片毛坯，刃缘分布在一侧及端部，均为凸刃。长3.32厘米，宽2.21厘米，厚0.43厘米。侧边刃压制修理，刃长2.3厘米；端刃锤击修理，刃长1.3厘米。重4克（图二十，11；图二十一，20）。F10：14，灰黑色安山岩。石片毛坯，刃缘分布在石片一侧及端部。长6.79厘米，宽3.46厘米，厚0.96厘米。侧边为锯齿刃，锤击修理，刃长2.3厘米；端部为凸刃，压制修理，刃长1.3厘米。重25.7克（图二十，14；图二十一，18）。

端刮器　20件。以燧石为主，安山岩次之，还有少量玉髓和玛瑙等。F9：92，黄色燧石。石片毛坯，端刃陡向压制修理，微凸。长1.4厘米，宽1.14厘米，厚0.36厘米；刃缘长1.13厘米，刃角54度。重0.8克（图二十，9；图二十一，7）。F13：24，黑色安山岩。石片毛坯，背面有修理片疤，端部刃口磨圆明显，刃缘为正向压制修理，微凸。长5.4厘米，宽3.19厘米，厚1.33厘米；刃缘长4.1厘米，刃角64度。重24.9克（图二十，15；图二十一，19）。

石核　103件，其中细石核57件、普通石核30件、预制石核16件。以安山岩为主，燧石次之，还有少量凝灰岩、玉髓和玛瑙等。F5：8，安山岩。细石核，锥形。台面呈圆形，底缘形态呈刃状，剥片面沿石核一周分布。高3.37厘米，宽1.81厘米，厚1.8厘米，最大剥片面长3.42厘米。重15.7克（图二十，13；图二十一，14）。F3：45，红色玛瑙。细石核，锥形。台面近半圆形，底缘呈线状，剥片面沿石核半周分布。高1.99厘米，宽1.44厘米，厚0.76厘米，最大剥片面长1.98厘米。重2克（图二十，12；图二十一，12）。F9：81，黑色凝灰岩。石片石核，3个台面，剥片方向垂直但不相交。长10.37厘米，宽7.52厘米，厚5.37厘米。重434.4克（图二十，20；图二十一，21）。

石刃　47件。以燧石为主，安山岩次之，还有少量凝灰岩和玉髓等。F2：3，红色燧石。毛坯为细石叶近端，两侧边均经压制修理，其中一边为陡向修理。长2.47厘米，宽0.44厘米，厚0.15厘米。重不足0.1克（图二十，5；图二十一，10）。F4：24，黄色燧石。毛坯为细石叶中间段，一侧边有使用痕迹。长4.98厘米，宽0.95厘米，厚0.19厘米。重1.4克（图二十，4；图二十一，11）。F7：38，玉髓。毛坯为细石叶中间段，两侧边及一端均有陡向压制修理。长2.08厘米，宽 0.85厘米，厚0.28厘米。重0.6克（图二十，6；图二十一，9）。

镞　2件。F9：88，黑色燧石。两面压制修理，底部内凹呈燕尾状。长2.6厘米，宽1.55厘米，厚0.36厘米，尖角38度。重0.9克（图二十，7；图二十一，13）。

穿孔器　2件。F6：14，灰色砂岩。近圆形，一面打磨较平整，另一面较粗糙。直径14.13厘米，厚5.12厘米，孔径4.38厘米，重1405克（图二十，23；图二十一，24）。

尖状器　4件。以玉髓和安山岩为主。F3：22，玉髓。毛坯为石片，两面压制修理，尖部呈尖圆弧状，两侧边压制修理。长2.32厘米，宽1.12厘米，厚0.54厘米。重1.1克（图二十，8；图二十一，8）。

（二）陶器

数量较少，多为较小的陶器残片，可复原器极少。主要为夹砂黑褐陶、夹砂黄褐陶和泥质黄褐陶，质地疏松，火候低。陶器全部为手制，采用泥片贴筑法制作。纹饰有编织纹、编织网纹、指甲压印纹，也有一定数量为素面（图二十二、图二十三）。器型简单，可辨器类有筒形罐、敞口小底罐、片状器、圜底杯、纺轮、陶饼、饰件等。

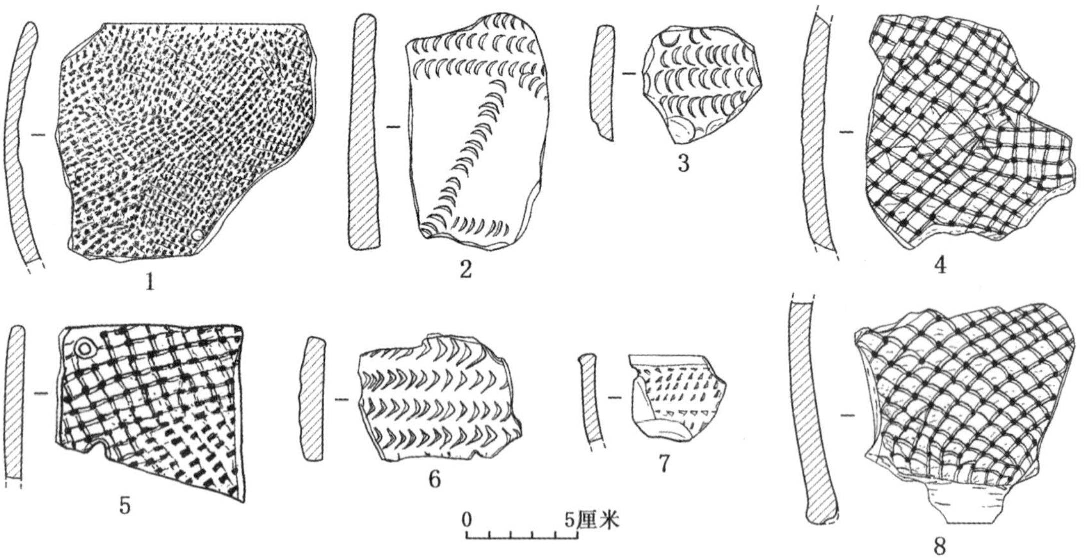

1、5、7.敞口小底罐口沿（F14：151、F15：88、F15：2）　2～4、6.敞口小底罐腹部（F12：73、F15：1、T1313④：28、F13：46）　8.敞口小底罐底部（F13：43）

图二十二　出土带纹饰陶片

1、4.敞口小底罐口沿（F15：88、F14：151） 2、3、6.敞口小底罐腹部（T1313④：28、F3：44、F13：46） 5.敞口小底罐底部（F13：43）

图二十三 出土带纹饰陶片

筒形罐 2件。夹砂褐陶。直口，方圆唇，深腹，下腹内收，可能是平底。器表饰编织纹，内壁抹平。F10：53，底残。口沿上压印有坑点纹，器壁较薄。口径20.6厘米，残高28厘米（图二十四，1；图二十五）。F10：52，口、底均残。弧腹，器壁较薄。残高20.9厘米（图二十四，6）。

敞口小底罐 4件。夹细砂褐陶。敞口，方圆唇，腹部微弧，器壁较厚，小平底。器表饰编织网纹，内壁抹平，器内底部为圆坑状。F4：50，上部残。下腹束收，器内底部为尖圆坑状。底径5.6厘米，残高11.06厘米（图二十四，5；图二十六）。F15：92，上部残。下腹斜收，器内底部为尖圆坑状。底径6厘米，残高7.6厘米（图二十四，4）。采：1，方唇，直口，腹部微弧，下腹斜收，器内底部为圆坑状。口径13.8厘米，底径7厘米，高16.5厘米（图二十四，2；图二十七）。T1012④：10，上部残。腹部微弧，下腹斜弧内收，内底部为圆坑状。残高7.3厘米，底径7.3厘米（图二十四，3）。

片状器 2件。泥质灰褐陶。圆形，器物中部略厚，周边较薄，两面修制规整，边缘齐整。素面。F11：31，残。复原直径20厘米，厚1.3厘米（图二十八，12）。F12：69，直径19～20厘米，厚1.2厘米（图二十八，13；图二十九）。

纺轮 6件。用罐的腹部残片磨制而成，边缘齐整。多数为圆形，中间钻有一圆孔。根据整体形态特征可分2型。

A型：5件。圆形。F3：63，泥质灰褐陶。一面微凸，饰有编织网格纹；另一面抹平。中间圆孔由两面对钻而成。直径3.8厘米，厚0.6厘米，孔径0.4厘米（图二十八，3；图三十，5）。F4：46，夹砂褐陶。中间圆孔由两面对钻而成。素面。直径3.6厘米，厚0.7厘米，孔径0.3厘米（图二十八，4）。F5：69，泥质灰陶。一面饰有编织纹，另一面素面，中间有穿孔。直径4.2厘米，厚0.6厘米，孔径0.4厘米（图二十八，5）。

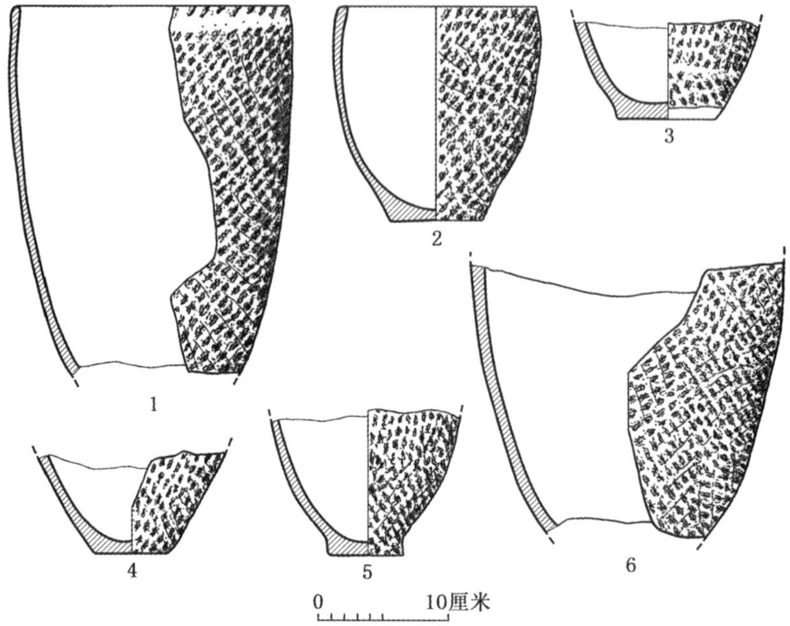

1、6.筒形罐（F10：53、F10：52） 2～5.敞口小底罐（采：1、T1012④：10、F15：92、F4：50）

图二十四 出土陶器

图二十五 陶筒形罐（F10：53）

图二十六　陶敞口小底罐（F4：50）

图二十七　陶敞口小底罐（采：1）

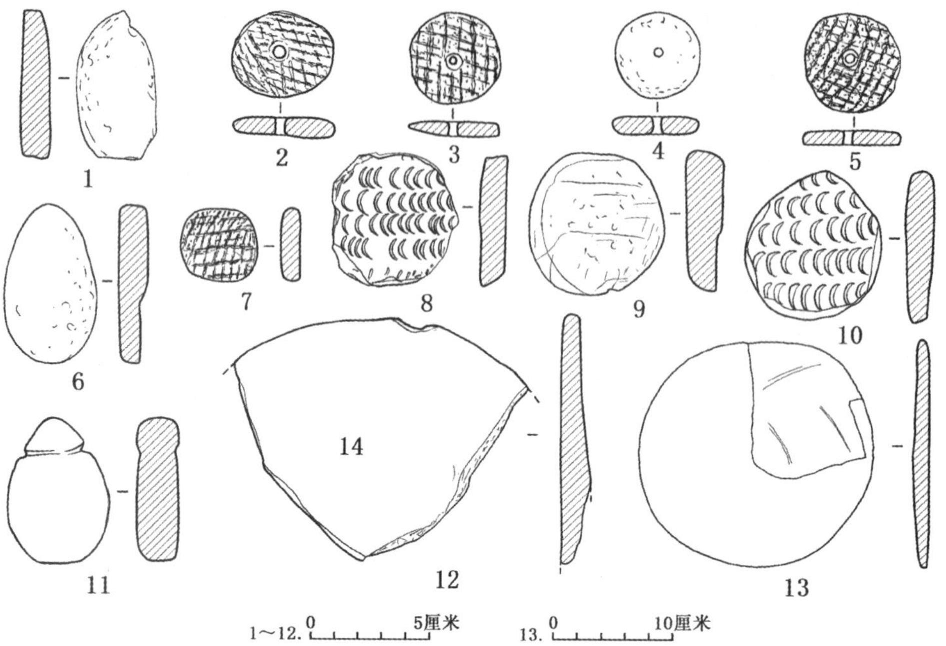

1、6.B型饰件（F4：49、F4：48） 2.B型纺轮（F15：90） 3～5.A型纺轮（F3：63、F4：46、F5：69） 7、9.A型陶饼（F15：91、F15：89） 8、10.B型陶饼（F12：71、F12：70） 11.A型饰件F4：47） 12、13.片状器（F11：31、F12：69）

图二十八 出土陶器

图二十九 陶片状器（F12：69）

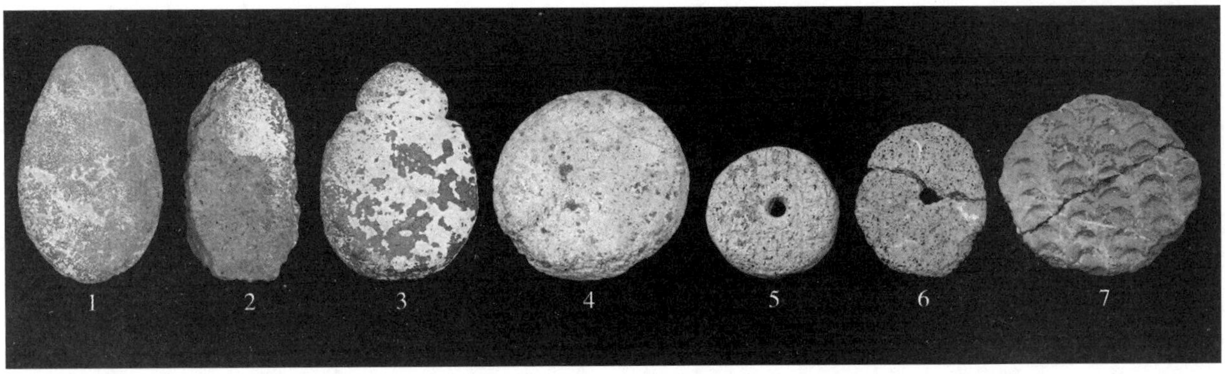

1、2.B型饰件（F4：48、F4：49） 3.A型饰件（F4：47） 4.A型陶饼（F15：89） 5.A型纺轮（F3：63） 6.B型纺轮（F15：90） 7.B型陶饼（F12：70）

图三十 出土陶器

B型：1件（F15：90）。泥质褐陶。椭圆形，一面饰有编织纹，另一面素面，中间有穿孔。最大直径4.3厘米，厚0.8厘米，孔径0.4厘米（图二十八，2；图三十，6）。

陶饼 4件。用筒形罐或敞口小底罐的腹部残片修磨而成。器物上未钻孔。根据形态特征与加工方式可分2型。

A型：2件。圆形，边缘经过磨制。F15：89，夹砂黄褐陶。素面。直径6厘米，厚1.6厘米（图二十八，9；图三十，4）。F15：91，泥质黄褐陶。一面饰有编织网格纹，另一面素面。直径3.1厘米，厚0.8厘米（图二十八，7）。

B型：2件。均为夹砂灰褐陶。近圆形，边缘未经磨制。F12：70，一面饰有指甲压印纹，印痕较深；另一面素面且不平整。最大直径6.1厘米，厚1厘米（图二十八，10；图三十，7）。F12：71，一面饰有指甲压印纹，印痕较浅；另一面素面且不平整。最大直径5.44厘米，厚1厘米（图二十八，8）。

饰件 3件。泥质黄褐陶。均为素面。用片状器的残片修磨而成。根据形态特征可分2型。

A型：1件。F4：47，桃形。整体修制规整，在其上端三分之一处有1周系绳的凹痕，较深。长6.1厘米，宽4.2、厚1.7厘米（图二十八，11；图三十，3）。

B型：2件。椭圆形。F4：48，整体修制规整。长6.6厘米，宽3.9厘米，厚1.2厘米（图二十八，6；图三十，1）。F4：49，边缘未经精细修整。长6.2厘米，宽3.2厘米，厚1.2厘米（图二十八，1；图三十，2）。

（三）骨、角器

骨器数量较多，可辨器型有锤、刀、铲、刀梗、箭铤、锥、针、饰片等。多数为动物的肢骨、肋骨及肩胛骨制成。少数器物则使用动物的角制成。另有部分残损的骨器，器型与用途无法辨别。

骨刀 1件。F6：65，采用大型动物的肋骨磨制而成。背部圆润，刃部有使用痕迹。外侧面磨损严重，内侧面保留肋骨原状，柄部残。残长25.7厘米（图三十一，25；图三十二，11）。

骨铲 3件。根据器型及制作方式可分2型。

A型：2件。采用大型动物的肩胛骨切割、磨制而成。F9：111，保留脊的一侧，铲面开裂，端部残损。长28.4厘米，宽6.8厘米（图三十一，22；图三十二，8）。F15：83，铲面光滑。长25.5厘米，宽9厘米（图三十一，23）。

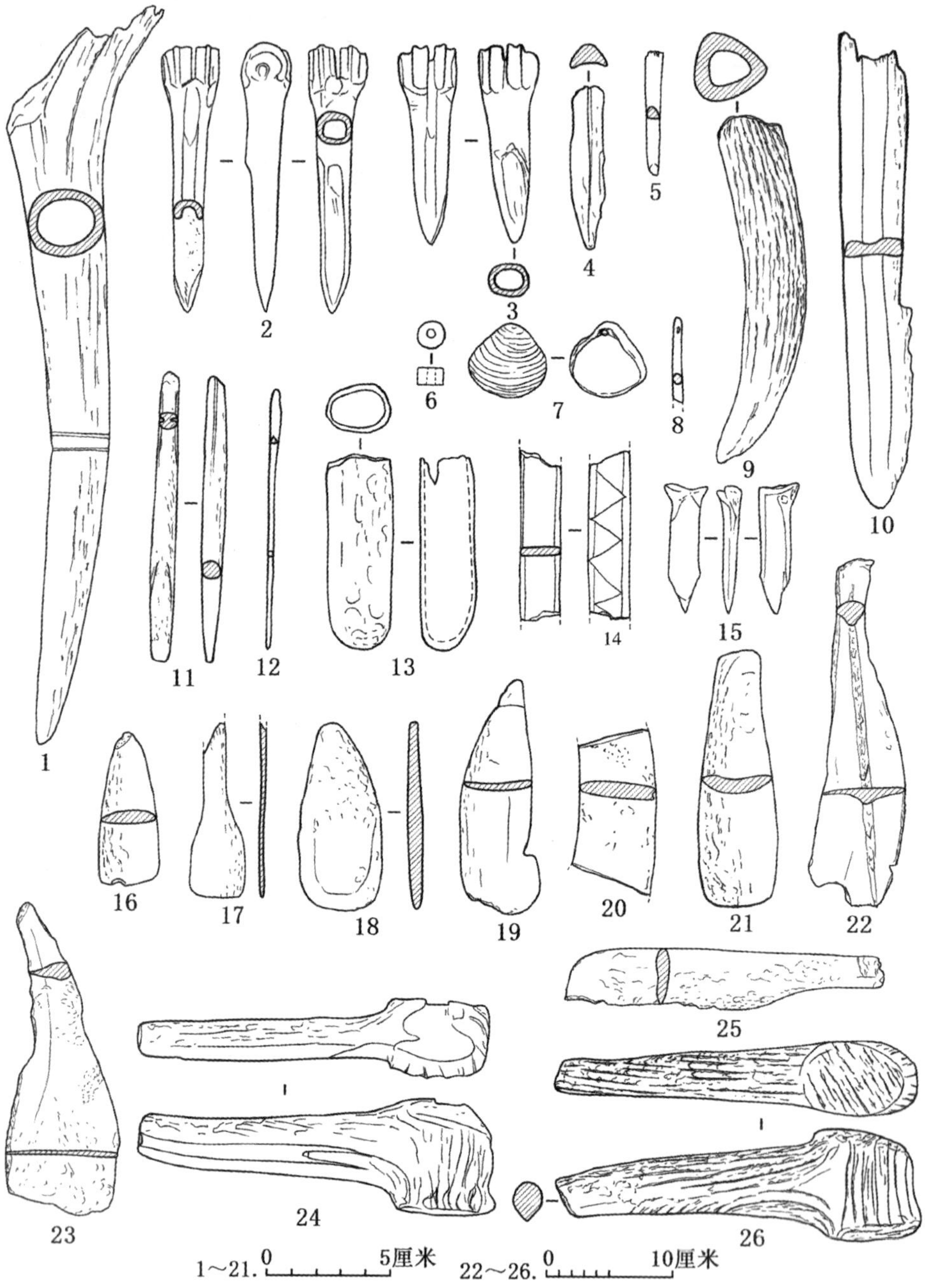

1、9.角器（F9：115、F13：44） 2、3.A型骨锥（F15：84、F4：45） 4、15.C型骨锥（F5：39、F11：30） 5.B型骨锥（F15：85） 6.珠饰（F9：119） 7.贝饰（T1213④：44） 8、12.骨针（F3：60、F14：150） 10.A型骨匕（F3：61） 11.骨箭铤（F11：29） 13.骨筒（F6：66） 14.骨饰片（F6：67） 16.C型骨匕（F14：146） 17、22、23.骨铲（F9：112、F9：111、F15：83） 18、21.B型骨匕（F14：149、F7：61） 19.骨片状器（F3：62） 20.骨刀梗（F15：86） 24、26.角锤（F9：109、F5：37） 25.骨刀（F6：65）

图三十一　出土遗物

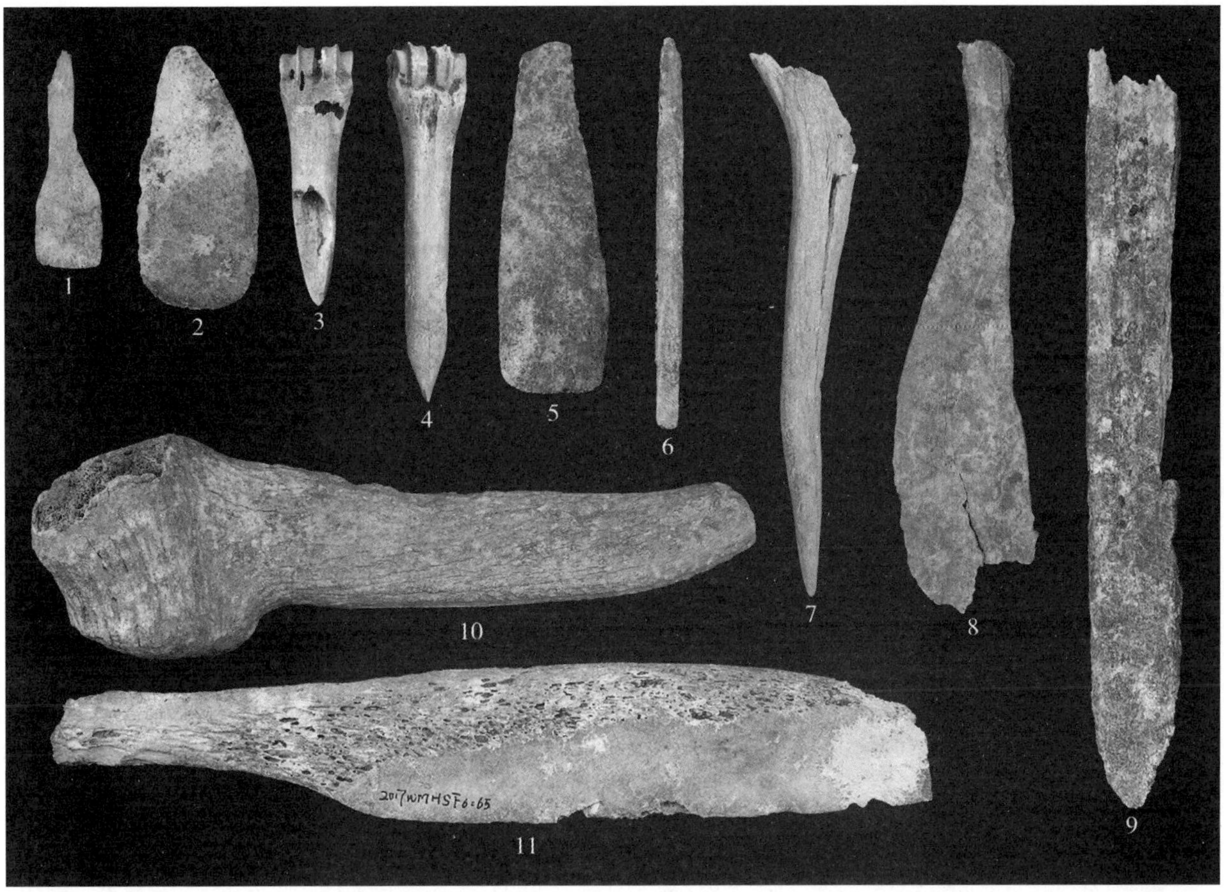

1.B型骨铲（F9：112） 2、5.B型骨匕（F14：149、F7：61） 3、4.A型骨锥（F4：45、F15：84） 6.骨箭铤（F11：29） 7.角器（F9：115） 8.A型骨铲（F9：111） 9.A型骨匕（F3：61） 10.角锤（F5：37） 11.骨刀（F6：65）

图三十二 出土遗物

B型：1件。F9：112，用骨片磨制而成。铲状，柄部残。残长6.8厘米，宽2.3厘米（图三十一，17；图三十二，1）。

骨刀梗 1件。F15：86，采用动物肢骨磨制而成，圆润光滑。现存器物中段，一侧刃缘开出凹槽，应作为镶嵌石叶的复合工具。扁体长条形，略弧。残长6.5厘米，宽3.1厘米，厚0.5厘米（图三十一，20）。

骨箭铤 1件。F11：29，利用动物肢骨磨制而成，前端两侧开槽用以镶嵌石刃，尾端呈扁平状。前端残。残长11.6厘米（图三十一，11；图三十二，6）。

骨锥 5件。大多利用动物的肢骨切割、磨制而成。可分3型。

A型：2件。F4：45，以动物肢骨加工，尖部磨制精细，较锋利，柄端保留部分骨腔及关节面。长8厘米（图三十一，3；图三十二，3）。F15：84，以动物肢骨加工，尖部磨制精细，较锋利，柄端保留肢骨关节面。长10.8厘米（图三十一，2；图三十二，4）。

B型：1件。F15：85，用动物肢骨劈裂加工而成。近三棱形。锥柄制作较为粗糙，尖部残断。残长4.9厘米（图三十一，5）。

C型：2件。F5：39，用动物肢骨劈裂加工而成，尖部磨损严重。长6.5厘米，宽1.4厘米（图三十一，4）。F11：30，用动物肢骨劈裂加工而成，保存较好。长5.2厘米，宽1.7厘米（图三十一，15）。

骨匕　7件。皆利用动物骨骼磨制而成。根据形制差别可分3型。

A型：1件。F3：61，用动物肢骨劈削成片状制成。柄端残断，尖端磨制呈尖弧刃，使用痕迹明显。残长19厘米，宽2.5厘米，厚0.7厘米（图三十一，10；图三十二，9）。

B型：2件。用动物骨骼劈削、磨制成片状，扁平直刃，柄部窄。F7：61，弧形片状。长10.2厘米，宽3.1厘米，厚0.8厘米（图三十一，21；图三十二，5）。F14：149，器体平直。长7.5厘米，宽3.3厘米，厚0.4厘米（图三十一，18；图三十二，2）。

C型：4件。用动物骨骼劈削、磨制成不同形状的薄片。F14：146，近三角形。扁平直刃，柄端呈尖弧形。长6.1厘米，宽2.4厘米，厚0.3厘米（图三十一，16）。

骨针　2件。制作精致，用动物肢骨磨制而成，尖端十分光滑。横截面呈圆形。顶端圆锥形，较钝，有对钻而成的圆形针眼，针尖锋利。F14：150，长10.4厘米（图三十一，12）。F3：60，残长3.4厘米（图三十一，8）。

骨筒　1件。F6：66，用动物骨骼加工而成。柱状，横截面呈椭圆形，口部残，底端磨制圆滑。高7.7厘米，最大直径2.6厘米（图三十一，13）。

骨片状器　1件。F3：62，用骨片磨制而成。一端残缺，钝圆，边侧有一缺口；另一端收窄成尖状。其形状与弓弭相似。长9.4厘米，宽3厘米，厚0.3厘米（图三十一，19）。

骨饰片　1件。F6：67，残，制作精致。用动物肢骨劈裂、磨制成长条形，较平整。两侧边缘刻划两条平行的凹槽，凹槽中刻划折线几何纹。残长6.75厘米，宽1.7厘米，厚0.3厘米（图三十一，14）。

角锤　4件。用马鹿角制成。主枝切断，去掉尖部。根部较粗，有结节。锤面使用痕迹明显。F9：109，长29厘米（图三十一，24）。F5：37，长29.4厘米（图三十一，26；图三十二，10）。

角器　3件。用动物的角切割、磨制而成。F9：115，为鹿角切割加工而成。弯曲状，横截面呈圆形。根部残，中部有1周凹痕，尖部使用痕迹明显。长29.4厘米（图三十一，1；图三十二，7）。F13：44，用鹿角切割加工而成。弯曲状，横截面呈弧三角形，尖部有明显使用痕迹。长13.8厘米（图三十一，9）。

（四）其他

包括极少量珠饰、贝饰等。

珠饰　1件。F9：119，用象牙磨制加工而成。圆管状，较平整，光滑，中部钻一圆形孔。高0.6厘米，直径1.1厘米，孔径0.2厘米（图三十一，6）。

贝饰　3件。保持贝壳的原状，在其顶部钻出小孔。T1213④：44，长3厘米，宽3厘米（图三十一，7）。

四、结语

四麻沟遗址整体地势东南靠山，向北开阔，沿泉水冲沟呈线状分布。从地表采集的遗物看，均属同一文化类型。其延续时间相对较长，第Ⅲ区考古发掘亦有明确显现。发掘区的房址布局有一定的规律，以圆角长方形为主，长方形次之，少量为圆形。从房址的打破关系和形态分析，可分为早、中、晚三段，早段为圆形，中段为圆角长方形，晚段为长方形或接近方形。四麻沟遗址的房址形态是裕民文化的发展和延续，在二层台、地面灶、壁柱等方面有着相同性，形制上却有了变化，出现了圆角长方形、长方形（或接近方形）的房址，或可反映出四麻沟遗址这一时期气候环境更趋于温暖，族群人口数量增加。从遗迹关系看，可能为同一族群长期使用的聚落居址。

在房址之外发现了较多的室外灶及用火遗迹，说明该遗址在使用中，存在夏季室外用炊的现象，裕民遗址中没有发现这类迹象。裕民、四麻沟聚落在环境选址上有着不同的情况。裕民遗址四面环山、背山向阳，较为封闭，冬季背风向阳。四麻沟遗址背靠东南山坡，面向西北开阔地，夏季通风。裕民遗址部分房址集中出土打制石器废片、动物骨骼等。四麻沟遗址的房址出土有较多大型破土工具，打制石器废片极少，可能与季节生产活动相关。根据斯坦福大学考古实验中心对裕民、四麻沟遗址细石叶和端刮器功能的初步分析，微痕、淀粉粒和植硅体分析结果显示其功能与动植物加工有关，裕民遗址加工动物比例高于四麻沟遗址，四麻沟遗址加工植物比例高于裕民遗址。由此初步判断，裕民文化诸遗址应为草原地区新石器时代早期的季节性营地式聚落。四麻沟遗址可能为夏季营地，裕民遗址可能为冬季营地。这种生业方式的出现，可能为后来有较强流动性的游牧业产生奠定生业模式的基础，对中国北部及西部草原地带新石器时代早期文化的研究具有极其重要的意义。

遗址出土石制品数量较多，工具种类繁多，形制与制作技法丰富，主要为用于狩猎、采集、农业生产，以及木材、石器、骨器等加工制作的各类工具，与裕民遗址出土石制品特征有颇多相似之处。但就石制品的组合特征和个别石器工具特征而言，又与裕民遗址有所差别，加工精致的器物增多，亦有粗糙的破土工具，体现出两个遗址生计活动方面的诸多差异。四麻沟遗址出现了多种类型的破土工具，如锄、镐、镢、铲、犁形器等，虽然这些工具在整个石制品组合中所占比例有限，但形制多样，器型规范。四麻沟遗址的重型工具比例高于裕民遗址，如砍砸器、敲砸器等；锛状器数量和形制有所减少；细石叶工具与端刮器比例降低，可能体现出处理动物毛皮的比重下降；碾磨类工具的比例与裕民遗址大致相当，但相较裕民遗址以磨盘、磨棒为主导的碾磨类工具组合，石杵与饼形磨石在四麻沟遗址中占有更高的比重。总之，从石制品方面体现出了四麻沟遗址是裕民文化发展的一个重要阶段。

四麻沟遗址出土陶器较少，多为残片，可复原完整器极少。大概可辨的器物主要组合为筒形罐、敞口小底罐、片状器等。截至目前未见圜底器，只怀疑有少量通体横向压印条带指甲纹的上腹陶片，器型可能为尖圜底器。从陶色、质地、纹饰、制法看，与裕民遗址出土的陶器相近，不同的是平底器的出现、纹饰的规整和火候有所升高。敞口小底罐还带有尖圜底器向平底演变的迹象，底部围贴泥片制成小平底，器内底为尖圆坑状。由于考古资料有限，陶器可类比的材料极少。编织纹的陶片在质地、纹饰和制法上，与蒙古国东部套格图河-5遗址①出土者相似。

在锡林郭勒草原西北苏尼特左旗额根木图遗址调查采集到的敞口小底罐等陶器②，与四麻沟遗址出土的同类器相似。在内蒙古科左中旗哈民忙哈遗址出土的筒形罐、A型壶、盆、钵等器物上的滚压窝纹③，与四麻沟遗址出土的筒形罐、敞口小底罐的编织纹相近，但在制法上有差异，其时代相差甚远，可能在文化上有一定的渊源关系。经美国贝塔（Beta）放射性实验室对中、晚段房址出土的木炭和动物骨骼进行碳14年代测定，中、晚段时间范围为距今7500～7000年。四麻沟遗址第Ⅲ区的早段遗存年代应该与裕民遗址相近，与中、晚段的年代上还有一定的距离。目前多项科技考古实验还在进行中，部分结论与裕民遗址的实验结论相近。从近两年在化德县和周邻地区的新石器时代早期遗址调查资料看，四麻沟遗址的中、晚段文化代表着裕民文化的一种考古学类型——四麻沟类型。

四麻沟遗址的发掘丰富了裕民文化的内涵，是中国北方及草原地带的新石器时代早期文化。该文化分布于北方生态交错带及蒙古高原，可能是北方原始农业和畜牧业产生的关键地区。从考古发掘及调查资料看，裕民文化与北方的蒙古高原和西伯利亚地区的新石器时代早期文化有着一定的关系。四麻沟遗址的发现为研究裕民文化谱系的纵向发展提供了极为重要的实物资料。

附记：本考古项目负责人为包青川，发掘领队为胡晓农，先后参加发掘、整理、科技考古研究的工作人员有徐海峰、赵瑾、邢曾锐、张文青、李恩瑞、陈文虎、任喜贵、刘雪峰、王涛、陈玲、岳够明、徐炎、李春雷、刘扬、贾鑫、吕鹏、刘莉、贺亚辉、陈冉、赵朝、孙永刚、叶灿阳、张新香、贾超等，器物绘图由李宁、李力完成，器物照片由陈文虎拍摄。中国社会科学院考古研究所科技考古中心、赤峰学院历史文化学院、南京大学地理与海洋科学学院地貌过程实验室、北京大学科技考古实验室、美国斯坦福大学东亚语言与文化系和化德县人民政府对发掘和研究工作给予了大力支持，谨致感谢！

执笔者：包青川、陈文虎、胡晓农、
李恩瑞、徐海峰、张新香

载于《考古》2021年第1期

① N.V. 策登诺娃等：《蒙古国东部套格图河-5新发现的全新世时期遗存》，载内蒙古博物院、内蒙古自治区文物考古研究所编《中国北方及蒙古、贝加尔、西伯利亚地区古代文化》（上），北京：科学出版社，2015年。

② 苏尼特左旗全国第三次文物普查资料，2018年8月复查资料。

③ 内蒙古文物考古研究所、科左中旗文物管理所：《内蒙古科左中旗哈民忙哈新石器时代遗址2010年发掘简报》，《考古》2012年第3期。

内蒙古化德县发现八千年前村落遗址

包青川　胡晓农　岳够明

裕民遗址位于内蒙古自治区乌兰察布市化德县包图乡裕民村东北1.25千米处。遗址位于丘陵地带，三面环山，南北向为缓坡，呈簸箕形状，东部紧邻山坡脚下的冲沟，南部与起伏的山丘相连，遗址中南被现代冲沟冲刷。南部约500米处，有一条东西向季节性河流。遗址分布于山间低凹的坡地东部，南北约80米，东西约60米，总面积约5000平方米。

图一　裕民遗址远景

遗址是2010年在配合集（宁）通（辽）铁路复线工程建设过程中调查发现并进行了考古试掘工作，2014年进行了考古发掘。2015年7—11月，内蒙古自治区文物考古研究所、乌兰察布市博物馆、化德县文物管理所再次联合组成考古队对该遗址进行考古发掘，发掘面积700平方米。

遗址有房址9座、灰沟1条、墓葬1座。房屋为圆形半地穴式，房址中部有一突起的地面圆形灶，未发现门道，柱洞痕迹不明显，房址墙壁为黄沙土，损毁较严重，保存较差，部分房屋只保存有居住面。居住面为灰褐色沙土，地面粗糙，没有任何加工痕迹。房屋依坡势分布，大小不一，直径在280～400厘米。F4为圆形半地穴式，直径370厘米，残存深度为90厘米，房址中部有一突起的地面圆形灶，直径72厘米，房址墙壁较为粗糙，墙壁四周每隔60厘米左右有1个柱洞。灰沟位于发掘区的西南部，东南至西北走向。沟的南侧坡面为自然坡面，略呈慢坡状，沟的北坡面为陡直，可能经过粗糙的修理。沟口宽350~400厘米，沟底宽150~200厘米，沟深240厘米。墓葬开口于F1居住面下，形制为竖穴土坑墓，葬式为屈肢蹲坐式，人骨保存完好，无葬具和随葬品。

图二　裕民遗址发掘全景

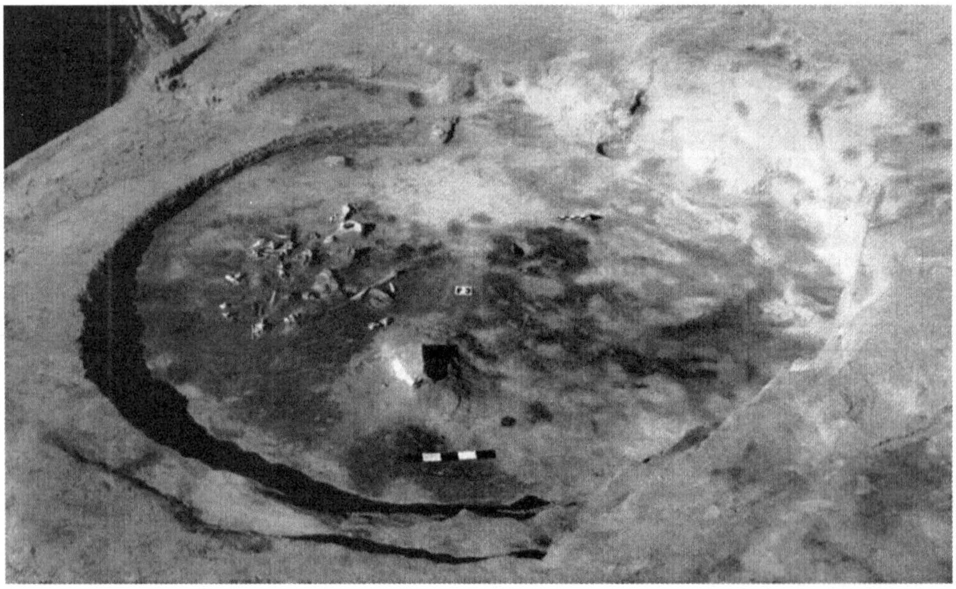

图三　裕民遗址F6全景

裕民遗址出土遗物数量相对较少，共出土器物1500余件，其中大部分为石器，陶器和骨器较少。此外，还出土了较多残碎的兽骨。石器原料以灰黑色泥岩（角页岩）占绝大多数，砂岩次之，还有少量的燧石、石英石、花岗岩等。石磨盘、石磨棒、磨石均为砂岩磨制。其他石制品均为打制和琢制并为双面加工。器型有半圆形石铲、片状砍砸器、矛形器、三角状石锥、刮削器、石片状器、石叶、石核、石球等。此外，还出土有较多的石器废片。陶器，出土可复原器型极少，多为较小的陶片，主要为夹砂黄褐陶、夹砂黑褐陶，质地疏松，火候低。陶器制法为泥片贴筑法。器型简单，出土有圜底筒形罐，为夹砂黄褐陶，质地疏松。釜的质地疏松，纹饰为麻布纹。片状器为椭圆形或圆角方形，素面，部分底面有草编纹。骨器，出土有骨锥、骨刀、骨镰等。另外出土了较多残碎的兽骨。

图四　出土石器

图五　出土陶片状器

图六　出土陶器

图七　出土石叶、刮削器

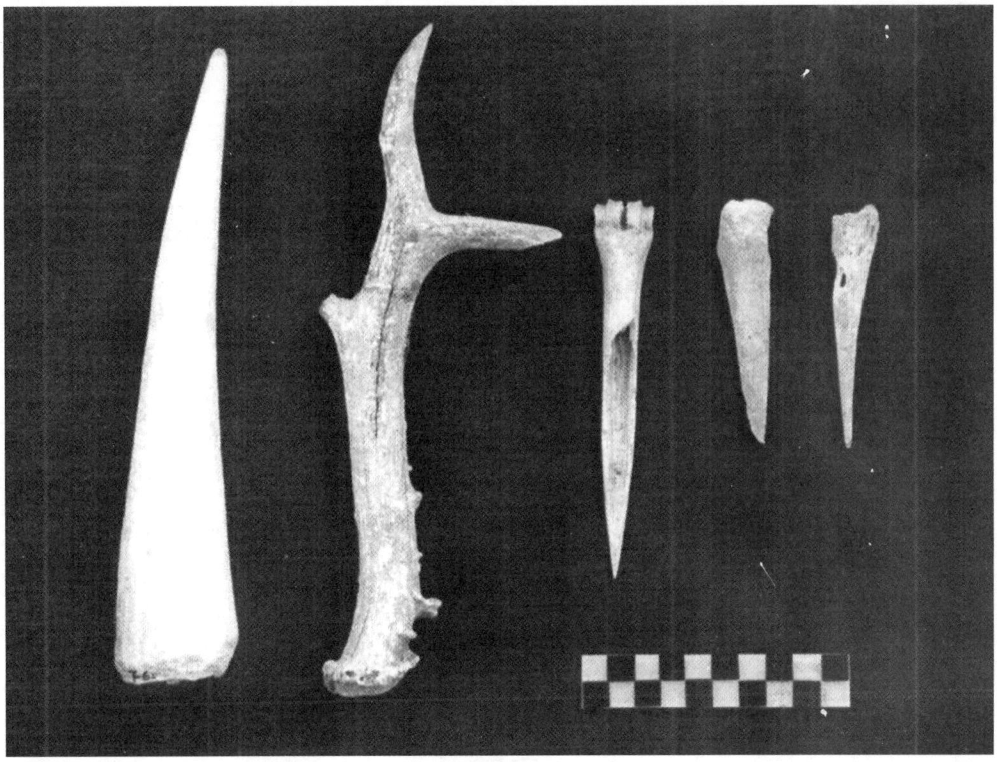

图八　出土骨器

通过对裕民遗址进行的发掘工作，对其文化的时代和内涵有以下初步认识：

裕民遗址坐落于丘陵山地，海拔高度1465米。丘陵山地间有川、滩、谷地貌的小平原，其高度落差60～70米。该聚落居民生活在地势较高区域。房址遗址开口于灰黑色土下，此地层土为黑垆土，其形成于全新世最温暖时期，也是高湖面时期。说明裕民遗址的原始文化人群，生活在本地区全新世最温暖时期的初期阶段。各地在进入该时期的时间段上亦有差异，综合岱海、黄旗海、科尔沁沙地、毛乌素沙地等地区的环境研究成果，推断该遗址的使用年代不会晚于距今8000年左右。经北京大学考古文博学院科技考古实验室碳14测定，墓葬人骨距今8400年左右，文化层出土兽骨距今8200～7800年。

该遗址整体属于小型村落遗址，其房址为圆形，依遗址环境坡状分布，未发现灰坑，说明当时的生活资料还不丰富。发现的生产工具均为打制石器，石制品加工的打制技术已发展到较为成熟的阶段。遗址内部发现有较多的石器废片，说明石制品加工是当时人们较为普遍的生产活动之一。生活陶器的器型简单，陶质疏松、陶胎厚、火候低，制法为泥片贴筑，反映出了陶器制作的原始性。从遗址中出土大量的兽骨和生产工具看，该遗址文化的人群是以狩猎和采集为主要的生活方式。

从裕民遗址的遗迹，石器、陶器组合等综合分析，该遗存的新石器时代文化特征还没有完全体现，是内蒙古中南部目前发现的最早的新石器时代文化。裕民遗址的发现为研究中国北方及草原地带的新石器时代初期文化面貌提供了极为重要的资料。

载于《中国文物报》2016年6月6日第8版

内蒙古凉城县岱海周围古遗址调查

乌盟文物站凉城文物普查队

岱海位于阴山南麓，内蒙古凉城县境内，东西长30千米，南北宽20千米，是内蒙古高原上最大的淡水湖之一。岱海沿岸有广阔的滩地，四周为连亘起伏的丘陵，形成群山怀抱的盆地。岱海西有蛮汉山，山西北是土默特地区；南有马头山，山南有长城与山西省交界。岱海地区气候温和，水源丰富，自然条件优越。

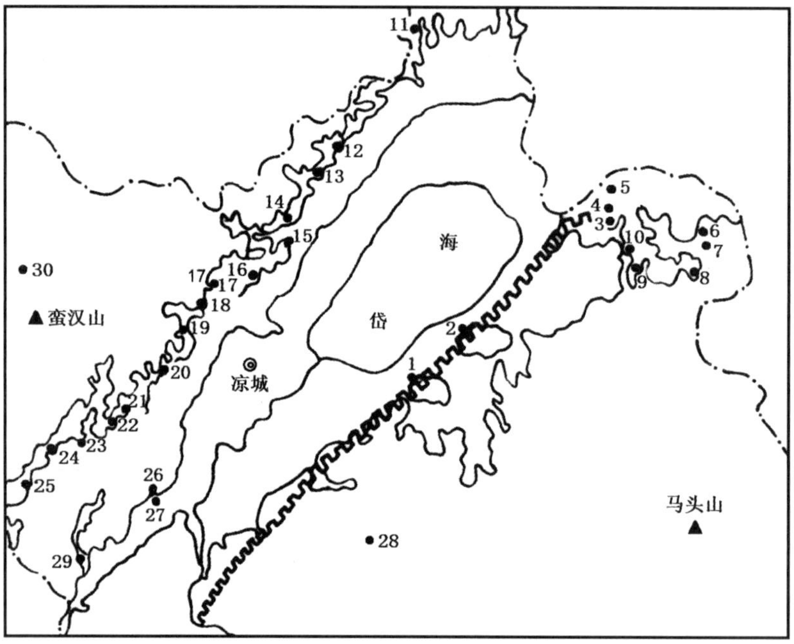

1.狐子山遗址　2.王墓山遗址　3.大坡遗址　4.黄土西坡遗址　5.黄土坡遗址　6.五龙山遗址　7.七号遗址　8.小砚王沟遗址　9.牛圐圙山遗址　10.平顶山遗址　11.驼盘遗址　12.武家坡遗址　13.大庙坡遗址　14.合同天遗址　15.元子沟遗址　16.白坡山遗址　17.杨厂沟遗址　18.杏树贝遗址　19.马鞍桥山遗址　20.小召遗址　21.雕王山遗址　22.小天山遗址　23.板城遗址　24.老虎山遗址　25.水泉遗址　26.沙石滩遗址　27.兰麻天遗址　28.刘家天遗址　29.黄家天遗址　30.炒米梁遗址

图一　岱海周围遗址分布示意图

1986年8—11月，乌盟文物站凉城普查队对岱海周围进行了重点考古调查，收获很大，共发现新石器时代、青铜时代的遗址30处（图一）。现将其中几个主要遗址简报如下。

一、狐子山遗址

狐子山位于岱海南岸2千米处，山北1.5千米处是八苏木村。步量河经狐子山东侧流入岱海。遗址坐落在山东北坡中部的台地上，西南高，东北低，呈扇形；南北长500米，东西宽100米。由于水土流失，使遗址遭到不同程度的破坏。

遗址中部有暴露于地表的多处烧土遗迹。在1米厚的文化层堆积中，出土可复原的陶罐1件。陶罐为夹砂红陶，手制；侈口，鼓腹，小平底；腹部有对称半环状双耳，内壁有用泥钉固定器耳的痕迹；口径24厘米，底径12厘米，高40厘米（图二，2）。

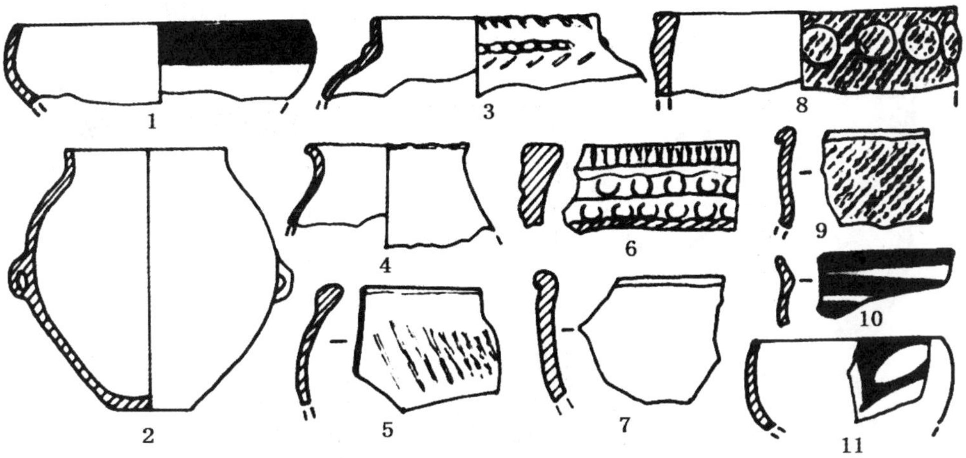

1、10、11.钵 2～5、7、9.罐 6、8.瓮

图二 狐子山遗址陶器

遗址地表采集的陶片以泥质红陶和夹砂红陶为主，也有一定数量的夹砂橙黄陶。泥质陶经过淘洗，质地细腻坚硬，火候较高。夹砂陶火候低，质地松脆。陶器做法均为手制。纹饰有彩绘、绳纹和线纹。可辨器型有罐、钵、瓮等。罐有敛口罐、花边口沿罐、卷沿罐（图二，3、4、5、7、9）。钵有弧腹、曲腹两种。弧腹钵口微敛，外壁磨光后饰黑彩宽带纹或几何花纹。曲腹钵为尖唇，外壁磨光，内壁饰黑红相间的弧线纹（图二，1、10、11）。瓮口稍敛，方唇，口沿下饰斜线纹和1周乳钉纹（图二，8）；另一种沿外侧饰1周花边，下有两周附加堆纹（图二，6）。

狐子山遗址的花边口沿罐、彩陶钵等均与阿善遗址同类器物相似[①]，双耳夹砂罐则与老虎山遗址所出夹砂罐相似[②]，时代相当于仰韶文化至龙山文化期间。

① 内蒙古社会科学院蒙古史研究所、包头市文物管理所：《内蒙古包头市阿善遗址发掘简报》，《考古》1984年第2期。

② 田广金：《凉城县老虎山遗址1982—1983年发掘简报》，《内蒙古文物考古》1986年总第4期。

二、王墓山遗址

王墓山位于狐子山东2千米处，隔步量河两山相望。向北约1千米为泉卜子村，村后是岱海。遗址坐落在王墓山北坡台地上，南高北低，顶部平坦；东西宽300米，南北长400米，呈不规则的长方形。由于水土流失严重，部分遗物暴露于地表，主要有石器和陶器。

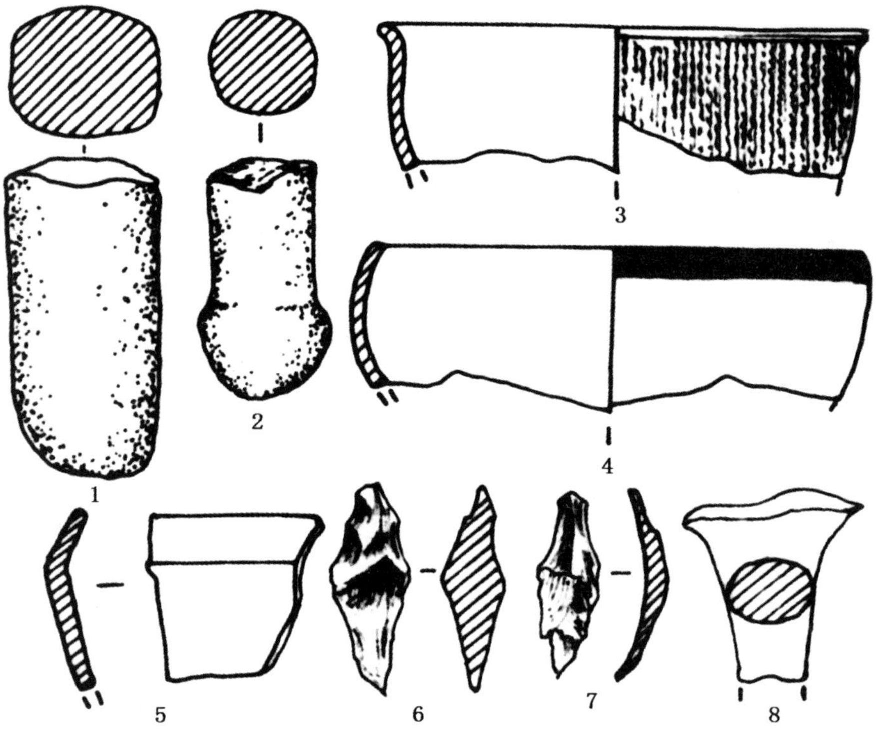

1.石锤 2.石杵 3.陶罐 4、5.陶钵 6、7.尖状器 8.陶器足

图三 王墓山遗址器物

石器有石锤、石凿、石刀、石斧等。有打制和磨制两种，一般制作较粗糙。石锤头部圆钝，腰部有小凹槽（图三，1）。石杵头部呈蘑菇状，腰部细圆，使用痕迹明显（图三，2）。此外，还有燧石打制的尖状器（图三，6、7）。

陶器均为残片，其中有钵、盆等。以砂质红褐陶为主，也有一定量的泥质红陶。砂质陶较粗疏，火候不高，陶色不匀。泥质陶较坚硬。均为手制。纹饰以线纹和细绳纹为主，素面和彩绘次之。钵，一种为敛口，尖唇，弧腹，通体磨光，领部饰红彩带纹（图三，4）；一种为折腹，素面（图三，5）。盆为敞口，沿稍卷，曲腹，通体饰竖直的细绳纹（图三，3）。此外，还有器足，为砂质陶（图三，8）。

王墓山遗址的文化面貌具有明显的本地区特点，时代相当于仰韶文化时期。

三、大坡遗址

大坡位于凉城七号乡青龙湾村西2.5千米处，遗址在西南坡台地上。遗址西部为开阔的滩地，滩地前方为岱海，西北面有现代林场，南部、东部为丘陵山区。遗址东北高、西南低，面积约10000平方米，呈不规则长方形。

采集的石器多数为砂岩磨制，也有少量打制的。石斧体呈椭圆形，刃部宽而钝（图四，13）。一种亚腰形石器，四面开刃（图四，15）。还有乳白色燧石磨制的尖状器（图四，14）。

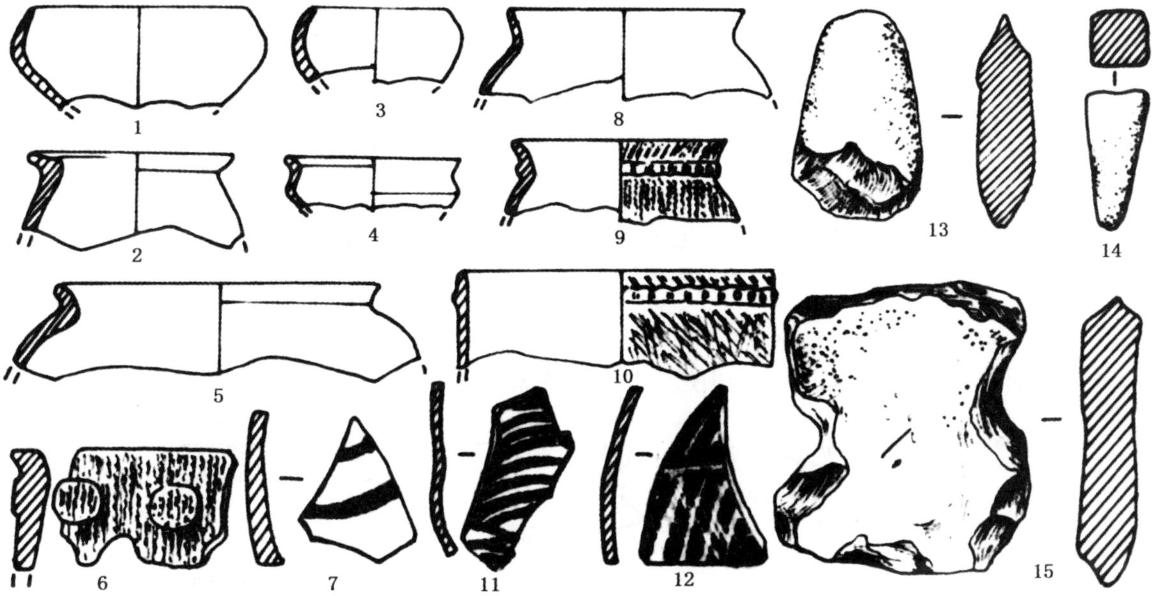

1、3、4.陶钵　2、5、8、9.陶罐　6、10.陶瓮　7、11、12.彩陶片　13.石斧　14.尖状器　15.亚腰形石器

图四　大坡遗址器物

陶器均为残片，能辨器型的有钵、罐、瓮等。以泥质红陶为主，夹砂红陶次之。制作方法均手制。纹饰以绳纹和线纹为主，也有一定量的彩绘。钵多为泥质橙红陶，泥质灰陶次之，有弧腹和折腹两种（图四，1、3、4）。罐有小口、喇叭口两种不同的形制（图四，2、5、8、9）。瓮有直口、敛口两种。直口瓮领部饰1周附加堆纹，通体饰交叉线纹（图四，10）；敛口瓮口沿微侈，方唇。颈部饰1周泥饼装饰，通体饰绳纹（图四，6）。获得的彩陶片为细泥红陶，磨光后饰黑彩弧线条纹、网格纹等（图四，7、11、12）。

大坡遗址文化遗存与托克托县海生不浪遗存相似[①]，时代相当于仰韶文化时期。与大坡遗址文化面貌相同的还有黄土坡遗址、平顶山遗址、黄土西坡遗址等。

① 吉发习：《内蒙古托克托县新石器时代遗址调查》，《考古》1978年第6期。

四、板城西山遗址

板城村位于岱海西北岸边，属凉城县永兴乡。板城村北有西山，西山东侧至南坡中都为遗址区。遗址北高南低，呈扇形，东西长800米，南北宽400米。在遗址顶部发现石墙一段，残长20米，露出地面高度0.3米。遗址东部有大面积被破坏的居住遗址区，发现白灰碎片及石器、陶片。

石器有斧、刀、环、镞等。石斧为灰色页岩打制，梯形，刃呈宽弧状（图五，7）。石刀系砂岩磨制，中部有一圆孔，两侧有凹槽（图五，10）。石环剖面呈三角形，磨制（图五，11）。石镞为玛瑙石打制，三角形（图五，8、9）。刮削器为燧石打制，龟背状（图五，12）。

陶器以夹砂红陶为主，也有一定量的夹砂灰陶和泥质灰陶。夹砂红陶烧制火候较低，质地松脆。泥质灰陶火候较高，质地坚硬。均为手制。多为素面，也有一定量的绳纹、篮纹、附加堆纹。能辨器型的有罐、瓮等。罐有高领、矮领两种。高领罐为夹砂红陶，侈口，尖唇，素面（图五，3、4）。另一种高领罐为夹砂灰陶，喇叭口，颈部饰篮纹（图五，1、5）。矮领罐有夹砂红陶和夹砂灰陶两种，其中夹砂红陶罐为侈口，通体饰绳纹，也有的颈部饰1周附加堆纹（图五，6）。瓮为直口方唇，沿下饰两周附加堆纹，有对称的鸡冠状鋬手（图五，2）。另外还采集到较多的陶器鋬手，有鸡冠状、舌状、桥状等（图五，13、14）。

板城遗址的遗迹和遗物均与老虎山遗址同类遗存相似，时代相当于龙山文化时期。

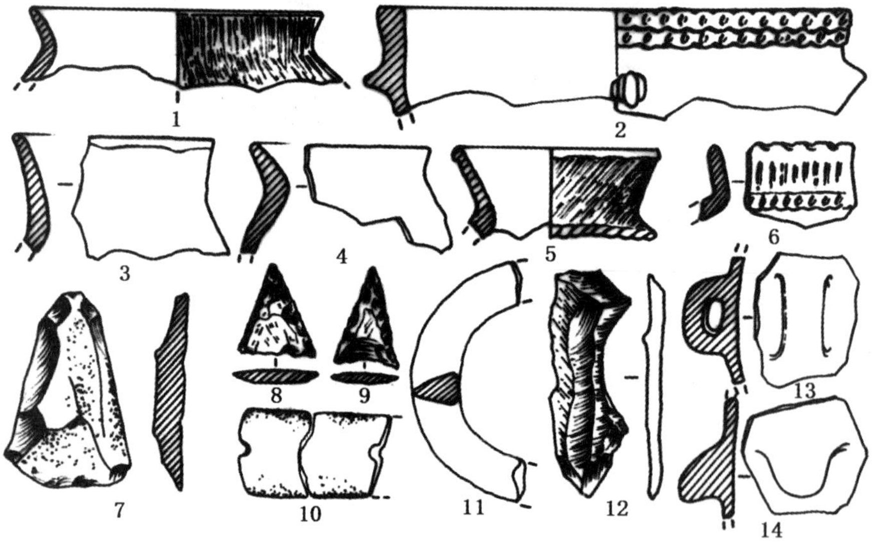

1、3～6.陶罐　2.陶瓮　7.石斧　7、9.石镞　10.石刀　11.石环　12.刮削器　13、14.陶鋬手

图五　板城遗址器物

五、元子沟遗址

元子沟位于岱海北岸，属凉城县三苏木乡元子沟村。遗址分布于元子沟西山东坡3个并列的台地上，西高东低，呈扇形，总面积56000平方米。

在遗址东部有十余座半地穴式房址，已在烧砖取土时被破坏。从残余的两座房址遗迹观察，F1是依断崖修筑的窑洞式房子，居住面距地表4米，为原生土层。房子为圆角方形，进深2米，间宽2.9米，后墙宽2.6米；门道已毁，墙壁高0.8米。房顶向内倒塌。墙壁和居住面抹白灰面，厚0.5厘米。居住地面中部有一灶，直径1.12米。灶周绘一道黑彩，宽10厘米。从被破坏的灶剖面观察，灶下烧土厚8厘米，其下又有一层灶面、烧土，说明为二次修筑。F2与F1情况基本一样，但房子是直接挖在较疏松的褐色砂岩层中。墙和地面先抹一层草拌泥，然后再抹一层白灰面。

采集的陶片以夹砂灰陶和泥质灰陶为主，夹砂红陶和褐陶次之，皆手制。纹饰以篮纹为主，素面次之，有少量的附加堆纹。能辨器型的有钵、罐、盆、甑等。钵有弧腹、斜腹两种，均为敛口、圆唇。斜腹钵口部磨光（图六，2、6）。罐分高领、矮领两种。高领罐口外侈，素面或颈部饰篮纹（图六，4）。矮领罐为直口，素面（图六，7）。盆为直口，方唇，斜腹，饰篮纹（图六，5）。甑为直口，方唇，直腹，平底，底部有几个圆孔，通体饰篮纹（图六，1）。此外，还采集到鸡冠状器耳，耳上方饰划纹（图六，3）。

元子沟遗址的文化面貌与老虎山相似，时代相当于龙山文化时期。

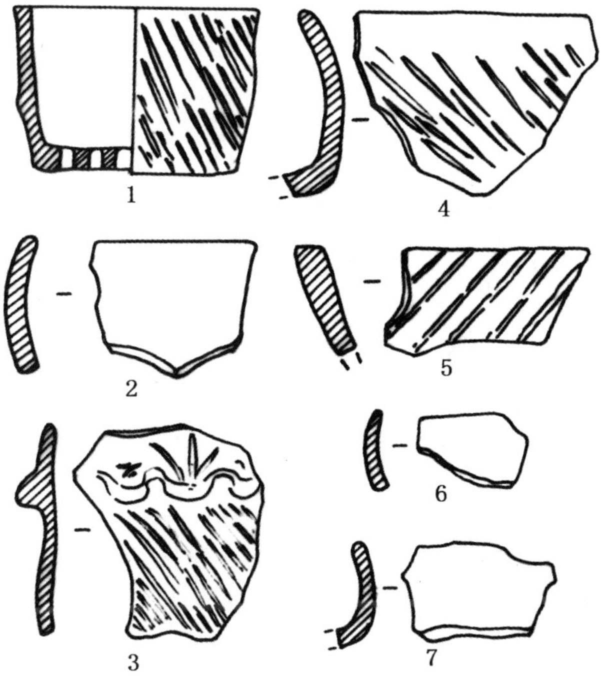

1.甑　2、6.钵　3.器耳　4、7.罐　5.盆

图六　元子沟遗址陶器

六、敖包梁祭祀遗址

敖包梁位于元子沟遗址南1千米处，为东西向山梁。四周平坦，高出地面8～10米。山梁西边有河槽通向元子沟遗址。山梁中部发现石堆1排，东西向，全长60米，共23座。中为一大石堆，圆角方形，边长10米，高2米。石堆中央有坑3个，直径皆为1米。坑四面又各有坑3个。大石堆两侧各有由大渐小的石堆11座，每座石堆中部也各有坑1个。积石堆全部用河卵石积成。在山梁东部平台上还有石圈1个，直径5米。

敖包梁为石山，土层薄，因未发掘，目前尚未发现任何文化遗存。但从地理位置看，山梁背依元子沟西山，南邻岱海，位于元子沟遗址区内。可以较为明显地看出这是祭祀遗址，是否与元子沟遗址有关，目前还没有证据。

七、大庙坡遗址

大庙坡位于岱海北岸，属三苏木乡。村西北500米处为大庙坡。坡中部有大沟，沟两侧台地上为遗址区，均为扇形，总面积为60000平方米。

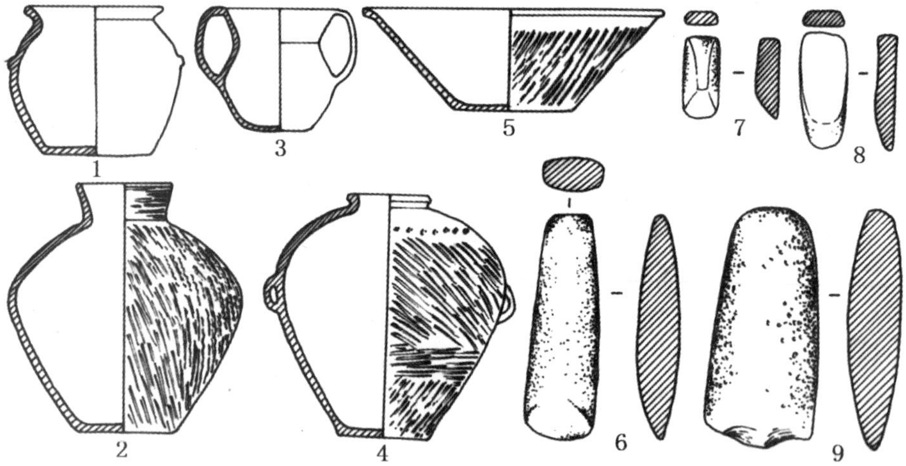

1～4.陶罐　5.陶盆　6、9.石斧　7、8.石凿

图七　大庙坡遗址器物

东台地中部发现石墙1段。南北走向，顺山势修筑，残长8米，宽0.4米，高0.4米。顺墙向南可辨出长约百米的墙基。墙西侧发现被破坏的半地穴式房址1处。出土可复原的陶罐1件。夹砂灰陶，夹云母片，手制。侈口，束颈，鼓腹，平底，罐两侧各有一小纽。口径13.2厘米，高13.2厘米，底径8厘米（图七，1）。遗址西侧发现可复原的陶器两件。一件为罐，泥质灰陶，手制，直口，方唇，圆肩，鼓腹斜收，颈部饰弦纹，肩部饰1周戳点纹，腹部饰篮纹，腹侧有对称的双耳。口径22

厘米，高40厘米（图七，4）。另一件为盆，夹砂灰陶，手制，敞口，斜腹。口径23.6厘米，底径8.8厘米，高8厘米（图七，5）。

西台地偏东处发现半地穴式房址3处。Fl为圆角方形白灰面建筑。门道已毁，进深3.3米，间宽3.6米。圆形灶，直径1米。出土石器4件、可复原陶器2件。石器有石斧和石凿。斧为砂岩磨制，剖面近长方形（图七，6、9）。凿为页岩磨制，长方体，双面斜坡，一面开刃（图七，7、8）。陶器有高领罐和双耳罐。高领罐为夹砂灰陶，手制。侈口，尖唇，斜肩，鼓腹斜收，小平底，通体饰篮纹。高34厘米，口径12.5厘米（图七，2）。双耳罐为泥质灰陶，表面磨光，手制。敞口，束颈，折腹，双耳连接口与腹部。口径9厘米，高8厘米（图七，3）。

采集的陶片中可辨器型的有罐、瓮、钵等。大庙坡遗址的陶器以夹砂灰陶和泥质灰陶为主，火候高，质坚硬，手制。纹饰以篮纹为主，素面次之。主要器型有高领罐、双耳罐、小口罐、浅腹盆等。

大庙坡遗址的文化面貌与老虎山遗址相似，相当于龙山文化时期。

八、马鞍桥山遗址

马鞍桥山位于凉城县厢黄地乡三道沟村北1.5千米处。山南坡尽属遗址范围，面积为90000平方米。遗址北高南低，呈扇形。遗址下部为农田覆盖，中部发现1米厚的烧土，包含少量陶片。陶片为砂质红陶，饰细绳纹。与烧土同一平面有1处居住面，残存面积2.5平方米。其他现象不清。

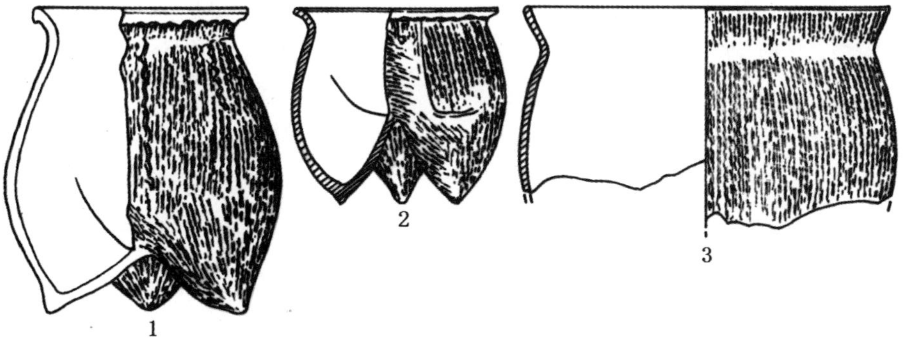

1、2.鬲　3.甑

图八　马鞍桥山遗址陶器

遗址上部采集可复原陶器3件。其中鬲2件：一件为夹砂灰陶，手制。侈口，卷唇，短颈，三空袋状足。口沿外侧饰1周附加堆纹，沿上有等距离3个小方纽，腹部饰6条附加堆纹，通体饰细绳纹。口径22.5厘米，通高34厘米（图八，1）。另一件为夹砂褐陶，手制。侈口，方唇，短颈。口沿外侧饰1周附加堆纹，等距离3个小方纽，腹部饰几何状附加堆纹，通体饰细绳纹。口径20厘米，通高22厘米（图八，2）。还有一件为甑，残。砂质红陶，手制。侈口，圆唇，鼓腹。通体饰细绳纹（图八，3）。其他采集陶片均为砂质红陶。器型与上同。

马鞍桥山的陶鬲等器物属夏、商时期。与此遗址遗迹现象相似的还有杨厂沟、杏树贝、雕王山、小天山等遗址。

九、小结

通过对岱海周围的考古调查，使我们初步掌握了这一地区古文化遗址的分布规律及文化内涵。这些遗址以岱海为中心，分布于岱海周围的沿山地带海拔1200米左右的第二级台地上。凡自然条件优越的地方均有古人活动的遗址，这些遗址依山傍水，密集分布，形成庞大的遗址群。由于文化内涵不同，又自然地形成不同的文化区域。岱海东、南地区的遗址相当于仰韶时期，其中狐子山遗址的文化面貌与阿善一期遗存比较相似，大坡、黄土坡遗址的文化遗存与托克托县海生不浪遗存有相似之处。岱海西、北地区的大批遗址则相当于龙山文化时期，与老虎山遗址文化面貌相似。在龙山文化时期遗址分布的区域中，还分布着属于夏、商时期的遗存。在调查中我们还看到在岱海东部地区，这些遗址彼此交错地分布在一起，相隔甚近。在狐子山遗存不仅采集到相当于仰韶时期的遗物，同时还获得龙山时期的遗物。这些现象似乎使我们看到从早到晚这一地区文化发展、演变的关系，初步看出其文化序列的粗线条。

元子沟窑洞式的房址是内蒙古地区首次发现。敖包梁祭祀遗址与大青山南麓发现的祭坛形式有相似之处[①]，但是否是与元子沟同期的祭祀遗址，有待发掘证明。

大庙坡、板城等遗址发现的石墙遗址与老虎山遗址的石城相似，这种现象普遍存在于岱海西、北地区大批相当于龙山文化的遗址中，这对研究城市和古代文明的起源问题提供了资料。

总之，岱海周围新石器时代、青铜时代遗址的发现，为研究内蒙古早期文化增添了新的资料。

参加调查工作内有富占军、郭铁林、李廷耀、赵兵、李耀辉、王振杰、火三柱等同志。

执笔者：富占军

载于《考古》1989年第2期

① 包头市文物管理所：《内蒙古大青山西段新石器时代遗址》，《考古》1986年第6期。

内蒙古商都县新石器时代遗址调查

内蒙古乌兰察布盟文物工作站

商都县是内蒙古乌兰察布盟最北部的县份之一，其西北部同锡林郭勒盟接壤，东部与张家口地区毗邻。这里地处蒙古高原东缘，海拔高度在1000～1500米。其东、南部属于阴山东端的低丘陵地区；西、北部地势渐高，之后趋于平缓进入草原地带。商都县恰处于由低丘陵向草原地带过渡的地区。历年来这里进行的田野考古调查和发掘工作甚少，文物的分布情况也不甚清楚。1988年6—9月，作为内蒙古文物普查的一个组成部分，乌兰察布盟文物工作站组成商都县文物普查队，对商都县全境进行了较为细致的文物普查，共查出各个时代的文化遗址140余处，其中20处属于新石器时代遗址，引起考古界关注。

表一　内蒙古商都县新石器时代遗址登记表

编号	遗址名称	地点	文化层厚（米）	面积（平方米）	采集遗物
1	风旋卜子Ⅰ号	商都县章毛勿素乡政府西北	0.5	2500	石镞、石核、刮削器、泥质红陶钵、夹砂褐陶罐
2	风旋卜子Ⅱ号	Ⅰ号遗址东1千米	1.5	4000	石镞、斧、刀、刮削器、网坠、石核、泥质红陶钵、器底、砂质褐陶折沿罐、侈口罐、夹砂褐陶片、盘口罐、斜口罐、夹砂灰陶筒形罐、直口罐、曲领罐、器足
3	风旋卜子Ⅲ号	Ⅱ号遗址东1千米	0.2	1000	石镞、石核、尖状器、尖砂褐陶片
4	风旋卜子Ⅳ号	Ⅲ号遗址东0.5千米	0.2	5000	石镞、刮削器、夹砂红陶片
5	风旋卜子Ⅴ号	Ⅳ号遗址东1.5千米	?	1500	石核、石片
6	新围子村	八股地乡新围子村西缘	0.4	1000	石镞、石核、刮削器、盘口罐、夹砂红陶片
7	东沟村	八股地乡东沟村西0.5千米	?	2000	石镞、刮削器、夹砂红陶片
8	棒槌梁	屯垦队乡马坊子村0.5千米	?	1000	石镞、石核、尖状器、泥质红陶片、夹砂褐陶片、灰陶片
9	狼窝沟	棒槌梁遗址西0.5千米	0.5	3000	石镞、环、砧、刀、杵、刮削器、盘形器、梯形器、磨石、石核、细泥红陶钵、矮领罐、夹砂褐陶矮领罐、侈口罐、高领罐、小口壶、器底、砂质褐陶矮领罐、夹砂灰陶直口罐、器耳

续表

编号	遗址名称	地点	文化层厚（米）	面积（平方米）	采集遗物
10	新井子村	二道洼乡新井子村西 1 千米	0.5	2000	石片、夹砂红陶片
11	灰莱沟	二道洼乡灰莱沟村南 2 千米	0.2	1500	石镞、石片、泥质红陶片、夹砂褐陶片
12	公鸡山	十八顷乡西北 2 千米	?	?	石镞、石片、夹砂褐陶片
13	达营山	范家村乡政府西 3 千米	?	?	石斧、石铲
14	西　山	十八顷乡西 2 千米	0.2	1000	石镞、石刀、石片、夹砂红陶片
15	朝天渠	小海子乡李家村 1 千米	0.3	2500	石镞、石核、磨棒、泥质红陶钵、夹砂灰陶侈口罐、小口罐、夹砂褐陶器底、泥质黑陶片
16	小海子	小海子乡政府南 2 千米	0.3	?	石片、夹砂红陶片
17	水泉梁西梁	高勿素乡二道洼村西南 0.5 千米	?	?	石镞、尖状器、泥质陶片
18	水泉梁	高勿素乡水泉村 0.5 东千米	?	3000	石镞、刮削器、磨石、磨棒、网坠、泥质红陶钵、夹砂褐陶罐、鬲、器耳
19	水泉梁南梁	高勿素乡南梁村北 0.5 千米	?	1000	石镞、石片、泥质红陶片、夹砂褐陶片
20	二吉淖	十六顷乡二吉淖村东 1 千米	?	1000	石斧、夹砂褐陶片

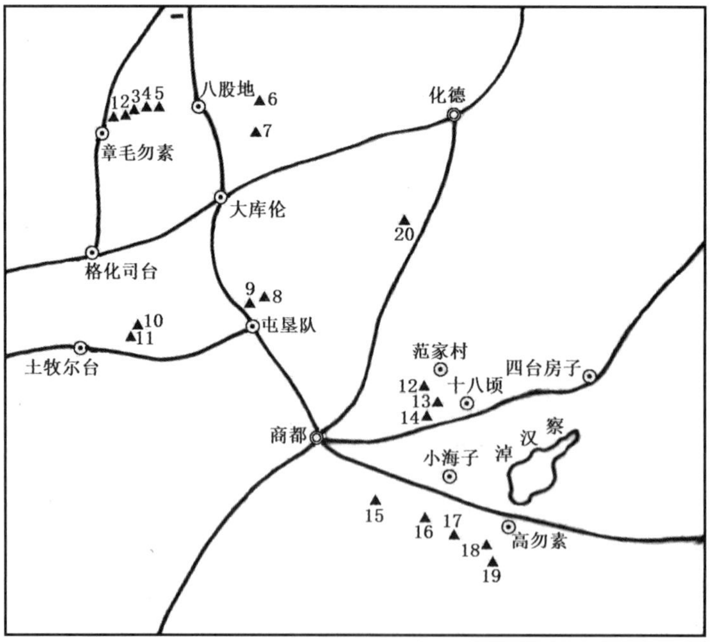

1～5.风旋卜子Ⅰ～Ⅴ号　6.新围子村　7.东沟村　8.棒槌梁　9.狼窝沟　10.新井子村　11.灰莱沟　12.达营山　13.公鸡山　14.西山　15.朝天渠　16.小海子　17.水泉梁西梁　18.水泉梁　19.水泉梁南梁　20.二吉淖

图一　商都县新石器时代遗址分布示意图

这次普查获得的20处新石器时代遗址（表一），主要分布在商都县东南和北部地区（图一）。遗址区多位于与水淖（沼）相邻的高岗地带，也有的位于较高的山坡台地上。这些地方水土流失严重，多已沙化。在山冈朝西北的坡地上，分布着大小不一、形状各异的沙窝（坑），当地人俗称为“风旋卜子”。这些沙窝中，有的散布着大量的石器和陶片。据观察，这种现象是由于自然界长期的水土流失，这类遗址中的地层遭到严重破坏，而地层中的遗物则由于本身的重量遗留下来，遂被沉积于沙窝底部。现将有代表性的风旋卜子Ⅱ号遗址、狼窝沟遗址、朝天渠遗址、水泉梁遗址的具体情况分别介绍如下。

一、风旋卜子Ⅱ号遗址

该遗址位于商都县最北端的章毛勿素乡。在乡政府与其北面相距3千米处的北山之间，地势平坦而宽阔。一条宽约1千米的古河槽沿北山南缘由东南向西北而去。河槽南部隆起一条高岗。在高岗西北面长达5千米的坡地上，显现出许多大小、深浅不一的沙窝，俗称“风旋卜子”。其中多处暴露有石器、兽骨、陶片等。经调查，确定5处为古文化遗址，编号为SFⅠ～Ⅴ。

Ⅱ号遗址位于古河槽南高岗西段，最高处高出河槽底近10米，高出西北部沙窝底部 5米左右。遗址呈不规则多边形，面积约4万平方米。地表散布大量的燧石、玛瑙石料，并有大量的石片和细石器。兽骨破碎程度较大，随处可见。遗址中还有多处略高于地表的沙土堆，呈圆角长方形。当中间堆有不多的石块，并有细石器和小型石器及兽骨散布。剥开地表即见中部有红烧土圆形灶，可能是房屋遗迹，但形制不清。遗址中还散布有数量不多的陶片。

（一）石器

以细石器为主，也有少量的小型石器。细石器均以各色玛瑙石、燧石为原料，压制而成，加工较精细，有镞、刮削器、石核及石片。小型石器以打制为主，磨制的较少，有刀、斧、网坠等。

镞　可分为2式。Ⅰ式，透明玛瑙质。底略向内凹，呈等腰三角形，边较直（图二，15）。Ⅱ式，透明或乳白色玛瑙质。平底，呈等腰三角形，边呈弧状（图二，21）。

刮削器　绿、褚、透明燧石或玛瑙质。呈不规则多边形、三角形（图二，17、19、20）。

石核　以褚色燧石为原料。一端为台面，另一端呈锥形，通体留有压取长石片和打击的痕迹，长3～7厘米，台面径1～5厘米（图二，16）。

刀　灰或红色片状页岩打制。弧背，弧刃，呈弯月形，背部较厚，刃部薄而锋利。其中一件长8厘米、宽4厘米（图二，11、12）。

斧　青灰色砂岩磨制。梯形，上宽下窄（图二，13）。

网坠　卵形玛瑙。中间有1道凹沟，通体光润，有少量的自然疤痕（图二，18）。

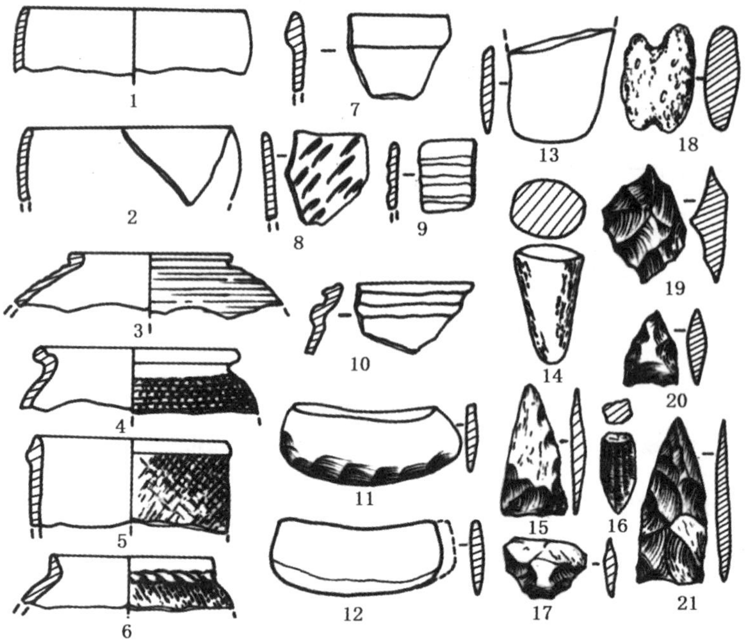

1、2.陶钵　3.侈口陶罐　4.盘口陶罐　5、7.筒形陶罐　6.折沿陶罐　8.斜口陶罐　9.直口陶罐　10.曲领陶罐　11、12.石刀　13.石斧　14.陶器足　15.Ⅰ式石镞　16.石核　17、19、20.石刮削器　18.石网坠　21.Ⅱ式石镞

图二　风旋卜子Ⅱ号遗址采集遗物

（二）陶器

以夹砂褐陶为主，泥质红陶次之。均手制。多素面，有一定量的绳纹（图三，7）、凸弦纹（图三，2）、刻划叶脉纹（图三，4）、网格纹（图三，9）、压印纹（图三，6、8、12、13）。也有少量彩陶，均为黑彩，纹饰有宽带纹和三角弧线纹。

1、5、7.绳纹　2、3.凸弦纹　4.刻划叶脉纹　6、8.压印“之”字纹　9.网格纹　10.篮纹　11.压印“人”字纹　12、13.压印几何纹　14.篦点纹　（1、3、5、10、14采集自狼窝沟遗址，11采集自水泉梁遗址，其余采集自风旋卜子Ⅱ号遗址）

图三　新石器时代遗址采集陶器纹饰拓本

钵　多为细泥红陶，极少数为泥质黑陶，质地坚硬。直口或敛口，尖圆唇，曲腹，均素面，磨光（图二，1、2）。

器底　细泥红陶。平底。底部印有细绳纹（图三，6）。

折沿罐　夹砂褐陶。侈口，尖圆唇，鼓腹。颈部饰1周泥条堆纹，通体饰绳纹（图二，6）。

侈口罐　夹砂褐陶。方唇外卷，唇上有浅槽1周，鼓腹。饰凸弦纹（图二，3）。

盘口罐　夹砂褐陶。方唇，溜肩，圆腹。饰网格绳纹（图二，4）。

斜口罐　夹砂褐陶。圆唇。饰刻划叶脉纹（图二，8）。

筒形罐　夹砂灰陶。直口，厚缘唇。唇以下饰网格绳纹（图二，5）。另一种为素面（图二，7）

直口罐　夹砂灰陶。饰凸棱纹（图二，9）。

曲领罐　夹砂灰陶，夹云母片。方唇。领外有1周凹槽（图二，10）。

器足　夹砂灰陶。圆锥形实足。饰浅细绳纹（图二，14）

二、狼窝沟遗址

该遗址位于商都县屯垦队乡北2.5千米，马坊子村后的山上。山北坡中部有一条被风雨冲蚀而成的不规则条形沙窝，东西长30米，南北宽100米，最深处1.8米。在沙窝底部，遍布大量的兽骨、石器、陶片。兽骨均已破碎。

（一）石器

以细石器为主，采用透明的乳白色玛瑙及绿、褚、红等颜色燧石为原料。有镞、砧、环、石核、石片等。均采用打击和压制方法制成。还有一些打制或磨制的小石器、刀、石杵、磨石等。

环　透明玛瑙石，圆形，已残。薄片状，中间有1周孔（图四，5）。

砧　白色玛瑙石磨制。圆锥形，上粗下尖（图四，8）。

镞　透明的乳白色玛瑙和褚、绿、红等色燧石压制。有等腰平底三角形、等腰凹底三角形、凹底窄长三角形等。最大者6厘米，最小者1.5厘米（图四，4、10、12～14）。器型规整，加工精细。

刮削器　透明的乳白色玛瑙或红、灰、绿色燧石为原料。有等边三角形、长方形、多边形等。薄片状，刃、锋尖利（图四，6、7、11）。

盘状器　灰色片状页岩打制。圆形，周缘打琢成刃。其中一件直径26厘米（图四，1）。

石核　褚色燧石。一端为台面，另一端呈锥形。通体有压取长石片和打击的痕迹（图四，9）。

刀　灰色片状页岩打制。半月形，背平直，刃呈弧状。长7厘米，宽2.7厘米（图四，2）。

磨石　灰色砂岩。弧背，两个磨面，使用痕迹明显（图四，3）。

石杵　白色砂岩磨制，圆柱状，上端较细，下端略粗。长15厘米，直径6～7厘米（图四，15）。

另外还有不少灰色板岩制成的薄体梯形石器，均为半成品，其用途不清。

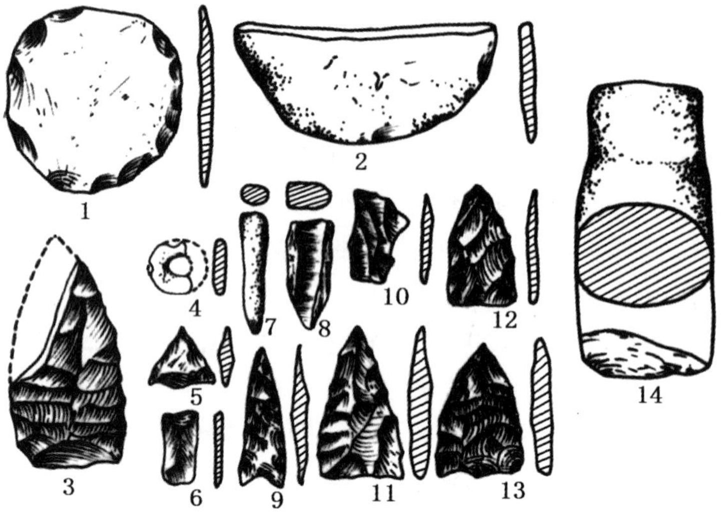

1.盘状器　2.刀　3.磨石　4、10、12～14.镞　5.环　6、7、11.刮削器　8.砧　9.石核　15.杵

图四　狼窝沟新石器时代遗址采集石器

（二）陶器

以砂质陶和夹砂陶为主，细泥红陶次之，也有少量的泥质黑陶。泥质陶的陶土多经淘洗，质细腻且坚硬。砂质陶也较纯净。夹砂陶有的夹云母片。手制。细泥陶器多素面磨光。纹饰有绳纹（图三，1）、网格绳纹（图三，5）、凸弦纹（图三，3）、篮纹（图三，10）、篦点纹（图三，14）、戳刺纹、连点印纹等，多见于砂质和夹砂陶器上。还有少量的彩绘，仅黑彩宽带纹一种。陶器的主要器形有钵、罐、壶等。

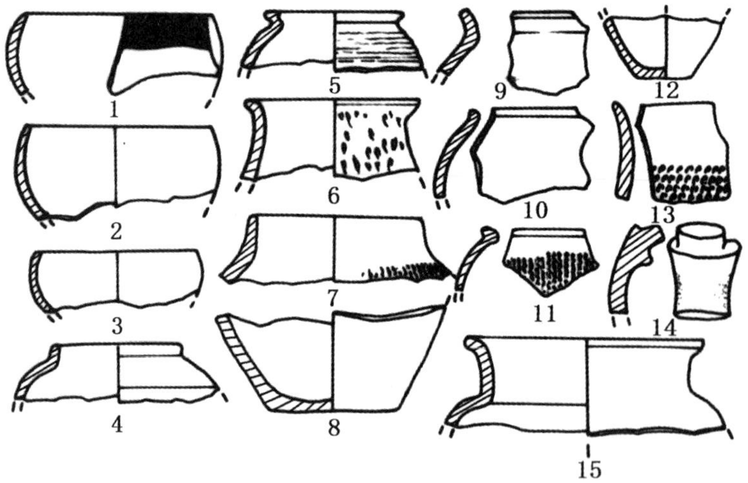

1～3.钵　4、10、11.矮领罐　5、9.侈口罐　6.小口壶　7.直口罐　8、12.器底　13.盂　14.器耳　15.高领罐

图五　狼窝沟新石器时代遗址采集陶器

钵　细泥红陶。敛口，尖圆唇，鼓腹。多数为素面磨光（图五，2），个别沿部饰1周黑彩宽带。其中一件口径33厘米（图五，1）。另一种为泥质黑陶。口微敛，尖圆唇，下腹斜收，口径25厘米（图五，3）。

高领罐　夹砂褐陶，夹大量云母片，火候不匀。侈口微敛，圆折肩（图五，15）。

矮领罐　细泥红陶、砂质红陶、夹砂褐陶3种。前二者小直口，尖圆唇，鼓腹（图五，4、10）。后者质粗疏，口部起圆棱，鼓腹。通体饰竖绳纹（图五，11）。

侈口罐　夹砂褐陶、砂质灰陶两种。前者火候不匀，平唇，唇内、外缘出尖棱，斜腹。上腹部外饰凸弦纹（图五，5）。后者方唇，斜腹，素面（图五，9）。

直口罐　夹砂灰陶，夹云母片。尖圆唇，外壁饰绳纹（图五，7）。

小口壶　夹砂褐陶。小喇叭口，花边口沿，长颈内弧，颈部饰杂乱的戳刺纹（图五，6）。

盂　夹砂褐陶。火候不匀。敞口，尖唇，器壁内弧。外壁饰横排连点印纹（图五，13）。

器耳　夹砂灰陶。桥形，端部有榫（图五，14）。

器底　夹砂褐陶、细泥红陶两种。前者质粗疏，火候不匀。皆斜腹、平底（图五，8、12）。

三、朝天渠遗址

该遗址位于商都县小海子乡李家村正西1千米，朝天渠山梁顶部。遗址处于风雨冲刷而成的浅沙窝内，西高东低，呈不规则圆形，面积约2500平方米。在遗址区内发现石器和陶器。

（一）石器

以细石器为主。有透明和乳白色玛瑙及绿、褚、乳白色燧石压制而成的镞、刮削器、石片、石核，还有白砂岩磨制成的磨棒等。部分器物经二次加工，工艺精细。

镞　乳白、青灰色燧石压制。呈凹底等腰三角形（图六，8、9）。

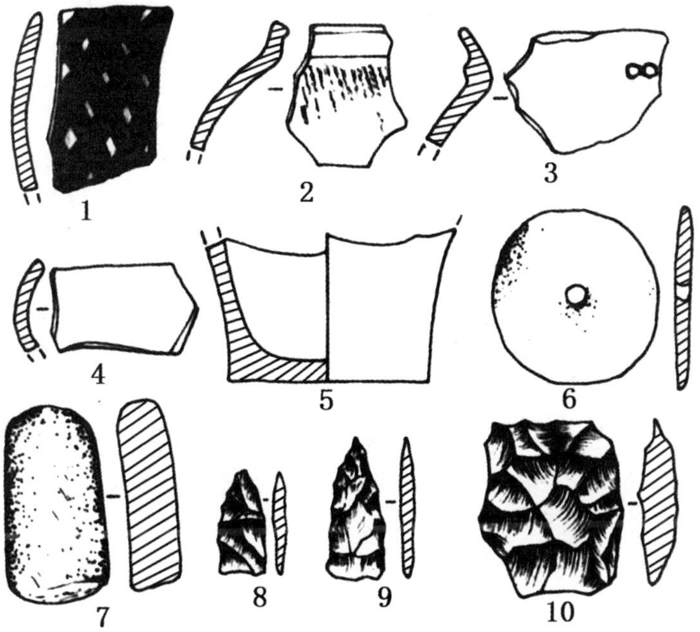

1、4.陶钵　2、3.陶罐　5.陶器底　6.纺轮　7.石磨棒　8、9.石镞　10.石核

图六　朝天渠新石器时代遗址采集的遗物

石核　青灰或绿色燧石。有龟背形（图六，10）、锥形两种，周身有多处打击痕迹。

磨棒　白色砂岩。圆角方形，使用痕迹明显（图六，7）。

（二）陶器

有泥质红陶和夹砂灰陶、褐陶。泥质陶陶土均经淘洗，细腻而坚硬。夹砂陶陶质较粗疏。器表多为素面，纹饰中以绳纹居多，也有少量的彩绘和附加堆纹。器型有钵、罐等。

钵　泥质红陶。尖圆唇，弧腹。有的器壁外磨光后饰红彩网纹（图六，1）。有的素面磨光（图六，4）。

侈口罐　夹砂灰陶。尖圆唇，矮领，鼓腹。颈部有泥钉状附加堆纹（图六，3）。

小口罐　夹砂灰陶。圆唇，矮领，圆腹。器壁外饰绳纹（图六，2）。

器底　夹砂褐陶。斜腹，底缘略外侈（图六，5）。

纺轮　泥质黑陶（图六，6）。

四、水泉梁遗址

水泉梁位于商都县东缘的高勿素乡。这里近邻河北张家口地区。由乡政府向南越过一片低洼的沼泽地，地势逐渐高起，一条长条形山梁自东向西绵延几十千米，这就是水泉梁。在这条梁上发现遗址多处。

水泉梁遗址位于水泉梁东部北坡，坡底有泉，山梁以此得名。这里沙化严重，地表多处因风雨剥蚀形成大小不一的沙窝。遗址区内散布有细石器以及为数不多的陶片。

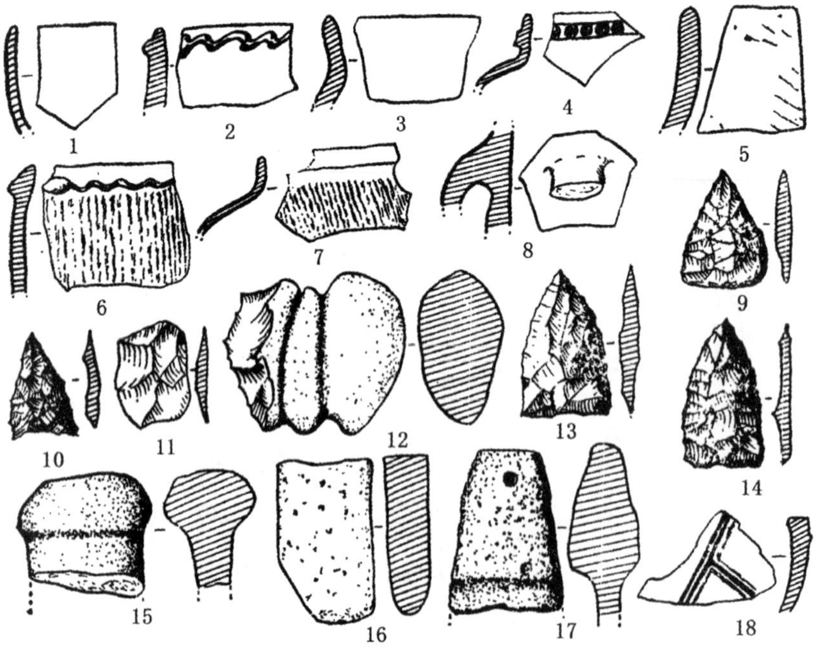

1.陶钵　2、6.陶鬲　3~5、7.陶罐　8.陶器耳　9、10、13、14.石镞　11.刮削器　12.石网坠　15.磨棒　16.磨石　17.石器　18.残陶片

图七　水泉梁新石器时代遗址采集的遗物

（一）石器

细石器以白色或透明玛瑙石为原料压制而成，有镞、刮削器、尖状器和大量石片，也有少量磨制的石杵、磨石、网坠等。

石镞　分3式，均为透明或乳白玛瑙石，加工精细。Ⅰ式，平底，呈等腰三角形，两侧边外弧（图七，12、13）。Ⅱ式，凹底，三条边近乎相等，边较直（图七，10）。Ⅲ式，圆底，形似桃叶（图七，9）。

刮削器　玛瑙或燧石质。呈不规则的多边形（图七，11）。

网坠　卵形玛瑙石。当中磨出两道凹沟（图七，10）。

石器　灰色粗砂岩磨制。平面呈上窄下宽的梯形，下端两面磨出凹槽（图七，17）。

磨石　白色砂岩。板状，近长方形，使用痕迹明显（图七，16）

磨棒　灰色砂岩。端部呈椭圆形，下部较薄细（图七，15）。

（二）陶器

陶器多为夹砂褐陶，泥质陶极少。手制。以素面为主，纹饰有绳纹、附加堆纹（图七，18），另外还有少量的压印“人”字纹（图三，11）。陶器的器型有钵、罐、鬲等。

钵　泥质红陶。直口微敛，尖圆唇，下腹急收，素面磨光（图七，1）。

罐　可分2式。Ⅰ式，夹砂褐陶。口微侈，尖圆唇，素面或饰较浅细的绳纹（图七，3、5）。Ⅱ式，夹砂褐陶。直口，尖圆唇，矮领，圆折肩。有的颈部饰1周附加堆纹，也有的器表饰细绳纹（图七，4、7）。

鬲　只见器口和鬲裆。夹砂褐陶。直口，也有的略呈内弧状。领部饰1周附加堆纹，有纽。素面或饰绳纹（图七，2、6）。

器耳　夹砂褐陶。半杯状（图七，8）。

五、小结

商都县的新石器时代遗址，由于长期的水土流失，无可靠的地层作为文化分期的依据，只能以采集标本的文化特点与周邻遗址的文化遗存做比较，揭示其文化内涵。

风旋卜子Ⅱ号遗址中的平底和凹底三角形石镞、石核、刮削器等，在昂昂溪遗址[①]中，以及东北地区新石器时代遗址的细石器中，可以找到相似的器型。商都各遗址中的小型石器彼此间存在着差异，与周邻地区遗址中的石器相比，更有自身的特点。它不同于内蒙古中南部和红山文化的大型石器。狼窝沟遗址中独有的盘形器，与辽宁凌源县三官甸子城子山遗址[②]夏家店下层文化的盘形器相似。风旋卜子Ⅱ号遗址中独有的石刀，却具有内蒙古岱海地区仰韶文化遗址石刀风格[③]。水泉梁

① 黑龙江省博物馆：《昂昂溪新石器时代遗址的调查》，《考古》1974年第2期。

② 李慕笃：《辽宁凌原县三官甸子城子山遗址试掘报告》，《考古》1986年第6期。

③ 田广金：《内蒙古岱海地区仰韶时代文化遗址的调查》，载内蒙古文物考古研究所编《内蒙古中南部原始文化研究文集》，北京：海洋出版社，1991年，图四 -2。

遗址的磨制石器较多，器型也较为特殊。

商都县各遗址的陶器，均以夹砂褐陶为主，火候不匀，局部青灰色，胎薄，质坚硬，不同于内蒙古中南部的夹砂红陶为主、质地较疏松的特点。其次是细泥红陶，也有少量的泥质灰陶、黑陶。风旋卜子Ⅱ号、狼窝沟、朝天渠等遗址的黑彩宽带纹钵、敞口素面钵、侈口罐等，在内蒙古包头市阿善遗址一期[①]、清水河县白窑子遗址[②]第一种文化、窑子梁遗址[③]的遗物中，可以找到相似的器型。敛口钵、小口壶等与阿善二期、白泥窑子第二种文化的同类器物相似。折沿鼓腹罐与白泥窑子第二种文化以及朱开沟遗址Ⅶ区[④]的折沿鼓腹罐相似。筒形罐与内蒙古凉城县岱海大坡遗址[⑤]的筒形罐相似。直口罐则与吉林镇贲县黄家围子遗址的原始文化遗存[⑥]、昂昂溪遗址[⑦]的同类器物相似。狼窝沟遗址的盂、矮领罐、侈口罐等皆有中原地区后岗仰韶文化同类遗物风格[⑧]。水泉梁遗址的附加堆纹鬲等器物则与内蒙古岱海马鞍桥山[⑨]夏商遗址中的同类器物相似。

陶器的装饰具有显著的特点。以绳纹、弦纹、素面为主，有一定数量的彩陶，如黑彩宽带纹、三角弧线纹、红彩网纹等，还有刻划叶脉纹、压印“之”字纹、网格纹、篦点纹、压印“人”字纹等。其中绳纹、弦纹、彩绘等是内蒙古中南部、岱海周围仰韶文化遗存中常见的纹饰。而刻划叶脉纹、压印“之”字纹等在那些遗址中没有见到。其中刻划叶脉纹与吉林东丰县原始文化遗址[⑩]陶器上的纹饰有相似之处；压印“之”字纹与赤峰红山后[⑪]的“之”字纹相似；网格纹、篦点纹、压印“人”字纹等，皆可以在辽西红山文化、辽东新乐文化遗址中见到。

这些调查的资料表明，商都诸新石器时代的遗存，时代大约相当于仰韶文化后岗—庙底沟文化阶段，属于仰韶文化早期及中晚期遗存，也有少量相当于夏商时期的遗存。这种现象与内蒙古中南部的原始文化遗存很相似，与岱海周围的早期遗存更为接近。值得注意的是，遗址中大量的细石器，以及陶器纹饰的特点，很多与红山文化和新乐文化相像。这在内蒙古中南部遗址中是见不到的，说明它们之间存在着差异。因此我们可以认为，商都县新石器时代遗址是以内蒙古中南部仰韶文化遗存因素为主、多种文化交错并存的特殊类型遗址。此类遗址的出现，与商都县特殊的地理位置不无关系。商都县东邻河北省，南接黄河北部丘陵地区，是南、北原始文化发展的边缘地带[⑫]，几种文化遗存交错共存，形成几种文化交汇的现象，这是值得注意的重要现象。据目前调查资料所

① 内蒙古社会科学院蒙古史研究所、包头市文物管理所：《内蒙古包头市阿善遗址发掘简报》，《考古》1984年第2期。

② 崔璇、斯琴：《内蒙古清水河县白泥窑子 C、J 点发掘简报》，《考古》1988年第2期；崔璇：《内蒙古清水河县白泥窑子 L 点发掘简报》，《考古》1988年第2期。

③ 斯琴：《准格尔旗窑子梁仰韶文化遗址》，《内蒙古文物考古》1981年创刊号。

④ 田广金：《内蒙古伊金霍洛旗朱开沟遗址Ⅶ区考古纪略》，《考古》1988年第6期。

⑤ 乌盟文物站凉城文物普查队：《内蒙古凉城县岱海周围古遗址调查》，《考古》1989年第2期。

⑥ 吉林省文物考古研究所：《吉林镇贲县黄家围子遗址发掘简报》，《考古》1988年第2期。

⑦ 梁思永：《昂昂溪史前遗址》，载《梁思永考古论文集》，北京：科学出版社，1959年。

⑧ 中国科学院考古研究所安阳发掘队：《1971年安阳后岗发掘简报》，《考古》1972年第3期。

⑨ 乌盟文物站凉城文物普查队：《内蒙古凉城县岱海周围古遗址调查》，《考古》1989年第2期。

⑩ 吉林省考古研究所、东丰县文化馆：《1985年吉林东丰县考古调查》，《考古》1988年第7期。

⑪ 尹达：《关于赤峰红山后的新石器时代遗址》，载《新石器时代》，北京：生活·读书·新知三联书店，1979年，图版一 -4。

⑫ 苏秉琦：《谈“晋文化”考古》，载文物出版社编辑部编《文物与考古论集》，北京：文物出版社，1986年。

知，乌兰察布盟境内的化德县、察右后旗等地均有此类遗存发现。由于条件所限，目前的工作只限于地面调查，相信在以后进一步深入的工作中，会进一步科学地揭示其文化内涵，为我国考古学区、系、类型的研究提供重要的资料。

参加调查的有富占军、秦有云、王志刚、李旭辉、火三柱、石磊、周福奎、田少君、利应普、秦双城同志。文内插图由富占军绘制。

执笔者：富占军

载于《考古》1992年第12期

商都县章毛勿素遗址

内蒙古文物考古研究所　乌兰察布博物馆　商都县文物管理所

章毛勿素遗址地处乌兰察布盟商都县的西北端，西与北分别同锡林郭勒盟的苏尼特右旗和镶黄旗搭界，东南距商都县城约60千米，位于章毛勿素乡乡政府北约1.5千米处（图一）。

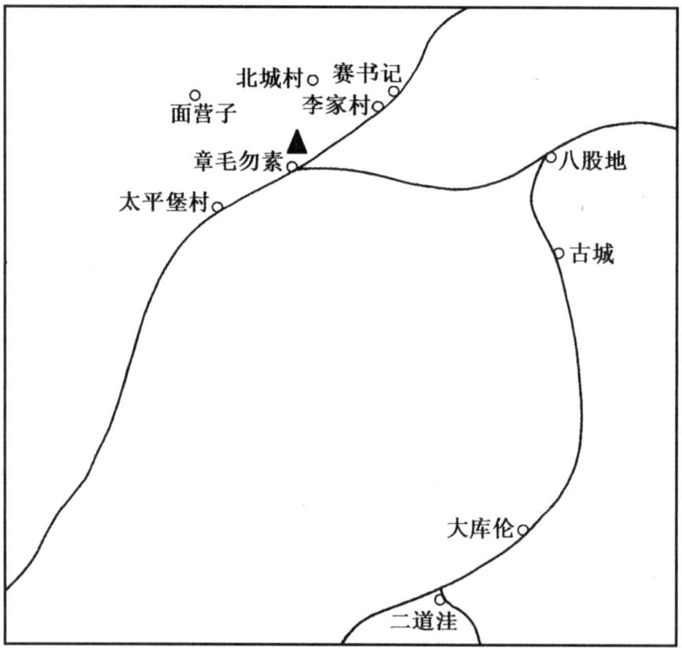

图一　章毛勿素遗址位置示意图

遗址所在地是被群山丘陵环抱着的广阔平川，平川东北缘有一条西北—东南向的宽约1千米的干涸古河床，对岸东北方向约3千米处是海拔1400余米的赛书记山。据调查，在沿河床南岸自西向东约4千米范围内，分布着4处新石器时代遗址，遗址间相距1千米左右。遗址所在地气候干燥，年降雨量较少，常年风沙侵蚀，在朝向西北方向处，形成一个个大小不一的沙坑，当地俗称“风旋卜子”。遗址多位于沙丘的高阜处，在沙丘和“风旋卜子”里，白玛瑙、燧石块、打制石器以及石镞、石核、石叶等细石器俯拾皆是，也见有少量的陶片、石器和兽骨。

1990年7—8月，内蒙古文物考古研究所同乌兰察布博物馆和商都县文物管理所联合组队，对这处遗址进行了抢救性发掘。发掘点选择在章毛勿素乡乡政府正北的遗址保存状况稍好的第二地点。遗址高出周围地面约3米，地表有被风吹出的大小在2平方米左右的“风旋卜子”多处。遗址因风蚀，残留面积约3000平方米。在遗址中部最高点向西南慢坡处布5米×5米探方7个（编号SZⅡT1～T7），在距此向南70米处布5米×5米探方2个（编号SZⅡT8、T9），又在T7西侧打4米×2米探沟1条，合计发掘面积188平方米，清理出房址3处、灰坑2个、墓葬1座，出土陶器、石器和骨器50余件。另在遗址地表采集较多的石镞、石核、石叶等细石器制品，以及部分陶器和石器标本。现将此次发掘的主要收获分述如下。

一、地层堆积与遗迹

遗址因遭自然破坏，上层堆积多已被风沙吹走，仅剩石器和部分陶器残片散落于地表；又由于遗址濒临古河道，低洼之处覆盖了较厚的淤泥沙，文化层保留甚少。现以T3西壁为例加以说明。

第一层　表土层，厚10～20厘米，包含有风蚀残留的沙石、陶片和细石器等。M1在此层下开口。

第二层　灰褐色土，厚50～65厘米，质地松软，夹杂有较多木炭粒和炭灰，含有大量的兽骨、陶片、细石器等。F1在此层下开口。

第三层　黑褐色土，厚30～70厘米，质地细密，包含物较少，见有木炭粒和少量陶片。

第三层以下为生土（图二）。

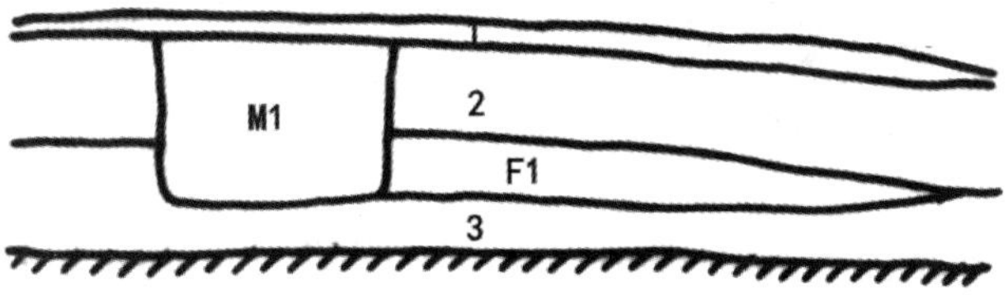

图二　T3西壁剖面图

遗迹现象发现较少，且多残缺不全。房址中，F2和F3仅有小部分保留，形状不清，只F1可大致看出形状；灰坑为圆形或不规则形，包含物极少；墓葬仅发现 M1 一座。现以F1和M1为例加以说明。

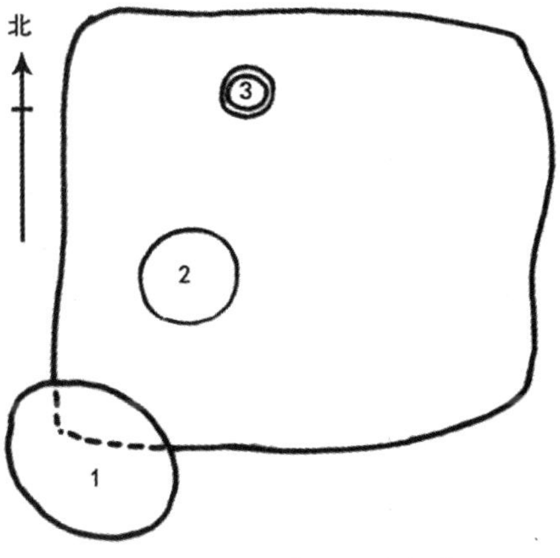

1.M1　2.灶面　3.硬土面

图三　F1平面图

F1　开口于第二层下。位于T3北部，西侧进入T2，其西南角被M1打破。平面呈不甚规则的长方形，其西侧处于缓坡处，已被破坏。居住面范围东西长4.3米，南北宽4米。居住面打破第三层土，以黑灰土垫成，厚1～2厘米，不甚坚硬。未见烧烤痕迹。居住面四周均未发现墙壁。灶面位于现存居住面的西南部，为圆形地面灶，直径约0.85米。灶面经烧烤，呈黑红色，略显坚硬，灶面下红烧土厚约3厘米。未发现柱洞；在居住面北侧，有一圆形灰白色硬面，高出居住面约2厘米，似为柱础硬面。不见门道痕迹，据灶面位置判断，门道应在南侧被M1打破的部位。在房址居住面东南部，出有夹砂弦纹罐3件，黑彩红陶盆、素面红陶盆、红陶钵各1件。另在居住面还出有少量兽骨等（图三）。

1、5、12.针筒　2、7、9、11.刮削器　3、4、6、10.石镞　8.玛瑙块　13.骨哨

图四　M1平、剖面图

M1　开口于第一层下。位于T3西南部，西侧大部分进入T2。墓口平面呈椭圆形，竖穴，平底。墓口长径1.66米，短径1.4米，深1.05米。墓内填土为五花土。在墓坑上部填土中，出土红陶钵口片一块，与F1内红陶钵为同一个体。墓坑底部葬有4具人骨，头向145度。4具人骨由左向右分别编为1～4号。1号人骨面向内，侧身屈肢，头骨侧有一骨饰；盆骨中部置一骨针筒，内装骨针3枚，旁有小刮削器1件；骨盆两侧各有玛瑙质箭镞1枚。2号人骨仰身，略向内屈肢，头部向胸前弯曲并略向外微侧，胸部置半球形玛瑙1块；骨盆处有骨针筒，内装骨针5枚；旁有玛瑙质箭镞和刮削器各1件。3号人骨侧身屈肢向内，身体略靠下，头顶部靠近4号人骨处，置一动物头盖骨制成的小钵形器，内置用各色玛瑙和燧石制成的长1～2厘米的精致小石叶、刮削器130余件。4号人骨侧身向内，直肢，略呈弓状，腹部有石箭镞和刮削器各1件，后背侧置一骨针筒（图四）。

二、遗物

该遗址除F1出土一组陶器、M1出土一批细石器制品和骨制品，地层中出土遗物较少。在此将出土遗物连同地表采集的遗物标本，分为陶器、大型石器、细石器、骨器、蚌饰和珠饰分别叙述。

（一）陶器

以夹砂红褐陶、夹砂灰陶和泥质红陶为主，另有少量的砂质灰陶。夹砂陶器表颜色不均匀，器胎往往表面黑褐色，内则呈红褐色，陶质疏松。泥质红陶表面一般呈橘红色和少量的橙黄色，器表光洁，胎质较硬。砂质陶器胎较薄，器型较小。纹饰较简单，夹砂陶饰弦纹、斜向稀疏线纹或细绳纹，有的在线纹之上再横向抹压成排的粗凹弦纹。另有少量的磨光、交错绳纹、戳印三角纹、连线篦点纹和竖压“之”字纹（图五）。彩陶均施黑彩，一般施于盆腹、钵口沿部。陶器均手制，多不规整，有的口沿部经慢轮修整。器型有瓮、罐、盆、钵、陶刀等。

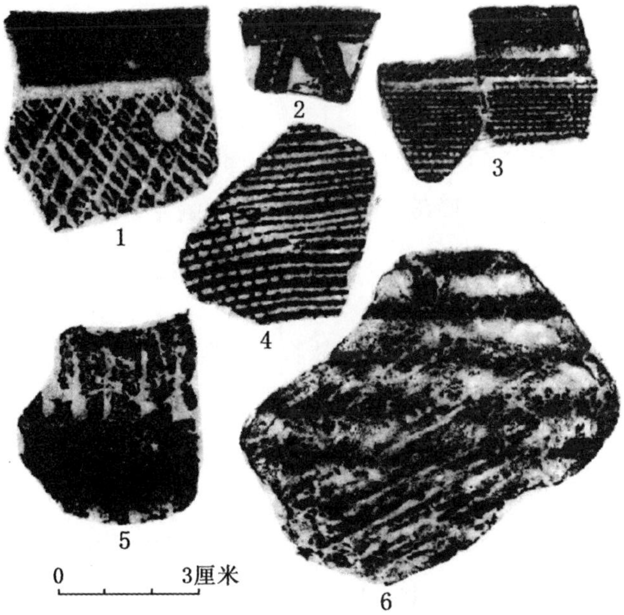

1.绳纹和线纹交错（SZC：67） 2.剔刻倒顺三角及连线篦点纹（SZC：74） 3.附加堆纹及连线篦点纹（SZC：66） 4.连线篦点纹（SZC：73） 5.竖压“之”字纹（SZC：75） 5.斜线纹及横压凹弦纹（SZT3：3）

图五 陶器纹饰拓片

敛口瓮 夹砂红褐陶，砂粒较大。敛口，短斜唇，鼓肩，肩部饰宽疏斜线纹，其上又横向捺压成排凹弦纹，器表有烟炱痕。T3③：1，口径17厘米（图六，1）。T4③：1，口径16厘米（图六，2）。

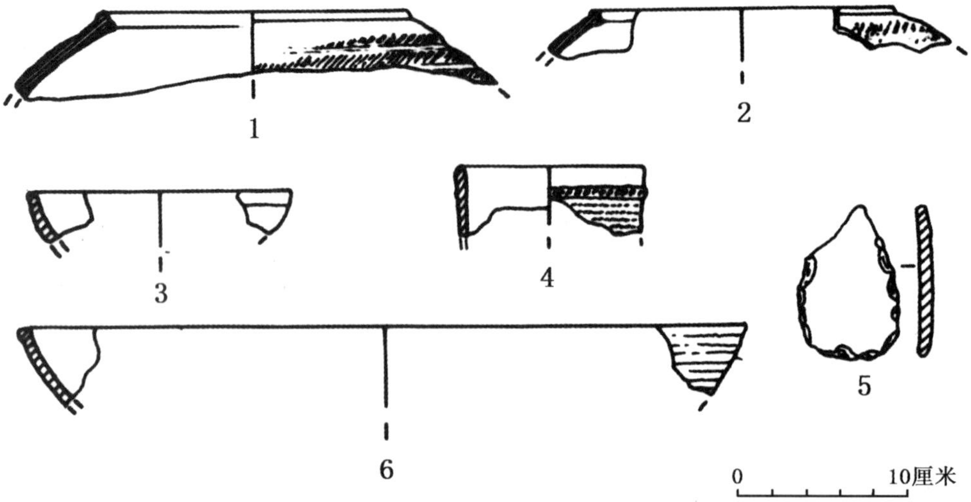

1、2.敛口瓮（T3③：1、T4③：1） 3.A型敞口盆（SZC：69） 4.筒形罐（SZC：66） 5.陶刀（T3：2） 6.B型敞口盆（SZC：70）

图六 第一期遗存陶器

筒形罐 分2型。

A型 SZC：66，砂质灰陶，器胎较薄。直口微敞，圆唇，深腹。立沿下贴规整泥条1周，其上饰斜向连线篦点纹。腹饰细密横向连线篦点纹。口径10厘米（图六，4；图五，3）。

B型 SZC：67，砂质灰陶。直口微敛，尖唇。唇外贴偏泥条1周，腹部交错饰绳纹和划纹。口径20厘米（图九，3；图五，1）。

侈口罐 分3型。

A型 均夹砂灰陶。微侈口，短沿，圆唇，鼓腹，下腹略内曲，平底。腹饰绳压弦纹，器表有烟炱。分2式。

Ⅰ式：沿呈圆唇形，内侧有宽凹槽1周，下曲腹，小平底。形体略瘦。F1：2，中腹及下腹遍布锔眼，弦纹表面经抹压。口径15厘米，腹径19厘米，底径7厘米，高18.8厘米（图七，3）。F1：3，上腹弦纹较深，经抹压，下腹亦斜饰浅细弦纹，上腹近口沿部留有锔眼。口径10.8厘米，腹径13.5厘米，底径4.5厘米，高13.2厘米（图七，1）。

Ⅱ式：F1：1，沿面略长，内凹，沿外侧微鼓，有弦纹1周，形体略胖。口径19.3厘米，腹径22厘米，底径9.1厘米，高19.5厘米（图七，2）。

B型 侈口，斜直沿。分2式。

Ⅰ式：T3②：6，夹砂红褐陶。直口，圆唇，沿内侧有凹槽1周，沿腹之经抹压，有轮修痕，腹饰斜向细绳纹，口径18.5厘米（图八，1）。

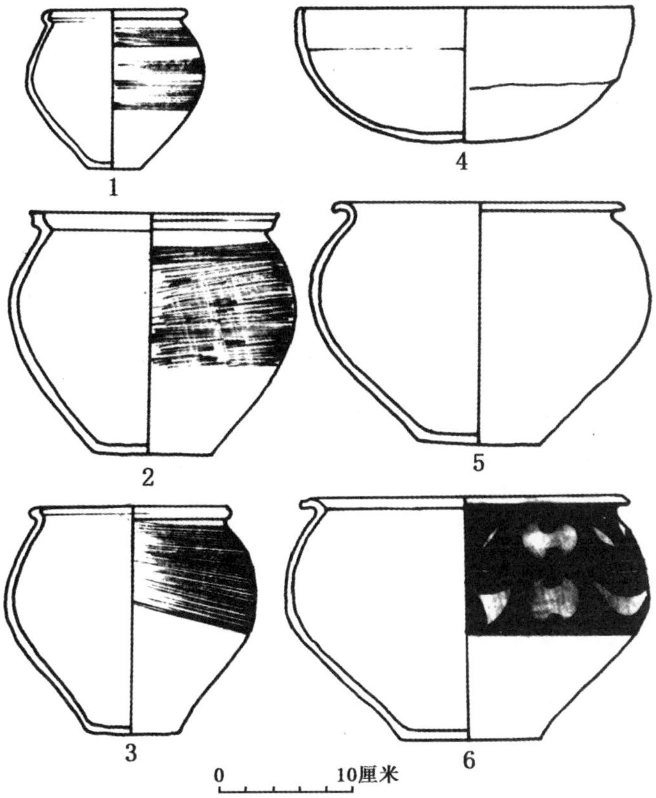

1、3.AⅠ式侈口罐（F1：3、F1：2） 2.AⅡ式侈口罐（F1：1） 4.AⅠ式钵（F1：6） 5、6.曲腹盆（F1：5、F1：4）

图七 第二期遗存陶器

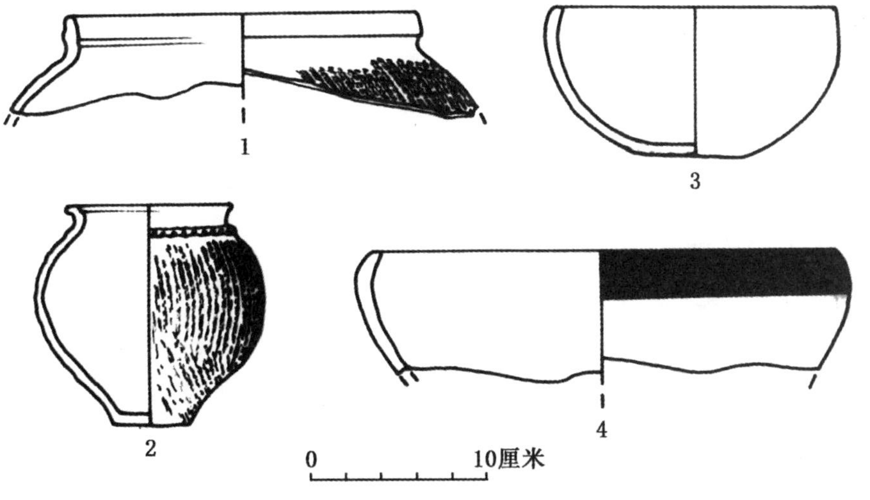

1.BⅠ式侈口罐（T3②：6） 2.BⅡ式侈口罐（T3②：7） 3.AⅡ式钵（T3②：8） 4.B型钵（SZC：71）

图八 第三期遗存陶器

Ⅱ式：T3②：7，砂质灰陶，器胎略薄。侈口，圆唇，鼓腹，下腹内曲，小平底。颈贴指压泥条1周，腹饰斜向浅细线纹。口径8.8厘米，腹径11.7厘米，底径4.4厘米，高12厘米（图八，2）。

C型　侈口，卷沿，腹饰斜绳纹。T3①：1，夹砂红褐陶。口径20厘米（图九，1）。SZC：68，夹砂红褐陶，沿略直，口径15.6厘米（图九，2）。T8①：2，卷沿。素面，口径28厘米（图九，6）。

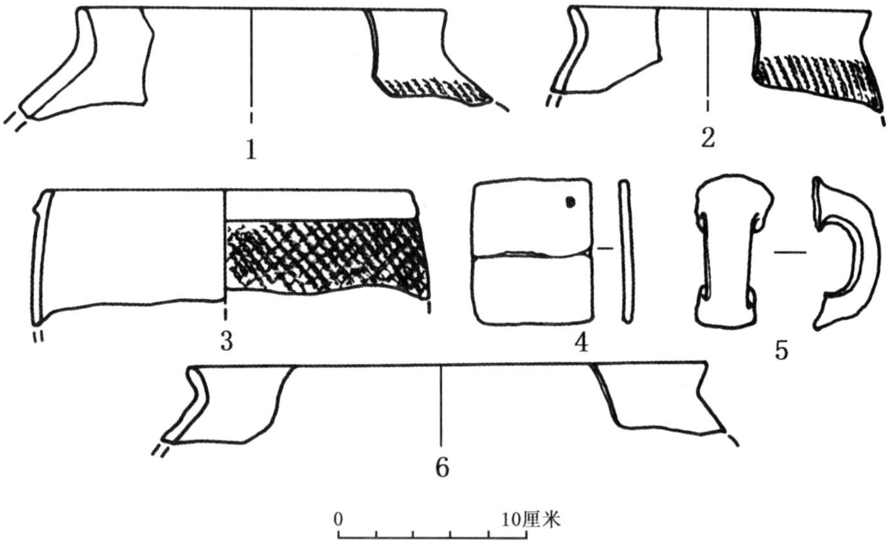

1、2、6.C式侈口罐（T3①：1、SZC：68、T8①：2）　3.B型筒形罐（SZC：67）　4.陶片（T8①：1）　5.器耳（SZC：72）

图九　第四期遗存陶器

敞口盆　敞口，斜腹。分2型。

A型　SZC：69，夹砂灰陶。圆唇。唇外侧有凹弦纹1周。口径14.4厘米（图六，3）。

B型　SZC：70，泥质红褐。厚圆唇。器表外侧磨光，并磨出成排弦纹。口径39.2厘米（图六，6）。

曲腹盆　均泥质红陶。侈口，卷沿，鼓腹，下腹微曲，平底。F1：4，沿外卷下垂。沿面施黑彩，上腹以圆点和勾连弧线三角纹绘出二方连续图案。口径26.4厘米，腹径28厘米，底径10厘米，高20厘米（图七，6）。F1：5，素面磨光，器表外侧烧制不匀，呈红、褐、灰3种颜色。口径22厘米，腹径24.6厘米，底径10厘米，高 19.7厘米（图七，5）。

钵　皆泥质红陶。分2型。

A型　敞口深腹，圆唇。分2式。

Ⅰ式：F1：6，敞口，深腹，圜底内凹。素面磨光，口沿内外侧均因烧制呈红褐色“红顶”状。口径25.7厘米，底径5.5厘米，高11厘米（图七，4）。

Ⅱ式：T3②：8，微直口，深腹，小平底。器表呈橙黄色，素面磨光，腹部有两对锔眼。口径15厘米，底径5.5厘米，高8厘米（图八，3）。

B型　敛口浅腹。SZC：71，尖圆唇。器表深红色，口沿外侧饰黑色彩带。口径24厘米（图八，4）。

器耳　SZC：72，夹砂褐陶。扁桥状，贴器壁处加厚，内夹砂粒和蚌壳（图九，5）。

陶片　T8①：1，夹蚌红褐陶。以陶器腹片磨制成长方形，四边平齐，无刃。长8厘米，宽7.5厘米（图九，4）。

陶刀　T3③：2，泥质红褐陶。椭圆形，出尖，尖端和其他三面打击偏刃。长8.5厘米，宽5.5厘米（图六，5）。

（二）大型石器

遗址中出土石器数量相对较少，大部分石器采集于遗址地表。从制作手段看，可分为打制石器（如大型砍砸器、尖状器和部分石铲、石刀等）、琢磨制石器，如磨盘、磨棒、饼状石器、石杵等）、磨制石器，如石斧、磨石等）。现依其用途分述如下。

石斧　均磨制，黑色砾石，形体较小。SZC：25，长梯形。窄首窄刃，截面椭圆形，刃部及侧面多有残损。长9厘米，宽3.4厘米，厚0.85厘米（图十，1）。SZC：26，梯形。窄首窄刃，通体磨光，刃部尚未加工完成，截面呈弧边长方形。长6.3厘米，宽3.4厘米，厚0.9厘米（图十，2）。

石刀　皆打制，形体较薄。SZC：31，白色片岩。直背弧刃，刃部两侧打击，正锋，较规整。长14.4厘米，宽 7.8厘米，厚 1.1厘米（图十，3）。SZC：35，黑色砾石。略呈舌形，形体不规整，四周打制出刃。长10.8厘米，宽5.6厘米，厚0.7厘米（图十，6）。

石铲　皆以片岩打制，形体较薄略规整。SZC：41，灰色。顶端略凹，两侧平齐，弧刃正锋。长7.8厘米，宽7厘米，厚1厘米（图十，4）。SZC：43，蓝色。弧背弧刃，两侧略齐，正锋。长7.5厘米，宽6厘米，厚0.5厘米（图十，5）。

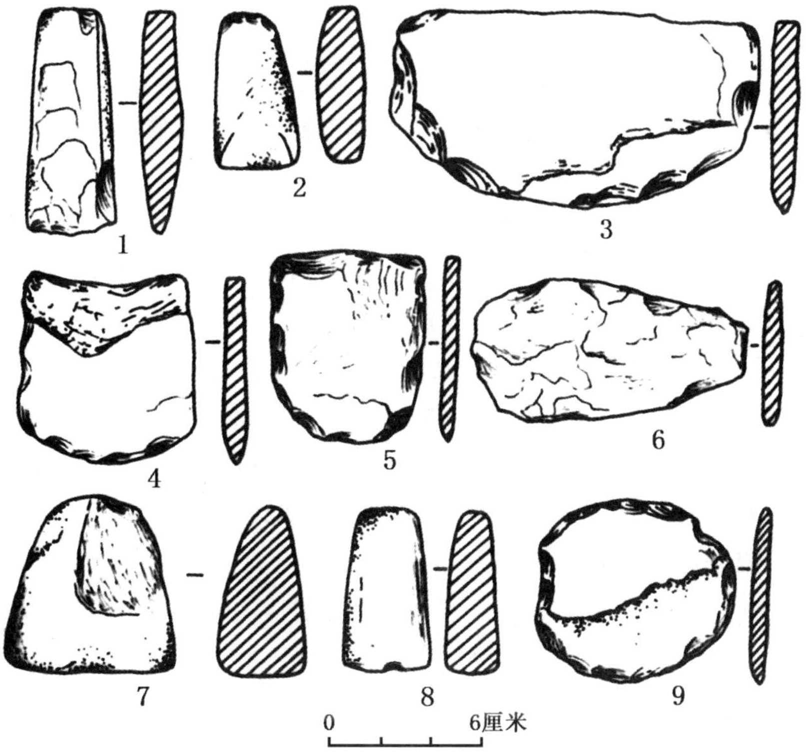

1、2.石斧（SZC：25、SZC：26）　3、6.石刀（SZC：31、SZC：35）　4、5.石铲（SZC：41、SZC：43）　7、8.石杵（SZC：37、SZC：27）　9.盘形石铲（SZC：44）

图十　大型石器

盘形石铲 SZC：44，红褐色片岩打制。薄体，圆形，四周打制出刃。直径7.5厘米，厚 0.6厘米（图十，9）。

石杵 打、磨皆施，灰白色砂岩制成。SZC：37，整体呈梯形。厚体，杵端磨平，略呈拱形。长7厘米，宽6.8厘米，厚3.4厘米（图十，7）。SZC：27，长梯形。截面椭圆形，磨制较规整。长6.6厘米，宽3.4厘米，厚2.2厘米（图十，8）。

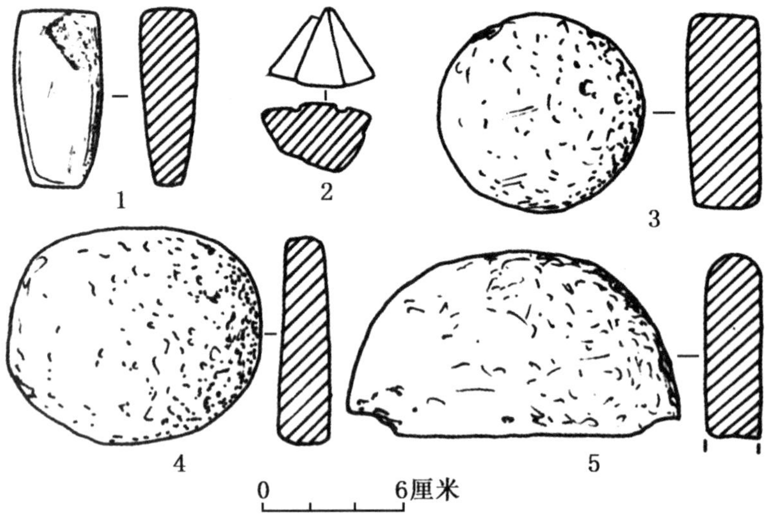

1.磨石（T3①：2） 2.赭石（M：17） 3～5.石饼状器（SZC：21、SZC：22、SZC：20）

图十一 大型石器

磨石 T3②：2，灰蓝色砂岩。磨制。梯形，四角圆钝，两面有磨擦面，截面呈圆角方形。长7.8厘米，宽3.9厘米，厚2.5厘米（图十一，1）。

石饼状器 均为灰白色砂岩打制后粗磨而成。SZC：21，圆形。厚体，周缘不甚规整，两侧面平齐。直径9厘米，厚3厘米（图十一，2）。SZC：22，椭圆形。一面磨制平齐，一面保留原打击面。直径8.8～11厘米，厚2.4厘米（图十一，4）。SZC：20，残半，残缺处两侧留有缺口痕。一面平齐，一面微鼓，制作规整。直径14厘米，厚2.4厘米（图十一，5）。

石磨盘 以砂岩打制后粗磨。SZC：1，灰色。残半，长方形。底面略经打磨，上面磨平略呈凹形。残长18.4厘米，宽18.9厘米，厚3.4厘米（图十二，1）。SZC：2，红色。残剩一角，平面应为梯形。磨制规整，面平。残长13.4厘米，残宽11.3厘米，厚2.5厘米（图十二，2）。

石磨棒 以砂岩打制后粗磨。可分2型。

A型 圆棒形。SZC：15，灰色。残半，因磨损已不规整。残长10.6厘米，截面径3.6～4.6厘米（图十二，5）。SZC：19，红褐色砂岩。因磨损，截面呈弧角三角形。残长11.6厘米，截面长径5厘米（图十二，3）。

B型 半月形。SZC：14，灰色。磨制规整，两面平齐，磨擦面斜平。长19厘米，宽6厘米，厚2.3厘米（图十二，4）。SZC：17，残半。红褐色。残长10厘米，宽5.5厘米，厚2厘米（图十二，6）。

砍砸器 均为硬质岩打制。SZC：28，青蓝色，三角形尖状。厚重，两侧刃打击锋利，中起脊，截面略呈菱形。长12厘米，宽9.8厘米，厚4.6厘米（图十二，9）。SZC：36，青蓝色。舌状，两侧及舌尖打击出刃。长8.4厘米，宽5.8厘米，厚2厘米（图十二，7）。SZC：29白色。上部残，底刃及侧刃锋利。残长10厘米，宽13.8厘米，厚3.7厘米（图十二，8）。

赭石　M1：17，深褐色，质较软，可研磨出红色粉末。因使用，研磨成四角攒尖的金字塔形，一侧面底部略残。底长4.8厘米，高3.4厘米（图十一，2）。

（三）细石器

遗址出土和地表采集的数量较多。以白、红、蓝、黄各色玛瑙石及白、黄褐、墨绿、紫红等多种燧石压剥琢制石镞、石钻、石叶等。另有剥制石叶后的多种形态的石核。细石器制作技术精湛，制作十分精美。

石镞　可分为2型。

A型　凹底，平面呈三角形，两侧锋略弧。分为2式。

Ⅰ式：瘦长柳叶形。M1：6，黄褐色燧石，凹底较宽。长4.2厘米，宽1.8厘米（图十三，1）。M1：19，白玛瑙，内含黑色斑质，凹底较深。长4厘米，宽1.8厘米（图十三，2）。SZC：57，白玛瑙，凹底较浅。长3.1厘米，宽1.4厘米（图十三，3）。

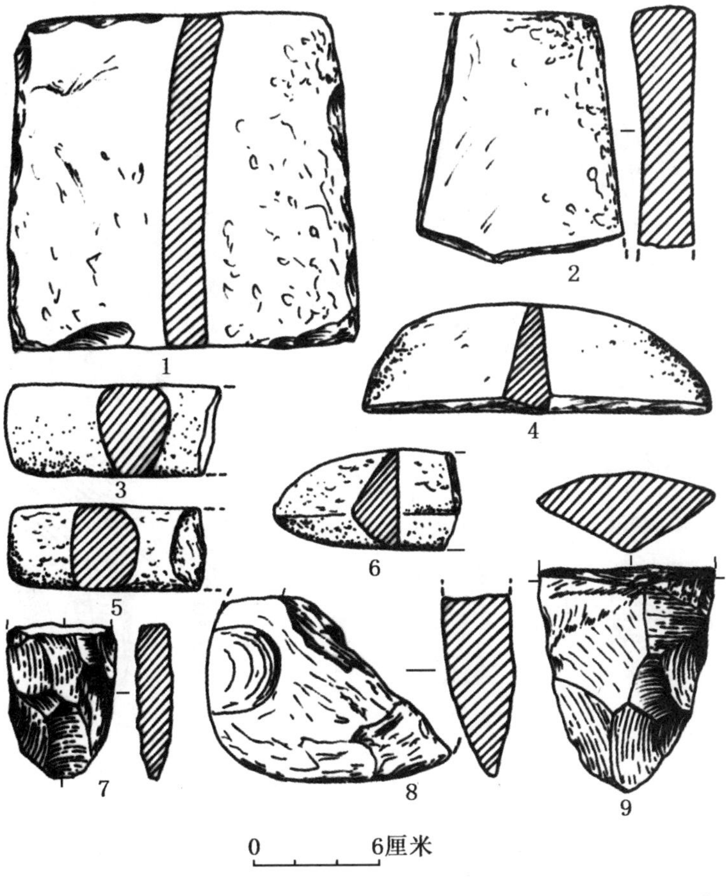

1、2.石磨盘（SZC：1、SZC：2）　3、5.A型磨棒（SZC：19、SZC：15）　4、6.B型磨棒（SZC：14、SZC：17）　7～9.砍砸器（SZC：36、SZC：29、SZC：28）

图十二　大型石器

Ⅱ式：宽短三角形。M1：1，白色燧石，凹底较深。长5.6厘米，宽3厘米（图十三，4）。M1：11，白玛瑙，凹底不显。长2.1厘米，宽1.8厘米（图十三，5）。SZC：60，黄褐色燧石，凹底，偏翼。长2.5厘米，宽1.5厘米（图十三，6）。SZC：54，白玛瑙，凹底，琢痕较大，尖残。长3.1厘米，宽2厘米（图十三，7）。SZC：55，黄褐色燧石，凹底不显。长2.7厘米，宽2.1厘米（图十三，8）。SZC：58，白玛瑙，凹底不显，琢痕较大。长2.2厘米，宽1.7厘米（图十三，9）。

B型　平底，平面呈锥形或圭叶形，侧锋较直。

Ⅰ式：长条锥形。T3②：3，红玛瑙，底略残。残长5厘米，宽1厘米（图十三，14）。

Ⅱ式：圭叶形。SZC：53，黄玛瑙，弧底，琢痕较大。长3.2厘米，宽1.6厘米（图十三，10）。SZC：61，黄褐色燧石，底斜残，中有脊，残长2.7厘米，宽 1.6厘米（图十三，11）。SZC：56，黄褐色玛瑙，形体圭叶形。长3厘米，宽 1.1厘米（图十三，12）。SZC：59，白燧石，形制规整。长2.2厘米，宽1.1厘米（图十三，13）。

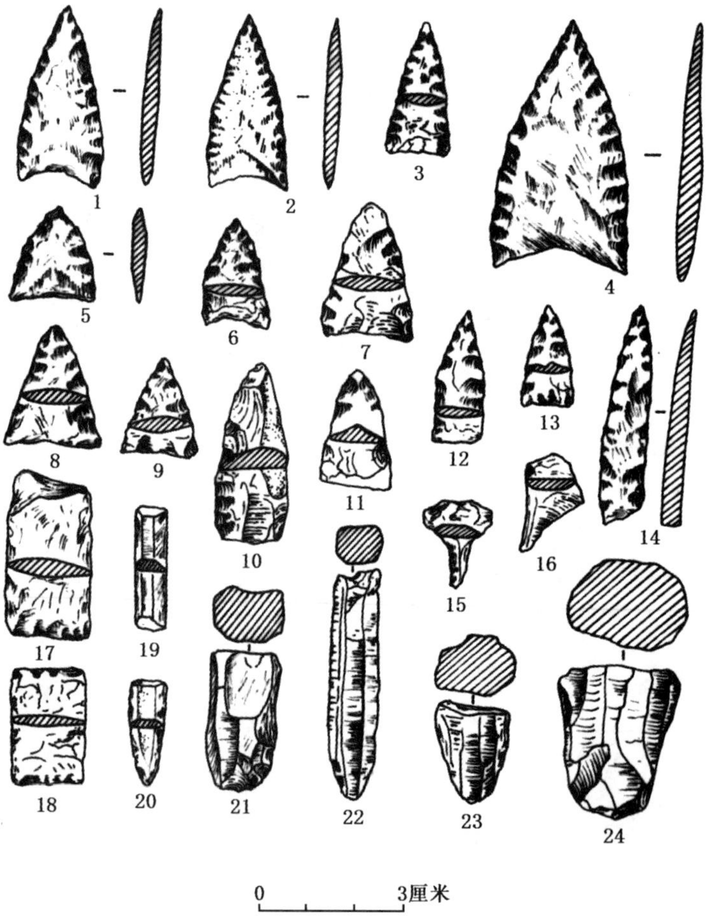

1～3.AⅠ式石镞（M：1、M：19、SZC：15）　4～9.AⅡ式石镞（M：1、M：11、SZC：60、SZC：54、SZC：55、SZC：58）　10～13.BⅡ式石镞（SZC：53、SZC：61、SZC：55、SZC：59）　14.BⅠ式石镞（T3②：3）　15、16.石钻（SZC：6、M1：10）　17、18.A型石叶（SZC：51、SZC：52）　19、20.B型石叶（M1：13、M1：22）　21、22.B型石核（SZC：65、M1：63）　23、24.A型石核（SZC：64、M1：62）

图十三　细石器

石钻　形体较小，锥状钻头尖细，上有扁平柄首。SZC：6，白燧石，琢制精美。长1.9厘米，宽1.6厘米（图十三，15）。M1：10，白玛瑙，薄体。长2.2厘米，宽1.3厘米（图十三，16）。

石叶　长条形。分2型。

A型　扁平长方形。SZC：51，黄褐色玛瑙，两长边出刃，一侧略厚。长3.9厘米，宽2.9厘米（图十三，17）。SZC：52，黄玛瑙，一侧刃略厚，另一侧刃略薄。长2.7厘米，宽1.7厘米（图十三，18）。

B型　细长条形。M1：13，黄玛瑙。长2.8厘米，宽0.7厘米（图十三，19）。M1：22，紫红色燧石，长条尖状。长2.4厘米，宽0.8厘米（图十三，20）。

石核　分2型。

A型　楔形。SZC：62，白燧石，舌状，较厚。长3.6厘米，宽2.6厘米，厚2厘米（图十三，24）。SZC：64，墨绿色燧石，尖状。长2.3厘米，宽1.6厘米，厚1.4厘米（图十三，23）。

B型　笔头形。SZC：65，白玛瑙，截面呈多边形，长5.2厘米，宽1.2厘米，厚 1厘米（图十三，21）。SZC：63，黄褐色燧石。长3.2厘米，宽1.4厘米，厚1.3厘米（图十三，22）。

球形玛瑙　M1：21，白玛瑙结核，呈大半球形，表面有麻状坑点。直径3.5厘米。

（四）骨器

出土不多，主要有骨针筒、骨针、骨凿、骨簪、骨哨、刻纹骨器等。

骨针筒和骨针　3件针筒均出自M1，除一件残破、未装骨针，另外两件分别装有3枚和5枚骨针。M1：8，以小动物肢骨切割磨制而成，骨节头一端已残损。长8.3厘米，管口径1.3厘米。管内装3枚骨针，针孔和针尖均完整，截面径为扁圆形。其中一枚略粗，长6.8厘米，截面径0.3厘米；另两枚略细，长6.4～6.5厘米，截面径0.15厘米（图十四，2）。M1：2，骨管一端已残，管口一端略有残缺，长8.6厘米，管口长径1.55厘米。管内装5枚骨针，均较细，截面为扁圆形。其中3枚长5.5～6.2厘米，2枚长3.9～4厘米，截面径0.13～0.18厘米（图十四，1）。

骨凿　M1：4，骨片磨制。窄刃略偏。长7厘米，宽1.4厘米（图十四，3）。

骨哨　M1：7，扁圆形骨管磨制。口部有4道横向刻槽，骨腔中部削薄出孔，前段已残。残长3.4厘米，哨口径0.65～0.9厘米（图十四，4）。

骨簪　T3②：1，细长棒状，中腰粗，两端略细，均已残。残长9厘米，径0.7厘米（图十四，7）。

骨针　T3②：5，针眼已残。长5.4厘米，截面径0.2厘米（图十四，5）。

刻纹骨器　T3②：4，动物肢骨磨制，一端保留骨节，另一端已残。在骨腔拱形面两侧对称刻划两组相对、每组6条刻划纹；反面偏下露出骨腔的两侧棱上，亦有一侧6条、另一侧两条（已残）刻划纹。残长7.5厘米，宽1.1厘米（图十四，6）。

骨钵　M1：12，以动物头骨制作，盛放小石叶。口径约5厘米，深约3厘米，壁厚0.15厘米。

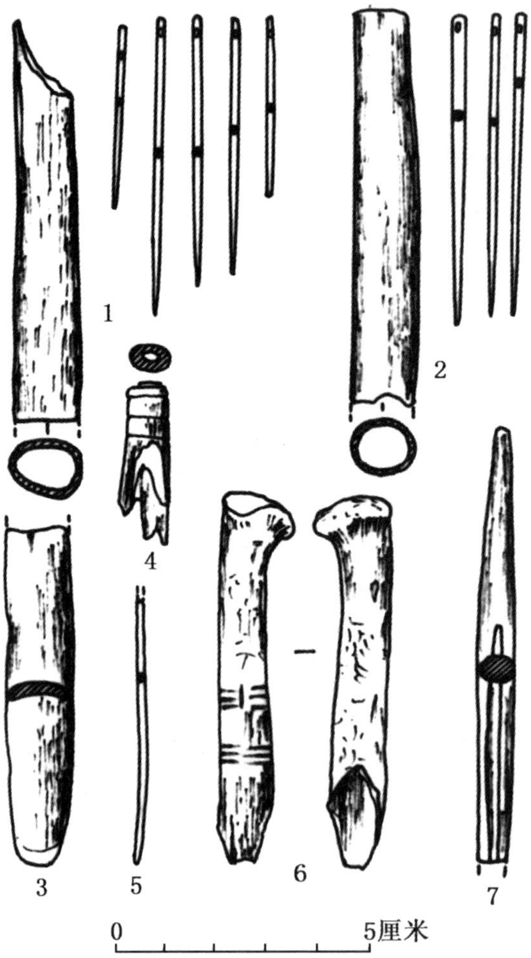

1、2.骨针筒及骨针（M1：2、M1：8） 3.骨凿（M1：4） 4.骨哨（M1：7） 5.骨针（T3②：5） 6.刻纹骨器（T3②：4） 7.骨簪（T3②：1）

图十四 骨器

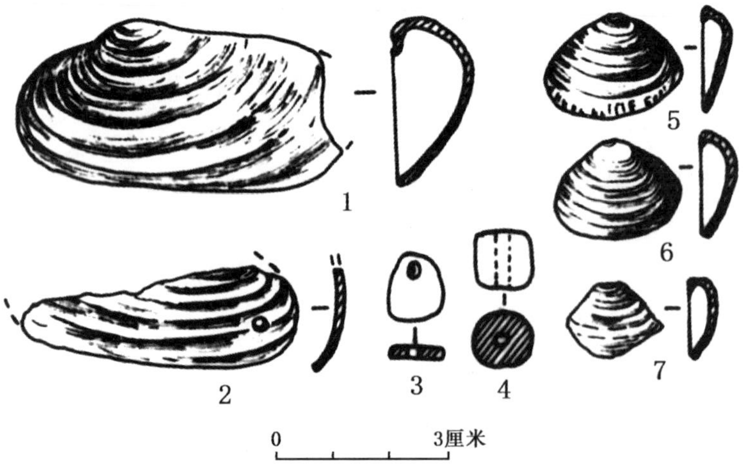

1、2、5～7.蚌饰（SZC：49、SZC：78、SZC：77、SZC：76、SZC：79） 3～4.珠饰（SZC：80、SZC：48）图十五 蚌饰、珠饰

（五）蚌饰、珠饰

蚌壳串饰　均在小蚌壳尖端磨出小孔，大蚌壳则是在一侧端钻孔。蚌壳大者长5.8厘米，小者长2.3厘米（图十五，1、2、5、6、7）。

珠饰　2枚。SZC：48，白料石。圆管状。长1厘米，管径1厘米，孔径0.25厘米（图十五，4）。SZC：80，绿松石。扁平不规则形，边穿一孔。长1.3厘米，宽1厘米，厚0.2厘米，孔径0.2厘米（图十五，3）。

三、结语

章毛勿素遗址地处北纬42度线以北，是目前在内蒙古中南部地区发现并经正式发掘的地理位置最北的新石器时代遗址。该遗址发掘清理的F1、M1和采集到的“之”字纹、篦点纹陶片等，分别具有鲜明的文化特征，是该次发掘的主要收获。遗址虽因上层堆积遭自然破坏，较多遗物流散于地表，以致对遗存的分期造成一定困难，但依据现有层位关系和出土物，参考已有研究成果，进行粗略的分期还是有可能的。

F1开口于遗址第二层下，打破第三层，在相对年代上，应晚于遗址第三层而早于第二层。M1开口于1层下，打破遗址第二层并打破F1，年代上应晚于F1和遗址第二层。此外，该遗址地表暴露的第一层堆积，亦应属自然破坏遗留的文化层，其包含物所代表的相对年代，要晚于遗址的第二层堆积。如此，便可将遗迹层位的由早到晚关系表示为“第三层—F1—第二层—M1—第一层”。

T3、T4第三层分别出土的夹砂敛口瓮口片和T3第三层出土的斜线纹横压宽凹弦纹的薄胎夹砂陶片，均为仰韶早期阶段遗存中习见的器物和纹饰。与其年代相当的还有A型和B型敞口盆。此外，在遗址地表采集的沿下饰泥条，并在泥条和腹部饰连线篦点纹的A型筒形罐，以及横排竖压“之”字纹和篦点纹陶片等，均表现出强烈的内蒙古东部地区赵宝沟文化[①]和富河文化[②]的纹饰风格。

F1出土的一组陶器，从器物造型到彩陶花纹特点，均可在白泥窑文化早、中期遗存中找到相似的形态[③]。只是这里未见尖底瓶和火种炉，敞口深腹凹底红陶钵则更接近于后岗一期的“红顶钵”[④]。

T3第二层出土的BⅠ、BⅡ式侈口罐，同白泥窑子A点出土的属白泥窑文化偏晚阶段的同类夹砂和砂质罐造型一致[⑤]。T3第二层出土的AⅡ式直口红陶钵，亦与白泥窑文化偏晚阶段遗存同类器相

① 中国社会科学院考古研究所内蒙古工作队：《内蒙古敖汉旗赵宝沟一号遗址发掘简报》，《考古》1988年第1期。

② 中国社会科学院考古研究所内蒙古工作队：《内蒙古巴林左旗富河沟门遗址发掘简报》，《考古》1964年第1期。

③ 魏坚、崔璇：《内蒙古中南部原始文化的发现与研究》图一～图三，载内蒙古文物考古研究所编《内蒙古文物考古文集（第一辑）》，北京：中国大百科全书出版社，1994年。

④ 中国社会科学院考古研究所安阳工作队：《安阳后岗新石器时代遗址的发掘》，《考古》1982年第6期。

⑤ 魏坚、崔璇：《内蒙古中南部原始文化的发现与研究》图四-4、图四-7，载内蒙古文物考古研究所编《内蒙古文物考古文集（第一辑）》。

似[①]。地表采集的黑彩带敛口钵亦当属同一阶段。

M1中未见有陶器出土，故其年代较难确定。从地层关系以及出土物来看，T3和T8第一层出土的C型侈口夹砂罐，陶质和器物造型同庙子沟文化晚期遗存的同类器[②]接近。此外，遗址采集的B型敛口筒形罐和扁桥状器耳，亦属庙子沟文化中最晚期的器物形态[③]。而M1中出土的骨针筒和骨针，在属庙子沟文化晚期的丰镇市北荒沟遗址[④]和包头市阿善遗址的阿善三期遗存[⑤]中均有发现，且器物特征和制作风格完全相同。

综合上述分析，我们可将章毛勿素遗址的文化遗存分为顺序发展的4期：以第三层和出土的夹砂敛口瓮，A、B型敞口盆，A型筒形罐为代表的，并伴有篦点纹和“之”字纹的第一期文化遗存，年代上相当于仰韶早期阶段，属白泥窑文化早期；以F1和所出一组陶器为代表的第二期文化遗存，年代上相当于仰韶中期偏早阶段，属白泥窑文化中期；以第二层和出土的BⅠ、BⅡ式侈口罐，AⅡ式红陶钵，黑彩带敛口钵为代表的第三期文化遗存，相当于仰韶中期偏晚阶段，属白泥窑文化晚期；以M1、第一层和出土的C型夹砂罐、AⅡ式筒形罐、骨针筒、骨针等为代表的第四期遗存，年代上可能相当于庙子沟文化晚期至阿善文化早期阶段。

章毛勿素遗址的发掘，有以下主要收获：第一，黄河流域和燕山以北西拉木伦河流域的文化交流早在仰韶早期阶段即已开始。章毛勿素遗址是目前所见的以筒形罐和“之”字纹为代表的兴隆洼-红山文化因素影响的最西端。第二，F1出土的一组陶器表明，在仰韶早、中期阶段，由于环境气候适宜，以弦纹夹砂罐、彩陶为代表的早期农耕文化，曾经越过阴山东段，一直推进到北纬42度线以北的现今草原地区。第三，在距今5000年前后，可能由于气候条件的变化，章毛勿素一带的农耕经济逐渐向狩猎经济转化。M1出土的大量用于狩猎的精美石制品，以及可能用于缝制兽皮的较多骨针等，似乎反映了这种经济形态的转化。

此次发掘由魏坚领队，参加发掘的有富占军、郑祎桐、秦有云、田少君、秦双成、杨春文等。

执笔：魏坚、富占军

绘图：田丽、富占军

载于《内蒙古文物考古文集（第二辑）》，北京：中国大百科全书出版社出版，1997年

① 魏坚、崔璇：《内蒙古中南部原始文化的发现与研究》图三-3，载内蒙古文物考古研究所编《内蒙古文物考古文集（第一辑）》。

② 魏坚：《试论庙子沟文化》，载吉林大学考古学系编《青果集——吉林大学考古专业成立二十周年考古论文集》，北京：知识出版社，1993年。

③ 魏坚、曹建恩：《庙子沟文化筒形罐及相关问题》，载吉林大学考古学系编《青果集——吉林大学考古专业成立二十周年考古论文集》。

④ 内蒙古文物考古研究所：《丰镇市北荒沟遗址发掘简报》，载内蒙古文物考古研究所编《内蒙古文物考古文集（第二辑）》，北京：中国大百科全书出版社，1997年。

⑤ 内蒙古社会科学院内蒙古史研究所、包头市文物管理所：《内蒙古包头市阿善遗址发掘简报》，《考古》1984年第2期。

乌盟卓资县战国赵长城调查

李兴盛　郝利平

卓资县位于内蒙古自治区中南部，地形以山地为主，大黑河上游由东向西横贯全境，并以河为界，河北为阴山山脉，河南属蛮汉山区。战国时期赵武灵王修筑的赵北界长城分别由察右前旗、察右后旗进入卓资县，沿大黑河北岸东西横穿全境，由旗下营镇进入呼和浩特市境内。1987年7—8月，乌兰察布盟文物工作站和卓资县文物管理所在文物普查时，对其境内赵北长城做了全面、详细的调查和测量，取得了比较科学的第一手资料。下面将这次调查的情况汇报如下。

一、长城的走向及结构

卓资县境内的战国赵长城遗迹，经过2000余年的自然和人为破坏，已分成数段，但总体走向仍十分清楚，而且遗迹亦比较明显。长城分别由察右前旗、察右后旗进入卓资县东北的哈达图乡境内，分南、北两线，经马盖图乡、卓资县城关镇后，西折经福生庄乡、三道营乡，由旗下营镇进入呼和浩特市。城关镇以东大致呈东北—西南走向，城关镇以西大至呈西北—东南走向。长城基本修筑在大黑河北岸的阴山南麓（图一）。

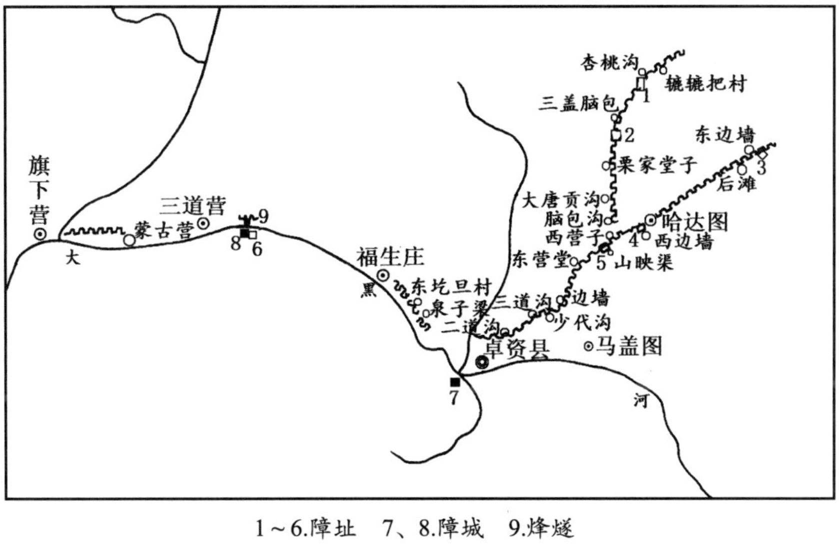

1～6.障址　7、8.障城　9.烽燧

图一　卓资县战国赵长城分布示意图

长城基本修筑在山地之上。哈达图、马盖图境内属丘陵山区，地势较缓，长城则翻山越岭，依势而筑，有时修筑在平地或半山坡上，有时则构筑在山巅之上。而城关镇以西则建筑在山势较陡的阴山南麓半坡上。长城所经地带大多紧依河流或泉溪，地形亦对军事防御十分有利。

因长城已被分割成数段，为了便于叙述，采取由东向西逐次对其走向及保存现状做进一步介绍。

南线长城从察右前旗大土城乡进入卓资县哈达图乡东边墙村，经后滩、正边墙、小山子、五福堂、西边墙、东营堂村进入马盖图乡的山营梁、边墙、官营盘、少代沟、三道沟，至二道沟村消失，长30余千米，呈东北—西南向，方向250度（由东向西测）。这段长城大部遗迹清楚，只有个别地段被改筑成公路，遗迹不明。大部为夯土构筑，因经历2000余年的风雨冲刷已形成一条土垅，现存高度0.5～1.5米。在断崖处测得夯层厚10～13厘米，基宽10米，夯层土质坚硬，土色白黄，内夹杂有大量的碎石块。在官营盘村北有1千米多的土石混筑长城，其夯层不清。

南线长城从二道沟村消失后，至三道营乡境内长城以东的长城遗迹不清，只在福生庄乡苏木庆湾村西有长约1千米，东圪旦村北及泉子梁村南分别有0.5千米的长城遗迹。三道营乡境内的长城主要在大黑山的南麓，并向南面支出延伸到对面山巅之上终止，全长约5千米。这段长城除被大黑河冲断约1千米，其余遗迹明显，均为土筑，现存高度0.5～1.5米、宽5～8米，土质坚硬，土色较黄，夯层厚10～12厘米。

三道营乡境内长城遗迹从大黑山东麓消失后，有长约7千米遗迹不明。至蒙古营村西长城遗迹再次出现，沿大平顶山南坡西行至旗下营镇东消失，全长约7.5千米。这段长城除西段被水冲开3个豁口，其余保存较好，现存高度1～2米、宽10米，均为土筑。从沟谷断崖处观察，现存夯层25层（高达2.5米），夯层厚9～12厘米，土质坚硬，呈黄色，内含有少量的小石块。

北线长城从察右后旗阿斯嘎沟牧场进入哈达图乡的辘辘把村，经杏桃沟、三盖脑包、栗家堂子、大唐贡沟村至脑包沟村北消失，全长约15千米，其走向以三盖脑包村为转折点，以北呈东北—西南走向，以南基本为南—北走向。这段长城基本修筑在山顶之上，有石筑、土筑两种。在调查中发现，凡属石筑地段，其周围均为石头山（石质同修筑长城用石相同）；属土筑地段，其四周均为土山。在辘辘把村东的石筑长城保存较好，顶部现存宽度4.9米，残高0.6米，共有6～7层，石块均为自然石，石质坚硬，呈灰蓝色，大多加工成扁平石块。其剖面呈下宽上窄的梯形状，并且收分程度较大，边缘垒砌较直，在砌石间有少量的垫土。这段长城个别地段为土筑，土色灰黄，现存高度0.5～1米、残宽5～8米。

二、长城的障址和障城

在这次调查中共发现障址6处、障城2处。这里所指的障址是紧紧建筑在长城内侧（或外侧），同长城连为一体，面积较小的城堡。障城指在长城内侧，距长城不远处，修筑面积较大的古城址。

（一）障址

障址主要分布在哈达图乡境内，其中北线2处、南线3处、三道营乡境内1处（依次编为1～6号）。这些障址有土筑和石筑两种，布局多为一城，个别面积较大的分内外两城（6号障址）。

1号、2号障址属小型障址，均为石筑。1号障址位于杏桃沟村西南（筑在长城墙体外侧），2号障址位于三盖脑包村西南。其中1号障址保存较好且面积较大，平面呈圆角长方形，东西长23.5米，南北宽13米。墙宽15米，现存高度0.3～0.5米，障址南墙即为长城，均用自然石垒砌。内无任何遗迹现象，只散布有少量的石块，门址不清（图二）。

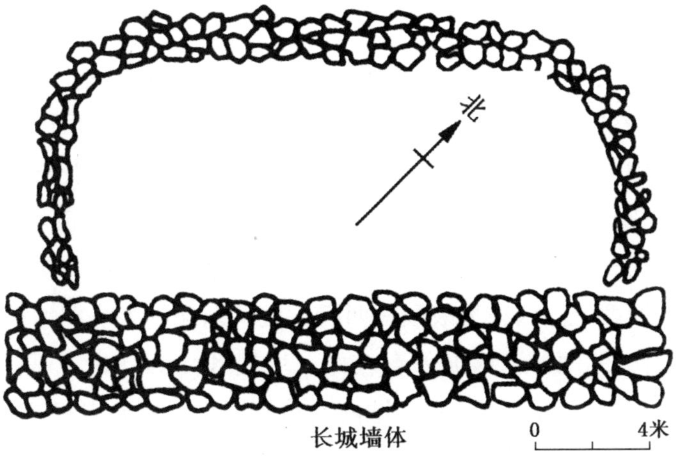

图二　1号障址平面图

3～5号障址属中型障址，皆为土筑。3 号障址位于东边墙村东约1千米处，4号障址位于西边墙村北，5号障址位于山映梁村北。其中以5号障址保存最好，平面呈方形，东西长70米，南北宽60米。北墙即长城；东、南、西三墙保存较好，现存高度1～1.5米、宽5米，其土质、土色、夯层均同长城一致。城门位于南墙，其墙上暴露有大量石块。障址内地表北高南低，中部偏北处好似有一院落遗址。墙的西南角有一高土丘（判断为角楼或瞭望台），地表无任何遗物暴露（图三）。

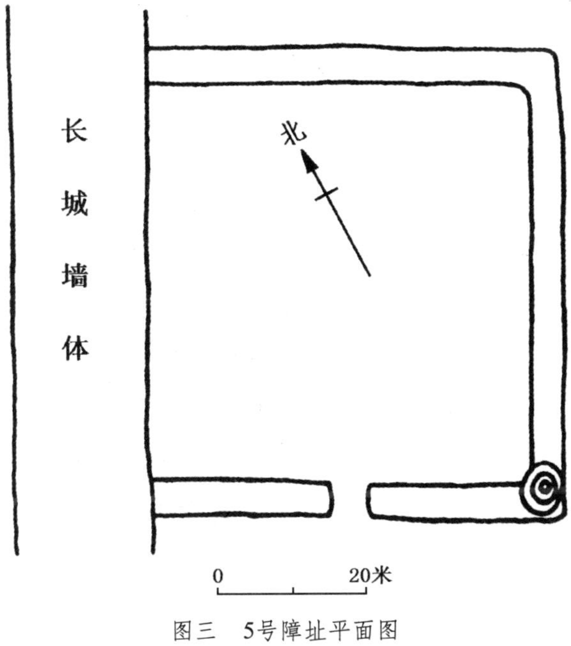

图三　5号障址平面图

6号障址属大型障址，土筑。平面呈不规则方形，东西长120米，南北宽100米。在城内中部筑有一墙，将障址分为南、北两城。障址东墙即长城。城墙残高2～3米，宽7米，夯层厚10～12厘米，土质坚硬，呈黄色，内较纯净。在南城中部有一面积较大的高台遗址，东西宽15米，南北长20米，现存高约2.5米，其上散布有少量的板瓦和筒瓦（外壁均饰绳纹，筒瓦内饰布纹，板瓦内饰几何纹）。

（二）障城

1号障城位于卓资县城关镇南约1千米，坐落在一四面环山的小盆地之中，地势平坦，东、北两面紧邻大黑河，北距长城约2千米。城址平面呈方形，为夯土构筑，东西长170米，南北宽165米。该城保存较好，城墙残高3～5米，夯层土质坚硬，厚10～12厘米。城门位于南墙正中。城内地表暴露遗物有灰色绳纹砖及陶瓮、罐、盆、豆等。此外，还采集到三翼铜箭头1枚。

2号障城是卓资县境内长城沿线最大的一个城址，位于卓资县三道营乡东南约4千米，北距长城约2千米。古城分为东、西两城。西城为战国—西汉古城，东侧则为晚期增筑。西城东西宽480米，南北长690米，可分为南、北两城。该城保存较好，城墙残高6～8米。城门位于南墙，并设有马面、角楼等。夯层土质坚硬，厚8～12厘米。城内遗物较丰富，主要有板瓦、筒瓦（外饰竖直、间断、交错绳纹，内饰菱形纹、麦穗状几何纹等）、云纹瓦当及陶瓮、罐、釜、盆、豆、钵、甑等生活用具。此外，该村农民范云在城内挖出100多个筑墙用的石夯锤。

（三）烽燧

调查中，卓资县境内长城沿线仅在三道营乡发现1处烽燧遗址。烽燧紧依长城内侧而筑，历年来自然破坏十分严重（该烽燧在1993年已全部倒塌），现存平面呈椭圆形，残高4米，夯层厚度及土质、土色均同长城一致。烽燧南隔大黑河与最大的2号障城（三道营古城）相望。

三、结语

赵北长城是赵国为了防御北部匈奴族的南侵而修筑的一条长城，也是内蒙古中南部地区修筑时代最早的一条长城，经考证始建于“赵武灵王二十五六年之后”①。《史记》卷一百十《匈奴列传》载：“赵武灵王亦变俗，胡服，习骑射，北破林胡、楼烦，筑长城，自代并阴山下，至高阙为塞。”北魏郦道元在《水经注》中也有明确的记载。20世纪70年代内蒙古文物工作队盖山林、陆思贤先生对内蒙古境内的赵北长城做了全面的调查，对其走向、结构等做了精辟的宏观论述②。

通过这次对卓资县境内的赵北长城调查，有如下新的收获：

第一，这段长城在建筑方式上根据其地理环境因地制宜，在地势较缓的丘陵山区则依其地形，有时翻山越岭，有时则建筑在平地或山巅之上。在使用材料上采取就地取材的方法。长城在修筑

① 张维华：《中国长城建置考》（上编），北京：中华书局，1979年。

② 盖山林、陆思贤：《阴山南麓的赵长城》，载文物编辑委员会编《中国长城遗迹调查报告集》，北京：文物出版社，1981年。

时，除尽可能采用夯土构筑以保证其墙体的坚固性，对土源较少的地段（如马盖图乡官营盘段）则采取土石混筑的方法，直至到了山巅之上（如哈达图乡辘辘把村段）因无土源可取，则采用石块构筑的方法。这种因地制宜、就地取材的构筑特点，在战国时期齐、楚、燕等国修筑长城中均普遍采用，是这个时期长城构筑的一大特点。

第二，这次调查中另一个较大的收获是，长城在地势较缓、无险可依的地段修筑有与长城连在一起的障址。这类障址可分为大、中、小3种类型，小型障址边长一般在20米左右，中型障址边长在40～60米，大型障址边长则在100米以上，其间距在4～12千米。从在卓资县调查情况看，障址大部分修筑在墙体内侧，仅有1处（1号障址）修筑在墙体外侧。这些障址紧依长城墙体而筑，其构筑方法及夯层厚度、土质、土色均与墙体一致，应是和长城同时期修筑而成。在这些障址内除6号障址（大型障址）地表暴露有建筑材料（有板瓦和筒瓦），其他障址地表则无任何暴露遗物。这些障址中，修筑在长城主线的（由察右前旗大土城乡进入的南线长城）均为中型障址，小型障址修筑在北线长城（由察右后旗进入的长城），大型障址则修筑在交通要冲之上。它反映出赵长城修筑者的军事思想。

这里有一个值得注意的问题，即卓资县城关镇以西的地段因其山势险峻而没有发现在长城墙体上修筑障址，其原因是什么？因为这次调查的地段较短，无法做出全面、准确的分析，应是今后调查和研究中一个十分重要的问题。

绘图：李力

载于《内蒙古文物考古》1994年第2期

内蒙古丰镇市十一窑子战国墓

乌兰察布盟博物馆

墓地位于丰镇市黑圪塔洼乡十一窑子村北约1.5千米的向阳山坡上，西邻饮马河，隔河与山西省大同市北郊相望，向西约500米处即为明代长城（图一）。

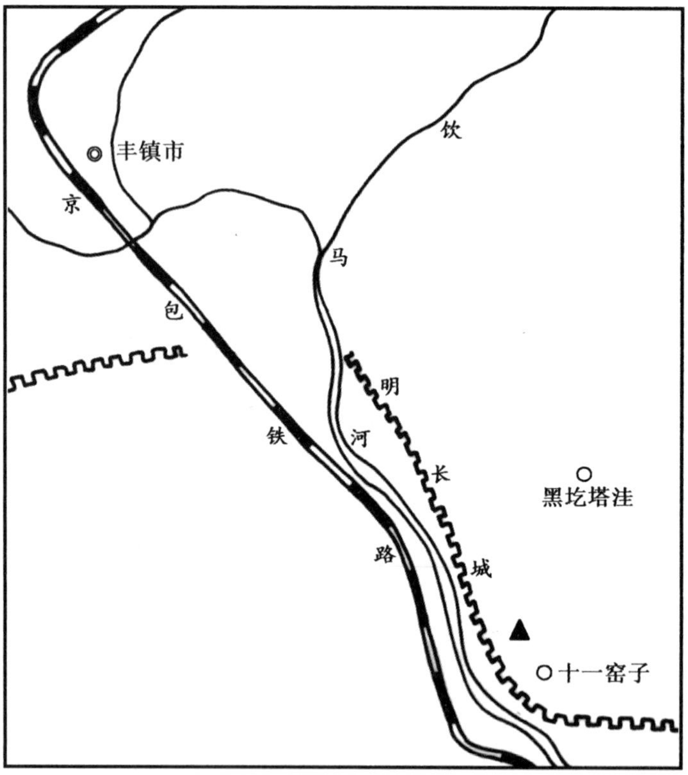

图一　墓地位置示意图

因水土流失严重，墓地中部形成一条东西向沟谷，并有墓葬露出。1994年6—7月，为配合大（同）准（格尔）铁路的建设，我们在发掘辽代村落遗址（材料另文报道）时发现了古墓葬。在铁路施工范围内共清理墓葬8座，编号94FhM1～M8（以下简称中省略“94Fh”）。现将清理情况简报如下。

一、墓葬形制

这次清理的8座墓葬皆为长方形土坑竖穴墓。墓壁及墓底较为规整，墓内填土均为纯净的黑黄色五花土。墓坑长2.2～2.4米，宽0.68～1.1米，深1.1～3.85米。墓向分东西向和南北向两种，东西向者为73～74度，南北向者为338～355度（图二）。墓内葬具有棺者和无棺者约各占一半；葬式多为仰身直肢，仅M7为仰身屈肢。所清理的8座墓中，M3、M8内均出有铜镞。墓内大多无殉牲，仅M6见有少量羊腿骨和肋骨，M8见有少量羊腿骨。各墓内随葬器物极少，除铜镞，多者3件，少者仅1件，其中M4无任何随葬品（表一）。

表一　十一窑子墓葬登记表

墓号	墓坑尺寸（长 × 宽 - 深）	墓向（度）	葬具	葬式	殉牲	随葬品	备注
M1	2.4 × 1.08–1.05	355	木棺	仰身直肢	无	玉璧 1、铜带钩 1	
M2	2.2 × 1.1–2.4	338	木棺	仰身直肢	无	铜带钩 1（残）	
M3	2.2 × 0.68–1.1	345	无	仰身直肢	无	铜镞 2	
M4	2.3 × 0.8–1.4	73	无	仰身直肢	无	无	
M5	2.2 × 0.8–2.55	73	木棺	仰身直肢	无	铜带钩 1	
M6	2.5 × 1.05–3.65	74	无	仰身直肢	羊肋骨、腿骨	陶壶 1、铜带钩 1（残）、环 1	
M7	2.6 × 1.26–3.85	74	木棺	仰身屈肢	无	陶罐 1、碗 1、铜带钩 1	带一头翕
M8	2.2 × 0.72–1.53	353	木棺	仰身直肢	羊腿骨	铜镞 5	

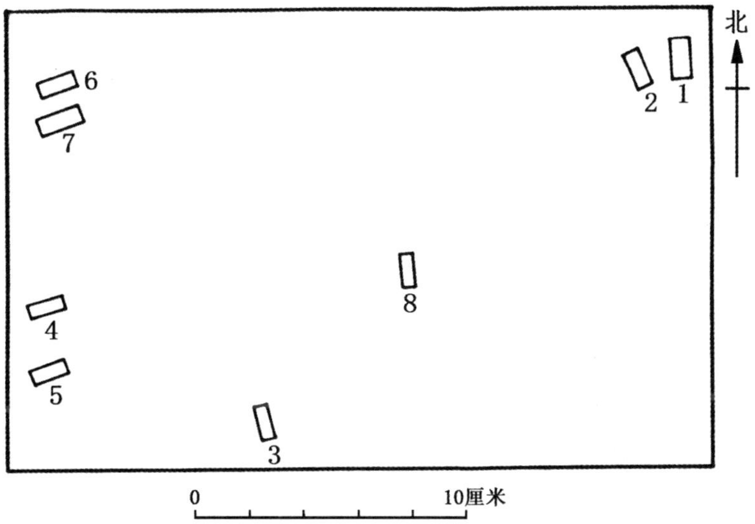

图二　墓葬分布示意图

M3　墓坑长2.2米、宽0.68米、深1.1米，方向345度。无棺。墓内置尸骨1具，为仰身直肢葬。人骨保存较好，左手弯曲置于右胸处，右手略弯放在盆骨上，左腿压在右腿上。墓内仅出有铜镞2件，一件在脚的右下方，另一件见于肋骨间（图三）。

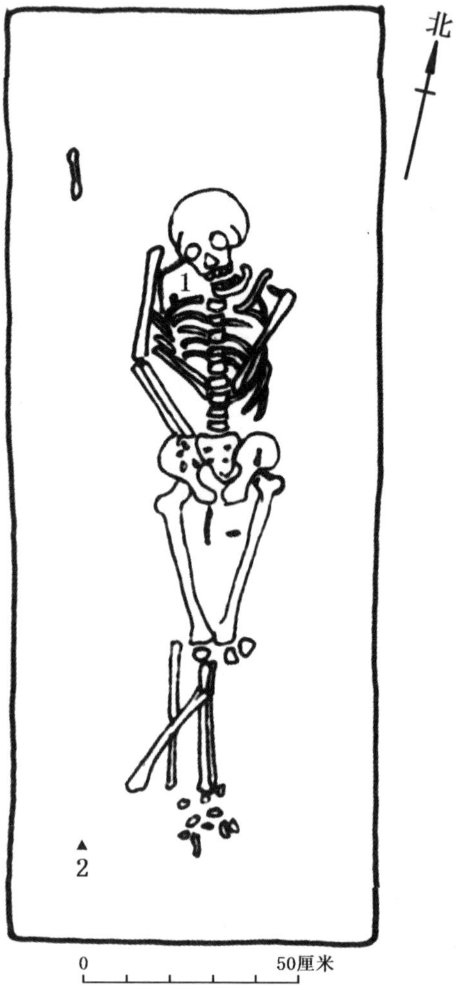

1、2.铜镞

图三　M3平面图

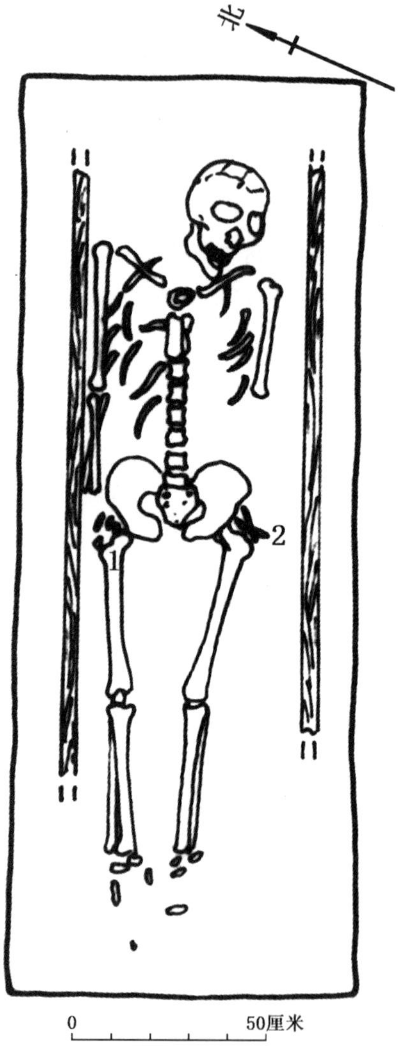

1、2.铜带钩

图四　M5平面图

M5　墓坑长2.2米、宽0.8米、深2.55米，方向73度。墓内置木棺1具，已严重腐烂，长度及结构不明。从残存情况看，棺为长方形，宽0.6米，棺板厚0.04米。棺内置尸骨1 具，保存较好，身长1.69米，仰身直肢葬，面向左侧。墓内仅随葬琵琶形铜带钩1件，带钩自头部断为两截，分别握于左、右手中（图四）。

M7　墓坑长2.6米、宽1.26米、深3.85米，方向74度。在墓坑东壁（头部）距墓底0.88米处设一头龛，平面呈半圆形，加工略不规整，直径0.37米，高0.53米。龛内置泥质断续绳纹陶罐1件，罐内有糊状物残迹，罐口盖一折腹碗。墓内置木棺1具，因高度腐烂，长度及结构不明，宽0.71米，棺板厚0.04 米。棺内见尸骨1具，为仰身屈肢葬。尸骨已严重腐烂，头骨严重破碎，下肢弯曲。在尸骨的右肩处发现曲棒形铜带钩1件（图五）。

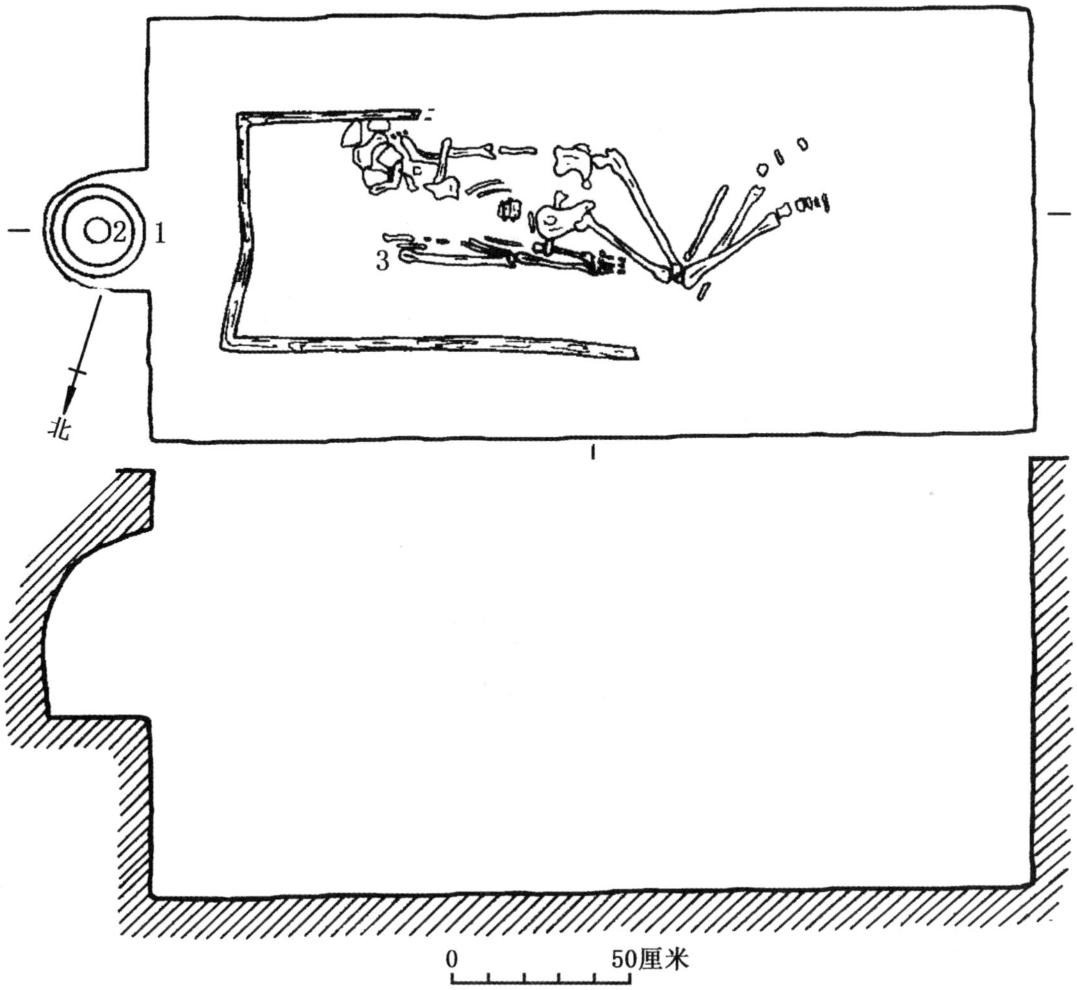

1.陶罐　2.陶碗　3.铜带钩

图五　M7平、剖面图

M8　墓坑长2.2米、宽0.72米、深1.53米，方向353度。墓内置木棺1具，因严重腐烂，仅在西壁残存长0.51米的棺板痕迹，形状及结构不明。棺内置尸骨1具，保存较好，身长1.6米，仰身直肢葬，其下颌骨、肩胛骨及胫、腓骨均有轻微的移位现象。墓内出土铜镞5件，见于盆骨及胸部，其中3件分别嵌入耻骨、胸骨和脊椎骨中。此外，在墓坑的东北角殉葬有少量羊腿骨（图六）。

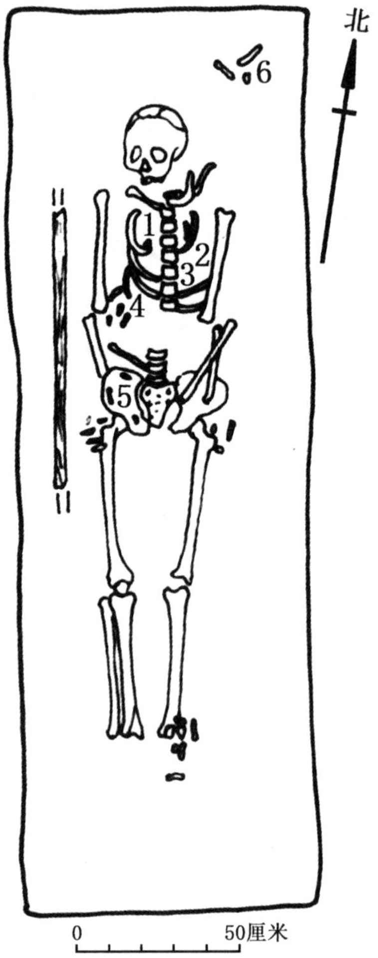

1～5.铜镞　6.羊腿骨

图六　M8平面图

二、出土遗物

这8座墓葬中出土的随葬品较少，共17件。依质地可分为陶、铜、玉器等。

（一）陶器

陶器共3件。皆为泥质灰陶，轮制，火候较高，质地坚硬。器类有罐、壶、碗等。

罐　1件。M7：1，侈口，圆唇，短颈，鼓腹，平底。从内壁存留痕迹看，罐口部和器身是分制后套接而成的，口部横向抹光。器身饰有较规整的断续绳纹，近底部无纹。口径12厘米，底径16厘米，高27.2厘米（图七，2）。

壶　1件。M6：1，盘口，方唇，高领，圆腹，底部圆弧。圈足。口部及外壁均抹光，并在颈部、上腹、中腹和圈足部饰凹弦纹。口径15.2厘米，圈足径16厘米，高30厘米（图七，1）。

碗　1件。M7：2，直口，方圆唇，折腹，下腹急收，圜底，假圈足。素面，口部及内壁横向抹光。口径19.2厘米，圈足径7.2厘米，高9.6厘米（图七，4）。

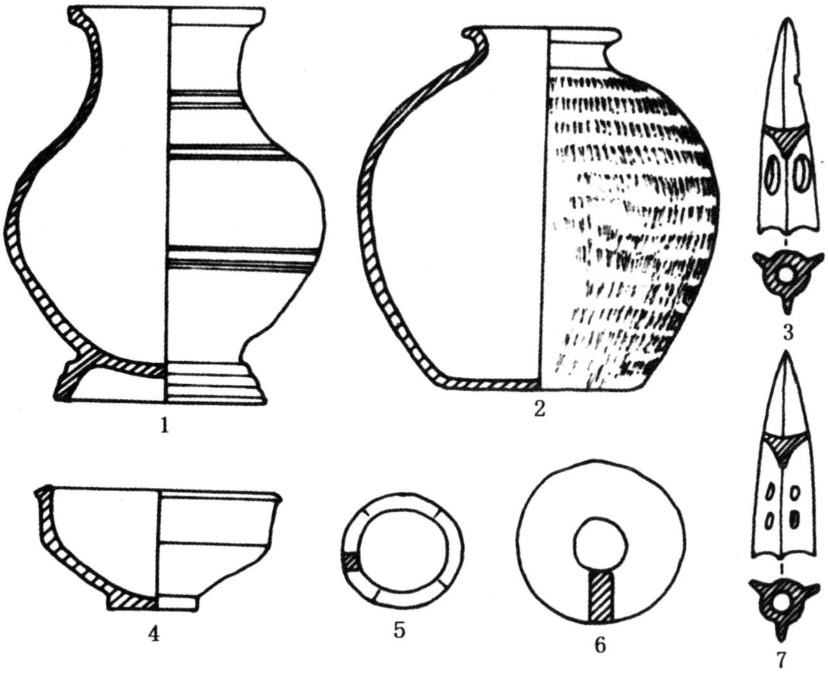

1.陶壶（M6：1）　2.陶罐（M7：1）　3、7.铜镞（M3：1、M3：2）　4.陶罐（M7：2）　5.铜环（M6：3）　6.玉璧（M1：2）

图七　随葬器物

（二）铜器

铜器共13件。种类有带钩、镞、环等。

带钩　5件，分2型。

A型　2件。琵琶形带钩。形制不同。M1：1，钩体扁平且略有弧度，钩首做兽头状，背面饰有两道凸棱，钩尾作圆弧形。钩纽位于中部偏下，纽面平整。长12.8厘米，宽2.7厘米，厚0.4厘米（图八，2）。M5：1，钩体略有弧度，钩首作兽头状，钩面圆弧，钩背平直，钩尾圆弧。钩纽位于中部偏下。长9.6厘米，宽1.7厘米，厚1.3厘米（图八，1）。

B型　3件。曲棒形带钩。形制相同，大小不一。钩体弯曲，横断面呈椭圆形或半圆形，钩首残，钩纽位于棒体中部。M7：3，长15.6厘米，直径0.6～0.8厘米（图八，5）。M2：1，长13.1厘米，直径0.6～0.9厘米（图八，4）。M6：2，长9.1厘米，直径0.4～0.8厘米（图八，3）。

镞　7件。形制相同。均为三翼式，翼面窄而薄，关中空，截面呈圆形。镞身每面近尾部均有1～2个椭圆形镂孔。M3：1，长4.1厘米（图七，3）。M3：2，长4厘米（图七，7）。

环　1件。M6：3，横断面呈圆形。直径2.1厘米，截面径0.3厘米（图七，5）。

3.玉器

仅见璧1件。M1：2，白色半透明状。圆形，璧体扁平，孔径小于郭径。直径3.2厘米，孔径0.9厘米，厚0.45厘米（图七，6）。

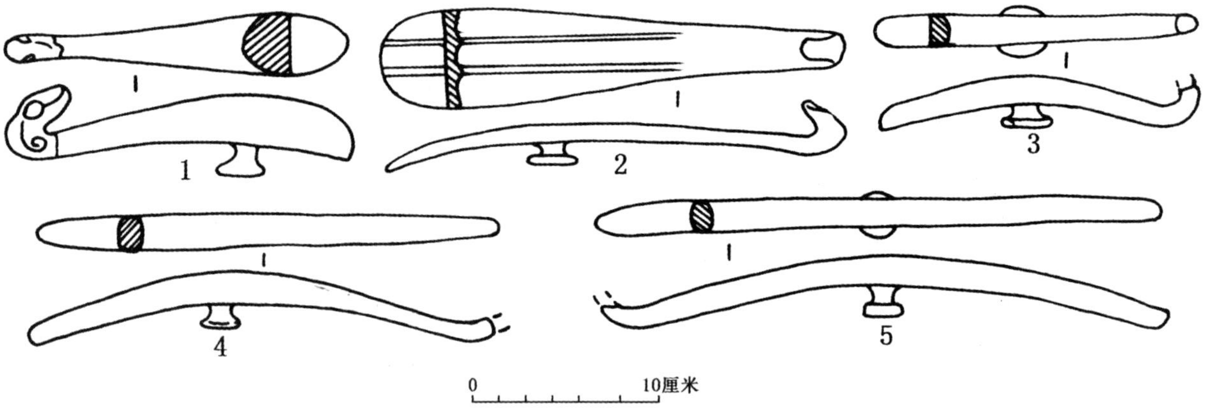

1、2.A型带钩（M5：1、M1：1） 3～5.B型带钩（M6：2、M2：1、M7：3）

图八 出土铜带钩

三、结 语

十一窑子墓地经正式发掘的墓葬仅有8座，出土遗物数量较少。但出土的琵琶形带钩和曲棒形带钩同陕西省大荔县战国墓[①]所出同类器完全一致，玉璧在洛阳战国墓[②]中也见有完全相同的器型，铜镞与内蒙古准格尔旗二里半遗址[③]出土的Ⅰ式铜镞相同。这些墓葬的葬式同周邻地区的战国墓葬基本一致，而出土的断续绳纹陶罐和折腹碗也是这一地区战国时期墓葬和遗址中的常见之物。因此，我们初步推断这8座墓葬的年代应为战国时期。

此次清理的墓葬规模较小，出土遗物数量极少，除随葬少量的陶器、铜带钩等日用品，其他战国墓葬中常见的青铜礼器和兵器均不见，说明墓主社会地位较低。发掘中见到两座墓葬的人骨中嵌有铜镞，其中M8多达5件，可以推断墓主死因可能与战争有关。

在清理的8座墓葬中，其墓向（头向）不一，其中，东西向和南北向者各4座。这种同一墓地中头向不一的现象在内蒙古乌盟地区的凉城县毛庆沟墓地[④]、饮牛沟墓地[⑤]都有发现。上述两处墓地中

① 陕西省文管会、大荔县文化馆：《朝邑战国墓葬发掘简报》，载文物编辑委员会编《文物资料丛刊（2）》，北京：文物出版社，1978年。

② 洛阳市文物工作队：《河南洛阳发掘一座战国墓》，《考古》1989年第5期。

③ 内蒙古文物考古研究所：《准格尔旗二里半遗址》，待刊。

④ 内蒙古自治区文物工作队：《毛庆沟墓地》，载内蒙古自治区文物工作队、田广金、郭素新编著《鄂尔多斯式青铜器》，北京：文物出版社，1986年。

⑤ 内蒙古自治区文物工作队：《凉城县饮牛沟墓葬清理简报》，《内蒙古文物考古》1984年总第3期。

不同墓向的墓葬除葬俗存在差异，随葬品也不尽相同，南北向的墓葬主要出土中原华夏民族的器物，而东西向墓葬中则多见北方少数民族特点的器物。人种鉴定也证实两种墓向的墓葬其人骨分属于不同的人种。因此，研究者认为这两处墓地为“两种不同葬俗的人共同使用的墓地”。但从十一窑子墓地的情况看，两种墓向的墓葬在墓葬形制、葬俗和随葬器物等方面几乎都没有区别，所出随葬品均为较典型的中原地区器物，据此，我们初步推断这些墓葬其墓主应属同一民族，即中原华夏族。

附记：参加此次发掘的有李兴盛、赵杰、付国财、李川等同志。本文插图由李兴盛，赵杰绘制。在发掘过程中，丰镇市文物管理所曾给予我们大力支持，在此谨表谢意。

执笔：李兴盛、赵杰、付国财

载于《考古》2003年第1期

内蒙古凉城县发现的战国布币

乌盟文物工作站

近几年来，内蒙古东南部的乌兰察布盟凉城县多次出土战国钱币。这些货币品类较多、形制各异且均有铸字，为研究战国时期我国北方及其各诸侯国钱币制度的发展和当时各国之间政治、经济方面的相互交往提供了宝贵的考古资料。本文试就近几次重要的发现做一综合介绍，供研究者参考。

一、麦胡图乡目胜村出土的钱币

目胜村距离凉城县22千米，在麦胡图乡南约5千米。村西为岱海，这一带是宽阔的冲积平川。窖藏货币在长方形坑内，坑长43厘米、宽31厘米，距地表21厘米深处，共30余斤。货币大多锈蚀，面文难辨，完整方足布有153枚，尖足布有206枚，刀币有74枚。

（一）方足布

方足布或称“铲形布”，共8种，均平首、平肩、方足，面文铸造地名。

1.“安阳”布

31枚。钱体较厚，铜质较细。面文“安阳”书写风格大体相同。通长5厘米，宽3厘米（图一，1）。

2.“平阳”布

9枚。钱体轻薄，铜质较细。正面铸“平阳”二字，背有三直文。通长4.3厘米，宽2.5厘米（图一，2）。

3.“梁邑”布

完整者58枚。可分2型。Ⅰ型钱体较厚，铜质稍粗糙。面文“梁邑”二字，纤瘦细长。通长5厘米，宽3厘米。Ⅱ型正面铸“梁邑”二字，背面素平。钱体轻薄，铜质较细。面文书体风格稍有差异（图一，3、4）。

4.“齐丘”布

171枚。钱体轻薄，铜质较细。面文“齐丘”二字，背面素平。钱体轻薄。通长4.2厘米，宽2.2厘米（图一，5）。

5.“宅阳”布

11枚。平首，平肩，方足，钱体轻薄。面文“宅阳”二字，文字秀丽，书写折笔锋利，苍劲有力，笔画较粗。通长4.3厘米，宽2.5厘米（图一，6）。

6.“蔺”布

6枚。钱体轻薄，铜质稍粗。面文“蔺”，背面三直文。长4.3厘米，宽2.7厘米（图一，7）。

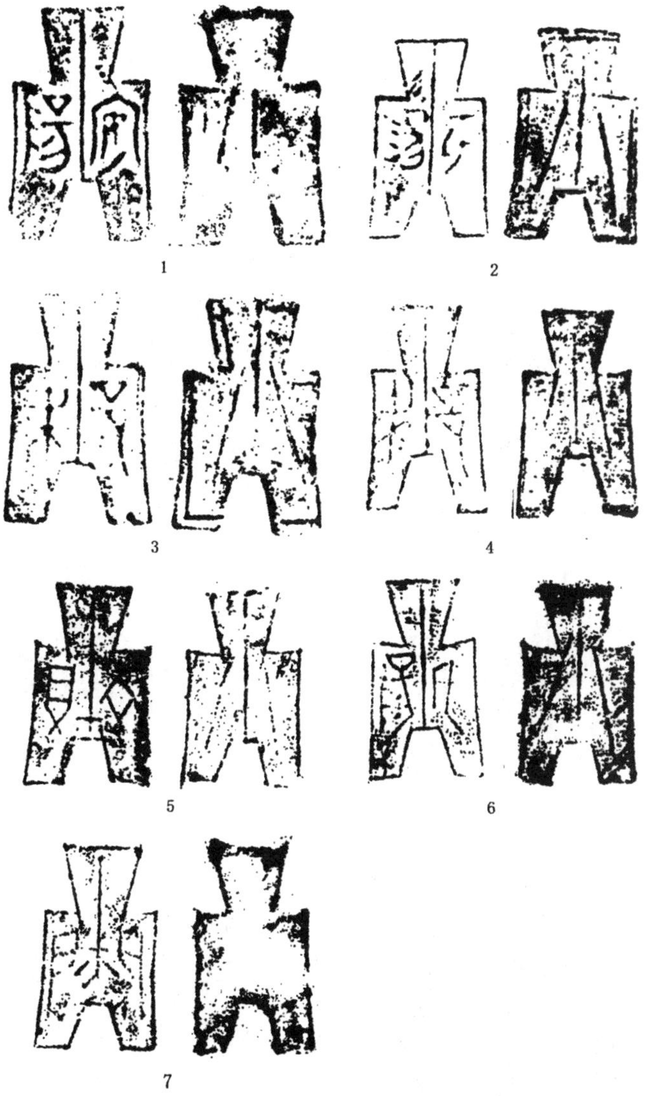

1.“安阳”布　2.“平阳”布　3、4.“梁邑”布　5.“齐丘”布　6.“宅阳”布　7.“蔺”布

图一　麦胡图乡目胜村出土的方足布

（二）尖足布

1.“武安”布

34枚。平首，斜肩，尖足。首部有道短直文。面文“武安”二字，书写圆润自如。通长5.5厘米，宽3厘米（图二，1）。

2.“兹氏”布

21枚。平首，平肩，尖足。正面首部有一直文。长5.8厘米，宽2.7厘米（图二，2）。

3.“晋阳”布

75枚。平首，平肩。面文“晋阳”二字圆润清秀，布局得体，疏密相宜，字体与“兹氏”相同

（图二，3）。

4.“屯留”布

1枚。钱体轻薄，铜质较细。面文“屯留”，背面为三直文（图二，4）。

5.“一釿”布

19枚。钱体轻薄，铜质稍粗。平首，平肩，尖足。面文“一釿”二字圆润清秀，布局得体。通长5.7厘米，宽2.8厘米（图二，5）。

6.“武平”布

33枚。钱体较厚，铜质较细。面文“武平”二字圆润清秀，布局得体。通长5.7厘米，宽2.8厘米（图二，6）。

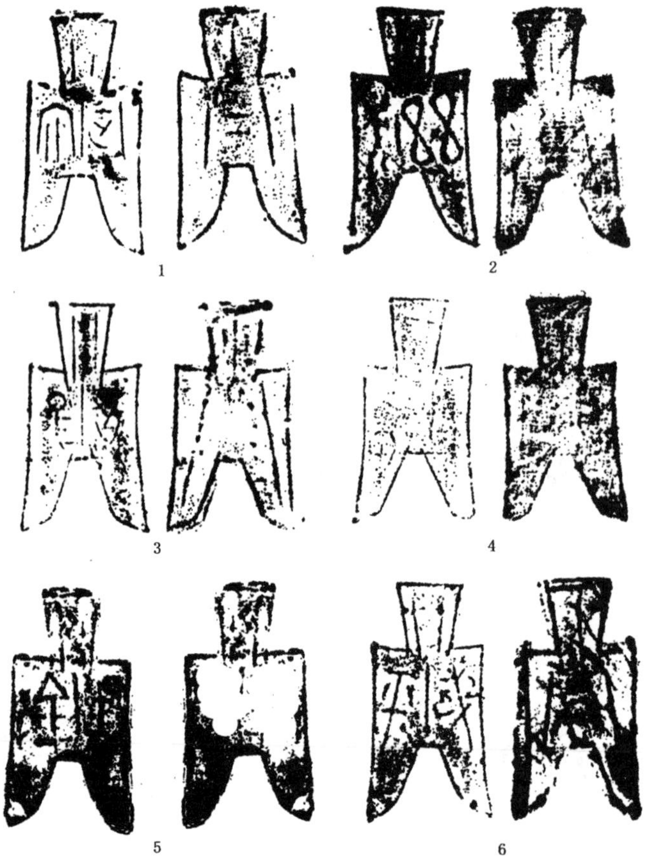

1.“武安”布　2.“兹氏”布　3.“晋阳”布　4.“屯留”布　5.“一釿”布　6.“武平”布

图二　麦胡图乡目胜村出土的尖足布

二、双古城出土的战国货币

双古城在凉城县以西，地处岱海西，系一处战国时古遗址。货币出土于双古城西南，重十余斤，其中有完整的方足布73枚、尖足布49枚。

（一）方足布

方足布共9种，形制及面文书写与目胜村出土的货币有所不同。

1.“安阳”布

平首，平肩，方足。正面有郭，面文“安阳”二字的布局得体。长5厘米，宽3厘米（图三，1）。

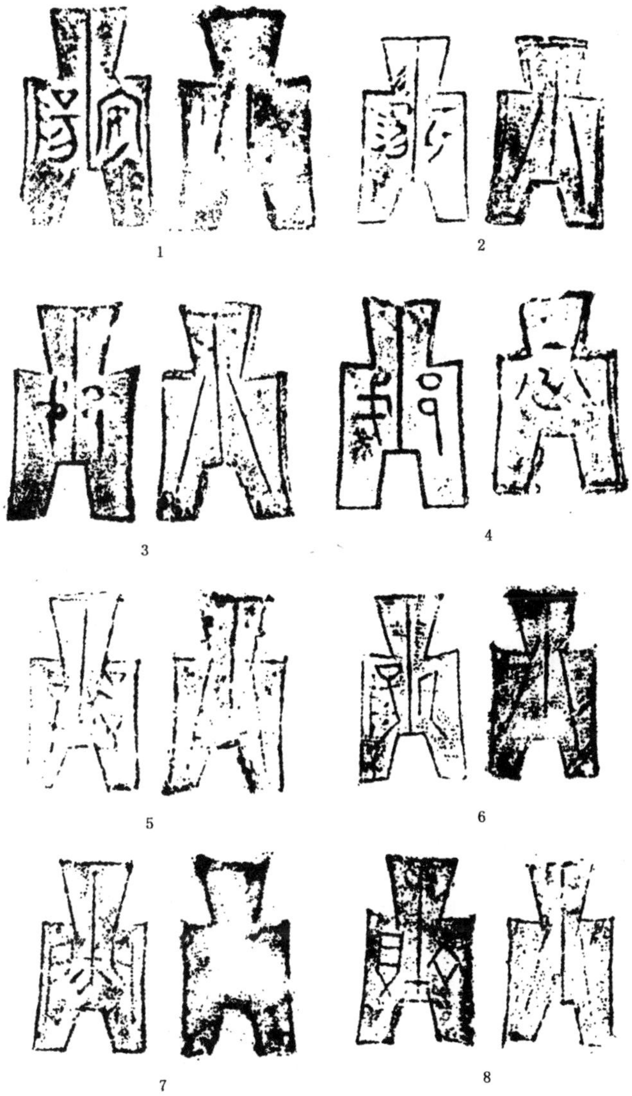

1.“安阳”布　2.“平阳”布　3.“子邑”布　4、5、6.“戈邑”布　7.“蔺”布　8.“齐丘”布

图三　双古城出土的方足布

2.“平阳”布

平首，平肩，平裆，方足。钱体较厚，铜质较细。自首至裆有一直纹，背无郭，唯有三直纹。通长4.3厘米，宽2.6厘米（图三，2）。

3.“子邑”布

平首，平肩，平裆，方足。钱体轻薄，铜质较细。自首至裆有一直纹，背面有三直纹（图三，3）。

4.“戈邑”布

分2型。

Ⅰ型　平首，耸肩，方足，正面有郭。钱体轻薄，铜质精细。文字书写纤细秀丽。长5厘米，宽2.8厘米。

Ⅱ型　平首，平肩，方足。钱体较厚，铜质较粗。书写风格与Ⅰ型有明显的差别（图三，4～6）。

5.“梁邑”布

钱体较厚，铜质较细。面文“梁邑”字体纤丽细长。通长5厘米，宽3.2厘米（图一，3）。

6.“蔺”布

钱体轻薄，铜质较细。平首，平肩，方足。面文“蔺”，背面有三直纹。通长4.4厘米，宽2.6厘米（图三，7）。

7.“齐丘”布

平首，平肩，方足，平裆。钱体轻薄，铜质较细。面文“齐丘”二字的布局得体。通长4.2厘米，宽2.7厘米（图三，8）。

（二）尖足布

1.“武平”布

平首，耸肩，尖足，足裆较高，个体较大。通长5.5厘米，宽2.9厘米（图四，1）。

2.“兹氏”布

平首，平肩，尖足。正面首部有二直纹。通长5.5厘米，宽3厘米。面文字比目胜村出土者稍大（图四，2）。

3.“武安”布

平首，斜肩，尖足。正面部有二直纹。通长5.5厘米，宽3厘米（图四，3）。

4.“阳丘”布

平首，平肩，尖足。面文“阳丘”二字纤丽细长。正面首部有二直纹。通长4.9厘米，宽3.2厘米（图四，4）。

5.“蔺半”布

钱体较厚，铜质稍粗。面文“蔺半”二字布局得体。正面首部有二直纹。通5.3厘米，宽3厘米（图四，5）。

6.“晋阳”布

可分2型。

Ⅰ型　正面有郭，背面素平。钱体较薄，铜质较好。面文“晋阳”。正面首部有二直纹。通长5.3厘米，宽2.8厘米（图四，6）。

Ⅱ型　钱体较厚，铜质稍粗。面文“晋阳”。背面有三直纹。通长5.4厘米，宽3厘米（图四，7）。

7.“一釿”布

稍残。面文“一釿”。钱体较薄，铜质稍粗。通长5.4厘米，宽3厘米（图四，8）。

8.“平周”布

钱体较厚，铜质稍粗。正面首部有二直纹，个体较大。面文“平周”。通长5.4、宽3厘米（图四，9）。

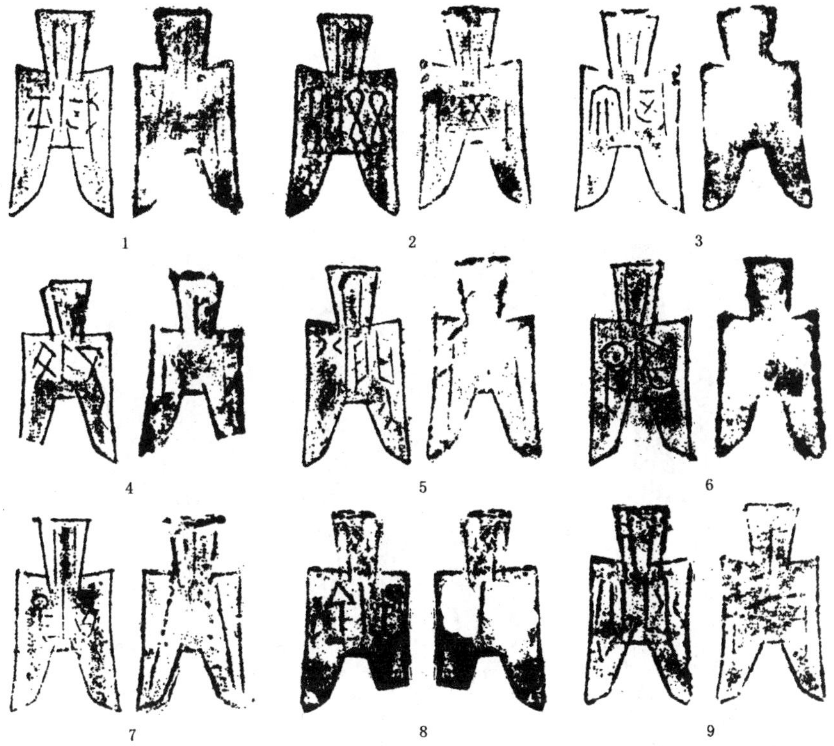

1．“武平”布　2．“兹氏”布　3．“武安”布　4．“阳丘”布　5．“蔺半”布　6、7．“晋阳”布　8．“一釿”布　9．“平周”布

图四　双古城出土的尖足布

三、凉城县出土的刀币

凉城县西南的双古城乡、天城乡、十九号乡、麦胡图乡等地，共出土过十余斤刀币。其中以双古城乡附近最为集中。这几年来发现货币多为燕国明刀，主要有两种类型；此外还有赵刀。

（一）弦折刀

弦折刀有两种。一种为弦折窄刀，刀身较窄，面文“明”字有圆目形、扁目形两种，背文以左、右编号为主。另一种为弦折宽刀，刀身较宽。面文“明”字，书写方法及布局变化较大，有圆目状及椭圆目状两种（图五，1～5）。背文以左、右编号为主，其中主要有“左十”“右上”。

（二）磐折刀

磐折刀也有宽、窄两种，面文“明”字有圆目状、扁目状及斜目状3种（图五，6～8），背文中有“左”“右十”“左十”等。

（三）赵刀

刀币4枚，刀体趋于平直，刀身轻薄，正面素平，背面素平，刀柄穿孔呈椭圆形，战国时赵地铸造（图五，9、10）。

中华人民共和国成立以来，凉城县曾多次出土战国货币。据不完全统计，先后在双古城乡、天城乡、麦胡图乡、十九号乡等地共出土过几百斤。凉城县地处阴山南麓，战国时期属赵国，东与燕国接壤，南有韩、赵两国，西北是古代少数民族活动地区。史料记载，赵武灵王胡服骑射，修赵长城“北抗胡，南窥秦疆”。凉城地区正是赵之边陲军事重镇。从出土的大量布币情况看，布币铸文均为赵、韩、魏三国城邑地名，种类繁多，反映出当时以赵币为主、三国货币互通的货币结构，也表现出当时凉城的繁荣和发达的商品经济。

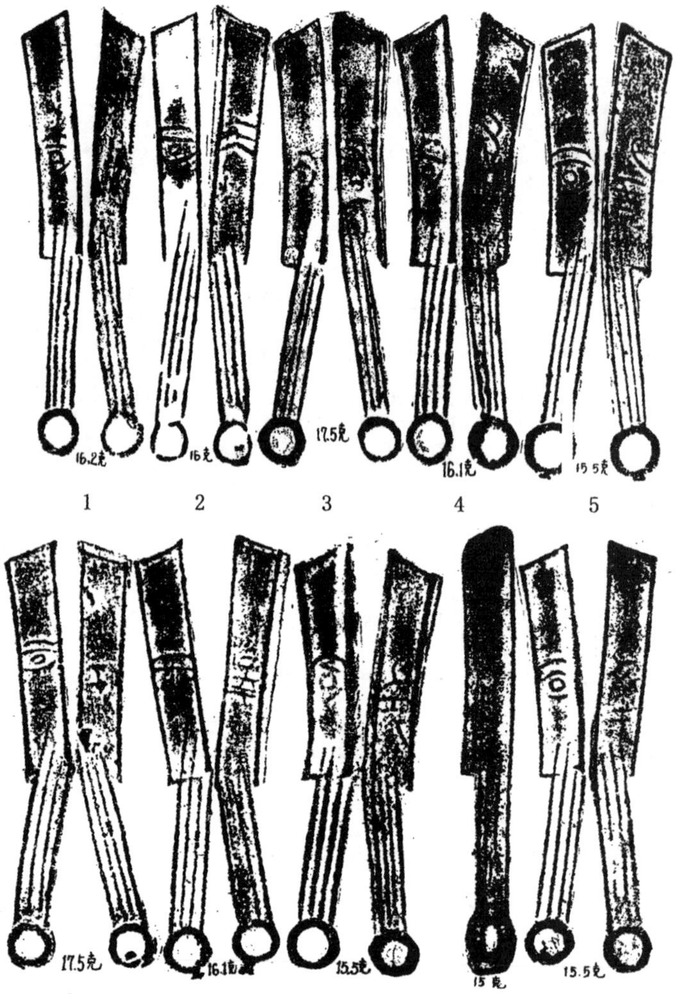

1～5.弦折刀　6～8.磬折刀　9、10.赵刀

图五　凉城县出土的刀币

凉城县出土的数量较多的燕国钱币，过去曾在北京地区，河北省的唐山、保定、滦平、承德、邯郸，以及辽宁省锦州、盖平、旅大、辽阳等地出土，这些地点大多在华北和东北辽宁境内，正是燕国的活动范围，而凉城出土的燕国货币却在赵国境内，从地域上，为我们了解战国时期燕国在北方的活动历史和货币流通以及与赵国的经济来往，提供了可靠的考古资料。

乌盟文物工作站集体整理

执笔：富占军、崔利民

载于《内蒙古金融研究》2003年第S1期

乌兰察布博物馆收藏的战国布币

——兼论乌盟地区战国时期的经济发展概况

李兴盛　郝利平

乌兰察布盟位于内蒙古自治区中南部，阴山山脉东段东西横贯其中部，春秋战国时期为当时盛极一时的北方游牧民族聚居地，到战国中、晚期，由于赵武灵王“胡服骑射”，赵国的势力向北拓展到乌兰察布南部（阴山以南）地区。因此，在乌盟南部地区多次出有数量较多的战国时期刀币和布币。近年来，乌兰察布博物馆曾对凉城县出土的战国时期货币做过系统的介绍①。乌兰察布博物馆还存有一定数量的布币，因保存年代较长等诸多因素，这些布币的出土地点多不清楚。

为了全面反映这一地区战国货币的全貌，我们对其中的布币做了初步整理，做一综合介绍，以供大家参考。

一、尖足大布

尖足大布共5枚，皆为平首、耸肩、方裆、尖足，首部饰两道竖直纹，按地名可分为“甘丹”布和“榆乡”布两种。

（一）“甘丹”布

4枚。正面铸“甘丹”（即“邯郸”，今河北邯郸）二字，背均饰3道竖直纹。字体有圆折和方折两种。通长8.5厘米，足宽4.4厘米（图一，1～4）。

（二）“榆乡”布

1枚。正面铸“榆乡”二字。通长7.9厘米，足宽4.2厘米（图一，5）。

① 乌盟文物工作站：《内蒙古凉城县发现的战国布币》，《内蒙古金融研究》2003年第S1期。

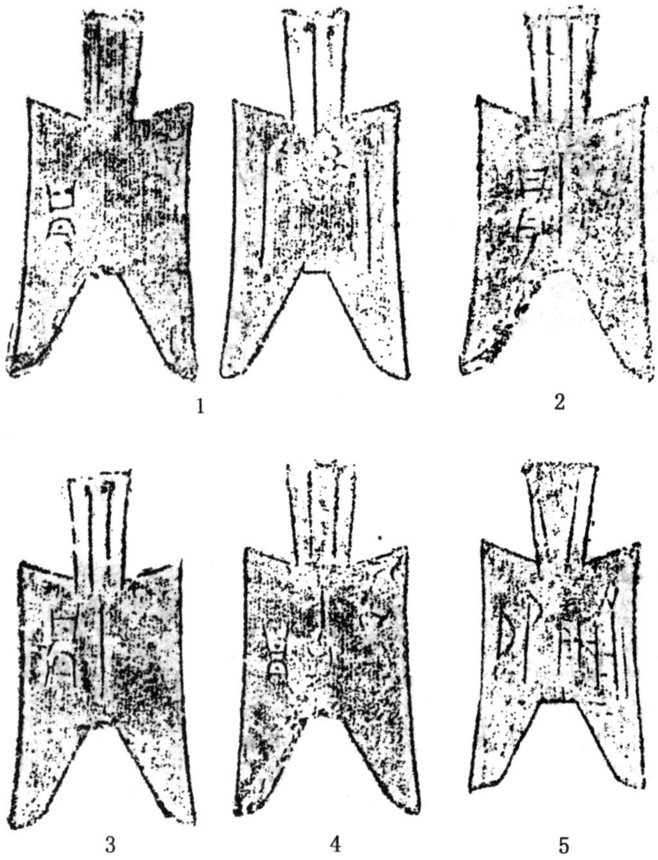

1～4.“甘丹”布　5.“榆乡”布

图一　尖足大布

二、尖足小布

馆藏较多，皆平首、耸肩、方裆、尖足，首部饰二直纹；钱文地名有“兹氏半”“兹氏”“豕韦半”“平州”“寿阳”“武安”“蔺”“晋阳”等。

（一）“兹氏半”布

面文字体圆润，正面铸“兹氏半”三字。背均饰三直纹，其间有“十”或“三”字。通长5.4厘米，足宽2.9厘米（图二，1、2）。

（二）“兹氏”布

面文字体圆润，正面铸“兹氏”二字。背首饰三直纹，背近缘处饰二直纹，其间有“五”字。通长5.4厘米，足宽2.9厘米（图二，3）。

（三）“豕韦半”布

面文字体圆润，正面铸“豕韦半”三字。背近缘处饰三直纹，其间有“五”字。通长5.2厘米，足宽3厘米（图二，4）。

（四）“平州”布

面文字体方折，正面铸“平州”二字。背近缘处饰二直纹，有的其间有“二”字。通长5.2厘米，足宽2.9厘米（图二，5、6）。

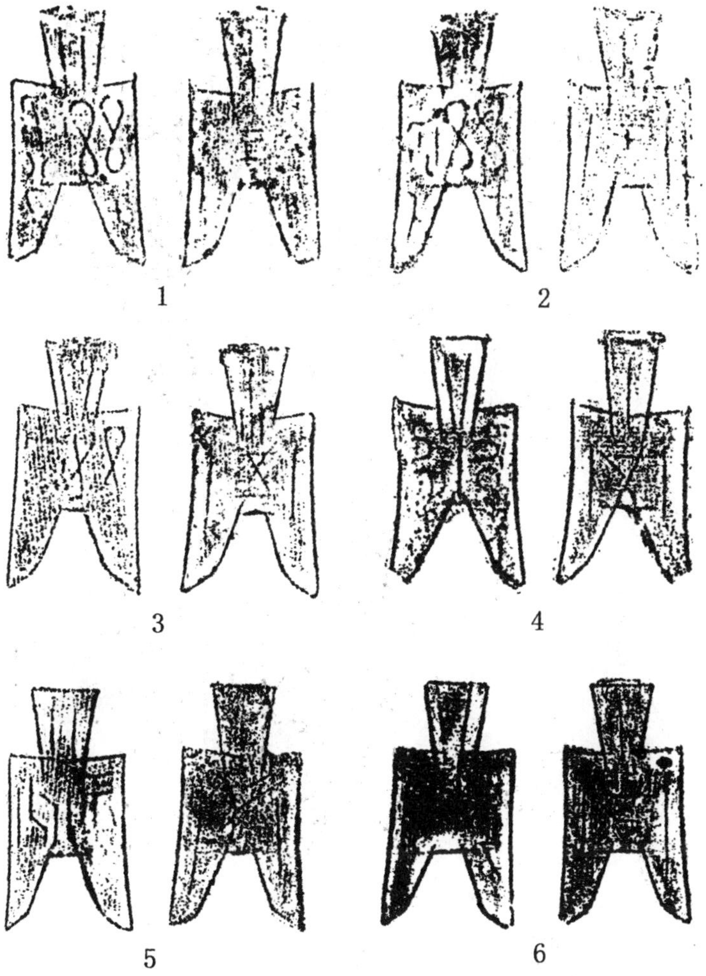

1、2.“兹氏半”布　3.“兹氏”布　3.“豕韦半”布　5、6.“平州”布

图二　尖足小布（一）

（五）“寿阳”布

足残。面文字体方折，正面铸“寿阳”二字。背施二直纹，其间施“三”字。通长5.2厘米（图三，1）。

（六）“武安”布

面文字体圆润，正面铸“武安”二字。背部饰二直纹，其间饰“><”纹。通长5.2厘米，足宽2.8厘米（图三，2）。

（七）“蔺”布

面文字体变化较大，均方折，正面铸“蔺”字。背部饰竖直纹两道，有的其间饰“‖”纹。通长5.3～5.4厘米，足宽2.8～2.9厘米（图三，3、4、6）。

（八）“晋阳”布

面文字体圆润，正面铸“晋阳”二字。背饰三竖直纹。通长5.3厘米，足宽2.8厘米（图三，5）。

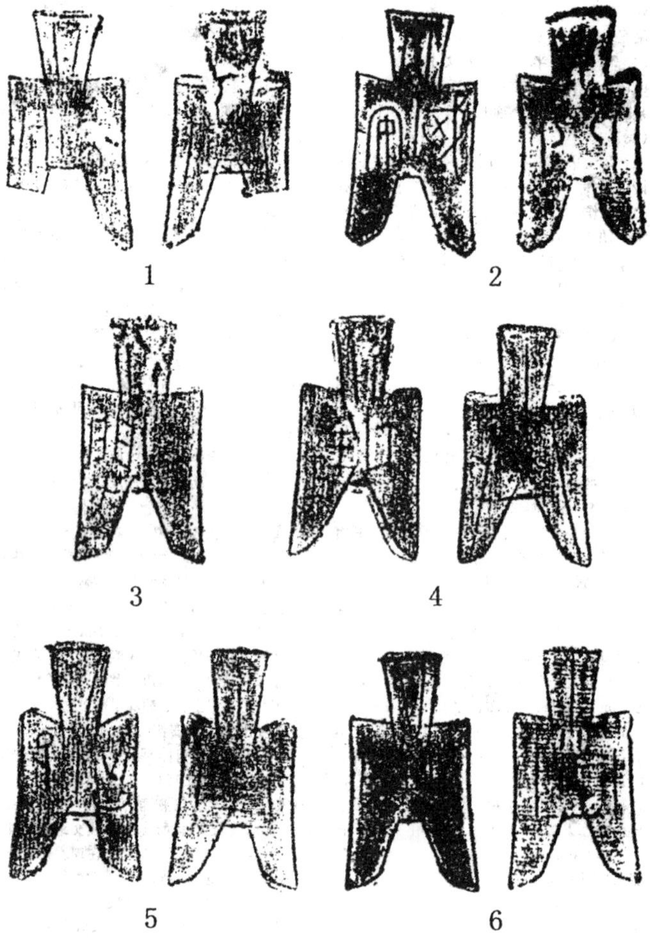

1.“寿阳”布　3.“武安”布　3、4、6.“蔺”布　5.“晋阳”布

图三　尖足小布（二）

三、方足布

在乌盟地区出土方足布甚多，皆平首、方裆、方足，中部饰一竖直纹，钱文地名有“安阳”“平阳”“鄤氏”“皮氏”“蒲子”等。

（一）“安阳”布

有大、小两种。

1.“安阳”大布

平肩，略作束腰。正面铸“安阳”二字，字体方折，变化不大。通长5～5.2厘米，足宽3.2厘米

（图四，1）。

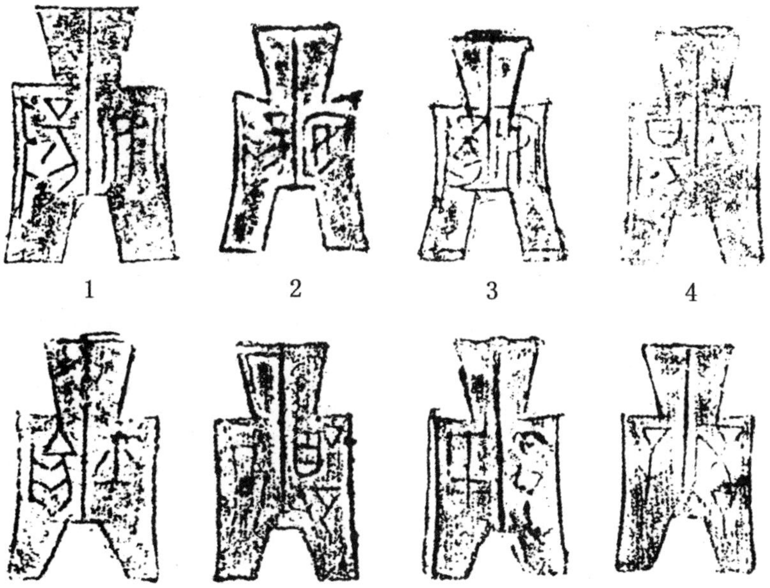

1.“安阳”大布　2、3.“安阳”小布　4、5.“平阳”布　6.“鄤氏”布　7.“皮氏”布　8.“蒲子”布

图四　方足布

2.“安阳”小布

多为耸肩，少量平肩，略作束腰。钱文铸“安阳”二字，耸肩字体方折，平肩字体圆润。通长4.5厘米，足宽2.8厘米（图四，2、3）。

（二）“平阳”布

皆平肩。正面铸“平阳”二字，字体多圆润，个别方折。通长4.7厘米，足宽2.7厘米（图四，4、5）。

（三）“鄤氏”布

平肩。正面铸“鄤氏”二字，字体方折。通长4.7厘米，足宽2.7厘米（图四，6）。

（四）“皮氏”布

耸肩。正面铸“皮氏”二字，字体方折。通长4.7厘米，足宽2.6厘米（图四，7）。

（五）“蒲子”布

平肩。正面铸“蒲子”二字，字体方折。通长4.5厘米，足宽2.7厘米（图四，8）。

乌兰察布盟位于祖国的北疆，远在旧石器时代就有人类在这里生产、生活。大量的考古发现证明，在春秋晚期至战国早期，乌盟地区即为戎、狄和后来的匈奴族所占有。从大量随葬的家畜动物骨骼、野生动物骨骼和马具、弓弭等狩猎工具分析，这一时期的社会经济应以畜牧业为主，农业经济居次要地位，商品交换可能还处在“以物易物”的原始阶段。

到了战国中晚期，中原华夏文化的势力逐渐北扩，华夏族的大量迁入，将中原地区许多先进的农业生产和手工业技术带到了乌兰察布地区，使这一地区的农业生产得到了空前的发展，其社会经济处于农牧并举、共同发展的时期。大量的铜鼎、铜壶、铜镜的出土，说明当时的手工业达到了一定的水平。

乌兰察布盟境内所发现的战国货币均为赵武灵王北拓疆土后的中晚期货币，多出土于凉城县境内，丰镇市、察右前旗等地也有一定数量的出土。在凉城县崞县窑子乡郭木匠村还出土了“安阳”布、“郛”布铁范[①]，说明这一地区有可能是钱币铸造地。从乌盟地区出土的战国刀币、布币上所铸城市地名来看，刀币主要以燕国的“明”字刀最多，个别为直背赵刀。所出布币钱文地名较多，其中以赵国地名最多，分布在现在的河北、山西、河南境内；魏国的地名次之，主要在今河南、山西一带。这些战国货币大多出土于战国古城或村落遗址内。大量中原货币的发现，有力地说明了战国时期乌盟地区的商品经济与货币流通已达到了相当的水平。

以上是我们在整理过程中的初步认识，因个人认识水平和手头资料所限，难免有不妥之处，敬请大家指正。

载于内蒙古自治区钱币学会编：《〈内蒙古金融研究〉钱币文集（第六辑）》，2006年

① 德君、丽华：《内蒙古凉城县新出“安阳”、“郛”布铁范及有关问题补议》，《内蒙古金融研究》2003年第S4期。

察右前旗白家湾金器窖藏发掘简报

内蒙古自治区文物考古研究所　乌兰察布市博物馆

2010年9月8日，在白家湾村给水入户工程施工中，挖掘机司机毛存奎在挖掘沟渠时，发现一批重要出土遗物，当时被村民所哄抢。内蒙古自治区文物考古研究所与乌兰察布市市政府，察右前旗公安局、文化局，察哈尔工业园区公安分局得知此情况后，立即进行联合追缴，收缴回了大部分遗物。随后，内蒙古自治区文物考古研究所会同乌兰察布市博物馆、察右前旗文物管理所，组织专业人员对遗物的出土地点进行了抢救性考古发掘并对周围区域进行了细致的考古钻探工作。

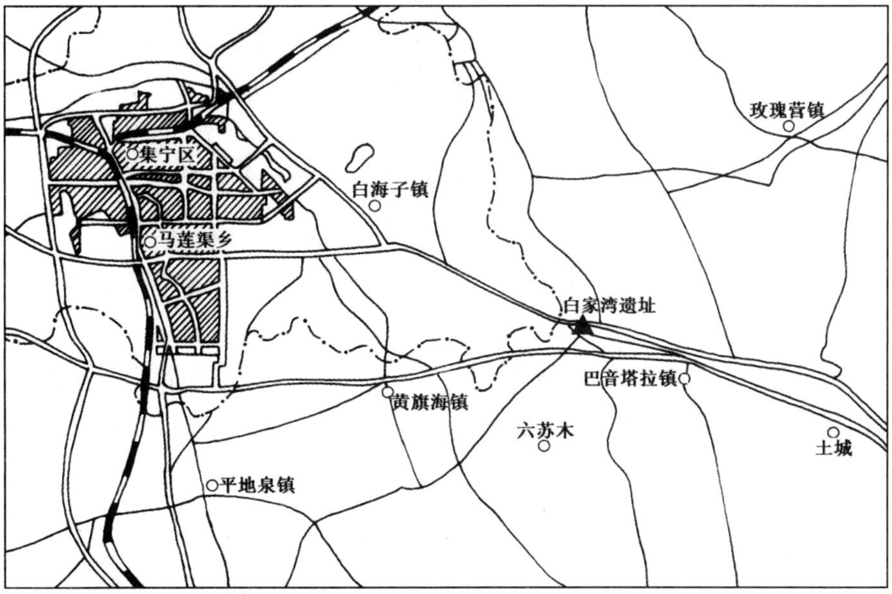

图一　白家湾金器窖藏发掘地点位置示意图

白家湾村坐落在黄旗海盆地北部的缓坡地带，泉玉林河在村的西部自北向南，又东折绕村而过，村中的房舍就建筑在河岸北部台地上。地理坐标为北纬40°58′953"、东经113°16′874"，高程1309米。金器出土地点位于乌兰察布市察右前旗黄旗海镇（该镇现为内蒙古察哈尔工业园区托管）白家湾村南部、110国道的南侧100余米，西距乌兰察布市集宁区约15千米（图一）。

一、地层堆积

考古发掘依据给水沟渠的走向和现场状况，布探方2个（图二），发掘面积42.5平方米。在T1第①层下发现一近代灰坑，在T2第①层上发现一现代灰坑。地层堆积可分为3层，以T1南壁说明如下。

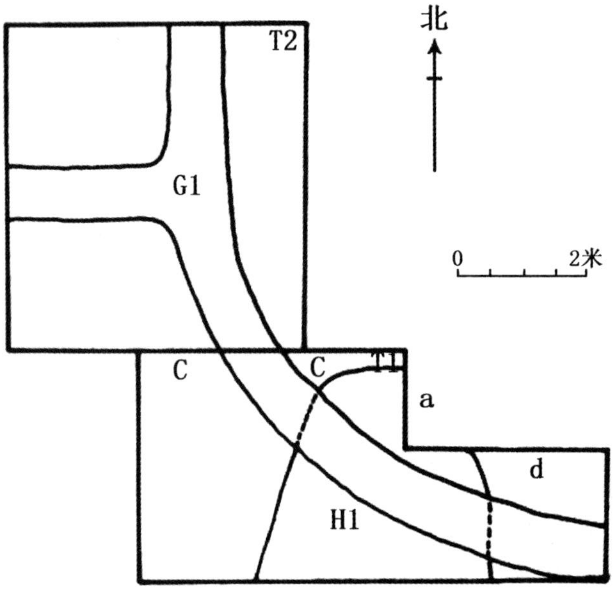

图二　白家湾金器窖藏发掘地点探方平面图

第①层土，灰黑色，结构紧密，颗粒较大，是路土层，可分辨出路土的淤积层和踩踏层，厚40～60厘米。包含有现代杂物。

第②层土，灰褐色土，结构松散，颗粒较小，厚35～40厘米，亦为路土层。包含有近现代杂物。

第③层土，黑沙土，结构松散，颗粒较大，包含有黑色泥块，厚35～50厘米。为自然地层。

第③层以下为黄沙生土层（图三）。

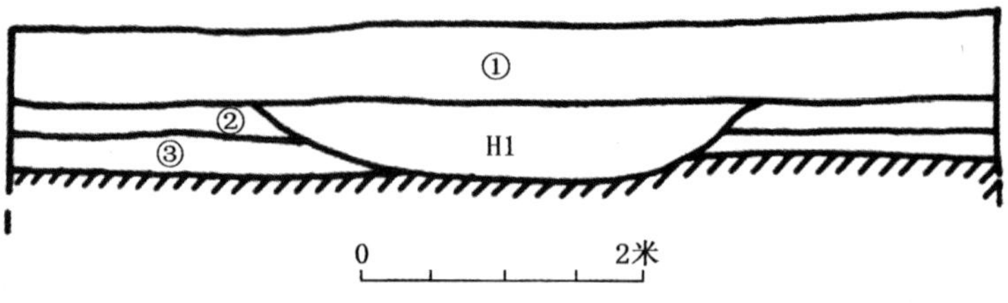

图三　白家湾金器窖藏发掘地点T1南壁剖面图

遗物出土地点位于T1中部，在清理沟渠时也在该位置的回填土中发现了贝饰2枚、绿松石珠饰件1件。在T1的中部第②层土中出土“宣统通宝”铜钱1枚。考古发掘清理至生土，没有发现墓葬迹象。

二、出土遗物

出土遗物均为收缴，有金饰牌、项圈、锥状耳坠、饰片、珠饰等，绿松石饰件和贝饰，共计32件。

（一）金器

虎咬鹰饰牌　2件。编号wb：1、wb：2，P型，透雕，正面为浮雕状，两饰牌头向相对称，纹饰相同。虎呈站立式，头高仰，张口含咬鹰的头部，牙齿突显狰狞状，右前蹄踩踏鹰的颈部，鬃尾修整整齐，颈部饰有项圈及叶片纹。鹰、虎耳上均饰有叶状纹、心纹、圆圈纹等凹坑，镶嵌有绿松石和料石，大部分已脱落。编号wb：1饰牌，长15厘米，宽10.1厘米，厚0.1～0.2厘米，重553.45克。背面后部中间有一横状的桥形纽，长2厘米，宽0.5厘米，高 1.3厘米（图四）。编号wb：2饰牌（残），长15厘米，宽10.1厘米，厚0.1～0.2厘米，重431.24克。背面的两端有对称的竖状桥形纽，长2.1厘米，宽0.4厘米，高1.3厘米（图五）。

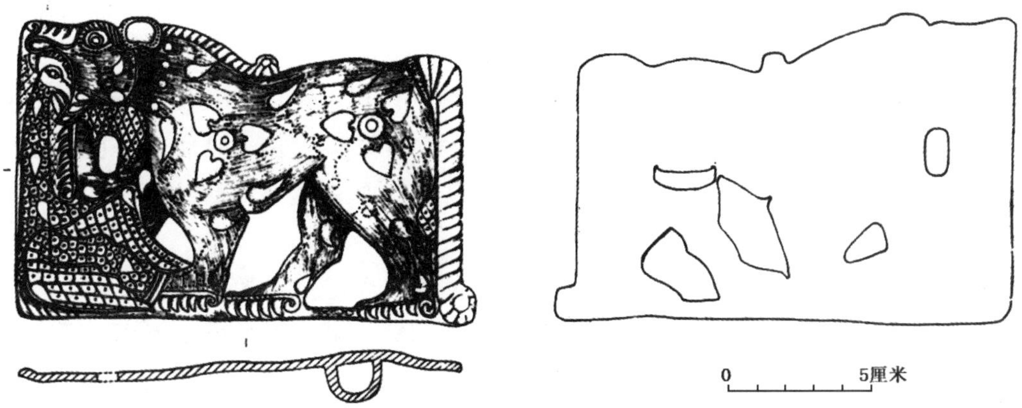

图四　虎咬鹰金饰牌（wb：1）

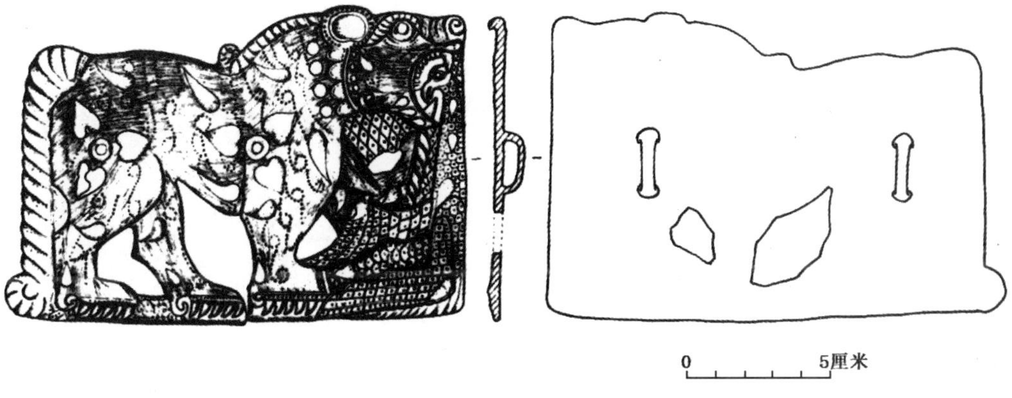

图五　虎咬鹰金饰牌（wb：2）

兽咬马饰牌　1件。编号wb：3，长方形浮雕状，双层绳纹边框，内饰纹饰上下对称，饰相同纹饰，兽头反身，长耳、虎爪，嘴咬马背。长7.6厘米，宽 5.2厘米，厚0.3厘米，重107.5克。背面饰粗麻布纹，有两个竖状的背纽，长1.3厘米，宽0.4厘米，高0.6厘米（图六）。

项圈　1件。编号wb：4，残缺，圆柱长条状，头部为突圆状，中心有一小孔。直径0.7～0.4厘米，残长140厘米，重1050克。

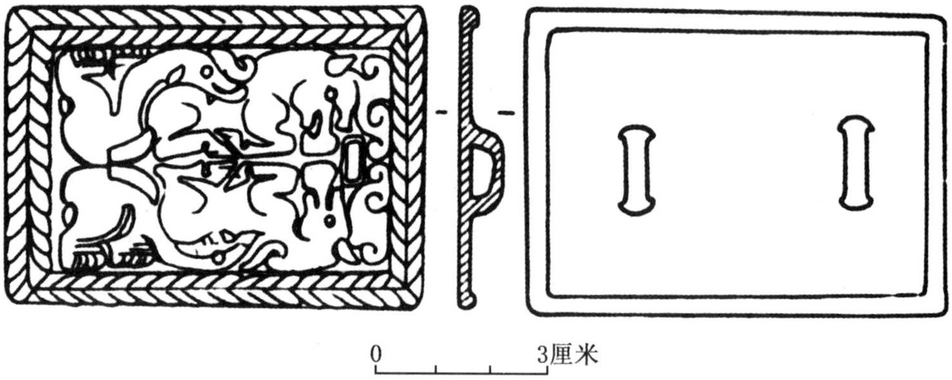

图六　兽咬马金饰牌（wb：3）

锥状耳坠　2件。均残，锥状，为金丝盘旋尖顶。编号wb：5，残高2.1厘米，最大径1.2厘米，厚0.2厘米（图七，3）。编号wb：6，残高2厘米，最大径1.2厘米。

“8”字纹饰件　1件。编号wb：7，镂空片状，残为两段，一段残长1.4厘米，宽0.8～0.6厘米，厚0.2厘米（图七，11）；另一段残长1.9厘米，残宽1.4厘米，厚0.2厘米（图七，10）。

瓦楞纹饰件　1件。编号wb：8，片状，残宽 0.9～1.1厘米，残高1.2厘米，厚0.2厘米（图七，6）。

圆形饰片　3件。编号wh：9，花边环状，外径1.4厘米，环宽0.2厘米，内径0.6厘米，厚0.1厘米（图七，7）。编号wh：10、wb：11，外形与尺寸相同。花边环状，外径小1.2厘米，环宽0.2厘米，内径0.6厘米，厚0.1厘米。上述3件饰片中，有一大一小两件饰片穿在绿松石鼓形饰件的一端，中间夹有皮革。

圆形小饰坠　1件。编号wb：12，两头尖鼓，中间穿孔，上下合焊出边。高0.8厘米，中间直径0.9厘米（图七，8）。

（二）绿松石饰件

枣形饰件　2件。编号wb：13、wb：14，中间穿孔。长2.3厘米，宽1.2～1.8厘米，厚1.1厘米，孔径0.5厘米（图七，1）。

长方形饰件　1件。编号wb：15，长1.6厘米，宽1.4厘米，厚0.7厘米，孔径0.1厘米（图七，4）。

鼓形饰件　1件。编号wb：16，中间穿孔。外径1.6厘米，孔径0.3厘米，高1.1厘米（图七，2）。

（三）贝饰

共计16件，编号wb：17，贝的上部切割，长 2.2～2.5厘米，宽1.6～1.9厘米，厚 0.7～0.9厘米（图七，5、9）。

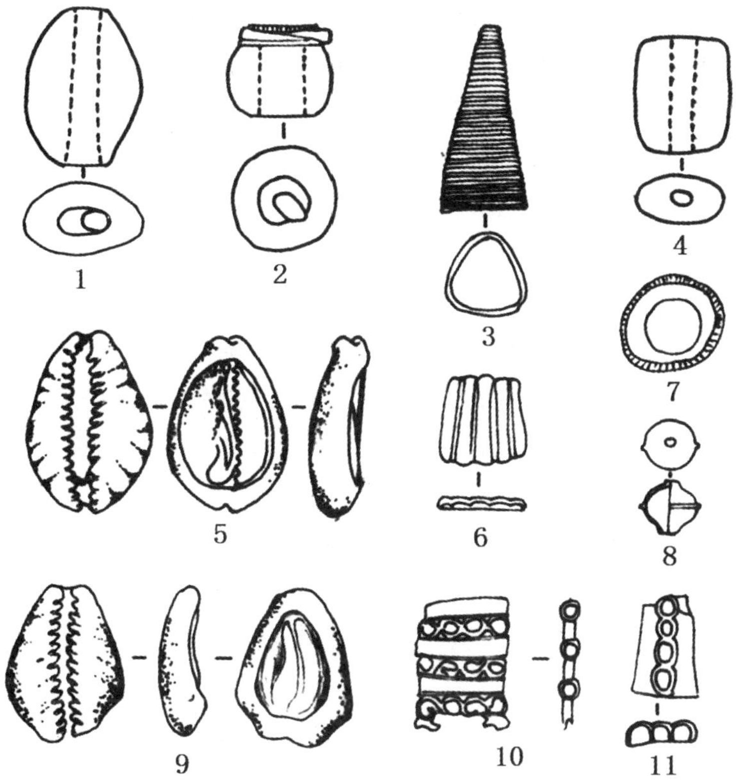

1.枣形绿松石饰件（wb：13） 2.鼓形绿松石饰件（wb：16） 3.锥状耳坠（wb：5） 4.长方形绿松石饰件（wb：15） 5、9.贝饰（wb：17） 6.瓦楞纹金饰件（wb：8） 7.圆形金饰件（wb：9） 8.圆形金小饰件（wb：12） 11.“8”字纹金饰片（wb：7）

图七 白家湾金器窖藏出土遗物

三、结语

白家湾金器的出土，可能有3种埋藏形式，一为墓葬，二为窖藏（包括即时埋葬点），三为祭祀坑。根据考古发掘情况看，首先排除了墓葬与祭祀坑的可能性，集中一次性出土多件金牌饰件与其他玉石饰件，故推断其为窖藏。

白家湾金器中的金项圈和锥状金耳坠与准格尔旗西沟畔战国墓中同类器（M2：28、M2：31）相近①，同时金项圈、银项圈在鄂尔多斯地区的匈奴墓中亦多有发现，如阿鲁柴登②、玉隆太③、瓦尔吐沟④等。西沟畔出土的耳坠饰由金丝盘成尖帽状，中间串绿松石。白家湾中的遗物中，似乎也应该有此组合，可能还坠饰一些金饰小件，已缺失。

① 伊克昭盟文物工作站、内蒙古文物工作队：《西沟畔匈奴墓》，《文物》1980年第7期。

② 田广金、郭素新：《内蒙古阿鲁柴登发现的匈奴遗物》，《考古》1980年第4期。

③ 内蒙古博物馆、内蒙古文物工作队：《内蒙古准格尔玉隆太的匈奴墓》，《考古》1977年第2期。

④ 内蒙古博物院馆藏品。

白家湾金器中的虎咬鹰金饰牌、兽咬马金饰牌的题材，在鄂尔多斯、凉城县崞县窑子、俄罗斯斯基泰文化中均有发现。所不同的是白家湾虎咬鹰金饰牌更趋向于写实，錾刻精细，装饰性强，虎身上出现了一些装饰，颈部有项圈，身上有叶状纹、圆圈纹、心纹的凹坑，镶嵌有松石、料石，背面无粗麻布纹。兽咬马金饰牌，制作略显粗糙，无錾刻痕迹，背面有粗麻布纹痕迹。这两种饰牌在制作工艺上有很大的差别，可能非一地所制。虎咬鹰饰牌具有中原金器制作风格，兽咬马金饰牌具有更多的斯基泰风格。

兽咬马金饰牌，其兽似为希腊神话传说中的变形“格里芬”。据记载，格里芬是一种鹰头狮身有翅的怪兽，狮鹫身体较大，有很长的耳朵，豹子嘴，脚上有爪。在古老的斯基泰草原上，狮鹫负责看管金矿和暗藏的珠宝，具有很强的正义感。还有人认为狮鹫是马的天敌，它们会攻击马匹，但偶尔也会有例外，公狮鹫如果与母马交配，则会生出骏鹰（前半身像狮鹫、后半身像马的怪兽）。白家湾的兽咬马饰牌，可能就取自上述的题材。

白家湾金器的时代上限应与准格尔旗西沟畔匈奴墓M2相近。又，白家湾金饰牌有双层绳索纹装饰和凹入叶状纹，此为西汉初期流行的纹饰[①]，说明其下限应在西汉初期。白家湾金器年代应在战国晚期至西汉初期（公元前2世纪左右）。此批金器，级别较高，使用者应为部落贵族或酋长用器。

执笔：包青川、胡晓农
绘图：李宁、郝晓菲
照相：梁京明、张运平

载于《草原文物》2011年第1期

① 内蒙古自治区文物工作队、田广金、郭素新编著：《鄂尔多斯式青铜器》，北京：文物出版社，1986年。

馆藏虎叼鹰金饰牌赏析

李树国　邢黄河　刘彦琪

2010年，乌兰察布市察哈尔右翼前旗黄旗海镇白家湾村发现虎叼鹰金饰牌2件，国家一级文物，现藏乌兰察布市博物馆。约公元前3世纪，匈奴逐步征服了众多北方部族，发展为大漠南北最为强大的族团。原先的众狄与诸胡经过不断分化，一部分入居塞内，融于华夏；一部分加入匈奴族团，成为典型的游牧民族。

一、虎叼鹰金饰牌介绍

虎叼鹰金饰牌2件，馆藏编号JI：0002、JI：0003。黄金铸成，板型，透雕，正面浮雕。两饰牌制作时使用相反的模具制作，正面虎头相对时，两者纹饰基本对称，纹饰基本相同。编号JI：0002饰牌，长15厘米，宽10.1厘米，厚0.1～0.2厘米，重553.45克。背面后部中间有一横状的桥形纽，长2厘米，宽0.5厘米，高1.3厘米（图一）。编号JI：0003饰牌，残，长15厘米，宽10.1厘米，厚0.1～0.2厘米，重431.24克。背面的两端有对称的竖状桥形纽，长2.1厘米，宽0.4厘米，高1.3厘米（图三）。

图一　虎叼鹰金饰牌（JI：0002）正面

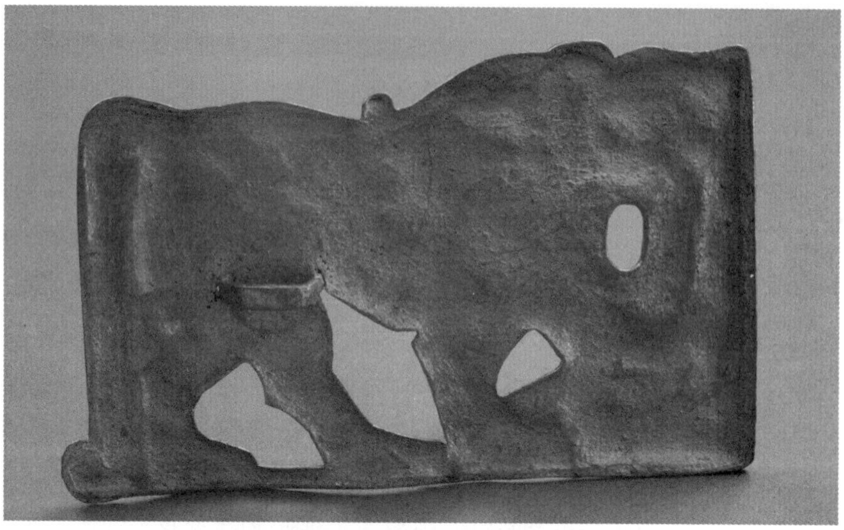

图二　虎叼鹰金饰牌（JI：0002）背面

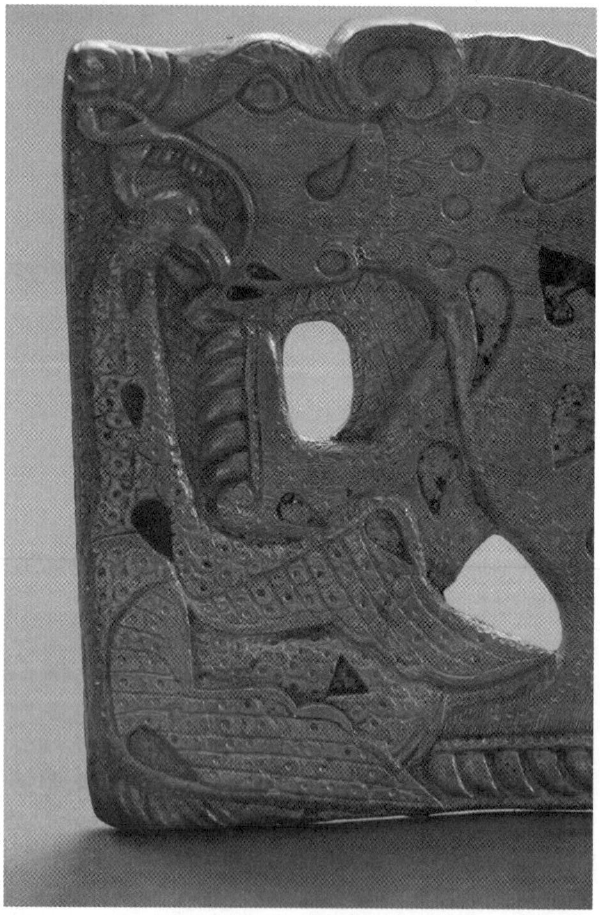

图三　虎叼鹰金饰牌（JI：0002）局部

两者的区别：

第一，JI：0002虎头和前蹄之间空地有专门制作的椭圆形孔（图三）。JI：0003在虎头和前蹄之间空地没有椭圆孔，而是制作时候金属镂空造成的不规则孔（图四）。

第二，两者平面上的镂孔不一样。JI：0002平面有4个孔，JI：0003平面有5个孔，但是JI：0003上面两孔是模具制作时留下的残缺。

第三，装饰纹饰不同。虎脖子上装饰的花瓣纹，JI：0002的制作比较规整，JI：0003的比较粗糙。

第四，背面穿带孔的制作不一样。JI：0002为横向拱形，单穿带孔（图二）；JI：0003为纵向拱形，双穿带孔（图五）。

第五，两者重量不一样。

第六，JI：0002为完整器物，JI：0003为残件。

图四　虎叼鹰金饰牌（JI：0003）正面

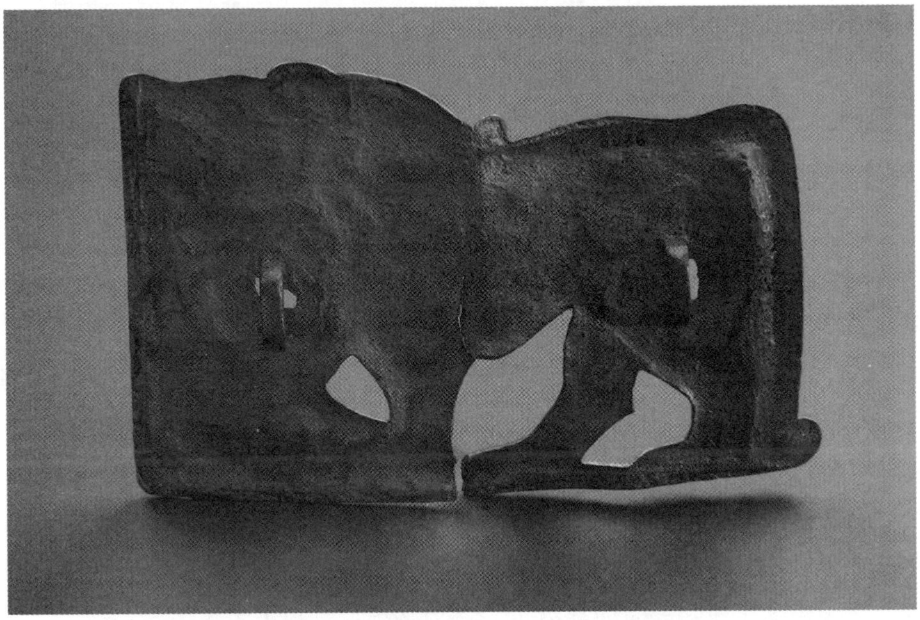

图五　虎叼鹰金饰牌（JI：0003）背面

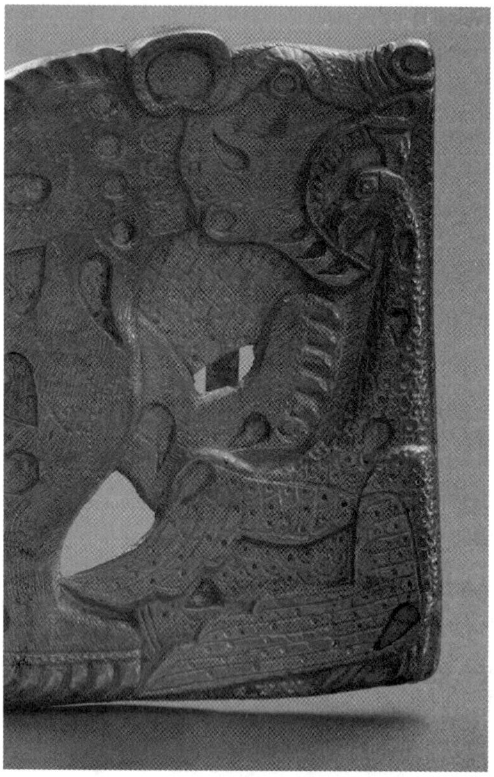

图六　虎叼鹰金饰牌（JI：0003）局部

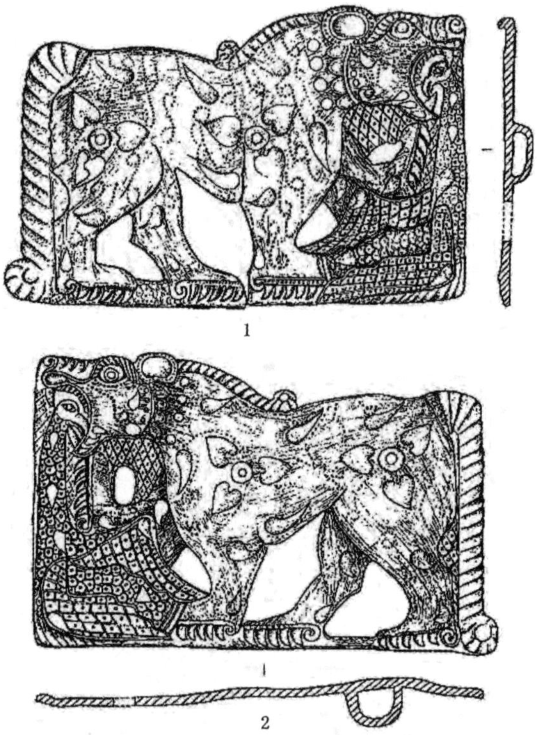

1.JI：0003　2.JI：0002

图七　虎叼鹰金饰牌墨线图

两者相同之处：虎呈三条腿站立，口大张，叼鹰的头部，犬牙将鹰头封在口腔内，犬牙部分嵌入鹰脖颈；右前蹄抓鹰的颈部，虎爪露出5根，立耳，夸张的鬃尾，整齐立鬃，尾巴后翘，垂直篮文装饰，尾巴尖打绕。颈部有叶片纹和圆点组成项圈纹装饰，臀部和肩部用三叶草纹装饰。三叶草中心圆圈和叶纹中都应该镶有宝石，从残存材料来看应该是绿松石或芙蓉石。虎背部和脚部及鹰颈部有滴水状纹饰，从残损情况和制作工艺来看均镶有宝石，大部分宝石都已经脱落，单件平面上共有20个滴水纹装饰。虎全身毛用细线簪打体现出类似毛发的效果。鹰的图案制作活灵活现，尖嘴，大眼，大翅膀，全身使用不规则方格点缀纹装饰。

二、相关问题

（一）出土情况

2010年9月8日，在白家湾村给水入户工程施工中，挖掘机司机毛存奎在挖掘沟渠时，发现一批重要出土遗物，当时被村民所哄抢。内蒙古自治区文物考古研究所与乌兰察布市市政府，察右前旗公安局、文化局，察哈尔工业园区公安分局得知此情况后，立即进行联合追缴，收缴回了大部分遗物。随后，内蒙古自治区文物考古研究所会同乌兰察布市博物馆、察右前旗文物管理所，组织专业人员对遗物的出土地点进行了抢救性考古发掘。发掘者认为白家湾金器的出土，可能有3种埋藏形式，一为墓葬，二为窖藏（包括即时埋葬点），三为祭祀坑。根据考古发掘情况看，首先排除了墓葬与祭祀坑的可能性，集中一次性出土多件金牌饰件与其他玉石饰件，故推断其为窖藏①。

（二）制作工艺

两件金饰厚度较大，重量较重，且饰物背面边缘有经过磨锉的金属飞边（图八-B），饰物坯体为双合范铸造成型。如图八-K，饰物背面的穿孔边缘飞边痕迹，可见穿孔也是铸造饰物时预留的。如图八-N，饰物背面可见两桥形纽，其两侧可见弧形范线，桥纽边缘也可见范线痕迹。以上现象说明铸造器物的双合范嵌入了活块芯，用以铸出桥纽穿孔。该技术在商周青铜器铸造中使用广泛。如图九，从饰物正面纹饰的形态及纹饰线条之间的打破和叠压关系可见，纹饰是在铸成的金属坯体上錾刻而成。用于镶嵌绿松石的凹槽内有黑褐色残留物，可能使用了天然大漆将绿松石嵌入并黏结在金饰物的凹槽内。

黄金具有优良的延展性和塑形性，这两件饰物使用铸造成型而后刻纹的制作方法，并不是使用黄金制作平面型浅浮雕饰物的最合适的技术。虽然反映出制作过程的不惜工本和奢华，但并没有体现出成熟高超的黄金使用和加工技术。这两件器物虽然使用了錾刻技术加工纹饰，但仅限于在铸造成型的坯体上用錾刀踩压或擦划出细小的纹理，类似技术在战国至秦汉的刻纹铜器上也很常见，并未使用锤揲和钣金冲压技术加工黄金。根据虎叼鹰金饰牌介绍中的两件器物的不同之处可以看出，这两件器物不是同一时间制作的，应JI：0002为前制作，JI：0003为后制作。两者重量、纹饰和佩戴方式的不同可以看出两件器物不是一起制作的器物。

图八　饰物背面的制作工艺痕迹

① 内蒙古自治区文物考古研究所、乌兰察布市博物馆：《察右前旗白家湾金器窖藏发掘简报》，《草原文物》2011年第1期。

图九　饰物正面的加工痕迹

（三）年代及使用者推断

虎叼鹰金饰牌在鄂尔多斯、凉城县崞县窑子、俄罗斯斯基泰文化中均有发现。但是不同的是白家湾虎叼鹰金饰牌的制作工艺更趋向于写实，精刻细雕，装饰性强，虎身上出现了一些特别的装饰，颈部有项圈装饰，身上有三叶草纹、圆圈纹、篮纹、戳点纹并镶嵌有绿松石、芙蓉石，背面无纹饰。据前文所述制作工艺来看，这两件饰物仍未脱离青铜器制作技术的窠臼，这也是判断其制作年代不晚于西汉的依据之一。

金饰牌的制作工艺类同于准格尔旗西沟畔战国墓出土的同类器①（M2：26、M2：27），但是这一对虎叼鹰金饰牌的制作工艺远远超过那两件器物的制作工艺，所以时间上可能稍晚一些。与虎叼鹰金饰牌同时出土的金项圈与准格尔旗西沟畔战国墓中同类器（M2：28、M2：31）相近，同时金项圈在鄂尔多斯地区的匈奴墓中亦多有发现，如阿鲁柴登②、瓦尔吐沟③等匈奴墓葬。发掘者认为白家湾金器年代应在战国晚期至西汉初期（公元前2世纪左右）④。这是虎咬鹰金饰牌年代应在战国后

① 伊克昭盟文物工作站、内蒙古文物工作队：《西沟畔匈奴墓》，《文物》1980年第7期。

② 田广金、郭素新：《内蒙古阿鲁柴登发现的匈奴遗物》，《考古》1980年第4期。

③ 内蒙古博物馆、内蒙古文物工作队：《内蒙古准格尔旗玉隆太的匈奴墓》，《考古》1977年第2期。

④ 内蒙古自治区文物考古研究所、乌兰察布市博物馆：《察右前旗白家湾金器窖藏发掘简报》，《草原文物》2011年第1期。

期至西汉初期的依据之二。

根据史料《史记》卷一百十《匈奴列传》中记载，公元前2世纪汉兵大败匈奴，“是后匈奴远遁，而幕南无王庭”[①]。汉代设立匈奴漠南王庭的所处[②]包括现在乌兰察布市大部分地区，所以可以推断这对金饰牌是匈奴漠南王有关的物件。

三、结语

乌兰察布市博物馆馆藏虎叼鹰金饰牌，它们的制作工艺精湛，可以称之为匈奴时期金器制作的巅峰之作。它们有着北方游牧民族精神的汇总和汉时期中原铸金工艺的精华，属于匈奴漠南王庭物件，是专家、学者研究乌兰察布地区乃至中国北方地区匈奴时期的历史、经济、手工业等方面的一个不可多得的实物资料。

载于《文物鉴定与鉴赏》2018年第5期

① 司马迁撰：《史记》卷一百十《匈奴列传》，北京：中华书局，1959年，第2911页。

② 舒振邦：《内蒙古在先秦两汉时期的发展与各族人民的贡献》，载卢明辉编《北方民族关系史论丛》，呼和浩特：内蒙古人民出版社，1984年。

内蒙古兴和县沟里头匈奴墓

崔利明

1988年8月，兴和县石湾乡刘家村社员李二洼在村西沟里头取土时，在距地表50厘米深处发现一座古墓。古墓虽然被破坏，但是该墓形制清楚。同年6—9月，在兴和县搞文物普查时对墓地进行了调查并清理了这座残墓。现将调查、清理情况简报如下。

沟里头匈奴墓位于内蒙古兴和县西北30千米，东南距石湾乡所在地1.5千米，刘家村西300米处。这里是丘陵地带，古墓所在地势低洼，墓葬东西由于多年雨水冲刷，冲有一条大沟。墓葬为长方形竖穴土坑墓，东西长2.6米，南北宽0.9米，墓深约1.30米。在清理过程中，又发现马骨、羊碎骨。人骨保存完好，仰身直肢葬，头向西北，胸骨上有一铜箭头，骨架周围散置随葬品，共出土13件完整器。

出土遗物以铜器为主，还有骨器、石珠等。

青铜短剑　1件。剑首为一兽头，中有圆孔，茎扁平，扁尖状格。长25厘米（图一）。

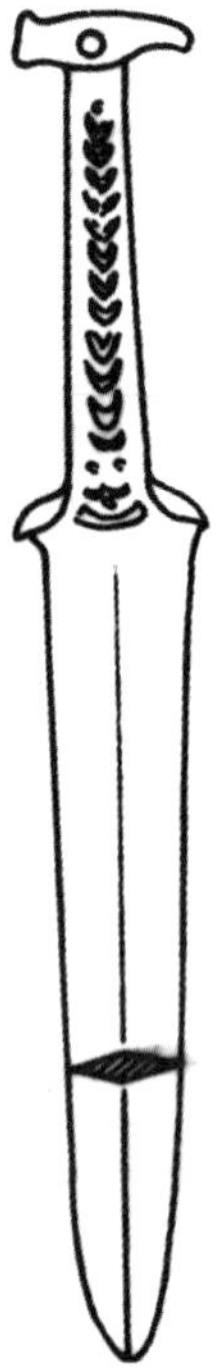

图一　青铜短剑

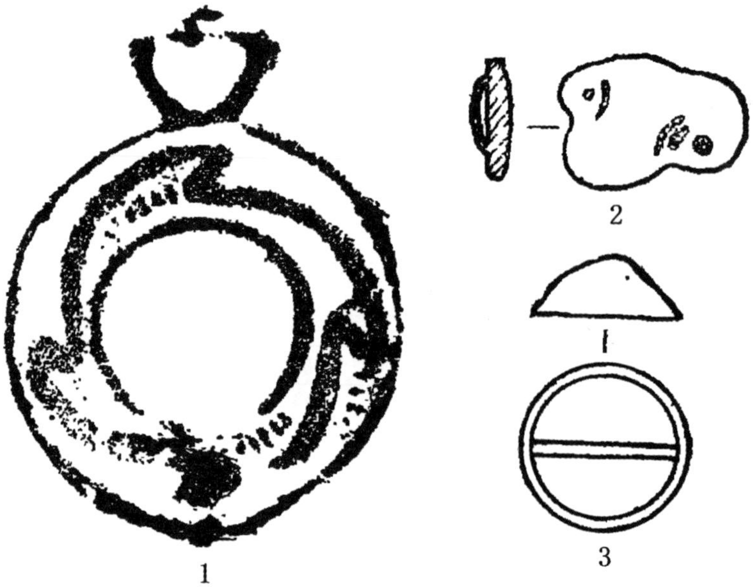

1.带扣　2.扣形饰　3.圆扣饰

图二　出土铜器

带扣　1件。环形，纽稍方、有孔，饰弧形纹，带扣下部饰圆点纹。出土于腰部附近，推测其用途与带钩相同（图二，1）。

扣形饰　3件。略呈长方形，正面压有图案，有3道弧纹及圆点纹，背有纽。长2厘米，宽1.5厘米（图二，2）。

圆扣饰　2件。圆形，素面，背有纽。直径2厘米（图二，3）。

铜镞　2件。三棱形。长4.1厘米。

骨镞　1件。三棱形，有铤。长6.6厘米，铤长0.3厘米。

扁环　1件。白色。直径2.4厘米，厚0.5厘米。

珠饰　3件。绿松石珠。长扁状，中有孔。

该墓虽遭扰乱，但从清理中发现的马、羊骨骼的情况判断，其葬俗大约与桃红巴拉匈奴墓类似，这也是草原游牧民族普遍流行的葬俗。

这里出土的青铜短剑和带扣与西沟畔匈奴墓发现的相似，尤其是三棱骨镞是战国至汉普遍流行的型式，在内蒙古地区战国至汉代遗址中较常见。

参加清理和发掘的有马世宏、李跃忠、崔利明同志。

载于《考古》1994年第5期

卓资县土城子村遗址发掘简报

内蒙古自治区文物考古研究所　乌兰察布市博物馆　卓资县文物保护管理所

为了配合呼集铁路（三线）工程项目建设，2009年4月—8月，由内蒙古自治区文物考古研究所主持，乌兰察布市博物馆及卓资县文物保护管理所配合，对卓资县梨花镇土城子村遗址进行了抢救性的考古发掘。

一、地理位置及环境

土城子村遗址位于卓资县梨花镇土城子村南约 50米处，北纬40°59′025"、东经112°20′639"，高程1342米。京藏（G6）高速公路和110国道分别从遗址的南、北两端穿过（图一）。遗址坐落在阴山山脉山系的东西向的山间河谷地带。北部约100米处为三道营古城，三道营古城坐落在大黑河的南岸第一台地上，东、西两面皆为大黑河河谷延伸的狭长开阔地。南部为丘陵。由此向东可达六苏木城卜子古城，向西经旗下营斗金山古城、陶卜旗古城即可进入土默川平原。

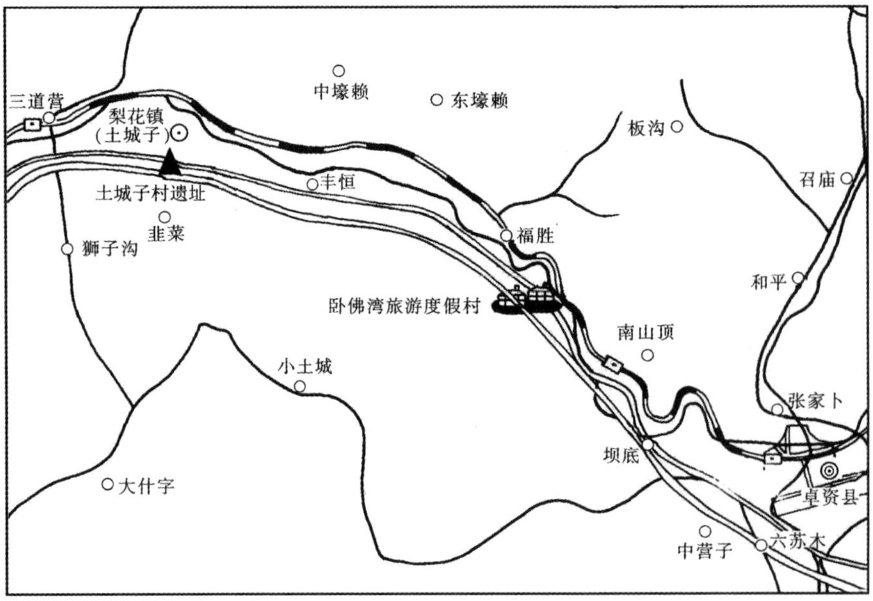

图一　卓资县梨花镇土城子村遗址位置示意图

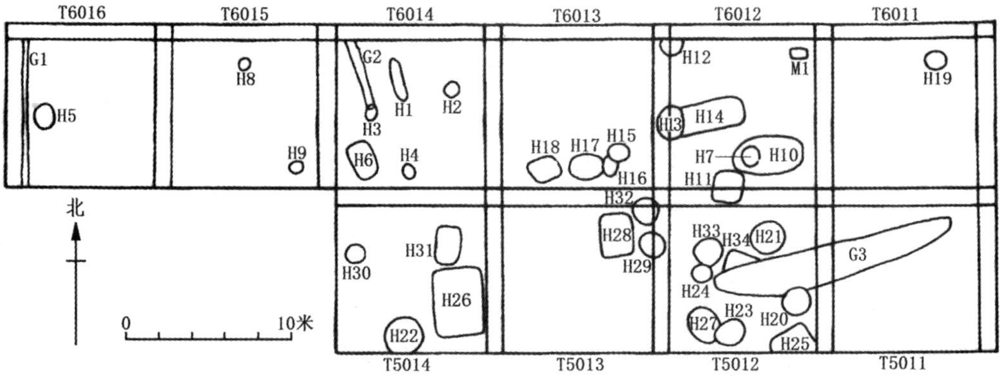

图二　卓资县梨花镇土城子村遗址探方平面图

遗址地表略显南高北低之势，现为耕地，整个遗址面积约10000平方米。此次发掘仅在铁路工程占地范围进行，布10米×10米探方10个，发掘面积10000平方米，清理灰坑34个、瓮棺1座、灰沟3条（图二）。

二、地层堆积

发掘区位于遗址的南部。发掘结果表明，遗址内文化堆积比较简单，根据土质土色可分为3层。第①层为耕土层，第②层为文化层。在第①、②层下有遗迹单位存在（图三）。现以发掘探方T6012西壁为例介绍遗址内文化堆积如下：

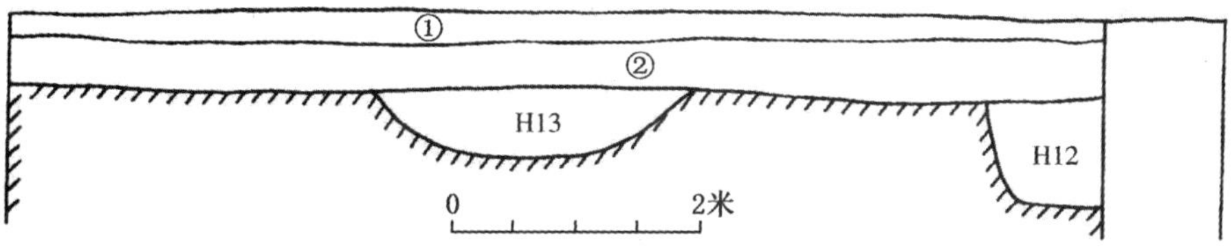

图三　T6012西壁剖面图

第①层：耕土层，厚20～30厘米。棕黄色土，颜色较浅，土质疏松，含有少量的陶片。

第②层：灰褐色土，厚30～45厘米。土质较硬。该层下开口的遗迹单位有H12、H13。

第③层：浅黄色生土层。

三、遗迹

该遗址发现的遗迹较少，以灰坑居多，还有少数的灰沟和瓮棺葬。

（一）灰坑

共清理灰坑34座，有圆形、椭圆形、圆角方形和不规则形。现以H15、H17、H6、H11为例介绍。

H15　平面呈圆形，坑壁规整、底部不平整。直径90厘米，深94厘米。坑内堆积为灰褐色土，土质松软，包含物有石块、植物根茎等。出土遗物有少量的陶片和动物骨骼。陶片器型种类有盆、罐、钵等（图四）。

H17　平面呈椭圆形。坑壁、底规整。坑口长直径212厘米，短径142厘米，深116厘米。坑内堆积物为灰黄色土，土质较松，包含物有石块、植物根茎。出土遗物有少量的陶片，器型有碗、钵等（图五）。

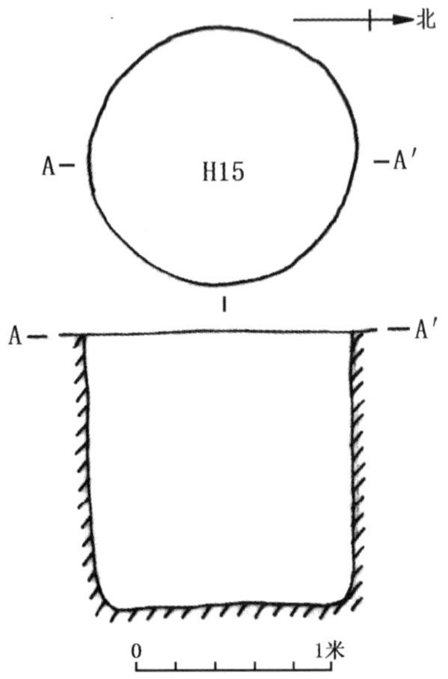

图四　H15平、剖面图

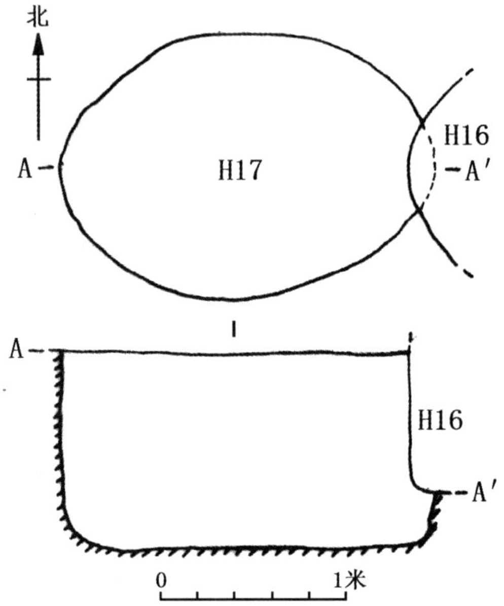

图五　H17平、剖面图

H6　平面呈圆角长方形，底部内收。壁、底规整。坑口长220厘米，宽110厘米，深60厘米。坑内填土为灰黄色沙土，土质松软，包含有植物根茎、碎石块。出土遗物有少量陶器残片，器型有盆、罐等（图六）。

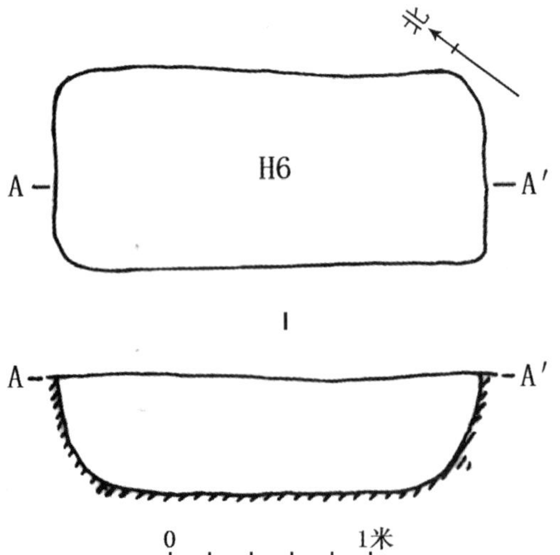

图六　H6平、剖面图

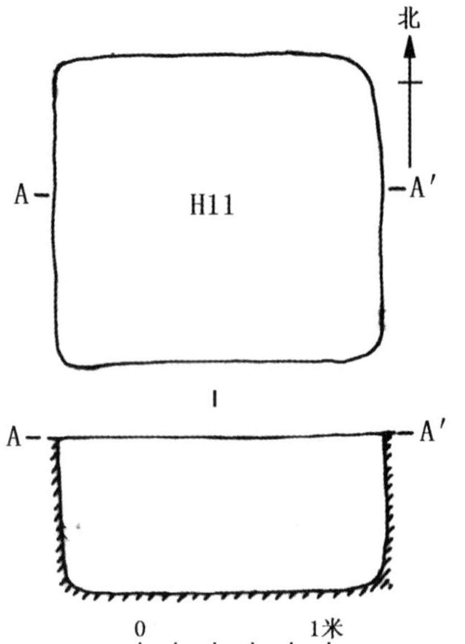

图七　H11平、剖面图

H11　平面呈圆角方形。直壁平底，壁、底规整。坑口边长180厘米，深90厘米。坑内堆积为灰褐色土，土质松软，包含物有石块、植物根茎等。出土遗物有少量的陶片和动物骨骼。陶器残片器型有盆、罐、钵等（图七）。

（二）灰沟

共清理灰沟3条，皆不规整。以G3为例介绍。

G3　平面呈长条带状。长15米，最大宽度为 2.5米，直壁、平底。沟中堆积物为灰褐色土，土质较硬，包含物有少量的石块。出土较多的陶器残片，器型有釜、罐、盆、钵、碗等（图八）。

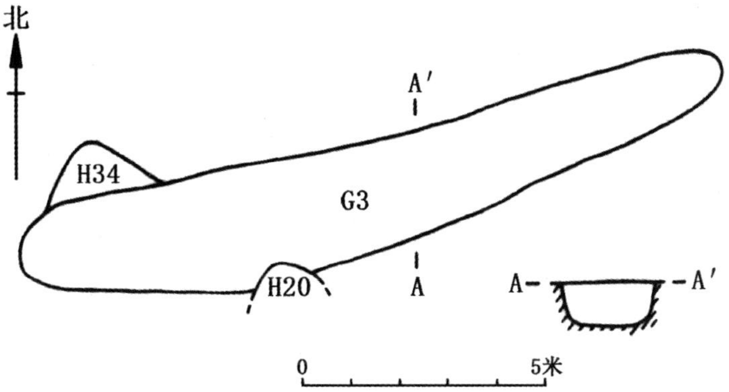

图八　G3平、剖面图

（三）瓮棺

W1　平面呈长方形。墓口长60厘米，宽45厘米，深30厘米。方向270度。葬具为一陶釜（残）。釜内为朽蚀的人骨痕迹，无随葬品（图九）。

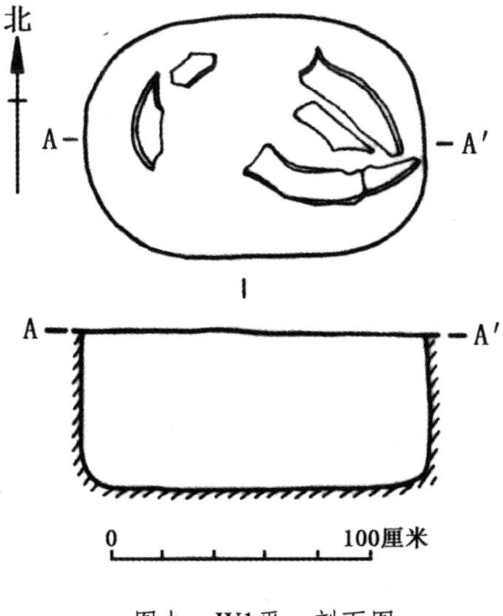

图九　W1平、剖面图

四、遗物

遗址内出土遗物较为丰富，主要以陶器为主，同时还出土了较多的铁器和少量的铜器、骨器等。

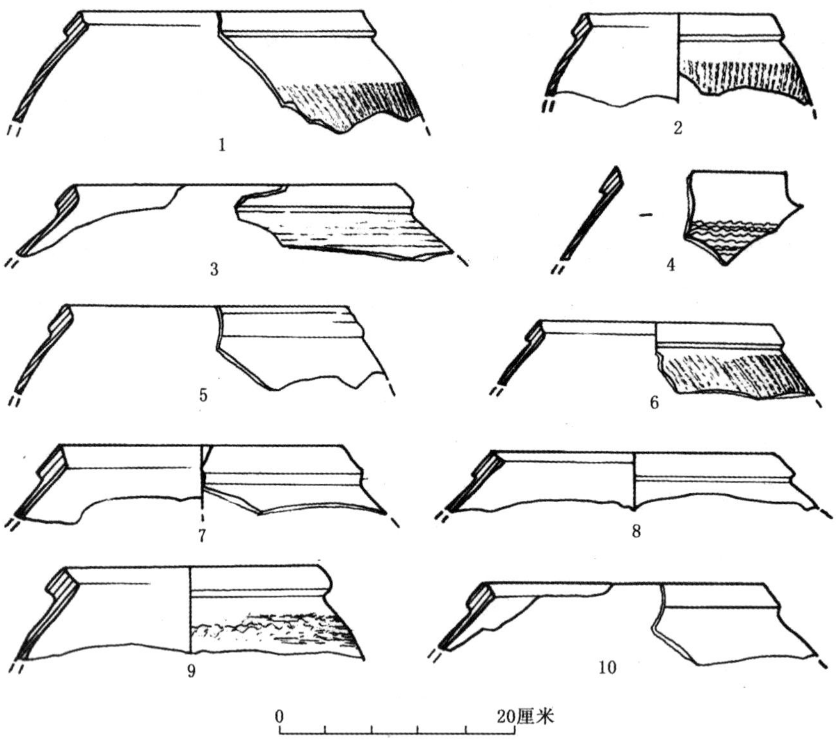

1、2、4、6.AⅠ式釜（T5013②：5、T5012②：25、T6013②：17、T6011②：11） 3、5、7、8、9、10.AⅡ式釜（H26：8、T5013②：4、H24：2、H13：1、T6012②：15、T5012②：26）

图十　陶釜

（一）陶器

陶器残片出土数量较多。以泥质灰陶为主，夹砂灰陶较少。纹饰以绳纹为主，部分为素面。制法有泥条盘筑和轮制，大型器物部分为分段对接合成。可辨的器型有釜、瓮、罐、壶、盆、豆、钵、碗、纺轮等。

1.釜

出土的釜残片数量较多，出土可复原器1件。器物的上半部为泥质灰陶，下半部为夹砂灰陶。尖圜底。器表上部饰中粗绳纹，下部饰粗绳纹。根据口唇特征可分为3型。

A型　14件。敛口、弧肩或微折肩。依据变化趋势可分为3式。

Ⅰ式：双唇。4件。T5013②：5，肩部饰纵向中粗绳纹。口径16厘米（图十，1）。T5012②：25，微折肩。肩下部饰纵向绳纹。口径16厘米（图十，2）。T6013②：17，颈下及肩部饰纵向中粗绳纹（图十，4）。T6011②：11，颈下及肩部饰纵向中粗绳纹。口径20厘米（图十，6）。

Ⅱ式：方唇。6件。H26：8，肩部饰横向中粗绳纹。下部残。口径28厘米（图十，3）。T5013②：4，肩部为素面。口径24.4厘米（图十，5）。H24：2，肩部为素面。口径24厘米（图十，7）。H13：1，肩部为素面。口径24厘米（图十，8）。T6012②：15，略显折肩，肩下部饰横向绳纹。口径22厘米（图十，9：图十八，11）。T5012②：26，肩部饰横向中粗绳纹。口径24厘米（图十，10）。

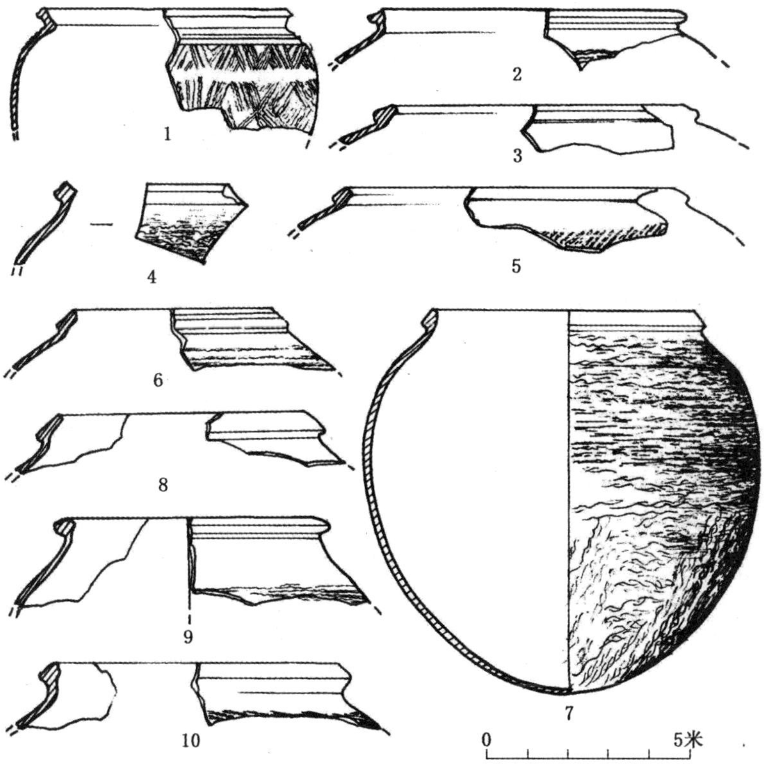

1.C型式釜（T6013②：8） 2、4、9、10.B型釜（T6013②：16、T6012②：14、H23：1、T5014②：14） 3、5～8.AⅢ式釜（T6015②：9、T6014②：11、T6014②：14、M1：1、G3：5）

图十一 陶釜

Ⅲ式：尖圆唇，唇口断面呈梯形。5件。T6015 ②：9，弧肩。口径28厘米（图十一，3）。T6014：11，弧肩。肩部饰斜向中粗绳纹。口径24厘米（图十一，5）。T6014②：14，弧肩。肩部饰横向中粗绳纹。口径22厘米（图十一，6）。W1：1，上腹为泥质灰陶，下腹为夹砂陶。略折肩，长弧腹，尖圜底。口部下至中腹部饰横向中粗绳纹，下腹饰斜向粗绳纹。口径55.6厘米，最大腹径40.8厘米，高38厘米（图十一，7）。G3：5，弧肩。素面。口径24厘米（图十一，8）。

B型 4件。敛口，束颈。T6013：16，方唇，肩部饰横向绳纹。口径28厘米（图十一，2）。T6012②：14，微折肩。肩部饰横向中粗绳纹（图十一，4）。H23：1，方唇，唇口断面虽梯形，微折肩，肩下饰横向绳纹。口径28厘米（图十一，9）。T5014②：14，方唇，唇口断面呈梯形状。肩部饰横向中粗绳纹。口径28.4厘米（图十一，10）。

C型 1件。侈口，折沿，方圆唇，矮领，鼓肩，弧腹。T6013②：8，上腹为泥质灰陶，下腹为夹粗砂陶。领下起3道凹棱弦纹，下饰交错抹断绳纹。口径16厘米（图十一，1）。

2.瓮

出土器物较多，均为残片。可分为3型。

A型 15件。侈口，折沿，矮领。可分为2式。

Ⅰ式：折沿，尖圆宽唇，弧肩或微折肩。12件。H23：5，素面。口径30厘米（图十二，1）。T6013②：14，泥质灰褐陶。肩及下部残。口径22厘米（图十二，2）。T5014②：9，泥质灰陶。素面。口径24厘米（图十二，3）。T6015②：4，素面。口径22厘米（图十二，4）。T6014②：7，泥质灰陶。素面。口径20厘米（图十二，5）。H8：4，泥质灰陶。肩部饰中粗绳纹。肩下部残。口径20厘米（图十二，6）。T6014②：3，泥质灰陶。素面。口径22厘米（图十二，7）。H7：5，泥质灰陶。素面，口径14厘米（图十二，8）。H8：2，泥质灰陶。素面，口径20厘米（图十二，9）。T6012②：13，泥质灰陶。肩部饰纵向绳纹。口径20厘米（图十二，10）。T5012②：12，泥质灰陶。素面，口径28厘米（图十三，3）。T5012②：13，泥质灰陶。肩部饰纵向绳纹。口径24厘米（图十三，6）。

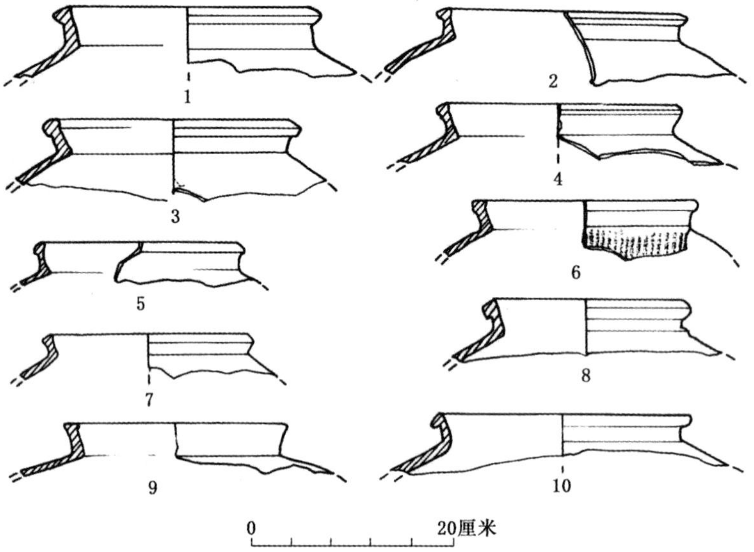

1～10.AⅠ式瓮（H23：5、T6013②：14、T5014②：9、T6015②：4、T6014②：7、H8：4、T6014②：3、H7：5、H8：2、T6012②：13）

图十二　陶瓮

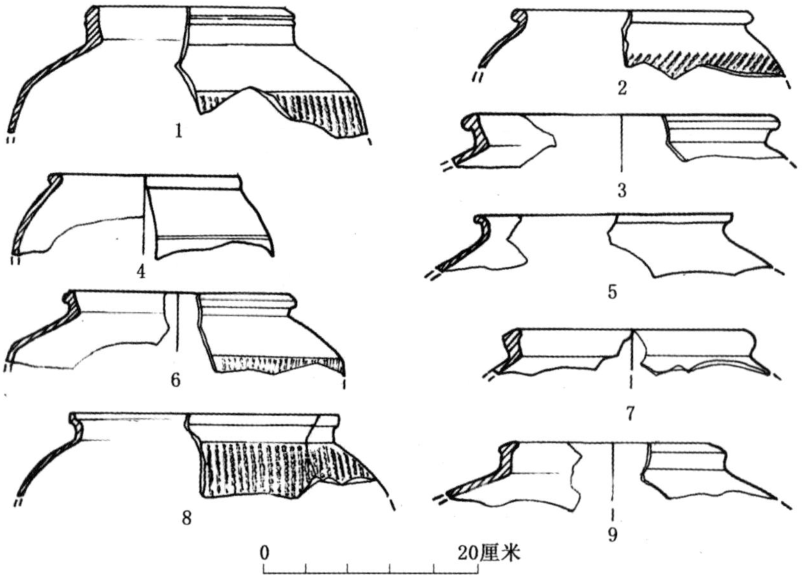

1.Ca型瓮（H26：3）　2.BⅡ式瓮（T6014②：1）　3、6.AⅠ式瓮（T5012②：12、T5012②：13）　4.BⅠ式瓮（T5012②：17）　5、8.AⅡ式瓮（T5014②：6、T6014②：19）　7、9.Cb型瓮（H22：3、T5012②：10）

图十三　陶瓮

Ⅱ式：泥质灰陶。方唇或尖圆唇，卷沿或微卷沿，矮领，弧肩。3件。T5014②：6，素面。口径24厘米（图十三，5）。T6014②：19，口沿下部饰中粗绳纹。口径26厘米（图十三，8）。

B型　2件。泥质灰陶。敛口，圆唇，流肩。可分2式。

Ⅰ式：圆折矮唇。1件。T5012②：17，肩部饰凹弦纹。素面。口径18厘米（图十三，4）。

Ⅱ式：矮卷沿。1件。T6014②：1，肩下部饰纵向中粗绳纹。口径22厘米（图十三，2）。

C型　3件。泥质灰陶。竖领。可分为两个亚型。

Ca型　泥质灰陶。口微敛，直领，方圆唇，折肩。1件。H26：3，颈下饰横向凸棱。素面。口径11.2厘米（图十三，1）。

Cb型　泥质灰陶。直口，尖圆唇向内钩，弧肩。2件。H22：3，素面。口径20厘米（图十三，7）。T5012②：10，素面。口径18厘米（图十三，9）。

3.罐

出土较多，皆为泥质灰陶残片。依其特点可分为3式。

Ⅰ式：泥质灰陶。侈口，折沿，尖圆唇，矮领，弧肩。6件。T6012②：9，素面。口径14厘米（图十四，3）。H17：2，素面。口径14厘米（图十四，4）。H6：1，肩部横向压光，素面。口径16厘米（图十四，7）。H25：3，颈下饰横向凸弦纹。素面。口径11.2厘米（图十四，9）。T6012②：2，素面。口径21厘米（图十四11）。T5012②：18，肩部饰纵向绳纹。口径18厘米（图十四，16）。

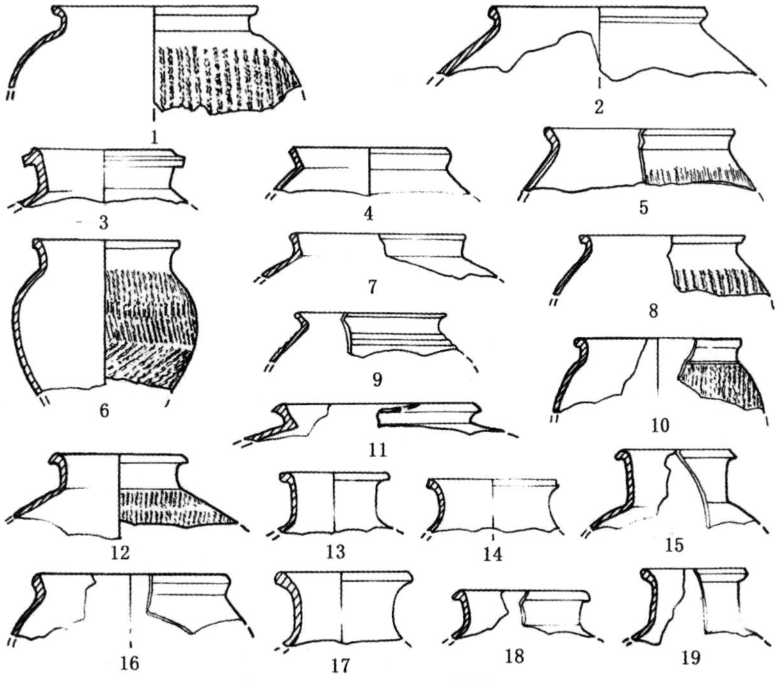

1、6、12.Ⅱ式罐（H26：10、T5014②：10、T5014②：11）　2、5、8、10.Ⅲ式罐（T6013②：12、T6013②：11、T6014②：11、T5012②：20）　3、4、7、9、11、16.Ⅰ式罐（T6012②：9、H17：2、H6：1、H25：3、T6012②：2、T5012②：18）　15、18.Ⅰ式壶（T5012②：16、T6012②：10）13.Ⅲ式壶（T6014②：20）　14、17、19.Ⅱ式壶（T5014②：13、T6011②：15、T5012②：19）

图十四　陶罐、壶

Ⅱ式：泥质灰陶。直口，尖唇，弧领，弧肩。3 件。H26：10，肩部饰纵向中粗绳纹。口径20厘米（图十四，1）。T5014②：10，鼓上腹，上部饰抹断绳纹。口径14厘米（图十四，6）。T5014②：11，颈下半部饰纵向抹断绳纹。口径14厘米（图十四，12）。

Ⅲ式：泥质灰陶。侈口，方圆唇，卷沿，弧肩。4件。T6013②：12，素面，口径20厘米（图十四，2）。T6013②：11，颈下饰纵向绳纹。口径18厘米（图十四，5）。T6014②：11，颈下部饰纵向粗绳纹。口径16厘米（图十四，8）。T5012②：20，肩部饰纵向中粗绳纹。下部残。口径14厘米（图十四，10）。

4.壶

壶皆为泥质灰陶，高领。依其特点可分为3式。

Ⅰ式：直口，尖圆唇，高领，弧肩。2件。T5012 ②：16，领部下饰纵向绳纹。口径12厘米（图十四，15）。T6012②：10，素面。口径 13.2厘米（图十四，18）。

Ⅱ式：口微侈，方圆唇。3件。T5014②：13，素面。口径12厘米（图十四，14）。T6011②：15，素面。口径12厘米（图十四，17）。T5012②：19，素面。口径10厘米（图十四，19）。

Ⅲ式：直口，方圆唇外折。1件。T6014②：20，素面。口径10厘米（图十四，13）。

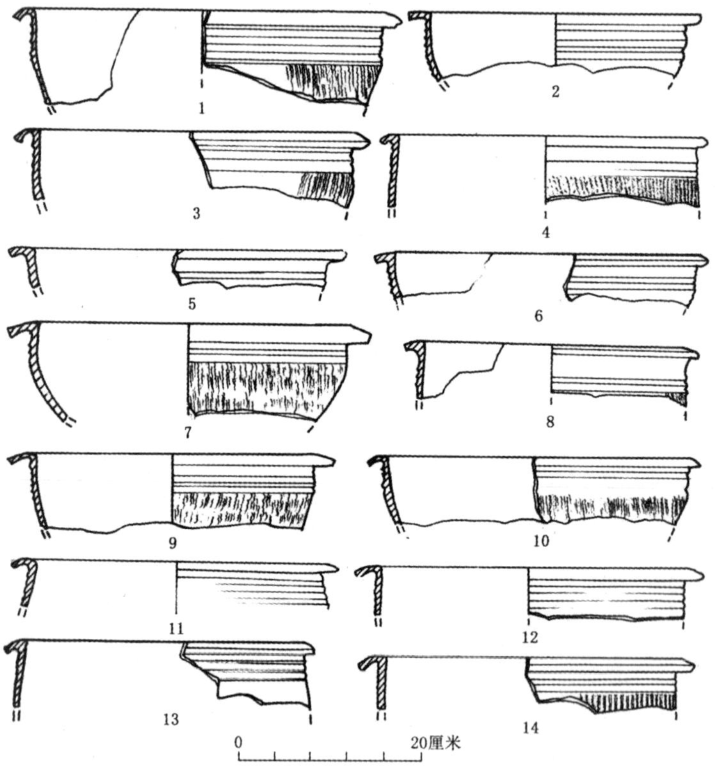

1、10.AⅢ式盆（H23：5、H14：1） 2、5.AⅡ式盆（T6015②：8、T6011②：8） 3、7、9.AⅣ式盆（T6012②：20、H7：7、H22：4） 4、8.BⅠ式盆（T6014②：5、T6015②：11） 6.AⅠ式盆（G3：4） 11、12、14.BⅣ盆（H10：5、T6014②：7、H25：5） 13.BⅡ式盆（H26：13）

图十五　陶盆

5.盆

为泥质灰陶。出土较多。皆为残片。沿下饰横向凹弦纹，腹部饰纵向绳纹。依其特点分两个类型。

A型　9件。敞口，直弧腹，分为4式。

Ⅰ式：折沿，方唇，1件。G3：4，沿下饰3道凹弦纹，下饰纵向绳纹。口径34厘米（图十五，6）。

Ⅱ式：宽沿平折，方唇。2件。T6015②：8，沿下饰4道横向凸棱弦纹。下饰抹断绳纹。口径30厘米（图十五，2）。T6011②：8，沿下饰3道凹弦纹。口径32厘米（图十五，5）。

Ⅲ式：方圆唇，宽卷沿。3件。H23：5，沿下饰4道凹弦纹，素面。口径30厘米（图十五，1）。H14：1，沿下饰3道凸棱弦纹，下饰绳纹。口径32厘米（图十五，10）。T5012②：23，沿下饰凹弦纹，下饰纵向抹断绳纹。口径33厘米（图十六，1）。

Ⅳ式　方突唇，宽平卷沿。4件。T6012②：20，沿下饰两道凹弦纹，腹部饰纵向中粗绳纹。口径34厘米（图十五，3）。H7：7，沿下饰3道向凸棱弦纹，下饰纵向抹断绳纹。口径34厘米（图十五，7）。H22：4，沿下饰3道凸棱弦纹，下饰抹断绳纹。口径 30厘米（图十五，9）。H28：1，沿下饰3道凸棱弦纹，下饰纵向抹断中粗绳纹。口径36厘米（图十六，2）。

B型　分为4式。

Ⅰ式：直口，平折沿，尖方唇，直上腹。2件。T6014②：5，直口，平折沿，方唇。沿下饰两道凹槽弦纹，下饰纵向中粗绳纹。口径35.2厘米（图十五，4）。T6015②：11，沿下饰3道凹弦纹，下饰绳纹。口径32厘米（图十五，8）。

Ⅱ式：敛口，方唇，微折沿，直弧腹。3件。H26：13泥质灰陶。沿下饰3道凸棱弦纹，下饰纵向中粗绳纹。口径34.4厘米（图十五，13）。T5013②：16，沿下饰凹弦纹，口径47.2厘米（图十六，6）。T6015②：10，沿下饰两道凹弦纹。口径42厘米（图十六，8）。

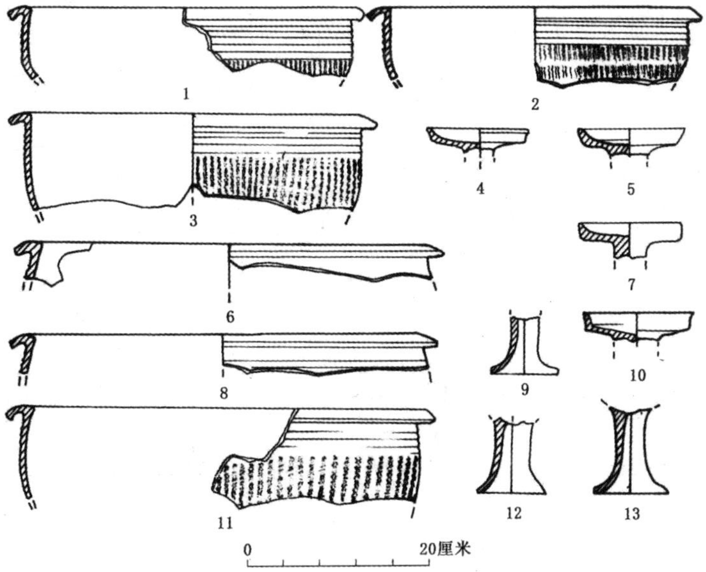

1.AⅢ式盆（T5012②：23）　2.AⅣ式盆（H28：1）　3.BⅢ式盆（T5014②：29）　6、8.BⅡ式盆（T5013②：16、T6015②：10）11.BⅣ盆（T5014②：23）　4、5、7、9、10、12、13.豆（T6013②：7、T6012②：7、T6014②：1、H6：3、H23：4、T5012②：5、H7：8）

图十六　出土陶盆、豆

Ⅲ式：直口，宽沿平折，方唇。1件。T5014②：29，沿下饰凹弦纹，下饰纵向抹断绳纹。口径34厘米（图十六，3）。

Ⅳ式：直口，平折沿，方突唇。4件。Hl0：5泥质灰陶。直口微敛，平折沿，方唇。沿下饰横向凸棱。下部残。口径36厘米（图十五，11）。T6014②：7，沿下饰5道凹弦纹。口径32厘米（图十五，12）。H25：5，沿下饰数道横向凸棱，下饰抹断绳纹。口径30厘米（图十五，14）。T5014②：23，沿下饰3道凸弦纹。下饰纵向抹断绳纹。口径37.6厘米（图十六，11）。

6.豆

均残。泥质灰陶。盘口，尖圆唇，折腹。素面。7 件。T6013②：7，口径11.5厘米（图十六，4）。T6014②：1，口径11.2厘米（图十六，5）。H6：3，底径8厘米，柄高2.8厘米（图十六，4）。H23：4，豆盘口径12厘米（图十六，10）。T5012②：5，底径8厘米，残高8厘米（图十六，12）。H7：8，底径8厘米，残高9厘米（图十六，13）。

7.钵

泥质灰陶。分为4型。

A型　敞口，方圆唇，宽卷沿，鼓腹，下腹急收。T6011②：4，素面，口径18厘米（图十七，16）。

B型　1件。直口，方唇，折沿，折腹。T5012②：7，素面。口径24厘米（图十七，17）。

C型　1件。敞口，尖圆唇，假折腹。T6015②：3，素面。口径30厘米（图七，18）。

钵口沿残片　1件。T6016②：2，泥质灰陶。素面，仅残存口沿部，可见有戳印记篆书“五”（图十八，12）。

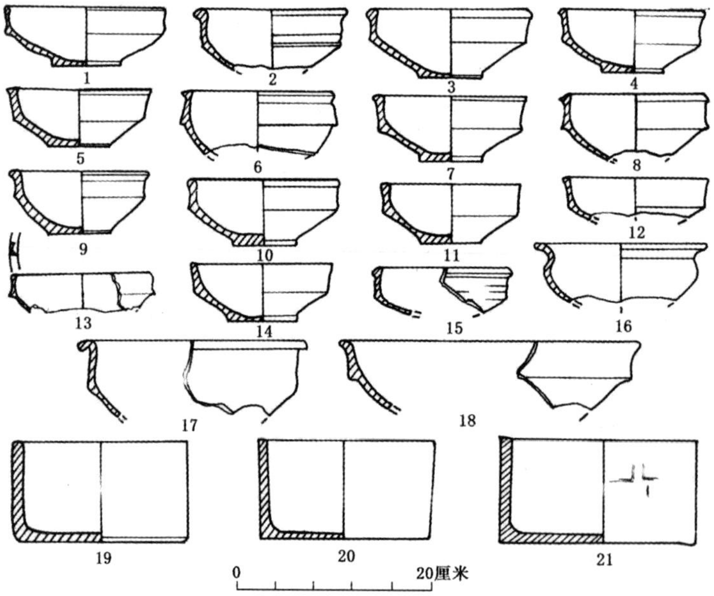

1～9、13.BⅠ式碗（G3：2、H7：3、T6011②：3、T5014②：2、T6013②：4、H24：1、T6013②：6、H21：2、T6012②：6、T6016②：2）　10、12、14、15.BⅡ碗（H26：1、H8：1、T6012②：5、T6014②：3）　11.AⅠ式碗（H28：1）　16.A型钵（T6011②：4）　17.B型钵（T5012②：7）　18.C型钵（T6015②：3）　19～21.匜钵（T6011②：1、T6013②：5、H17：1）

图十七　出土陶碗、钵

8.匣钵

泥质灰陶。直口，方唇，直壁，平底。T6011②：1，素面。口径18厘米，高10.3厘米（图十七：19）。T6013②：5，素面。口径18厘米，高10.4厘米（图十七，20）。H17：1，素面。外壁刻有符号。口径18厘米，高10.6厘米（图十七，21；图十八，10）。T6013②：3，匣体底部残片，残片上有戳印记篆书“安阳”（图十八，13）。

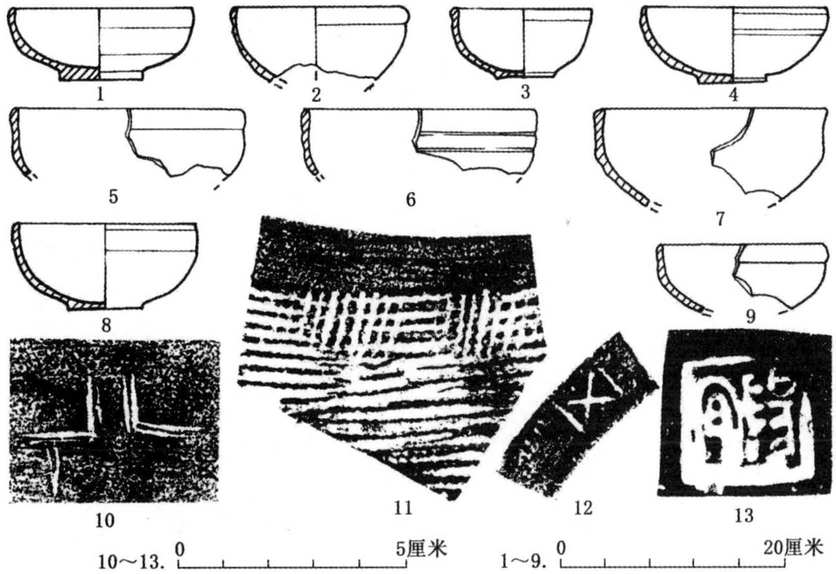

1、4、6.AⅠ式碗（T5013②：1、H22：1、T5013②：3） 2、3、5～9.AⅡ式碗（H18：1、H7：1、T5012②：9、H22：2、T6016②：1、H25：2） 10.匣钵腹部刻记拓片（H17：1） 11.陶釜纹饰拓片（T6012②：15） 12.钵口部文字拓片（T6016②：） 13.匣钵内底戳记拓片（T6013②：3）

图十八 出土陶碗、陶片拓片

9.碗

出土较多。均为泥质灰陶。可分2型。

A型 9件。直口，方圆唇，弧腹，下腹弧收，假圈足，平底。分2式。

Ⅰ式：腹部饰两道凹凸起伏的弦棱。4件。H28：1，素面。口径14厘米，底径7.2厘米，高6.2厘米（图十七，11）。T5013②：1，素面。口径16厘米（图十八，1）。H22：1，底部内凹。素面。口径16厘米，底径5.6厘米，高 6.8厘米（图十八，4）。T5013②：3，素面。口径20厘米（图十八，6）。

Ⅱ式：口部下饰一道凹弦纹。6件。H18：1，素面。口径14厘米（图十八，2）。H7：1，素面。口径12厘米，底径4厘米，高6.0厘米（图十八，3）。T5012②：9，素面。口径20厘米（图十八，5）。H22：2，素面。口径16厘米，底径5.6厘米，高6.8厘米（图十八，7）。T6016②：1，素面，口径16厘米，底径6厘米，高7.6厘米（图十八，8）。H25：2，素面。口径14厘米（图十八，9）。

B型 14件。直口，尖圆唇，折腹，假圈足，平底。可分为2式。

Ⅰ式：折腹处起凸弦尖棱。10件。G3：2，素面。口径16厘米（图十七，1）。H7：3，素面。口径15厘米（图十七，2）。T6011②：3，素面。口径15厘米，底径6厘米，高6.8厘米（图十七，

3）。T5014②：2，素面。口径16厘米，底径6厘米，高6.4厘米（图十七，4）。T6013②：4，素面。口径13厘米，底径5厘米，高5.6厘米（图十七，5）。H24：1，素面。口径14厘米（图十七，6）。T6013②：6，素面。口径15.6厘米，底径6.4厘米，高6.8厘米（图十七，7）。H21：2，素面。口径15厘米，残高6.2厘米（图十七，8）。T6012②：6，素面。口径14厘米，底径6.4厘米，高6.2厘米（图十七，9）。T6016②：2，素面。唇部刻“五”字。口径14厘米（图十七，12）。

Ⅱ式：折腹处出现折角。4件。T6012②：5，素面，口径15厘米，底径5.8厘米，高5.6厘米（图十七，12）。H26：1，素面。口径16厘米，底径5.6厘米，高 6.8厘米（图十七，10）。T6014②：5，素面。口径14厘米，底径6厘米，高6.5厘米（图十七，14）。T6014②：3，素面。口径14厘米（图十七，15）。

10.纺轮

3件。皆为圆形。中部有孔。T5014②：1，泥质红陶。呈半球状。中部有孔。直径4.0厘米，厚1.6厘米（图十九，4）。T5012②：4，泥质红褐陶。薄圆柱形。直径3.2厘米，厚1.5厘米（图十九，5）。H25：13，泥质灰陶。为器物底部改制而成。中部有孔。直径6.3厘米，厚1.2厘米（图十九，6）。

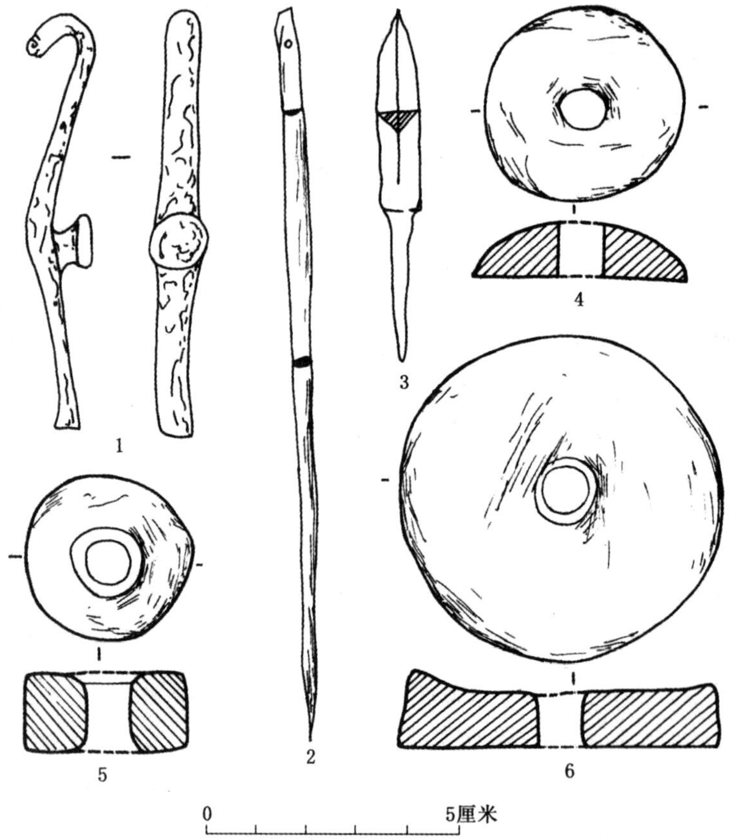

1.铁带钩（T5012②：2） 2.骨针（T6012②：3） 3.铜镞（H25：1） 4～6.陶纺轮（T5014②：1、T5012②：4、H25：13）

图十九 出土铁器、铜器、骨器、陶器

（二）铜镞

有铤三翼镞。窄翼，翼尾弧线收于镞身下半部，弧刃，管銎，圆形柱状铤插入管銎内。H25：1，翼部锈蚀严重。铤长2.8厘米，通长6.9厘米（图十九，3）。

（三）铁器

1.铲

“凸”字形片状，长方形銎，圆肩平刃。T6012②：1，刃部宽10.8厘米，高12厘米（图二十，6）。

2.镢

长方形，平刃，长方形銎，纵剖面为楔形。T5012②：2，长4厘米，宽5厘米（图二十，1）。

3.刀

梯形双孔铁刀，梯形片状，单刃，背部内侧起凸棱。双孔。T6012②：3，刃长13厘米，背长9厘米，宽4.5厘米（图二十，7）。

4.凿

长方形条状，上部施銎，下部为平刃。T6012②：2，残长10.8厘米（图二十，5）。

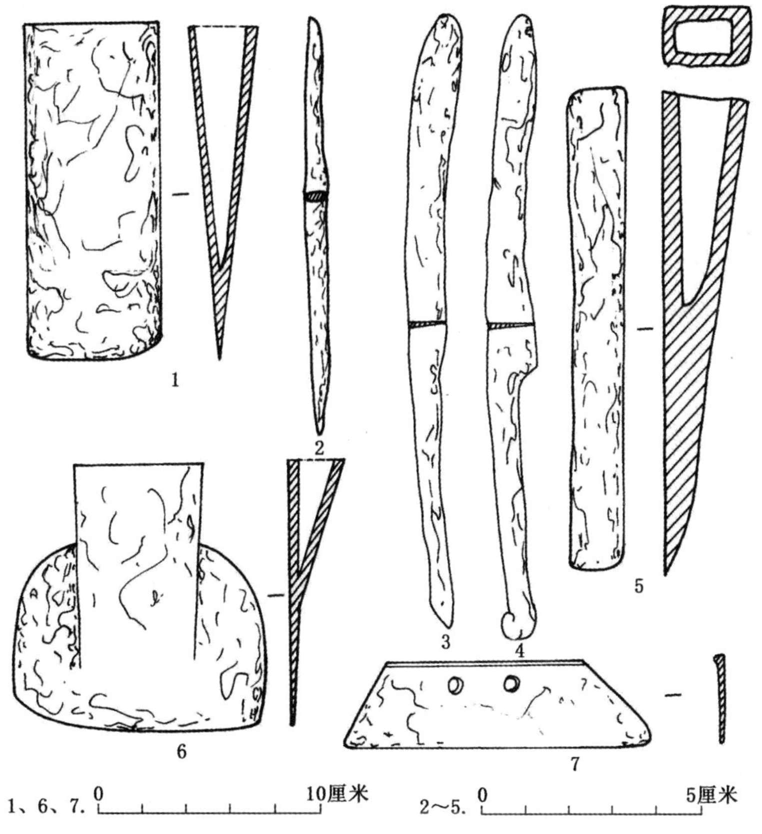

1.镢（T5012②：1） 2.锥（H20：1） 3、4.削（G3：2、T6013②：2） 5.凿（T6012②：2） 6.铲（T6012②：1） 7.刀（T6012②：3）

图二十 出土铁器

5.锥

长条尖状，断面呈长方形，头部尖锥。H20：1，锈蚀严重。长9.3厘米（图二十，2）。

6.削

2件。弧线形条状，刃部圆弧，柄首圆卷。G3：2，长14厘米，宽1.0厘米，刀背厚0.4厘米（图二十，3）。T6013②，柄首残，长14厘米，刀背厚0.4厘米（图二十，4）。

7.带钩

钩形条状，头呈兽首状。钩背扣为圆形帽顶状。标本T5012②：2，长7.4厘米（图十九，1）。

（四）骨器

针　长条形尖状，上部有穿孔，断面呈片状，下部为尖状。标本T5012②：3，长14.4厘米（图十九，2）。

五、结语

（一）土城子村遗址的特点

土城子村遗址地处三道营古城南部的缓坡上，经初步的考古调查、钻探和发掘情况来看，可知遗址的中心区域可能在发掘区北部与三道营古城之间。该遗址的出土遗物与三道营古城内战国时期的遗物大体相同。同时，遗址中还出土了较多的铁制农具及大型陶器，说明该地区当时的农业生产较为发达。

三道营古城平面呈不规则“品”字形。东为一城，西城又可分为南北两城，三城紧密相连。从历年的调查和发掘资料可知，战国至汉的遗存多集中分布在西城的北城之中。经考证其为西汉时期定襄郡武要县城址。[①]其战国时期城址地名不详。此外，该古城战国时期城墙建筑具体位置没有完全确定，还有待今后考古工作的进一步完善。

（二）时代推断

从土城子村遗址出土陶器来看，其器物组合为釜、瓮、罐、盆、壶、钵等，与卓资县城卜子战国古城[②]、呼和浩特市陶卜齐古城[③]及卓资县三道营古城出土的战国时期陶器组合基本相同[④]。其中

① 李逸友：《内蒙古史迹丛考》，载内蒙古文物考古研究所编《内蒙古文物考古文集（第二辑）》，北京：中国大百科全书出版社，1997年。

② 内蒙古自治区文物考古研究所、乌兰察布博物馆：《卓资城卜子古城遗址调查发掘简报》，载内蒙古文物考古研究所编、陈永志主编《内蒙古文物考古文集（第三辑）》，北京：科学出版社，2004年。

③ 内蒙古文物考古研究所：《呼和浩特市榆林镇陶卜齐古城发掘简报》，载内蒙古文物考古研究所编《内蒙古文物考古文集（第二辑）》。

④ 李兴盛：《内蒙古卓资县三道营古城调查 》，《考古》1992年第5 期。

AⅠ式釜（T5013②：5）与陶卜齐古城出土战国时期的陶器[①]AⅠ式罐（7570⑤：1）[②]、三道营古城出土的战国时期陶器Ⅳ式罐相同[③]，AⅡ式釜（H26：8、T1013②：4）与城卜子古城出土的AⅡ式瓮（Gl：10）[④]、Bb型釜（T1117③：7）[⑤]相同，AⅠ式瓮（T6014②：3）与城卜子古城CⅠ式瓮（G：3l）相同，Ⅱ式罐（H26：10）与城卜子古城出土CⅡ式罐（T1822③：1）[⑥]相同，Ⅲ式罐与城卜子古城出土CⅠ式罐（C：26）相同[⑦]，AbⅠ式盆（T6014②：5）与城卜子古城出土AⅣ式（C：12）[⑧]相同，Ⅰ式壶（T5012②：16）与城卜子古城出土Ca型罐（H1：8）[⑨]相同，土城子遗址出土的钵、碗的形制与城卜子古城出土的同类器型也基本相同[⑩]。另外，土城子村遗址出土的铁削（G3：2）、铜镞（H25：1）与城卜子古城出土的铁刀（T1612③：1）、乙类B型铜镞相同[⑪]。

综上所述，土城子村遗址时代与三道营古城的战国时期的遗存、城卜子古城遗存、陶卜齐古城战国时期的遗存的年代基本相当。时代为公元前300年前后[⑫]。

（三）与周邻战国时期遗存的关系及辖属区域

三道营古城是城卜子古城、斗金山古城和陶卜齐古城沿大黑河一线的联结点，同时也是大黑河走廊西进之要道。其北部皆筑有赵国长城。战国时期，赵武灵王通过“胡服骑射”，扩土北疆至阴山脚下，乌兰察布阴山以南地区分别作为云中、雁门、代三郡的一部分被纳入赵国的版图，筑长城，设城障，以敌北方诸胡。三道营古城应属其防御性障城之一。而土城子村遗址，当时则为三道营古城驻军屯田的一处村落遗址，其年代应与之相当。在遗址中出土的“安阳”印文戳记，说明该古城与赵国的安阳邑有密切的关系。

① 李兴盛：《内蒙古三道营古城调查》，《考古》1992年第5期。

② 李兴盛：《内蒙古三道营古城调查》，《考古》1992年第5期。

③ 内蒙古自治区文物考古研究所、乌兰察布博物馆：《卓资城卜子古城遗址调查发掘简报》，载内蒙古文物考古研究所编、陈永志主编《内蒙古文物考古文集（第三辑）》。

④ 内蒙古师范大学历史文化学院考古文博系、内蒙古自治区文物考古研究所：《卓资县城卜子古城遗址2010年发掘简报》，《草原文物》2011年第1期。

⑤ 内蒙古自治区文物考古研究所、乌兰察布博物馆：《卓资城卜子古城遗址调查发掘简报》，载内蒙古文物考古研究所编、陈永志主编《内蒙古文物考古文集（第三辑）》。

⑥ 内蒙古自治区文物考古研究所、乌兰察布博物馆：《卓资城卜子古城遗址调查发掘简报》，载内蒙古文物考古研究所编、陈永志主编《内蒙古文物考古文集（第三辑）》。

⑦ 内蒙古自治区文物考古研究所、乌兰察布博物馆：《卓资城卜子古城遗址调查发掘简报》，载内蒙古文物考古研究所编、陈永志主编《内蒙古文物考古文集（第三辑）》。

⑧ 内蒙古自治区文物考古研究所、乌兰察布博物馆：《卓资城卜子古城遗址调查发掘简报》，载内蒙古文物考古研究所编、陈永志主编《内蒙古文物考古文集（第三辑）》。

⑨ 内蒙古师范大学历史文化学院考古文博系、内蒙古自治区文物考古研究所：《卓资县城卜子古城遗址2010年发掘简报》，《草原文物》2011年第1期。

⑩ 内蒙古师范大学历史文化学院考古文博系、内蒙古自治区文物考古研究所：《卓资县城卜子古城遗址2010年发掘简报》，《草原文物》2011年第1期。

⑪ 内蒙古师范大学历史文化学院考古文博系、内蒙古自治区文物考古研究所：《卓资县城卜子古城遗址2010年发掘简报》，《草原文物》2011年第1期。

⑫ 内蒙古自治区文物考古研究所、乌兰察布博物馆：《卓资城卜子古城遗址调查发掘简报》，载内蒙古文物考古研究所编、陈永志主编《内蒙古文物考古文集（第三辑）》。

本次发掘工作执行领队胡晓农，参加发掘的有赵杰、李川、曹永利、郑建勋、郝敬春、张运平、陈忠伟、朱智敏。此次考古发掘，得到了卓资县政府、文化局的大力支持。发掘资料的整理和简报的编写工作是在胡晓农同志的安排和指导下完成的。在此一并致谢！

执笔：赵杰

绘图：郝晓非、赵杰

载于《草原文物》2013年第2期

内蒙古卓资县三道营古城调查

李兴盛

1987年6月，内蒙古乌盟文物工作站与卓资县文物管理所共同进行文物普查时，对三道营古城做了全面调查，现将调查情况简介如下。

一、古城地理位置及地貌

古城位于内蒙古卓资县三道营乡东南约4千米的土城村北（图一）。古城坐落在一较宽的东西向山间沟谷内，北邻黑河，东、西均为沟谷的延伸部分，呈狭长的开阔地，南为山丘地带，京包铁路从古城北约1千米处通过。在古城北面的大黑山南麓有一条东西向的土筑长城（经考证为战国赵北界长城的一段），在古城东约1千米处向南延伸，至古城东南山顶终止。其西也有同类迹象（图二）。

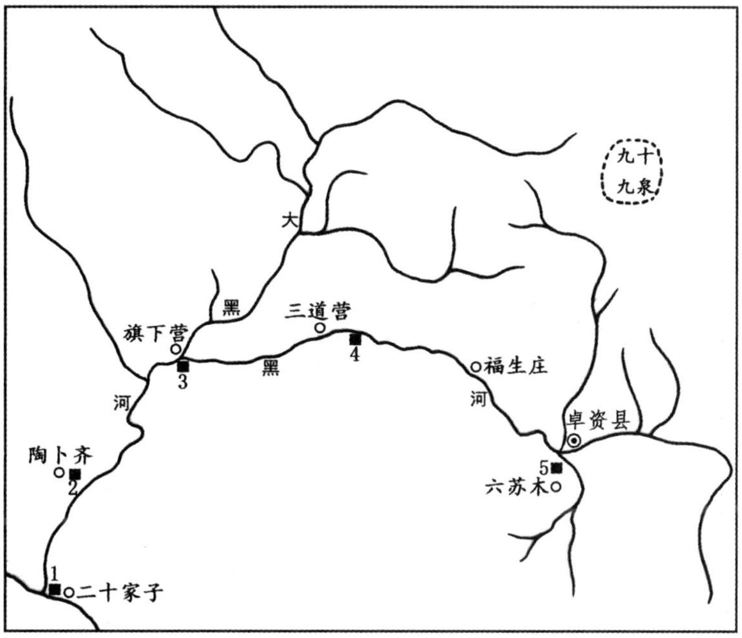

1.美岱二十家子古城　2.陶卜齐古城　3.旗下营古城　4.三道营古城　5.城卜子古城

图一　大黑河上游战国至西汉古城位置示意图

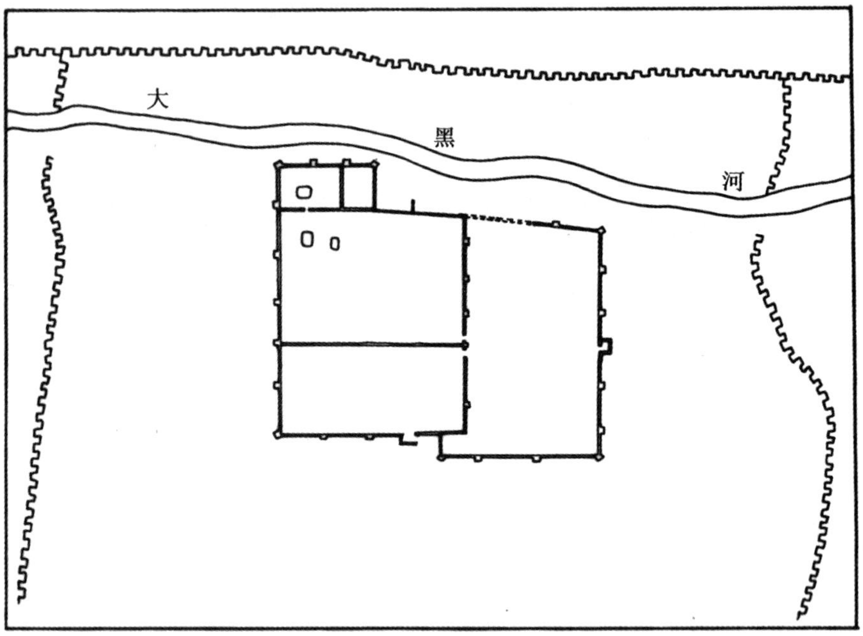

图二　三道营古城与长城位置示意图

古城地势较平整，略呈西高东低，依其建筑时代应分东、西两城，西城又可分为南、北两城。城墙大部保存完好（图三）。

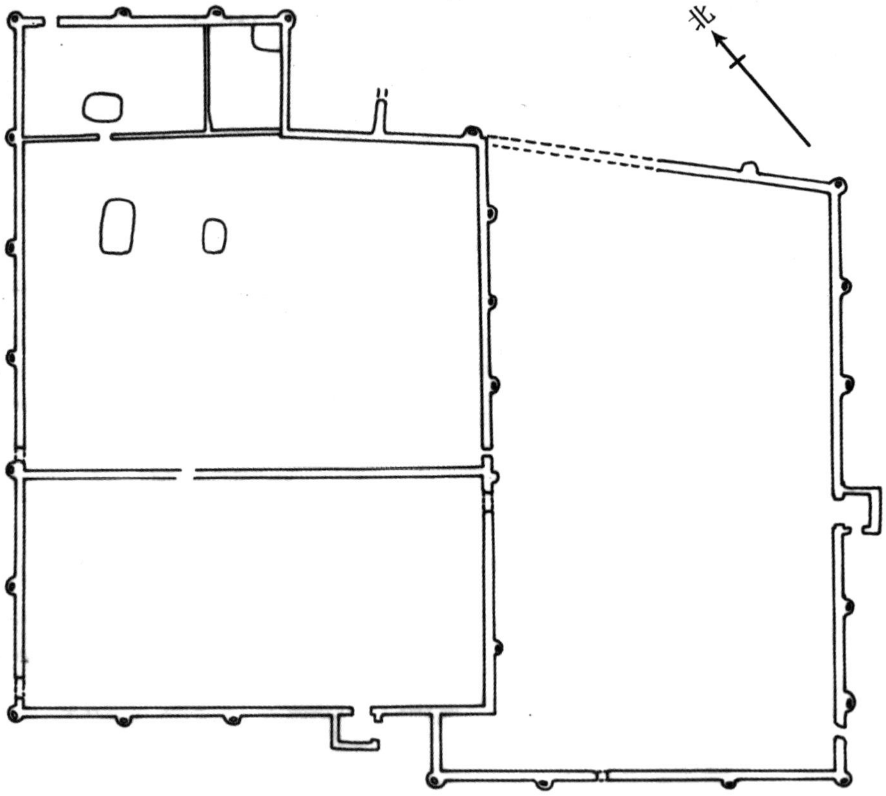

图三　三道营古城平面图

二、城墙及城内遗迹

（一）城墙

1.西城

东墙　这段城墙大部被当地农民利用，建成窑洞式房屋，但其高度、宽度仍保存较好，只是在中部偏南处辟出一条宽约30米的大道。墙长570米，宽8～10米，残高6～7米。夯层清晰，黄色土，质坚硬，内含少量石块。夯层厚10～12厘米。现存马面5个，间距不等，最远150米，最近70米，高出现存城墙1～1.5米。

在调查中，我们对这段城墙的夯层做了小面积解剖，夯层较平整，夯窝平面呈圆形，底部略呈弧形下凹。夯窝直径4.5厘米、深1厘米，同在古城内征集到的夯锤夯面直径基本相同。

南墙　此段城墙亦大部被当地农民建房所占，但也保存较好。墙长480米，宽10～12米，残高8米，夯层厚8～12厘米。黄灰土，质坚硬，内含碎石块等物。该墙只在西南角楼至城门之间保存两个马面，平面呈圆角方形，土质及夯层均与城墙一致。马面高出现存城墙2米，突出墙面分别为7.5米和10米，间距90～100米。

在南墙的东段设有一城门，为瓮城式建筑，平面基本为正方形，东西长30米，南北宽29米。门道置于东侧，宽12.4 米。

西墙　该墙保存较好，只是在中部被当地农民人为地切开两个宽约20米的豁口。长690米，宽10～12米，残高6～8米，方向40度。夯层清晰，黄色土，质坚硬，内有较多的细砂粒和石块，夯层厚8～11厘米。共设5个马面，均高出城墙0.5～1.5米，突出墙面8.5～13.8 米。夯层同南墙一致，每个马面的间距为110米左右。

在西墙的两端分别为西北角楼和西南角楼，现存平面呈圆角方形，东西长5米，南北宽8米，高出现存城墙1～1.5米。夯层较清晰，黑灰色土，质坚硬，厚10～15厘米，内含石块、草根等。

北墙　该墙保存相对较差，由东向西折为3段，在东段有一凸出的城墙，因被大黑河水冲掉较多，故无法判断其原貌。全长580米，宽10～12米，残高5～7米。夯层厚8～12厘米，黄色土，质坚硬，内含少量碎石块。共设3个马面，平面均为圆角方形，马面突出墙面12～17米，宽10～12米，高出现存城墙0.5～1米。间距不等，近者60米，远者达100米。

在其折角处还筑有一角楼，平面呈圆角方形，东西宽16米，南北长17米，高出城墙0.5米。此外，在北墙距地表深90厘米处，发现堆积有大量的板瓦及筒瓦，堆积厚度为10厘米。

从南墙向北230米处还筑有一墙，将西城分为南、北两城。长480米，宽8～10米，残高 5～6米，穷层厚10～14厘米。因破坏严重，门道位置已无法确定。

2.东城

除西墙借用西城东墙，其余三墙均为晚期增筑。

东墙　该墙保存较好。长600米，宽9米，残高5米，方向40度。现存夯层32层，夯层厚11～15厘米，灰黄色土，质坚硬，较纯净。共设4个马面，马面突出墙面12.5～13.2米，宽12.5～14.4米，高出墙面1米，间距70～100米。

两端分别为东北角楼和东南角楼。东北角楼平面呈圆角方形，东西长17米，南北宽19米，高出墙面1.5米。夯层厚10～15厘米，灰黄色土，质坚硬，内有绳纹陶片、石块等。东南角楼平面呈圆形土丘状，东西长12米，南北宽15米，高出墙面1米，夯层厚11～15厘米，土质、土色同东北角楼。

在东墙中段置有一门，为瓮城式建筑，平面呈长方形，东西长30.9米，南北宽44.5米。门道置于南侧，宽14米。

南墙　保存完好。长468米，由东向西400米处北折与西城南墙相接，墙基宽10～12米，残高6～10米，夯层厚13～17厘米。灰色土，质较硬，内有石块、陶片、炭渣等。共设3个马面，平面呈圆角方形或圆形，突出墙面 7.5～10米、宽10～12米，高出现存墙面0.5～1米；间距不等，近者90米，远者150米。

北墙　西段约160米被当地农民建房或修路所破坏，仅残存东段约170米，方向100度。夯层厚12～15厘米，灰色土，质坚硬，内有石块、陶片等，仅残存马面1个。

（二）城内遗迹

在对古城调查时，因东城全部作为耕地，地势平坦，西城南部（城）又被土城子村农民建房所占，故没有发现任何遗迹现象。因此，所发现的遗迹现象，仅局限于西城北部（城）。

在西城北部，有一面积较大的院落遗址，中部用墙隔开，分为东、西两个院落。东院面积较小，东西长70米，南北宽110米，墙宽约3米。东北角有一建筑基址，平面呈正方形，边长30米，高出地面约1.5米。西院面积较大，东西长210米，南北宽110米。在其南墙正中设一门道，宽6米。中部偏南处有一建筑基址，东北长38米，南北宽25米。

在中部偏北处，有两个高台建筑基址，面积分别为50米×30米、32米×22米，高出地面约1米。

三、遗物

古城内遗物大多暴露于西城北部（城）地表，本文所述之遗物大部为地表采集。现分述如下。

（一）陶器

瓮　泥质灰陶。直口，方圆唇，短颈，腹外鼓。外壁残留有不明显的细绳纹。轮制。口径33厘米（图四，1）。

罐　分4式。

Ⅰ式：泥质灰陶。直口，方唇，短折沿，矮领，鼓腹。外壁饰斜绳纹。口径24厘米（图四，6）。

Ⅱ式：泥质灰陶。敛口，方圆唇，折肩。腹饰竖直绳纹。轮制。口径18厘米（图四，5）。

Ⅲ式：泥质灰陶。直口，尖圆唇，短颈，颈内侧有一凹纹，鼓腹。内外壁均饰暗纹圈。轮制。口径17.5厘米（图四，7）。

Ⅳ式：泥质灰陶。敛口，方唇，外壁近口部有一宽带凸棱，鼓腹。饰斜绳纹，轮制。口径17.5厘米（图四，8）。

釜　夹砂灰陶。直口，圆尖唇，短颈，鼓腹。外壁饰绳纹。轮制。口径19.4厘米（图四，9）。

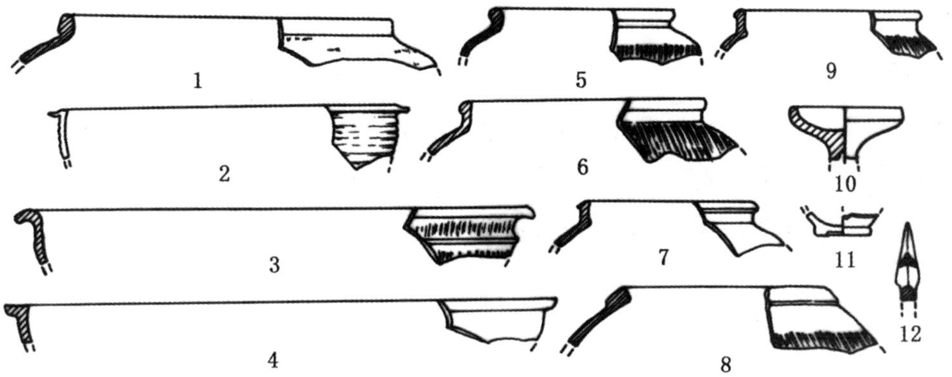

1.陶瓮　2～4.Ⅰ～Ⅲ式陶盆　5～8.Ⅱ、Ⅰ、Ⅲ、Ⅳ式陶罐　9.陶釜　10.陶豆11.陶钵　12.铜镞

图四　出土器物

盆　分3式。

Ⅰ式：泥质灰陶。直口，方唇，沿外折，沿面略作弧面，腹壁较直。外壁沿下饰瓦轮纹，其下饰间断绳纹，沿面及内壁饰暗纹圈。轮制。口径31厘米（图四，2）。

Ⅱ式：泥质灰陶。敞口，方唇，沿外折，微鼓腹。外壁饰间断绳纹，间有一凸棱，沿面及内壁饰暗纹圈。轮制。口径52厘米（图四，3）。

Ⅲ式：泥质灰陶。敞口，圆唇，平折沿，微鼓腹。内壁有刻划痕迹。轮制。口径54厘米（图四，4）。

豆　泥质灰陶。直口，圆唇，浅腹，内平底。素面。轮制。口径11厘米（图四，10）。

钵　泥质灰陶。仅见底部。假圈足，内平底。素面内壁饰暗纹圈。轮制。底径6厘米（图四，11）。

甑　只见腹部。泥质灰陶，上有均匀的小圆孔。

（二）建筑材料及工具

夯锤　土城子村农民在西城南部建房取土时，共挖出100多个，其形制相同。石质一般，灰白色，平面呈圆形，中部有一小圆坑，夯面作扁圆状，表面有许多小麻点坑。直径10.5厘米，高11厘米。

板瓦　多为灰色，少量为红色，大部为方头，少量为方圆头。外壁饰瓦轮纹（多饰于近头部）、绳纹（有竖直、间断、交错及斜绳纹等多种形式），内壁饰菱形纹、麦穗状几何纹、绳纹等。厚1.3～1.8厘米。

筒瓦　多为灰色，少有红色，口有直口、子母口两种，头部为方头及方圆头。外壁饰瓦轮纹（亦多饰于近头部）、绳纹（有竖直、断续、斜绳纹等），内壁多为素面，少量的饰断续绳纹。厚1.2～1.8厘米。

瓦当　均为灰色。分2式。

Ⅰ式：边缘有一宽约0.8厘米的凸棱，共分4个部分，每部分内饰一卷云纹图案。厚1.8厘米。

Ⅱ式：内外周边有宽约1厘米的凸棱，其间饰云纹图案。

砖　均为灰色。分2式。

Ⅰ式：一面为几何纹，一面为素面。厚6.5厘米。

Ⅱ式：一面饰沟纹，一面为素面。厚5.5 厘米。

（三）钱币

我们征集到从古城内出土的古钱币有汉“半两”，唐“开元通宝”，北宋“元丰通宝”“崇宁重宝”“至道元宝”“元祐通宝”“嘉祐通宝”等。

此外，在古城内还采集到多枚铜镞，形制相同，三翼，铤剖面呈圆形，残长3.7厘米（图四，12）。

四、几点认识

（一）古城的年代及性质

三道营古城建造在战国赵长城脚下，其间筑有一烽火台。经局部解剖，其夯层土质、土色、厚度均与古城西城相同，两者应为同时修筑。从西城地表暴露遗物来看，基本与清水河县拐子上古城、呼和浩特市美岱二十家子古城、乌拉特后旗朝鲁库伦古城出土的遗物相同。拐子上古城出土战国青铜兵器[①]，而后两个古城则为西汉古城。因此，西城的年代应为战国至西汉时期。

在调查中发现古城的东城城墙夯层明显加厚，最厚达15～17厘米，其坚实程度远不及西城城墙坚硬，同时在夯层中还发现有与西城地表相同的绳纹陶片，所以东城应为晚期增筑。我们除在古城内采集到一小块沟纹砖和征集到的少量唐代及北宋钱币，没有在东城地表采集到任何与之有关的遗物。该城在1957年调查时被定在唐和辽以前[②]。

古城紧依长城而筑并在东、西两面延伸出来，形成一个可供防守用的外围建筑，显示出当时古城所处位置的重要性。所以，三道营古城应是一个具有军事性质的城池。

（二）对西城马面、角楼、瓮城门的认识

在古城的几条城墙上都修筑有马面和角楼。特别是西城的马面、角楼及瓮城门，夯层的土质与城墙一致。另外，西城东墙亦修筑5个马面，可能属修筑东城时增筑。

从目前的有关资料看，最早在城墙上修筑高台建筑的是燕下都宫殿区[③]。以后则有魏晋时期金墉城城墙外壁的墩台，间距六七十米；洛阳城西、北两墙也设有墩台，间距约120米，属魏晋时期增设。这类墩台，在中原地区的两汉至隋唐的城墙上是没有的，直到北宋才普遍使用，作用在于加强防守[④]。而内蒙古地区的战国秦汉长城沿线的古城址或障城遗址，有许多早期古城设有马面、角楼及瓮城门，如乌拉特后旗青库伦、乌力吉高勒汉代障城设有马面和瓮城

① 乌盟文物工作站：《内蒙古清水河县拐子上古城发现秦兵器》，《文物》1987年第8期。

② 张郁：《卓资县土城村的古城遗址》，载内蒙古文物工作队编《内蒙古文物资料选辑》，呼和浩特：内蒙古人民出版社，1964年，第85～86页。

③ 中国社会科学院考古研究所编：《新中国的考古发现和研究》，北京：文物出版社，第273页。

④ 王仲殊：《汉代考古学概说》，北京：中华书局，1984年，第21～22页。

门[①]，乌拉特前旗战国西汉增昌龙古城、固阳县三元成古城[②]，杭锦后旗太阳庙古城[③]，城门均为瓮城式建筑，面积较大的清水河县拐子上古城也设有马面及角楼[④]。这些边塞古城在战国至西汉时期为防范强悍的北方民族的侵扰，具有重要的军事意义。因此，马面、角楼和瓮城门这些有利的城防设施，至迟不晚于西汉已在内蒙古西部地区长城沿线古城开始使用。

（三）西汉时期古城的地理位置

古城的地理位置，战国时为赵国北边，秦属云中郡，西汉为定襄郡所辖。据《汉书》卷二十八下《地理志下》记载，定襄郡辖12个县。经内蒙古文物考古工作者几十年的辛勤勘查，已经考证出其中5个县的地理位置，即和林格尔县土城子古城为定襄郡治及成乐县城址[⑤]，和林格尔县新店子古城为武成县城址[⑥]，呼和浩特市美岱二十家子古城为安陶县城址[⑦]，呼和浩特市塔布秃村古城为武泉县城址[⑧]，清水河县岔河口古城为桐过县城址[⑨]，其他7个县址还没有确切考证。

《水经注·河水注》载，荒干水“其水西南迳武皋县，王莽之永武也，又南迳原阳县故城西”。20世纪50年代，内蒙古文物考古工作者在呼和浩特市东郊陶卜齐村东0.5千米处发现一汉代古城[⑩]，东西800米，南北400米，大黑河水（荒干水）从其西南经过，这正好与《水经注》中“其水西南迳武皋县”的记载一致。其南十余千米处即西汉定襄郡之安陶县（呼和浩特市美岱二十家子古城）故城，因此，这座古城很有可能就是西汉定襄郡之武皋县故城。如果上述推断无误的话，那么其东北只有武要县一城[⑪]，通过这几年的调查，陶卜齐古城的东北也只有三道营古城的规模与之相近。“武要”一名除在北魏时有“武要北原”之称，其他时期不再使用。《魏书》记载北魏皇帝拓跋珪从青牛山（约在今兴和县境内）到九十九泉观光时，对“武要北原”提供了一个较为明确的记载：“丙辰，西登武要北原，观九十九泉，造石亭，遂之石漠。”[⑫]九十九泉即卓资县北与察右中旗交界地带，面积近百平方千米，与三道营古城相距30余千米，虽不能确指北魏时期“武要北原”的准确地点，但可以肯定距九十九泉不会太远，很可能是沿袭汉代武要县的名称而叫“武要北原”。所以，初步推断三道营古城为西汉定襄郡之武要县故城。

载于《考古》1992年第5期

① 盖山林、陆思贤：《内蒙古境内战国秦汉长城遗迹》，载中国考古学会编辑《中国考古学会第一次年会论文集》，北京：文物出版社，1980年。

② 唐晓峰：《内蒙古西部秦汉长城调查记》，《文物》1978年第5期。

③ 中国社会科学院考古研究所编：《新中国的考古发现和研究》，北京：文物出版社，1984年，第404页。

④ 拙作《清水河县拐子上古城调查》，待刊。

⑤ 内蒙古自治区文物工作队：《和林格尔县土城子试掘纪要》，《文物》1961年第9期。

⑥ 内蒙古自治区博物馆文物工作队编：《和林格尔汉墓壁画》，北京：文物出版社，1978年。

⑦ 张郁：《呼和浩特市美岱二十家子古城发掘纪要》，《文物》1961年第9期。

⑧ 吴荣曾：《内蒙古呼和浩特东郊塔布秃村汉城遗址调查》，《考古》1961年第4期；《内蒙古呼和浩特塔布秃村汉城遗址调查补记》，《考古》1961年第6期。

⑨ 内蒙古自治区文物工作队：《内蒙古文物考古工作的主要收获》，1979年。

⑩ 张郁：《大青山东南的长城和城堡》，载内蒙古文物工作队编《内蒙古文物资料选辑》，第74～76页。

⑪ 谭其骧主编：《中国历史地图集》第二册，北京：地图出版社，1982年，第20～21页。

⑫ 魏收撰：《魏书》卷二《太祖纪》，北京：中华书局，1974年，第43页。

凉城县北营子汉墓发掘简报

内蒙古文物考古研究所　乌兰察布盟文物工作站

北营子汉墓墓地，位于内蒙古乌盟凉城县城东北2千米处。此地系蛮汉山东麓的丘陵山区，为四周高、中间低的山间盆地。墓地在村东小山子向阳坡地上。其南有浩瀚的岱海，这里自古是人类生活的好地方。

1987年秋，砖厂生产用土时，破坏了汉墓两座。乌盟文物站、凉城县文物管理所立即派人对该墓进行了清理。其中有陶壶、罐及井、仓、灶等明器，还有铜镜1面。1988年春，内蒙古文物考古研究和所乌盟文物站对该墓区进行了发掘。从4月30日至5月17 日，共发掘、清理墓葬22座，编号为88BM1～M22（图一）。

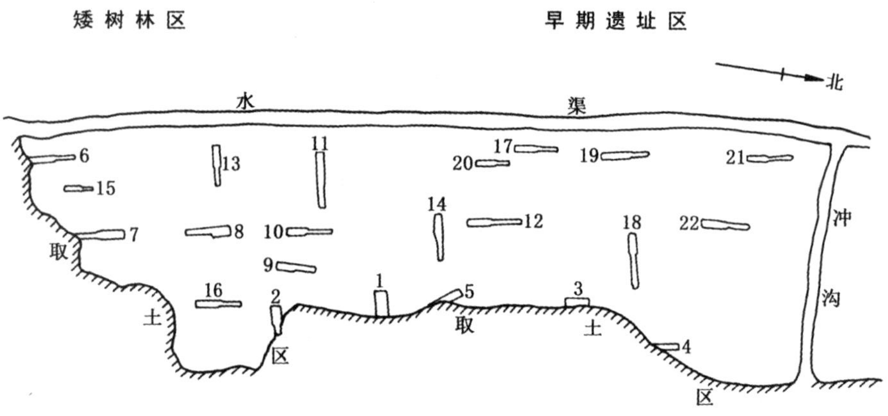

图一　北营子汉墓位置图

一、墓葬情况

（一）墓葬分布

北营子墓地依山傍水，东、西、北三面环山，南面可远眺岱海。墓地所在的向阳坡地西高东低，呈簸箕状。墓葬密集分布，呈不规则的长方形。上部打破仰韶晚期遗址，下部为农耕地，地表不见任何墓葬遗迹。由于大量取土，坡地东部被切去很大一部分，破坏墓葬十余座。

（二）墓葬形制

22座墓葬均为有墓道掏窑式洞室墓，仅M1为单室砖墓，M8为双墓道。墓道均为斜坡式，长短不一。墓口前距地表深度一般在2米左右。墓口向东的有6座，向南的有2座，其余均向北，相对偏差不大。墓室多为长方形，拱顶，大小有别。除砖室墓，大者长约4米，宽2米；小者长2.5米，宽1.5 米。这些墓葬虽然大体近似，但彼此间也存在着一定的差异，大致可以分成5型。Ⅰ型墓一般墓口向北，无葬具，随葬品很少。Ⅱ型墓带有头龛，随葬品较多，一般都放在头龛内。Ⅲ型墓有木椁、木棺，单人葬。Ⅳ型墓为用木柱筑成本椁的双人合葬墓。Ⅴ型墓为小型砖室墓。22座墓中，除M1、M2、M4、M5被破坏，其余墓葬均保存尚好。死者皆为仰身直肢葬，其中头向东者仅4座（M11、M13、M14、M18），余为向北。22座墓中属单人葬的6座，双人合葬的15座，其余不详。单人葬中男、女各半，均为成年。双人葬中除M9有一儿童，余为成年夫妻合葬墓，一般按左男右女而置。

墓葬中多数无葬具，葬具中以棺、椁为主，或有棺无椁，或有椁无棺。

随葬品数量多少不等，多者几十件，少者1件，或者无随葬品。随葬品以陶器为主，以壶、罐和井、仓、灶等明器组合，也有随葬数量不等的“五铢”钱、铜镜以及金属、玛瑙饰件，算筹，石砚等。随葬品陈放位置不尽一致。陶器多数置于死者头顶部，有头龛的放在头龛内，多为生活用具。明器放在死者头部及墓角处，少数沿墓圹底边放置成排的陶器，或者将陶器放在死者脚下。钱币多含于死者口内，或握于手中，或置于胸部、头部。铜镜置于死者身旁或于填土中。玛瑙、铜饰件则置于死者头骨两侧（图二~六，附表）。

现将各类型墓葬分述如下：

Ⅰ型　一般墓口向北，无葬典，随葬品较少。以M15为例，为斜坡墓道单室土洞墓。墓道平面呈梯形，长3.6米，宽0.65~1.2米，距地表0.8~2.1米。墓室呈窑洞式，因塌陷，高度不清，宽1.2米，墓底距地表1.85~2.1米。无葬具。双人合葬，左为女性，头向北，面向东，仰身直肢；右为男性，头向北，面向西，仰身直肢。随葬品仅陶罐1件，置于左侧人骨右肩上方。

Ⅱ型　有头龛，随葬器物较多，一般放在头龛内。以M7为例，为单室土洞墓。墓道平面呈长方形，长6.3米，宽1~1.3 米。在距墓口2.35 米处有一隔墙，黄花土夯筑，高0.85米，宽0.45米。墓向180度，墓顶塌陷，高度不清。墓底距地表深3.05~3.45米，长2.6米，宽2米。墓室后壁有龛，龛顶呈拱形，进深0.85米，宽1.3 米，口高1.5米，后壁高1.25米，无葬具。有两具骨架并放，保存较好。左为男性，头向北，面向西，仰身直肢，口含铜钱1枚。右为女性，头向北，面向上，仰身直肢，头骨已被压扁，口含铜钱1枚。随葬器物均为陶器，分别置于头龛内或墓底右上角，生活用具有陶壶6件、陶罐2件，另外还有井、仓、灶等明器各1件（图二）。

Ⅲ型　有木椁、木棺、单人葬。以M11为例，墓道平面呈长方形，长8.65米，宽 1.6米，距地表深1.3~4米。墓口高1.5米，宽1.6米。用圆形木柱筑成木椁，残存木柱46根，直径0.5~0.15米，残高0.1~0.75米。墓室长4米，宽1.8米，墓底距地表4.1米。墓顶呈拱形，后壁高0.9米。右壁前半部分用碎瓦与陶片将墓圹与墓椁之间填塞。墓室内置棺，已朽，棺长2.05米、宽0.6米，棺木厚0.5米。单人葬，头向东，面向北，骨架已扰乱。生活用具有陶壶5件、罐2件，明器中有井、灶各1件，残陶壶2件。陶器均置于棺左侧前部，明器置于墓口右脚处（图三）。

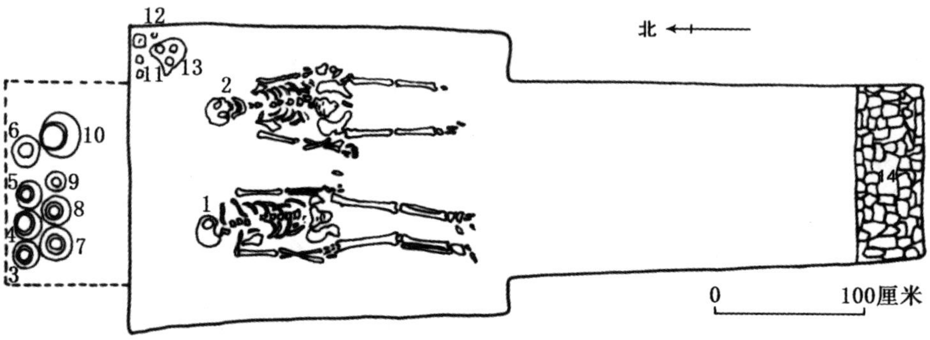

1、2.铜钱 3～10.陶罐 11.仓 12.井 13.灶 14.碎瓦块

图二 M7平面图

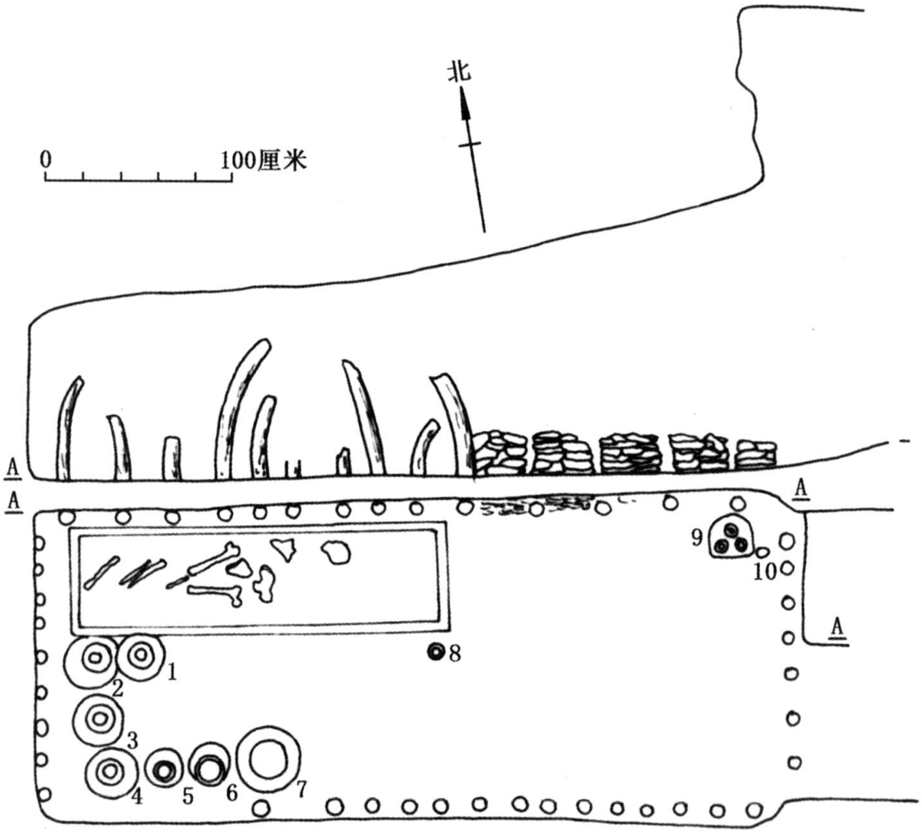

1～8.陶罐 9.灶 10.井

图三 M11平、剖面图

Ⅳ型 用木柱筑成木椁的合葬墓。以M17为例（此墓打破仰韶晚期遗址）。墓道平面呈梯形，距地表深0.7～2.95米，长8.2米，宽1.1～1.3米。填土内含少量早期陶片。方向10度。由于墓顶部塌陷，高度不详。墓底距地表深3米，平面呈圆角长方形，长3.8米，宽1.8米，后壁残高1米。墓室四壁用木柱筑成墓椁，已朽，木柱直径0.1米左右，残存19根。墓室中部的人骨上方，横置两根木柱（已朽），将墓室分割为二室，两根木柱相距0.1米。双人合葬，左为女性，头向北、面向上，仰

身直肢，头骨已被压扁；右为男性，头向北，面向上，仰身直肢，头骨已压扁，旁边置铜钱1枚。随葬品均置于前室左侧，生活用具有陶罐3件、壶8件、碗2件；明器置于墓口左侧，有井1件、灶2件、吊瓶1件（图四；图六，3）。

1.铜钱　2～12.陶罐　13、14.陶碗　15、16.灶　17.井

图四　M17平面图

V型　单室砖墓。以M1为例。墓道被破坏，情况不清。墓室用小块青灰绳纹砖砌成，墓底铺砖较大。墓门两侧从底部砌6层砖后再砌门，向上略向内收，呈拱形，有门槛，原用砖封堵，底宽1.25米、高2.2米。墓室平面呈长方形，长4.7米，宽1.82米，深2.35米。墓室内原有两具人骨，已扰乱。随葬品以陶器为主，有壶10件、罐2件，明器有灶1件、井2件、吊瓶1件。铜器中有宽缘四乳四螭镜1 面、“五铢”钱5枚（图五；图六，1）。

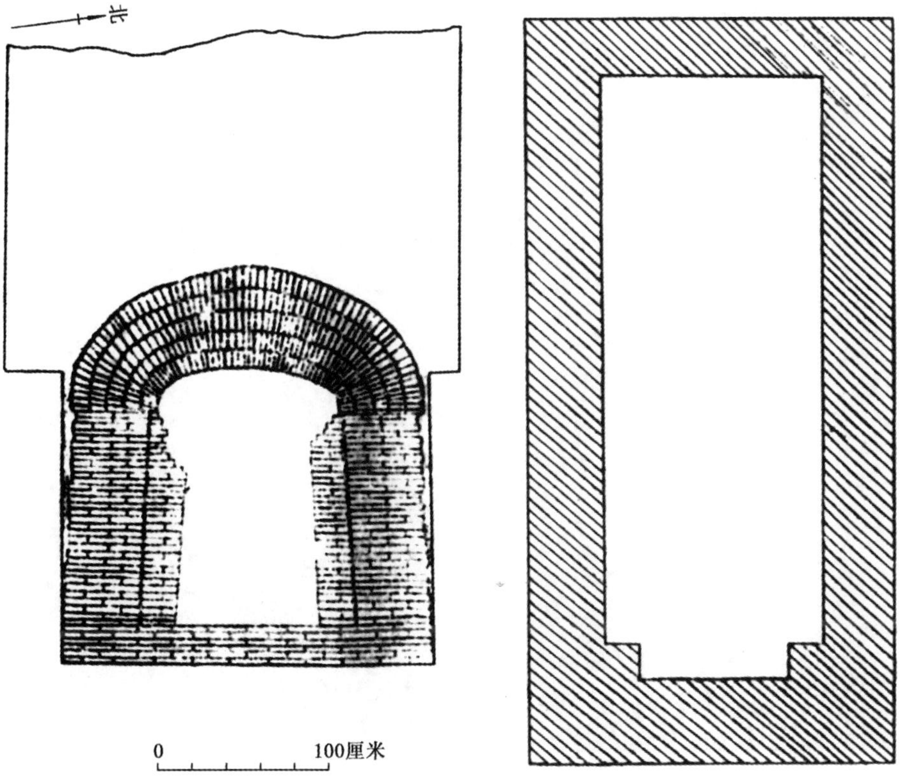

图五　左：M1墓门正视图　右：M1平视图

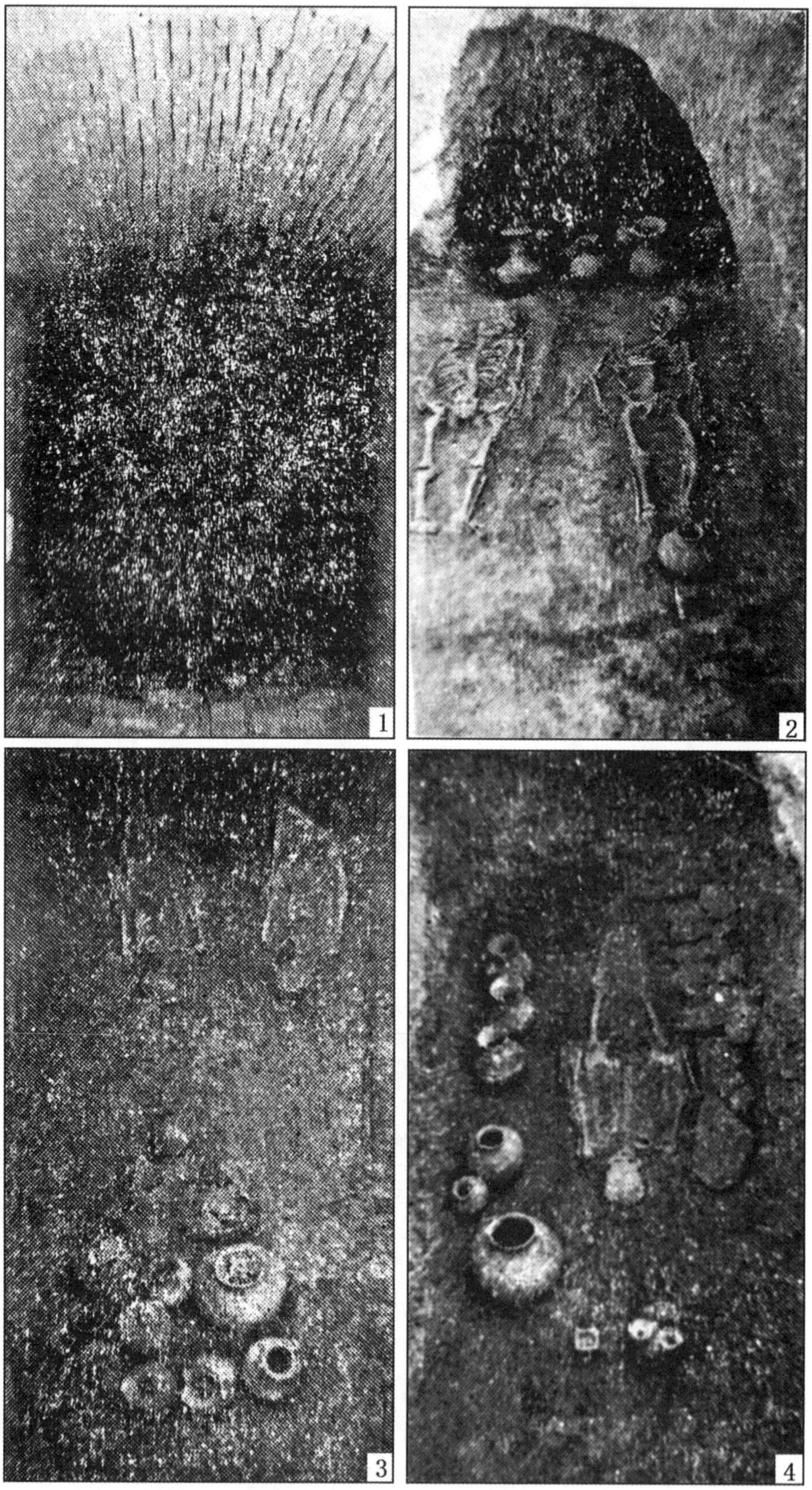

1.M2（V型墓） 2.M8（Ⅱ型墓） 3.M17（Ⅳ型墓） 4.M22（Ⅲ型墓）

图六 北营子汉墓

二、随葬器物

陶器以壶、罐为主。多数墓中随葬井、仓、灶等明器。均为泥质灰陶，火候高且坚硬，轮制。明器均手制。

壶　分3型。

A型：6件。M8：11，浅盘口，尖唇，长颈，腹扁圆，假圈足。口径15.5厘米，腹径21厘米，高28厘米（图七，1）。

B型：3件。M7：23，敞口，尖唇，短颈较直，鼓腹，假圈足。口径14.3厘米，腹径18.8厘米，底径13.4厘米，通高23厘米（图七，2）。

C型：分6式。

Ⅰ式：6件。M3：3，小喇叭口，圆唇，领部内外起棱，短颈，鼓腰，假圈足。腹部靠下饰对称兽面铺首。口径13.5厘米，腹径20厘米，高24.5厘米（图七，3）。

Ⅱ式：17件。M13：23，大喇叭口，尖唇，颈较长，腹扁圆，平底。腹中部饰对称兽面铺首。口径14厘米，腹径21厘米，底径12厘米，通高25厘米（图七，4）。

Ⅲ式：11件。M17：8，大喇叭口，圆唇，长颈，鼓腹、假圈足。腹中部饰对称兽面铺首，1周凹弦纹，先涂1周白彩，再绘红彩花纹，已脱落。口沿内侧涂红彩。口径15.5厘米，腹径25厘米，高23.8厘米。

Ⅳ式：10件。M11：25，大喇叭口，尖唇，领外侧起棱，短颈，腹较圆，假圈足，平底。腹上部饰两周凹弦纹，饰对称兽面铺首，涂1周白彩，颈部亦涂白彩。口径14.7厘米，腹径25厘米，底径15厘米，高28.5厘米（图七，5）。

Ⅴ式：5件。M18：2，喇叭口，口内起棱，方唇，短颈，斜肩，腹圆折，下腹斜收，假圈足，平底。腹部饰两周凹弦纹，通体白彩铺底，用黑、褚、红、蓝色彩分别饰于领部，腹中部饰1周连续三角纹。口径13.7厘米，腹径23厘米，高22.8厘米（图七，6）。

Ⅵ式：2件。M18：5，大喇叭口，圆唇，颈部较细，鼓腹、小平底。通体彩绘，白彩铺底，黑、红、蓝色勾绘花纹。颈部饰1周连续三角纹，下接1周对鱼图形。上腹部1周水波纹，下接对鱼纹，下腹两道弦纹，至底铺黑彩。腹径20.5厘米，高24.5厘米（图七，7）。

罐　分4型。

A型：12件。M11：7，直口，微侈，尖唇。鼓腹，下腹斜收，平底。肩部饰1周弦纹，腹部有细绳纹拍光的痕迹。口径18.8厘米，腹径35厘米，底径18厘米，通高30厘米（图七，8）。

B型：5件。M12：8，小口，沿外翻，方唇。颈细而短，溜肩，鼓腹，下腹斜收，平底。肩部饰1周压光折线纹，腹部饰数周凸棱纹，下接1周压光连续菱花形几何纹。口径14.5厘米，腹径36.2厘米，底径17.6厘米，通高38.6厘米（图七，9）。

C型：3件。M17：4，小喇叭口，沿外翻，圆唇，束颈。鼓腹，下腹急收，小平底。

D型：分3式。

Ⅰ式：5件。M10：4，侈口，沿外翻，束颈。鼓腹，下腹斜收，平底。腹部有修整后留下的弦纹。口径10.2厘米，腹径18.5厘米，高16厘米（图七，10）。

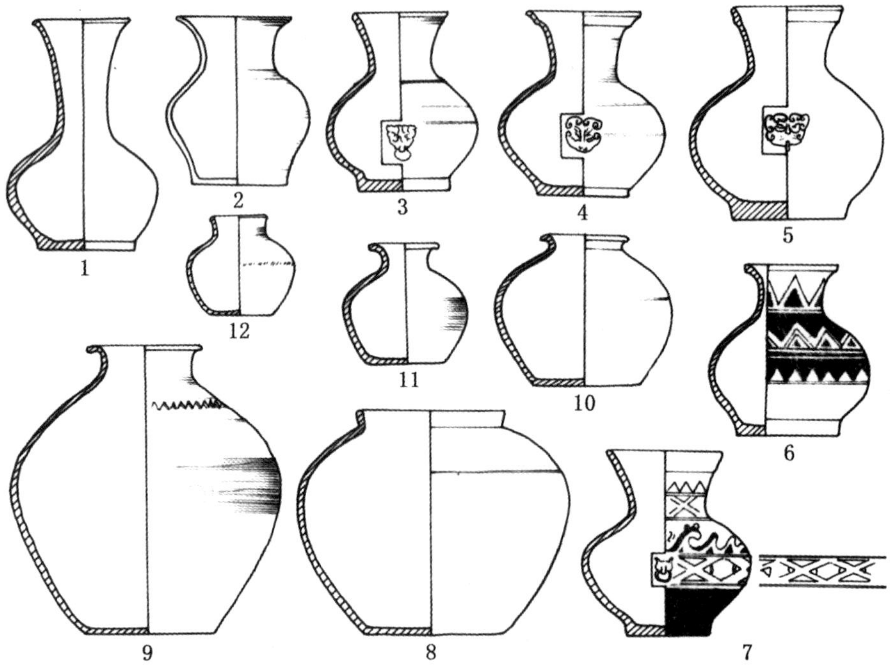

1.A型壶（M8：11） 2.B型壶（M7：23） 3.CⅠ式壶（M3：3） 4.CⅡ式壶（M13：23） 5.CⅣ式壶（M11：25） 6.CⅤ式壶（M18：2） 7.CⅥ式壶（M18：5） 8.A型罐（M11：7） 9.B型罐（M12：8） 10.DⅠ式罐（M10：4） 11.DⅢ式罐（M21：3） 12.DⅡ式罐（M22：4）

图七　陶器

Ⅱ式：8件。M22：4，小口，沿向外微卷，尖唇，束颈，颈较直。鼓腹，下腹斜收，平底。腹部饰数周凸弦纹。口径11.2厘米，腹径 23.3厘米，底径14厘米，通高20.7厘米（图七，12）。

Ⅲ式：5件。M21：3，侈口，圆唇，颈较直。鼓腹，平底。上腹部饰1周断续绳纹。口径7.5厘米，腹径14厘米，高13厘米（图七，11）。

井　分3式。

Ⅰ式：3件。M21：17，口部平面呈“井”字形，器身呈上大下小的圆桶状，底圆形。上宽10厘米，高8.5厘米，底径7厘米（图八，1）。

Ⅱ式：7件。M19：28，井口平面呈方框状，器身呈上宽下窄的方体，剖面呈梯形。井内壁有数周凸棱。口边长7.2厘米，通高7.7厘米，上宽5厘米，下宽4厘米（图八，2）。

Ⅲ式：3件。M12：10，井口呈方框状，器身呈上大下小的圆桶状。口边长8.5厘米，高8厘米（图八，3）。

仓　分3式。

Ⅰ式：2件。M18：51，圆口，器身呈上大下小的圆桶状。口径9厘米，底径7.2厘米，高8厘米（图八，5）。

Ⅱ式：2件。M7：11，圆口，器身呈直桶状。口径6.8厘米，底径5.8厘米，高5.2厘米（图八，6）。

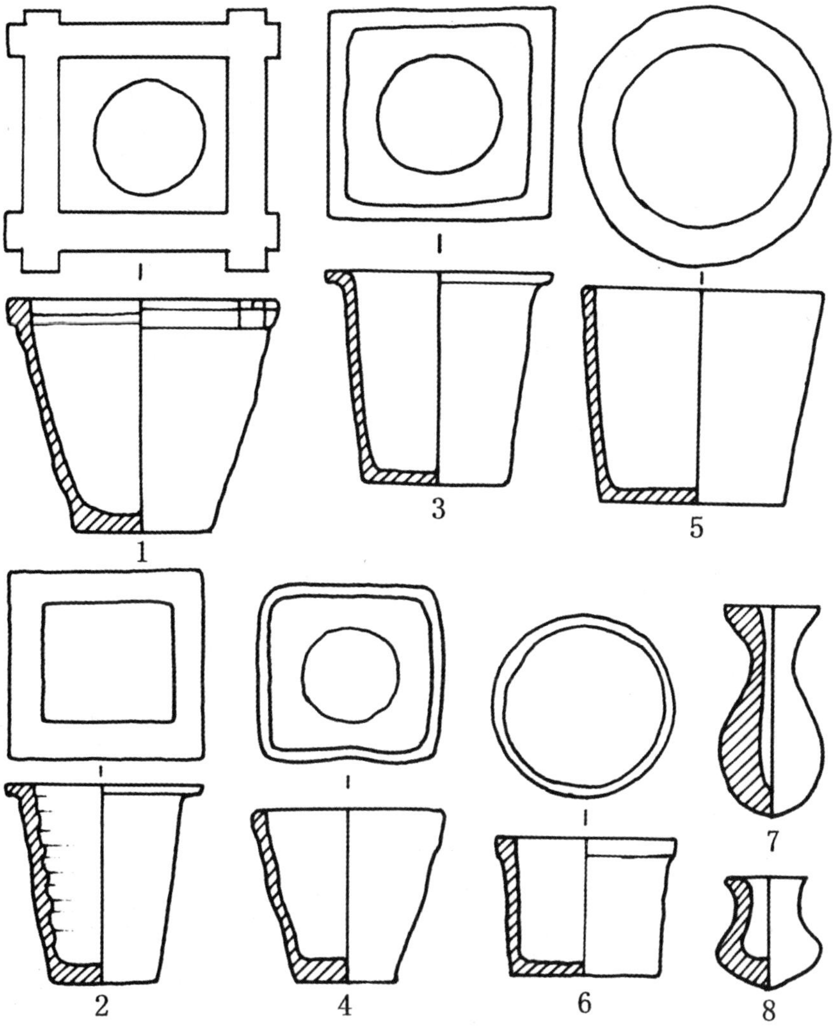

1.Ⅰ式井（M21：17） 2.Ⅱ式井（M19：28） 3.Ⅲ式井（M12：10） 4.Ⅲ式仓（M11：12） 5.Ⅰ式仓（M18：51） 6.Ⅱ式仓（M7：11） 7.Ⅰ式吊瓶（M21：20） 8.Ⅱ式吊瓶（M18：35）

图八 明器

Ⅲ式：1件。M11：12，方口，圆底。口边长7厘米，底径5厘米，高6.5厘米（图八，4）。

灶 分3式。

Ⅰ式：9件。M17：13，灶体为船头状，3个火眼，置釜，长方形灶门，后部置烟囱。长22.5厘米，宽19厘米，高13.5厘米（图九，1）。

Ⅱ式：4件。M18：18，灶体呈马蹄形，3个火眼，两大一小，上置釜，釜均有盖。前壁有长方形灶门，灶上靠后有烟囱。长20厘米，高7.5厘米（图九，2）。

Ⅲ式：2件。M17：15，圆形，灶底径大于灶面径，3个火眼，上置三釜，有烟囱，前面开长方形灶门。直径22厘米，底径25厘米，高6.5厘米（图九，3）。

吊瓶 分2式。

Ⅰ式：4件。M21：20，平口，弧腰，蛋圆腹（图八，7）。

Ⅱ式：2件。M18：35，平口，弧腰，圜底（图八，8）。

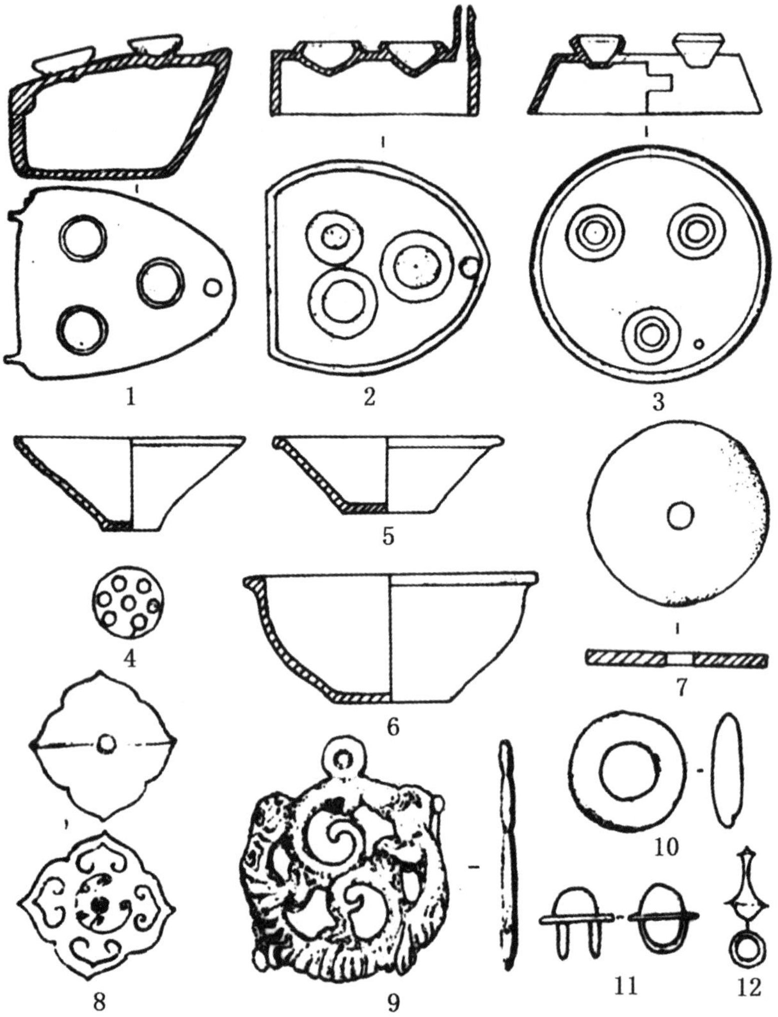

1～3.Ⅰ～Ⅲ式灶（M17：13、M18：18、M17：15） 4.甑（M18：36） 5.盆（M18：37） 6.碗（M17：14） 7.石纺轮（M19：10） 8.金属泡钉（M18：16） 9.铜佩饰（M18：38） 10.铜环（M18：39） 11.铜扣（M18：40） 12.耳饰（M9：11）

图九 明器、金属饰件

甑 1件。M18：36，盘口，斜腰，小底，底部有箅孔。口径15厘米，高4厘米（图九，4）。

盆 1件。M18：37，敞口，平沿，方唇，斜腹，平底。口径10厘米，高3.4厘米，底径4厘米（图九，5）。

碗 2件。M17：l4，敞口，平沿，方唇，斜腹，小平底。口径5.2厘米，高1.6厘米（图九，6）。

石纺轮 1件。M19：10，扁圆形，中间有一孔。直径7.8厘米，厚0.5厘米（图九，7）。

金属泡钉 11件。M18：16，含铅、锡的成分较高。四瓣花形，中间有纽孔，4个花瓣上有凸起的卷曲纹。长3.2厘米（图九，8）。

铜佩饰 1件。M18：38，青铜质，图像造型为人骑相互噙尾的龙、虎，盘曲成圆环状，一端有纽。直径6.3厘米（图九，9）。

铜环　1件。M 18：39，直径2.5厘米（图九，10）。

铜扣　2件。M18：40，上部呈草帽状，下部两并行的环。高1.5厘米（图九，11）。

耳饰　2件。M9：11，蓝色玉石，蘑菇状，耳穿处细长（图九，12）。

铜镜　分2式。

Ⅰ式：1件。M14：4，四乳八禽镜，球形纽，圆纽座，宽缘。直径7.8厘米（图十，2）。

Ⅱ式：3件。M1：10，宽缘四乳四螭镜，环形纽。直径均为8.6厘米（图十，1）。

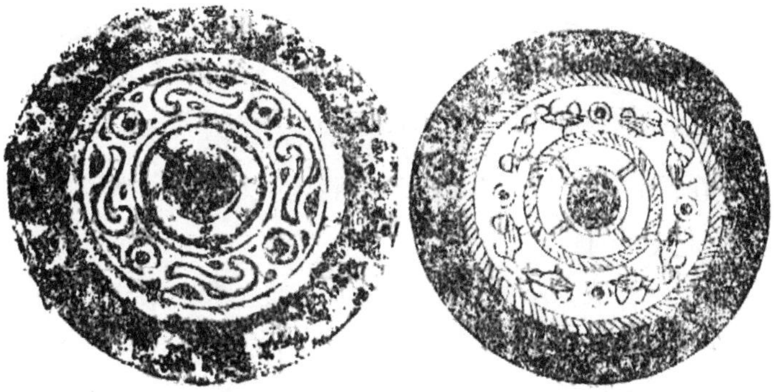

1　2

1.Ⅱ式宽缘四乳四螭镜（M1：10）　2.Ⅰ式宽缘四乳八禽镜（M14：4）

图十　铜镜拓本

算筹　1套7根，残。M18：41，骨质，细圆棍状，长10厘米。

石砚　1件。M18：43，长方形薄石板，附带上圆下方形的砚石1块。

钱币　均为“五铢”钱，可分2型。

Ⅰ型：20枚。“五”字中间相交两划较直，“金”字头似箭镞形，“朱”字头方折（图十一，1、2、3）。

Ⅱ型：30枚。“五”字瘦长，中间两画弯曲相交，呈对盅状。“朱”字头方折。“金”字头呈带翼的箭镞形（图十一，4、5、6）。

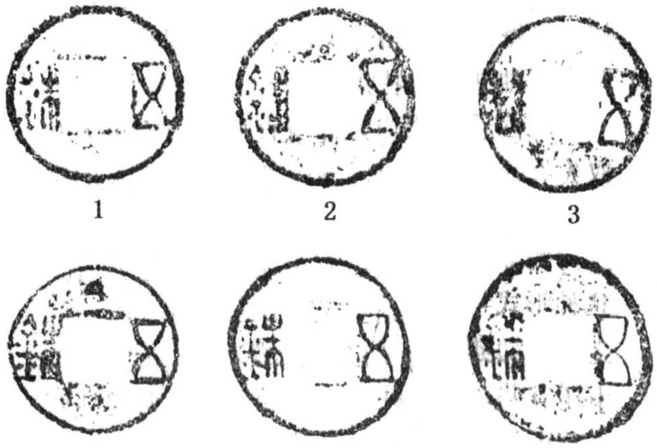

1　2　3

4　5　6

1～3.Ⅰ型“五铢”钱　4～6.Ⅱ型“五铢”钱

图十一　铜镜拓本

三、小结

北营子汉墓分布集中，布局较有规律。墓区选择在背风向阳的坡上，属汉代常见的一种埋葬习俗。从墓葬形制看，绝大多数属于斜坡墓道洞室墓。这与当地深厚的黄土层有密切的关系。据了解，本地居民民宅的修筑，均采取窑洞式的工艺，其渊源可以追溯到新石器时代。而今本地居民丧葬依然采取掏窑式的墓穴，显然是与民宅修筑工艺和传统习惯有关。可以说，北营子汉墓的修筑是有本地区传统特点的。

在山西朔县西汉墓[①]中，可以看到与北营子汉墓相似的墓葬。北营子汉墓中的Ⅰ型墓，与朔县西汉晚期的Ⅵ型2式斜坡墓道洞室墓相似，Ⅱ型墓与朔县西汉末期Ⅵ型以木柱为椁壁的墓风格相似。双墓道洞室墓也是两个墓地共有的特点。

北营子汉墓均为仰身直肢葬，有单人和双人合葬两种。双人葬一般为左男右女的夫妻合葬。随葬品一般置于死者头部、脚部以及身侧靠近墓圹处，有头龛的则置于龛内。这种形式与山西朔县晚期汉墓的葬式有相似之处。随葬的陶器以壶、罐为主。大多数墓中还有井、仓、灶等明器随葬。山西朔县西汉墓中的陶器也以壶、罐为主要随葬器，与北营子汉墓相似，所不同的是流行鼎、盒、甗等，而明器则较少。

北营子汉墓中的Ⅰ型铜镜，即四乳八禽镜，与朔县西汉晚期塞中随葬的四乳八禽镜（标本4M138：64）相同；Ⅱ型镜，即宽缘四乳镜，则与西汉末期墓中随葬的四乳镜（标本6M392：15）相同。北营子汉墓中出土的Ⅰ型“五铢”钱与朔县西汉墓出土的Ⅰ型“五铢”钱（图四十八，1）相似；Ⅱ型“五铢”钱与西汉晚期墓出土的Ⅲ型“五铢”钱（图六十五）相似。

以上资料表明，北营子汉墓的年代应为西汉晚期，但也存在着相对早晚关系。

北营子汉墓中Ⅰ型墓无葬具，墓口向北，随葬品仅DⅠ式罐1件；Ⅱ型墓带头龛，这与朔县西汉晚期出现的同类墓有相似之处。因此这类墓的年代是北营子汉墓中较早的，属西汉晚期早段。

北营子汉墓Ⅲ、Ⅵ型斜坡墓道洞室墓与朔县西汉晚期同类墓比较，除以木柱为椁壁为共同特点，陶器的彩绘均工艺精细，所饰水波纹、卷云纹、三角纹及整体图案风格十分相似，铜镜、“五铢”钱也属西汉晚期风格。其年代应属西汉晚期至末期。相对年代晚于早段遗存。

北营子汉墓中的Ⅴ型墓与朔县西汉Ⅶ型单室砖券墓相似，所出的Ⅱ铜镜与Ⅱ型“五铢”钱亦是西汉末期流行的器物。因此，其年代应属西汉末期，即北营子汉墓中的第三段。

北营子汉墓均为小型墓。从随葬器物上看，虽有多寡之分，但同属一个社会阶层，为一般庶民墓葬。这些墓葬分布集中、风格相近，可以看出为家族连续埋葬的特点。

《水经注》载：“一水东北流，谓之沃水，又东迳沃阳县故城南，……沃水又东北流，注盐池。《地理志》曰：盐泽在东北者也。今盐池西南去沃阳县故城六十五里。……池北七里，即凉城郡治。池西有旧城，俗谓之凉城也，郡取名焉。《地理志》曰：泽有长、丞。此城即长、丞所治

① 平朔考古队：《山西朔县秦汉墓发掘简报》，《文物》1987年第6期。

也。”可知今凉城县址东北的岱海即汉时的“盐池”“盐泽”。另据近期的考古勘查证明①，岱海西南去30千米的双古城村古城遗址确为汉沃阳县故城，城南弓坝河自南经双古城北入岱海，为《水经注》所说的沃水。《汉书》卷二十八下《地理志下》曰：“雁门郡……沃阳县，盐泽在东北，有长丞。”从以上资料可以看出，汉代的凉城地区为雁门郡沃阳县属地，而岱海附近还设有制盐的官方机构。从近年的文物普查资料来看，该地汉代的遗迹分布比较密集。说明汉时的凉城地区，虽属西北疆域，但在比较长的时间里，经济、文化还是比较发达，人民生活稳定，安居乐业。北营子汉墓墓地的发现，也恰恰证明了这一史实。

参加发掘者有田文涛、富占军等同志。

本文由富占军、李耀辉、王振杰绘图、摄影。

执笔者：富占军、陈棠栋

附表　北营子汉代墓葬登记表

墓号	方向（度）	形制	墓室 长×宽－深（厘米）	葬具	葬式	随葬器物		备注
						陶器	其他	
1	97	砖室	470×182–235	?	双人合葬	DⅢ式罐2、CⅡ式壶10、Ⅰ式灶1、Ⅱ式井2、Ⅰ式吊瓶1	铜镜1	
2	95	洞室	430×205	木棺、椁	双人合葬			
3	10	洞室	250×175	?	?	DⅠ式罐2、Ⅰ式灶1、CⅠ式壶3		
4	?	?	?	?	?			
5	110	洞室	85×80–70	无	单人葬			残
6	0	洞室	300×130	无	双人合葬	DⅡ式罐3、A型壶3		
7	180	洞室	260×200	无	双人合葬	A型罐2、B型壶3、CⅠ式壶3、Ⅱ式井1、Ⅱ式仓1、Ⅰ式灶1、Ⅰ式吊瓶1	铜钱2	有头龛
8	185	洞室	255×160	无	双人合葬	DⅡ式罐2、CⅢ式罐1、CⅡ式壶4、A型壶3、Ⅱ式灶1	铜钱2	有头龛
9	5	洞室	255×165	无	双人合葬	DⅠ式罐1	铜钱4、耳饰2	
10	5	洞室	270×190	无	双人合葬	A型罐1、DⅡ式罐1、Ⅲ式井1、Ⅲ式灶1	铜钱1	
11	95	洞室	400×180–10	木椁、棺	单人葬	A型罐2、CⅢ式壶5、Ⅲ式井1、Ⅰ式灶1、壶（残）2、Ⅲ式仓1		
12	5	洞室	350×190–80	木棺	双人合葬	B型罐2、C型壶3、Ⅲ式井1、Ⅰ式灶1、Ⅰ式吊瓶1	铜钱2	

① 齐晓光、富占军：《凉城县双古城遗址考古调查》，《乌兰察布文物》1989年第3期。

续表

墓号	方向（度）	形制	墓室 长×宽－深（厘米）	葬具	葬式	随葬器物		备注
						陶器	其他	
13	5	洞室	250×140–70	木棺	单人葬	A型罐1、B型罐1、CⅡ式壶3、Ⅱ式灶1、Ⅰ式井1、DⅢ式罐1	铜钱1	
14	95	洞室	350×180–80	无	双人合葬	A型罐2、B型罐2、Ⅰ式井1、Ⅰ式仓1、Ⅱ式吊瓶1、Ⅰ式灶1	铜镜1、铜钱3	
15	5	洞室	250×140–70	无	双人合葬	DⅠ式罐1		
16	10	洞室	400×210	木棺	单人葬	CⅠ式壶3、DⅠ式罐1、Ⅱ式井2、Ⅰ式灶1		
17	10	洞室	380×180–140	木椁	双人合葬	A型罐2、C型罐2、DⅢ式罐1、CⅣ式壶5、CⅢ式壶3、陶碗2、Ⅰ式灶1、Ⅲ式灶1、Ⅰ式井1、Ⅰ式吊瓶1	铜钱1	
18	95	洞室	365×185	?	双人合葬	DⅢ式罐2、CⅤ式壶5、CⅣ式壶5、CⅥ式壶2、甑1、盆1、Ⅱ式仓1、Ⅱ式仓1、Ⅰ式灶1、Ⅱ式灶1、Ⅱ式吊瓶1	铜钱15、骨器7、石器1	铜饰5、算筹9
19	5	洞室	340×180–150	无	双人合葬	DⅡ式罐2、CⅢ式壶5、DⅠ式罐1、Ⅱ式井1、Ⅰ式灶1	铜镜2、铜钱20、石纺轮1	
20	5	洞室	250×150	无	双人合葬		铜钱3、耳饰1	
21	10	洞室	280×120–90	木棺	单人葬	DⅠ式罐2、DⅢ式罐1、A型罐2、Ⅰ式吊瓶1	铜钱1	
22	10	洞室	300×130–100	无	单人葬	DⅡ式罐1、CⅢ式壶3、Ⅱ式井1、Ⅰ式灶1		

载于《内蒙古文物考古》1991年第1期

察右后旗三道湾墓地

乌兰察布博物馆

三道湾墓地位于乌兰察布盟察右后旗红格尔图乡光明村东北约3千米处，南距旗政府所在地白音查干镇30千米。墓地东侧2千米即为集（集宁）二（二连浩特）线（图一）。察右后旗地处高原，地势起伏不平，多为浅山丘陵地区，平均海拔为1300米，年平均降水量约300毫米，曾是古代北方游牧民族频繁活动的地带。在墓地北侧有一列绵延20余千米的小山丘，在察右后旗境内形成6条由北向南走向的沟谷，墓地即位于第三道沟谷之内，当地俗称墓地所处沟谷为“三道湾”。在调查中，相邻的二道湾发现有与墓地类似的陶器碎片，其余几道山谷内亦发现有陶器等遗物出土。20世纪60年代遭破坏的赵家房子墓地[①]就位于三道弯墓地南约5千米的开阔地带。20世纪50年代初发现的二兰虎沟墓地[②]位于墓地西南约25千米的韩乌拉山中。

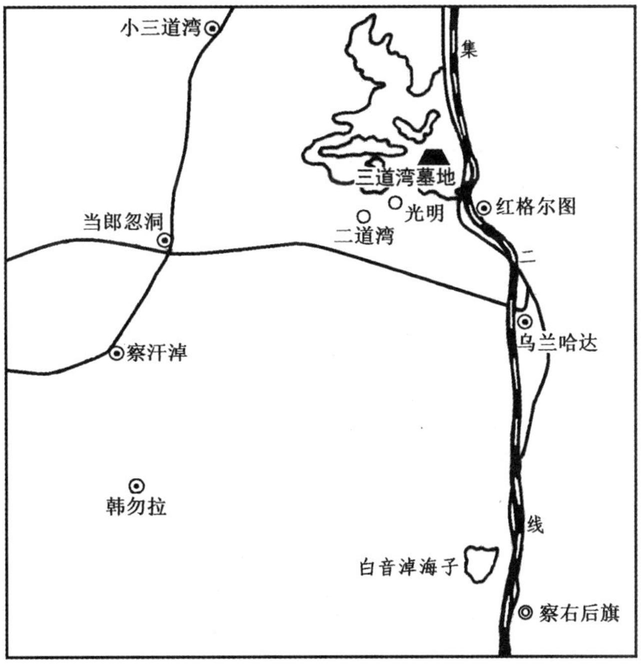

图一 察右后旗三道湾墓地位置示意图

① 盖山林：《内蒙古察右后旗赵家房村发现匈奴墓群》，《考古》1977年第2期。

② 郑隆、李逸友：《察右后旗二兰虎沟的古墓群》，载内蒙古文物工作队编《内蒙古文物资料选辑》，呼和浩特：内蒙古人民出版社，1964年。

1983年7月中旬，墓地遭盗掘，乌兰察布盟文物工作站立即赶赴现场进行制止。同时会同内蒙古自治区文化厅、内蒙古自治区文物考古研究所及察右后旗委、旗政府和公安部门组成联合调查组进行调查，追回了部分被盗掘的文物，并由杜乘武同志组织文物站业务人员，对已遭破坏的墓地进行抢救性清理、发掘。至8月底，共发掘墓葬23座（编号M101～M123），清理破坏的残墓25座（编号M1～M25）。1984年8月，再次清理墓葬2座（编号M124、M125）。共计发掘、清理墓葬50座（图二）。

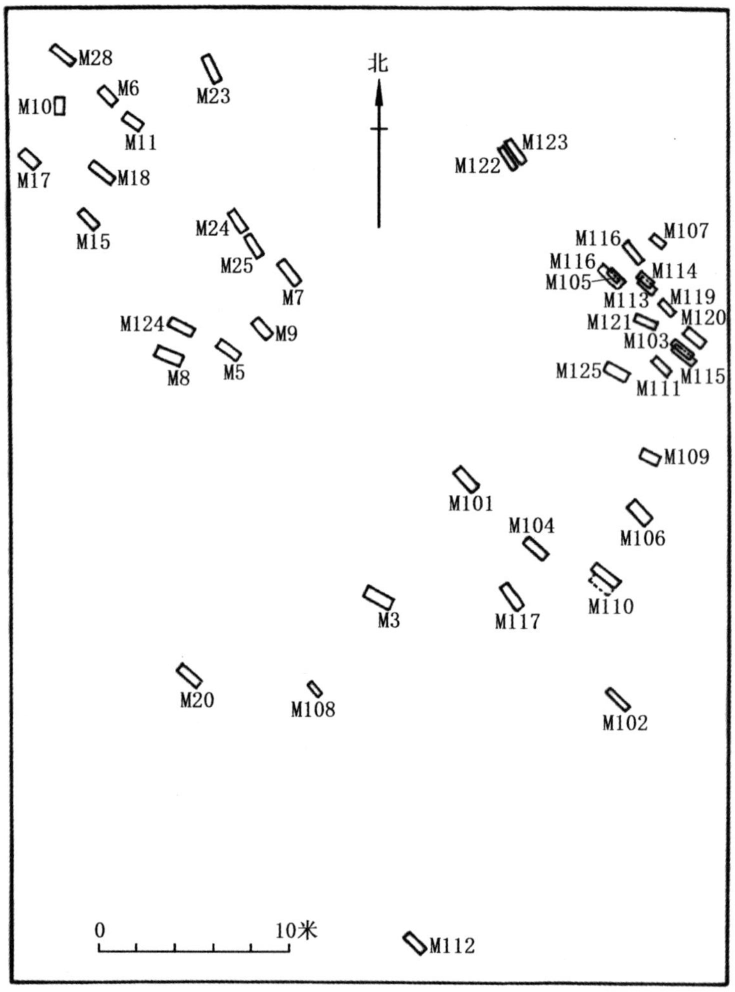

图二　三道湾墓地墓葬分布示意图

一、墓地概况

三道湾是一条较为宽阔的山谷，墓地位于距沟口2千米处伸往东北的一条小山湾里。这是三面环山，西南是与大山谷相连的出口。小山湾内土层较厚，由于长年水土流失，墓地西侧被山水冲刷出一条宽深的冲沟，将墓地分为东、西两区。西区在缓坡之上，土质为黄色原生土；东区在洼地里，其土质，上层约有1～1.5米厚的黑灰色淤积土，下层为与西区相同的原生土。

墓地被破坏十分严重，盗坑几乎遍布整个墓地，统计达300多个，人骨及残破的陶器随处可见。我们清理的25座墓大部在东区，从发掘情况看，墓葬方向基本在290～326度，整个墓地的墓葬排列十分密集，有的两墓间距仅为30厘米（图二）。

二、墓葬形制

经过发掘的25座墓，多为长方形土坑竖穴墓，仅M102、M110为土坑竖穴与洞室相结合。其中，有6座墓葬被早期盗扰（M109、M115、M117、M120、M123、M124）。

葬式多为仰身直肢葬，此外还有仰身屈肢葬（M113）、有身无头葬（M104、M108）等。人骨大部分保存较好，多为单人葬，仅M110、M123为双人合葬墓。面向上或略偏向东、西两侧。25座墓中，有木棺者12座（M101、M102、M109～M111、M113、M115、M118、M120、M122～M124）。

葬坑均为长方形，墓口略大于墓底；而两座土坑竖穴与洞室相结合的墓，是在土坑竖穴的基础上，从墓地向西侧挖进一横洞室。各墓大小不同，长140～220厘米，宽40～87厘米，深112～237厘米。最大的M110长210厘米，宽80厘米，深237厘米；最小的M112长140厘米，宽60厘米，深120厘米。

经过人骨鉴定的墓有23座，其中成年男性墓9座、成年女性墓6座、未成年墓5座、双人葬墓3座（均为男女合葬）。年龄最大者55岁（M116），最小者3岁（M114），平均年龄28～30岁。

各墓的随葬品数量不等，多者（M102）40余件，少者仅一两件，有的则无随葬品。经发掘的25座墓中，有5座有殉牲，多为羊头骨，一般数量较少，多为1～3个，均置于人头骨上方近墓壁处。陶器大多为1座墓1件，多者（M113）有3件，还有一定数量的墓葬无陶器。此外，随葬品以铜器、铁器、珠饰为多，金器、骨器次之。铁器有剑、矛、刀等兵器和斧、铲等生产工具；金器和珠饰多为装饰品；骨器除了装饰品，还有一定数量的弓弭、弧形片状器等；还出土有少量的铜镜、铜钱、桦树皮器皿及皮革、丝织品残片等。

随葬陶器多置于头骨上方或侧面，少量的置于脚下。珠饰多见于头部或颈部；牌饰则主要出土于腰部；坠饰除在头部两侧，个别亦在腰的后部同牌饰连在一起出土；铜环、铁环也多见于腰部；兵器、生产工具、弓弭等多葬于尸骨的侧面；铜镜多在尸骨头部出土，如M104人骨有身无头，铜镜就置于头骨部位。

下面以6座不同形制的墓葬为例，详加说明。

M104　长方形土坑竖穴墓，长1.9米，宽0.7米，深1.55米。方向323度。死者仰身直肢，女性，年龄16～18岁。尸骨基本保存完好，不见头骨，在头骨部位置放连弧纹镜1面，左臂戴有铜镯，右指部出土铜指环1枚，右脚部有1把铁刀，在尸骨之上出土有皮革及丝织品残片（图三）。

M110　长方形横洞室墓，土坑竖穴长2.1米，宽0.8米，深2.37米。方向310度。在竖穴底部略偏南，向西挖横洞室。因两具尸体均装有棺木，而棺木外部又有前后支架，故墓底部有支架处，又向下挖成前后两个方坑。两坑的大小深浅不同，前坑横长50厘米，宽25厘米，深23厘米；后坑横长

50厘米，宽33厘米，深14厘米。前后坑之间的腰底长67厘米。死者均为仰身直肢，右为女性，面向西，20～25岁；左为男性，面向东，12～16岁。两具人骨基本保存完好，女性头骨下有皮革，有长约30厘米的铁锈物，中有一“土”字形木块，中间夹1件长方形网格纹牌饰，牌下栓有皮条；颈下、胸上有2件镂空驼形金牌饰；腰下侧有一件金坠饰。男性在胯部有铁刀，身下有铁环（图四）。

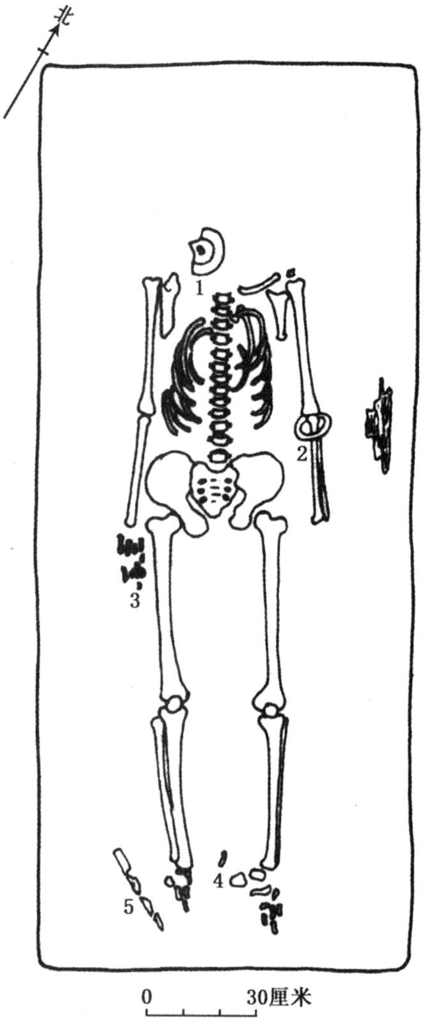

1.铜镜　2.铜镯　3.铜指环　4.松石珠　5.铁刀

图三　M104平面图

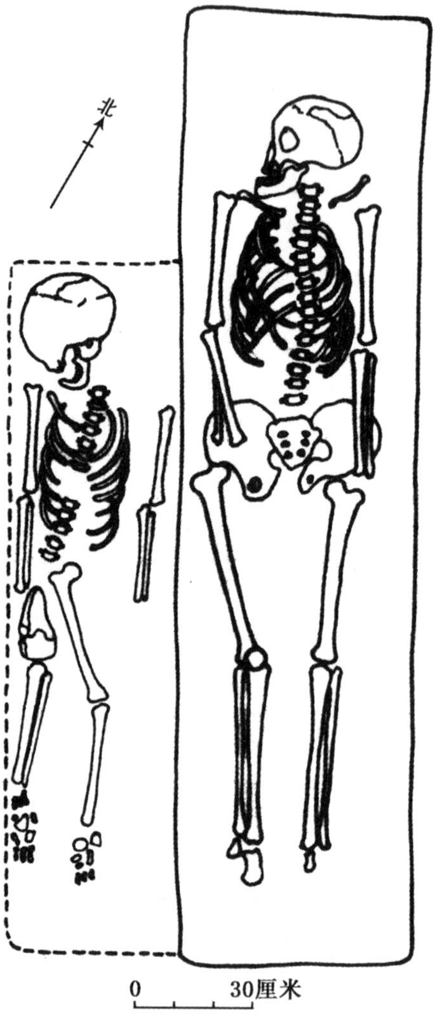

图四　M110平面图

M113　长方形土坑竖穴墓，长1.7米，宽0.7米，深1.5米。方向317度。人骨仰身屈肢，头向右偏，男性，30岁左右。在人头骨左上方随葬1件双耳陶罐，脚下也置放2件泥质罐，头骨前面有1件残桦树皮器盖，紧挨头骨置四乳四禽铜镜1件，右臂部出土铜镯2件，右小腿置铁刀1件，头部出土绿松石珠饰2颗（图五）。

M114　长方形土坑竖穴墓，长1.25米，宽0.46米，深1.12米。方向304度。人骨仰身直肢，3岁左右。无任何随葬品，在其左上方距头骨23厘米处殉有羊头骨1个（图六）。

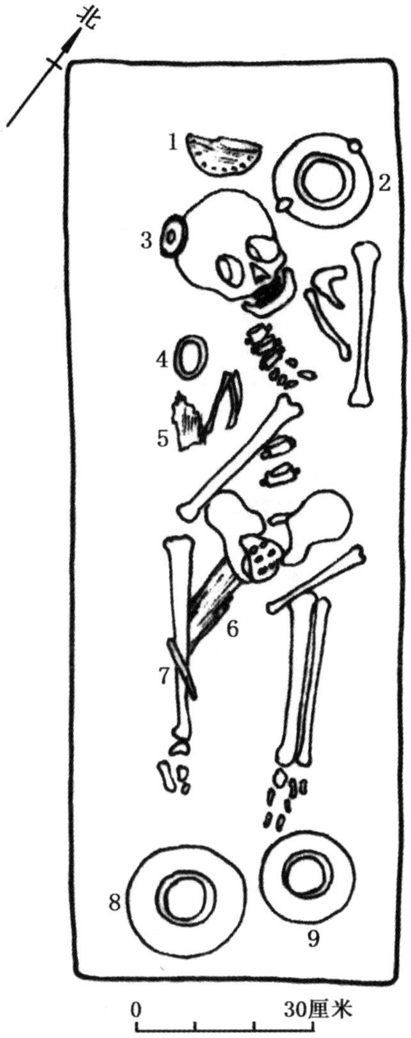

1.桦树皮器盖 2.双耳陶罐 3.铜镜 4.铜镯 5.丝织品残片
6.桦树皮 7.铁刀 8、9.泥质陶罐
图五 M113平面图

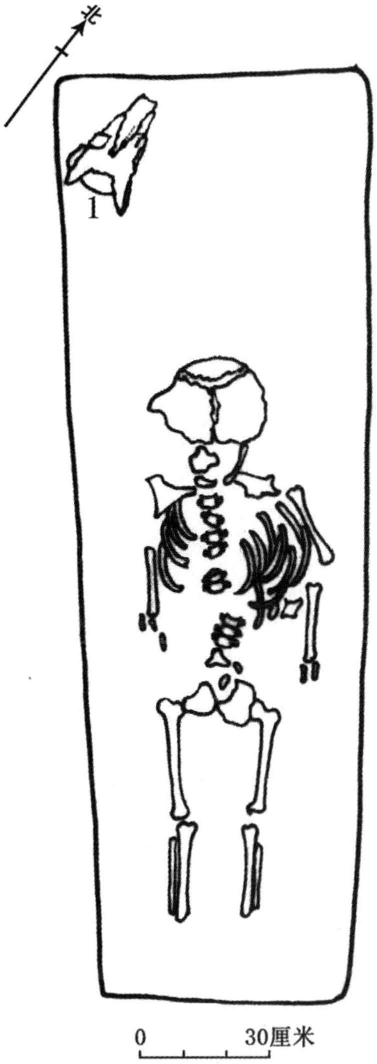

1.羊头骨
图六 M114平面图

M123 长方形土坑竖穴墓，长1.95米，宽0.47米，深2.1米。方向325度。内有人骨两具，均侧身直肢，为男、女合葬，男性35岁左右；女性40岁左右，胸部有扰乱迹象。墓内出土器物较少，在骨头上方随葬有夹砂陶罐1件，腰部出铁带饰1件，颈部出珠饰12颗（图七）。

M124 长方形土坑竖穴墓，长1.8米，宽0.58米，深1.46米。方向度309度。内有木棺，从残存的朽木来看，残长1.4米，大头宽0.53米，小头宽0.43米。棺内有人骨 1 具，仰身直肢，女性，16～18岁。盆骨以上全部盗扰，不见头骨。墓内随葬品较少，在颈部和手部各置残铁器1件，颈部有绿松石珠饰1颗（图八）。

1.夹砂陶罐 2.铁带饰 3.珠饰

图七 M123平面图

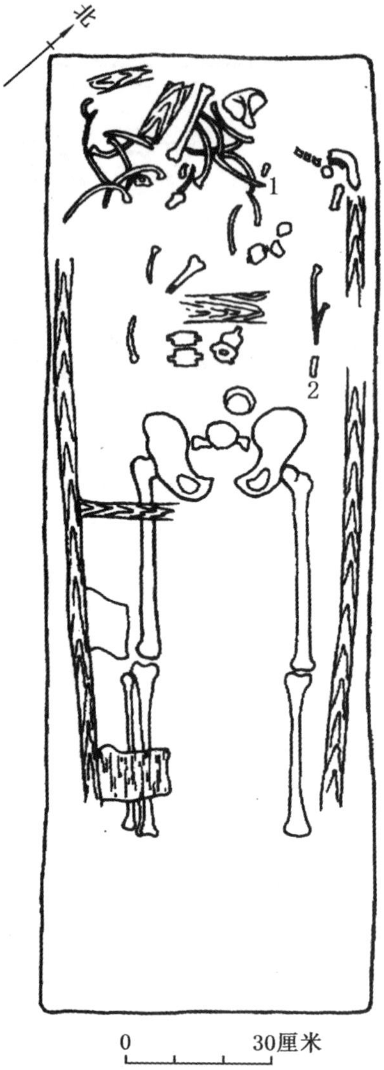

1.松石珠 2.铁刀

图八 M124平面图

三、随葬器物

三道湾墓地经发掘的25座墓葬，出土遗物223件；在清理被村民破坏的25座残墓时，将征集到的135件随葬品在盗墓者的指点下，按墓位做了编号；此外，还有41件因出土墓位不清，故按征集文物统一编号（HS83.2：1～41）。三者共计399件。随葬品分为陶器、铜器、铁器、金器、骨器、铜器、珠饰、桦树皮器及皮革、丝织品和漆器残片等。

（一）陶器

共29件。其中夹砂陶17件，一般器壁略厚，外壁大都有烟熏痕迹，呈黑色，个别呈灰色或红色；泥质陶12件，多为灰陶，个别红陶。夹砂陶所夹沙粒较细，少数器物似经淘洗；纹饰以素面为主，个别器壁表面磨光，颈部多饰指甲纹并有少量的刻划纹和附加堆纹；皆为手制，少量口部有轮修痕迹，火候较低且不均匀。泥质陶火候较高，质地坚硬；纹饰亦以素面为主，少量的上腹饰刻划纹和凹弦纹，均轮制。器型有夹砂罐、泥质罐、壶、杯等。现按其顺序分别描述。

1.夹砂罐

14件。分2型。

A型　5件。分4式。

Ⅰ式：1件。M14：1，直口，方圆唇，腹壁外敞并略有弧度，平底。口径12.3厘米，底径8.1厘米，高12.5厘米（图九，1）。

1.AⅠ式夹砂罐（M14：1）　2.AⅡ式夹砂罐（M105：1）　3.AⅢ式夹砂罐（M17：1）　4.AⅣ式夹砂罐（M111：1）　5、6.BⅠ式泥质罐（M2：3、M113：1）　7、8.BⅡ式泥质罐（M107：2、M11：1）　9.C型杯（M2：2）　10.BⅢ式泥质罐（M5：2）　11.A型壶（M103：1）　12.B型壶（M101：1）　13.C型壶（M119：1）　14.D型壶（M11：2）　15.A型杯（M102：1）　16.B型杯（M13：2）

图九　陶器

Ⅱ式：2件。直口微向外侈，方圆唇，腹壁略有弧度，平底微向内凹。M105：1，口径14厘米，底径8.2厘米，高20.5厘米（图九，2）。M123：22，残，口径15厘米。

Ⅲ式：1件。M17：1，侈口，圆唇，长圆腹，平底，口部饰戳刺纹1周。口径12.6厘米，底径9厘米，高13.8厘米（图九，3）。

Ⅳ式：1件。M111：1，残。侈口。圆唇，口部内侧呈圆弧形折角，腹壁有弧度，近口部饰戳刺纹两周。口径14.8厘米（图九，4）。

B型　9件。分7式。

Ⅰ式：1件。M13：1，直口微向外侈，圆唇，矮领，长圆腹，平底微向内凹，素面。口径7.3厘米，底径6.3厘米，高11厘米（图十，4）。

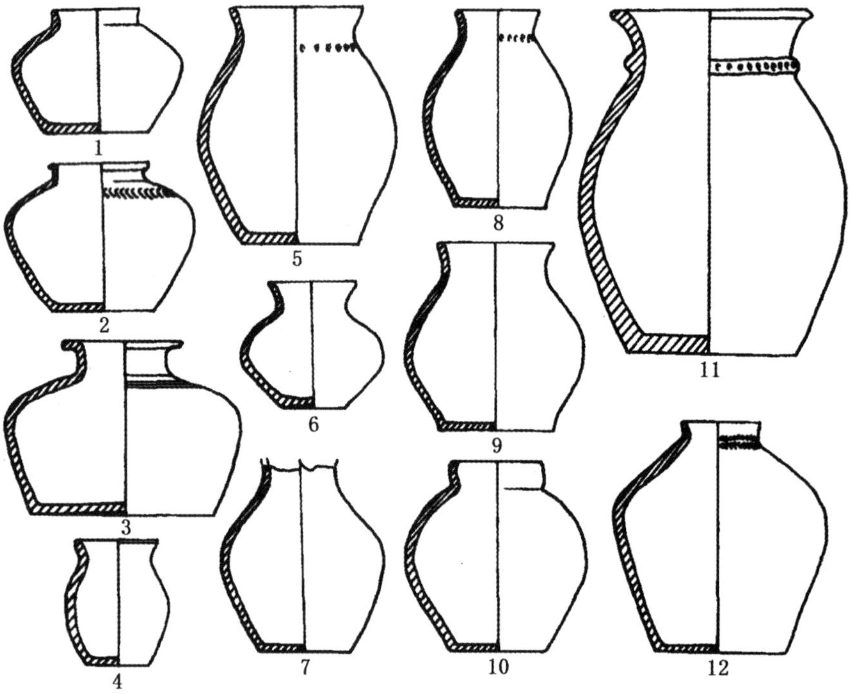

1.AⅠ式泥质罐（M113：3）　2.AⅡ式泥质罐（M12：1）　3.AⅢ式泥质罐（M113：2）　4.BⅠ式夹砂罐（M13：1）　5、8.BⅡ式夹砂罐（M107：1、M120：1）　6.BⅦ式夹砂罐（M3：1）　7.BⅢ式夹砂罐（M20：3）　9.BⅢ式夹砂罐（M6：1）　10.BⅥ式夹砂罐（M4：1）　11.BⅣ式夹砂罐（M4：1）　12.BⅤ式夹砂罐（M106：1）

图十　陶器

Ⅱ式：2件。侈口，圆唇，矮领，长圆腹，最大腹径位于中部，平底，颈部饰指甲纹1周。M120：1，口径7.4厘米，底径8厘米，高16.8厘米（图十，8）。M107：1，口径8厘米，底径7厘米，高14厘米（图十，5）。

Ⅲ式：2件。侈口，圆唇，矮领，圆腹，平底或平底微向内凹，素面。M6：1，口径10.2厘米，底径10.4厘米，高16.5厘米（图十，9）。M20：3，底径8.5厘米，残高16.3厘米（图十，7）。

Ⅳ式：1件。M1：1，侈口，圆唇，高领，圆腹，平底，颈部饰附加堆1周。口径9厘米，底径10.2厘米，高15.8厘米（图十，11）。

Ⅴ式：1件。M106：1，侈口，圆唇，矮领，鼓腹，最大腹径偏上，平底，颈部饰刻划纹两周。口径7厘米，底径12厘米，高20.4厘米（图十，12）。

Ⅵ式：1件。M4：1，直口，圆唇，矮领，领部略作弧形，鼓腹，最大腹径位于中部，平底，素面。口径8.2厘米，底径9厘米，高16.8厘米（图十，10）。

Ⅶ式：1件。M3：1，侈口，圆唇，矮领，鼓腹，最大腹径位于中部，平底内凹，素面。口径8厘米，底径6厘米，高11.2厘米（图十，6）。

2.泥质罐

8件。分2型。

A型　3件。分3式。

Ⅰ式：1件。M113：3，直口微向外侈，方唇，矮领，溜肩，扁圆腹，平底，素面。口径8.2厘米，底径9厘米，高11厘米（图十，1）。

Ⅱ式：1件。M12：1，直口，尖圆唇，唇部微外折，矮领，鼓腹，最大腹径偏上，平底，外壁上腹饰压印纹1周。口径9厘米，底径9.5厘米，高13.2厘米（图十，2）。

Ⅲ式：1件。M113：2，直口，方唇，沿外折，沿面作平面，短颈，鼓腹，最大腹径偏上，腹部有明显接筑之痕迹，平底微内凹，素面。口径10.6厘米，底径16厘米，高15.4厘米（图十，3）。

B型　5件。分3式。

Ⅰ式：2件。直口，方唇，短颈，溜肩，鼓腹，最大腹径略偏上，肩部置对称环状耳1对，平底，素面。M2：3，口径10.8厘米，底径15厘米，高22.1厘米（图九，5）。M113：1，口径8.8厘米，底径10.2厘米，高15.2厘米（图九，6）。

Ⅱ式：2件。侈口，方唇，短颈，溜肩，最大腹径偏上，肩部置对称半圆形耳，小平底。M107：2，肩部饰不规则的刻划纹1周，口径5.7厘米，底径5.5厘米，高9.2厘米（图九，7）。M11：1，素面，口径4.5厘米，底径4.5厘米，高8.2厘米（图九，8）。

Ⅲ式：1件（M5：2）。直口，方唇，短颈，溜肩，最大腹径偏上，肩部置对称半圆形耳，小平底，素面。口径5.4厘米，底径5.5厘米，高10厘米（图九，10）。

3.壶

4件。分4型。

A型　1件。M103：1，喇叭口，方唇，高领，圆腹，最大腹径居中，小平底，领部饰两周不规则的戳刺纹。口径12.5厘米，底径9厘米，高27.7厘米（图九，11）。

B型　1件。M101：1，盘口，方圆唇，细长颈，扁腹，下腹束腰状，假圈足，素面。口径13厘米，底径14.2厘米，高27厘米（图九，12）。

C型　1件。M119：1，直口微向外侈，细颈，鼓腹，平底，上腹饰两道较细的凹弦纹。口径4.8厘米，底径6厘米，高12.5厘米（图九，13）。

D型　1件。M11：2，喇叭口，方圆唇，短颈，器身作扁圆形，上腹置对称双耳，外部呈弧形，里边平直，平底，素面。口径3.8厘米，最大腹径8.5厘米×6.2厘米，底径5厘米×3厘米，高8.6厘米（图九，14）。

4.杯

3件。分3型。

A型　1件。M102：1，敛口，圆唇，长圆腹，上腹一侧饰一乳钉，圈足，内底作圜底，素面。口径5.5厘米，底径5.4厘米，高8.2厘米（图九，15）。

B型　1件。M13：2，侈口，圆唇，斜直腹，平底，素面。口径5.8厘米，底径3.5厘米，高3.8厘米（图九，16）。

C型　1件（M2：2）。敛口，圆唇，长圆腹，小腹有小圆孔，平底，泥质红陶，素面。口径3.4

厘米，底径2.4厘米，高5.6厘米（图九，9）。

（二）铜器

1.牌饰

4件。

双马纹牌饰　1件。M5：3，正面弧形凸出，背凹进；马呈跪卧状，蹄、尾连成一体成为牌饰的底边，头部饰有一圆形冠；马背之上站立近似的小马，两尾相连，作为牌饰的另一边，背有双拱纽。长6.5厘米，高4.9厘米（图十一，1）。

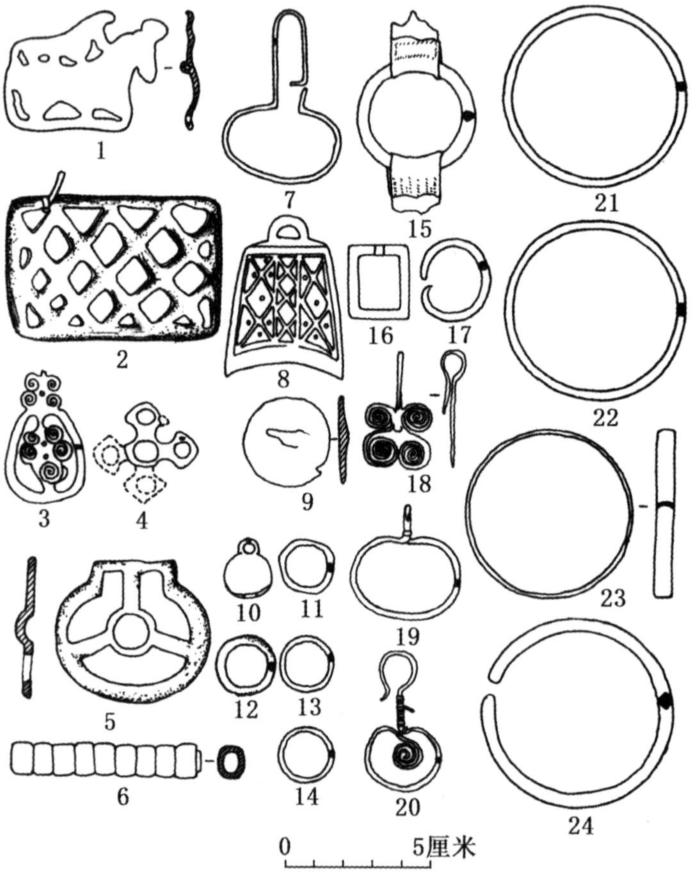

1.双马纹牌饰（M5：3）　2. 网格纹牌饰（M110：4）　3.盘旋纹牌饰（M104：8）　4.柿蒂纹牌饰（M16：1）　5.A型带扣（M15：5）　6.串珠（M23）　7.B型带扣（M113：7）　8.A型铃（M8：1）　9.泡饰（M5：4）　10.B型铃（M2：31）　11.A型戒指（M6：5）　12.C型杯（M102：6）　13.B型戒指（M104：3）　14.C型戒指（M15：3）　15.A型环（M102：2）　16.B型环（M102：4）　17.A型耳坠（M15：6）　18.B型耳坠（M104：5）　19.C型耳坠（M122：4）　20.D型耳坠（M121：9）　21.B型镯（M109：6）　22.C型镯（M6：3）　23.A型镯（M113：9）　24.D型镯（M23：1）

图十一　铜器

网格纹牌饰　1件。M110：4，圆角长方形，透雕状，图案呈网格纹。四角均用皮条栓系，有明显的磨痕。长8.5厘米，宽5.5厘米（图十一，2）。

盘旋纹牌饰　1件。M104：8，主体为椭圆形圈，圈中有一近似桃形的浮雕筒片，上饰5组盘旋纹，上面4组呈对称状、间饰乳钉纹两个；圈上为一方形铜片，上饰4组浮雕盘旋纹，中间有一乳钉。长5.3厘米，宽1.4~2.9厘米（图十一，3）。

柿蒂纹牌饰　1件。M16：1，从残存的1/2看，由中心向四面对称延伸出4个柿蒂形叶，在中部和每个柿蒂中心呈半圆状凸起并有小圆孔。残长3.5厘米（图十一，4）。

2.带扣

2件。分2型。

A型　1件。M15：5，平面呈马蹄形，中部凸起一圆形乳钉并做三等分。长6.2厘米，宽5.5厘米（图十一，5）。

B型　1件。M113：7，用0.2厘米的铜丝制成，平面呈“凸”字形，下部为一较大的椭圆形，上面呈长条状并在一侧偏下留有缺口。长6.7厘米，宽1.5~4.3厘米（图十一，7）。

3.铃

3件。分2型。

A型　1件。M8：1，环形纽，平面近似梯形，下边圆弧，椭圆形口，纽下有一系铃舌之小孔，不见铃舌；铃体饰有相同的网格纹，分3组，中间窄、两边宽；两边网格内间饰小乳钉，上半部各有一小圆孔。高6.4厘米，口径4.6厘米（图十一，8）。

B型　1件。M8：1，环形纽，平面近似梯形，下边圆弧，椭圆形口，纽下有一击铃珠。M2：31，高2.4厘米，铃身直径2厘米（图十一，10）。

4.泡饰

1件。M5：4，圆饼状，中间微鼓，较粗糙，纽残缺。直径3.6厘米，厚0.15厘米（图十一，9）。

5.环

6件。分3型。

A型　2件。圆形，横截面呈弧边三角形，用宽2厘米的皮条连接。M102：2，直径4.6厘米（图十一，15）。

B型　2件。方形，横截面呈扁圆形，有皮条连接痕迹。M102：4，长3厘米，宽24厘米（图十一，16）。

C型　2件。圆形，横截面呈圆形。M102：6，直径2.3厘米（图十一，12）。

6.镯

21件。分4型。

A型　3件。体较宽，横截面呈扁平状，外缘略有弧度。M113：9，直径7.4厘米，宽0.7厘米（图十一，23）。

B型　11件。横截面近似椭圆形。M109：6，直径7厘米，截面径0.5厘米（图十一，21）。

C型　6件。横截面呈圆形。M6：3，直径6.2厘米，截面径0.25厘米（图十一，22）。

D型　1件。M23：1，横截面呈菱形，留有一口。直径7.2厘米（图十一，24）。

7.耳坠

6件。分4型。

A型　2件。用一端尖细、一端平粗的铜丝制成圆形，留有缺口。M15：6，环径3.3厘米，最大截面径0.25厘米（图十一，17）。

B型　1件。M104：5，用0.1厘米的铜片剪成，上面为小圆形弯钩，下部为对称的4个盘旋状花饰。长4.4厘米（图十一，18）。

C型　1件。M122：4，用两端尖细、中间略粗的铜丝弯成，上部为小圆形弯沟，下部为大椭圆环。长4.4厘米，环径4.3厘米×3.4厘米（图十一，19）。

D型　2件。用两端尖细、中间略粗的铜丝弯成。下部为圆环，环内有一盘旋状花饰，由环向上1.5厘米弯成一圆形钩，环的接口处和颈部用0.1厘米的铜丝缠绕，至中部相交会并在一侧呈一不规则的小圆圈。M121：9，长5.4厘米，环径2.9厘米×2.6厘米（图十一，20）。

8.戒指

9件。分3型。

A型　1件。M6：5，内圆，外呈不规则的六边形，加工粗糙，横截面近似椭圆形。直径2.1厘米，截面径0.3厘米×0.5厘米（图十一，11）。

B型　2件。圆形，横截面呈扁圆形。M104：8，直径2厘米，截面径0.35厘米×0.1厘米（图十一，13）。

C型　6件。圆形，横截面呈椭圆形。M15：3，直径2.1厘米，截面径0.25厘米×0.15厘米（图十一，14）。

9.串珠

20枚，其中M23出土19枚。外壁略有弧度，中空，内穿皮绳，大小两种。大珠直径1.4厘米，高0.8厘米；小珠直径1.2厘米，高0.7厘米（图十一，6）。

10.“五铢”钱

7枚。钱径2.4~2.55厘米。钱文“五”字交叉两笔弯曲；“铢”字的“金”字头为三角形，“朱”字头部基本方折，字迹较清晰。穿大小不一（图十二）。

1.M115：15　2.M110：30　3.M115：31　4.M17：3

图十二　“五铢”钱拓本

（三）铁器

1.剑

2件。M102：31，剑身细长，中起脊，横截面呈菱形，有格，扁圆茎，外有朽木痕迹。剑柄中间有一球形铜饰，中空，上、下各饰9个扁铜圈，用两根较宽的皮条穿起。通长56.5厘米，剑身长36厘米，茎长9厘米，柄长11.5厘米（图十三，1）。M122：20，严重残缺，仅存剑身，残长40厘米。

2.矛

1件。M102：28，出土于人骨右侧，可复原。矛头为扁柳叶形，骹口呈圆形，中空；柲为木质；柲端有铁镦，镦体细长并有锋尖，横截面呈圆形。全长171.5厘米，矛头长31.5厘米，柲长122厘米，镦长18厘米，骹口径2厘米（图十三，6）。

3.刀

17件。分2型。

A型　2件。M102：30，仅存身部，后脊，剖面呈三角形，有朽木痕迹。残长33.5厘米（图十三，2）。

B型　15件。分2式。

Ⅰ式：5件。刀柄较短，至端部变窄，弧背凹刃，刃背与柄背无明显分界，双面刃。M105：7，残长18.5厘米，柄长5.2厘米，刃宽2.2厘米，柄宽1.5～0.4厘米。M113：8，残长14.5厘米，柄长4.3厘米，刃宽1.5厘米（图十三，3）。

Ⅱ式：10件，均残。刀柄为扁条形，刀身平直，由尖部开始逐渐变宽，柄与身界线明确，双面刃。M115：11，残长11厘米，刃宽1.5～2厘米（图十三，4）。

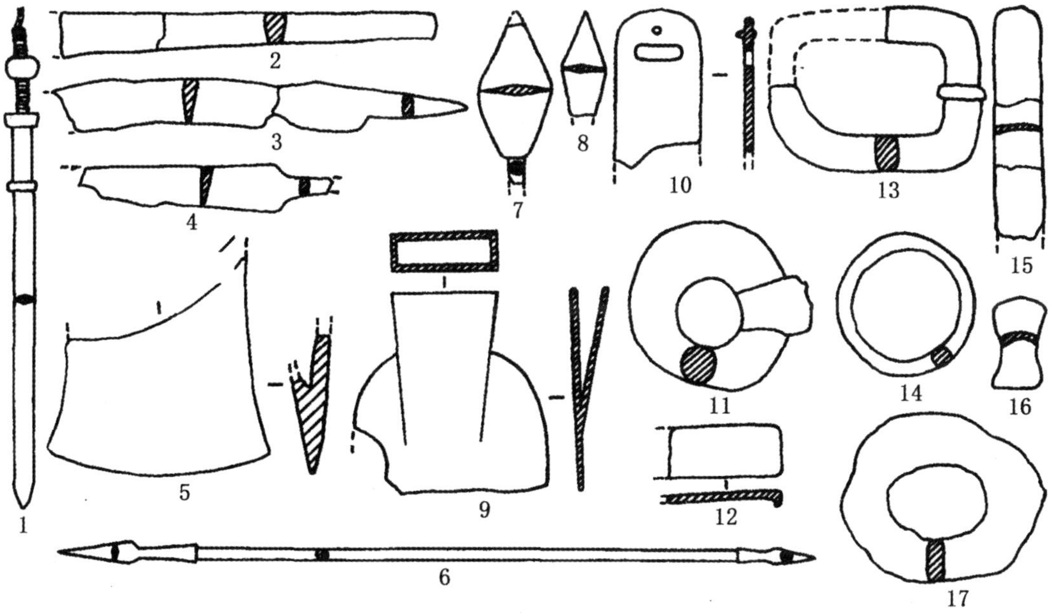

1.剑（M102：31）　2.A型刀（M102：30）　3.BⅠ式刀（M113：8）　4.BⅡ式刀（M115：11）　5.斧（M2：9）　6.矛（M102：28）　7.A型镞（M21：5）　8.B型镞（M102：35）　9.铲（M102：3）　10.带銙（M123：1）　11、14.A型环（M102：21、M106：5）　12.B型饰片（M109：10）　13.带扣（M103：2）　15.A型饰片（M1109：3）　16.C型饰片（M102：34）　17.B型环（M102：29）

图十三　铁器

4.斧

1件。M2：9，残。长条形，双面刃，刃部呈弧形，斧身由刃向上渐收，长方形銎。残高9.6厘米，刃宽9.6厘米（图十三，5）。

5.铲

1件。M102：3，残。长方形銎，圆肩，平刃。高9厘米（图十三，9）。

6.镞

7件。分2型。

A型　5件，残。平面呈菱形，叶较宽，横截面呈扁平状，铤身界线不明，铤横截面呈圆形，上有木痕。M21：5，残长7厘米（图十三，7）。

B型　2件，残。体较瘦长，平面呈菱形，横截面为扁平状。M102：35，残长4.8厘米（图十三，8）。

7.带銙

1件。M123：1，残。长条形，端部圆弧，两边平直，近端部有一长方形穿，其间有一小圆钉。残长7.2厘米，宽4厘米，穿长2.4厘米，宽3.7厘米（图十三，10）。

8.带扣

1件。M103：2，残。长方形，横截面呈方形。长4.8厘米，宽3.7厘米（图十三，13）。

9.环

15件。分2型。

A型　11件。圆形，横截面为圆形，有的上饰一扁铁片。M102：21，直径3.6厘米，截面径0.8厘米（图十三，11）。M106：5，直径3厘米，截面径0.3厘米（图十三，14）。

B型　4件。平面为不规则的圆形，横截面呈扁平状。M102：29，直径4.5厘米（图十三，17）。

10.饰片

7件。分3型。

A型　4件。均残，长条形。端部呈圆弧状，两边平直，内有朽木痕迹。M109：3，残长10.4厘米，宽2.3厘米（图十三，15）。

B型　2件。均残，长条形。端部圆弧并弯曲，两边平直，内有朽木痕迹。M109：10，残长5.1厘米，宽2.4厘米（图十三，12）。

C型　1件。M102：34，两段圆弧，中部收束，较粗糙。长4厘米（图十三，16）。

（四）金器

1.双马纹牌饰

2件。正面弧形凸出，背凹进，半浮雕状。马呈跪卧状，尾与腿连成底边与后边框，头部饰一圆形冠饰；马背之上站立一近似的小马；两马颈部及冠饰边缘饰压印纹1周。M15：1，长6.5厘米，高5厘米（图十四，1）。M2：5，鎏金，残长6.5厘米，残高3.6厘米（图十四，2）。

2.单马纹牌饰

1件。M17：1，残，正面微凸，背略凹，马呈站立状，略显肥胖，头部较小并饰一较大的椭圆形冠饰，边缘有剪刀痕，制作较粗。长4.6厘米，残高3.7厘米（图十四，3）。

3.三鹿纹牌饰

1件。M2：32，仅存1/2。长方形，正面弧形凸出，背凹进，透雕。鹿并排回首伫立，体态丰腴，镂孔基本为长方形，边框上饰压印纹两周。残长4.8厘米，高5.2厘米（图十四，5）。

4.双鹿纹牌饰

1件。M20：1，鹿身弧形凸出，透雕式。两鹿对鸣状伫立，腿细长，两鹿间有5个圆形镂孔，鹿角相连，近缘处嵌饰麻点状凹坑，边框饰压印纹1周。长7.1厘米，高5.3厘米（图十四，8）。

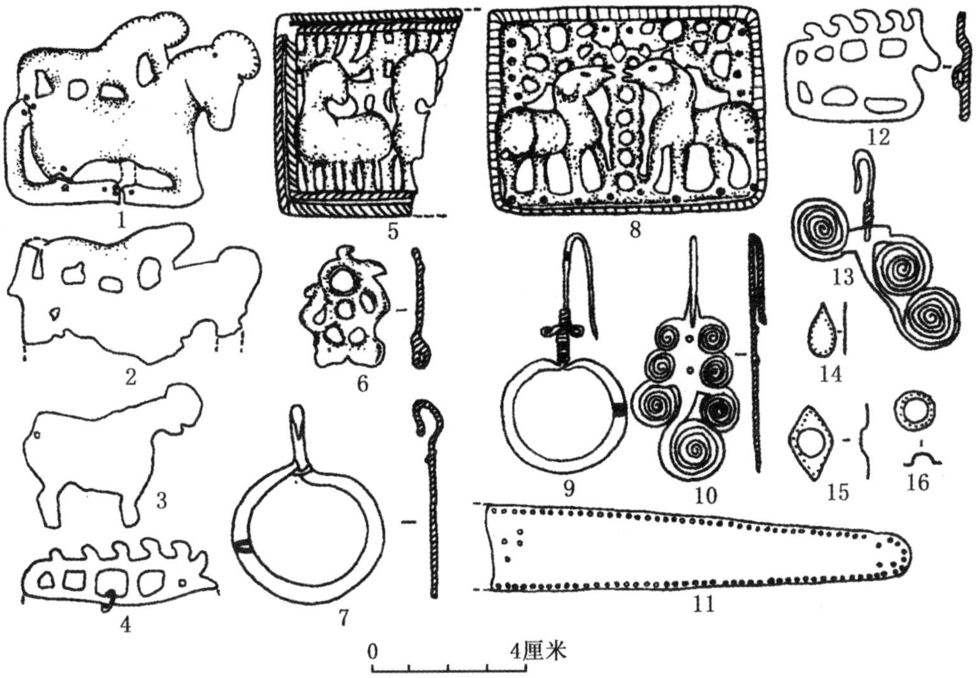

1、2.双马纹牌饰（M15：1、M2：5） 3.单马纹牌饰（M17：1） 4.B型单鹿纹牌饰（M122：2） 5.三鹿纹牌饰（M2：32） 6.驼形牌饰（M110：1） 7.带钩（M110：3） 8.双鹿纹牌饰（M20：1） 9.耳坠（M9：2） 10、13.花饰（M20：2、M110：27） 11.片饰（M2：1） 12.A型单鹿纹牌饰（M122：1） 14.C型包饰（M118：5） 15.B型泡饰（M118：3） 16.A型泡饰（M118：7）

图十四　金器

5.单鹿纹牌饰

2件。分2型。

A型　1件。M122：1，包金。透雕式，鹿呈跪卧状，腿尾相连成为后边与下边框，鹿角变形向后与鹿背相连，背有两个双拱纽。长4厘米，高2.9厘米（图十四，12）。

B型　1件。M122：2，仅存上半部。鹿角变形向后与背部相连，中部有一小圆环。长5.1厘米，残高1.7厘米（图十四，4）。

6.驼形牌饰

2件，均M110出土，形制相同。呈昂首伫立状，底边背部有拱纽两个。M110：1、M110：2，长2.2厘米，高3.1厘米（图十四，6）。

7.片饰

1件。M2：1，残。上宽下窄，端部呈圆形，边缘饰圈点纹1周。残长11厘米，宽1.1～2.2厘米，高3.1厘米（图十四，6）。

8.片饰

1件。M2：1，残。上宽下窄，端部呈圆形，边缘饰圈点纹1周。残长11厘米，宽1.1～2.2厘米（图十四，11）。

9.带钩

1件。M110：3，用两端尖细、中间宽的扁平条弯成（图十四，7）。

10.耳坠

4件。用两端尖细、中间略粗的铜丝弯成，下部为一大圆环，上部为圆形钩，环的接口处和颈上部用0.1厘米的金丝缠绕，相交处呈两个小圆环。有鎏金、包金两种。M9：2，长6.2厘米，环径3.3厘米（图十四，9）。M122：3，长6.8厘米，环径3.8厘米。

11.花饰

3件。用厚0.1厘米的金片剪成，厚处剪成圆形弯钩，薄处剪成3～7个不等的盘旋状圆形花饰，有的中间饰麻点纹两个。M110：27，长5.3厘米（图十四，13）。M20：2，长6.3厘米（图十四，10）。

12.泡饰

11件，均M118出土。分3型。

A型　7件。圆形，正面圆鼓，背凹入，周边饰圆点纹，有4个小钉孔。M118：7，直径1.1厘米（图十四，16）。

B型　2件。菱形，正面圆鼓，背凹入，周边饰圆点纹，有两个小钉孔。M118：3，长1.9厘米，宽1.1厘米（图十四，15）。

C型　2件。桃形，周边饰圆点纹，有3个小钉孔。M118：5，长1.4厘米（图十四，14）。

（五）骨器

1.弓弭

14件。分3式。

Ⅰ式：3件，均M119出土。平面呈长条形，弭身较直，略有弧度，顶端呈方形圆角，近端部磨有一缺口，由上至下渐细，大多在上端钻有一小圆孔。整个器壁略显轻薄，表面磨制光滑，呈弧形，背较平整，无精细加工痕迹。M119：4，残长13.5厘米，端部宽1.5厘米（图十五，1）。

Ⅱ式：10件。弭身细长，呈弧形弯曲，顶端呈半圆形，近端部磨有一半圆形缺口并有明显的使用痕迹，由上至下渐细，方圆头，有的近端部钻有一小圆孔。器壁正面磨制光滑，呈圆弧形，亦有的在弧内侧有一折棱；背面为平面或弧面，较粗糙。M121：6，残长16厘米，顶端宽2.5厘米（图十五，2）。

Ⅲ式：1件（M102：7），残。弭身细长，呈弧形弯曲，顶端呈尖圆状，近端部磨有一近似方形的缺口，由上至下渐细。器壁正面精细光滑，背较粗糙，横截面略呈弧形。残长15.2厘米，端宽1.8厘米（图十五，3）。

2.牌饰

11件，皆M102出土。圆形，上部平直，中部和上端各有一椭圆形穿孔且两孔相通；正面略鼓，上饰圈点纹1周，多少不一，多者11个，少则7个。两孔相通处两侧各饰一小圈点纹，背较平整；上孔残存有铁锈痕迹。直径3.3～4厘米，厚0.45～0.6厘米。根据不同纹饰可分为4型。

A型　7件。M102：5，除了圈点纹，无其他装饰（图十五，4）。

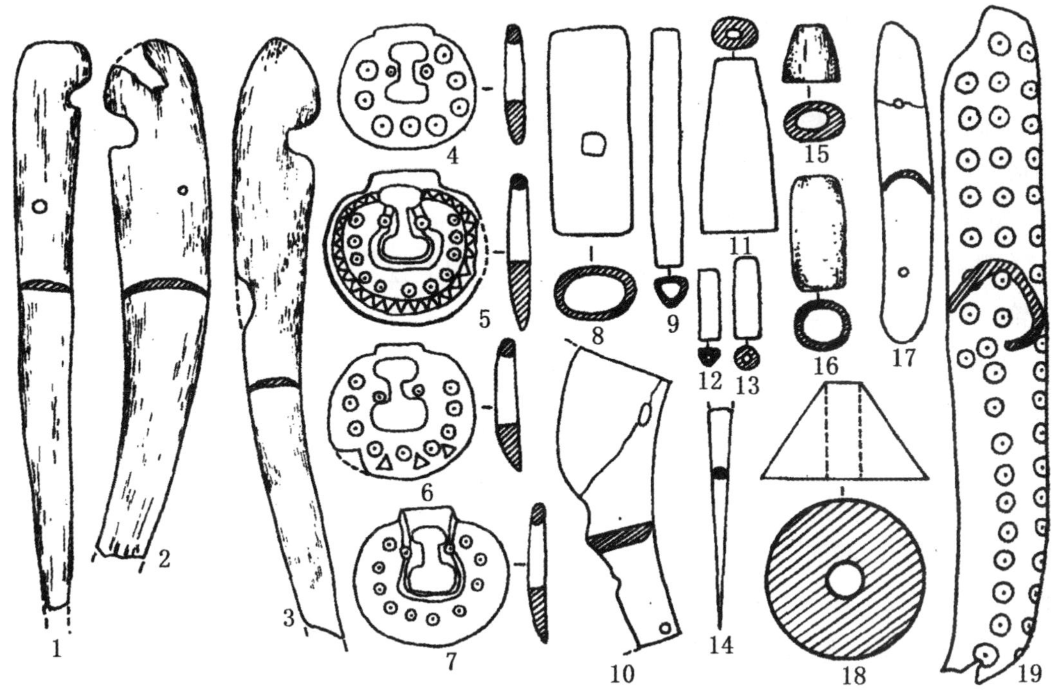

1.Ⅰ式弓弭（M119：4）　2. Ⅱ式弓弭（M121：6）　3.Ⅲ式弓弭（M102：7）　4.A型牌饰（M102：15）　5.B型牌饰（M102：10）　6.C型牌饰（M102：12）　7.D型牌饰（M102：13）　8.C型管状器（M125：2）　9.A型管状器（M102：8）　10.B型弧形片状器（M25：1）　11.铃舌（M8：3）　12、13.B型珠饰（M102：36、M110：12）　14.锥（M2：40）　15.A型珠饰（M14：7）　16.B型管状器（M122：6）　17.A型弧形片状器（M111：3）　18.纺轮（M109：2）　19.角形器（M24：1）

图十五　骨器

B型　2件。M102：10，在圈点纹内，外侧均刻有两条平行的凹纹，其内饰三角纹（图十五，5）。

C型　1件。M102：12，在圈点纹下端外侧嵌饰三角纹（图十五，6）。

D型　1件。M102：13，沿两穿孔饰两道平行凹纹（图十五，7）。

3.管状器

5件。分3型。

A型　1件。M102：8，管壁较薄，略有弧度，横截面呈不规则圆形。表面磨制光滑，管内残留有木质物。长11.6厘米，直径1.4厘米（图十五，9）。

B型　2件。器身较直，两端呈收束状，器壁较厚，横截面呈圆形。M122：6，长5.6厘米，直径2.6厘米（图十五，16）。

C型　2件。用大动物骨骼加工而成，圆柱体状，器壁厚重，粗糙，中部对穿一方孔，横截面呈椭圆形。M125：2，长10厘米，直径4厘米×2.7厘米（图十五，8）。

4.弧形片状器

5件。分2型。

A型　4件。片状长条形，略有弧度，两端呈圆弧形，器壁较薄，上下各钻一小圆孔，横截面呈弧形。正面磨制精细，背较粗糙。M111：3，长23.7厘米，宽3.2厘米（图十五，17）。

B型　1件。M25：1，残。一侧呈弧形弯曲，两头平齐，上端钻一椭圆形孔，下端钻一小圆孔。表面磨制精细，背粗糙。长13.7厘米，厚5.5厘米（图十五，10）。

5.角形器

1件。M24：1，残。用动物肢骨做成，纵向剖去一面，呈凹槽状并呈弧形弯曲。器壁薄厚不均，表面有排列整齐、密集的圈点纹。残长16.5厘米（图十五，19）。

6.纺轮

1件。M109：2，圆锥体，中间有1个0.8厘米的圆孔，平底，磨制精细。高2.4厘米，底径4厘米（图十五，18）。

7.铃舌

1件。M8：3，柱状体，上细下粗，中竖穿一孔，表面用刀削成10个宽窄不匀的小平面，较粗糙，两端有铜绿锈，横截面呈椭圆形。长4.3厘米，底径1.9厘米×1.5厘米（图十五，11）。

8.锥

1件。M2：40，残。锥体呈不规则的五边形，尖部锋利。残长5.4厘米（图十五，14）。

9.珠饰

4件。分2型。

A型　1件。M14：7，近似圆锥体，底呈椭圆形，中穿孔，壁器由上至下渐薄。长1.23厘米，底径1.4×1厘米（图十五，15）。

B型　3件。管状，横截面呈圆形或三角形，竖穿一孔，表面磨制精细。M102：36，圆形，长2厘米，直径0.6厘米（图十五，12）。M110：12，三角形，长1.8厘米，边长0.5厘米（图十五，13）。

（六）铜镜

11件，均残。

1.素面镜

1件。M17：2，镜内呈平面，边缘较宽，呈圆弧形微凸，缺纽。直径18.7厘米，缘厚0.25厘米。

2.“长宜子孙”镜

3件。分3型。

A型　1件。M15：4，镜面呈平面，圆纽，四蝠叶纹纽座，蝠叶间嵌饰“长宜子孙”四字。内区饰内向八连弧纹，纽座与连弧纹间饰凸弦纹，连弧间嵌饰“L”符号。外区饰云雷纹。两边饰栉齿纹，素宽缘。直径10厘米，缘宽0.45厘米（图十六，8）。

B型　1件。M104：1，镜面略呈弧面，圆纽，圆纽座。由纽座伸出4个对称的蝙蝠形叶，将内区分为四区，其间嵌饰“长宜子孙”四字，饰内向八连弧纹，弧线平直，素宽缘。直径10.5厘米，缘厚0.2厘米（图十六，9）。

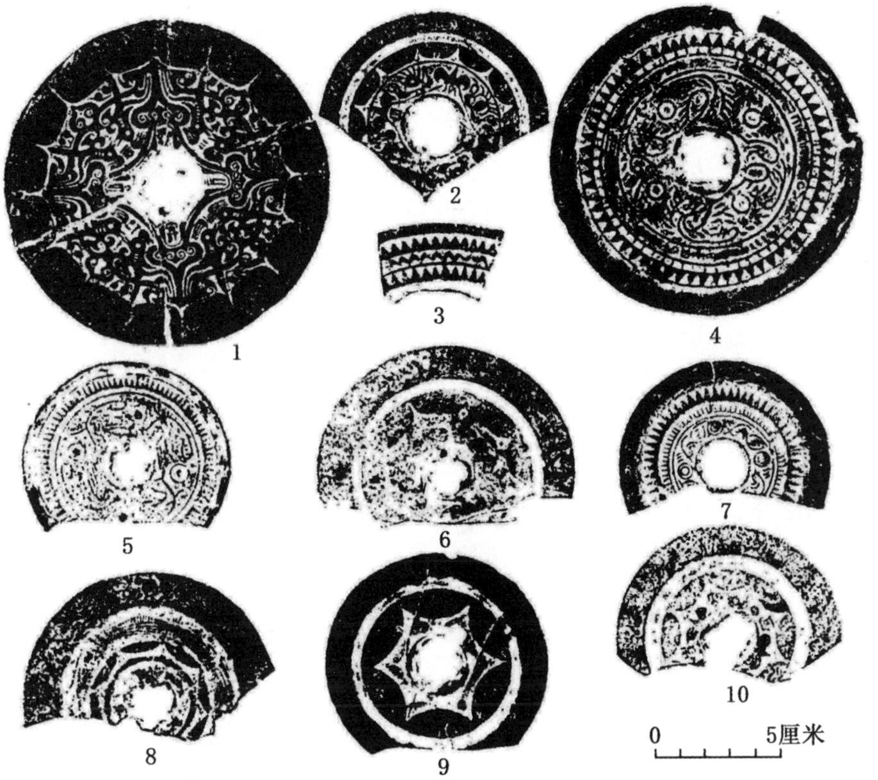

1.A型“位至三公”镜（M118：13） 2.B型“位至三公”镜（M2：6） 3.规矩纹镜（M2：39） 4.A型四乳四禽镜（M22：1） 5.B型四乳四禽镜（M113：4） 6.连弧纹镜（M1：2） 7.C型四乳四禽镜（M16：2） 8.A型“长宜子孙”镜（M15：4） 9.B型“长宜子孙”镜（M104：1） 10.C型“长宜子孙”镜（M11：3）

图十六 铜镜

C型 1件。M11：3，镜面略呈弧面，圆纽，四蝠形叶纽座，内区饰内向八连弧纹，蝠叶间有镜铭“长宜子孙”四字，素宽缘。直径9.2厘米，缘厚0.25厘米（图十六，10）。

3.连弧纹镜

1件。M1：2，镜面呈平面，圆弧，圆纽座，内区饰内向六弧纹，素宽缘。直径9.5厘米，缘厚0.35厘米（图十六，6）。

4.“位至三公”镜

2件。分2型。

A型 1件。M118：13，镜面呈弧面，兽纽，区间有对称变形蝙蝠形四叶纹，分为四区。每区内均有一对秀美的双凤纹，双凤头饰高冠，呈相吻状，其间嵌饰镜铭“长宜子孙 位至三公”八字。边缘为内向连弧纹，弧线平直。直径13.5厘米，缘厚0.3厘米（图十六，1）。

B型 1件。M2：6，镜面略呈弧面，圆纽，圆纽座。内区饰变形蝙蝠形四叶纹，分为四区。每区饰一变形之兽首纹，近纽座处嵌饰“位至三公”四字。外区饰内向连弧纹，素宽缘。直径9.5厘米，缘厚0.25厘米（图十六，2）。

5.四乳四禽镜

3件。分3型。

A型 1件。M22：1，镜面略呈弧面，圆纽，圆纽座。内区置四重圈乳，四乳间配置一回首翘立、展翅欲飞的禽鸟。外区饰栉齿纹和锯齿纹各1周。两区间有“长宜子孙　位至三公”的镜铭。边缘呈三角形。直径12.1厘米，缘厚0.4厘米（图十六，4）。

B型　1件。M113：4，镜面略呈弧形，圆纽、圆纽座。内区置4个对称重圈乳钉纹并配以飞鸟，近边缘饰锯齿纹1周，边缘为三角缘。直径8.4厘米，缘厚0.4厘米（图十六，5）。

C型　1件。M16：2，镜面略呈弧面，圆纽，圆纽座。内区置对称重圈纹4个并分为四区，每区内饰一飞鸟，外区饰栉齿纹和锯齿纹各1周，边缘作三角缘。直径8.5厘米，缘厚0.55厘米（图十六，7）。

6.规矩纹镜

1件。M2：39，仅存边缘部分，窄平缘，其内饰锯齿纹两周，间饰水波纹1周。缘厚0.55厘米（图十六，3）。

（七）石、玛瑙珠饰

1.绿松石珠饰

67件。分8型。

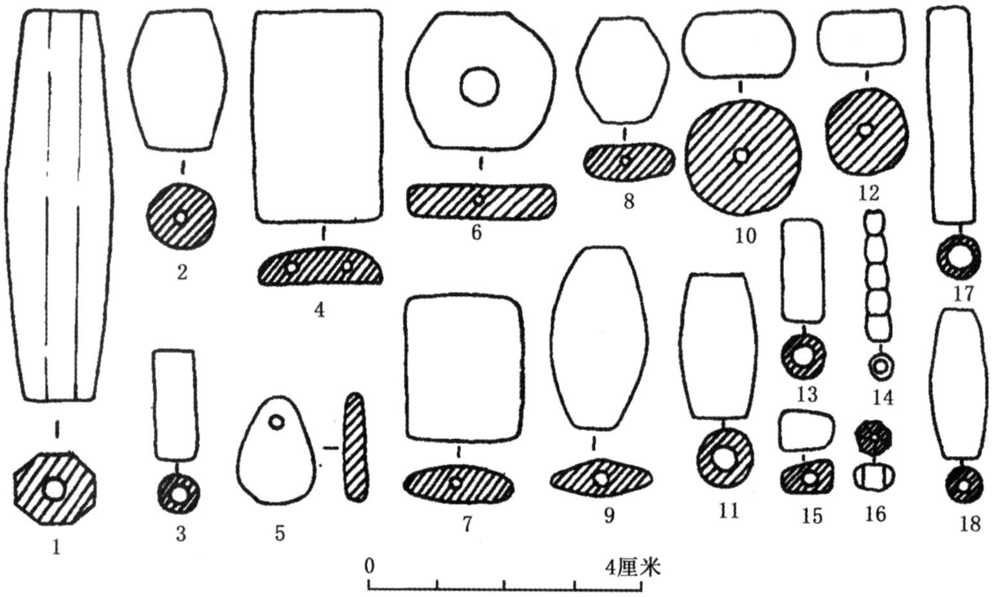

1.A型绿松石珠饰（H6：7）　2.B型绿松石珠饰（H115：2）　3.C型绿松石珠饰（M110：11）　4、7.D型绿松石珠饰（M110：7、M22：2）　5.H型绿松石珠饰（M119：8）　6.E型绿松石珠饰（M113：10）　8.G型绿松石珠饰（M2：38）　9.F型绿松石珠饰（M109：11）　10.A型玛瑙珠饰（M102：27）　11.C型玛瑙珠饰（M123：12）　12.水晶珠饰（M101：3）　13.B型玛瑙珠饰（M6：11）　14.A型石珠（M123：13）　15.B型石珠（M107：5）　16.D型玛瑙珠饰（M9：14）　17.C型石珠（M110：10）　18.D型石珠（M123：9）

图十七　石、玛瑙珠饰

A型　1件。M6：7，中间微鼓，两端略收，竖穿一孔，横截面呈八边形，翠绿色。长5.8厘米，直径1.2～1.65厘米（图十七，1）。

B型　5件。圆形，中间微鼓，两端略收，竖穿一孔，翠绿色。M115：2，长2.2厘米，直径

1.2～1.8厘米（图十七，2）。

C型　29件。圆管形，竖穿一孔，淡绿色。M110：11，长1.6厘米，直径0.6厘米（图十七，3）。

D型　25件。扁体长方形，竖穿一孔或两孔，多为两面微鼓，个别一面微鼓，一面较平，翠绿色。M110：7，长2.1厘米，宽1.7厘米（图十七，4）。M22：2，长3.1厘米，宽1.9厘米（图十七，7）。

E型　2件。扁平，两端平齐，两边圆弧，中间有一圆孔，竖穿一孔，翠绿色。M113：10，直径1.8厘米×2.1厘米，厚0.45厘米（图十七，6）。

F型　2件。扁体橄榄形，两面均有不明显的脊，竖穿一孔，浅绿色。M109：11，长2厘米，宽0.6～1.4厘米（图十七，9）。

G型　1件。M2：38，扁体六边形，竖穿一孔，淡绿色。长1.4厘米，宽0.3～0.7厘米（图十七，8）。

H型　2件。扁体葫芦形，上端有一圆孔，翠绿色。M119：8，长1.6厘米，宽1.1厘米（图十七，5）。

2.玛瑙珠饰

14件。分4型。

A型　8件。扁圆形，加工较粗糙，中穿孔，有红、橘红、黄等色，大小不一。M102：27，直径1.8厘米（图十七，10）。

B型　2件。圆管状，竖穿一孔，红色。M6：11，长1.5厘米，直径0.6厘米（图十七，13）。

C型　2件。圆形，中间微鼓，竖穿一孔。M123：12，长2.1厘米，直径0.8～1厘米（图十七，11）。

D型　2件。扁体多棱形。有五面和七面两种，竖穿一孔，橘红色。M9：14，直径0.6厘米（图十七，16）。

3.琥珀珠饰

1件。M15：12，方管形，竖穿一孔，黄色，内有气泡。长1.2厘米，边长0.7厘米。

4.水晶珠饰

2件，均M101出土。扁圆形，中穿孔，淡蓝色，呈半透明状。M101：3，直径1.3厘米（图十七，12）。

5.石珠

42件。分4型。

A型　17件。连珠圆管状，竖穿一孔，有蓝、黄两色。M123：13，长1.9厘米，直径0.35厘米（图十七，14）。

B型　18件。扁平状，竖穿一孔，红色。M107：5，长0.6厘米，宽0.7厘米（图十七，15）。

C型　6件。圆管形，竖穿一孔，大小不一，有白、红两色。M110：10，长3.2厘米，直径0.6厘米（图十七，17）。

D型　1件。M123：9，枣核形，竖穿一孔，浅绿色。长2.2厘米，直径0.5～0.8厘米（图十七，18）。

（八）桦树皮器皿

7件，分别出土于M1、M4、M103、M105、M107、M113、M115等墓，因严重残损，除了器盖，余器型均不明。

器盖，3件。圆形，用两层桦树皮缝制，周边有均匀的针孔。M4：1，直径4.4厘米（图十八，2）。M113：11，残，直径13厘米（图十八，1）。

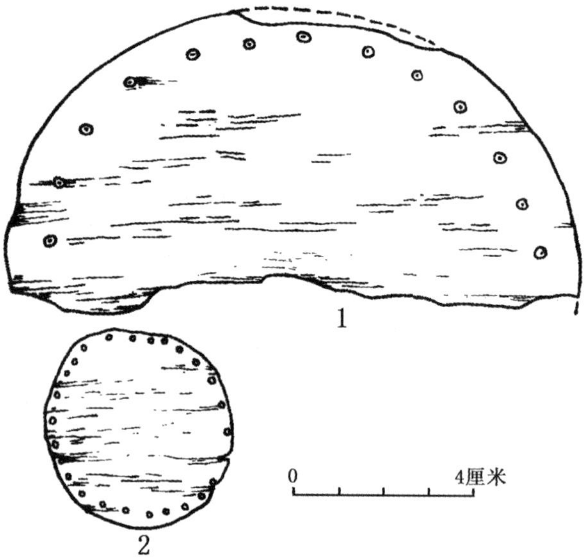

1.M113：11　2.M4：1

图十八　桦树皮器盖

（九）丝织品

出土于M107、M109、M110、M113、M115等墓，均为较小的残绢片，有黄、褐两种颜色。

（十）皮革

出土于M102、M107、M109、M110等墓，为牛皮制品，形制不明。

（十一）漆器

均残，仅为极小的漆片，用黑、红两色绘制，形制不明。

四、分期与年代

（一）墓葬分期

三道湾墓地因破坏十分严重，所以给我们对整个墓地的布局和总体研究带来极大的困难。根据正式发掘的25座墓葬观察，其墓向或头向基本一致，大体为西北—东南向。其中有的墓葬相距很近，排列甚密，并发现了几组墓葬有叠压打破关系，分别是M103打破M115、M105打破M116、M114打破M119，说明这批墓有时代早晚的关系。本文试图通过墓葬分布、打破关系及主要随葬器物的演变规律，对这批墓葬做一初步的分期。

墓地的出土器物中，陶器和骨制弓弭的变化最为明显。陶器的变化规律大体是大口、器壁较直、最大腹径位于中部、趋于小口、鼓腹、最大腹径上移，总体是由瘦高向低矮发展。弓弭的变化是器身较直、顶端方圆形、趋于器身弧形弯曲、顶端为半圆形或尖圆形发展。

我们根据墓地的墓葬分布和3组有叠压打破关系的墓葬及上述器物的变化规律，将这批墓葬大致分为两期。

第一期：属于这一期的墓葬有M107、M109、M111、M113、M115、M116、M118～M125，共14座。出土陶器有AⅠ～AⅣ式夹砂罐，BⅠ～BⅢ式夹砂罐，AⅠ～AⅢ式泥质罐，BⅠ、BⅡ式泥质罐；骨器有Ⅰ、Ⅱ式弓弭。上述墓葬均位于M109以北，在这个范围内还有M103、M105、M114三座墓，分别打破M115、M116、M119三座墓葬，我们暂将其归入第二期。在被破坏的25座墓中，从我们所掌握的墓葬位置和主要出土器物来看，属于第一期的墓葬大致有M6～M18、M23～M25，共16座墓，主要器物有AⅠ式夹砂罐、BⅠ～BⅢ式夹砂罐、AⅠ式泥质罐、BⅡ式泥质罐等。

第二期：属于这一期的墓葬有M101～M106、M108、M110、M112、M114、M117，共11座。出土器物，陶器有BⅤ夹砂罐，A、B型陶壶，A型陶杯；骨器有Ⅲ式弓弭。其中M108、M117无任何遗物出土，但位于整个墓群的南部，将其归入第二期不会有大的出入。从墓位和出土器物来看，属于第二期的还有M3、M20两墓，出土有BⅦ式夹砂罐、BⅣ式夹砂罐等。此外，M1、M4、M5虽然墓位不清，但其出土器物有BⅣ式夹砂罐、BⅥ式夹砂罐、BⅦ式泥质罐，故将其归入第二期。

出土器物较少的M2、M19、M21、M22等4座墓，因其墓葬位置不清楚，暂不做分期。

上述两期墓葬的主要器物除A型夹砂罐主要为第一期器物，余均有较明显的承续关系。从墓葬的形制等方面也可看出其变化，为分期提供了一定的证据。

在我们发掘的25座墓葬中，第一期14座墓的墓葬形制均为土坑竖穴墓。但进入第二期，除土坑竖穴墓，还出现了土坑竖穴与洞室墓结合的墓葬，这类墓往往出土器物较多。

从葬具来看，第一期的14座墓葬中，有木棺者达9座，占2/3以上，但在随葬器物数量上差距甚小。而第二期的11座墓中，有木棺者仅M101、M102、M110等3座，不足1/3，而有木棺者均随葬有较多器物，两者间的差距甚为悬殊。

（二）墓葬年代

三道湾墓地是迄今在内蒙古中南部地区发现数量最多、出土遗物较为丰富的一处早期鲜卑墓地。从目前发表的这类墓葬资料来看，其葬俗及出土器物主要同扎赉诺尔、南杨家营子和伊敏河地区3处墓地有共同之处。

墓地出土的陶敛口杯、BⅡ式泥质罐、A型夹砂罐、铁矛、铁镞等器物同扎赉诺尔古墓群①出土的同类器物基本相同，两者在葬俗上也很接近。而B型夹砂陶罐、A型夹砂陶罐、侈口陶杯、铁镞、骨纺轮及珠饰同南杨家营子古墓群②出土的同类器物相近。金、铜耳坠的形制及制作方法则同

① 郑隆：《内蒙古扎赉诺尔古墓群调查记》，《文物》1961年第9期；内蒙古文物工作队：《内蒙古扎赉诺尔古墓群发掘简报》，《考古》1961年第12期。

② 中国科学院考古研究所内蒙古工作队：《内蒙古巴林左旗南杨家营子的遗址和墓葬》，《考古》1964年第1期。

呼伦贝尔盟伊敏河地区鲜卑墓[①]出土的同类器物完全一致，所出铁刀、矛等亦极近似。

上述3处墓地是目前国内发现时代较早的鲜卑墓地，经考证其年代大致为东汉晚期。此外，三道湾墓地出土的四乳四禽、“长宜子孙”、“位至三公”连弧纹铜镜及“五铢”钱也为东汉晚期常见之物，所以判断三道湾墓地与其时代大致相当。

与上述3组材料对比，在总体因素一致的基础上，各自的差别也是显而易见的。如三道湾、扎赉诺尔墓地共有的陶器B型泥质罐、敛口杯在其他两处不见；三道湾、南杨家营子墓地共有的陶器B型夹砂罐、侈口杯也不见于其他两墓地，A型夹砂陶罐在扎赉诺尔墓地出土较少；盘旋纹金、铜耳坠则只见于伊敏河地区的墓葬。说明三道湾墓地不但存在着上述3处墓群的诸多因素，同时也构成了自身的文化特征。

从葬俗来看，三道湾墓地第一期同扎赉诺尔古墓群基本相似，木棺在整个墓群所占的比例较大。经对墓地采集的26具尸骨初步测定，三道湾墓地的颅骨大多与扎赉诺尔汉代A组相同，少量的与扎赉诺尔汉代B组相同，不同于南杨家营子[②]，但在陶器及其他器物的因素上则具有南杨家营子的因素，说明二者之间还存在着一定的联系。吉林大学朱泓同志用体质人类学的方法和手段，将属于早期拓跋鲜卑遗迹的完工、扎赉诺尔汉代A组、扎赉诺尔汉代B组、南杨家营子和外贝加尔匈奴组、大通匈奴组的18项颅骨指数进行了对比和研究，通过体质差异得出了“完工→扎赉诺尔→南杨家营子”的结论。[③]同拓跋鲜卑南下又西迁的路线[④]相吻合。因此，我们推断三道湾墓地第一期大致与扎赉诺尔墓群的年代相同；第二期大概略晚于扎赉诺尔或略早于南杨家营子，可能是连接两者的一个纽带。

五、结语

三道湾墓地虽遭严重破坏，但经过及时的抢救性清理，仍获得了部分墓葬的翔实资料，为整个墓地的分期断代提供了较可靠的依据，通过墓葬习俗、陶器类型、器物变化、人骨鉴定等方面，找出了一些带有规律性的东西，从而得出了三道湾墓地与扎赉诺尔墓地时代相同、早于南杨家营子墓地的结论。它对于研究这一时期鲜卑的政治、经济、文化及丧葬习俗等方面有着十分重要的作用。下面就有关问题谈一点儿粗浅认识。

（一）三道湾墓地的自身特征

三道湾墓地的墓葬从西坡至沟底原为一整体，后因近50年来灌木植被遭砍伐，经山洪冲刷而形成沟谷，墓地被分割为东、西两区。两区墓葬大体为由北向南，按照埋葬先后顺序依次排列。墓葬疏密，可能一因盗掘破坏，二因洪水破坏，形成现在这种分布状况；也可能当年埋葬时就存在疏密

① 程道宏：《伊敏河地区的鲜卑墓》，《内蒙古文物考古》1982年总第2期。

② 墓地出土人骨经吉林大学考古学系副教授朱泓同志初步鉴定后，得此结论。

③ 朱泓：《从扎赉诺尔汉代居民的体质差异探讨鲜卑族的人种构成》，《北方文物》1989年第2期。

④ 宿白：《东北、内蒙古地区的鲜卑遗迹——鲜卑遗迹辑录之一》，《文物》1977年第5期。

不同的情况。

墓葬形制主要为长方形竖穴土坑墓，也开始出现竖穴土坑与土洞相结合的墓葬。这种土洞墓在第二期的墓葬里出现两例，这似可视为这个地区鲜卑土洞墓雏形或早期形式。因为近年来大同市南郊发现100多座北魏建国前后的墓葬，东西向、南北向皆有，大部分为竖井式或斜坡式墓道的土洞墓，同时也有一定数量的具有早期鲜卑墓特点的竖穴土坑墓存在①；与之时代相当的斜坡式土洞墓在和林格尔西沟子村也有发现②。这种墓葬类型的出现恐怕不会是偶然的，应该有一个发展的过程。三道湾墓地两期墓葬中都有木棺，其木棺的形制、大小均与扎赉诺尔相类似，大头小尾，高与宽均在40～60厘米，长度在130～180厘米。这种木棺形制可能就是北方地区流行至今的大头小尾木棺的祖形。墓地第一期有木棺的墓葬比例大，14座里有9座有木棺；第二期比例小，11座里3座有木棺。值得注意的是，第二期的3座有木棺的墓葬里，有两座的木棺都有前后支架，而这两座墓又都是土洞与竖穴结合的墓室。因有支架，故墓底放木棺的前后部位均掘有腰坑。这是葬具与葬式上出现的新因素。两期有木棺的墓葬里多为女性尸骨。第一期除M120不知性别，有6座为女性，其中有1座男女合葬墓；第二期3座墓中有两座为女性，其中1座为男女合葬墓。另外，有棺木的墓葬，随葬品都比无木棺的丰富。

墓坑均为西北—东南向，死者头朝西北，多为仰身直肢葬，个别的有屈肢葬。葬式以单人葬为主，也有少量的合葬。在合葬墓中，M123为男女二具成人尸骨侧身相背挤放于一个狭窄的木棺里，年龄相差5岁，应为夫妻合葬；M110为青少年男女分棺合葬。特别是M104，墓葬未经盗扰而无颅骨，在颅骨部位置放1件残破的铜镜，其意义有待研究。

墓地的随葬品除陶器，贵重的黄金饰牌、金花饰、耳坠等多出于西区的墓葬，铁兵器、工具、骨器、桦皮制品多出于东区墓葬。属于汉代的中原铜镜比扎赉诺尔为多，但多已残破，似乎为有意打破；骨弓弭也有这种残破现象。“五铢”钱、漆器、丝织物随葬物较多，说明与中原经济、贸易往来颇为密切。整个墓地随年代早晚，随葬品在数量和质量上也出现明显差别，说明贫富差别随着时间的推延而愈加明显。

（二）同邻近地区文化遗存的关系

三道湾墓地作为北方游牧民族的文化遗存，与相邻较远地区同时同类的遗存，有共同性，也存在着差别，显示着自身的特点。

墓葬形制、方向、葬式与头向，与邻近的赵家房子、二兰虎沟、百灵庙山③和较远的南杨家营子、扎赉诺尔、完工、伊敏河等处的墓葬大体相同，但殉牲数量比南杨家营子、扎赉诺尔、完工等处大为减少，而与邻近墓地相似。

三道湾墓地出土的陶器与上述墓地的陶器有许多相同或相似之处，上文已做具体比较，这里不再重复。扎赉诺尔、赵家房子、二兰虎沟均有铜釜出土，这里却不见。铁制兵器矛、剑、刀、镞

① 山西省考古研究所、大同市博物馆：《大同市南郊北魏墓群发掘简报》，《文物》1992年第8期。

② 乌兰察布盟文物工作站、和林格尔县文物管理所：《内蒙古和林格尔西沟子村北魏墓》，《文物》1992年第8期。

③ 江上波夫：《内蒙古百灵庙砂凹地的古坟》，载《亚细亚文化史研究·论考编》，东京：东京大学东洋文化研究所，1967年。

与赵家房子、二兰虎沟、扎赉诺尔、南杨家营子相似，只是数量与种类略有差别，其中与扎赉诺尔有更多相似之处，只骨镞比扎赉诺尔与南杨家营子大为减少。骨制弓弭与南杨家营子、扎赉诺尔、完工相似，与南杨家营子更为一致。两地的骨制纺轮几乎完全相同。扎赉诺尔的骨制带扣等这里不见，却出现了造型、纹饰独特、制作精美的骨质腰带牌饰，这是迄今为止首次发现。与之纹饰相同的角形器也属首次发现，值得注意。它可能是兽医灌药用具。随葬的金、银饰件，虽有与上述墓葬相同或相似者，但更多的是上述墓葬所没有的。赵家房子出土有鹿纹和马形金饰牌、金叶、金花、金簪等金器，但未见实物照片与图形，相同与否，无从对照。二兰虎沟出土有双鹿纹与三鹿纹铜饰牌，双鹿纹与本墓地出土的双鹿纹金牌饰基本相同，但又不完全一样；三鹿纹虽构图大体相似，但具体造型又完全不同，可以说三道湾的三鹿纹牌饰的造型方式也属首次发现。重叠双马纹是三道湾墓地的独特牌饰，上述墓地均未发现（赵家房子不知有否），风格相同的牌饰在四子王旗井滩古墓中有过出土[①]。哲里木盟博物馆收藏有两件，但造型、风格比三道湾的更接近写实，应晚于三道湾；青海伏俟城附近的墓葬里发现过两件[②]，其造型风格与哲里木盟的相似，而又有更细致的装饰，其时代可能更晚于哲里木盟的牌饰。而最早发现这种重叠双马牌饰的则是西岔沟墓地[③]，其实物陈列在中国历史博物馆，可视为这种牌饰的祖型。M122出土的铜鎏金鹿纹牌饰的造型特点与工艺手法，与重叠双马纹铜鎏金牌饰基本相同，应是在双马纹影响下出现的新的鹿纹牌饰。而M110出土的驼载物金铸牌饰，亦属首次发现，其造型手法简洁，表现形象生动逼真，通体小巧，玲珑剔透，反映了艺术构思的巧妙和抽象概括能力的高超。过去虽有网格纹青铜牌饰出土，但因无准确的出土部位，对其用途无法说明。M110出土的这件长方形网格纹牌饰，出土部位准确，而且是用皮绳拴在一件特制的小木架上，又用皮革与丝织品包裹，其用意何在，尚待探讨。三道湾墓地出土的其他装饰品，如盘丝金花饰和耳坠与伊敏河地区墓葬出土的完全相同，其他几处墓地却不见；三道湾出土的铜手镯与指环数量较多，镯21件，戒指9件，且样式有变化；其余几处远近墓地，赵家房子墓地出土7件手镯、无戒指，二兰虎沟出土2件戒指、无手镯，南杨家营子、扎赉诺尔墓地也都是只出手镯1件、戒指2件，伊敏河地区墓葬只出镯1件而不见戒指。其他不同质地的珠饰都大同小异，各墓地基本相似。三道湾墓地所特殊者是M2和M18出土的金片饰和金泡饰，其形状和周边的圆点纹装饰手法，与1981年达茂旗西河子出土的金步摇桃形叶片周边的圆点纹装饰手法完全一样[④]，与北票县房身村墓发现的金花冠饰上的桃形金叶上的装饰手法一样[⑤]。三道湾M118出土的两片桃形金叶，可能是这种步摇冠装饰的早期形态，因为那11件金泡饰也都是散落于头部之上，应为缀饰于冠上的装饰品。再从出土的汉代铜镜来看，与赵家房子、二兰虎沟出土的相同，但比这两处为多，比扎赉诺尔更多。三道湾出土的7枚汉代“五铢”钱，均为比较规整的“五铢”钱，与吉林省通榆县兴隆山鲜卑墓出土的郭径相似[⑥]，比南杨家营子的厚重；赵家房子出土的7枚字迹清晰的“五铢”

① 盖山林：《阴山岩画——岩画的时代探索》，呼和浩特：内蒙古人民出版社，1985年。
② 黄盛璋、方永：《吐谷浑故都——伏俟城发现记》，《考古》1960年第8期。
③ 孙守道：《“匈奴西岔沟文化”古墓群的发现》，《文物》1960年第8、9期合刊。
④ 陆思贤、陈棠栋：《达茂旗出土古代北方民族金龙等贵重文物》，《内蒙古社会科学》1983年第4期。
⑤ 陈大为：《辽宁北票房身村晋墓发掘简报》，《考古》1960年第1期。
⑥ 中澍、相伟：《通榆县兴隆山鲜卑墓清理简报》，《黑龙江文物丛刊》1982年第3期。

钱，既无拓片面世，又无钱径尺寸和重量披露，因而无法与之对照比较；根据其还有字迹不清的剪边“五铢”钱出土，其埋葬时间应比三道湾墓地为晚。百灵庙墓地只出土1枚剪边“五铢”钱，可知其埋葬时间会更晚。

总之，综合上述资料可以看出，三道湾墓地出土遗物所包含的文化因素，虽基本与扎赉诺尔、伊敏河地区和南杨家营子一脉相承，然而也包含了一些新的文化因素，因此文化内涵较为复杂。这正是鲜卑南迁匈奴故地后，受其他民族文化影响并加以吸收融合的一种反映。同时，三道湾墓地的埋葬时代，从随葬遗物进行综合比较可以看出，应比赵家房子和二兰虎沟墓地为早，可能是目前鲜卑南迁匈奴故地后所发现的最早的一处墓地。

（三）族属

三道湾墓地位于阴山山脉以北的一段小支脉里。这段支脉的南、西北和西部尽头均为开阔的草原，是古代游牧民族天然的牧场；支脉的山岭沟谷之内，林木丛生，野兽出没，乃弯弓射猎的用武之地。据当地群众讲，50年前，三道湾墓地仍是灌木丛生、野兽出没，墓地内的沟谷是灌木被砍伐之后出现的。阴山曾经是匈奴冒顿单于治弓矢、练骑射以伐东胡的发迹之地①，也是汉代匈奴设立漠南王庭的处所②。东汉后期，这里又成了鲜卑首领檀石槐所建立的第一个大部落联盟的王庭所在地。据《后汉书》记载，桓帝时（147—167年），“檀石槐乃立庭于弹汗山歠仇水上，去高柳北三百余里，兵马甚盛，东西部大人皆归焉。因南抄缘边，北拒丁零，东却夫余，西击乌孙，尽据匈奴故地，东西万四千余里，南北七千余里，网罗山川水泽盐池”③。关于弹汗山、歠仇水的具体地点，史学界至今虽众说不一，但“高柳（今山西阳高）北三百余里”的这个大方位是明确的，它应在今天内蒙古乌兰察布盟的察右后旗、商都和兴和县境内。三道湾墓地就是属于察右后旗境内的拓跋鲜卑墓地。

檀石槐为统辖这万里草原，仿照匈奴遗制，分其地为东、中、西三部。据《三国志》卷三十《魏书·乌丸鲜卑东夷列传》注引王沈《魏书》记载：“从右北平以东至辽，东接夫余、濊貊为东部。……从上谷以西至敦煌，西接乌孙为西部，二十余邑，其大人曰置鞬落罗、日律推演、宴荔游等，皆为大帅，而制属檀石槐。”檀石槐的统治中心设在西部高柳以北，因为这里正与东汉京城洛阳遥相对应。西部二十余邑的五位大帅之一的“推演”，应该是第二推寅④。对此史学界仍有不同看法，这就涉及拓跋鲜卑的先后两次南迁。据《通典》卷一百九十六《边防十二》记载，拓跋氏为“别部鲜卑”。其原居于“幽都之北，广漠之野，畜牧迁徙，射猎为业”，到“宣皇帝讳推寅立。南迁大泽，方千余里，厥土昏冥沮洳。谋更南迁，未行而崩”。⑤这是拓跋推寅由原居地旧墟石室，即1980年7月在内蒙古鄂伦春自治旗阿里河镇西北10千米的大兴安岭北部东麓发现的嘎仙洞，

① 黄烈：《拓跋鲜卑早期国家的形成》，载中国社会科学院历史研究所魏晋南北朝史研究室编《魏晋隋唐史论集（第二辑）》，北京：中国社会科学出版社，1983年。

② 舒振邦：《内蒙古在先秦两汉时期的发展与各族人民的贡献》，载卢明辉编《北方民族关系史论丛》，呼和浩特：内蒙古人民出版社，1984年。

③ 范晔撰：《后汉书》卷九十《乌桓鲜卑列传》，北京：中华书局，1965年，第2989页。

④ 马长寿：《乌桓与鲜卑》，呼和浩特：内蒙古人民出版社，1989年；林幹：《东胡史》，呼和浩特：内蒙古人民出版社，1989年。

⑤ 魏收撰：《魏书》卷一《序纪》，北京：中华书局，1974年，第2页。

迁徙到呼伦湖一带游牧六七代，遗留下完工等地发现的拓跋鲜卑墓葬遗迹。推寅第一次迁徙大泽的年代，有人推定在西汉的末年。[①]传7代，到“献皇帝讳邻立。时有神人言于国曰：‘此土荒遐，未足以建都邑，宜复徙居。’帝时年衰老，乃以位授子。圣武皇帝讳诘汾。献帝命南移，山谷高深，九难八阻，于是欲止。有神兽，其形似马，其声类牛，先行导引，历年乃出。始居匈奴故地。其迁徙策略，多出宣、献二帝，故人并号曰‘推寅’，盖俗云‘钻研’之义”。[②]这便是鲜卑由呼伦湖（即大泽）一带迁移匈奴故地的经过。这次迁徙的时间，其绝对年代也大致可以推定。因为在这次南迁途中，拓跋邻之子诘汾生有一子，即力微。尽管力微的出生有段神话色彩的传说，但这并不影响他出生时间的推定。据《魏书》卷一《序纪》记载，力微活104岁，死于277年。这277年减去104，即为173年。我国古代一般都为虚数计，其出生时间当在174年。诘汾在力微出生的前一年到达匈奴之故地，即为173年。而这个时间正是檀石槐以弹汗山为中心的部落军事大联盟的时期。这样檀石槐西部五帅之一的“推演”即第二推寅（亦即拓跋邻），此说是可以成立的。

参加本次发掘的有杜承武、吉平、刘瑞、郝利平、崔利民、朱利明、哈达、李兴盛、李庭跃、江岩、李跃忠等同志。

执笔：杜承武、李兴盛
绘图：田丽
摄影：李庭跃 、哈达

附表　察右后旗三道湾墓地墓葬登记表

墓号	形状	尺寸（长×宽－深，米）	人数（人）	头向	葬式	葬具	性别、年龄	殉牲	随葬品	分期	备注
M101	长方形土坑竖穴	2.20×0.75－1.80	1	310度	仰身直肢	木棺	女，35 ~ 40		B型陶壶1，BⅠ式铁刀1，水晶珠饰2，C型绿松石珠饰3，D型绿松石珠饰2，A型玛瑙珠饰1	二	
M102	长方形土洞墓	2.20×0.60－2.35	1	320度	仰身直肢	木棺	男，50		A型陶杯1，A型铜环2，B型铜环2，C型铜环1，铁剑1铁矛1，A型铁刀1，铁铲1，B型铁镞1，A型铁环5，B型铁环1，B型铁饰片1，C型铁饰片1，骨牌饰11，Ⅲ式骨弓弭1，A型骨管状器1，C型绿松石珠饰2，D型绿松石珠饰3，A型玛瑙珠饰1，B型骨珠饰1，皮革残片	二	

① 林幹：《东胡史》。
② 魏收撰：《魏书》卷一《序纪》，第2页。

续表

墓号	形状	尺寸（长×宽－深，米）	人数（人）	头向	葬式	葬具	性别、年龄	殉牲	随葬品	分期	备注
M103	长方形土坑竖穴	2.00×0.65－1.55	1	308度	仰身直肢	无	男，22～24		A型陶壶1，铁带扣1，BⅠ式铁刀1，残桦树皮器皿1	二	
M104	长方形土坑竖穴	1.90×0.70－1.55	1	323度	仰身直肢	无	女，16～18		B型"长宜子孙"铜镜1，B型铜镯1，盘旋纹铜牌饰1，C型铜环1，B型铜耳坠1，B型铜戒指1，BⅡ式铁刀1，C型绿松石珠饰2，皮革、丝织品残片	二	无头骨，头骨部位放一残铜镜
M105	长方形土坑竖穴	1.70×0.58－1.39	1	301度	仰身直肢	无	4～5		AⅡ式夹砂陶罐1，BⅠ式铁刀1，C型指环1，残桦树皮器皿	二	
M106	长方形土坑竖穴	2.20×0.70－2.15	1	300度	仰身直肢	无	男，45	有	BⅤ式夹砂陶罐1，A型铁环3，B型铁环2，C型绿松石珠饰1	二	
M107	长方形土坑竖穴	1.30×0.50－1.30	1	315度	仰身直肢	无		有	BⅡ式夹砂陶罐，BⅡ式泥质陶罐1，B型铜耳坠1，C型玛瑙珠饰1，C型石珠1，B型石珠7，A型石珠5，桦树皮器盖1，皮革、丝织品残片	一	
M108	长方形土坑竖穴	1.69×0.45－1.57	1	315度	仰身直肢	无				二	无头骨
M109	长方形土坑竖穴	2.15×0.70－2.00	1	302度	仰身直肢	木棺	女，25		BⅡ式夹砂陶罐1，盘旋纹铜牌饰1，B型铜镯3，A型铁饰片2，B型铁饰片1，骨纺轮1，D型绿松石珠饰1，F型绿松石珠饰1，皮革、丝织品残片		早期盗扰
M110	长方形洞室墓	2.1×0.80－2.37	2	310度	仰身直肢	木棺	女，20～25；男，12～16		网格纹铜牌饰1，A型铜镯1，C型铜指环1，"五铢"钱2，驼形金牌饰2，金带钩1，金花饰1，BⅡ式铁刀2，C型绿松石珠饰1，D型绿松石珠饰5，A型玛瑙珠饰4，C型石珠2，B型骨珠饰2，皮革、丝织品残片	二	
M111	长方形土坑竖穴	1.80×0.45－2.00	1	316度	仰身直肢	木棺	男，40		AⅥ式夹砂陶罐1，A型铁环2. Ⅱ式骨弓弭4，A型骨弧形片状器2	一	
M112	长方形土坑竖穴	1.40×0.40－1.20	1	312度	仰身直肢	无			绿松石珠饰1	二	

续表

墓号	形状	尺寸（长×宽－深，米）	人数（人）	头向	葬式	葬具	性别、年龄	殉牲	随葬品	分期	备注
M113	长方形土坑竖穴	1.70×0.70－1.50	1	314 度	仰身屈肢	木棺	男，30±		AⅠ式泥质陶罐 1，AⅢ式泥质陶罐 1，BⅠ式泥质陶罐 1，B 型四乳四禽铜镜 1，B 型铜带扣 1，A 型铜镯 2，BⅠ式铁刀 1，E 型绿松石珠饰 2，桦树皮器盖 1，丝织品残片	一	
M114	长方形土坑竖穴	1.25×0.46－1.12	1	304 度	仰身直肢	无	3±	有		二	
M115	长方形土坑竖穴	2.00×0.55－1.80	1	310 度	仰身直肢	木棺	女，25±		“五铢”钱 1，BⅡ式铁刀 2，BⅠ式铁刀 1，B 型绿松石珠饰 2，桦树皮器皿，丝织品、皮革残片	一	早期盗扰
M116	长方形土坑竖穴	1.73×0.61－1.91	1	298 度	仰身直肢	木棺	女，55		BⅡ式铁刀 1，B 型绿松石珠饰 1，B 型石珠 4	一	
M123	长方形土坑竖穴	1.95×0.47－2.10	1	325 度	仰身直肢	木棺	男，35；女，40		AⅡ式夹砂陶罐 1，铁带銙 1，C 型绿松石珠饰 2，D 型绿松石珠饰 3，C 型玛瑙珠饰 1，A 型石珠 5，D 型石珠 1	一	
M124	长方形土坑竖穴	1.80×0.58－1.46	1	309 度	仰身直肢	木棺	女，16 ~ 18	有	残铁器 2，绿松石珠饰 1	一	盆骨以上盗扰
M125	长方形土坑竖穴	1.90×0.87－1.45	1	303 度	仰身直肢	木棺	女，55		残铁器 1，绿松石珠饰 1，C 型骨管状器 1	一	
M1							女，35		BⅣ式夹砂陶罐 1，连弧纹铜镜 1，C 型铜指环 2，C 型绿松石珠饰 3，B 型玛瑙珠饰 1，残铁器，桦树皮残片		
M2									三鹿纹金牌饰 1，双马纹金牌饰 1，B 型铜铃 1，金片饰，铁斧 1，G 型绿松石珠饰 1，C 型绿松石珠饰 1，BⅠ泥质罐 1 罐 1，C 型杯 1，骨锥 1，B 型“位至三公”铜镜 1，规矩纹铜镜 1		
M3								有	BⅦ式夹砂陶罐 1	二	
M4									BⅥ式夹砂陶罐 1，桦树片器盖 1，A 型铁镞 1	二	
M5									BⅢ式泥质陶罐 1，铜泡饰 1，桦树皮残片，双马纹铜牌饰 1	二	

续表

墓号	形状	尺寸（长×宽－深，米）	人数（人）	头向	葬式	葬具	性别、年龄	殉牲	随葬品	分期	备注
M6									BⅢ式夹砂陶罐1，柿蒂纹铜牌饰1，C型铜镯2，A型铜戒指1，A型绿松石珠饰1，D型绿松石珠饰12，F型玛瑙珠饰1，C型石珠1，残铁器1	一	
M7							男，35		残铜片1，C型绿松石珠饰1	一	
M8									A型铜铃1，残铜牌饰1，骨铃舌1		
M9									鎏金耳坠2，B型绿松石珠饰1，C型绿松石珠饰6，A型玛瑙珠饰1，D型玛瑙珠饰1，C型石珠1	一	
M10			1				男，45		B型骨珠饰1，桦树皮器皿残片	一	
M11			2				男，40；女，35		BⅡ式泥质陶罐1，D型陶壶1，C型“长宜子孙”铜镜1，皮革残片	一	
M12									AⅡ式泥质陶罐1	一	
M13									BⅠ式夹砂陶罐1，B型杯1	一	
M14									AⅠ式夹砂陶罐1，A型铁刀1，BⅡ式铁刀1，A型骨珠饰1		
M15									A型“长宜子孙”铜镜1，A型铜带扣1，B型铜镯2，A型铜耳坠1，C型铜戒指2，BⅡ式铁刀1，琥珀珠饰1，C型石珠1，双马纹金牌饰1		
M16	长方形土坑竖穴								C型四乳四禽铜镜1，铜串珠1，残铁器1，柿蒂纹铜牌饰1，陶片	一	
M17									素面铜镜1，B型绿松石珠饰1，D型绿松石珠饰1，A型玛瑙珠1，“五铢”钱1，单马纹金牌饰1，AⅢ式夹砂陶罐1	一	
M18									C型绿松石珠饰3，D型绿松石珠饰1	一	
M19									残铁器1		
M20									双鹿纹金牌饰1，金花饰1，BⅢ式夹砂陶罐1	二	
M21									Ⅱ式骨弓弭1，A型铁镞4		

续表

墓号	形状	尺寸（长×宽-深，米）	人数（人）	头向	葬式	葬具	性别、年龄	殉牲	随葬品	分期	备注
M22									A型四乳四禽铜镜1，B型铜指环1，D型绿松石珠饰1		
M23									B型铜镯1，D型铜镯1，铜串珠19，残铁镞1	一	
M24									骨角形器1，残铁刀1	一	
M25									C型骨管状器2，B型骨弧形片状器1，残骨弓弭	一	

载于魏坚主编：《内蒙古地区鲜卑墓葬的发现与研究》，北京：科学出版社，2004年

兴和县叭沟墓地

兴和县文物普查组

叭沟墓地，位于乌兰察布盟兴和县团结乡叭沟村东南约500米的大青山西坡上，西南距县城8.5千米，西北距团结乡政府12千米（图一）。1988年7月，兴和县文物普查队在大青山前坡地调查时，发现1座残墓。据调查，兴和县1986年在此地建起一座机制砖瓦场。连年来，由于砖厂取土，有许多古墓葬被严重破坏，可以确认这里是一处古墓地。墓地中心已被砖厂取土毁掉。1988年7月6—15日，乌兰察布博物馆和兴和县文物管理所的业务人员组成考古队，对该墓地进行了10天的抢救性发掘工作。

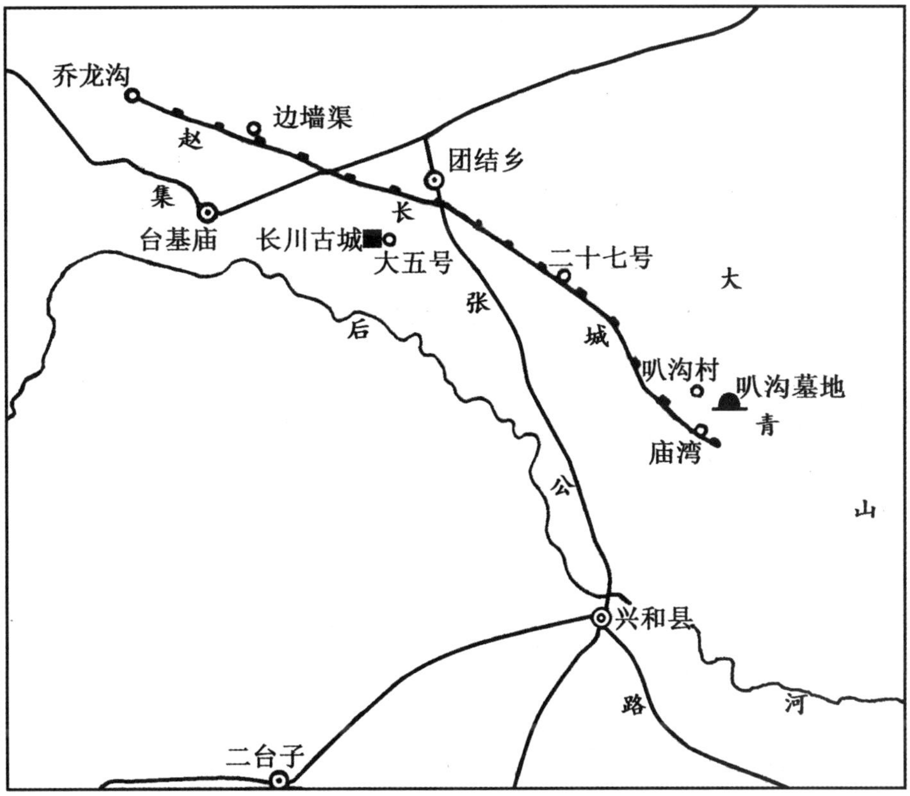

图一　兴和县叭沟墓地位置示意图

一、墓地概述

兴和县地处阴山北麓的丘陵地带。叭沟墓地所在的大青山，由南北纵列的一系列浅山丘陵组成，主峰海拔1819米，平均海拔1500米以上。叭沟墓地位于大青山西麓宽阔的缓坡地带，地势较为开阔，地表由东向西逐层辟为梯田。在缓坡偏南部为一条洪水冲成的深沟。冲沟最深处9米，最宽处16米，长约130米。根据冲沟断崖和取土厂断面观察，缓坡地带的地层由上至下大致可分为3层：第一层为表土层，厚约0.35～0.4米，是长年风积而成的纯净疏松的黄色土；第二层为早期淤积层，厚约1.1～1.9米，土质松软；第三层为原生土层，呈斑驳的黄色土，土质极坚硬，中间夹有少量碎小砾石。

叭沟墓地处在大青山的坡前地带，三面视野开阔。据调查和现场勘测，这次清理的墓葬基本处于坡下的边缘地带。在清理的墓葬往东的坡上，还曾发现过同类墓葬。墓地往西约5～6千米为集（集宁）张（张家口）公路与纵贯兴和县全境的二道河（后河）。墓地西南约1千米处，西北—东南向断续绵延着战国赵长城遗址。墓地西北约14千米是北魏的长川古城。

这次抢救发掘的墓葬共计3座（编号XBM1～XBM3），其中土坑竖穴木棺墓1座、土坑竖穴墓2座。共出土随葬品18件。另采集遗物共8件。

二、墓葬形制及随葬品

（一）XBM1

东南距XBM2约32米。

1.墓葬形制

长梯形土坑木棺墓。方向360度。长2.58米，宽0.72～0.9米，深2.7米。墓内置木棺1具，木棺紧贴四壁，用桦木板制成，平面呈前宽后窄状，木棺四角用9厘米见方的桦木作为立柱与棺板相接，木棺四壁用3厘米厚的桦木板制成。木棺长2.5米，宽0.62～0.83米，残高0.36米。棺内葬有尸骨1具，仰身直肢，面向上，尸骨保存完好。在尸骨的头部和足部随葬有陶器和铁钉、铁环等（图二）。

2.随葬品

墓内出土随葬品较多，共8件，均为陶器和铁器。

（1）陶器

6件。质地分为泥质陶和夹砂陶。器型有喇叭口壶、侈口罐、杯等。

喇叭口壶　3件，完整。泥质灰陶，轮制。喇叭口，圆唇，长颈，平底。XBM1：1，溜肩，鼓腹。颈下部饰凹弦纹1周，肩部压印有网状纹，腹部饰有凸弦纹和凹弦纹各1周，下腹为压光“之”字纹。口径7.25厘米，腹径12厘米，底径6.5厘米，高16厘米（图三，4）。XBM1：2，鼓肩，最大腹径偏上，颈部、肩部及下腹各饰凹弦纹1周。口径6.5厘米，腹径8.7厘米，底径3.6厘米，高10厘米（图三，3）。XBM1：3，鼓腹，最大腹径处凹弦纹1周。口径6.6厘米，腹径8.2厘米，底径4.5厘米，高11厘米（图三，5）。

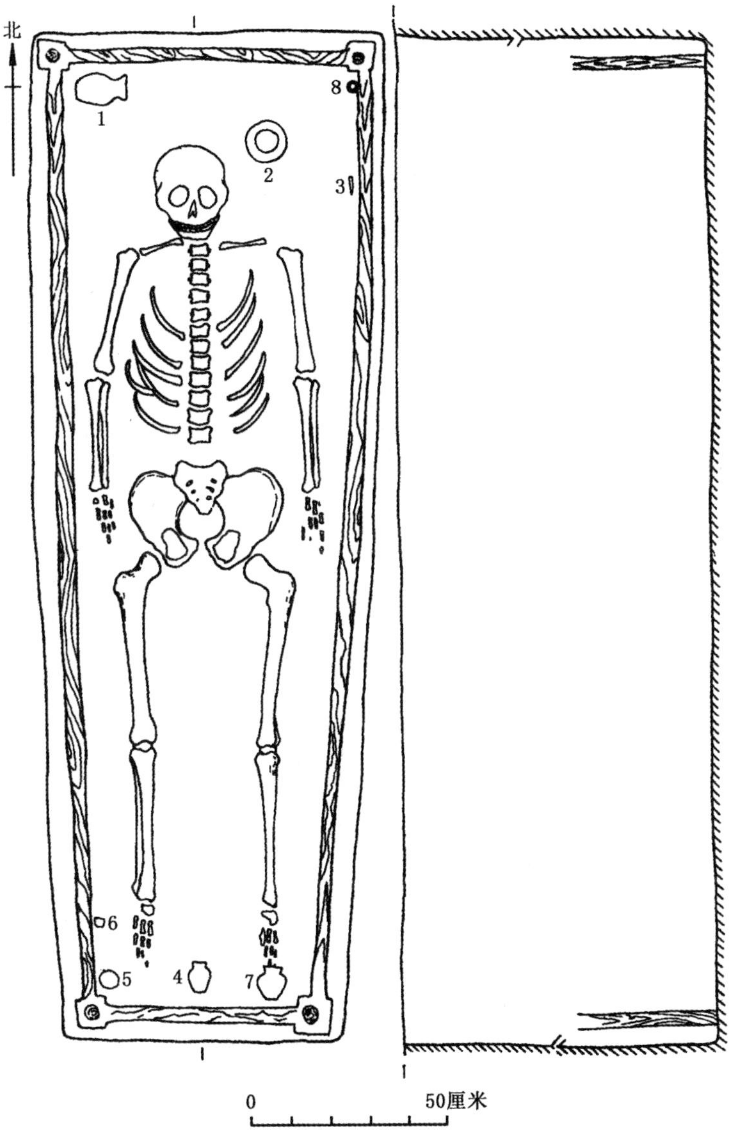

1、4.陶侈口罐　2、5、7.陶喇叭口壶　3.铁钉　6.陶杯　8.铁环

图二　XBM1平、剖面图

侈口罐　2件，完整。夹砂陶，手制。短颈，长圆腹，平底。XBM1：4，侈口，尖圆唇，夹砂褐陶，肩部饰戳刺纹1周。口径14厘米，腹径17厘米，底径6厘米，高24.5厘米（图三，2）。XBM1：5，夹砂灰陶。盘口，方唇，口部及肩部各饰戳刺纹1周。口径10厘米，腹径12厘米，底径7.5厘米，高15厘米（图三，1）。

杯　1件。XBM1：6，完整。泥质红陶。敞口，圆唇，直腹斜收，小平底。素面。口径5厘米，底径2厘米，高4.2厘米（图三，6）。

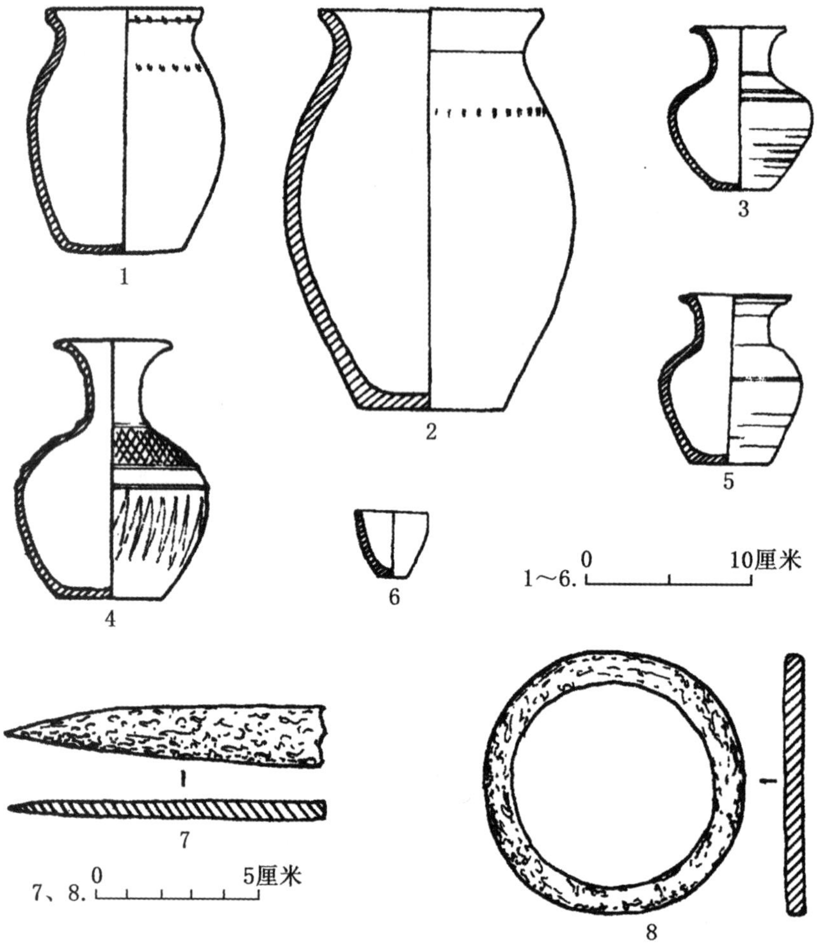

1、2.陶侈口罐（XBM1：5、XBM1：4） 3、4、5.陶喇叭口壶（XBM1：2、XBM1：1、XBM：3） 6.陶杯（XBM1：6） 7.铁钉（XBM：7） 8.铁环（XBM1：8）

图三 XBM1出土随葬品

（2）铁器

2件，有环和钉。

环 1件。XBM1：8，圆形，横截面呈方形，表面锈蚀严重。直径8厘米（图三，8）。

钉 1件。XBM1：7，残。钉身呈扁平状，尖部尖圆，表面锈蚀严重。残长10厘米，宽1.8厘米，厚0.6厘米（图三，7）。

（二）XBM2

西北距XBM1约3.2米。

1.墓葬形制

长方形土坑竖穴墓。四角圆弧，四壁不太规整，长2.1米，最宽处0.7米，深2.5米。方向340度。内置尸骨1具，仰身直肢，面向上，尸骨保存较好。在尸骨头部上端置陶器3件（图四4）。

2.随葬品

陶器3件，均泥质灰陶，轮制。器型有喇叭口壶、盘口罐等。

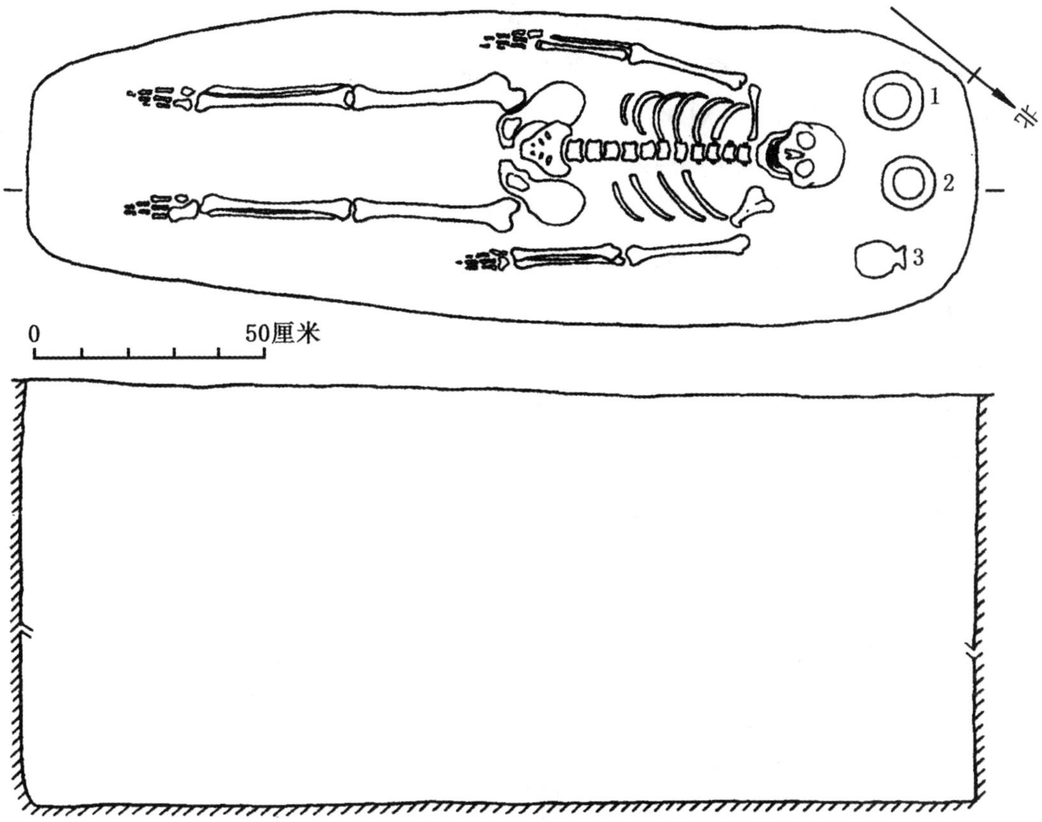

1.陶盘口罐　2、3.陶喇叭口壶

图四　XBM2平、剖面图

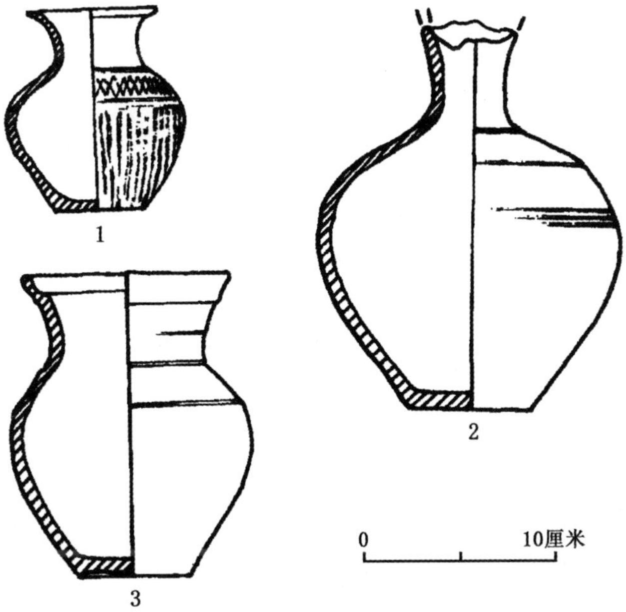

1、2.陶喇叭口壶（XBM2：1、XBM2：3）　3.陶盘口罐（XBM2：2）

图五　XBM2出土随葬品

喇叭口壶　2件。喇叭口，鼓肩，最大腹径偏上，平底。XBM2：1，完整，尖圆唇，短颈，肩上部饰凹弦纹1周，其下压印有菱形纹，腹部以下纵向压光。口径6.9厘米，腹径9.2厘米，底径4.5厘米，高10.5厘米（图五，1）。XBM2：3，口部残缺，颈部较细，肩部及颈部各饰凹弦纹1周。腹径15.8厘米，底径6.4厘米，残高19.8厘米（图五，2）。

盘口罐　1件（XBM1：2）。完整。盘口，圆唇，竖颈，鼓腹，平底，肩部饰凹弦纹1周。口径10.5厘米，腹径12.5厘米，底径5.5厘米，高15.4厘米（图五，3）。

（三）XBM3

东距XBM2约1.9米。

1.墓葬形制

该墓大部分被砖厂取土毁掉，仅存极小部分。从残留部分来看，应为土坑竖穴墓，残长0.27米，宽0.6米，深2.1米。墓内出土随葬陶器5件、磨石1件（图六）。

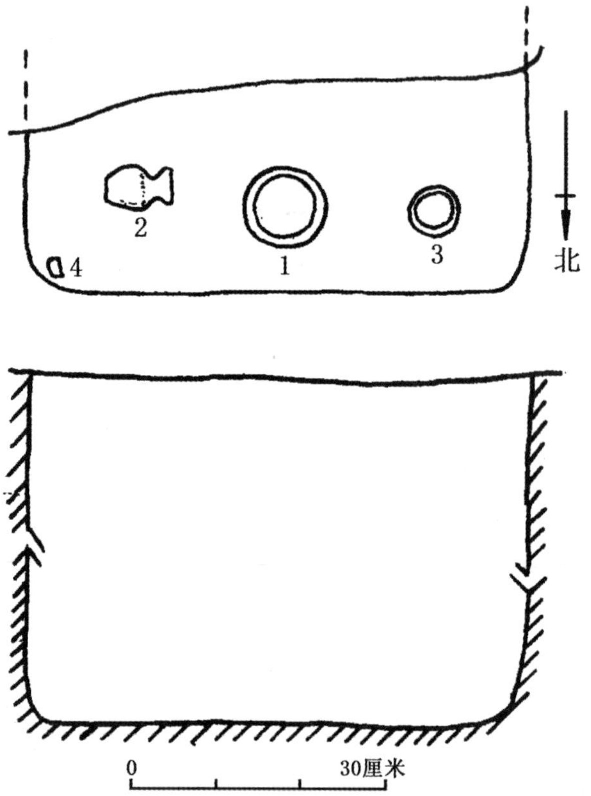

1、3.陶盘口罐　2.陶喇叭口壶　4.磨石

图六　XBM3平、剖面图

2.随葬品

该墓虽然仅存小部，但是出土随葬品仍较丰富，以陶器为主，还有少量石器。

（1）陶器

5件。多为泥质陶。器型有盘口罐、喇叭口壶、短颈壶、侈口罐等。

盘口罐　2件，完整。盘口，圆唇，矮领，竖颈，鼓腹，平底。XBM3：1，泥质灰陶。鼓肩，最大径偏上，轮制。肩部饰凹弦纹两周，其间刻划水波纹。口径20厘米，腹径29厘米，底径12厘米，高33厘米（图七，1）。XBM3：3，夹砂灰陶。溜肩，最大腹径居中，手制。沿外侧及肩、腹各饰戳刺纹1周。口径7厘米，腹径8厘米，底径3厘米，高7.5厘米（图七，3）。

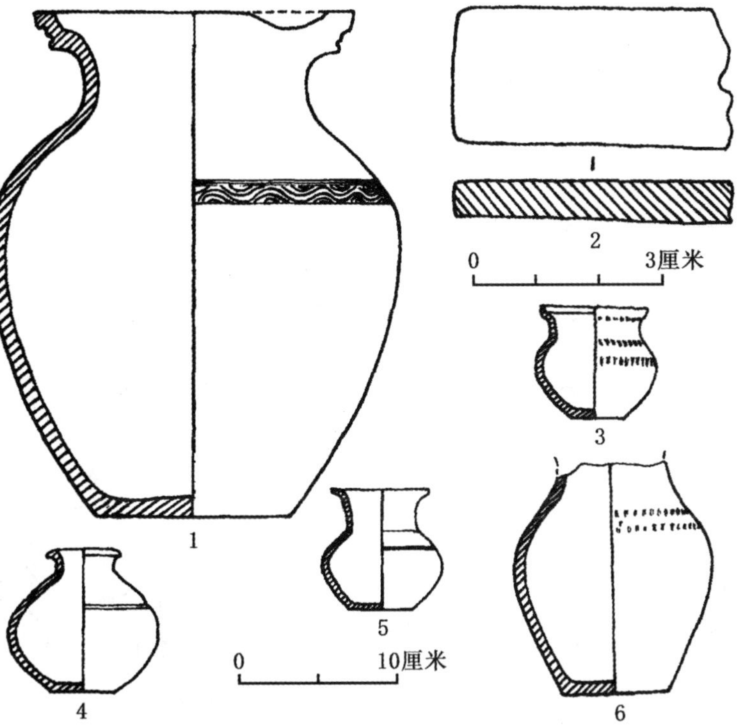

1.陶盘口罐（XBM3：1） 2.磨石（XBM3：6） 3.陶盘口罐（XBM3：3） 4.陶短颈壶（XBM3：2） 3.陶喇叭口罐（XBM3：4） 3.陶侈口罐（XBM3：5）

图七　XBM3出土随葬品

喇叭口壶　1件。XBM3：4，完整。泥质灰陶。圆唇，高领溜肩，鼓腹，平底，素面，轮制。口径6.5厘米，腹径7.2厘米，底径4厘米，高7.6厘米（图七，5）。

短颈壶　1件。XBM3：2，完整。泥质灰陶。小口，圆唇，短折沿，矮领，溜肩，鼓腹，平底，素面，轮制。肩部饰凹弦纹1周。口径4.3厘米，腹径9.3厘米，底径4.5厘米，高8.7厘米（图七，4）。

侈口罐　1件。XBM3：5，夹砂褐陶。肩部以上缺。溜肩，鼓腹，平底，手制。上腹饰戳刺纹两周。腹径13厘米，底径7厘米，残高14.7厘米（图七，6）。

（2）石器

磨石　1件。XBM3：6，残。平面呈长方形，断裂处钻有一孔。残长4.4厘米，宽2.2厘米，厚0.7厘米（图七，2）。

三、采集品

采集遗物共8件，有陶器、石铲和砖。

（一）陶器

6件。皆泥质灰陶，轮制。器型有盘口壶、喇叭口壶。

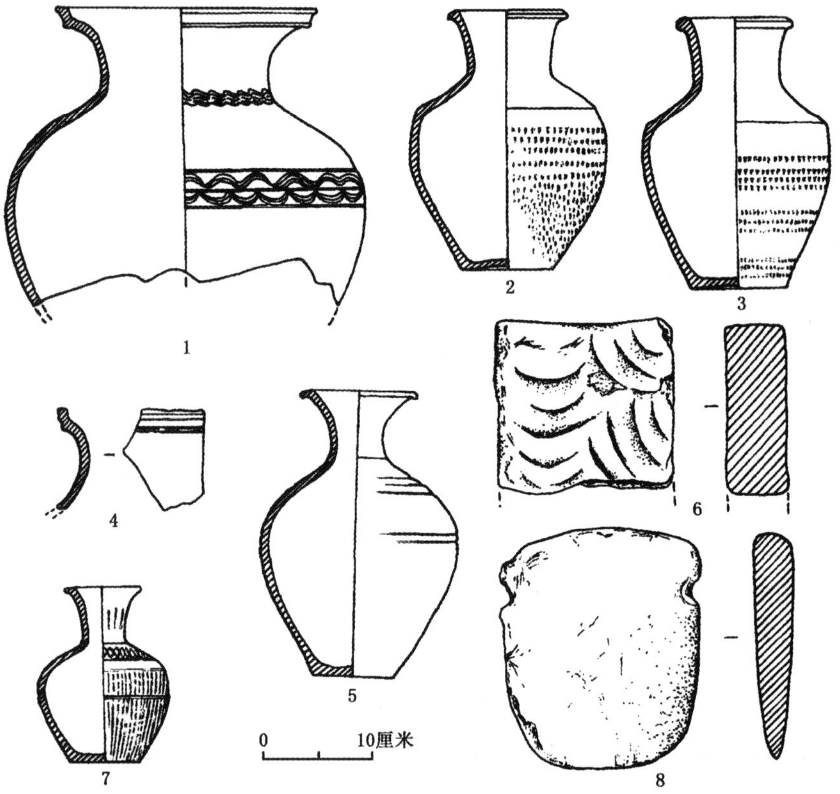

1、4.陶盘口罐（XBC：6、XBC：8） 2、3、5、7.陶喇叭口罐（XBC：4、XBC：5、XBC：7、XBC：3） 6.砖（XBC：2） 8.石铲（XBC：1）

图八 XB出土随葬品

盘口罐 2件，皆残。盘口，方唇，束颈，鼓肩。腹部以下残缺，颈部刻划水波纹1周，上腹饰横向压光纹两周，间饰刻划水波纹两周。口径24厘米，腹径33厘米，残高28.5厘米（图八，1）。XBC：8，口沿残片，肩部以下残缺（图八，4）。

喇叭口壶 4件，完整。喇叭口，圆唇，高领，鼓腹，平底。XBC：4，器身略胖，短折沿，折肩，肩部以下饰篦点纹。口径11厘米，腹径17.2厘米，底径8.4厘米，高24厘米（图八，2）。XBC：5，器身略瘦，短折口沿，折肩，腹部以下饰横排篦点纹。口径10.5厘米，腹径16.4厘米，底径8.6厘米，高24.8厘米（图八，3）。XBC：7，在肩部和腹部分别饰有3道和两道凹弦纹。口径

11厘米，腹径18.2厘米，底径7.8厘米，高26厘米（图八，5）。XBC：3，颈、腹部有横向压光纹四周，肩部印有网格纹，肩部以下纵向压光。口径7.5厘米，腹径12厘米，底径6.5厘米，高16厘米（图八，7）。

（二）石铲

1件。XBC：1，完整，青灰色石质磨制而成。平面呈圆角形，体扁平，双面刃，中部偏上呈亚腰状。长21.4厘米，宽17～19厘米，厚3.2厘米（图八，8）。

（三）砖

1块。XBC：2，残。长方形，呈灰色，拱顶券砖，一面饰刻划龙鱼鳞纹，一面素面。残长15.6厘米，宽16厘米（图八，6）。

四、文化特征及年代

（一）文化特征及族属

叭沟墓地虽然仅清理了3座墓葬，但从保存较好的XBM1、XBM2两座墓及随葬品来看，仍具有较为鲜明的文化特征。

长梯形墓是鲜卑墓葬中较为常见的一种习俗，在呼伦贝尔市扎赉诺尔①、拉布达林②、兴安盟北玛尼吐③、乌兰察布盟察右后旗三道湾④等墓地具有发现。XBM1木棺四角立柱与扎赉诺尔墓地、拉布达林墓地的木棺形制相同。墓内尸骨保存较好，均为仰身直肢葬，随葬陶器多置于头部或脚部，这同已发表的鲜卑墓的葬式基本相同。但从清理的3座墓中不见鲜卑墓葬中常见的殉牲习俗。

在随葬物品中陶器数量明显增加，且以泥质陶为主，具有早期鲜卑特征的夹砂陶器明显减少。泥质陶器的纹饰戳刺纹占据主导地位，刻划水波纹、压印网格纹、几何纹和纵向压光也占有一定数量。夹砂陶器则主要饰戳刺纹。

叭沟墓地出土和采集陶器较为丰富，共20件。器型以喇叭口壶和盘口罐为主，此外还有夹砂的侈口罐、杯，泥质的短颈壶等。其中，喇叭口壶和盘口罐具有代表性，可以分成几种不同型式。

喇叭口壶共有10件。喇叭口，圆唇，高领，鼓腹，平底。分4型：A型，4件，有XBM1：

① 内蒙古文物工作队：《内蒙古扎赉诺尔古墓群发掘简报》，《考古》1961年第12期；内蒙古文物考古研究所：《扎赉诺尔古墓群1986年清理发掘报告》，载内蒙古文物考古研究所编《内蒙古文物考古文集（第一辑）》，北京：中国大百科全书出版社，1994年。

② 赵越：《内蒙古额右旗拉布达林发现鲜卑墓》，《考古》1990年第10期；内蒙古文物考古研究所、呼伦贝尔盟文物管理站、额尔古纳右旗文物管理所：《额尔古纳右旗拉布达林鲜卑墓群发掘简报》，载内蒙古文物考古研究所编《内蒙古文物考古文集（第一辑）》。

③ 钱玉成、孟建仁：《科右中旗北玛尼吐鲜卑墓群》，载内蒙古文物考古研究所编《内蒙古文物考古文集（第一辑）》。

④ 乌兰察布博物馆：《察右后旗三道湾墓地》，载内蒙古文物考古研究所编《内蒙古文物考古文集（第一辑）》。

2、XBM1：3、XBM2：1、XBM3：4。领部较短，壶身较矮，最大腹径偏上，纹饰出现纵向压光纹，颈部压有菱形纹。B型，2件，有XBM1：1、XBC3：3。领部加长变细，腹部圆鼓，器身较长，壶身压光普遍出现。C型，2件，有XBC：4、XBC：5。领部介于A、B型之间，肩部做折肩，个别下腹软折，纹饰为横排篦点纹。D型，2件，有XBC：3、XBC：7。领部细长，鼓肩，圆腹，下平底。

盘口罐5件。盘口，圆唇，束颈，鼓腹，平底。分3型：A型，1件，XBM2：2。盘口内侧圆弧，领部较长，呈喇叭口状，腹部较瘦。B型，3件，有XBM3：1、XBC：6、XBC：8。整体器型较大，浅盘口，束颈较深，领部和腹部刻划有水波纹。C型，1件，XBM3：3。盘口，溜肩。口沿外侧及肩、腹部饰戳刺纹。

鲜卑墓葬中常见的马、鹿等动物形饰牌饰件在该墓地中没有发现，究其原因，其一可能和发掘墓葬数量较少有关，其二也许与这批墓葬的年代偏晚有关。

综上所述，该墓地的葬俗及出土器物与被学术界公认的拓跋鲜卑墓地相一致，故可将其推定为拓跋鲜卑墓地。

此外，在该墓地还有一个十分值得注意的现象：其墓葬结构、木棺形制和XBM1出土的侈口夹砂罐均为相当于东汉晚期的鲜卑墓葬中所常见，但泥质灰陶的形态、纹饰则时代较晚，同呼和浩特市大学路鲜卑墓①、乌审旗巴图湾水库鲜卑墓②、和林格尔西沟子村北魏墓③等出土的器物相一致，而上述墓葬的年代均属于北魏建国前后。这种墓葬结构及随葬品组合关系较为少见。1991年，乌兰察布博物馆配合基本建设时在墓地的坡上清理了一批墓葬，从墓葬形制、葬俗和随葬品分析，同三道湾墓地基本相同，属于早期鲜卑墓葬④。而这次清理的3座墓则位于坡下，时代明显晚于坡上各墓的年代。

因此，初步判断该墓地应该是一处延续时间较长、保留鲜卑文化传统较为持久的墓地。从这次清理的3座墓来看，虽然时代较晚，但其受其他文化的影响较小，仍保持着早期鲜卑人的一些习俗。这为研究鲜卑在北魏建国前后的丧葬制度增添了新的实物资料。

（二）年代

叭沟墓地虽然只清理3座墓葬，但是墓葬结构和陶器组合关系较为清楚，且时代特征明显。

从两座保存完整的墓葬来分析，叭沟墓地的长梯形墓及四角用立柱加固前宽后窄的木棺结构，在呼伦贝尔市扎赉诺尔墓地、额尔古纳右旗拉布达林等墓地均属于早期鲜卑的墓葬结构。出土随葬品中除侈口夹砂罐在乌兰察布盟察右后旗三道湾墓地、扎赉诺尔墓地有同类器出土，XBM1和XBM2两墓所出土的陶器总体上则显得时代较晚，如A、B型喇叭口壶和盘口罐及本文所公布采集的陶器，在鄂尔多斯市乌审旗巴图湾水库北魏墓、包头市固阳县蒙古族学校北魏墓群⑤、和林格尔县西

① 郭素新：《内蒙古呼和浩特北魏墓》，《文物》1977年第5期。
② 陆思贤：《巴图湾水库区的古墓》，《内蒙古文物考古》1981年创刊号。
③ 乌兰察布盟文物工作站、和林格尔县文物管理所：《内蒙古和林格尔西沟子村北魏墓》，《文物》1992年第8期。
④ 乌兰察布博物馆1991年发掘资料，待公布。
⑤ 包头市文物管理处：《包头固阳县发现北魏墓群》，《考古》1987年第1期。

沟子村北魏墓均有同类器物出土。上述墓葬的年代大致在北魏建国前后。因此，综合上述分析，初步将这批墓葬的年代推定为北魏建国前后或略早。

参加发掘的有崔利明、常谦、向建文、刘正。

执笔：崔利明、郝晓菲、魏坚
绘图：郝晓菲、崔利明
摄影：何荣

载于魏坚主编：《内蒙古地区鲜卑墓葬的发现与研究》，北京：科学出版社，2004年

商都县东大井墓地

内蒙古文物考古研究所　乌兰察布博物馆

东大井墓地位于乌兰察布盟商都县西坊子乡东大井村西约1千米处，西北距县政府所在地城关镇约4千米（图一）。商都县地处阴山北麓，东邻化德县和河北省尚义县，南靠兴和县，西接察右后旗，北与锡林郭勒盟苏尼特右旗、镶黄旗接壤。其地势由西北向东南渐低，西北部多浅山丘陵，地势较高；东南多滩川平原，地势较低。平均海拔1400米，年平均降水量351毫米，无霜期约120天。商都县属阴山北坡的农牧业交错地带，是古代北方游牧民族非常重要的活动区域之一。这里曾发现过较多的原始文化时期遗址，也发现过一定数量的北方古代各民族的墓葬和文物。

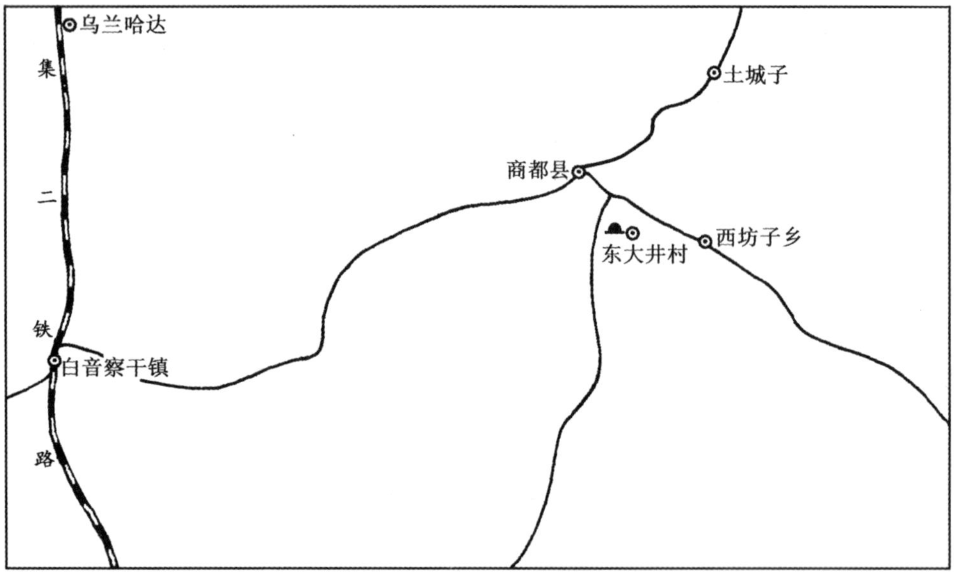

图一　商都县东大井墓地位置示意图

东大井墓地所在地区属起伏的丘陵地形。1998年4月，因当地砖厂取土发现了古墓葬，随后引发当地村民进行大面积盗掘。乌兰察布博物馆得讯后，立即会同盟文化局、商都县政府、县文化局、县文物管理所赶赴现场制止并向内蒙古文化厅和内蒙古文物考古研究所汇报。同年9月，内蒙古文物考古研究所、乌兰察布博物馆、商都县文物管理所组成联合考古队，对墓地东南部未被盗掘破坏的古墓葬进行了抢救性发掘。共清理墓葬18座（编号为SDM1～SDM18），获得了一批极有价值的文物资料（见附表）。

一、墓地概述

东大井墓地位于一缓坡丘陵地带的阳坡至坡顶地段，墓地东南紧邻一东西向宽阔沟谷。墓地地表较为平坦，黄土覆盖一般较厚，但由坡底向上渐次变薄，最厚处十余米，坡顶部则不到2米。墓地东南约1千米为集（集宁）多（多伦）公路。

墓地因砖厂取土，破坏极为严重，盗洞遍地，人骨及残碎陶器散布其间。从墓地的盗洞及取土厂面积初步估算，原来墓葬应在200座。墓葬基本西北向，头向多为310～345度，个别墓葬为东或东北向，如SDM11（100度）和SDM18（35度）。墓葬排列较为规整，基本上成排分布，墓距一般1～5米（图二）。

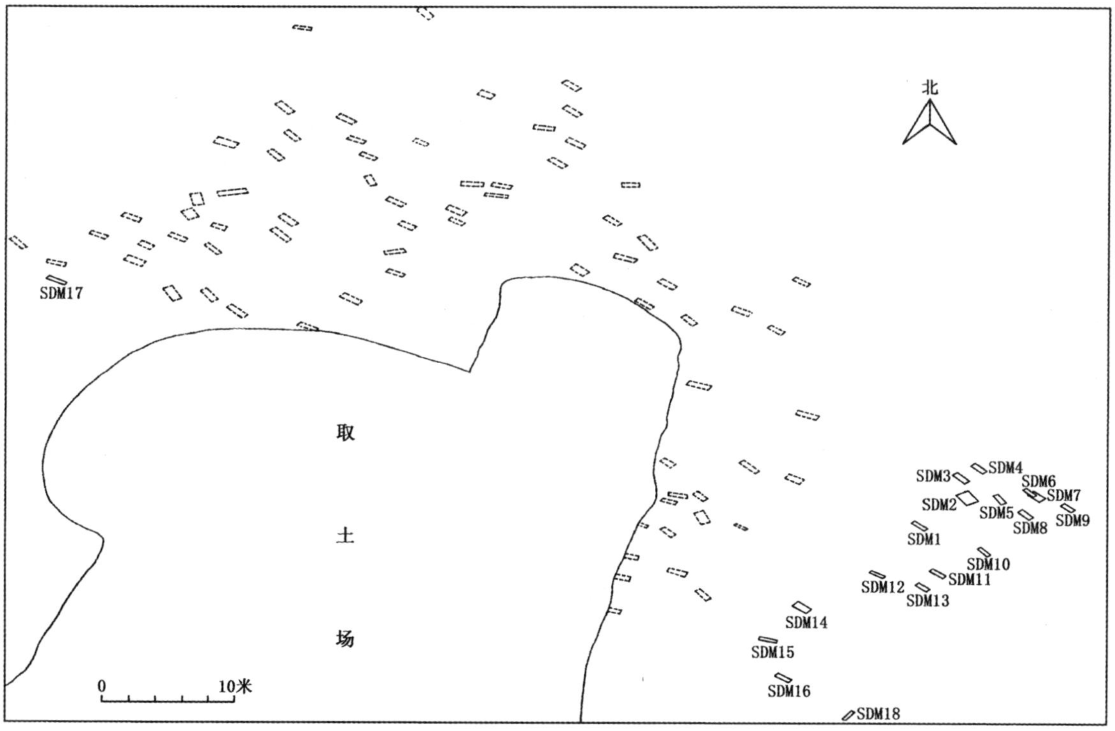

图二　商都县东大井墓地墓葬分布图

这次清理的18座墓中，除SDM17位于墓地的西部，其余均集中在墓地的东南部，均为土坑竖穴式。墓葬的叠压打破关系较为少见，发掘的8座墓中仅发现SDM6打破SDM7。属早期盗扰的墓葬多达12座（SDM2、SDM3、SDM4、SDM5、SDM7、SDM9、SDM10、SDM13、SDM15、SDM16、SDM17、SDM18），占发掘总数的2/3。

因墓地早期盗扰十分严重，故葬式多不清楚。但从7座葬式保存较好的墓葬来看，葬式多为仰身直肢葬，仅有SDM14为仰身屈肢葬、SDM11为俯身直肢葬。墓葬虽经盗扰，但墓内尸骨大多得以保留。墓葬多为单人葬，SDM1、SDM4、SDM7、SDM8为双人葬。双人墓多为夫妻合葬，其中SDM2为母子合葬。SDM9为三人合葬，为一男二女。18座墓葬中有棺木者较少，SDM1、SDM3、SDM4、

SDM7、SDM8置有木棺，约占发掘墓葬总数的1/3，SDM14用桦树皮包裹作为葬具，其余无葬具。木棺均为头大尾小的长梯形状，棺板两侧长于两端，多为铁钉钉合，个别的采用卯榫结构并在外侧用立柱加固（SDM7）。棺板厚度一般在3厘米左右。此外，SDM1为独木棺，系采用完整的圆木截齐两端，中间挖空，加棺盖，制成木棺。

墓坑平面多为长梯形，仅有SDM4、SDM14、SDM17为长方形，墓口与墓底宽度基本一致。其中，SDM2建有生土二层台，SDM7墓底头尾部各挖成壁龛状，SDM17建有头龛。各墓大小不一，一般长150～220厘米，宽30～120厘米，深35～190厘米。最大的SDM17长220厘米，宽70厘米，深150厘米。最小的SDM9长150厘米，宽45～63厘米，深90厘米。

墓地经鉴定人骨的墓葬有16座。其中男性墓葬2座，女性墓葬6座，双人合葬墓4座（3座为成年男女合葬，1座为母子合葬），三人合葬墓1座，疑为女性墓、性别不详墓和幼童墓各1座。年龄最大者50岁左右（SDM16），最小者3～4岁（SDM2），平均年龄约24岁。各墓葬随葬品数量不等，多者71件（SDM4），少者1件（SDM10、SDM11、SDM15、SDM16），一般多在10件左右。

经发掘清理的18座墓葬中，7座有殉牲（SDM3、SDM4、SDM6、SDM7、SDM9、SDM13、SDM14），殉牲多为羊的个体，有羊距骨、肩胛骨、肢骨、羊角等；个别墓内殉牲有牛肩胛骨（SDM13），一般为1～2件，均置于盆骨及腿部外侧。约有1/2的墓内有陶器随葬，大多为2件，多者3件，少者1件。此外多以铜器、铁器、珠饰随葬。铜器有镦、杯、镯、饰牌、指环、耳饰、连珠形管状饰等。铁器以甲片为主，另有剑、矛、刀、环、带钩等。金器、骨器次之。金器多为饰件，骨器有弓弭、骨哨、珠饰等。此外，还随葬有少量的铜镜、石纺轮、“五铢”钱、桦树皮器、皮革等。随葬品中的夹砂陶器多置于头部，而泥质陶器多置于脚部。铁器中兵器占一定比例。刀类多置于头部，矛、剑等兵器均置于尸骨左侧，带钩、带扣随葬于腰部。铜杯置于盆骨上部，铜镯、耳饰、铜指环分别置于头骨两侧、两臂和手指骨上。金饰件多见于头骨部位，饰牌类因盗扰，出土部位不详。铜镜出土于木棺底部。

二、墓葬形制及随葬品

为了全面反映墓地各墓葬的葬俗和随葬品情况，下面按顺序将各墓形制及随葬品介绍如下。

（一）SDM1

SDM1位于发掘区的中部，东北距SDM2约5米。

1.墓葬形制

长梯形土坑竖穴墓。长2米，宽0.6～0.7米，深1.4～1.5米。方向325度。内有木棺1具，木棺系用一整根圆木从一侧将中间挖空，外边经修正，加木棺盖制成，呈头大尾小状，长1.88米，头部宽0.49米，尾部宽0.39米，残高0.2米，两侧棺板厚3厘米，两端棺板厚10厘米。棺内上下叠放有尸骨两具。下面为男性，头骨偏右侧；上面为女性，头骨偏左侧。皆仰身直肢。尸骨基本保存完整。男性年龄约22岁，女性年龄25～30岁。男性头骨底部出有长方形金饰片1件、绿松石珠饰1件，腰部置有绿松石珠饰1件、金泡饰1件，左侧盆骨出铜管状饰1件、金饰1件，右脚部下侧随葬1把铁剑，腿部出有铁器2件。女性尸骨左右手臂各佩戴1件铜镯，腰部有金泡饰1件，两腿近脚部置单耳铜杯1件。棺外左侧倒置铁矛1把，长1.8米（图三）。

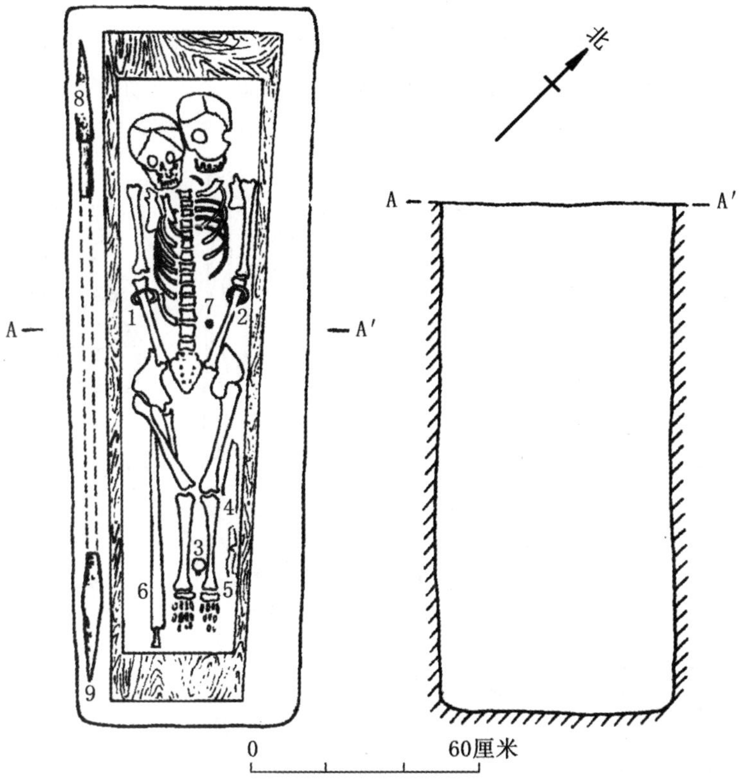

1、2.铜镯　3.单耳铜饰　4.铁饰片　5.铁刀　6.铁剑　7.金泡饰　8.铁镦　9.铁矛

图三　SDM1平、剖面图

2.随葬品

墓内出土随葬品较为丰富，共20件，以铁器、铜器为主，金器、石器次之。

（1）铁器

6件。表面皆锈蚀严重。均为兵器和饰件。器型有矛、剑、刀、带扣、饰片。

矛　1件。SDM1：13，可复原。矛头为扁柳叶形，骹口呈圆形，中空；柲为木质，柲另一端为铁镦，镦体细长成尖，横截面呈圆形。全长180厘米，矛头长37厘米，长16厘米，镦长34.5厘米，骹口径2厘米（图四，18）。

剑　1件。SDM1：11，残。从出土时的情形观察，柄手为铁制，外缠有麻织物，中空，内插嵌剑身。剑为细长形，残长约50厘米。有残朽的剑鞘，内为木质，外包铁皮。因残损十分严重，形制不清（图四，19）。

刀　1件。SDM1：4，残，仅存一小部分。直背直刃、厚脊，横截面呈三角形。外残存有腐朽木痕迹。残长4.3厘米，宽1厘米，厚0.5厘米（图四，7）。

带扣　2件。长方形。SDM1：12，残。横截面呈长方形。长4.5厘米，宽3.7厘米，厚0.5厘米（图四，9）。SDM1：14，残。横截面呈扁圆形。长5.4厘米，宽4厘米，厚0.4厘米（图四，8）。

饰片　1件。SDM1：15，残。形状不清，体扁平，表面略有弧度，一面残存有布纹痕迹。长

14.7厘米，宽7.7厘米，厚0.2厘米。

（2）铜器

6件，完整。皆为生活用具及饰件。有单耳环、镯、环、指环、连珠形管状饰等。

单耳杯　1件。SDM1：3，直口方唇，浅腹，上腹较直，下腹弧收，矮圈足。在口外侧饰一扁平耳，耳上钻有一圆孔。口径6.7厘米，底径3.8厘米，高2.4厘米（图四，5）。

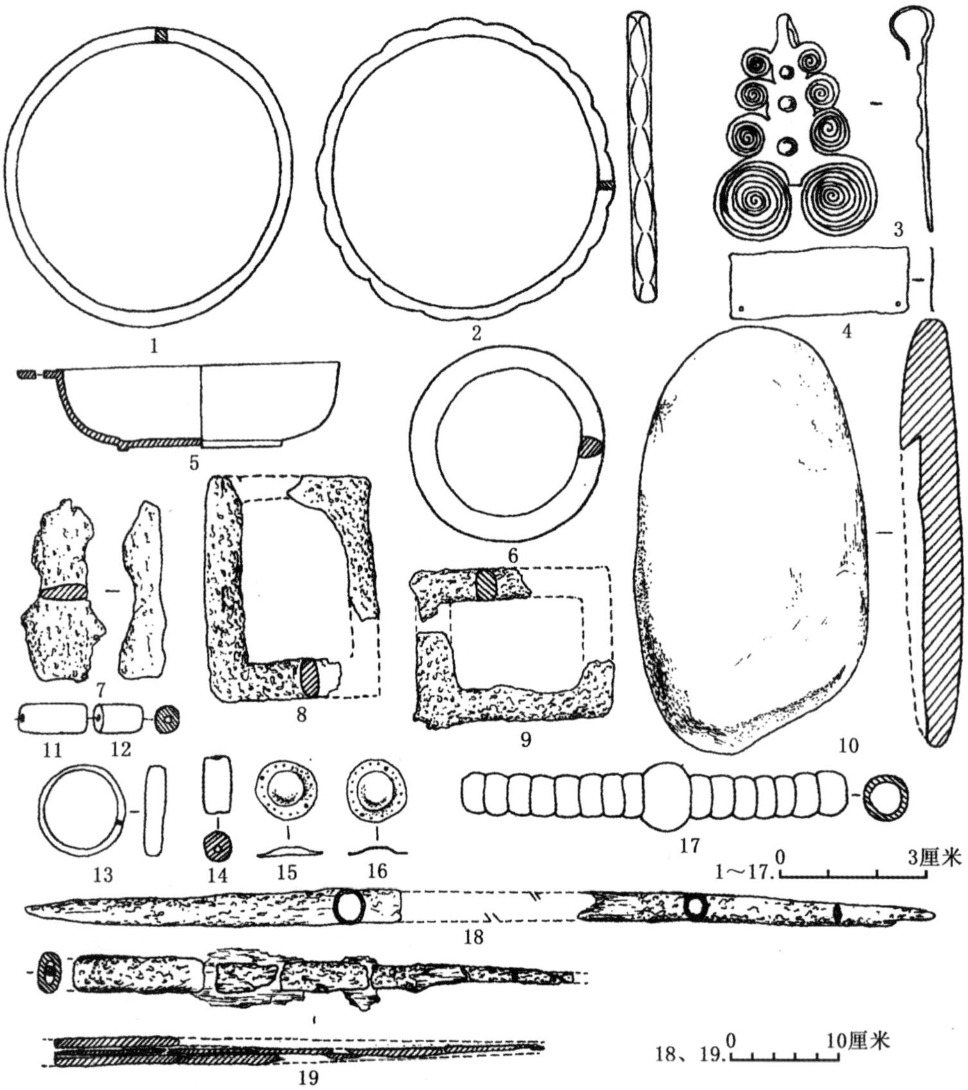

1、2.铜镯（SDM1：2、SDM1：1）　3.金花饰（SDM1：9）　4.饰片（SDM1：8）　5.铜单耳杯（SDM1：3）　6.铜环（SDM1：S）　7.铁刀（SDM1：4）　8、9.铁带扣（SDM1：14、SDM1：12）　10.磨石（SDM1：16）　11、12、14.绿松石珠饰（SDM1：18、SDM1：19、SDM1：17）　13.铜指环（SDM1：7）　15、16.金泡饰（SDM1：10、SDM1：20）　17.铜连珠形管状饰（SDM1：6）　18.铁矛（SDM1：13）　19.铁剑（SDM1：11）

图四　SDM1出土随葬品

镯　2件，圆形。SDM1：1，体较宽，外缘为连弧形花瓣。直径7厘米，宽0.5厘米，厚0.3厘米（图四，2）。SDM1：2，外缘略有弧度，横截面呈方形。直径6.9厘米，宽0.3厘米，厚0.2厘米（图四，1）。

环　1件。SDM1：5，圆形。横截面呈三角形。外径4.6厘米，内径3.5厘米，宽0.5～0.65厘米，厚0.5厘米（图四，6）。

指环　1件。SDM1：7，圆形。体较宽，横截面呈扁平状。直径2.1厘米，宽0.5厘米，厚0.1厘米（图四，13）。

连珠形管状饰　1件。SDM1：6，由16枚串珠组成，出土时已分离。扁圆体，外壁圆弧，中空，内穿皮绳。中间为一大珠，两边为小珠。大珠径1.7厘米，高0.8厘米；小珠径1.1厘米，高0.5厘米（图四，17）。

（3）金器

4件，完整。均为装饰品，有花饰、泡饰、饰片。

花饰　1件。SDM1：9，用0.1厘米厚的金片剪成，上端为一圆形弯钩，其下剪成4组对称且逐渐变大的盘旋状圆弧形花饰，中间锤碟有3个乳钉纹。长5.2厘米，宽3.8厘米（图四，3）。

泡饰　2件。形制相同。SDM1：10、SDM1：20，圆形，正面圆鼓。背内凹，周边饰圆点纹并有两个对称的小钉孔。直径1.4厘米（图四，15、16）。

饰片　1件（SDM1：8）。长方形，边缘不整齐，其中两角各有一小钉孔。长4.1厘米，宽1.5厘米，厚0.01厘米（图四，4）。

（4）石器

4件。有磨石、珠饰。

磨石　1件。SDM1：16，残。晶屑凝灰岩制成，石质坚硬，呈浅灰色。体扁平，平面呈不规则椭圆形，表面光滑。一面剥落，另一面有红色磨痕。直径5.4～10厘米，厚1.3厘米（图四，10）。

珠饰　3件。完整。均为绿松石。竖穿一孔，呈翠绿色。SDM1：18，圆管状，长1.55厘米，直径0.65厘米，孔径0.15厘米（图四，11）。SDM1：19，圆管状，长1.1厘米，直径0.65厘米，孔径0.15厘米（图四，12）。SDM1：17，管状，平面呈六棱形。长1.3厘米，直径0.6厘米，孔径0.15厘米（图四，14）。

（二）SDM2

SDM2位于发掘区的东北部，北邻SDM3，东为SDM5。

1.墓葬形制

长梯形土坑竖穴墓。早期被盗扰。长2.4米，宽1.1～1.2米，深1米。方向325度。墓内有生土二层台，二层台不甚规整，左侧宽0.18～0.21米，右侧宽0.28～0.48米，内穴头部宽0.5米，尾部宽0.6米，高0.3米。墓内因早期被盗扰，仅在扰土中出有少量尸骨，葬式不清。一头骨置于左侧生土二层台上。从残存少量尸骨鉴定，为一成年女性和3～4岁儿童尸骨（图五）。

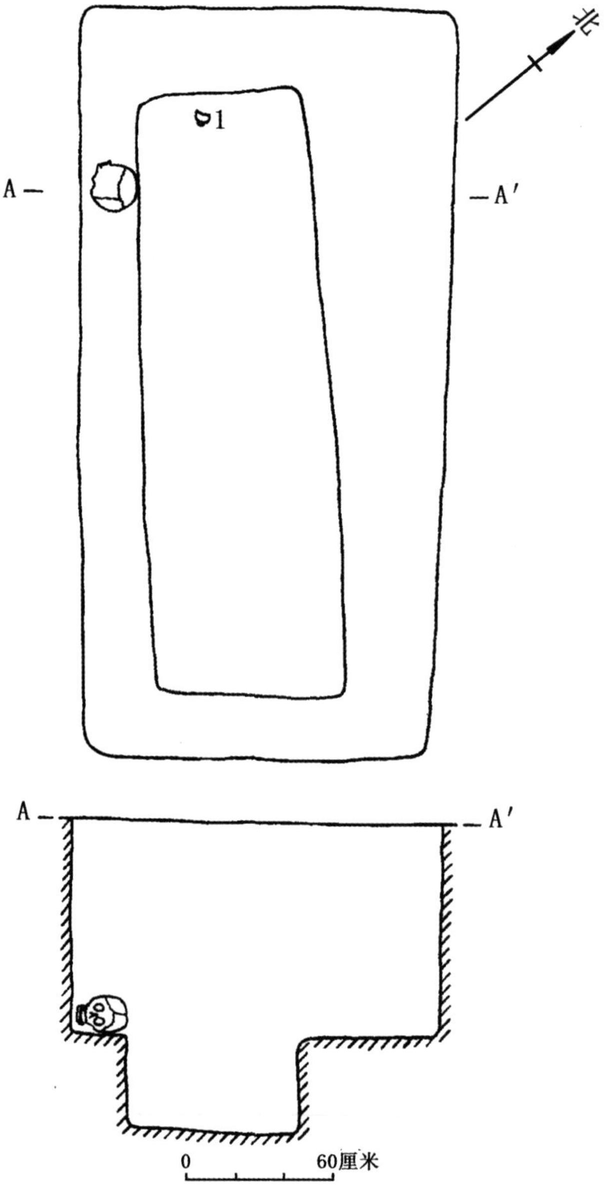

1.夹砂陶罐残片

图五　SDM2平、剖面图

2.随葬品

墓内随葬品较少，仅出土残陶器1件，填土中出土铁刀1件。

陶罐　1件。SDM2：2，仅存少量底部，为高圈足底。夹砂灰陶，器壁较厚，素面，表面抹光（图六，2）。

铁刀　1件。SDM2：1，残。仅存少量刀身，体较薄，偏刃。因锈蚀严重，形制不清。残长7.6厘米，宽2.6厘米，厚0.2厘米（图六，1）。

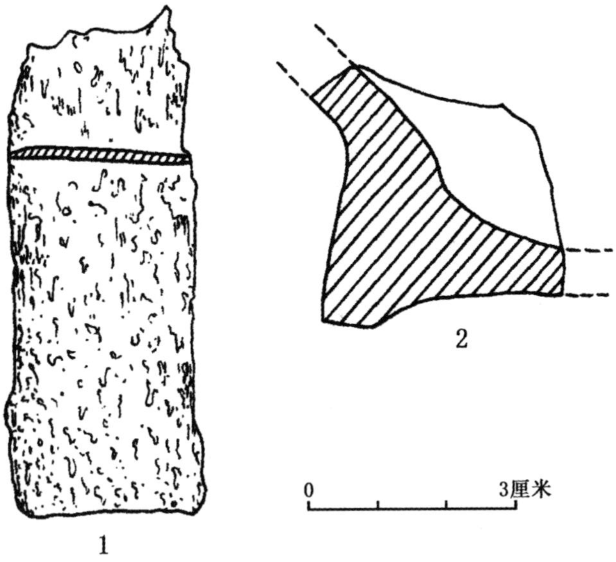

1.铁刀（SDM2：1） 2.夹砂陶罐（SDM2：2）

图六 SDM2出土随葬品

（三）SDM3

SDM3位于发掘区的西北部，北邻SDM4，南面为SDM2。

1.墓葬形制

长梯形土坑竖穴墓。早期被盗扰。长2米，宽0.5～0.7米，深1.06米。方向310度。墓内置木棺1具，存少量棺木，形制不辨。墓内只见少量尸骨，葬式不清，为一成年男性个体。墓内随葬品因盗扰位置不详。此外，在填土中发现有羊肩胛骨、羊距骨等（图七）。

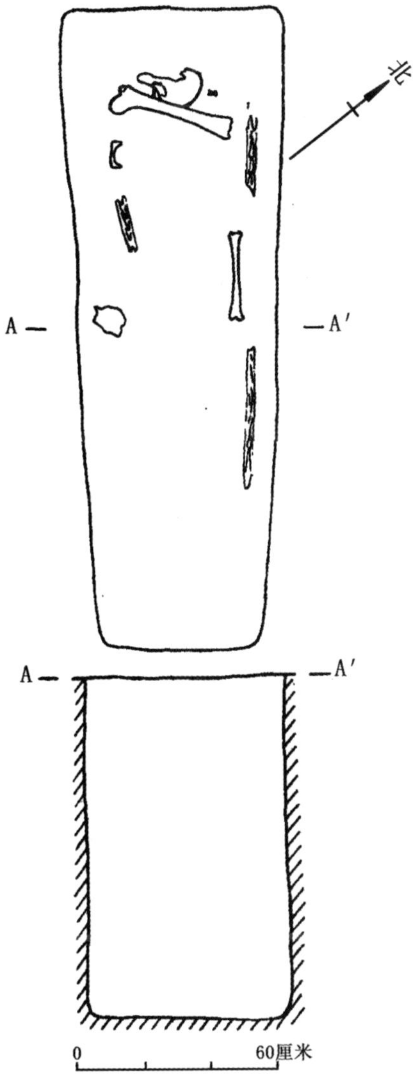

图七 SDM3平、剖面图

2.随葬品

墓内共出土各类随葬品13件，以骨器为主，另有少量的铁器和作为殉牲的羊肩胛骨等。

（1）铁器

5件。有铁刀残件和铁甲片。

铁刀 1件。残甚，仅可看出刀的柄部残块。

铁甲片 4件。形制相同。上端圆弧，两边平直；下端两直角，其上有编缀用的小圆孔。残长3.3厘米，宽4.2厘米，厚0.2厘米（图八，9）。SDM3：7，残。上端及一边有编缀用的小圆孔。残长5.6厘米，宽3.7厘米，厚0.2厘米（图八，11）。SDM13：11，残长4.6厘米，宽4.2厘米，厚0.3厘米（图八，12）。SDM3：12，残长3.6厘米，宽2.6厘米，厚0.2厘米（图八，10）。

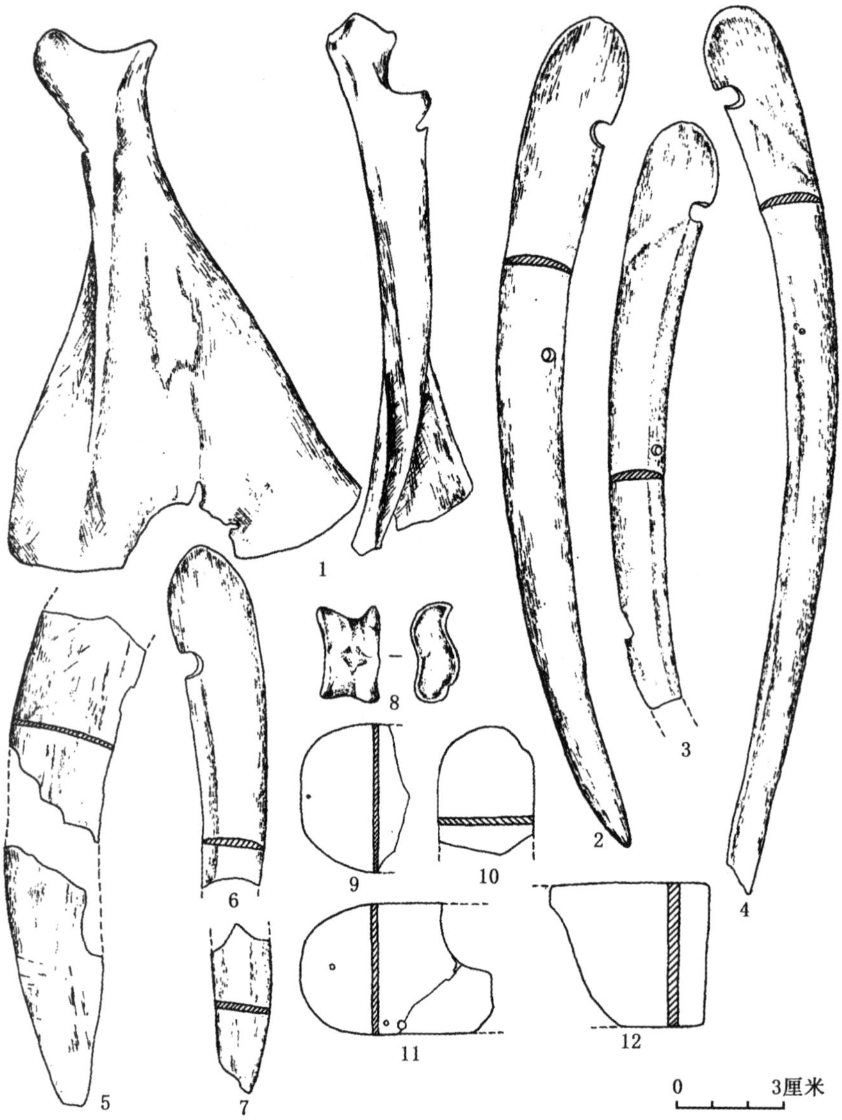

1.羊肩胛骨（SDM3：8） 2～7.骨弓弭（SDM3：1、SDM3：3、SDM3：2、SDM3：5、SDM3：4、SDM3：9）
8.羊距骨（SDM3：10） 9～12.铁甲片（SDM3：6、SDM3：12、SDM3：7、SDM3：11）

图八 SDM3出土随葬品

2.骨器

6件。均为弓弭。弭身细长，呈弧形弯曲，弧内侧有明显的折棱。顶端呈半圆形，近端部有一圆形缺口，由上至下渐细，尖圆头。正面磨制光滑，圆弧形；背面未经磨光，略弧形内凹，较粗糙。SDM3：1，完整。中部偏上钻有一小圆孔，无明显使用磨痕。长24.1厘米，端部宽2.5厘米（图八，2）。SDM3：2，近尖部残缺，中部偏上钻有两个小孔，端部有明显使用磨痕。残长25.7厘米，端部宽2.3厘米（图八，4）。SDM3：3，残。中部偏上钻有一孔，端部有明显使用磨痕。残长17.2厘米，端部宽2.3厘米（图八，3）。SDM3：4，仅存上半部，无明显使用磨痕。残长10厘米，端部宽2.5厘米（图八，6）。SDM3：5，残。弧身较宽。残长14.7厘米（图八，5）。SDM3：9，仅存尖部。残长4.8厘米（图八，7）。

3.动物骨骼

作为墓内殉牲，有羊肩胛骨、羊距骨。

羊肩胛骨　1件。SDM3：8，残缺。长15.6厘米，最大宽度10.5厘米（图八，1）。

羊距骨　1件。SDM3：10，完整。长2.7厘米，宽1.9厘米，厚1.2厘米（图八，8）。

（四）SDM4

SDM4位于发掘区北部，南邻SDM3。

1.墓葬形制

长方形土坑竖穴墓。早期被盗扰。长2.1米，宽0.78米，深1.5米。方向315度。墓圹因早期盗扰，头部一端右侧盗洞外扩约20厘米。墓内置木棺1具，为头大尾小状，两侧长于两端。棺长1.84米，头部宽0.5米，尾部宽0.43米，残高0.2米，棺板厚0.03米。棺内和扰土中残留的尸骨为两个个体，应为夫妻合葬墓，年龄均在25～30岁。葬式、墓内随葬品因盗扰而不清（图九）。

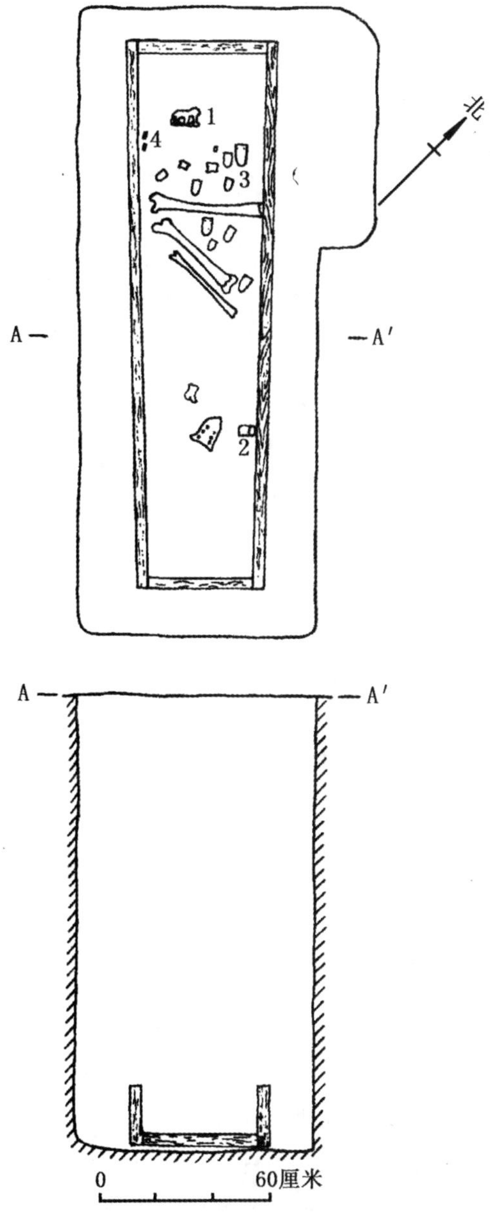

1.双马纹金牌饰　2.铜镞　3.铁甲片　4.骨珠饰

图九　SDM4平、剖面图

2.随葬品

墓内随葬品较为丰富，共71件，以铁器为主，另有少量的铜器、金器、骨角器、铜镜、钱币、珠饰、皮制品等。

（1）铁器

59件。以甲片为主，还有少量的刀鞘、钉、环。

甲片　出土的甲片数量较多，但因残损严重，铠甲已无法复原，经过整理，共有完整或形制清楚的甲片52件。据甲片形制的不同，可以分为10式。

Ⅰ式：1件。SDM4：28，平面呈上圆下窄的长方形，上端略有弧度，有3个孔，两侧边竖长方向各有两个孔，底边有两个孔。长4.8厘米，上宽3.8厘米，下宽3.4厘米，厚0.1厘米（图十，10）。

Ⅱ式：11件。上端呈圆弧形，两边平直，底边略呈直角。上端居中竖向有两个孔，两侧边竖向各有两个孔，下端有1个孔。SDM4：25，长5.6厘米，宽4厘米，厚0.2厘米（图十，7）。

Ⅲ式：1件。SDM4：27，上端略弧，两边略有弧度。上端居中竖向有两个孔，两侧边竖向各有两个孔，下端有1个孔。长4.5厘米，宽3.5厘米，厚0.2厘米（图十，2）。

Ⅳ式：15件。体较宽短，上端呈半圆形，两边略收，底部平直。上端有两个孔。两侧边各有1个孔，底边有两个孔。SDM4：22，长5.4厘米，上宽4厘米，下宽3.6厘米，厚0.2厘米（图十，3）。

Ⅴ式：3件。体较瘦长，上端呈半圆形，两边至底边略收缩，底部略窄、平直。两侧边竖向各有两个孔，中间竖向的两孔略大。SDM4：12，长5.5厘米，上宽3.3厘米，下宽2.7厘米，厚0.2厘米（图十，5）。

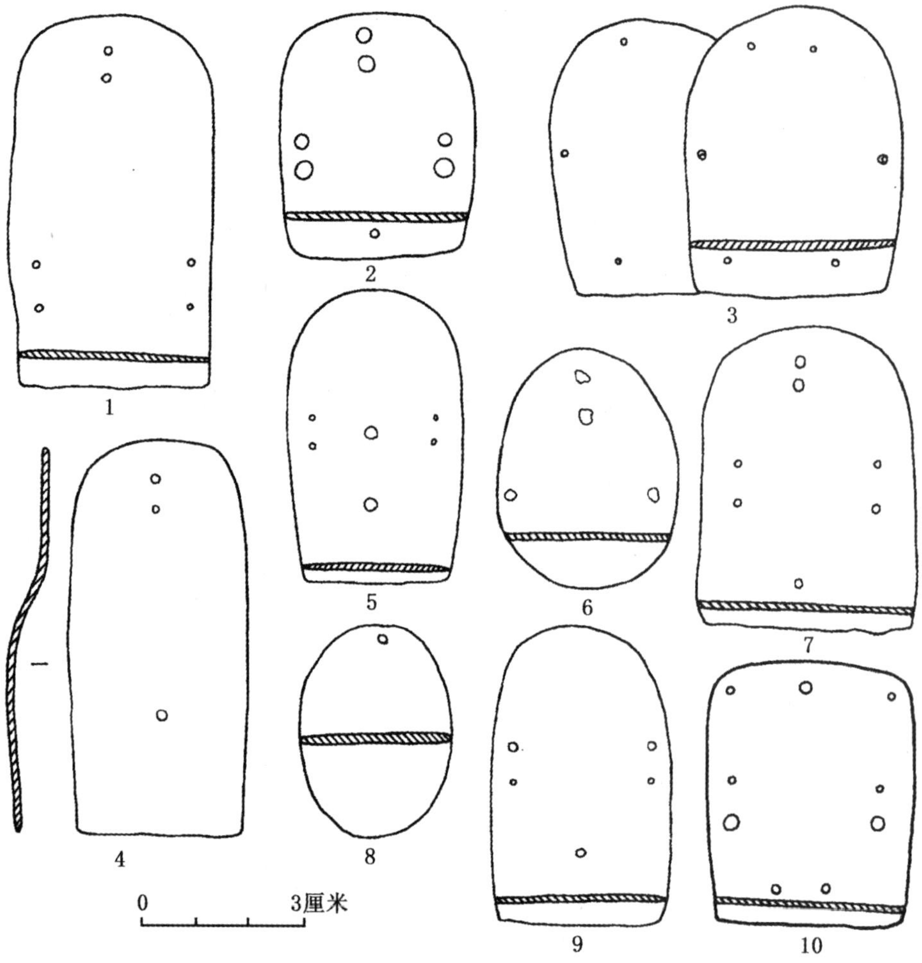

1.Ⅵ式（SDM4：21） 2.Ⅲ式（SDM4：27） 3.Ⅳ式（SDM4：22） 4.Ⅹ式（SDM4：23） 5.Ⅴ式（SDM4：12） 6.Ⅷ式（SDM4：24） 7.Ⅱ式（SDM4：25） 8.Ⅸ式（SDM4：26） 9.Ⅶ式（SDM4：20） 10.Ⅰ式（SDM4：28）

图十　SDM4出土铁甲片

Ⅵ式：11件。体瘦长，上端圆弧，两边平直，底部作直角。上端中部纵向两孔，两侧边偏下竖向各有两个孔。SDM4：21，长7厘米，宽3.8厘米，厚0.2厘米（图十，1）。

Ⅶ式：3件。体瘦长，上端圆底，底部平直，两侧边竖向各有两个孔，近底居中有1个孔。SDM4：20，长5.5厘米，宽3.3厘米，厚0.2厘米（图十，9）。

Ⅷ式：3件。平面呈椭圆形，上端居中纵向有两个孔，两侧边各有1个孔。SDM4：24，直径4.5厘米×3.3厘米，厚0.2厘米（图十，6）。

Ⅸ式：1件。SDM4：26，平面呈椭圆形，上端居中有1个孔。长径4厘米，短径3厘米，厚0.2厘米（图十，8）。

X式：3件。体瘦长，一端圆弧，两边及一端平直，片呈“T”状弯曲。圆端居中纵向有两个孔，平端偏下有1个孔。SDM4：23，长7.4厘米，宽3.3厘米，厚0.27厘米（图十，4）。

剑　1件。SDM4：13，残。仅存尖部，表面锈蚀严重，形制不清。残长5.1厘米，宽2.1厘米，厚0.15厘米（图十一，2）。

剑鞘　1件。SDM4：10，残。外面包厚0.2厘米的铁皮，内镶骨板，中空，用于插剑。宽3.4厘米，厚0.8厘米（图十一，1）。

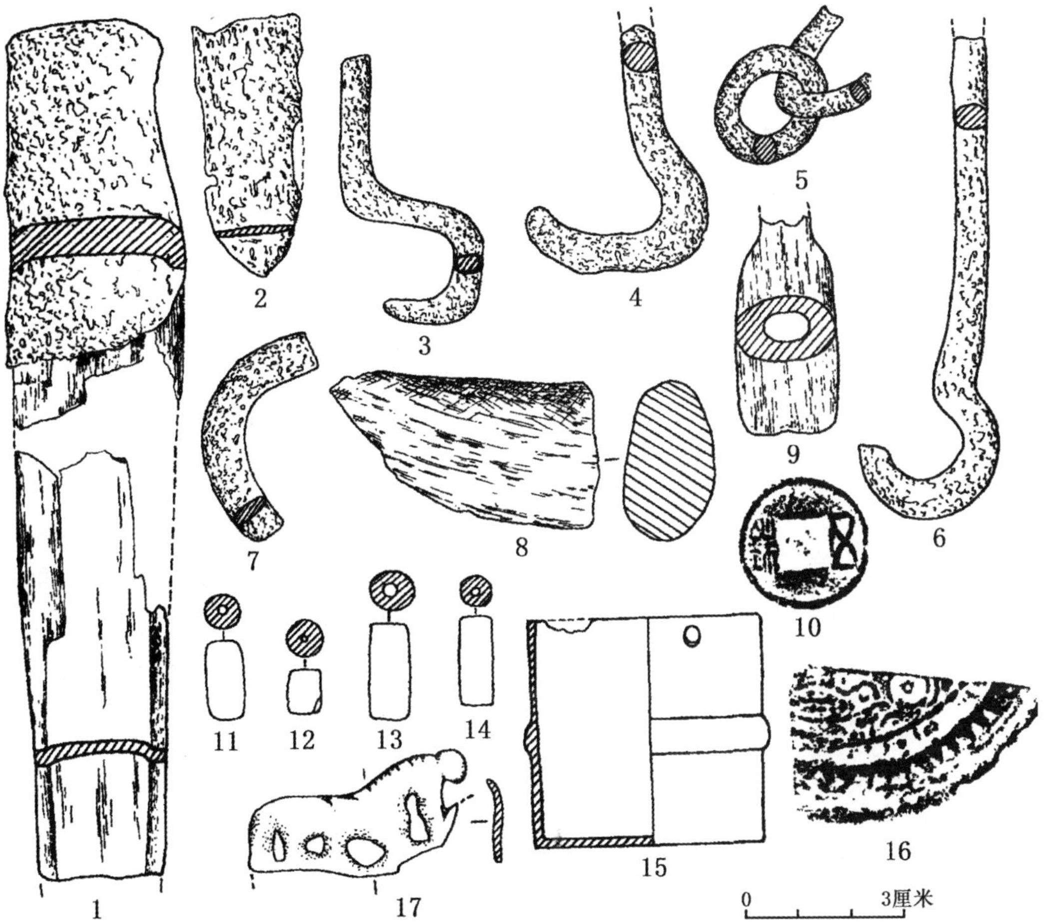

1.铁剑鞘（SDM4：10）　2.铁剑（SDM4：13）　3、4、6、7.铁钩（SDM4：11、SDM4：17、SDM4：15、SDM4：16）　5.铁环（SDM4：18）　8.羊角（SDM4：9）　9.骨哨（SDM4：6）　10.“五铢”钱（SDM4：4）　11～13.绿松石珠饰（SDM4：19、SDM4：14、SDM4：7）　14.骨珠饰（SDM4：8）　15.铜镦（SDM4：1）　16.铜镜（SDM4：3）　17.双耳纹金牌饰（SDM4：5）

图十一　SDM4出土随葬品

钩　4件。残。SDM4：11，一端为半圆形弯钩，横截面呈椭圆形。残长9.3厘米，截面径0.4厘米×0.65厘米（图十一，3）。SDM4：15，一端为弧折形弯钩，横截面呈扁圆形。残长13.5厘米，截面径0.3～0.6厘米（图十一，6）。SDM4：17，一端为弧形弯钩，横截面呈圆形。残长8厘米，截面径0.6厘米（图十一，4）。SDM4：16，仅存弯钩部分。长约5厘米，截面径0.25～0.7厘米（图十一，7）。

环　1件。SDM4：18，完整。平面呈椭圆形，横截面呈椭圆形。环径2厘米×2.4厘米，截面径0.4厘米×0.5厘米（图十一，5）。

（2）铜器

4件。出有铜鍑、铜镜和“五铢”钱。

铜鍑　1件。SDM4：1，完整。直口，圆唇，直腹，平底，中部突起一弧形箍，近口部有0.3厘米的钉孔。口径4.5厘米，高4.4厘米（图十一，15）。

铜镜　1件。SDM4：1，四乳四禽镜子，残，仅存小块边缘部分。外缘饰锯齿纹和栉齿纹各1周，边缘呈三角形。缘厚0.4厘米（图十一，16）。

钱币　2枚。“五铢”钱，完整。钱文“五”字两笔交叉略弧，“铢”字的“金”字头为三角形，“朱”字方折，字迹清晰。SDM4：4，直径2.5厘米，孔径0.9～1厘米（图十一，10）。

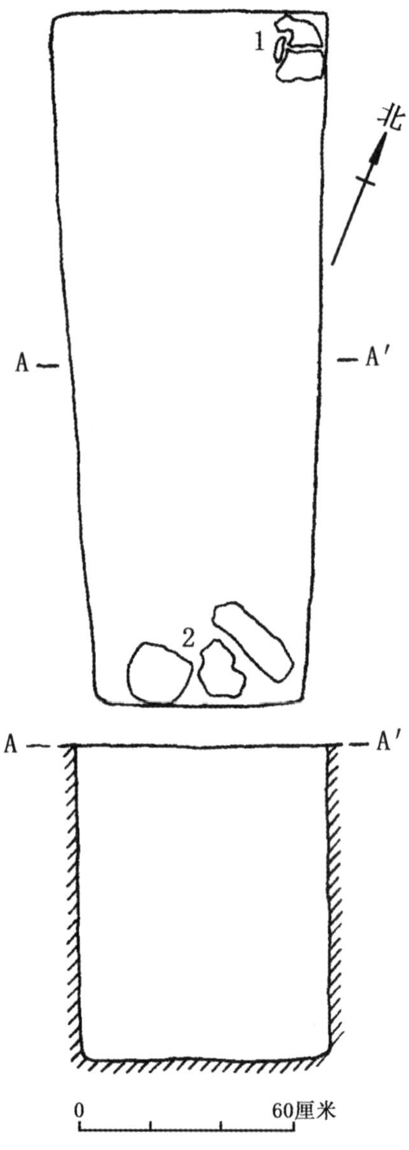

1.人骨　2.自然石头

图十二　SDM5平、剖面图

（3）金器

1件。SDM4：5，为双马纹金牌饰残件。下方大马形已缺失，仅存上面小马，正面弧形突出，背凹进，半浮雕状。小马呈站立状，头部饰1周圆形冠饰。长4.3厘米，残高2.3厘米，厚0.15厘米（图十一，17）。

（4）骨角器

3件。有骨哨、羊角和珠饰。

骨哨　1件。SDM4：6，残。管体较直，器壁较厚，一端呈收束状，中穿一孔，横截面呈椭圆形。残长4.2厘米，直径1.3厘米×1.9厘米，孔径0.6厘米（图十一，9）。

珠饰　1件。SDM4：8，完整。圆形管状，竖穿一孔。表面磨制精细。长1.7厘米，直径1.6厘米，孔径0.15厘米（图十一，14）。

羊角　1件。SDM4：8，残。用作殉牲，仅有尖部。残长5厘米，直径1.7×5厘米（图十一，8）。

（5）珠饰

3件。仅见绿松石珠饰，完整。石质坚硬。圆形管状，中竖穿一孔，表面磨制精细。SDM4：7，呈翠绿色，长1.9厘米，直径0.8厘米，孔径0.2厘米（图十一，13）。SDM4：14，呈淡绿色。长0.8厘米，直径0.65厘米，孔径0.1厘米（图十一，12）。SDM4：19，呈淡绿色。长1.5厘米，直径0.6厘米，孔径0.1厘米（图十一，11）。

（6）皮制品

1件。SDM4：2，皮囊，残。损毁严重，形制不清。囊内因原来装铜鍑而留有铜锈痕迹。

（五）SDM5

SDM5位于发掘区北部，东南为SDM8，西邻SDM2。

1.墓葬形制

长梯形土坑竖穴墓。早期被盗扰。长2米，宽0.6～0.8米，深0.9米。方向345度。墓内因盗扰仅在填土和墓东北角存有少量人骨，为成年女性，葬式不清。在墓底紧贴南壁置3块自然石。墓内随葬品的位置不详（图十二）。

2.随葬品

墓内出土随葬物品极少，因扰动，均出自填土之中。有铁器、铜器和石器。

（1）铁器

3件。表面锈蚀严重。有刀、钉。

刀　1件。SDM5：5，残。刀背平直，刃部微弧、锋利。宽3.2厘米（图十三，1）。

钉　2件。钉身由上至下渐细，其上残存有朽木痕迹，横截面呈圆形。SDM5：3，尖部圆钝。残长7.1厘米（图十三，2）。SDM5：4，一端呈折角。近折角处残存有一小圆环。残长9.2厘米（图十三，3）。

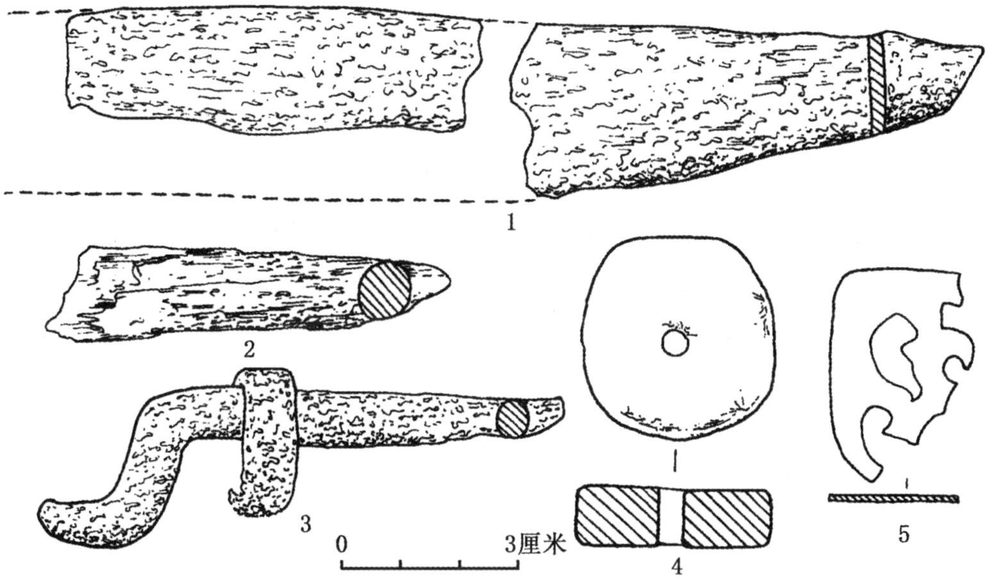

1.铁刀（SDM5：5）　2、3.铁钉（SDM5：3、SDM5：4）　4.石纺轮（SDM5：2）　5.铜牌饰（SDM5：1）

图十三　SDM5出土随葬品

（2）铜器

1件。SDM5：1，为铜牌饰。残。仅存小部分，形制不清。残长3.7厘米，残宽2.5厘米，厚0.1厘米（图十三，5）。

（3）石器

1件。SDM5：2，纺轮。完整。黑色熔渣制成，石质较硬，呈黑灰色。圆形，两面平整，中穿一孔。制作较粗糙，表面剥落。直径3.6厘米，厚1厘米，孔径0.3厘米（图十三，4）。

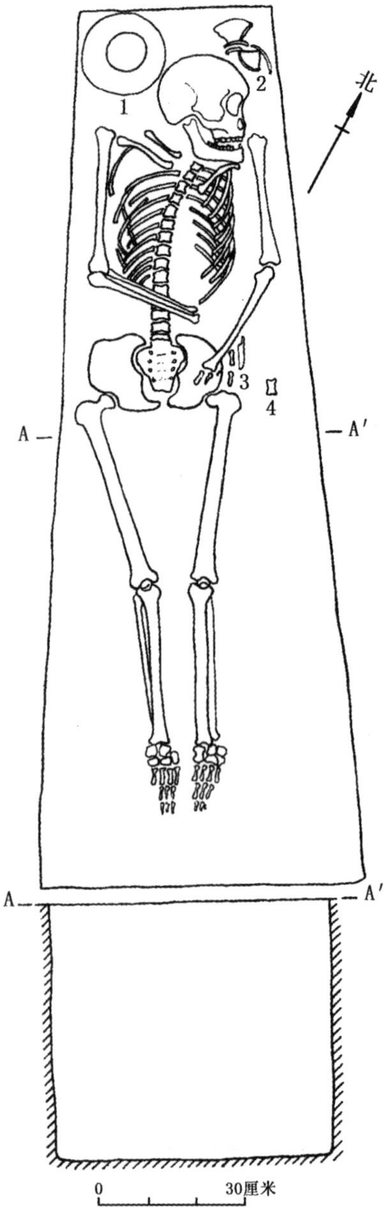

1.夹砂陶罐　2.侈口夹砂陶罐　3.铁刀　4.羊距骨

图十四　SDM6平、剖面图

（六）SDM6

SDM6位于发掘区北部，打破SDM7。东南为SDM5、SDM8、SDM9。

1.墓葬形制

长梯形土坑竖穴墓。该墓与其他墓形制不同，呈窄首宽尾状。其尾部尸骨打破SDM7之头部。长1.85米，宽0.4～0.68米，深0.53米。方向328度。墓内置尸骨1具，女性，年龄约35岁。仰身直肢，面偏向左侧，双手置于胸腹部。头骨两侧各置1个夹砂陶器，左手处有1把铁刀，在左侧盆骨殉有羊距骨。此外，在填土中也出有少量的殉牲羊骨（图十四）。

2.随葬品

墓内出土随葬品较少，共6件。有陶器、铁器、动物骨骼等。

（1）陶器

2件。完整。均为夹砂陶，手制，表面磨光。器型有侈口罐和壶。

侈口罐　1件。SDM6：3，夹砂红褐陶。侈口，圆唇，高领，长圆腹，平底，上腹饰4个对称的鸡冠状竖耳。近口部饰戳刺纹1周，上腹饰泥条附加堆纹1周，其上压印有戳刺纹。口径9.6厘米，底径7.2厘米，高15.2厘米（图十五，5）。

壶　1件。SDM6：4，夹砂灰陶。喇叭口，圆唇高领，束颈溜肩，长圆腹，最大腹径略偏下，平底。近口部饰戳刺纹1周，上腹饰泥条式附加堆纹。口径10厘米，底径8厘米，高17.6厘米（图十五，6）。

（2）铁器

2件。表面锈蚀严重。有刀、环。

刀　1件。SDM6：1，完整。刀、背部略有弧度，刃部锋利。长9.4厘米，宽1.5厘米（图十五，2）。

环　1件。SDM6：2，残。平面形状残剩半环形，横截面呈弧边三角形。截面径0.5厘米×0.7厘米。

（3）动物骨骼

殉牲用，有羊角、羊距骨。

羊角　1件。SDM6：5，残。近尖部残缺。残长8.8厘米（图十五，1）。

羊距骨　1件。SDM6：6，完整。长2.9厘米，宽1.8厘米，厚0.8厘米（图十五，4）。

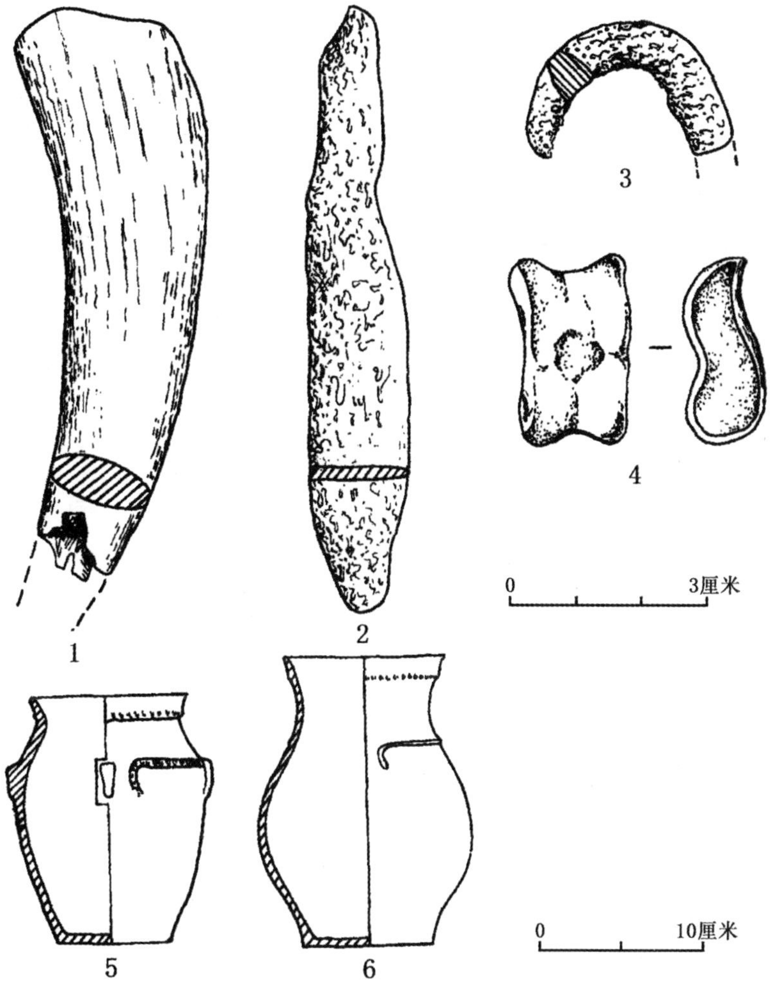

1.羊角（SDM6：5） 2.铁刀（SDM6：1） 3.铁环（SDM6：2） 4.羊距骨（SDM6：6） 5.夹砂侈口陶罐（SDM6：3） 6.夹砂陶壶（SDM6：4）

图十五 SDM6出土随葬品

（七）SDM7

SDM7位于发掘区北部，被SDM6打破。

1.墓葬形制

长梯形土坑竖穴墓。头部上方有一长0.9米、宽0.7米的长方形早期盗洞，该墓的头部上方和早期盗洞均被SDM6打破。墓口长2米，宽0.6～0.68米，深1.9米。方向335度。墓内置木棺1具，木棺为头大尾小状，两侧长于两端。棺板为平板状，头部一端因盗掘已残破。在棺的两侧近头部和脚部各有一直径约5厘米×8厘米的立柱，插立在棺木外侧，应是加固木棺之用。棺长1.8米，头部宽0.5米，尾部宽0.4米，残高0.32米。墓内因早期盗扰严重，在头部距墓口约0.9米处的西侧，出有1个头骨和股骨；在距墓口约1.6米处的东侧，也出有1个头骨。棺内仅存有少量尸骨，葬式不清。从棺内少量尸骨及填土中采集尸骨鉴定，应为一夫妻合葬墓，年龄均在25～30岁。在木棺头部置有夹砂陶壶2件，尾部外侧置泥质鼓腹罐1件。棺内头部出有珠饰3件，中部随葬有铜镜1件。此外，还在扰土中出有铜指环1件（套在手指骨上）和少量的殉牲羊骨（图十六）。

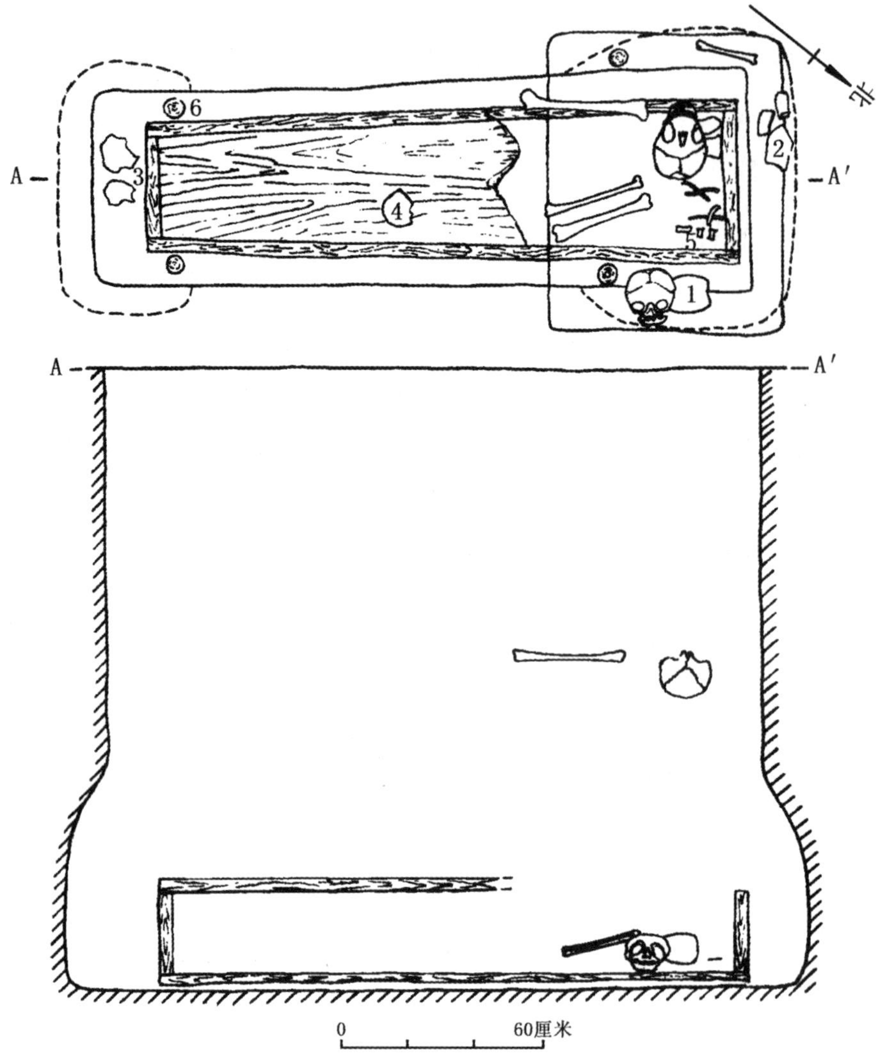

1、2.夹砂陶壶　3.泥质鼓腹陶罐　4.铜镜　5.珠饰　6.木棺立柱

图十六　SDM7平、剖面图

2.随葬品

墓内出土随葬品共8件，有陶器、铜器、珠饰等。

（1）陶器

3件。器型有夹砂陶壶和泥质鼓腹罐。

壶　2件。手制，均为夹砂红褐陶。器表磨光。侈口圆唇，短折沿，溜肩鼓腹，最大腹径略偏下，平底。SDDM7：4，完整。器壁较厚，肩部饰戳刺纹1周。口径12厘米，底径9.2厘米，高21.6厘米（图十七，8）。SDM7：5，口部残缺。器壁较薄。底径10厘米，残高17.6厘米（图十七，7）。

鼓腹罐　1件。SDM7：6，泥质灰陶。口部残缺。溜肩，鼓腹，最大腹径略偏上，平底。轮制，表面磨光。底径10.5厘米，残高13厘米（图十七，6）。

（2）铜器

出土指环和铜镜各1件。

指环　SDM7：1，完整。圆形，体较宽。直径2.1厘米，宽0.3厘米，厚0.15厘米（图十七，2）。

铜镜　为“长宜子孙”镜。SDM7：2，残。平面为圆形，镜面略有弧度，圆纽，圆纽座，由纽座伸出4个对称的蝙蝠形叶，将内区分为四区，其间阳文“长宜子孙”四字，素宽缘。直径8.8厘米，缘厚0.3厘米（图十七，1）。

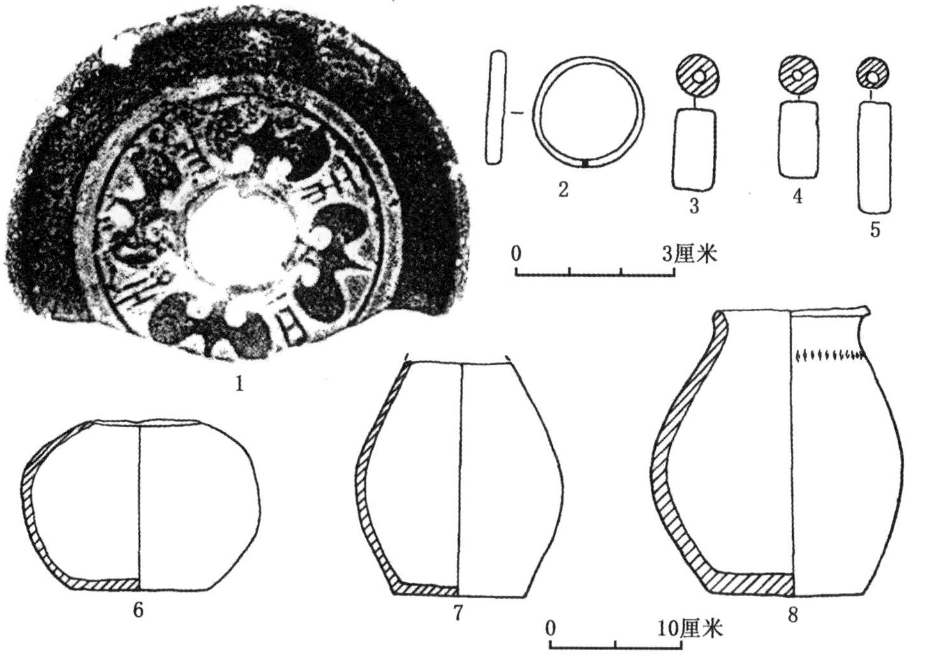

1.铜镜（SDM7：2）　2.铜指环（SDM7：1）　3、4.铁环（SDM7：7、SDM7：8）　5.凝灰岩饰（SDM7：3）
6.泥质鼓腹陶罐（SDM7：6）　7、8.夹砂陶壶（SDM7：5、SDM7：4）

图十七　SDM7出土随葬品

（3）珠饰

3件。玛瑙珠2件，完整。石质坚硬，呈红色透明状。圆形管状，磨制精细。SDM7：7，长1.5厘米，直径0.8厘米，孔径0.2厘米（图十七，3）。SDM7：8，长1.4厘米，直径0.8厘米，孔径0.2厘米（图十七，4）。凝灰岩珠饰1件。SDM7：3，完整。圆形管状，竖穿一孔，磨制精细，乳白色。长2.1厘米，直径0.5厘米，孔径0.2厘米（图十七，5）。

（八）SDM8

SDM8位于发掘区北部，东邻SDM9，西面为SDM5，北面为SDM6、SDM7。

1.墓葬形制

长梯形土坑竖穴墓。长2.1米，宽0.82～0.97米，深1.75米。方向320度。墓内紧贴南壁置木棺1具，为头大尾小状，两侧长于两端。棺长约2米，头部宽0.6米，尾部宽0.4米，棺板厚0.03米，残高0.29米。棺内置尸骨两具，为夫妻合葬墓。左侧男性年龄25～30岁，右侧女性也为成年。皆仰身直肢葬，面向上，女性尸骨双手置于腹部。墓内男性右侧和女性右侧腰部各佩有铁刀1把，男性腰部右侧和脚部各置骨弓弭1件，女性头骨左上侧随葬有铁鸣镝3枚。此外，还出有铁矛、陶纺轮、珠饰等（图十八）。

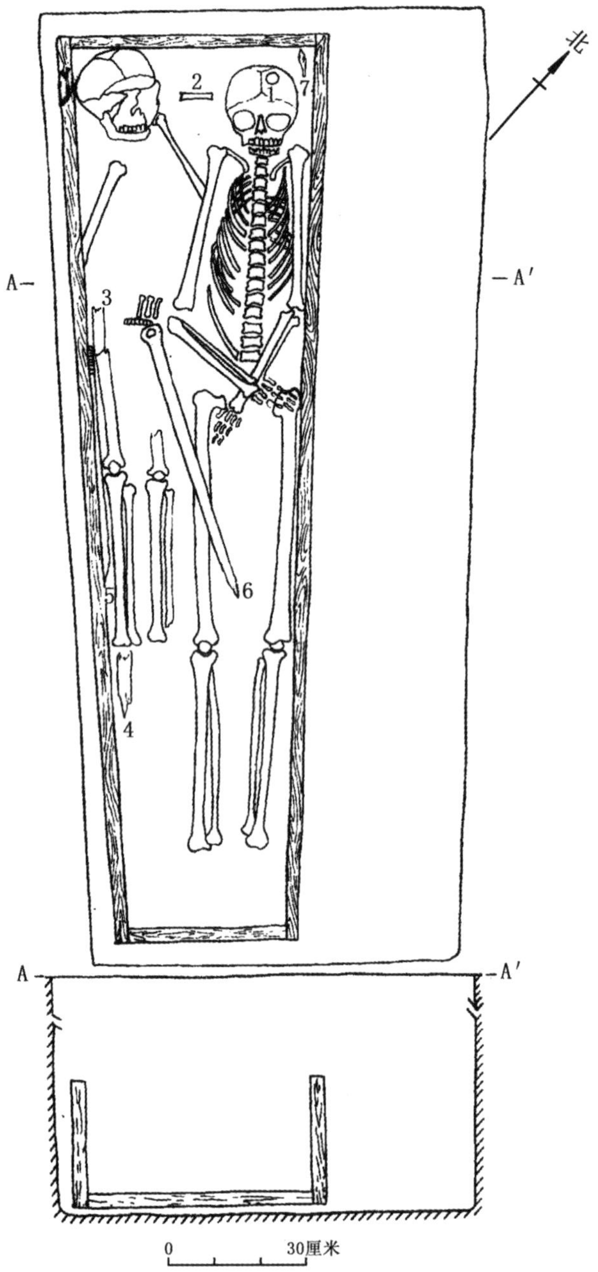

1.金泡饰　2.铁饰片　3、4.骨弓弭　5、6.铁刀　7.铁鸣镝

图十八　SDM8平、剖面图

2.随葬品

墓内出土遗物十分丰富，有38件，以铁器、珠饰为主，铜器、金器次之，另有少量的陶器、骨器等。

（1）陶器

2件。完整。器型有杯、纺轮。

杯　1件。SDM8：14，夹砂灰陶。盘口，圆唇，直腹斜收，平底内凹，表面磨光。口径9.6厘米，底径7厘米，高8.4厘米（图二十，3）。

纺轮　1件。SDM8：15，泥质灰陶。圆形，中钻一孔，两面平整。直径4.9厘米，孔径0.6厘米，厚1.3厘米（图二十，4）。

（2）铁器

10件。表面锈蚀严重。有刀、矛、刀鞘、鸣镝、环、饰片等。

刀　2件。完整。扁环首，直背直刃，背部较厚，格不明显。扁圆茎。刀身残存有刀鞘内朽木痕迹。SDM8：4，较为细长，锋尖部弧刃不明显。长79厘米，刀柄宽4厘米（图十九，9）。SDM8：5，刀柄宽4.8厘米（图十九，19）。

矛　2件。SDM8：6，口以下残缺。矛体前部呈圆锥状，中部凸起，尖部锋利，横截面呈圆形。残长15.5厘米，最大径3厘米（图十九，8）。SDM8：12，表面锈蚀严重。矛尖略残，扁体，矛头呈菱形，截面为圆形，矛体后半部较长，骹口部已残缺。残长37厘米（图十九，7）。

刀鞘　1件。SDM8：11，严重残损。仅存一段，长条形，扁体，中空。内侧有木质和麻布痕迹。残长17.2厘米，宽2.5厘米（图十九，1）。

鸣镝　3件。由镞锋和镞铤组成。锋部一面中起脊，一面弧内凹。镞铤横截面呈圆形。SDM8：7，锋部宽展，刃部已残。残长11.7厘米（图十九，3）。SDM8：8，镞锋，锋刃平面呈铲形，锋刃中呈三角形缺口状。残长11.4厘米（图十九，2）。SDM8：9，镞锋略呈菱形，刃部中间出尖。长11厘米（图十九，4）。

环　1件。SDM8：10，完整。平面呈长椭圆形，环体截面呈圆形。两侧有相连铁环的残段。长径4.31厘米，短径2厘米，截面径0.6厘米（图十九，6）。

饰片　1件（SDM8：13）。完整。平面呈长方形，片体圆弧。长6.6厘米，宽2.5厘米，厚0.2厘米（图十九，5）。

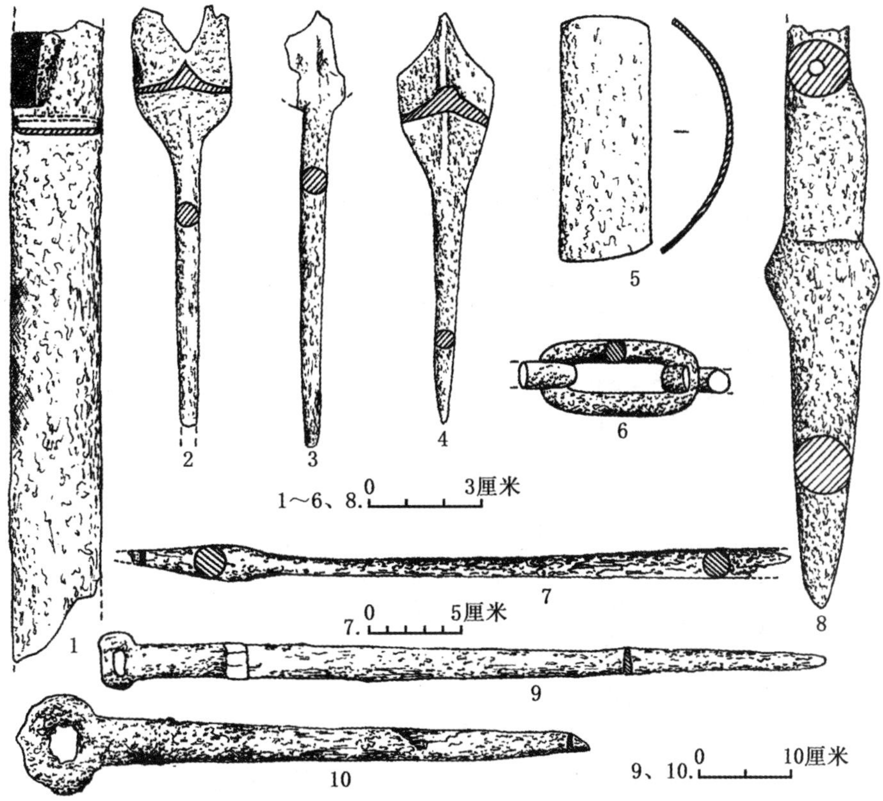

1.铁刀鞘（SDM8：11） 2～4.鸣镝（SDM8：8、SDM8：7、SDM8：9） 5.铁饰刀（SDM8：13） 6.铁环（SDM8：10） 7、8.铁矛（SDM8：12、SDM8：6） 9、10.铁刀（SDM8：4、SDM8：5）

图十九 SDM8出土铁器

（2）铜器

6件。多为连珠形管状饰，还有少量的耳饰、指环。

耳饰 1件。SDM8：2，略残。用0.1厘米厚的铜片剪成，柄部为圆形弯钩，其下为左右对称的3组团曲状花饰，右侧下方团花残缺。长4.9厘米，宽2.6厘米（图二十，6）。

连珠形管状饰 5组，均为铁刀环首上的装饰物。整体扁圆形，外壁圆弧，中空，内用皮绳连接。SDM8：29，6枚。珠径0.8厘米，高0.5厘米，孔径0.35厘米（图二十一，4）。SDM8：30，7枚。珠径1.3厘米，高1厘米，孔径0.75厘米（图二十一，1）。SDM8：31，6枚。直径1.3厘米，高0.8厘米，孔径0.9厘米（图二十一，2）。SDM8：32，5枚。直径0.9厘米。高0.6厘米，孔径0.4厘米（图二十一，5）。SDM8：33，直径0.7厘米，高0.5厘米，孔径0.5厘米（图二十一，3）。

（3）金器

5件，均为泡饰，形制相同。菱形，正面圆鼓，背凹进，周边饰圆点纹，长角各有一圆孔。SDM8：3，长2.1厘米，宽1.5厘米（图二十，5）。

（4）骨器

2件，均为弓弭。残。尖圆头，正面磨制光滑，圆弧形；背面未经磨光，略内凹，较粗糙。SDM8：17，仅存下半部，弭身较直。残长17厘米，宽3.2厘米，厚0.2厘米（图二十，1）。SDM8：

34，仅存中段，弭身略作弧度。残长11.8厘米，宽3.2厘米，厚0.2厘米（图二十，2）。

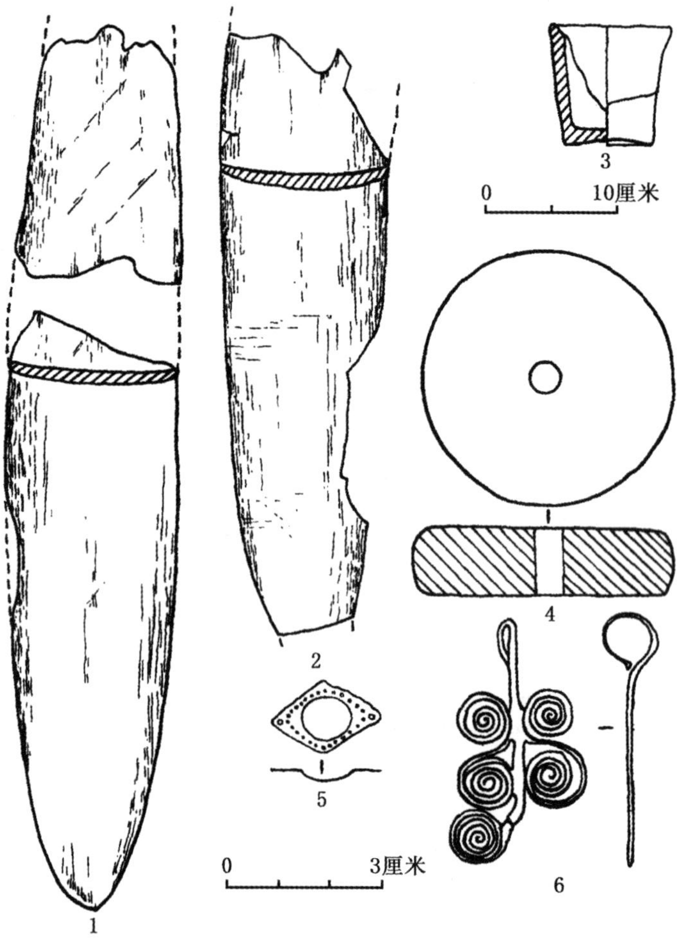

1、2.羊角（SDM8：17、SDM8：34） 3.陶杯（SDM8：14） 4.陶纺轮（SDM8：15） 5.金泡饰（SDM8：3） 6.铜耳饰（SDM8：2）

图二十　SDM8出土随葬品

（5）珠饰

13枚，磨制精细。依其质地有绿松石珠、玛瑙珠、翡翠珠和料珠。

绿松石珠饰　7件。圆形管状，竖穿一孔。SDM8：18，长0.85厘米，直径0.7厘米，孔径0.15厘米（图二十一，6）。SDM8：19，一端不甚平整。长1.5厘米，直径0.8厘米，孔径0.1厘米（图二十一，7）。SDM8：20，长1.1厘米，直径0.7厘米，孔径0.1厘米（图二十一，8）。SDM8：21，形制不甚规整。长1.3厘米，直径0.6厘米，孔径0.2厘米（图二十一，9）。SDM8：22，长1.1厘米，直径0.6厘米，孔径0.15厘米（图二十一，10）。SDM8：25，长0.9厘米，直径0.7厘米，孔径0.1厘米（图二十一，17）。SDM8：26，长2厘米，直径0.6厘米，孔径0.2厘米（图二十一，18）。

玛瑙珠饰　2件。红色半透明体，表面磨制精细。SDM8：1，扁圆形，中穿孔。直径1厘米，高0.7厘米，孔径0.2厘米（图二十一，14）。SDM8：23，圆形管状，竖穿一孔。长0.9厘米，直径0.8厘米，孔径0.15厘米（图二十一，15）。

翡翠珠饰　2件。花瓣状扁圆形，中穿孔，表面略不规整。SDM8：27，直径0.8厘米，高0.6厘米，孔径0.1厘米（图二十一，13）。SDM8：28，平面形状不规整。直径0.8厘米×0.9厘米，高1厘米（图二十一，12）。

料珠饰　2件。沉积赤铁矿制成，呈深红色，中穿孔，磨制精细。圆形，一面平整，一面呈圆弧形隆起。SDM8：16，直径1.2厘米，高0.7厘米，孔径0.7厘米（图二十一，16）。SDM8：24，残。直径0.9厘米，高0.6厘米，孔径0.2厘米（图二十一，11）。

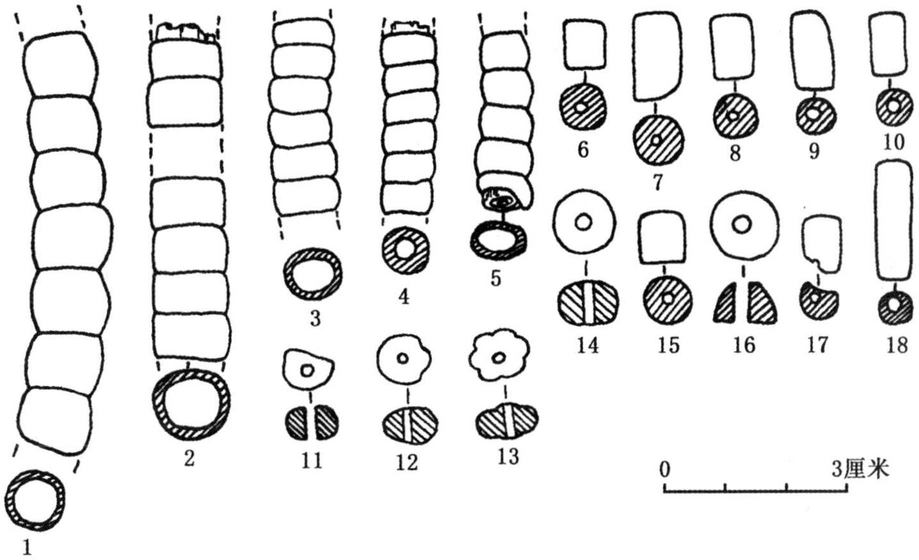

1～5.铜连珠形管状饰（SDM8：30、SDM8：31、SDM8：33、SDM8：29、SDM8：32）　6～10、17、18.绿松石珠饰（SDM8：18、SDM8：19、SDM8：20、SDM8：21、SDM8：22、SDM8：25、SDM8：26）　11、16.料珠饰（SDM8：24、SDM8：16）　12、13.翡翠珠饰（SDM8：28、SDM8：27）　14、15.玛瑙珠饰（SDM8：1、SDM8：23）

图二十一　SDM8出土随葬品

（九）SDM9

SDM9位于发掘区东北角，东南、东北分别为SDM8、SDM6、SDM7。

1.墓葬形制

长梯形土坑竖穴墓。早期被盗扰。长1.5米，宽0.45～0.63米，深0.9米。方向310度。内置尸骨为3个个体，因盗扰，故葬式不清。其中，男性1具，年龄17～19岁；女性2具，一具为成年女性，另一具年龄21～23岁。内殉有少量的羊距骨。随葬品出土位置不详（图二十二）。

2.随葬品

墓内共出土随葬品8件，多为铜器，另有少量的铁器、动物骨骼、珠饰等。

（1）铁器

1件。SDM9：4，铁条。残。平面呈长条形，一面平整，一面为圆弧。表面侵蚀严重，形制不清。残长5.5厘米，宽1.4厘米，厚0.5厘米（图二十三，2）。

（2）铜器

4件。有簪、指环和环。

簪　1件。SDM9：6，残。用0.1厘米的铜片制成。头部圆钝，表面鎏金。残长9.4厘米，宽0.7厘米，厚0.1厘米（图二十三，1）。

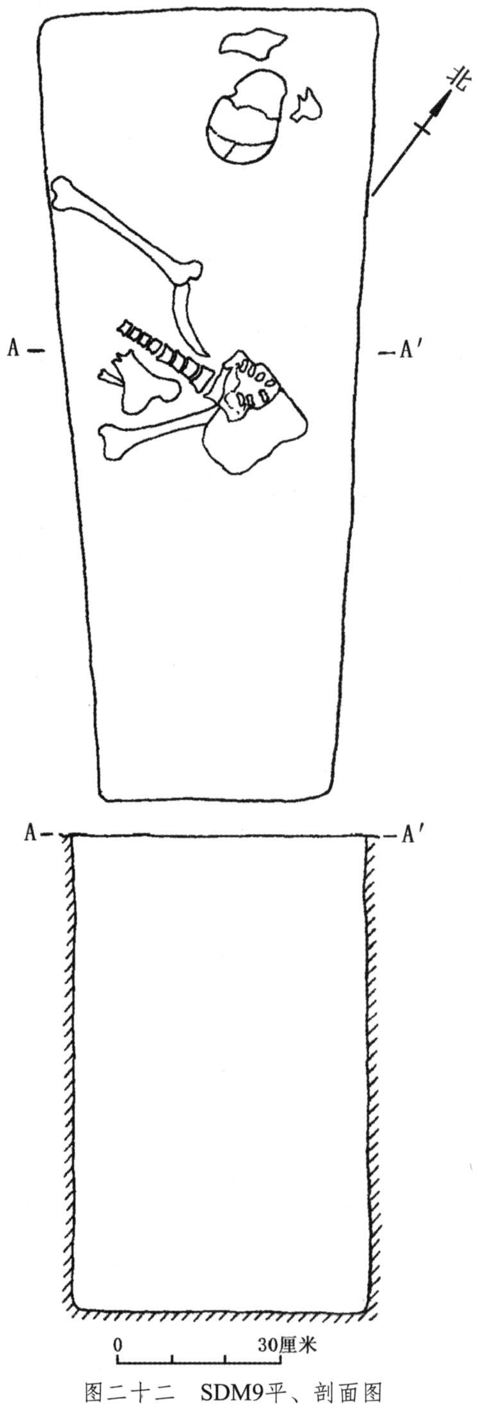

图二十二　SDM9平、剖面图

指环　2件。残。平面呈圆形，体扁平，接口部略细，外缘略有圆弧。SDM9：8，直径2厘米，宽0.2厘米，厚0.1厘米（图二十三，5）。SDM9：7，直径1.7厘米，宽0.2厘米，截面径0.1厘米（图二十三，4）。

环　1件。SDM9：1，完整。用0.2厘米的铜丝盘绕而成，平面形状部规整。直径2.1厘米，截面径0.2厘米（图二十三，8）。

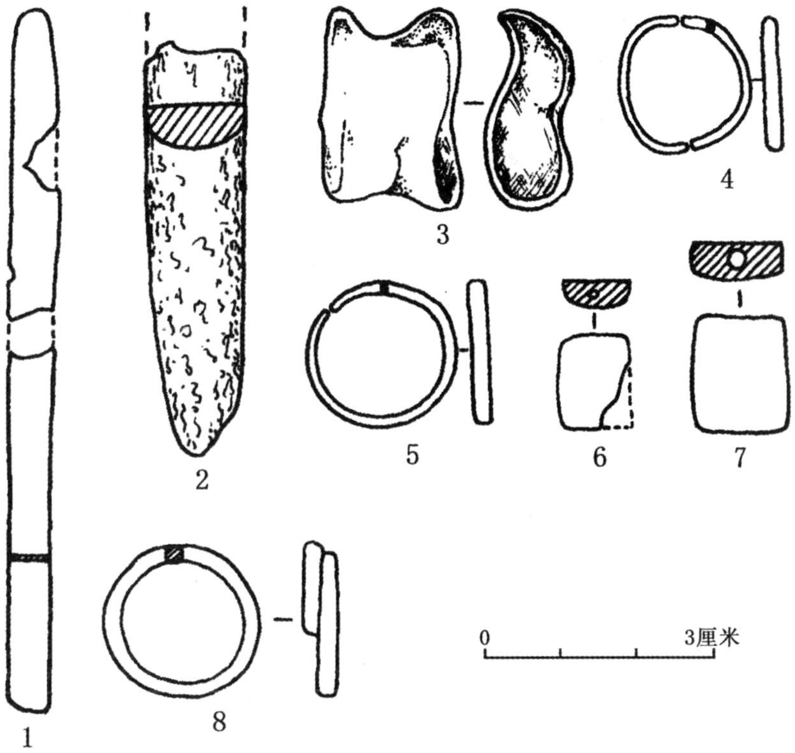

1.铜簪（SDM9：6） 2.铁条（SDM9：4） 3.羊距骨（SDM9：5） 4、5.铜指环（SDM9：7、SDM9：8） 6、7.绿松石珠饰（SDM9：3、SDM9：2） 8.铜环（SDM9：1）

图二十三 SDM9出土随葬品

（3）动物骨骼

殉牲羊距骨 1件。SDM9：5，完整。长2.7厘米，宽1.8厘米，厚1.1厘米（图二十三，3）。

（4）珠饰

2件。皆为绿松石珠。扁体长方形，竖穿一孔，一面平整，一面偏鼓。翠绿色，表面磨制精细。SDM9：3，残。长1.2厘米，宽1厘米，厚0.3厘米，孔径0.1厘米（图二十三，6）。SDM9：2，完整。长1.5厘米，宽1.7厘米，厚0.5厘米，孔径0.2厘米（图二十三，7）。

（十）SDM10

SDM10位于发掘区中部偏北部，西南距SDM11约6.2米。

1.墓葬形制

长方形土坑竖穴墓。早期被盗扰。长1.92米，宽0.52～0.68米，深0.8米。方向315度。墓内未见尸骨，仅在墓底出土“五铢”钱1枚，填土中出有3块陶片（图二十四）。

2.随葬品

仅“五铢”钱1枚。SDM10：1，残。表面锈蚀严重，字迹不清。直径2.5厘米，孔径1厘米。

（十一）SDM11

SDM11位于发掘区中部，南邻SDM13。

1.墓葬形制

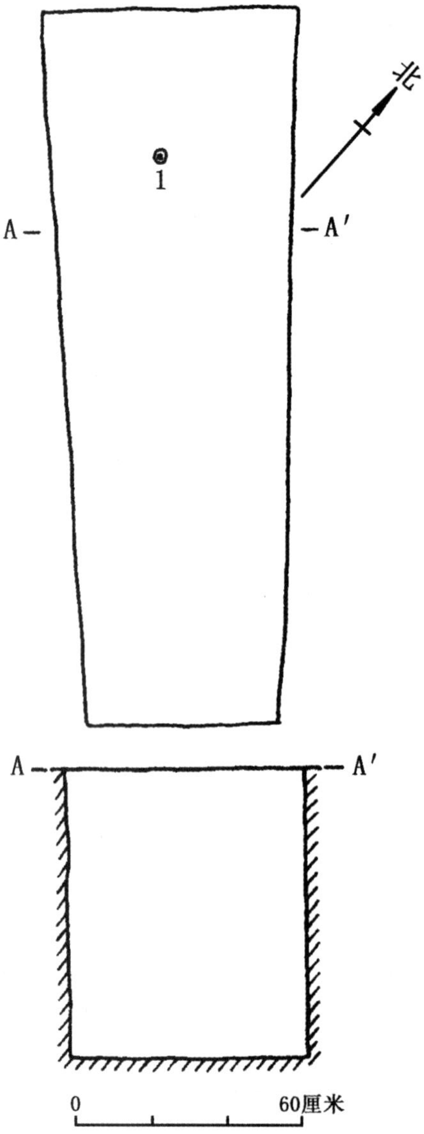

1. “五铢”钱

图二十四　SDM10平、剖面图

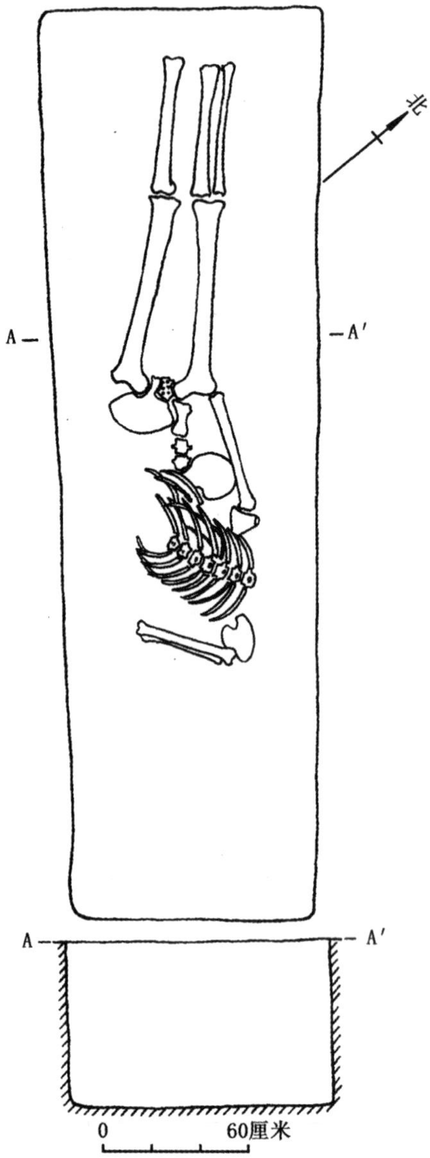

图二十五　SDM11平、剖面图

长梯形土坑竖穴墓。长1.94米，宽0.52～0.58米，深0.35米。墓向310度。墓内置尸骨1具，女性，年龄25～30岁，俯身直肢，上半身偏向右侧，头骨压在胸腹部之下。此墓尸骨放置方向与其他墓不同，头骨所对方向应为130度。墓内无任何随葬品，只在口内有一绿松石（图二十五）。

2.随葬品

仅石琀1件。SDM11：1，绿松石珠。扁圆形，两面平整，中穿孔。翠绿色，磨制精细。直径1.1厘米，高0.5厘米，厚0.15厘米（图二十六，3）。

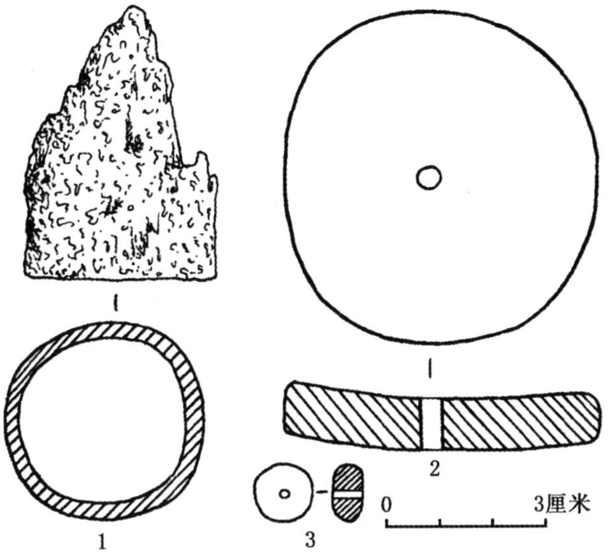

1.铁矛（SDM16：1） 2.陶纺轮（SDM15：1） 3.石琀（SDM11：1）

图二十六 SDM11、SDM15、SDM16出土随葬品

（十二）SDM12

SDM12位于发掘区中部偏南，东邻SDM13。

1.墓葬形制

长梯形土坑竖穴墓。长2米，宽0.4～0.45米，深0.35米。方向305度。墓内置尸骨1具，仰身直肢，保存完好，女性，年龄约25岁。墓内头部右上侧随葬有夹砂陶壶1件，左侧肩部置铜镜1面，头部左侧置骨器1件，颈部置一金饰片，颈部左侧出土珠饰4枚，脚部之下出土泥质鼓腹罐1件，紧贴墓壁左侧脚部出土1件铁甲片。此外，还出土有铜指环和耳饰（图二十七）。

2.随葬品

墓内出土随葬品较为丰富，共13件。陶器、珠饰略多，还有少量的铜器、铁器、金器、骨器和铜镜。

（1）陶器

3件，完整。器型有夹砂陶壶、泥质鼓腹罐。

壶 1件。SDM13：7，夹砂灰褐陶。喇叭口，方圆唇，高领束颈，溜肩。长圆腹，小平底。手制，表面磨光，肩部饰戳刺纹1周。口径9厘米，底径6厘米，高16厘米（图二十八，11）。

鼓腹罐 2件。皆泥质灰陶。轮制，表面磨光。SDM12：8，直口圆唇，矮领，短折沿，鼓腹。下腹斜收，小平底。口径5厘米，底径5.5厘米，高12厘米（图二十八，12）。SDM12：9，侈口，方唇，折沿，鼓腹较浅，大平底，底部钻有一孔。口径12厘米，底径12.8厘米，高6.4厘米（图二十八，10）。

（2）铜器

3件。有铜镜、耳饰和指环。

铜镜 有“长宜子孙”镜1件。SDM12：1，完整。圆形，镜面略呈弧面，圆纽，四蝠叶形纽座，内区饰内向八连弧纹，叶间有“长宜子孙”四字，素宽缘。直径10.8厘米，缘厚0.3厘米（图二十八，1）。

耳饰　1件。SDM12：1，用0.1厘米×0.2厘米的铜丝弯成，上面呈圆形弯钩。长约7厘米（图二十八，5）。

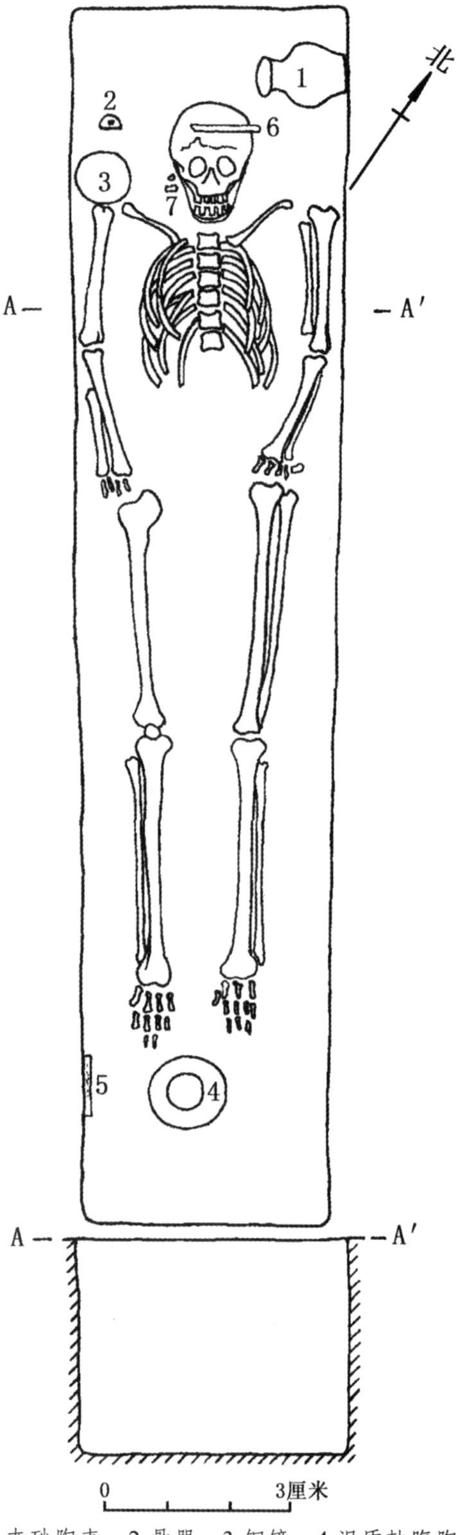

1.夹砂陶壶　2.骨器　3.铜镜　4.泥质鼓腹陶罐　5.铁甲片　6.金饰片　7.绿松石珠饰

图二十七　SDM12平、剖面图

指环　1件。SDM12：3，用0.15厘米的铜丝弯成叠圈状，平面呈圆形。直径2.1厘米（图二十八，3）。

（3）铁器

仅见1件甲片。SDM12：5，残。平面呈弧边三角形，上端圆弧，因锈蚀严重，缀孔位置不清。长5.5厘米，底宽4.2厘米，厚0.3厘米（图二十八，2）。

（4）骨器

1件。SDM12：6，用股骨头加工而成，平面呈不规则圆形，中间有一臼坑，一侧钻有一小圆孔，形制及用途不详。加工较粗糙，表面不平整。直径3.5厘米×3.7厘米（图二十八，13）。

（5）金器

仅见饰片1件。SDM12：4，残。用0.01厘米厚的金片制成，长方形，边缘不很规整。一端为齐边，另一端残。近边部饰圆点纹。残长15厘米，宽0.8厘米（图二十八，9）。

（6）珠饰

4件。完整。均为绿松石，磨制精细。SDM12：10，扁圆形，竖穿一孔，呈淡绿色。直径0.8厘米，高0.45厘米，孔径0.2厘米（图二十八，6）。SDM12：11，扁圆形，中穿孔，呈翠绿色。直径0.9厘米，高0.5厘米，孔径0.2厘米（图二十八，8）。SDM12：12，梯形片状，一面较平，一面微弧，横、竖钻孔皆未通。呈淡绿色。宽0.9～1.7厘米，高1.5厘米，厚0.4～0.6厘米（图二十八，4）。SDM12：13，呈不规则的四边体，竖穿一孔，呈淡绿色。长1厘米，宽0.5～1厘米，厚0.5～0.7厘米（图二十八，7）。

（十三）SDM13

SDM13位于发掘区之中部偏南，西邻SDM12，北面为SDM11。

1.墓葬形制

长梯形土坑竖穴墓。早期被盗扰。长1.73米，宽0.51～0.59米，深0.8米。方向315度。内葬有成年女性尸骨1具，葬式不清。墓内还殉有少量的牛肩胛骨及羊距骨，随葬品位置不详（图二十九）。

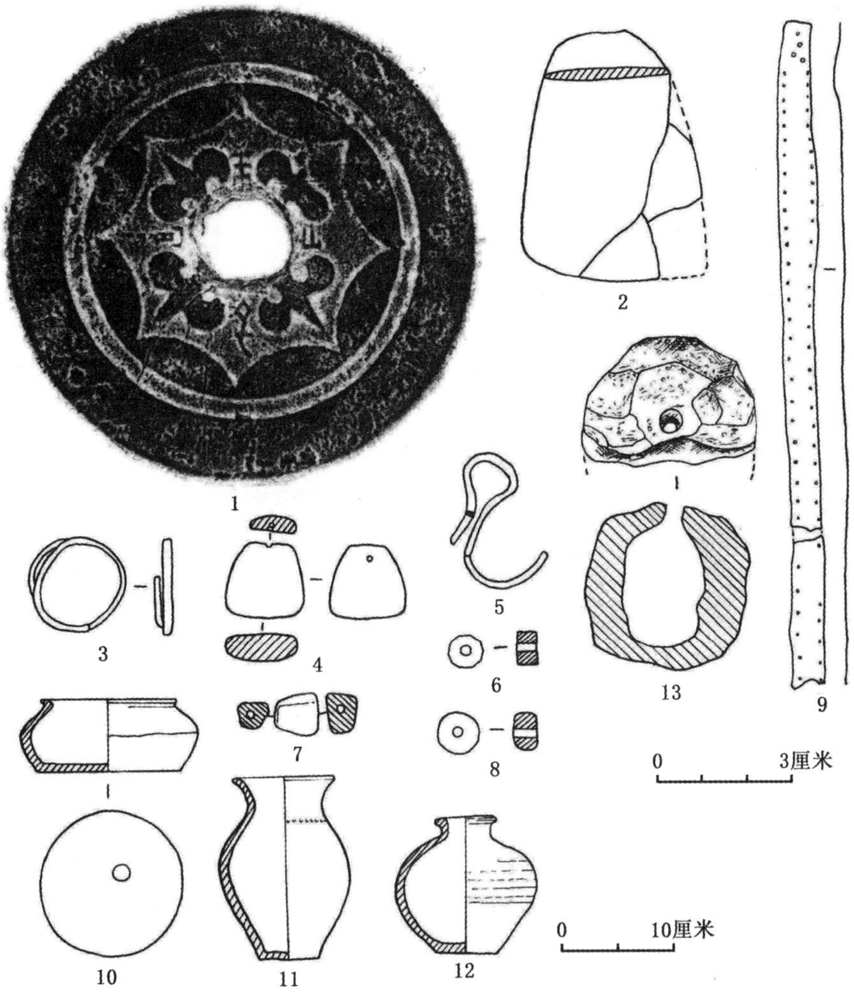

1.铜镜（SDM12：1） 2.铁甲片（SDM12：5） 3.铁环（SDM12：3） 4、6、7、8.绿松石珠饰（SDM12：12、SDM12：10、SDM12：13、SDM12：11） 5.银耳饰（SDM12：2） 9.金饰片（SDM12：4） 10、12.泥质鼓腹陶罐（SDM12：9、SDM12：8） 11.夹砂陶壶（SDM12：7） 13.骨器（SDM12：6）

图二十八 SDM12出土随葬品

2.随葬品

墓内共出土随葬品6件，有陶杯、铁甲片、骨珠饰、牛肩胛骨和羊距骨。

陶杯 2件。夹砂红褐陶，完整。形制不同。SDM13：2，敞口，圆唇，直腹斜收，假圈足，内底尖圆，捏制而成，表面抹光。口径6.8厘米，底径4厘米，高5厘米（图三十，6）。SDM13：3，敞口，圆唇，腹壁略有弧度，下腹斜收，平底。手制，表面磨光。口径6.5厘米，底径4厘米，高6厘米（图三十，5）。

铁甲片 1件。SDM13：1，完整。上端圆弧，两边平直，底边呈两直角。边孔为两组四孔。中间亦有一孔。长7厘米，宽3.7厘米，厚0.2厘米（图三十，1）。

骨器 3件。有骨珠饰、牛肩胛骨和羊距骨。

骨珠饰 1件。SDM13：4，完整。圆形管状，竖穿一孔，磨制精细。长1.45厘米，直径0.5厘米，孔径0.2厘米（图三十，3）。

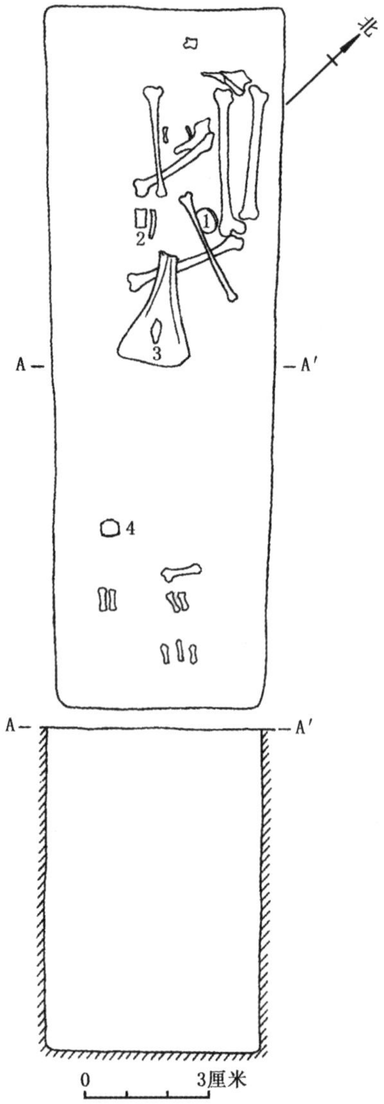

1.夹砂陶杯　2.铁甲片　3.羊肩胛骨

图二十九　SDM13平、剖面图

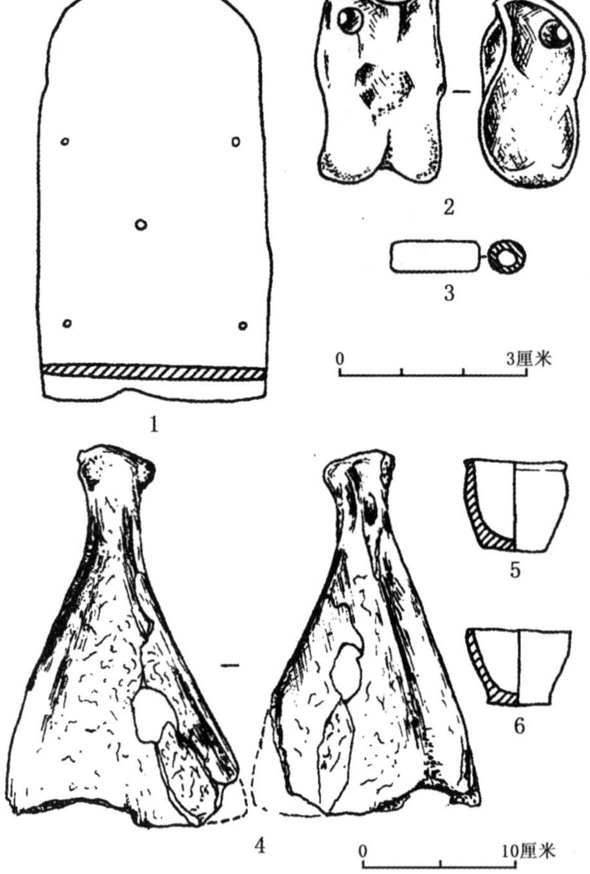

1.铁甲片（SDM13：1）　2.羊距骨（SDM13：5）　3.骨珠饰（SDM13：4）　4.牛肩胛骨（SDM13：6）　5、6.夹砂陶杯（SDM13：3、SDM13：2）

图三十　SDM13出土随葬品

牛肩胛骨　1件。SDM13：6，基本完整，中间略破损，宽缘部分有残损，未见加工痕迹。长25厘米，宽15厘米，柄厚4.6厘米×3.8厘米（图三十，4）。

羊距骨　1件。SDM13：5，用于殉牲。完整。其上钻有1个0.3厘米的小圆孔。长3.3厘米，宽2.2厘米，厚1.7厘米（图三十，2）。

（十四）SDM14

SDM14位于发掘区之南部，南距SDM15约5米。

1.墓葬形制

长方形土坑竖穴墓。长2米，宽1米，深0.7米。方向310度。墓内葬具为桦树皮，用桦树皮包裹成年女性尸骨1具，除头骨破碎，其余尸骨保存较好，仰身屈肢，肱骨和股骨外侈，尺桡骨和胫腓骨内曲呈菱形状。在墓穴右侧的尸骨头部和脚部分别随葬夹砂陶壶和侈口夹砂罐各1件，胸部和盆骨右侧共置“五铢”钱5枚，颈部、盆骨和脚部出有珠饰3件，右手部有铁刀1件，头部夹砂陶壶外侧置铜镞1枚，右胫骨外侧殉有羊肢骨（图三十一）。

2.随葬品

墓内出土随葬品较为丰富，共17件，有陶器、铜器、铁器、钱币、珠饰和桦树皮制品。

（1）陶器

2件，完整。均为夹砂陶，表面磨光。器型有侈口罐、壶。

侈口罐　1件。SDM14：8，夹砂灰褐陶。侈口圆唇，弧折沿，长圆腹，平底。近口部饰戳刺纹1周。口径14厘米，底径10.2厘米，高20.8厘米（图三十二，13）。

壶　1件。SDM14：7，夹砂红褐陶。小口圆唇，高领鼓腹，最大腹径略偏上，小平底。颈部饰戳刺纹1周。口径9.2厘米，底径8.8厘米，高20厘米（图三十二，14）。

（2）铜器

2件。完整。有镞、饰片。

镞　1件。SDM14：1，三翼，尖、翼部锋利，銎部有一长方形镂孔，尾銎中空，应为嵌铤之用。长4厘米，宽1.3厘米（图三十二，7）。

饰片　1件。SDM14：2，平面形状呈不规则圆形，表面略有弧度，中间用铆钉钉合，周边均有残损。直径3.7厘米，厚0.15厘米（图三十二，11）。

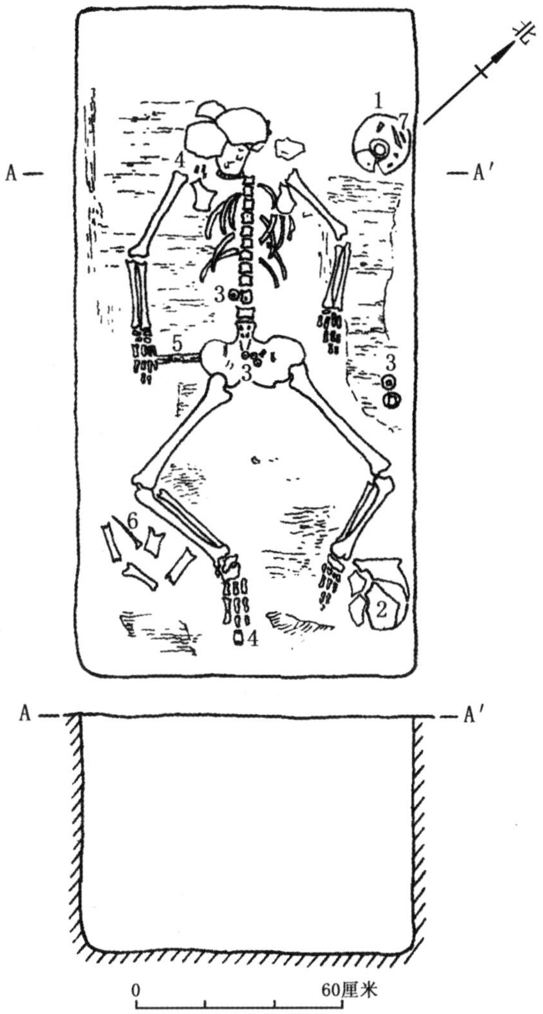

1.夹砂陶壶　2.夹砂侈口陶罐　3.“五铢”钱　4.珠饰　5.铁刀　6.羊肢骨　7.铜镞

图三十一　SDM14平、剖面图

（3）铁器

仅见刀1件。SDM14：4，残。背、刃部平直，背部较厚，正锋，表面锈蚀严重。残长5.8厘米，宽1.6厘米（图三十二，1）。

（4）“五铢”钱

5枚，完整。有小平“五铢”钱和剪轮“五铢”钱。

小平“五铢”钱　3枚。钱文“五”字交叉两笔弯曲；“铢”字“金”字头为三角形，“朱”字头基本方折。SDM14：3，有残损，直径2.5厘米，孔径1厘米（图三十二，8）。

剪轮“五铢”钱　2枚。锈蚀较严重，字迹模糊。“五”字交叉两笔弯曲，“铢”字不清。SDM14：14，直径2.2厘米，孔径1厘米。SDM14：13，直径2厘米，孔径1厘米（图三十二，7）。

（5）珠饰

5件。有绿松石、翡翠珠等。SDM14：12，翡翠制成。扁圆形花瓣状，平面呈不规则椭圆形，中穿孔，表面略粗糙。直径0.7厘米×1厘米，高0.6厘米，孔径0.1厘米（图三十二，6）。

SDM14：5，沉积赤铁矿制成，呈暗红色。扁圆形，两面平整，竖穿一孔，磨制精细。直径1厘米，厚0.5～0.7厘米，孔径0.2厘米（图三十二，4）。SDM14：6，绿松石制成，呈淡绿色。扁体橄榄形，竖穿一孔。长2厘米，宽1.4厘米，厚0.1厘米（图三十二，10）。SDM14：10，蛇纹岩制成，浅绿色与灰褐色相间。扁体长方形，一面平整，一面圆弧，竖穿一孔，磨制精细。长2.7厘米，宽1.7厘米，厚0.9厘米，孔径0.1厘米（图三十二，3）。SDM14：11，绿帘石化大理岩制成，呈绿色。圆管状，竖穿一孔，磨制精细。长2.5厘米，宽0.55厘米，孔径0.15厘米（图三十二，9）。

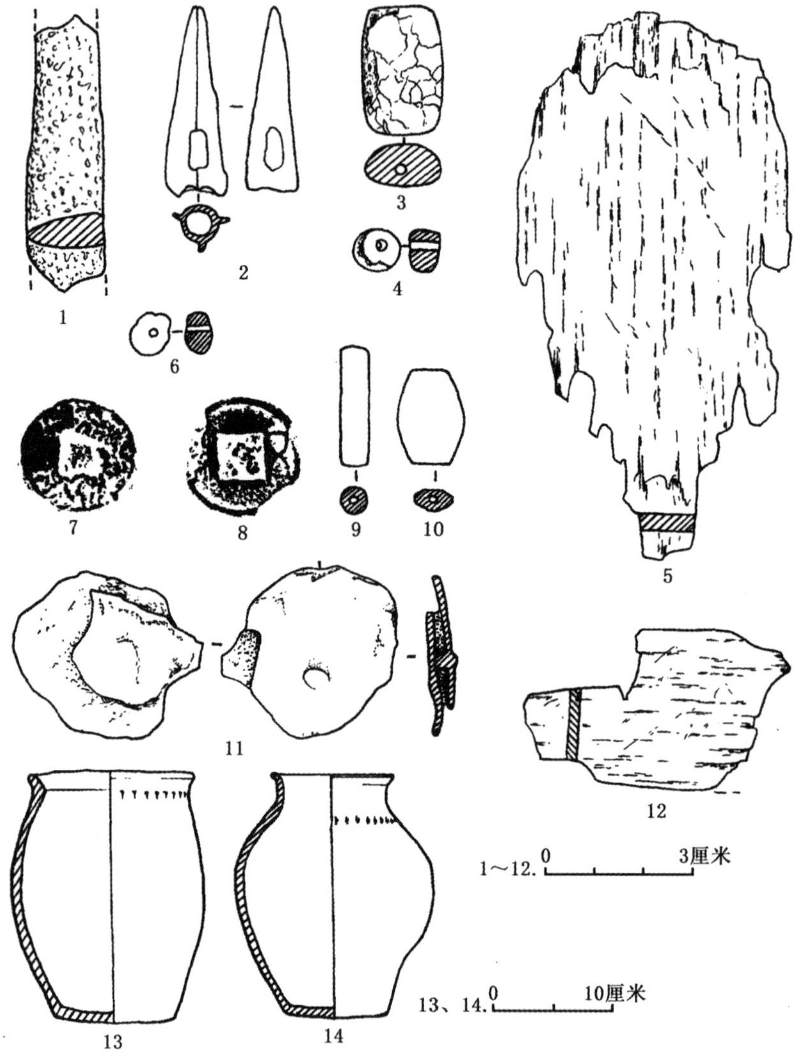

1. 铁刀（SDM14：4） 2. 铜镞（SDM14：1） 3、4、6、9、10. 珠饰（SDM14：10、SDM14：5、SDM14：12、SDM14：11、SDM14：6） 5. 桦树皮葬具（SDM14：14） 7、8. 五铢钱（SDM14：13、SDM14：3） 11：铜饰片（SDM14：2） 12.桦树皮器盖（SDM14：9） 13. 夹砂侈口陶罐（SDM14：8） 14. 夹砂陶壶（SDM14：7）

图三十二 SDM14出土随葬品

（6）桦树皮制品

2件，残，有桦树皮器盖、葬具等。

桦树皮器盖 1件。SDM14：9，平整，有加工痕迹。残损严重，形制不清。厚0.2厘米（图三十二，12）。

桦树皮葬具　用于包裹尸体，因残损严重，已成诸多碎片。SDM14：14，长12厘米，厚0.35厘米（图三十二，5）。

（十五）SDM15

SDM15位于发掘区南部，南距SDM16约6米，北邻SDM14。

1.墓葬形制

长梯形土坑竖穴墓。早期被盗扰。长2米，宽0.52～0.6米，深0.54米。方向287度。墓内未见葬具及尸骨。其他情况不详（图三十三）。

2.随葬品

仅在墓底东壁处出土陶纺轮1件。SDM15：1，完整。用夹砂红褐陶残片制成。平面呈不规则椭圆形，边部加工较粗糙，中钻一孔。直径5.8厘米×6.4厘米，厚1厘米，孔径0.2厘米（图二十六，2）。

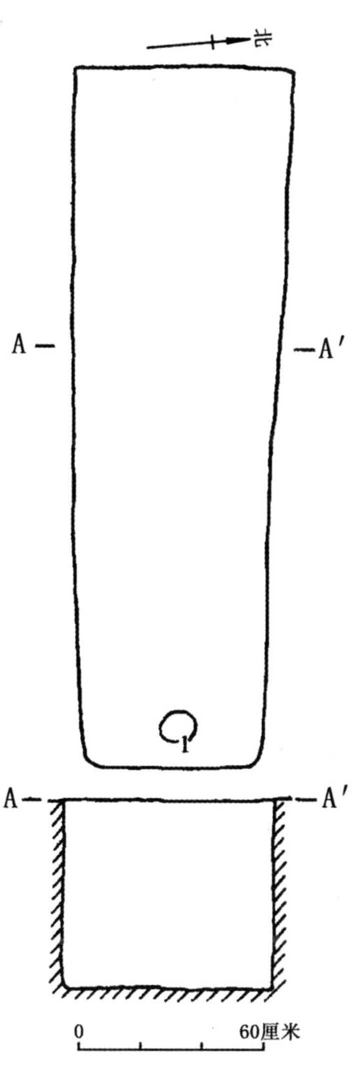

1.陶纺轮

图三十三　SDM15平、剖面图

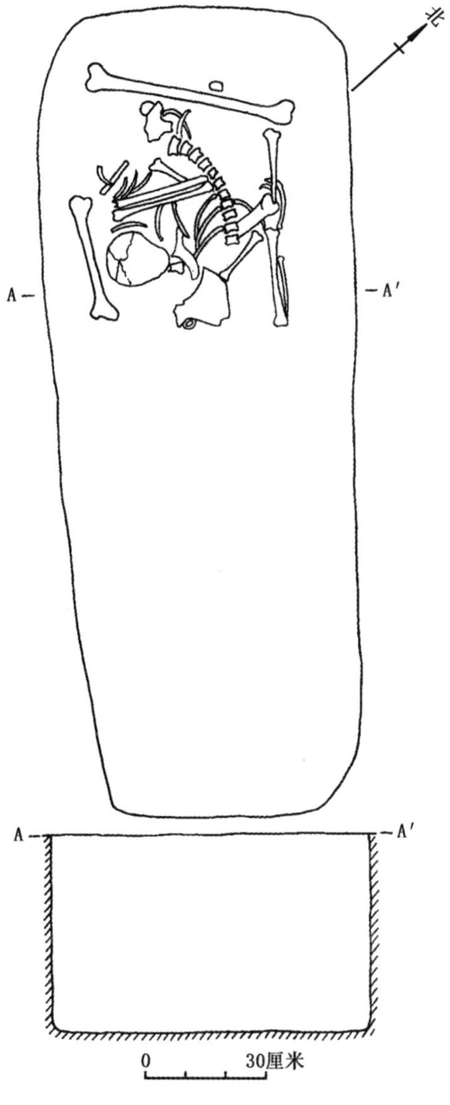

图三十四　SDM16平、剖面图

（十六）SDM16

SDM16位于发掘区南部，北邻SDM15，东南约8米为SDM18。

1.墓葬形制

长梯形土坑竖穴墓。早期被盗。长2.07米，宽0.6～0.8米，深0.5米。方向310度。墓内尸骨因严重扰乱，葬式不清，均集中堆于头端。人骨为一男性，年龄50岁左右（图三十四）。

2.随葬品

仅出土铁矛1件。SDM16：1，残，仅存銎部。銎部呈圆形。残长5.2厘米，銎口直径3.1厘米（图二十六，1）。

（十七）SDM17

SDM17位于墓地西部。

1.墓葬形制

长方形土坑竖穴墓。早期被盗扰。长2.2米，宽0.7米，深1米。方向315度。在墓内西壁（头部）距地表40厘米处有一壁龛，壁龛深28厘米、宽22厘米、高21厘米。龛内随葬有夹砂陶壶1件。墓内被盗扰严重，仅存有头骨和肢骨一段，经鉴定为成年人，性别不详。在头骨右上侧置侈口夹砂陶罐1件。其他随葬品出土位置不详（图三十五）。

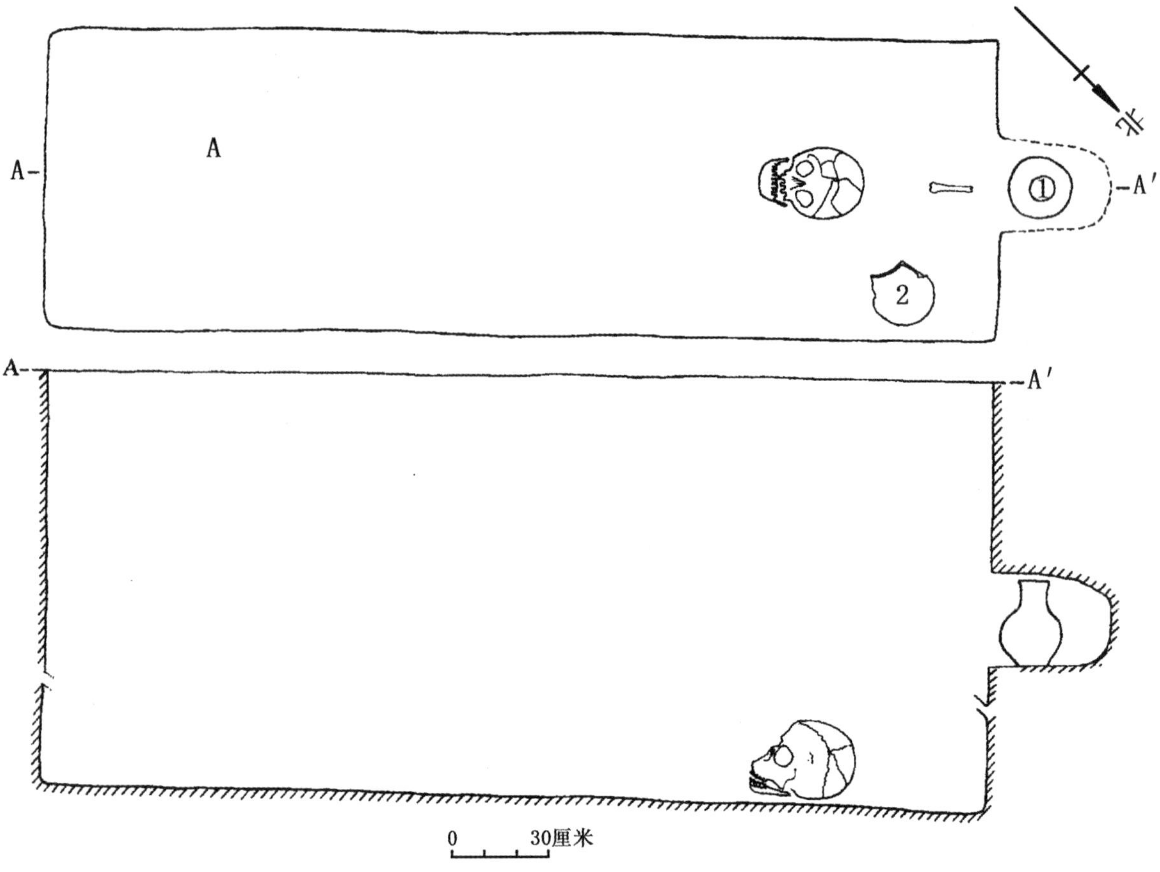

1.夹砂陶壶　2.夹砂侈口陶罐

图三十五　SDM17平、剖面图

2.随葬品

墓内共出土随葬品6件，有陶器、铜器、珠饰。

（1）陶器

2件。完整。夹砂红褐陶。手制，表面磨光。器型有侈口罐和壶。

侈口罐　1件。SDM17：4，口微侈，圆唇，长圆腹，圈足。上腹饰4个对称的乳钉纹，其上饰两周戳刺纹。口径14厘米，底径8厘米，高18厘米（图三十六，6）。

壶　1件。SDM17：5，喇叭口，圆唇，高领、溜肩，长圆腹，最大腹径略偏上，平底。口径9厘米，底径10厘米，高23厘米（图三十六，5）。

（2）铜器

2件。表面锈蚀严重。有铜耳饰和指环。

耳饰　1件。SDM171：1，残。耳饰钩及边部残。用0.15厘米厚的铜片制成。正面下端浮雕一大重圈纹，其上浮雕3组对称的、由下向上渐小的重圈纹，中间饰一小乳钉纹。背部残存有少量的丝织品残片。长5.7厘米，宽3.6厘米（图三十六，1）。

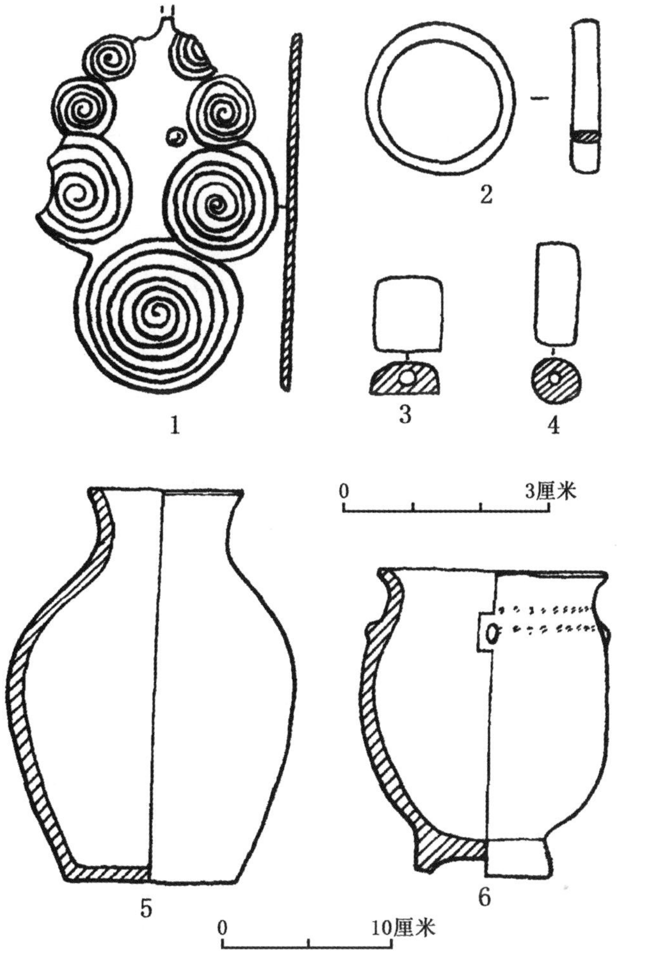

1．铜耳饰（SDM17：1）　2．铜指环（SDM17：2）　3、4.绿松石珠饰（SDM17：3、SDM17：6）　5．夹砂陶壶（SDM17：5）　6．夹砂侈口陶罐（SDM17：4）

图三十六　SDM17出土随葬品

指环　1件。SDM17：2，完整。圆形，体较宽，外缘略有弧度。直径2.3厘米，宽0.4厘米，厚0.2厘米（图三十六，2）。

（3）珠饰

2枚。均为绿松石珠，石质坚硬，呈翠绿色，磨制精细。SDM17：3，扁体长方形，一面平整，一面圆弧，竖穿一孔。长1.2厘米，宽1厘米，厚0.5厘米（图三十六，3）。SDM17：6，圆形管状，竖穿一孔。长1.5厘米，直径0.5厘米，孔径0.15厘米（图三十六，4）。

（十八）SDM18

SDM18位于发掘区南端，西北距SDM16约6米。

1.墓葬形制

长梯形土坑竖穴墓。早期被盗扰。长1.65米，宽0.3～0.5米，深0.7米。方向35度。墓内无任何葬具。尸骨保存较好，头部轻微扰动，仰身直肢，双手置于盆骨处，为成年女性。在尸骨的颈部佩有珠饰，双手各戴1个铜镯，右手戴有3枚铜指环，左手戴有1枚铜指环，在盆骨之上置有“五铢”钱1枚，在脚部右下角随葬有残铜镜1面，其上放有绿松石1枚。此外，还出有骨弓弭2件（图三十七）。

2.随葬品

墓内出土随葬品较为丰富，共16件，以铜器、珠饰为主，另有少量的铁器、骨器、钱币等。

（1）铜器

7件。有镯、指环、铜镜等。

镯　2件。圆形，外缘作弧形花瓣状。SDM18：1，体较窄。直径7厘米，宽0.4厘米，厚0.5厘米（图三十八，2）。SDM18：2，体较宽，环体略有变形。直径6.4厘米，宽0.75厘米，厚0.3厘米（图三十八，4）。

指环　4件。体较宽，横截面呈扁平状，表面锈蚀严重。SDM18：3，环体变形严重。直径2.3厘米，宽0.4厘米，厚0.2厘米（图三十八，14）。SDM18：4，环体略有变形。直径2.3厘米，宽0.4厘米，厚0.2厘米（图三十八，15）。SDM18：5，直径2.2厘米，宽0.3厘米，厚0.2厘米（图三十八，6）。SDM18：6，直径2.1厘米，宽0.25厘米，厚0.1厘米（图三十八，5）。

铜镜　1件。SDM18：7，残。圆形，镜面略有弧面，圆纽，圆纽座，纽座外侧饰小乳钉纹1圈。内区饰4个羊圈乳钉纹并分为四区，每区饰一飞鸟，外区栉齿纹和锯齿纹各1周，边缘呈三角形，缘厚0.4厘米（图三十八，1）。

“五铢”钱　1枚。SDM18：8，表面锈蚀严重，字迹不清楚。直径2.6厘米，孔径1厘米。

（2）铁器

仅有铁钉1件。SDM18：9，残。钉身呈扁四边形，尾部扁长，尖部圆锥状。表面锈蚀严重。残长8厘米（图三十八，3）。

（3）骨器

2件，残。均为弓弭，仅存上半部。平面呈长条形，弭身略有弧度，由上至下渐细。近端部有一缺口，缺口处有明显的使用磨痕。器壁表面磨制光滑，呈圆弧形，背面平整，未经磨光。端部钻有1个0.2厘米的小圆孔。SDM18：10，残长8厘米，宽2.1厘米，厚0.2厘米（图三十八，7）。SDM18：11，残长6.5厘米，宽2厘米，厚0.2厘米（图三十八，8）。

（4）珠饰

5件。有绿松石和海百合茎化石珠。

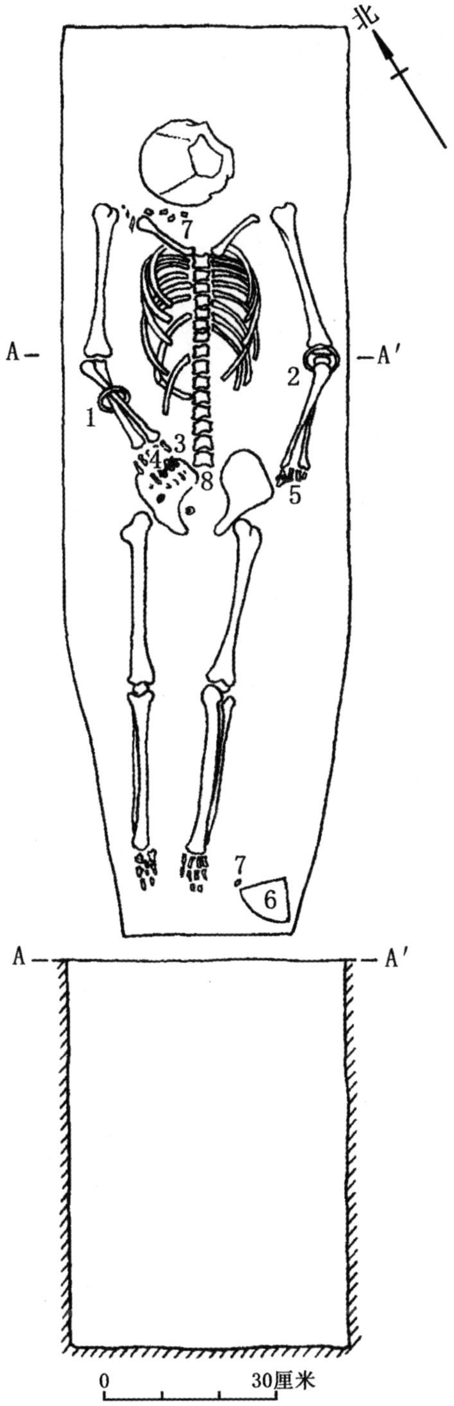

1、2.铜镯　3、4、5.铜指环　6.铜镜　7.绿松石珠饰　6.“五铢”钱

图三十七　SDM18平、剖面图

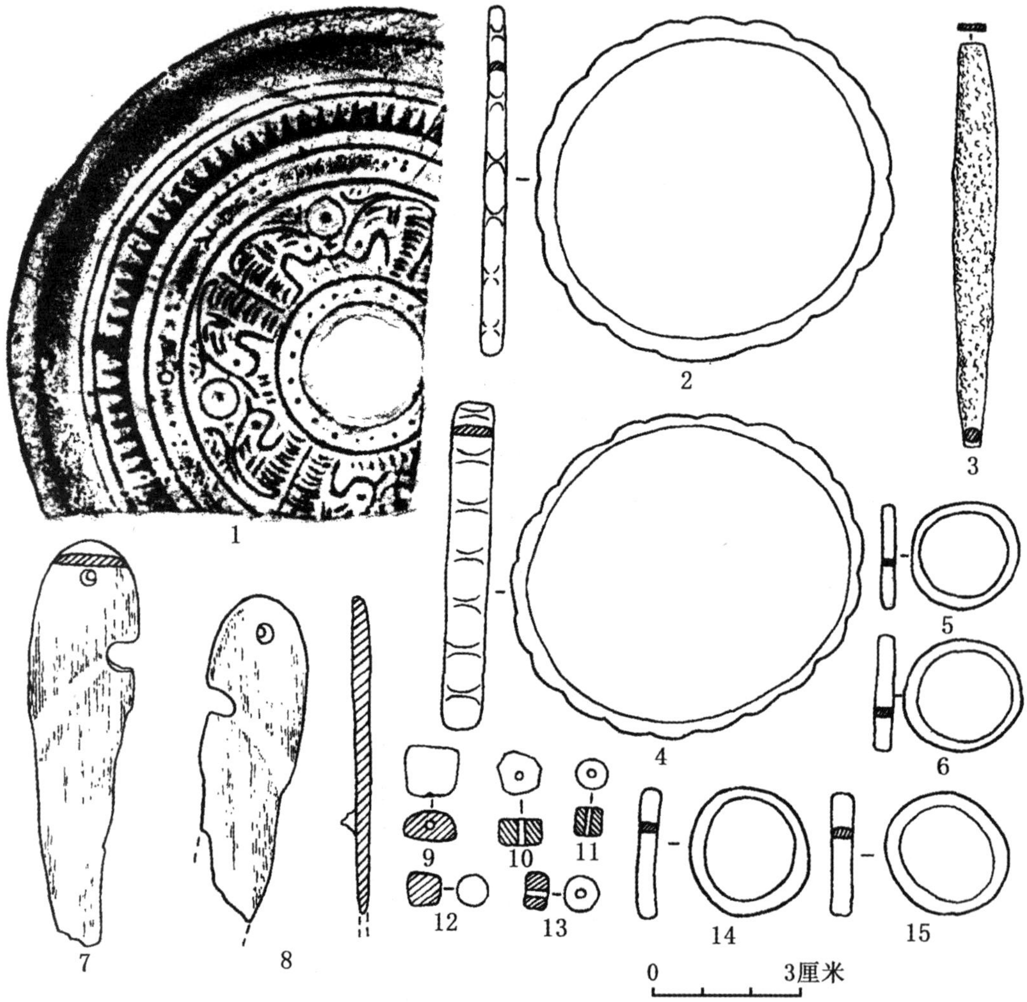

1.铜镜（SDM18：7） 2、4.铜镯（SDM18：1、SDM18：8） 3.铁钉（SDM18：9） 5、6、14、15.铜指环（SDM18：6、SDM18：5、SDM18：3、SDM18：4） 7、8：骨弓弭（SD：18：10、SDM18：11） 9.绿松石珠饰（SDM18：12） 10～13.海百合茎化石珠饰（SDM18：13、SDM18：14、SDM18：16、SDM18：15）

图三十八 SDM18出土随葬品

绿松石珠饰 1件。SDM18：12，扁方形，一面平整，一面圆弧，竖穿一孔。呈淡绿色，磨制精细。长1厘米，宽1厘米，厚0.6厘米（图三十八，9）。

海百合茎化石珠饰 4件，较坚硬，呈白黄色。SDM18：13，平面呈不规则五边形，中穿一孔。直径0.9厘米，高0.9厘米，孔径0.1厘米（图三十八，10）。SDM18：4，圆形，中穿一孔。直径0.9厘米，高0.9厘米，孔径0.1厘米（图三十八，11）。SDM18：15，圆形，中穿一孔。磨制精细。直径0.7厘米，高0.4厘米，孔径0.1厘米（图三十八，13）。SDM18：16，呈不规则圆形，未钻孔。直径0.65厘米，厚0.65厘米（图三十八，12）。

三、结语

（一）文化特征与年代

东大井墓地因砖厂取土和当地村民盗掘，已大部遭到破坏。本次清理除SDM17位于墓地西北部，其余仅限于墓地的东南一隅。因此，给我们对墓地的总体研究造成了一定的困难。

从清理的18座墓葬来考察，其墓向以西北—东南向为主体，但也有2座东北—西南向和东南—西北向的墓葬。墓地内仅发现SDM7打破SDM6一组具有叠压打破关系的墓葬，特别是打破了早期的盗洞，这两座墓应具备时代早晚的关系。但两座墓葬的随葬器物较少且没有明显的差别，加之发掘墓葬数量较少，其他墓葬的随葬品亦无大的差异，故暂不做分期讨论。

东大井墓地墓葬结构复杂多样，出土文物亦较为丰富。下面从墓葬形制与随葬器物对墓葬文化特征及年代进行分析。

1.文化特征

东大井墓地的墓葬结构以长梯形为主，共15座，约占发掘墓葬总数2/3以上。这种葬俗多见于早期拓跋鲜卑墓中。从近年来所发表的并被学术界确定为属于早期拓跋鲜卑的呼伦贝尔市（原呼伦贝尔盟）扎赉诺尔墓地①、拉布达林墓地②、七卡墓地③、伊和乌拉墓地④、伊敏河地区鲜卑墓⑤，兴安盟北玛尼吐墓葬⑥，乌兰察布市察右后旗三道湾墓地⑦等均发现有数量不等的长梯形墓葬，其中扎赉诺尔、拉布达林墓地长梯形墓的比例均达到1/2以上。东大井墓地有木棺的墓葬有5座，约占墓葬总数的1/3，呈头大尾小状，此外，SDM14是以桦树皮做葬具。在呼伦贝尔市拉布达林、完工⑧、扎赉诺尔等墓地均有此类葬俗。东大井墓地内有7座墓葬殉牲，主要为羊肩胛骨、羊距骨和羊角，也个别见有牛肩胛骨，这与完工、伊敏河地区、伊和乌拉、扎赉诺尔等墓地随葬大量动物头骨有一定区别，但与三道湾墓地殉牲方式一样。这应是拓跋鲜卑南迁至乌兰察布草原后，游牧射猎文化因素逐渐减少所致。此外，墓地中的毁器习俗亦是早期拓跋鲜卑墓中所常见的。

东大井墓地出土的陶器较少，共出土14件。陶器中的夹砂陶占主导地位，均为手制，素面磨

---

① 内蒙古文物工作队：《内蒙古扎赉诺尔古墓群发掘简报》，《考古》1961年第12期；陈凤山、白劲松：《内蒙古扎赉诺尔鲜卑墓》，《内蒙古文物考古》，1994年第2期；内蒙古文物考古研究所：《扎赉诺尔古墓群1986年清理发掘报告》，载内蒙古文物考古研究所编《内蒙古文物考古文集（第一辑）》。

② 内蒙古文物考古研究所、呼伦贝尔盟文物管理站、额尔古纳右旗文物管理所：《额尔古纳右旗拉布达林鲜卑墓发掘简报》，载内蒙古文物考古研究所编《内蒙古文物考古文集（第一辑）》。

③ 呼伦贝尔盟文物管理站、额尔古纳右旗文物管理所：《额尔古纳右旗七卡鲜卑墓清理简报》，载内蒙古文物考古研究所编《内蒙古文物考古文集（第二辑）》，北京：中国大百科全书出版社，1997年。

④ 呼伦贝尔盟文物管理站：《新巴尔虎左旗伊和乌拉鲜卑墓》，载内蒙古文物考古研究所编《内蒙古文物考古文集（第二辑）》。

⑤ 程道宏：《伊敏河地区鲜卑墓》，《内蒙古文物考古》1982年总第2期。

⑥ 钱玉成、孟建仁：《科右中旗北玛尼吐鲜卑墓群》，载内蒙古文物考古研究所编《内蒙古文物考古文集（第一辑）》。

⑦ 乌兰察布博物馆：《察右后旗三道湾墓地》，载内蒙古文物考古研究所编《内蒙古文物考古文集（第一辑）》。

⑧ 内蒙古文物工作队：《内蒙古陈巴尔虎旗完工古墓群清理简报》，《考古》1965年第6期。

光，且火候较低，陶色不均匀。颈部多饰戳刺纹，个别上腹饰泥条式附加堆纹。器型多为壶、侈口罐和杯等。泥质陶较少，多轮制，表面磨光，器型多为鼓腹罐。在所出陶器中，夹砂壶和夹砂侈口罐较具代表性。

夹砂壶，6件。可分为3型：A型，2件。SDM6：4、SDM14：7，领部较直，略外侈，溜肩鼓腹，最大径略偏上，领部或近口部多饰戳刺纹1周。B型，2件。SDM12：7、SDM17：5，领部较A型壶略矮，口部外侈呈喇叭状，鼓肩，最大腹径位于中部，有的颈部饰戳刺纹。C型，2件。SDM7：4、SDM7：5，溜肩更甚，最大腹径偏下。

夹砂侈口罐，3件，可分为2型。A型，2件。SDM6：3、SDM14：8，侈口短颈，颈部折角内侧软折，瘦骨腹，最大腹径略偏上，颈部饰戳刺纹1周。B型，1件（SDM17：4）。口部外侈，颈内折角圆弧，略鼓腹，最大腹径偏小，近底内收，假圈足，颈部饰戳刺纹上腹饰对称乳钉纹。

墓地内出土的人骨，经吉林大学朱泓教授鉴定认为，东大井墓地人类体质与外贝加尔匈奴组、扎赉诺尔汉代A组的各项数据最为接近，其次与朝鲜组、三道湾墓地、扎赉诺尔汉代B组、山嘴子组和南杨家营子墓地也极具共同性。因此我们初步推断，该墓地当为早期拓跋鲜卑的墓地。

2.年代

墓地出土随葬品较为丰富，共235件，其时代特征也较为明显。

东大井墓地出土的B型侈口夹砂罐在扎赉诺尔圈河古墓[①]、扎赉诺尔墓地均有与之相同的器物出土；夹砂陶壶在乌兰察布市察右前旗下黑沟鲜卑墓[②]、三道湾墓地，赤峰市巴林右旗南杨家营子墓地[③]均有同类器物出土。其泥质鼓腹罐也应为东汉晚期墓葬中常见之物。

墓地中出土的双马纹金饰牌残件与三道湾墓地出土的双马纹金饰牌完全一致。菱形金泡饰和圆形金泡饰在三道湾墓地也有与之完全相同的器物出土。盘旋状金、铜花饰在三道湾墓地、伊敏河地区鲜卑墓中有同类器物出土。

墓地所出土的骨弓弭，在上述墓地中均有出土。骨制鸣镝在三道湾墓地有同类器出土。

此外，东大井墓地出土的四乳四禽、“长宜子孙”镜为东汉中晚期习见之物。三道湾墓地常见时代较早（属于第一期）的侈口直腹夹砂罐，在东大井墓地没有发现；加之剪轮“五铢”钱的出现，可能会使墓地的时代较上述墓地略晚一些。但从墓地葬俗及其他随葬品的总体组合分析，在时代上不应有大的差距。

据上述分析，该墓地应为东汉晚期拓跋鲜卑之墓地，具体年代也许应处在檀石槐军事大联盟时期。

（二）东大井墓地所反映的问题

1.墓地中武备特征十分突出

东大井墓地出土有大量的铁质兵器，武备特征十分突出。在清理的18座墓中，有兵器的墓葬多达11座，其数量约占有清理墓葬总数的2/3。所出兵器种类有长兵器矛，短兵器剑、刀，射杀

① 王成：《扎赉诺尔圈河古墓清理简报》，《北方文物》1987年第3期。

② 郭治中、魏坚：《察右前旗下黑沟鲜卑墓及其文化性质初论》，载内蒙古文物考古研究所编《内蒙古文物考古文集（第一辑）》。

③ 中国科学院考古研究所内蒙古工作队：《内蒙古巴林左旗南杨家营子的遗址和墓葬》，《考古》1964年第1期。

兵器镞、弓弭，以及战时护身用的铁甲胄和报警用的鸣镝等，具有浓厚的武备特征。

拓跋鲜卑在兴起之初为东胡一支，长期居住于大兴安岭深处（今呼伦贝尔市鄂伦春自治旗境内）。从毛传五世至推寅（第一推寅），他率部西南迁大泽（今呼伦贝尔市呼伦湖）并在此留下大量的遗存。到诘汾即位后即遵邻（第二推寅）之命，再次率众南迁，经过“山谷高深，九难八阻”，历年始达“匈奴之故地”[①]，即今内蒙古中南部阴山以北广大地区，加入檀石槐建立的军事大联盟，鲜卑势力空前强大。据《后汉书》卷九十《乌桓鲜卑列传》记载，桓帝时（147—167年）“檀石槐乃立庭与弹汗山歠仇水上，去高柳北三百里，兵马甚盛，东西部大人皆归焉。因南抄缘边，北拒丁零，东却夫余，西击乌孙，尽据匈奴故地，东西万四千余里，南北七千余里，网罗山川水泽盐地”。

东大井墓地发现的大量兵器，应该说是当时激烈战争状态的一个缩影。而出土兵器的墓葬内，随葬物品相对比较丰富，反映了当时人们的“尚武”精神和那些驰骋疆场、英勇善战的武士们所具有的较高社会地位。这批墓葬资料，对研究早期拓跋鲜卑和檀石槐军事大联盟的政治、经济、军事等方面，有着十分重要的作用。

2.与其他早期鲜卑墓地的差异和自身特征

从前面分析东大井墓地的族属及年代时，可以看出其与内蒙古地区目前发现的众多早期拓跋鲜卑墓，不论在墓葬结构、随葬物品上都有着许多共同之处，可以肯定为早期拓跋鲜卑墓地。但从考古学文化因素分析的角度来看，东大井墓地仍存在着一些自身的特点。

第一，如前面所提到的墓葬内大量武备兵器的出土，反映了檀石槐军事大联盟时期的一个战争缩影。从墓葬形制来看，长梯形墓的比例在目前发现的同时期早期拓跋鲜卑墓葬中应该是比较高的。除拉布达林，远远超出了其他墓地的比例，应该是墓地主人在多民族融合和相互吸收的过程中，保留了本民族的风俗习惯所形成的结果。

第二，从以分布的属于早期拓跋鲜卑墓葬的葬俗来看，均为仰身直肢葬。而东大井墓地7座葬式清查的墓中，除以仰身直肢葬为主，还存在仰身屈肢葬和俯身直肢葬，反映出该墓地在葬俗上的复杂性。其形成原因，有待于进一步研究和探讨。

第三，东大井墓地所出的各种饰牌不很发达，不论在数目和品种上远远不及目前乌兰察布地区发现年代相当于这一时期的察右后旗三道湾、二兰虎沟[②]、赵家房村[③]等墓地。在墓地中不见早期鲜卑墓中常见的鹿纹饰牌和金、铜饰编成的耳饰。

第四，东大井墓地出土的14件陶器中，除3件泥质陶器具有中原汉文化的特征，其余均为北方游牧民族所常见的夹砂陶器，其泥质陶器的比例远远低于同时期拓跋鲜卑墓葬。同时，出土汉式铜镜数量也较少。说明该墓地接受汉文化因素相对较少，这在墓葬结构（如大量的长梯形墓）等方面也有所反映。

总之，通过上述材料可以看出，东大井墓地墓葬结构和随葬品中所包含的文化因素，基本与扎

① 魏收撰：《魏书》卷一《序纪》，北京：中华书局，1974年，第2页。

② 内蒙古文物工作队：《察右后旗二兰虎沟的古墓群》，载内蒙古文物工作队编《内蒙古文物资料选辑》，呼和浩特：内蒙古人民出版社，1964年。

③ 盖山林：《内蒙古察右后旗赵家房村发现匈奴墓葬》，《考古》1977年第2期。

赉诺尔、南杨家营子和三道湾墓地为同一类墓地。但也存在着一些自身特点，文化内涵较为复杂。这应是拓跋鲜卑南迁匈奴故地后，由于同中原汉文化地区的接近，同时融合了匈奴等北方游牧民族文化因素的必然结果，是檀石槐军事大联盟时期民族成分复杂的一个具体表现。

本次发掘工作由魏坚主持，参加发掘的有李兴盛、郝利平、李树国、贾宽强、罗金明、何荣、杨春文、陈爱旺、张运平、秦双成和田少军。在发掘过程中，得到乌兰察布盟文化局和商都县政府、文化局的大力支持。人骨材料和石料分别由吉林大学边疆考古研究中心的朱泓教授和汤卓炜先生鉴定。在此谨表谢意。

执笔：李兴盛、魏坚
绘图、拓片：郝晓菲
摄影：李言、魏坚

附表　商都县东大井墓地墓葬登记表

墓号	形状	长 × 宽 – 深（米）	人骨架数	墓向	葬式	葬具	年龄	性别	殉牲	随葬品	备注
SDM1	长梯形土坑竖穴	2 ×（0.6 ~ 0.7）–（1.4 ~ 1.5）	2	325 度	仰身直肢	木棺	22 ±	男		铁矛 1，铁剑 1，铁刀 1，铁带扣 2，铁饰片 1，铜单耳环 1，铜镯 2，铜环 1，铜指环 1，铜连珠形管状饰 1，金花饰 1，金泡饰 2，金饰片 1，磨石 1，绿松石珠饰 3	
							25 ~ 30	女			
SDM2	长梯形土坑竖穴	2.4 ×（1.1 ~ 1.2）–1	2	325 度			3 ~ 4			夹砂陶罐 1，铁刀 1	早期盗扰
							成年	女			
SDM3	长梯形土坑竖穴	2 ×（0.5 ~ 0.7）–1.06	1	310 度		木棺	成年	男	羊距骨、羊肩胛骨等	铁刀 1，铁甲片 4，骨弓弭 6，羊肩胛骨 1，羊距骨 1	早期盗扰
SDM4	长梯形土坑竖穴	2.1 × 0.78–1.5	2	315 度		木棺	25 ~ 30	男	羊角	铁甲片 52，铁剑 1，铁剑鞘 1，铁钩 4，铁环 1，铜镦 1，铜镜 1，五铢钱 2，双马纹金牌饰 1，骨哨 1，骨珠饰 1，羊角 1，绿松石珠饰 3，皮制品 1	早期盗扰
							25 ~ 30	女			
SDM5	长梯形土坑竖穴	2 ×（0.6 ~ 0.8）–0.53	1	345 度			成年	女		铁刀 1，铁钉 2，铜牌饰 1，石纺轮 1	早期盗扰

续表

墓号	形状	长×宽-深（米）	人骨架数	墓向	葬式	葬具	年龄	性别	殉牲	随葬品	备注
SDM6	长梯形土坑竖穴	1.85×（0.4～0.68）-0.9	1	328 度	仰身直肢		35±	女	羊距骨、羊角（盆骨左侧）	夹砂侈口陶罐、夹砂陶壶 1，铁刀 1，铁环 1	打破 SDM7
SDM7	长梯形土坑竖穴	2×（0.6～0.68）-1.9	2	335 度		木棺	25～30	男	羊骨	夹砂陶壶 2，泥质鼓腹陶罐 1，铜指环 1，铜镜 1，石珠饰 1，玛瑙珠饰 2	
							25～30	女			
SDM8	长梯形土坑竖穴	2.1×（0.82～0.97）-1.75	2	320 度	仰身直肢	木棺	25～30	男		夹砂陶杯 1，陶纺轮 1，铁刀 2，铁矛 2，铁刀鞘 1，铁鸣镝 3，铁环 1，铁饰片 1，铜耳饰 1，铜连珠形管状饰 5，金泡饰 5，骨弓弭 2，绿松石珠饰 7，玛瑙珠饰 2，料珠饰 2，翡翠珠饰 2	
							成年	女			
SDM9	长梯形土坑竖穴	1.5×0.45～0.63）-0.9	3	310 度			21～23	女	羊距骨		
							成年	男			
							17～19	女			
SDM10	长梯形土坑竖穴	1.92×（0.52～0.68）-0.8		315 度						五铢钱 1	早期盗扰
SDM11	长梯形土坑竖穴	1.94×（0.52～0.58）-0.35	1	310 度	俯身直肢		25～30	女		石琀 1	
SDM12	长梯形土坑竖穴	2×（0.4～0.45）-0.35	1	305 度	仰身直肢		25±	女		夹砂陶壶 1，泥质鼓腹陶罐 2，铜耳饰 1，铜指环 1，铁甲片 1，骨器 1，金饰片 1，铜镜 1，绿松石珠饰 4	
SDM13	长梯形土坑竖穴	1.73×（0.51～0.59）-0.8	1	315 度			成年	女	羊距骨、牛肩胛骨	夹砂陶杯 2，铁甲片 1，骨珠饰 1	早期盗扰
SDM14	长方形土坑竖穴	2×1-0.7	1	310 度	仰身屈肢	桦树皮	成年	女	羊肢骨（右腿骨外）	夹砂侈口陶罐 1，夹砂陶壶 1，铜镞 1，铜饰片 1，铁刀 1，五铢钱 5，珠饰 5，桦树皮器盖 1，桦树皮葬具 1	
SDM15	长梯形土坑竖穴	2×（0.52～0.6）— 0.54		287 度						陶纺轮 1	早期被盗

续表

墓号	形状	长 × 宽 – 深（米）	人骨架数	墓向	葬式	葬具	年龄	性别	殉牲	随葬品	备注
SDM16	长梯形土坑竖穴	2.07 ×（0.6 ~ 0.8）–0.5	1	310 度			50 ±	男		铁矛 1	早期被盗
SDM17	长方形土坑竖穴	2.2 × 0.7–1	1	315 度			成年			夹砂侈口陶罐 1，夹砂陶壶 1，铜耳饰 1，铜指环 1，绿松石珠饰 2	早期被盗
SDM18	长梯形土坑竖穴	1.65 ×（0.3 ~ 0.5）–0.7	1	35 度	仰身直肢		成年	女		铜镯 2，铜指环 4，铁钉 1，骨弓弭 2，铜镜 1，五铢钱 1，绿松石珠饰 1，海百合茎化石珠饰 4	早期被盗

载于魏坚主编：《内蒙古地区鲜卑墓葬的发现与研究》，北京：科学出版社，2004年

察右中旗七郎山墓地

内蒙古自治区文物考古研究所　乌兰察布博物馆　察右中旗文物管理所

七郎山墓地位于内蒙古乌兰察布盟察右中旗五号乡东四号村东约1.5千米处。墓地东南距旗政府所在地科布尔镇约36千米（图一）。根据七郎山附近土城乡学区一名教师提供的线索，1995年8月19日—9月15日和1996年5月18日—6月10日，内蒙古自治区文物考古研究所、乌兰察布博物馆和察右中旗文物管理所抽调人员组成联合考古队，连续两年对该墓地进行了共计50余天的考古发掘。

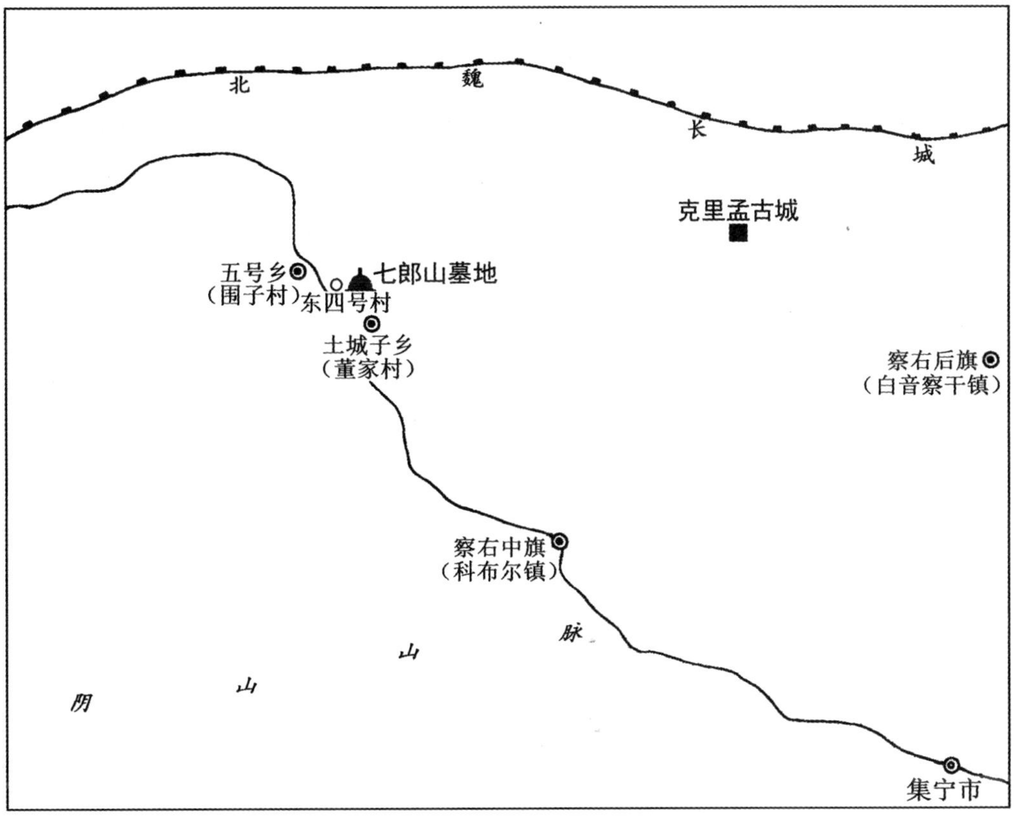

图一　察右中旗七郎山墓地位置示意图

一、墓地概述

七郎山所在地区，丘陵与平原相间分布，地势起伏和缓；地表现多为农田和草原。七郎山由南北纵列的3个尖圆形山峰组成。与南、北的侧峰相比，居中的主峰显得更为高大，其西麓延伸为宽阔的缓坡。两个侧峰的位置略向西偏，对缓坡形成拱卫之势。缓坡中央有一条洪水冲蚀成的深沟，自主峰脚下向西蛇行而去。冲沟最深处约15米，最宽处约20米，长约350米。

据冲沟断崖观察，缓坡区段的地层堆积由上至下，大致可分4层：第一层，表土层，厚约0.45米，系长年风积而成的纯净疏松的黄色细沙，地表植被为草原；第二层，晚期淤积层，厚1.55～2米，土质松软，土色亦较纯净，水淤是其主要成因；第三层，早期淤积层，厚0.45～1米，呈纯净的灰黑色，土质略硬，成因同于第二层；第四层，原生土层，呈斑驳的灰黄色或黄白色，土质极坚硬，中夹大量碎小浑圆的砾石，叠于灰色基岩表面。冲沟较深处底面均有基岩裸露。

七郎山墓地即处在七郎山山前缓坡地带，东倚主峰，西临坦荡的峰前平原，视野开阔。冲沟从墓地中部穿过，部分墓葬暴露于冲沟断崖北侧的沟内陡坡上，其上部因多年洪水冲蚀而损毁。据此可知，冲沟的最后形成年代应晚于墓地，而墓地原处沟腹一带的大部分墓葬已毁于多年的洪水。保存完整的墓葬均开口于第一层下，相继打破第二、第三、第四层。

墓地北约22.5千米处，断续绵延着呈东西走向的北魏长城遗迹。墓地东去约40.5千米的察右后旗克里孟村附近，坐落着一处规模颇大的十六国至北朝时期的城址——克里孟古城。阴山山脉灰腾梁段横亘于墓地南约40.5千米处。

两次发掘的墓葬共计20座，沿冲沟北岸呈狭长曲折的带状分布（图二）。其中，土坑侧穴墓18座，土洞墓2座。共出土随葬品45件（套）（见附表）。

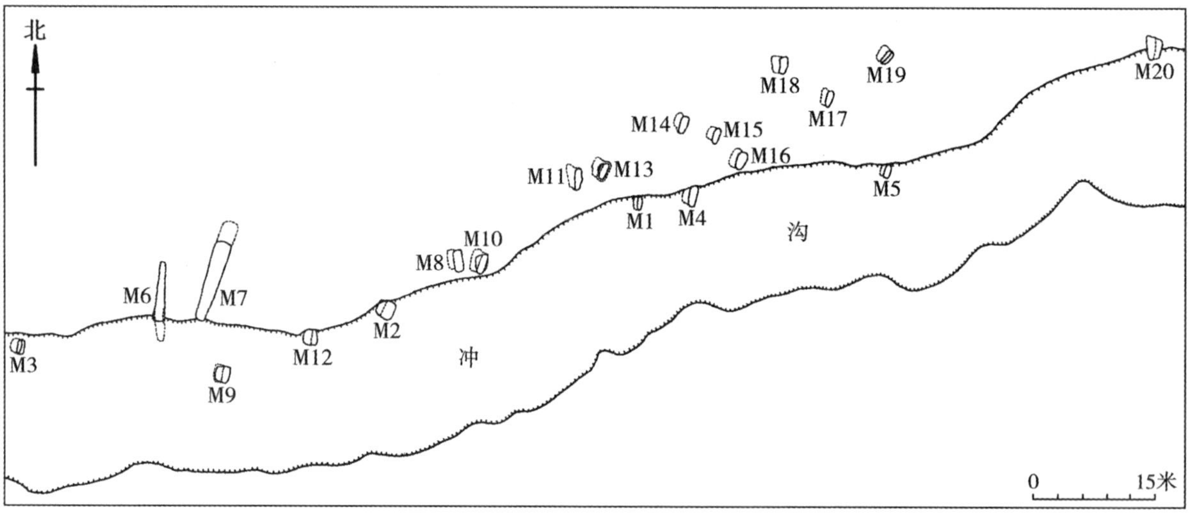

图二　察右中旗七郎山墓地位置示意图（“M”前省略“ZQ”）

二、墓葬及随葬品

现依墓葬形制、葬式和随葬品的顺序，将各墓情况逐一介绍如下。

（一）ZQM1

ZQM1位于发掘区中部偏东处的冲沟断崖下，东距ZQM4约6米，西北距ZQM13约4.7米（以墓口相邻边线计。下同）。顶部已被洪水冲毁。

土坑侧穴墓。由作为墓室的侧穴和其外的竖穴两部分组成。两穴方向大致相同，约5度。

竖穴大致呈长方形，长1.75米，宽0.5米，残留深度0.7米，直壁。

侧穴开口于竖穴西壁。侧穴穴口大致呈长方形，长1.7米，高0.56米，穴口顶缘距竖穴开口残留深度0.19米。侧穴底面低于竖穴底面0.08米，亦大致呈长方形，其长同于侧穴穴口，宽0.53米。穴壁自底而上弧形内收。侧穴开口处以青灰色不规则石块砌墙封堵。石墙起垒于竖穴底面，略高于侧穴穴口。

侧穴底面置尸骨1具，侧身屈肢，头向同于墓向，面向下，右手置于盆骨前侧。出土时骨质极为疏松糟朽，未采集（图三）。

盆腔内发现铁带扣1件（ZQM1：1）。锈蚀严重，形制不辨。

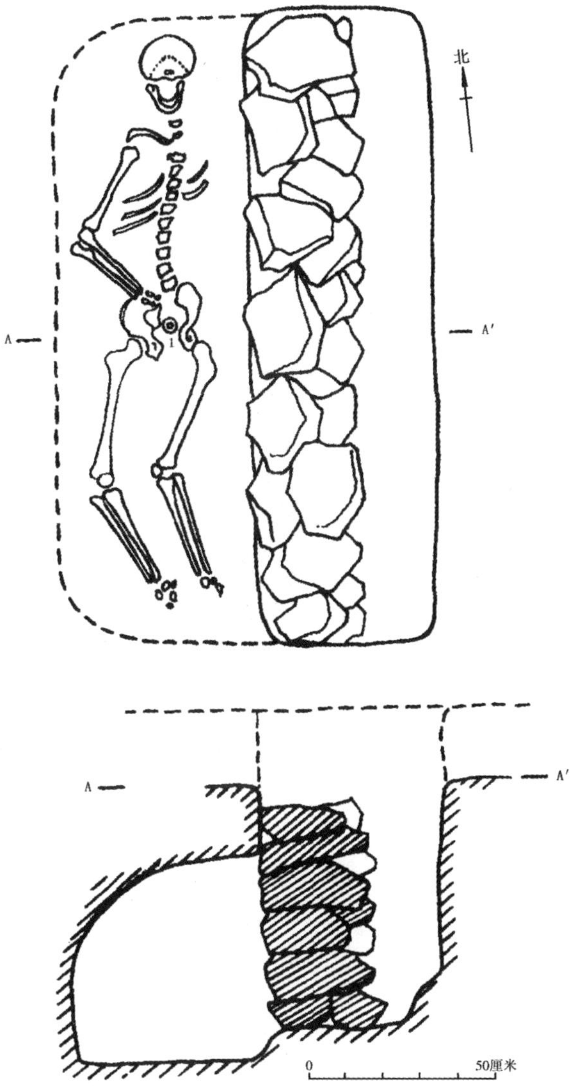

1.铁带扣
图三　ZQM1平、剖面图

（二）ZQM2

ZQM2位于发掘区中部偏西处的冲沟断崖下，东北距ZQM8约8.8米，西南距ZQM12约8.8米。南端已被洪水冲去大半，侧穴封墙暴露于地表。

土坑侧穴墓。由作为墓室的侧穴和其外的竖穴两部分组成。两穴方向大致相同，约15度。

竖穴呈长方形，长2.3米，宽1.46米，深约2.05米。直壁。穴底沿东壁做高、宽各约0.3米的生土二层台。

侧穴开口于竖穴西壁。穴口大致呈长方形，长2.3米，高约1.15米。穴口顶缘距竖穴开口深约0.9米。穴体呈半穹隆状，穴壁自底而上、自外而内弧形内收。穴底最宽处达0.93米。侧穴开

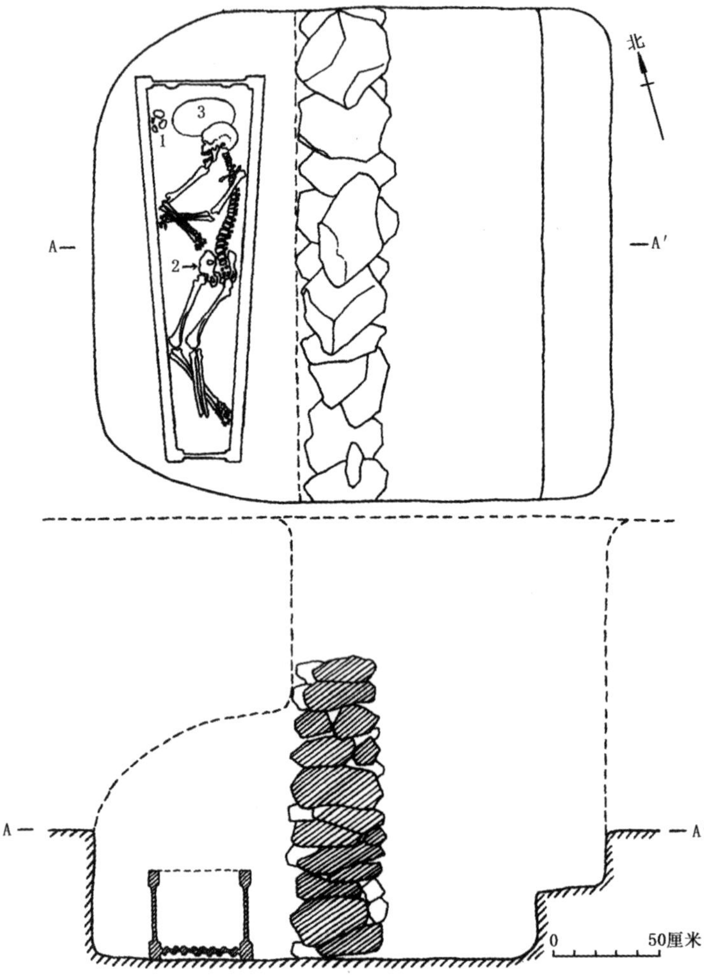

1.桦树皮碗　2.铁带扣　3.毡枕

图四　ZQM2平、剖面图

口处，紧贴竖穴西壁，以青灰色不规则石块砌墙封堵，石墙残高1.4米、厚约0.4米。

侧穴底面置木棺，内殓尸骨1具。尸骨侧身屈肢。头向同于墓向，约15度。面向西。右小臂叠于左小臂前，两臂相抱，置于胸前。女性，年龄45～50岁。头骨西侧出有桦树皮碗1件，盆骨后侧压有铁带扣1件（图四）。

木棺保存较好。棺体头端高阔，宽60厘米；足端低窄，宽35厘米。棺长180厘米，近头端一段残高约50厘米。棺壁均竖直而不外倾。棺体框架由4根竖直的立柱、4根与棺体等长的侧梁和2根长度分别与棺体两端宽度相等的端梁，以榫卯结构而成。立柱下端长出底部侧梁的部分均植埋于基底的土中。土中部分残长3厘米，估计当初应更长些。侧梁上下相对的两面和立柱左右相对的两面各凿有凹槽，其间镶插木板，以为棺的四壁。侧板竖插，端板横砌。板厚约1.7厘米。部分侧板局部尚留有树皮。据树皮观察，板料为桦木。头端挡板内壁以木钉加固纵栏两根。棺底两个侧梁间，由平行于端梁、大致等距分布的6根横栏以榫卯相连接。部分横栏两端长出侧梁外壁一截，穿以木钉，将侧梁卡牢，使之不致外散。横栏间以纵向的树枝上下穿插编织，形成棺底，出土时仅存一部分。棺盖形制不明（图五）。

棺内底部原铺有一层皮制品，出土时已朽坏。尸骨头部垫有灰色枕状物，似腐朽的毛毡制品，周身亦断续发现同样的灰色朽痕。

随葬品2件。其中，桦树皮碗和铁带扣各1件。

桦树皮碗　1件。ZQM2：1，出土时已朽碎，形制无法辨识。

铁带扣　1件。ZQM2：2，锈蚀严重，形制模糊。大致呈长方形，长约3.5厘米，宽约3厘米。长边中部附有舌针（图十一，4）。

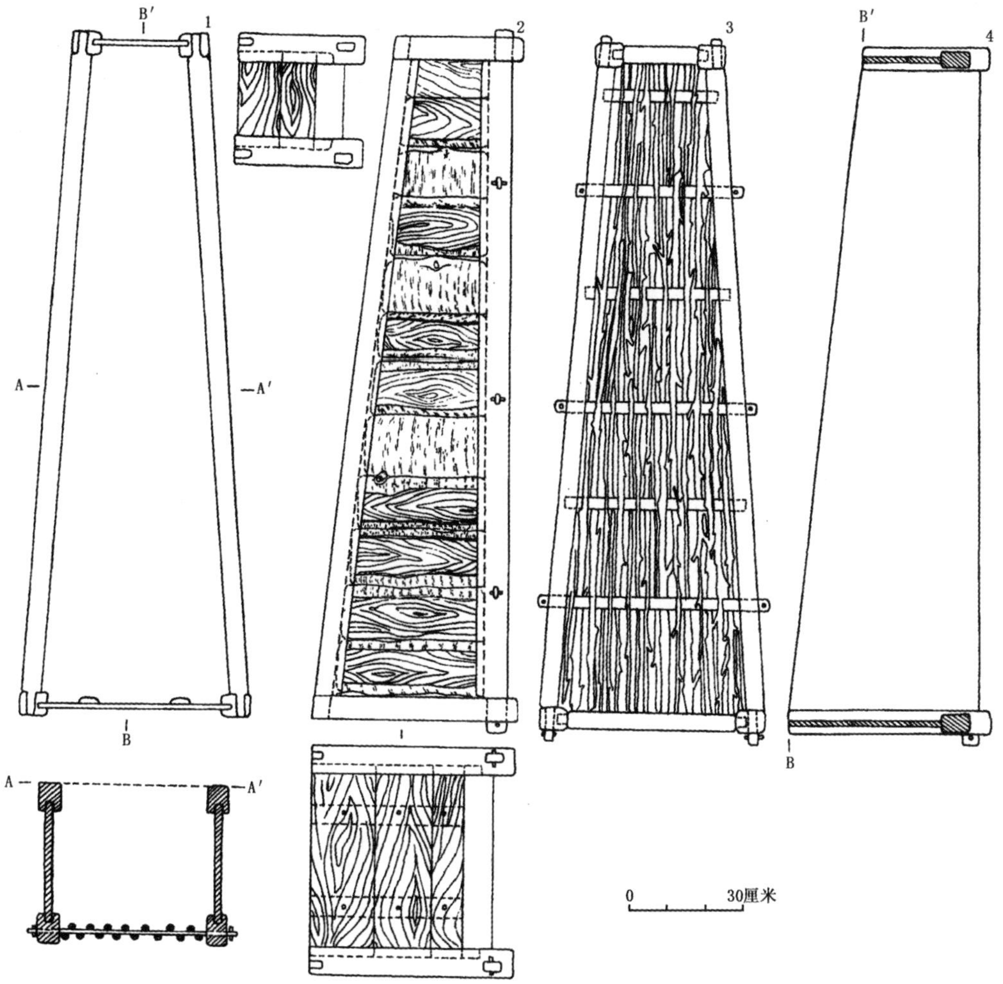

1.俯视　2.俯视　3.仰视　3.剖面

图五　ZQM2木棺复原图

（三）ZQM3

ZQM3位于发掘区西端的冲沟断崖下，东距ZQM6约16.8米。其顶部已为洪水冲毁，侧穴封墙已暴露于地表。

土坑侧穴墓。由作为墓室的侧穴和其外的竖穴两部分组成。两穴方向大致相同，约10度。

竖穴呈长方形，长1.75米，宽0.8米，残存深度0.95米。直壁。穴底沿东壁做高、宽各约0.2米的生土二层台。

侧穴开口于竖穴西壁。穴口大致呈长方形，长1.75米，高约0.6米。穴体呈半穹隆状，穴壁自底而上、自外而内弧形内收。侧穴底面最宽处达0.95米，略低于竖穴底面约0.05米。侧穴开口处，以青灰色不规则石块砌墙封堵。石墙长1.75米、厚0.5米、残高0.9米，起垒于竖穴底面。

侧穴底面置尸骨1具。侧身屈肢。头向同于墓向，约10度。面向西。右臂前曲，右手置于胸前。出土时骨质极为疏松糟朽，无法采集。腰椎左侧出有铁带扣1件，左手腕部出有珠饰4粒（图六）。

随葬品5件。其中环形铁带扣1件、珠饰4粒。

环形铁带扣　1件。ZQM3：2，锈蚀极为严重，形制模糊，无法辨识。

珠饰　4粒。ZQM3：1a，长约1.3厘米，直径0.65厘米，翡翠，圆柱形，纵穿小孔，略残（图十一，9）。ZQM3：1b，长1.2厘米，宽0.9厘米，高1.25厘米，淡黄色珍珠光泽玻璃，整体呈扁柱状，横截面呈圆角长方形，纵穿小孔（图十一，10）。ZQM3：lc，长2.15厘米，直径0.65厘米，白色贝壳壁，近圆柱形，纵穿小孔（图十一，11）。ZQM3：1d，白色贝壳壁，近圆柱形，纵穿小孔，出土时已破损为两半。

（四）ZQM4

ZQM4位于发掘区东部的冲沟断崖下，西距ZQM1约6米，东北距ZQM16约5.5米。该墓经早期盗扰，且顶部已为洪水冲毁。

土坑侧穴墓。由作为墓室的侧穴和其外的竖穴两部分组成。两穴方向大致相同，约10度。

竖穴呈长方形，长2.5米，宽0.92米，残存深度1.25米。直壁。

侧穴开口于竖穴西壁中段。穴口大致呈长方形，其长小于竖穴长，为1.88米，高0.75米。侧穴底面略低于竖穴底面约0.05米，大致呈长方形，其长同于侧穴穴口，宽0.8米。穴壁自底而上弧形内收。侧穴开口处以青灰色不规则石块砌墙封堵。石墙高1米、厚0.4米、长2米，起垒于侧穴底面（图七）。

墓内未发现葬具、尸骨和随葬品。

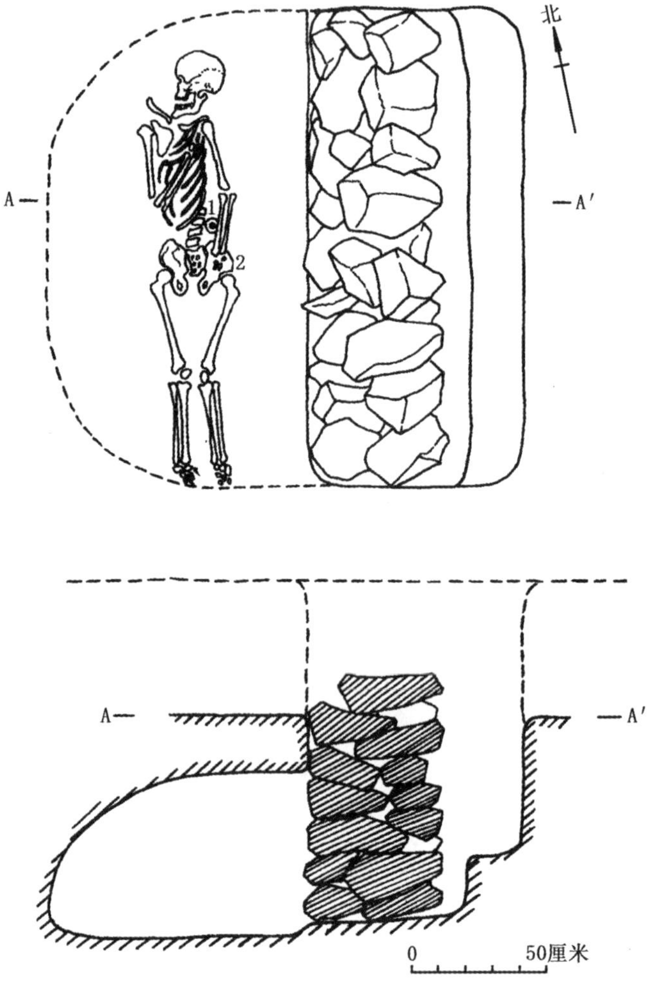

1.铁带扣　2.珠饰

图六　ZQM3平、剖面图

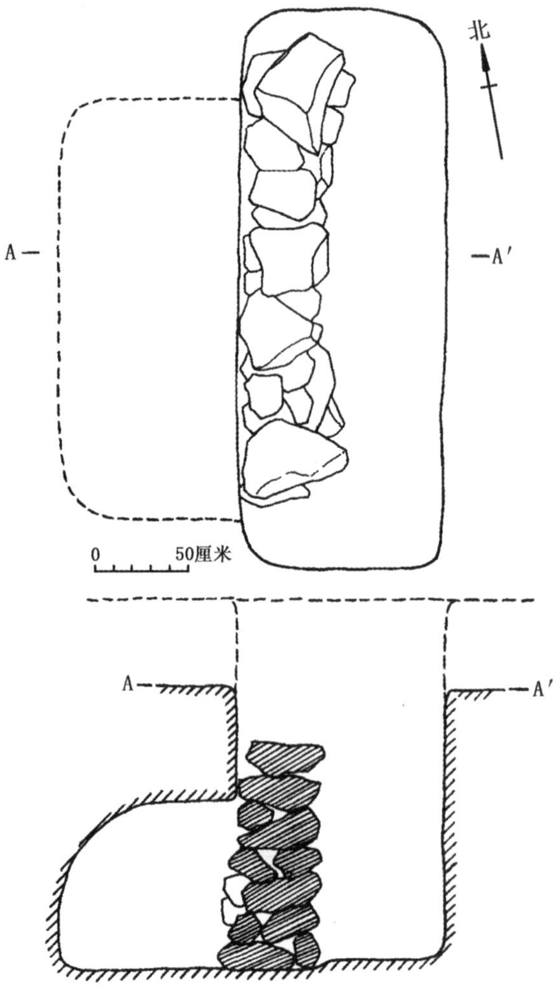

图七　ZQM4平、剖面图

（五）ZQM5

ZQM5位于发掘区东部的冲沟断崖下，西距ZQM16约17.5米，西北距ZQM17约10.5米，东北距ZQM20约35.5米。该墓经早期盗扰，且上部多半已为洪水冲毁。

土坑侧穴墓。侧穴与竖穴方向大致相同，约15 度。

竖穴呈长方形，长1.65米，宽0.7米，残存深度0.2米。直壁。

侧穴开口于竖穴西壁。穴口之长略小于竖穴之长，为1.5米。侧穴底面亦大致呈长方形，其长同于侧穴穴口，宽0.53米。穴壁自底而上弧形内收。侧穴开口处以青灰色不规则石块砌墙封堵。石墙长1.6米，厚0.35米，残高0.2米（图八）。

侧穴内出有陶壶1件。ZQM5：1，泥质灰陶，陶色灰黄。喇叭口，细弧颈，蛋形腹，平底。颈肩相接处及肩、腹部饰弦纹相夹的篦点纹带共4组，弦纹刻划，篦点纹戳印，无纹饰处磨光。出土时口部已残，碴口陈旧。残高22.4厘米，腹径18厘米，底径6.8厘米（图十一，2）。

墓内未发现葬具和尸骨。

（六）ZQM6

ZQM6位于发掘区西部的冲沟沟沿处，其洞室已南延至沟沿下的斜坡内。东距ZQM7仅4米，二者平行并列，形制相同。

土洞墓。由墓道和洞室两部分组成。墓道方向3度。

墓道开口呈狭长的梯形，总长7.4米，南端宽1.37米，北端宽0.8米。直壁。墓道底面为斜坡式，总长8米，在北端与原地表相接，向南渐低，至墓道南壁深2.85米。

洞室开口于墓道南壁。洞口大致呈方形，高1.3米，其宽同于墓道南壁之宽，亦为1.37米。洞口顶缘距墓道开口深1.55米。洞体自洞口向内，渐为低窄，至南壁为最，高0.5米，宽0.85米。洞壁自底而上弧形内收，洞顶略呈拱形，洞底亦为斜坡式，与墓道底面相接，斜长2.6米。洞口以青灰色不规则石块砌墙封堵。石墙与洞口等高，厚约1米。

洞室底面置木棺，内殓尸骨1具。尸骨侧身直肢。头向同于墓向，为3度。面向西。出土时糟朽严重，无法采集。据现场鉴定，应为成年女性。棺外头端东侧置陶壶1件，紧贴枕骨处出有珠饰1件，右手指骨处出有铜指环1件（图九）。

木棺保存较好。棺体上宽下窄，头端高阔前倾，足端低窄垂直。棺口总长190厘米。头端上宽66厘米，下宽48厘米，连底通高57厘米；足端上宽42厘米，下宽30厘米，连底通高37厘米。底板略阔于棺体四围，长193厘米，头端宽50厘米，足端宽32厘米。

棺盖明显阔于棺体。总长215厘米。头端略宽，为74厘米，正中向前作尖状突出，呈圭首形。足端较窄，为46厘米。

棺侧长板与底板之间以穿带式暗榫和银锭形明榫两种形式相连接。侧板内壁近两端处凿有纵向凹槽，两两相对，用以镶插两端的挡板。棺盖用铁钉与棺体穿合。棺盖、侧板、底板和足端挡板均以整料制成，仅头端挡板系由两块长方形小板以银锭形明榫拼接而成。侧板上厚下薄，头厚足薄；棺盖外缘厚，中央薄，且前缘又厚于后缘（图十）。

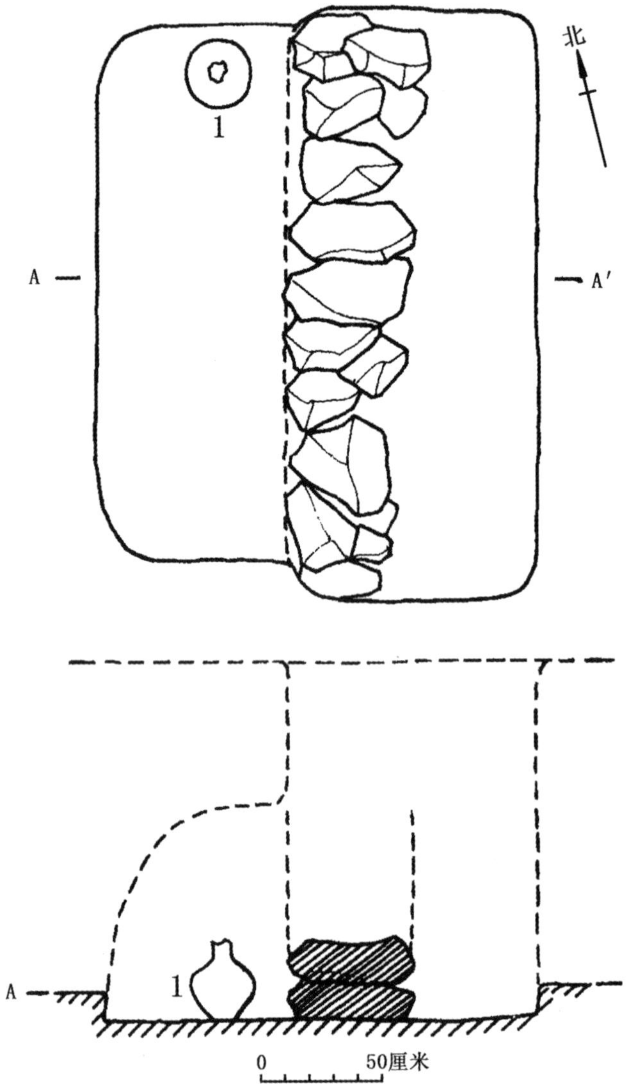

1.陶壶
图八　ZQM5平、剖面图

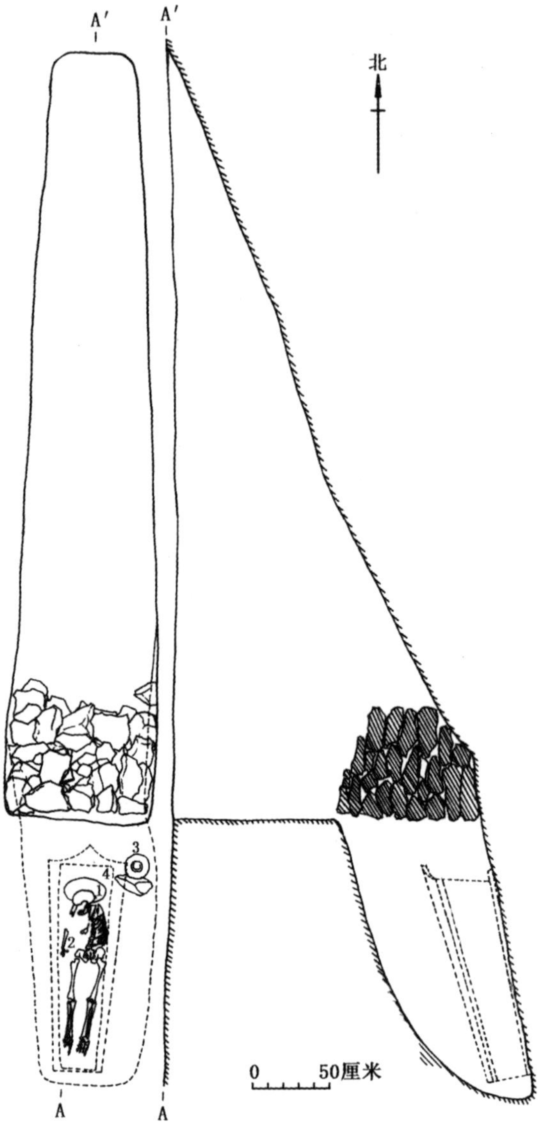

1.珠饰　2.铜指环　3.陶壶　4.毡枕
图九　ZQM6平、剖面图

出土时棺盖已裂为两半，分别贴于侧板内壁。

棺内底部原铺有一层皮制品，出土时已朽坏。尸骨头部垫有灰色枕状物，似腐朽的毛毡制品，周身亦断续发现同样的灰色朽痕。

随葬品3件。其中陶壶、珠饰、铜指环各1件。

陶壶　1件。ZQM6：3，泥质灰陶。喇叭口，方唇，折沿，细弧颈，蛋形腹，平底。肩、腹部刻划波浪纹各1组。出土时，口部残损，碴口陈旧。口径18厘米、高43.2厘米，腹径27.5厘米，底径12.2厘米。壶下垫有青灰色不规则石块1块，以使其摆放平正（图十一，1）。

珠饰　1件。ZQM6：1，长1.8厘米，直径0.75厘米。质地为淡绿色玻璃。整体为两粒烧结在一起的双联式，单粒呈短圆柱形，纵穿小孔（图十一，5）。

铜指环　1件。ZQM6：2，极薄细，出土时已碎裂。

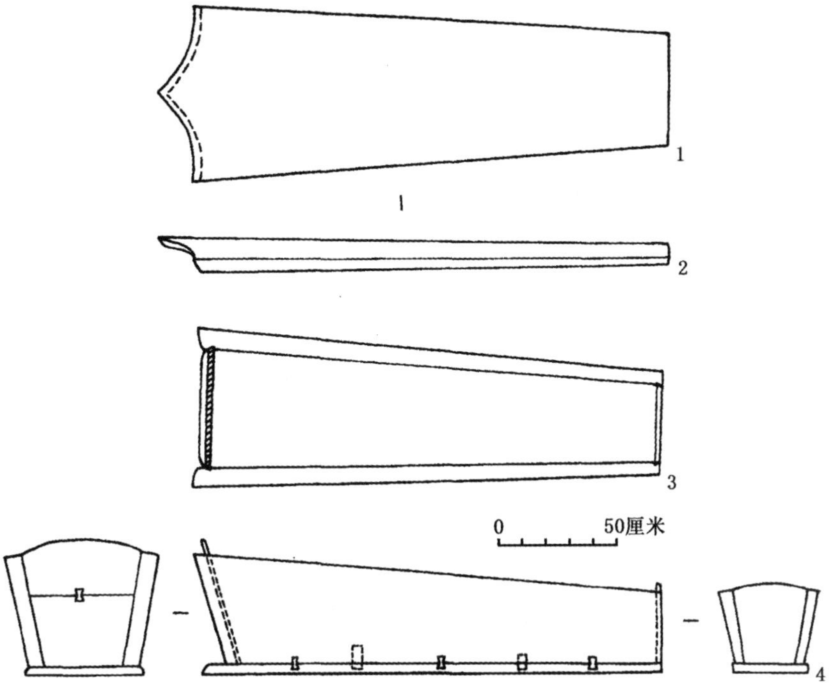

1.棺盖仰视　2.棺盖侧视　3.棺体俯视　4.棺体侧视

图十　ZQM6木棺复原图

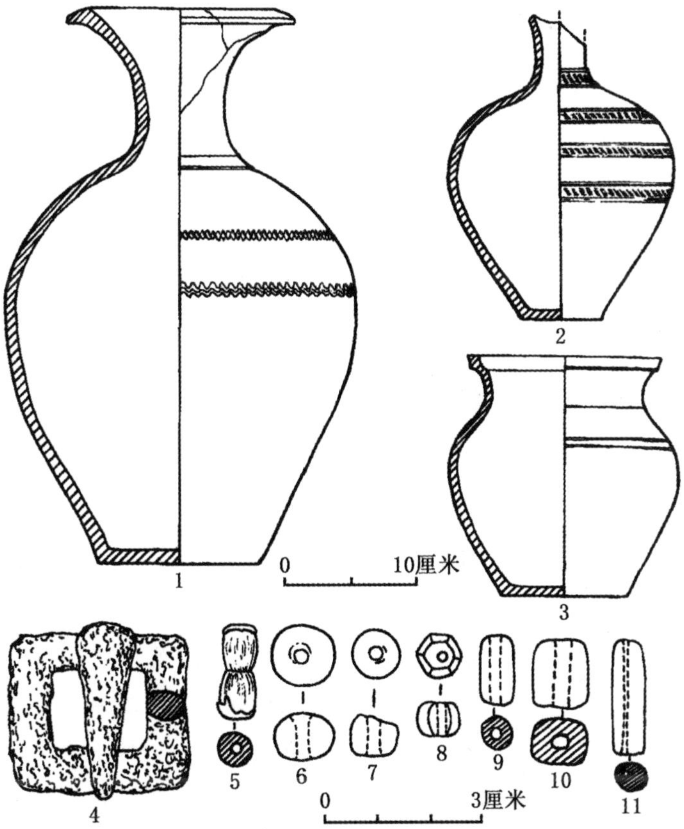

1、2.陶壶（ZQM6：3、ZQM5：1）　3.陶罐（ZQM9：1）　4.铁带扣（ZQM2：2）　5、7、10.玻璃珠饰（ZQM6：1、ZQM8：1e、ZQM3：1b）　9.翡翠珠饰（ZQM3：1a）　6、8.玛瑙珠饰（ZQM8：1c、ZQM8：1a）　11.贝壳珠饰（ZQM3：1c）

图十一　ZQM2、ZQM3、ZQM5、ZQM6、ZQM8、ZQM9随葬器物

（七）ZQM7

ZQM7位于发掘区西部，西距ZQM6约4米，南距ZQM9约6.3米。该墓早期被盗。

土洞墓。由墓道和洞室两部分组成。墓向197 度。

墓道开口呈狭长的梯形，总长10米，南端宽1米，北端宽2米。直壁。墓道底面为斜坡式，总长10.7米，在南端与原地表相接，向北渐低，至墓道北壁深4.4米。距墓道南端约7.3米处，沿墓道东壁做不规则生土二层台，宽约0.4米，长约1.6米，高约1.8米，台面平整。

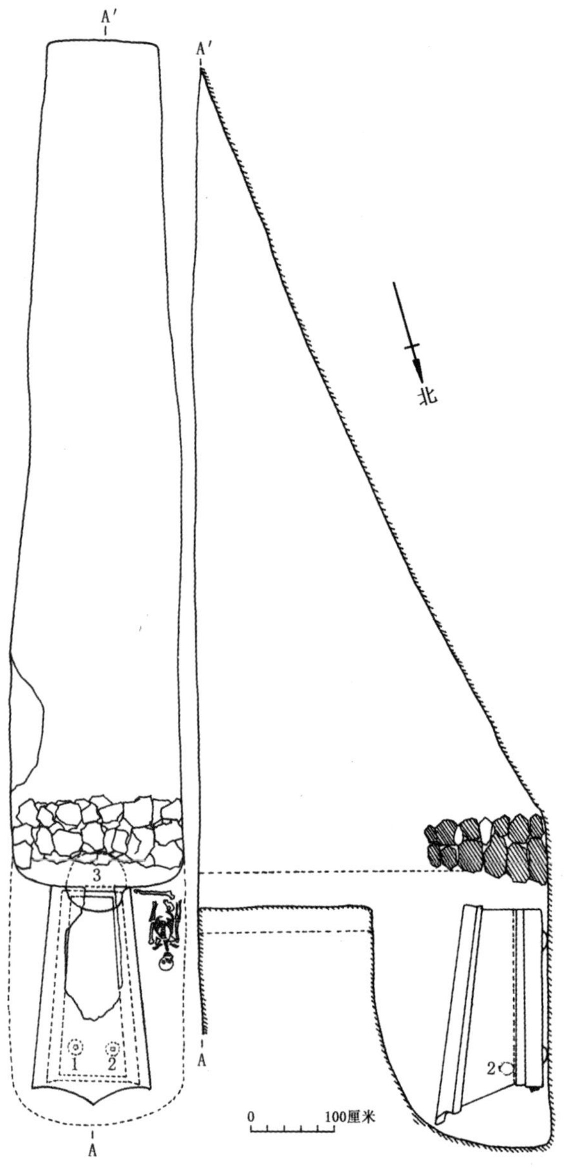

1、2.陶壶　3.盗洞

图十二　ZQM7平、剖面图

洞室开口于墓道北壁。洞口大致呈方形，高2米，其宽同于墓道北壁之宽，亦为2米。洞口顶缘距墓道开口深2.4米。洞体自洞口向内，渐为低窄，进深2.8米。洞壁自底而上弧形内收，洞顶略作拱形。洞室底面接近水平。洞口以青灰色不规则石块砌墙封堵。石墙与洞口等宽，厚约0.8米。上部在早期盗掘时被破坏，残高1.4米。早期盗洞位于洞室近口处的上方，盗洞开口于原地表，打破洞室顶部生土和墓道填土，竖直而下，直至洞室之内（图十二）。

洞室底面置木棺，保存极好。头端方向与其向相反，为17 度。木棺由棺盖、棺体和棺座三部分组成。

棺盖　棺盖呈拱形，明显阔于棺体，总长260厘米。头端较宽，为140厘米；正中向前呈尖状突出，使盖额呈圭首形。足端较窄，为90厘米。盖板外缘较厚，且前缘又厚于后缘，最厚处达10厘米，最薄处为4.5厘米，由5块长板以银锭形明榫和穿带式暗榫两种形式拼接而成。棺盖内壁靠近四角处凿有长约14厘米、宽8～10厘米的长方形浅槽各1个，其位置、形状和尺寸与留在棺体侧板顶缘靠近头足两端处的4个长方形突起分别对应、吻合，以固定棺盖在棺体上的位置。棺盖与棺体之间用长18～20厘米的铁钉5枚相穿连。出土时，棺盖靠近足端处发现长约120厘米、宽约65厘米的盗孔（图十三）。

棺体　棺体上宽下窄，头端高阔前倾，足端低窄垂直。棺口总长227厘米。头端上宽110厘米，下宽82厘米，连底通高95厘米；足端上宽70厘米，下宽45厘米，连底通高60厘米。

侧板厚7～15厘米，且上缘较厚、下缘略薄，头端较厚、足端略薄，分别由3块长板以银锭形明榫和穿带式暗榫两种形式拼接而成。侧板顶缘靠近头足两端处均留有长方形突起，其长尽侧板之厚，宽11厘米，共4个，其位置、形状和尺寸分别与上述棺盖内壁的4个长方形浅槽对应、吻合。两侧板之间，在顶缘靠近头端处以燕尾形榫卯连有起加固作用的圆柱形横栏1根，直径8厘米，总长100厘米。两侧板外壁凿有象征窗口的长方形凹槽每侧各2个，长18厘米，高16厘米，深4厘米。槽内沿四边做高、宽均为2厘米的二层台1周，其外嵌有形状、尺寸与凹槽相同并可以取下的薄板，以象征窗扇。

侧根内壁头足两端均凿有纵向凹槽，以镶插两端挡板。端板厚5厘米。足端挡板由3块小板以银锭形明榫和穿带式暗榫两种形式拼接而成。头端挡板由4块小板以同样结构拼接而成并在每个穿带式暗榫两端以木钉加固。端板与侧板之间用长5～20厘米的铁钉共计16枚相穿连，其中头端每侧5枚、足端每侧3枚。

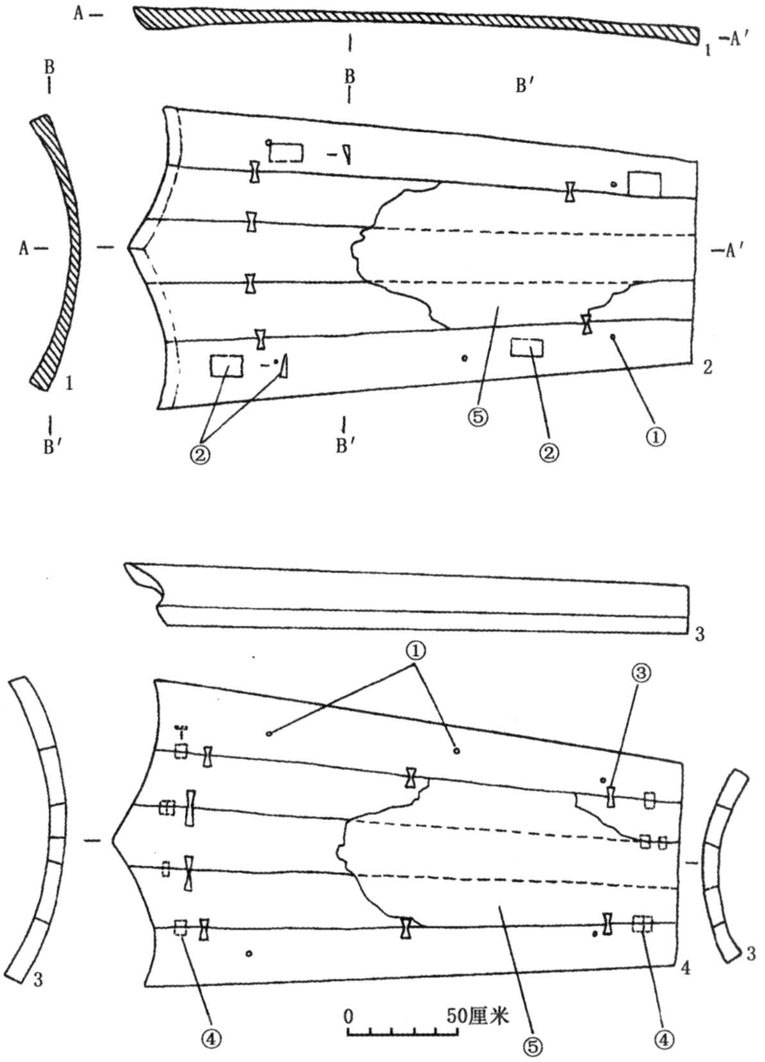

1.剖面　2.仰视　3.侧视　4.俯视

①铁钉孔　②长方形浅槽　③银锭形明榫　④穿带式暗榫　⑤盗孔

图十三　ZQM7棺盖复原图

底板略阔于棺体四围，长204厘米，头端宽86厘米、厚10厘米，足端宽50厘米、厚7厘米。底板与棺体之间用银锭形明榫连接。

棺座　棺座水平剖面亦呈狭长梯形。总长206厘米，头端宽92厘米，足端宽56厘米。由两个侧板和两个端板围成，侧根厚10～12厘米，端板厚8厘米。结构方式亦与棺体相仿，两个侧板内壁于两端凿有纵向凹槽，镶插端板；侧板与端板之间用铁钉共计8枚（每端各2枚）相穿连。两侧板之间装有直径24厘米的辊子前后各1个。前辊总长75厘米，后辊总长55厘米。辊轴安插于侧板内壁开凿的圆孔内，轴径9厘米。前辊辊轴端面两侧还垫有厚约2厘米的垫片。棺座外壁附有铁皮棺环5个，其中每个侧板2个、头端挡板1个。棺环由圆形铁环和与之相连的穿纽构成。穿纽用对折的铁条制成。铁纽的尖端穿透座板后分别外折，以固定棺环于座板之上。棺座与棺体底板之间以银锭形明榫相连接（图十四）。

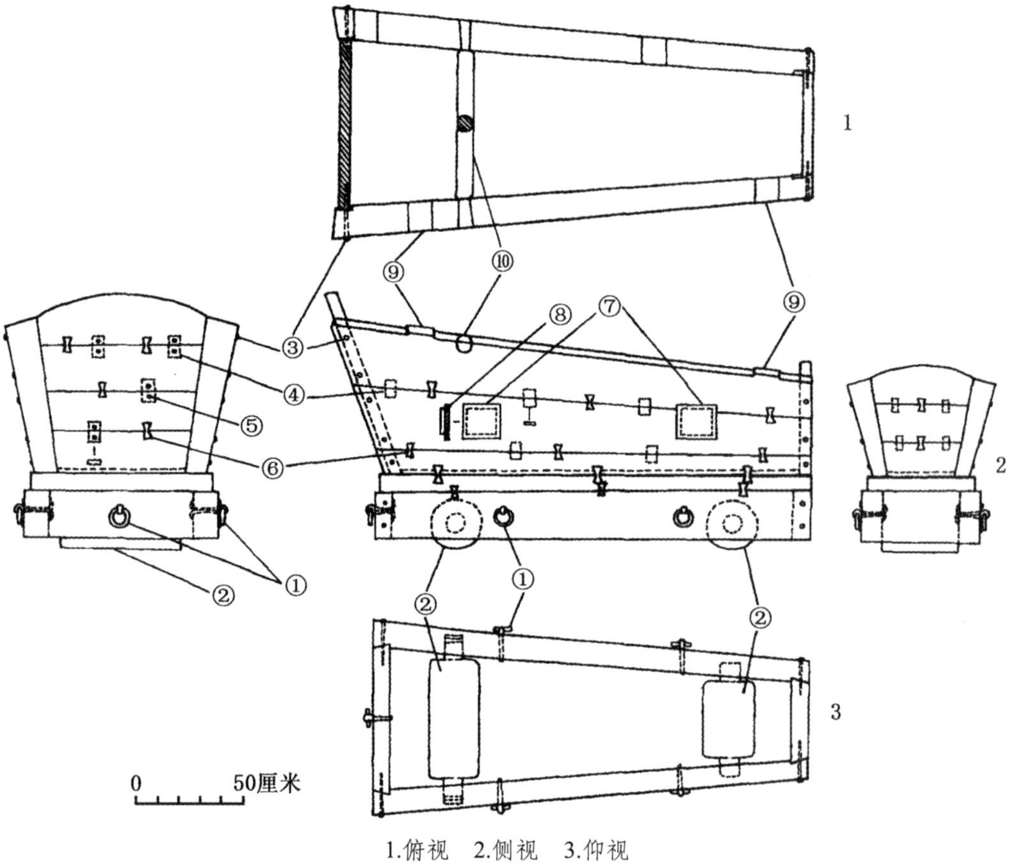

1.俯视　2.侧视　3.仰视

①铁棺环　②轴辊　③铁钉　④穿带式暗榫　⑤木钉　⑥银锭型暗榫　⑦假窗口　⑧窗口侧剖　⑨长方形突起　⑩圆柱形横栏

图十四　ZQM7棺体和棺座复原图

木棺表面髹黑漆，出土时多已剥落。

尸骨系女性，年龄25～30岁，出土时大部分置于棺外足端西侧，为盗扰所致（图十二）。据此推测，盗掘时墓主人尸体尚未完全腐烂。

棺内随葬陶壶2件，均为泥质灰陶，陶色灰黑，口部均残损。ZQM7：2，喇叭口，细弧颈，鼓肩，平底。颈肩交接处、肩、腹部刻划弦纹相夹的波浪纹各1组，腹上部无纹饰处皆磨光，下部磨压网格状暗纹。残高18.3厘米，腹径15.8厘米、底径6厘米（图十五，2）。ZQM7：1，喇叭口，细弧颈，鼓肩，平底。颈部刻划弦纹相夹的波浪纹两组，肩、腹部饰同样纹饰各1组，腹上部无纹饰处皆磨光。残高24.6厘米，腹径17.6厘米，底径7.4厘米（图十五，1）。同时采集了部分铁棺环。ZQM7：3，铁环径9厘米，环截面呈圆形，直径1.4厘米；穿纽一侧总长17.8厘米（图十五，3）。

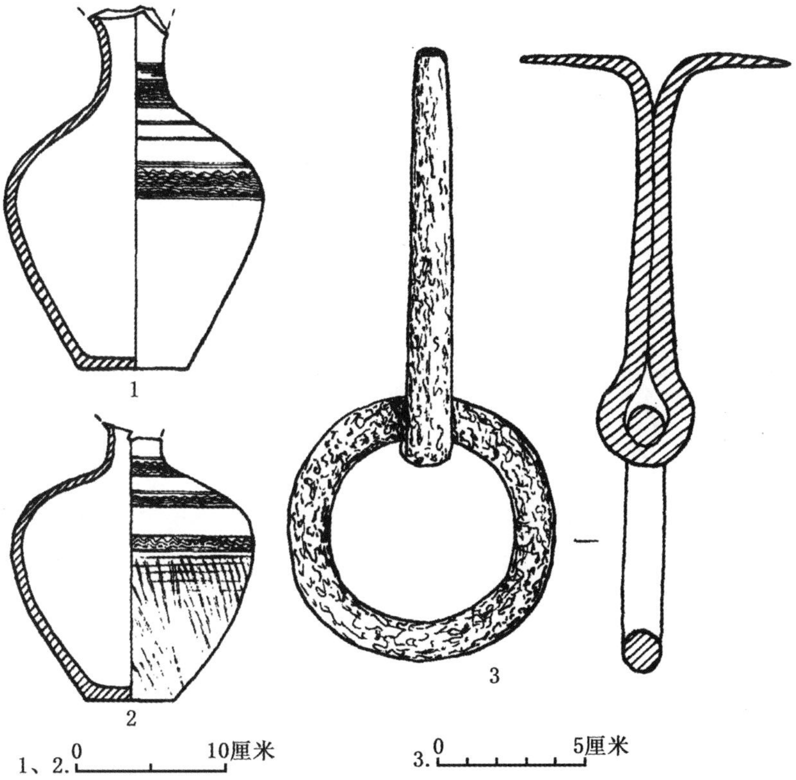

1、2.陶壶（ZQM7：1、ZQM7：2） 3.铁棺环（ZQM7：3）

图十五 ZQM7出土随葬品

（八）ZQM8

ZQM8位于发掘区中部，东距ZQM10仅1.7米，西南距ZQM2约8.8米。

土坑侧穴墓。由作为墓室的侧穴和其外的竖穴两部分组成。两穴方向大致相同，约350度。这种北偏西的墓向在七郎山墓地较为罕见。

竖穴大致呈长方形、长2.62米，中部宽1.2米，深2.47米。直壁。穴底沿东壁做二层台，宽0.3米，高0.4米，与竖穴东壁同长。台面略呈东高西低的斜坡状，南端垫有青灰色不规则石块1块。东壁距二层台高0.5米、距南壁0.5米处设圆形脚窝1个，直径约0.2米。

侧穴开口于竖穴西壁北段。穴口大致呈长方形，下部最宽处达2.15米。穴口顶缘距竖穴开口深1.3米。侧穴底面呈北宽南窄的狭长梯形，长2.25米，北端宽0.9米，南端宽0.6米，低于竖穴底面0.25米。穴壁近底处较直，近顶则弧形内收。侧穴开口处以青灰色不规则石块砌墙封堵。石墙起垒于侧穴底面，墙基外侧、竖穴底面垒有护石，对石墙起加固作用。

侧穴底面置木棺，内殓尸骨1具。尸骨侧身屈肢。头向同于墓向，约350度。面向西。双臂前曲，双手相接，置于腹前，双腿亦微曲。女性，年龄25～30岁。保存状况较差，腓骨及足部骨骼残缺。头骨左、右耳际出有珠饰共10粒。双手指骨处出有铜指环左、右各1件，约佩于中指或食指上（图十六）。

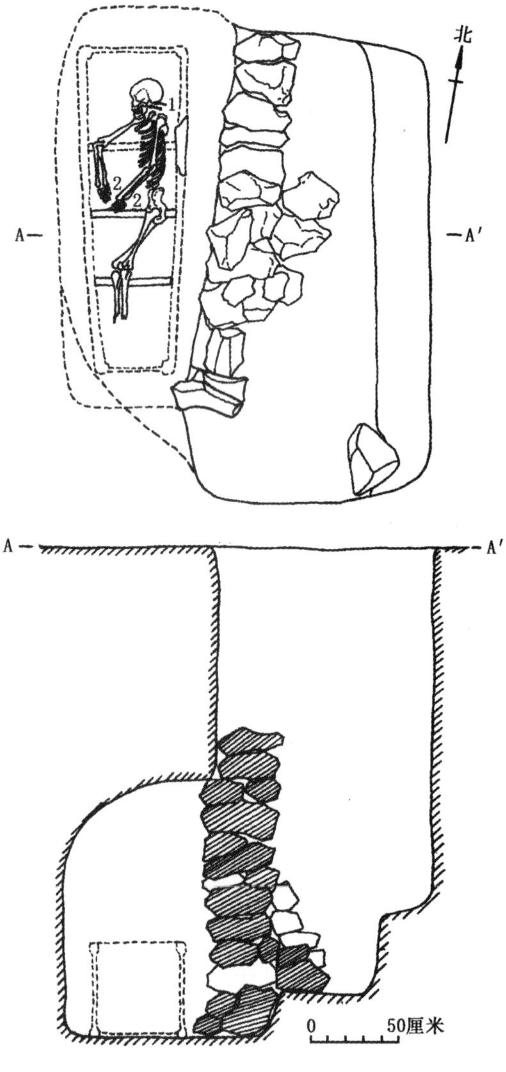

1.珠饰　2.铜指环

图十六　ZQM8平、剖面图

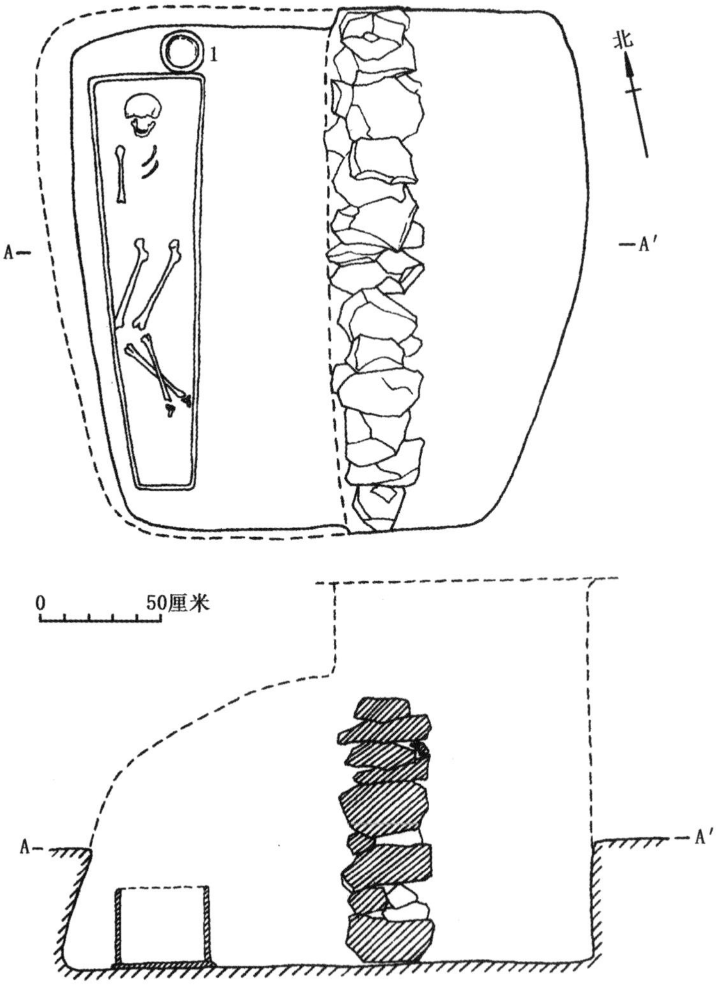

1.陶罐

图十七　ZQM9平、剖面图

木棺腐朽严重。棺盖形制不明。据板灰痕迹和残存朽木观测，棺体头端高阔，基本竖直而不前倾，外宽60厘米，残高55厘米；足端低窄，外宽43厘米，残高30厘米；棺体总长185厘米。其结构属框架内镶插薄板一类。棺体框架由4根竖直的立柱、4根与棺体等长的侧梁和两根长度与棺体宽度相等的端梁以榫卯结构而成。侧梁上下相对的两面和立柱左右相对的两面各凿有凹槽，其间镶插木板，以为棺的四壁。侧板竖插，端板横砌。棺体顶部侧梁宽5厘米，高6厘米，镶槽深3厘米，宽1.5厘米，制作不甚规则。据此可知，侧板厚度亦为1.5厘米。棺底两个侧梁间，由平行于端梁、大致等距分布的3根横栏以榫卯相连接，横栏间距约34厘米，出土时仅存南部2根。横栏间原以纵向的树枝上下穿插编织，形成棺底，出土时树枝大多朽蚀成灰。

尸骨多处附着毛毡朽痕。

随葬品12件，其中珠饰10粒、铜指环2件。

珠饰　10粒。两侧珠饰的颜色、质地、形制和数量基本对称，应是一对耳坠的主要部件。珠间的穿缀物已朽坏，出土时未见。

玛瑙珠饰　4粒。ZQM8：la和ZQM8：1b，直径0.85厘米，红色玛瑙，六角鼓形，纵穿小孔（图十一，8）。ZQM8：lc和ZQM8：1d，直径1.2厘米，棕色玛瑙，扁球形，纵穿小孔（图十一，6）。

玻璃珠饰　6粒。ZQM8：1e等，较大者直径约0.95厘米；多为扁圆柱形，纵穿小孔，颜色有表层橘红色、内胎孔雀蓝色和表层珍珠色、内胎浅青色等多种（图十一，7）。

铜指环　2件。ZQM8：2a和ZQM8：2b，出土时锈蚀严重。ZQM8：2a，扁体，里侧略平，外缘微鼓，直径2厘米。

（九）ZQM9

ZQM9位于发掘区西部的冲沟断崖下，北距ZQM7约6.3米，东北距ZQM12约9.6米。该墓上部大多已为洪水冲毁。

土坑侧穴墓。由作为墓室的侧穴和其外的竖穴两部分组成。两穴方向大致相同，约10度。

竖穴水平剖面大致呈梯形，北端宽约0.9米，南端宽约0.55米，长约2.2米，残存深度0.5米。直壁。

侧穴开口于竖穴西壁。侧穴底面亦大致呈梯形，北端宽约1.2米，南端宽约0.95米，长约2.2米。穴壁自底而上弧形内收。侧穴开口处以青灰色不规则石块砌墙封堵。石墙厚约0.35米，残高1.1米。

侧穴底面置木棺，内殓尸骨1具。尸骨仰身居肢。头向同于墓向，为10 度。面向上。出土时右股骨斜立，倚于木棺内壁。尸骨腐朽严重，缺损甚多。从肢骨长度和骨化程度看，墓主人似未成年，性别不详（图十七）。

据板灰痕迹观测，木棺棺体水平剖面呈狭长梯形，头端宽约48厘米，足端宽约24厘米，总长175厘米，平均高度约34厘米。棺板厚度约1.5厘米。

随葬陶罐1件，置于棺外东北侧，紧贴头端挡板。ZQM9：1，夹砂灰陶。假盘口，粗短颈，鼓肩，矮腹、平底。颈、肩部刻划凹弦纹共3周。器表附着黑色烟垢。出土时于其口沿处发现较多红黑相间的漆皮，估计罐上原盖有漆盖。口径15.4厘米，高18.6厘米，底径10.2厘米（图十一，3）。

（十）ZQM10

ZQM10位于发掘区中部，西距ZQM8仅1.7米，东北距ZQM11约13.8米。该墓早期被盗。

土坑侧穴墓。由作为墓室的侧穴和其外的竖穴两部分组成。两穴方向大致相同，为17度。

竖穴大致呈长方形。西壁上部有大幅度的早期坍塌，东壁南段近口处亦有一定程度的坍损。

穴口长2.55米，据西壁保存较好的两端测知穴口宽约0.95米。北壁自口向下斜直外张，东、南两壁基本竖直。竖穴深2.45米。穴底长2.66米，宽1.14米。穴底沿东壁做生土二层台，高0.4米，宽0.44米，同东壁底部之长度相等。台面南端垫有较大的不规则石块1块，长约0.4米。竖穴东南角的穴壁上掘有脚窝，上、下各1个，上者略大，距穴口约0.65米；下者较小，距上者约0.4米。

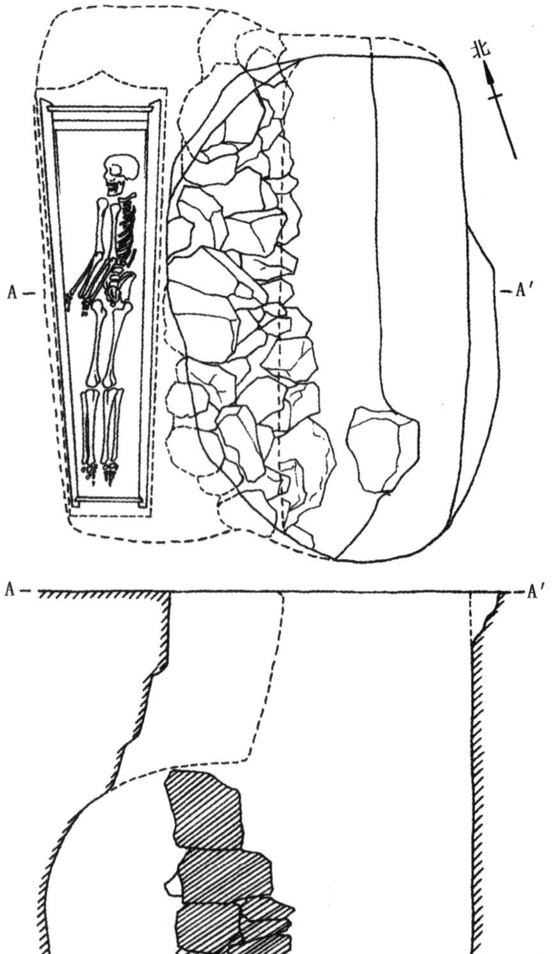

图十八　ZQM10平、剖面图

侧穴开口于竖穴西壁。穴口上部略呈拱形，下部最宽处达2.52米。据侧穴穴顶残留部分估算，穴口顶缘距竖穴开口深约0.85米。侧穴底面呈北宽南窄的狭长梯形，长2.7米，北端宽1.1米，南端宽0.8米。侧穴穴壁近底较直，近顶则弧形内收。侧穴开口处以青灰色不规则石块砌墙封堵。石墙顶部亦呈拱形，与侧穴穴口相合，高度亦同。墙顶北端有一早期盗洞，石墙上部石块均经不同程度的扰动。

竖穴填土中，于不同深度陆续发现较多与侧穴封石质地相同、大小类似的不规则石块。

侧穴底面，紧贴侧穴西壁，置木棺，内殓尸骨1具。尸骨侧身直肢。头向同于墓向，为17度。面向西。两臂平行，微微前曲，双腿直伸。成年男性，具体年龄不详（图十八）。

木棺保存较好，形制清楚。

棺盖呈拱形，总长226厘米。头端较宽，为65厘米；正中向前呈尖状突出，使盖额呈圭首形。足端较窄，为39厘米。盖板由两块长板拼接而成。中央较薄，最薄处仅2.5厘米；周缘略厚且头端又厚于足端，头端边缘中段厚5厘米，足端边缘中段厚4厘米，左右侧缘中段厚6.2厘米。缘面均切削成上张下敛的斜面，使盖表略阔于盖里。出土时，棺盖已被早期内塌的石块、土块砸裂，坍落在棺内尸骨上。

棺体头端高阔前倾，宽约60厘米，斜高42厘米；足端低窄竖直，宽约38厘米，高30厘米。棺口长207厘米，棺底长190厘米。据侧板与底板相接的角度推断，原棺体上口应略宽于底部，因长期受棺外淤土挤压，才形成出土时所见左右侧板竖直或内倾的情状。

侧板和底板皆用长板以榫卯拼接而成，侧板厚5厘米。侧板内壁头足两端均凿有纵向凹槽，以镶插两端挡板。端板均横置，厚2.3厘米。侧板与底板之间亦以榫卯勾连。

棺盖及棺体表面皆彩绘纹饰。以白色为底，红色单线勾勒。画面漫漶不清，内容无法辨识。

未见随葬品。

（十一）ZQM11

ZQM11位于发掘区中部，东距ZQM13仅2.2米，西南距ZQM10约13.8米。

土坑侧穴墓。由作为墓室的侧穴和其外的竖穴两部分组成。

竖穴大致呈长方形，方向4度。东壁竖直，西、北、南三壁自口而下略向外张，使竖穴接近袋状。穴口长2.56米，宽0.87米。穴底呈南高北低的斜坡状，面积阔于穴口，长2.72米，宽0.95米，北端深2米，南端深1.7米。穴底东北角留有面积较小的不规则生土二层台。

侧穴开口于竖穴西壁北段，方向354度。穴口呈北高南低的狭长梯形，长约2.2米，顶缘最高处距竖穴开口深1.12米。侧穴底面亦大致呈北宽南窄的狭长梯形，北端宽0.97米，南端宽0.65米，长2.46米，低于竖穴底面约0.1米且较之更近水平。穴壁下部陡直，近顶则弧形内收。侧穴开口处以青灰色不规则石块砌墙封堵。

侧穴底面，紧贴侧穴西壁置木棺，内殓尸骨1具。尸骨仰身直肢。头向同于侧穴方向，为354度，面向上。女性，年龄25～30岁。头骨体质特征较为特殊，茎突细长，约1.5厘米。尸骨上部经鼠类动物盗食拖拉，扰乱程度较为严重，下颌骨、指骨、部分脊椎骨、肋骨明显异位（图十九）。

木棺棺体长201厘米。头端高阔前倾，上宽约59厘米，残存斜高约为42厘米；足端低窄竖直，上宽约39厘米，高约35厘米。据部分保存较好的构件推测，原棺体上口应略宽于棺底，因长期受棺外淤土挤压，才形成出土时所见侧板竖直或内倾的情状。侧板和底板均由长板以榫卯拼接而成。侧板内壁头足两端均凿有纵向槽，其内镶插两端挡板。端板均横置，厚2.2～2.5厘米，侧板厚5厘米。棺盖形制不明。据残存盖板测知，盖板厚约3.5厘米，其头端较棺体长出约16厘米。

盆骨后侧出有铁器残片1块。ZQM11：1，锈蚀严重，大致呈正方形，边长约4厘米，转角处有小孔（图二十三，6）。

（十二）ZQM12

ZQM12位于发掘区西部的冲沟断崖下，东北距ZQM2约8.8米，西距ZQM7约13.4米。该墓南段上部大多已为洪水冲毁。

土坑侧穴墓。由作为墓室的侧穴和其外的竖穴两部分组成。两穴方向大致相同，为5度。

竖穴大致呈长方形。长1.83米，宽0.7米。残存穴壁均较竖直。据保存较好的北壁观测，竖穴深1.84米。

侧穴开口于竖穴西壁。侧穴底面亦呈长方形，长1.8米，宽1.1米，低于竖穴底面0.1米。侧穴开口处以青灰色不规则石块砌墙封堵。石墙起垒于侧穴底面，残高约0.74米。

侧穴底面，靠近石墙处置尸骨1具。俯身屈肢。头向同于墓向，为5度，面向东而偏下。左臂内曲，约成90 度，尺、桡骨叠于骶骨前侧。右臂亦内曲。双腿蜷曲，膝关节抵于石墙。此葬式为该墓地之孤例。女性，年龄约35岁。在表土层下，墓口北侧的墓内石墙的延长线上置陶壶1件，南距竖穴北壁仅8厘米。出土时，陶壶摆放得平稳端正，位置未经任何扰动，估计是下葬时有意置于墓边或埋于封土中的。陶壶一侧出有青灰色不规则大石块1块，与陶壶属同一层位。尸骨盆腔内出有铁短刀1件（图二十）。

随葬品2件。其中陶壶、铁短刀各1件。

陶壶　1件。ZQM12：2，泥质灰陶。喇叭口，折沿，颈稍粗短，蛋形腹，平底。颈肩相接处模印水涡纹1周，肩、腹部饰弦纹相夹的波浪纹各1组，弦纹刻划，波浪纹模印。器表附着较厚的水垢。口径14.4厘米，高26.8厘米，腹径19厘米，底径8.4厘米（图二十二，1）。

铁短刀　1件。ZQM12：1，锈蚀严重，器型难以详细辨清。出土时，仅存残片2块。其中一块较为狭长，据此可测知，刀宽约2厘米（图二十三，4）。

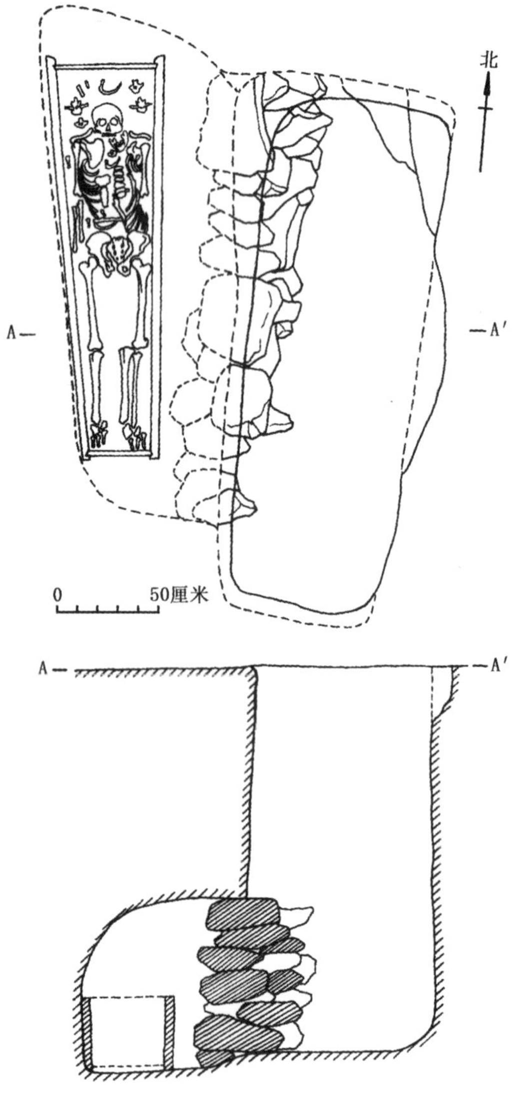

图十九　ZQM11平、剖面图

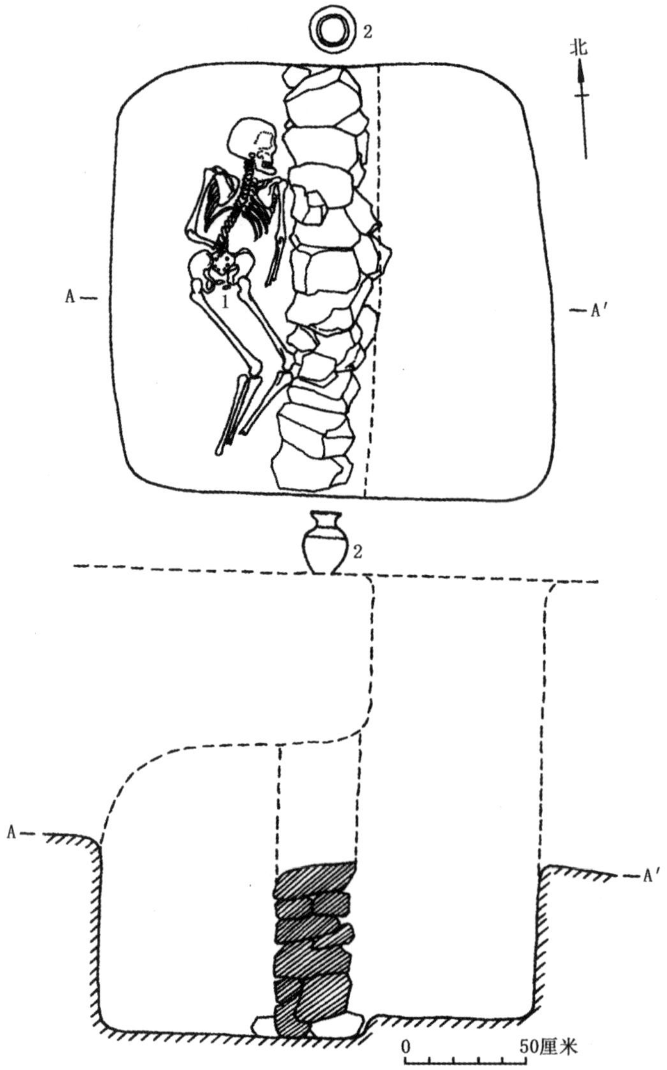

1.铁短刀　2.陶壶

图二十　ZQM12平、剖面图

（十三）ZQM13

ZQM13位于发掘区中部，西距ZQM11约2.2米，东南距ZQM1约4.7米。

土坑侧穴墓。由作为墓室的侧穴和其外的竖穴两部分组成。

竖穴呈长方形袋状，方向26度。穴口长2.24米、宽0.89米，四壁自口而下斜直外张。穴底长2.57米，除二层台，宽0.84米。竖穴深1.55米。穴底沿东壁做生土二层台，台面宽0.22米；台高0.8米，约占东壁总高度的1/2强，是该墓地所见最高的二层台。

侧穴开口于竖穴西壁北段，方向19度。侧穴穴口北高南低，长2.22米，顶缘最高处距竖穴开口深0.56米。侧穴底面大致呈北宽南窄的狭长梯形，长2.26米，北端宽1.05米，南端宽0.68米。穴壁近顶弧状内收。侧穴开口处以青灰色不规则石块砌墙封堵。

在竖穴开口线以上的表土层中发现大量青灰色不规则石块，散乱堆置于竖穴填土顶面。

侧穴底面置木棺，内殓尸骨1具。尸骨侧身屈肢。头向同于侧穴方向，为19度，面向西。右臂伸直，左臂前曲，相叠于右臂，双腿蜷曲。男性，年龄约25岁（图二十一）。

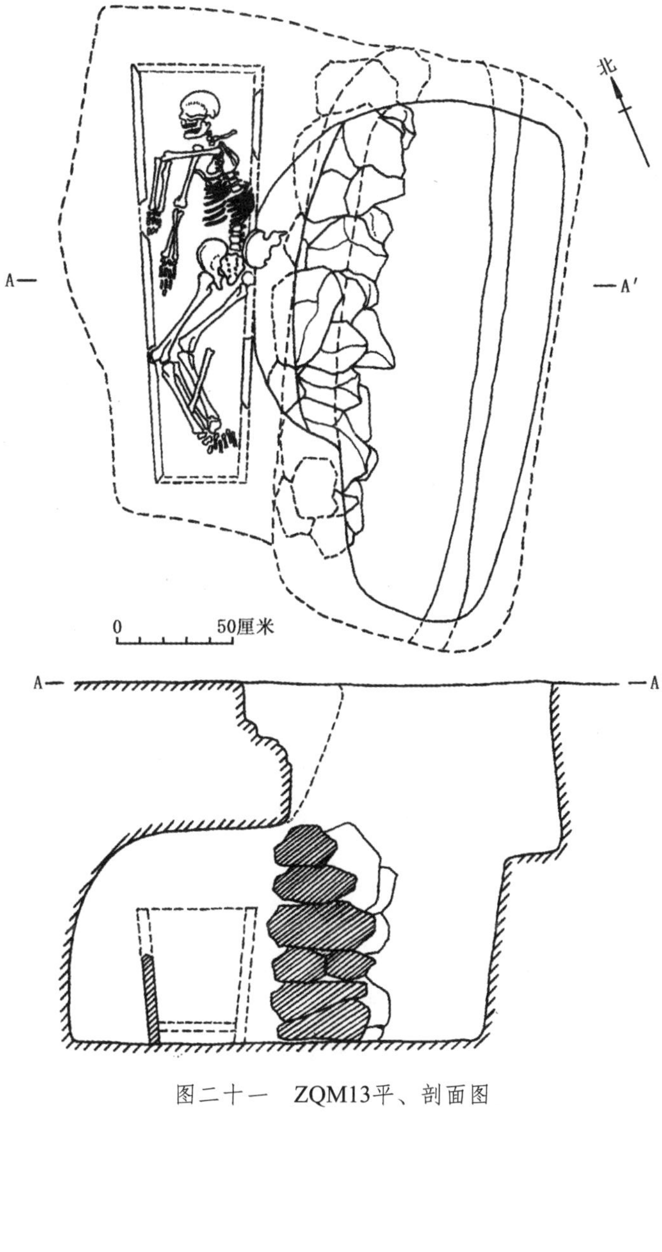

图二十一　ZQM13平、剖面图

木棺棺体总长182厘米。头端高阔前倾，上宽57厘米，斜高68厘米；足端低窄竖直，高57厘米。此棺是该墓地所见葬具中最为瘦高的一例。棺板用长板以榫卯拼接而成。西侧残存长板厚3.5厘米。

棺内头骨西侧出有剥落的小块漆皮若干。

未见随葬品。

（十四）ZQM14

ZQM14位于发掘区东部，南距ZQM4约6.8米，东南距ZQM15约3.5米。该墓与ZQM15、ZQM16三者彼此邻近，成行排列，等距分布，且墓向大致相同，从平面布局看，应为一组。

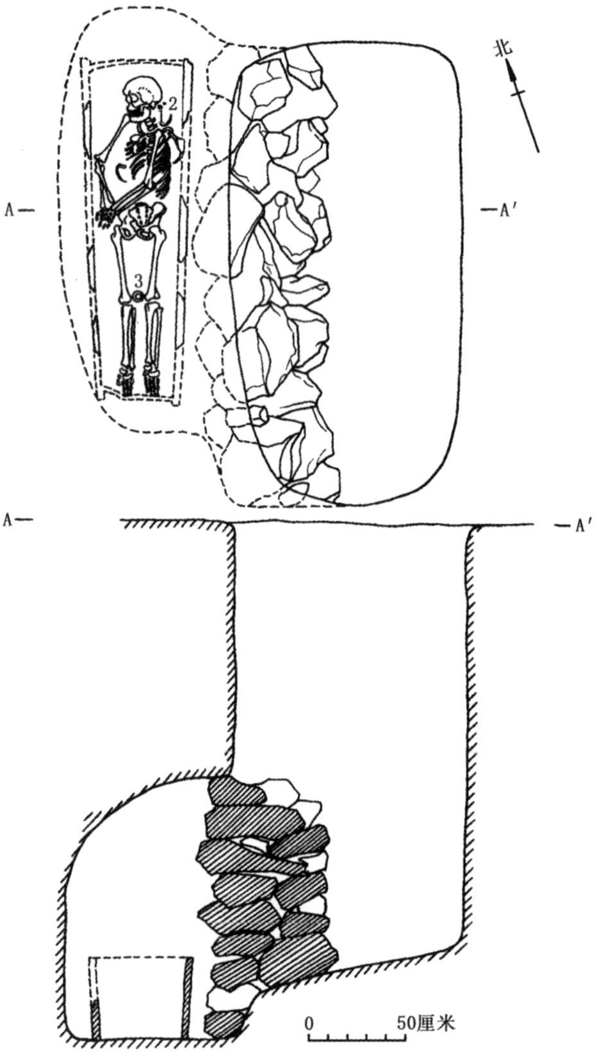

1.铜耳环　2.珠饰　2.铁带环

图二十二　ZQM14平、剖面图

土坑侧穴墓。由作为墓室的侧穴和其外的竖穴两部分组成。两穴方向大致相同，为18度。

竖穴大致呈长方形，直壁。长2.3米，宽1.15米，深2～2.3米，穴底为东南高西北低的斜坡。竖穴穴壁东南角距穴口深1.2米处、南壁正中距穴口深1.06米处，掘有略呈馒头形的脚窝各1个，直径分别为0.14米和0.24米。

侧穴开口于竖穴西壁北段，侧穴穴口北高南低，长1.95米，顶缘最高处距竖穴开口深1.18米。穴壁下部竖直，近顶弧状内收，侧穴底面大致呈北宽南窄的狭长梯形，北端宽0.75米，南端宽0.55米，长2.1米；低于竖穴底面约0.25米。侧穴开口处以青灰色不规则石块砌墙封堵。石墙内侧起垒于侧穴底面，外侧起垒于竖穴底面。

侧穴底面置木棺，内殓尸骨1具。尸骨侧身屈肢。头向同于墓向，为18度，面向西。两臂前曲，双手相接，置于腹前。双腿直伸。男性，年龄45～50岁。枕骨东南侧出有铜耳环1枚，同一位置出有珠饰1粒，两膝关节之间出有铁带环1件（图二十二）。

据板灰痕迹和残存朽板观测，木棺棺体总长173厘米。头端高阔前倾，上口内宽48厘米、高48厘米；足端低窄竖直，上口内宽33厘米、高40厘米。棺板系用长板拼接而成。残存侧板厚约3～3.5厘米。

随葬品3件，其中铜耳环1件、珠饰1粒、铁带环1件。

铜耳环　1件。ZQM14：1，由一较细的钢条弯曲成不闭合的圆圈，一端较尖锐，另一端略粗钝。直径1.7厘米，截面径0.2厘米（图二十三：5）。

珠饰　1粒。ZQM14：3，青绿色玻璃，球形，纵穿小孔。

以上两件应是同一耳坠的两个部件，其间的穿缀物已朽毁，出土时未见。

铁带环　1件。ZQM14：2，圆形，外径5.5厘米，锈蚀严重（图二十三，3）。

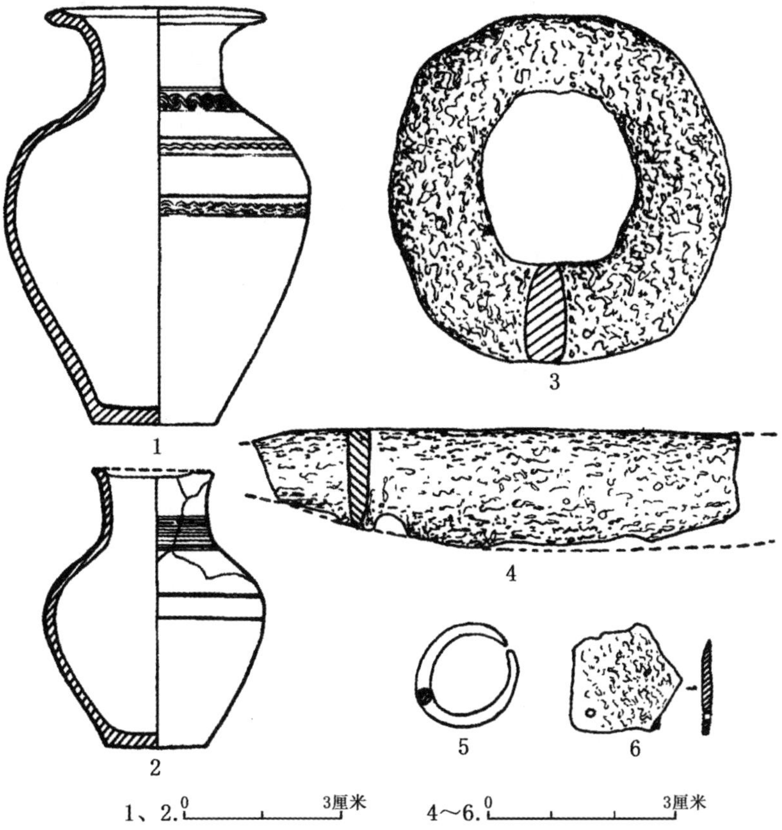

1.陶壶（ZQM12：2）　2.陶罐（ZQM15：1）　3.铁带环（ZQM14：2）　4.铁短刀（ZQM12：1）　5.铜耳环（ZQM14：1）　6.铁器残片（ZQM11：1）

图二十三　ZQM11～ZQM15随葬器物

（十五）ZQM15

ZQM15位于发掘区东部，西北距ZQM14约3.5米，东南距ZQM16约3米。

土坑侧穴墓。由作为墓室的侧穴和其外的竖穴两部分组成。两穴方向大致相同，为20度。

竖穴大致呈长方形，直壁。长2米，宽0.9米，深1.76～2米。穴底为东高西低的斜坡。

侧穴开口于竖穴面壁。侧穴穴口北高南低，长2米，顶缘最高处距竖穴开口深26米。侧穴底面亦呈长方形，长1.8米，宽0.78米，低于竖穴底面约0.18米。侧穴穴壁近顶弧状内收。侧穴开口处以青灰色不规则石块砌墙封堵。

侧穴底面置木棺，内殓尸骨1具。尸骨侧身屈肢。头向同于墓向，为20度，面向西。双手叠于腹前，双腿蜷曲。成年女性，具体年龄不详（图二十四）。

木棺已完全朽毁。据板灰痕迹观测，该棺形制较为特殊。棺体极短，总长仅147厘米；头足两端宽度差异甚小，头端内宽52厘米，足端内宽46厘米，残高约32厘米。其具体结构不很明了。

板灰痕迹显示，两个侧板（或侧梁）较厚，两个端板略薄，且侧板两端皆稍长于端板外壁。

随葬陶罐1件，置于表土层下墓口北侧竖穴的外延中轴线上，南距竖穴北壁40厘米。ZQM15：1，夹砂灰陶，胎色灰褐。圆唇，侈口，颈粗短，鼓腹，平底。颈、肩相接处刻划凹弦纹1组。器表附着黑色烟垢。口部略残损。口径8厘米，高17.6厘米，腹径14.5厘米，底径6.4厘米（图二十三，2）。出土时，陶罐已破碎，碴口陈旧，碎片集中。陶罐上方压有较大的青灰色不规则石块1块，其俯视形状呈锐角三角形，长约54厘米，尖端所指同于墓向。陶罐与石块位置均未经扰乱，估计是下葬时被有意置于墓边或埋于封土中的。

（十六）ZQM16

ZQM16位于发掘区东部，西北距ZQM15仅3米，西南距ZQM4约5.5米。

土坑侧穴墓。由作为墓室的侧穴和其外的竖穴两部分组成。两穴方向大致相同，为25度。

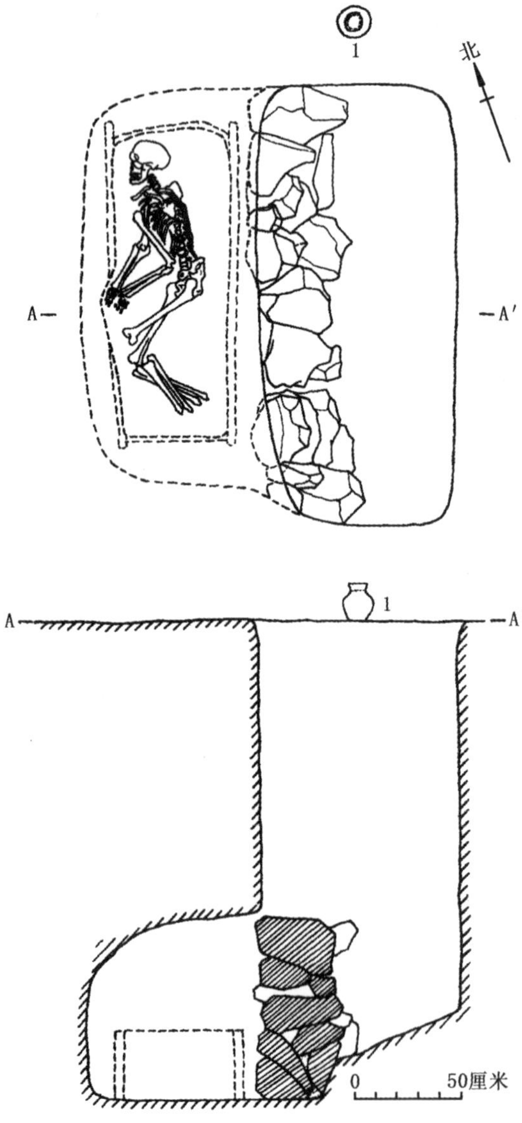

1.陶罐

图二十四　ZQM15平、剖面图

竖穴大致呈长方形，直壁。长2.2米，宽1.1米，深2.35米。穴底沿东壁做生土二层台，台高0.15米，面宽0.24米。

侧穴开口于竖穴西壁。穴口呈长方形，长2.2米，顶缘距竖穴开口深1.57米。穴壁下部较为竖直，近顶弧状内收。侧穴底面亦呈长方形，进深0.9米，间宽2.3米，低于竖穴底面约0.28米。侧穴开口处以青灰色不规则石块砌墙封堵。石墙内侧起垒于侧穴底面，外侧起垒于竖穴底面。

在表土层下、竖穴开口北侧约0.6米处，置较大的青灰色不规则石块4块，东西成行，排列规整。同样的石块亦大量见于竖穴填土中。

侧穴底面，紧贴侧穴西壁置木棺，内殓尸骨1具。尸骨侧身屈肢。头向同于墓向，为25度。面向同于头向，亦为25度。右臂直伸向前，左臂前曲，相叠于右臂。双腿蜷曲。女性，年龄约25岁。头骨两侧出有玻璃珠饰共18粒，盆骨下方的两股骨间出有铜牌饰1件（图二十五）。

据板灰痕迹和残存木板观测，木棺棺体总长180厘米。头端高阔，宽68厘米，高64厘米；足端低窄，宽52厘米，高40厘米。棺体表面彩绘纹饰。以白色为底，红色单线勾勒。

木棺结构属框架内镶插薄板一类。棺体框架由4根竖直的立柱、4根与棺体等长的侧梁和2根长度与棺体宽度相等的端梁以榫卯结构而成。侧梁上下相对的两面和立柱左右相对的两面各凿有凹槽，其间镶插木板，以为棺的四壁。侧板竖插，端板横砌。残存的顶部侧梁截面呈正方形，宽5厘米，厚5厘米。其向下一面凿有镶槽，槽深3厘米。据槽的宽度推测，纵向镶插的侧板厚约1.8厘米。

随葬品19件，其中玻璃珠饰18粒、铜牌饰1件。

玻璃珠饰　18粒。ZQM16：la等，直径0.5～0.7厘米，多为扁圆柱形或近球形，纵穿小孔，表层珍珠光泽，内胎暗紫色。ZQM16：1b等，直径0.3～0.5厘米，多数为扁圆柱形或鼓形，少数为双联式，纵穿小孔，表层珍珠光泽，内胎浅青色或浅黄色。许多珠粒出土时已碎裂或脱落了珍珠光泽的表层，部分珠粒出土后氧化变色。

铜牌饰　1件。ZQM16：2，牌饰由主体、方穿和铜铃三部分组成，总长7.3厘米，主体圆牌直径4.7厘米、厚0.3厘米，铜铃直径约1.5厘米。主体呈圆形饼状，正反两面以浅浮雕和镂孔的形式做兽面、绞索、联珠、外缚索套的圆球以及盘曲成莲花状的索结等纹饰。1个带中隔的方穿和4个外缚索套的球状铜铃等距离附接于主体外缘，方穿居于上方正中，与相近的两个铜铃间以纷披卷曲的毛发纹样相连。出土时，其中一铃已缺损，断碴陈旧，锈迹厚重（图二十六）。从饰牌所在位置分析，饰牌原以绳带之类系挂于墓主人腰间，系挂物已朽毁。

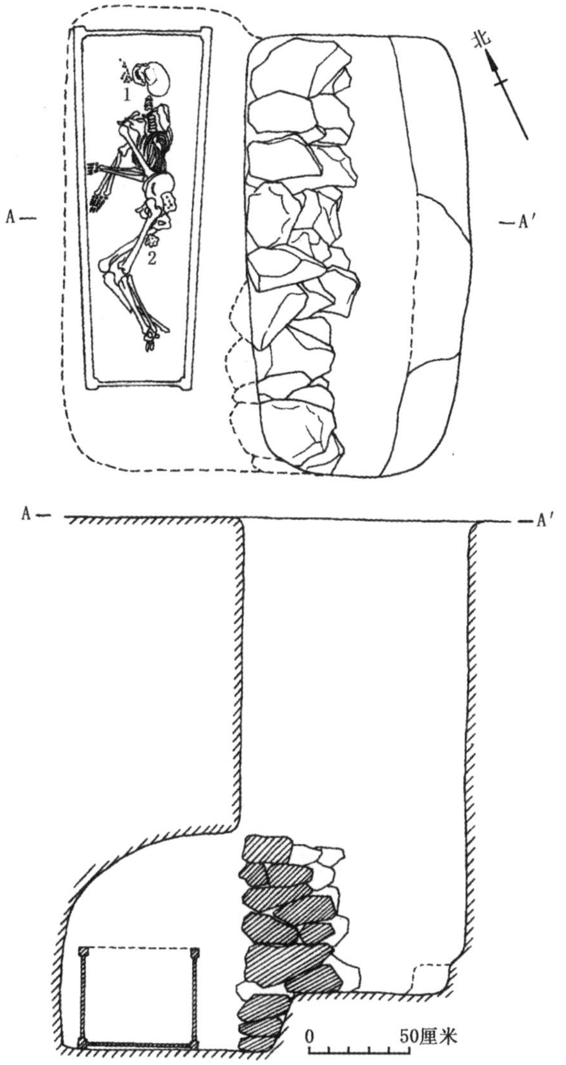

1.珠饰　2.铜牌饰

图二十五　ZQM16平、剖面图

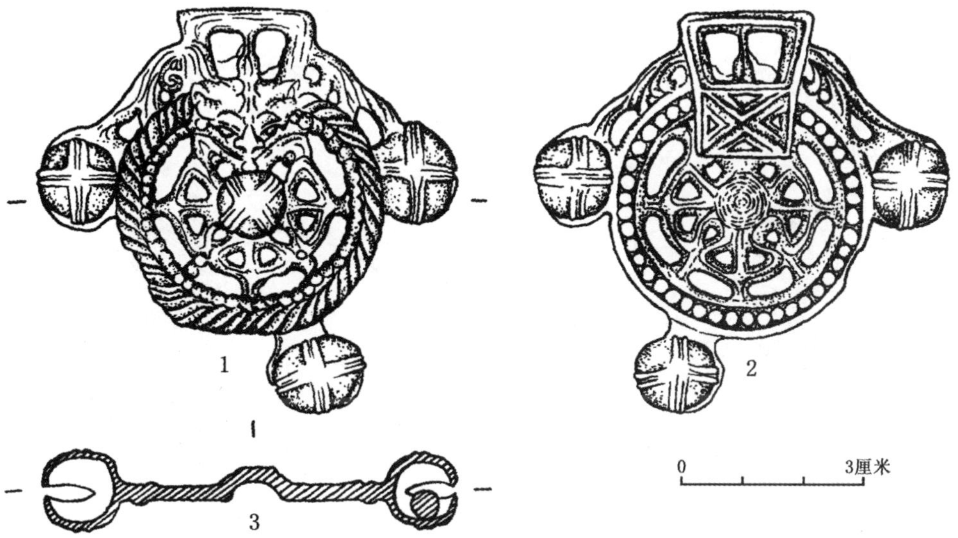

1.正面　2.反面　3.剖面

图二十六　ZQM16铜牌饰（ZQM16：2）

（十七）ZQM17

ZQM17位于发掘区东部，东北距ZQM19约7.1米，西北距ZQM18约5.8米，东南距ZQM5约10.5米。

土坑侧穴墓。由作为墓室的侧穴和其外的竖穴两部分组成。

竖穴大致呈长方形，方向18度。长2.15米，宽1米，深1.95～2.03米。直壁。穴底为东高西低的斜坡。

侧穴开口于竖穴西壁，方向12度。穴口北高南低，长1.86米，顶缘最高处距竖穴开口深0.7米。穴壁下部陡直，近顶弧状内收。侧穴底面大致呈北宽南窄的狭长梯形，长1.9米，北端宽0.8米，南端宽0.65米，低于竖穴底面约0.17米。侧穴开口处以青灰色不规则石块砌墙封堵。

在表土层下、竖穴开口北侧出有硕大的不规则石块2块。类似的石块也见于竖穴填土中，且数量较多。

侧穴底面置木棺，内殓尸骨1具。尸骨侧身屈肢。头向同于侧穴方向，为12度，面向西。双臂前曲，双手接于腹前。双腿亦微曲。男性，年龄25～30岁。头骨西侧置羊肩胛骨1块，双臂环曲所形成的怀抱之中、紧贴右小臂东侧置羊肢骨1根（图二十七）。

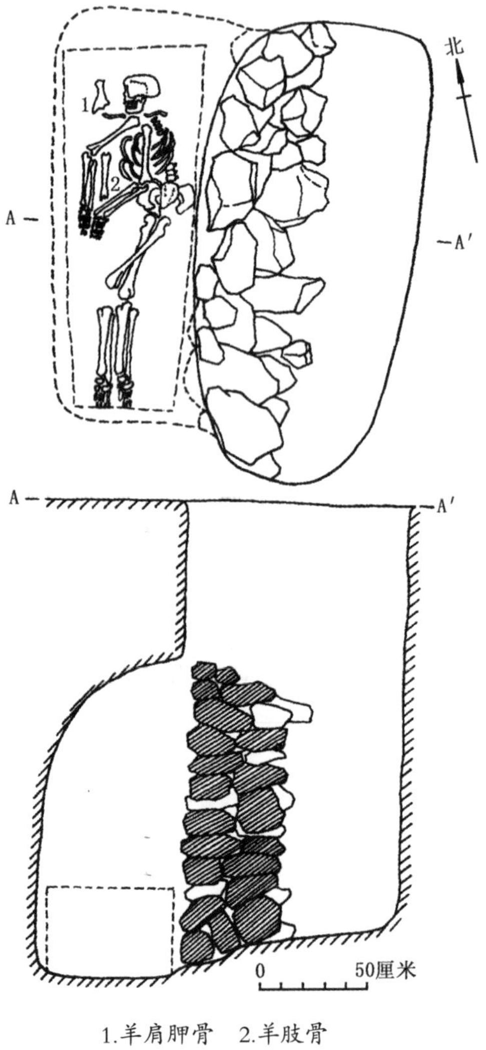

1.羊肩胛骨　2.羊肢骨

图二十七　ZQM17平、剖面图

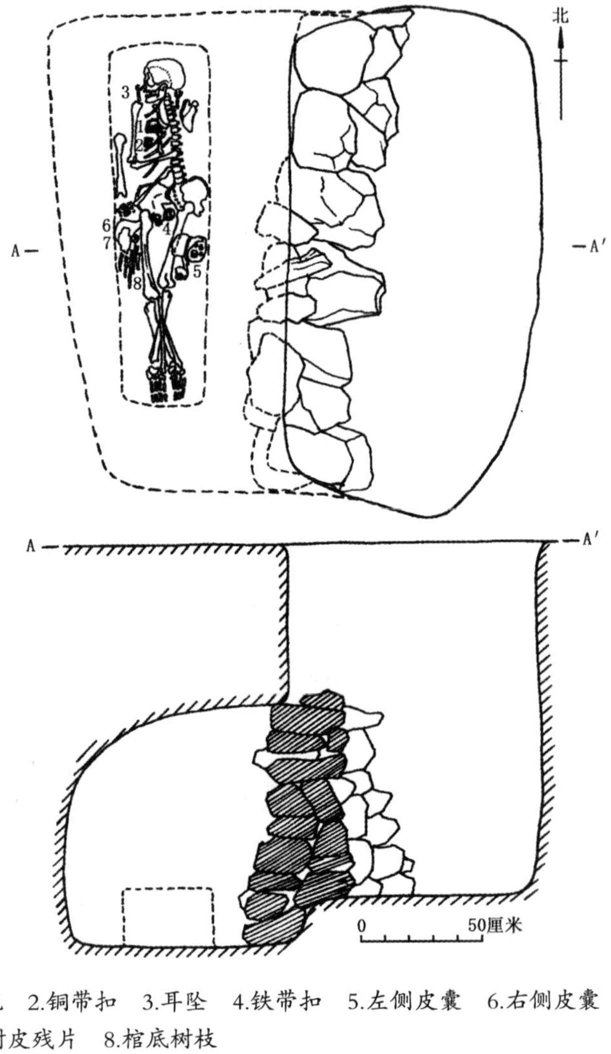

1.木梳　2.铜带扣　3.耳坠　4.铁带扣　5.左侧皮囊　6.右侧皮囊　7.桦树皮残片　8.棺底树枝

图二十八　ZQM18平、剖面图

木棺大部分已朽坏，仅西侧板和头端挡板有部分存留。据此测知，棺体总长168厘米。头端高阔，宽66厘米，高53厘米；足端低窄，宽46厘米，高30厘米。木棺结构属框架内镶插薄板一类。

随葬品2件，其中羊肩胛骨1块、羊肢骨1根。

羊肩胛骨　1块。ZQM17：1，表面涂有红漆，出土后漆皮脱落严重（图三十三，1）。

羊肢骨　1根。ZQM17：2（图三十三，2）。

此外，在距竖穴开口深50厘米、紧贴东壁的竖穴填土中，出有小铁钩1件。ZQM17：3，圆棒状半环形，一端出尖。截面径0.9厘米，长约4厘米（图三十三，3）。

（十八）ZQM18

ZQM18位于发掘区东部，东南距ZQM17约5.8米，西南距ZQM16约11米。

土坑侧穴墓。由作为墓室的侧穴和其外的竖穴两部分组成。

竖穴大致呈长方形，方向6度。直壁。长2.13米，宽1.04米，深1.5米。

侧穴开口于竖穴西壁，方向2度。侧穴穴口北高南低，长2.06米，顶缘最高处距竖大开口深0.6米。穴壁下部竖直，近顶则弧状内收。侧穴底面大致呈北宽南窄的狭长梯形，长2.02米，北端宽1.05米，南端宽0.73米，低于竖穴底面约0.2米。侧穴开口处以青灰色不规则石块砌墙封堵。

在表上层下、竖穴开口上方堆有硕大的不规则石块数块。

侧穴底面置木棺，内殓尸骨1具。尸骨侧身屈肢。头向同于侧穴方向，为2度，面向西。上肢前曲，下肢直伸而交叠。女性，年龄25～30岁。头骨附近出有耳坠1只，胸前北距下颌骨约8厘米处出有木梳1件，木梳南侧、胸前臂环之内出有铜带扣1件，盆腔内出有铁带扣1件。股骨两侧出有皮囊，左右各1件，左侧皮囊置于左股骨中段前侧，右侧皮囊被右股骨上端压于其后。右侧皮囊之上压有桦树支残片1块（图二十八）。

木棺已朽毁。据板灰痕迹观测，棺体总长154厘米；头足两端宽度差异甚小，头端宽41厘米，足端宽34厘米；棺体中段残高25厘米。木棺具体结构不很明晰。但从墓底发现的大量木灰和部分树枝看，棺底显然是以略加修整的树枝纵向穿插在横栏间编织而成。因此，该木棺的结构应属框架内镶插薄板一类。棺底树枝以皮囊下所压部分保存较好，粗细不匀，虬曲不直，多有节理。出土时其表面均附着极为明显的白灰痕迹，估计在入殓时棺底可能铺撒有白灰。

尸骨多处附着毛毡朽痕，头骨之后的痕迹呈现出十分清晰的枕状轮廓。

随葬品7件，其中耳坠1只、木梳1件、铜带扣1件、铁带扣1件、桦树皮残片1块、皮囊2件。

耳坠　1只。ZQM18：3，其上端为一不闭合的铜耳环，环下依次垂系大小不等的空心铜球5个、闭合小铜环1个、近球形红色玛瑙珠饰2粒以及表层珍珠光泽、内胎黑色的双联式玻璃珠饰1粒。空心铜球、玛瑙珠饰和玻璃珠饰之间皆以铜丝穿缀成串。铜耳环由一扁细的钢条圈曲而成，一端较尖锐，另一端略宽钝。空心铜球由上、下两个碗状壳片对焊而成。上起第一个铜球顶部附接环状穿纽1个，铜耳环即由其内穿过，环与坠因之相连为一体。闭合铜环直径1.15厘米。玛瑙珠饰直径0.8厘米，玻璃珠饰直径0.45厘米，均纵穿小孔。耳坠铜质部件均极薄细易损，出土时多数已散乱朽坏，空心铜球焊缝已开裂（图二十九，3～5）。

木梳　1件。ZQM18：1，宽5.1厘米，脊厚1厘米，残长3.3厘米。齿列较短而齿条略长。梳脊饰极小的铜乳钉3行。梳柄正中饰与梳齿同向排列的铜乳钉每面各1行（图二十九，8）。

铜带扣　1件。ZQM18：2，个体极小，宽2厘米。扣环中部附接可旋舌针1根（图二十九，6）。

铁带扣　1件。ZQM18：4，扣环为圆形，外径3.6厘米。锈蚀严重，出土时舌针已缺损，仅环壁残留其根部接痕（图二十九，7）。

桦树皮残片　1块。ZQM18：7，形制及用途不明。

皮囊　2件。包括左侧皮囊ZQM18：5和右侧皮囊ZQM18：6。

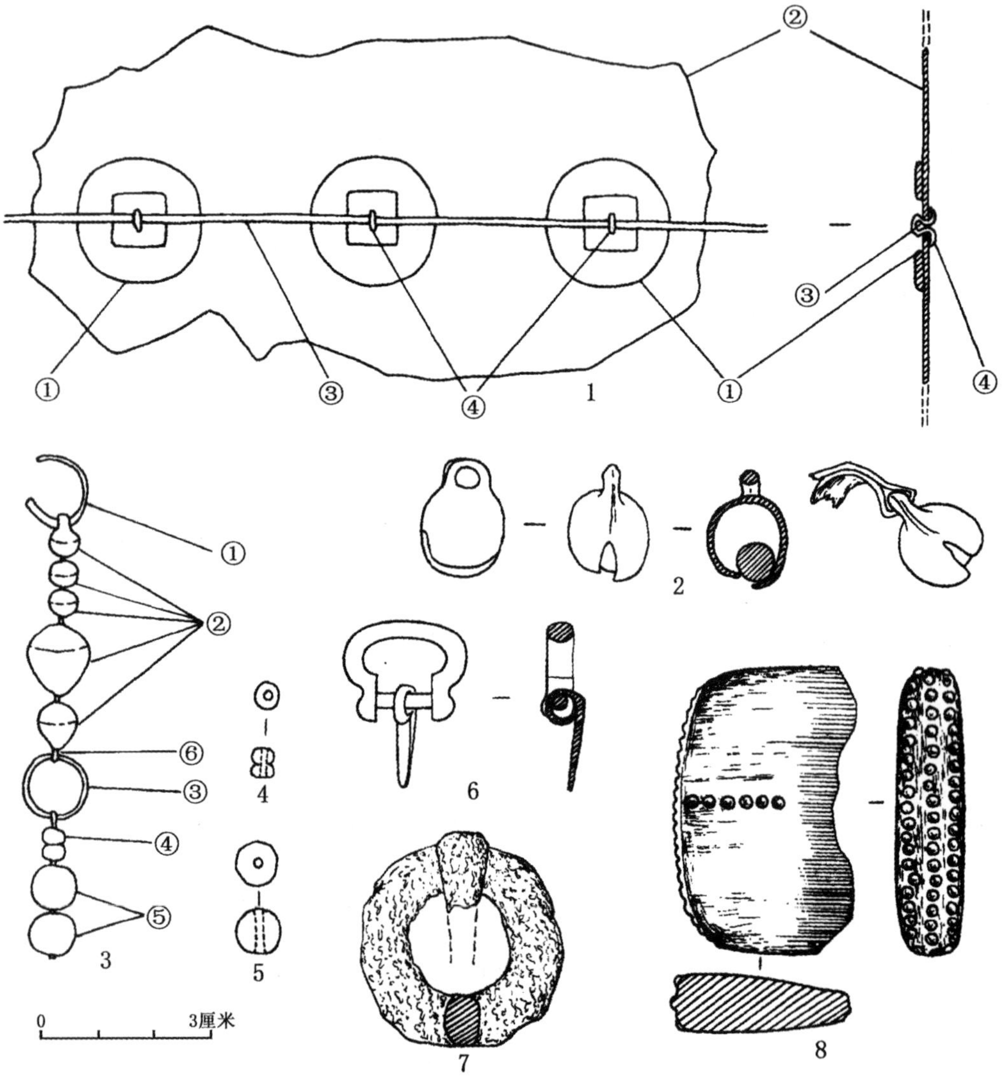

1.右侧皮囊铜钱缝缀示意图（①铜钱　②皮页和衬里　③皮绳　④铁环扣）　2.铜铃（ZQM18：5c）　3.耳坠复原图（①铜耳环　②空心铜球　③闭合铜环　④玻璃珠饰　⑤玛瑙珠饰　⑥铜丝）　4.玻璃珠饰（ZQM18：3b）　5.玛瑙珠饰（ZQM18：3a）　6.铜带扣（ZQM18：2）　7.铁带扣（ZQM18：4）　8.木梳（ZQM18：1）

图二十九　ZQM18出土随葬品

ZQM18：5，出土时已严重朽坏，但由于清理工作较为细致周密，故可推知其大体形制。此囊以两块皮页缝合而成。两端丰隆，中间束腰。束腰处箍有皮绳1周。皮囊表面以细皮绳缀系球状小铜铃（ZQM18：5c等）7枚（图二十九，2）。皮囊内面附有黄色丝织品衬里，据纹理观察，可能为绢类。皮页被丝织品遮覆的一面残留有较多绒毛。囊内衬里表面，以铁环扣和皮绳缝缀铜钱（ZQM18：5a和ZQM18：5b）两枚。其中，ZQM18：5a面文为“货泉”，直径2.25厘米，内外郭皆具（图三十，1）。ZQM18：5b面文为“五铢”，直径2.5厘米，有外郭（图三十，2），出土时钱币表面附着有丝织品衬里的朽痕，纹理清晰。铁环扣已锈成小铁块，具体形制不明。

ZQM18：6，出土时朽毁严重，外部形制不明，表面亦不见铜铃，但内部结构保存稍好。囊内缝缀铜钱（ZQM18：6a、ZQM18：6b和ZQM18：6c）3枚。其中，ZQM18：6a面文为“五铢”，直径2.3厘米，无郭（图三十，3）；另两枚面文无法辨识。ZQM18：6b直径2.5厘米，有外郭。ZQM18：6c亦有外郭，周缘残损较多。

1、2.左侧皮囊铜钱（ZQM18：5a、ZQM18：5b） 3.右侧皮囊铜钱（ZQM18：6a）

图三十 ZQM18铜钱拓片

右侧皮囊ZQM18：6铜钱的缝缀方法较之左侧皮囊ZQM18：5更为清晰。3枚铜钱等距成行。沿铜钱方穿中心连线，压有皮绳1根，使铜钱平贴于丝织衬里。再用两端尖锐如针的细铁条圈曲成环扣3枚，其尾环夹套在皮绳上，尖端则并合成一束，分别由3枚铜钱的方穿内穿过衬里和皮页，之后，尖端的两股分别翻折于皮囊表面，以使皮绳及其所压护的铜钱一同紧缀于囊壁，而不致脱落和位移（图二十九，1）。

（二十）ZQM19

ZQM19位于发掘区东部，西南距ZQM17约7.1米，南距ZQM5约12.7米。

土坑侧穴墓。由作为墓室的侧穴和其外的竖穴两部分组成。

竖穴略呈北宽南窄的狭长梯形，方向48度。北端宽0.87米，南端宽0.58米，长1.92米，深2.2米。直壁。穴底沿东壁做生土二层台，台高0.5米；台面北端宽0.47米，南端宽0.25～0.3米。

侧穴开口于竖穴西壁，方向35度。穴口北高南低，长1.84米，顶缘最高处距竖穴开口深0.74米。穴壁下部竖直，近顶则弧状内收。侧穴底面亦呈北宽南窄的狭长梯形，北端宽1米，南端宽0.84米，长2米，低于竖穴底面约0.18米。侧穴开口处以青灰色不规则石块砌墙封堵。石墙内侧起垒于侧穴底面，外侧起垒于竖穴底面。

侧穴底面，紧贴侧穴西壁置木棺，内殓尸骨1具。尸骨侧身屈服。头向同于侧穴方向，为35度，面向西。双臂微曲，双腿亦微蜷。女性，年龄约25岁。尸骨保存较差，肋骨、脊椎骨、腓骨等大多缺损。头骨左右耳际出有铜耳坠1对，盆腔内出有铁带扣1件，股骨上段周边集中出有碎皮块若干（图三十一）。

据残存构件观测，木棺棺体总长176厘米；头端高阔，宽58厘米，高52厘米；足端低窄，宽38厘米，高32厘米。棺壁竖直而不外倾。

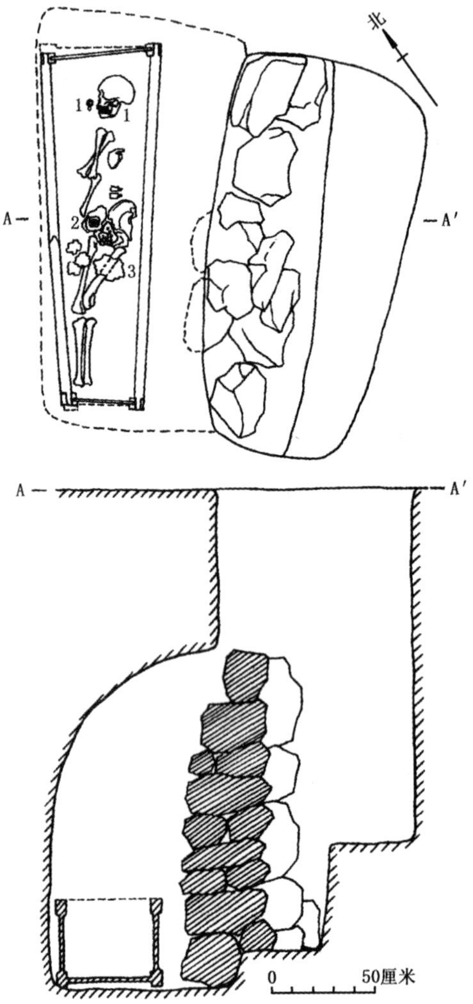

1.铜耳坠　2.铁带扣　3.碎皮块
图三十一　ZQM19平、剖面图

木棺结构属框架内镶插薄板一类。棺体框架由4根竖直的立柱、4根与棺体等长的侧梁和2根长度与棺体宽度相等的端梁以榫卯结构而成。侧梁上下相对的两面和立柱左右相对的两面各凿有凹槽，其间镶插木板，以为棺的四壁。侧板竖插，端板横砌。头端立柱及其附近侧梁的局部保存较好，可帮助我们对此类棺的结构做更进一步的了解。头端立柱高52厘米，横截面长7.5厘米，宽5.5厘米。两柱相对的内侧面各凿有纵向凹槽一道，用以镶插头端挡板，槽宽1.2厘米、深3.2厘米。同一侧面距立柱底端高12厘米处，扩凿镶槽为卯孔，横宽3厘米，纵高5厘米，卯深尽立柱横截面之长，亦为7.5厘米；两卯孔左右相对，用以安插底部端梁。端梁榫头穿过卯孔，略长出立柱外壁一段，再于长出部分钻孔，钉入木楔，卡牢立柱，使之不致外散。两柱在其与足端立柱相对的侧面顶端正中各凿卯孔1个，横宽2.5厘米，纵高3.6厘米，卯深尽立柱横截面之宽，亦为5.5厘米，分别用以安插顶部的两个侧梁。同一侧面距立柱底端高5厘米处，每柱各凿卯孔1个，孔口为正方形，边长4.5厘米，深3.5厘米，分别用以安插底部的两个侧梁。顶部侧梁横截面作长方形，高7厘米，厚4.7厘米。其头端榫头的尺寸均与插放它的头端立柱顶部卯孔相吻合（图三十二）。

随葬品4件，其中铜耳坠1对、铁带扣1件、碎皮块若干。

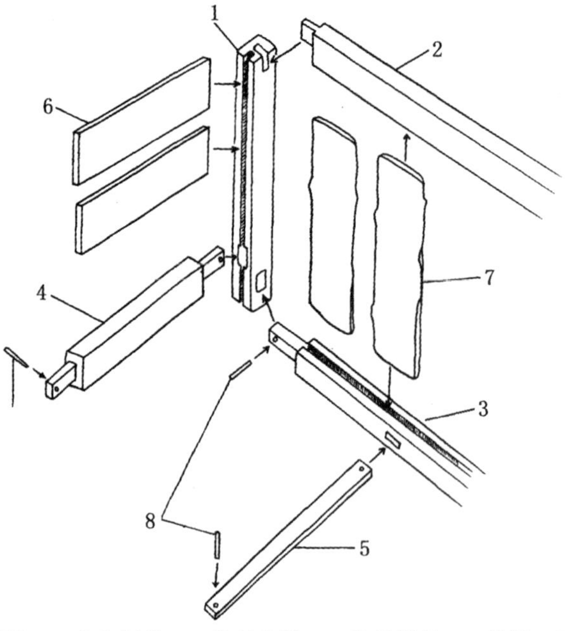

1.立柱　2.顶部侧梁　3.底部侧梁　4.底部端梁　5.底部横栏　6.端板　7.侧板　8.木钉
图三十二　ZQM19木棺头端结构示意图

铜耳坠　1对。ZQM19：la和ZQM19：1b，两坠形制相同。上端为一不闭合的铜耳环，环下垂挂形似草莓的空心铜球1个。铜球以上、下两个近似碗形的壳片对焊而成（图三十三，4）。

铁带扣　1件。ZQM19：2，扣环为正方形，边长4厘米，中部附接可旋舌针1根（图三十三，5）。

碎皮块　ZQM19：3，形制不明，估计为皮衣饰的残片。

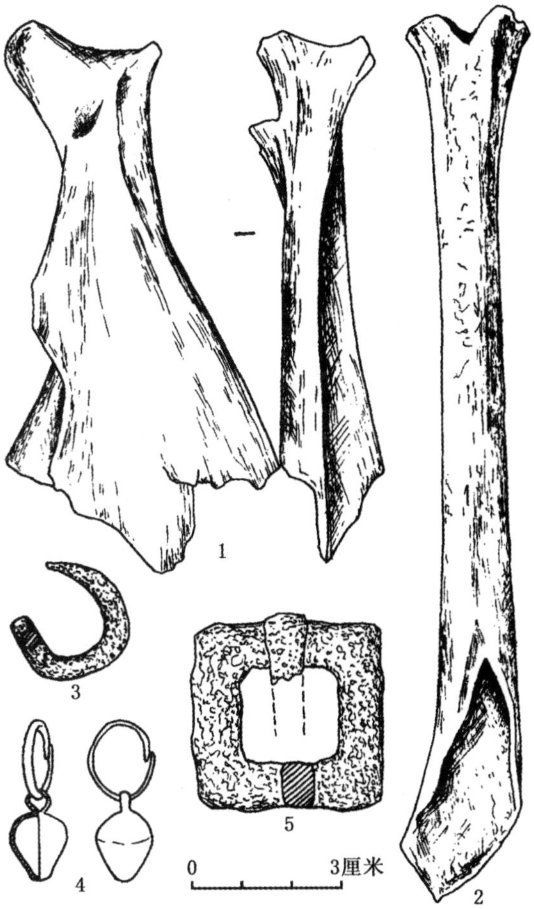

1.羊肩胛骨（ZQM17：1）　2.羊肢骨（ZQM17：2）　3.铁钩（ZQM17：3）　4.铜耳坠（ZQM19：1a、ZQM19：1b）　5.铁带扣（ZQM19：2）

图三十三　ZQM17、ZQM19出土随葬品

（二十）ZQM20

ZQM20位于发掘区东端，西距ZQM19约33.1米，西南距ZQM5约35.5米。冲沟北侧断崖横穿该墓而过，使墓的北部完整地保留于断崖内，而南部上段则被洪水冲毁，仅存下段残留于沟内陡坡中。

土坑侧穴墓。由作为墓室的侧穴和其外的竖穴两部分组成。

竖穴大致呈北宽南窄的狭长梯形。方向10度。北端宽0.94米，南端宽0.64米，长2.6米，深2.6米。直壁。穴底沿东壁做生土二层台，台高0.3米，面宽0.25米。

侧穴开口于竖穴西壁。方向2度。侧穴穴口长2.76米。穴壁下部竖直。侧穴底面亦大致呈北宽南窄的狭长梯形，北端宽1.25米，南端宽0.56米，长2.97米。侧穴开口处以青灰色不规则石块砌墙

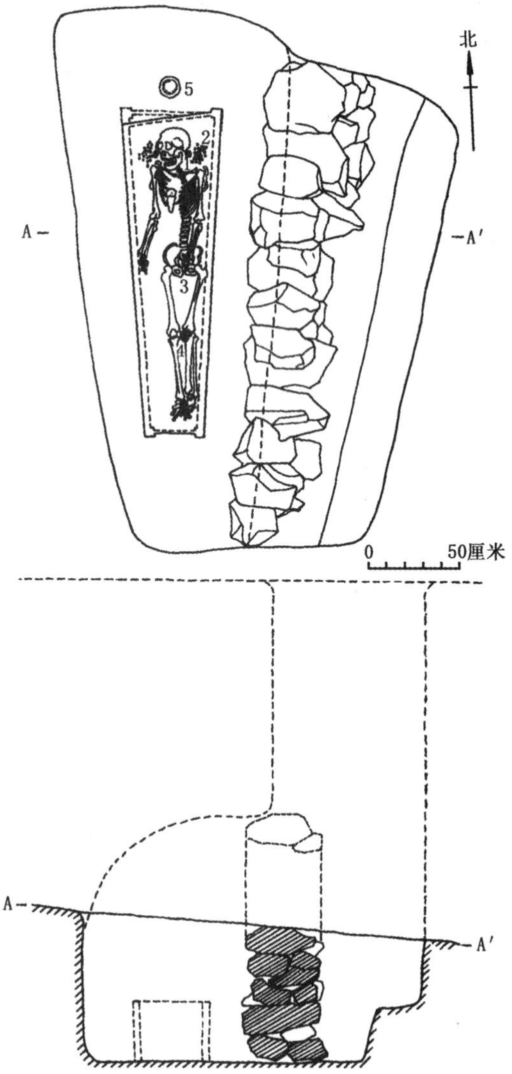

1.铜耳环　2.珠饰　3.铁带环　4.铜带扣　5.陶壶

图三十四　ZQM20平、剖面图

封堵。石墙残高0.74米。侧穴底面置木棺，内殓尸骨1具。尸骨出土时仰身直肢。头向同于侧穴方向，为2度。从其向上而偏西的面向、略向前曲并压在盆腔前侧的左臂、微向西倾的盆腔以及紧贴水棺东壁的背部等情形看，尸骨入殓时可能本为上肢微曲、下肢直伸的侧身屈肢葬，但由于下葬时的挪移颠转，致使尸骨后倾，遂形成出土时所见的葬式。系成年男性，具体年龄不详。头骨两侧耳际出有耳坠1对，盆腔内出有铁带环1件，紧紧并拢的两髌骨间出有铜带扣1件。在侧穴底面，木棺中轴北侧延长线上，置陶壶1件，南距木棺头端挡板约10厘米（图三十四）。

木棺保存较差。据板灰痕迹和残存朽板观测，棺体总长179厘米；头端高阔，宽54厘米；足端低窄，宽32厘米；中段残高32厘米。棺体表面依稀可见彩绘纹饰的残痕，以白色为底，红色单线勾勒，画面内容已无法辨识清楚。棺体结构属框架内镶插薄板一类。端板横砌，厚1.8～2厘米；侧板竖插。

随葬品5件，其中耳坠1对、铁带环1件、铜带扣1件、陶壶1件。

耳坠　1对。ZQM20：1和ZQM20：2，两件形制相同。由铜耳环（ZQM20：la和ZQM20：2a）和其下的珠坠（ZQM20：lb等、ZQM20：2b等）两部分组成（图三十五，11）。其中，铜耳环又由连铸为整体的两部分组成。上端为一不闭合的主环，环径1.5厘米。主环下端附接完全闭合的环状小穿纽两个（图三十五，1）。每个穿纽下系挂玛瑙。珠与玻璃珠相杂的珠坠各1组。左右两个耳坠系挂珠坠共计4组，约46粒。

玛瑙珠饰：8粒。ZQM20：lb和ZQM20：2b等，直径0.65～1.05厘米，形状有近球形、近卵形、鼓形、四棱菱形4种，纵穿小孔，皆红色（图三十五，2～7）。

玻璃珠饰：约38粒。ZQM20：1f和ZQM20：2f等，10粒，直径0.8～0.9厘米，扁圆柱形，纵身小孔，表层珍珠光泽，内胎暗紫色。ZQM20：lg和ZQM20：2g等，约28粒，直径0.5～0.6厘米，扁圆柱形，纵穿小孔，表层珍珠光泽，内胎浅青色或浅黄色，少数珠粒为双联式（图三十五，8～10）。出土后，部分珠粒即碎裂，许多珠粒发生氧化变色现象。

耳坠各部件间的穿缀物已朽毁，出土时亦未见。

铁带环　1件。ZQM20：3，圆形，外径3.3厘米（图三十五，12）。

铜带扣　1件。ZQM204，扣环宽3厘米，长3.4厘米；一端呈如意形，另一端附接方形穿孔（图三十五，13）。

陶壶　1件。ZQM20：5，泥质灰陶，陶色灰黄。喇叭口，折沿，沿面略凹，细弧颈，鼓肩，平底。颈肩相接处、肩、腹部刻划凹弦纹各1组。出土时口沿已残缺，碴口陈旧。口径8.2厘米，高16.4厘米，腹径11.8厘米，底径7.2厘米（图三十五，14）。

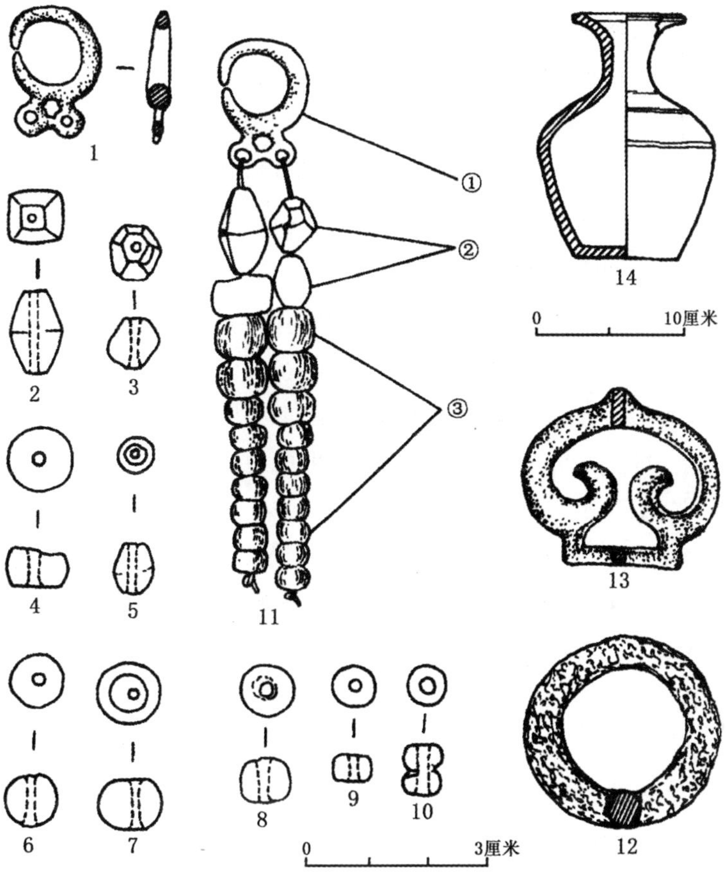

1.铜耳环（ZQM20：1a、ZQM20：2 a）　2～7.玛瑙珠饰（ZQM20：1b、ZQM20：1e、ZQM20：1d、ZQM20：1c、ZQM20：2e、ZQM20：2d）　8～10.玻璃珠饰（ZQM20：1f、ZQM20：1g、ZQM20：1h）　11.耳坠复原图（①铜耳环　②玛瑙珠饰　③玻璃珠饰）　12.铁带环（ZQM20：3）　13.铜带扣（ZQM20：4）　14.陶壶（ZQM20：5）

图三十五　ZQM20出土随葬品

三、结语

（一）文化特征

与以往发现的许多同类遗存相比，七郎山墓地在墓葬形制、随葬器物、葬具、葬俗等各个方面都呈现出鲜明的个性特征，这些个性特征决定了七郎山墓地在整体文化面貌上同该类其他遗存之间所存在的显著差异，因此也就决定了它在相关领域考古学研究中的重要价值和作用。

1.墓葬形制

七郎山的墓葬从形制上看，可分2型。

A型　土坑侧穴墓。由作为墓室的侧穴和其外的竖穴两部分组成。侧穴在西，竖穴在东。侧穴开口处以当地产青灰色不规则石块砌墙封堵。属于此型的墓葬有ZQM1～ZQM5、ZQM8～ZQM20，共计18座。其中，侧穴底面和穴口的形状，多数墓葬呈狭长梯形或近梯形，恰与其内所置木棺的俯视和侧视形状相吻合；少数墓葬呈长方形。个别墓葬侧穴整体呈半穹隆状，而侧穴底面内侧呈弧形。竖穴形状多数墓葬为长方形直壁平底；少数墓葬或穴口呈狭长梯形，或穴底呈斜坡状，或穴壁自上而下外张而使竖穴整体接近袋状。有的墓葬于竖穴穴底沿东壁做生土二层台，有的则于竖穴穴壁做脚窝。两穴底面有的在同一平面上，有的则是侧穴底面略低于竖穴底面5～28厘米。墓葬的方向依尸骨头向为准，多数为北略偏东，即5～26度；个别墓葬或为典型东北向，或为北略偏西。有的墓葬两穴方向相同，有的则略有差异。

B型　土洞墓。由开口呈狭长梯形的长斜坡墓道和洞口高阔而向内渐为低窄的洞室两部分组成。洞口以当地产青灰色不规则石块砌墙封堵。属于此型的墓葬仅2座，即ZQM6和ZQM7。两墓毗邻，间距甚小，但方向恰好相反。依洞口及墓道朝向为准，ZQM6的墓向为北略偏东，即3度；ZQM7则为南略偏西，即197度。此外，ZQM7的规模明显大于ZQM6，且在墓道东壁设有不规则生土二层台。

必须引起我们注意的是，七郎山墓地至少有一部分墓葬，在墓口上方或墓口北侧的原地表有意堆放一块或数块体积较大的青灰色不规则石块作为墓位标志，如ZQM12、ZQM13、ZQM15、ZQM16、ZQM17和ZQM18；有的墓葬还在填土中夹杂埋有同样的石块，以强化防盗功用，如ZQM16、ZQM17和ZQM11。

2.葬具

七郎山墓地的绝大多数墓葬都使用木棺装殓尸体。就形制而言，木棺可分为2型。

A型结构特点为框架内镶插薄板且多用桦木制成，制作工艺较为粗陋（图五、图三十二）。属于此型的木棺有ZQM2、ZQM8、ZQM16、ZQM17、ZQM18、ZQM19和ZQM20，共计7具。棺体头端高阔，足端低窄，棺壁基本竖直而不外倾。棺体框架由4根竖直的立柱、4根与棺体等长的侧梁和两根长度分别与棺体两端宽度相等的端梁以榫卯构连而成，有的部位还辅以木钉，一般不用铁钉。框架内镶插薄板，以为棺的四壁。侧板竖插，端板横砌。许多侧板的局部留有桦树皮。棺底用树枝在连接两根底部侧梁的数根横栏间上下穿插编织而成。立柱底端长出棺底一截，形成棺的四足，植埋于土中，其长度3～10厘米不等。棺盖情形不甚明了。少数木棺的外壁饰有彩绘，均以白色为底，以红色单线勾勒，如ZQM16和ZQM20。

B型结构特点为长板拼接（图十、图十三、图十四）。属于此型木棺的有ZQM6、ZQM7、ZQM9、ZQM10、ZQM11、ZQM13和ZQM14，共计7具。棺体头端高阔，足端低窄；棺口长而且宽，棺底短而且窄；除足端挡板竖直，其余三面棺壁均外频。侧板、底板和盖板均用较厚的长板，以银锭形明榫和穿带式暗榫两种形式拼接而成。盖板和底板均阔于棺体四围且尤以盖板为甚。盖板多呈拱形，头端正中向前呈尖状突出，使盖额呈圭首形。侧板内壁两端凿有相对的纵向凹槽，以横插端板。

根据规模的大小和结构的繁简，B型棺又可分为Ba和Bb两个亚型。

Ba型是B型棺中的“豪华型”。棺板极为厚重，棺体亦很高大。除棺盖与棺体，还配有棺座。棺座四围钉缀铁质棺环，棺座框架内安装可以转动的轴辊前后各1根。棺盖与棺体之间、侧板与端板之间均辅以铁钉相穿连，钉数多达数十枚。侧板外壁还凿有嵌覆薄板以象征窗口与窗扇的长方形凹槽。木棺表面施黑漆。此型仅见1侧，即ZQM7（图十三、图十四）。

Bb型是B型棺中的“普通型”。与Ba型相比，此型棺棺板较轻薄，棺体较窄小，不用或较少使用铁钉，无棺座和棺环，棺壁不做刻凿类装饰，棺体表面多数不施漆，如ZQM6（图十）。个别木棺外壁饰有彩绘，亦以白色为底，红色做单线勾勒，如ZQM10。

除上述用棺的墓葬，ZQM1、ZQM3、ZQM4、ZQM5和ZQM12均未见木棺；而ZQM15虽有板灰痕迹，但木棺形制不明。

3.葬俗

七郎山墓地的尸骨葬式不仅种类多样，而且主流突出。所见葬式共计5种，即侧身屈服、侧身直肢、仰身直肢、仰身屈肢和俯身屈肢。其中，侧身屈肢葬所占比重最大。尸骨头向绝大多数为北略偏东，即2～35度；个别则为北略偏西，即350～354度。尸骨面向以向西者为最多，其余少数或向上，或向下，或接近于前二者之一。

多具尸骨周身附着毛毡朽痕的现象表明，尸体在入殓时，多用毛毡包裹或着毡质服装。有的还在头部垫有毡枕。

至少有相当一部分墓葬，棺底撒有白灰，有的还铺有皮制品。

从多具尸骨的两个髌骨间出有带扣、带环的现象（如ZQM14和ZQM20）分析，该墓地存在尸体入殓时以带束腿的习俗（图二十二、图三十四）。

随葬陶器或棺内，或棺外，一般置于尸体头骨附近。但值得注意的是，部分墓葬随葬陶器不在墓内，而是摆放在墓口北侧的原地表上，并且恰恰处于石墙或竖穴中轴线的北延长线上，如ZQM12和ZQM15。陶器周围往往有意摆放石块若干，只惜个例较少，石块摆放的具体规制尚不十分明晰（图二十、图二十四）。

根据地表堆石并放置陶器的现象推测，七郎山墓地至少有相当一部分墓葬曾在墓表堆筑了加有石块的封土，一如当地现代坟头的形制。

出土时，陶器口沿大多残损，碴口陈旧。类似现象还见于部分其他器类，如ZQM16所出带铃镂孔铜牌饰，出土时即缺损一铃。这表明，毁器随葬的习俗也普遍流行于七郎山墓地。

个别墓葬以羊腿进行象征性殉葬，如ZQM17。同样值得注意的是，该墓还同时出有漆红的羊肩胛骨，其用途和象征意义应与作为殉葬的羊腿有本质的区别（图二十七；图三十三，1、2）。

4.随葬器物

七郎山墓地出土了包括陶器、铜器、铁器、木器、皮制品、桦树皮制品以及多种质地的珠饰在内的随葬品共计45件（套），绝大多数为日用品和装饰品。其中，以陶器、铜或铁质带扣以及串有珠饰的耳坠最为常见。

陶器共8件，有壶和罐两类。

壶　5件。均为泥质灰陶，轮制。常见纹饰有刻划弦纹、波浪纹，压光网格纹、条纹，戳印篦点纹，模印水涡纹、波浪纹等等。可分为2型。A型，喇叭口，折沿，沿面均向外倾斜，细弧颈，鼓腹，最大腹径在上部，平底。分2式：Ⅰ式，ZQM5：1、ZQM6：3、ZQM7：2和ZQM7：1，蛋形腹，腹线流畅；无纹饰处大多经不同程度的压光，陶色往往因火候不匀而深浅不一（图十一，2、1；图十五，2、1）。Ⅱ式，ZQM20：5，尺寸明显较小，腹线在最大腹径处接近硬折，不做丝毫的压光处理，纹饰也较为简单（图三十五，14）。B型，ZQM12：2，颈粗短而较直，其余部分大致与A型相同（图二十三，1）。

罐　2件。均为夹砂灰陶，轮制。纹饰较为简单，仅见刻划弦纹一种。从器表均附着浓厚烟垢的现象看，二者均为实用炊器。分2型。A型，ZQM15：1，圆唇，口微侈，颈粗短且较直，鼓腹，平底。有的报告亦称此类器型为“壶”（图二十三，2）。B型，ZQM9：1，假盘口，颈极粗短，鼓腹且矮，平底（图十一，3）。

由于陶器变化频度最快，文化特征最为敏感，故着重做上述归纳。其余器物分别见于前面各墓的介绍之中。

（二）文化因素与族属

概括起来，七郎山墓地所包含的文化因素可谓复杂多样，但同时主体因素也十分突出。

正如一些学者所指出的那样，代–北魏时期普遍流行于北方广大地区的A型壶的祖源，可追溯到南杨家营子M16：19①和扎赉诺尔1960“敞口壶”②一类器物。在其漫长的发展过程中，也受到属于其他文化类型的一些遗存的影响，例如，在造型上吸收了大安渔场③“长直颈展沿壶”和“长弧颈展沿壶”的一些特征。B型罐则通过叭沟XBM1：5和大同电焊器材厂M238：6，与南杨家营子M15：4和扎赉诺尔“敞口指纹罐”④、1984M4罐⑤以及七卡M3：1⑥一类器物一脉相承。

七郎山ZQM20所出铜带扣ZQM20：4的扣环两端向内钩曲，环外附接方穿。这种形制显然是脱胎于扎赉诺尔1959年所出⑦和拉布达林M24所出的一类铜带扣⑧，所不同的只是扎赉诺尔和拉布达林两件扣环的环背呈光滑的弧线形，而七郎山ZQM20：4则于环背中央呈尖状突出，使扣环呈如意形，从而表现出较晚的时代特征。

七郎山墓地的A型棺同样也是滥觞于扎赉诺尔一类早期遗存。A型棺所具有的头端高阔而足端

---

① 中国科学院考古研究所内蒙古工作队：《内蒙古巴林左旗南杨家营子的遗址和墓葬》，《考古》1964年第1期。

② 郑隆：《内蒙古扎赉诺尔古墓群调查记》，《文物》1961年第9期；内蒙古文物工作队：《内蒙古扎赉诺尔古墓群发掘简报》，《考古》1961年第12期。

③ 吉林省博物馆文物队、吉林大学历史系考古专业：《吉林大安渔场古代墓地》，《考古》1975年第6期。

④ 郑隆：《内蒙古扎赉诺尔古墓群调查记》，《文物》1961年第9期；内蒙古文物工作队：《内蒙古扎赉诺尔古墓群发掘简报》，《考古》1961年第12期。

⑤ 王成：《扎赉诺尔圈河古墓清理简报》，《北方文物》1987年第3期。

⑥ 呼伦贝尔盟文物工作站、额尔古纳右旗文物管理所：《额尔古纳右旗七卡鲜卑墓清理简报》，载内蒙古文物考古研究所编《内蒙古文物考古文集（第二辑）》，北京：中国大百科全书出版社，1997年。

⑦ 郑隆：《内蒙古扎赉诺尔古墓群调查记》，《文物》1961年第9期；内蒙古文物工作队：《内蒙古扎赉诺尔古墓群发掘简报》，《考古》1961年第12期。

⑧ 内蒙古文物考古研究所、呼伦贝尔盟文物管理站、额尔古纳右旗文物管理所：《额尔古纳右旗拉布达林鲜卑墓群发掘简报》，载内蒙古文物考古研究所编《内蒙古文物考古文集（第一辑）》，北京：中国大百科全书出版社，1994年。

低窄、框架内镶插薄板、用桦木制作、用树枝编织棺底、立柱下延为棺足等形制和工艺特征曾频繁出现于扎赉诺尔1959年所出，1960年M27、M25、M24、M19、M5，1984年M5，1986年M3002、M3014、M3008下层[①]，1994年M2[②]，拉布达林M3以及叭沟1986年M1等大量木棺上。

七郎山墓地的许多葬俗秉承了扎赉诺尔一类早期遗存的传统。譬如，棺底铺撒白灰的做法就曾见于扎赉诺尔1959年所掘之一部分，1960年M25，1986年M3002和M3014等许多墓葬；此种做法在元淑墓等北朝的其他一些墓葬中也有保留。其次，使用毛毡制品装殓尸体的做法曾见于扎赉诺尔1960年M5。再次，在墓表靠北处设置墓位标志的做法在扎赉诺尔1986年M3014也曾发现，仅方式有所区别：扎赉诺尔M3014是植以木桩，而七郎山是摆放石块。至于殉葬羊肢骨的做法则更是普遍流行于前述早期墓葬，在晚期的西沟子等墓葬中仍可见其遗风。

目前，学界一般将扎赉诺尔、拉布达林、七卡、南杨家营子等遗存的族属推定为拓跋鲜卑。而上述类比研究表明，七郎山墓地占据主导地位的文化因素来自扎赉诺尔一类早期遗存。因此，我们至少可以肯定，七郎山墓地所包含的主体文化因素与目前已知的拓跋鲜卑文化密切相关。甚或可以进一步认为，七郎山墓地是拓跋鲜卑遗存。

但同时我们也应该看到，除主体文化因素，七郎山墓地还不同程度地受到来自匈奴、东部鲜卑等北方其他部族，西北一些方族或部族以及中原汉族等多种文化因素的影响。

譬如，七郎山墓地的土洞墓无疑是由汉魏以来在中原汉地普遍流行的墓葬形制逐步变化而形成的，其前身应是汉代的所谓“洞室墓”。B型棺所具有的头端高阔、足端低窄的外形特点虽然也是对鲜卑遗风的保留，但B型棺，特别是Ba型棺所采用的穿带式暗榫、银锭形明榫等制作工艺则是来源于中原汉地。而最早将这两种文化因素（中原工艺和土著外形）融为一体的，是以冯素弗墓[③]、袁台子壁画墓[④]、八宝村M1[⑤]和北庙村M1[⑥]等为代表的三燕文化诸墓地中发现的大量木棺。钉缀铁质棺环的做法也是较早地出现在这类棺上，并且成为三燕木棺的主要文化特征之一，七郎山Ba型棺的棺环装置概源于此。七郎山ZQM18所出附有可旋舌针的铜带扣ZQM18：2，在时代较之略早的东北地区的一些遗存中已经较为常见，八宝村鎏金铜带扣M1：3、袁台子壁画墓铜带扣（原报告图二十九，6）和冯素弗墓银带扣（原报告图十五，3）等均属此类。

再如，七郎山ZQM16所出带铃镂空铜牌饰ZQM16：2，在圆形主体上端附接方穿的总体造型，很容易让我们联想起西沟畔M3：14[⑦]，毛庆沟M45：5、M59：9[⑧]，西园M：4[⑨]，桃红巴拉M2：6、

① 内蒙古文物考古研究所：《扎赉诺尔古墓群1986年清理发掘报告》，载内蒙古文物考古研究所编《内蒙古文物考古文集（第一辑）》。

② 陈凤山、白劲松：《内蒙古扎赉诺尔鲜卑墓》，《内蒙古文物考古》1994年第2期。

③ 黎瑶渤：《辽宁北票县西官营子北燕冯素弗墓》，《文物》1973年第3期。

④ 辽宁省博物馆文物队、朝阳地区博物馆文物队、朝阳县文化馆：《朝阳袁台子东晋壁画墓》，《文物》1984年第6期。

⑤ 朝阳地区博物馆、朝阳县文化馆：《辽宁朝阳发现北燕、北魏墓》，《考古》1985年第10期。

⑥ 朝阳地区博物馆、朝阳县文化馆：《辽宁朝阳发现北燕、北魏墓》，《考古》1985年第10期。

⑦ 伊克昭盟文物工作站、内蒙古文物工作队：《西沟畔匈奴墓》，《文物》1980年第7期。

⑧ 内蒙古文物工作队：《毛庆沟墓地》，载内蒙古自治区文物工作队、田广金、郭素新编著《鄂尔多斯青铜器》，北京：文物出版社，1986年。

⑨ 内蒙古文物考古研究所、包头市文物管理处：《包头西园春秋墓地》，载包头市文物管理处编《包头文物资料（第二辑）》，1991年。

M1：36[①]等属于鄂尔多斯系统的铜带扣的样式。同样地，围饰于该饰牌同缘的绞索纹（或称“绳索纹”）也是中晚期鄂尔多斯式青铜器的基本纹饰之一。值得注意的是，在早期青铜时代便发祥于以河西走廊为中心的我国西北地区并对周邻文化造成深远影响的土坑侧穴墓（或称“偏洞室”“横洞室”“竖穴偏室”墓等），以90%的比例出现于七郎山墓地，成为该墓地的重要文化特征，这一现象鲜明地昭示着该墓地的主人们与西北部族或方族之间在考古学文化上的亲缘关系。与之相伴随，侧身屈肢葬和束腿习俗似也应源自西部。

（三）年代

七郎山墓地出土的陶器是代-北魏时期以盛乐、平城为中心的北方地区鲜卑诸遗存中十分常见的器物。其中A型壶的出现率最高，它的发展演变轨迹不仅贯穿了这一历史时期的始终，而且在此前和此后的文化遗存中仍可清晰地找到它的来龙去脉。因此，我们理应将A型壶作为对这一时期文化遗存进行分期断代的首选的标准器物。从总体上看，七郎山某地出土的4件A型壶的形制与巴图湾M2：1[②]，大同电焊器材厂M187：5和M156：7[③]较为接近。其特征是折沿开始向外倾斜，但倾斜程度不是十分显著；最大腹径与底径之差较大，腹线更为流畅圆熟；作为主体纹饰，刻划弦纹相夹的刻划波浪纹（或称“水波纹”）、戳印篦点纹以及模印的波浪纹、水涡纹、缠枝花草纹等已经大量流行，压光条纹和网格纹也同时存在。依照A型壶自身的演变规律，它应早于姚齐姬墓（太和二十三年，499年）所出陶壶[④]，而又略晚于西沟子M211[⑤]和叭沟XBM1：1[⑥]。

此外，七郎山墓地出土的其他器物所表现出来的时代特征也为该墓地年代的推断提供了佐证。

七郎山的B型夹砂罐与叭沟XBM1：5、大同电焊器材厂M238：6、叭沟XBM3：3、大同电焊器材厂M222：6和巴图湾M13：1属于同一器类，但分别处于该类器物演进链条的不同环节上，盘口由深变浅，再到内壁盘折不很明显，腹部由瘦长而趋于肥矮，口沿及上腹部所饰戳印指甲纹逐步消失——是这类罐在北魏时期的演变规律。七郎山的B型罐可能略晚于叭沟XBM1：5和XBM3：3，而和大同电焊器材厂M238：6及巴图湾M13：1相当。

七郎山墓地的B型壶同司马金龙墓[⑦]（太和八年，484年）所出灰陶壶属同一器类，且形制和尺寸均大体相同，仅口沿和纹饰稍有区别，可见年代也应相去甚远。

七郎山墓地附带棺座并安装轴辊的Ba型木棺，十分近似于巴图湾M12所出木棺，而类似的轴辊装置也见于稍后的元淑墓[⑧]（永平元年，508年。原报告称轴辊为“垫木”）。同样，七郎山Ba型棺上所用的棺环、环纽、棺钉等铁质构件，也应是年代较晚的封和突墓（正始元年，504年）[⑨]的较早

① 田广金：《桃红巴拉的匈奴墓》，《考古学报》1976年第1期。

② 陆思贤：《巴图湾水库区的古墓》，《内蒙古文物考古》1981年创刊号。

③ 山西省考古研究所、大同市博物馆：《大同南郊北魏墓群发掘简报》，《文物》1992年第8期。

④ 郑隆：《内蒙古包头市北魏姚齐姬墓》，《考古》1988年第9期。

⑤ 乌兰察布盟文物工作站、和林格尔县文物管理所：《内蒙古和林格尔西沟子村北魏墓》，《文物》1992年第8期。

⑥ 内蒙古文物考古研究所：《兴和县叭沟墓地》，载魏坚主编《内蒙古地区鲜卑墓葬的发现与研究》，北京：科学出版社，2004年。

⑦ 山西省大同市博物馆、山西省文物工作委员会：《山西大同石家寨北魏司马金龙墓》，《文物》1972年第3期。

⑧ 大同市博物馆：《大同东郊北魏元淑墓》，《文物》1989年第8期。

⑨ 大同市博物馆：《大同市小站村花圪塔台北魏墓清理简报》，《文物》1983年第8期。

形态。

综上所述，七郎山墓地在墓葬形制上的特殊性和墓棺形态表现出的较早因素，以及所出随葬品与巴图湾及相关墓葬的相近关系，我们似可以将七郎山墓地的年代推定为定都平城前后较为妥当，即约相当于公元4世纪末至5世纪初。

七郎山墓地在文化构成上的多样性，恰恰是北朝时期七郎山所在地区多民族杂居，频繁接触、不断融合的历史事实的生动写照。

此外，我们还必须指出，七郎山墓地是内蒙古中西部地区目前发现的北魏鲜卑遗存中纬度位置较为偏北的一处。它与分布在它南面的已知的一大批北朝遗存相比，不论是在文化面貌上，还是在文化构成上，均存在一定差异。譬如，它更多地保留了早期鲜卑的文化风尚，原始性更强一些，对周邻其他部族文化因素的吸收也更为广泛和充分，但其汉化的程度远远不及已知的同时期的鲜卑遗存等等。至于能否代表一种新的文化类型，则有待于今后相关材料的发现与积累。

本次发掘工作得到了察右中旗政府和文化、文物部门的大力支持，在此谨表谢忱。发掘工作由魏坚主持。参加发掘的有孙危、王新宇、胡晓农、李兴盛、崔利明、高志跃、刘雪峰、陈启清、王刚、罗金明、张太平、张清秀、陈爱旺和王登亮。

执笔：王新宇、魏坚
绘图：王新宇、郝晓菲
摄影：李言、魏坚

载于魏坚主编：《内蒙古地区鲜卑墓葬的发现与研究》，北京：科学出版社，2004年

附表　商都县东大井墓地墓葬登记表

墓号	墓葬形制														人骨架					葬具			随葬品				备注
	类型	侧穴（或洞室）						竖穴（或墓道）						地表	葬式	头向	面向	性别	年龄	木棺		其他	名称	位置	数量	保存情况	
		穴口		穴底			方向	方向	形状	尺寸（米）	二层台（米）	脚窝	填土							类型	棺体尺寸（厘米）						
		形状	尺寸（米）	形状	尺寸（米）	比竖穴底面低（米）																					
ZQM1	A	长方形	长 1.7，高 0.56	长方形	长 1.7，高 0.53	0.08	5 度	5 度	长方形	长 1.75，宽 0.5 ，残深 0.7	无	无			侧身屈肢	5 度	下	不详	不详	无		无	铁带扣	盆腔内	1	形制不清	顶部为洪水冲毁
ZQM2	A	长方形	长2.3，高 1.15	内侧呈弧形	最宽处 0.93		15 度	15 度	长方形	长 2.3，宽 1.46，深 2.05	高 0.3，宽 0.3	无			侧身屈肢	15 度	西	女	45 ~ 50	A	长 180，头端宽 60，足端宽 35，中段高 50	毛毡皮制品	桦树皮碗	头骨西侧	1	朽碎	南端顶部为洪水冲毁
																							铁带扣（环）	盆骨后侧	1		
ZQM3	A	长方形	长 1.75，高 0.6	内侧呈弧形	最宽处 0.95	0.05	10 度	10 度	长方形	长 1.75，宽 0.8，残深 0.95	高 0.2，宽 0.2	无			侧身屈肢	10 度	西	不详	不详	无		无	铁带扣	腰椎左侧	1	形制模糊	顶部为洪水冲毁
																							珠饰	左手腕部		4	
ZQM4	A	长方形	长 1.88，高 0.75	长方形	长 1.88，宽 0.8	0.05	10 度	10 度	长方形	长 2.5，宽 0.92，残深 1.25	无	无			无					无		无	无				早期被盗且顶部为洪水冲毁
ZQM5	A	不详	长 1.5	长方形	长 1.5，宽 0.53		15 度	15 度	长方形	长 1.65，宽 0.7，残深 0.2	无	无			无					无		无	A Ⅰ 式陶壶	侧穴	1	口残	早期被盗且顶部为洪水冲毁
ZQM6	B	方形	宽 1.37，高 1.3	斜坡式向内渐窄	南宽 0.85，斜长 2.6		3 度	3 度	狭长梯形坡底	长 7.4，北宽 0.8，南宽 1.37，南深 2.85	无	无			侧身直肢	3 度	西	女	成年	B	长 190，头端上宽 66，头端下宽 48，头端高 57	毛毡皮制品	A Ⅰ 式陶壶	棺外头端东侧	1	口残	
																							珠饰	枕骨处	1		
																							铜指环	左指骨处	1	朽碎	

续表

墓号	墓葬形制														人骨架					葬具			随葬品				备注
	类型	侧穴（或洞室）						竖穴（或墓道）						地表	葬式	头向	面向	性别	年龄	木棺		其他	名称	位置	数量	保存情况	
		穴口		穴底			方向	方向	形状	尺寸（米）	二层台（米）	脚窝	填土							类型	棺体尺寸（厘米）						
		形状	尺寸（米）	形状	尺寸（米）	比竖穴底面低（米）																					
ZQM7	B	方形	高 2，宽 2	接近水平	长 2.8		197 度	197 度	狭长梯形坡底	长 10，南宽 1，北宽 2，南深 4.4	长 1.6，宽 0.4，高 1.8	无			不详			女	25 ~ 30	B	长 227，头端上宽 110，头端下宽 82，头端高 95	不详	A Ⅰ式陶壶	棺内	2	口残	早期被盗
ZQM8	A	长方形	长 2.15	狭长梯形	长 2.25，北宽 0.9，南宽 0.6	0.25	350 度	350 度	长方形	长 2.62，中宽 1.2，深 2.47	宽 0.3，高 0.4	1			侧身屈肢	350 度	西	女	25 ~ 30	A	长 185，头端宽 60，头端残高 55	毛毡	珠饰	左右耳际	10		
ZQM9	A	不详	不详	梯形	长 2.2，北宽 1.2，南宽 0.95		10 度	10 度	梯形	长 2.2，北宽 0.9，南宽 0.55，残深 0.5	无	无			仰身屈肢	10 度	上	不详	未成年	B	长 1.75，头端宽 48，高约 34	无	B 型陶罐	棺外头端东北侧	1	似有漆盖	上部有洪水冲毁
ZQM10	A	上部呈拱形	最宽处 2.52	狭长梯形	长 2.7，北宽 1.1，南宽 0.8		17 度	17 度	长方形	长 2.55，宽 0.95，深 2.45	宽 0.44，高 0.4	2	埋有石块		侧身直肢	17 度	西	女	成年	B，彩绘	长 207，头端斜高 42，头端宽约 60	无	无				早期被盗
ZQM11	A	狭长梯形	长约 2.2	狭长梯形	长 2.46，北宽 0.97，南宽 0.65	0.1	354 度	4 度	长方形袋状坡底	口长 2.56，口宽 0.87，北深 2	不规则	无			仰身直肢	354 度	上	男	25 ~ 30	B	长 201，头端上宽 59，残存斜高 42	无	铁器残片	盆骨后侧	1	残	

续表

墓号	墓葬形制														人骨架					葬具			随葬品				备注
	类型	侧穴（或洞室）						竖穴（或墓道）					填土	地表	葬式	头向	面向	性别	年龄	木棺		其他	名称	位置	数量	保存情况	
		穴口		穴底			方向	方向	形状	尺寸（米）	二层台（米）	脚窝								类型	棺体尺寸（厘米）						
		形状	尺寸（米）	形状	尺寸（米）	比竖穴底面低（米）																					
ZQM12	A	不详	不详	长方形	长 1.8，宽 1.1	0.1	5 度	5 度	长方形	长 1.83，宽 0.7，深 1.84	无	无		堆石	俯身屈肢	5 度	东偏下	女	35 ±	无		无	B 型陶壶	表土层下墓口北侧	1	完整	南段上部为洪水冲毁
																							铁器残片	盆腔内	2	残	
ZQM13	A	近梯形	长 2.22	狭长梯形	长 2.26，北宽 1.05，南宽 0.68			19	26 度	长方形袋状	口长 2.24，口宽 0.89，深 1.55	宽 0.22，高 0.8	无	堆石	侧身屈肢	19 度	西	男	25 ±	B	长 182，头端上宽 57，头端斜高 68	无	无				
ZQM14	A	近梯形	长 1.95	狭长梯形	长 2.1，北宽 0.75，南宽 0.55	0.25		18 度	18 度	长方形坡底	长 2.3，宽 1.15，深 2 ~ 2.3	无	2		侧身屈肢	18 度	西	男	45 ~ 50	B	长 173，头端上宽 48，头端高 48	无	铜耳环	枕骨东南	1	朽碎	
																							珠饰	同上	1		
																								膝间	1		
ZQM15	A	近梯形	长 2	长方形	长 1.8，宽 0.78	0.18		20 度	30 度	长方形坡底	长 2，宽 0.9，深 1.76 ~ 2	无	无	堆石	侧身屈肢	20 度	西	女	成年	不详	长 147，头端宽 52，足端宽 46，中端残高 32	无	A 型陶罐	表土层下墓口北侧	1	残	

续表

墓号	类型	墓葬形制 侧穴（或洞室） 穴口 形状	穴口 尺寸（米）	穴底 形状	穴底 尺寸（米）	穴底 比竖穴底面低（米）	侧穴 方向	竖穴（或墓道） 方向	形状	尺寸（米）	二层台（米）	脚窝	填土	地表	人骨架 葬式	头向	面向	性别	年龄	葬具 木棺 类型	棺体尺寸（厘米）	其他	随葬品 名称	位置	数量	保存情况	备注
ZQM16	A	长方形	长2.2	长方形	长 2.3，宽0.9	0.28		25度	25度	长方形	长2.2，宽1.1，深2.35	宽0.24，高0.15	埋有石块	堆石	侧身屈肢	25度	25度	女	25±	A，彩绘	长 180，头端宽68，头端高64	无	珠饰	头骨两侧	18		
																								股骨间	1	残	
ZQM17	A	近梯形	长1.86	狭长梯形	长 1.9，北宽0.8，南宽0.65	0.17	12度	18度	长方形坡底	长2.15，宽1，深1.95～2.03	无	无	埋有石块，出有铁环	堆石	侧身屈肢	12度	西	男	25～30	A	长 168，头端宽66，头端高53	无	羊肩胛骨	头骨西侧	1		填土中出有铁钩1件
																								胸前	1		
ZQM18	A	近梯形	长2.06	狭长梯形	长 2.02，北宽1.05，南宽0.73	0.2度	2度	6度	长方形	长 2.13，宽 1.04，深1.5	无	无		堆石	侧身屈肢	2度	西	女	25～30	A	长 154，头端宽41，中段残高25	毛毡	耳坠	左右耳际	2		
																							木梳	胸前	1		
																							铜带扣	胸前	1		
																							铁带扣	盆腔内	1		
																							皮囊	股骨侧	2	朽烂	
																								股骨侧		1	

续表

墓号	墓葬形制														人骨架					葬具			随葬品				备注
	类型	侧穴（或洞室）						竖穴（或墓道）						地表	葬式	头向	面向	性别	年龄	木棺		其他	名称	位置	数量	保存情况	
		穴口		穴底			方向	方向	形状	尺寸（米）	二层台（米）	脚窝	填土							类型	棺体尺寸（厘米）						
		形状	尺寸（米）	形状	尺寸（米）	比竖穴底面低（米）																					
ZQM19	A	近梯形	长 1.84	狭长梯形	长 2，北宽 1，南宽 0.84	0.18	35 度	48 度	狭长梯形	长 1.92，北宽 0.87，南宽 0.58，深 2.2	宽 0.25 ~ 0.47，高 0.5	无			侧身屈肢	35 度	西	女	25 ±	A	长 176，头端宽 58，头端高 52	无	铜耳坠	左右耳际	2		
																							铁带扣	盆腔内	1		
																								股骨周围			
ZQM20	A	不详	长 2.76	狭长梯形	长 2.97，北宽 1.25，南宽 0.56		2 度	10 度	狭长梯形	长 2.6，北宽 0.94，南宽 0.64，深 2.6	宽 0.25，高 0.3	无			仰身直肢	2 度	上偏西	男	成年	A，彩绘	长 179，头端宽 54，中段残高 32	无	耳坠	左右耳际	2		南部上段为洪水冲毁
																							铜带扣	膝间	1		
																							铁带环	盆腔内	1		
																								棺外北侧	1	口残	

化德县陈武沟鲜卑墓地发掘简报

内蒙古自治区文物考古研究所　乌兰察布市博物馆　化德县文物管理所

化德县位于乌兰察布市的东北部。地处阴山北麓东端，内蒙古高原中部南缘，属阴山山地与乌兰察布高原的过渡带。整个地形西高东低，由西北向东南缓缓倾斜。山地、丘陵、川地相间，它的东北部与锡林郭勒盟交界，东南部与河北省张家口市毗邻，系北温带干燥草原地带典型的大陆性高原气候。

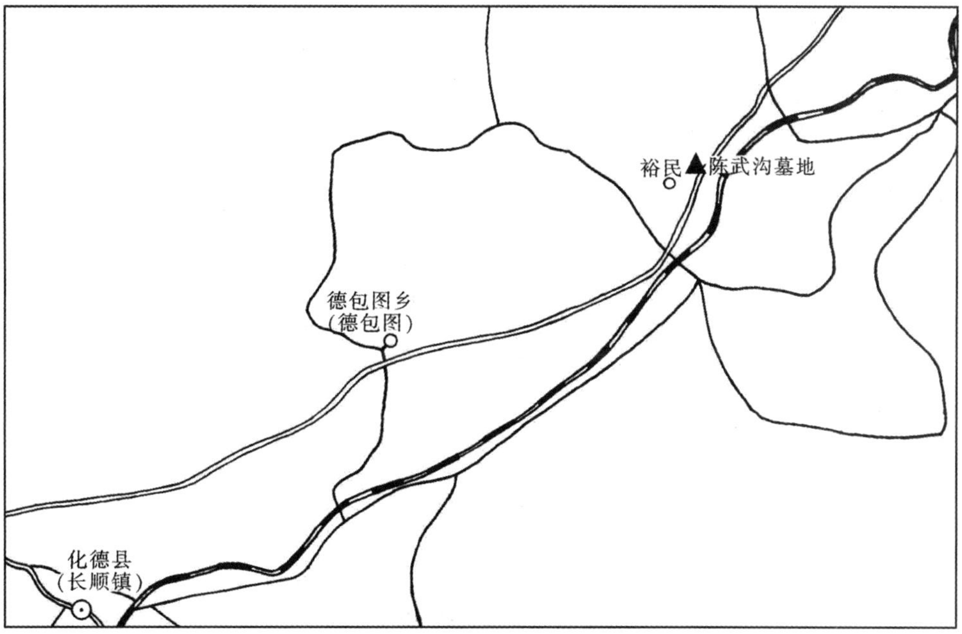

图一　化德县陈武沟鲜卑墓地位置示意图

陈武沟鲜卑墓地位于乌兰察布市化德县东部，在德包图乡裕民村东北2千米处（图一）。地理坐标为北纬42°04′106″、东经114°19′126″，海拔1431米。为配合集通铁路复线工程建设，内蒙古自治区文物考古研究所、乌兰察布市博物馆、化德县文物管理所于2010年6—8月，对陈武沟鲜卑墓地进行了抢救性考古发掘工作。揭露面积2500平方米，清理发掘了15座墓葬。经发掘的墓葬多数保存完好，人骨架保存较差。发掘出土随葬品有陶器、铜器、铁器、玛瑙、料珠等，计180余件。

一、墓地形态

陈武沟墓地坐落在丘陵环绕较为封闭的山湾坡地上。其东、南、北部为山丘，西南面形成了狭窄的山湾口。墓地的地势为缓坡状，东北部高、西南部低。墓地东西长50米，南北长30米。由于长时间的水土流失，在墓葬区中部形成一条从北向南又折向西南方向的冲沟，宽4～9米，深2～3.5米，并冲毁了部分墓葬。

墓地地层堆积分为4层：

第一层，灰褐色沙土层，夹有较大沙石，厚0.4～0.6米，是由于山表面冲积下来的表土而形成的地层。

第二层，黄褐色沙土层，夹有较大砂粒，厚1.5～2.5米，为早期自然淤积堆积层。

第三层，黑褐色土层，夹有大量的石块，厚0.3～0.5米，为自然形成的堆积层。

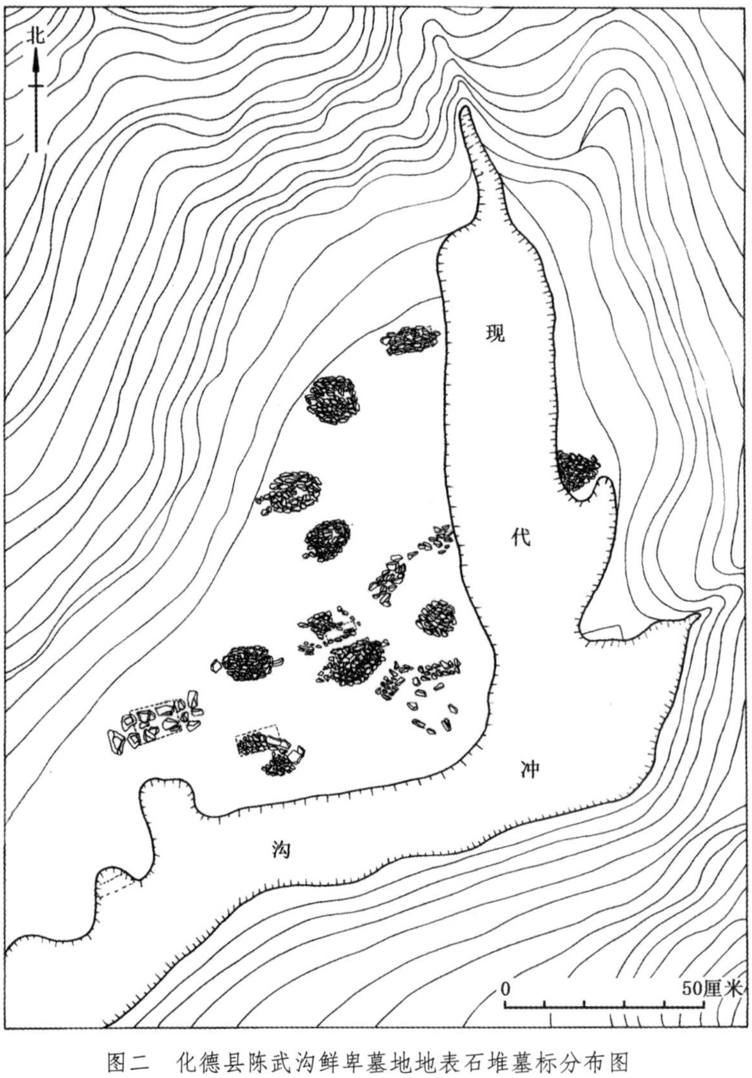

图二　化德县陈武沟鲜卑墓地地表石堆墓标分布图

第四层，黄色土层，土质坚硬，夹有白斑，厚度不详，为原生土层。

墓地揭去覆盖的表土层后，暴露出了墓地原地貌，露出了圆形锥状、长方形和不规则形的石堆墓标，排列有序，大小不等（图二）。墓葬均开口于石堆下，各个石堆墓标位置与墓葬的开口位置基本吻合。

二、墓葬形制与随葬品

共发掘15座墓葬，其中14座墓为长方形竖穴土坑墓、1座为竖穴偏洞室墓。墓向多在225度左右（图三）。墓坑内的填土为夹粗砂黑黏土，土质坚硬。发掘出土3座有木棺葬具的墓，保存较好。墓棺为前宽高、后窄低。其他墓葬无棺，部分墓葬用石板在墓底四周砌成长方框。葬式均为仰身直肢葬，人骨保存较差。在墓地中发掘有3座儿童墓葬。有6座墓无随葬品，其他墓葬出土的随葬品数量较少，多为铜饰件、料珠，还有少量的陶器和铁器。

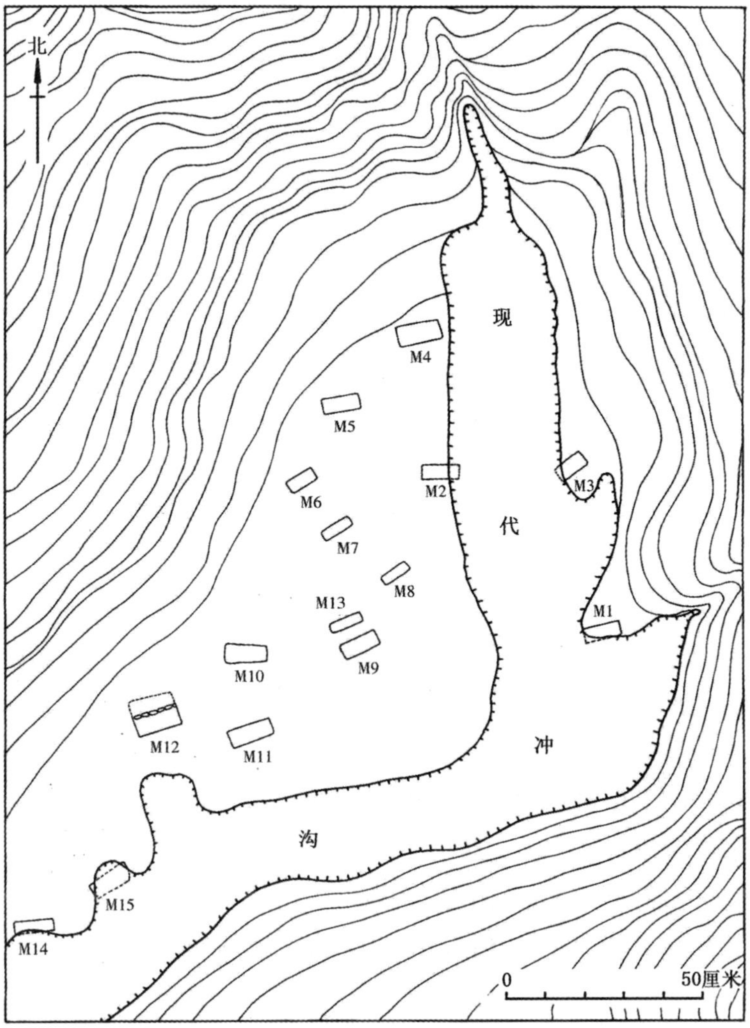

图三　化德县陈武沟墓地墓葬分布图

现依墓葬的编号排序，将各墓葬的形制、葬式和随葬品逐一介绍如下。

（一）M1

M1位于墓葬区的东南部，在水冲沟的沟崖东边沿。墓葬被冲沟毁坏，残留墓坑的下半部分。墓为长方形竖穴土坑，直壁平底。墓底人体下肢周围用石块砌成高35厘米的石框。墓圹残长188厘米，宽75厘米，残深50厘米。方向260度。无葬具。葬式为单人仰身直肢葬，头骨与右上肢骨缺失。在出土人骨头部下方出土铜饰环1件、料珠8枚，在左手指骨的位置出土铜指环1件（图四）。在填土内出土铁带扣1件。墓坑内的填土为夹粗砂黑黏土，土质坚硬。

铜饰环　1件。M1：1，圆形，断面呈扁棱形，环面上有6个等距小孔。直径8.9厘米，宽0.5厘米，厚0.4厘米（图五，1）。此环可能为束发用器。

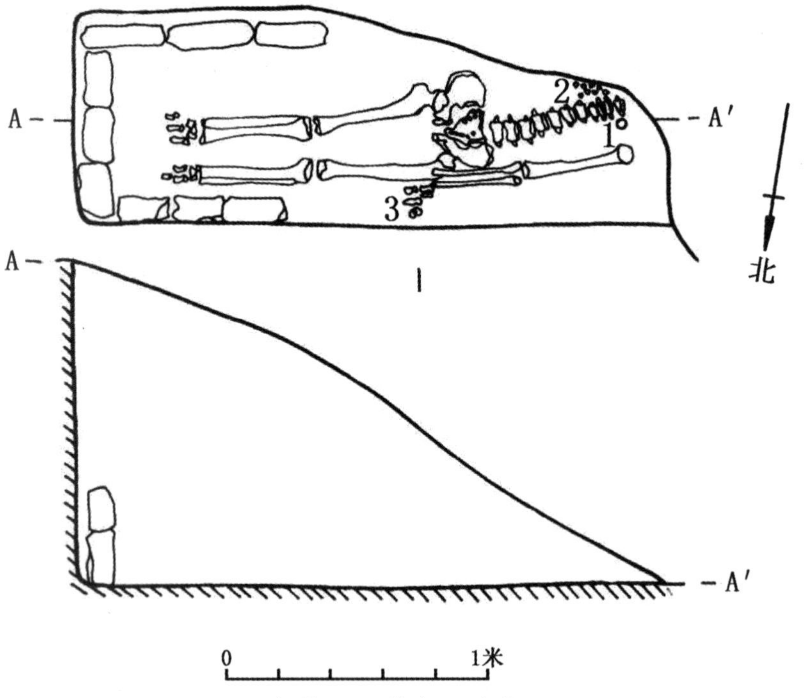

1.铜饰环　2.料珠　3.铜指环

图四　M1平、剖面图

铜指环　2件。圆形，断面为片状。M1：3，接口为焊接而成，单层，外侧中间饰凹弦纹。直径1.9厘米，高0.2厘米，厚0.08厘米（图五，6）。M1：4，接口为扣状，双层。直径1.9厘米，高0.2厘米，单层厚0.03厘米（图五，7）。

铁带扣　1件。M1：5，锈蚀严重，长圆环状，断面略呈方圆形。直径3.6～4厘米，断面直径0.7～0.9厘米，舌针长4.5厘米（图五，2）。

料珠　8枚。M1：2，圆形鼓状，其中有两枚略大，为白色石质，高0.6～0.5厘米，直径0.7厘米，孔径0.2厘米（图五，3、4）；较小的料珠，高0.25～0.4厘米，直径0.3～0.5厘米，孔径0.2厘米（图五，5）。

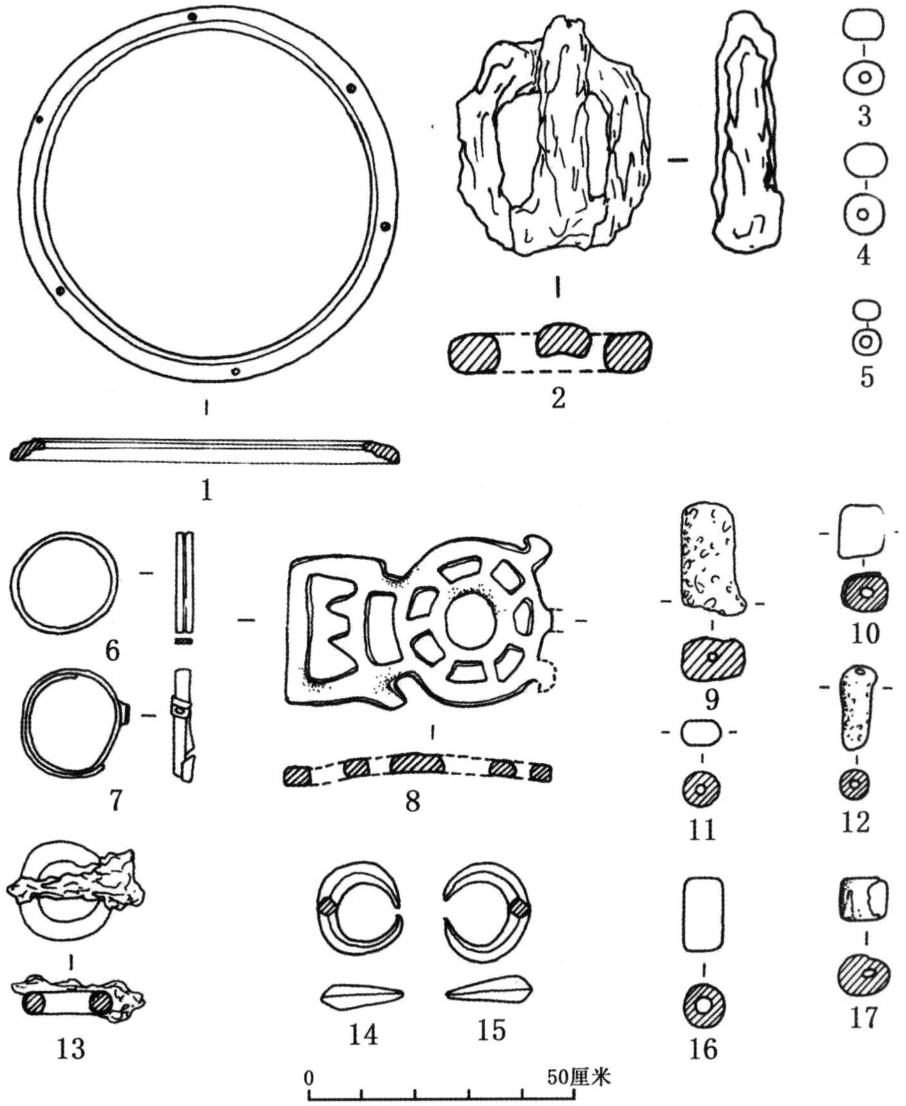

1.铜饰环（M1：1） 2.铁带扣（M1：5） 3～5.料珠（M1：2） 6、7.铜指环（M1：3、M1：4） 8.铜带扣（M5：1） 9～12、16、17.料珠（M5：2） 13.铜带扣（M3：1） 14、15.铜耳环（M6：1）

图五 M1、M3、M5、M6出土随葬品

（二）M2

M2位于墓葬区的东部，在冲沟的西边沿。墓坑的下部被冲沟毁坏。墓为长方形竖穴土坑墓，坑壁、底规整。残长150厘米，宽80厘米，深170厘米。方向270度（图六）。无葬具。葬式为单人仰身直肢葬，面向上，双臂放置骨盆两侧，无随葬品。墓坑内的填土为夹粗砂黑黏土，土质坚硬。

（三）M3

M3位于墓葬区的东部，在冲沟的东沿边。墓坑部分被冲沟毁坏。墓口上部有不规则圆形石堆墓标。石堆直径约为160厘米，高56厘米。该墓为长方形竖穴土坑墓，坑壁规整，残长140厘米，宽80厘米，墓深200厘米。方向235度。无葬具。墓底部砌有石块边框，高35厘米。墓内人骨散乱，保存较差。在墓内的填土中出土铜带扣 1件（图七）。

铜带扣　1件。M3：1，弧圆环突状，断面呈圆形，扣别为铁制（已锈蚀）。直径2厘米，断面直径0.3厘米（图五，3）。

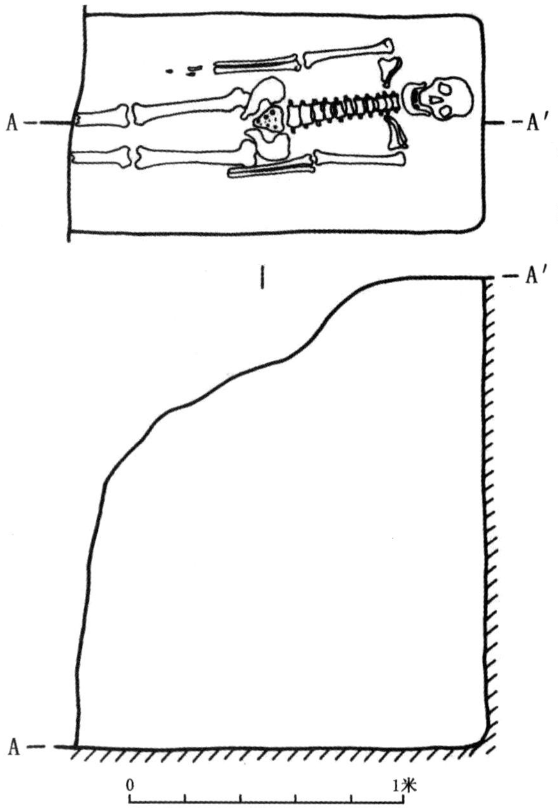

图六　M2平、剖面图

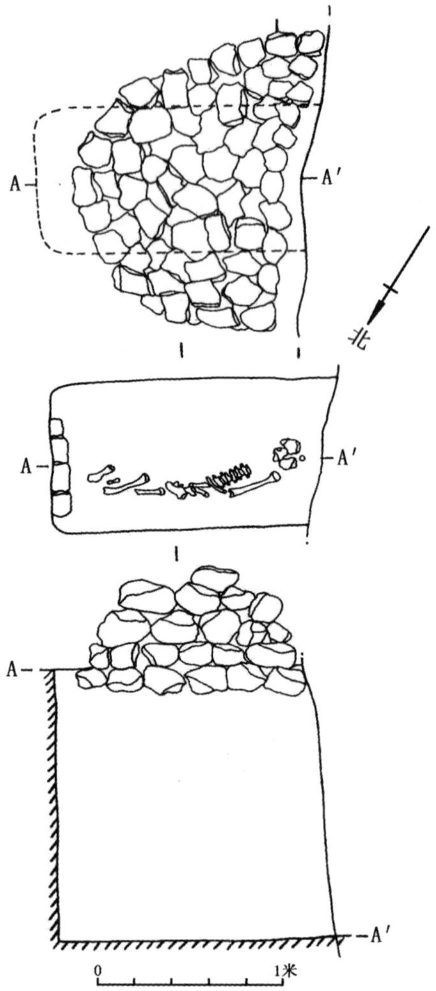

图七　M3平、剖面图

（四）M4

M4位于墓葬区最北部。墓口上部有长方形石堆墓标，长234厘米，宽98厘米，高40厘米。该墓为长方形竖穴土坑墓，坑壁底规整。墓长200厘米，宽100厘米，深250厘米。方向260度。无葬具和随葬品。人骨散乱，保存较差（图八）。

（五）M5

M5位于墓葬区的北部。墓口上部有近似椭圆形的石堆墓标，石堆基本覆盖了墓圹，长径186厘米，短径145厘米，高60厘米。该墓为长方形竖穴土坑墓，坑壁、底规整，长180厘米，宽80厘米，深180厘米。方向260度。无葬具。墓底四周用石块垒砌边框，高25～35厘米。葬式为单人仰身直肢葬。头的面部向左侧。人骨保存较差。在头骨的下颚骨的下方出有料珠9枚，在盆骨的上部出土铜带扣1件（图九）。

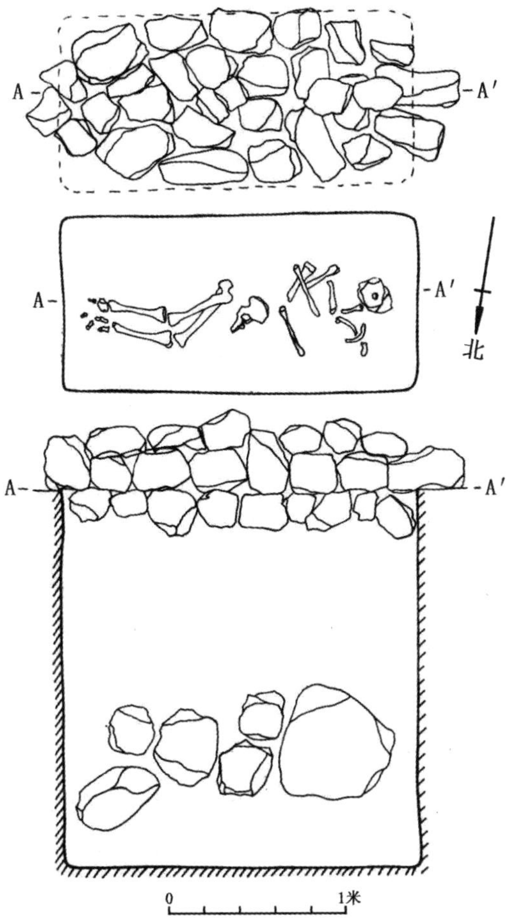

图八　M4平、剖面图

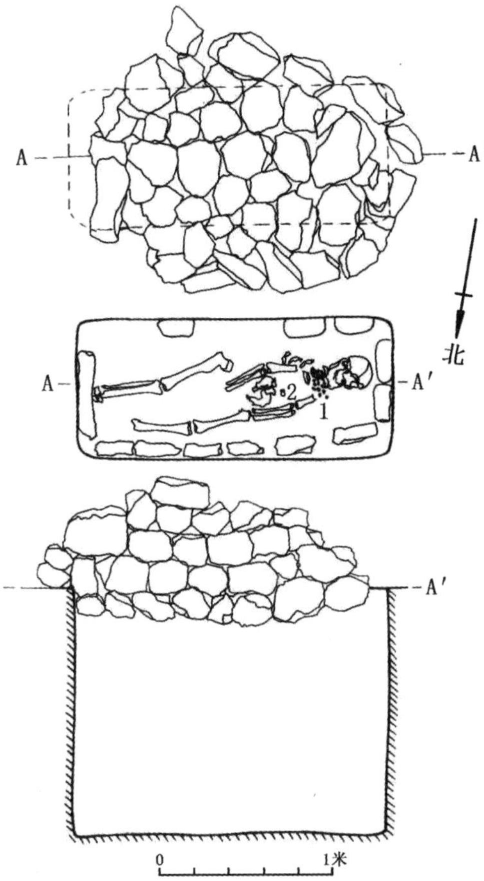

图九　M5平、剖面图

铜带扣　1件。M5：1，形状为长方形和双圆联结组合型。穿面内侧突起两个尖，圆面外侧突起等距的钉（两个已残损）。制法为模制浇铸，粗糙。长5厘米，圆面直径3.1厘米，内圆直径1.7厘米。长方形穿长2.7厘米，宽1.6厘米，体厚0.3厘米（图五，8）。

料珠　9件。编号M5：2，其形状有管状和鼓状，中间有穿孔。外表和穿孔内形成了土黄色釉皮，部分脱落。饰件大小不一。管状的高1.4～2厘米，直径0.4～1厘米，穿孔直径0.2～0.3厘米（图五，9、12、16）。鼓状的高0.4～1厘米，直径0.7～1厘米，穿孔直径0.2～0.3厘米（图五，10、11、17）。

（六）M6

M6位于墓葬区的北部。墓坑口上部有不规则的石堆墓标，基本覆盖墓圹，长178厘米，宽140厘米，高80厘米。墓为长方形竖穴土坑墓，坑壁底规整。墓长150厘米，宽70厘米，深170厘米。方向235度。无葬具。在墓底的头部上端用石块砌有一段隔墙，高40厘米。葬式为单人仰身直肢葬。人骨保存较差。在头骨的下部出土有铜耳环2个（图十）。

铜耳环　2件。M6：1，圆环状，耳环开口两端呈尖状，断面略呈菱形。直径1.7厘米，中部断面边长0.35厘米（图五，14、15）。

（七）M7

M7位于墓葬区的中部偏北。墓坑口上部有椭圆形石堆墓标，长径245厘米，短径145厘米，高60厘米。石堆覆盖了墓圹。墓为长方形竖穴土坑墓，坑壁、底规整，长150厘米，宽60厘米，深180厘米。方向235度。无葬具。在墓的上半部用石块砌成不完整石框，高20～40厘米。墓内只出土了1个头骨（残）。从头骨看应该是小孩的头骨。无随葬品（图十一）。

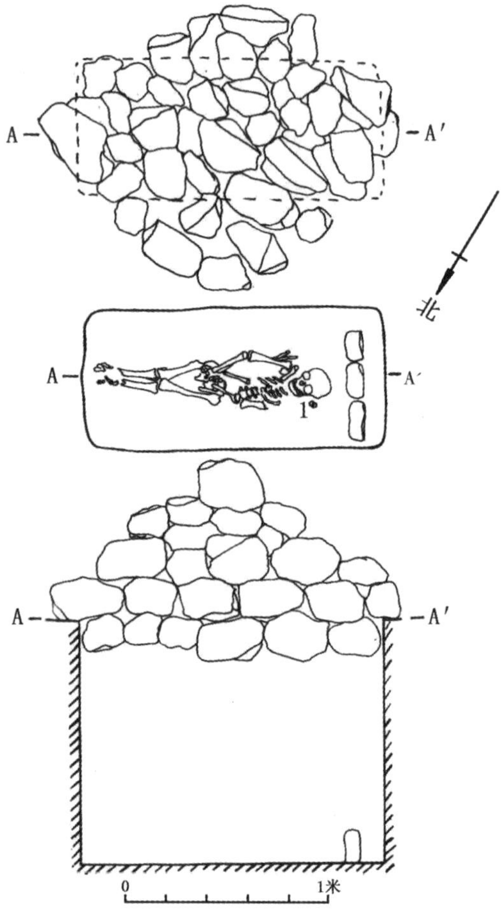

1.铜耳环

图十　M6平、剖面图

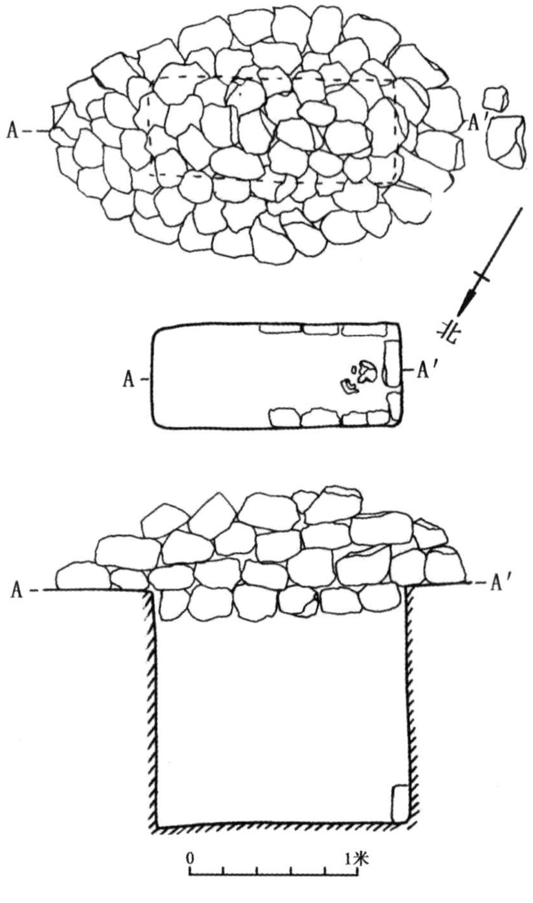

图十一　M7平、剖面图

（八）M8

M8位于墓葬区的中部。墓坑口上部有长方形石堆墓标，石堆基本覆盖了墓圹。长160厘米，宽68厘米，高25厘米。墓为长方形竖穴土坑墓，坑壁、底规整，长130厘米，宽60厘米，深170厘米。方向230度。无葬具。在头骨的上端用石块砌成一段隔墙，高28厘米。墓内只出土了1个头骨（残），无随葬品。从头骨看应该是儿童的头骨（图十二）。

（九）M9

M9位于墓葬区的中南部。墓口上部有不规则椭圆形石堆墓标，石堆覆盖了墓圹。长径275厘米，短径162厘米，高40厘米。该墓为长方形竖穴坑墓，坑壁、底规整，长190厘米，宽80厘米，深

200厘米。方向240度。葬式为单人仰身直肢葬，头面部偏向右侧，下肢骨交叉。无葬具。在墓底部的填土内，出土有锈蚀的残铁钉1枚、残铁刀1件、残骨器1件（图十三）。

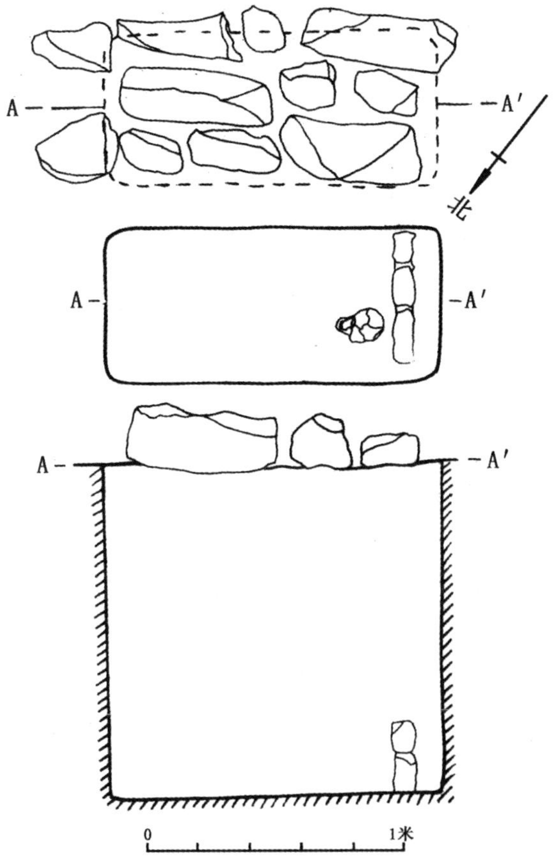

图十二　M8平、剖面图

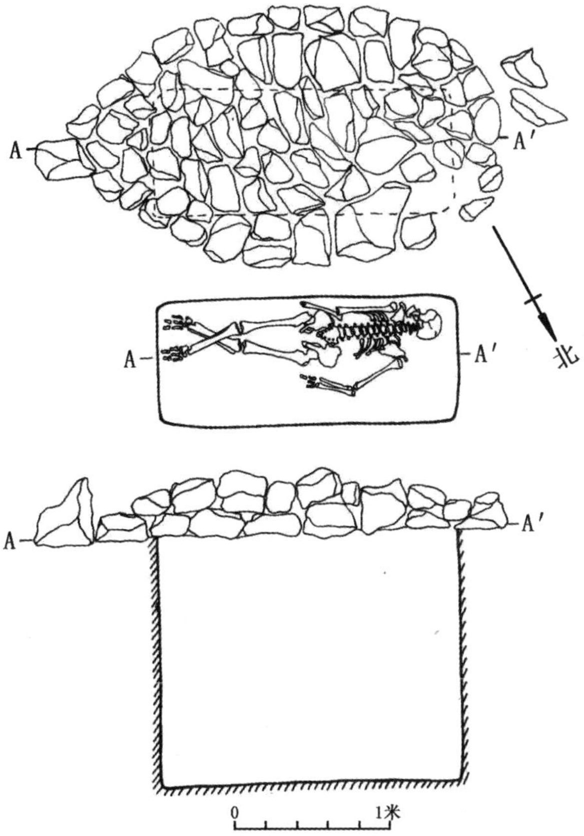

图十三　M9平、剖面图

铁钉　1枚。M9：1，残。帽钉状，截面呈方形。残长8.8厘米（图十四，2）。

铁刀　1件。M9：2，残存刀的上部，片状、单刃。残长14.6厘米，宽2.3厘米，刀背厚0.4厘米（图十四，3）。

骨器　1件。M9：3，圆形柱状。上端为圆突状，下端残。残长10.1厘米，截面直径0.8厘米（图十六，5）。

（十）M10

M10位于墓葬区的中部偏西。墓口上部有长方形石堆墓标。长210厘米，宽120厘米，高38厘米。石堆覆盖了墓圹。该墓为梯形竖穴土坑墓，坑壁、底规整，墓口长208厘米、宽70～100厘米，墓底长200厘米、宽60～100厘米、深370厘米。墓向265度。葬具为木棺，但已朽蚀风化为木灰。葬式为单人仰身直肢葬。在下颚骨下方出土有金项饰1件、耳环1件、料珠160余枚。在右臂的尺、桡中部出土铜手镯2件，其中一件锈蚀残断于填土中。在左臂的尺、桡中部出土铜手镯1件。在左手指骨部位出土铜指环2件。在左侧的肱骨旁出土了铜带扣4件，还出土铜“五铢”钱2枚（图十五）。

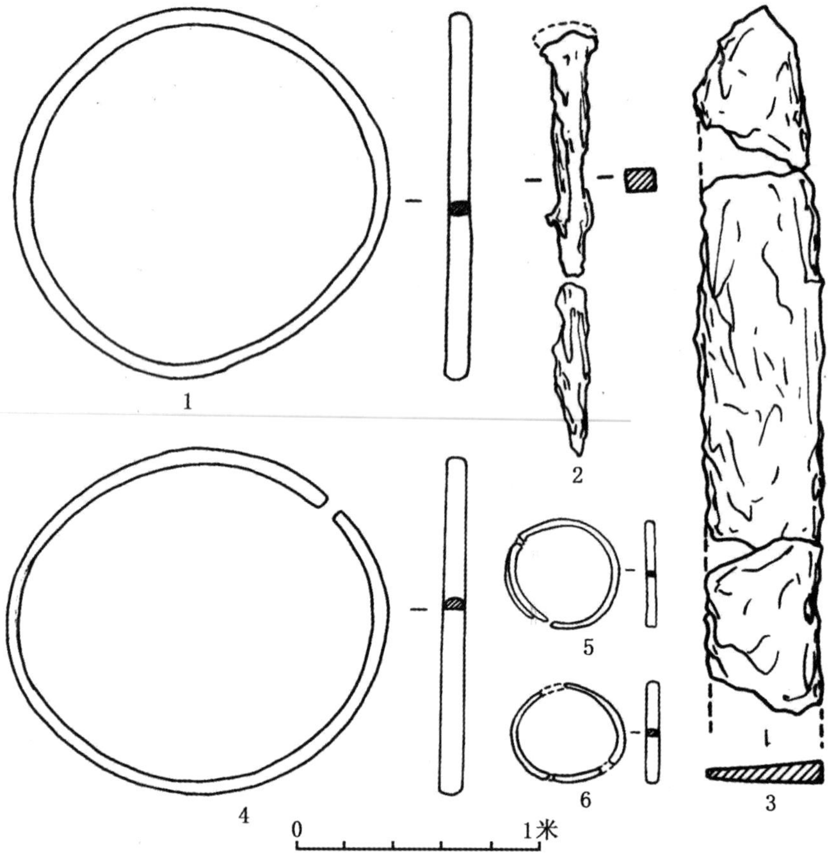

1、4.铜手镯（M10：2、M10：3） 2.铁钉（M9：1） 3.铁刀（M9：2） 5、6.铜指环（M10：4）

图十四 M9、M10出土随葬品

铜手镯 3件。M10：2、M10：3、M10：7（残），形制相同。圆形环状，断面呈扁圆形，焊接而成。制作粗糙。直径6.1～7.1厘米，断面0.2～0.3厘米（图十四，1、4；图十六，2）。

铜指环 2件。M10：4，均残，圆形，断面呈片状，直径2.2厘米，断面宽0.5～0.2厘米，厚0.1～0.15厘米。焊接而成（图十四，5、6）。

铜耳环 1件，M10：2，圆环状，开口两端呈尖状，环中部断面呈圆形。直径1.5厘米，断面直径0.2厘米（图十六，3）。

铜带扣 4件。M10：5，其中3件已残。形制相同。突弧环状，直别，舌针为锥状。长2.2厘米，宽2.4厘米（图十六，4）。

铜“五铢”钱 2枚。M10：8，锈蚀严重。只在一枚钱币上发现“五铢”的“五”字。出土时发现它们穿缀在皮革上，皮革已朽蚀成粉末状。直径2.2厘米。

金项饰 1件。M10：1，半圆片状，两端突圆，饰有穿孔，下方的中部方突。饰件正面依其形状饰两道突棱纹，下方突出的正中饰竖向的两端圆起条状的纹。两端半圆直径14.5厘米、高9.4厘米，两端宽0.8厘米，中部宽1.3厘米，下方突长1.3厘米、宽1.3厘米，厚0.1厘米（图十六，1）。

料珠饰 160余颗（少部分残）。M10：6，其形状有圆形管状和珠状。均为蚌类制品。圆形管状长1.1～1.5厘米，直径0.5~0.8厘米。珠状为鼓形，大小不一，高0.1～0.4厘米，直径0.6～1.3

厘米，中间均有穿孔（图十六，6～11）。

（十一）M11

M11位于墓葬区中南部，墓口上部有长方形石堆墓标。长220厘米，宽120厘米，高45厘米。该墓为长方形竖穴土坑墓，长230厘米，宽80厘米，深240厘米。方向250度（图十七）。葬具有木棺，保存较好。木棺前端宽且高，后端窄且低。棺盖略呈拱形（残）。长210厘米，头端宽66厘米，尾端宽32厘米，板厚6厘米。盖额呈弧状。盖板有5块板木相接，上部有银锭形明榫。棺体长210厘米，头端宽66厘米，高66厘米，尾端宽30厘米，高36厘米。侧板和底板以榫卯拼接。侧板的两端凿有纵向的梯形槽插入两端的挡板。侧板厚4～14厘米，底板厚6厘米。葬式为单人仰身直肢葬。在棺盖的上端出土1件漆盘，已朽蚀为粉末状。在棺内头骨的右上侧出土1件陶壶（残，无口）。在棺外填土内出土铜带饰2件、铜带扣2件、铁环1件。该墓可能早期被盗。

陶壶　1件。M11：1，口残，泥质灰陶，细颈，弧肩，上弧腹，下腹斜收，平底，颈肩相接部划刻有细凹弦纹，器身饰竖向压光条纹。腹径16厘米，底径7.4厘米，残高19.5厘米（图十八，1）。

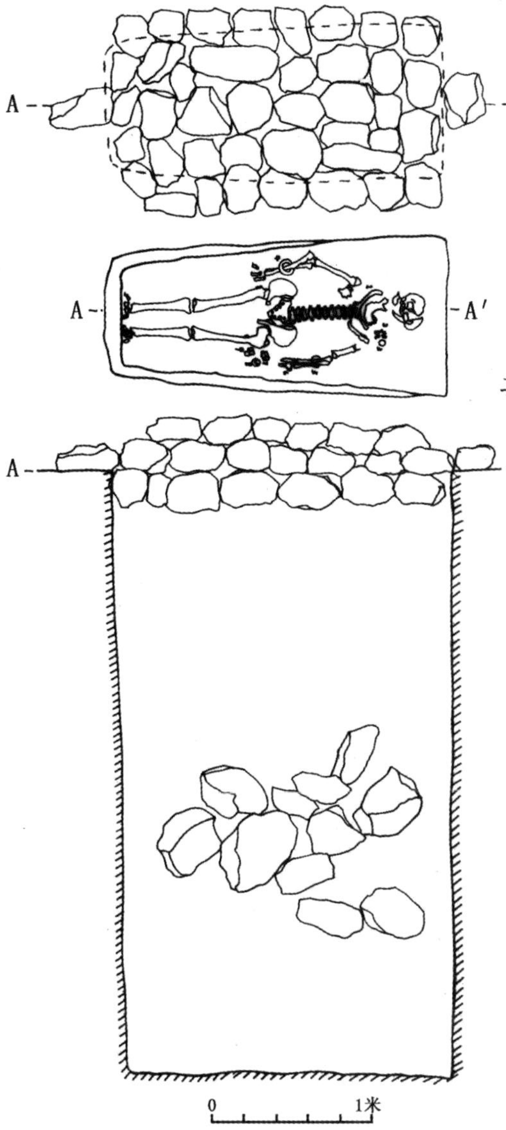

1.金项饰　2.料珠　3.铜耳环　4、5.铜手镯　6.铜指环　7～9.铜带扣

图十五　M10平、剖面图

铜带饰　2件。M11：3，长条（略呈亚腰形）片状，两端的中部略显凹弧状，在饰片上的两端和中间有5个铆钉孔。长9.9厘米，宽1.7～2厘米，厚0.1厘米（图十八，2）。M11：4，一端呈“凹”字形，另一端中间突圆，在饰片上的两端和中间有5个铆钉孔。长10.6厘米，宽2.3厘米，厚0.1厘米（图十八，3）。

铜带扣　2件。M11：2，圆弧突状，亚下腰。带扣穿纽残，断面呈半圆形。长2.2厘米，宽3厘米，断面直径0.3～0.4厘米（图十八，5）。M11：7，圆弧突状，亚下腰。带扣穿纽铆接，锥状舌针，扣上端饰弦棱纹，截面呈圆形。长2.2厘米，宽2.7～3.1厘米，断面直径0.5厘米（图十八，6）。

铁环　1件，编号M11：5，锈残，圆形，断面为圆形，环扣锈残。直径9厘米，断面直径1.1厘米（图十八，4）。

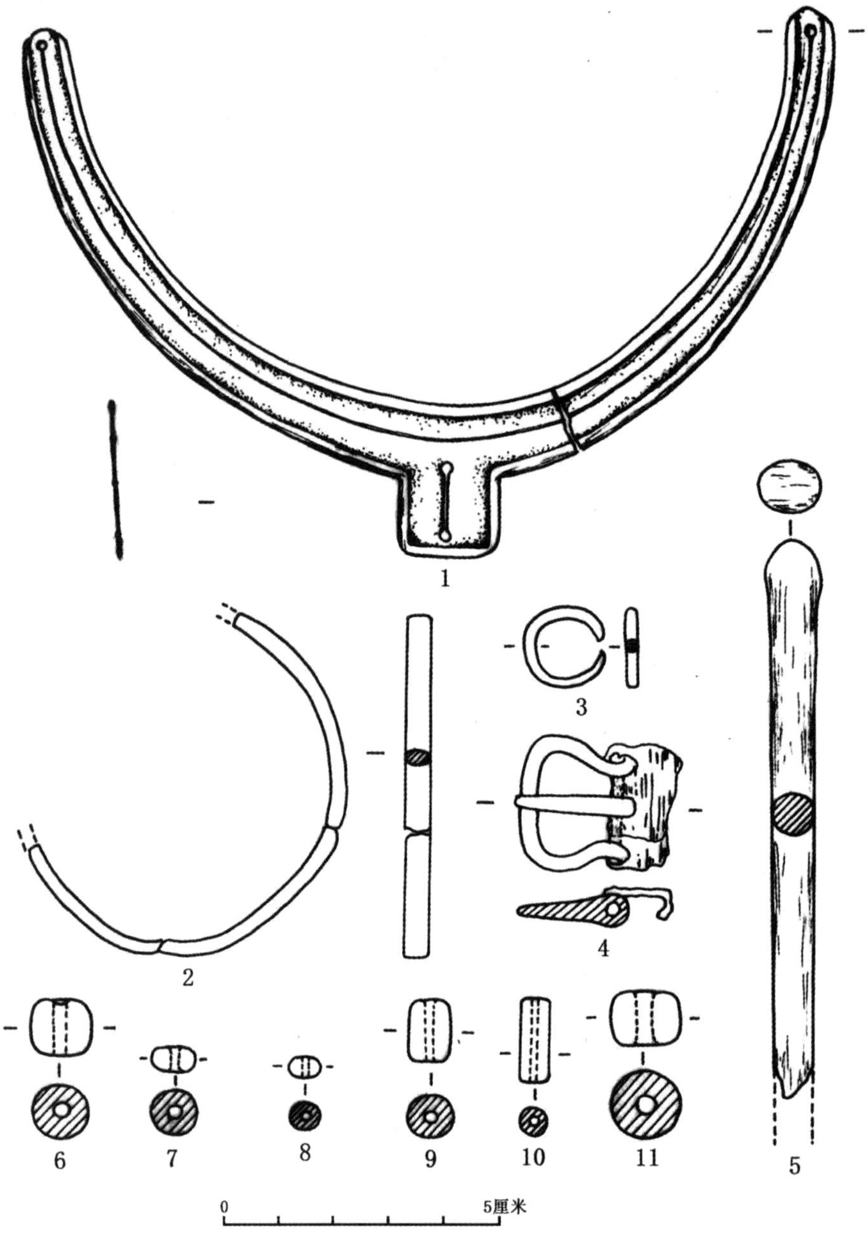

1.金项饰（M10：1） 2.铜手镯（M10：7） 3.铜耳环（M10：2） 4.铜带扣（M10：5） 5.骨器（M9：3） 6～11.料珠饰（M10：6）

图十六 M9、M10出土随葬品

（十二）M12

M12位于墓葬区的西部。墓口上部有长方形石堆墓标。长320厘米，宽90厘米，高40厘米。该墓为竖穴土坑偏洞室墓。长方形竖穴坑口，长230厘米，宽106厘米，深270厘米。方向245度。坑壁、底规整。偏洞室开口于竖穴坑的北壁，偏洞室的墓口用石块垒砌石墙封堵，高120厘米。偏洞室平面呈梯形，长226厘米，上宽80厘米，下宽60厘米。偏洞室的底部略低于竖穴坑的底部，深10厘米。偏洞室内置葬具木棺，保存较差。棺板已朽蚀，棺框较清晰，为梯形，长190厘米，上宽70厘米，下宽40厘米，残高20厘米。葬式为单人仰身直肢葬。在头骨的左侧出土有铜耳环1

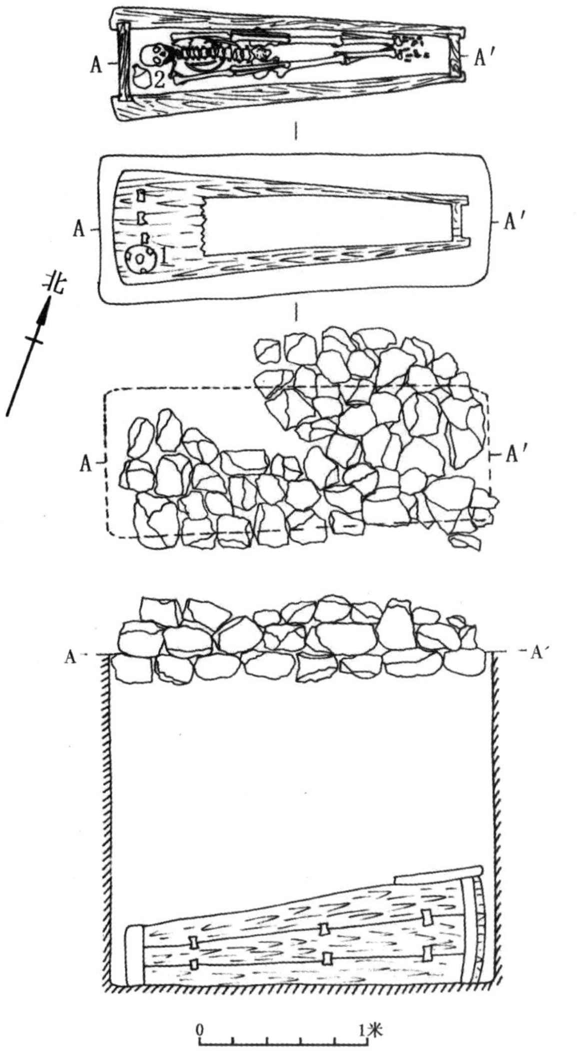

1.漆盘　2.陶壶

图十七　M11平、剖面图

件、漆器（已朽蚀分化）1件，在头骨下方出土料珠14枚，在右侧的手指旁出土铜指环1枚，在左肱骨外侧出土铜铃1件，在棺内上部的填土中出土铜铃1件、铜带箍2件（图十九）。

铜指环　1件。M12：1，圆形，截面呈片状。直径2厘米，截面宽0.2厘米，厚0.1厘米。焊接而成（图二十，2）。

铜耳环　1件。M12：2，圆环状，耳环开口两端呈尖状，断面呈圆形。直径1.1厘米，截面径0.30厘米（图二十，9）。

铜铃　2件。M12：3，圆球状，提纽为环状，下部开有铃口，内置一铃珠。铃身饰两道竖向的突棱。直径1.5厘米，纽高0.6厘米（图二十，1）。M12：4，残，长圆球状，提纽为环状，下部开有铃口，内置一铃珠。素面，直径1.6～1.8厘米，纽高1厘米（图二十，8）。

铜带箍　2件。M12：6，扁环状。长径1.6厘米，短径0.5厘米，断面宽0.25厘米，厚0.1厘米（图二十，7）。

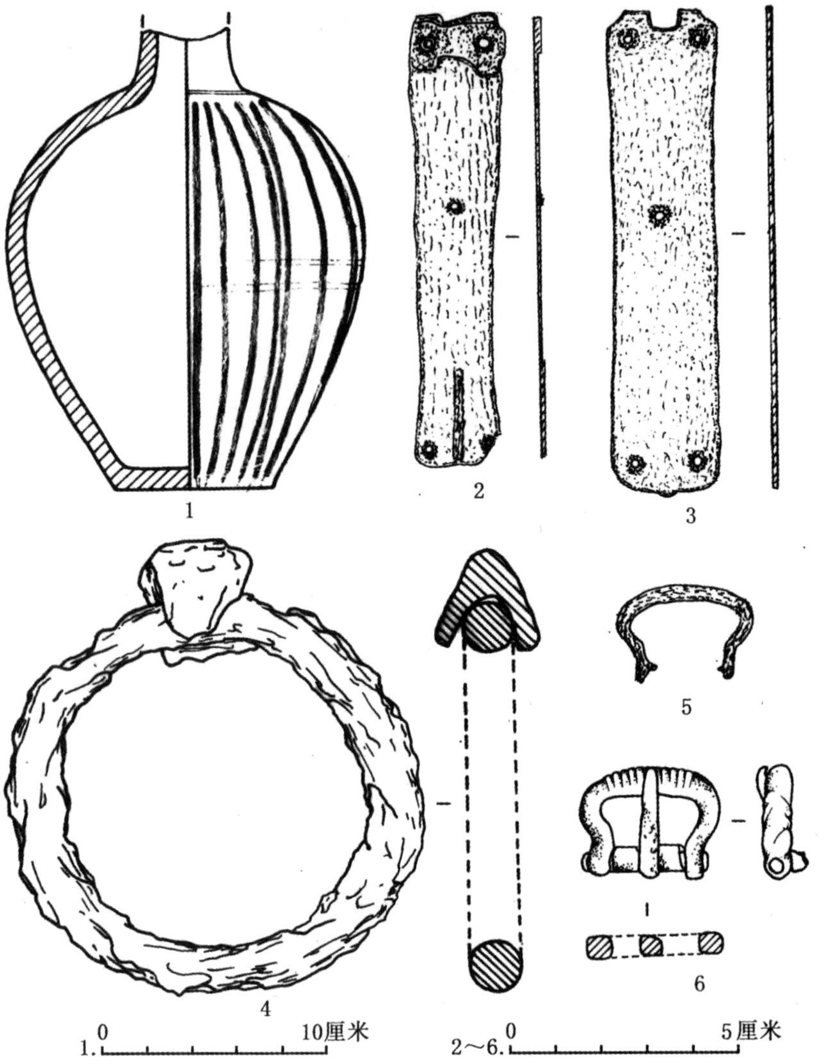

1.陶壶（M11：1） 2、3.铜带饰（M11：3、M11：4） 4.铁环（M11：5） 5、6.铜带扣（M11：2、M11：7）

图十八 M11出土随葬品

料珠 14枚。M12：5，其形状有圆形管状、鼓形状、珠状。中间均有穿孔。均为蚌类制品。高1～0.4厘米，直径0.4～0.8厘米（图二十，3～6）。

（十三）M13

M13位于墓葬区的中部。墓口的上部有近正方形石堆墓标。边长100～120厘米，高25厘米。该墓为长方形竖穴土坑墓，坑壁、底规整。长160厘米，宽60厘米，深90厘米。方向245度。墓底只发现一人头骨残片，头骨的上方置1块长方形石块。无葬具和随葬品（图二十一）。

（十四）M14

M14位于墓葬区的最西南端，被水冲沟毁坏了一侧边框。墓口上部无石堆墓标。该墓为长方形竖穴土坑墓，坑壁底规整。墓长200厘米，宽60厘米，深140厘米。方向245度。无葬具。

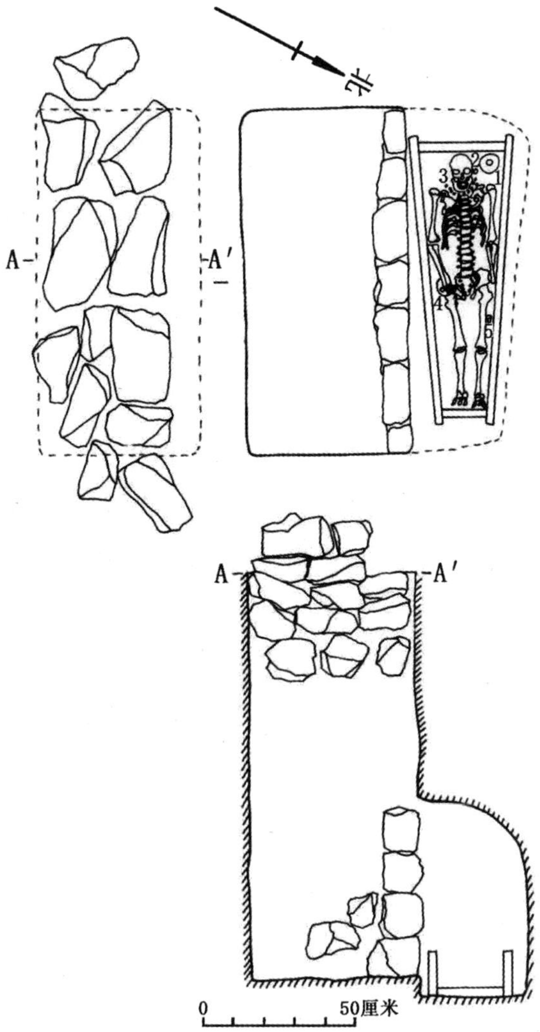

1.漆盘　2.铜耳环　3.料珠　4.铜指环　5.铜铃

图十九　M12平、剖面图

墓底的右、下侧用石块砌有部分石框，高30厘米。葬式为单人仰身直肢葬。无随葬品（图二十二）。

（十五）M15

M15位于墓葬区的西南部。水冲沟把墓葬冲毁，墓葬形制不详。在倒塌的墓土中，清理出了部分文物，出土有陶罐1件、铜币“大泉五十”1枚、铜铃9枚、铜饰件16件、铜钟（残）1件等。

陶罐　1件。M15：35，夹砂褐陶，砂粒为白色和褐色，颗粒均匀。敞口，双唇，高领，鼓肩，下腹斜收，底部略呈内环底。口部下方和肩部上各饰1周指甲形戳印纹。器表粗糙并有火烧痕迹。口径9厘米，底径5.2厘米，高13.5厘米（图二十，13）。

铜钟　1件。M15：19，残，梯形椭圆筒状，纽残，顶部饰系铃圆孔。铃体两面饰有相同网格纹，分3组，中间窄，两边宽。两边的网格内饰有乳钉纹。顶面直径5.2～7.4厘米，残高6.4厘米（图二十，11）。

亚腰形铜带饰　16件。M15：3，片状。上部为梯形，内饰变形扁圆状镂空，下部由两个圆形镂空和3个突起圆圈镶嵌点组成，镶嵌有白色料石。高2厘米，宽2.2厘米，厚0.2～0.4厘米（图二十，10）。

长条状铜带饰　1件。M15：1，残，片状。上部饰有等距突起圆圈镶嵌点，镶嵌有白色料石，有铆钉孔。残长5.7厘米，宽0.8厘米，厚0.1厘米（图二十三，4）。

桃形铜饰片　1件。M15：11，残，片状，正面压印有圆点弧线纹。残高3.2厘米，宽3.9厘米，厚0.5厘米（图二十三，8）。

长方形铜饰件　1件。M15：2，片状，其中部有长方形孔，四角有铆钉。长3.2厘米，宽1.8厘米，厚0.5厘米；铆钉长2.4厘米（图二十，12）。

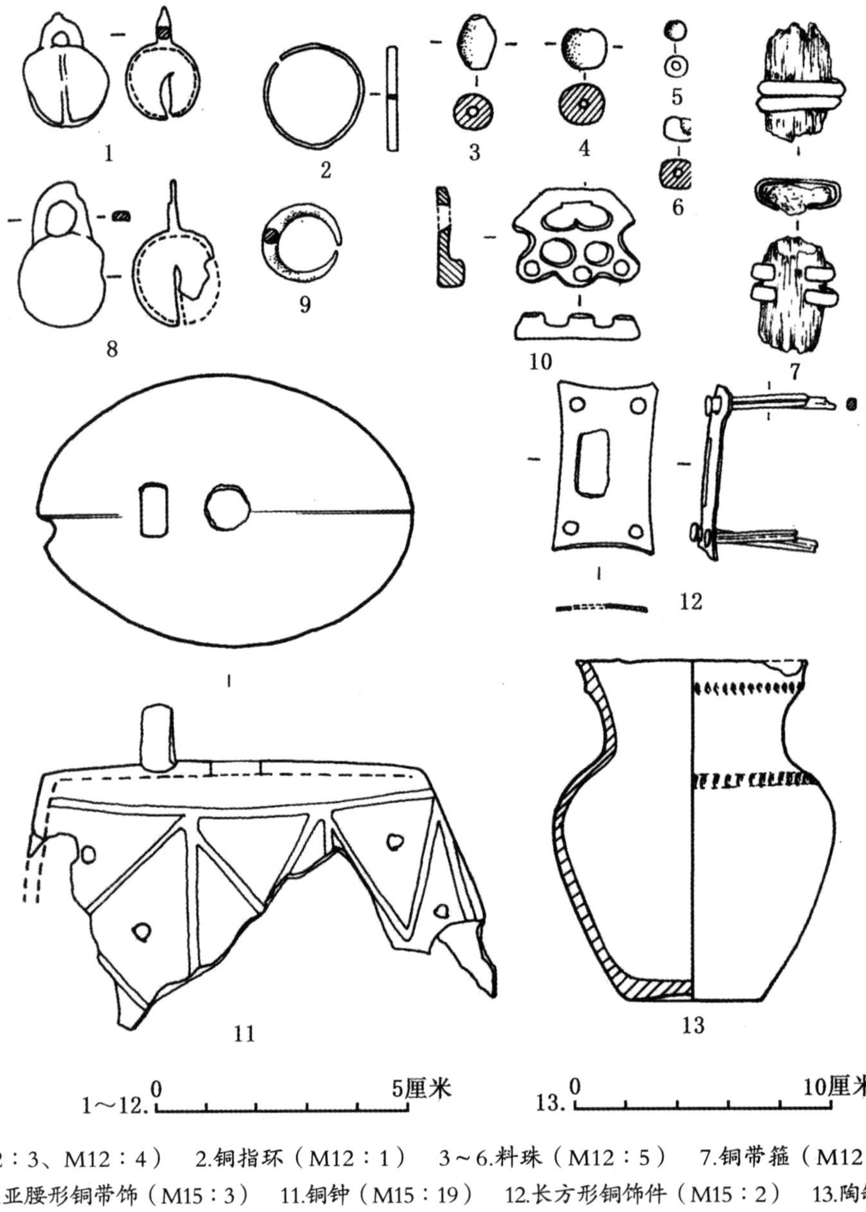

1、8.铜铃（M12：3、M12：4）　2.铜指环（M12：1）　3～6.料珠（M12：5）　7.铜带箍（M12：6）　9.铜耳环（M12：2）　10.亚腰形铜带饰（M15：3）　11.铜钟（M15：19）　12.长方形铜饰件（M15：2）　13.陶罐（M15：35）

图二十　M12、M15出土随葬品

铜节约　1件。M15：32，十字形片状。中间和各面有5个圆形镶嵌点，镶嵌白色料石。镶嵌点下有铆钉孔。长4.5厘米，宽4厘米，厚0.5厘米；镶嵌凹点直径1.2厘米（图二十三，1）。

铜带饰　1件。M15：31，残，铲形片状。上有4个对称的圆形铆钉。残长5厘米，宽1.2～2.9厘米，厚0.1厘米（图二十三，5）。

铜铆钉　1件。M15：34，圆顶帽状，铆钉的边缘为花边。钉帽直径0.9厘米，高1.1厘米；钉长2.9厘米（图二十三，7）。

铜铃　9件。M15：21～M15：29，圆球状，提纽为环状，下部开有铃口，内置一铃珠。其中7个铃为素面，1个铃身饰3道竖向的突棱，1个铃身饰3道十字形突棱。直径1.6～1.8厘米，纽高0.6～0.9厘米（图二十三，2、3、11、12、13）。

铜带箍　2件。M15：33，扁环状。长径1.4～1.6厘米，短径0.6厘米，断面宽0.7厘米，厚0.1厘米（图二十三，9、10）。

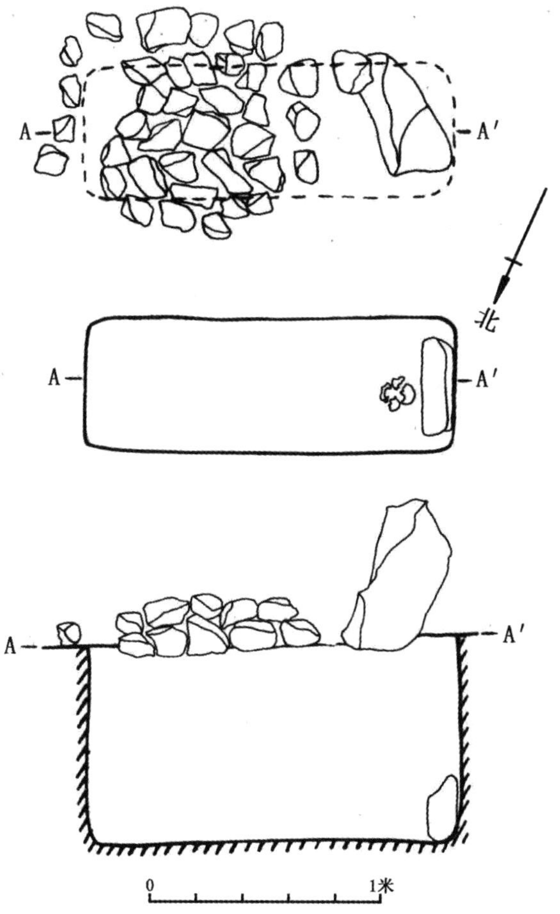

图二十一　M13平、剖面图

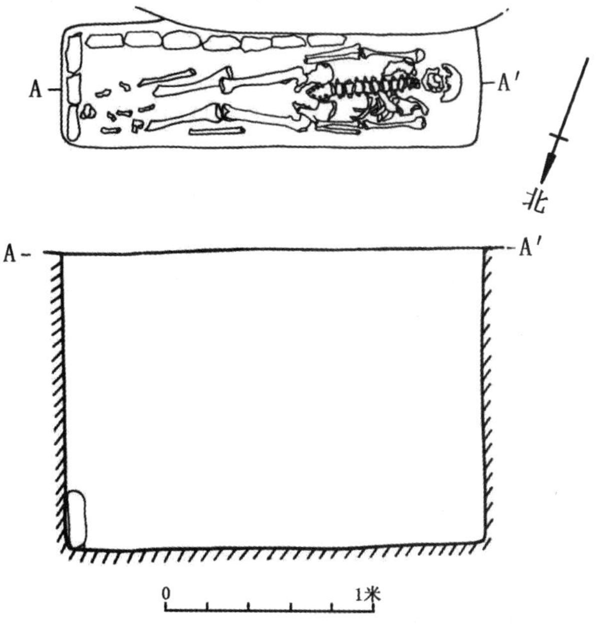

图二十二　M14平、剖面图

铜币　1枚。M15：4，圆形方孔，款为篆书“大泉五十”。直径2.8厘米，穿宽0.8厘米，厚0.25厘米（图二十三，6）。

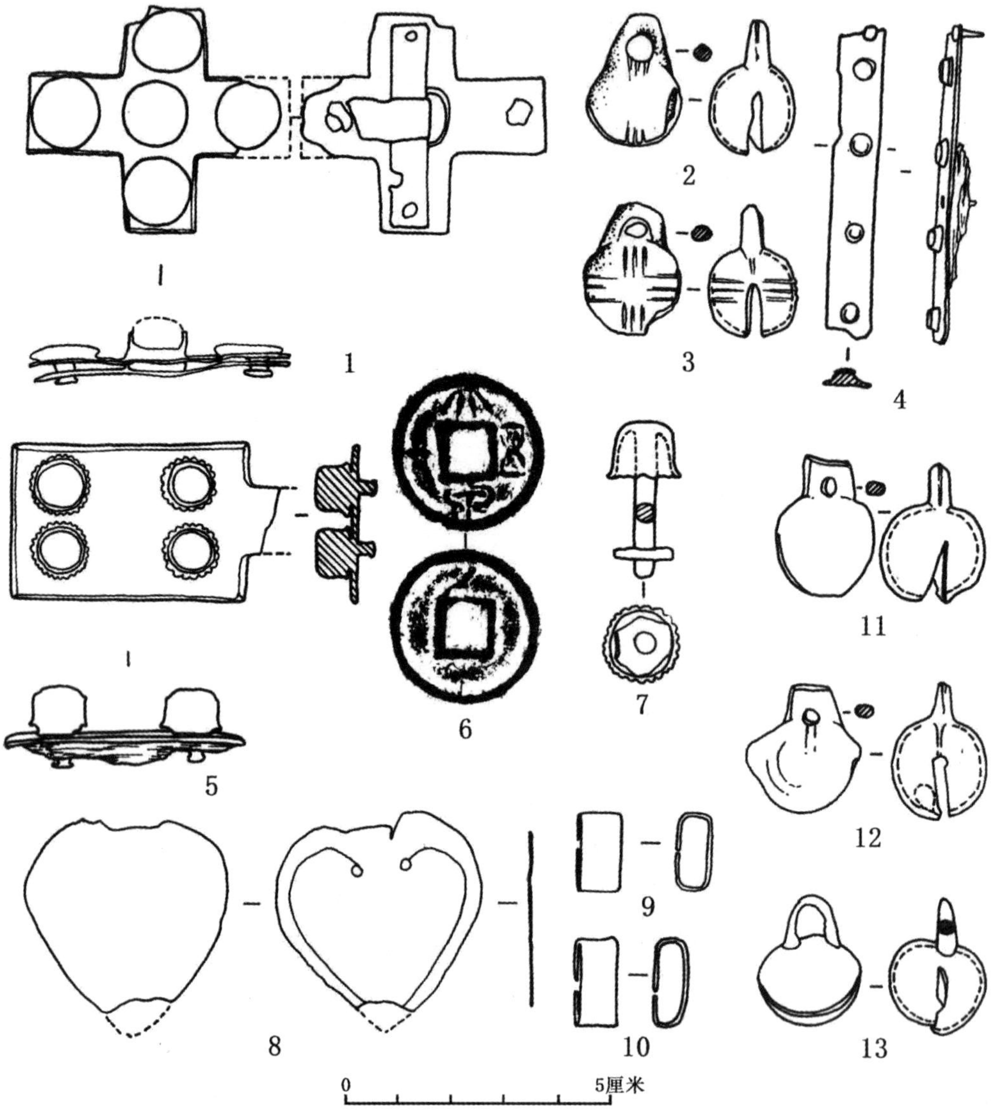

1.铜节约（M15：32） 2、3、11～13.铜铃（M15：21～25） 4.长条状铜带饰（M15：1） 5.铜带饰（M15：31）
6.“大泉五十”铜币（M15：4） 7.铜铆钉（M15：34） 8.桃形铜饰片（M15：11） 9、10.铜带箍（M15：33）

图二十三 M15出土随葬品

三、结语

（一）墓地与墓葬特点

陈武沟墓鲜卑墓地，整体上保存较好，墓地的地理环境显示出比较封闭的状态，其规模属中型墓地。墓地内的水冲沟形成的年代应晚于墓地的使用年代。墓地地表有石堆墓标，其形状有圆形、椭圆形、长方形和不规则形，是该墓地墓葬形制的一个特点。此类葬俗在内蒙古中南部发现极少。

墓葬主要是以竖穴土坑墓为主，只发现1座竖穴偏洞室墓（并有石砌隔墙）。大部分墓葬无木棺，只有3座墓葬有木棺。大部分无棺的墓葬，在墓底用石板砌有象征性的棺椁。这亦是该墓地的另一特点。墓葬中出土的随葬品较少，以饰件为主，还有极少量的陶器和铁器。从随葬品看，该墓地的人群是以游牧经济文化为主。

（二）年代推断

陈武沟墓地出土了两件陶器，其中一件陶罐M5：35，夹砂褐陶，略显假盘口，口下和肩下各饰1圈指甲压印纹，该器型与兴和叭沟出土的假盘口罐（XBM2：2）①、察右中旗七郎山墓地出土的陶器（ZQM9：1）②、包头市吴家咯旦墓地征集的陶罐（BWC：3）③相近似。但从器物的类型学上看，陈武沟（M15：35）应略晚于上述3处地点出土的相同器物。陈武沟墓地出土的陶壶（M11：1），口残，器身饰竖向压光条暗纹，器型与察右中旗七郎山墓地出土的陶壶（ZQM6：3）相近④，不同的是ZQM6：3饰有弦纹和水波纹。同时，陈武沟墓地出土的铜带扣（M11：7）、铜铃（M12：3）、铜耳环（M12：2）及朽蚀穿缀在皮革上的“五铢”钱的制法（M10：8），与七郎山墓地出土的器物相近⑤。说明该墓地其年代应与察右中旗七郎山墓地的时代相近，可能略早于七郎山墓地年代。察右中旗七郎山墓地的年代推定为定都平城前后（4—5世纪）⑥。陈武沟墓地的年代，应在定都平城之前。

（三）文化特征与族属

陈武沟墓地出土的陶器壶和罐，具有北方地区鲜卑诸遗存中常见的器型。墓地出土铜钟（M15：19）与察右后旗三道湾墓地出土的铜铃（H18：1）形制相近⑦。其器型大于三道湾墓地出土的铜铃。出土的铜耳环与科右中旗北玛尼吐鲜卑墓出土的同类器物相似⑧。出土的铜铃也与三道湾墓地、七郎山墓地出土的同类器物相同。在墓地内，同时也出现了长梯形墓圹，这在早期拓跋鲜卑墓葬中出现的频率较高。诸多现象反映出了陈武沟鲜卑墓地早期拓跋鲜卑文化的主要特征。

此外，我们看到，陈武沟墓地有墓标石堆的现象。这在北方地区几乎不见。追溯其源，在北方的蒙古国境内匈奴墓葬中，平民墓地地表堆有圆形石头堆，石堆地表塌陷内凹，呈圆圈形，排列有一定规律⑨。反映出该墓地的主要葬俗是来源于北方匈奴族。

同时，在出土器物中发现的铜带扣饰（M5：1）是与北方匈奴墓出土的同类器有着演变发展形态。陈武沟墓地出土了一件片状的金项饰（M10：1），在其他鲜卑族墓葬中几乎不见。其用器

① 内蒙古文物考古研究所：《兴和县叭沟墓地》，载魏坚主编《内蒙古地区鲜卑墓葬的发现与研究》，北京：科学出版社，2004年。

② 内蒙古文物考古研究所：《察右中旗七郎山墓地》，载魏坚主编《内蒙古地区鲜卑墓葬的发现与研究》。

③ 内蒙古文物考古研究所：《包头市鲜卑墓葬》，载魏坚主编《内蒙古地区鲜卑墓葬的发现与研究》。

④ 内蒙古文物考古研究所：《察右中旗七郎山墓地》，载魏坚主编《内蒙古地区鲜卑墓葬的发现与研究》。

⑤ 内蒙古文物考古研究所：《察右中旗七郎山墓地》，载魏坚主编《内蒙古地区鲜卑墓葬的发现与研究》。

⑥ 内蒙古文物考古研究所：《察右中旗七郎山墓地》，载魏坚主编《内蒙古地区鲜卑墓葬的发现与研究》。

⑦ 乌兰察布博物馆：《察右后旗三道湾墓地》，载内蒙古文物考古研究所编《内蒙古文物考古文集（第一辑）》，北京：中国大百科全书出版社，1994年。

⑧ 钱玉成、孟建仁：《科右中旗北玛尼吐鲜卑墓群》，载内蒙古文物考古研究所编《内蒙古文物考古文集（第一辑）》。

⑨ 中国内蒙古自治区文物考古研究所、蒙古国游牧文化研究国际学院、蒙古国国家博物馆编：《蒙古国游牧民族文化遗存考古调查报告（2005—2006年）》，北京：文物出版社，2008年，第124～128页。

习俗，在年代较早的和林格尔县新店子墓地曾出土金项饰（M43：1）[①]，只是在形制上有所不同（和林格尔县新店子墓地经过人种鉴定，其人群与代表北亚蒙古人种类型的布里亚特组关系最为接近）。同时，在陈武沟墓地中，发现了一座竖穴土坑侧洞室墓（M12），该墓的形制与察右中旗七郎山墓地墓葬相同，均有石砌墙封室，说明与七郎山墓地人群文化有着密切的联系。

综上所述，大致可推断，陈武沟鲜卑墓地的人群，其文化属性应为拓跋鲜卑文化；其人群属性，可能来自北方匈奴部族，应为拓跋鲜卑“始居匈奴”故地后“匈奴余种留者尚有十万余部，皆自号鲜卑，鲜卑由此渐盛”的匈奴余落。

附记：本次发掘工作项目负责人包青川，执行领队胡晓农，参加发掘的人员还有李川、曹永利、刘雪峰、王登举、王海、任喜贵等。此次考古发掘，得到了化德县政府、文化局和商都县文物管理所的大力支持，在此一并致谢！

执笔：胡晓农、包青川、张新香、
孙托亚、王永胜
绘图：郝晓菲、胡晓农
摄影：胡晓农、李川

附表　化德县陈武沟鲜卑墓地墓葬登记表

墓号	形状	尺寸（长 × 宽 - 深，厘米）	头向	葬式	葬具	随葬品	备注
M1	长方形竖穴土坑墓	188 × 75–50	260 度	单人仰身直肢葬，头骨与右上肢骨缺失	无	铜饰环 1 件，铜指环 1 件，铁带扣 1 件，料珠 8 枚	墓底人体下肢周围用石块砌成高 35 厘米的石框
M2	长方形竖穴土坑墓	150（残）× 80–170	270 度	单人仰身直肢葬	无	无	
M3	长方形竖穴土坑墓	140（残）× 80–200	235 度	不详	无	铜带扣 1 件	墓底四周用石块砌成高 35 厘米的石框
M4	长方形竖穴土坑墓	200 × 100–250	260 度	不详	无	无	
M5	长方形竖穴土坑墓	180 × 80–180	260 度	单人仰身直肢葬	无	铜带扣 1 件、料珠 9 枚	墓底四周用石块砌高 25 ~ 35 厘米的石框
M6	长方形竖穴土坑墓	150 × 70–170	235 度	单人仰身直肢葬	无	铜耳环 2 件、料珠 9 枚	墓底头骨上端用石块砌高 40 厘米的隔墙
M7	长方形竖穴土坑墓	150 × 60–180	235 度	不详（儿童）	无	无	墓底上半部用石块砌成高 20 ~ 40 厘米的石框

① 内蒙古文物考古研究所：《内蒙古和林格尔县新店子墓地发掘简报》，《考古》2009年第5期。

续表

墓号	形状	尺寸（长 × 宽 – 深，厘米）	头向	葬式	葬具	随葬品	备注
M8	长方形竖穴土坑墓	130 × 60–170	230 度	不详（儿童）	无	无	墓底头骨上端用石块砌高 28 厘米的隔墙
M9	长方形竖穴土坑墓	190 × 80–200	240 度	单人仰身直肢葬	无	铁钉 1 枚、铁刀 1 件、骨器 1 件（均残）	
M10	梯形竖穴土坑墓	208 ×（70–100）–370	265 度	单人仰身直肢葬	木棺	金项饰 1 件。铜耳环 1 件、手镯 3 件、指环 2 件、带扣 4 件、“五铢”钱 2 枚。料珠 160 余枚	
M11	长方形竖穴土坑墓	230 × 80–240	250 度	单人仰身直肢葬	木棺	漆盘（已朽蚀）1 件、陶壶（残）1 件、铜带饰 2 件、铜带扣 2 件、铁环 1 件	
M12	长方形竖穴土坑偏洞室墓	墓口 230 × 106–270	245 度	单人仰身直肢葬	木棺	铜指环 1 件，铜耳环 1 件，铜铃 2 件，铜带箍 2 件，料珠 14 枚，漆盘（已朽蚀）1 件	
M13	长方形竖穴土坑墓	160 × 60–90	245 度	不详（儿童）	无	无	墓底头骨上端放置 1 块正方形石块
M14	长方形竖穴土坑墓	200 × 60–140	245 度	单人仰身直肢葬	无		墓底右、下侧用石块砌高 30 厘米的隔墙
M15	不详	不详	不详	不详	不详	陶罐 1 件、铜钟 1 件、亚腰形铜带饰 16 件、长条状铜带饰 1 件、长方形铜带饰 1 件、铜铃 9 件、桃形铜饰片 1 件、铜节约 1 件、铜带饰 1 件、铜铆钉 1 件、铜带箍 2 件、铜币篆书“大泉五十”1 枚	

载于《内蒙古文物考古》2014年第1期

乌兰察布市文物考古与博物馆学文集

乌兰察布市博物馆　编
李树国　张　涛　主编

（下）

GUANGXI NORMAL UNIVERSITY PRESS
广西师范大学出版社
·桂林·

商都县出土窖藏铜器、铁器考

陈棠栋

1983年10月，内蒙古商都县大库仑乡石豁子村，村民犁地时发现了一处铜器与铁器的窖藏遗迹。乌盟文物站闻讯后，即前往进行调查清理，共出土铜器2件、铁器9件。据当事人介绍，两件铜器在中间，一上一下，1件大铜壶，1件大铜盘。边缘有铁铧犁8件，围成一圈。其中3件犁，头向下，裤口向上；5件铧摆置不清。另有三足镂空铁火盆1件，出土情况也不详。

一、遗物

（一）“大员”铜壶

1件（图一）。直口方唇，短颈，大圆鼓腹。肩部对称做拱形纽二，串大铜环；下腹急收，小平底。肩部铭刻“大员”二字，小篆阴文，方笔起落，刚劲工整。口径13.8厘米，通高32厘米，最大直径38.2厘米，重7.5千克。

图一　“大员”铜壶

（二）兽足大铜盘

1件（图二）。为案式浅腹小折口大圆盘，其底边做三等分，焊接3个跪立式小熊以为足。口径52厘米，通高7.7厘米，重6千克。盘腹外表三兽足之间分别饰金丝平脱卷云纹图案共3组。

图二　兽足铜盘

小熊为铜模灌铸，分件修饰而成。其呈缩颈、后脑与肩部贴紧盘身、两膝跪于地上、睁目仰面号叫用力撑起状。小熊通体分别镶圆形或桃形宝石29块。现仅存宝石1块，呈圆形，灰蓝色。另以金丝平脱法，表现出小熊的生动有力（图三）。

图三　跪立式小熊

（三）铁犁

3件。呈三角形平底，弧形边，扁三角形弧面背，两侧各有一孔，呈长方形。裤口内收，也呈扁三角形。犁尖至裤口长30厘米，裤口宽28厘米。

（四）铁铧

5件。呈方形，圆角弧面，其中一角为弧形内收，背部均匀地布置4个拱形纽，边缘围1周凸棱。长30厘米，宽28厘米。

（五）铁三足镂空火盆

1件。盆呈圜底半圆状。直口方唇，两侧对称饰拱形纽。腹部用三角形或菱形镂孔，相间排列。盆底留1周联结带，以保持盆底牢固，并于此接铸蹄形足。口径37厘米，通高18.5厘米。

二、时代

因窖藏已被破坏，调查清理时已非原有窖口与坑壁，周围既无陶片，也无灰烬，只残存少量灰色土，无法判断是什么时代和什么性质的遗迹。为此，只能与邻近地区已知的遗迹、遗物做比较。

“大员”铜壶为小口，与内蒙古地区普遍常见的汉代铜壶或陶壶的口部接近。但颈部短小，已脱离汉代铜壶的形制。肩部做大圆环，也见用于汉代铜壶，但不做铺首，也应非汉物。腹部扁圆体，同类形制的器物见于北魏时期大口扁圆腹陶罐，但因细部差距大，应早于北魏。又“大员”二字的字体与铜镜铭文做比较，方笔起落，已非标准小篆，类似汉末三国铜镜上的字体，下不到西晋。结语：“大员”铜壶应属三国时期的遗物，上限到汉末，下限至西晋。

兽足铜盘与汉墓中出土的陶案也很有类似，但陶案均为盘状侈口，未见浅盘直腹者。铜盘上的金丝平脱云纹很草率，已脱离汉代金银镶嵌很严谨的风格。用线条组成的长吻张嘴图案，可能表示龙嘴，如果判断不误，则已脱离汉代的短嘴龙。熊足的镶嵌工艺也是汉末至北魏时期的特征；但桃形和叶形的镶嵌，却是汉代之后受佛教思想影像的产物（菩提树）；而北魏的唇形装饰多呈匍匐状，跪坐式应早于北魏。结语：兽足铜盘应属三国、西晋时期的遗物。

铁铧犁、铁火盆同上类推，不赘言。

三、结语

（一）族属

这批遗物缺少民族特点，只能根据文献记载判断它们的归属。东汉桓帝时，檀石槐在“高柳（今山西阳高县西北）北三百里”弹汉山立庭。今察右后旗韩勿拉乡克力孟古城，在阳高西北整150千米；出土“大员”铜壶的商都县大库仑乡石豁子村在阳高北157千米，在檀石槐控制范围内。181年，檀石槐死，部落离散，草原无主。约东汉晚年，鲜卑拓跋部迁移到乌兰察布草原，与诸部杂处，还未强大。约东汉末至三国初，力微居长川，经过十多年积聚才强盛起来。258年，力微南迁盛乐，祭天告成功。鲜卑人的活动中心，由大青山后移至大青山前。

根据遗物断代，上限属于檀石槐的可能性较小，而下限属于拓跋力微的可能性较大。

（二）窖藏性质

为说清窖藏性质，先从地形考虑。大库仑乡的东、西、南三面环山，北部为高原，中间为直径约15千米的丘陵盆地，土质良好，宜农宜牧。北去数十千米，是广阔的大草原，从现在看，正是农牧交叉地带。窖藏所在地的石豁子村，位在这片丘陵盆地的中心部位，是低山环绕的河谷小盆地。铜轱辘河发源于此不远，横贯东西，转北流入股地，潴为小泊。河南为脑包山，好像一只鸟的身子，展开的两翼分别为南坡东山和南坡西山。铜器与铁器窖藏就埋在南坡东山的脊背上。河北为石豁子村，背山面河；河内并列两块巨石，中间形成豁口，当雨季洪水横溢，水在豁口中交流，分成两股旋浪，奔腾而去，因名村落为“石豁子”。村北为慢坡山，层层而上，即到了草原地带。

由此给人的概念是窖藏的性质是对于大草原的祭祀，为了表示对大草原的告别，祭仪在山的阴坡举行，面向大草原，祭毕，将祭器掩埋，轻装迁移。上述拓跋力微到定襄盛乐时举行了祭天仪，那么有可能在离开大草原时也举行了祭天仪。

（三）释“大员”字义

中国古代，“大”与“天”同义，如甲骨文“大邑商”即“天邑商”；又“员”与“圆”通用，如《管子》“地员篇”即“地圆篇”。故知“大员”即“天圆”。铭刻“大员”二字的铜壶，表示这件铜壶是象征了莫大的天球。细观“大员”二字，行笔不太自然，刻工也有点儿毛糙，有可能原来是件实用器，因祭天礼仪的需要，临时加刻。

另外，兽足铜盘也是一件极珍贵的遗物，3只小熊的神态表示肩负着无限的重力，有可能兽足铜盘是表示“地盘”。匈奴、鲜卑及后世草原民族都有祭天地祖先的习俗，祭天同时也祭地。除有文献记载，《鲜卑石室》祝词也反映得很清楚，节录如下：

> 用骏足，一元大武，柔毛之牲，敢昭告于皇天之神：启辟之初，祐我皇祖，于彼土田。历载亿年，聿来南迁。应受多福，光宅中原。惟祖惟父，拓定四边。庆流后胤，延及冲人。……始闻旧墟，爰在彼方。悠悠之怀，希仰余光。王业之兴，起自皇祖。绵绵瓜瓞，时惟多祐。归以谢施，推以配天。子子孙孙，福禄永延。荐于皇皇帝天，皇皇后土。皇祖先可寒配，皇祖先可敦配。尚飨！

这是北魏太武帝拓跋焘太平真君四年（443年）的事，对于祖先南迁过程，还保留着如此深刻的回忆，可知200多年前，从大兴安岭中出来，经过几代南迁，沿路保留的祭祀遗迹一定是不少的。“大员”铜壶表示对“皇皇帝天”祭祀，又可贮放奶酪乳酒，用于“敢昭告于皇天之神”；兽足铜盘的用途，从现在盛烤羊腿、盛全羊用的大盘中可得到启示，这是用来荐飨“骏足，一元大武，柔毛之牲”的食具，用于象征“皇皇后土”“聿来南迁”“光宅中原”的土地。

（四）关于铁犁铧、铁火盆

鲜卑民族到乌兰察布草原之初还过着畜牧业生活，农业刚刚开始，也不一定由鲜卑人直接经营。祭天为什么用农具，含义不太清楚，我们只能从《魏书》卷一《序纪》中对远祖的追记加以推测："黄帝以土德王，北俗为土谓托，谓后为跋，故以为氏。其裔始均，入仕尧世，逐女魃于弱水之北，民赖其勤，帝舜嘉之，命为田祖。……始均之裔，不交南夏，是以载籍无闻焉。"当然，这不是信史，但拓跋鲜卑南迁过程中，念念不忘的是占有土地，族名冠"拓跋"以象征土地，是拓跋鲜卑南迁的宗旨，即对于建立国家的欲望。由此，尊始均为田祖，应是南迁过程中编纂的故事，祝词说："启辟之初，祐我皇祖，于彼土田。"此"皇祖"应指始均，是拓跋鲜卑南迁占有土地的理论依据。由此，祭天用铁犁铧的含义也完全明确，表示"王业之兴，起自皇祖。……归以谢施，推以天配"。此"皇祖"即田祖始均，用铁犁铧配"大员"铜壶，象征了"推以配天"，也即"皇祖先可寒配"。

铁火盆为一般生活用具，所谓"烟火人家"，主灶是妇女的事情，可视为表示"皇祖先可敦配"。

由上数点，这批遗物是拓跋力微离开草原时，祭祀天地祖先后的窖藏。

本文摄影李俊生。

载于《内蒙古文物考古》1991年第1期

内蒙古商都县发现北魏窖藏

内蒙古自治区乌兰察布盟文物工作站

1983年10月，商都县大库伦乡石豁子村一农民在村南约0.5千米处取土时，发现一处窖藏，出土铜壶等文物11件。据发现者叙述，窖藏上口距现地表约20厘米，铜壶口上盖铜盘，铜壶四周侧放铁犁铧、犁镜。这些文物已由乌盟文物站收藏。

铜壶　1件。壶口微敞，方唇，短颈，鼓膜，平底。肩部有对称铺首衔环，肩部阴刻“大员”二字。口径13.8厘米，高32厘米（图一）。

图一　铜壶

铜盘　1件。宽沿外折，浅腹直壁，大平底。下附三熊形足，熊蹲坐，嘴大张，两耳直立，前肢撑扶于后肢之上，通身饰同心圆纹。口径52厘米，高7.7厘米（图二）。

图二　铜盘

铜镂空器　1件。方唇，斜弧壁，圜底，身、底满镂空三角形、斜长方形孔，附3个实心马蹄形足，口径37厘米，高18.5厘米（图三）。

图三　铜镂空器

铁犁铧　3件。桃形，犁面中间隆起，有两对称条孔，背面光平。长30厘米，宽28厘米（图四）。

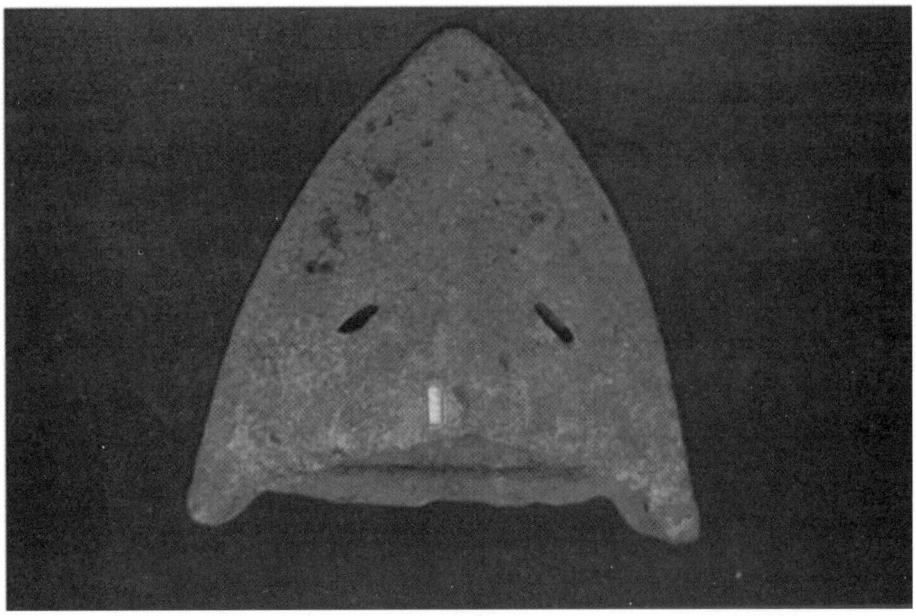

图四　铁犁铧

铁犁镜　5件。呈不规则长方形，背面有4个圆纽。长30厘米，宽25.5厘米（图五）。

图五　铁犁镜

上述器物中，铜壶与1983年内蒙古察右后旗红格尔图乡三道湾古墓群出土的相似，为北魏时期鲜卑文物。我们认为这处窖藏应属北魏时期。

执笔：崔利明
摄影：李俊生

载于《文物》1989年第12期

乌兰察布盟鲜卑墓葬综述

——兼谈乌盟地区鲜卑墓的年代

李兴盛

公元1世纪末，南匈奴人居塞内，北匈奴西迁之后，至公元6—7世纪，隋唐王朝相继建立之时，在这400余年的时间内，北方草原地带呈现出大迁移、大融合的局面，在中国历史上处在一个大动荡的年代。乌兰察布盟地处北方草原地带的中部，自匈奴民族退出历史舞台之后，兴起于东北大兴安岭的鲜卑族经过大迁徙之后，入主乌兰察布草原，先后400年未有中断，成为这一地区乃至内蒙古中部草原的主体民族。至东汉晚期鲜卑檀石槐大联盟强盛时期的控制疆域“南抄缘边，北拒丁零，东却夫余，西击乌孙，尽据匈奴故地，东西万四千余里，南北七千余里，网罗山川水泽盐地”[①]，其势力空前强大，以此作为他们休养生息的根据地，南下中原，最终建立统治中国半壁江山的北魏王朝。

乌兰察布地区因处在拓跋鲜卑“西南迁”后的中心地区，因此保留了大量的这一时期鲜卑墓葬（图一）。下面就这些发现做一综述并就其墓葬的年代进行简要分析。

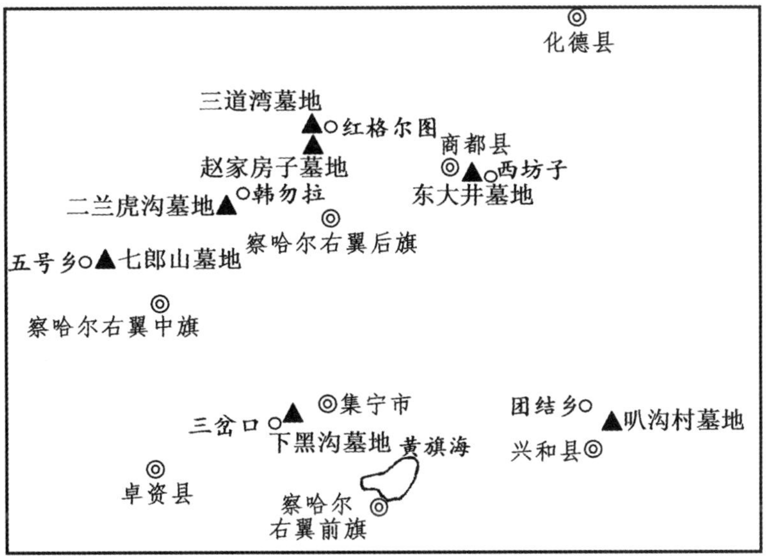

图一　乌盟地区鲜卑墓葬分布示意图

① 范晔撰：《后汉书》卷九十《乌桓鲜卑列传》，北京：中华书局，1965年，第2989页。

一、乌盟地区发现的鲜卑墓葬

（一）三道湾墓地

三道湾墓地位于察右后旗红格尔图乡光明村东北约3千米的山湾之内（当地老乡俗称“三道湾”）。1983年，墓地被当地老乡盗掘。同年，内蒙古文物考古研究所、乌兰察布博物馆共同对该墓地进行了抢救性清理。1984年，进行第二次清理。共清理墓葬50座（其中含当地老乡盗掘的25座）[①]。

从该墓地未被盗掘的25座墓葬来看，多为长方形土坑竖穴墓，少量的平面略呈长梯形，个别为土坑竖穴与侧洞室相结合（仅有M102、M110两墓）。墓地内打破关系的墓有3组，属早期盗掘的墓6座，墓向290～326度。其葬式多为仰身直肢，个别的有身无头（此类墓葬在头骨部置一铜镜）。墓内尸骨多数保存较好，以单人葬为主，仅发现两例双人合葬墓（M110、M123）。墓内有葬具者达12座，均为木棺，木棺底部有前后支架。经过人骨鉴定的22座墓中，成年男性墓9座、成年女性墓6座、男女合葬墓2座、未成年墓5座，年龄最大者55岁、最小仅有3岁。吉林大学考古学系朱泓先生经过对三道湾墓地出土的10例保存完整的颅骨进行测定，基本确认为西伯利亚蒙古人种[②]，建议将这类人种类型命名为“古东北类型”。

该墓地中各墓的随葬品数量多寡不一。多者（M102）40余件，少则仅一两件，个别墓葬中无任何随葬品。未经盗掘的25座墓中，有5座墓中殉有羊头骨，一般数量较少，多为1～3个，均置于人头骨上方近墓壁处；随葬陶器大多为1座墓1件，最多的有3件。未盗掘的25座墓中，有15座无随葬陶器。此外，随葬品以铜器、铁器、珠饰为多。铜器多为装饰品和铜镜。铁器有生产工具刀、铲、斧，兵器有剑、矛和装饰品。金器次之，均为装饰品，其中马纹饰牌、鹿纹饰牌、驼形饰牌和盘旋状耳坠较有特点。骨器除了装饰品，还有一定数量的弭、弧形片状器等。同时，墓地中还出有东汉“五铢”钱、桦树皮器盖及皮革和丝织品残片（图二）。

该墓地的发掘者根据墓葬形制、墓内随葬品及葬俗将其大致推定在东汉晚期，依据3组叠压打破关系的墓葬和随葬品的变化规律将其分为两期：第一期大致与扎赉诺尔墓群的年代相同；第二期介于扎赉诺尔和南杨家营子墓群之间，可能是两者间的一个纽带。

---

① 乌兰察布博物馆：《察右后旗三道湾墓地》，载内蒙古文物考古研究所编《内蒙古文物考古文集（第一辑）》，北京：中国大百科全书出版社，1994年。

② 朱泓：《察右后旗三道湾汉代鲜卑族颅骨的人种学研究》，载内蒙古文物考古研究所编《内蒙古文物考古文集（第二辑）》，北京：中国大百科全书出版社，1997年。

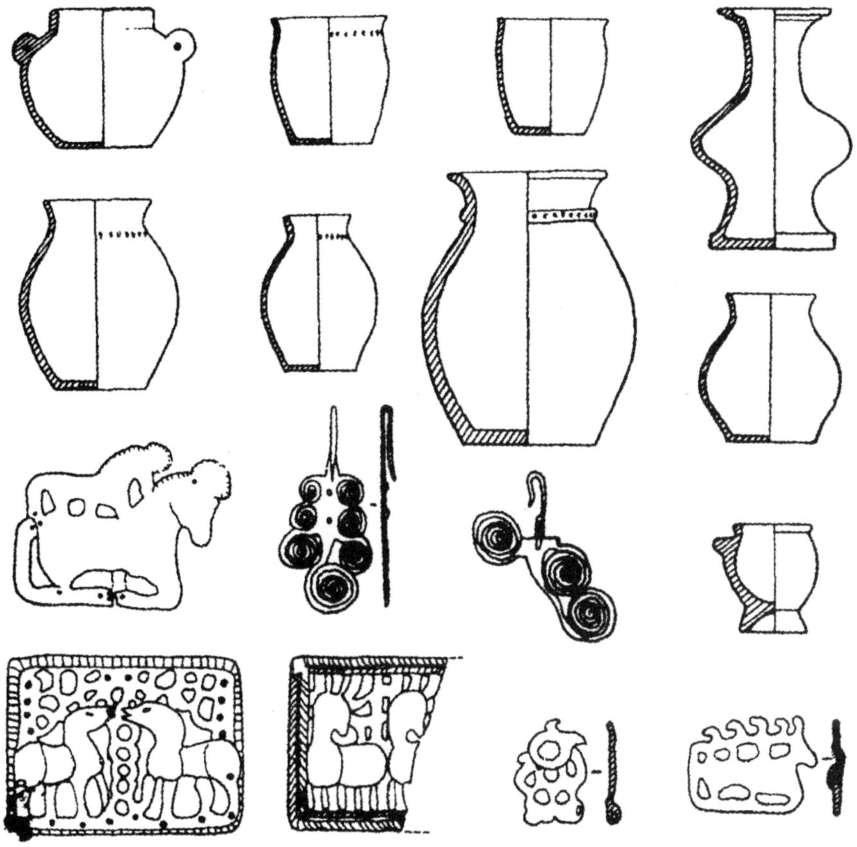

图二　三道湾墓地出土典型器物图

（二）二兰虎沟墓地

二兰虎沟墓地位于察右后旗察汉淖尔乡韩勿拉村乌拉山山沟北坡及平地处。墓葬在1956年夏秋之际被当地老乡严重破坏，内蒙古文物考古研究所对墓地进行了调查并发表了报告①。该墓地均为长方形土坑竖穴墓，长约2米，宽1米左右，尸体多为东西向，单人葬，仰身直肢，葬具不清。墓内随葬之陶器均置于尸骨头部之上，铜饰等多在人骨之上。征集文物78件。陶壶（罐）多为红或褐色夹砂陶，手制；也有少量的细泥灰陶罐，轮制。铜器多为装饰品和铜镜，其中鹿纹、网状纹饰牌和“大吉”铜铃较有特点，还出有双耳铜鍑。铁器多为剑、镞类。此外，墓内还出有一定数量的各种质地的珠饰。

（三）赵家房子墓地

赵家房子墓地位于察右后旗红格尔图乡赵家房子村南的台地上。20世纪70年代初，被当地村民严重破坏，内蒙古文物考古研究所对该墓地进行了调查②。该墓地均为长方形土坑竖穴墓，有的墓内有木棺。葬式多数为仰身直肢葬，头下多枕一块石头，头向西北。墓内随葬品多寡不一，有的墓内无任何随葬品。墓内随葬的铁刀、剑等兵器多置于尸骨背部，金饰片含在口中，陶器多置于头部。

① 郑隆、李逸友：《察右后旗二兰虎沟古墓群》，载内蒙古文物工作队编《内蒙古文物资料选辑》，呼和浩特：内蒙古人民出版社，1964年。

② 盖山林：《内蒙古察右后旗赵家房村发现匈奴墓群》，《考古》1977年第2期。

该墓地征集到的随葬品主要有陶器、金器、铜器、铁器等。陶器有夹砂红褐、黑褐陶罐（壶），皆手制；也有少量的泥质灰陶罐，轮制（图三）。铜器有装饰品、铜镜、带扣等，其中长方形网格纹饰牌较有特点。金器有鹿纹、马纹牌饰，金叶，金簪等。此外，墓内还出有一定数量的各类质地的珠饰。

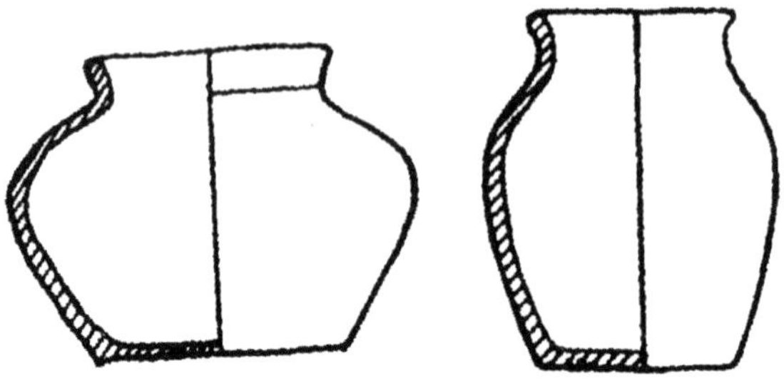

图三　赵家房子墓地出土典型器物图

（四）下黑沟墓地

下黑沟墓地位于察右前旗三岔口乡下黑沟村西山脚缓坡地带，1985年9月，被当地村民破坏1座，内蒙古文物考古研究所、乌兰察布博物馆对其进行了调查①。该墓地之墓葬用当地盛产的石灰岩片石砌成，四周立砌边框，墓口用石板封盖。墓向273度，头向西北。该墓地出土随葬品有陶器1件，双耳铜鍑（图四）、小铜环和铜环各1件，各种质地珠饰6件，玉佩1件。此外，还有少量的铁器和丝织品残片。

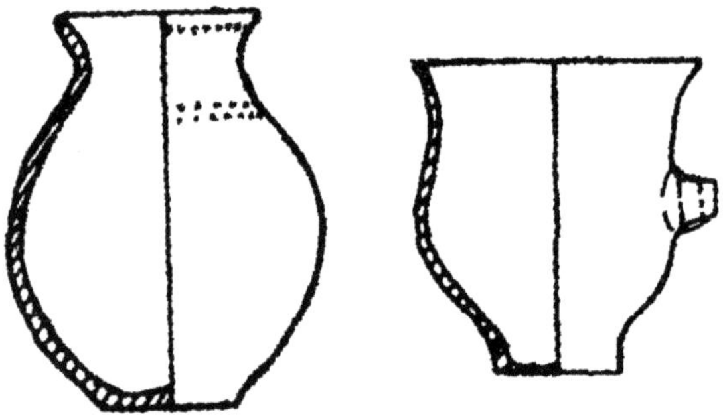

图四　下黑沟墓地出土典型器物图

（五）东大井墓地

东大井墓地位于商都县西坊子乡东大井村南的山坡上。1998年被当地砖窑取土破坏。同年9月，内蒙古文物考古研究所、乌兰察布博物馆、商都县文物管理所联合对该墓地进行抢救性发掘，共清理墓葬18座②。

该墓地均为长方形土坑竖穴墓。墓穴多为前宽后窄，M6为前窄后宽。墓（头）向多为285～345度，仅M18为35度、M11为140度。墓地内发现1组墓葬有叠压打破关系（M6打破M7）。已发掘的墓除两座墓内无尸骨，有11座墓属早期盗扰。墓内多无葬具，只发现5座墓中有木棺。木棺

① 郭治中、魏坚：《察右前旗下黑沟鲜卑墓及其文化性质初论》，载内蒙古文物考古研究所编《内蒙古文物考古文集（第一辑）》。

② 资料现存内蒙古文物考古研究所，待发。

呈前宽后窄、前高后低状。墓内多为单人葬，少量为双人合葬墓。葬式多仰身直肢，少量为仰身屈肢葬。同时，存在有少量的殉牲习俗，多为羊骨。随葬陶器多置于头部和脚部，铁兵器多置于尸骨侧面，牌饰多出土于盆骨附近。

墓内随葬品的数量多寡不一，多者17件（M1），少则仅2件（M2）。随葬品以陶、铁器为主。陶器以夹砂红褐、灰褐陶壶（罐）为主；泥质灰陶罐较少，仅出土3件。铁器主要以兵器剑、矛、盔甲片为主。铜器为装饰品和铜镜。骨器有弓弭、珠等。此外，还有少量的各类珠饰、皮制品、桦树皮器、钱币等（图五）。

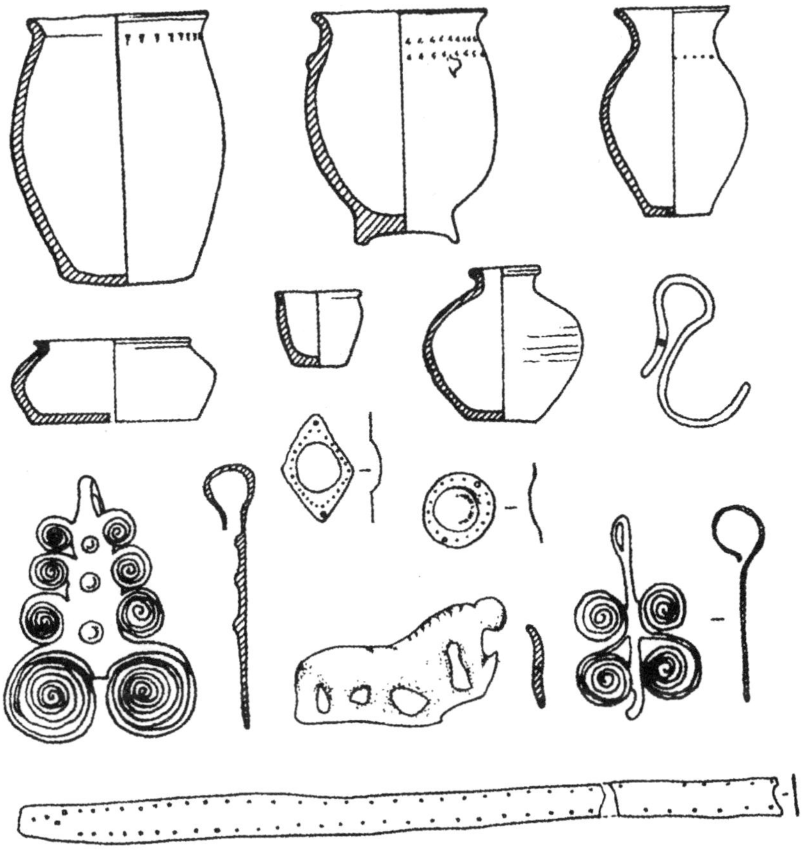

图五　东大井墓地出土典型器物图

（六）叭沟村墓地

叭沟村墓地位于兴和县团结乡叭沟村东南约300米的台地上，被当地砖厂取土时部分破坏。1988年，乌兰察布博物馆在文物普查中发现并对濒临破坏的3座墓进行了清理，征集陶器6件[①]。墓葬均为长方形土坑竖穴墓，略呈前宽后窄，有的墓内有木棺。从清理的3座墓葬看，葬式为仰身直肢，随葬品多置于头部和脚部，木棺四角置立柱并有铁棺环，墓向340度左右，墓内随葬品均在3件以上。随葬品陶器有夹砂灰陶和红陶，手制，口部为盘口；泥质陶器多为长颈喇叭口，少量的为盘口，其上压印有网格纹、水波纹等（图六）。M1出土酱黄色釉陶器1件。此外，还出有铁棺钉、棺环、磨石等。

① 兴和县文物普查组：《兴和县叭沟村鲜卑墓葬》，《内蒙古文物考古》，1992年第1、2期合刊。

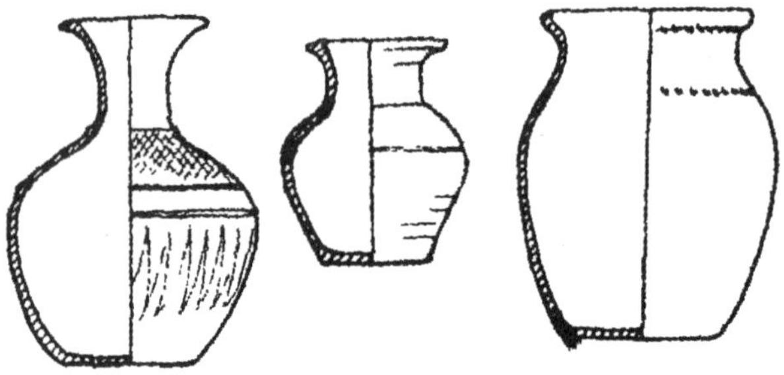

图六　叭沟村出土典型器物图

（七）七郎山墓地

七郎山墓地位于察右中旗五号乡东四号村的山坡之上（当地俗称“七郎山”）。1995年和1996年，内蒙古文物考古研究所、乌兰察布博物馆、察右中旗文物管理所对该墓地进行了发掘①，共清理墓葬20座。以墓葬的结构和规模分为大、小两类墓葬。大型墓为长方形竖洞室墓，由洞室和墓道两部分组成，墓道长8～10米，墓道前端开洞室，洞室进深3～4米，洞室口都用天然石块封堵。墓内置木棺1具，木棺呈头大尾小状。由于木棺较大，故在其底部装有用圆木做成的特制木轮。小型墓为竖穴侧洞室墓，侧洞室位于竖穴的西侧，洞室口亦用天然石块封堵。这类墓中多置木棺1具，个别墓内则无葬具。其葬式多为侧身屈肢葬，少量的为仰身直肢葬，均头向西北。同时，还有少量的殉牲习俗，一般多为羊肩胛骨。

七郎山墓地随葬物品极少，共出土各类遗物16件。其陶器均为长颈喇叭口（盘口）泥质陶壶，外壁做纵向压印或在肩部压印有几何纹、水波纹图案。此外，还有少量的皮囊、金耳饰、铜铃、指环、铜（铁）带扣、珠饰及“货泉”钱币等（图七）。

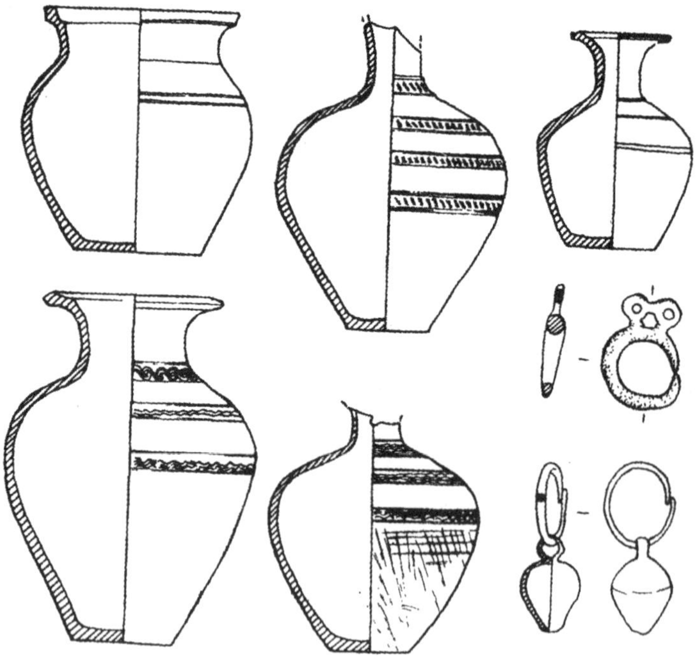

图七　七郎山墓地出土典型器物图

① 魏坚、孙危：《我区中南部鲜卑考古又获新成果》，载内蒙古日报编辑部编《春原草秋》，呼和浩特：内蒙古人民出版社，1997年。

二、对上述墓地年代的初步分析

乌盟地区迄今发现并被认定的7处鲜卑墓地，在时代上有一定的延续性，其年代大致从东汉晚期到北魏建国前后，从而为分析、研究该地区鲜卑墓的年代奠定了一定的基础。

7处墓地中，除东大井、七郎山两墓地资料待发，其余墓地的发掘者在报告中均将其归入早期鲜卑遗存并将其年代定在东汉晚期，但从各墓地间的葬俗和出土随葬品分析，它们在年代上仍存在着一定的差异。

从文献记载分析，拓跋鲜卑在第一推寅（约在公元前50年或公元前5年左右）的率领下，从大兴安岭北段的大鲜卑山（在今内蒙古呼伦贝尔盟鄂伦春自治旗）西南迁以后，何时进入内蒙古中南部阴山以北地区？据《后汉书》记载，桓帝时（147—167年）“檀石槐乃立庭于弹汗山歠仇水上，去高柳北三百余里，兵马甚威，东西部大人皆归焉”。关于弹汗山、歠仇水的具体地点，史学界至今没有统一的共识。但“高柳（今山西省阳高县）北三百里”这个大的方位是明确的。

由此往北“三百里”应在今乌兰察布盟察右后旗、商都县、兴和县境内。谭其骧先生主编的《中国历史地图集》将弹汗山和歠仇水分别标在兴和县东南大青山和紧临其南的桑干河上游。在近年来的文物普查中，在兴和县境内发现了叭沟村墓地和零散鲜卑遗存，在大青山上发现北魏时期的石刻题记。因此，我们初步分析弹汗山和歠仇水应为兴和县境内的大青山和南面桑干河上游。从内蒙古中南部诸多地区发现的众多墓葬（早期鲜卑）中出土的汉式陶器和“长宜子孙”镜、“位至三公”镜、四乳四禽镜及“五铢”钱也是这一时期之物，因此最早进入内蒙古阴山以北地区的早期拓跋鲜卑应在东汉晚期桓帝时期或略早于这个时期。

在乌盟地区已发现的这几处鲜卑墓地，在时代上也有一些区别，下面试从以下几类主要器物做一分析。

首先，从随葬品中的陶器来看。

上述墓地除七郎山墓地，其余6处墓地均出土早期鲜卑所具有的夹砂红陶或褐陶罐（壶）。这类陶器皆为手制，一般器壁较厚，少量的口部有轮修痕迹，火候较低且不均匀；纹饰以素面为主，少量的表面磨光；颈部多饰指甲纹、刻划纹和附加堆纹；外壁大都有烟熏之痕迹，应为当时鲜卑族独具特色的陶器。故发掘整理者均将其归入早期鲜卑之遗存。

但从以上墓地出土的汉式泥质陶器来看，除下黑沟某地仅出1件夹砂陶罐，无泥质陶器出土，三道湾、二兰虎沟、赵家房子、东大井4处墓地均为标准的汉式陶罐或陶壶，没有晚于这个时期的陶器。

从墓地出土的金、铜饰牌和铜镜来看，三道湾墓地、二兰虎沟墓地、赵家房子墓地均出有鹿纹饰牌，其双鹿纹、三鹿纹饰牌造型基本一致；三道湾墓地、赵家房子墓地、东大井墓地出土的双马纹饰牌相同。此外，上述4处墓地出土铜镜均为“长宜子孙”镜、“位至三公”镜、四乳四禽镜等东汉中晚期常见的铜镜。用这4处墓葬与目前已被学术界所承认的拓跋鲜卑西南迁中留下的呼伦贝尔盟扎赉诺尔古墓群[①]、伊敏河地区3处墓群[②]和通辽市南杨家营子古墓群[③]相比较，其陶器不论是汉代（泥质）陶器和鲜卑（夹砂）陶器均与上述墓地的同类器基本相同。金、铜耳坠的形制及制作方法在伊敏河地区鲜卑墓中有完全相同的特征。从经过考古发掘且出土文物最丰富的三道湾墓地来看，在葬俗上殉牲习俗较呼伦贝尔盟地区同时期鲜卑墓有所减少，汉式陶器、铜镜及其他汉代遗物的数量较上几处墓地有所增加。但我个人认为乌盟地区距东汉王朝较近，经济、文化交流更加便利，应是汉式器物在内蒙古中南部地区墓葬中有所增加的原因。再则，呼伦贝尔地区发现的墓葬，葬俗和随葬品都存在着较多的原始性。从文献记载来看，拓跋鲜卑西南迁历经100余年，除长途跋涉，不可避免地因领土权属问题而发生战争。因此，这些墓地的墓葬年代不应统一定在东汉晚期，有的墓葬时代应早于这一时期。所以，三道湾、二兰虎沟、赵家房子、东大井墓地的年代定在东汉晚期不应有大的错误。

下黑沟墓地虽仅发现1座墓葬，但从其墓葬形制、葬俗和随葬品分析，应与三道湾等墓地为同一时期墓葬。

兴和县叭沟村出土陶器虽然有与三道湾墓地相同的夹砂陶器出土，但所出泥质陶器均为小口长颈、喇叭口或盘口陶器，器表之上在颈腹部多饰水波纹、网状纹和几何纹图案。如M1既出三道湾墓地的B型夹砂罐，也出长颈喇叭口壶，同时还有釉陶器；M3同时出土三道湾墓地B型夹砂罐和盘口长圆腹水波纹壶。

而七郎山墓地则无夹砂陶器出土，均为泥质长颈喇叭口（盘口）壶。

叭沟村、七郎山墓地均不见东汉中晚期铜镜，也无各类饰牌出土。所出泥质陶器在包头市固阳县北魏姚齐姬墓[④]、呼和浩特市大学路北魏墓[⑤]、和林格尔县西沟村北魏墓[⑥]和北魏六镇之怀朔镇（今包头市固阳县城圐圙古城）[⑦]、抚冥镇（今四子王旗乌兰花土城[⑧]子古城）[⑨]、武明镇（今呼和浩特市武明县二份子古城）中是常见之物，其年代应在北魏建国前后。

因此，兴和县叭沟村墓地虽然保留有早期鲜卑的某些特征和风格，但从器物组合分析，应晚于三道湾等4处墓地；而七郎山墓地则不具备早期鲜卑墓葬的特征，而时代应更晚一些。

综上所述，乌兰察布盟目前发现的7处墓地中，三道湾、二兰虎沟、赵家房子、东大井墓地、下黑沟的年代应为东汉晚期，叭沟村墓地的年代应在东汉晚期至西晋前后，而七郎山墓地的年代应

① 郑隆：《内蒙古扎赉诺尔古墓群调查记》，《文物》1961年第9期；内蒙古自治区文物工作队：《内蒙古扎赉诺尔古墓发掘简报》，《考古》1961年第12期。

② 程道宏：《伊敏河地区的鲜卑墓》，《内蒙古文物考古》1982年总第2期。

③ 中国科学院考古研究所内蒙古工作队：《内蒙古巴林左旗南杨家营子的遗址和墓群》，《考古》1964年第1期。

④ 郑隆：《内蒙古包头市北魏姚齐姬墓》，《考古》1988年第9期。

⑤ 郭素新：《内蒙古呼和浩特北魏墓》，《文物》1977年第5期。

⑥ 乌兰察布盟文物工作站等：《内蒙古和林格尔西沟村北魏墓》，《文物》1992年第8期。

⑦ 内蒙古自治区文物工作队、包头市文物管理所：《内蒙古白灵淖尔城圐圙北魏古城调查与试掘》，《考古》1984年第2期；刘幻真：《固阳县城圐圙古城调查》，载包头市文物管理所编《包头文物资料（第一辑）》，1983年。

⑧ 乌兰察布博物馆：《武川县二份子北魏古城调查记》，载内蒙古文物考古研究所编《内蒙古文物考古文集（第一辑）》。

⑨ 李兴盛、赵杰：《四子王旗土城子、城卜子古城再调查》，《内蒙古文物考古》1998年第1期。

在北魏建国前后（附表）。

附表　乌盟地区鲜卑墓地分期表

分期		三道湾墓地	二兰虎沟墓地	赵家房子墓地	下黑沟墓地	东大井墓地	叭沟村墓地	七郎山墓地
Ⅰ	早	○	○	○	○	○		
	晚	○					○	
Ⅱ	早						○	
	晚							
Ⅲ	早							○
	晚							
历史年代		东汉晚期	东汉晚期	东汉晚期	东汉晚期	东汉晚期	东汉晚期—西晋	北魏早期

载于《内蒙古文物考古》2003年第1期

关于"弹汗山"与"歠仇水"的地望

李兴盛　郝晓菲

西汉末年（公元前50—公元5年），拓跋鲜卑在其首领第一推寅的率领下，开始了部落大迁徙——历史上有名的拓跋鲜卑西南迁，于汉章帝章和元年（87年）大败匈奴后，至隋唐王朝建立之前成为内蒙古及中国北方地区的主体少数民族，并且与南方地区南朝历代形成了鼎足之势。在拓跋鲜卑建立北魏政权之前，鲜卑檀石槐军事大联盟的形成，为拓跋鲜卑入主中原建立北魏封建王朝起了奠基的作用。

檀石槐军事大联盟的建立在141—167年，即东汉桓帝时期。据《后汉书》卷九十《乌桓鲜卑列传》记载："檀石槐乃立庭于弹汗山歠仇水上，去高柳北三百余里，兵马甚盛，东西部大人皆归焉。"关于弹汗山、歠仇水的具体地点，历史和考古界至今没有一个明确、统一的认识。但汉代的高柳郡郡址现已考证确定在今山西省阳高县境内。因此，历史、考古学界依据"去高柳北三百余里"的记载，由此向北"三百里"对弹汗山、歠仇水的大体方位进行了推定。其观点主要有以下几种：

第一，杜承武先生认为弹汗山、歠仇水在内蒙古乌兰察布盟察哈尔右翼后旗、商都至兴和县境内[①]。

第二，林幹先生将其推定在河北省尚义县境内[②]。

第三，谭其骧主编的《中国历史地图集》将其标于兴和县东南[③]。

以上考证是依据文献记载做出的大范围上的推断，但对其具体地望没有详明。为此，我们带着上述问题进行了一些思考和推测，以求教于学界。

关于檀石槐军事大联盟时期的立庭之地"弹汗山"与"歠仇水"的具体地点，历史、考古学家据"去高柳北三百余里"的考订在大体范围上是正确的。谭其骧先生主编的《中国历史地图集》将"弹汗山"和"歠仇水"分别标在内蒙古乌兰察布盟兴和县东南的大青山及其东南的东洋河上游，这一观点，在文物普查和几年来的调查与发现中得到了证实[④]。歠仇水即今永定河上游北面两大支

① 乌兰察布市博物馆：《察右后旗三道湾墓地》，载内蒙古文物考古研究所编《内蒙古文物考古文集（第一辑）》，北京：中国大百科全书出版社，1994年。

② 林幹：《东胡史》，呼和浩特：内蒙古人民出版社，1989年。

③ 谭其骧主编：《中国历史地图集》第四册，北京：中国地图出版社，1982年。

④ 常谦：《乌盟兴和县北魏长川古城遗址考略》，《内蒙古文物考古》1998年第1期。文物工作者在兴和县团结乡黄干洼村南2千米处一自然岩石上发现有"开天三皇圣祖大南山海清水泉住坐"等题记，初步断定为鲜卑早期之遗存。

流之一，今名“东洋河”，在今北京市延庆县官厅水库西与南面另一支支流桑干河相汇。东汉、三国（曹魏）时期称“歠仇水”，北魏时期称“于延水”。《后汉书·乌桓鲜卑列传》记载“去高柳北三百余里”，按东汉时期的里计算，相当于现在的423～430.2米，高柳郡（今山西省阳高县）距弹汗山、歠仇水126.9～129.05千米，即125千米的范围之内。按此折算距离和方位，弹汗山、歠仇水的区域应在内蒙古兴和县中南部。内蒙古兴和县的中南部最为高大的山是现在的大青山，其南为东洋河。因此弹汗山应为兴和县之大青山，歠仇水亦即其东南的东洋河。若在察哈尔右翼后旗和商都县境内，则距离均在200千米以上，与史料记载不符。

郦道元在《水经注》“㶟水”条中对于延水流经的地区记述中没有提到弹汗山，这主要是由于弹汗山自身所具有的历史特点决定的。弹汗山作为檀石槐部落大联盟的立庭之地，应是与拓跋鲜卑往来迁徙、居无常处的经济形态相适应的。从《汉书》《后汉书》记载来看，鲜卑族曾多次对内蒙古中南部地区的郡县进行攻掠，但多掠夺财物后即撤回原驻地。自檀石槐起，鲜卑族才开始对其占领区进行有效统治，将所控疆域划分为东、中、西三部并开始扩大疆域，最终形成一个稳固的部落军事大联盟。但其仍然是一种游牧经济形态，过着相对的半定居生活。据此分析，檀石槐的庭帐设置不应该是定居的城市，而是一种符合游牧民族生活特点的大型活动式毡帐。在兴和县发现的团结乡土城子古城（距大青山东约5千米），其年代应在北魏建国前后，是檀石槐大联盟之后该联盟领导人拓跋力微在迁都盛乐之前而建的。这是鲜卑族建立政权前营建定居城市的一个前奏。檀石槐军事大联盟时期，拓跋鲜卑大规模迁至内蒙古中南部阴山以北地区，并在第二推寅（邻）的率领下，举部加入了当时强盛一时的檀石槐军事大联盟，第二推寅被封为西部大人，拓跋部成为联盟中一支强大的势力。檀石槐去世后，拓跋鲜卑首领拓跋力微成为该联盟的最高领导人，建立代政权，在其执政三十九年（258年）迁都至汉代的定襄郡郡治所在地（内蒙古和林格尔县土城子古城），更名“盛乐”。盛乐便成为北魏王朝建立的第一个都城。迁都盛乐后，檀石槐时期的遗存随着政治中心的逐步南移而逐渐消失。因此，郦道元在写《水经注》时因相隔年代久远，无迹可寻，故未提到弹汗山。

经过多年的文物调查，文物工作者在兴和县大青山东南约8千米的叭沟村发现了规模较大的拓跋鲜卑墓地，其年代较早的为东汉晚期[①]。此外，在大青山附近地区的二兰虎[②]、赵家房子[③]、三道湾[④]、商都县东大井[⑤]、察右前旗下黑沟[⑥]等地，均发现了相当于东汉晚期（檀石槐大联盟时期）早期拓跋鲜卑的墓葬群，是迄今发现的拓跋鲜卑西南迁入内蒙古中南地区后的墓葬中数量最多、规模最大的地区。这些墓葬，如三道湾、东大井等墓地出土一定数量的铁矛、铁剑、铁刀、骨弓弭、骨

① 兴和县文物普查组：《兴和县叭沟村鲜卑墓葬》，《内蒙古文物考古》1992年第1、2期合刊。

② 内蒙古文物工作队：《察右后旗二兰虎沟古墓群》，载内蒙古文物工作队编《内蒙古文物资料选辑》，呼和浩特：内蒙古人民出版社，1964年。

③ 盖山林：《内蒙古察右后旗赵家房村发现匈奴墓群》，《考古》1977年第2期。

④ 乌兰察布市博物馆：《察右后旗三道湾墓地》，载内蒙古文物考古研究所编《内蒙古文物考古文集（第一辑）》。

⑤ 内蒙古文物考古研究所、乌兰察布博物馆：《商都县东大井墓地》，载魏坚主编《内蒙古地区鲜卑墓葬的发现与研究》，北京：科学出版社，2004年。

⑥ 郭治中、魏坚：《察右前旗下黑沟鲜卑墓及其文化性质初论》，载内蒙古文物考古研究所编《内蒙古文物考古文集（第一辑）》。

镞、鸣镝等长、短兵器及射杀兵器，具有浓厚的武备特征，反映檀石槐军事大联盟时期战争频繁，也是鲜卑民族尚武精神的真实体现。在文物普查中，在兴和县大青山南麓发现一处题记[①]，这是鲜卑人以弹汗山为中心的一个实物例证。

以上是笔者对弹汗山和仇水地望的一些认识和判断。不妥之处，恳请史学方家批评指正。

载于内蒙古自治区文物考古研究所编：《内蒙古文物考古文集（第三辑）》，
北京：文物出版社出版，2004年

① 常谦：《乌盟兴和县北魏长川古城遗址考略》，《内蒙古文物考古》1998年第1期。

草原丝绸之路——北魏与西域

崔利明

鲜卑是我国古代北方少数民族，属东胡的一支。鲜卑族的拓跋部，曾经在389—534年建立过北魏封建政权，统一了黄河流域，为当时我国北方民族大融合，促进统一的多民族国家的发展，做出了历史贡献。笔者依据文献记载和考古资料，对草原丝路——北魏与西域做一探讨。

沟通欧亚文明的丝路之路，历史悠久。传说在5000年前，轩辕黄帝“游乎赤水北，登昆仑之立”，到过西域。在山西夏县，曾发现仰韶文化时期蚕茧。浙江吴兴曾发现良渚文化时期的绢帛等丝织物。公元前20世纪以前的夏朝初年，中国就已经掌握了养蚕，缫丝，制造丝线、丝带和绢的技术。公元前11世纪商朝晚年，中国已经普遍生产蚕丝，能够织造华美的暗光和多彩的刺绣。公元前3世纪秦以前，中国丝绸已远销希腊，希腊人克泰夏斯称中国为“塞力斯”国。“塞力斯”即蚕，“丝绸”之意。汉武帝时派张骞两次出使西域，到达大宛、康居、大月氏、大夏、乌孙、安息等国，各国也派人随汉使到长安。

自汉代张骞凿空西域，开辟丝绸之路，至今有2100多年。这条线路虽呈现出互相交织的复杂情况，但大体上它是从长安出发，过玉门关后分南、北两道。南道，由玉门关经罗布淖尔、楼兰（即鄯善）、于阗、莎车、疏勒到大宛（今乌兹别克斯坦境内）。北道，由玉门关经东师（今吐鲁番、昌吉等地）、龟兹（今库车拜城境内）、温宿到大宛。南北两道在大宛会合，然后经布哈拉到安息（即波斯，今伊朗），通往大秦（罗马帝国）。这就是所谓“绿洲丝绸之路”。此外，还有另一条古道鲜为人知，我们称它为“草原丝绸之路”。雄踞于中国北方草原上的古代游牧民族，他们有的曾经以中国北方之主的面貌出现在历史上，而且对于中亚文明也曾做出了卓越的贡献。从汉到唐千余年间，活动于北方草原上的历代游牧民族，他们长时间生息于蒙古高原，自大兴安岭到了辽河流域，循阴山，越戈壁大漠，出天山，经西域，趋向中亚、西亚。这时期，在上述地区范围内，曾发现有西方斯基泰式的兽纹青铜牌，与鄂尔多斯、匈奴、鲜卑的兽纹铜牌风格殊异。辽宁北票县燕冯素弗墓中，出土一批与罗马器型相似的玻璃器皿。在讨合气鲜卑墓中出土羽兽纹带饰2件、云饰牌2件、火焰纹饰牌4件。在神兽的肋间描出双翅，本是西亚斯基泰文明的特色。火焰纹也是西亚安息一带器物上常见的纹饰。这些特征都说明鲜卑在幅员广大的地域上进行了文化和经济的交流。在河套平原以东的乌兰察布盟二兰虎沟和北部的达茂旗的鲜卑墓葬中，曾发现过玻璃质的琉球和涂釉陶器，这既说明受汉族文化的影响，同时也隐含着中亚文化的因素。山西大同南郊北魏时窖藏出土一批来自波斯的花式海兽纹洗、高足鎏金铜杯、鎏金银碗等，都富有希腊化风格。在大同地区北魏墓和突厥墓中，发现波斯萨珊王朝狩猎纹银盘。在呼和浩特北郊坝口子村北朝时期白道城附近，出土波斯萨珊王朝银币4枚。在土默特左旗水磨沟，发现东罗马列奥一世时期（457—474年）金币。在武川县西乌兰不浪乡，出土东罗马狄奥多西斯二世时期（408—450年）金币。这些珍贵文物都为阐明草原丝绸之路中西友好往来进行商业贸易、交通的历史提供了重要实物依据。西方物质文化由草原丝路不断流向中国，同时中国的瓷器、茶叶等，以及早已享有盛名的丝绸并驾齐驱，源源不断地远销西方各国。当我们看到波斯等中亚或西亚国家的某些装饰艺术，往往觉得并不生疏，这是因为它已融合了中国文化，相互交流和吸收，促进彼此文化艺术领域变化更新，出现了一种新鲜活泼的雄健气魄。这些反映在宗教艺术文化上则更为明显。

4世纪初，鲜卑的活动范围大体上逐渐集中到今内蒙古和林格尔、凉城和山西大同一带。拓跋第一个政治中心盛乐（今和林格尔北）开始稳定下来，前此的部落联盟组织遂为初期的国家所代替。后又迁都到平城（今大同西北），鲜卑族在草原西迁的沿路上，都留下了他们活动的足迹。这条路有可能自平城北上，但也不能排除自河套地区向西，经“北虏往来要冲”的西海郡（即汉晋之“居延”），抵伊吾、高昌，经西域，趋向中亚、西亚。当时，北魏自东而西沿长城和阴山北一带建有北魏六镇，一方面起防御作用，另一方面也是保障西去商人的安全和草原商路畅通无阻。秦汉之际，匈奴冒顿单于强大，灭东胡，平月氏，降服乌孙，“控弦之士三十余万”。汉末鲜卑大人擅石槐，号称强盛，东败夫余，西击乌孙，“尽据匈奴故地，东西一万四千余里，南北七千里”。三国时期，西域数十个小国互相兼并，出现了东师、焉耆、龟兹、于阗等较大国家。东晋宁康三年（375年），匈奴人西征黑海沿岸，迫使日耳曼人西迁。北魏时，突厥逐渐强大，占据西域及中亚大部分地区，控制了丝绸之路。

当时，鲜卑通行西域的交通工具是很原始的，包括西方使节来往和往商在内，都少不了用牛车或驼车、马和骆驼驮运。

以上大量的文物当是从波斯等国，通过草原丝路而输入鲜卑境内。从新中国成立以来发现的鲜卑时期墓葬及拓跋鲜卑西迁路线看，鲜卑与西方交通线路应从辽西、呼盟、兴安盟、哲盟、赤峰、锡盟、乌盟、阿拉善盟、天山到中亚、西亚，鲜卑的商业活动由初期处在物物交换阶段，逐渐进入货币经济时期。北魏建国后的100年间，一直以谷帛为主要流通手段，租税都是征收实物，官禄也以布帛计算和支付，基本为“一种实物经济，不用货币”。直至太和十九年（495年）北魏才铸行“太和五铢”并允许民间自由铸造。北魏宣武帝永平三年（510年）又铸造“五铢”钱。到孝庄帝永安二年（529年）时，又改铸“永安五铢”。由于当时私铸盛行，劣钱充市，直到北魏末，这3种货币也流通不畅。一些地方使用前朝古币，许多地方仍用布帛交易。北魏始终实行“钱帛兼行”的政策，然而西域此时已开始使用金银铸币了。

魏晋南北朝时期经由丝绸之路与中亚、西亚的商业往来和文化交流日渐加强。新疆的吐鲁番、若羌和甘肃敦煌出土的锦、绮、刺绣、染织品、织成履等，不但纹样多，而且数量大，说明丝织品仍是对外输出的主要商品。中原地区铸造的“位至三公”铭文的铜镜，在中亚的吉斯和塔拉斯都有发现；北周所铸的布帛铜钱，在乌兹别克斯坦的撒马尔罕附近古城遗址中有发现，这都反映了魏晋南北朝时期中原地区与中亚一带的交往。在我国境内属于这一时期的遗物中，发现的西方遗物以波斯萨珊朝银币为最多。此外，还出有少数拜占庭金币。这些银币和金币都是4世纪初至6世纪末铸造的。据文献记载，北魏自太武帝太延元年（435年）年起，不断向西方派遣使臣。455—522年，波斯遣使来北魏，见于记载的即达11次之多。北魏与波斯往来频繁，是波斯萨珊朝银币在新疆吐鲁番和中原地区成批发现的主要原因。

这条草原丝绸之路，当时经商或进行文化交流遗留下来的钱币和其他遗物，均反映了当时草原丝路交通的发达和文化交流的繁盛景象，也是发展中外文化交流、商业贸易的桥梁和纽带。因此草原丝绸之路与我国的河西走廊的丝绸之路一样，为我国的文化交流和商业贸易做出过贡献。

载于《内蒙古钱币通讯》1995年第5期

鲜卑铜鍑的铸造工艺考察及其技术变迁的讨论

刘彦琪　李树国

铜鍑，亚欧草原游牧居民使用的一种带喇叭形圈足的深腹有耳铜器，从我国黄河流域到欧洲多瑙河流域皆有出土，是较有代表性的草原青铜器。铜鍑在我国境内主要出土于新疆、陕西、山西、内蒙古和东北地区，时代自西周末期到北魏。当前已有不少对亚欧草原出土铜鍑的考古学研究，但对于这种器物的制造技术则较少谈及。笔者对乌兰察布市博物馆和山西艺术博物馆所藏两件鲜卑铜鍑的铸造工艺进行了考察，对其制造工艺的源流和技术变迁的机制进行了探讨。

图一　乌兰察布博物馆藏鲜卑铜鍑

图二　山西艺术博物馆藏鲜卑铜鍑

乌兰察布市博物馆所藏铜鍑（图一），出土于内蒙古商都县东大井东汉晚期拓跋鲜卑墓地。器物当前为破碎残缺状态，经初步拼对，可知器物为鼓腹造型，两环耳立于口沿之上，圈足上有大镂孔。山西艺术博物馆所藏铜鍑（图二），形制与内蒙古土默特左旗砖室墓出土铜鍑类似，深筒腹，高圈足，大镂孔，时代为北魏早期①。铜鍑是匈奴文化较为典型的代表。匈奴人的铜鍑圈足无镂孔，而鲜卑铜鍑的显著特征是大镂孔的圈足。制作匈奴铜鍑所用的铸型结构（图三），双合范F1、F2加两块芯X1、X2，芯上自带芯头，芯头与范上的芯座配合，使泥芯得以固定。两范芯座Z1夹持泥芯X1自带的芯头T1，防止范、芯之间发生错位，耳部型腔加工在芯头T1上，使铸后的立耳位于口沿之上，由于这种结构链接强度较差，因此器物破损也容易出现在这个部位；两范芯座Z2夹持圈足泥芯X2自带的芯头T2，防止范、芯之间的错位。铸型组装后，熔化金属铸出铜鍑。制作鲜卑铜鍑时所用的铸型结构与制作匈奴铜鍑的铸型结构不同之处在于芯X2’带有凸起的泥芯撑C，双合范F1和F2直接落在芯头T2’的水平分型面上（图四），这样的结构使芯的定位更准确，并且能够铸出圈足上的大镂孔；耳部型腔E’加工于范的芯座Z1’上，这样铸成器物的耳部不再立于单薄的口沿上，而是附在口沿外侧，增加了耳部与器物的接触面积，使铸成的器物更加结实。

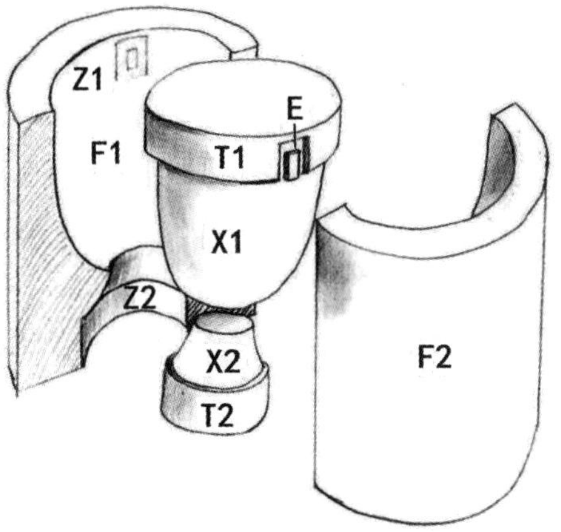

图三　匈奴铜鍑铸型结构

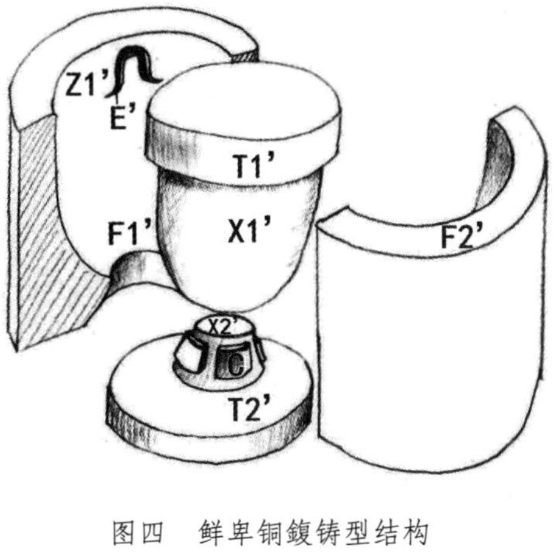

图四　鲜卑铜鍑铸型结构

① 李逸友：《内蒙古土默特旗出土的汉代铜器》，《考古通讯》1956年第2期，第60页。

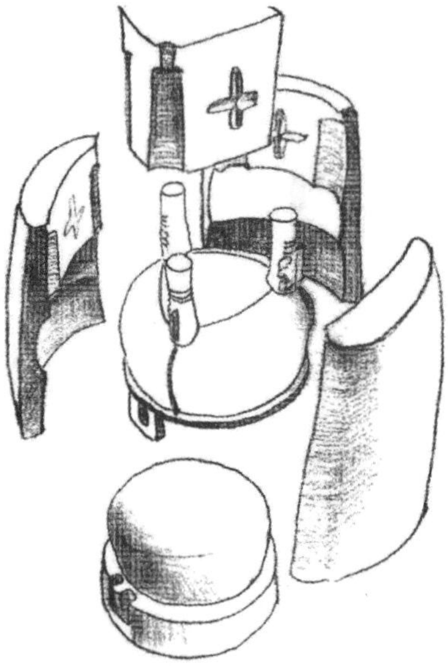

图五　西周圆鼎铸型结构

图六　山西艺术博物馆藏商代塞伊玛-图耳宾诺式矛

图七　制作带銎武器的双合范加泥芯的铸型结构

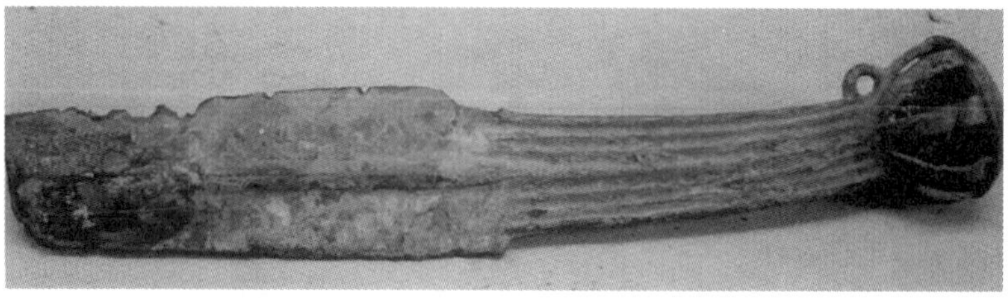

图八　商周之际的晋陕地区的铃首短剑

图九　铃球

从铸型结构的整体特征看，匈奴铜鍑与鲜卑铜鍑皆采用双合范结构，迄今所见从鄂尔多斯到中欧出土的小型铜鍑，大多是由双合范铸造，制作技术单一、稳定。这与商周时期中原地区青铜容器的块范铸造技术截然不同。商代的四足方鼎至少需要4块范和1块芯（有些分型方式还需要多加1块底范）（图五）。西周三足圆鼎则需要3块外范、1块底范另配合1块型芯的铸型结构，最为简化的铸型结构也需要3块外范另加1块芯。

从匈奴式铜鍑到鲜卑式铜鍑，极简的双合范的铸型结构设计始终没有大的改变，反映在器物造型上，就是鲜见型式之突变，细小的差异多体现在纹饰和装饰物上，如方耳或环耳上的蘑菇状凸起、兽形耳等，这些装饰比器物的造型本身更能体现出亚欧草原游牧民族的信仰。而中原青铜器则截然不同，商代的四足方鼎、三足爵、三足斝、四足方斝，西周的三足圆鼎等造型各异，与其对应的则是多样化的范铸技术与更为复杂的铸型结构。中原青铜容器的礼器属性，借由器物表达出的复杂而多样的象征意义而体现出来。这可能折射出商周中原文化的信仰系统较之草原民族更为复杂。反映到青铜容器上，不同的祭祀需求，必须要求不同的造型，比如《周易》中奇偶数与自然界的对应关系：奇数为阳，对应天、男性、生者；偶数为阴，对应地、女性、亡者。那么，对于青铜容器的多样化造型的需求，可能意味着信仰已不再是巫术和萨满，四足方鼎用于祭祀母系或大地和对亡者的重视，三足容器用于祭祀父系或天和对生者的重视。而信仰萨满教的草原民族，则仅仅将青铜容器看作巫术的道具，并未给青铜器物的多样化造型赋予象征意义，自然无须为了追求青铜容器的多变造型而发展更为复杂的青铜器铸造技术。

除内蒙古地区出土的草原铜器，桂、滇、陇、蜀等地也广泛采用双合范铸造地方特色的青铜器，如桂、滇的铜釜、铜鼓、鐎壶，蜀地的鍪等。在青铜技术相对落后于中原地区的地带，常常有习惯使用最简化的双合范铸造容器的倾向和技术特征。这可能和这些地区更早的时候所接受的使用双合范铸造实用工具和武器的技术传统有关。山西艺术博物馆藏商代塞伊玛–图耳宾诺式倒钩矛（图六），体现出早期青铜器的典型技术特征，使用双合范F1和F2和泥芯N的铸型（图七），泥芯上的芯头T被范上的芯座Z夹持，确保泥芯不会与范发生错位，使金属液能够在型腔Q内顺利完成充型，铸造出带有空心銎的兵器。这种原始的铸造技术和图三所示匈奴铜鍑在分型设计、铸型定位、陶笵生产工艺上是一致的，带銎武器是匈奴容器铸造技术的雏形。然而，这种较为原始的铸型结构设计，因循扁平状武器的铸型技术，因此极大地限定了器物的造型设计。想要让泥范顺利脱模，匈奴式铜鍑的深筒腹部、立于口沿上的扁耳和喇叭口状圈足等造型，几乎是最合理的也是被材料和工艺所限定的必然的设计。也就是说，草原民族所使用的这种双合范配合芯的铸型结构，极大地限制了器物造型设计的多样性。

亚欧草原广大地带所出铜鍑造型上的相似性、技术延续的稳定性是值得进一步讨论的问题。从青铜器生产实践的角度来看，技术在那个知识传播媒介极其有限的时代显然只有通过工匠传承，因此，工匠的流动和迁移如同器物被带到他处一样，也会反映在如今我们所见到的物质文化上。探讨亚欧草原物质文化的变迁，除了考虑器物随游牧居民进行迁移，还需考虑另外的因素，就是工匠随游牧居民一起迁移的途中，在不同地点留下他所掌握的生产技术的产物。对于前一种考量，将器物带到别处的游牧居民或流动的贸易者，并不一定掌握生产技术，也就不能在他处进行再生产，那么，他带到别处的器物和留在原地的器物在样式上保持一致似乎更为合理，因为他最初的生产并不能预见未来的产品交换者喜好什么形式的器物。对于后一种考量，携带生产技术的工匠，可以使用类似的技术，在不同地点，生产出形式和装饰有所差异的器物，这种差异则是由不同地区、不同文化的居民对器物功能的要求不同或喜好而决定。因此，在讨论器物形式的变迁与联系时，工匠是必须考虑的因素。关于工匠迁移的必要性，除了其游牧民族的属性，就是为了生计而必须为之。当工匠在草原地带的某处制作完成了某类产品，其需求量暂时已被满足或需求者已迁移他处，工匠的技术服务不再能交换生产和生活资料，他就势必迁移到其他草原地带进行新的再生产行为。由于产品质量依赖于成熟的经验，使得迁移着的工匠所携带和使用的技术在很长时间内能够保持稳定。这一点不同于中原地区铸铜作坊内的专业化铸工，他们不像游牧民族的工匠那样，可以在迁移途中寻找市场而维持生计，只能固定在某处，通过技术的不断革新提供越来越多样化的手工产品，用以交换必需的生存资料。从这个角度来看，工匠为了生存需求而进行的技术革新推动着物质文化的变迁。

如前文所述，草原游牧民族工匠的技术在很长时间内能够保持稳定，因其不像固定作坊内的专业铸工需要推动技术革新满足新的喜好，因此，草原游牧民族工匠的技术变革的主要途径是在迁移途中与当地技术发生融合。山西艺术博物馆所藏商代晚期铃首短剑（图八），商周之际流行于晋、陕的黄河两岸地区，形制为曲柄上带精致的多瓣铃首。铃球造型的制作（图九），需要掌握芯撑技术才能完成。而鲜卑铜鍑不同于匈奴铜鍑的典型特征的圈足大镂孔，也需要同样的芯撑技术才能达成。北匈奴西迁后，鲜卑迅速占领了草原地带，随即进入黄河流域，中原青铜器制作技术中已经成熟使用的芯撑技术被鲜卑铸铜工匠所学，形成了新样式的鲜卑铜鍑。

载于《草原文物》2017年第2期

鲜卑文物艺术初探

张　涛

广袤无垠的乌兰察布草原地处内蒙古中部，在历史的长河中，这里是一个多民族的聚居区。考古发现，早在旧石器、新石器时代，先民们就繁衍生息在这块土地上，他们开发了狩猎业、畜牧业、农业，为文明时代的到来创造了条件。据文献记载，夏商周时期有土方、鬼方、林胡、楼烦，战国秦汉时期有林胡、匈奴，魏晋南北朝时期有柔然、鲜卑，隋、唐、辽、金、元、明、清时期相继有突厥、回鹘、契丹、女真、蒙古、满等。众多民族在该地区的开发，为推动社会的进步、历史的发展做出了重大贡献并留下了珍贵的文化遗产。本文只撷取这沧海中的一粟，为您介绍乌兰察布的鲜卑族文物艺术。

鲜卑是我国古代东北东胡系的一支少数民族。公元前3世纪，东胡部落联盟为匈奴族所破，东胡的一部分融于匈奴族，一部分迁徙到乌桓山、鲜卑山。乌桓占据乌桓山，鲜卑占据鲜卑山，“因山为号”，分别称为乌桓和鲜卑。鲜卑族分为拓跋鲜卑、段氏鲜卑、慕容鲜卑、宇文鲜卑等。南迁较早的慕容鲜卑在中国历史上建立过前燕、后燕、西燕等政权。拓跋鲜卑从大兴安岭南迁进入匈奴故地，进而入主中原，建立了中国历史上第一个由少数民族为统治民族的北魏王朝。鲜卑族在吸收北方匈奴等游牧民族文化和汉族农耕文化的基础上形成了别具一格的鲜卑文化。

乌兰察布境内有北魏时期的“六镇”中的抚冥镇（四子王旗库伦图城卜子古城）和柔玄镇（察右后旗白音察干镇东北古城），有察右后旗韩乌拉乡的二兰虎沟、赵家房子、三道湾鲜卑墓群等一批鲜明的鲜卑遗迹、遗存。在察右后旗三道湾清理发掘的墓葬中，出土有双马纹金饰牌、马纹金饰牌、三鹿纹金饰牌、双鹿纹金饰牌、单鹿纹金饰牌、骆驼形金饰牌、带钩、耳坠、花饰、片饰、纹饰等物件。这些金器上所见的马、鹿、骆驼等动物形象在同一墓地的铜饰牌及同一时期的其他墓内出土的铜饰牌上都有；饰牌的形制相同，但质地不同，因此可以推测这属于鲜卑族的传统爱好，是草原游牧民族习见的动物。

在西晋到北魏时期的鲜卑族文物中，也有一些动物纹金饰牌和动物形金饰牌，其中除有马、鹿等动物，还出现了一种“似马非马，其声类牛”的神异动物。而这类形象的文物从乌兰察布博物馆藏的金牛头鹿角饰和金马头鹿角饰中就可以显现。这些金饰脸首为牛、马动物原形，但在头顶都有多只角向上伸出，犹如一棵盘曲多枝的连理桂树，又像鹿角，上嵌珠宝料石，用鱼子纹相连，并且每个枝梢圈成一环，各悬桃形金叶一片。它的作用可认为是步摇冠上的一种装饰。《后汉书·舆服志》说皇后祭庙戴步摇冠，“以黄金为山题，贯白珠为桂枝相缪，一爵九华，熊、虎、赤罴、天鹿、辟邪、南山丰大特六兽”。从这里我们知道制作摇冠的原料是黄金。而“山题”是指“山”字形装饰，作为冠饰的前额。“贯白珠”是指镶珠宝料石，鱼子纹即表示贯珠，这种工艺与装饰在汉代就有了。“为桂枝相缪”就是树枝屈曲连理相交。“一爵九华”指冠饰上的鸟与花。兽饰在古代有辟邪和祥瑞的作用，而这些以牛羊鹿角和马头鹿角为步摇冠就可以说明这一点。步摇冠的兴盛是晋代以后。据专家考证，大概在慕容部活动的范围内，都有戴步摇冠的风习，而且品类很多。步摇冠上桃形金叶片的装饰，在北朝晚期到隋代，还用于佛的背光，原义象征火焰与光明。可见古代北方民族喜爱步摇冠，除了装饰美，还出于一种信仰。唐代以后，北方民族中又兴起“菩萨冠”，用意就更明确了。

与之同时出土的还有一件金龙项饰，它做工复杂，纹饰精细，龙头十分形象，龙身上还存有7件附加装饰。龙是中国历史中常见的神话动物，既见于中原地带，也见于北方草原地带，古代匈奴族、鲜卑族都有龙纹饰牌。同时龙还是最高权力的象征，故以龙为装饰，也为古代北方最高统治者所喜用。

通过这些精美的文物，让我们认识了北方草原民族的辉煌历史，了解了鲜卑人留下的各种异兽金牌饰，表现出的民族个性和强盛的生命力，也反映了鲜卑文化是当时大漠南北草原游牧文化的代表，在民族大融合中起到了重要的历史作用并对中华民族文化艺术的发展产生过深远的影响。

载于《内蒙古艺术》2002年第2期

四子王旗土城子、城卜子古城再调查

李兴盛　赵　杰

乌兰察布博物馆（原乌盟文物工作站）在三年文物普查工作的基础上，对乌盟后山地区北魏遗存较为丰富的武川县、四子王旗又进行了一次专题调查，对“六镇”之一武川镇的地望提出了新的看法[①]。现将四子王旗境内的乌兰花土城子古城和库伦图古城复查结果报告如下。

一、乌兰花土城子古城

（一）地理位置及保存现状

古城位于四子王旗乌兰花乡土城子村南，北距旗政府所在地乌兰花镇约6千米一较小的山间盆地之内，四周被低山丘陵所环抱，古城之东地势较为开阔，城的南、北两面各有一由东向西流的季节河，两河在古城的西北汇合后注入西拉木伦河。

古城内部地势平整，略呈东高西低，内除数处因老乡取土挖下的深坑，其余皆被辟为耕地。

古城平面呈方形，边长900米，方向5度。古城除东北角被老乡建房破坏，其余保存较好（图一）。

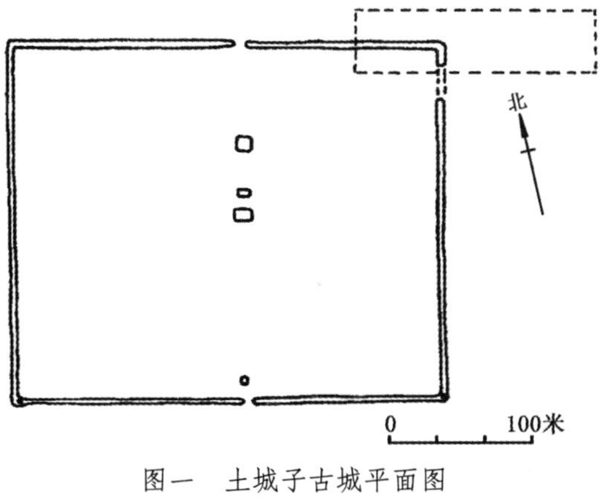

图一　土城子古城平面图

① 乌兰察布博物馆：《武川县二份子古城调查记》，载内蒙古文物考古研究所编《内蒙古文物考古文集（第一辑）》，北京：中国大百科全书出版社，1994年。

东墙　残高1～4米，除北段约90米被挖掉作为现代路，其余保存较好。从城墙断面观察，城墙基宽约12米，顶部残宽2～3.2米。夯层厚12～15厘米，夯层土质坚硬，上半部为黄色砂性土，内含较多的碎石块；下半部土色灰黄，内含少量的料礓石块。个别夯层呈五花土状，黏性较大。

南墙　残高1～5米，保存基本完好。夯层厚10～12厘米，土质坚硬，土色灰黄，内含有较多的黄土结核、碎石块等。在调查中我们对南墙断崖处夯层做了小面积解剖，夯面平整，夯窝比较清晰，圆形，直径11～12厘米，夯面呈圆弧形，分段夯筑比较清晰。在该墙正中设置一城门，现存宽度4.2米。在城门的周围散布有少量的砖、瓦等建筑材料。

西墙　残高1～3米。从北段暴露夯层观察，基宽约10米，夯层厚11～13厘米，土色灰黄，内较纯净，石质坚硬。

北墙　残高1.5～3.5米。西段被老乡建房和菜窖所破坏，但仍残留有城墙痕迹。从城墙断面观察，夯层厚11～13厘米，土质坚硬细腻，略有黏性，呈黄色。

城内遗迹大部分破坏，仅在古城的中部，南北向保存有3处建筑基址，编号为1～3号。

1号基址　破坏严重，仅存一圆形土丘。南北长30米，东西宽30米。在遗址的西部散布有较多的建筑材料。

2号基址　北距1号基址80米，保存较好。基址平面呈长方形，东西长30米，南北宽20米，残高5～7米。基址暴露遗物较少，只在其周围散布有少量的建筑材料。

3号基址　北距2号基址30米，保存较好。基址平面呈长方形，南北长38米，东西宽30米，残高约1米。基址上面及周围散布有大量的建筑材料，以板、筒瓦为主，还有少量的砖等。

（二）城内遗物

城内地表暴露遗物不很丰富，分建筑材料和生活用品两类。

1.建筑材料

建筑材料多集中3个建筑基址的周围，有砖、瓦、瓦当、滴水等。

砖　数量较少，皆残。灰色，素面，质地坚硬，火候较高。宽17厘米，厚5厘米。

瓦　分板瓦和筒瓦两种。板瓦，制作较为粗糙，灰色，火候略低。平面呈梯形，方头，头部略窄于尾部，头部宽12厘米。外壁素面，内壁布纹，残长31厘米，厚1.7厘米。弧是圆的1/8。筒瓦，子母口，灰色。外壁以素面为主，部分表面作纵向压光。内壁饰布纹。残长23厘米，宽14.5厘米，厚2.2厘米。弧是圆的1/2。

滴水　皆为条形带状，灰色，个别因火候较低，呈褐色。外壁素面，内壁布纹，头部用手指压成水波纹状。厚1.8厘米。

瓦当　多为莲花纹瓦当，少量为兽头瓦当。莲花纹瓦当，地表暴露较多，圆形皆残，缘部凸出，中部乳突，区间饰数量不等的莲花纹，花瓣有尖状和弧状两种，个别中间有花耦纹（图二，1、2、3）。兽头瓦当，皆残损严重，兽头图案漫漶不清。

生活用品　皆为陶器。陶器均为泥质灰陶，轮制，火候较高。纹饰以素面为主，少量的有压印几何纹、花草纹等（图二，4、5、6、7）。采集标本器型有直口瓮、高领罐、壶等。

直口瓮　直口微向外敞，圆唇，高领，口内侧有1周凸棱，腹外胀。标本口径38厘米（图三，1）。

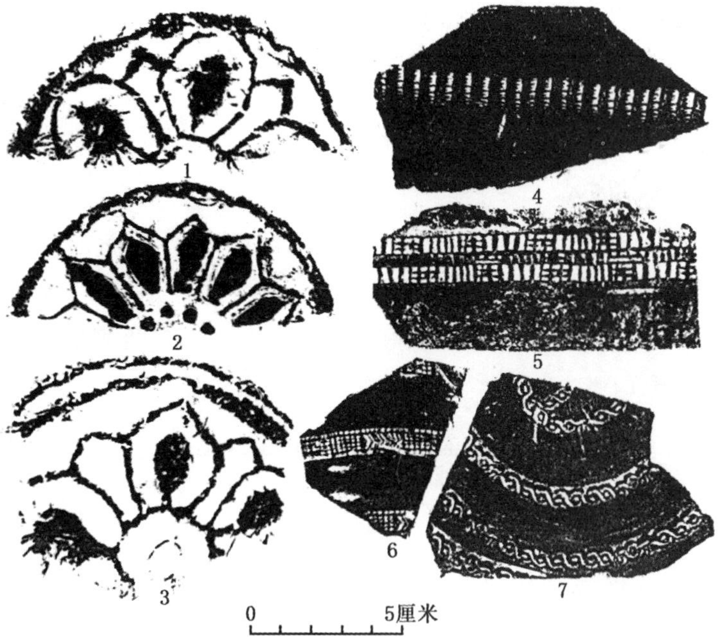

图二　土城子古城陶器纹饰拓片

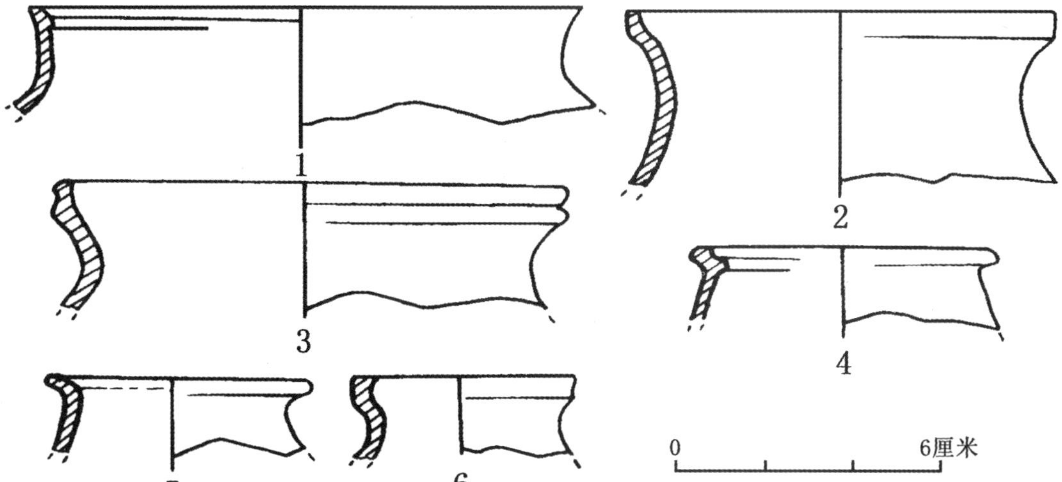

1.直口瓮　2.A型高领罐　3.B型高领罐　4.A型壶　5.B型壶　6.C型壶

图三　土城子古城器物图

高领罐　分2型。A型，口部微作盘口，圆唇，唇外侧有一凹槽，高领，束颈，颈内壁泥条盘筑痕迹明显。标本口径36厘米（图三，2）。B型，盘口，圆唇，高领，束颈，颈外侧折角明显。标本口径30厘米（图三，3）。

壶　分3型。A型，盘口，方唇，短颈，腹外胀。标本口径16厘米（图三，4）。B型，敛口，圆唇，短折沿，沿面作平面，高领。标本口径18厘米（图三，5）。C型，盘口，短颈，颈部呈敛口状。标本口径22厘米（图三，6）。

二、库伦图城卜子古城

（一）地理位置及保存状况

城卜子古城位于四子王旗库伦图乡政府所在地东南约1千米，西南距旗政府所在地乌兰花镇约30千米的一个四面环山的小盆地内。北约500米处有一条东西向的河流，城的东、南、北三面紧邻低山，西面相对较为开阔。古城大部分保存较好，平面呈方形，东西宽420米，南北长455米，方向3度。略呈西南高、东北低（图四）。

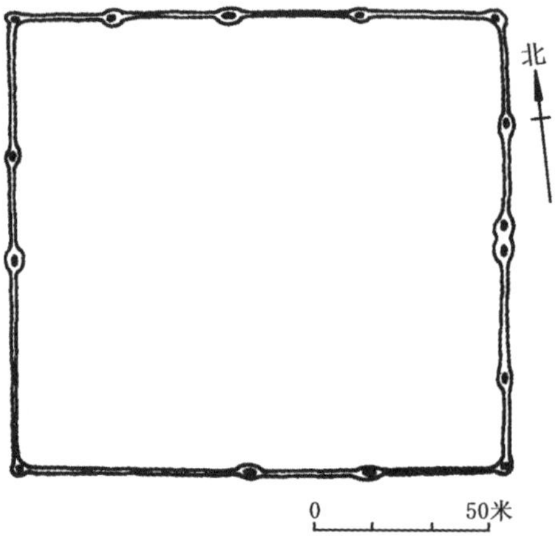

图四　库伦图城卜子古城平面图

东墙　保存较差。长455米，残宽5～6米，残高1～1.5米，方向3度。从墙的断面观察，夯层厚11～13厘米，土质坚硬，呈黄色，内较纯净，只含有少量的碎石块。该墙共保存有3个马面，间距80～100米，现为圆丘形。马面高出墒面0.5～1米，突出墙面6～8米，宽5～6米。此外，东北角楼保存较好，高山墙面约2米，基本可以看出其方形的痕迹，边长约12米。

南墙　保存较好，只是顶部已辟为灌溉水渠。基宽约8米，残高2～3米。从断面观察，其夯层土质、土色皆同东墙、南墙。墙体之上也保存有3个马面，间距80～100米。马面高出墙面1～1.5米，突出墙体6～8米，宽约6米。东南角楼也较清楚，高出墙面约1.5米。

西墙　保存较好。长455米，宽8～10米，残高1～3米。该墙共保存有两个马面，间距约100米。

北墙　保存较好。长420米，宽3～10米，残高1～2.5米。该墙夯层清晰，厚12～13米，土质土色同东墙。共保存有3个马面，其间距为70～90米。

城内已全部辟为耕地，在调查中没有发现建筑遗迹。

（二）城内遗物

城内地表暴露遗物只有少量的陶器及建筑材料。

陶器　均为泥质灰陶，轮制，火候较高。纹饰以素面为主，也有一定数量的水波纹、细凹弦纹、菱形纹、圆点纹、几何纹等（图五）。器型有瓮、罐、壶、盆等。

图五　库伦图城卜子古城平面图

瓮　直口，方圆唇，矮领，口内侧有一凸棱，腹外涨，颈部饰数道菱形纹。标本口径36厘米（图六，3）。

罐　盘口，方圆唇，矮领，束颈，素面。标本口径20厘米（图六，2）。

壶　喇叭口，长颈，圆唇，短折沿，沿面作平面，颈部饰圆圈纹1周。标本口径18厘米（图六，4）。

盆　敞口，沿外折，沿面呈弧面，沿内侧有一小凸棱。素面。标本口径48厘米（图六，1）。

建筑材料　仅见少量的筒瓦。灰色，外壁素面，内壁饰布纹，厚1.5厘米。

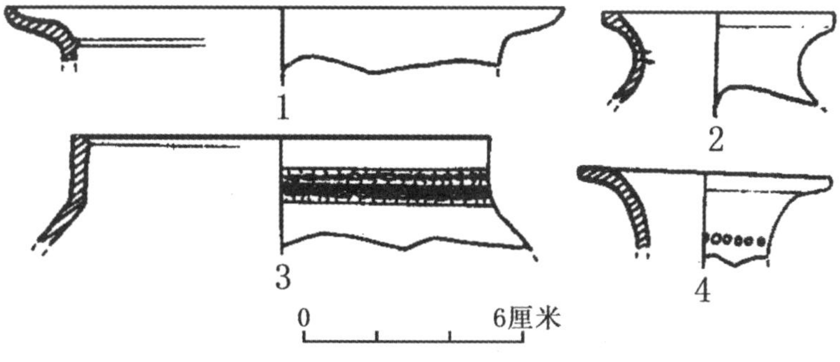

1.盆　2.罐　3.瓮　4.壶

图六　库伦图城卜子古城器物图

三、几点认识

（一）古城的年代

四子王旗乌兰花土城子古城和库伦图古城卜子城，内蒙古文物考古研究所的张郁先生在20世纪

50年代做过调查并做了简要报道。[①]经过这次复查，从城卜子古城地表采集的文物来看，多为高领罐和束颈盘口壶，这类器物于大青山北麓的呼和浩特市武川县二份子古城（武川镇）[②]、乌兰不浪古城[③]、包头市达茂旗希日穆仁城古城[④]、呼和浩特市大学路北魏墓[⑤]、和林格尔县西沟村北魏墓[⑥]、包头市土右旗北魏姚齐姬墓[⑦]等出现的器物一致，为内蒙古地区北魏古城及墓葬中常见的器物一致。所出的莲花纹瓦当与包头市白灵淖尔乡城古城[⑧]所出的瓦当基本一致。板瓦头部用手指压成水波纹的特点也是北魏板瓦独有的特点。古城的夯层厚度也与上述古城的厚度一致。因此，我们初步判断该古城的上限年代为北魏。古城内同时还散布有少量的篦纹陶片。从目前考古发现来看，篦纹陶片在内蒙古地区为辽代陶器上所独有的装饰花纹，兽头瓦当也为唐代以后出现之物。所以古城在辽代可能有短时期的使用。

城卜子古城地表遗物较少，地表散布的盘口束颈壶、盘口罐和陶盆与上述古城及墓葬出土器物及夯层结构、厚度等完全相同，特别是装饰在陶器上的水波纹和几何纹饰亦具有明显的北魏特征。综上所述，城卜子古城也应是北魏时期的古城。

（二）关于抚冥镇地望的初步考证

抚冥镇地望的考证，有的学名认为在今四子王旗库伦图城卜子古城[⑨]，有的学者将其确定为乌兰花土城子古城和库伦图城卜子古城其中之一[⑩]，也有学者认为“库伦图城卜子即第四镇柔玄镇或大安郡之属邑；乌兰花土城子即第三镇抚冥镇，或为朔州以东之大安郡城所在地”[⑪]，还有的学者认为在今察右后旗南部[⑫]。那么这两个古城中到底哪个是抚冥镇呢？

拓跋鲜卑建立封建王朝之后，经常受到位于其北部日益强大的柔然族的侵扰。为了解决北边的不安定因素，北魏太武帝（拓跋焘）太平真君七年（446年）六月“丙戌，发司、幽、定、冀四州十万人筑畿上塞围，起上谷，西至于河，广袤皆千里”[⑬]，其北部修筑了东起河北赤城，西至巴盟五原，长达千余千米的长城“畿上塞围”，在长城沿线加强了镇城建设，建成了历史上有名的“六镇”，用以护卫首都平城的安全（图七）。

---

① 张郁：《内蒙古大青山后东汉北魏古城遗址调查记》，《考古通讯》1958年第3期。

② 乌兰察布博物馆：《武川县二份子古城调查记》，载内蒙古文物考古研究所编《内蒙古文物考古文集（第一辑）》，北京：中国大百科全书出版社，1994年。

③ 张郁：《内蒙古大青山后东汉北魏古城遗址调查记》，《考古通讯》1958年的3期。

④ 包头市文物管理处、达茂旗文物管理所：《达茂旗希日穆仁城圐圙古城调查》，载内蒙古文物考古研究所编《内蒙古文物考古文集（第二辑）》，北京：中国大百科全书出版社，1997年。

⑤ 郭素新：《内蒙古呼和浩特北魏墓》，《文物》1977年第5期。

⑥ 乌兰察布盟文物工作站、和林格尔县文物管理所：《内蒙古和林格尔西沟子村北魏墓》，《文物》1992年第8期。

⑦ 郑隆：《内蒙古包头市北魏姚齐姬墓》，《文物》1988年第9期。

⑧ 内蒙古自治区文物工作队、包头市文物管理所：《内蒙古白灵淖尔城——北魏古城遗址调查与发掘》，《考古》1984年第2期；刘幻真：《固阳县城——北魏古城调查》，载包头市文物管理所编《包头文物资料（第一辑）》，1983年。

⑨ 李逸友：《论内蒙古考古》，载内蒙古文物考古研究所编《内蒙古文物考古文集（第一辑）》。

⑩ 周清澍主编：《内蒙古历史地理》，内部资料。

⑪ 张郁：《内蒙古大青山后东汉北魏古城遗址调查记》，《考古通讯》1958年第3期。

⑫ 姚桂轩：《沃野、怀朔、武川三镇》，载包头市文物管理所编《包头文物资料（第一辑）》，1983年。

⑬ 魏收撰：《魏书》卷四下《世祖纪下》，北京：中华书局，1974年，第101页。

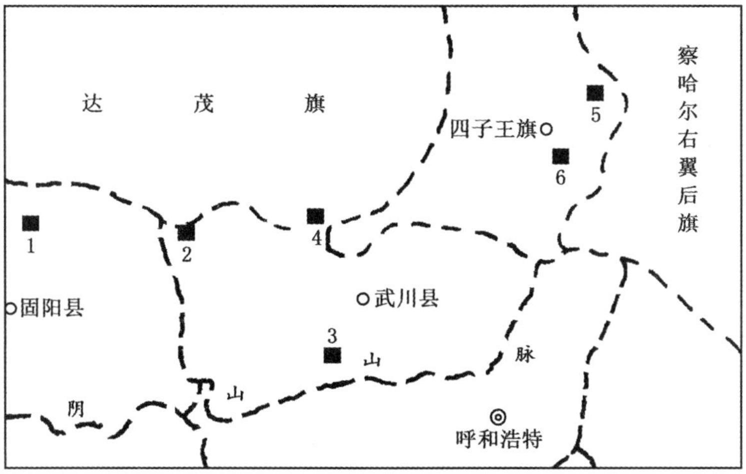

1.白灵淖尔古城　2.二份子古城　3.乌兰不浪古城　4.城圐圙古城　5.乌兰花土城子古城　6.库伦图古城

图七　北魏古城分布示意图

抚冥镇作为北魏的重要城镇之一，在北魏王朝的北边防御中有着极其重要的作用和战略意义，因此在《魏书》中记载频多，但皆不见其准确方位和隶属的记载。只有两条史料对我们分析和判断抚冥镇的位置有所提示。第一条是《魏书》卷七下，魏孝文帝（拓跋宏）于太和十八年（494年）秋七月“甲辰，行幸阴山，观云川。丁未，幸阅武台，临观讲武。癸丑，幸怀朔镇。乙未，幸武川镇。辛酉，幸抚冥镇。甲子，幸柔玄镇。乙丑，南还”。第二条是清《绥远通志稿》卷一上记载：“再东抚冥，约值今四子部之东界。斯为最初置镇之大概。”因乌兰花土城子古城和库伦图城卜子古城都位于四子王旗的东界，实际上第二条史料对判断两者之间哪一处为抚冥故城则意义不大。但第一条史料为我们提供了一个魏孝文帝巡幸“六镇”的时间表，其中由武川镇到抚冥镇共用了3天时间，当然这不全是行程的时间，在3天中还应有诸多视察、阅兵、处理边疆事务的时间。但从武川镇（今武川县二份子古城）到乌兰花古城子最近也有150千米，而到库伦图城卜子古城则最少也有200千米。依当时的交通工具和庞大的銮驾仪仗队伍，其每小时的行程不应超过10千米。依此计算，到乌兰花土城子古城最少也得近2天的时间，而到库伦图城卜子古城则需要2天多的时间。从上述分析来看，魏孝文帝到达城卜子古城几乎没有处理各种事务的时间，而到乌兰花土城子古城在时间上则具备相对充足的优势。因此，乌兰花土城子古城较有可能是抚冥镇的故城址。《中国历史地图集》亦将抚冥镇标在乌兰花镇东南大约10千米的地方，正好是土城子古城的位置。

从两座古城出土的遗物来看，都应为北魏迁都平城前后的典型遗物，两者在时间上不应有大的早晚关系。再从两个古城的规模来看，乌兰花土城子古城在面积上虽略小于已考证出的怀朔镇（包头市固阳县白灵淖尔城古城），但大于武川镇（武川县二份子古城）；而库伦图城卜子古城其边长只有400多米，距目前已知六镇中面积最小的武川镇每边还少200多米，作为著名的“六镇”之一的军事镇城，在面积上也显得略小，其规模在北魏时期只是一个县级建制的城市规模。据《魏书·官氏志》记载：“旧制缘边皆置镇，都大将统兵备御，与刺史同。城隍、仓库皆镇将主之，但不治。故为重于刺史。”说明镇守六镇的大将地位在当时很高，权力也很大。又北魏道武帝拓跋珪的后裔拓跋继（字世仁），在高祖时，曾任抚冥镇都大将，同时还管理着柔玄、怀荒二镇的军事事务：

“高祖时，除使持节、安北将军、抚冥镇都大将，转都督柔玄、抚冥、怀荒三镇诸军事，镇北将军，柔玄镇大将。”[①]因此，所筑镇城的面积也不可能太小。综上所述，我们初步推断，乌兰花土城子古城为抚冥镇故城，库伦图城卜子古城则应是当时根据某种需要增筑的与军事防御设施有关的古城。

上述观点是我们在整理资料过程中的一些认识和体会，不妥之处，敬请专家及考古界同仁批评指正。

载于《内蒙古文物考古》1998年第1期

① 魏收撰：《魏书》卷十六《道武七王列传》，第401页。

察右前旗豪欠营第六号辽墓清理简报

乌兰察布盟文物工作站

1981年10月，内蒙古自治区乌兰察布盟文物工作站在察哈尔右翼前旗豪欠营大队湾子山清理辽代墓葬3座，编号M2、M3、M6。墓地位于集宁市西南20余千米、旗政府所在地土贵乌拉镇西北约35千米（图一）。

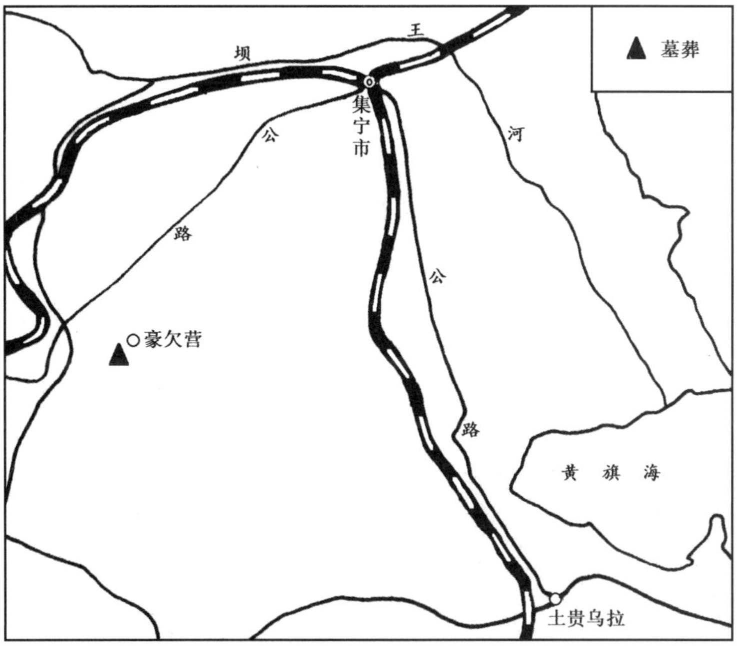

图一 豪欠营辽墓地理位置示意图

这里群山环抱，丘陵起伏，具有远古火山喷发所形成的地貌特点。墓地背山面谷，形若簸箕。东南面出口处有圆形山丘两座，如同墓地前的“双阙”。墓地南北长210米，东西宽 120米。经初步勘察有10座墓，其中7座在1972年遭到破坏。每座墓葬的地面都有一个长“凸”字形的石砌边框，宽处在西，下为墓室；窄处在东，下为墓道（图二）。

M6在墓地最南边。墓顶有盗坑，直径 3.5米，深约1米。地表石砌边框的墓室以上部分长8.3米、宽5.5米，墓道以上部分长7米、宽 2米。发掘工作在10月中旬进行，出土以铜丝网络、鎏金铜面具为特殊葬服的完整女尸1具，以及瓷器等随葬品。清理结果简报如下。

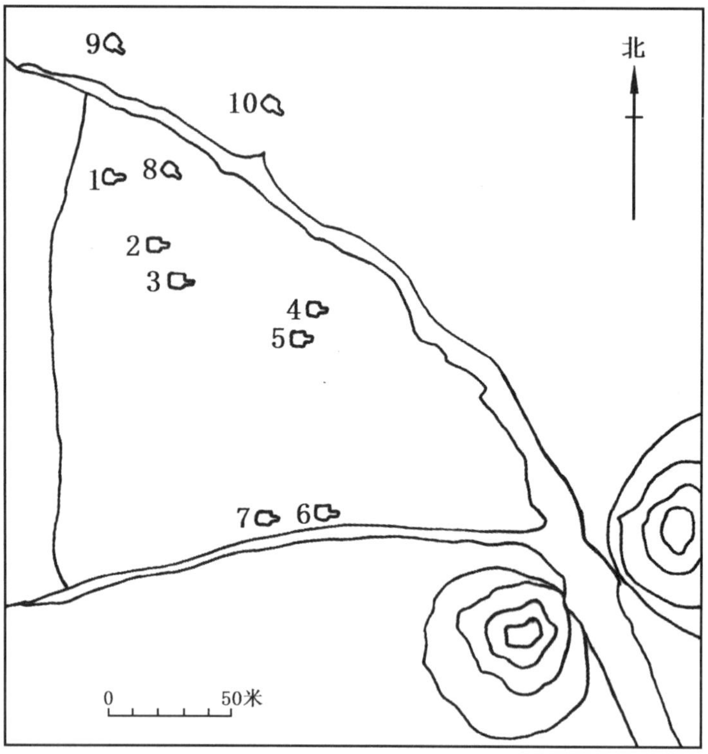

图二　墓葬分布图

一、墓葬形制

M6是一座不规则八边形、叠涩攒尖式石构墓，由墓道、甬道、墓门、墓室四部分组成（图三）。

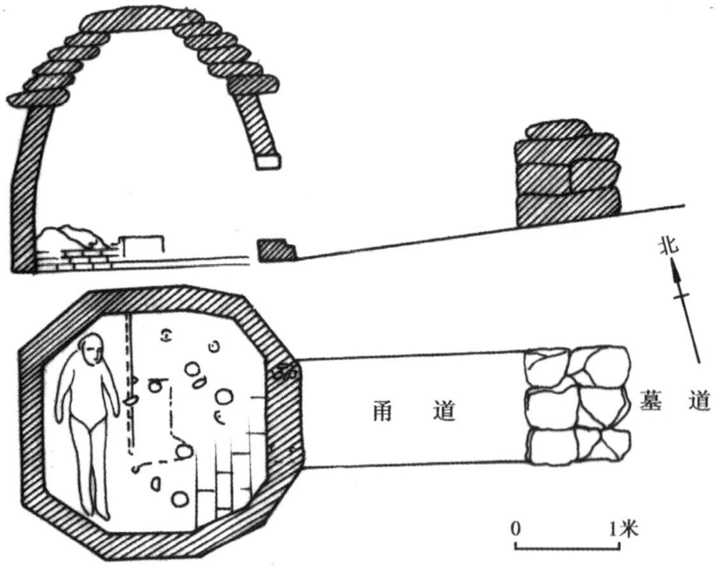

图三　六号墓葬平、剖面图

（一）墓道和甬道

墓道呈斜坡式，上有不很规则的台阶，长7.4米，高1.1米。

墓道里接连甬道，实际上是在生土层挖出长2.16米、宽0.97米、高1.8米的一条通道。甬道口用自然石块封堵，垒砌3层，高93厘米，宽 114厘米，厚101厘米。

（二）墓门

门向东开，用4块条石框成，内高70厘米、宽63厘米。门额和地栿都凿成台阶形，内高外低，高差4厘米。双扇门向外开，有门枢，运转自如。每扇高78厘米、宽34厘米、厚5.5厘米，凿刻不太精细。门外用石块垒砌弧壁，上面加盖一块比较平整的大石板。石板长50厘米、宽38厘米、厚 7.5厘米，状若篷盖，离墓门口地面高1.68米。墓门封闭方式是先斜立两块石板，上面用3块长条形石块横向叠压（图四、图五）。

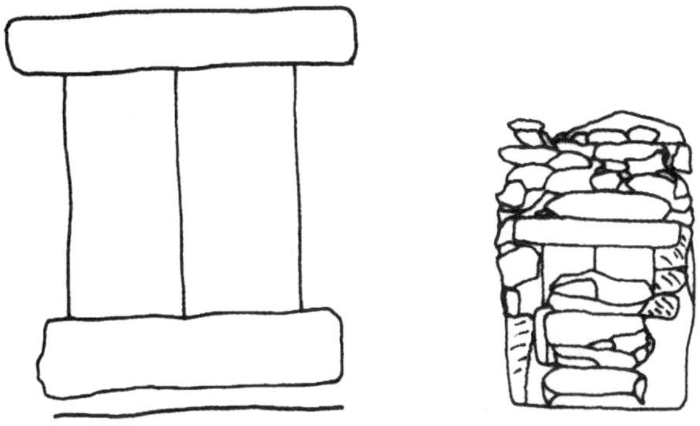

1. 墓门正视图　2. 墓门封闭正视图

图四　墓门

图五　封闭的墓门

（三）墓室

墓室平面南北2.12米，东西2.2米，距地表深4.8米。墙壁下面4层石料经过加工，比较规整，用交错叠压的砌法，高1.59米。在这上面用大小不同的自然石块平铺叠砌，逐层收杀，共券5层。券顶留一圆孔，直径60厘米，用一块大石板封盖。室内通高2.26米。石料与石块之间原用碎石填实并用石灰勾缝，因年久渗水，上部多数脱落，墓壁留有水锈痕迹，但整体完整，没有坍塌。

墓室地面全用37厘米×18厘米×6厘米的长方形沟纹砖铺砌。后部砌尸床，略呈梯形，四边略高。前边长2.12米，后边长1.2米，中间宽0.9 米。尸床的砌法是先在铺地砖上平铺一层砖，然后在边上横立一排，里面再平铺第二层，其中镶进两块37厘米×37厘米×6厘米的大方沟纹砖，最后用石灰抹平、压实。

二、女尸

（一）葬式

无棺椁，尸体陈放在尸床上。出土时尸体向左侧身直肢，头向北，脚向南，面部正朝着墓门。身下各个部位都有厚薄不等的淤积土层。从迹象分析，葬式原为仰身直肢，因历年雨水下渗，尸体漂浮侧转，渗水带进的泥土逐渐沉积，形成了现在所见的状态。头下原有木枕，已朽。从遗留痕迹看，木枕原长40厘米、高15厘米。木枕外面还包裹丝织物（图六）。

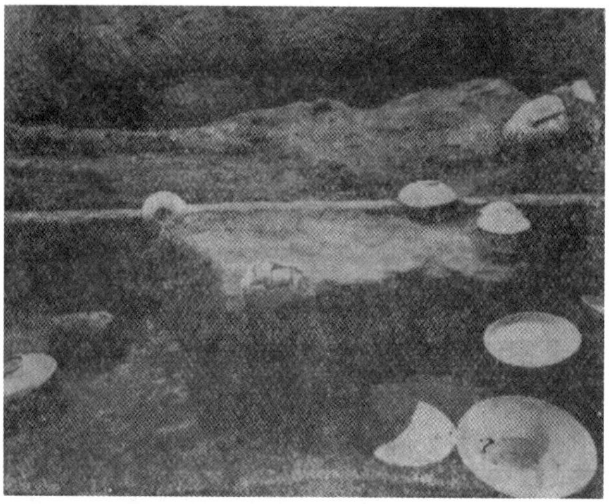

图六　葬式及遗物分布

（二）葬服

女尸身上原穿葬服多层，但已经没有一件完整的。各个部位保存的情况不大一样。胫部、腰部和小腹部位的保存较好，层次基本清楚。其他部位有不同程度的朽烂，最甚者只留痕迹。根据揭取和清洗过程中的观察，由外向里，逐件说明如下。

1.绣花丝绵长袍

从右大腿下部保存的一块衣服残片看，最外一件是绣花丝绵长袍。黄色罗地，中絮白色丝绵，里为淡黄色绢。罗地上用金黄丝线绣藤萝状花，花为5瓣，包于叶间，有卷曲嫩丝。绣法：茎蔓先平针顺绣并列两针，然后或一边或两边用横针绣边，针脚小而密，间隔1毫米。花与叶均为平绣。

2.绛紫色丝绵长袍

从颈下、左臂、右肩、腿下所保存的衣服残片看，这件衣服穿在绣花丝绵袍的里面。面为绛紫色罗，里为黄色绢，中絮棕色丝锦。

3.中黄色丝绵长袍

保存部位与上件相同。面是中黄色罗，罗上织有隐格纹饰。里为浅黄色绢。中絮很薄的白色丝绵，已压成绵纸状。

上述3件长袍均已无法揭取，但出土时轮廓清楚，下襟垂至小腿，边缘散出身外 5～7厘米，与壁画上所见契丹人长袍不做没脚的形式相同。长袍以内为短衣和绢裙。

4.黄色丝绵短袄

颈、肩、臂、腰、臀等部位都保存有这件短袄的残片。罗面，经纬较松，薄绢里，中絮白色丝绵已成纸状。丝绵先用绢包缝，再上罗面，故整件衣服有罗、绢、绵、绢4层。

5.轻罗短衫

在颈、肩、背、腰部都有轻而透明的薄罗残片，以右臂与右肩部保存较好。圆领，领边折叠4层，宽4厘米，用极细小的针脚缝合。领与肩之间也用卷边缝合法（图七，2）。

6.绢短衫

保存部位与轻罗短衫同。浅黄色，衣袖紧贴里面的铜丝网络。圆领，领边折叠4层，卷边缝合，宽5厘米。领与肩之间，先将衣领要缝合的边折叠0.3厘米，平针缝好，压在开肩处，叠压边宽0.5厘米，再用平针缝合。

7.绢裙

紧贴里面的铜丝网络。复原展开长115厘米，宽235厘米。由4幅绢缀合而成，每幅宽69厘米，中间两幅为整幅，两边拼接（图七，6；图八，2）。

8.棕色丝绵背心（内蒙古地区称“棉腰子”）

紧贴铜丝网络，淡棕色罗面，棕色绢里，中絮棕色丝绵。先把丝绵缝在绢上，再上罗面。前胸是一整片，上边略呈弧形拱起，下部是大弧度圆角的衣垂，长67厘米。胸部有带结痕迹，上扣带残长2.5厘米、宽1厘米、折回2厘米；下扣与上扣相距15厘米，带残长6厘米、宽0.9厘米。右侧连接胸片与后背处为方口衣衩，长18厘米。后背残长65厘米，为对开式，相互叠压。上片齐边有两条系带，带根部4厘米、外稍宽1厘米，两带相距18厘米（图七，4；图八，1）。

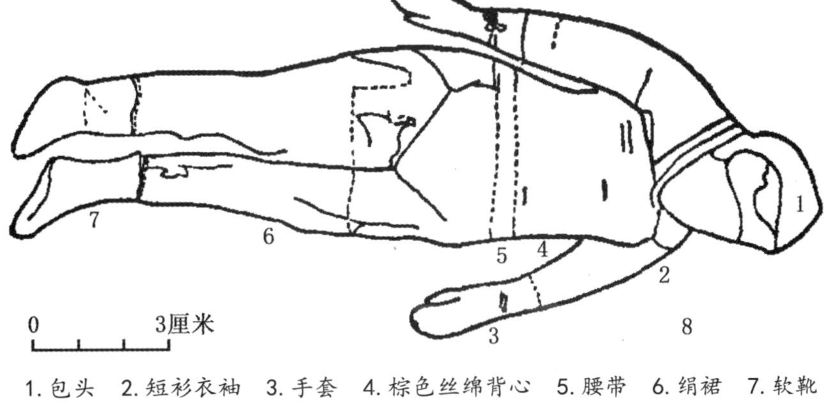

1. 包头　2. 短衫衣袖　3. 手套　4. 棕色丝绵背心　5. 腰带　6. 绢裙　7. 软靴

图七　里层服饰分布图

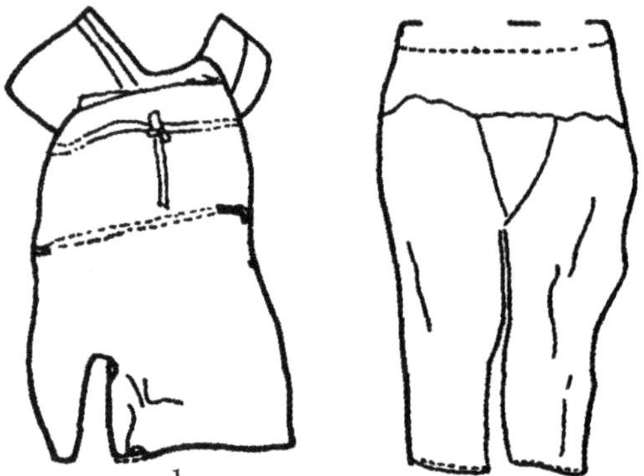

1.棕色丝绵背心前胸 2.绢裙上层

图八 棕色丝绵背心和绢裙

9.手套

戴在手部铜网络外，面、里均为绛紫色罗，为拇指单分式，长23厘米。腕部有一条宽1厘米的带束，系成死结（图七，3）。

10.丝绵软靴

穿在脚部铜网络外，黄色罗面，浅黄色绢里，中絮白色丝绵，已成纸状。后跟以上靴腰高19厘米（图七，7）。

11.腰带

在腰部左侧发现一截腰带，宽5.5厘米，分4层，每层厚0.1厘米。表面有突出的纹饰，腰部右侧有宽5.5厘米的系带痕迹。又有丝织物带扣痕迹，呈“凹”字形，圆头，长6厘米、宽3.5厘米、凹处深3厘米，中间夹一鼓起的丝织物圆包，直径0.6厘米（图七，5；图九）。

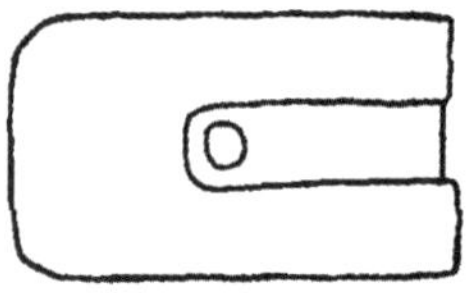

图九 丝织品带扣

12.包头

裹在头部铜丝网络外面，由里向外为1层紫色绢、4层罗、3层浅黄色绢，至顶部扭结在一起。网络以内的额头上还有一条宽6厘米、长26厘米的深蓝色丝织带紧包着（图七，1）。

13.裆布

在股两间的铜丝网络外，紧夹着一块丝绵裆布，略呈束腰梯形，底边宽54厘米，上边宽28厘米，高42厘米。面、里均为黄色绢，中絮白色丝绵，较厚。沾染血污，但保存很好，绵及丝织物仍富有弹性（图十）。

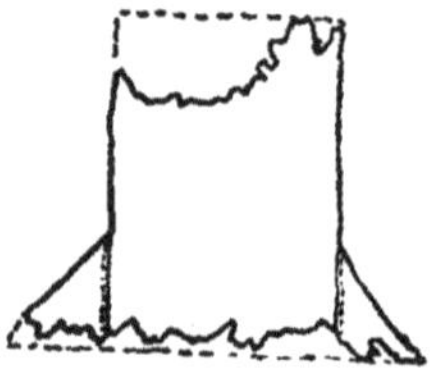

图十 裆布

14.尸衾

已经全部腐朽。只在帽状巾帻及软靴上残留红紫色丝织物的痕迹。在鎏金铜面具的表面也留有丝织物印痕。

（三）铜丝网络与鎏金铜面具

网络罩在包裹好的尸体外边，由头套网、胸背网、左右臂网、左右腿网、左右手网、左右脚网等6个部分共11件组合而成。保存不太良好，但基本结构和编缀方法还可以分析清楚。网孔以六边形为主。网络与鎏金铜面具一起构成一套特殊的葬服。

1.铜丝网络

头套网　戴在额以上，呈半圆球面形，直径18厘米，后面相连一片护项垂至颈部。编缀起点在头顶上，网孔由小到大呈辐射式，开始22个孔，中间屡加铜丝，至底边为40个孔；剪去前额收边，后面续编护项。下垂边缘用铜丝与背网领部缀连在一起（图十一，1）。

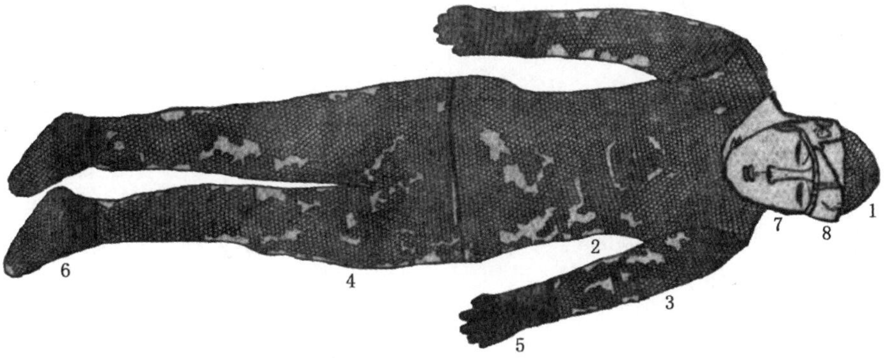

1.头套网　2.胸背网　3.左右臂网　4.左右腿网　5.左右手网　6.左右脚网　7.鎏金铜面具　8.帽状巾帻

图十一　铜丝网络与鎏金铜面具

胸背网　分胸网和背网两片，分别编缀后连接在一起。胸网高60厘米，背网高61厘米，底边均宽约45厘米。每片网孔总数43×62个或43×63个。肩部为前后两片的上端接口；从腋下至腰部前后两片采用叠压接口（图十一，2）。

左右臂网　分别编成两片，然后缝合，再缀连在胸背网的开肩处。从肩背上侧接口量起，右臂网长47.5厘米，左臂网长46.5厘米，网孔约49排（图十一，3）。

左右腿网　包括小腹和臀部编缀在一起，好像一条紧身裤子，缀合口在腿的里侧。左腿网长73厘米，右腿网长73.5厘米。上端与胸背网的下口相接，缀缝在一起（图十一，4）。

左右手网　手网分指编缀，工艺精细。由上口至中指尖长20.5厘米。手部的缀合口在拇指的内侧，腕部叠压于背网的下口，再连缀在一起（图十一，5）。

左右脚网　编缀的起点在脚尖，逐渐增加铜丝，编至脚背、脚跟处，留岔口并拐弯，上口形成两个对称的三角形，穿在脚上后两三角形对合缀连，形如矮靴。右脚网后跟至脚尖长21厘米，口部至脚底长15厘米（图十一，6）。

2.鎏金铜面具

鎏金铜面具胎厚仅1毫米，高26厘米，上额最宽19厘米。眼轻闭，微开眼缝；鼻梁瘦长，鼻翼

图十二　鎏金铜面具与帽状巾帻

较宽；颧骨略微隆起，脸颊丰满；小嘴微张，留有口缝，形象具有明显的古代北方少数民族特征。耳部上下各有1对小孔。孔内壁都有丝带痕迹，原有丝带缀连面具里面铺垫的丝织物。耳垂处原来系带结扣的部位，已锈蚀为两个大孔（图十一，7；图十二）。

铜面具里面铺垫的丝织物宽15厘米、高22厘米，分为4层。紧贴铜面具的是一层薄薄的棕色丝绵。丝绵之下是1层黄色绵纸，中间因渗入泥水，夹有0.5厘米厚的细腻黄黏土。绵纸与土层之下是1层棕色粗罗，中絮丝绵，最下层是浅黄色绢。

面具里外各有1个带结。里面的带结在颚下。带用绛紫色罗制作，先折叠缝边，翻过，压平，宽2厘米，结长5厘米；结外所露带头长8.5厘米。面具外下颚部位还有1个带结，质地与里带同，带宽2.5厘米，残长10.5厘米。面具两侧向后还有系带，每边两条，也用绛紫色罗做成，宽1厘米，串在耳朵后侧的玉环上。玉环上另串罗带，系于脑后。

面具的上部有1圈宽8厘米的帽状巾帻，左右下垂至两鬓，紧挨耳朵的上边。帽状巾帻由4层丝织物组成，内絮丝绵，厚约0.3厘米。右额角部位又有一蝴蝶结，双翅展开，紫红色。巾帻下边有1条线缝横边，宽0.8厘米；上边沿铜面具向里包回，内压2厘米（图十一，8；图十二）。

（四）尸体

1.尸体的裹缠

在铜丝网络和铜面具以内，尸体用深褐色粗罗裹缠。粗罗和尸体之间还铺贴薄薄一层棕色丝绵。缠裹顺序大致是从上向下。如左腿裹缠从左臀开始，由上而下。缠在大腿部的罗带宽22厘米，向下逐渐收窄为16厘米或15厘米。脚部使用的罗带较窄，由跟部绕至足尖，再回绕到髁骨之上，系带打结。右腿的缠绕方向与左腿相反。双臂的裹缠从肩下开始，绕肩部的上端，翻过腋下又绕回来，逐渐向下，边部相压，缠至手背，带宽12厘米。左右臂缠绕方向相反。双手分指裹缠，罗带宽仅2厘米。缠法从指尖开始，由左向右绕至掌心，缠完5个手指，将系带固定。上身用粗罗裁成背心的形式大片套裹。头部另用面纱包裹。凡是露皮肉之处，全部包裹起来（图十三）。

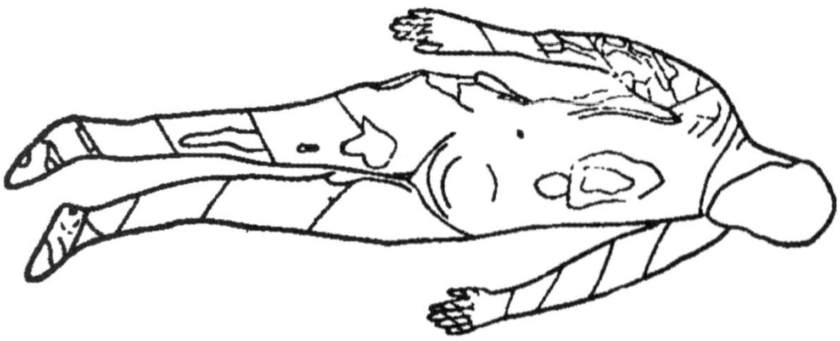

图十三　女尸裹缠示意图

2.发型

死者保存了完整的发型。额头上部剃去宽5.5厘米的一片头发，有0.8厘米长的发根。头顶长发集为一束，用纱带捆扎，带结在头顶中央。在这束头发的右侧抽出一小绺，梳成一条小辫，绕经前颅，返回头顶中央，压在大束头发的上面，辫梢另用一根纱带扎住。其余头发披在脑后及耳朵两侧，直至肩上。两鬓只见右侧，剩有3～4厘米长的头发十余根（图十四、图十五）。

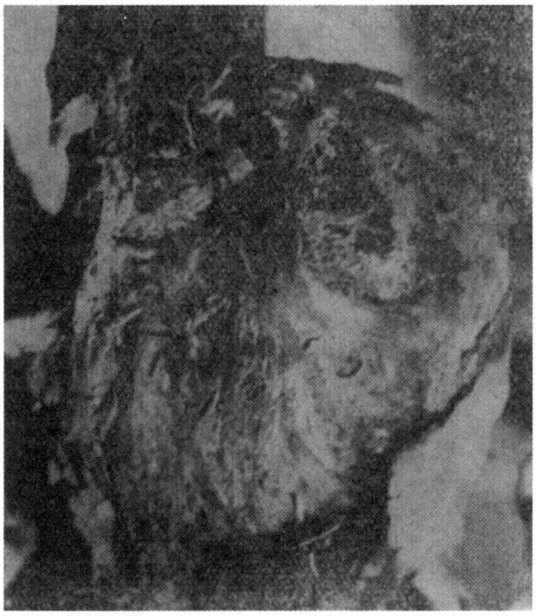

图十四　女尸发型

图十五　女尸发型示意图

三、遗物

（一）瓷器

瓷注　2件。六瓣瓜核形矮圆壶身，索状提梁，短嘴，圈足，无盖。上口呈盘形，中部有一宽2厘米的板纽，纽下为注口。胎质纯白、坚硬、细腻，施白色釉。M6：10，索状提梁三分岔的末端附加贴花，为三角形蝴蝶图案。通高12厘米（图十七、图19）。M6：14，前面一个是内饰花草纹的三角形，两侧为跳跃的鱼形图案。通高13厘米（图十六、图十八）。

瓷碗　1件。M6：15，敞口，深腹，腹壁弧度不大，圈足。内壁浅压印花草图案，口沿内外各有弦纹1道，内底有10个支钉痕迹。细白胎，乳白色釉，外壁近底脱胎。口径19.5厘米，通高6.5厘米（图二十）。

瓷盘　4件。敞口，折腹，大圈足。细白胎，乳白釉，外壁近底脱胎。M6：11，口径16～17厘米，通高3.7厘米（图二十一，2）。

瓷碟　5件。敞口，浅腹，小圈足。白胎，白色釉，不太纯净，其中一件略带青灰色。外壁近底脱胎，内底有支钉痕迹。M6：7，口径11厘米，通高2.5厘米（图二十一，1）。

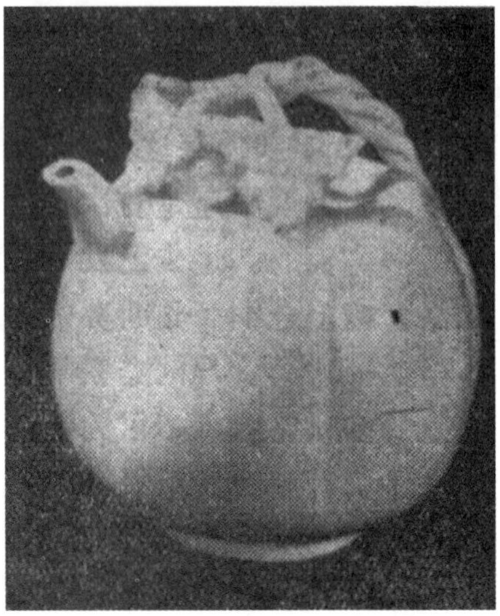
图十六　白瓷注子（M6：14）

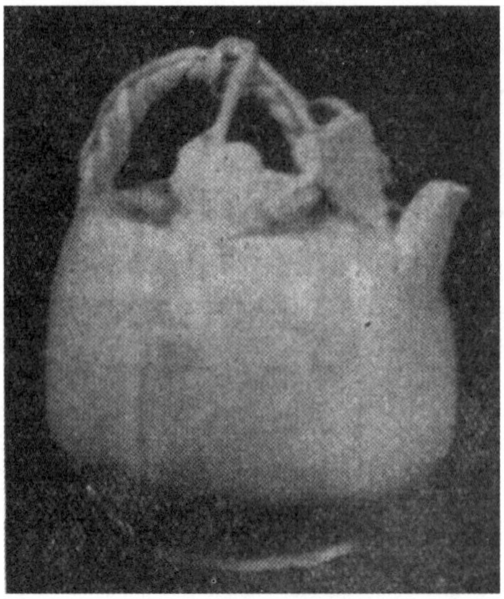
图十七　白瓷注子（M6：10）

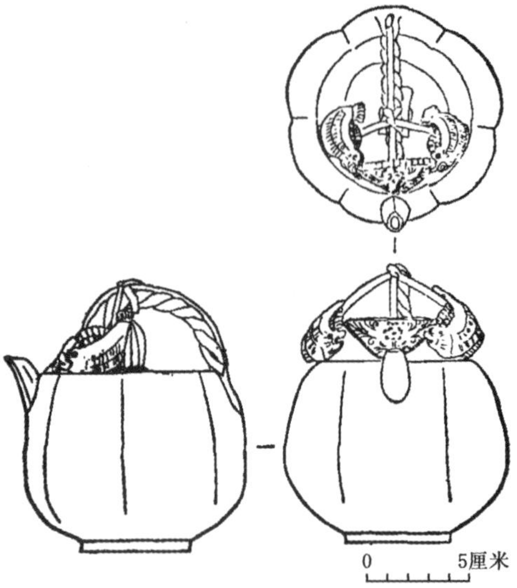

图十八　白瓷注子（M6：14）

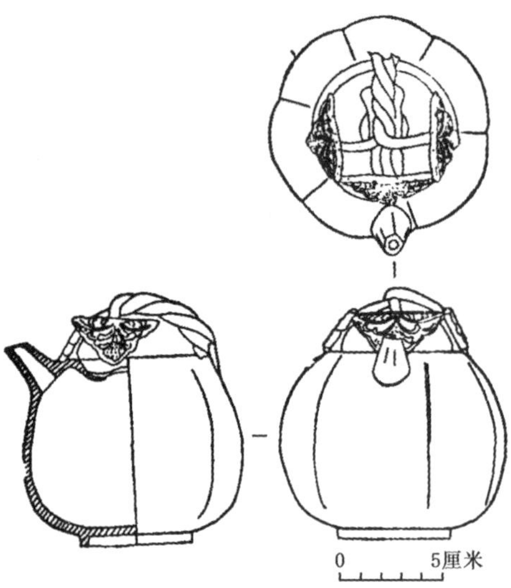

图十九　白瓷注子（M6：10）

图二十　瓷碗（M6：15）

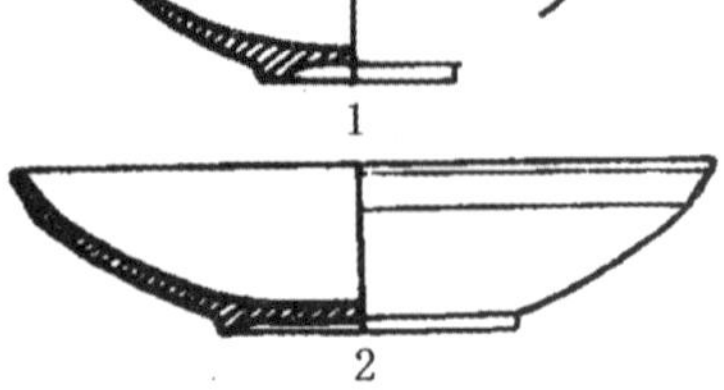

1.瓷碟（M6：7）　2.瓷盘（M6：11）
图二十一　瓷碟和瓷盘

（二）铜佩刀

包括玉柄铜刀、玉柄铜刀形器各1件，插在一个木制刀鞘内，佩戴在女尸左腰部。

玉柄铜刀　M6：17，尖圆首，刀身略似细长桂叶，刃部锋利，根部成锥形，插入玉柄中，刀与玉柄之间有宽0.5厘米的鎏金小铜箍。连柄通长18.7厘米，刀宽1.3厘米，厚0.1厘米。玉柄长方形，磨去棱角，长8厘米，宽1.15～1.3厘米，厚0.95厘米（图二十二，1；图二十三，1）。

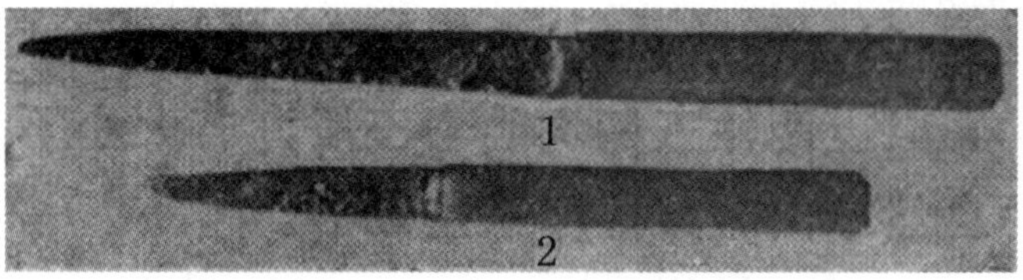

1.刀（M6：17）　2.刀形器（M6：18）

图二十二　刀和刀形器

玉柄铜刀形器　M6：18，尖圆首，刀身成圭形，无刃，一面有制作时留下的凹槽，微有鎏金。根部为锥形，插入玉柄中。刀与柄之间原有小箍，已失去。连柄通长13.6厘米，宽1厘米，厚0.1厘米。玉柄形制与上件相同，长8厘米，宽1.1厘米，厚0.95厘米（图二十三，2）。

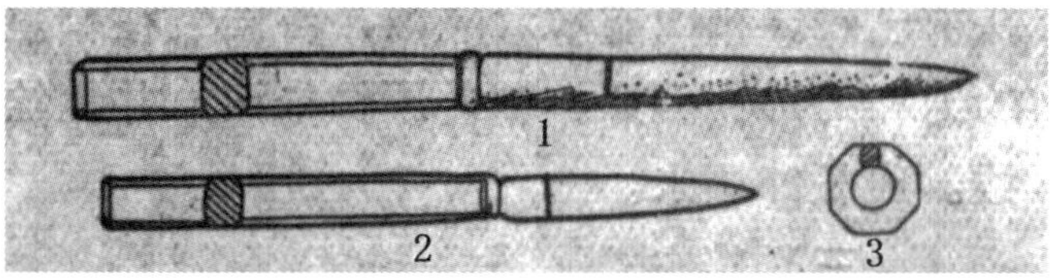

1.刀（M6：17）　2.刀形器（M6：18）　2.玉环

图二十三　刀、刀形器和玉环示意图

以上两件玉柄均为青玉质，有大小不同的自然小白斑，通体晶莹雅洁。

木制刀鞘　M6：19，扁圆叶形，头部已残。鞘内有薄木隔板，将同装在鞘里的刀和刀形器隔开。鞘外原髹朱漆并缠丝线。残长28厘米。

（三）其他

玉环　2件。M6：20、M6：21，是为铜面具上系带的扣环，原在后脑两侧。环为八角形，剖面呈扁圆形。玉色青白而微泛灰。直径1.9厘米（图二十三，3）。

漆盘　2件。木胎已朽坏，只剩漆皮内膜，内壁朱红色，口沿黑色。

木桌　在尸床前淤积土层内有1件木桌的痕迹，桌腿部位有锈蚀的小方铁钉5枚。瓷器、漆器散见在木桌遗痕附近，原来应是放在桌上设祭的。

四、结语

豪欠营湾子山墓地是辽代契丹族的一个家族墓地。这次同时清理的还有M2和M3。M2出土的朽木，据碳14测定年代为距今1140±75年，树轮校正1080±80年，属于辽代早期的墓葬。M6的时代要晚一些，其墓室结构与宁城县小刘仗子的辽墓[①]相近，应属辽代中晚期的类型。

豪欠营墓地在辽代属西京道丰州管辖。辽太祖神策元年（916年），“自代北至河曲逾阴山，……置西南面招讨司，选有功者领之”[②]。西南面招讨司设在丰州，即现在呼和浩特市郊的白塔古城。豪欠营墓地正在丰州辖地的东南边上，东与奉圣州相邻，南与大同府的德州紧接。辽兴宗重熙十三年（1044年），升大同府为西京，这里成为西京道的辖地。墓地墓葬的时代有辽代早期的，亦有晚期的，与史载相符合。

契丹族有戴金属面具、裹铜丝网络的葬俗[③]。因此，网络与面具是判定墓主族属的重要依据之一。豪欠营已清理的3座辽墓都有铜丝网络与鎏金铜面具出土，所以可以断定这里是辽代契丹族的一片家族墓地。

新中国成立前后，内蒙古东部地区、辽宁、吉林、黑龙江、河北、山西、北京等省、自治区、直辖市都发现过不少辽代墓葬。然而，在内蒙古西部地区很少发现。豪欠营M6保存这样完整的契丹族女尸，在考古发现中还是首次，所提供的研究价值是多方面的。过去已发现契丹族有穿铜丝网络、戴鎏金铜面具的葬俗，但穿戴的细节不清，而这具女尸的穿戴则非常清楚。女尸身上的多层葬服，不但为研究契丹族的服饰提供了资料，而且对研究契丹族的丝织品种类、纺织业水平，也都是极好的实物资料。在契丹族习俗方面，过去知道男子髡头，妇女髡头与否则无所了解。这具女尸保留了契丹族妇女的完整发型，这对研究契丹族的社会风俗是新的资料。

在对女尸的清理工作中，我们得到考古研究所技术室、文物局文物保护科学技术研究所和北京自然博物馆人类室的大力支持和帮助，深表感谢。

执笔：陆思贤、杜承武
绘图：戴丽萍
摄影：王行、曹泰、武炳奎、陈棠栋

载于《文物》1983年第9期

① 内蒙古自治区文物工作队：《昭乌达盟宁城县小刘仗子辽墓发掘简报》，《文物》1961年第9期。
② 脱脱等撰：《辽史》卷一《本纪第一·太祖上》，北京：中华书局，1974年，第11页。
③ 文惟简：《虏廷事实·丧葬》，载陶宗仪撰《说郛》卷八，涵芬楼藏版。

内蒙古兴和尖山辽墓发掘简报

乌兰察布盟文物工作站

1985年6月，乌盟文物站对所属兴和县进行文物普查时，在该县二台乡尖山村西北发现一座被老乡破坏的古墓并进行了抢救性的清理。现将发掘情况简报如下。

一、地理环境

古墓位于内蒙古乌兰察布盟兴和县南约20千米的尖山村，村北为山谷丘陵，古墓就在村西北约1千米的山梁南坡上（图一）。

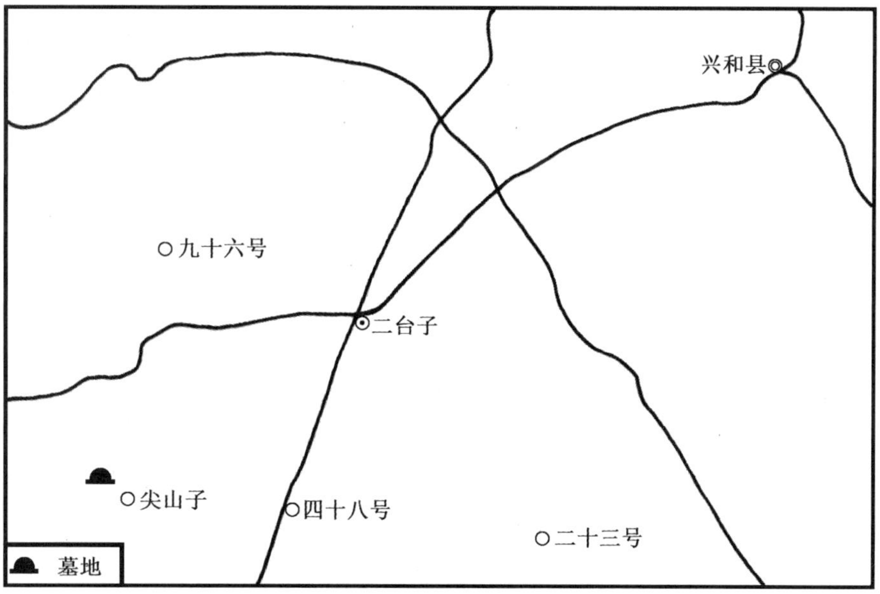

图一　墓地位置示意图

墓地紧依北山，向阳面谷。东、西、南三面由于水土流失，形成深沟，上有泉源，在墓地南面的沟谷汇合，南流形成小溪。遥对墓地，南有两座圆尖状的小山丘，形似墓地的天然门户。在古墓东面的沟谷（当地老乡称“王墓沟”）断崖上暴露有7座被水冲出的古墓，均被当地群众破坏。

二、工作经过

该墓清理工作于1985年6月20日开始，至7月2日结束。在该墓清理前，已被当地老乡盗掘。盗坑为一不规整的长方形，长268厘米、宽128厘米、深66厘米，内暴露有少量的石块。由于墓室顶部被破坏，因此发掘时采取了大揭盖的方法进行了清理。首先清理了盗坑内的填土，接着清理墓坑内的填土以及墓室、甬道、墓道。墓坑分上下两层，上层为圆角方形坑，下层为圆形坑。墓坑内修筑墓室，墓室周围及上部积石。上层方形圆角坑内的积石，外框东西长6.1米、南北宽5.9米。墓坑填土呈灰黄色，内含少量的黄土结核，出有少量的沟纹砖和篦纹陶片。在墓坑的东北角，发现有盗墓打破墓坑的痕迹，从盗洞向东3.5米处，为一长3.5米、宽1米的斜坡式通道，应为盗墓时的通道。清去墓室上部的填土和堆石后，暴露出墓顶石及周围石块。下层墓坑直径4.45米。墓顶石至地表之间堆放有大量自然石块，基本沿墓坑内侧堆放，平面呈圆形。

三、墓葬形制与结构

砖砌墓室做八角仿木穹窿顶，前有甬道，外接墓道。

墓道呈斜坡分段阶梯式。平面北宽南窄，最宽处2.09米，最窄处1.05米。在近甬道门及墓道口，分别各有两级不规整的阶梯。墓道长13.9米，最深处距地表4.75米。填土与墓坑填土同。

墓门为拱形。外侧为白灰抹面，边缘用黑彩压边，宽5厘米；底部亦用黑彩压边，宽8厘米；内侧用红彩压边，宽4厘米。在两个压边之间绘有门和斗拱图案（门额、立柱用红彩表示，升用土黄色彩表示）。在门额正中有一红黄色彩的花纹图案。南侧壁面，边缘有几道红彩压边，宽4厘米；贴角部分为一宽黑彩，宽10厘米。两角用黑、红两彩压边，表示立柱，压在角部的是黑彩，跨两面墙壁，宽8厘米（每一墙壁4厘米）；黑彩的内侧压红彩，宽5.1厘米，同墓内彩绘合为一体。

甬道用沟纹砖券砌。券顶高129.5厘米，进深11.4厘米，宽80厘米。券筑方法是底部用15层砖平砌，向上从第十六层砖开始慢慢呈弧形内收，至第二十五层砖为券顶中心。拱壁先抹有1～1.2厘米厚的草拌泥，草拌泥上又抹有6～7厘米厚的白灰，有分层痕迹。拱壁的踢脚部分用黑彩，宽9.7厘米；黑彩之上压有宽3.5厘米的红彩，其内侧也用红彩压边。

墓室平面直径3.09米，边长平均1.25米，高3.03米（图二）。在墓室的东、西壁面，有仿木建筑的花窗。东、西两墙花窗形式相同，只是方向相反。以东墙花窗为例。花窗位于壁面的中部偏上，有用砖雕的格子花窗，窗孔直径36.7厘米×37.1厘米，近正方形，内雕刻有二方连续四叶纹图案，纵横各6个，花窗边宽1.7厘米。花的左、右翼及上侧是框架（形式为长擂框），为内低外高式，外侧是两道弧形边，内侧为向里平面收缩的平面压边。窗擂总厚度5.5厘米，花窗总高43厘米、宽4.76厘米。

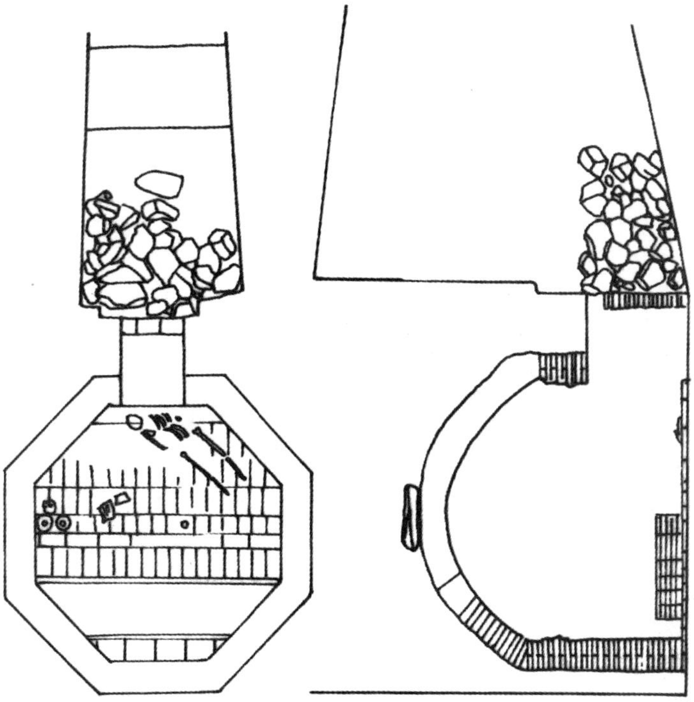

图二　墓葬平、剖面图

其他5个壁面，只是素面抹灰，压红黑（彩）边，穹窿顶的壁面也抹得浑圆光润，但没有其他装饰。

在壁面上侧是一层稍微紧收的平铺砖，表示房屋建筑的扁柏枋。平砖下面也压彩，宽5厘米。

平砖之上为斗拱。共有8组柱头斗拱、8组补间斗拱，其结构形式基本相似，均为一斗三升式。所不同的只是柱头斗拱为内折角，以适应于墓室内部的结构。斗拱高29厘米。栌斗宽23.5厘米、高11.5厘米，支斗（升）宽15.5厘米、高8.8厘米、昂宽11厘米、前伸出6.5厘米、拱宽59厘米。斗拱上面亦分别用黑、红两彩压边，交替不规则。

斗拱之上即为砖券穹窿顶，顶部呈半圆球面弧形，很规整；穹顶封口直径54厘米，上面用一块不规整的圆形石板封口，石板直径61厘米、厚21厘米。穹顶内壁先抹一层草拌泥，厚1.2～2厘米，然后用石灰抹光，厚4～6毫米，有许多剥落痕迹。穹窿顶下部有红彩压边，宽7厘米。在穹窿顶的东北部有一盗洞，大致呈圆形，直径43～53厘米。

墓室地面用长36.6厘米、宽17厘米、厚6厘米的沟纹砖铺砌，为平铺错缝排列。砖表面有5条圆弧形沟纹，沟纹间距2.6厘米。

尸床位于墓室的后半部，与北墙有25厘米的间隙，长310厘米、宽129厘米、高31.3厘米。平面分作内、外两部。内侧尸床宽74.2厘米，表面均用石灰抹面，近缘及前侧均为黑彩压边，宽4.5厘米。从北面可看到砖砌痕迹，共5层砖，相互交替平砌，最上一层为纵砖。外侧尸床为后砌，紧贴于内侧尸床，宽55.5厘米，里面为一排纵砖。外面为一排横砖，亦为5层砖交替平砌，无白灰抹面。

墓内发现男、女性尸骨各1具，均被盗墓贼扔于尸床下，男尸斜压在女尸腿部的下半侧。两具尸骨除女尸头骨掉落在东壁附近，均保存较好。男尸为俯身直肢，面向南，尸骨之上有多处铁锈痕迹，尸骨长160厘米，头向102度。女尸为仰身直肢葬，外面套有铜丝网络，在网络的下面发现残存有丝织品，可分为绢、罗两种。女尸长180厘米，头向66度。

四、遗物

（一）瓷器

共3件。

小口双唇葫芦瓶　2件。小口，双唇，短颈，大鼓腹，圈足。瓷质不太细腻，饰白黄色釉，近底部无釉。高22.5厘米，口径3.9厘米，底径10.2厘米（图三，1）。

盂　1件。小口，圆唇，鼓腹，平底。外壁有波纹，胎质洁白、细腻，饰白釉，底部无釉。高3.8厘米，口径1.8厘米，底径2.9厘米（图三，2）。

（二）骨器

2件。

刷　1件。柄部为圆柱形，刷端为扁长方形。柄与刷头呈弧形连接。通长24.9厘米，刷头长4.2厘米。扎毛孔两行，10排，孔径0.2毫米（图三，4）。

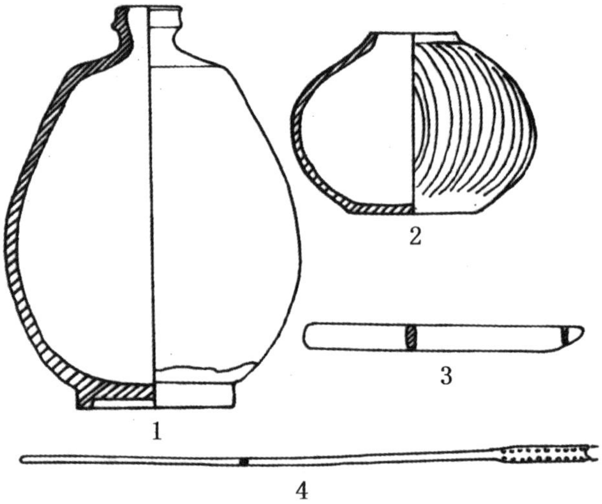

1.瓷瓶　2.瓷盂　3.骨笄　4.骨刷

图三　出土器物

笄　1件。平面呈刀形，长12.2厘米，宽1厘米（图三，3）。

（三）铜丝网络

有胸背网、左右腿网、左右脚网、左右臂网及右手网，没有发现头网。现存部分保存较好，网孔呈六边形。

五、结语

在清理中，发现甬道门有被拆过的迹象，这种迹象恰好与墓内尸床增补的遗迹相吻合。推断原来室内只有内侧尸床和男尸，在埋进女尸时，又临时在内侧尸床的外面补筑了一个简陋的尸床，说明该墓经过二次埋葬。

尸骨之下有15厘米厚的淤积泥，从墓内的各种迹象来看，两具尸体从尸床上被拉到地上时，除女尸头骨掉落，其他各部均保存较好。可能是在女尸埋进不久，该墓就被盗。

因该墓在早期被盗，墓内所剩随葬品极少，葬式也不清楚。但墓内所出瓷器具有辽瓷的特征。刷柄同察右前旗豪欠营辽墓第十一号墓中出土的刷柄形制相同①。从墓葬的结构来看，其仿木结构的形式也具有辽代中、晚期的特征，斗拱的形式同豪欠营辽墓三号墓中的斗拱相似②。因此，判断该墓的时代应为辽代中、晚期。

参加清理者：王新宇、贺小明、
陈棠栋、李兴盛
执笔者：陈棠栋、李兴盛
绘图：王新宇

载于《北方文物》1988年第4期

① 乌兰察布盟文物工作站：《察右前旗豪欠营第六号辽墓清理简报》，《文物》1983年第9期。

② 杜承武：《三号墓的仿木结构与壁画》，《乌兰察布文物》1982年总第2期。

内蒙古商都县前海子村辽墓

富占军

前海子村位于商都县十八顷乡南5千米处。该地属丘陵山区的山间漫岗地带。1988年夏，该村村民在其院内挖地窖时发现此墓，将其扰乱。当时正在商都县进行文物普查的乌盟文物站商都文物普查队闻讯后，及时赶到，笔者与秦有云等同志对该墓进行了必要的清理工作。现将清理情况报告如下。

一、墓葬形制

此墓为石砌圆形单室、穹窿状顶。墓顶距地表2米。墓向170度，由墓道、墓门、墓室三部分组成（图一）。

墓道由于被压在民房之下，尚不能清理。

墓门为方形框式，高1.6米，宽1.5米。上部以长方形石板横置为门楣，用石块填堵门口，石块向墓内垒至棺前。

墓室底部为圆形。从底部起墙，向上垒砌，至1.5米处始渐收成穹窿顶，顶中央留口，然后用大石板封盖，整体酷似蒙古包。顶口为长1米、宽0.70米的长方形。墓壁及石缝中抹有白灰泥，可能为防腐之用。墓室内略靠后墙，正对墓口处，横置1座用青石板对砌成的长方形箱式石棺，高0.65米。棺盖用两块石板对拼而成，长2.9米，宽1.1米，石板厚0.16米。棺内有人骨1具，已被扰乱。现场观察判断墓主为女性。据当事者叙述分析，原尸体表面覆盖丝织品1块，现已朽。头向朝东，枕裹赭色丝织品（已朽）的灰砖1块，砖长40厘米、宽19厘米、厚6厘米。面部盖铜镜1面。颈左侧散有玛瑙珠，应是项链。左臂外侧近棺处有贝壳2枚。左手处有匕首1把。左脚外侧有铁剪1把（已锈蚀）、铁熨斗1件。石棺外东南侧有木桌1张。桌面上摆置瓷碗2件、玉盅2件。桌前地面上有釉陶盘1件，盘中放木碗1件。靠近墓壁处有牛腿瓶2件、陶壶2件。棺外西南侧置铁灯1盏、木盆2件。

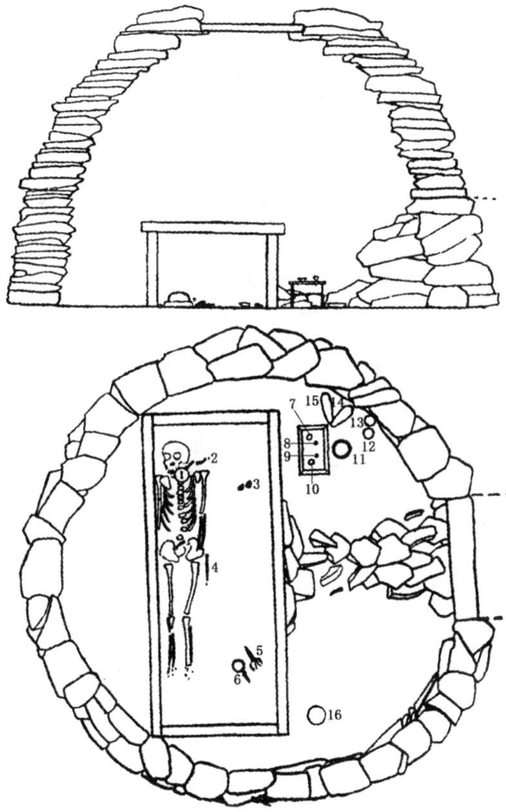

1.铜镜　2.串珠　3.贝壳　4.匕首　5.铁剪　6.熨斗　7、10.瓷碗　8、9.玉盅　11.黄釉盘　12、13.陶壶　14、15.牛腿瓶　16.木盆　17.铁钉

图一　前海子辽墓平、剖面图

二、随葬器物

该墓随葬物品保存尚好，其中有陶器、瓷器、玉器、木器、铁器、铜镜等。分别介绍如下。

（一）陶器

陶壶　2把。泥质灰陶，质坚硬，小喇叭口，圆唇，长颈。颈中部有1周凸棱，蛋圆形腹，小平底。另一件底略向内凹。器表通体磨光，下腹部饰篦齿纹。其中一件高21.5厘米、口径8.5厘米、腹径6厘米，另一件高25.5厘米、口径10厘米、直径16厘米、底径7厘米（图二，1、2）。

牛腿瓶　2件。分2式。

Ⅰ式：缸胎，小敛口。方唇，外起尖棱。短颈，溜肩，长身，小平底。外施茶色釉。口径6.5厘米，底径11厘米，高50.5厘米（图二，3）。

Ⅱ式：缸胎，小直口，方唇，外起尖棱。短颈，宽肩，长身，小平底。外饰茶色釉。口径8.5厘米，底径11厘米，高51.5厘米（图二，4）。

盘　1件，缸胎，敞口，沿外翻，腹向内作弧，大圈足。盘内刻划水波纹，中捧莲花。内外均饰暗黄色釉。外壁近底处脱胎。口径32厘米，高8厘米（图二，7）。

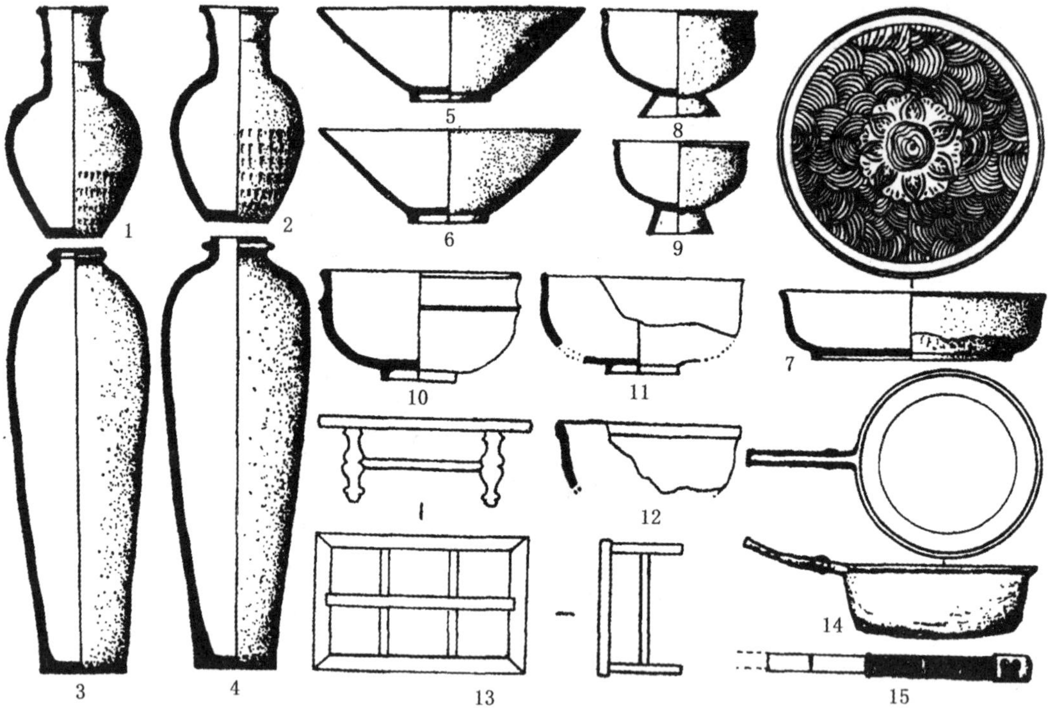

1、2.陶壶　3、4.牛腿瓶　5、6.青釉碗　7.陶盘　8、9.玉盅　10、11、12.木盆、木碗　13.木桌　14.熨斗　15.匕首

图二　前海子辽墓随葬器物图

（二）瓷器

青瓷小碗　2件。敞口，斜腹，小圈足，青釉呈暗绿色。其中一件口径13厘米，底径4厘米，高4.5厘米（图二，5、6）。

（三）玉器

盅　2只。岫岩玉制，乳白色，敞口，圆唇，弧腹，高圈足呈倒置喇叭状。一件口径为7.5厘米，底径4厘米，高5厘米。另一件口径6.6厘米，底径3.4厘米，高4.4厘米（图二，8、9）。

（四）木器

盆　2只。分2式。

Ⅰ式：敞口，尖圆唇。弧腹内收，圈足。腹中部有1周凸棱。口径24厘米（图二，10）。

Ⅱ式：残。敞口、厚缘唇。弧腹内收，圈足。口径22厘米（图二，11）。

钵　1件，残。敞口，直口近底内收。圈足。口径14厘米（图二，12）。

桌　1张。桌面呈长方形，框架式。边框四角作八字榫。中间一横、二竖木撑，镶木板。4条云纹式板状桌腿，由3根木撑连接。长51.5厘米，宽32.5厘米，高20厘米（图二，13）。

（五）铁器

熨斗　1件。敞口，腹壁较直，近底内收，有柄。口径15厘米，高5厘米（图二，14）。

匕首　1把，残。刀柄用铜线交叉缠裹，呈网状。其尾部用钢皮包封，上有镂空梅花图形。刀身剖面呈长三角形（图二，15）。

灯　1盏，残。上部为圆形浅碗，灯身为1根长铁条。下为三叉状底座。

（六）铜镜

1枚，窄缘，桥形纽。镜正面饰1周缠枝牡丹花纹。直径17.5厘米。

另还有少量种子，装在牛腿瓶中，经有关部门鉴定，其中有高粱和谷种。

三、结语

前海子辽墓以石砌圆形墓室、穹窿顶、大型石板棺葬具为特点。这种墓葬形制在乌盟地区尚属首次发现。它有别于乌盟豪欠营辽墓①与兴和县尖山辽墓②的砖室仿木结构及土洞式墓，却与内蒙古东部解放营子辽墓③的形制相似。前海子辽墓的随葬品为壶、碗、盘、木桌、熨斗、剪刀等，具有辽代中期墓葬的随葬风格。墓中的陶壶、牛腿瓶、青瓷小碗、玉盅，分别与辽陈国公主驸马合葬墓④中随葬的绿釉长颈瓶、茶绿釉牛腿瓶、青瓷小碗和玛瑙盅相似。木桌与解放营子辽墓中的木桌相似。因此，前海子辽墓的年代当属于辽代中期辽圣宗前后。

墓葬中的随葬品均为墓主生前的生活用具，反映当时该地区居民的生活情况。出土的高粱、谷种说明先民以农业为主的经济生活方式。这为研究本地区的农业史提供了资料。大型石板棺用材，在当地几百千米之内无料可采，必须有一定水平的交通工具由遥远的地区运来。这反映了当时的运输能力，另一方面也反映了墓主的身份和地位。

辽代的商都县属辽西京道奉圣州，文物普查中在前海子辽墓东北不远处发现古城，遗迹现象与辽墓有相似之处，这为古城的断代及其归属提供了重要材料。另外。前海子辽墓的形制和墓俗与内蒙古东、西辽墓均有异同之处，有介于两者之间的风格和特点，这无疑是研究契丹族的结构和民俗的一份珍贵的资料。

绘图：王志刚、富占军

载于《北方文物》1990年第2期

① 乌盟文物工作站、内蒙古文物工作队编：《契丹女尸》，呼和浩特：内蒙古人民出版社，1985年。

② 乌兰察布盟文物工作站：《内蒙兴和尖山辽墓发掘简报》，《北方文物》1988年第4期。

③ 翁牛特旗文化馆、昭乌达盟文物工作站：《内蒙古解放营子辽墓发掘简报》，《考古》1979年第4期。

④ 内蒙古文物考古研究所：《辽陈国公主驸马合葬墓发掘简报》，《文物》1979年第11期。

察右前旗白家湾遗址发掘简报

崔利明

1991年8月，为配合110国道建设工程对白家湾遗址进行了发掘。遗址面积约6000平方米，发掘面积181平方米，发掘的位置是国道线经过的遗址南部边缘，清理灰坑6座。出土有陶器、铁器、瓷器、铜钱等。

一、遗址概况

白家湾遗址位于乌兰察布盟察右前旗巴音塔拉乡白家湾村西约300米，西北距集宁市15千米（图一）。遗址所在的山坡属黄旗海北岸的丘陵地带，平均海拔在1100米以上，地势西高东低。遗址东为脑包山，北面为二号水库，南面与黄旗海相望。遗址南部有110国道通过。

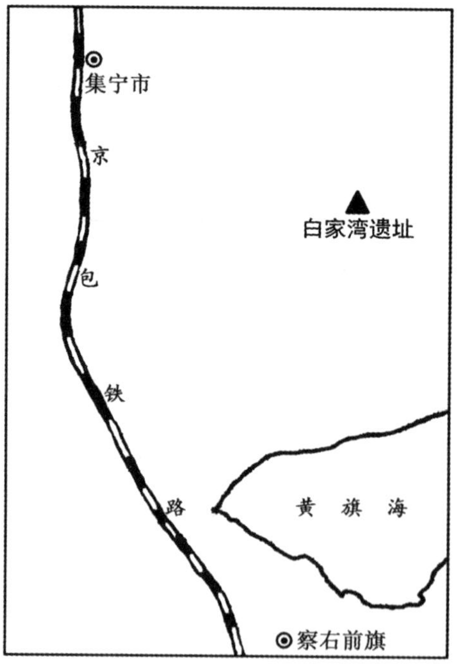

图一　白家湾遗址位置示意图

由于遗址水土流失严重，长期经洪水冲刷，加之近年来人为破坏，遗址东南部已被挖得面目全非。遗址地层分为两层：

表土层　厚20～35厘米，含有植物草根，为灰黄色土。

文化层　厚10～30厘米，灰黄色，土质松散，含较多红烧土块、兽骨、陶片等。

二、遗迹

遗址东南部遗迹保存较好，发掘有灰坑。多数为圆形，少数为瓢形。灰坑绝大多数较为规整。坑内常见有灰烬和动物烧骨、陶片、瓷片、铜钱等。现以H1、H3、H5为例具体介绍。

H1　平面呈瓢形，直壁，平底。口径2.7米，柄长0.6米，深1.1米。填土疏松，夹杂有少量红烧土块的灰烬，出土有大量陶片、瓷片及动物骨骼，在坑东北部有篦纹陶盆1件、陶碗1件、黑釉鸡腿瓶1件，并出土有“开元通宝”1枚（图二）。

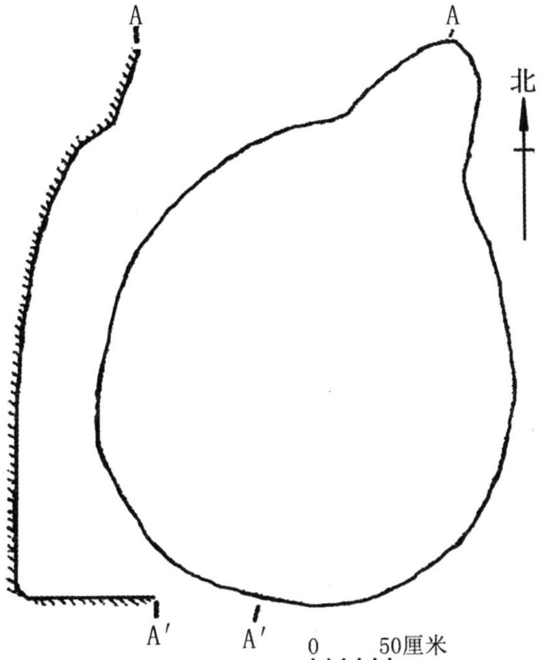

图二　H1平、剖面图

H3　平面呈圆形，直壁，平底。口径2米，底径1.9米，深0.7米。坑内土质疏松，呈黑灰色，夹杂有少量红烧土块。出土有大量瓷片、陶片和兽骨。陶器种类有篦纹罐、素面盆等（图三）。

H5　平面近圆形，斜壁，锅底形。口径2.5米，深0.6米。加工不规整，填土疏松，呈黑灰色土。出土有较多陶片和瓷片，有陶罐1件、白釉瓷碗1件（图四）。

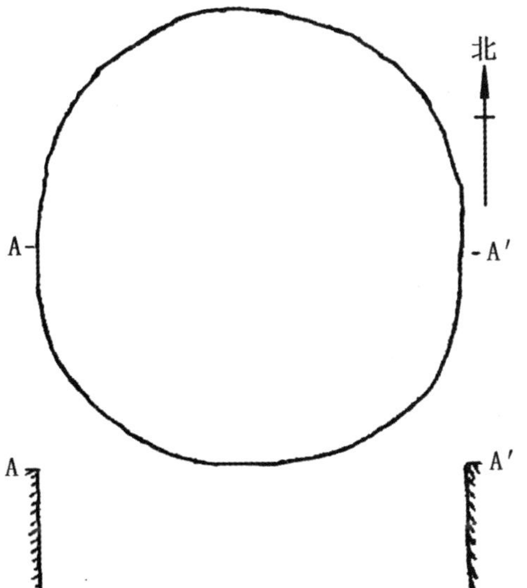

图三　H3平、剖面图

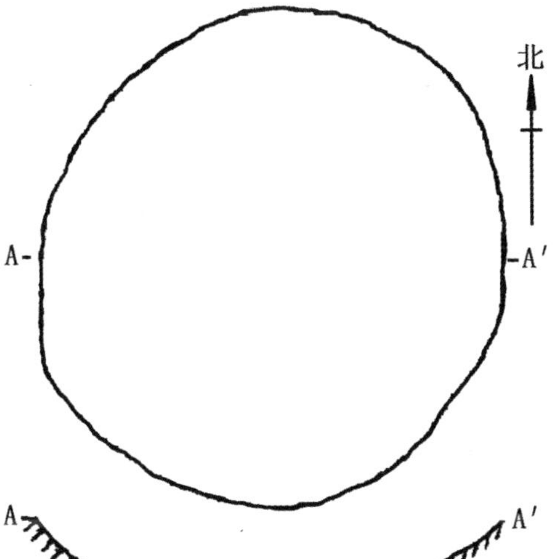

图四　H5平、剖面图

三、遗物

在灰坑中出土遗物数量较多，可分为陶器、瓷器、铜钱等。

（一）陶器

出土陶器数量多，均为泥质灰陶，多为篦纹和素面，少量为弦纹。器型有罐、盆、碗、纺轮等。

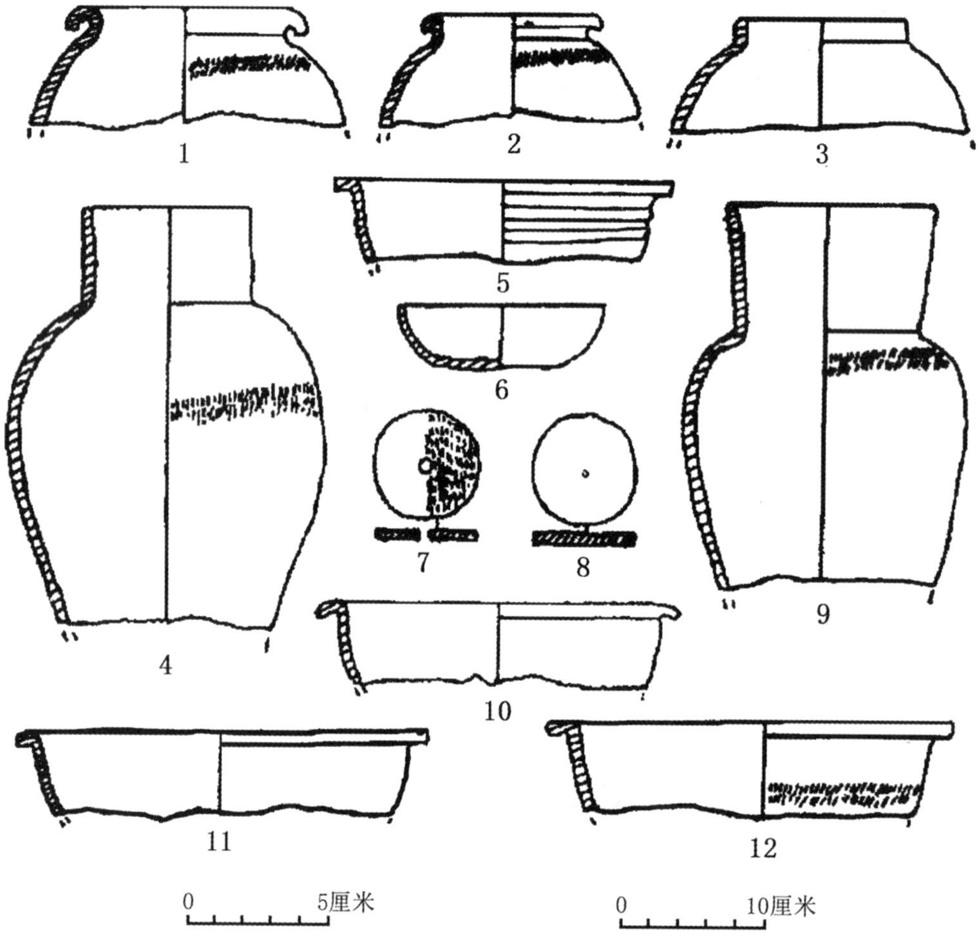

1～3.短颈陶罐　4～9.长颈陶罐　6.碗　7.纺轮　8.陶饼　5、10～12.陶盆

图五　陶器

短颈陶罐　可分3型，均溜肩、轮制。

A型：1件。H4：4，卷沿，敛口，方唇。在肩部饰篦纹。口径26厘米，残高8厘米（图五，1）。

B型：1件。H1：5，直口，圆唇，鼓腹。肩部饰篦纹。口径20厘米，残高7.9厘米（图五，2）。

C型：1件。H4：2，直口，圆唇。素面。口径18厘米，残高8.1厘米（图五，3）。

长颈罐　可分2型，均溜肩、轮制。

A型：1件。H1：8，直口，圆唇。腹部饰篦纹。口径12厘米，残高27.8厘米（图五，4）。

B型：1件。H4：2，喇叭口，尖圆唇，肩部饰篦纹。口径14厘米，残高25.8厘米（图五，9）。

陶盆　可分4型，轮制。

A型：1件。H1：6，折沿，敞口，圆唇，深腹。素面。口径28厘米，残高5.7厘米（图五，10）。

B型：1件。H3：1，折沿，敞口，方唇，深腹。腹部饰瓦棱纹。口径24厘米，残高5.6厘米（图五，5）。

C型：1件。H2：1，折沿，直口，圆唇，深腹。在腹部饰1周篦纹。口径30厘米，残高6.5厘米（图五，12）。

D型：1件，H2：2，折沿，敞口，方唇。在沿面有凹槽，深腹。素面。口径32厘米，残高5.5厘米（图五，11）。

陶碗　1件。H1：1，敞口，尖圆唇，斜腹壁，平底。素面，手制。口径15.7厘米，底径8.2厘米，高3厘米（图五，6）。

纺轮　1件。H4：1，圆饼形，中间穿一圆孔。上面饰篦纹。直径7厘米，厚0.6厘米，孔径0.3厘米（图五，7）。

陶饼　1件。H1：9，圆饼形，素面。直径3.6厘米，厚0.4厘米（图五，8）。

（二）瓷器

瓷器数量较多，其中以粗白瓷为主，黑釉、土黄釉次之，豆绿釉较少。器型可分碗、罐、鸡腿瓶等。

碗　分3型。

A型：1件。H2：2，白色胎而细。敞口，尖唇，斜腹壁。施白黄釉。口径16厘米，残高4.1厘米（图六，1）。

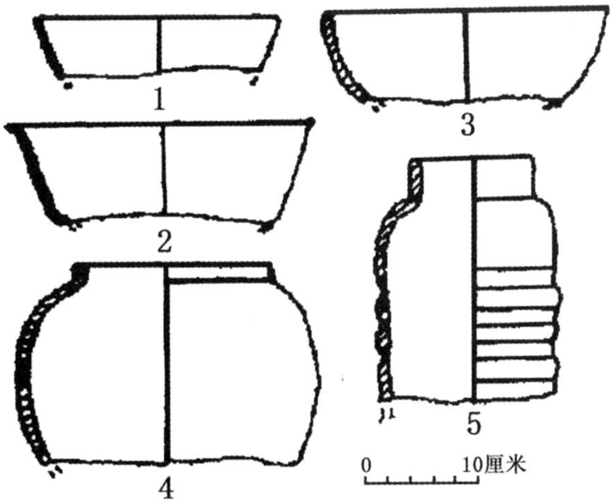

1～3.A～C型碗　4.白釉罐　5.鸡腿瓶

图六　瓷器

B型：1件。H3：4，白色胎而粗。敞口，尖唇，深腹，折痕。施白釉。口径20厘米，残高6.9厘米（图六，2）。

C型：1件，H2：3，白色胎而细。敞口，尖圆唇，弧腹壁。口径18厘米，残高6.1厘米（图六，3）。

罐　1件。H3：3，白灰色胎而细。敛口，方唇，弧肩。施豆绿釉。口径13厘米，残高14厘米（图六，4）。

鸡腿瓶　1件。H1：7，土黄色胎而细。直口，圆唇，短颈，溜肩。肩下饰瓦纹。施豆绿釉。口径8厘米，残高16.5厘米（图六，5）。

四、结语

白家湾遗址虽面积较大，但文化堆积较薄。我们只发掘了遗址的南部边缘，遗物较为丰富。出土陶器上多数为篦纹，反映了辽代传统特点。遗址出土的篦纹长颈罐、鸡腿瓶等具有辽代陶、瓷制品特征，B型长颈罐与《辽怀州城址出土窖藏陶器》中介绍的长颈罐相同①，A型篦纹陶罐与科右中旗巴扎拉嘎辽墓出土的篦纹长颈罐类似②，陶碗与赤峰市阿鲁科尔沁旗温多尔敖瑞山辽墓出土的陶碗类似③，A型白釉瓷碗与北京昌平陈庄辽墓和辽中京大塔基座覆土出土Ⅰ式敞口碗类似④。从出土遗物推定白家湾遗址为辽代遗址。

参加发掘者有江岩、邢黄河、崔利明、哈达、罗京明。

载于《内蒙古文物考古》2003年第1期

① 韩仁信、青格勒：《辽怀州城址出土窖藏陶器》，《内蒙古文物考古》1984年第3期。

② 苏日泰：《科右中旗巴扎拉嘎辽墓》，《内蒙古文物考古》1982年总第2期。

③ 赤峰市博物馆考古队、阿鲁科尔沁旗文物管理所：《赤峰阿鲁科尔沁旗温多尔敖瑞山辽墓清理简报》，《文物》1993年第3期。

④ 昌平县文物管理所：《北京昌平陈庄辽墓清理简报》，《文物》1993年第3期。

内蒙古察右前旗发现辽代碑刻

乌兰察布盟文物工作站

1984年9月初，内蒙古自治区乌兰察布盟文物工作站在本盟察哈尔右翼前旗礼拜寺乡北面的阿布洞山的山顶上发现立着一座辽代的碑刻，当即把碑移往盟文物站收藏。

图一　碑刻铭文拓本

碑高（连同原先埋入土中的部分）110厘米、宽66厘米、厚28厘米。石质为褐色砂岩。仅正面刻字6行，多已漫漶。第一行为汉文“□辽大安二年□月六日之碑文”。其他5行不易辨认，认出几个字也难以连缀成句。如第五行有“南北大功”字样，照汉文字面颇费解。所有认出的字都在契丹大字中出现过。还有的字，字形不十分清楚，很像是契丹大字，如第四行的“之”字等等。根据这些现象，我们认为这5行字可能是契丹大字。特把拓片发表出来供有关学者进一步研究（图一）。

在碑的周围，有很多辽代的残砖碎瓦和瓷片。我们推测山顶原有寺庙之类的建筑，碑石的内容可能与这些建筑有联系。

载于《考古》1986年第11期

契丹女尸在民族史研究上的意义

杜承武　陆思贤

契丹女尸在京、呼展出以来，引起了学术界的广泛兴趣，她已为研究古代内蒙古高原上的体质人类学、医学、纺织、冶金、陶瓷等自然科学史方面提供了可贵的实物依据。而在考古、历史、民族学等研究中又补充了文献的不足。特别对研究我国北方民族史，更是一份饶有兴味的绝好资料。

我国自古以来就是一个多民族的国家。居住在北方辽阔草原上的游牧民族，与中原民族在经济和文化上互相交流、互相影响，融合为中华民族辉煌灿烂的古代文明，做出了自己的贡献。公元10世纪曾经建立声威赫赫的辽王朝的契丹民族，他们的祖先与后裔，都是史学工作者所关心和不断研究探讨的课题。本文试就契丹女尸在民族史、民族学上的价值，谈一些粗浅的认识。

一、契丹女尸的外貌

契丹女尸出土于乌兰察布盟察右前旗豪欠营村的湾子山下。墓地背山面谷，形若簸箕。东南为出口，有两座圆圆的山丘，仿佛一对天然的双阙，矗立于门户的两旁。在古人的迷信思想中，这是一处环境优良的阴府冥宅。现存墓葬10座，分别于1981年10月和1983年5月，分两次清理完毕。契丹女尸是出土于第六号墓中。这是一座规模很小的穹窿顶六边形的石券墓。女尸侧卧在墓室后边的尸床上，头北脚南，既无棺，又无椁。头戴鎏金铜面具，身穿丝织品葬服，贴身还有翠绿色的铜丝网络。尸床前面的祭桌上摆设着碗碟与漆盘。尸床与地面上还散布着4个黄鼠尸骨。

女尸出土的时候，整齐的衣着还没有扰乱，身穿狭袖束腰圆领长袍，长袍是多褶圆领，直接由领口外翻，而颈部另有围脖，交压在领口里。这与蒙古袍在领口上接小高领不相同。衣纹简单，洗练精干。

她的头枕在一个丝绸包裹着的木枕上，脸上覆盖着鎏金铜面具。鎏金铜面具是模仿死者生前的脸形锤揲成的，温静而闭着的双眼，微开一道眼缝，好像是在闭目静养而又陷于沉思之中；丰润的脸颊，小嘴抿合，却又显得和蔼而庄重。但是微微隆起的颧骨和瘦长的鼻梁，民族特征何等鲜明，人们还以为是一位草原女性，在放牧之暇，躺卧在毡帐中憩睡呢！

因为她的身体是向左侧着，所以左手在下，平放在胸前，右手在上，靠在胯部，双手戴了一副罗面手套，作拇指单分式；两足则微微抬起，一前一后，靠在左腿上的右脚，架得高了一些，下面好像还垫了什么东西。她的脚上穿着软靴，尖头船形底；身躯、胳膊与腿部的圆肌，宽厚的两胯，还具有女性的外貌特征。

二、关于契丹人的葬仪

契丹民族在建国之前，丧葬习俗比较简单，流行所谓“风葬”，即父母死后尸体运入山林，悬挂在树上，3年后收其骨而焚之，而且还不让哭丧。建国之后受汉文化的影响，才筑墓埋葬。在豪欠营湾子山墓地，有辽代从早到晚的各式墓葬。早期的墓室很像圈围的蒙古包，说明辽墓是自成体系的一种葬俗，与汉族丧葬制度还不太一样。《辽史》《契丹国志》等书也有一些关于契丹族的丧葬礼仪记载，但限于帝王宗室或语焉不详，具体情况不太知道。宋人文惟简所著《虏廷事实》有一段记载：“北人丧葬之礼，盖各不同。……惟契丹一种特有异焉。其富贵之家，人有亡者，以刃破腹，取其肠胃涤之，实以香药、盐矾，五采缝之；又以尖苇筒刺于皮肤，沥其膏血，且尽，以金银为面具，铜丝络其手足。耶律德光之死，盖用此法。时人目为‘帝羓’，信有之也。”[①]对契丹女尸的综合研究后知道，这段记载属实。

首先“以刃破腹，取其肠胃涤之”，因女尸经过腐烂变质，皮肤已成了黄褐色，肌肉成了棕黑色，溶解凝结，肠胃也成了黑褐色朽渣状，无法判断。以“尖苇筒刺于皮肤”的痕迹则更难寻找。但是，经鉴定女尸体内无血，在她的肩部与右胸上侧有血迹，或许是“以尖苇筒沥其膏血”处，但血斑不大，似乎没有流出多少。而在她的下部，有大出血的痕迹，两股间的一块绢绸絮绵裆布全为血污所染，臀部下面的衣着与棉褥还保留有直径30厘米的血迹。我们不知道女尸大出血的原因，不过“体内膏血且尽”，是与文惟简所说吻合的。另外她的肠胃是否经过洗涤，虽然也不知，而“实以香药、盐矾”确是真的。经医学鉴定，女尸体内的化学元素有11种之多，有的属于药物元素，尤其是对胃区的检查中，含砷（砒霜）量为100克干组织中含833微克，超过常人的7～14倍。砷是防虫防腐剂的主要组成部分。契丹女尸经过解剖化验之后，封存保护的化学药物中也加了砷。可能契丹族在1000年前，在尸体的保存中也已经认识了这一点。

肠胃既清洗，尸体更无疑经过了清洗修饰。明显的例证是她的颅前头发被剔去了约5.5厘米的宽度，即契丹社会风俗中所谓的“髡发”。头顶的长发聚为一把，用罗带紧束打成一结，罗结就在头顶的中央。而另在这把长发的左侧抽出一绺，编成小辫。小辫绕经额头折回颅顶，压在大把头发之上，辫梢另用罗带结扎。脑后与耳侧的头发垂至肩部，即所谓“披发”。出土时女尸的头发还没有扰乱，乌丝根根梳理整齐，是所有出土古尸中保存最好的一例。

尸体处理好以后，即行“五采缝之”。“五采”是指锦罗丝绸织物，怎样缝法过去不知道，还以为是缝缀“以刃破腹”切开的刀口。契丹女尸的出土使我们知道了，原来需要缝裹全身。缝裹的方法是先在尸体表面铺一层丝绵，再用罗带分部缠绕，包括每个手指，每个部分扎得非常精细，脸部则用面帘遮盖，使尸体表面没有露出皮肤的地方，这实际上是成了一具“木乃伊”。耶律德光的

① 文惟简：《虏廷事实·丧葬》，载陶宗仪撰《说郛》卷八，涵芬楼藏版。

尸体经过处理以后，“时人目为‘帝羓’”，则应与契丹女尸的处理方法相同。

再说“用金银为面具，铜丝络其手足”。契丹女尸的脸上戴有鎏金铜面具，全身穿有铜丝网络，包括头网、身网、四肢网和手足网络，比文惟简说的内容丰富得多了。这身网络也是根据体型编缀的，紧贴尸体，还保留着整个人体的轮廓。丰腴的两臂，肥硕的双腿，手指纤细，脚掌瘦削；胯骨与臀部宽大，腰部紧束，还能清楚地看出死者生前的形体原貌，这是因为网络原是紧身穿着的金居葬服，尸体虽然有了某些萎缩与变形，而金属网络的原来形状基本未变。例如女尸的手，虽然已干缩变小了，但手网原是贴着肌肤编成的五指分开式的手套，形象还保持着丰厚的手臂与手掌的肌肉感，手指的长短粗细都有青年女性的特征。编缀精巧，匠心独运，目睹者无不为之赞叹。可知在尸体上编缀钢丝网络，是契丹族丧葬中最重视的一个仪式。

契丹女尸铜丝网络的外面还有多层丝织品葬服。全身穿戴完毕以后，再将尸体入殓墓室，举行烧饭仪式，即在尸床前面放了一张木桌，摆上碗碟酒器，里面都盛有食物。依祭之后，封闭墓室，在通道口还放了一个羊头，表示不忘她是牧民的儿女。最后是填土封实，在基顶上用石块圈筑一个小小的坟园。

这是契丹女尸在考古上所反映的丧葬仪式，而当时的实际生活中，应该比这个复杂得多。

三、契丹人体质上的民族特征

契丹女尸身高（包括发型）1.65米，在世年龄25岁左右。揭去鎏金铜面具之后，露出了她的原貌：两眼闭合，双唇紧抿，额骨突起，是一副颀长的脸。

根据体质人种的全面测定，将所得数据与古代的匈奴人和现代的蒙古人种做了系统的对比研究，女尸的人种特征与古代匈奴人种不同，也和生活于北极圈、西伯利亚的蒙古人种不同，与南亚蒙古人种的相似点也很少，而基本上属于东亚蒙古人种，即与生活在我国境内的蒙古人种最为相近。这就有力地说明，契丹族完全属于蒙古人种并已完全融合在我国北方的蒙汉各族人民之中了。

为了更确切地认识契丹族的体质人种特征，又在同一墓地选择了第三号墓出土的男尸骨架进行测定工作。颅形、鼻形、铲状门齿等属蒙古人种大人种。将全部骨骼测量数据与呼盟扎赉诺尔、完工索木，昭盟巴林左旗南阳家营子鲜卑墓中出土的人骨做比较，他们之间有着许多相近似的特征。如颅长、鼻高都在各处的变异范围之内，鼻宽、鼻指数、眶指数也非常接近，其中与南阳家营子鲜卑人最为接近。这说明契丹人种与鲜卑族南迁杨家营子后的一支关系极为密切，而这里正是契丹族兴起和最早建都的上京临潢府所在地。“契丹源出鲜卑，是鲜卑宇文别部的一支”[①]，而从体质人种的研究中也能证明此说成立。但测量数据上还有若干差异，则可能是由于这一族系在向南向西发展以后，与当地其他毗邻部族融合的结果。

再把男尸人骨与近代华北人、通古斯人、蒙古人做比较，则接近蒙古近代人骨为主，华北近代人骨为次，与通古斯近代人骨相距就很大了。这说明契丹族的后裔与该地区生活的蒙古族联系

① 张正明：《契丹史略》第一章，北京：中华书局，1979年。

更多，这是北方草原民族在历史的长河中自身融合的结果，而融合于北方汉族之中的也不会太少。

四、女尸装饰的民族特点

契丹女尸身上穿有8件丝织品葬服，为罗地绣花丝绵长袍、绛紫色丝绵长袍、中黄色丝绵长袍、黄色丝绵短袄，十二经绞罗单衫、素面绢短衫、素面绢裙、棕色丝绵坎肩。另有手套、软靴、包头等小件丝织物。这种服饰样式也曾见于辽墓壁画中契丹妇女的装束。

长袍均圆领、不作没脚，这是骑马民族服饰的一个特征。驰骋草地，上可以防蚊蚋，下可以免当腿。[①]这种圆领袍，在元代统治者中还很流行，故宫博物院藏历代帝后图中的元代皇帝和皇后穿的也是圆领袍。出土的圆领袍，虽然均已朽蚀而不知开襟在哪一侧，但从保存的腰带连扣在左侧考虑，开襟应在左侧，即合于古代北方民族“披发左衽”的风俗。契丹女尸头顶束发，而余发下垂肩部，正是披发的形式；另外男尸颈部也保留有余发，虽然不大长，也是一种小披发。

衣服中最具特色的棕色绵坎肩，内蒙古地区叫作“棉腰子”，现在知道这种保护体温的服饰，至少在契丹族已经开始。

另一件具有特色的衣服是绢裙，它是用多幅绢绸裁缝起来的，穿在身上也是不作没脚，但褶缝多、腰围高。虽然它的原状已经不能复原，但参考辽墓壁画看，这是一种高腰裙，与同时期的宋代围裙有着明显的区别。

此外女尸穿的矮靿软靴，与现在蒙古女青年喜穿的矮靿皮靴形式相同，是适宜于草地穿着的轻便靴。女尸穿戴的拇指单分式手套，不露手指，与中原地区的露指护掌式手套不同，而手网做成五指单分式，知辽代还有五指单分的手套，与现在时行皮手套的形式相同，这是目前所见最古老的标准手套形式。这些是在服饰方面为契丹民族所特有，而且影响于后世各个民族，在中华民族的物质文化上古代契丹族做出了贡献。

女尸装束最鲜明的民族特征，还在于她为我们保存了一个完美的发型。文献记载契丹女子结婚前后的发型样式不同，婚前髡发，与男子无异；许嫁方留，但样式如何，莫得其详。契丹女尸的发型，应为已婚妇女蓄发形式的一种。中国古代北方民族有髡发的习俗，《后汉书·乌桓鲜卑列传》记载：“唯婚姻先髡头。”契丹民族的髡发，史乘缺载，只见于宋琪与沈括的笔记中，具体形象则在庆陵与其他辽墓壁画中，但只限于男子。契丹女尸的出土，是女性髡发形式的唯一例证。女子婚前髡发，嫁时始蓄的习俗，不只契丹如此，整个东胡系统的乌桓、鲜卑和女真无不如此。[②]但死时又髡。

① 沈从文：《古代服饰研究》，香港：商务印书馆香港分馆，1981年，第403页。

② 范晔撰：《后汉书》卷九十《乌桓鲜卑列传》，北京：中华书局，1965年，第2985页；庄绰撰：《鸡肋编》卷上，北京：中华书局，1983年，第15页。

五、关于契丹民族的信仰

契丹女尸穿铜丝网络，脸戴鎏金铜面具，既是葬仪中的一项内容，也反映了契丹民族的信仰。辽宁省新民县巴图营子辽墓，死者夫妇两人戴面具和手足网络。[①]昭盟翁牛特旗解放营子辽墓，死者夫妇两人只戴面具，而无网络；男的另有一双铜靴垫。[②]其他墓葬也有类似情况，以出手足网络为主；没有网络的，则用一双铜靴垫代替。这表明手足网络比其他部位的网络意义重要，而足网络或足靴垫，似乎比手网更重要。这就反映出契丹族的一种原始信仰，即对于手掌、蹄印或足迹的崇拜。

穿金属网络，特别是手足网络或铜靴垫，在足迹崇拜的观念中，正是死者亡魂步入黑山，到达彼岸的主要工具。

至于脸戴面具，不但死者，生者也有脸戴面具或化装脸部的习俗。《辽史》载耶律阿保机幼时有异相，认为将来能做帝王，将其脸面涂黑。契丹族建国以后，佛教传入，《契丹国志》载“北妇以黄物涂面如金，谓之‘佛装’”。宋人写诗颂为“有女夭夭称细娘，真珠络髻面涂黄。南人见怪疑为瘴，墨吏矜夸是佛妆”。

契丹女尸所戴的面具上，不但具有佛相，前额上还有一圈丝织品做成的“菩萨冠”装饰。在冠饰的右上角，还缀有紫红色蝴蝶结，双翅展开，状若飞翔。这样精心装饰起来的金光闪闪的面具并加上冠饰，佩戴在死者的脸上，既端庄，又典雅，好像一尊慈眉善目的金面菩萨。如果到大同华严寺，与辽代雕塑的菩萨相比，何等相似焉耳！大凡已见出土的辽代面具，特别是女性的面具，都给人留下一种佛面的印象。[③]这就反映生者为死者灵魂所祈求的，不但要到达黑山，还要到达佛教所传扬的“极乐世界”。这就说明女尸所穿的网络与鎏金面具，具有多种信仰的内容。

另外，出土契丹女尸的豪欠营墓地的所有墓室，包括出土契丹女尸的坟墓，均为穹窿顶，墓门东向，这是草原牧民毡帐形式的典型反映。古代北方民族，从匈奴、东胡到契丹，穹庐均东向日出，表示对太阳神的崇敬。在远古的宗教信仰中，都认为太阳是天之元子，祀天都必须重视沐浴与头面的修饰，那么对死者进行的髡头仪，也应与这种敬天思想有关。

六、契丹民族的历史贡献

从契丹女尸考古所反映的契丹民族的历史贡献，首先是表现在生产方面。据铜丝网络化学元素的含量分析，铜中含银、含铝的比例适中，延展性很好，契丹族的冶炼业已达到了相当的水平；又细铜丝拉至0.6毫米或0.8毫米，拔丝技术已达到了可惊的程度。另外，面具鎏金也反映着辽代的冶

① 冯永谦：《辽宁省建平、新民的三座辽墓》，《考古》1960年第2期。

② 翁牛特旗文化馆、昭乌达盟文物站：《内蒙解放营子辽墓发掘简报》，《考古》1979年第4期。

③ 岛田贞彦：《“满洲国”热河省新出土的古银铜面》，日本《考古学杂志》第27卷第1号。

金水平。据《辽史·国语解》记载：“山金司，以阴山产金，置冶采炼，故以名司。”阴山即现在的大青山。辽代就在大青山地区开采冶炼过近百年的金矿。契丹女尸鎏金面具上的黄金，也很可能就是阴山金矿冶炼出的黄金镀上去的。

契丹女尸身上的丝织品，主要也应该是辽代契丹族自己的产品。辽代皇帝在建国前就很重视桑蚕与纺织，统治北部中国后，与中原交流频繁，生产上得到了进一步提高。例如中京某些州县有许多“丝蚕户”，只是纳丝和绢，不纳粟的专业户。女尸身上所穿的轻罗衫，比现在的尼龙纱还要轻薄，用多经绞法织成，细密透明，漂在水上视若无物。当时辽国生产的罗，为中原地区一些贵族所喜爱，宋人前来交易此物，称“蕃罗”。另外契丹女尸身上一种具有光泽的绢，也是当时第一流产品。女尸所穿的罗地花丝绵长袍，还反映出契丹人的刺绣技术。又女尸身上佩有同鞘玉柄铜刀两把，其中一把无刃，只能做挑丝或分经纬之用，故疑女尸生前也是一位巧红。

又契丹女尸墓内出土的细白瓷，是辽瓷中的精品，其中两件瓜棱绞索式提梁贴花小注，造型美观别致，釉色细腻光润，在辽瓷中也罕见。辽代陶瓷从烧造到形制，自成体系。在中国陶瓷史上，宋代是我国瓷器业发展到了最高水平，而辽瓷也在这个最高水平行列之内。

契丹女尸所安卧的尸床，形式如同现在蒙古包里的矮床；因其用砖砌，也同现在北方室内的暖炕。床或炕都是古代北方民族首创。魏晋南北朝时期，床传入中原，称“胡床”，实为可以移动的卧榻，到五代以后才渐渐成为室内固定的陈设。古代北方民族室内有炕，可能时代还要早一些，而普及于整个北部中国，也是辽金时代的契丹族和女真传播开的。

辽代建国，有以契丹族为主的北面官和以汉族为主的南面官两套政治体制，这就有利于民族团结，以及北方草原与中原地区政治、经济、文化的交流。从契丹女尸出土地豪欠营周围的考古调查说明，当时的农业经济和畜牧经济是交织在一起的，这就反映了契丹民族对于北方草原地区的开发已达到了一个前所未有的高度。

载于《内蒙古社会科学》1983年第10期

内蒙古乌兰察布盟察右前旗发现一方契丹大字铜印

李兴盛

1984年，内蒙古乌兰察布博物馆在对察右前旗黄茂营乡进行文物普查时，在该乡征集到一方契丹大字铜印，现藏于乌兰察布博物馆。

印面呈正方形，纽为长方形柱纽，顶端阴刻一“上”字。印面有4个阳文契丹大字，中国社会科学院民族研究所刘凤翥先生释读为“都监之印”（图一）。其他部位无款识。印边长7.8厘米，厚1.8厘米，纽高3厘米。

图一　印文钤文

契丹大字印从目前发表的资料看，数量较多，主要集中在内蒙古赤峰地区，辽宁省、吉林省和黑龙江省也有零星发现，但多数没有将印文全文释读出来。这就给契丹大字印的比较和研究带来了一定的困难。近年契丹大字解读进展较快，一些官名已被释出，为释读官印提供了方便。

乌兰察布盟在辽朝时属西京道（今山西省大同市）管辖。特别是辽朝晚期，末代皇帝耶律延禧（天祚帝）败退到夹山（乌盟境内阴山山脉之中段），先后活动3年，并与金朝军队在夹山以南作战。这方“都监之印”刻制粗劣，或许是这一时期的文物。这对研究辽朝晚期乌盟境内的政治、军事提供了新的佐证。

载于《考古》1997年第8期

乌兰察布市卓资县忽洞坝辽代墓葬

赵　杰

一、墓葬概况及地理位置

1980年春，卓资县碌碡坪乡忽洞坝村一位农民在采集盖房基石时，于村南部的冲沟内发现了大量的铜器和少量的金器、银器及铁器等物品。乌兰察布市博物馆（原乌兰察布盟文物工作站）闻讯后，随即派工作人员进行了实地调查并确认该处为一座古代墓葬。该墓葬位于卓资县碌碡坪乡忽洞坝村南端，西北距旗下营镇7千米，东南距卓资县城关镇约31千米，地理位置东经112°12′032″、北纬40°57′22″，海拔1345.6米（图一）。

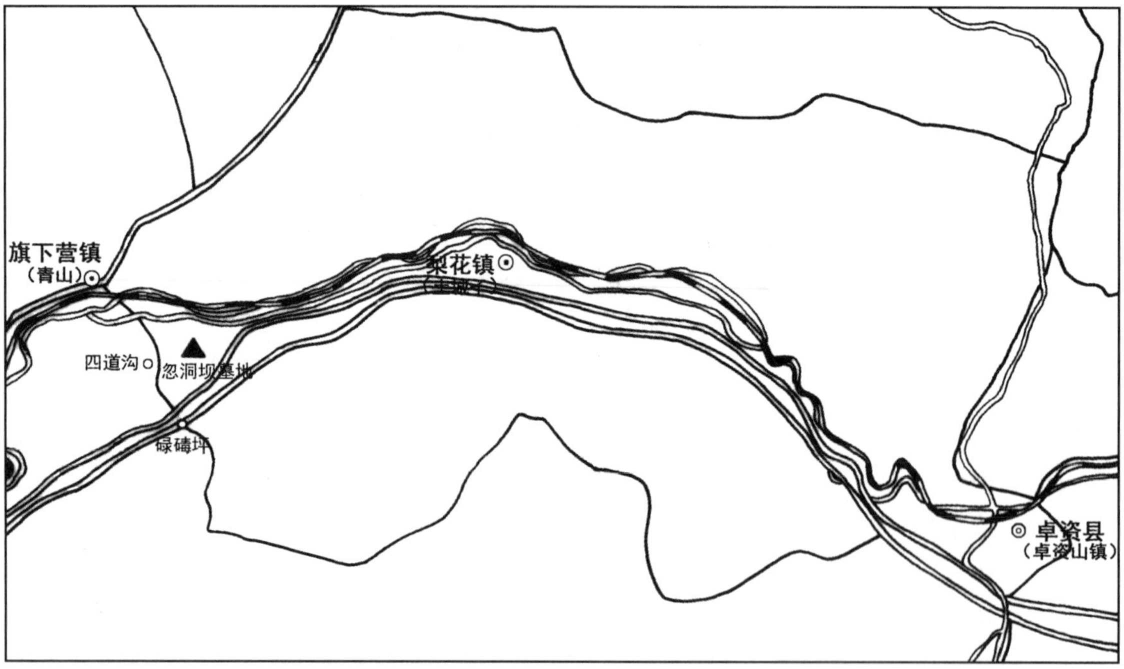

图一　忽洞坝墓葬位置示意图

墓地地处大黑河南岸的台地上，四周为浅山丘陵所环绕。地表呈南高北低之势，大黑河及京包铁路由其北部并行而过。因多年的水土流失，在盆地的西南部形成一条蜿蜒北伸的大冲沟，北向接入大黑河。忽洞坝墓葬即为此冲沟所毁，只余极少部分残墓底部挂于沟壁之上，后又被当地村民盗挖，故墓葬的形制结构及葬式葬具均已被毁，墓中的随葬品被洪水全部冲入沟底，埋于泥土之中。现将收集到的部分遗物简述如下。

二、遗物

此次收集到的遗物较为丰富，包括金器、银器、铜器、铁器、骨器、石器、陶器等共计167件（套）。

（一）铜器

在遗物中占绝大多数，共计86件，多为蹀躞带或马具之上的构件或饰件。

带扣　17件。根据形制可分为5型。

A型：1件。ZHM1：6，扣环呈扁圆形，上下各有一圆角长方形穿孔，扣柄呈“S”状，梯形。素面。长3.2厘米，宽3.2厘米，厚0.4厘米（图二，1）。

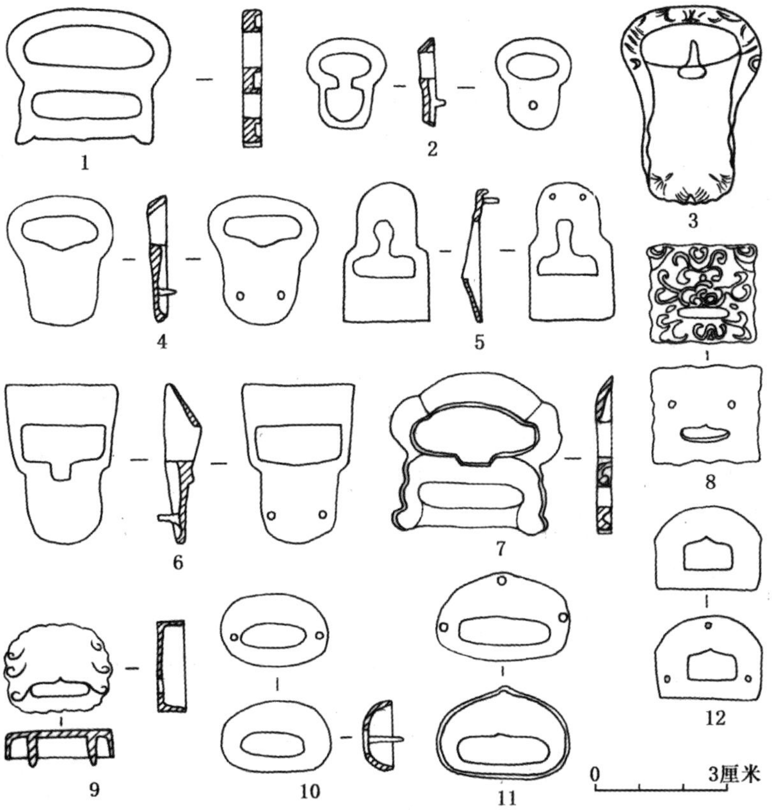

1.A型铜带扣（ZHM1：6）　2.D型小铜带扣（ZHM1：10）　3.C型铜带扣（ZHM1：8）　4.D型大铜带扣（ZHM1：9）　5.E型小方形铜带扣（ZHM1：12）　6.E型大方形铜带扣（ZHM1：11）　7.B型铜带扣（ZHM1：7）　8.A型铜带銙（ZHM1：13）　9.B型铜带銙（ZHM1：14）　10.C2型铜带銙（ZHM1：16）　11.E型铜带銙（ZHM1：18）　12.G型铜带銙（ZHM1：20）

图二　出土铜带扣、带銙

B型：2件。ZHM1：7，大小、形制相同。桃形扣环，上、下部分别为椭圆形和圆角长方形穿孔，扣柄呈“S”状，梯形。素面。长3.6厘米，宽3.8厘米（图二，7）。

C型：1件。ZHM1：8，椭圆形扣环，长条形扣针与圭形扣把相套结。环部和扣把部饰卷草纹。扣环长径5.3厘米，带扣通长4.5厘米（图二，3）。

D形：椭圆形扣环，分大、小两种。大铜带扣6件。ZHM1：9，大小、形制相同，椭圆形扣环，圭形扣把。扣把背面置两枚柱状铆钉，将带扣与皮革固定在一起。素面。扣环长径3.0厘米，带扣通长2.9厘米（图二，4）。小铜带扣2件。ZHM1：10，大小、形制相同，椭圆形扣环，圭形扣把。扣把背面置 1 枚柱状铆钉，将带扣与皮革固定在一起。素面。扣环长径1.7厘米，带扣通长2.1厘米（图二，2）。

E型：方形扣环，分大、小两种。大方形铜带扣2件。ZHM1：11，大小、形制相同，方形扣环，圭形扣把。扣把背面置两枚柱状铆钉，将带扣与皮革固定在一起。素面。扣针残，扣环长径2.6厘米，带扣通长3.6厘米（图二，6）。小方形铜带扣3件。ZHM1：12，大小、形制相同，方形扣环，圭形扣把。扣把背面置两枚柱状铆钉，将带扣与皮革固定在一起。素面。扣针残，扣环长径1.9厘米，带扣通长3.1厘米（图二，5）。

带銙　19件。皆为铜质，模铸。根据形制可分为7型。

A型：3件。ZHM1：13，大小、形制相同，呈长方形，四边皆呈波状，凹背。背部古眼上端置2枚柱状铆钉。正面饰对称卷草纹。高2.2厘米，宽2.5厘米（图二，8）。

B型：2件。ZHM1：14，大小、形制相同，呈圆角方形，边部呈波状，下部置横向长条状古眼，古眼中部上端凸起，凹背。背部古眼上端置2枚柱状铆钉。正面饰对称的卷草纹。高2.0厘米，宽2.4厘米（图二，9）。

C1型：2件。ZHM1：15，大小、形制相同，呈椭圆形，下部置横向长条状古眼，古眼中部上、下端凸起，凹背。背部古眼左、右端各置1枚柱状铆钉。正面饰对称的卷草纹。高1.9厘米，宽3.0厘米（图三，1）。

C2 型：2件。ZHM1：16，形制相同，呈椭圆形，下部置横向长条状古眼，古眼呈椭圆形，凹背。背部古眼左、右端各置1枚柱状铆钉。素面。高1.9厘米，宽3.0厘米（图二，10）。

D形：3件。ZHM1：17，铜质鎏金。大小、形制相同，呈五角状，下部置横向长条状古眼，凹背。背部古眼左、右和上端各置1枚柱状铆钉。素面。高2.2厘米，宽2.4厘米（图三，2）。

E型：1件。ZHM1：18，大小、形制相同，呈扁圆状，上部稍圆，下部稍平。下部置横向长条状古眼，中部上端凸起，凹背。背部古眼左、右和上端各置1枚柱状铆钉。素面。高2.0厘米，宽2.5厘米（图二，11）。

F形：3件。ZHM1：19，形制相同，呈桃状，上部圆凸，下部稍平。下部置横向长条状古眼，中部上端凸起，凹背。背部古眼左、右和上端各置1枚柱状铆钉。素面。高2.0厘米，宽2.5厘米（图三，4）。

G型：3件。ZHM1：20，形制相同，呈半圆状，上部稍圆，其余三面稍平。下部置横向长条状古眼，中部上端凸起，凹背。背部古眼左、右和上端各置1枚柱状铆钉。素面。高2.4厘米，宽2.4厘米（图二，12）。

铜箍　7件。铜质，模铸。根据形制可分为3型。

A型：3件。ZHM1：21，形制相同，呈长方形。素面。长1.5厘米，宽1.1厘米（图三，11）。

B型：1件。ZHM1：22，鎏金。呈椭圆形。素面。长径1.9厘米，短径1.1厘米（图三，16）。

C型：3件。ZHM1：23，呈扁圆形。外壁饰瓦棱纹。长径1.5厘米，短径0.9厘米（图三，17）。

桃形带銙　2件。ZHM1：24，铜质，模制。呈桃形。中部镂空桃形孔。正面饰对称卷草纹。凹背。背部穿孔左、右各置一柱状铆钉。高1.7厘米，宽径1.7厘米（图三，18）。

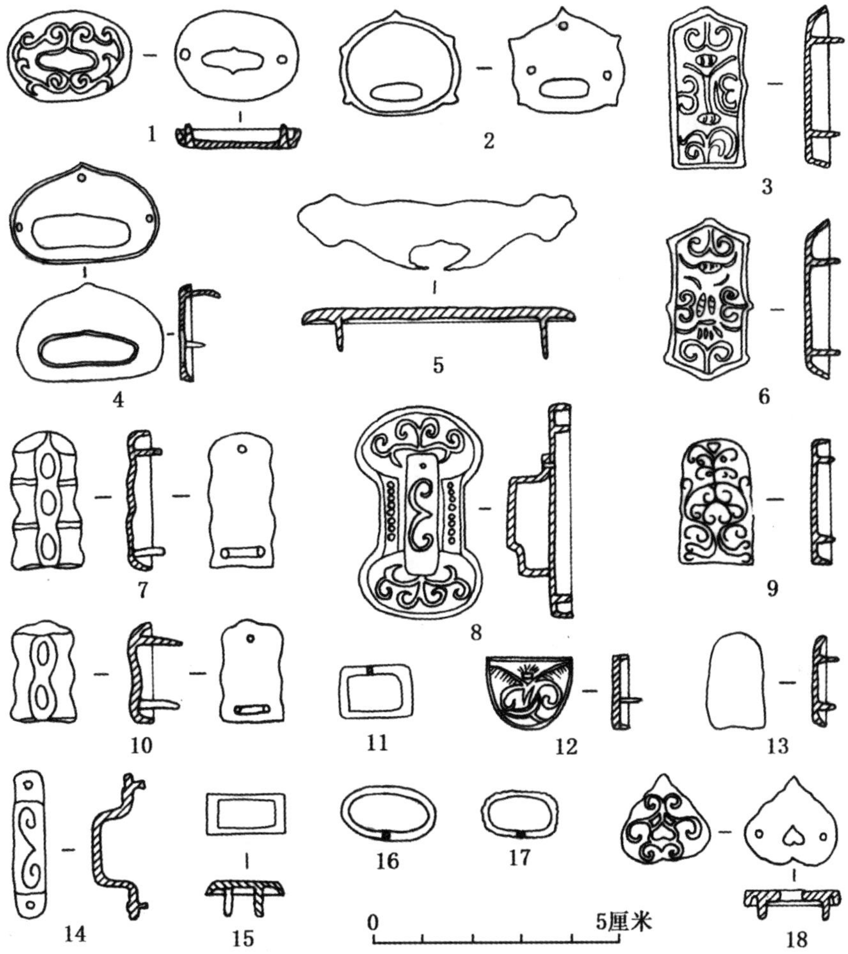

1.C1型铜带銙（ZHM1：15）　2.D型铜带銙（ZHM1：17）　3.平尾形铜带饰（ZHM1：34）　4.F型铜带銙（ZHM1：19）　5.豆荚形铜带饰（ZHM1：31）　6.菱形铜饰件（ZHM1：35）　7.平尾形铜带饰（ZHM1：36）　8.束腰形铜饰件（ZHM1：32）　9.圭形铜鋜尾（ZHM1：25）　10.平尾形铜带饰（ZHM1：37）　11.方形铜箍（ZHM1：21）　12.半圆形铜鋜尾（ZHM1：26）　13.平尾形铜带饰（ZHM1：38）　14.弓形器（ZHM1：33）　15.方形铜带饰（ZHM1：39）　16.椭圆形铜箍（ZHM1：22）　17.瓦棱形铜箍（ZHM1：23）　18.桃形带銙（ZHM1：24）

图三　出土铜带饰

尾　3件。铜质，模铸，根据形制可分2型。

A型：1件。ZHM1：25，圭形，凹背。背面置2枚柱状铆钉。正面饰对称卷草纹。长2.6厘米，宽1.5厘米（图三，9）。

B型：2件。ZHM1：26，半圆形，凹背。正面饰对称卷草纹。长1.5厘米，宽1.7厘米（图三，12）。

节约　8件。铜质，模制。根据形制可分为2型。

A型：4件。ZHM1：27，鎏金，大小、形制相同，平面呈圆形。正面中心凸起，上饰三角形纹。中部3条交叉的带把整个圆形分成3个相等的区域，每区各为一镂空弧状穿孔。凹背。缘部等距置3枚柱状铆钉。直径3.3厘米，厚0.8厘米（图四，1）。

B型：4件。ZHM1：29，铜质，大小、形制相同。平面呈“T”形。凸面，凹背。正面饰对称卷草纹。背面置3枚柱状铆钉。高3.7厘米，宽5.5厘米（图四，2）。

带饰　58件。铜质，模制。

葫芦形铜吊扣：2件。大小、形制相同。ZHM1：30，上部为一方形穿纽。中部接桃形环，环为一桃形大穿孔。下部伸出舌形直铤。凸面，凹背。正面饰对称的卷草形花纹。长8.9厘米，最宽3.5厘米（图四，3）。

豆荚形铜带饰：1件。ZHM1：31，呈三角形，上部为一条状横穿。凹背。背部置2枚对称的柱状铆钉。穿部因长期使用磨损而断。素面。残高1.5厘米，宽5.5厘米（图三，5）。

束腰形铜带饰：1件。ZHM1：32，铜质，模铸。两端圆凸，中部有一长方形穿孔，穿孔上部铆接一拱形纽，背部置2枚柱状铆钉。凹背。正面及纽部皆饰卷草纹。长3.4厘米，最宽2.5厘米（图三，8）。

拱形铜纽：1件。ZHM1：33，铜质，片状，两端稍圆，上部饰卷草纹。长3.0厘米。宽1.1厘米（图三，14）。

平尾圭形铜带饰：8件。ZHM1：34，大小、形制相同。铜质。模铸。平面呈圭形，凸面，凹背。背面置2枚柱状铆钉。正面饰对称卷草形纹饰。长3.3厘米，宽1.6厘米（图三，3）。

菱形铜带饰：12件。ZHM1：35，大小、形制相同。铜质。模铸。平面呈菱形，凸面，凹背。背面置2枚柱状铆钉。正面饰对称卷草形纹饰。长3.3厘米，宽1.6厘米（图三，6）。

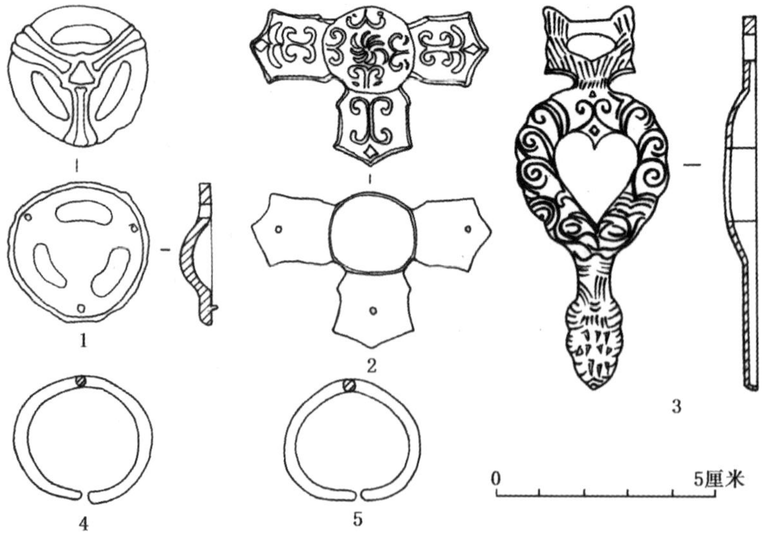

1.圆形铜节约（ZHM1：27）　2.T形铜节约（ZHM1：29）　3.葫芦形铜吊扣（ZHM1：30）　4、5.圆形耳环（ZHM1：1、2）

图四　出土随葬品

平尾圭形铜带饰：9件。ZHM1：36，大小、形制相同。铜质，鎏金。模铸。平面呈圭形，凸面，凹背。背面置3枚柱状铆钉。正面呈三竹节状。长2.8厘米，宽1.4厘米，厚0.5厘米（图三，7）。

平尾圭形铜带饰：19件。ZHM1：37，大小、形制相同。铜质，鎏金。模铸。平面呈圭形，凸面，凹背。背面置3枚柱状铆钉。正面呈二竹节状。长2.8厘米，宽1.4厘米，厚0.5厘米（图三，10）。

平尾圭形铜带饰：3件。ZHM1：38，大小、形制相同。铜质，鎏金。模铸。平面呈圭形，凸面，凹背。背面置2枚柱状铆钉。长2.0厘米，宽1.4厘米，厚0.3厘米（图三，13）。

长方形铜饰件：2件。ZHM1：39，大小、形制相同。铜质，鎏金。模铸。平面呈长方形，凸面，凹背。背面置2枚柱状铆钉。长1.6厘米，宽0.8厘米，厚0.3厘米（图三，15）。

铜杖　1件（套）。ZHM1：40，铜质，鎏金。由杖首、杖身和杖托三部分组成。杖首呈“T”形，铜质，鎏金，模制、錾刻、焊接成型。上部由3个半圆组成。中部为北天王，身着铠甲，头戴王冠，右手托塔。左、右两部各为半椭圆形，上均饰龟鹤仙人图，顶部有铁锈残迹。下部接管状长銎，銎部外壁饰错落有序的仰莲纹。通高15.4厘米，宽12厘米（图五，4）。杖托（镦），铜质，管状銎。口部及近末端处各置一铜箍。长11厘米，銎口径2.4厘米（图五，5）。杖首及杖托銎口内留有朽木残留物，估计杖身应为木质。

（二）金器

金器仅见耳环 2 件。ZHM1：1、ZHM1：2，圆环状，截面呈圆形，环直径3.0厘米，截面直径0.3厘米。重12.45 克（图四，4、5）。

（三）银器

数量较少，以生活器具为主。

盏托　1 件。ZHM1：5，以银片锤鍱、錾刻、模压、焊接成型。由托碗、托盘和圈足组成，托碗托盘连一体。托碗为敞口，圜底，底部模压双鱼纹，内壁饰卷草纹。托盘为平折沿，内侧凹折，外缘部起凸棱，沿面錾刻5组牡丹纹，以鱼子纹为底。沿内侧凹部饰以卷草纹，且等距錾刻3条游动的鱼。圈足呈喇叭状。通高3.6厘米，口径15.0厘米，圈足高 2.2厘米（图五，1）。

杯　2 件。ZHM1：4，大小、形制相同，锤鍱成型。器型呈五瓣花形，花式敞口，弧腹较深，平底，底部留有圈足焊接痕迹。素面。高3.0厘米，口径7.2厘米，底径 3.6厘米（图五，2）。

笸箩　1 件。ZHM1：3，以银片锤鍱、錾刻、焊接成型。直口微侈，弧腹，圜底。腹部及底部压印柳斗形纹，压印之纹透内。仿木口沿外侧饰4组对称竖向线纹。高7.0厘米，口径13.5厘米，口沿厚0.1厘米（图五，3）。

（四）铁器

以马具和工具为主，也见武器类。大多残破不全。

马镫　5 件。ZHM1：42，铸造而成，大小、形制相同。上部为方形高鼻，鼻中有长方形带孔。下接胆状蹬环，踏板呈弧形。吊纽高1.5厘米，纽宽5.4厘米，踏板宽5.4厘米，通高15.2厘米（图五，6）。

铁锁　1件。ZHM1：41，铁质。锻制，为横式锁，锁深筒形，外接曲尺状长柄。插簧为三叉式。通长17.2厘米，宽5厘米（图五，9）。

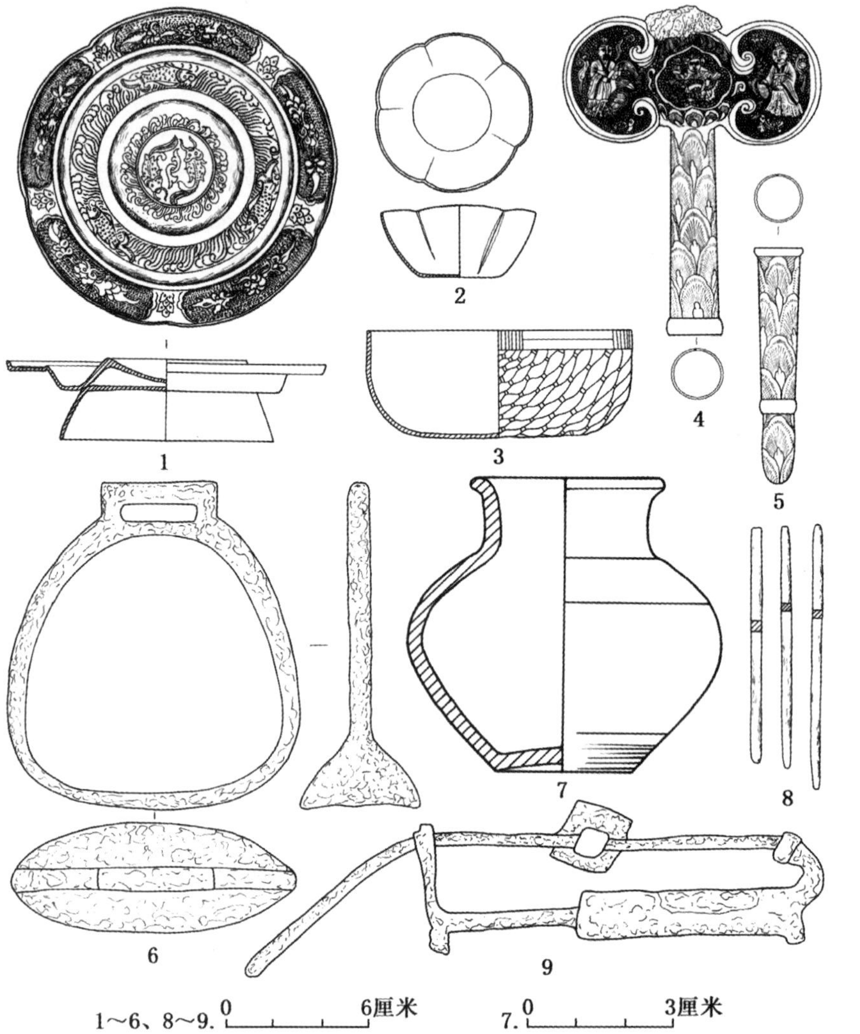

1.银盏托（ZHM1：5） 2.银杯（ZHM1：4） 3.银笸箩（ZHM1：3） 4.铜杖首（ZHM1：40） 5.铜杖托（ZHM1：40） 6.铁马镫（ZHM1：42） 7.陶罐（ZHM1：44） 8.算筹（ZHM1：43） 9.铁锁（ZHM1：41）

图五 出土随葬品

马嚼 2件。锈蚀较轻，形状可辨。

铁锛 1件。长9厘米，宽6厘米。

铁斧 1件。长11厘米，宽6厘米。

铁剑 2件。锈蚀严重。一件长40厘米，宽4厘米，厚0.4厘米。另一件长28厘米，宽4厘米，厚0.4厘米。

铁镞 10件。锈蚀严重。根据形制可分2型。

A型：6件。为平首铲状。

B型：4件。为尖首状。

（五）骨器

在遗物中数量较少。

算筹 20件。ZHM1：43，骨质，磨制。为四棱长条柱状。截面呈方形。长12.2～12.9厘米（图五，8）。

骨板　2件。形制相同。为长条状。两端稍宽，中部略窄。器表刻细线纹。长19厘米，宽3厘米，厚0.3厘米。

鸣镝　2件。形制相同。首部为三棱状铁镞，器身为一骨质核桃状响器穿于长铤之上，其上置圆形孔，中空。残。

（六）石器

砺石　1件。长方形，素面。长15厘米，宽3厘米，厚1.8厘米。

（七）陶器

在遗物中数量较少，只有1件。

罐　1件。ZHM1：44，体型较小。泥质灰陶，侈口，圆唇，矮弧颈，肩部微折，鼓腹，下腹斜收，凹底。底部饰横向细弦纹数周。口径4.8厘米，底径3.4厘米，高6.8厘米（图五，7）。

三、结语

忽洞坝墓葬曾在《乌兰察布文物》1982年第2期（内部刊物）发过。现依据原报告及遗物重新整理成文。

首先，从忽洞坝墓葬中出土的遗物来看，砺石、骨板、算筹、马镫等物多为辽代墓葬中常见出土之物，其中鸣镝的形制与凉城县忻州窑子辽代墓葬[①]出土的B型鸣镝相似，陶罐与科左后旗呼斯淖契丹墓[②]出土的小陶罐相近，盏托和银杯分别与陕西耀县柳林背阴村[③]出土的银茶托、饮银茶杯制作风格相同，银管箩与巴林左旗白音汉公社发现的辽代银器窖藏的柳斗形银杯相同[④]。

其次，从墓葬出土的带具及马具饰品来看，忽洞坝A型节约与赤峰县大营子辽墓M1（辽驸马郑卫国王墓）[⑤]中圆盘形节约相近，B型节约与赤峰县大营子辽墓M1（辽驸马郑卫国王墓）中凸形节约形制相近[⑥]，而忽洞坝墓葬中出土的葫芦形吊扣与兴安盟科尔沁右翼中旗巴扎拉嘎1号契丹墓出土的鎏金铜吊扣形制相近。铁锁又与赤峰县大营子辽墓M1（辽驸马郑卫国王墓）出土的铁锁相似[⑦]。以往已发现辽墓中出土比较少见的豆荚形带饰（ZHM1：31）在科右后旗呼斯淖契丹墓[⑧]和内蒙古凉城县水泉辽代墓葬[⑨]均有出现（M27：145）且形制相同。哑铃形带饰也与内蒙古凉城县水泉

① 内蒙古自治区文物考古研究所：《凉城县忻州窑子辽代墓葬清理简报》，《草原文物》2012年第2期。
② 张柏忠：《科左后旗呼斯淖契丹墓》，《文物》1983年第9期。
③ 刘相群、朱捷元：《陕西耀县柳林背阴村出土一批唐代银器》，《文物》1966年第1 期。
④ 巴右文、成顺：《内蒙古昭乌达盟巴林右旗发现辽代银器窖藏》，《文物》1980年第5期。
⑤ 前热河省博物馆筹备组：《赤峰县大营子辽墓发掘报告》，《考古学报》1956年第3期。
⑥ 前热河省博物馆筹备组：《赤峰县大营子辽墓发掘报告》，《考古学报》1956年第3期。
⑦ 前热河省博物馆筹备组：《赤峰县大营子辽墓发掘报告》，《考古学报》1956年第3期。
⑧ 张柏忠：《科右后旗呼斯淖契丹墓》，《文物》1983年第9期。
⑨ 内蒙古自治区文物考古研究所：《内蒙古凉城县水泉辽代墓葬》，《考古》2011年第8期。

辽代墓葬中出土的（M27：123）形制相似。A型铜带扣与凉城县水泉辽代墓葬中出土的方形铜带扣（M27：63）相同。

从忽洞坝出土的生活用具来看，金银器器型及纹饰极具晚唐制作风格。从带饰来看，也具有契丹族早期的特征。如葫芦形吊扣与兴安盟科尔沁右翼中旗巴扎拉嘎1号契丹墓出土的鎏金铜吊扣形制相近，此器物体形修长，中间镂空较大。按照孙机先生的说法，此种吊扣似乎更早，而且又具有一定的突厥文化色彩。①特别值得一提的是忽洞坝墓葬中出土有1件鎏金铜杖，杖首中部为北天王身着铠甲，头戴王冠，右手托塔，左、右两部各为半椭圆形，上饰龟鹤仙人图，下接管状长銎，銎部饰错落有序的仰莲纹，可见其受唐文化影响之深。

忽洞坝墓葬的发现，对于研究内蒙古中南部地区辽代早期契丹民族的政治、经济、文化及手工业等方面的发展提供了重要的实物资料。

绘图：郝晓菲、栗媛君

摄影：刘艳农

翻译：谢 芳

载于《草原文物》2016年第2期

① 孙机：《论近年内蒙古出土的突厥与突厥式金银器》，《文物》1993年第8期。

乌兰察布市集宁区白海子镇白海子村辽金时期墓葬发掘简报

乌兰察布市博物馆　集宁区文物管理所

2014年6月28日，我馆接到集宁区白海子镇白海子村嘉禾小学施工单位和集宁市有关单位的上报，赶赴现场确认其信息并上报有关管理单位，收到抢救性田野考古发掘的指示。乌兰察布市博物馆组织考古发掘队进行抢救性考古发掘并对周边地区进行田野考古钻探。本次发掘面积共200平方米，清理2座墓葬。现将墓葬发掘情况报告如下。

图一　墓葬位置示意图

一、地理位置及墓地概况

墓葬位于乌兰察布市集宁区白海子镇白海子村北部嘉禾小学建设工地中南部，南距110国道约1500米，西南距白海子镇政府约800米，距乌兰察布市政府东北9200米，东南距金元时期土城子古城约3000米（图一）。墓地地势北高南低，东有一条南北向的干河，现已经大部分被城市建设垃圾填满，但还能看出河槽的走向（图二）。

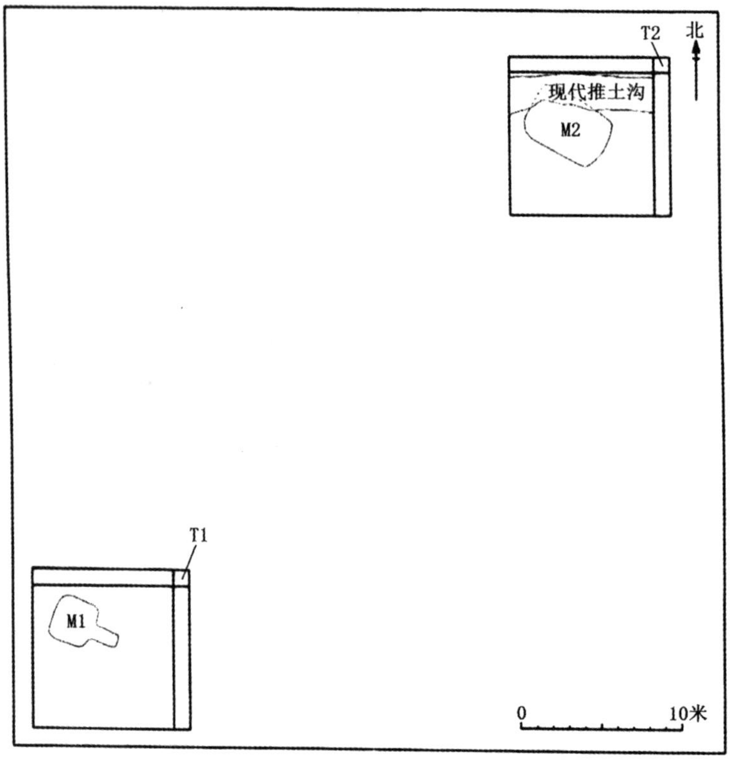

图二　墓葬发掘总平面图

二、墓葬形制

此次发掘共清理2座墓葬，其中砖室墓1座、土坑竖穴石室墓1座。以下简要介绍2座墓葬。

（一）M1

砖室墓，墓向135度。该墓早期被盗，现由于施工队推土，墓口开口处深度不详。墓坑平面呈圆角“凸”字形。全长570厘米，由墓道、墓门、墓室组成（图三）。

墓道为圆角长方形斜坡台阶状，残存长220厘米、宽70～90厘米、深5～92厘米，填土为黄色五花土。

墓门侧视呈拱形，用长方形砖砌筑。砖长33厘米，宽16厘米，厚4厘米。墓门高95厘米，宽110厘米。门洞高80厘米。宽80厘米。甬道长35厘米，宽80厘米。

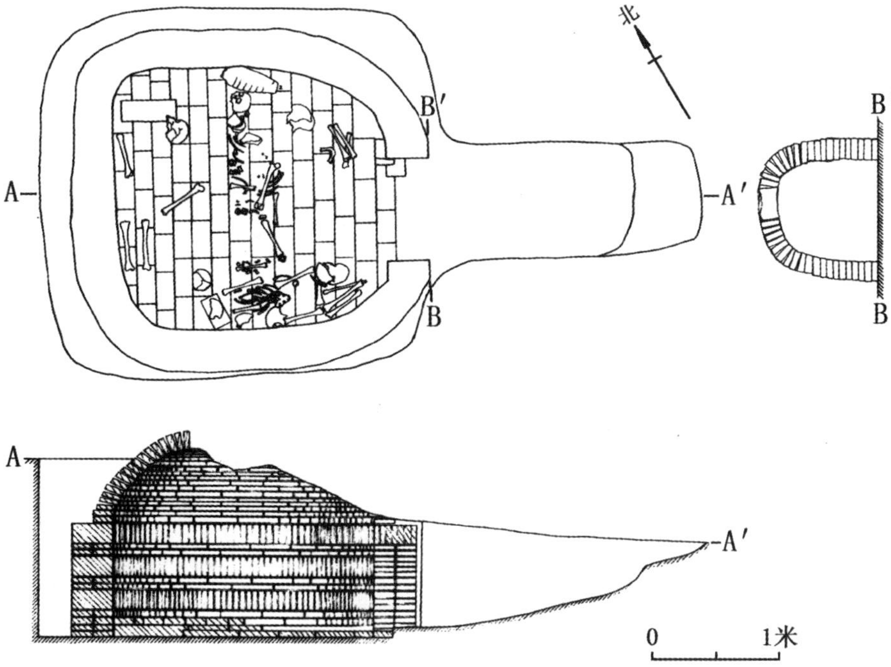

图三　M1平、剖面图

墓室由墓底、墓壁、墓顶3个部分组成。

墓室底部平面呈不规则椭圆形，长215厘米，宽210厘米；由尸床、墓地面组成，尸床位于墓室北侧，靠北壁平面呈伞形，长直径210厘米，短直径90厘米，高13厘米。尸床面用长33厘米、宽16厘米、厚4厘米的素面青砖平铺，下垫厚12厘米的一层土。墓地面平面呈伞形，长直径210厘米，短直径120厘米；地面用长33厘米、宽16厘米、厚4厘米的素面青砖平铺而成。

墓壁高85厘米、厚33厘米，用长33厘米、宽16厘米、厚4厘米的素面青砖以一竖两平结构平砌11层。

墓顶为穹隆顶，残高45厘米、厚16厘米，用单层砖斜砌平移垒成券顶，墓顶前半部分因施工被破坏。

墓室内发现3具尸体。尸床上的尸骨为仰身直肢葬；其他两具尸骨骨架乱堆，有二次葬造成的痕迹。另外在墓道内发现大量的人肢骨、肋骨及羊腿骨等。

根据出土尸骨的头骨和牙齿，初步鉴定尸床上的尸骨为男性，45岁左右；另两具尸骨，也就是墓室地面上的尸骨均为女性，年龄一个45岁左右，另一个40岁左右。

（二）M2

M2位于M1东北34米处，开口于距地表40厘米处，土坑竖穴石室墓，墓向108度。墓圹平面呈圆角长方形，长407厘米，宽325厘米，残存深35 ~ 55厘米（图四）。填土为黄色五花土，内夹大量的大石块。墓葬北部被施工者破坏。

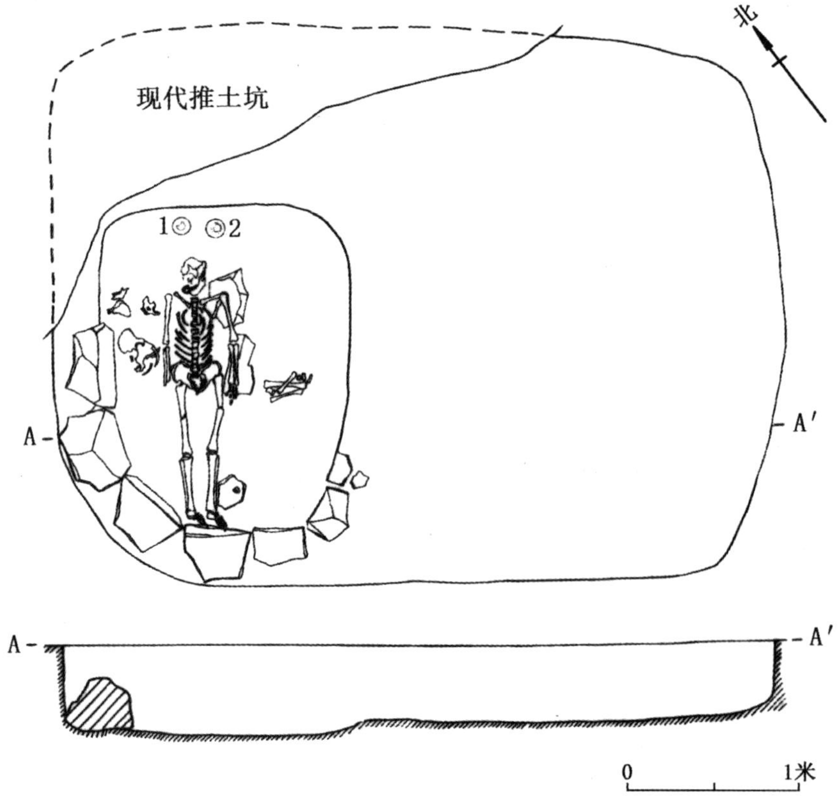

1、2.陶器

图四　M2平、剖面图

石室墙体仅存西南部，用自然大石块垒砌而成。从残存的石墙和墓坑来看，墓室平面呈椭圆形，长直径200厘米，短直径165厘米，残存高30厘米，墙壁厚35厘米。

墓葬早期被扰乱。出土有2具尸骨，一具较完整；另一具尸骨部分骨头在填土中被发现，大部分的肢骨等无规则堆放在墓主人左侧。墓主人葬式为仰身直肢，头向64度，头骨上方出土2件陶器，颈骨附近发现1粒红色料珠。尸床用平板石平铺而成。

三、出土遗物

M1随葬品有瓷器、料器、铁器等5件。M2随葬品有陶器、料器、贝壳、铁器等7件。2座墓葬共出土文物12件。

（一）陶器

陶器出土4件，M1出土2件，M2出土2件。

盆　1件。M1：7，泥质黑陶，素面。口部已残缺，弧线斜腹，平底。底经18厘米，残高8厘米（图五，14）。

罐　1件。M1：6，泥质灰陶，仅剩陶罐下腹部以下。纹饰有平行双线合成几何纹（三角状）和篦点纹。凹底。制陶火候较高。底径16厘米，残高8.5厘米（图五，13）。

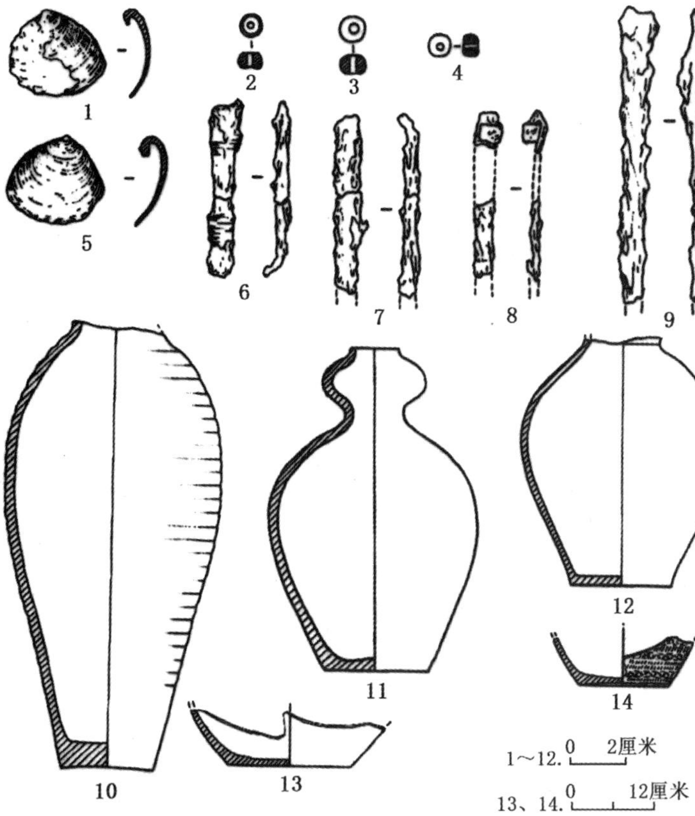

1、5.贝壳（M2：4、M2：7） 2～4.料珠（M1：1、M1：2、M2：1） 6～8.铁钉（M2：5、M1：5、M2：6） 9.铁刀（M1：4） 10.绿釉鸡腿瓶（M1：3） 11、12.葫芦形陶瓶（M2：2、M2：3） 13.陶罐残件（M1：6） 14.陶盆残件（M1：7）

图五 墓葬出土器物

瓶 2件。M2：2，泥质黑灰陶，葫芦形。侈口，圆唇，溜肩，曲腹，平底。轮制，火候较高。瓶通高24.7厘米，口径3.5厘米，曲腹上腹直径8厘米，压腰处直径5.6厘米，下腹径16.3厘米，底径7.6厘米（图五，11）。M2：3，口部已残，与M2：2属相同器型的一对器物。残高18.9厘米，腹径15.8厘米，底径8厘米（图五，12）。

（二）瓷器

鸡腿瓶 M1：3，口部已残。束颈，溜肩，长圆腹，小平底。瓶腹部下半部以上施绿釉，釉质粗糙，粗瓷胎厚重，釉面上有不规则的黑色沉积斑点。瓶残高33.5厘米，腹径16.4厘米，底径7.5厘米（图五，10）。

（三）料器

料珠 3件。M1：1，白色，圆柱形，圆柱中心钻孔。珠外表已经氧化，成白色粉末状物。长0.6厘米，直径1厘米，孔径0.12厘米（图五，3）。M1：2，形状、质地同M1：1。长0.4厘米，直径0.5厘米，孔径0.1厘米（图五，2）。M2：1，红褐色，圆形，珠状，内出现气泡，中心钻孔。长0.5厘米，直径0.7厘米，孔径0.1厘米（图五，4）。

（四）铁器

铁刀　1件。M1：4，短柄，平刃，棕褐色，锈蚀严重。残长10.6厘米、宽1.3厘米，柄残长4.6厘米，刃长6厘米（图五，9）。

铁钉　3件。棕褐色，表面锈蚀，长条形，圆柱状。M1：5，残长4.3厘米，直径1厘米（图五，7）。M2：5，残长6厘米，直径0.9厘米（图五，6）。M2：6，残长1.9厘米，直径0.5厘米（图五，8）。

（五）贝壳

2件。M2：4、M2：7，大小相同，长3.5厘米，宽3.1厘米（图五，1、5）。

四、结语

白海子村嘉禾小学墓葬在集宁地区为首次考古发现，该墓地所代表的遗存在文化系统上具有浓厚的北方地区少数民族文化的特点，对于揭示集宁地区辽金时期少数民族的文化特征，探讨我国北方地区辽金时期的葬俗、人种、族属等问题都有着十分重要的意义。

这次发掘的2座墓葬，其墓葬形制截然不同，一座为土坑竖穴砖室墓，一座为土坑竖穴石室墓。其中，土坑竖穴砖室墓的形制与河北涿鹿县辽代壁画墓类似①。此外，M1出土的绿釉鸡腿瓶（M1：7）与河北宣化辽张文藻墓M7：71相同②，具有典型的辽代器物的特点。M2出土的葫芦形陶瓶与沈阳小北街金代墓葬出土的同类器（M1：1）器型基本相同③。由此推断这两座墓葬时代应为辽金时期。

从M1中发现的3个人骨的位置及M2填土中的大量大块石头和殓葬的人骨来判断，这两座墓葬早期皆被盗扰过。

从地理位置上看，距该墓地东南约3千米处的土城子古城是一座辽金时期的古城址，本文认为该墓地应是土城古城普通居民的墓地。

附记：参加此次发掘的有王新宇、崔利明、李树国、江岩、赵杰、巴特尔、龚朔、韩彩霞、段杰，参加田野钻探的有崔利明、李树国、高智耀，提供后勤保障有哈斯巴特尔、胡旺中、张涛、侯文军、曹永利、王纪军、张连平、王春胜，参与文物修复有巴特尔、李树国、田野绘图为江岩、李树国，器物及线图为郝晓菲、栗媛君，特此表示感谢。

执笔：李树国、沈莎莎

载于《草原文物》2016年第1期

① 张家口地区博物馆：《河北涿麋县辽代壁画墓发掘简报》，《考古》1987年第3期。

② 河北省文物研究所、张家口市文物管理处、宣化区文物管理所：《河北宣化辽张文藻壁画墓发掘简报》，《文物》1996年第9期。

③ 沈阳市文物考古研究所：《沈阳市小北街金代墓葬发掘简报》，《考古》2006年第11期。

察右后旗石门口金代遗址发掘简报

乌兰察布博物馆

石门口遗址位于乌兰察布盟察右后旗石门口乡羊上山村南的坡地上，南距集宁市19千米，西北约0.5千米为石门口乡政府所在地（图一）。1990年3月底，在配合集（宁）通（辽）铁路工程文物普查时发现。同年7月进行发掘。遗址总面积约6000平方米，铁路在遗址南部边缘通过。发掘面积为270平方米，共发现灰坑28座、灰沟1条，出土有陶器、瓷器、铜器、铁器、骨器、玻璃环等56件，还出土有13枚铜钱。

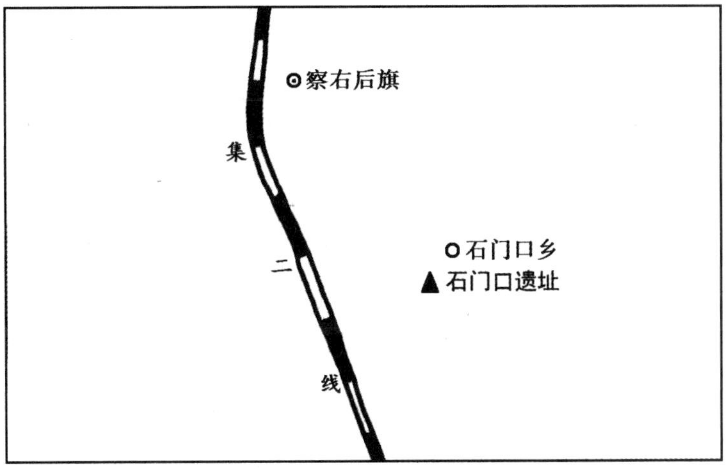

图一　石门口遗址位置示意图

一、遗迹

石门口遗址所在山坡，西南略高，东北稍低，呈缓坡状，由于水土流失严重，部分遗迹暴露于地表。发掘区东北部遗迹保存较好，遗迹分布均匀。

本遗址的遗迹主要是灰坑。灰坑主要为圆形直壁，少数为椭圆形和方形圆角，均为平底。一般口部略大于底部，坑长1.50～2.16米，宽0.8～2米，深0.25～1.70米。灰坑绝大多数较为规整。坑内常见有灰烬和动物烧骨，出有陶罐、陶盆和瓷碗、盘、盏、罐以及钱币等。现以H15、H23和H28为例具体介绍。

H15　口呈圆形，斜壁，平底。坑径1.60米，底径1.10米，深1.40米。坑土疏松，呈灰色，夹杂有少量黄土块，出土较多瓷片、陶片、兽骨和钱币。在坑南部，出土可复原的陶盆1件、瓷盘1件、白釉碗2件、器盖1件、骨簪1件、骨梳1件，并出有动物骨骼（图二）。

H23　口呈椭圆形，直壁，平底。坑口径2.16～2米，深1.50米。填土疏松，呈黑灰色，出土有少量陶片、瓷片及动物骨骼，在坑南部有敞口平沿陶盆1件、折沿瓷盘1件、白釉碗1件、白釉碟1件，还出有动物骨骼（图三）。

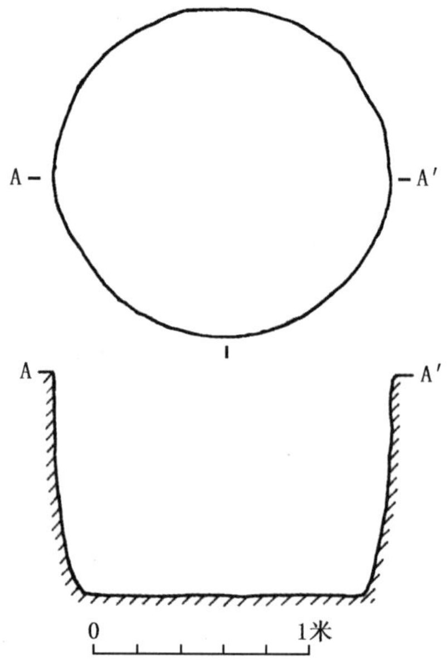

图二　H15平、剖面图

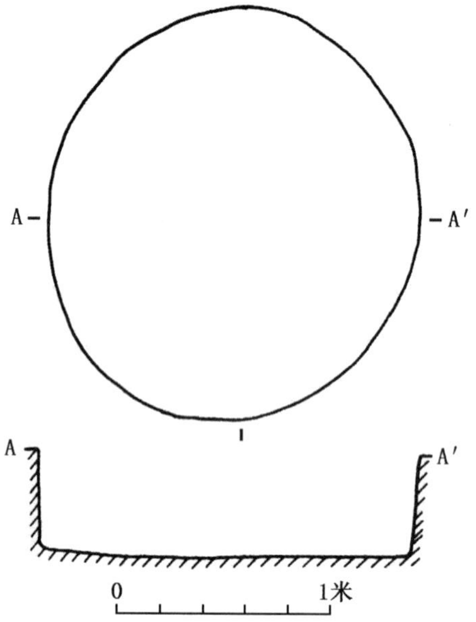

图三　H23平、剖面图

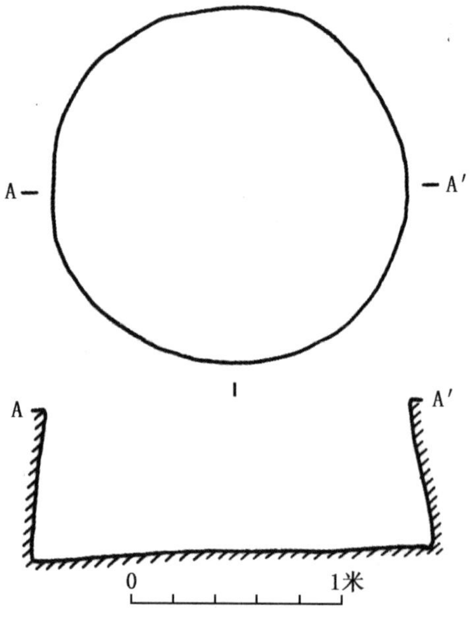

图四　H28平、剖面图

H28　口呈圆形，袋状坑，平底。坑口径1.70米，底径1.90米，深0.75米。坑土疏松，呈灰色土，出土有较多遗物，在坑西部有陶箅1件、黑釉鸡腿瓶1件、白釉瓷器2件、盘1件、黑釉瓷盏3件、白釉器盖1件，还出土有陶盆残片及瓷片等。另出“元丰通宝”钱币1枚（图四）。

二、遗物

出土遗物较丰富，特别是在灰坑南部出土数量较多。可分为陶、瓷、骨、铜、铁器和少量的玻璃类装饰品。分别介绍如下。

（一）陶器

出土物中陶器数量仅次于瓷器，特别是陶片数量较多。陶器均为泥质灰陶，以素面为主，少量弦纹。器型有罐、盆、纺轮、陶箅等。

陶盆　可分2式。

Ⅰ式：1件。H22∶1，泥质灰陶，平沿，敞口，方唇，深腹，素面，底部已残（图五，1）。

Ⅱ式：2件。H10∶1，泥质灰陶，卷沿，敞口，圆唇，深腹，平底，素面。口径39.5厘米，底径26厘米，高10厘米（图五，2）。

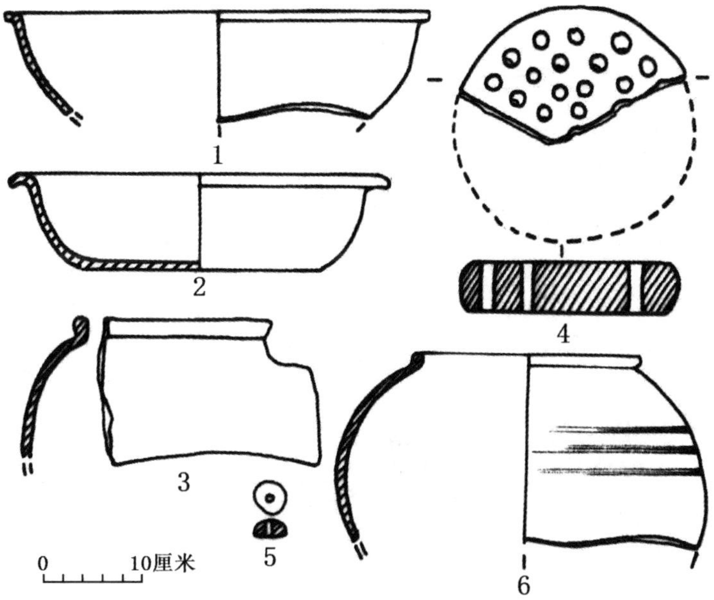

1、2.陶盆（H22∶1、H10∶1）　3、4.陶罐（H10∶2、H13∶1）　4.陶箅（H28∶1）　5.陶纺轮（H17∶2）

图五　陶器

陶罐　可分2式。

Ⅰ式：1件。H10∶2，泥质灰陶，直口，圆唇，短颈，弧肩，鼓腹，索面，底部已残（图五，3）。

Ⅱ式：1件。H13∶1，泥质灰陶，敛口，圆唇，短颈，弧肩，鼓腹，在腹部有暗光弦纹，底部已残。口径24厘米，腹径36厘米（图五，6）。

陶箅　4件。标本H28：1，红胶泥制，扁圆形，中间穿有若干孔。直径26厘米，厚5.3厘米（图五，4）。

陶纺轮　6件。可分2种。一种以H17：2为代表，泥质灰陶，火候不高，呈馒头形，中间穿孔。直径3.3厘米，厚1.5厘米（图五，5）。另一种以H14：6为代表，泥质红陶，火候不高，呈扁圆形，中间有孔。多数素面，少有钱币压印纹。直径2.4厘米，厚0.5厘米。

（二）瓷器和釉陶器

出土物中以瓷器数量居首位，其中以粗白瓷为主，黑釉、豆青釉瓷器稍次，定瓷和山西霍州窑瓷较少。可复原成器的37件，分碗、盘、盏、罐、器盖、钵、碟7种。

碗　分6式。

Ⅰ式：4件。标本H17：1，土黄色胎，胎骨厚重，质地粗松，敞口，尖圆唇，弧斜壁，圈足。白釉，器表外下部露胎，器壁内有支钉痕。口径20厘米，底径6.8厘米，高6.8厘米（图六，1）。此类器底部多有用墨书写的姓氏，有“王”“张”“云”“刘”“蔺”。

Ⅱ式：2件。标本H29：1，白色胎而粗，敞口，尖唇，浅腹，圈足，施白釉，器表外下部露胎，器底内有支钉痕。口径19厘米，底径7厘米，高4.9厘米（图六，2）。

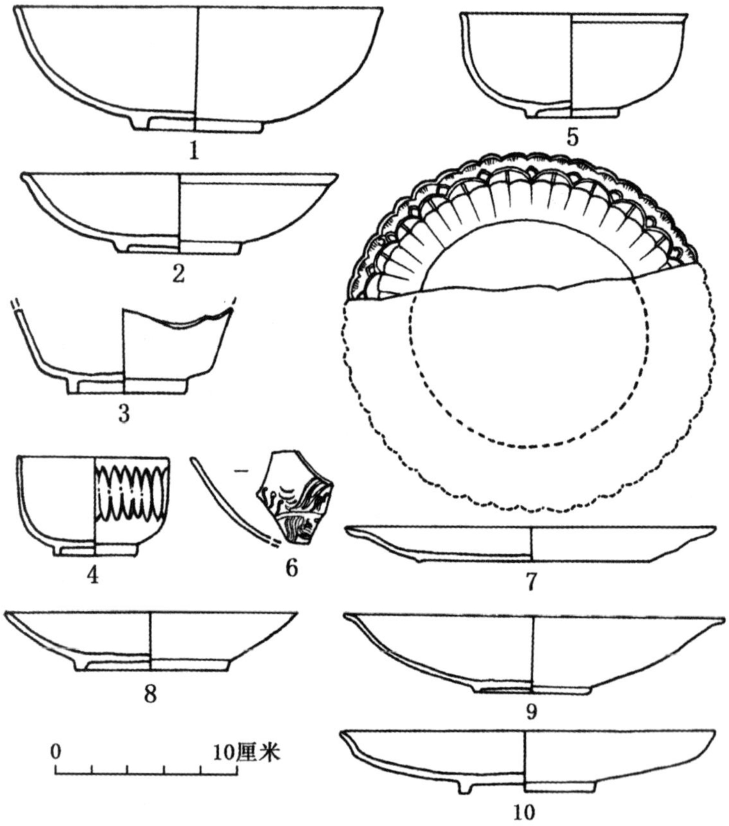

1、2、3、4、5、6.碗（H17：1、H29：1、H7：1、H24：2、H16：3、H22：6）　7、8、9、10.盘（H23：4、H24：1、H8：7、H22：9）

图六　粗白瓷

Ⅲ式：1件。H16：3，白色胎，胎薄，侈口，尖圆唇，直腹壁，圈足，白釉。口径17厘米，底径6.4厘米，高4.8厘米（图六，5）。

Ⅳ式：1件。H24：2，灰色胎较粗，直口，尖唇，深腹，外壁为莲花纹，圈足，施豆青釉，内壁底部露胎。口径8.1厘米，底径4.5厘米（图六，4）。

Ⅴ式：3件。标本H22：6，白色胎较细，胎薄，敞口，尖唇，器壁内为水波纹，残（图六，6）。

Ⅵ式：2件。标本H7：1，白色胎较粗，折底，腹壁较直，口部残，圈足，白釉泛青（图六，3）。

盘　分4式。

Ⅰ式：1件。H23：4，白青釉葵瓣盘，白色胎，沿外折，盘口，尖圆唇，在沿面上凸纹，口沿和内壁作葵瓣形，浅腹，平底，施白青釉。口径20厘米，底径7.2厘米，高3.5厘米（图六，7）。

Ⅱ式：1件。H24：1，白色胎较粗，敞口，尖唇，斜腹，圈足，白釉泛青。口径22厘米，底径6.2厘米，高4.2厘米（图六，9）。

Ⅲ式：1件。H28：7，土黄色胎较粗，敞口，尖圆唇，浅腹，圈足，白釉。口径16厘米，底径8厘米，高3.2厘米（图六，8）。

Ⅳ式：3件。标本H22：9，白色胎，胎厚重，撇口，尖唇，腹壁斜弧，圈足，白釉。口径20厘米，底径7.2厘米，高3.5厘米（图六，10）。

罐　分2式。

Ⅰ式：1件。H16：5，白釉小口罐，白色胎，胎薄，直口方唇，弧肩，鼓腹，圈足，白釉，腹下部露胎。口径3.3厘米，腹径6.3厘米，底径2.5厘米，高5.8厘米。

Ⅱ式：1件。H9：1，白色胎，直口，方唇，弧肩，双耳，黑釉，残。口径11厘米，腹径17厘米。

盏　6件。标本H28：4，土黄色胎，敞口，圆唇，小平底，器壁内为黑釉，器壁外露胎。口径8厘米，底径3.3厘米，高1.8厘米。

鸡腿瓶　1件。H28：2，土黄色粗胎，小口，尖唇，溜肩，腹部饰弦纹，黑釉，残。口径4.4厘米。

钵　1件。H15：4，白色胎较细，敛口，圆唇，弧腹壁，圈足，黑釉，器外近底部露胎。口径13.5厘米，底径13.5厘米，高6.2厘米。

器盖　分2式。

Ⅰ式：2件。标本H28：6，白色胎，平弧顶，顶部有把手，施白釉，有子母口。直径8.6厘米，通高2.9厘米。

Ⅱ式：1件。H7：5，白灰色胎，平弧顶，无把手，有子母口，黑色釉。直径10.5厘米，高2.5厘米。

（三）铁器

出土6件。有环、钉等，大都锈蚀较甚。

铁环　1件。H20：1，圆环状。直径7.6厘米，厚2厘米。

铁钉　2件。锈蚀较甚。其中H24：3为弯头顶，四棱身，长7厘米；H16：7为小方顶，四棱身，另一头为尖头，长7厘米，宽2.2厘米（图七，3、4）。

（四）其他器物

骨梳　1件。H15：4，质薄，上面弧形，梳齿细密。长7.5厘米（图七，1）。

骨簪　1件。H15：5，扁长条形，两头尖圆。长10厘米，宽0.7厘米，厚0.1厘米（图七，5）。

骨制长把刷　1件。H7：3，残长11.1厘米，刷头宽0.7厘米。刷头鬃毛脱落。

铜簪　2件。H19：1，长扁条形，两头尖，长14厘米。H7：4，弯头顶，下头尖，残长19厘米（图七，6）。

耳环　1件。H15：6，料质，圆环形，外径0.3厘米，内径0.2厘米（图七，2）。

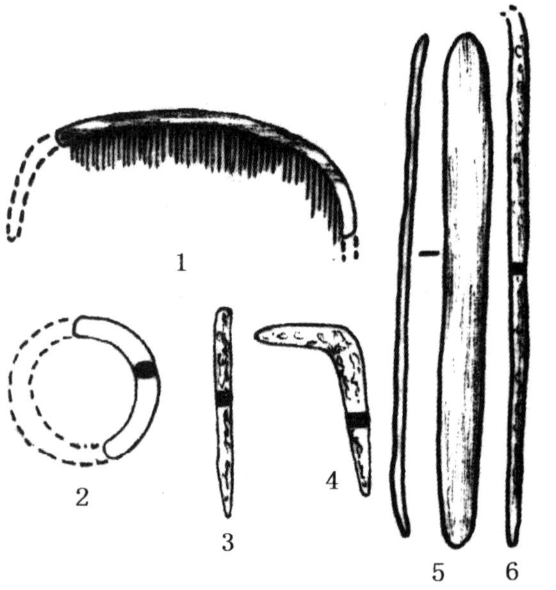

1.骨梳（H15：4）　2.料环（H15：6）　3、4.铁钉（H16：3、H24：2）　4.陶簪（H15：5）　5.铜簪（H7：4）

图七　其他器物

钱币　16枚，为北宋钱币。其中有“天圣元宝”1枚、“景德元宝”2枚、“皇宋通宝”2枚、“嘉祐通宝”1枚、“熙宁元宝”1枚、“元丰通宝”1枚、“景祐通宝”1枚、“崇宁重宝”2枚（图八）；另有5枚已锈蚀，字迹不清。

图八　出土铜钱拓本

三、年代

石门口遗址面积较大，但文化堆积较薄，我们只发掘了遗址的南部边缘。从发掘情况来看，人们的活动年代较短，但遗址的各种遗迹、遗物较丰富，为我们认识乌盟地区金代遗迹、遗物及文化特征提供了有价值的资料。

石门口遗址出土的粗白瓷器占总数80%，绿、黑和青釉瓷占出土总数20%。而遗址出土粗白瓷皆系金代北方窑制品，其造型拙朴、胎骨厚重、质地粗松，敲之音色粗哑。特别是施釉不匀，色调泛黄，缺乏润泽感。器内带有支钉痕，器外近底部多露胎。

从遗址中出土遗物的形制观察，粗白瓷碗是金代遗址及墓葬常见出土的典型遗物。卷沿陶盆与《内蒙古霍林河矿区金代界壕边堡发掘简报》中介绍的卷沿陶盆相同①。粗白瓷碗从质地形制与大同金代阎德源墓发掘出土的白釉大碗相似。粗白瓷小口罐从质地、形制亦与上述墓葬出土的粗白瓷罐类似②。黑釉鸡腿瓶与北京市通县金代墓葬发掘简报出土鸡腿瓶类似③。V式白釉碗与山西霍州窑出土的白釉小碗相同④。这种窑的产品在乌盟的金代遗址内常出土。霍州窑是我国北方金、元时期的著名窑址之一，其精白瓷器专供上层贵族使用。我们认为石门口遗址的时代应为金代晚期的村落遗址。

参加这次发掘的有刘飞、袁晓波、高存纲、李兴盛、崔利明等。

本文承蒙发掘领队魏坚老师提出修改意见。

执笔及绘图：崔利明

载于内蒙古文物考古研究所编：《内蒙古文物考古文集（第一辑）》，
北京：中国大百科全书出版社，1994年

① 哲里木盟博物馆：《内蒙古霍林河矿区金代界壕边堡发掘报告》，《考古》1984年第2期。
② 大同市博物馆：《大同金代阎德源墓发掘简报》，《文物》1979年第4期。
③ 北京市文物管理处：《北京市通县金代墓葬发掘简报》，《文物》1977年第11期。
④ 陶富海：《山西霍州市陈村瓷窑址的调查》，《考古》1992年第6期。

内蒙古凉城县后德胜元墓清理简报

内蒙古自治区文化厅文物处　乌兰察布盟文物工作站

后德胜元代墓地位于内蒙古自治区乌兰察布盟凉城县崞县窑乡后德胜村东北1.5千米的山谷之中，该墓地距凉城县政府所在地西北约37千米（图一）。

1990年秋，后德胜村连遭暴雨，致使山沟断崖北坡6座古墓被洪水冲出（编号为M1～M6），墓群呈东西横向排列。1991年7月，自治区文化厅拨出专款，责成乌盟文物站做抢救性清理，同时责成内蒙古博物馆对存有壁画的M1做技术防护。1991年7—10月，乌盟文物站完成了抢救清理工作，共清理壁画墓、砖室墓各1座，土洞墓4座。考古清理发掘后，内蒙古博物馆对壁画做了揭取。现将清理情况简报如下。

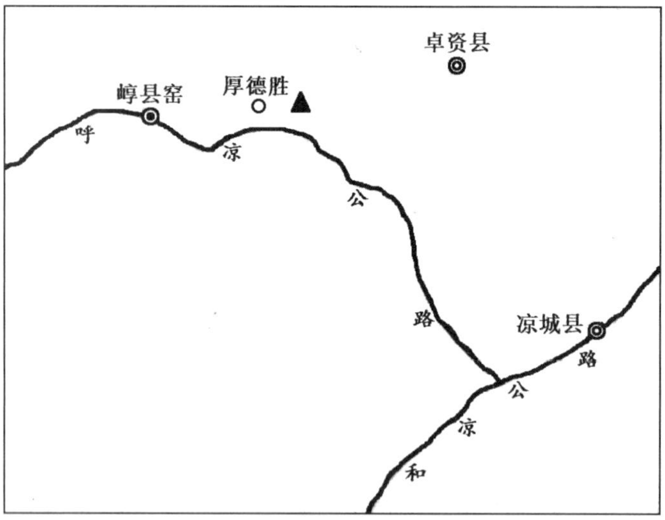

图一　墓葬位置示意图

一、壁画墓（M1）

（一）墓葬结构

此墓为砖券仿木结构壁画墓，因破坏严重，墓（甬）道无存。

墓门位于墓室南壁，为砖券拱洞式，均为白灰抹面，高112厘米，宽96厘米。券砌方法是底部用15层砖平砌，从第十六层开始起券，至第二十六层为券顶中心，券顶的纵砖之上又平铺一层横砖。

墓室平面呈方形，略前宽后窄，前宽220厘米，后宽216厘米，进深234厘米，方向166度。墓室四壁高75厘米，除了南壁，均用单砖错缝砌成，厚15厘米（图二）。

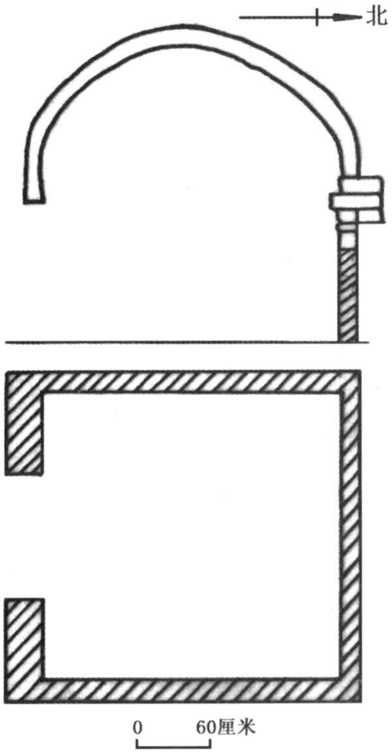

图二　M1平、剖面图

墙壁之上内收3厘米，其间立有圆形柱子7根，高10厘米。柱子之上平砌一砖，表示房屋建筑的普柏枋。

普柏枋之上即为斗拱，共有4组转角斗拱、3组补间斗拱，均为一斗三升式。两种斗拱由于用途不同，形制也有一定的区别。转角斗拱为适应墓室内部结构做90度内折角，高32厘米。栌斗呈倒梯形状，上宽30厘米，下宽26厘米，高11厘米。栌斗以上有3个支斗（升），各上宽14厘米、下宽12厘米、高10厘米。支斗与华拱之间用泥道拱连接（图三）。补间斗拱除不内折角，栌斗之上的华拱由直昂所取代，由直昂支撑支斗（图四）。

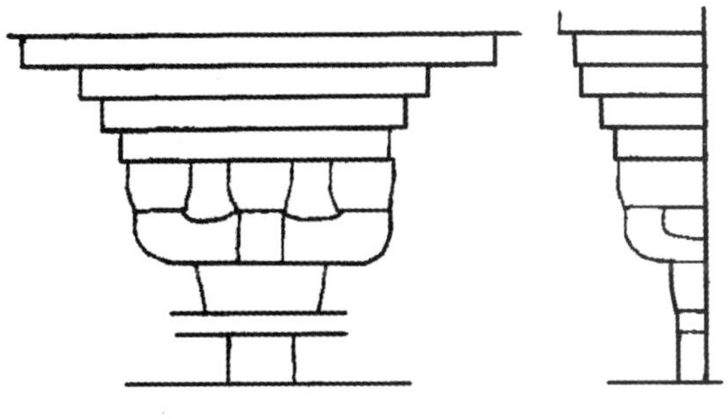

图三　转角斗拱平、剖面图

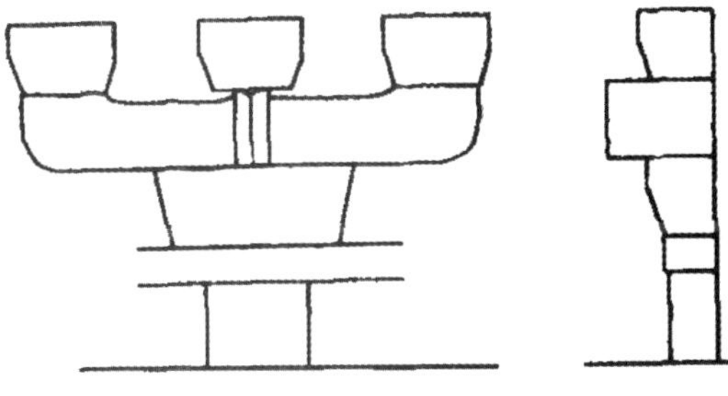

图四　补间斗拱平、剖面图

转角斗拱之上，设有4层橑檐榑并由下至上逐渐加长，下边长61厘米，上边长107厘米。4层橑檐榑逐层内收，每层收分在2～4厘米，应是为适应墓顶内收所采取的一种特殊形式。

斗拱和橑檐榑表面抹有一层灰色涂料并用黑彩勾边，中间也按其形制填黑彩（图五）。

图五　墓室北壁结构及壁画

橑檐榑以上即为砖券穹隆顶，由下向上共用27层砖纵列叠涩砌成。第二十三至二十六层由于弧度较小，全用小块碎砖垒砌。

墓室的券砌用砖均为一种规格，长29厘米，宽14.5厘米，厚5厘米，灰色，素面。

墓壁及墓顶之上先抹一层0.1～0.3厘米薄厚不匀的草拌泥，再抹0.2～0.6厘米厚的白灰面，抹灰技术较为粗劣。

墓室地面用边长29厘米、厚5厘米的方砖铺砌，砖背面均印有一手掌印。

（二）壁画

墓内壁画绘于四壁、仿木结构及墓顶的白灰面上（图六）。

图六　M1壁画展开图

墓主人家居图绘于北壁。用2～3.5厘米宽的黑彩勾出外框，又用0.3厘米的黑线勾出内框（其他面边框皆同此）。长198厘米，宽68.5厘米。男主人位于画面正中，端坐于卷云形单扶手椅之上，面部圆阔，长眉细眼，上唇及颔下均留有黑色短须；头戴黄色盖笠式盔形圆帽，外穿灰色右衽半袖长袍，内穿深黄色长袍；左手握一黑色木棍，右手向上置于胸前，脚穿黑色靴子。男主人两边各端坐一位衣着华丽的妇人，应为男主人之妻妾。右边妇人身体微微前倾，脸型宽圆，面部安详，略显呆板，双手插在袖内。外穿对开式白底黄花半袖短衫，领部用浅绿色镶边，内穿黑色左衽长袍，领口及袖口亦用浅绿色镶边，腰系红带，垂至膝下。左边妇人略显清瘦，面部端庄，双手插在袖内。外穿浅灰色对开式半袖短衫，内穿黄色右衽长袍，领口用浅绿色镶边，腰系红带，垂至膝下。

男主人身后两边各站一名男侍者。右边侍者圆脸大耳，头戴有后帘的浅黄色盖笠式盔形帽，外穿红色右衽半袖长袍，内穿黄绿色衣服，腰系绿色腰带，双手紧握仪仗。左边侍者面向右偏，眉毛向上，面部威严，头戴有后帘的浅黄色盖笠式盔形帽，外穿深蓝色右衽长袍，双手托物置于胸前。

妇人两边各站一女仆。右边女仆阔面大耳，面无表情。梳双丫髻，扎红绸，外穿白底黄花对开式半袖短衫，内穿深蓝色左衽长袍，红色腰带飘落两边，双手捧一褐色唾盂。左边女仆身体微倾，面部略显清瘦，大耳，梳双丫髻，外穿白底黄花对开式半袖短衫，内穿绿色右衽长袍，灰色腰带飘落两边，双手捧一红色唾盂（图七）。

图七　墓主人家居图（中部）

两女仆后边各有一对正在摆列用品的女仆。右边一组女仆站在黑色方桌旁，桌上放有黄色执壶等物。桌后站着的女仆面容清瘦，梳双丫髻，扎红绸，外穿黄色对开式半袖短衫，内穿浅红色长袍，腰系红带，垂至膝下。桌子左边女仆高鼻深目，扎双丫髻，外穿红色半袖短衫，肩披蓝色披肩，内穿蓝色长袍，腰系蓝带，飘至膝下（图八）。左边一组女仆跪在红色长方形几的后面。几腿弧形弯曲，底边连有木框，桌面下四角为“花牙子”图案。几上放有几件器物（已模糊不清）。右边女仆面部浑圆，扎双丫髻，外穿蓝色对开式半袖短衫，内穿圆领左衽长袍，双手捧一小碟，碟内置一高圈足杯。左边女仆面向右偏，面部不清，扎双丫髻，外穿红色对开式半袖短衫，内穿黄色圆领长袍，领口为浅绿色，双手执一玉壶春瓶（图九）。

在桌子、几与内框的空隙间，还分别对称绘松柏、桑树等植物。

图八　墓主人家居图（局部）

图九　墓主人家居图（局部）

图十　牡丹图

牡丹图绘于东、西两壁之北边，图案完全一致，高69厘米，宽42.5厘米。下部为一黑红两色相间的喇叭口高圈足瓶，花瓶图案繁密，瓶内插有繁茂的牡丹花（图十）。

二十四孝行图绘在东西两壁的中部，长110厘米，宽69厘米，损坏严重，完好部分不足1/2。残存尚能辨认的有“杨香打虎救父”“郭巨埋儿得金”“王祥卧冰求鲤”“孟宗哭竹”“涌寒跃鲤”等图（图十一）。

东壁左上角还画有一小龛，内有一老者盘腿席地而坐，双手插在袖内，面无表情，满脸皱纹，头戴黑色无檐帽，身穿黄色对开式圆领长袍。此外，画面中还有山水花鸟、树木等图案。

神怪图绘在东西两壁之南边，皆墨线勾勒，高69厘米，宽46厘米。左面神怪头上长角，青面獠牙，面部狰狞，上身裸露，身披斗篷（图十二）。右边大部残缺，仅见部分头脸，面部丑陋，眼珠突出，头发直立。

图十一　二十四孝行图

图十二　神怪图

图十三　招魂图

墓室南壁（墓门两侧）各有1组壁画，均残。底部残存长袍和垂落的腰带，判断应系人物画。

仿木结构柱子上均用墨线绘花瓣形图案，柱子两侧有朵朵祥云，两云间绘有缠枝牡丹花。每个拱眼内亦绘牡丹花或菊花，墨叶茎络用蓝彩表示。

墓顶上绘有浓淡相间的朵朵祥云，高50～60厘米，可分3～4层。东、西、南三面各有1朵祥云升至墓顶。北面正中绘有一招魂女，面涂红彩，圆形脸，小嘴，扎小辫，宽衣博带，身穿红色右衽宽袖长袍，领口及袖口镶黑底蓝花边，足穿红鞋，双手高举招魂幡，脚下有大朵黄色祥云衬托（图十三）。

二、砖室墓（M2）

墓室平面呈长方形，东西长220厘米，南北长224厘米，高200厘米，方向175度（图十四）。墓室四壁共用21层单砖错缝横砌，高115厘米，厚15厘米。至第十一层开始在四角逐层内收，共收10层，每层收分1～4厘米。最上一层和墓顶相连，成为一圆形。从第二十一层开始收顶，共用20层砖券至顶部中心，中间留有10厘米×20厘米的一椭圆形孔，孔上盖有一砖。

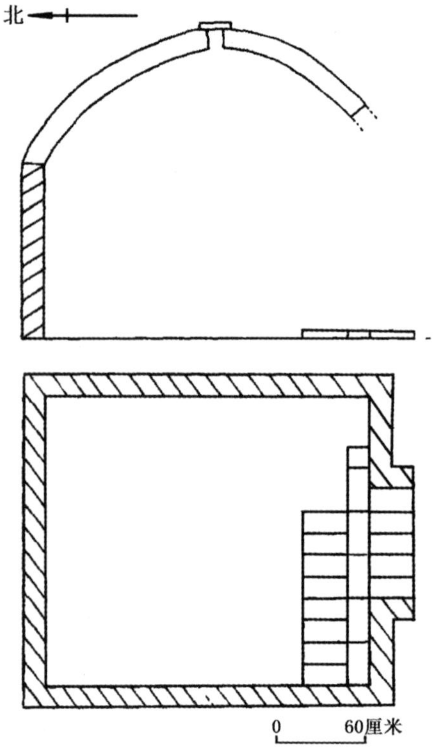

图十四　M2平、剖面图

墓内四壁及顶部抹有白灰，但无草拌泥垫底，白灰面极为粗糙，表面凹凸不平，许多地方没有抹上白灰。

墓门顶部已被破坏，形制不明，残高50～75厘米，进深30厘米，宽76厘米。

墓室地面已大部破坏，只在靠近墓门处保存极少部分。从残存的情况看，应为用砖纵横交替铺砌。墓室及地面用砖均为长方形，尺寸与M1长方砖相同。

墓室内已被洪水冲乱，墓内残存2个盆骨，应为双人合葬墓。此外，墓内还残存棺板朽木。

三、土洞墓（M3～M6）

土洞墓形制相同，均有棺木出土，其中以M3保存最好，现以之为例加以说明。

M3洞室平面呈长方形，洞口已严重破坏。残长230厘米，宽96～100厘米（洞口略窄于里面），高65～95厘米，方向177度（图十五）。

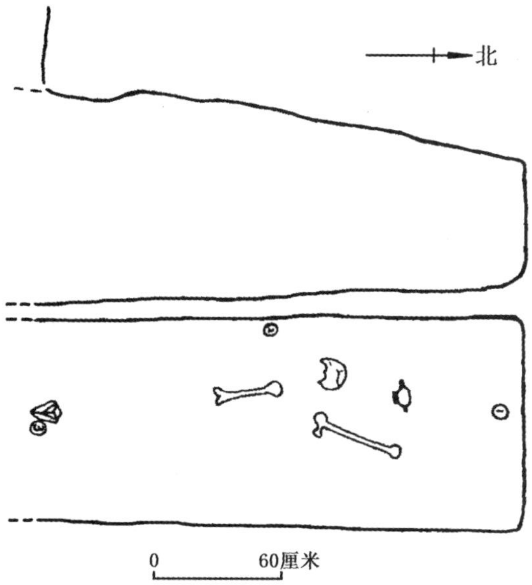

图十五　M3平、剖面图

墓室四壁略显凹凸不平。前半部为黑色原生土，后半部为石壁。墓室底部亦不平整，并由外向内逐渐形成缓坡。

墓内填土较硬，在填土中含有较多的棺板朽木、棺钉等。此外，墓内还出土铁犁铧、白瓷盂、黑瓷盏各1件。

四、出土遗物

古墓因遭受自然及人为的严重破坏，出土遗物的数量不清。除M3清理出3件器物，又从农民家中追回文物11件，但已无法确定其出土的墓位。14件文物中有陶器3件、瓷器3件、铜器6件、银器1件、铁犁铧1 件。

（一）陶器

罐　1件。大口，圆唇，短折沿，圆腹，近底有一小圆弧，底呈弧形内凹。泥质灰陶，火候较高，素面。口径23.5厘米，高11厘米，底径18厘米（图十六，1）。

盆　1件。敞口，方圆唇，沿外折，沿面外侧有一凹槽，腹壁有弧度，平底。泥质灰陶，素面。口径26厘米，高28厘米，底径18厘米（图十六，3）。

盘　1件。敛口，圆唇，浅腹，平底。泥质灰陶，素面。口径31.2厘米，高5厘米，底径24厘米（图十六，4）。

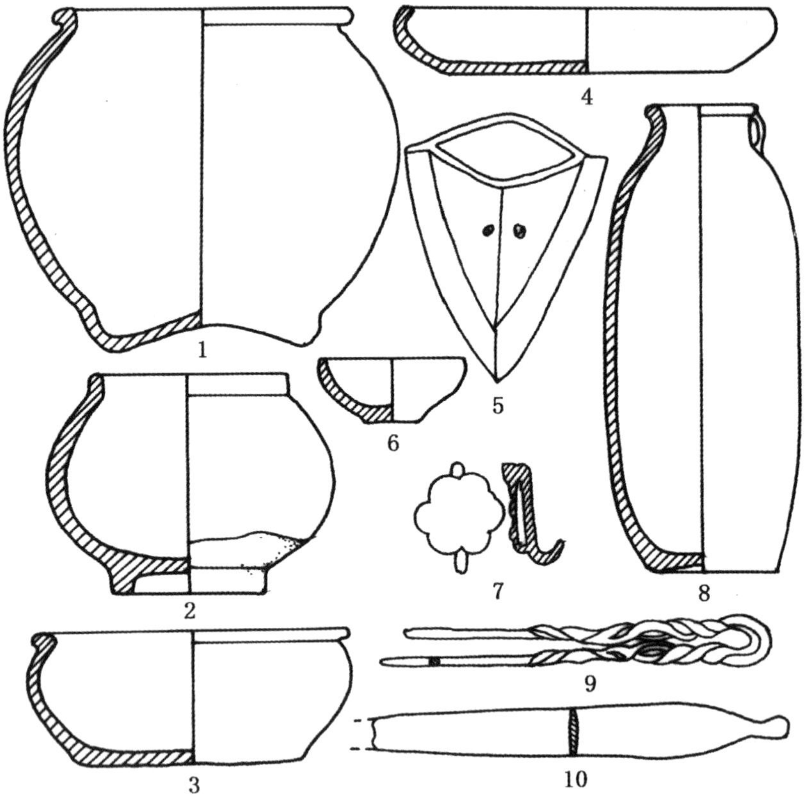

1.陶罐　2.瓷盂　3.陶盆　4.陶盘　5.铁犁铧　6.瓷盏　7.铜耳坠　8.瓷四系瓶　9.铜簪　10.银簪

图十六　出土遗物

（二）瓷器

四系瓶　1件。小口，圆唇，短颈，长圆腹，圈足，颈部饰对称四系。瓷质一般，口部及外壁施白釉，近底脱釉。口径4厘米，高20.3厘米，底径6.5厘米（图十六，8）。

盂　1件。M3：1，直口，圆唇，矮领，鼓腹，圈足。瓷质一般，内外壁均施白釉，近底脱釉。口径8.4厘米，高9厘米，底径6.2厘米（图十六，2）。

盏　1件。M3：2，直口，圆唇，斜腹，平底。瓷质较粗，内壁施黑釉，口部及外壁脱釉。口径6厘米，高2.6厘米，底径2.4厘米（图十六，6）。

（三）铜器

瑞兽葡萄镜　1件。圆形，兽纽，尖圆廓，分内外区。内区有5组瑞兽葡萄，外区比较简略。直径11厘米，缘厚0.4厘米（图十七）。

图十七　铜镜拓片

簪　1件。上部有对称绞索状扭纹，头部呈圆形。长8.1厘米，宽1厘米（图十六，9）。

耳坠　1件。正面由7个镶嵌绿松石的圆形组成，背有一半圆形弯钩。长2.2厘米，宽1.8厘米（图十六，7）。

钱币　3件。皆北宋钱，其中“祥符通宝”“嘉祐元宝”“元丰通宝”各1枚。

（四）其他器物

银簪　1件，残。残长8.7厘米，宽1厘米（图十六，10）。

铁犁铧　1件。M3∶3，表面锈蚀严重，平面呈等边三角形，两边略呈弧形弯曲，尖头，中起脊，脊两侧各有一圆孔，孔径0.6厘米，中空接近锋端，銎体剖面呈菱形。长14厘米，上边宽12.6厘米（图十六，5）。

另外，墓内还出有丝织品残片，均为粗麻制品，经纬线分明。

五、对墓葬的几点认识

（一）墓葬的年代及绘画特点

6座墓葬中，未发现任何有纪年的遗物。从墓葬的建筑结构和壁画内容来看，M2的券砌方法（四角先内收）与山西省襄汾县丁村2号元墓的券砌方法完全相同①，壁画中的女主人或女侍不论服饰、发型和卷云状单扶手椅均与赤峰市元宝山壁画墓②的同类画一致。而“二十四孝”的内容在甘肃省漳县元代汪世显家族墓③中也多有发现，盖笠式盔形帽亦同该墓地发现的实物形制完全一致。此外，手印纹方砖在内蒙古元代遗址和墓葬中多有发现。

墓内所出实物及壁画中的器物造型，均具有典型元代的特征。如铁犁铧同元代集宁路④、亦集乃路⑤出土的铁犁铧近似，白瓷盂和包头市燕家梁元代瓷窑⑥出土的同类器物相同，壁画中玉壶春瓶、铁马镫的造型则分别与兴和县魏家村元代古城⑦、赤峰市元宝山壁画墓⑧的出土器物相同。还有壁画中的高圈足杯、缠枝牡丹的造型和风格在元代都十分盛行。

根据上述诸多特点分析，后德胜墓地的墓葬时代应为元代。

从M1的绘画手法和技巧判断，壁画应出自民间画师之手。它的画法完全采取了中国传统的技法，布局合理，突出主要人物，在人物和构图的安排上完全对称并根据其重要程度依次排列。画中人物体态丰腴、端庄，结构准确，线条较为流畅，但人物造型略显呆板。画面采用中国传统的透视

① 陶富海：《山西襄汾县的四座金元时期墓葬》，《考古》1988年第12期。
② 项春松：《内蒙古赤峰市元宝山元代壁画墓》，《文物》1983年第4期。
③ 甘肃省博物馆、漳县文化馆：《甘肃省漳县元代汪世显家族墓葬》，《文物》1982年第2期。
④ 内蒙古自治区文物工作队：《元代集宁路遗址清理记》，《文物》1961年第9期。
⑤ 内蒙古文考古研究所、阿拉善盟文物工作站：《内蒙古黑城考古发掘纪要》，《文物》1987年第7期。
⑥ 刘幻真：《包头市燕家梁出土元代瓷器调查记》，《内蒙古文物考古》1981年创刊号。
⑦ 内蒙古自治区文物工作队编：《内蒙古出土文物选集》，北京：文物出版社，1963年。
⑧ 项春松：《内蒙古赤峰市元宝山元代壁画墓》，《文物》1983年第4期。

法来表现立体感，色彩丰富，同时打破时空界限，把不同时间、情节的内容安排在同一画面，可以看到画工的技艺比较熟练。

（二）墓主人族属的推断

元代墓在全国各地发现不少，但确证为元代蒙古族墓的比例很小，只在辽宁朝阳、内蒙古赤峰、甘肃漳县等地区有所发现。

后德胜元代墓地在墓室结构上与上述墓葬有较大的共性，又如前所述，壁画的内容与风格，尤其是墓主人家居图、二十四孝行图所表现的人物形象、服饰、发型以及盖笠式盔形帽等均与赤峰市元宝山元代墓或甘肃漳县元代汪世显家族墓所见明显一致，因此后德胜元墓的墓主人应为元代蒙古贵族。

根据这一地区元代墓葬分布较多、建筑规格相似并有规律地排列等现象，可以进一步判断这是一处元代蒙古贵族的家族墓地。

此外，后德胜元代壁画墓中人物众多，所穿服饰和发髻多种多样，为研究元代服饰提供了丰富的资料。M3出土的铁农具和二十四孝行图，亦为探讨元代蒙古族的农牧业生产情况和儒家思想对蒙古贵族的影响有一定的参考价值。

参加此次抢救性清理的人员有乌盟文物站郝存祥、胡晓农、赵杰，李兴盛，凉城县文物管理所王振杰、李跃辉。内蒙古文化厅负责同志多次到现场指导工作。

执笔：王大方、李兴盛
绘图：郝晓菲、李跃辉

载于《文物》1994年第10期

四子王旗城卜子古城及墓葬

内蒙古文物考古研究所　乌兰察布博物馆　四子王旗文物管理所

城卜子古城位于四子王旗乌兰花镇西北25千米、吉生太乡南约5千米的丘陵山湾之内。古城西侧即为城卜子村，村以古城而名（图一）。该古城在20世纪五六十年代曾出土较多的文物（大部分藏于内蒙古博物馆）。据城内出土的元大德年间文庙石碑可知，古城应为金代天山县治、元代净州路治，是内蒙古中南部规模较大且较重要的元代古城之一。

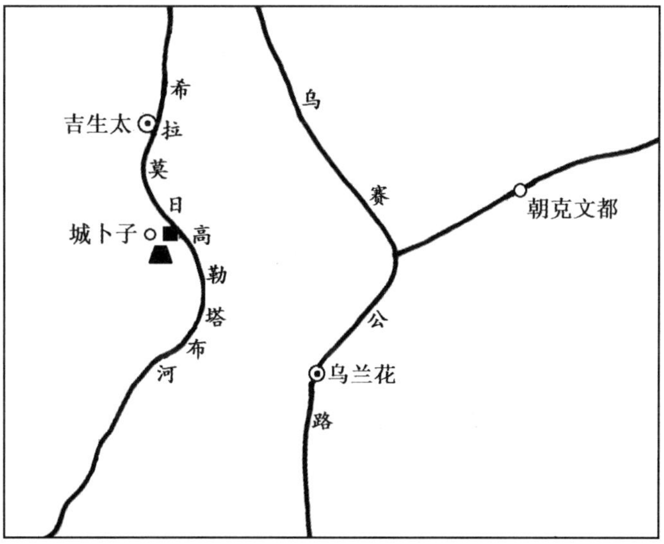

图一　城卜子古城及墓葬位置示意图

1994年夏秋之际，古城及附近墓葬被严重盗掘。为了更好地保护古城和周围古墓葬，进一步了解其文化内涵，内蒙古文物考古研究所、乌兰察布博物馆、四子王旗文物管理所于1995年4—5月联合对古城进行了调查勘测并对其附近的墓葬进行了抢救性清理。现将工作情况报告如下。

一、古城

（一）古城保存现状

古城位于一宽阔的山湾之内，地势平缓，东面紧邻希拉莫日高勒塔布河，南、西两面为地势不高的小山丘。古城平面呈长方形，东西长约920米，南北宽670米，方向335度。在城之西南角凸出一小城（元大德年间文庙石碑即出土于此，学者考证其应为孔庙之所在）。城墙除东、南两墙保存较差，大多保存完好。城内遗迹因曾被村民建房，而后又辟为耕地，故仅在城的西北角保存有两处建筑基址，其余遗迹荡然无存。

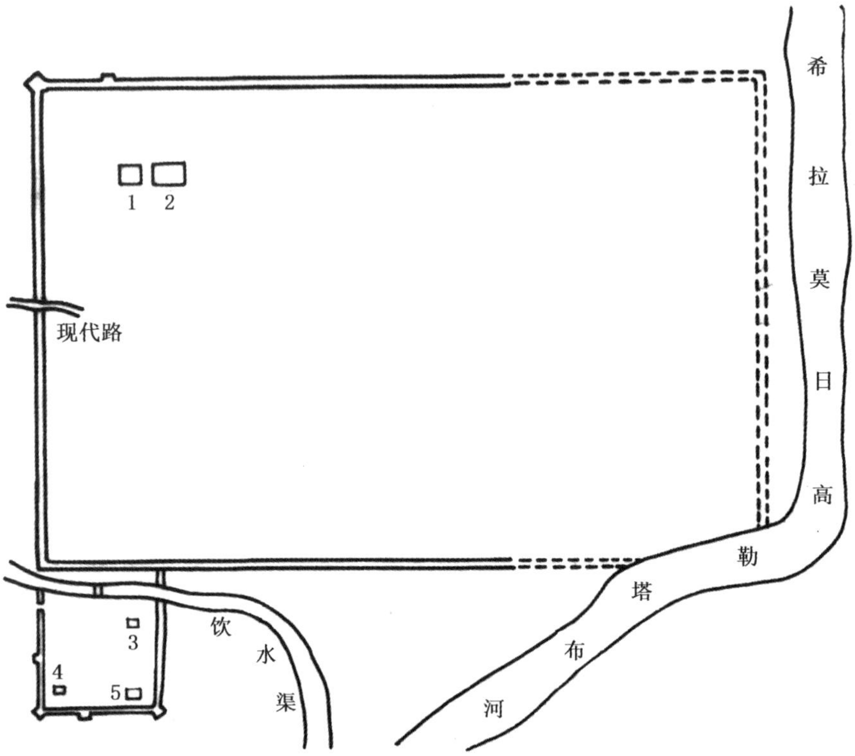

1～5.建筑基址

图二　城卜子古城平面图

东墙　该墙保存最差，地表已无墙垣之痕迹。虽经钻探，但因地下水位较高，给钻探工作带来了一定的困难，所确定之东墙位置，仅根据钻探中的各种迹象所确定。其余情况不详。

南墙　该墙西段保存较好，残长198米；东段大部被辟为耕地，仅有少量残存。这段城墙保存最好处残高1.5～2米，从断面实测基宽8.5米。共残存夯层17层，夯层厚为15厘米左右，土质坚硬，呈黄色，内较纯净。

西墙　长670米，该墙除个别地段被毁，其余保存较好，残高1～1.5米。从北段西侧断面观察，共残存7层夯层，厚14～16厘米，土质坚硬，呈黄色。

北墙　是该城保存最好的一段城墙，东段被毁，残长600米，残高约2～3米，从其断面实测，墙基宽约9米，用灰色碱土夯筑而成，内含有一定数量的陶瓷片及碎石块，土质坚硬、夯层清晰，厚15～16厘米。在该段城墙距西北角楼100米处，保存有一马面。马面略高于墙体，平面呈方形，突出墙体11米，宽9米。其夯层土质、土色及构筑方法同于西墙。

古城在西北角保存一角楼，高出墙体约1米，平面呈方形，突出墙面11米，宽9米。其夯层土质、土色均同西端。

城内遗迹均已被当地村民于20世纪50年代建房或平整土地所毁，仅在西北部保存有2处东西并列的建筑基址。其中东侧者平面呈长方形，东西长42米，南北宽32米，残高约1.5米；西侧者平面亦呈长方形，东西长28.5米，南北宽21米，残高约1米。两处基址东西相距15米，地表均散布有大量的砖、瓦和琉璃构件。据当地村民反映，曾出土过佛像、彩塑等文物，故判断应是和庙宇有关的建筑基址。

在古城西南角南墙外，连接修筑一小城。其北墙即为大城之南墙。由此北墙向南，是一渐次升高的缓坡。故位于小城之内，即可俯瞰全城。小城因修筑在山坡之上，人为和自然破坏较少，故城墙及城内遗迹保存较好。小城略呈长方形，南北长200米，东西宽150米。现分述之：

东墙　该墙除与大城连接处被水渠破坏，其余保存完好，残高2～2.5米。从北段东侧暴露的夯层观察，夯层厚14～16厘米，土质坚硬，土色灰黄，内含有少量的碎石块和黄土结核。

南墙　该墙保存最好，现存高度2.5～3米，顶部宽1米，其土质、土色、夯层皆同于东墙。在该墙中部偏西处保存一马面。马面宽12米、突出墙面11米、高出墙面0.5米，形状不清。

西墙　此墙北段与大城南墙相连处被宽20米的现代水渠隔断。从北段剖面实测，城墙基宽5米，共暴露21层夯层，土质坚硬，略有砂性，土色黄灰，内含有少量的碎石块，夯层厚12～15厘米。在墙的北端有一宽10米的豁口，在缺口两侧有形似双阙的土丘，散布有少量的石块、砖等建筑材料，判断应为城门之所在。在墙的中段偏南处亦建有一马面。马面高出现墙面约2米，因风蚀严重，现顶部呈圆球形。马面宽9米，突出墙面7米，其夯层之土质、土色及包含物皆同于墙体。

在小城的东南、西南两角均有角楼。角楼平面呈方形，宽12米，突出墙面12米，高出墙体0.5米。从东南角楼保存较好的东边观察，角楼由下向上略有收分。

小城内分布在东南、西南、东北部的3处建筑基址保存相对较好。其中，东南部基址为长方形，东西长19米，南北宽9米；余两处为方形，西南部基址边长12米，东北部基址边长13米。在基址地表均暴露有一定数量的石砌墙基，宽80厘米左右。在基址的地表暴露有大量的砖、瓦及琉璃构件（图二）。

此外，在古城东面隔河相望的山坡之上保存有不少的大型院落及建筑基址，应为与古城同时代之遗存。

（二）采集遗物

古城内地表暴露遗物较为丰富，主要有瓷器、陶器、建筑材料等。

1.瓷器

细瓷和粗瓷均占有一定比例，釉色以白釉、白釉黑花和青蓝色钧窑器为主，也有一定数量的黑釉剔花、龙泉窑青瓷和个别的青花、搅釉、红绿釉、黄釉和三彩等。釉面多无装饰，少量的有印花图案，内底残存有支钉或圈足迹；在部分碗、盘圈足内或近足部有墨书字款（图三）。器型有盆、碗、钵、盘、器盖、高足杯等。

（1）盆

标本SZC：62，直口，圆唇，折沿，上腹较直，下腹弧形内收，圈足。瓷质较粗，内外壁施白釉黑花，外壁下腹脱釉，内底有2个支钉痕迹。口径19.2厘米，高11.1厘米，底径8.6厘米（图四，1）。

（2）碗

碗数量较多，以白釉瓷碗和钧窑碗为主，亦有少量的龙泉窑青瓷碗。

白釉瓷碗　瓷质皆较粗，口部及内壁施白釉，外壁或下腹脱釉，内底有2～7个支钉痕迹。分4型。

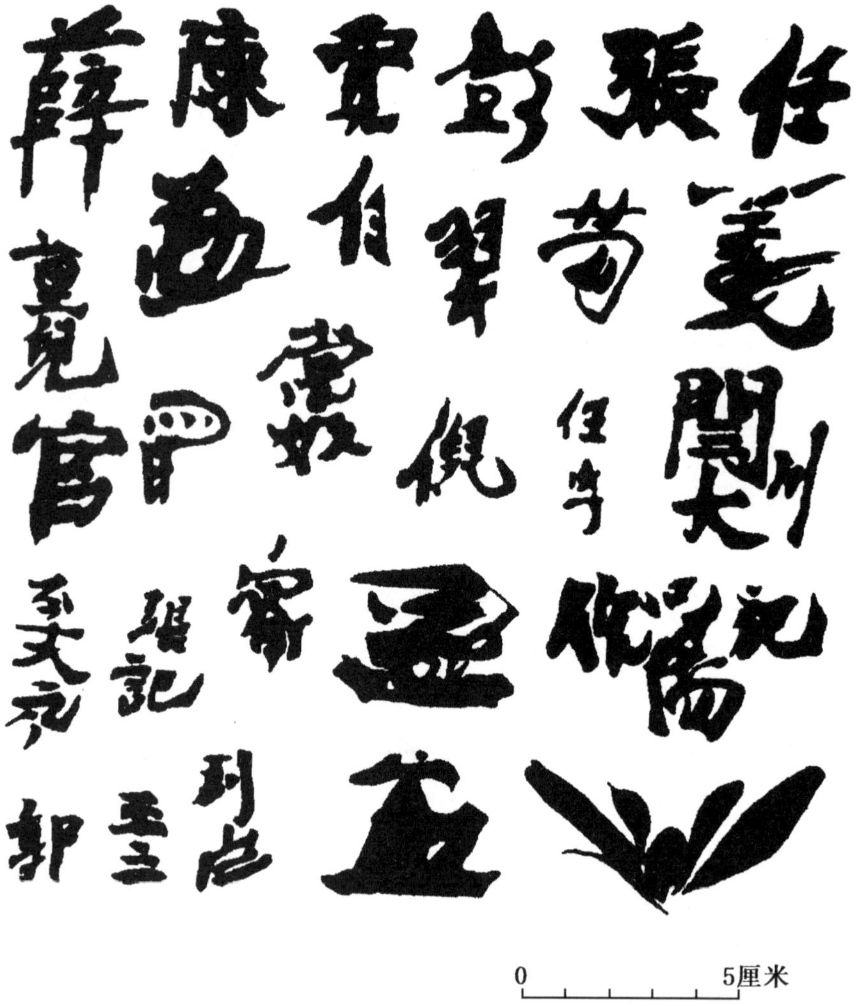

图三　瓷器底部墨书摹本

A型：标本SZC：24，直口，圆唇，腹斜收，圈足。口径15厘米，高4.6厘米，底径5.5厘米（图四，2）。

B型：标本SZC：25，敞口，折沿，圆唇，腹壁略有弧度，圈足。口径17.8厘米，高5.7厘米，底径3.9厘米（图四，3）。

C型：标本SZC：2，敞口，圆唇，深腹，圈足。口径21.6厘米，高7.2厘米，底径7.2厘米（图四，4）。

D型：标本SZC：20，敞口，圆唇，浅腹，圈足。口径13.2厘米，高3.9厘米，底径5.4厘米（图四，5）。

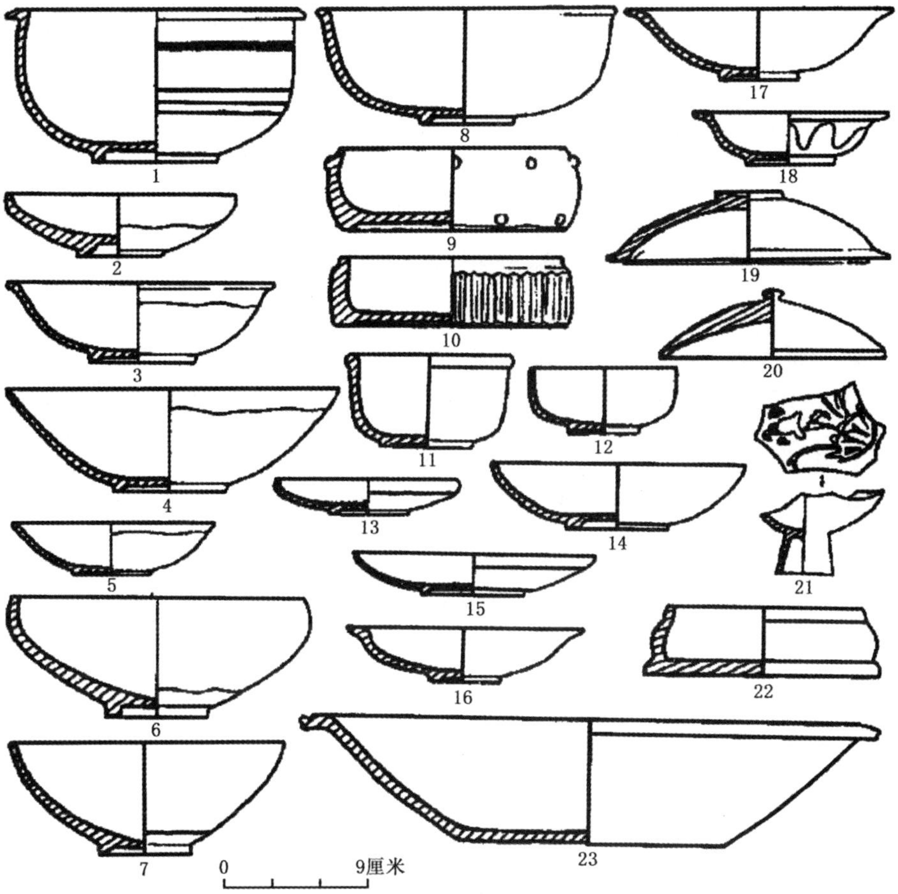

1.瓷盆（SZC：62） 2.A型白釉瓷碗（SZC：24） 3.B型白釉瓷碗（SZC：25） 4.C型白釉瓷碗（SZC：2） 5.D型白釉瓷碗（SZC：20） 6.A型钧窑碗（SZC：43） 7.B型钧窑碗（SZC：12） 8.龙泉窑青瓷碗（SZC：68） 9.A型瓷钵（SZC：54） 10.B型瓷钵（SZC：55） 11.C型瓷钵（SZC：52） 12.D型瓷钵（SZC：92） 13.B型白釉瓷盘（SZC：38） 14.A型白釉瓷盘（SZC：7） 15.C型白釉瓷盘（SZC：63） 16.A型青瓷盘（SZC：66） 17.B型青瓷盘（SZC：96） 18.黄釉瓷盘（SZC：93） 19.A型瓷器盖（SZC：56） 20.B型瓷器盖（SZC：58） 21.高足杯（SZC：97） 22.陶钵（SZC：60） 23.陶盆（SZC：15）

图四　陶器、瓷器

钧窑碗　瓷质较细，内外壁施青蓝釉，近底脱釉。分2型。

A型：标本SZC：43，直口，圆唇，下腹急收，圈足，内底尖圆。口径19厘米，高8.8厘米，底径6.6厘米（图四，6）。

B型：标本SZC：12，敞口，圆唇，腹斜收，圈足，内底尖圆。口径18厘米，高8.1厘米，底径6厘米（图四，7）。

龙泉窑青瓷碗　标本SZC：68，敞口，圆唇，腹壁圆弧，圈足。瓷质细腻，内外壁皆施青釉，内底残存有印花图案。口径19.5厘米，高8.5厘米，底径6厘米（图四，8）。

（3）钵

瓷质皆较粗，分4型。

A型　标本SZC：54，口微敛，圆唇，胎较厚，平底内凹，内底较平。内外壁均施黑釉，近底脱釉，外壁腹部饰乳钉纹2周。口径14.7厘米，高6厘米，底径15厘米（图四，9）。

B型　标本SZC：55，子母口，圆唇，直腹，平底内凹，外壁通体饰锯齿纹。内外壁均施黑釉，唇部及底部脱釉。口径14.4厘米，高5.1厘米，底径15.6厘米（图四，10）。

C型　标本SZC：52，直口，圆唇，上腹较直，下腹斜收，圈足。外壁施灰白釉，内壁施豆绿釉，下腹脱釉，内底有2个支钉痕迹。口径10.2厘米，高6.6厘米，底径6厘米（图四，11）。

D型　标本SZC：92，直口，圆唇，直腹，下腹折角内收，圈足。内外壁均施青蓝釉，内底及圈足脱釉。口径9.6厘米，高4.8厘米，底径4.5厘米（图四，12）。

（4）盘

数量较多，以白釉、青瓷为主，个别施黄釉。

白釉瓷盘　瓷质多较粗，个别的瓷质较细，口部及内壁施白釉，外壁及近底脱釉，内底残存有2～3个支钉痕迹。分3型。

A型：标本SZC：7，敞口，圆唇，深腹，圈足。口径16.8厘米，高4.3厘米，底径6.6厘米（图四，14）。

B型：标本SZC：38，直口，圆唇，浅腹，平底。口径11.7厘米，高2.4厘米，底径5.4厘米（图四，13）。

C型：标本SZC：63，敞口，圆唇，口部微呈弧形折角，浅腹，圈足。口径15.6厘米，高3厘米，底径6.6厘米（图四，15）。

青瓷盘　分2型。

A型：SZC：66，花边口，折沿，圆唇，圈足。瓷质较细，内外壁均施豆青釉。口径15厘米，高4厘米，底径4.8厘米（图四，16）。

B型：标本SZC：96，敞口，圆唇，深腹，圈足。瓷质较粗，内外壁均施青釉，圈足内有一墨书“元”字。口径17.4厘米，高5.1厘米，底径5.1厘米（图四，17）。

黄釉盘　标本SZC：93，敞口，圆唇，折沿，沿面有一浅凹槽，圈足。瓷质较粗，内外壁均施黄釉，外壁腹部饰莲花纹。口径13.2厘米，高3.6厘米，底径6厘米（图四，18）。

（5）器盖

皆瓷质较粗，盖面弧形隆起。分2型。

A型　标本SZC：56，子母口，圆纽。外壁施白釉黑花，内壁脱釉。直径18.6厘米（图四，19）。

B型　标本SZC：58，直口，小圆纽。外壁施黑釉，口部及内壁脱釉，直径15厘米（图四，20）。

（6）高足杯

标本SZC：97，口部残，高圈足。瓷质细白内外壁皆施青釉，内底饰印花图案。残高6厘米，圈足径3.6厘米（图四，21）。

2.陶器

皆为泥质灰陶，轮制，火候较高，质地坚硬。器型有盆、钵等。

（1）盆

标本SZC：15，敞口，折沿，方唇，沿外侧饰一凹纹，腹壁斜直，平底。素面，内壁做横向压光。口径41厘米，高9厘米，底径17厘米（图四，23）。

（2）钵

标本SZC：60，敛口，方圆唇，腹壁由上至下渐外侈，大平底，素面。口径12.9厘米，高5.7厘米，底径15.3厘米（图四，22）。

3.建筑材料

城内地表暴露建筑材料较多，主要有瓦、滴水、瓦当、大型建筑构件等。

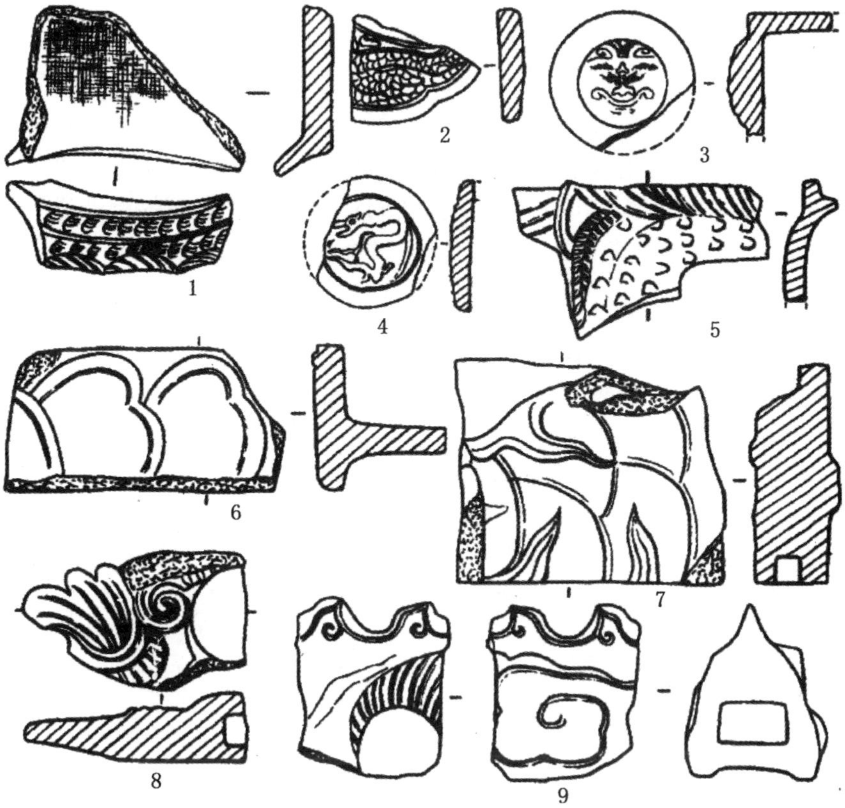

1.带状滴水（SZC：98） 2.三角形滴水（SZC：99） 3.兽面瓦当（SZC：100） 4.龙纹瓦当（SZC：101） 5～9.建筑构件（SZC：102、SZC：106、SZC：104、SZC：105、SZC：103）

图五 建筑材料

（1）瓦

瓦可分为板瓦和筒瓦两种，多灰色，外壁素面，内壁布纹。还有一定数量的绿色琉璃瓦，厚2.2厘米。筒瓦为子母口，弧是圆的1/2；板瓦方圆头。

（2）滴水

滴水有带状和三角形2种，除了灰陶，也有一定数量的琉璃滴水。

带状滴水 标本SZC：98，带状平面有2道平行的凸弦纹，其间饰绞索状绳纹2道，底边有压印的绳纽纹边。宽5.6厘米（图五，1）。

三角形滴水 标本SZC：99，残。平面呈三角形，间饰龙纹图案（图五，2）。

（3）瓦当

瓦当有灰陶和琉璃2种，皆为兽头和龙纹瓦当，因风蚀严重，已漫漶不清。

兽面瓦当 多为灰陶，少量为琉璃。标本SZC：100，表面微微隆起，绿釉，面部呆板，嘴部向上弧形弯曲，面颊两侧布满卷曲的胡须。直径10.2厘米，缘宽1.8厘米（图五，3）。

龙纹瓦当　标本SZC：101，表面漫漶不清，琉璃剥落。张嘴，曲体，蛇尾。直径9.6厘米，缘宽1.5厘米（图五，4）。

（4）建筑构件

以琉璃构件为主，少量为灰陶。多大型屋顶构件，造型多样。鸱吻多呈龙形（图五，5~9）。

二、墓葬

墓葬主要位于古城之西、南两面的山坡之上。墓地范围较大，由城西向南至东，东西绵延约3千米。1994年被盗掘破坏的墓葬达几百座之多。我们集中对古城南面的墓地进行了抢救性清理。因整个墓地面积较大且盗掘十分严重，为了尽量搞清墓地的基本面貌，本次发掘选择了2个发掘区。在距城西南角约0.5千米的浅山丘陵之北坡为第Ⅰ区；由此向南约0.5千米之山梁坡顶之平坦处为第Ⅱ区。其中Ⅰ区清理墓葬17座，从清理的情况看，约有2/3以上的墓葬存在叠压打破关系（图六）；Ⅱ区发掘墓葬15座，无打破现象，其中M14和M15距本发掘区南端约0.5千米（图七）。两区共清理墓葬32座。

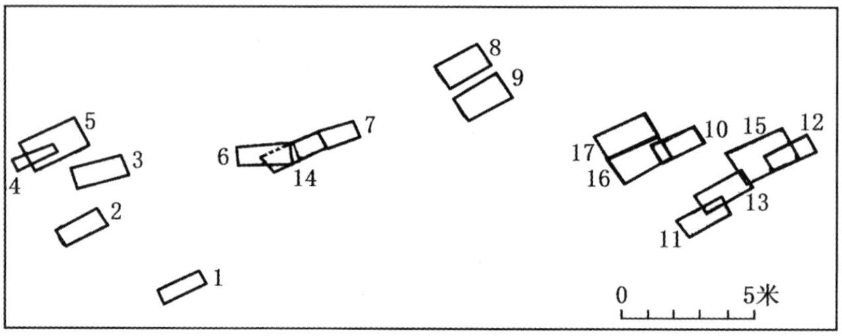

图六　Ⅰ区墓葬分布示意图

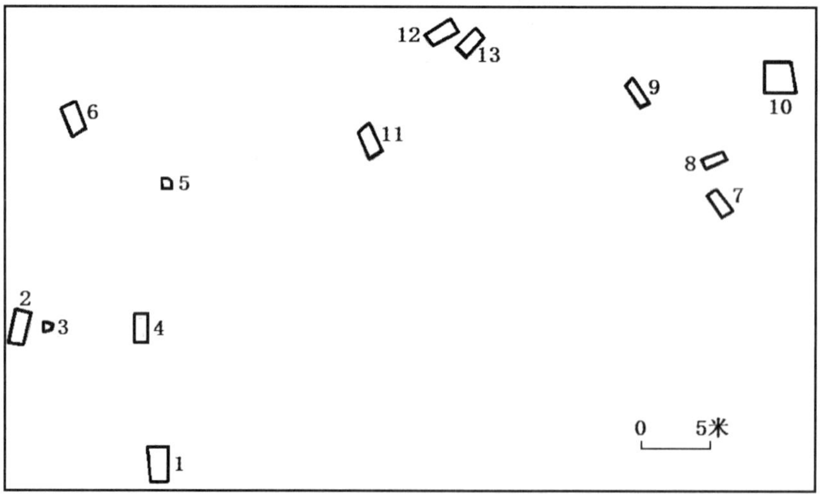

图七　Ⅱ区墓葬分布示意图

（一）墓葬形制

两区清理的32座墓中，除两座骨灰罐墓，多长方形土坑竖穴墓，个别的平面呈梯形（ⅡM10）。各墓大小不一且悬殊较大，长1.25～2.45米，宽0.52～2米，深0.42～2.25米。其中最大者2.1米×2米，最小者仅1.25×0.52米。两区墓葬头向有所不同，Ⅰ区头向基本属西南向，在235～262度；Ⅱ区头向除ⅡM8为68度，其余基本属南向，在150～225度。墓葬早期盗扰现象十分严重，其中Ⅰ区属于早期盗扰的墓有2座（ⅠM4、ⅠM6）；Ⅱ区属早期被盗的墓达6座（ⅡM1、ⅡM2、ⅡM4、ⅡM9、ⅡM10、ⅡM11），占清理墓葬的2/5。

墓内多为单人葬，置木棺1具，个别的为双人合葬，置木棺2具（ⅡM10）或在木棺内竖向靠近棺侧壁装2块夹板的双重棺（ⅡM1）。Ⅰ区部分无木棺者则在墓穴的两个长边留宽0.25～0.5米、高0.3～0.5米的生土二层台，在墓底和二层台上各置一层木板，以代替木棺（ⅠM3、ⅠM5、ⅠM13、ⅠM15）；而ⅠM8则用灰色长方形沟纹砖叠砌墓壁，上盖石板，代替木棺。个别无木棺者（ⅠM7）则在尸骨下铺一层苇席，四角压有自然石块。

棺内皆置尸骨1具，除ⅡM1、ⅡM2、ⅡM4、ⅡM9、ⅡM10等4座墓因早期盗扰，葬式不清，其余多为仰身直肢葬，个别的为侧身屈肢葬（ⅠM13、ⅠM17）和俯身屈肢葬（ⅠM5、ⅡM14）。少数头骨下面枕有荞麦皮枕头（ⅠM12、ⅡM6、ⅡM9）或头部用丝织品包裹（ⅡM6、ⅡM8、ⅡM11）。此外，在Ⅱ区的墓葬中，有少量墓葬在棺内尸骨左侧或右侧置有少量骨灰（ⅡM4、ⅡM13、ⅡM14）；个别的则在木棺外右侧随葬一骨灰箱（ⅡM1），骨灰内随葬有几枚古钱币。

墓内随葬物品不多。11座无任何随葬品的墓葬，Ⅰ区占9座，占该区发掘墓葬总数的1/2以上。瓷器多置于头部左侧，顾姑冠多葬于头部或胸部，铜镜和铁车輨多出土于上半身一侧，而钱币则往往放置于铁车輨周围（表一）。

表一　四子王旗城卜子墓葬登记表

墓号	结构	尺寸（长×宽－深，厘米）	墓向（头向）	葬具	葬式	保存情况	随葬品	备注
ⅠM1	土坑竖穴	210×62–120	246度		仰身直肢			
ⅠM2	土坑竖穴	213×82–50	242度	木棺	仰身直肢			
ⅠM3	土坑竖穴	207×110–60	256度	生土二层台铺盖木板	仰身直肢		带柄铜镜1、铜簪1、B型铜耳饰2、铜指环1、木梳1、铁钉7	
ⅠM4	土坑竖穴	200×60–70	245度	木棺	仰身直肢	早期盗扰	铁棺钉13、桦树皮残片	盆骨以上残缺
ⅠM5	土坑竖穴	245×150–135	235度	生土二层台	仰身直肢			
ⅠM6	土坑竖穴	220×96–65	262度	木棺	仰身直肢	早期盗扰	铁车輨2、钱币10、棺钉16	
ⅠM7	土坑竖穴	181×82–62	252度		仰身直肢		铁车輨2、钱币22、桦树皮鞋垫1、丝织品	

续表

墓号	结构	尺寸（长 × 宽 - 深，厘米）	墓向（头向）	葬具	葬式	保存情况	随葬品	备注
Ⅰ M8	土坑竖穴	210 × 120–170	240 度	木棺	仰身直肢		铜指环 1	头部裹丝织品
Ⅰ M9	土坑竖穴	200 × 108–140	240 度	木棺	仰身直肢		瑞兽镜 1、顾姑冠 1	
Ⅰ M10	土坑竖穴	195 × 86–100	243 度	木棺	仰身直肢			
Ⅰ M11	土坑竖穴	190 × 68–87	240 度	木棺	仰身直肢		顾姑冠 1、木梳 1、丝织品	头部裹丝织品
Ⅰ M12	土坑竖穴	195 × 86–100	242 度	木棺	仰身直肢		花草镜 1、A 型铜耳饰 2、A 型珠饰 1、铁环状器 1	有荞麦皮枕头
Ⅰ M13	土坑竖穴	200 × 80–170	242 度	生土二层台	侧身屈肢			
Ⅰ M14	土坑竖穴	220 × 90–115	243 度	木棺	仰身直肢		人物故事镜 1、B 型铜耳饰、棺钉 3	
Ⅰ M15	土坑竖穴	215 × 138–136	235 度	生土二层台	仰身直肢			上肢弯曲
Ⅰ M16	土坑竖穴	200 × 130–128	240 度	木棺	仰身直肢		铁剪 1	上肢弯曲
Ⅰ M17	土坑竖穴	215 × 90–78	240 度	木棺	侧身屈肢			
Ⅱ M1	土坑竖穴	235 × 125–225	183 度	双重棺		早期盗扰	金耳饰 2、木梳 1、木器盖 1、古钱币 116、丝织品	木棺右侧随葬一骨灰箱
Ⅱ M2	土坑竖穴	220 × 90–140	190 度	木棺		早期盗扰	B 型瓷罐 1、金耳饰 2、铜链饰、铁棺钉 4	
Ⅱ M3	骨灰葬						陶罐 1、古钱币 2	
Ⅱ M4	土坑竖穴	195 × 80–107	178 度	木棺		早期盗扰	A 型铜钗 1、B 型铜钗 1、骨簪 1、古钱币 61	棺内左侧
Ⅱ M5	骨灰葬						陶罐 1、陶钵 1、古钱币 1	
Ⅱ M6	土坑竖穴	215 × 102–130	165 度	木棺	仰身直肢		佩饰 1、骨刷 1、木梳 2、铜簪 2、A 型铜钗 2、A 型耳饰 1、粉脂、丝线	有荞麦皮枕头，头部裹丝织品
Ⅱ M7	土坑竖穴	145 × 66–72	152 度	木棺	仰身直肢			胫、腓骨移位
Ⅱ M8	土坑竖穴	125 × 52–42	68 度	木棺	仰身直肢			
Ⅱ M9	土坑竖穴	198 × 80–48	150 度	木棺	仰身直肢	早期盗扰	A 型铜耳饰 1	
Ⅱ M10	梯形竖穴土坑墓	210 × 200–160	175 度	木棺 2		早期盗扰	A 型铜耳饰 1、石饰片 1、古钱币 28	A 棺有荞麦皮枕头
Ⅱ M11	土坑竖穴	205 × 90–100	158 度	木棺	仰身直肢	早期盗扰	铁车輨 2、古钱币 41	盆骨以上盗扰

续表

墓号	结构	尺寸（长×宽-深，厘米）	墓向（头向）	葬具	葬式	保存情况	随葬品	备注
ⅡM12	长方形竖穴土坑偏洞室墓	192×94-61	225 度	木棺	仰身直肢		A 型直壁罐 1、B 型珠饰 5、C 型珠饰 9	
ⅡM13	土坑竖穴	200×90-74	205 度	木棺	仰身直肢		B 型铜钗 1	棺内左侧中部有少量骨灰
ⅡM14	土坑竖穴	205×82-58	172 度	木棺	俯身屈肢		B 型瓷罐 1、铜簪 1	棺内右侧中部有少量骨灰
ⅡM15	土坑竖穴	160×62-60	165 度	木棺	仰身直肢			

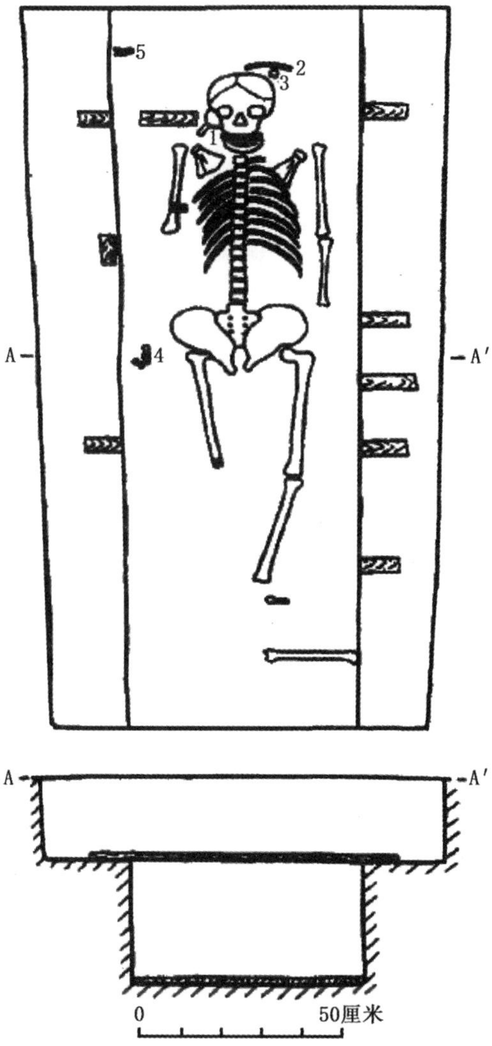

1.带柄铜镜　2.铜簪　3.铜耳环　4.铜指环
5.铁钉

图八　ⅠM3平、剖面图

下面择有代表性的ⅠM3、ⅠM7、ⅠM8、ⅠM13、ⅡM10、ⅡM13为例介绍如下：

ⅠM3　墓穴略呈前宽后窄式，长2.07米，前宽1.1米，后宽1米，深0.6米，方向256度。在墓穴两个长边均留有宽0.2米、高0.35米的生土二层台。墓底尸骨下面铺有一层厚2厘米的木板，尸骨之上的二层台上亦盖有一层木板，均朽蚀严重。从残存痕迹分析，整个纵向盖板用宽4厘米、厚3厘米的木条横向钉连在一起，所出少量的铁钉应是钉合盖板之用。

墓内置尸骨1具，仰身直肢，长145厘米。尸骨保存较差，右胫、腓骨有移位现象（至左脚下）。

墓内随葬物品较少，在头骨的右侧出土一带柄铜镜，头骨顶部置一铜簪，耳环分别出于右肱骨和头骨顶部，在右指骨上套有一铜指环（图八）。

ⅠM7　其西端打破ⅠM4之东部。长1.81米，宽0.82米，深0.52～0.62米，方向252度。墓内无棺，仅在基底铺有一层苇席，苇席四角各压有一自然石块。

墓内（苇席之上）置尸骨1具，保存较好，仰身直肢，左手置于盆骨之上。清理中，在盆骨下面出有少量的皮革和丝织品，应为死者生前衣服之残留物。墓内随葬物品较少，多集中于盆骨下和股骨间，共出土铁车辖2件、桦树皮鞋垫1块、古钱币22枚（图九）。

ⅠM8　墓口略大于墓底。长2.1米，墓口宽1.2米，墓底宽0.9米，深1.65～1.7米，方向240度。墓内无棺，用长

38厘米、宽18厘米、厚6厘米的灰色沟纹砖砌一砖椁，共用5层砖平铺错缝叠砌。砖椁内长1.66米、宽0.41米、高0.3米，顶部盖有一厚3厘米的木板。木板之上压一长1.4米、宽约0.75米、厚0.1～0.15米的自然石板。

砖椁之内置尸骨1具，已高度腐烂，为仰身直肢。尸骨头部用多层丝织品包裹，左手戴有一手套，在胸部也保存有少量的丝织品。墓内除死者左手指戴有一铜指环，无任何随葬品出土（图十）。

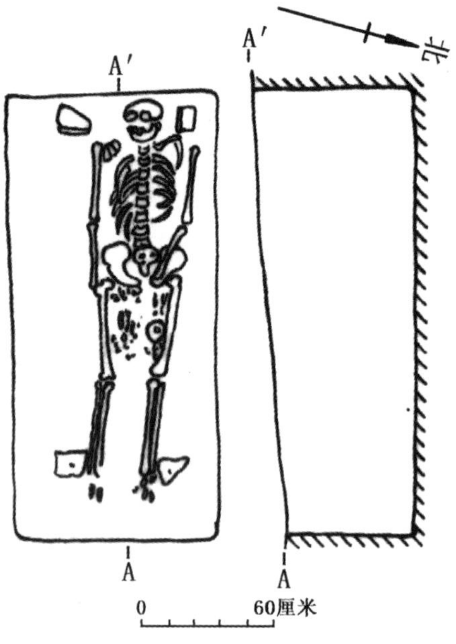

图九　ⅠM7平、剖面图

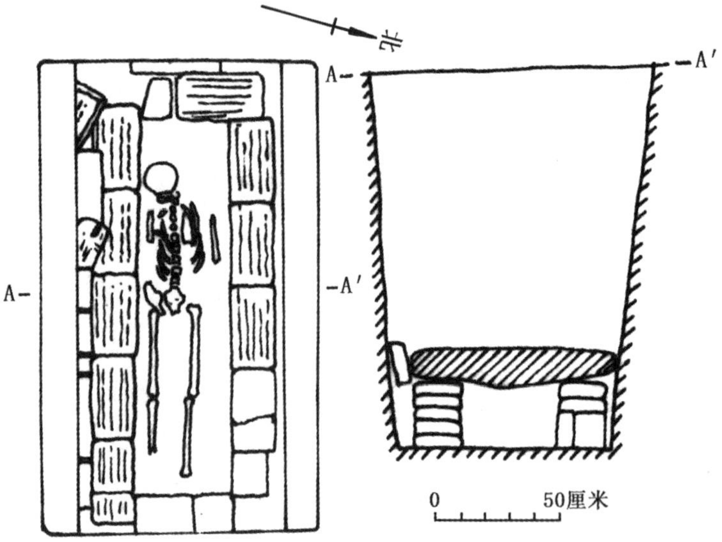

图十　ⅠM8平、剖面图

ⅠM13　其西北角被ⅠM11打破，东北边则打破ⅠM15之西边。长2米，宽0.8米，深1.7米，方向240度。在墓内近底部长边做宽0.15～0.2米、高0.25米的生土二层台。台内侧墓穴略呈头大尾小。尸骨下面平铺一层木板。二层台上亦盖木板，木板厚2厘米。墓内置尸骨1具，已严重朽蚀，仅

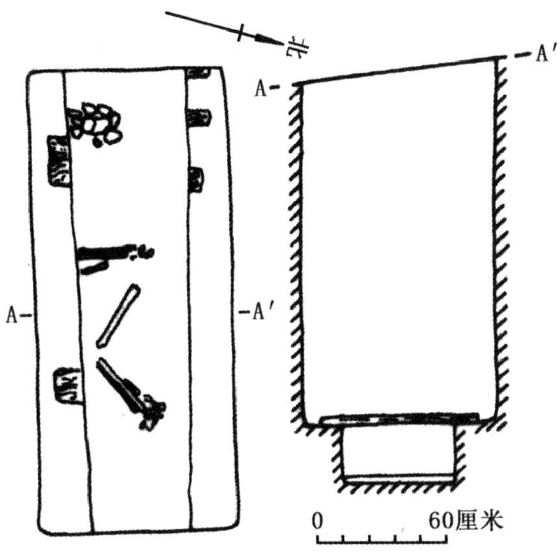

图十一　ⅠM13平、剖面图

存少量的头骨和肢骨。从残存情况看，应为侧身屈肢葬，双手交叉，下身叠压弯曲。墓内无任何随葬品（图十一）。

ⅡM10　平面呈梯形，长2.1米，前边宽2米，后边宽1.7米，方向175度。墓内置木棺两具，形制基本相同，其中左侧棺墓基底距墓口深1.56米、右侧深1.68米。在右侧棺头部墓壁挖有一壁龛，宽0.6米，深0.2米，高0.4米。以右侧棺为例加以说明。木棺用厚3厘米的木板加工制作，皆用铁钉钉合，平面呈长梯形，头大尾小。两侧棺板由底竖直向上至18厘米处，向内折角斜收，大头棺板由下向上45厘米处亦做折角斜收；在两侧棺的折角处，连接大、小头钉有1周木条，其上围饰有高7厘米的莲花纹装饰木板1周。木棺及装饰木板均施橘红彩。在装饰木板内两侧棺斜面上用墨线勾勒莲花纹，棺大头正面用墨线绘两竖长方形，似为门窗。棺顶盖有1层竹席。棺长1.75米，大头宽0.7米，小头宽0.6米，高0.48～0.56米。左侧棺形制与右侧棺基本相同，只是外侧无莲花及木条和墨绘装饰，棺长1.58米，大头宽0.7米、小头宽0.6米，高0.66～0.71米（图十二）。

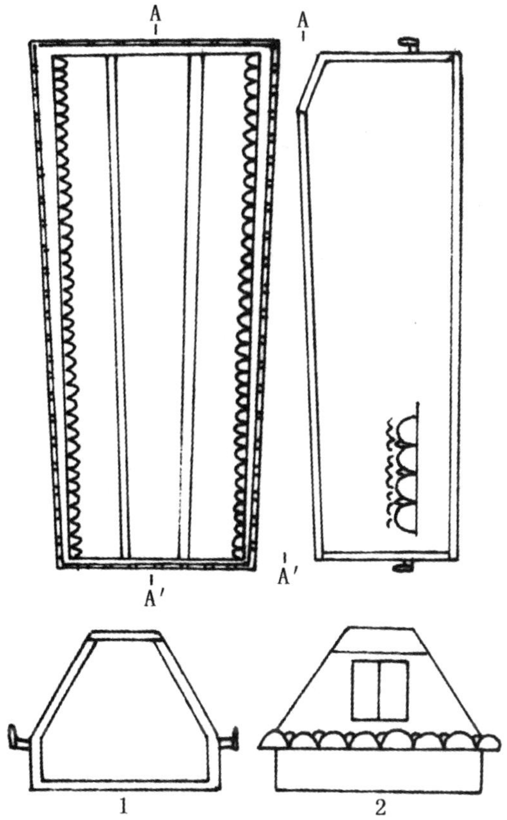

1.木棺平、剖面图　2.木棺大头正视

图十二　ⅡM10右侧木棺

两棺内各置尸骨1具，因系早期盗扰，头骨、肢骨、盆骨等均散乱叠压在棺的前半部，葬式不清。在棺的头部置有一荞麦皮枕头。墓内随葬品因盗扰所剩无几，仅在右侧棺内出土铜耳饰1枚，左侧棺内出土石片饰1枚，在棺外侧底部出土钱币28枚（图十三）。

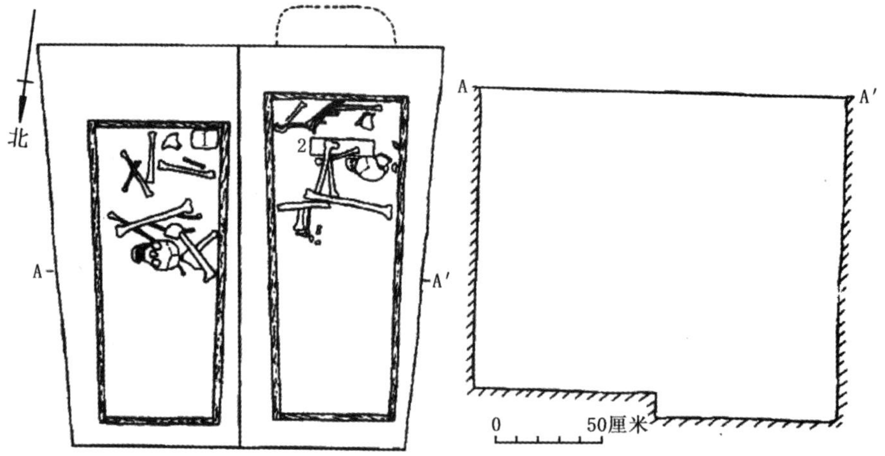

1.荞麦皮枕头　2.土坯

图十三　ⅡM10平、剖面图

ⅡM13　墓坑长2米、宽0.9米、深0.74米，方向205度。墓内置一木棺，形制基本与ⅡM10左侧棺相同，只是在木棺小头由底向上30厘米处做折角微向内收。棺长1.75米，大头宽0.58米，小头宽0.5米，高0.52～0.56米（图十四）。

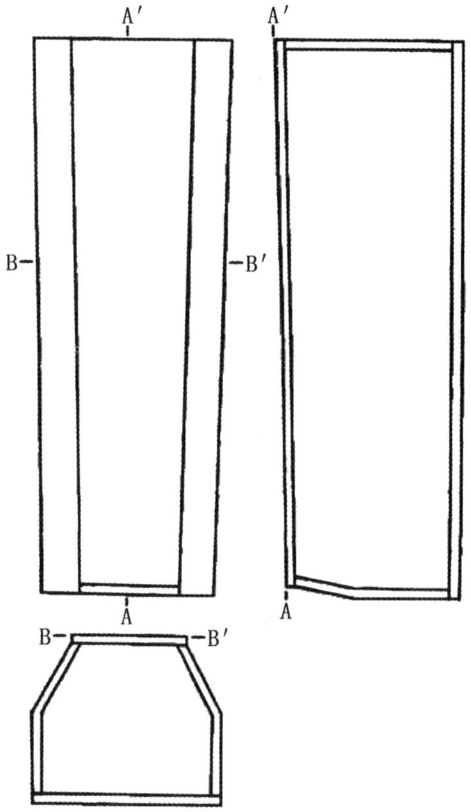

图十四　ⅡM13平、剖面图

棺内置尸骨1具，保存较好，为仰身直肢葬，无趾脚骨，长1.44米。在盆骨左侧上方棺内葬有少量骨灰。只在尸骨头部出有一铜钗（图十五）。

在这次清理中，还清理出骨灰墓2座（ⅡM3、ⅡM5）。ⅡM5墓口距地表深0.13米，墓口平面呈圆形，直径0.36米，深0.25米。墓坑内置有一高领灰陶罐，罐内装有骨灰和随葬钱币1枚，罐口盖有一灰陶敛口钵。

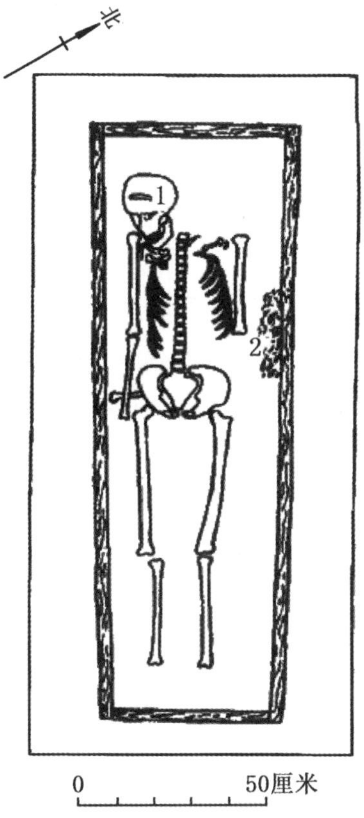

1.头钗 2.骨灰

图十五 ⅡM13平面图

（二）随葬品

从已清理的32座墓葬看来，墓内随葬物品较少。两区相比，Ⅱ区墓葬中随葬品略多于Ⅰ区。清理出各类随葬品395件，采集随葬品7件。种类有陶器、瓷器、金器、铜镜、铁器、骨器、木器、铜饰件、佩、珠饰、钱币、桦树皮器等。

1.陶器

共5件。皆泥质灰陶，火候较高，轮制。纹饰均为横向压光。器型有罐、盆、钵等。

罐 2件。分2型。

A型：1件。SZⅡM5：2，敛口，圆唇，短折沿，鼓腹，最大腹径略偏上，小平底。口径17.6厘米，底径9厘米，高20.4厘米（图十六，2）。

B型：1件。SZⅡM3：2，敛口，圆唇，鼓腹，平底。口径23.6厘米，底径16.6厘米，高33厘米（图十六，1）。

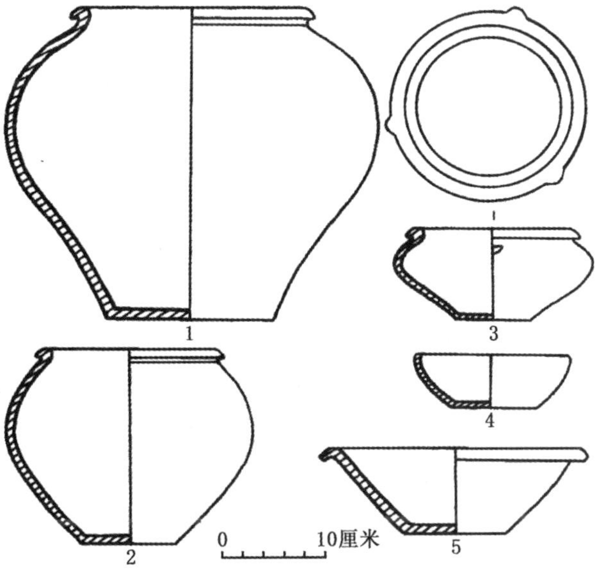

1.B型陶罐（SZⅡM3：2） 2.A型陶罐（SZⅡM5：2） 3.A型钵（SZMC：17） 4.B型钵（SZⅡM5：4） 5.盆（SZⅡM3：1）

图十六 陶器

盆　1件。SZⅡM3：1，敞口，折沿，方圆唇，腹壁斜收，小平底。口径27厘米，底径10厘米，高9厘米（图十六，5）。

钵　2件。分2型。

A型：1件。SZⅡM5：1，敛口，尖唇，短折沿，最大腹径偏上，下腹斜直内收，小平底，腹部等分饰3个錾状耳。口径17.8厘米，底径8厘米，高9.6厘米（图十六，3）。

B型　1件。SZMC：17，直口，圆唇，腹斜收，平底。口径16厘米，底径8.2厘米，高5.6厘米（图十六，4）。

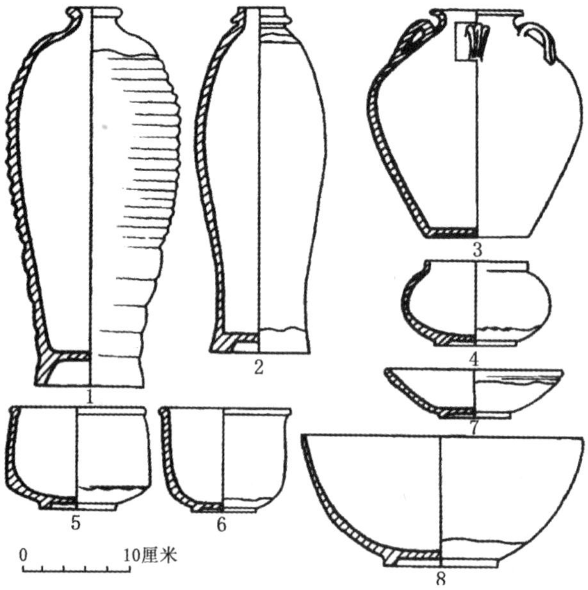

1.A型牛腿瓶（SZMC：3）　2.B型牛腿瓶（SZMC：2）　3.A型罐（SZMC：1）　4.B型罐（SZⅡM14：1）　5.A型直壁罐（SZⅡM12：1）　6.B型直壁罐（SZMC：8）　7.碗（SZMC：9）　8.碗（SZMC：18）

图十七　瓷器

2.瓷器

共8件，器型有牛腿瓶、罐、直壁罐、碗等。

牛腿瓶　2件。瓷质较粗，外壁施茶绿釉。分2型。

A型：1件。SZMC：3，小口，圆唇，鼓肩，肩以下斜收，平底内凹。肩以下饰宽窄不等的瓦轮纹，口部及肩部脱釉。口径5厘米，底径10.4厘米，高39.2厘米（图十七，1）。

B型：1件。SZMC：2，小口，尖圆唇，短颈，溜肩，腹斜收，平底内凹。肩部及近底脱釉。口径4.5厘米，底径10.5厘米，高35.5厘米（图十七，2）。

罐　3件。分2型。

A型：1件。SZMC：1，小口，圆唇，短颈，溜肩，肩部饰五系，圆腹，平底内凹。瓷质较粗，内外壁均施黑釉。口径8.2厘米，底径9.6厘米，高22.4厘米（图十七，3）。

B型：2件。直口，圆唇，短颈，鼓腹，圈足。瓷质较细，外壁施白釉，内壁施豆青釉，口部及近底脱釉。SZⅡM14：1，口径9.2厘米，底径7.8厘米，高8.8厘米（图十七，4）。

直壁罐　2件。瓷质略粗，外壁施白釉，内壁施豆青釉，内底脱釉且有支钉痕迹。分2型。

A型：1件。SZSZⅡM12：1，直口微向内收，圆唇，腹壁略有弧度，近底折角内收，圈足。口径12.5厘米，底径6.9厘米，高10.6厘米（图十七，5）。

B型：1件。SZMC：8，直口圆唇，直腹，下腹弧形斜收，圈足。口径12.8厘米，底径6.4厘米，高10.8厘米（图十七，6）。

碗　2件。敞口，圆唇、圈足。瓷质较粗。SZMC：18，残。内外壁施白釉黑花，近底脱釉。口径26.4厘米，底径10.8厘米，高13.2厘米（图十七，8）。SZMC：9，唇外侧饰一浅细凹弦纹，口部及内壁施白釉，外壁脱釉，内底残存有6个支钉痕迹。口径16.8厘米，底径6.4厘米，高5厘米（图十七，7）。

3.金器

4件，为两对耳饰。由直径0.15厘米的金丝弯成。SZⅡM1：1，端部用细金丝团曲缠绕，穿佩绿松石和珍珠（图二十一，4）。SZⅡM2：2，端部穿饰一绿松石珠，珠上嵌一用细金丝制成的盘旋状花饰，其上穿一小珍珠，珠上端金丝上焊金花饰，花饰中间嵌一宝石，已失落（图二十一，5）。

4.铜镜

人物故事镜　1件。SZⅠM14：1，圆形，圆纽，素宽缘。纽左侧缘内侧伸出一抹大树，枝叶延伸至右上方。树下站立两人，做对话状。纽右下侧一人牵马。在人物的周围有5只小羊，其下饰水波纹。直径11.1厘米，缘宽0.5厘米，缘厚0.6厘米（图十八，2）。

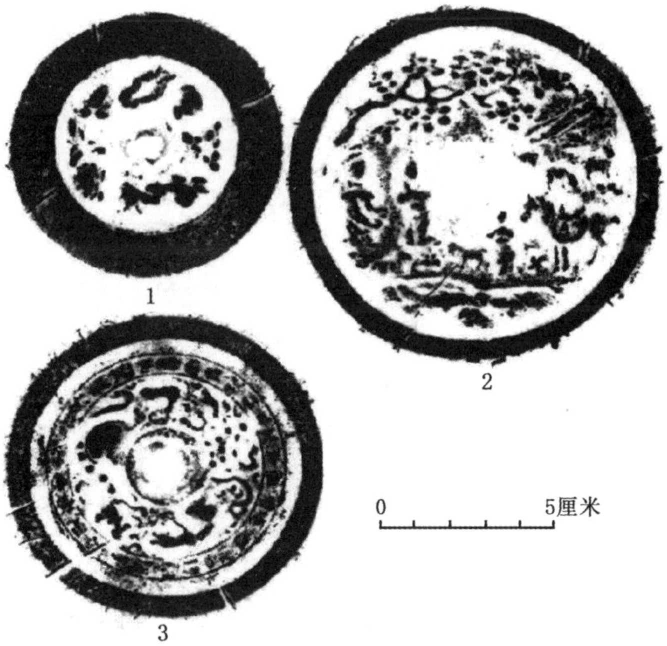

1.花草镜　2.人物故事镜　3.瑞兽镜

图十八　铜镜

瑞兽镜　1件。SZⅠM9：1，圆形，圆纽，圆纽座，素宽缘。内区饰瑞兽葡萄纹，外区有“青盖作镜自有纪，辟去不羊宜古市。长保二来利子孙，为吏高宜寿命久”铭文1圈并栉齿纹1周。直径9.4厘米，缘宽0.6厘米，缘厚0.4厘米（图十八，3）。

花草镜　1件。SZⅠM12：1，形体厚重，圆形，圆纽，圆纽座，素宽缘。区间饰花草纹。直径

8厘米，缘宽1.3厘米，缘厚0.3厘米（图十八，1）。

带柄镜　1件。SZⅠM3：1，镜体制作粗糙、轻薄。圆形，有柄，半圆缘。区间饰简单的花草纹。直径9.2厘米，厚0.2厘米，柄长7.6厘米。

5.铁器

50件。有车輨、剪、环状器、棺钉等。

车輨　6件。外轮有4~6齿，在其一面残留有朽木痕迹。SZⅠM7：3，外轮有4齿，外径7.9厘米，内径6.7厘米，宽2厘米，齿长1.2厘米，齿宽1.8厘米（图十九，2）。

剪　1件。SZⅠM16：1，残。锈蚀严重，单面刃。长23厘米（图十九，1）。

环状器　1件。SZⅠM12：4，残。一端呈棒状。残长10.4厘米（图十九，3）。

棺钉　42件。横截面呈方形。SZⅡM2：5，表面锈蚀严重，尖部残。残长7.8厘米（图十九，4）。

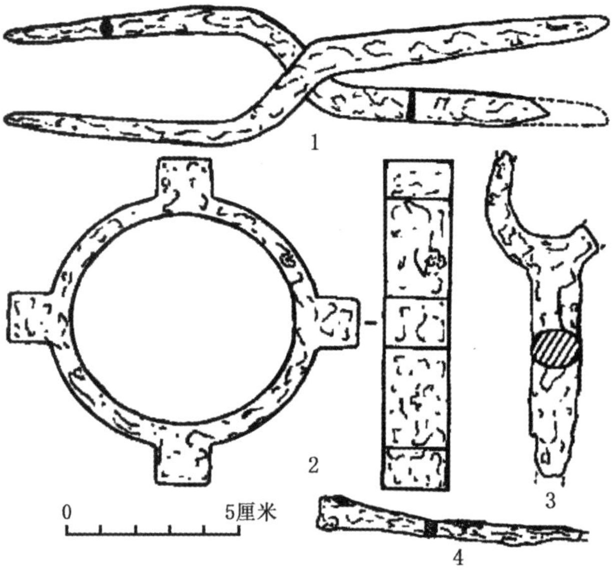

1.剪（SZⅠM16：1）　2.车輨（SZⅠM7：3）　3.环状器（SZⅠM12：4）　4.棺钉（SZⅡM2：5）

图十九　铁器

6.骨器

2件。有刷、簪。

刷　1件。SZⅡM6：6，制作精细。前部有扎毛孔4行20个孔，孔径0.15厘米。长18.9厘米，宽2厘米，厚头长6.3厘米（图二十，1）。

簪　1件。SZⅡM4：6，残。磨制精细，横截面呈圆形。残长7.9厘米，直径0.25~0.4厘米（图二十，3）。

7.木器

6件。有梳、器盖等。

梳　5件。半圆形，无漆。SZⅡM6：8，长12.2厘米，宽5.8厘米（图二十，2）。

器盖　1件。SZⅡM1：5，圆形，一面有朽蚀剥落痕迹。直径7.7厘米（图二十，4）。

8.铜饰件

18件。有钗、簪、耳饰、指环等。

钗 5件。分2型。

A型：3件。钗端扁平，扭出绞索式花纹。SZⅡM4：2，尖部残。残长10.5厘米（图二十一，2）。

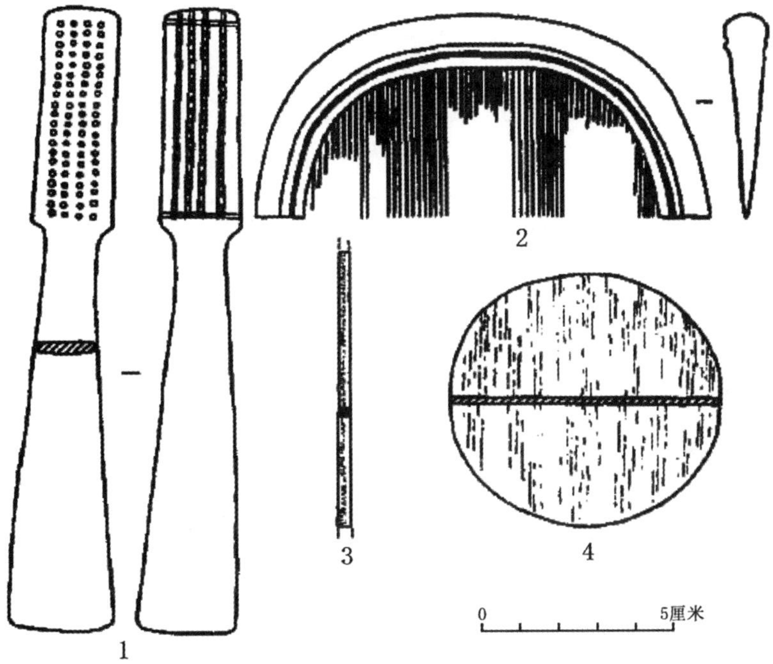

1.骨刷（SZⅡM16：6） 2.木梳（SZⅡM6：8） 3.骨簪（SZⅡM4：6） 4.木器盖（SZⅡM1：5）

图二十 骨器、木器

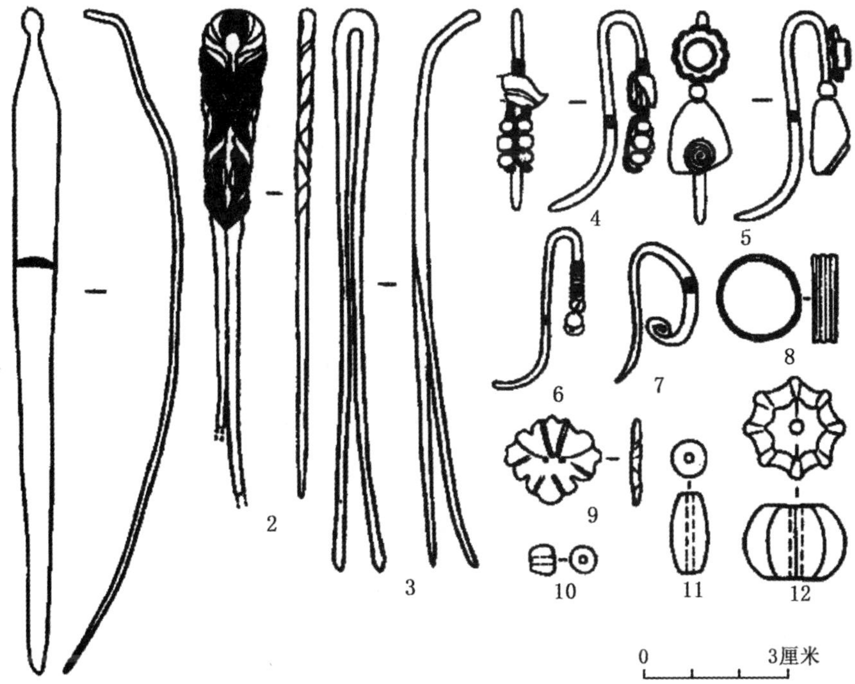

1.铜簪（SZⅡM14：2） 2.A型铜钗（SZⅡM4：2） 3.B型铜钗（SZⅡM13：1） 4.金耳饰（SZⅡM1：1） 5.金耳饰（SZⅡM2：2） 6.A型铜耳饰（SZⅡM9：1） 7.B型铜耳饰（SZⅡM3：3） 8.铜指环（SZⅡM8：1） 9.花饰（SZⅡM10：2） 10.C型珠饰（SZⅡM12：7） 11.B型珠饰（SZⅡM12：2） 12.A型珠饰（SZⅡM12：3）

图二十一 金器、铜器、石珠饰和花饰

B型：2件。端部扁平，钗身弯曲。SZⅡM13：1，长12.1厘米（图二十一，3）。

簪　3件。体扁平，一面呈弧形，端部呈一小椭圆形，簪身由上至下渐细，尖部圆钝。SZⅡM14：2，长14.4厘米（图二十一，1）。

耳饰　8件。分2型。

A型　5件。SZⅡM9：1，用直径0.2厘米的钢丝弯成，端部用细铜丝穿珍珠在其上（图二十一，6）。

B型　3件。SZⅠM3：3，用两端尖、中间粗的钢丝弯成，最大截面径0.25厘米（图二十一，7）。

指环　2件。体较宽，横截面呈扁平状，外有凹槽两周。SZⅠM8：1，直径1.8厘米，宽0.55厘米（图二十一，8）。

（9）佩饰、珠饰

17件。有佩饰、珠饰、花饰等。

佩饰　1件。SZⅡM6：7，佩带于死者腰部右侧。上半部用3条质地相同的钢丝线连接，下半部用细钢丝分别编成3条不同形状的链条，末端分别悬佩骨盒、骨饰片和微型葫芦饰物（图二十二）。

珠饰　15件。分3型。

A型：1件。SZⅠM12：3，中间微鼓，两端略收，表面呈花瓣状，竖穿一孔。直径1.3～2.3厘米，厚1.6厘米（图二十一，12）。

B型：5件。枣核形，竖穿一孔，有红、绿两色。SZⅡM12：2，长1.7厘米，直径0.4～0.8厘米（图二十一，11）。

C型：9件。扁圆形，竖穿一孔，白色。SZⅡM12：7，直径0.6厘米，厚0.5厘米（图二十一，10）。

花饰　1件。SZⅡM10：2，用绿松石片制成，中间钻两小孔，孔间残留有丝线，应是铜簪前面的饰片。厚0.2厘米（图二十一，9）。

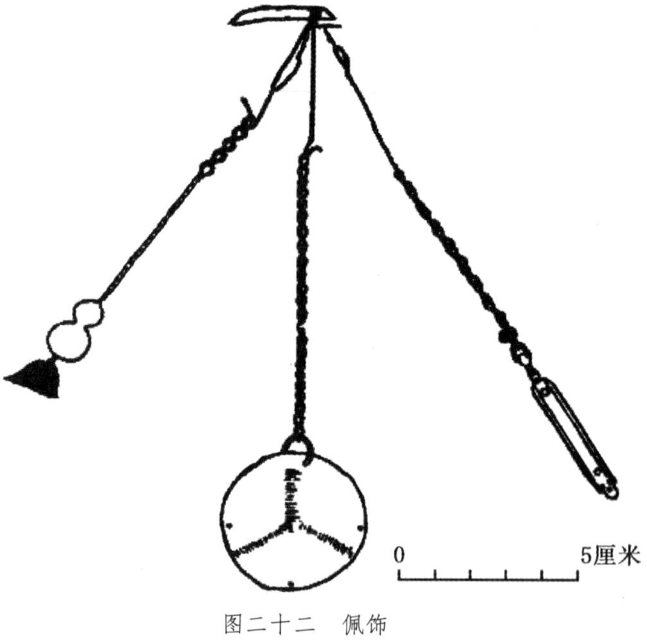

图二十二　佩饰

10.钱币

共出土282枚，可辨认者有26种239枚；另43枚或残，或因锈蚀严重，辨别不清。

“开元通宝” 32枚。平钱，对读，八分书，“元”字第二笔左挑。有少数背有仰月纹。直径2.5厘米。

“宋元通宝” 2枚。平钱，对读，楷书，宽郭。直径2.5厘米。

“太平通宝” 1枚。平钱，对读，楷书。直径2.5厘米。

“淳化元宝” 2枚。平钱，旋读，楷书，宽郭。直径2.45厘米。

“至道元宝” 3枚。平钱，旋读，行、楷两体，宽郭。直径2.5厘米。

“咸平元宝” 5枚。平钱，旋读，楷书，宽郭。直径2.45厘米。

“景德元宝” 4枚。平钱，旋读，楷书，穿较小。直径2.5厘米。

“祥符元（通）宝” 8枚。平钱，旋读，楷书。直径2.4厘米或2.5厘米。

“天禧通宝” 9枚。平钱，旋读，楷书。直径2.5厘米。

“天圣元宝” 12枚。平钱，旋读，楷、篆两体。直径2.4厘米或2.5厘米。

“景祐元宝” 8枚。平钱，旋读，楷书，宽郭。直径2.5厘米。

“皇宋通宝” 34枚。平钱，旋读，楷、篆两体，篆书穿较小。直径2.4厘米或2.5厘米。

“庆历重宝” 1枚。折二钱，旋读，楷书，宽郭。直径3厘米。

“至和元宝” 4枚。平钱，旋读，楷书。直径2.4厘米。

“嘉祐通宝” 8枚。平钱，对读，楷书，穿较大。直径2.4厘米。

“治平元宝” 14枚。平钱，旋读，楷、篆两体。直径2.4厘米。

“熙宁元宝” 31枚。平钱，旋读，楷、篆两体，穿有大、小两种。直径2.3厘米。

“元丰通宝” 33枚。有平钱、折二两种，旋读，行、篆两体，铸制精细。平钱直径2.4厘米，折二钱直径2.9厘米。

“元祐通宝” 19枚。平钱，旋读，行书，宽郭。直径2.5厘米。

“绍圣元宝” 10枚。平钱，旋读，行、篆两体，缘有宽、窄两种，篆书穿有大、小两种。直径2.4厘米。

“元符通宝” 1枚。平钱，旋读，行书。直径2.3厘米。

“圣宋元宝” 5枚。平钱，旋读，行、篆两体。直径2.4厘米。

“政和通宝” 3枚。平钱，对读，隶书，铸制精细。直径2.4厘米。

“宣和通宝” 1枚，折二钱，对读，隶书。直径3厘米。

“政隆元宝” 2放。平钱，旋读，楷书。直径2.5厘米。

“大定通宝” 2枚。平钱，对读，楷书。直径2.5厘米（图二十三）。

11.桦树皮器

有顾姑冠、鞋垫等。

顾姑冠 2件。置于尸骨的头部或胸部，因残损严重，无法复原，仅见桦树皮冠筒残片。

鞋垫 1件。出土于尸骨的脚部，应系在鞋的后跟处垫用。

图二十三　钱币拓本

三、结语

（一）对古城的认识

城卜子古城是内蒙古中南部、阴山以北规模较大且地理位置较为重要的一座金元时期古城。早在20世纪五六十年代，自治区的考古界前辈就对此城做过专题调查，当时城卜子村尚在城内，古城“有南北和东西大街及交叉之小街，街道旁有建筑台基数十处，上堆大量砖瓦瓷片”。调查者根据新中国成立前曾在城内出土的文庙儒学碑上刻有“净州路总管府　大德十一年七月立”而推断古城即为元代净州路①。净州路古城始建于金代，《金史》卷二十四《地理上》云：“净州，下，刺史。大定十八年以天山县升，为丰州支郡。……北至界八十里。……县一：天山。旧为榷场，大定十八年置，为倚郭。”②可见金之天山县旧为榷场，北距金界壕八十里。金大定十八年（1178年）升县为州，所辖天山县县治仍在净州故城。金朝末年，蒙古族日渐强大，金“章宗璟又以为患，乃筑新长城，在净州之北”③。当时驻牧于阴山以北的汪古部是金的臣民，专门为金守卫界壕，抵御蒙古军的南下。他们守卫的金界壕即现今净州路古城北八十里的四子王旗至达茂旗的一段“新长城”。又元代文人陈旅曾言道：“天山以北，皋陆衍迤，联亘大漠，赵王之封国在焉。”④可证在元代，阴山以北广大地区属于汪古部赵王的封地。赵氏汪古世袭赵王封号，世代为成吉思汗家族的驸马。同时，净州路还是元代上都通往漠北草原鄂尔浑河畔哈拉和林的三条重要通道之一。由此可见，自金、元以来，这座城市在政治、经济、军事、交通、商贸等方面，在汪古都占有重要地位。

此次调查，我们在前人工作的基础上，对古城的范围进行了较为详细的实测，并对古城的保存现状做了全面调查。实测中，对城内地表暴露的遗物进行了采集。古城内暴露有数量较多的建筑材料和琉璃构件及钧窑、龙泉窑等名窑瓷器。这是当时古城建筑规模较大、商业兴隆、交通运输发达的物证。特别是从城内采集的瓷器的墨书姓氏题款中，既有常见的汉族姓氏和汉名，也有“官”字款和字号印证，有些名字则明显为少数民族所有。这些资料为研究当时净州路城内的居民结构提供了较好的实物资料。

（二）关于墓葬年代

城卜子墓地因破坏严重，所清理的32座墓均分布在盗掘区域内，加之早期被盗所占比例较大，所以给我们对整个墓地的总体研究带来了一定的困难。此次发掘，墓内出土遗物虽不甚丰富，但仍具有较为明显的时代特征。

从墓葬出土和采集的随葬品来看，A型牛腿瓶与1958年出土于元代集宁路的葡萄酒瓶完全一致⑤，B型瓷罐和A型直壁罐的同类器物分别在凉城县后德胜元代墓地⑥、多伦县钻子山元代墓

① 郑隆：《元代净州路故城》，载内蒙古文物工作队编《内蒙古文物资料选辑》，呼和浩特：内蒙古人民出版社，1964年。

② 脱脱等撰：《金史》卷二十四《志第五·地理上》，北京：中华书局，1975年，第566页。

③ 王国维笺证：《蒙鞑备录笺证·征伐》，北京：文殿阁书庄，1936年，第34页。

④ 陈旅：《安雅堂集》卷四《赠沙井徐判官诗序》，台北：“中央图书馆”，1970年，第161页。

⑤ 内蒙古自治区文物工作队：《乌兰察布盟察右前旗古墓清理记》，《文物》1961年第9期。

⑥ 内蒙古自治区文化厅文物处、乌兰察布盟文物工作站：《内蒙古凉城县后德胜元墓清理简报》，《文物》1994年第10期。

地[①]和元代集宁路古城[②]中出土，木梳在浙江省海宁县元代贾椿墓[③]内有形制完全一样者；墓葬出土品最具特征的顾姑冠在四子王旗潮洛温克钦金代墓地[④]、王墓梁耶律氏家族陵园[⑤]、砂井总管府故城附近墓群[⑥]等墓葬中有出土；桦树皮鞋垫也可见于达茂旗阿伦苏木古城东北墓群[⑦]和王墓梁耶律氏家族陵园；M9出土的瑞兽镜在甘肃省漳县汪世显家族墓葬[⑧]中有完全相同者出土，人物故事镜和花草镜也是元代常见的镜类之一；铁车輨在王墓梁耶律氏家族陵园、毕其格图好来墓地[⑨]有同类器出土；墓地出土较多的铜钗、铜簪和耳饰亦在潮洛温克钦墓地、元代集宁路墓地、王墓梁耶律氏陵园、砂井故城附近墓群、敖汉旗三家窑和太吉合窖藏[⑩]中有出土；铜佩饰的形制基本同于多伦砧子山元代墓地之银佩饰。

发掘的32座墓中，在Ⅰ区墓葬中共有4组叠压打破关系，即ⅠM4打破ⅠM5；ⅠM6、ⅠM7同时打破ⅠM4；ⅠM10打破ⅠM16，ⅠM16又打破ⅠM17；ⅠM12、ⅠM13同时打破ⅠM15，ⅠM13又被ⅠM11打破。这些叠压打破关系，表明墓葬应存在着时代的早晚。同时，在葬俗上，4座有生土二层台并在其上下铺盖木板的墓葬，除ⅠM3未被打破，ⅠM5、ⅠM13、ⅠM15均被其他墓葬所打破，在被打破的墓葬中仅ⅠM17有木棺。所以，这类流行生土二层台的墓葬在时代上应早于其他类型墓葬。在被打破墓葬中，除ⅠM3出土一带柄铜镜和少量的饰件及木梳，其他墓内均无任何随葬品。这类墓葬随葬品极少，是由于时代差异，还是因埋葬习俗造成的，还有待于今后的工作和深入研究来解决。

综上所述，城卜子古城附近墓葬应为与城卜子古城同时之元代墓葬，个别留有生土二层台墓葬的年代上限很可能早到金代。

（三）墓地相关问题的探讨

汪古部早在唐时就迁至内蒙古阴山以北地区，至金朝时，已是中国北方草原地区一个举足轻重的部落。在成吉思汗征服乃蛮部、南下灭金中，“忠武为向导，南出界垣”[⑪]，助蒙古灭金，特别是在成吉思汗南攻宋王朝中起了重要的作用。汪古部首领先后被封为北平王、高唐王、鄃王、赵王等并与元朝王室结为世代姻亲关系，成为元王朝显赫的部落之一。其领地有“砂井、集宁、净州、按答堡子四处，壬子年元籍爱不花驸马位下人户，揭照元籍，依旧开除”[⑫]，管理着内蒙古中部、阴山南北广大地区。

关于金元时期的汪古部遗存，主要是内蒙古文物考古研究所盖山林、田广金先生于20世纪70年

① 内蒙古文物考古研究所、锡林郭勒盟文物管理站、多伦县文物管理所：《元上都城南砧子山南区墓葬发掘报告》，载内蒙古文物考古研究所编《内蒙古文物考古文集（第一辑）》，北京：中国大百科全书出版社，1994年。

② 现藏于乌兰察布博物馆。

③ 海宁县博物馆：《浙江海宁元代贾椿墓》，《文物》1982年第2期。

④ 田广金：《四子王旗红格尔地区金代遗址和墓葬》，《内蒙古文物考古》1981年创刊号。

⑤ 盖山林：《阴山汪古》，呼和浩特：内蒙古人民出版社，1991年。

⑥ 盖山林：《阴山汪古》。

⑦ 盖山林：《阴山汪古》。

⑧ 甘肃省博物馆、漳县文化馆：《甘肃漳县元代汪世显家族墓葬》，《文物》1988年第2期。

⑨ 盖山林：《阴山汪古》。

⑩ 敖汉旗博物馆：《敖汉旗发现的元代金银器窖藏》，《内蒙古文物考古》1991年第1期。

⑪ 闫复：《驸马高唐忠献王碑》，载《元文类》卷二十三《碑文》，北京：商务印书馆，1958年，第295页。

⑫ 黄时鉴点校：《通制条格》卷二，杭州：浙江古籍出版社，1986年，第15页。

代对乌盟阴山地区的达茂旗、四子王旗和兴和县所进行的专门调查与研究，先后清理发掘了达茂旗毕其格图好来陵园、阿伦苏木古城东北墓群、木胡儿索卜嘎古城附近墓群、四子王旗王墓梁景教徒陵园、宫胡洞墓葬、潮洛温克钦墓葬、乌兰胡洞墓群和兴和县五甲地墓群①8处金元时期的汪古部墓葬。其墓内出土的有民族特点的顾故冠、桦树皮鞋垫在城卜子墓葬中均有出土，故这次清理的墓葬亦应为汪古部之墓葬遗存。

城卜子古城城外墓葬，作为汪古部遗存，与上述墓地仍存在一定的差异。上述8处墓地在原地表或有景教墓石，或在地表用石块围成圆形和堆放乱石，而城卜子墓葬地表则无任何标志。从墓向（头向）来看，城卜子墓葬的墓向为基本南向的西南、东南等多种墓向，而其余墓葬皆为西北向。在墓室结构方面，土坑竖穴墓留生土二层台的形制仅有王墓梁景教陵园墓葬中的M18一例。这里屈肢葬的比例也大于有屈肢葬的王墓梁景教陵园和潮洛温克钦墓葬。此外，在城卜子墓地还发现3例头枕荞麦皮枕头和3例头裹丝织品及棺内外置骨灰或同穴合葬等葬俗。从ⅡM10同穴合葬墓中残留的尸骨判定，应为男女合葬（即夫妻合葬）；在棺外放置骨灰盒或在棺内放骨灰的现象，应是在二次迁葬时，将先下葬的尸骨烧过后再合葬的一种丧葬习俗；头枕荞麦皮枕头或用丝织品包裹头部及有耳饰、顾姑冠者均为女性墓葬。

通过上述比较，可以看出城卜子墓葬与内蒙古中部阴山南北地区目前发现的同时期汪古部墓葬在文化面貌上基本一致，应为金元时期汪古部之遗存，但在墓葬形制、葬俗、随葬品方面存在着一定的差异。从文献记载来看，汪古部分为赵王家族、马氏汪古、赵氏汪古和耶律氏汪古四大系统。其中的马氏汪古，据黄溍《马氏世谱》载："马氏之先，出西域聂思脱里贵族。始来中国者和录罙思，生而先近，有识量，慨然以功业自期。……和录罙思生帖木尔越歌，以军功累官马步军指挥使。为政廉平而有威望，人不敢斥其名，惟称马元帅，固以为氏。"②可知马氏极可能是生于中亚一带的突厥语族的回纥-维吾尔族。《马氏世谱》又载："帖木尔越歌生伯索麻也里束，年十四而辽亡，失父母所在，为金兵所掠，迁入辽东，久乃放还，居静州之天山，沥血求父母不得，遂隐居不出，业耕稼畜牧，赀钜万。"马氏汪古在辽亡时，被金强迁往辽东。金天会二年（1124年）在其首领伯索麻也里束带领下，举族迁至阴山以北净州天山县驻牧，其后世居净州路达300多年。因此，城卜子墓葬很可能是马氏汪古在居净州天山县时留下的遗存。

本次发掘由魏坚主持。参加发掘工作的有李兴盛、谢寒光、任建功、张太平、杨春文、王庆华、王灯良等。发掘工作得到四子王旗政府、旗委宣传部、公安局的大力支持，在此谨表谢意。

执笔：魏坚、李兴盛、谢寒光
绘图：田丽、郝晓菲

载于内蒙古文物考古研究所编：《内蒙古文物考古文集（第二辑）》，
北京：中国大百科全书出版社，1997年

① 盖山林：《兴和县五甲地古墓》，《内蒙古文物考古》1984年总第3期。
② 黄溍：《金华黄先生文集》第四十三卷《世谱·马氏世谱》，四部丛刊初编本。

乌兰察布市凉城县大忻州夭遗址发掘简报

内蒙古自治区文物考古研究所　乌兰察布市博物馆　凉城县文物保护管理所

为了配合国家重点项目丰准铁路复线的建设，2009年7—9月，由内蒙古文物考古研究所主持，乌兰察布博物馆、凉城县文管所配合，对凉城县大忻州夭遗址进行了抢救性考古发掘。现将发掘结果简报如下。

一、地理位置

大忻州夭遗址位于凉城县永兴镇大忻州夭村北50米处，坐落于凉城县境内蛮汉山南部的缓坡丘陵地带。其西北距永兴镇10千米，东北距岱海镇16千米。丰（镇）准（格尔旗）铁路东西向横贯遗址中部（图一）。遗址地表略显南高北低之势。由于此次发掘仅限于施工范围之内，故布10米×10米探方6个，发掘面积600平方米，清理灰坑4个（图二）。

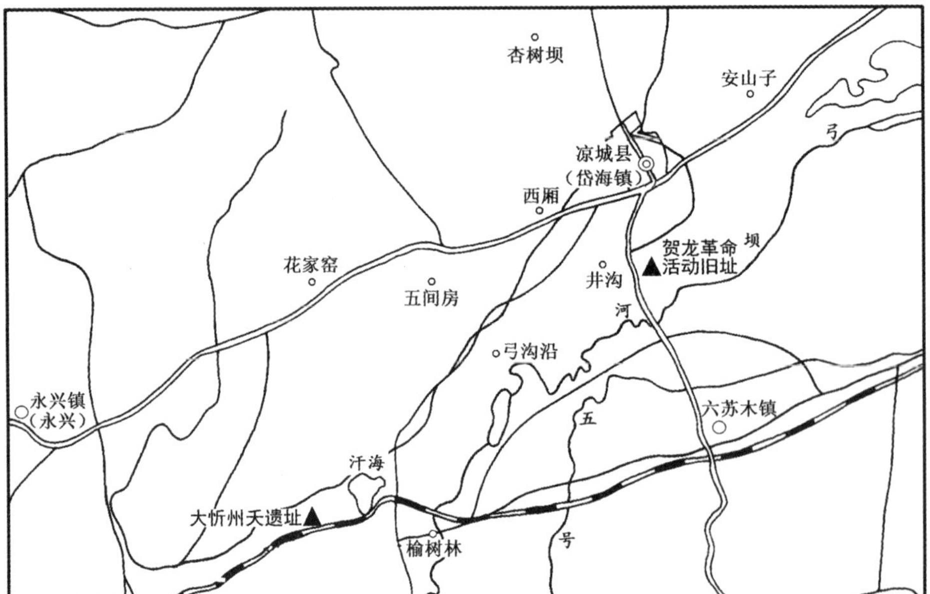

图一　大忻州夭遗址位置示意图

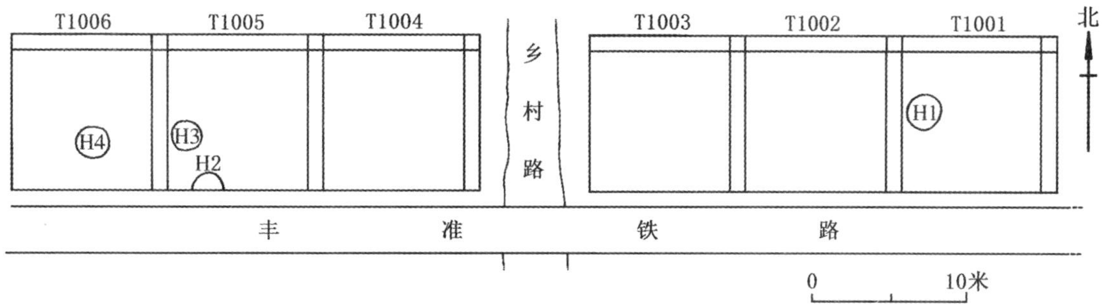

图一　大忻州夭遗址探方分布图

二、地层堆积

大忻州夭遗址保留地层单一，文化层较薄。根据土质、土色、包含物可分为两层。现以探方T1005北壁剖面为例（图三），介绍如下。

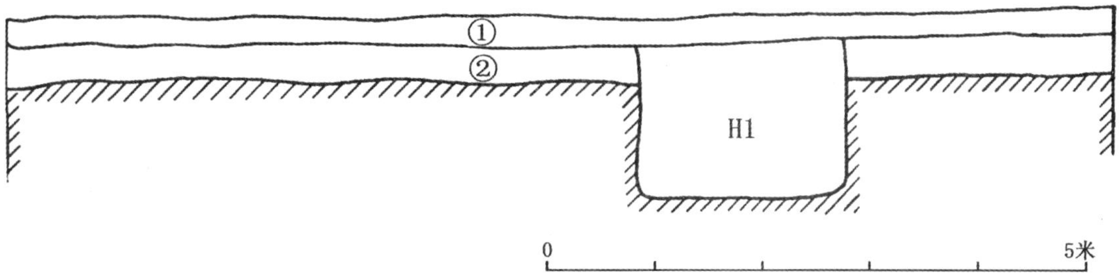

图三　T1005北壁剖面图

第①层　耕土层，厚20～25厘米，黄色砂性土，土质疏松，内含有较多的植物根茎和少量的陶瓷器残片。灰坑皆开口于该层下。

第②层　文化层，厚30～40厘米，黄褐色土，土质紧密，出土较多的陶瓷器残片，器型有盆、罐和碗。

第②层以下为生土层。

三、遗迹

遗址内暴露遗迹单一，共发现灰坑4个，均开口于第①层下，现介绍如下。

H1　平面呈圆形，直壁，平底。坑壁、坑底加工规整。直径200厘米，深140厘米（图四）。坑内填土呈深灰色，出土少量的陶瓷器残片，可辨器型有盆、罐。

H2　未完整揭露。平面呈圆形，直壁，平底。坑壁、坑底加工规整。直径180厘米，深110厘米（图五）。坑内填土呈黑灰色，包含有石块和少量的动物骨骼以及红烧土块和炭屑等。出土少量的陶瓷器残片，可辨器型有盆、碗。

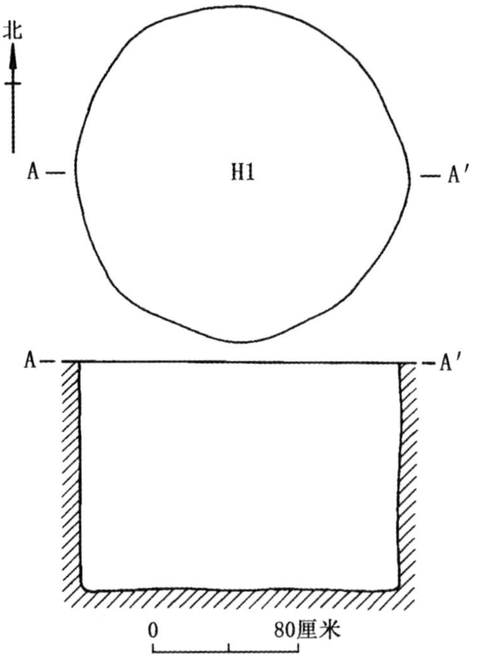

图四　H1平、剖面图

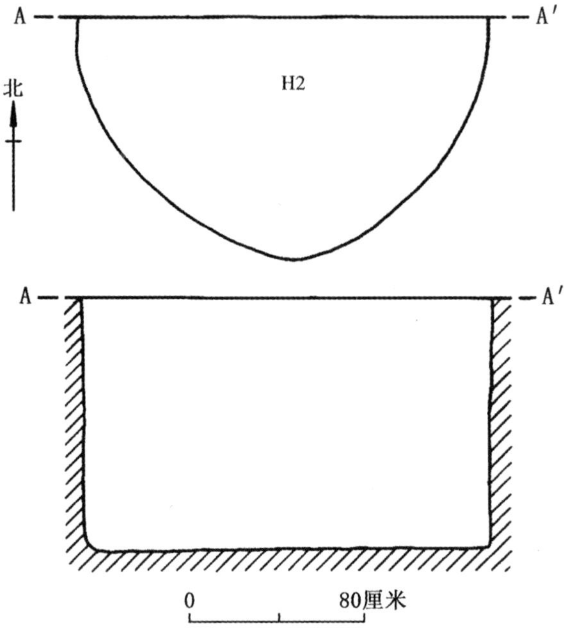

图五　H2平、剖面图

H3　平面呈圆形，直壁，平底。坑壁、坑底加工规整。直径170厘米，深120厘米（图六）。坑内填土呈深灰色，包含有少量的植物根须。出土少量的陶瓷器残片，可辨器型有盆、罐。

H4　平面呈圆形，直壁，平底。坑壁、坑底加工规整。直径180厘米，深120厘米（图七）。坑内填土呈深灰色，包含有少量的石块和红烧土块。出土少量的陶瓷器残片，可辨器型有盆、罐。

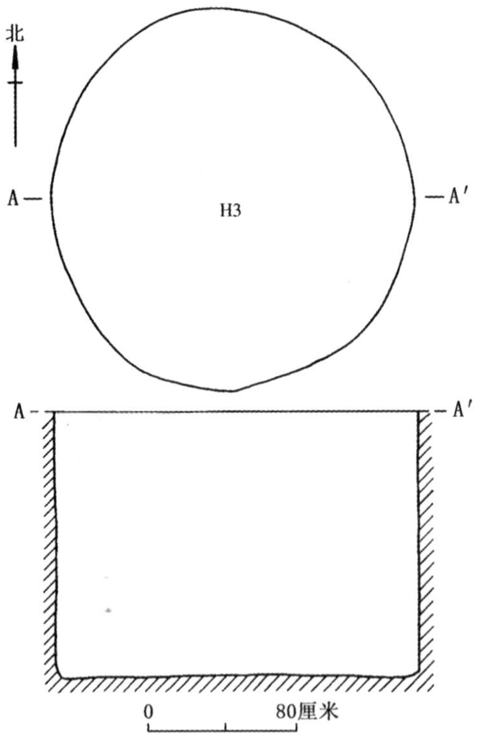

图六　H3平、剖面图

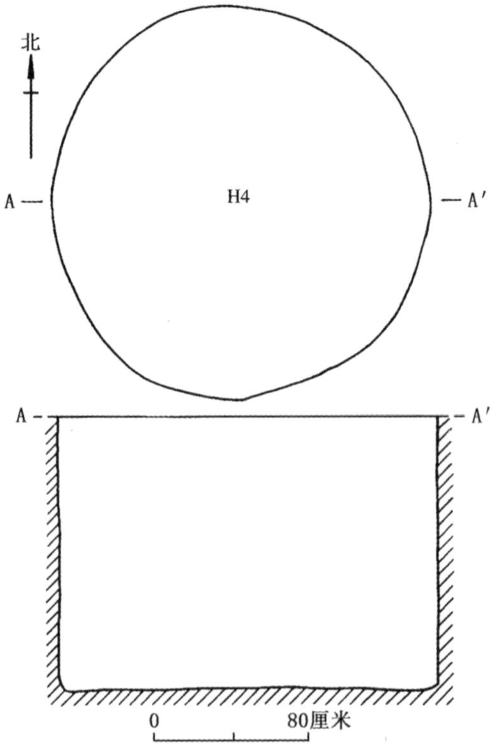

图七　H4平、剖面图

四、遗物

从遗址的发掘情况来看，遗址中出土器物的种类单一，出土物皆为陶器和瓷器的残片。

（一）陶器

遗址中陶器出土数量较少，皆为泥质灰陶。纹饰以横向压光纹饰为主，夹杂着少量的凹弦纹和几何形纹。均为轮制。可辨器型有罐、盆等。

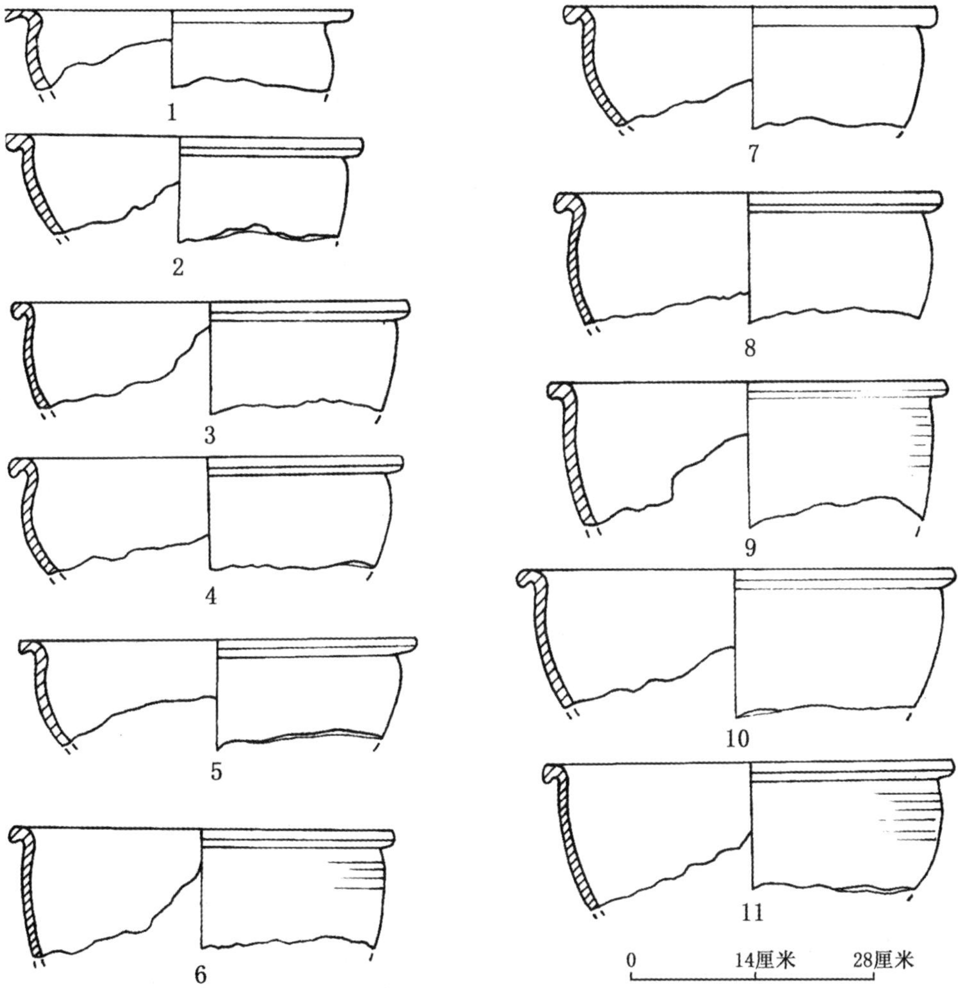

1～11.盆（T1001②：4、H2：3、H4：5、H3：4、T1004②：3、T1005②：2、H2：4、H4：4、T1001②：4、T1001②：3、H4：3）

图八　陶器

盆　均为器物口沿残片，无完整器。纹饰多为横向压光纹，同时出有一定数量的几何形纹饰。T1001②：4，直口，微敞，方圆唇，平沿。内壁饰横向压光纹。口径44.8厘米（图八，1）。H2：3，敞口，方圆唇，平折沿。斜腹，内壁饰横向压印几何形纹。口径39.2厘米（图八，2）。H4：

5，直口，圆唇，卷沿。外壁饰横向凹弦纹数周。口径44.1厘米（图八，3）。H3：4，直口微敛，圆唇外卷。弧形腹。素面。口径43.4厘米（图八，4）。T1004②：3，侈口，圆唇，平沿。内壁饰横向压光纹。口径44.1.厘米（图八，5）。T1005②：2，直口，圆唇外卷。内壁饰横向压光纹。口径42.7厘米（图八，6）。H2：4，直口，方圆唇，平沿。内壁饰横向压印几何形纹。口径42厘米（图八，7）。H4：4，敛口，方圆唇。素面。口径43.2厘米（图八，8）。T1001②：4，直口微敛，平沿，方圆唇。外壁饰横向凹弦纹，口径39.2厘米（图八，9）。T1001②：3，直口，平折沿，圆唇外卷，口径49.7厘米（图八，10）。H4：3，侈口，圆唇外卷。腹部弧形内收。外壁饰横向凹弦纹。口径46.2厘米（图八，11）。H3：5，敞口，圆唇外卷，外壁饰横向凹弦纹。口径32.3厘米（图九，1）。Hl：3，敛口，圆唇，素面。口径35厘米（图九，2），T1006②：5，敛口，尖圆唇，折腹外壁饰横向凹弦纹（图九，4）。T1006②：4，直口微敛，方圆唇，折沿。内壁饰横施向压光纹，外壁饰凹弦纹数周。口径50.4厘米（图九，6）。T1004②：4，直口微敛，平折沿，方唇，唇下突起（图九，7）。

罐　均为器物口沿残片，无完整器。多为素面。T1001②：2，敛口，圆唇，矮领。口径20.3厘米（图九，3）。Tl003②：4，敛口，圆唇外卷，素面。口径46.6厘米（图九，5）。

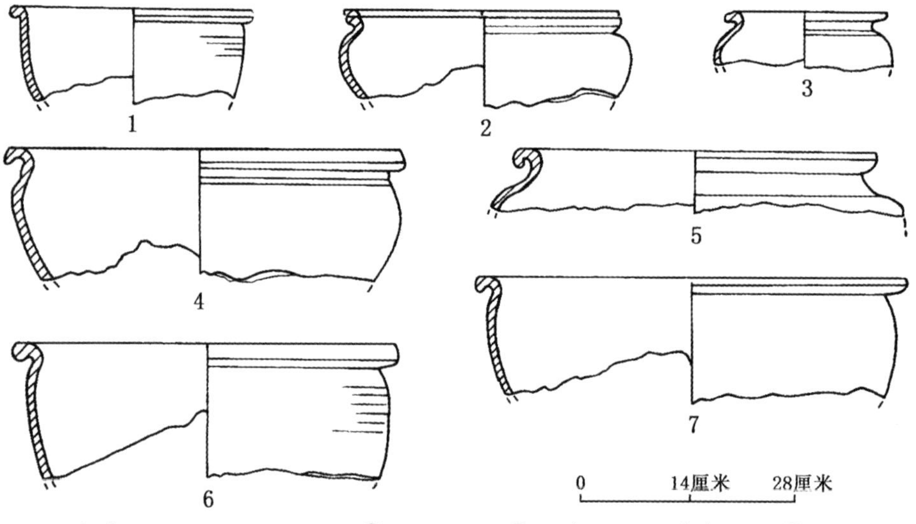

1、2、4、6、7.盆（H3：5、H1：3、T1006②：5、T1006②：4）　3、5.罐（T1001②：2、T1003②：4）

图九　陶器

（二）瓷器

遗址中出土瓷器数量较少且皆为器物残片，无完整器。器物胎质粗糙，釉色以灰白为主，黑釉和酱釉次之，同时夹杂有极少量的白釉黑花。可辨器型有碗、盆、罐和器盖。

碗　出土数量较少，胎质灰白，均残，不可复原。均为底部残片。T1004②：2，仅存器底，圈足。施白釉。底径7.8厘米（图十，1）。T1006②：1，口部及腹部均残，不可复原。施白釉。底径7.5厘米（图十，2）。T1006②：2，口部及腹部均残，不可复原。施白釉。底径6.6厘米（图十，3）。H2：2，口部及腹部均皆残，圈足较高大。底径8.4厘米（图十，4）。T1005②：1，口部及腹部均残，不可复原。圈足，底部内凹，内底有支钉痕迹。底径6.9厘米（图十，5）。T1001②：1，口部及腹部均残，假圈足。底径6.6厘米（图十，6）。

T1003②：2，口部及腹部均残。不可复原。底部圈足高大且厚重。器物内外壁施白釉，外壁近底部脱釉。底径9厘米（图十，7）。

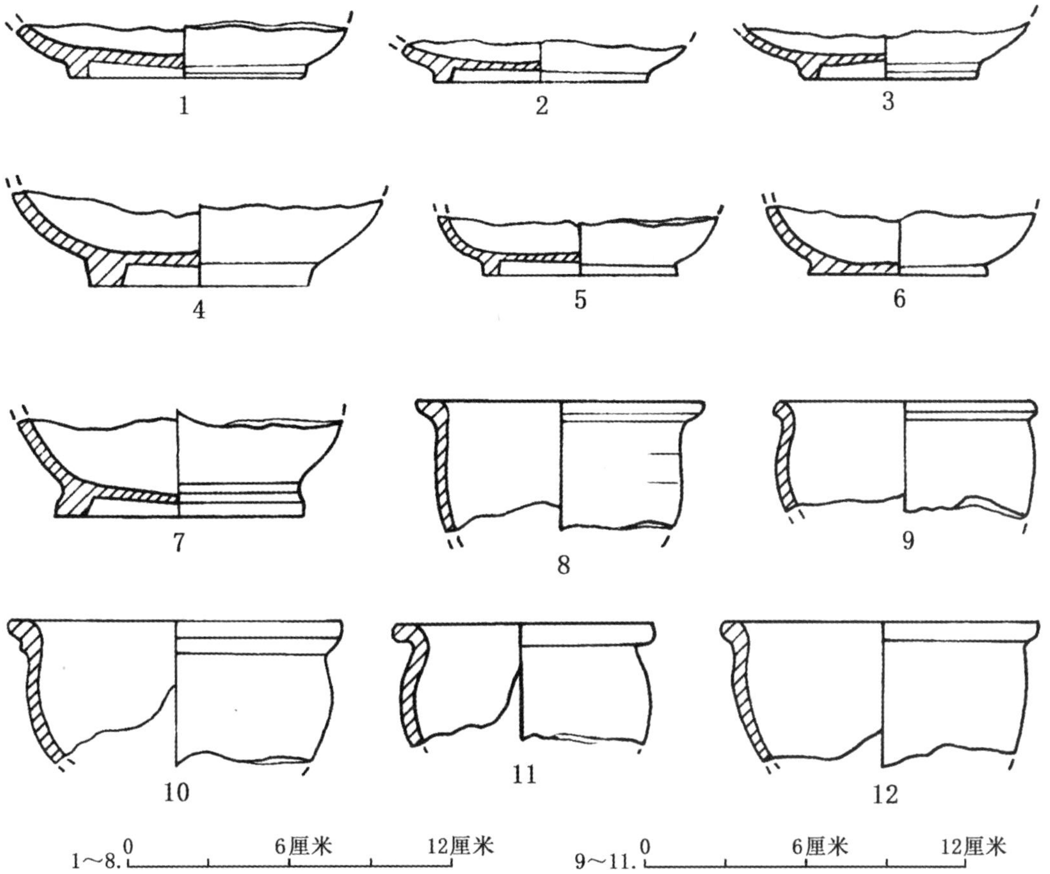

1～7.碗（T1004②：2、T1006②：1、T1006②：2、H2：2、T1005②：1、T1001②：1、T1003②：2） 8～12.盆（H1：1、H4：1、H3：3、H2：1、H3：2）

图十 瓷器

盆 采集标本均为器物口部残片。胎质呈灰白色，器物内外壁施白釉或黑釉。Hl：l，直口，平沿，圆唇，直腹。内外壁施白釉。口径23.8厘米（图十，8）。H4：1，侈口，尖圆唇，唇外侧突起。施白釉（图十，9）。H3：3，直口微侈，圆唇，平沿。外壁饰突棱1周，黑釉。口径28厘米（图十，10）。H2：1，敛口，圆唇，弧沿，鼓腹。内外壁施白釉。下部残。口径21.7厘米（图十，11）。H3：2，直口，圆唇，弧沿，弧腹。黑釉。下部残（图十，12）。

罐 采集标本均为器物口部残片。胎质呈灰白色，有白釉、黑釉之别。T1002②：1，侈口，圆唇，平沿，矮领。外施酱色釉。刻花。口径13.8厘米（图十一，1）。T1003②：1，侈口，圆唇，溜肩。施白色釉。口径17.4厘米（图十一，2）。Hl：2，侈口，圆唇，矮领，双耳。施黑釉。口径12厘米（图十一，3）。H4：2，侈口，方圆唇，平沿，矮领，施黑釉（图十一，4）。T1004②：1，敛口，圆唇外卷。施白釉。口径2厘米（图十一，5）。H3：1，敛口，尖圆唇，唇外侧突起。施黑釉。口径16.5厘米（图十一，6）。T1002②：2，侈口，尖圆唇，溜肩。外壁饰灰白釉，肩上饰铁锈色条纹。口径5.8厘米（图十一，7）。

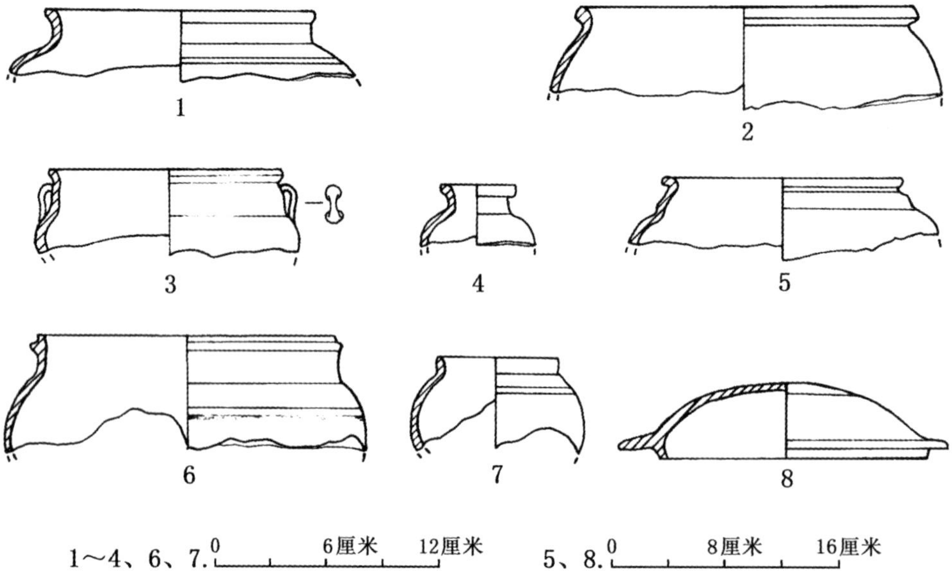

1～7.罐（T1002②：1、T1003②：1、H1：2、H4：2、T1004②：1、H3：1、T1002②：2） 8.器盖（T1003②：3）

图十一 瓷器

器盖 T1003②：3，灰白色胎质，外壁饰黄白釉，顶部呈拱形，下部折沿，呈子母口。直径22厘米，残高4厘米（图十一，8）。

五、结语

1990年，在配合丰（镇）准（格尔旗）铁路线工程项目中，内蒙古文物考古研究所对大忻州夭遗址进行了第一次抢救性考古发掘（报告未发表）。此次为配合丰（镇）准（格尔）铁路复线建设，对该遗址进行了第二次抢救性考古发掘。发掘结果表明，大忻州夭遗址文化性质单一，出土遗物少，器型组合较为简单。出土遗物多为内蒙古中南部地区元代遗址中常见的器型。其中大多数遗物与包头燕家梁遗址出土的元代遗物器物类似[①]。如陶盆（T1004②：4、H2：3、H3：4、T1004②：3、T1005②：2、H4：4、H4：3）分别与包头市燕家梁遗址中D型折沿盆（G2：8）、C型卷沿盆（H383：10）、A型折沿盆（H291：14）、E型卷沿盆（T0635②：1）、D型折沿盆（T2519②：20）、C型折沿盆（H383：10）、E型卷沿盆（T1925②：1）相同，瓷盆（H1：1、H4：1、H3：3）分别与燕家梁遗址中的D型盆（T2717②：20）、F型钵（T2029④：38）、D型折沿盆（T2717②：20）相近，瓷罐（T1003②：1、H1：2、T1002②：2）又与燕家梁遗址中F型瓮（T0536②：6）、E型双系鼓腹罐（H417：1）A型直口罐（T1131②：5）相同，器盖（T1003②：3）也同燕家梁遗址中H型（T1230③：5）器盖相同。于此，我们推断，凉城县大忻州夭遗址应为元代的村落遗址。该遗址的发掘，为研究岱海地区的元代时期生产、生活情况提供

① 塔拉、张海斌、张红星主编，内蒙古自治区文物考古研究所、包头市文物管理处编著：《包头燕家梁遗址发掘报告》，北京：科学出版社，2010年。

了一定的实物资料。

附记：本次发掘工作项目负责包青川，执行领队胡晓农，参加发掘的有方宏明、任喜贵、李川、胡晓农、赵杰、火山柱等。绘图栗媛君。在该遗址的发掘过程中，得到了凉城县文化局的大力支持。资料整理和简报编写工作在胡晓农同志的指导下完成。在此表示感谢！

执笔：赵杰

载于《内蒙古文物考古》2014年第2期

集宁市榆树湾辽金遗址发掘简报

乌兰察布博物馆

榆树湾遗址位于集宁市南约4千米榆树湾村东驻军某部的营区内。遗址北依山丘，东、南、西三面地势平坦，视野开阔，西约300米处是南北走向的集（宁）大（同）公路。遗址北高南低，东西宽约100米，南北长约200米（图一）。

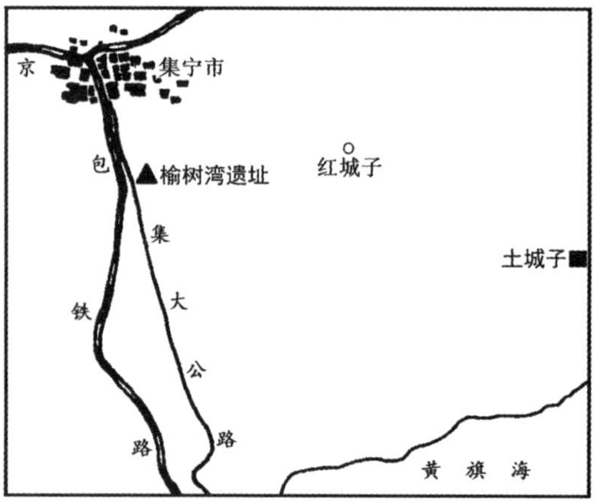

图一　榆树湾遗址位置示意图

1996年5月，驻军在营区内建房时发现数件文物并报告乌兰察布博物馆。我馆即派员前往调查，同时经内蒙古文物考古研究所专家的实地考察，确认该处为一辽金时代村落遗址，具有一定的考古价值。随后，我馆派人对遗址部分区域进行抢救性发掘（遗址编号为96JY）。共分3个小型发掘区，发掘面积约17平方米，清理灰坑8个，出土了一定数量的遗物。现将这次发掘情况简报如下。

一、地层堆积

榆树湾遗址的文化堆积较为丰富，共分3层。现以T2西壁剖面图为例说明如下（图二，1）：

第一层　修整营区的填土层。土色棕黄，土质坚硬，厚20～30厘米。

第二层　耕土层。土色发黄，土质较硬，厚15～20厘米。

第三层　土色发灰，土质松软且细，内含有陶片、瓷片、古钱币、铁器、人骨及动物骨骼等。深40～45厘米，厚20～50厘米。H2、H3开口于此层下。此层以下为生土层。

二、遗迹

遗址内清理出的遗迹均为灰坑，其平面多为圆形，个别的为不规则形。现以H4、H6为例说明。

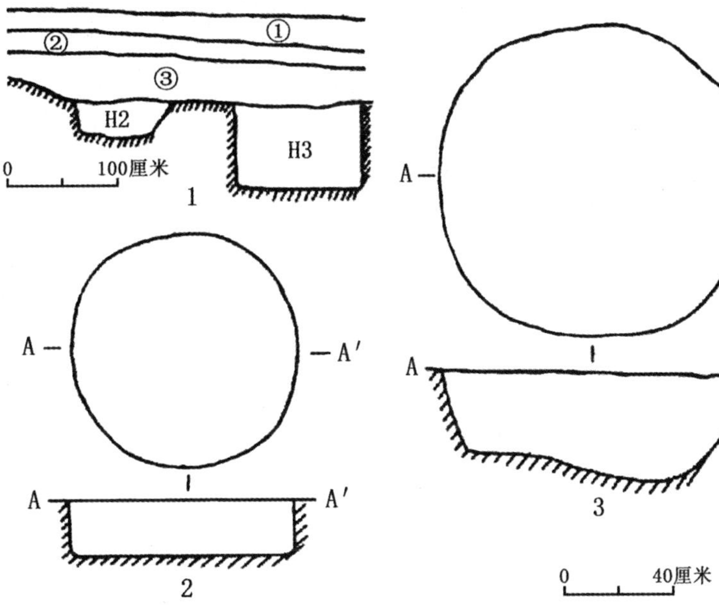

1.T2西壁剖面图　2、3.H4、H6平、剖面图

图二　T2西壁剖面图，H4、H6平、剖面图

H4开口于第三层下。平面呈圆形，坑壁垂直，坑底平整。坑内填土呈黑灰色，土质疏松，出有陶片、瓷片和动物骨骼。直径88厘米，深20厘米（图二，2）。

H6开口于第三层下，平面呈圆形，坑壁斜内收，坑底不太平整。坑内土质疏松，呈黑灰色，出有陶片、瓷片和动物骨骼。直径114厘米，深30～40厘米（图二，3）。

三、遗物

遗址内出土的遗物较丰富，主要有陶器、瓷器，此外还有少量的古钱币、铁器、石器等。现分别介绍。

（一）陶器

陶器以泥质灰陶为主，砂质陶较少。制法皆为轮制，火候普遍较高，质地坚硬，只有极少数火候较低，有夹生现象。纹饰以素面、横向压光为主，多见于瓮、罐的外壁或盆的内壁；个别的为纵向“之”字纹压光，多见于罐的颈部。篦点纹次之，多见于器物的腹部及底部。此外还有少量的绞索状附加堆纹和几何形印纹陶（图三）。器型有瓮、盆、锅、纺轮等。

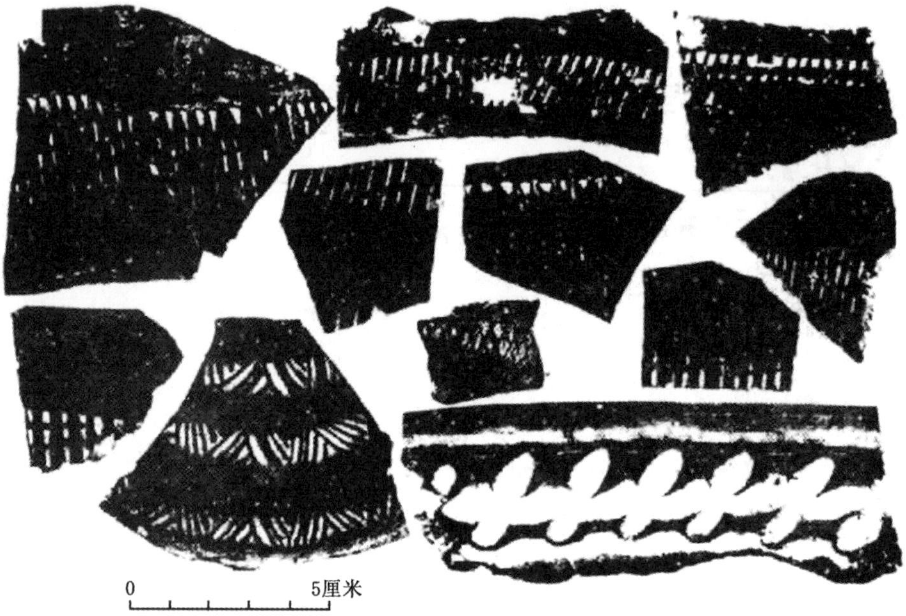

图三　陶器纹饰拓本

瓮　标本T3③：1，敛口，圆唇，短颈，口内侧饰1周凹槽，底部残。泥质灰陶，口部及外壁横向压光。轮制。口径24厘米（图四，17）。

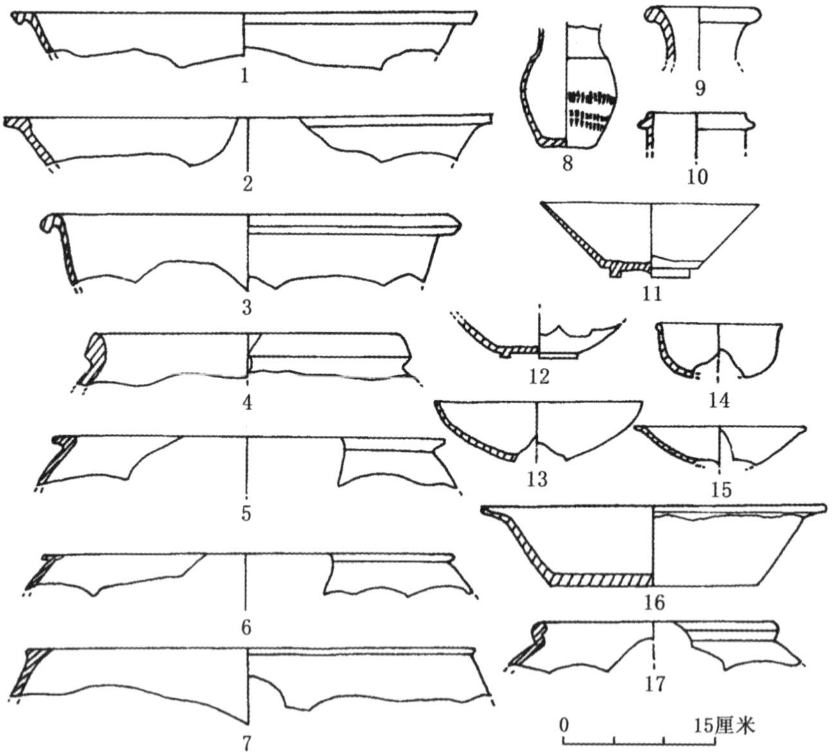

1～3.A～C型陶盆（T2③：2、1，H1：1）　4、17.瓮（T1③：1、T3③：1）　5.B型瓷罐（H6：2）　6、7.锅（H1：4、T2③：3）　8～10.A～C型陶罐（T3③：2、H4：1、H7：1）　11～14.A～D型瓷碗（T2③：6、T3③：4、H6：1、H1：2）　15.瓷盘（T3③：3）　16.瓷盆（H4：2）

图四　陶瓷器

罐　均为泥质灰陶，轮制。分3型。

A型：标本T3③：2，口部残，长圆腹，平底内凹。上腹饰横向压光纹，下腹饰篦点纹。纹饰呈带状，沿腹表向上，转到腹部逐渐汇合，不甚规整。底径5厘米（图四，8）。

B型：标本H4：1，直口微向外侈，圆唇外卷，高领，下部残。口径10厘米（图四，9）。

C型：标本H7：1，直口微侈，圆唇，唇外侧起1周凸棱，呈子母口状，下部残。口径10厘米（图四，10）。

盆　均为泥质灰陶，轮制。口部及内壁饰横向压光纹，个别的内壁饰几何形压印纹。分3型。

A型：标本T2③：2，敞口，方唇，平折沿，沿下起凸棱，腹壁较直，底部残。口径48厘米（图四，1）。

B型：标本T2③：1，敞口，方唇，平沿，沿面内侧饰1周凹弦纹，内壁近口部饰1周凸棱。腹壁较直。口径50厘米（图四，2）。

C型：标本Hl：1，敞口，圆唇外卷，腹壁略有弧度。口径40厘米（图四，3）。

锅　均为砂质灰陶，胎壁由上至下渐薄。标本T2③：3，敛口，尖圆唇，平沿，口外侧起1周凸棱。口径46.5厘米（图四，7）。

纺轮　标本T3③：5，平面呈圆形，中间有一孔。泥质灰陶，火候较低，质地疏松。直径5.2厘米。

（二）瓷器

瓷器多数胎质略粗，少量胎质较细。釉色以白色釉为主，黑色釉次之，另有少量茶绿色釉、豆青釉等。装饰手法有黑釉剔花、白釉印花等。印花图案多为缠枝花草纹。此外在少数碗底有墨书字款（图六，4）。器型以碗、盘为主，另外有少量的瓮、罐、盆、器盖、牛腿瓶等。

瓮　标本T1③：1，直口，圆唇，小领。胎质略粗，内外壁皆施茶绿色釉，口部脱釉。口径32厘米（图四，4）。

罐　分3型。

A型：标本T2③：5，敛口，尖圆唇外卷，弧腹，下腹残。胎质略粗，内外壁皆施白釉，口径8.5厘米。

B型：标本H6：2，敛口，尖圆唇，平沿，收颈，弧腹。胎质略粗，内壁施青釉，外壁施白釉。口径40厘米（图四，5）。

C型：标本H4：3，口部及下腹残。在罐的肩部有一条状小耳与领部相接。胎质略粗，外壁施青釉，内壁施酱色釉。

盆，标本H4：2，敞口，平折沿，沿面边缘处凸起，腹部略有弧度，平底。外壁脱釉，内壁施白釉。口径36厘米，高16.5厘米，底径21.5厘米（图四，16）。

盘　标本T3③：3，敞口，尖圆唇，弧腹，底部残。胎质较细，内外壁均施白釉，外壁近底脱釉。口径17.5厘米（图四，15）。

碗　胎质略粗，内外壁均施白釉，多数近底脱釉。内底均有火烧痕迹。分4型。

A型：标本T2③：6，敞口，尖圆唇，腹壁较直，近底做折角，圈足。口径22.5厘米，高15厘米，底径8厘米（图四，11）。

B型：标本T3③：4，口部残，弧腹，近底外壁呈弧形，内壁呈折角，圈足。底径8厘米（图四，12）。

C型：标本H6：1，直口微侈，尖圆唇，上腹弧度较大，下腹急收于底。口径21厘米（图四，13）。

D型：标本Hl：2，直口微侈，尖圆唇，弧腹，内底饰1周凹弦纹。口径13厘米（图四，14）。

另外在遗址中还出有少量的花口碗或盘的残片。

牛腿瓶　标本T2③：7，上部残。高圈足，内外壁均施酱色釉，底部脱釉。底径8厘米。

（三）钱币

钱币共出土4枚，其中唐代“开元通宝”1枚，北宋“景德元宝”1枚、“祥符元宝”1枚、“元丰通宝”各1枚（图五）。

图五　铜钱拓本

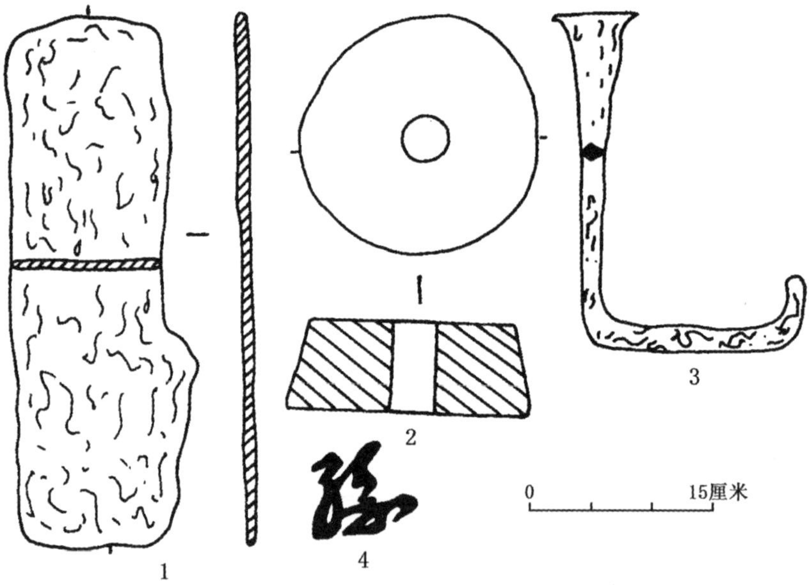

1.铁饰片（H1：5）　2.石纺轮（T1③：6）　3.铁钉（H1：3）　4.瓷器墨书字款

图六　石器和铁器

（四）铁器

铁器有钉、锅、饰片等。

钉　标本Hl：6，锈蚀严重。钉头扁平，钉身为四棱体，端处较细，弯曲呈“L”形。长9.4厘米（图六，3）。

锅　标本Hl：4，敛口，平沿，尖圆唇，沿外侧起1周凸棱，弧腹。口径42厘米（图四，6）。

饰片　标本Hl：5，锈蚀严重，呈片状。长8.8厘米，宽2.1厘米，厚0.2厘米（图六，1）。

（五）石器

纺轮　标本T1③：6，平面呈圆形，剖面呈梯形，中间有一孔。直径3.4厘米，孔径0.7厘米，厚1.5厘米（图六，2）。

四、小结

榆树湾遗址面积较大。从小规模清理的发掘情况来看，遗址中各种遗迹、遗物较为丰富。因破坏十分严重，本次发掘又属抢救性发掘，故很难揭示该遗址的全貌。

遗址中出土的遗物虽然不是很多，但其时代特征还是比较明显的。遗址中出土的B型陶罐与巴林右旗罕山辽墓中出土的Ⅰ式小口罐相同[①]；砂质锅同和林格尔县前瓦窑沟遗址出土的A型锅相近[②]；A型瓷罐与叶茂合辽墓出土的大口罐相似[③]；C型瓷碗与昭乌达盟（今赤峰市）辽尚暐符墓出土的白瓷残腹大碗形制、大小基本相同[④]；A型瓷碗与北京昌平陈庄辽代墓葬中出土的白瓷碗相同[⑤]，并且在和林格尔县前瓦窑沟辽、金时代遗址早期地层中也有同类器型出土[⑥]；D型碗分别与和林格尔县前瓦窑沟遗址中出土的C型碗[⑦]、察右后旗石门口金代遗址中出土的Ⅲ式碗完全相同[⑧]；瓷盆与黑龙江省阿城市双城村金代墓葬中出的葵花形铜洗相似[⑨]。遗址中出土的钱币，时代最晚的为北宋神宗年间的“元丰通宝”（1078—1085年）。另外，在遗址中还出有一定数量的篦点纹陶器及残片。篦点纹虽说在辽代极为盛行，并且具有较强的时代特征，但从近年的考古发现来看，在金代早期也曾使用，如黑龙江省阿城市双城村金代早期墓葬中就出有较多的篦点纹陶器[⑩]。综上所述，我们初步认为榆树湾遗址为辽、金时期的村落遗址，其上限为辽代晚期，下限可至金代早期。

集宁地区在辽代属西京道，金代为西京路抚州集宁县所辖。遗址东南约21千米处的土城子古城即为金代集宁县旧址，元代升为集宁路。通过榆树湾遗址的发掘，为我们认识乌盟地区辽、金时代

① 内蒙古自治区文物工作队、巴林右旗文物馆：《内蒙古巴林右旗罕山辽代祭祀遗址发掘报告》，《考古》1988年第11期。

② 乌兰察布博物馆：《和林格尔县前瓦窑沟辽、金时代遗址》，载内蒙古文物考古研究所编《内蒙古文物考古文集（第一辑）》，北京：中国大百科全书出版社，1994年。

③ 冯永谦：《叶茂台辽墓出土的陶瓷器》，《文物》1975年第12期。

④ 郑隆：《昭乌达盟辽尚暐符墓清理简报》，《文物》1961年第9期。

⑤ 昌平县文物管理所：《北京昌平陈庄辽墓清理简报》，《文物》1993年第3期。

⑥ 乌兰察布博物馆：《和林格尔县前瓦窑沟辽、金时代遗址》，载内蒙古文物考古研究所编《内蒙古文物考古文集（第一辑）》。

⑦ 乌兰察布博物馆：《和林格尔县前瓦窑沟辽、金时代遗址》，载内蒙古文物考古研究所编《内蒙古文物考古文集（第一辑）》。

⑧ 乌兰察布博物馆：《察右后旗石门口金代遗址发掘简报》，载内蒙古文物考古研究所编《内蒙古文物考古文集（第一辑）》。

⑨ 闫景全：《黑龙江阿城市双城村金墓群出土文物整理报告》，《北方文物》1990年第2期。

⑩ 闫景全：《黑龙江阿城市双城村金墓群出土文物整理报告》，《北方文物》1990年第2期。

的遗存，研究这一时期的手工业及畜牧业等方面的发展提供了可靠的实物资料。

参加本次发掘工作的有李兴盛、崔利民、李恩瑞、赵杰。发掘工作得到驻地部队有关方面的大力支持，在此谨表谢意。

执笔：赵杰、李恩瑞、杨美枝
绘图：郝晓菲

载于《内蒙古文物考古》1997年第1期

“丰州之印”与“贞祐钞版”

富占军

“丰州之印”征集于内蒙古清水河县单台子，现藏乌盟文物站。印为铜质铸印，印面呈正方形，短矩形纽。印边长6.4厘米，厚1.05厘米，纽高2.08厘米，通高3.13厘米。印文为九叠篆书，阳文。印背右边刻有“丰州之印”四字（图一）；左边为“行陕西东部造”六字，印身左侧还刻有“正大三年十二月日”款，均为阴刻楷书。

图一　“丰州之印”印文

正大三年（1226年）为金哀宗完颜守绪执政时期。时值成吉思汗攻西夏，西夏国主李晛投降，七月成吉思汗病逝军中，战事相对平静。

金朝丰州由西京大同府管辖。但是，西京路于卫绍王完颜永济大安三年（1211年）已被蒙古军队占领。而“丰州之印”是正大三年由陕西东路制造的，也就是说该印是于西京路失陷以后制造的，说明正大年间丰州并未失陷，或者是丰州已由蒙古占领，而金朝只是由陕西东路施行“遥领”。

“金贞祐三年拾贯文交钞”铜版下部刻有“通行交钞内陕西东路许于中都、南京交钞库，京兆府、河中府、潞州省库倒换钱钞。攒司专副……”[①]。此版中之“陕西东路”与“丰州之印”刻款“陕西东部（路）”相同，说明两物同出于一处。

① 张文芳：《内蒙古博物馆藏“金贞祐三年拾贯文交钞”铜版考》，《内蒙古金融研究》2002年第S1期。

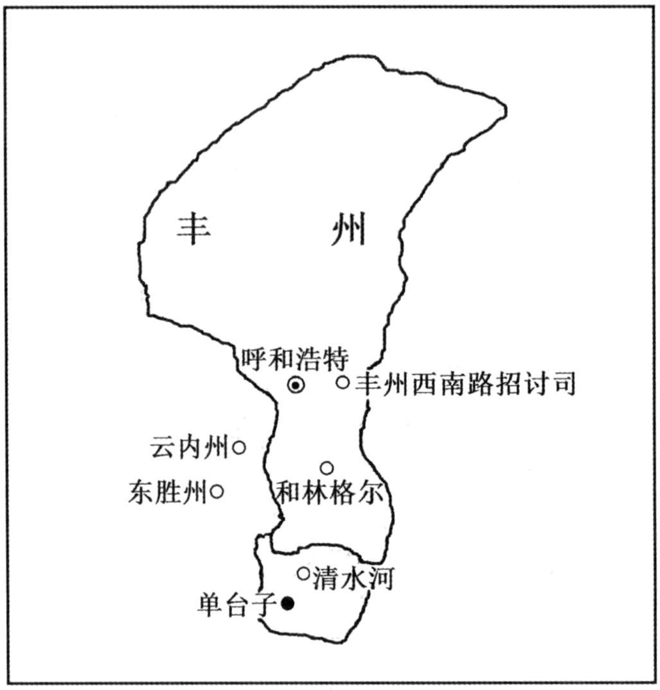

图二 金代丰州示意图

《金史·地理志》载："京兆府路……京兆府，……皇统二年置总管府，天德二年置陕西路统军司、陕西东线转运司。""平凉府，……后置陕西西路转运司，陕西东、西路提刑司。大定二十六年来属。"

从史料中看到，当时金朝在京兆府和平凉府确有"陕西东路"机构，这与官印和钞版的刻款是相符的。

史料表明，金朝丰州作为边陲军事重镇，曾设有"西南路招讨司隶属陕西统军司"即为此，当西京失陷，而由陕西东路管辖丰州则毋庸置疑。"丰州之印"就是很好的见证。那么"贞祐钞版"为何在丰州地区出现呢?

《金史·食货三·钱币》载："卫绍王继立，大安三年会河之役，至以八十四车为军赏，兵衄国残，不遑救弊……"可见金朝交钞贬值之甚、印刷之多。丰州既为边陲军事重镇，其军民当然不少，需要大量交钞作为军饷也是必然的。那么如果从陕西东路印制钞票，再运至千里以外的丰州则是不可想象的。如果把刻好的钞版拿到丰州印刷，然后就地发行，这当然是完全合理的。但关键问题是印刷钞票需要必备的环境及条件。丰州为金朝西南重要的经济文化中心，边疆商业贸易也比较发达，金朝在丰州设有榷场、冶炼场及各种作坊，再加上众多的军队，在这里设置印刷机构非他莫属。"贞祐钞版"在丰州古城一带出土也是有力的佐证。此物很可能就是城中之物，后由于战争流散于民间。

"丰州之印"与"贞祐钞版"两物证实了丰州在金末隶属陕西东路管辖的事实，也说明了丰州城内很可能曾印刷过交钞。

载于《内蒙古金融研究》2003年第S2期

卓资县大榆树乡出土窖藏钱币

赵　杰

1987年初，乌盟文物站、卓资县文管所在卓资县大榆树乡进行文物普查时，征集到一批窖藏钱币，这批钱币是南沟村一农民于1986年秋在村南的沟壁上发现的。据该农民讲，钱币当时装在一只灰色陶罐中，距地表深约50厘米，出土时陶罐已破碎。该钱币窖藏内藏有唐代至金代钱币925枚，重约6.5千克，现藏于卓资县文管所。现将这批窖藏钱币分述如下。

一、唐代钱币

"开元通宝"　65枚。隶书。文字精美清晰，"元"字第二笔左挑。均无背纹。直径2.5厘米。具有唐早期之特征（以下见图一）。

二、五代钱币

"唐国通宝"　2枚。平钱，篆书。宽郭，穿较小且规整。铸造精美。直径2.4厘米。

三、北宋钱币

"宋元通宝"　3枚。对读，隶书。宽郭。"元"第二笔左挑，与上述"开元通宝"相似。直径2.4厘米 。

"太平通宝"　42枚。平钱，面文正书对读，宽郭。直径2.4厘米。

"淳化元宝"　23枚。平钱，面文行书右旋读，宽郭。直径2.4厘米。

"至道元宝"　33枚。平钱，分正、草书。周郭均宽，铸造精美。直径2.5厘米

"咸平元宝"　36枚。周郭宽，面文正书，文字秀丽，右旋读。直径2.5厘米。

"景德元宝"　41枚。平钱，面文正书，右旋读，制作工整。直径2.5厘米。

"祥符元（通）宝"　74枚。宽郭，正书，右旋读。"元宝"字体较小，"通宝"字体较大。直径2.4～2.5厘米。

“天禧通宝”　29枚。平钱，面文正书，右旋读，宽郭。直径2.5厘米。

“天圣元宝”　52枚。平钱，面文正、篆书，穿较大。直径2.5厘米。

“明道元宝”　4枚。平钱，面文篆书，右旋读，穿较大。直径2.5厘米。

“景祐元宝”　20枚。平钱，面文正、篆书，篆书多宽郭，右旋读。直径2.6厘米。

“皇宋通宝”　107枚。平钱，有正、篆之别。篆书多宽郭，字体较小，制作精美。直径2.4厘米。

“至和元宝”　26枚。平钱，面文正、篆书。直径2.5厘米。

“嘉祐元（通）宝”　25枚。平钱，面文有正、篆书之别，阔穿。直径2.4厘米、2.6厘米。

“治平元（通）宝”　41枚。平钱，分正、篆书两种。“元宝”右旋读，其篆书又分两种。直径2.3～2.5厘米。

图一　钱币拓本

“熙宁元（重）宝”　56枚。有平钱、折二钱两种，正、篆书之别。“元宝”为平钱，“重宝”为折二钱，字体清晰，变化较大。平钱直径2.3～2.5厘米，折二钱直径3.0厘米（以下见图二）。

“元丰通宝”　115枚。有平钱、折二钱两种，分行、篆两书，皆右旋读，做工精细。

“元祐通宝”　52枚。平钱、折二钱皆有，行、篆两书，右旋读。平钱直径2.4厘米。

“绍圣元宝”　19枚。平钱，面文有行、篆之别，右旋读。直径2.5厘米。

图二　钱币拓本

“元符通宝”　32枚。平钱，面文分行、篆书，右旋读。直径2.5厘米。

“圣宋元宝”　15枚。折二钱，面文分行、篆书，右旋读。直径3.0厘米。

“大观通宝”　3枚。平钱，瘦金体，铸造精美。直径2.4厘米。

“政和通宝”　27枚。平钱，有正、篆之别，面文对读。直2.5厘米。

“宣和通宝”　11枚。平钱，正书，字体精美，做工精细。直径2.5厘米。

四、金代钱币

卓资县大榆树乡出土的这批窖藏钱币，时代最晚的是铸于金代海陵王完颜亮正隆年间（1156—

1161年）的“正隆元宝”，因此这批钱币的埋藏年代应为海陵王时期，该窖藏为金代窖藏。

金是由居于“白山黑水”间的女真贵族建立的政权。女真族在建国前尚处于原始社会末期，即氏族社会向阶级社会急剧变革时期，因而商品经济发展程度很低，基本上处于以物易物的低级阶段。1125年，宋许亢宗出使金上都时，呈现在眼前的仍是“无市井，买卖不用钱，惟以物相贸易”[①]的景象，说明在金建国前或建国后的一定时期内，以物易物是当地人民生活交换的主要手段。

据《金史》载：“金初用辽、宋旧钱，……遂制交钞，与钱并用。”[②]1125年，随着灭辽攻宋战争的节节胜利，金朝政治中心不断南移，在中原发达的商品经济影响下，辽、宋旧钱已远远不能满足需求，于是便采纳了“复钞引法”的建议，于贞元二年（1154年）开始发行纸币，之后于正隆二年（1157年）始议鼓铸。这一文献记载，现已为大量的考古发现所证实。

近年来，金代窖藏在乌盟境内时有发现。从已整理发表的文章来看，兴和县明胜村[③]、卓资县三道营[④]出土的窖藏钱币，皆为金代窖藏，其内藏钱币与卓资县大榆树乡出土钱币基本相同，即北宋钱币约占90%以上，其他历代货币只占不到10%。

造成金代窖藏钱币以北宋钱为主的因素是多方面的，究其主要因素，应该有以下几点：

第一，来源于辽对北宋连年争战、掠夺的结果。宋景德元年（1004年）“澶渊之盟”之后，宋每年要向辽输银10万两、绢20万匹。庆历二年（1042年），“宋岁增银、绢十万两、匹”[⑤]。在以后的100多年中，宋累计要向辽纳“岁币”1950万两、绢2320万匹。面对这沉重的“岁币”，宋很可能将大量的本国钱币作为赔款，代替一定数量的银、绢输入辽国，使辽国内“宋朝岁币山增而阜积”[⑥]。

第二，来源于北宋的府库。《宋史》载，宋靖康二年（1127年），金灭北宋，“索金银”“括金”后，“金人以帝（宋徽、钦二帝）及皇后、皇太子北归”，同时携带大量财物，致使“府库蓄积，为之一空”[⑦]。

第三，来源于双方的边境贸易。辽统和（983—1011 年）以后，市场交换大量使用北宋钱，特别是王安石解除钱禁之后，辽将本国内无穷的池盐、丰富的畜牧产品卖给中原，以换取他们所需的生活用品，从而造成“边关重车而出”，使大量的宋钱及前代货币流入辽国。

北宋钱不仅是辽国的主要货币，在金、元的商品流通中也曾占有重要地位。近年在内蒙古东部辽朝的政治中心赤峰地区及内蒙古西部出土的窖藏钱币中可得以证实。卓资县大榆村乡窖藏钱币的出土，为我们研究金代经济、贸易、对外关系、制币制度提供了可靠的实物资料。

载于《内蒙古文物考古》1997年第1期

① 许亢宗：《宣和乙巳奉使金国行程录》，载赵永春编注《奉使辽金行程录》，长春：吉林文史出版社，1995年，第155页。

② 脱脱等撰：《金史》卷四十八《食货三》，北京：中华书局，1975年，第1069年。

③ 李兴盛：《内蒙古兴和县明胜村出土一批窖藏古铜钱》，《内蒙古金融·钱币增刊》1996年第1期。

④ 李兴盛：《卓资县三道营出土窖藏钱币》，《内蒙古金融研究》1996年第12期。

⑤ 脱脱等撰：《辽史》卷十九《兴宗二》，北京：中华书局，1974年，第227页。

⑥ 叶隆礼：《契丹国志》卷八《兴宗纪》，北平：文殿阁书庄，1933年，第116页。

⑦ 脱脱等撰：《宋史》卷二十三《本纪第二十三·钦宗》，北京：中华书局，1977年，第436页。

元代集宁路文宣王庙学碑

李兴盛　张　涛

《元代集宁路大成至圣文宣王庙学碑》（简称“《文宣王庙学碑》”），原立于元代集宁路孔庙遗址之中央。1984年，集宁市（现乌兰察布市集宁区）人民政府将其运回集宁市保存。2003年，乌兰察布市委、市政府决定将该碑交由乌兰察布博物馆收藏①。鉴于《文宣王庙学碑》的重要性，现将该碑情况公布如下。

一、《文宣王庙学碑》的形制及内容

《元代集宁路文宣王庙学碑》由汉白玉制作而成，通高3.3米，现存碑额、碑身两部分。

碑额高0.95米、宽1.13米、厚0.18 米。碑额两面均浮雕有双龙，龙头向下，双目突出，鼻深陷，嘴大张，表情威严；龙身相互卷曲，三爪，中间三爪有一浮雕石球，龙身雕刻精细。

碑身呈长方形，高2.08米，宽1.13米，厚0.18米。碑身正面刻楷书正文，背面刻元朝建碑人的姓名与官职和民国十一年（1922年）重建人的姓名。

碑座在1984年移碑运输过程中被损坏和遗失，规格及尺寸不详。

《元代集宁路文宣王庙学碑》全文，碑文正面：

上天眷命，皇帝圣旨：盖闻先孔子而圣者，非孔子而无以明；后孔子而圣者，非孔子无以法。所谓祖述尧舜，宪章文武，仪范百王，师表万世者也。朕纂承丕绪，敬仰休风，循治古之良规，举追风之盛典，宜加号“大成至圣文宣王”，遣使阙里，祀以太牢。於戏！父子之亲，君臣之义，永惟圣教之尊；天地之大，日明之明，奚罄名言之妙。尚资神化，祚我皇元。主者施行。大德十一年七月十九日。至大三年正月□日，赵王钧旨，出帑币，遣侍人，届分邑集宁，建立大成至圣文宣王庙学碑，节该钦依已降圣旨事意施行。大德丁未秋，近臣传旨议加“至圣文宣王”封号。臣复承之翰林，获预其议。窃谓自古称夫子者多矣，而莫如孟子。孟子曰：“自古有生民以来，未有孔子也。”又曰：“伯夷，圣之清者也；伊尹，圣之仁者也；柳下惠，圣之和者也；孔子，圣之时者也。孔子之谓集大成。集大成也者，金声而玉振之也。”盖言孔子集三圣人之事，而为一大圣人之事。犹作乐者，集五音之小成，而为一大成也。宜加

① 该碑原件曾立于集宁老虎山公园内，后存放于乌兰察布博物馆。另复制一通石碑，立于公园内。

号“大成至圣文宣王”。奏可。玺书锡命。臣复职当具草，即以颁示天下矣。迩者，江南浙西道佥肃政廉访司事吴举建言：“褒封先圣实当今盛典，若不腾芳琬琰，曷以昭示罔极？”于是省台檄下诸路，勒石庙学。噫！自木铎声沉千八百年，有国家者追崇圣号非一。至唐玄宗始进爵为“文宣王”。宋真宗复加“至圣”二字，是皆议书一时，虽极徽美之称，孰若我朝取孟子之言为准，以圣誉圣之深切著明也！凡在郡邑，长吏祇若以朝廷尊师重道之意，谨痒序之教，申之以孝悌忠信与兴化善俗为务，顾不韪□。翰林学士臣承旨荣禄大夫知制诰监修国史并授平章政事致仕臣荀德顿首谨述，王傅文学张益禄、迁议副尉前静路总管府判官裴克钦篆额，徽武校尉前同知静路总管府事王元建、迁□李德辉、董役总管府完颜克孝、学正完颜克敬、治中庐□训李德辉、董役宣授集宁等前民臣总管府达鲁花赤、判事刘九、集宁总管府达鲁花赤奥喇但、总管完颜克孝、同知集宁县达鲁花赤王郎黑台、郡尹裴权、教授王叔凯、学禄贾瑞、教谕王光祖等立。石匠宋德、林中男、宋珏镌。皇庆元年正月□日云中检司提。

碑文背面：

集宁总管府同治中呈肃　　判字

农事总管散户农事总管　完颜克

集宁县尉　刘润

李伯愈字继贤

张革学字有文

高获字仲礼

李叔义字述卿

田士秋字□□

黄嗣字□先

部民复其家以供禾火□□□

乡党耆艾玉□缙□嗜以增输所有而替戊者

监造都事　尉迟云加

输□监　完颜允

中华民国十一年建补经理人　李成　何治　一劬　傅万

二、碑文的释读

（一）碑文中所涉及的官府、官职与地名

1.官府、官职

碑文中提及的元代官职较多，均刻于碑文最后，应为与立此碑文有关联的官员的职务与姓名。

赵王：系元朝皇帝封汪古部首领的王号。汪古部的名称最早出现于金代晚期汉文史籍中，有“汪古”“汪古剔”“汪骨”“旺古”“瓮古”等多种不同的称谓。其族源有多种说法，目前尚无定论。金朝时汪古部迁至阴山以北驻牧并为金朝守卫界壕，成为金代北方草原上势力较强的一个部族，与成吉思汗及蒙古族的关系十分紧密，在蒙古族统一草原各部的战争中坚定地站在成吉思汗的

一边并建立有显赫的战功。特别是蒙古族南下灭金朝的战争中，主动让出界壕和出兵攻击金朝，在两次蒙金战争中成吉思汗大军都是从汪古部防守的地段进入。由于汪古部在成吉思汗平定草原各部和灭金战争汪古部所建立的功绩，从成吉思汗的三女儿阿剌海公主（监国公主）下嫁阿剌忽失的吉剔忽里古列坚开始，成吉思汗家族先后嫁给汪古部的公主就有16位，其首领并被封为赵王，成为元朝较为显赫的家族之一。

江南浙西道佥肃政廉访司事：元初，为按察司。至元二十八年（1291年），改按察司曰肃政廉访司[①]。属江浙等处行中书省派出机构。

国史遥授平章政事致仕臣：中统元年（1260年）始置，后由1名增至6名。元代行中书省置平章政事为地方高级长官，简称“平章”。

王傅文学：元王傅总领诸王部下军需、封地内诉讼及本位下诸事。

静安路总管府判官：依元朝规定，府下设判官1名，较治中品秩低，位居参预圆议连署的正官之末。

学正：各路设学正1名，秩同教授，由教谕、学录中选任。

治中庐迁训：治中比同知略低，表面上“治中于郡事无所不统，然上有监守，下有佐署，有僚寀。……为治中者，无可否，可也”[②]。

集宁总管府达鲁花赤：元朝在路总管府新行政建制中实行蒙汉二元官制形态，达鲁花赤属蒙古官制，实际上是集宁路总管府最高行政长官，负责管理集宁路各项事务。“下路秩从三品”[③]，它既是行政监督官，又是最高的管民官和驻军管理者。

集宁前民臣总管府达鲁花赤判事：秩自从五品至从八品。

集宁路总管府总管：下等路秩从三品，管理民政诸事并兼管劝农事，地位次于达鲁花赤的管民长官，也是总管庶政的主持者。其职司广泛涉及民事诉讼、差税及原“运司所管酒税、醋税、仓库、院务、工匠造作、鹰房打捕、金银铜铁、丹粉、锡碌、茶场、窑冶、盐竹等课”[④]。

同知集宁县达鲁花赤：又称“县监”。从管理人户数量，集宁县应属下等县，按元朝官志规定“秩从七品”[⑤]。元初，县达鲁花赤主要负责掌管印信和居上监督。后来，达鲁花赤的权力不断扩大，与县令一齐过问户口、垦田、诉讼、赋役等庶政。

郡尹：应是元代官职中的府尹，其地位仅低于达鲁花赤的民事管理和路总管府庶政的主持者。

教授：按元朝规制，各路设儒学教授司，设儒学教授1~2名，“秩九品”[⑥]。

学禄：各路设1员，秩同教授，但职位低于教授和学正。

教谕：元朝县级儒学或医学设教谕，从任满考试合格的直学选任。

此外碑文中还有迁训、静安路总管府府事、监造都事、输□监等元代官名。

① 宋濂等撰：《元史》卷八十六《志第三十六·百官二》，北京：中华书局，1976年，第2180页。

② 程瑞学：《积斋集》卷二《送张治中回任序》，文渊阁《四库全书》本。

③ 宋濂等撰：《元史》卷九十一《志第四十一上·百官七》，第2316页。

④ 王恽：《秋涧集》卷八十五《乌台笔补·为运司并入总管府选添官吏事状》。

⑤ 宋濂等撰：《元史》卷九十一《志第四十一上·百官七》，第2318页。

⑥ 宋濂等撰：《元史》卷九十一《志第四十一上·百官七》，第2316页。

2.地名

碑文中涉及几处历史上的地名，对于准确地判断其确切方位具有重要意义。

江南浙西道：属江浙等处行中书省管辖，设佥肃政廉访司，约在今江浙一带。负责管理杭州路、嘉兴路、常州路、镇江路、建德路五路。

静安路：即汪古部首领赵王所在地，金朝史书称“按答堡子和黑水旧城”（今包头市达茂旗木胡儿索卜嘎古城）。元初在旧城的西北建黑水新城，“以黑水新城为静安路”①；延祐五年（1318年）三月“改静安路为德宁路，静安县为德宁县”②。黑水新城（即静安路、德宁路治所）城址即今包头市达茂旗敖伦苏木古城。

集宁路：城址在今乌兰察布市察右前旗巴音塔拉镇土城村。辽代称“春市场”。金代正式设立集宁县。《金史·地理志》载：“集宁，明昌三年（1192年）以春市场置，北界二百七十里。”元代升为集宁路，所辖人户数量属下等路，仅辖集宁县。

集宁县：元朝属集宁路，其城址在集宁路古城北部。元代集宁路是在金代集宁县基础上扩建而成。

（二）有关尊孔尚儒的内容

石碑正面刻有千余字的碑文，多是颂扬孔子圣德的警言妙语，极力表达为孔子加封、建庙、立碑的理由。自汉朝确定“独尊儒术”之后历代王朝都尊孔尚儒，不断加封谥号。从碑文记载，唐玄宗开元二十七年（739年），孔子首次被追谥为文宣王；宋真宗大中祥符五年（1012年），又追谥为至圣文宣王。元代虽为兴起于北方草原游牧民族的蒙古族执掌政权，但从世祖忽必烈开始任用大量汉族文臣儒士，为天下禅宗之首的海云就曾建议蒙古贵族尊崇儒学，他说：“孔孟之道，万世帝王法程，议加表树，以兴学校。”③其后，元朝历代皇帝力行汉法，尊孔崇儒，将孔子及儒学推向极致。

碑文中称“先孔子而圣者，非孔子无以明；后孔子而圣者，非孔子无以法”，故此“循治古之良规，举追风之盛典，宜加号‘大成至圣文宣王’”。

“大成”二字，即“集大成”之意，这里应指非凡的道德。碑文对加封的理由做了这样的陈述：“伯夷，圣之清者也；伊尹，圣之仁者也；柳下惠，圣之和者也；孔子，圣之时者也。孔子之谓集大成。集大成也者，金声而玉振之也。”“金声”即钟声，“玉振”指磬声，比喻孔子德行兼备，犹如奏乐，以钟发声，以磬收韵，完美至极，盛赞孔子德高；与此同时还诏令“遣史阙里，祀以太牢”，即派使者赴孔子的住地，对孔子要行对待王侯那样祀牛、羊、猪三牲的最高祭礼。历代王朝尊崇孔子的意图，自然是想通过“尊师重道”“孝悌忠信”“兴化善俗”以达到巩固统治的目的。

碑文除了赞扬孔子和宣扬尊师重道的内容，在第五段指出立此碑是由汪古部首领发布的命令，所需经费从国库中支出，派遣专人负责此事。元代汪古部领“砂井、集宁、静州、按答堡子四处，壬子年元籍爱不花驸马位下人户，揭照元籍，依旧开除”④，管理着内蒙古中部、阴山以北广大地

① 宋濂等撰：《元史》卷二十一《本纪第二十一·成宗四》，第464页。

② 宋濂等撰：《元史》卷二十六《本纪第二十六·仁宗三》，第582页。

③ 念常撰：《佛祖历代通载》卷二十一。

④ 黄时鉴点校：《通制条格》卷二，杭州：浙江古籍出版社，1986年，第15页。

区。碑文内容也反映了这一事实。

三、《文宣王庙学碑》的损毁及其他

据碑文最后落款，此碑应初立于元仁宗爱育黎拔力八达皇庆元年（1312年）。碑在元末明初的战争中损毁而埋于集宁路文宣王庙废墟中。在民国初年发现，于1922年重立。造成此碑损毁的原因应该是元末明初战争。据《明史》记载："三年春正月癸巳，徐达为征虏大将军，李文忠、冯胜、郑愈、汤和副之，分道北征。二月癸未，……李文忠下兴和，进兵察汗脑儿，执元平章竹贞。""捷闻，……而命达与遇春进取山西，……乃引兵趋太原。扩廓至保安，果还救。达选精兵夜袭其营。扩廓以十八骑遁去。尽降其众，逐克太原。乘势收大同，分兵徇未下州县，山西悉平。"这些在1370—1373年发生于集宁路古城的几次较大规模的战争，每次都是以元军失败而告终。由此判断元代集宁路古城和此碑均毁于这一时期。

图一　《大元国集宁路昌义坊住人公德主耿克亮施碑》正面拓本

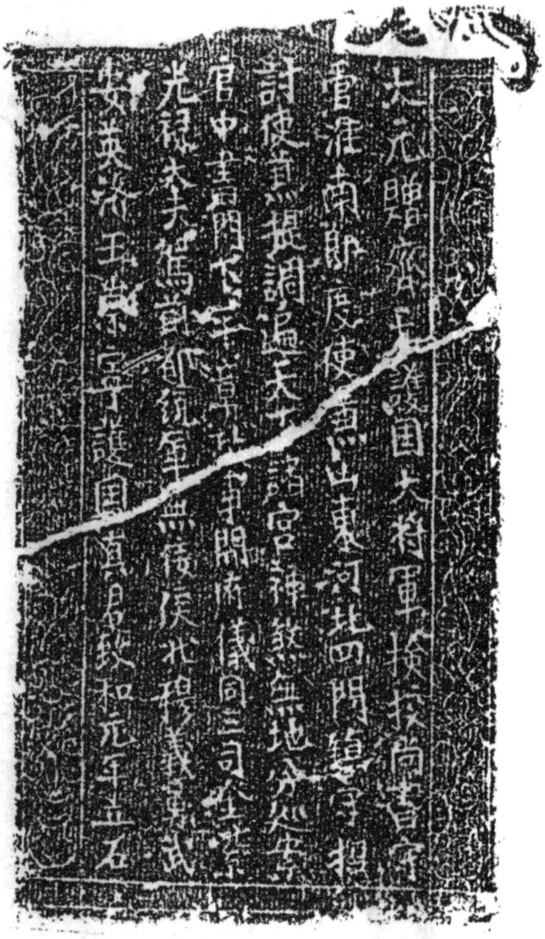

图二 《大元国集宁路昌义坊住人公德主耿克亮施碑》背面拓本

涉及集宁路古城的另一通石碑是《大元国集宁路昌义坊住人公德主耿克亮施碑》。

1984年，原乌兰察布盟文物工作站、今乌兰察布博物馆举办文物普查训练班，在集宁路遗址实习期间征集到此碑。

此碑用花岗岩加工而成，制作精细。碑身呈长方形，碑首残缺。石碑残高22.2厘米，宽12厘米，厚2.5厘米。从碑首少量残存部分来看，应略宽于碑身，两面均做浮雕，图案不详。碑身两面的四边用浅细的平行凹线勾勒出边框，框内饰浅细的缠枝花草图案。碑身正面阴刻楷体“大元国集宁路昌义坊住人公德主耿克亮施”（图一）；背面也为阴刻楷书，碑文曰“大元赠齐天护国大将军检校尚书守管淮南节度使兼山东河北四门镇守招讨使兼提调遍天下诸宫神煞无地分巡案官中书门下平章政事开府仪同三司金紫光禄大夫驾前都统军兼佞侯北穆义武安英洛王崇宁护国真君致和元年立石”（图二）。

这块碑刻于元泰定帝也孙铁木儿致和元年（1328年），按碑文内容应是集宁路昌义坊住人耿克亮赠予集宁路昌义坊的一块功德碑，从中透露了有关集宁路古城的另一些历史信息。

载于《内蒙古文物考古》2007年第2期

察右后旗种地沟墓地发掘简报

乌兰察布博物馆　察右后旗文物管理所

1984年8月至9月，乌兰察布博物馆（原乌盟文物工作站）在文物普查的基础上，派员对所辖察右后旗乌兰哈达乡境内被破坏的种地沟墓地进行抢救性清理，共清理墓葬9座（编为M1～M9，见表一）。现将发掘情况简报如下。

表一　察右后旗种地沟墓葬登记表

墓号	结构	尺寸（长×宽–深，厘米）	墓向（头向）	葬式	葬具	盗扰情况	随葬品	备注
M1	土坑竖穴	205×68–90	348	仰身直肢		早期盗扰	铜镜1、铁剪1	
M2	土坑竖穴	184×90–120	340			早期盗扰	钱币6、铁钉	
M3	土坑竖穴	200×84–120	352			早期盗扰	贝壳1、桦皮鞋垫1、铁钉、珠饰1	
M4	土坑竖穴	190×100–120				早期盗扰		
M5	土坑竖穴	180×120–100				早期盗扰		
M6	土坑竖穴	180×66–110	31	仰身直肢	木棺	早期盗扰	铜管状器2、铜饰件2、钱币3、铁剪1、桦树皮器1	
M7	土坑竖穴	180×90–110	4	仰身直肢			铜饰件2、铜镜1	
M8	土坑竖穴	185×80–118	9	仰身屈肢		早期盗扰	铜镜1、铜管状器1、铜饰件1、桦树皮器1	
M9	土坑竖穴	200×70–150	330	仰身直肢	木棺		铁马蹬2、铁剑1、桦树皮器1	

一、地理环境及墓葬结构

种地沟墓地位于察右后旗乌兰哈达乡政府所在地西约5千米，其北约0.5千米即为南营自然村（图一）。墓地坐落在一地势较缓的山丘之西坡，南、西、北三面环山，形成一面积较大的山湾，由山湾东去为狭长的平地。墓地因水土流失严重，中部形成一较为宽深的冲沟（当地老乡俗称“种地沟”）。

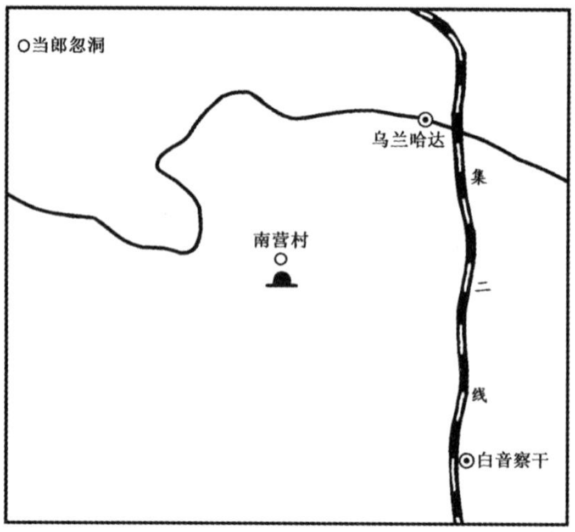

图一　墓地位置示意图

这次清理的9座墓呈东西向一字排列，在每座墓葬的地表都用自然石块垒砌有长方形或方形石框，以为地面之标志。

墓葬均为土坑竖穴式。墓向（头向）呈东北或西北向，330～31度。墓内有葬具者较少，仅在M6、M9两墓中发现有木棺痕迹。墓葬皆为单人葬。从清理情况看，墓葬早期被盗现象十分严重，除M7、M9，其余均在早期被盗，尸骨大都残缺不全，而M2、M3、M4仅存尺、桡骨或胫、腓骨。其葬式多为仰身直肢葬，个别为仰身屈肢葬（M8）。现择M3、M6、M8、M9介绍如下。

M3　墓口长2米、宽0.91米、深1.2米，方向352度。墓内只有右尺、桡骨，右胫、腓骨和右脚趾骨。在其脚部出土一桦树皮鞋垫。另外，还发现有铁钉2枚。在扰土内出土石珠和贝壳各1件（图三，右）。

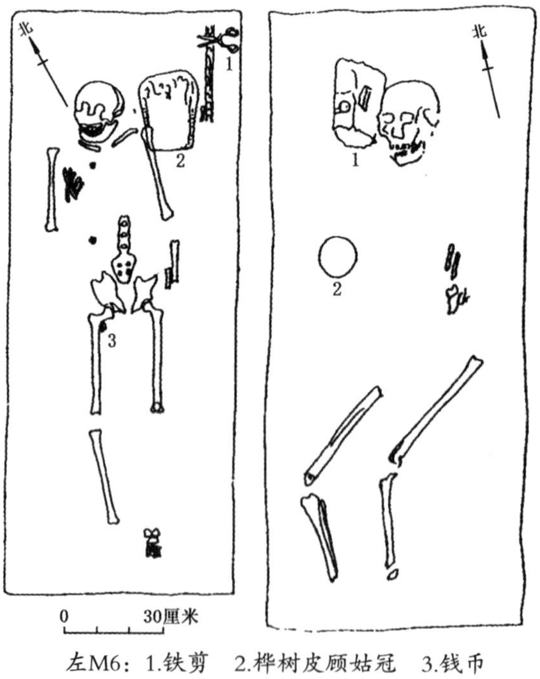

左M6：1.铁剪　2.桦树皮顾姑冠　3.钱币

右M8：1.桦树皮顾姑冠　2.铜镜

图二　墓葬平面图

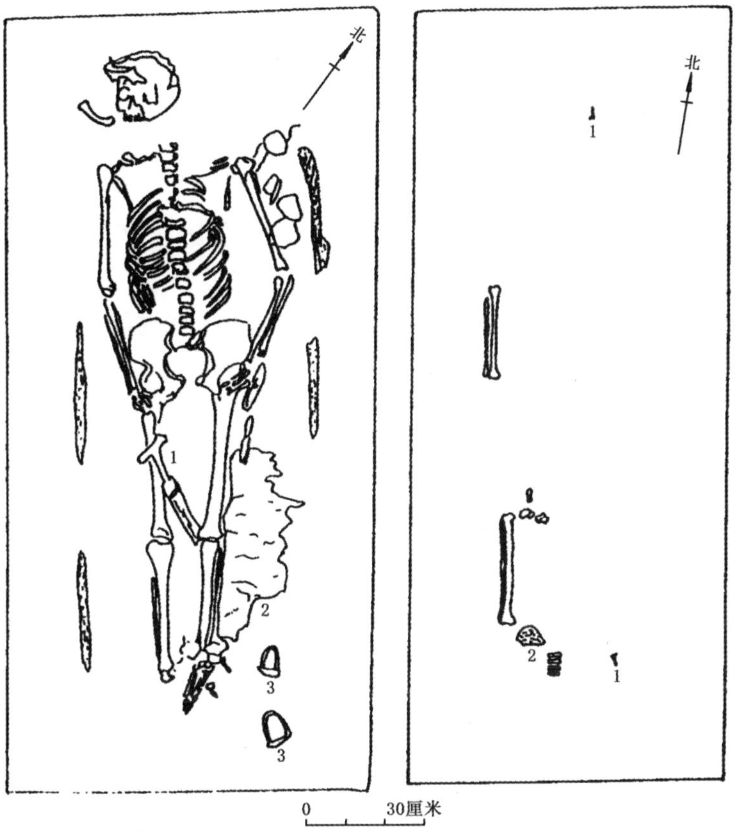

左M9：1.铁剑　2.弓囊　3.铁马镫
右M3：1.铁钉　2.桦树皮鞋垫
图三　墓葬平面图

M6　墓口长1.8米、宽0.66米、深1.1米，方向31度。墓内置木棺1具。棺板厚2厘米，但因朽蚀严重，仅在头部左侧有少量残存，形制不清。棺内尸骨保存较差，为仰身直肢葬。在头部左侧随葬一桦树皮顾姑冠，其胸部和腰部各有一松石珠，在右股骨内侧随葬有3枚钱币，在木棺外侧左上角置铁剪1把（图二，左）。

M8　墓口长2米、宽0.9米、深1.18米，方向9度。尸体仅存头骨、股骨和胫、腓骨，为仰身屈肢葬。头部右侧置有桦树皮顾姑冠1件，其下近胸部随葬有铜镜1面（图二，右）。

M9　墓口长2米、宽1米、深1.5米，方向330度。墓内置木棺1具。但因朽蚀严重，形制不清。棺内尸骨保存较好，为仰身直肢（曲臂）葬。在尸骨左胸及左臂分别出土有铜圆形泡饰和少量的丝织品等，盆骨下面置铁剑1把，左腿外侧随葬一桦树皮弓囊（内装有铁弓，已严重残损），弓囊之下置铁马镫1对（图三，左）。

二、出土遗物

墓葬内出土遗物较少，每墓一般仅数件，个别墓内（M4、M5）无任何随葬品。共出土各类随葬品31件，有铜镜、铜器、铁器、钱币、珠饰、贝壳、桦树皮器等。

（一）铜镜

3面。

瑞兽镜　2面。M1：1，圆形，圆纽，圆纽座，素宽缘，镜面略作弧面。内区饰瑞兽葡萄纹，外区有“青盖作镜自有纪，辟去不羊宜古市。长保二亲利子孙，为官高宜寿命久”铭文1圈和栉齿纹1周。直径8.9厘米，缘宽0.5厘米，缘厚0.4厘米（图四，1）。M7：1，圆形，圆纽，三角缘。镜背饰一凸弦纹，将其分为内、外两区，两区皆饰瑞兽纹。直径10.7厘米，缘厚0.4厘米（图四，3）。

双凤镜　1面。M8：1，圆形，圆纽，三角缘。镜背对称双凤展翅昂首，形象生动活泼，近缘处饰圈云纹1周。直径11.2厘米，缘厚0.4厘米（图四，2）。

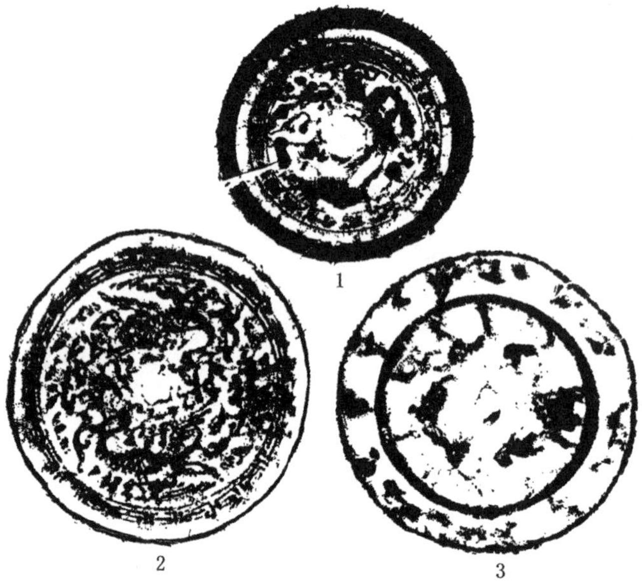

1、3.瑞兽镜　2.双凤镜

图四　铜镜

（二）铜器

10件，有管状器、圆形泡饰等。

管状器　5件。个别表面鎏金。皆出土于桦树皮顾姑冠之上。系用钢片焊成圆形筒状，上下用铜片封闭，中空无穿孔，筒身一侧有2个竖穿带。依其纹饰可分为3种。标本M6：2，表面阴刻精细的牡丹花图案。长5.9厘米，直径1.4厘米（图五，2）。标本M7：2，筒身系模压而成，上下两端各饰联珠纹1周，中部饰浮雕式玫瑰花图案，两头为宝相花图案。长7厘米，直径1.7厘米（图五，1）。标本M8：1，表面无任何纹饰。长6厘米，直径1.4厘米。

圆形泡饰　5件。与管状器对称同出于桦树皮顾姑冠之上。系用厚0.1厘米的铜片模压而成，平面皆呈圆形，弧形突起，多数中间有1～2个直径0.1厘米的小孔，个别孔间残留有丝线织物。依其纹饰不同可分为4种。标本M6：4，周边由6组阴刻的云纹图案组成，中间为一模压的文字图案。直径3.7厘米（图五，6）。标本M7：4，周边阴刻有联珠纹1周，中部用阴刻联点纹组成一牡丹图案。直径4.1厘米（图五，3）。标本M7：5，模压而成，周边有凸弦纹2周，中部为一文字图案。直径

4.2厘米（图五，7）。标本M8：3，周边阴刻细密的花瓣形图案1周，中间阴刻一花草纹。直径4.1厘米（图五，4）。

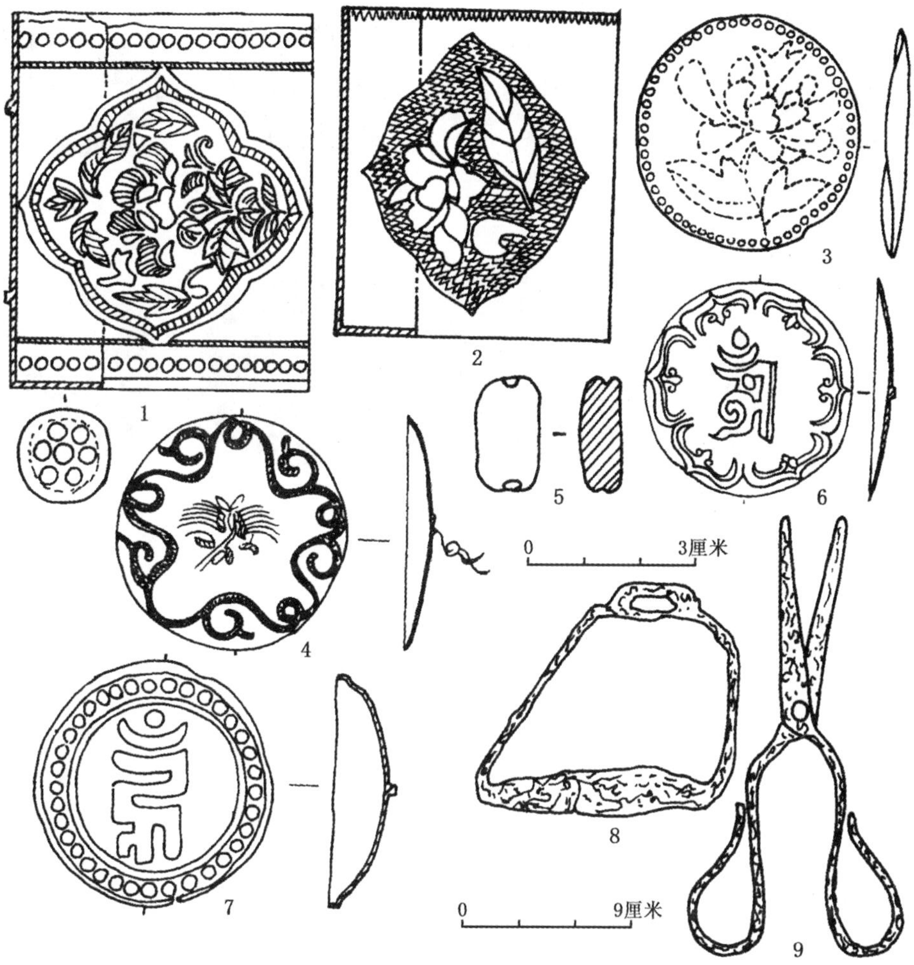

1.B型管状器　2.A型管状器　3.B型圆形泡饰　4.珠饰　5.珠饰　6.A型圆形泡饰　7.C型圆形泡饰　8.马镫　9.铁剪

图五　铜器和珠饰

（三）铁器

4件。有剪、马镫、钉等。

剪　2件。形制接近现代剪子。标本M6：1，长22厘米（图五，9）。

马镫　2件。皆出土于M9，形制相同。M9：1，大体呈不规则四边形，上端有扁长方形穿，踏板较宽，呈椭圆形。高14厘米，踏面宽5.7厘米（图五，8）。

钉　钉身呈方形，钉尾扁平，尖部尖圆。标本M2：1，长9.1厘米。

此外，在墓内还出有铁剑、铁弓等随葬品，因锈蚀十分严重，其形制及尺寸不详。

（四）钱币

9枚。分别出土于M2、M9。其中唐代“开元通宝”1枚，北宋“至道元宝”1枚、“元丰通宝”2枚、“景德和宝”1枚、“崇宁通宝”1枚、“崇宁重宝”1枚、“咸平元宝”1枚、“祥符元宝”1枚（图六）。

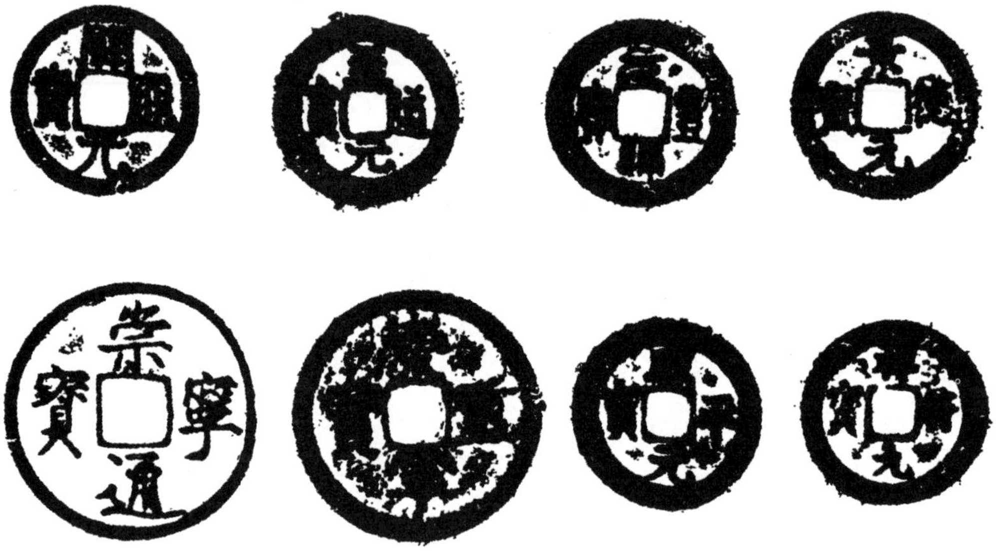

图六　钱币

（五）珠饰、贝壳器

2件。

珠饰　1枚。M3：2，横截面呈椭圆形，竖穿一孔。长1.9厘米，长径1.2厘米，短径0.7厘米（图五，3）。

贝壳器　1件。M3：1，一侧钻有0.2厘米的圆孔。

（六）桦树皮器

有桦树皮顾姑冠、鞋垫、弓囊等，但因出土时保存极差，均破碎，故无法具体描述。

三、小结

种地沟墓地出土遗物虽然较少，但是很有特点。有铭记之瑞兽镜与四子王旗吉生太乡城卜子古城（金代天山县、元代净州路）附近古墓葬[①]和甘肃省漳县元代汪世显家族墓[②]所出铜镜完全相同；铁剪、铁马镫分别与四子王旗红格尔地区乌兰胡洞[③]、兴和县五甲地金元时期墓地[④]出土者基本相

① 内蒙古文物考古研究所、乌兰察布博物馆、四子王旗文物管理所：《四子王旗城卜子古城及墓葬》，载内蒙古文物考古研究所编《内蒙古文物考古文集（第二辑）》，北京：大百科全书出版社，1997年。

② 甘肃省博物馆、漳县文化馆：《甘肃漳县元代汪世显家族墓葬》，《文物》1982年第2期。

③ 田广金：《四子王旗红格尔地区金代遗址及墓葬》，《内蒙古文物考古》1981年创刊号。

④ 盖山林：《兴和县五甲地古墓》，《内蒙古文物考古》1984年总第3期。

同；在四子王旗王墓梁景教陵园[①]墓地中有与这里的管状器造型完全相同的金筒出土；而随葬品中最具特点的桦树皮顾姑冠和桦树皮鞋垫亦分别在达茂旗毕其格好来陵园[②]敖伦苏木德古城（元代德宁路）东北墓群[③]、四子王旗王墓梁景教陵图、砂井总管府故城附近墓群、净州路故城附近墓群等属于金元时期的墓葬中出土；种地沟墓地各墓的地表之上皆有用自然石块堆成方形或长方形标志的特征，在上述墓地中也多有堆石标志，只是堆砌的方法和形制略有区别。综上所述，初步判断该墓地应为金元时期之墓葬。

从目前的考古发现来看，桦树皮顾姑冠、鞋垫皆出土于内蒙古中南部阴山以北地区的达茂旗、四子王旗一带，属金元时期汪古部族墓葬之内，成为这一时期汪古部墓葬的独有特征。因顾姑冠形制独特，很早即为国内外的学者所重视并做了详细的记载和描述。种地沟墓地出土的桦树皮顾姑冠和鞋垫，不论是在数量上，还是在所占比例上，绝不少于上述地区汪古部族墓葬出土的数量和比例，在葬俗上亦基本一致。因此，该墓地亦应为汪古部族之墓葬。

墓内出土遗物极具特色，以M9随葬的铁剑、铁弓、铁马镫等用于游猎和征战的兵器，足可想象墓主人生前跃马骑射的情景，充分反映了汪古部人的尚武习俗，为研究金元时期汪古部的活动范围和葬俗提供了新的实物资料。

参加发掘工作的有富占军、青格勒、戴依春、李兴盛等同志。内蒙古文物考古研究所研究员陆思贤先生曾亲临工地进行指导，在此谨表谢意！

执笔：李兴盛

绘图：郝晓菲

载于《内蒙古文物考古》1997年第1期

① 盖山林：《阴山汪古》，呼和浩特：内蒙古人民出版社，1991年。

② 盖山林：《阴山汪古》。

③ 盖山林：《阴山汪古》。

察右中旗广益隆元代古城调查

崔利明

1992年8月，察右中旗广益隆古城遗址被当地村民私自盗掘，挖掘面积达500多平方米，盗取文物有陶器、瓷器、铜器、铁器、玉器、石器、古钱币等，共计300余件，其中古钱币240枚。

乌盟文物站、察右中旗文物管理所及时追缴出土文物并派业务人员对该城址进行了调查勘测，获得了丰富的第一手资料，对其城址结构、布局、范围、时代等有了新的认识。现将调查情况简报如下。

一、 位置与自然环境

古城位于大青山后大黑河发源地带。西南距净州路遗址50余千米，在广益隆乡政府所在地东北约4千米、土城村西0.5千米处。古城所在地地势平坦，南面与七郎山相望。东南约70千米是元代集宁路遗址，西北约4千米为元代砂井府遗址。古城所在地交通十分便利（图一）。

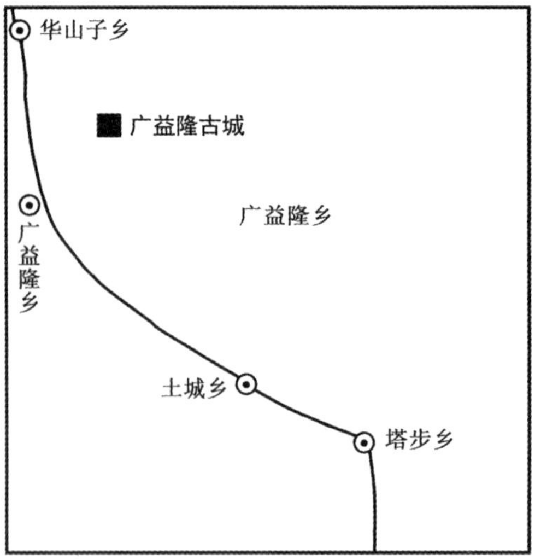

图一　广益隆元代古城调查位置示意图

二、城垣与遗址

城址平面呈长方形，面积83.6万平方米。城内分东、西两城，中间隔一公用墙。西城南墙长500米，东城南墙长600米，古城东、南、西三面城墙保存较好，东城北墙有部分残存（图二）。

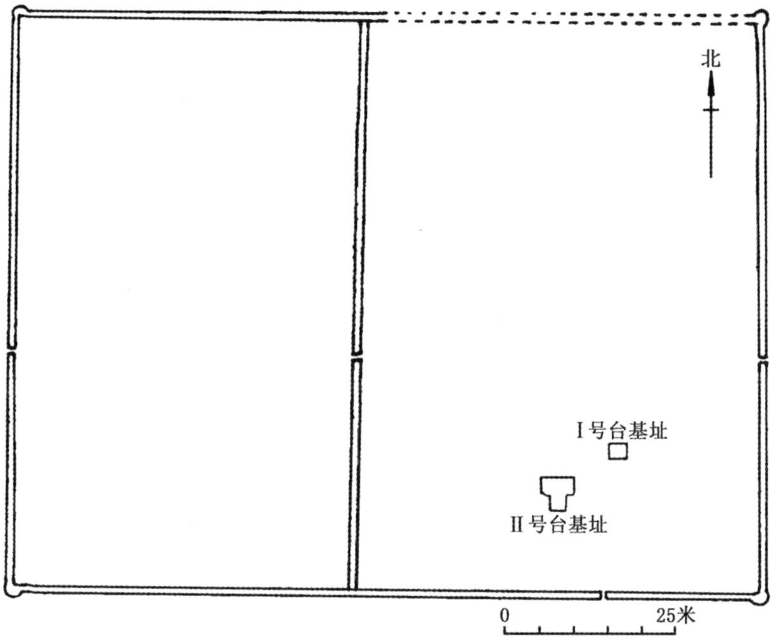

图二　广益隆古城平面图

东墙，全长760米，现存高1~2米，墙基宽11米，顶宽1~1.6米，方向60度，保存较好。在墙北端残断处发现有残存的夯层，夯层厚8~10厘米。土质坚硬，黄色土，有砂性。城门设在中部。城门现已被辟为道路，豁口宽17米。

南墙，总长1100米，现存高0.70~1米，墙基宽11米，顶宽1.6米。东城正中辟有一门，方向27度（由东向西）。夯层厚7~10厘米。土质坚实，呈黄色，包含物有炭渣、细砂。

西墙，长约760米，高2米，墙基宽11米。夯层厚7厘米，土呈黄色。西墙正中辟有一门，门址残宽19米。

北墙，总长1100米，高50厘米。北墙西半部尚好，东半部已毁，不见遗迹。

城址四角残存有角楼，突出城墙之外。外侧呈圆弧形，楼基东西长13米、南北宽13米、残高2.1米。夯层厚7~10厘米，土呈黄色。

城内的主要建筑多分布在东城的中部偏南，现仍残留着两处高出地表的大型建筑台基址。

Ⅰ号台基址，位于东城中部偏南，台基高约3米、长25米、宽25米。台基周围散布有大量砖瓦等建筑构件。分布范围为东西60米、南北50米。推测可能是当时的钟鼓楼。

Ⅱ号台基址，位于Ⅰ号台基址的西南约36米处，台基呈“品”字形，现存高2.7米、东西长约52米、南北宽49米。台基周围散布有大量砖瓦等建筑构件。分布范围为东西长56米、南北宽51米。

三、城内文化堆积

在东城中部村民挖的坑内观察，其地层堆积可分4层。

第一层　黄沙土层，厚21～36厘米，土质结构紧密，内含有植物草根及陶瓷残片。

第二层　土色黄灰（偏黄），厚31～47厘米，内含有较多的黄土块、烧土、炭渣、陶片、瓷片及动物肢骨等。

第三层　土色灰黑（偏灰），厚31～56厘米，土质疏松，内含有红烧土块、炭渣、陶片、瓷片、古钱币等。在此层出土的陶片上都经过火烧，器表有熏黑。

第四层　土色黑灰，厚36～59厘米，土质疏松，内含有红烧土块、灰烬、炭渣及石块等。

四、遗物

以往古城内地表除了砖瓦，其他遗物较少，这次出土的遗物很多。依其质地，可分为石器、陶器、瓷器、铜器、玉器、铁器、建筑材料、古钱币等几大类。下面分别叙述如下。

（一）石器

石柱础　1件。白灰色石凿刻而成。通高38厘米，长61厘米，宽53厘米。座中间有一直径16厘米、深21厘米的水坑（图三，3）。

石磨盘上扇　1件。青灰色石质，正面凿刻有条纹，中部有直径约6厘米的凹坑，背面加工不规整。磨盘中部有小圆坑，残，直径5.5厘米，深5厘米。磨盘直径56厘米，厚17厘米。

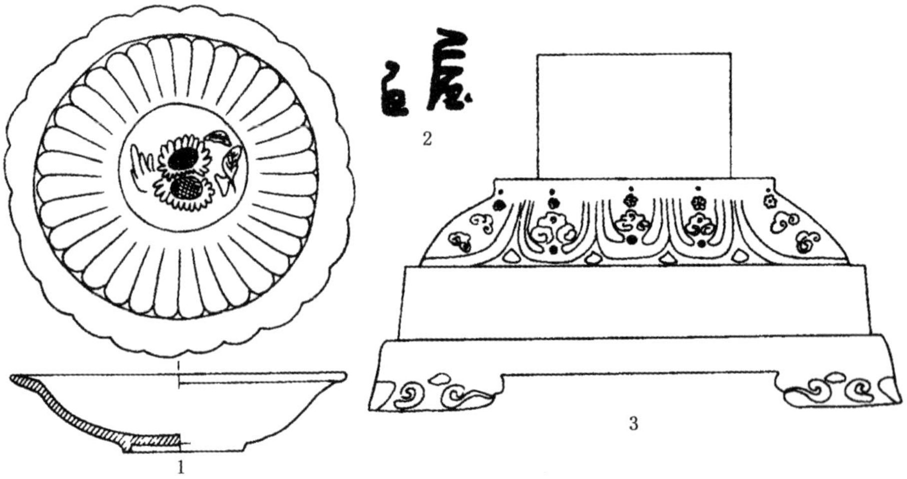

1. Ⅰ式花口瓷盘　2. Ⅰ式碗足底墨书八思巴文“王记”摹本　3.石柱础

图三　石器、瓷器、陶器

（二）陶器

罐　2件。残。泥质灰陶，卷沿，敛口，方唇，弧肩，鼓腹，素面，轮制。

盆　1件。残。泥质灰陶，卷沿，敞口、圆唇，深腹，素面。

碗　1件。泥质褐陶，敞口、尖唇，斜腹壁，平底、素面。高4.5厘米，口径12.3厘米，底径4.5厘米（图四，1）。

（三）瓷器

钵　1件。土黄色粗胎，敛口，圆唇，长圆腹，平底，口沿露胎，内外施黑釉。高74厘米，口径51厘米，底径26厘米，腹径54厘米。

罐　3件。分2式。

Ⅰ式：1件。残。黄色细胎，直口，方唇，弧肩，施白釉，铁锈花。

Ⅱ式：2件。残。白灰色胎，直口、尖唇，高领，弧肩，施白釉。

碗　5件。可分4式。

Ⅰ式：1件。灰色胎，敞口，圆唇，深腹，圈足。器表外近底部露胎。足底墨书八思巴文，汉译为“王记”二字。高8厘米，口径17.2厘米，底径6.2厘米（图四，6；图三，2）。

Ⅱ式：1件。土黄色细胎，敞口，圆唇，深腹，圈足，器表外近底露胎，施白釉。高5厘米，口径12厘米，底径5.5厘米（图四，5）。

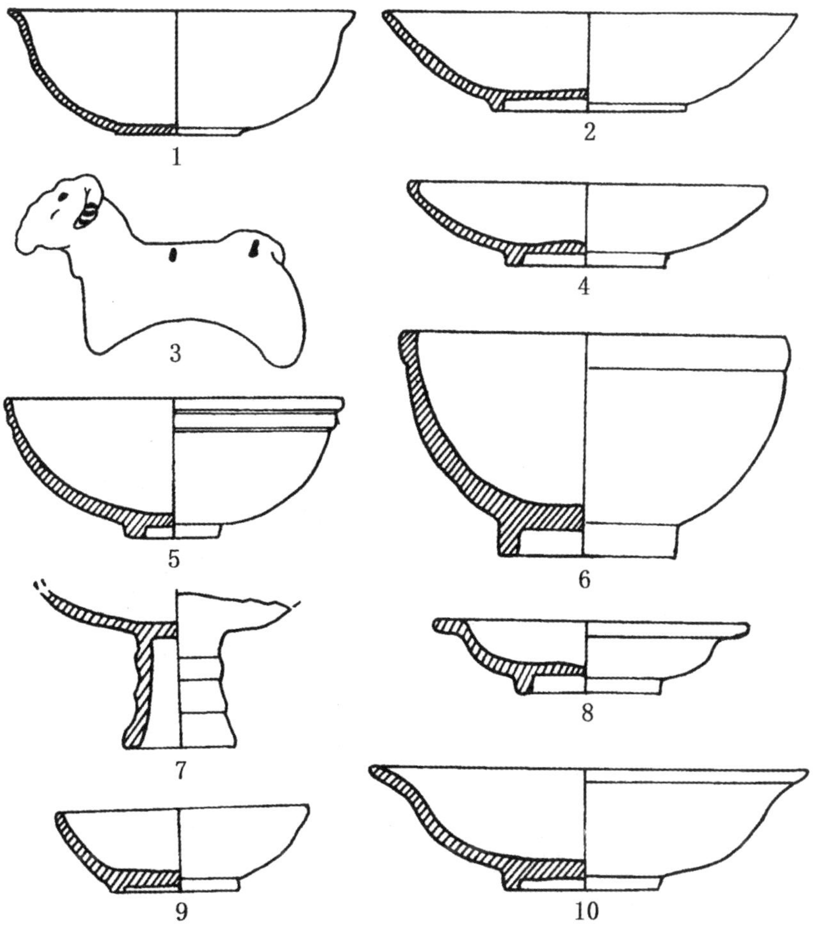

1.陶碗　2.Ⅳ式瓷碗　3.瓷羊　4.Ⅲ式瓷盘　5.Ⅱ式瓷碗　6.Ⅰ式瓷碗　7.高足瓷杯　8.Ⅱ式瓷碟　9.Ⅲ式瓷碗　10.Ⅱ式瓷盘

图四　陶器和瓷器

Ⅲ式：2件。白色细胎，敞口，圆唇，浅腹，圈足，施白釉。高3厘米，口径9厘米，底径4.6厘米（图四，9）。

Ⅳ式：1件。土黄色细胎，敞口，圆唇，斜弧壁，圈足，施浅黄釉。高3.5厘米，口径15厘米，底径7厘米（图四，2）。

盘　4件。可分3式。

Ⅰ式：花口盘，1件。白色细胎，沿外折，敞口，尖圆唇，斜弧壁，圈足，施浅豆绿釉。盘底内饰2朵葵花，有叶相衬。高4.5厘米，口径19.2厘米，底径7厘米（图三，1）。

Ⅱ式　1件。白色胎，细腻，沿外折，敞口，圆唇，浅腹，圈足，施蓝釉。高4.5厘米，口径15.6厘米，底径5.6厘米（图四，10）。

Ⅲ式 2件。白灰色粗胎，直口，圆唇，浅腹，圈足，施白釉，泛青。底部为铁锈花。高3厘米，口径12.4厘米，底径5.7厘米（图四，4）。

碟　3件。分2式。

Ⅰ式：2件。白灰色胎，平沿，敞口，尖圆唇，浅腹，圈足，施浅绿釉。高3厘米，口径12厘米，底径5厘米。

Ⅱ式：1件。土黄色粗胎，平沿，敞口、圆唇，浅腹，圈足，三彩，内壁施黄、绿釉。器壁外底用毛笔画有五瓣花图案。器表外露胎。高2.7厘米，口径11.2厘米，底径5.2厘米（图四，8）。

高足杯　2件。口部残，白色胎、细腻，施天蓝釉。残高6厘米，底径4厘米（图四，7）。

羊　1件。土黄色、细胎，呈站立状，昂首竖项，短尾，羊身下部露胎，上部施白釉，铁锈花。高3.5厘米，长5厘米（图四，3）。

盏　14件。土黄色粗胎，敞口，圆唇，小平底，施黑釉。高2.2厘米，口径6厘米，底径0.7厘米。

（四）铜器

香炉　1件。敛口，方唇，弧腹壁，外浮雕莲花，底部中间有一直径1.5厘米的孔，底座残。残高10.4厘米，口径11.4厘米，底径6.2厘米（图五，1）。

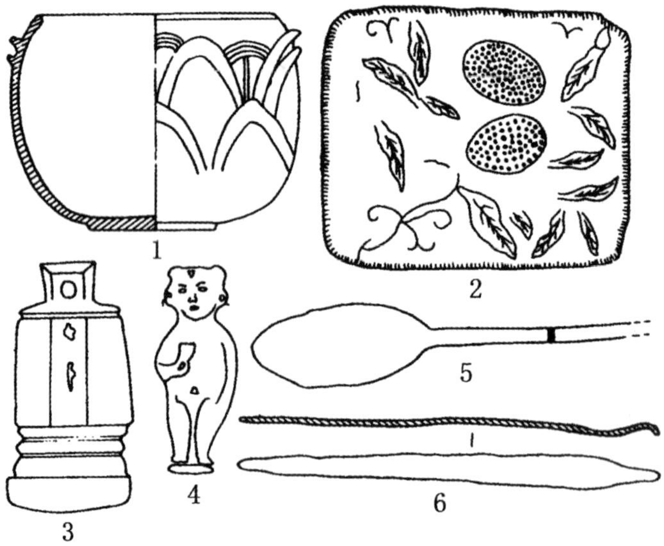

1.香炉　2.带饰　3.权　4.人　5.匙　6.簪

图五　铜器

带饰　1件。近似方形。边缘向背面折平，正面凸出葡萄纹样，有枝叶相衬。长6.4厘米，宽6.1厘米，厚0.1厘米（图五，2）。

铜权　1件。权身扁平，六面体，上有倒梯形方纽，束腰下接长方形座。通高5.5厘米（图五，3）。

人　1件。黄铜，站立在长条座上，一手放于胸前，另一手置于腿部，双耳戴铜丝耳环。通高4.9厘米（图五，4）。

宝葫芦　1件。葫芦形。长1.5厘米。

匙　1件。匙柄扁平。残长19.2厘米。

簪　1件。黄铜。长10厘米，宽0.8厘米，厚0.1厘米（图五，6）。

钗　1件。黄铜。长11.5厘米，宽0.8厘米，厚0.1厘米。

（五）铁器

权　1件。权身扁平呈梯形，上有倒梯形方纽，束腰，下接长方形座。高11厘米，宽5厘米，厚2厘米（图六，1）。

箭头　1件。柄为圆柱形，头为三棱形。长8.8厘米（图六，2）。

（六）玉器

鸟　1件。扁形。白玉雕琢而成。蹲式，呈回首状，敛翅，双目前视。带长方形玉石座。高2.7厘米（图六，5）。

环　1件。圆形。白玉雕琢而成。直径2.6厘米，厚1厘米（图六、3）。

花　1件。扁形。白玉雕琢而成。高2.5厘米，宽2.8厘米，厚1.1厘米（图六，4）。

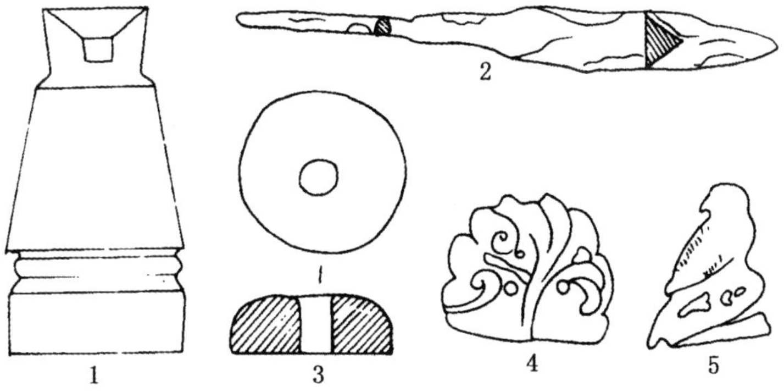

1.铁权　2.铁箭头　3.玉环　4.玉花　5.玉鸟

图六　其他

（七）建筑材料

长方砖　青灰色胎，模制，砖面上有手印。长29.5厘米，宽16厘米，厚3.9厘米。

方砖　青灰色胎，模制，素面。长32厘米，宽2厘米，厚3.9厘米。

筒瓦　青灰色胎，模制，素面。长27厘米，宽16厘米，厚2厘米。

板瓦　青灰色胎，两端宽窄不一，模制，素面。长33厘米，上宽26厘米，下宽20厘米，厚2厘米。

（八）古钱币

240枚。宋钱占80%，唐、五代、金、元钱占20%。其中有唐代“开元通宝”“乾元重宝”，五代“唐国通宝”，北宋“宋元通宝”“太平通宝”“景祐元宝”“祥符元宝”“天禧元宝”“天圣元宝”“皇宋通宝”“至和元宝”“治平元宝”“熙宁元宝”“元丰通宝”“元祐通宝”“绍圣通宝”“元符通宝”“圣宋元宝”“崇宁重宝”“政和通宝”“宣和通宝”“大观通宝”，南宋“建炎元宝”“绍兴元宝”“隆兴元宝”“嘉定通宝”“嘉熙通宝”“咸淳元宝”，金代“大定通宝”，元代“至大通宝”“至正通宝”。十二属相和“长命富贵”压胜钱各1枚。

五、结语

通过这次对广益隆古城的调查，使我们对其城址结构、平面布局及文化内涵有了更进一步的了解。根据文献记载和对遗迹、遗物的综合对比分析，笔者认为，该古城为元代的城址。

从这次古城内出土的遗物来看，尤其是石础，与元上都出土的汉白玉石础纹样完全相同①。I式碗与集宁路古城内出土的碗相似。铜权与辽、金松山州遗址出土的“至大□年大都路造”的铜权相似②。从这次城内出土的古钱币“至大通宝”“至正通宝”以及出土的很多遗物都有火烧或烟熏的痕迹来分析，我们推测该城在元末明初毁于战乱。

《通制条格》载：“砂井、集宁、净州、按打堡子四处，壬子年元籍爱不花驸马位下人户，揭照元籍，依旧开除。”爱不花为汪古部长，尚世祖忽必烈的女儿月烈公主，谥封高唐武襄王。其统领下的4处城堡，现已确定了集宁、砂井和净州古城的位置③，因此这座位于3处鼎立城址之间的广益隆古城，应属于汪古部的领地范围。这座古城的规模与集宁路城相当，而又大于砂井，因此它可能属于路一级政权所在的城郭。

广益隆元代古城是乌盟后山地区最大的一座古城址。以前城内地表暴露遗物除了砖瓦较多，其他遗物较少，这次东城内出土了较多的遗物。从出土的遗物来看元代遗物最多，占总数的80%，金时期遗物仅约占20%。其时代也大体在金、元之交。因此，判断古城为金、元时期的古城，而在元代最为兴盛。

参加这次调查的有崔利明、程永清、王刚、刘雪峰等同志。

本文写作，得到李逸友先生赐教，谨此致谢！

载于《内蒙古文物考古》1994年第1期

① 贯洲杰：《元上都调查报告》，《文物》1977年第5期。

② 张松柏、任学军：《辽金松山州遗址调查》，《内蒙古文物考古》1986年总第4期。

③ 李逸友：《内蒙古元代城址概说》，《内蒙古文物考古》1986年总第4期。

丰镇市八号地元代遗址发掘简报

内蒙古文物考古研究所

八号地遗址位于内蒙古丰镇市巨宝庄乡五号村西南约500米处的山前台地之上。遗址北面依山，饮马河上游支流从遗址的西、南两面流过，向东南约1千米注入巨宝庄水库，隔河亦为低山所环绕；东面由于水土流失严重，形成较深的自然冲沟，与五号村相对（图一）。其内部地势较为平整，略呈北高南低，现均已辟为耕地，东西长200米，南北长约300米。

1991年5月，为配合丰（镇）准（格尔）铁路的建设，内蒙古文物考古研究所对遗址的重点区域进行了发掘（遗址编号为91FB），共布5米×5米探方9个，清理灰坑28个，出土一定数量的遗物。现将本次发掘工作的主要收获简报如下。

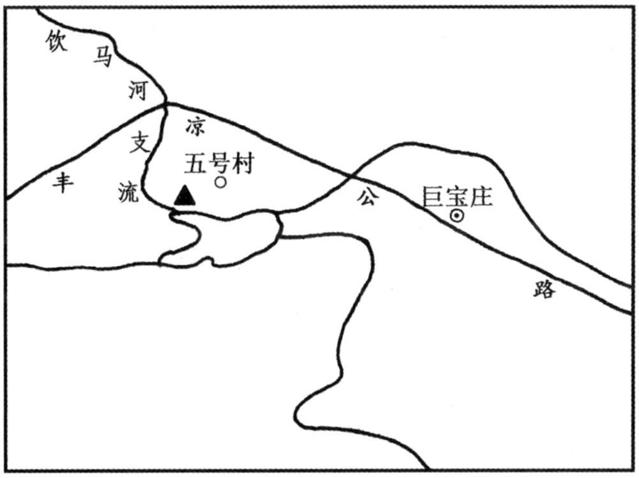

图一　八号地遗址位置示意图

一、地层堆积和遗迹

八号地遗址地层堆积较薄，从已发掘的9个探方来看，普遍堆积在10～20厘米，揭开耕土层后即为遗迹，以下便是原生土层。现以T4东壁加以说明：

第一层（耕土层），土色灰黄，土质松软，内含有少量的陶片，厚10～15厘米。该层下开口的有H7、H8。第二层以下为原生土层（图二）。

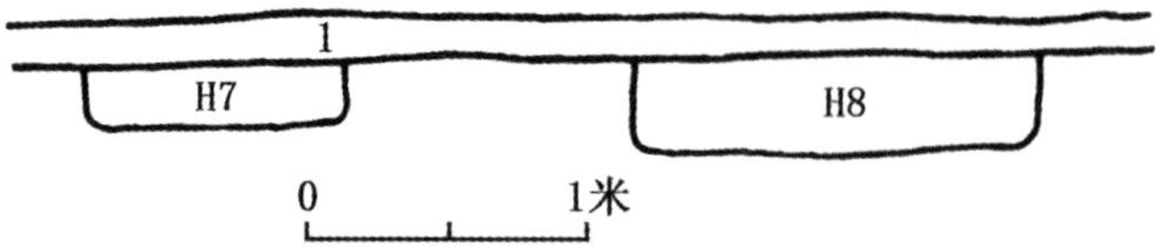

图二　T4东壁剖面图

遗址内清理出土遗迹均为灰坑，分布相对比较松散，但个别探方的分布较为集中，并有5组叠压打破关系。其平面均为圆形和长方形两种，坑底平整，坑壁较直。现以H1、H21为例说明：

H1平面呈圆形，内填有灰黑色土，出土有少量的陶片、瓷片及动物骨骼等。直径120～130厘米，深105厘米（图三）。

H21平面呈长方形，坑内填土呈灰黑色，无任何遗物出土。长150厘米，宽110厘米，深40厘米（图四）。

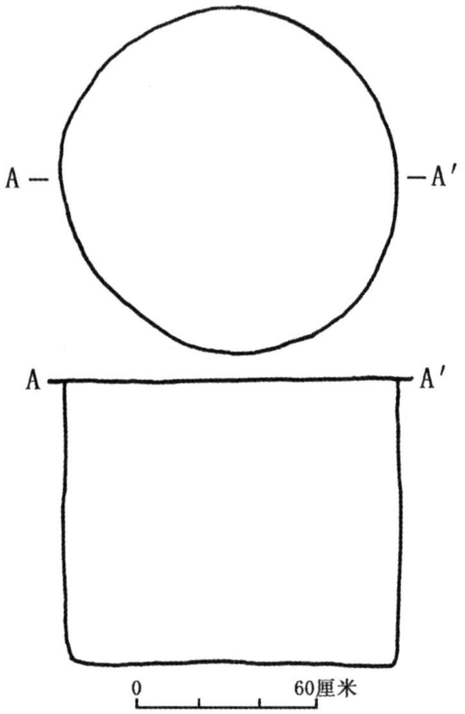

图三　H1平、剖面图

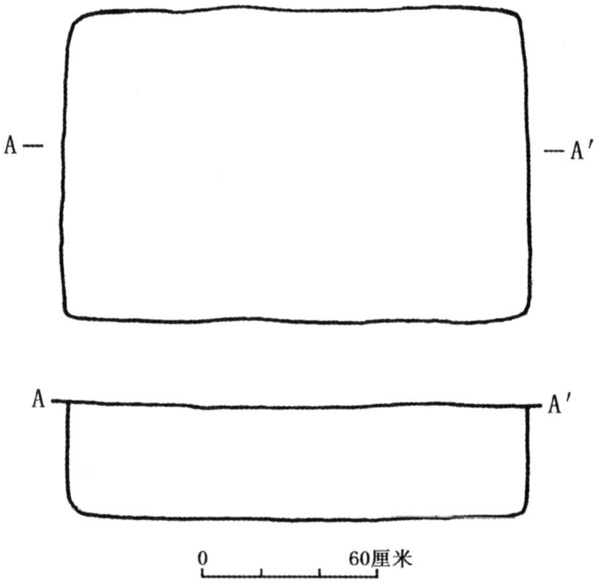

图三　H21平、剖面图

二、出土遗物

遗址内出土遗物较少，多为釉陶器，陶器次之，还有少量的石器、铁器、铜钱等。

（一）釉陶器

胎质较粗，釉色以白釉、黑釉为主，黑花釉、茶绿釉次之，还有个别的钧窑瓷片。器底为圈足或平底，少量的为平底内凹。器型有瓮、罐、双耳罐、牛腿瓶、盆、碗、盘、盏等。

瓮　标本91FBH2：1，直口微向内收，圆唇，鼓腹。胎质较粗，内外壁均施茶绿釉，口部脱釉。口径36厘米（图五，8）。

罐　标本91FBT4①：1，直口，矮领，方圆唇，口外侧饰凹弦纹1周。胎质一般，内外壁均施茶绿釉。口径12厘米（图五，1）。

双耳罐　标本91FBT9①：1，直口，尖圆唇。短颈，鼓腹，颈部饰对称小耳。胎质一般，口部内外壁施白瓷黑花釉，内壁施豆绿釉。口径14厘米（图五，7）。

牛腿瓶　标本91FBT1①：1，仅见腹部。胎质较粗，内外壁均施黑釉。

盆　标本91FBH11：1，直口微向外侈，圆唇，短折沿，沿面呈平面，腹壁略有弧度。胎质一般，内外壁均施白釉。口径14厘米（图五，3）。

碗　标本91FBH25：1，敞口，尖圆唇，弧腹。胎质一般，内外壁均施白釉，外壁近底脱釉。口径14厘米（围五，4）。

盘　标本91FBT4①：2，敞口，圆唇，腹壁斜收。胎质较粗，内外壁均施白釉，外壁下腹脱釉。口径18厘米（图五，2）。

盏　标本91FBH：1，直口，圆唇，浅腹，平底。胎质一般，不施釉。口径6厘米，底径3.6厘米，高2厘米（图五，6）。

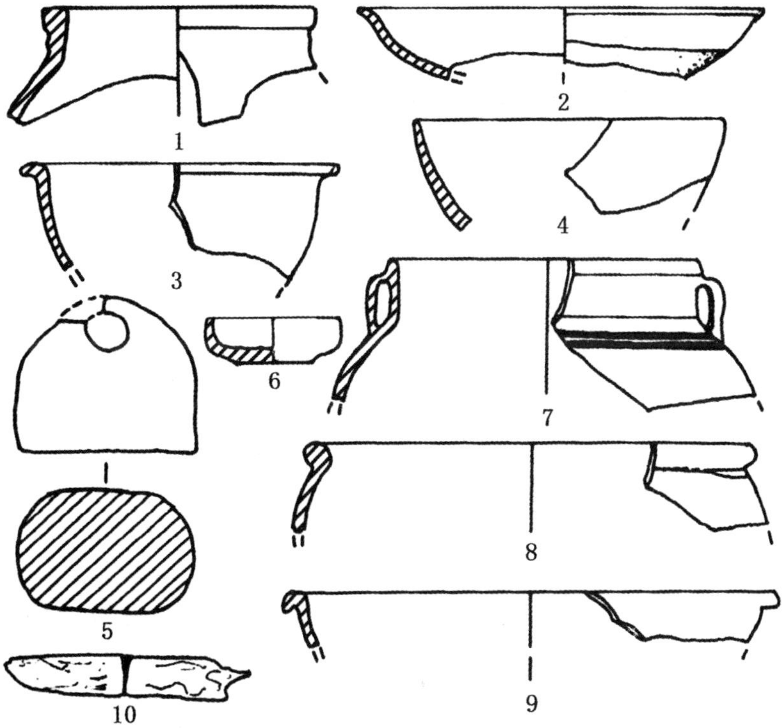

1.罐（T4①：1）　2.盘（T4①：2）　3.盆（H11：2）　4.碗（H25：1）　5.石器（T7①：1）　6.盏（H1：1）　7.双耳罐（T9①：1）　8.瓮（H2：1）　9.陶盆（T4①：3）　10.铁刀（T2①：1）

图五　出土器物

（二）陶器

陶器出土数量较少，均为泥质灰陶，轮制，火候较高，质坚硬。纹饰均横向压光或素面。器型有盆等。

盆　标本91FBT④1：3，敞口，圆唇，沿面呈弧卷，腹壁较直。沿面及内壁均横向压光，外壁素面。口径44厘米（图五，9）。

（三）石器

石器只出土1件。91FBT①：1，因损坏严重，用途不明。端部浑圆，近端部有一圆形穿孔，横截面呈椭圆形。石质坚硬，呈深蓝色，表面磨光。残高7.5厘米（图五，5）。

（四）铁刀

1件。91FBT②1：1，残，表面锈蚀严重，双面刃。残长11厘米（图五，10）。

（五）铜钱

1枚。91FBH12：1，残，表面锈蚀严重，字迹不清。

三、小结

八号地遗址文化层堆积较薄，遗迹分布松散，出土遗物较少，说明与遗址的使用年代较短和当时居住人口较少有关。遗址内虽然出土遗物较少，但其时代特征比较明确。从出土器物分析，圆唇敛口大瓮、茶绿釉罐、白釉黑花双耳罐及钧窑瓷碗均在距遗址较近的察右前旗土城子古城（元代集宁路）[①]中大量出土，也是乌盟地区元代古城和村落遗址中最常见的器物，是本地区较为典型或具有明显特征的元代遗物。从以上诸因素分析，该遗址应为元代一小型村落遗址。遗址在发掘过程中出土有较多的兽骨，其比例远远超出陶片和瓷片的数量。初步可以辨认的主要有牛、马、羊等家畜动物骨骼，说明遗址当时畜牧业在整个生产、生活中占有较大的比重，为研究该地区元代的农牧业生产结构提供了一个十分重要的依据。

执笔：魏坚、李兴盛

载于内蒙古文物考古研究所编：《内蒙古文物考古文集（第一辑）》，
北京：中国大百科全书出版社，1994年

① 乌兰察布盟文物工作站：《察右前旗土城子古城调查简报》，《乌兰察布文物》1989年总第3期。

内蒙古察右前旗发现一方元代万户府铜印

杜承武

1984年7月10日，乌兰察布盟文物工作站于察哈尔右翼前旗小淖乡十三号村征集到一方“管女直侍卫亲军万户府印”。这方铜印是该村民办教师雍延君同志于1983年秋在农田里耕地时发现的。

小淖乡位于黄旗海东，这里是山区，十三号村更是一个偏僻的小山村。全村约30户人家，沿沟坡迤逦而居。铜印出土于村北半里多远的一块农田里。出土铜印附近的农田和沟岔里有古代文化遗迹和陶瓷残片，属辽、金、元时期的文化遗物。

印呈正方形，扁长形纽。印面边长8厘米，厚1.7厘米。纽上窄下宽，下宽4.3厘米，上宽3.6厘米，厚1.6厘米，高6厘米（图一）。印文为模铸之篆书八思巴字，周围字迹清晰，笔画规整，唯中间数字笔画变形，有漶漫不清之感。从印面整体观察，中间有残损痕迹，数字笔画微凹，为与硬物撞击所致。印背右边刻款为“管女直侍卫亲军万户府印”11个字；左边刻款为“中书礼部造　至元十九年四月　日”，书分2行，共13个字，唯“至”字较模糊。

图一　元代万户府铜印

元代八思巴文官印已发现90余方[①]，然而属万户府印的仅有2方，而且都是延祐、至正年间铸造，是元代中晚期的官印。这方万户府印是元世祖忽必烈至元十九年（1282年）所造，是元代早期的万户府印。据《元史》记载，八思巴字的正式推行使用是至元六年（1269年），同时也用于官

① 照那斯图：《元八思巴字官印辑存》，载文物编辑委员会编《文物资料丛刊（1）》，北京：文物出版社，1977年。

印，但字形为楷体。到至元八年正月，元世祖忽必烈就八思巴字的学习和使用专门颁发一道圣旨，明确规定“省部台诸印信并所发铺劄子，并用蒙古字”[①]，即八思巴字。现在所见八思巴字篆书官印最早者，为至元十四年（1277年）八月[②]。还有一方印面大小与该印完全相同的“侍卫军副都指挥使印”，时间为至元十六年（1279年）八月，比这方印早2年多。元代都指挥使与万户均为正三品，副都指挥使为从三品，所以两方印面的大小相同。元代规定，官印印面的大小与官职的品位高低是相一致的，在这里也得到了证实。

侍卫亲军为元世祖忽必烈所创制。据《元史·百官志》记载：“中统三年，初置武卫。至元元年，改为侍卫。八年，改为左、右、中三卫。掌宿卫扈从，兼屯田。国有大事，则调度之。”又据《元史·兵二》记载有“女直侍卫亲军万户府”和“高丽女直汉军万户府管女直侍卫亲军万户府”两个与该印有关的女直万户府的建制。该印究竟属于前者还是后者，尚不能确指。如光从文字上看，应属后者。但后者前边还有“高丽女直汉军万户府”等字，两者之间是什么关系，尚待进一步研究。元代的侍卫亲军人选，不光是蒙古族充任，还选拔其他民族中的成员组成。“至元二年十二月，增侍卫亲军一万人，内选女直军三千，高丽军三千，阿海军三千，益都路一千。”[③]由此可知，至元二年（1265年）就已经有了女直人组成的侍卫亲军了。以后，随着侍卫亲军的逐渐发展壮大，到至元十九年，女直侍卫亲军已够得上万户的建制，因此礼部铸造颁发了这方“管女直侍卫亲军万户府印”。这方官印的发现，为研究元代的侍卫亲军制度提供了宝贵的实物资料。

这方保卫元代皇帝的高级军事长官的铜印，何以会失落在一个偏僻的山村呢？可能是元代末年，皇帝由大都逃回了蒙古草原，侍卫亲军有的已四散他乡，这里向西出山口不远就是元代的集宁路古城遗址，也可能与集宁路有一定的关系。

（印面巴思八文请内蒙古大学蒙古史研究室亦邻真教授翻译过，与印背汉文完全一致。）

载于《北方文物》1988年第3期

① 《元典章》卷三十一《礼部卷之四·学校一·蒙古学·蒙古学校》。

② 照那斯图：《元八思巴字官印辑存》，载文物编辑委员会编《文物资料丛刊（1）》。

③ 宋濂等撰：《元史》卷九十九《志第四十七·兵二》，北京：中华书局，1976年，第2531页。

察哈尔右翼后旗头道湾古城遗址发掘简报

内蒙古自治区文物考古研究所　乌兰察布博物馆
察哈尔右翼后旗文物管理所

1995年，为配合国家重点工程乌兰水泥厂的基础设施建设，内蒙古自治区文物考古研究所、乌兰察布博物馆、察哈尔右翼后旗文物管理所在有关部门的协助下，派员对厂区进行了细致的调查与勘探工作，发现了头道湾古城遗址，并于同年9—11月，对该古城进行了抢救性考古发掘。现将具体情况报告如下。

一、古城概况与地层堆积

头道湾古城遗址位于察哈尔右翼后旗红格尔图乡西北约3.5千米的头道湾村西南（图一），坐落在一个三面环山的山坡上，地势相对平坦。经过初步勘探与测量，古城为正南北向分布，平面略呈方形，边长170米。除北城墙被两条现代水渠所切，东、西、南三面城墙都有保存，残高0.4～0.7米。东城墙保存基本完好，长170米，基宽2.7米，现存高度0.5～0.6米；南城墙保存最好，长170米，基宽2.7米，现存高度0.65～0.7米；西城墙北段部分被现代沟打破，残长127米，基宽2.7米，现存高度0.4～0.5米。古城东、西、南三墙均无城门遗迹，故推测其城门应设在已遭破坏的北城墙上。城墙及内外两侧没有发现其他附属建筑物。

为了全面地了解古城内的文化堆积状况，发掘分两个区域进行。第一发掘区位于古城西城墙外，第二发掘区位于古城内北部（图二）。两个发掘区共揭露面积近800平方米。下面以第一发掘区的T409东壁和第二发掘区的T604西壁两组剖面为例，分别介绍两个发掘区域的地层堆积状况。

第一发掘区ⅠT409东壁剖面：

第一层　表土层，黄褐色土，质地松软，出土少量黑、白釉瓷片及陶片，可辨器型有盆、瓮、碗等。厚10～15厘米。此层下开口的遗迹单位有ⅠH18。

第二层　文化层，灰褐色土，质地松散，出土大量灰陶及白瓷残片，可辨器型有盆、瓮、碗等。厚15～20厘米。此层下开口的遗迹单位有ⅠH10、ⅠH11、ⅠH20和ⅠH24。

第二层以下为生土（图三）。

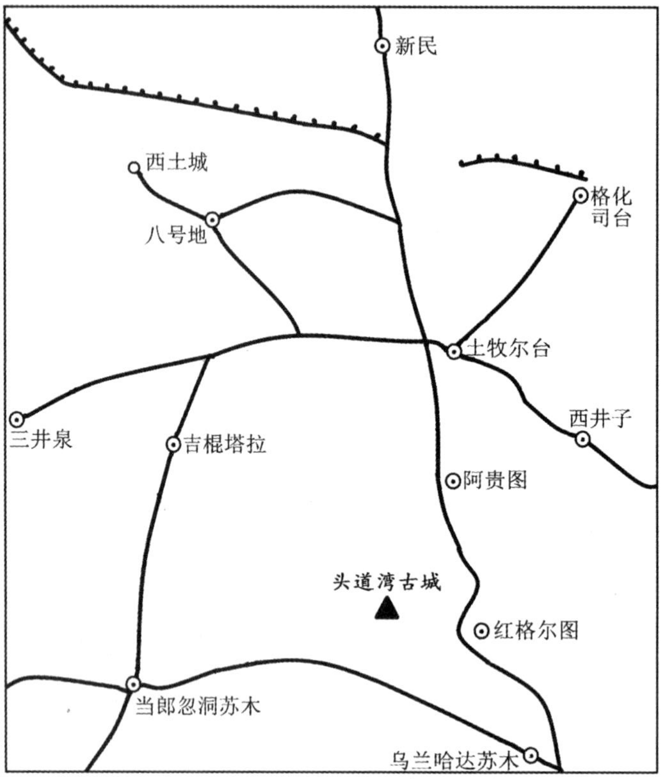

图一　头道湾古城位置示意图

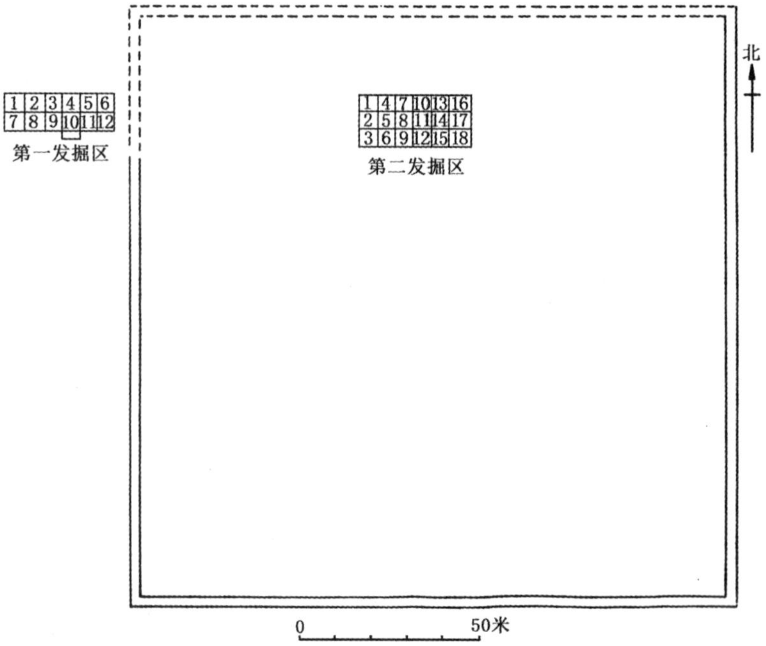

第一发掘区：1. Ⅰ T307　2. Ⅰ T308　3. Ⅰ T309　4. Ⅰ T310　5. Ⅰ T311　6. Ⅰ T312　7. Ⅰ T407　8. Ⅰ T408　9. Ⅰ T409　10. Ⅰ T410　11. Ⅰ T411　12. Ⅰ T412

第二发掘区：1. Ⅱ T504　2. Ⅱ T505　3. Ⅱ T506　4. Ⅱ T604　5. Ⅱ T605　6. Ⅱ T606　7. Ⅱ T704　8. Ⅱ T705　9. Ⅱ T706　10. Ⅱ T804　11. Ⅱ T805　12. Ⅱ T806　13. Ⅱ T904　14. Ⅱ T905　15. Ⅱ T906　16. Ⅱ T1004　17. Ⅱ T1005　18. Ⅱ T1006

图二　头道湾古城平面及发掘区示意图

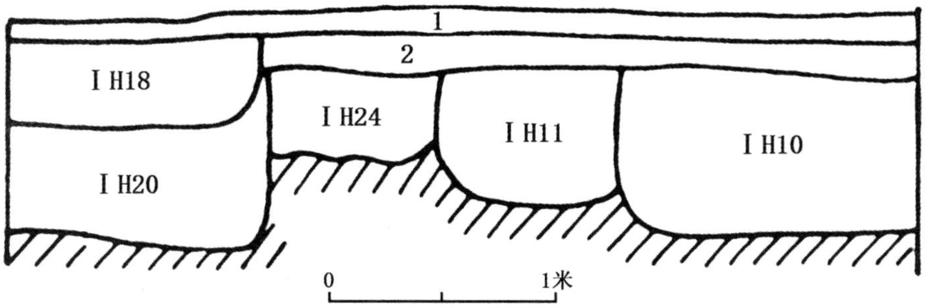

图三　第一发掘区ⅠT409东壁剖面图

第二发掘区ⅡT604西壁剖面：

第一层　耕土层，灰黄色土，土质较疏松，内含少量陶瓷残片。厚15～30厘米。此层下开口的遗迹单位有ⅡH9和ⅡH22。

第二层　文化层，灰褐色土，土质较硬，出土有较多的陶瓷残片，可辨器型有碗、盆、瓮等。厚10～20厘米。此层下开口的遗迹单位有ⅡH16和ⅡH23。

第二层以下为生土（图四）。

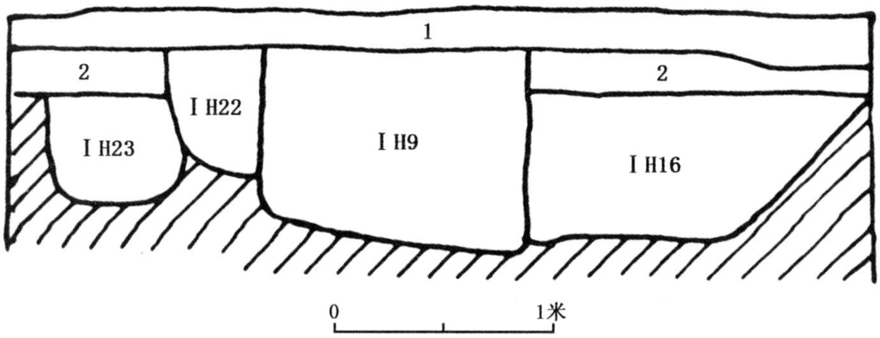

图四　第二发掘区ⅡT604西壁剖面图

二、遗迹

发掘出土的遗迹主要有房址、灰坑和灰沟等（图五、图六）。

（一）房址

发现房址3座，均位于第二发掘区内。因破坏严重，只残留室内灶坑及烟道，烟道上一般都盖有薄石片，形状及结构皆不详。下面以ⅡF2为例，加以介绍。

ⅡF2　位于ⅡT806的北部与东部，开口于第一层下，被ⅡH97打破，房址打破第二层。灶在烟道的右下侧，为圆形，直径0.92米，深0.14米。灶与烟道之间有宽约0.15米的火孔连接。烟道用土坯垒砌而成，共有5条，南北向有1条，长1.7米，宽0.14米，深0.12米；东西向有4条，长短不一，最长3.6米，最短2.2米，宽0.22～0.28米，深约0.12米。烟道内残留有黑色烟煤渣。在灶的北面偏西约1.2米处有一圆形风窝，直径0.64米，深0.2米。整个房址内堆积灰黑土，土质略硬，出土有少量的陶瓷片（图七）。

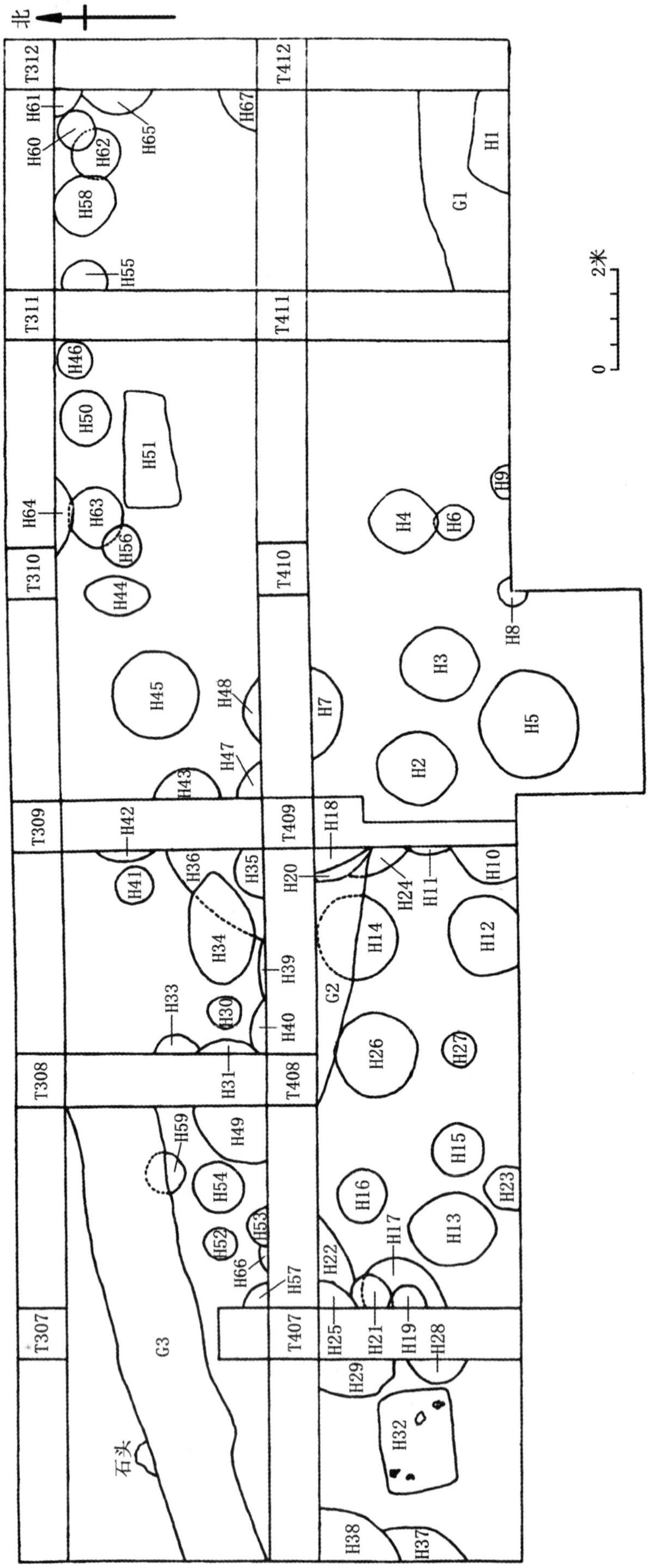

图五　头道湾古城遗址第一发掘区遗迹总平面图
（遗迹、探方编号前"I"省）

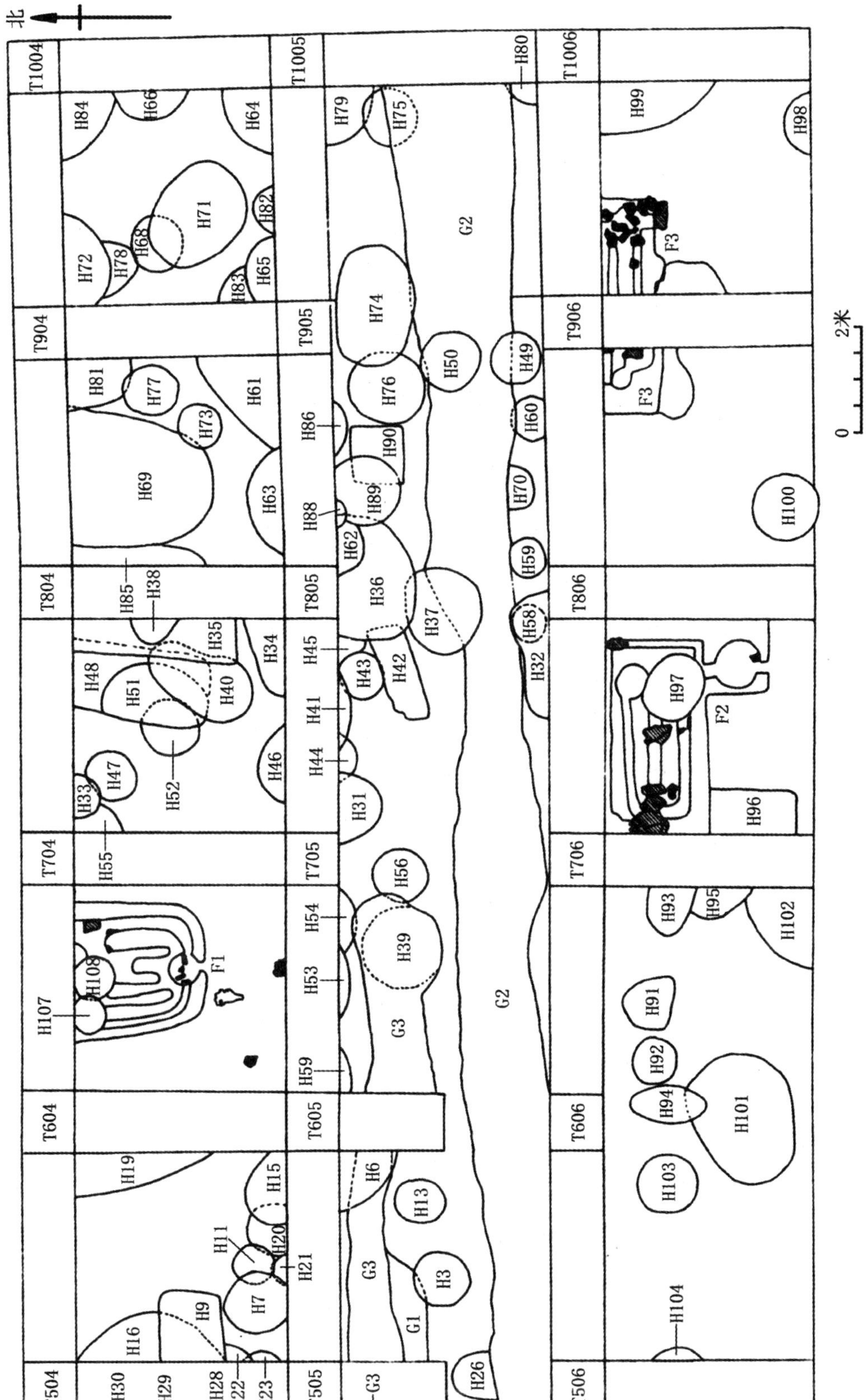

图六　头道湾古城遗址第一发掘区遗迹总平面图
（遗迹、探方编号前“Ⅱ”省）

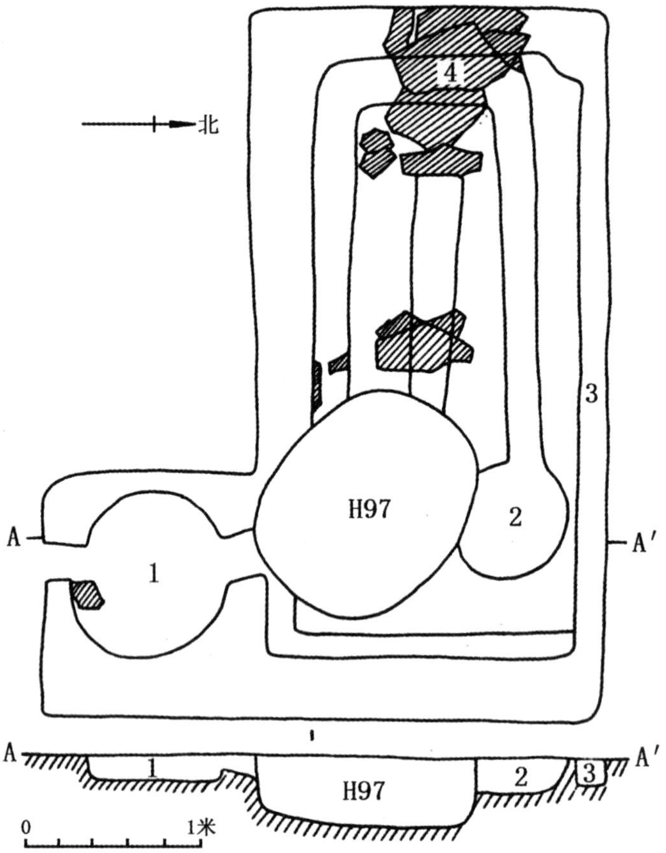

1.灶　2.风洞　3.烟道　4.石板

图七　ⅡF2平、剖面图

（二）灰坑

共发掘清理灰坑177个。绝大多数灰坑制作不甚规整，平面形状有圆形、椭圆形、圆角长方形和不规则形4种。其中以不规则形居多，占总数的59%。从现存形制推测，这批灰坑大多数是作为垃圾坑使用，只有少数的作为窖穴（附表）。

1.圆形坑

57个。兹介绍其中5座。

ⅠH14　位于ⅠT409的北部，开口于第二层下，被ⅠG2打破，灰坑打破生土。平面呈圆形，直壁，平底。坑口直径0.65米，深0.7米。坑内填土为灰黑色土，质地松软。出土有较多的泥质灰陶片和少量白瓷片，复原陶盆1件，另有1件铁铧（图八）。

ⅠH59　位于ⅠT308的东部偏中，开口于第一层下，打破第二层及生土，被ⅠG3打破。平面呈圆形，直壁，平底。坑口直径0.8米，深0.25米。坑内填土为灰黑色土，土质疏松。出土有少量白瓷及陶盆残片（图九）。

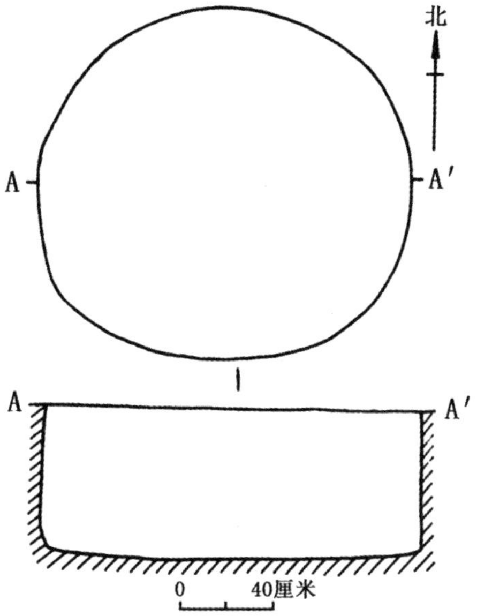

图八 ⅠH14平、剖面图

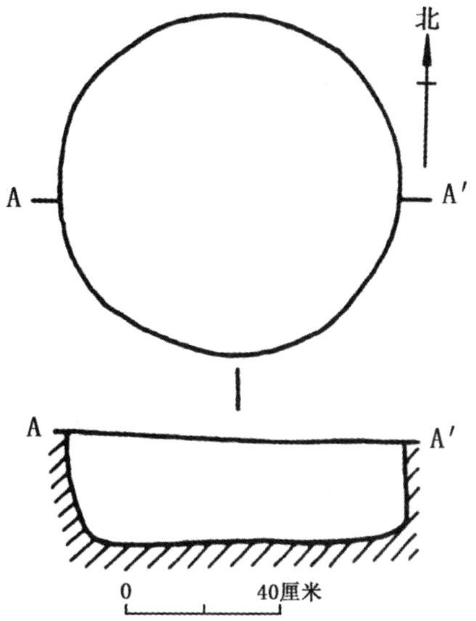

图九 ⅠH59平、剖面图

ⅡH39 位于ⅡT705的东北部，开口于第一层下，打破第二层及生土，被ⅡG3打破。平面呈圆形，直壁，平底。坑口直径1.52米，深0.62米。坑内填土为灰褐色土，质地松软。出土有少量的陶瓷残片及1件瓷双系罐，可辨器型还有瓷碗、陶盆等（图十）。

ⅡH68 位于ⅡT1004的西部，开口于第一层下，打破第二层及生土，被ⅡH71打破。平面呈圆形，直壁，平底。坑口直径0.95米，深0.3米。坑内填土为灰土，土质较松软。出土少量的陶瓷残片及1件黑褐釉鸡腿瓶（图十一）。

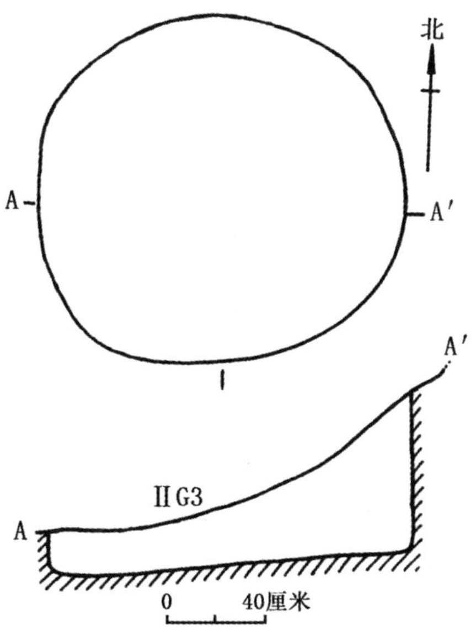

图十 ⅡH39平、剖面图

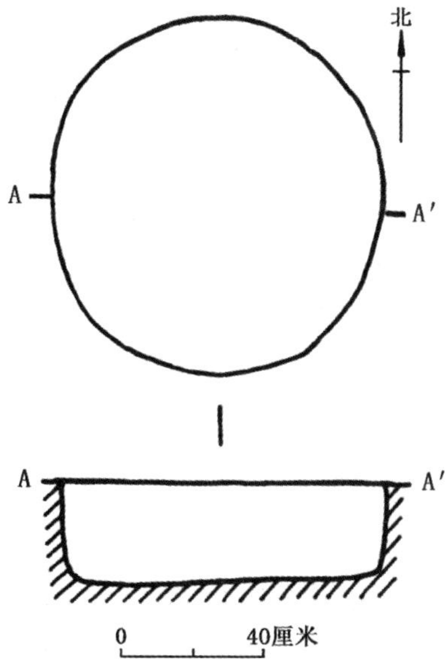

图十一 ⅡH68平、剖面图

ⅡH100 位于ⅡT906的南部，开口于第一层下，打破第二层及生土。平面呈圆形，直壁，平底。坑口直径1.25米，深0.74米。坑内填土为灰黑色土，质地松软。出土少量陶瓷残片及动物骨骼，可辨器型有陶盆、陶罐、白瓷碗、瓷盆、黑釉小罐等（图十二）。

2.椭圆形坑

8个。兹介绍其中2座。

Ⅰ H13　位于Ⅰ T408的南部，开口于第二层下，打破生土。平面呈椭圆形，直壁，平底。坑口长径1.7米，短径1.4米，深0.65米。坑内堆积分两层：上层为灰黑土，质松，内含烧土块、石片、兽骨等，出土陶片较多，有少许瓷片，可辨器型有陶瓮、瓷瓮、瓷罐、瓷碗等；下层为黄色土，土质较硬，内含烧土及炼渣，出土少量陶瓷残片，器型有陶盆、陶瓮、瓷罐（图十三）。

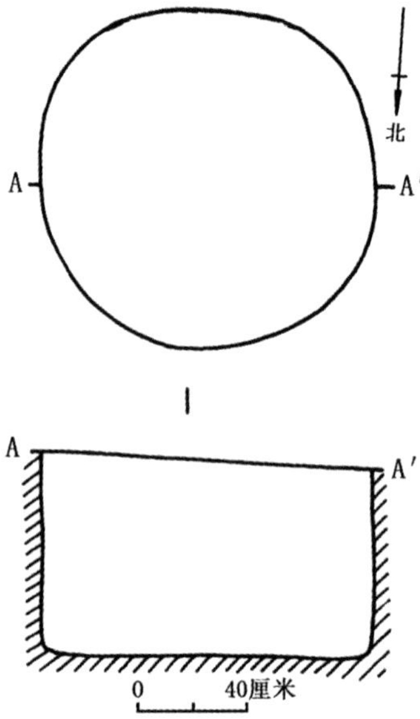

图十二　Ⅱ H100平、剖面图

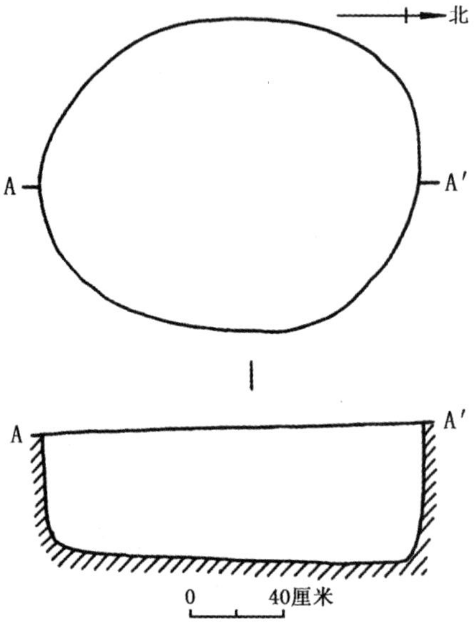

图十三　Ⅰ H13平、剖面图

Ⅰ H34　位于Ⅰ T309的南部，开口于第二层下，打破Ⅰ H36及生土。平面呈椭圆形，直壁，平底。坑口东西长2.3米，南北宽1.5米，深0.2米。坑内填土为灰褐土，质松。出土大量的白瓷片，器型有碗、盘等（图十四）。

3.长方形坑

8个。兹介绍其中2座。

Ⅰ H32　位于Ⅰ T407的中部，开口于第二层下，打破生土。平面呈圆角长方形，直壁，平底。坑口东西长2米，南北宽1.53米，深0.47米。坑内填土为灰色土，质松。出土有陶瓷残片及兽骨，器型有陶盆、瓷碗（图十五）。

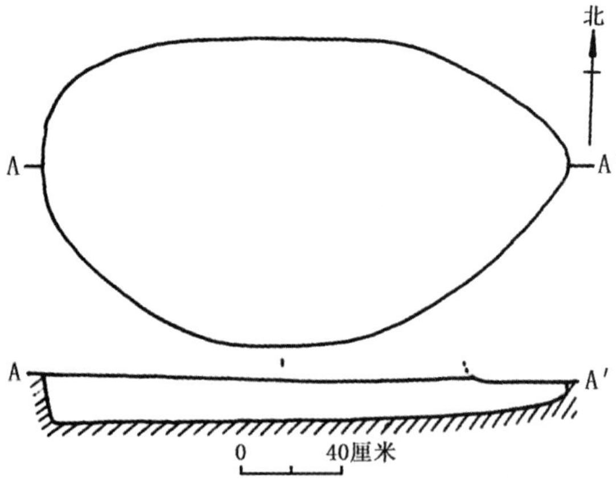

图十四　Ⅰ H34平、剖面图

Ⅱ H27　位于Ⅱ T504的西部，开口于第一层下，打破第二层与生土。平面呈圆角长方形，直壁，平底。坑口长1.6米，宽1.34米，深0.3米。坑内填土为灰黑土，质松。出土有少量陶瓷残片（图十六）。

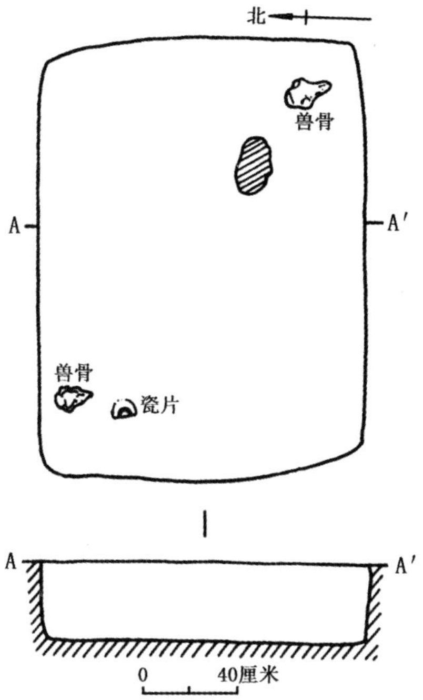

图十五　ⅠH32平、剖面图

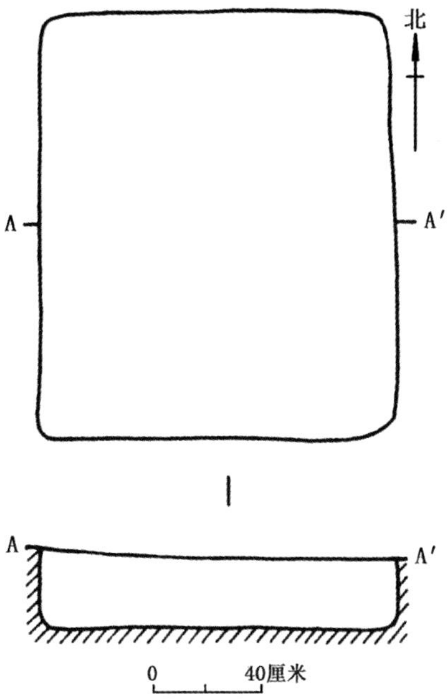

图十六　ⅠH27平、剖面图

4.不规则形坑

104个。兹介绍其中2座。

ⅡH91　位于ⅡT706的北部，开口于第一层下，打破第二层及生土。平面呈不规则形，直壁，底凹凸不平。坑口最长径1米，深0.5米。坑内填土为灰褐土，质地松软。出土少量陶瓷残片及砺石，复原白瓷盘1件（图十七）。

ⅡH40　位于ⅡT804东部，开口于第一层下，打破ⅡH51、ⅡH52、第二层及生土，被ⅡH35打破。平面呈不规则形，直壁，平底。坑口最长径2.1米，深0.42米。坑内填土为灰色土，土质较疏松。出土少量陶瓷残片及兽骨（图十八）。

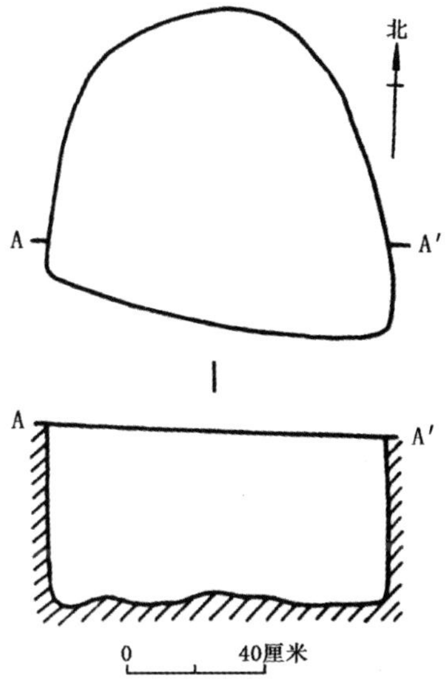

图十七　ⅠH91平、剖面图

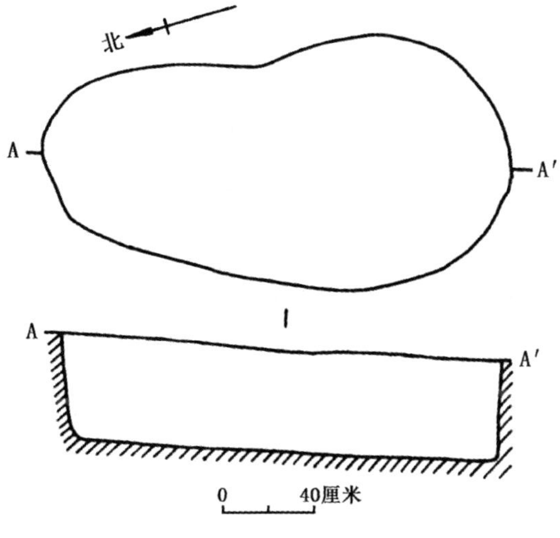

图十八　ⅠH40平、剖面图

（三）灰沟

6条。均为不规则长带状，沟壁、底均不甚规整。下面以第二发掘区内的ⅡG2为例加以说明。

ⅡG2　跨ⅡT505、ⅡT605、ⅡT705、ⅡT805、ⅡT905、ⅡT1005等6个探方，东西走向，发掘长度30米。沟宽0.5～2.5米，深0.3～0.9米。沟内堆积灰色土，质地较松软。出土遗物较为丰富，有陶器、瓷器、铁器及石器，器型有陶纺轮、瓷碗、瓷盏、砺石、铁刀、铁锥、铁钩等。

三、遗物

此次发掘出土遗物较为丰富，主要以瓷器为大宗，此外还有陶器、铜器、铁器、骨角器、石器等。下面分类叙述。

（一）瓷器

瓷器中细瓷和粗瓷均占有一定比例。釉色以白釉为主，黑釉次之。釉面多无装饰，少量的有印花图案，内底留有支钉或涩圈。此外，在少数碗及足底见有墨书字款。器型有碗、盘、盆、罐、钵、器盖、盏、碟、鸡腿瓶、瓷人塑像等。

1.盆

瓷质皆较粗。分3型。

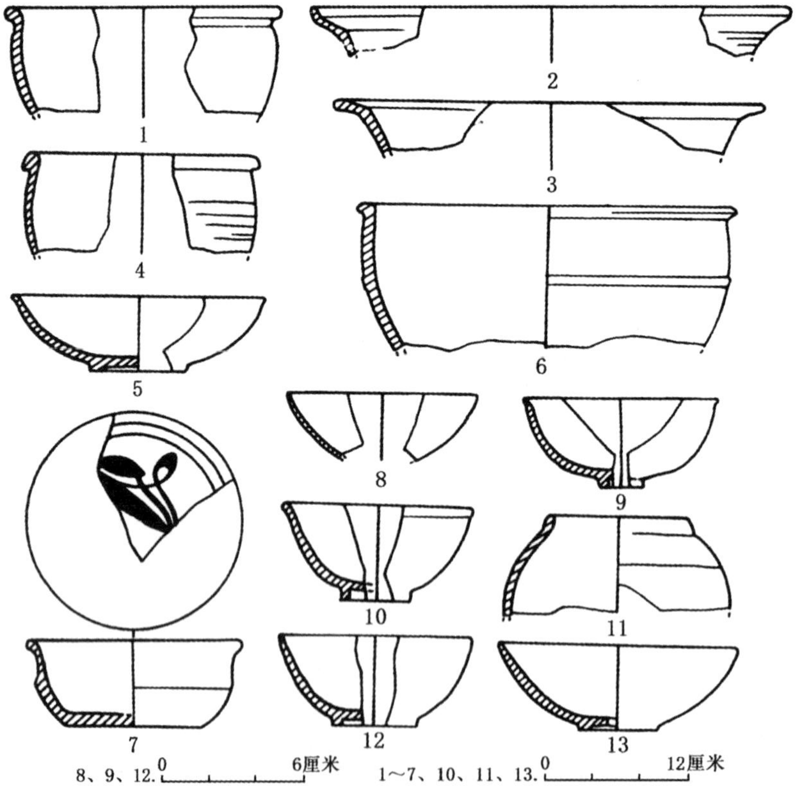

1.Bb型罐（ⅡH101：1）　2.C型盆（ⅠH35：2）　3.B型盆（ⅠH35：1）　4.Bc型罐（ⅠH36：1）　5.B型碗（ⅡG2：1）　6.Ba型罐（ⅠH13：2）　7.A型盆（C：2）　8.Dc型碗（ⅡH66：1）　9.Da型碗（ⅡG1：1）　10.A型碗（ⅠH26：1）　11.A型罐（ⅠH61：1）　12.Db型碗（ⅡG 3：1）　13.C型碗（ⅡH14：1）

图十九　瓷器

A型　C：2，敞口，圆唇，上腹束腰，下腹斜收，平底内凹。口部及内壁施乳白釉，外壁施酱釉，胎质呈黄色，内壁及底饰有蓝色弦纹及印花图案。口径17.2厘米，底径12厘米，高7.2厘米（图十九，7）。

B型　ⅠH35：1，残。敞口，方圆唇，平折沿，折棱明显。内壁及口部施白釉，外壁未施釉。口径33.6厘米，残高5.6厘米（图十九，3）。

C型　ⅠH35：2，残。敞口，尖唇，折沿，沿外缘上凸。口部及内壁施白釉，外壁未施釉。口径40厘米，残高4.8厘米（图十九，2）。

2.罐

分2型。

A型　ⅠH61：1，残。直口微敛，尖圆唇，矮斜领，圆肩。瓷质较粗，口部及外壁施白釉，内壁露胎，胎质呈浅黄色。口径10.8厘米，残高8厘米（图十九，11）。

B型　均残。瓷质较细，内外壁均施白釉。按口沿形态分为3个亚型。

Ba型：ⅠH13：2，直口微敛，尖唇，短折沿，上腹有1周带状凸棱。口径29.6厘米，残高12厘米（图十九，6）。

Bb型：ⅡH101：1，敞口，圆唇，口沿外翻，束颈。口径22厘米，残高9.2厘米（图十九，1）。

Bc型：ⅠH36：1，敛口，尖唇，卷沿。口径17.6厘米，残高8厘米（图十九，4）。

C型　双耳。分2式。

Ⅰ式：ⅠH26：3，残。敞口，尖圆唇，溜肩。瓷质较粗，芒口，器表施白釉，内壁露胎。口径13.6厘米，残高7厘米（图二十，2）。

Ⅱ式：ⅡH52：1，残。敛口，圆唇，矮斜领，溜肩。瓷质较细，器表施白釉，内壁露胎。口径10.4厘米，残高9.6厘米（图二十，3）。

3.碗

瓷质大多较粗，亦有少量瓷质较细。口部及内外壁均施白釉，近底部未施釉，少数通体施釉。胎体施白色化妆土，胎质呈白色。内底有5～11个支钉痕迹。分4型。

A型　ⅠH26：1，敞口，圆唇，唇外侧饰一浅凹弦纹，深腹斜收，圈足。口径15.2厘米，底径5.6厘米，高8厘米（图十九，10）。

B型　ⅡG2：1，敞口，尖唇，唇沿略外翻，浅腹，圈足。口径20.8厘米，底径8厘米，高6.4厘米（图十九，5）。

C型　ⅡH14：1，敞口，尖唇，斜弧腹较深，圈足。口径20厘米，底径6.4厘米，高7.2厘米（图十九，13）。

D型　瓷质较细，器型较小，通体施白釉。分3个亚型。

Da型：ⅡG1：1，敞口，尖唇，口沿微折，深腹，圈足。口径8厘米，底径1.8厘米，高3.8厘米（图十九，9）。

Db型：ⅡG3：1，敞口，尖唇，深腹，腹部斜收，圈足。口径8厘米，底径3.4厘米，高3.8厘米（图十九，12）。

Dc型：ⅡH66：1，残。敞口，尖唇，浅腹，腹斜弧。口径8厘米，残高5.6厘米（图十九，8）。

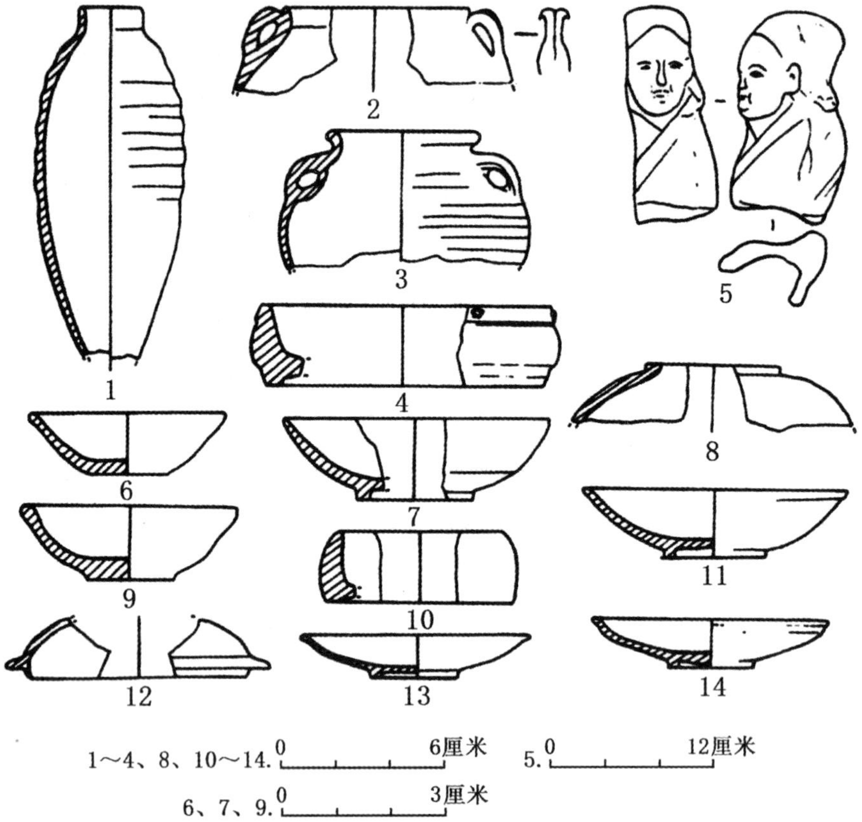

1.鸡腿瓶（ⅡH68：1） 2.CⅠ式罐（ⅠH26：3） 3.CⅡ式罐（ⅡH52：1） 4.B型钵（ⅡT606②：1） 5.瓷塑像（ⅡH7：2） 6.B型盏（G：4） 7.BⅡ式盘（ⅡG2：4） 8.瓮（ⅡH96：2） 9.A型盏（ⅡG2：3） 10.A型钵（G：1） 11.BⅠ式碗（ⅡH96：1） 12.器盖（ⅠH3：1） 13.AⅠ式盘（ⅠH20：1） 14.AⅡ式盘（ⅡH35：3）

图二十 瓷器

4.盘

瓷质较粗，呈白色，胎体施白色化妆土，器内底残存7～11个支钉痕迹。分2型。

A型 大敞口，口沿外翻卷。可分为2式。

Ⅰ式：ⅠH20：1，敞口，尖圆唇，口沿略外翻，浅腹，圈足。口部及内外壁均施白釉，近底部未施釉。口径16.8厘米，底径6.4厘米，高3.2厘米（图二十，13）。

Ⅱ式：ⅠH35：3，敞口，尖圆唇，口沿微折，唇外侧有一浅凹弦纹，浅腹，圈足。口部及内壁施白釉，外壁未施釉。口径17.6厘米，底径6厘米，高3.6厘米（图二十，14）。

B型 敞口，口沿及腹壁微内收。可分为2式。

Ⅰ式：ⅡH96：1，敞口，尖圆唇，深腹，腹部略弧，圈足。口部及内外壁均施白釉，近底部未施釉。口径20厘米，底径7.6厘米，高5.2厘米（图二十，11）。

Ⅱ式：ⅡG2：4，敞口，尖唇，浅腹，腹部斜收，圈足。瓷质较粗，口部及内壁施白釉，外壁未施釉。口径10厘米，底径4.4厘米，高3厘米（图二十，7）。

5.盏

瓷质皆较粗。分2型。

A型 ⅡG2：3，敞口，圆唇，弧腹，假圈足。芒口，内壁施黑褐釉，外壁露胎。口径7.6厘米，底径3.4厘米，高2.8厘米（图二十，9）。

B型　C：4，敞口，尖圆唇，斜直腹，平底。芒口，内壁施黑釉，外壁露胎。口径6.6厘米，底径3.2厘米，高2.4厘米（图二十，6）。

6.钵

瓷质皆较粗，胎厚重。分2型。

A型　C：1，直口，尖圆唇，弧腹，平底内凹。芒口，内壁施黑釉，外壁施黑褐釉，近底部未施釉。口径12厘米，底径14厘米，高5.2厘米（图二十，10）。

B型　ⅡT606②：1，敞口，方唇，腹部外鼓，平底内凹。内外壁均施黑褐釉，器底未施釉。外壁口部下饰花朵状乳钉1周。口径20厘米，底径20厘米，高6厘米（图二十，4）。

7.瓮

ⅡH96：2，残。直口，方唇，矮领，圆肩。瓷质较粗，芒口，外壁施黑釉。口径8厘米，残高4.8厘米（图二十，8）。

8.器盖

ⅠH3：1，残。盖面弧形隆起，子母口。瓷质较细，内外壁均施黑釉，子母口未施釉。沿径20厘米，内口径16厘米（图二十，12）。

9.鸡腿瓶

ⅡH68：1，底残。直口微敞，尖唇，高领，溜肩，下腹斜收。上腹部饰宽窄不等的瓦棱纹。瓷质较粗，内外壁均施黑褐釉，口部及肩部未施釉。口径4厘米，残高26.4厘米（图二十，1）。

10.瓷塑像

ⅡH7：2，残。瓷质较细，外施白釉。残高4厘米（图二十，5）。

（二）陶器

陶器以泥质灰陶为主，褐陶次之，偶见红陶。砂质陶较少。皆为轮制。火候普遍较高，质地坚硬，只有少数火候较低。纹饰以索面、压光弦纹为主，多见于瓮、罐的外壁或盆的内壁。器型有盆、罐、瓮、碗、纺轮、陶拍、烟壶等。

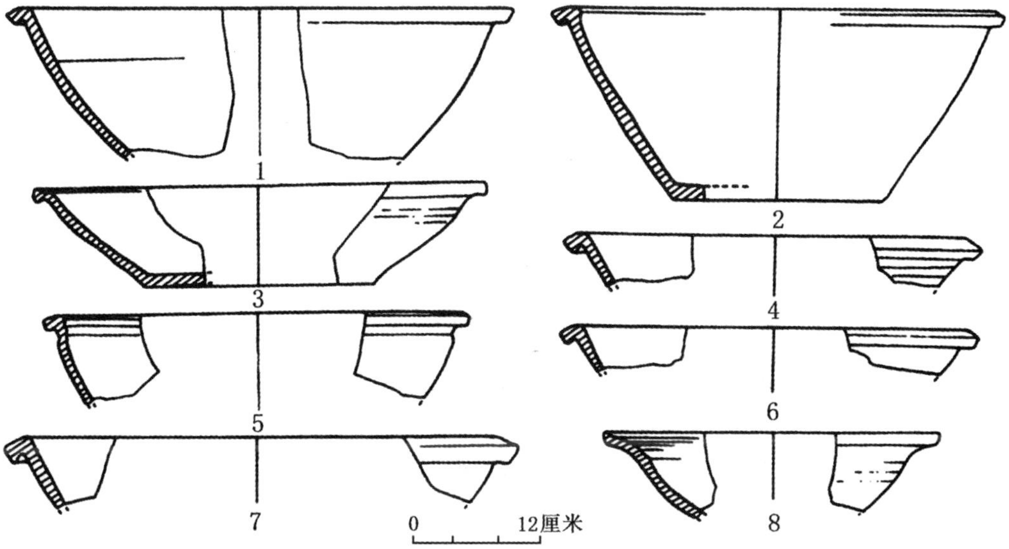

1、4、6.鸡腿瓶（ⅡT505②：1、ⅡH13：1、ⅡH96：3）　2.BⅡ式（ⅡH106：1）　3.C型（ⅡF2：1）　5.BⅣ式（ⅡH2：2）　7.BⅢ式（ⅡH37：1）　8.A型（ⅡH8：1）

图二十一　陶盆

1.盆

泥质灰陶，口部及内壁饰压光弦纹。按口沿特征可分3型。

A型　ⅡH8：1，口腹残片。敞口，尖唇，沿面外翻，边缘处凸起，腹部略有弧度。口径32厘米，残高6厘米（图二十一，8）。

B型　折沿，沿面下抹。按唇部特征分4式。

Ⅰ式：3件。均口沿残片。敞口，方唇，折棱不明显。ⅡT505②：1，唇缘下凸，斜腹弧收。口径44厘米，残高14厘米（图二十一，1）。ⅡH13：1，唇缘下凸，斜直腹。口径36.8厘米，残高5.6厘米（图二十一，4）。ⅡH96：3，唇缘凸起不明显，斜直腹。口径36.8厘米，残高6厘米（图二十一，6）。

Ⅱ式：ⅡH106：1，口微敞，方唇，口沿内侧起1道不明显凸棱，沿面略弧，唇缘下凸，斜腹略弧，平底。口径38厘米，底径20厘米，高18厘米（图二十一，2）。

Ⅲ式：ⅡH37：1，残。敞口，方唇，唇缘下凸，宽折沿，折棱明显。口径44厘米，残高6厘米（图二十一，7）。

Ⅳ式：ⅡH2：2，残。敞口，方唇，口沿内侧起1道凸棱，口沿下饰1周沟弦纹。口径36.8厘米，残高8厘米（图二十一，5）。

C型　ⅡF2：1，敞口，方唇，唇缘上下凸起，平折沿，折棱较明显，沿面上有1周凹槽，腹部略弧，下斜收，平底。口径42厘米，底径22厘米，高9.2厘米（图二十一，3）。

2.碗

ⅠH3：2，泥质灰陶，敞口，方唇，唇缘下凸，折沿，折棱不明显，沿面下抹，弧腹下收，假圈足，素面。口径16.8厘米，底径4.8厘米，高厘米（图二十二，9）。

3.罐

均残。分3型。

A型　2件。泥质灰陶。ⅡH103：1，敛口，方唇，短束颈。口径18.4厘米，残高5厘米（图二十二，2）。ⅠH20：4，敞口，圆唇，束颈。口径24厘米，残高8.8厘米（图二十二，7）。

B型　ⅡH35：1，泥质灰陶，敛口，方圆唇，唇缘下垂，短折沿。口径13.2厘米，残高3.2厘米（图二十二，5）。

C型　ⅡH66：2，泥质褐陶，直口，尖圆唇，卷沿，鼓腹。口径16.8厘米，残高8.8厘米（图二十二，4）。

4.瓮

均口沿残片。泥质灰陶，器体厚重，外壁饰有压光弦纹。按口沿特征分4型。

A型　ⅡH20：4，敞口，圆唇，唇沿外翻，束颈。口径24厘米，残高8.2厘米（图二十二，8）。

B型　ⅠH20：2，直口微敛，方唇，束颈。口径33.2厘米，残高6厘米（图二十二，6）。

C型　敛口，束颈，口沿内侧有1周凹梢。2件。ⅠH51：1，圆唇。口径32厘米，残高8.8厘米（图二十二，3）。ⅠH60：1，方唇。口径 36厘米，残高6.2厘米（图二十二，10）。

D型　ⅠH31：1，敞口，方圆唇，卷沿。口径24.8厘米，残高12厘米（图二十二，1）。

5.箅

ⅡH91：1，红胶泥胎，手制，圆形，上面穿有若干大小不等的孔。直径22厘米，厚3.4厘米

（图二十三，3）。

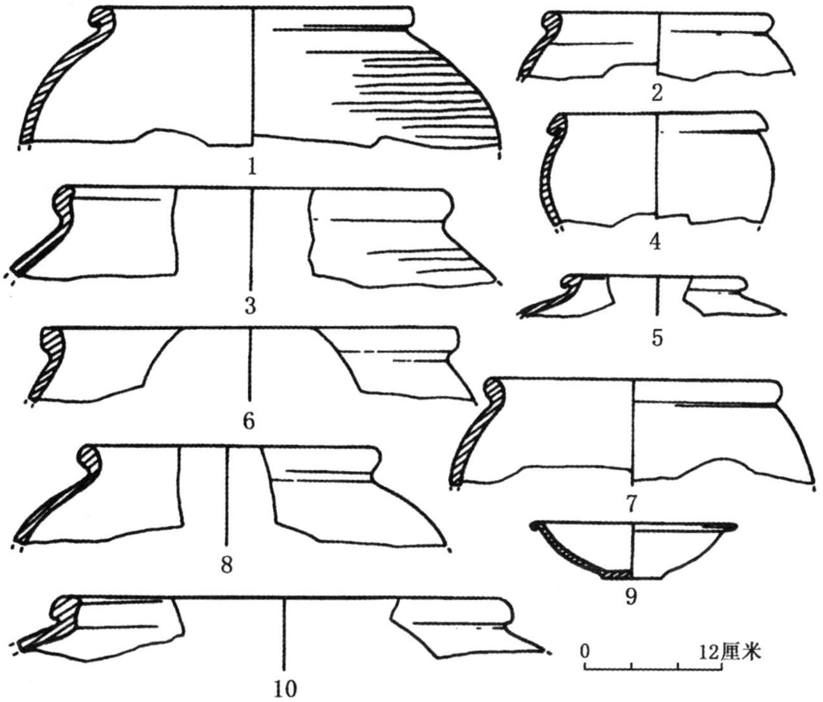

1.D型罐（ⅠH31：1） 2、7.A型罐（ⅡH103：1、ⅠH20：4） 3、10.C型瓮（ⅠH51：1、ⅠH60：1） 4.C型罐（ⅡH66：2） 5.B型罐（ⅡH35：1） 6.B型瓮（ⅠH20：2） 8.A型瓮（ⅡH20：4） 9.碗（ⅠH3：2）

图二十二 陶器

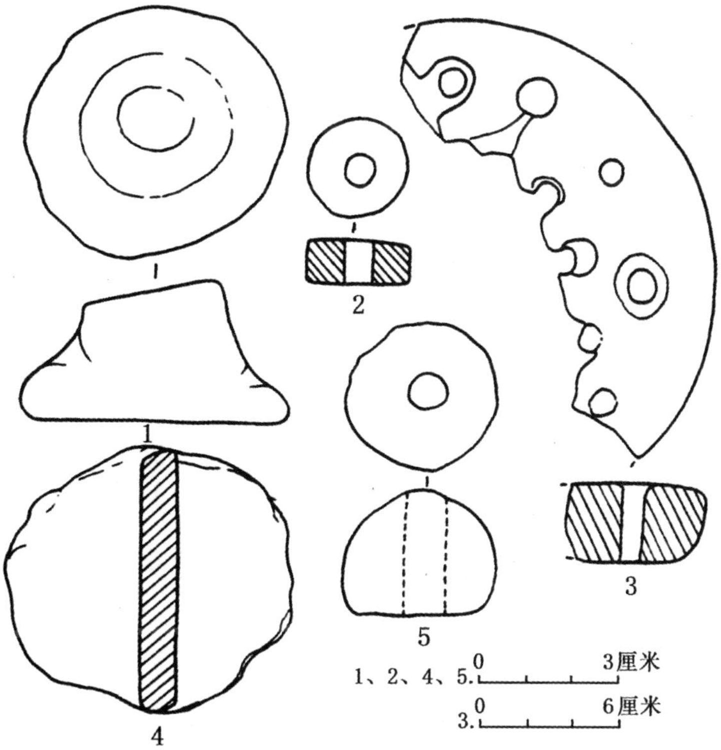

1.陶拍（ⅡT905①：1） 2.A型纺轮（G：3） 3.箅（ⅡH91：1） 4.陶饼（ⅡH9：2） 5.B型纺轮（ⅡT604②：1）

图二十三 陶器

6.纺轮

泥质灰陶，素面。分2型。

A型　G：3，圆饼状，中间穿孔。直径2.1厘米，孔径0.6厘米，厚0.9厘米（图二十三，2）。

B型　ⅡT604②：1，圆锥状，中间穿孔。底径3.1厘米，孔径0.9厘米，高2.6厘米（图二十三，5）。

7.陶饼

ⅡH9：2，不规则形，器体扁平，素面。最大径6.2厘米，厚0.8厘米（图二十三，4）。

8.陶拍

ⅡT905①：1，泥质灰陶，拍面呈圆形，圆柱形柄残。直径5.6厘米，残高3厘米（图二十三，1）。

（三）铜器

1.铜簪

分2型。

A型　ⅡG2：5，细圆柱形，顶端呈扁平状，钝圆，颈部起横向凸棱，尾残。残长6.3厘米（图二十四，8）。

B型　ⅠH62：1，体扁平细长，顶端呈弧形上翘，尾残。残长9.2厘米（图二十四，2）。

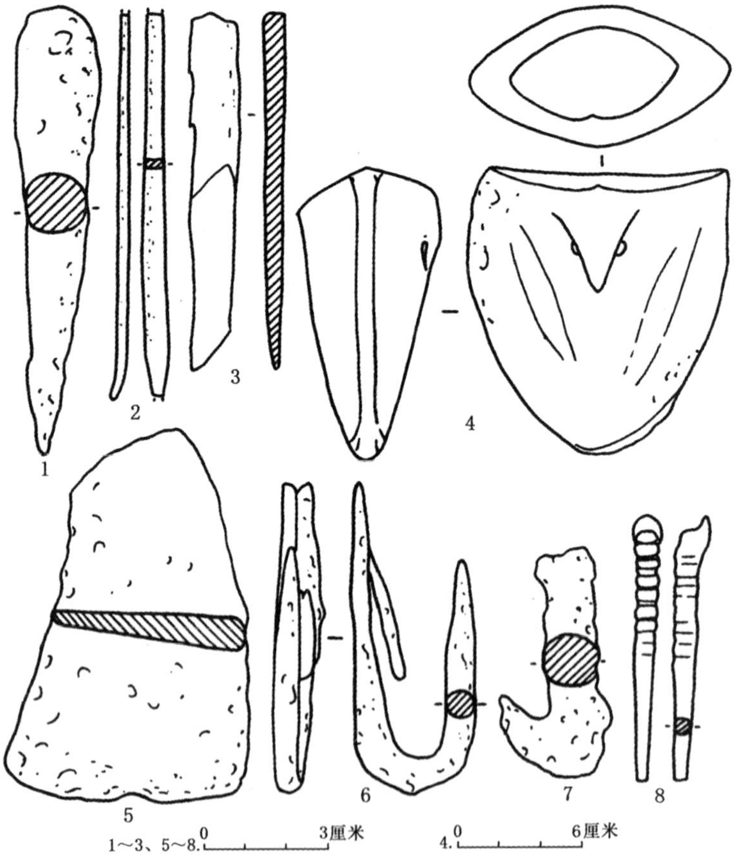

1.铁锥（ⅡT605②：1）　2.B型铜簪（ⅠH62：1）　3、5.铁刀（ⅠT409②：1、ⅡG2：6）　4.铁铧（ⅠH14：1）　6.B型铁钩（ⅡT905②：2）　7.A型铁钩（ⅡG2：7）　8.A型铜簪（ⅡG2：5）

图二十四　铜器和铁器

（四）铁器

1.铁铧

ⅠH14：1，铸铁，表面锈蚀。弧边三角形，两侧翼及前锋呈片状，上顶部銎孔呈弧边菱形，正面铸鼻形纽，纽两侧各留一圆孔，背面起三角棱脊，铧尖钝圆。长13厘米，銎孔长径8厘米、短径4.4厘米（图二十四，4）。

2.铁刀

2件。ⅠT409②：1，长条形，锈蚀严重。残长8.5厘米（图二十四，3）。ⅡG2：6，锈蚀严重，呈不规则片状。长8.9厘米，最宽6厘米，厚0.3～0.7厘米（图二十四，5）。

3.铁钩

表面锈蚀严重。分2型。

A型　ⅡG2：7，圆柱状，钩形，钩锐折，钩尖较钝。通高5.5厘米（图二十四，7）。

B型　ⅡT905②：2，侧面呈“U”形，钩尖锋利。通高7.4厘米，折钩长4.6厘米（图二十四，6）。

4.铁锥

ⅡT605②：1，残，锈蚀严重。器身截面呈圆形，上端钝圆，下端尖利。残长10.9厘米（图二十四，1）。

（五）骨角器

1.骨锥

分2型。

A型　ⅡH8：2，残。由动物肢骨加工而成，一端呈自然状，另一端磨出锥尖。残长12.4厘米（图二十五，3）。

B型　ⅡH46：1，残。截面呈椭圆形，锥尖较钝。残长4.2厘米（图二十五，6）。ⅠH62：1，残。表面磨制光滑。长条扁平状，一端呈弧形翘起，顶部尖圆。残长5.7厘米（图二十五，7）。

2.骨簪

ⅡH69：1，残。表面磨制光滑。细长，截面呈圆形。顶端做钩形上翘，呈耳勺状。残长8.5厘米（图二十五，5）。

（六）石器

1.砺石

Ⅱ91：1，长方形，条状。长8.5厘米，宽2.3厘米，厚1.4厘米（图二十五，4）。

2.夯锤

ⅠT308②：1，灰砂岩磨制。半球形，平面一端中部打出锅底状臼窝。直径20厘米，高14.8厘米，窝径4.4厘米，深6厘米（图二十五，1）。

3.石球

ⅠH43：1，灰砂岩磨制。直径3.4厘米（图二十五，8）。

4.磨盘

ⅠT407②：1，灰砂岩磨制。器身较厚重，残断。平面呈圆形，浅腹，凿刻有若干条沟槽，平底。直径约32厘米（图二十五，2）。

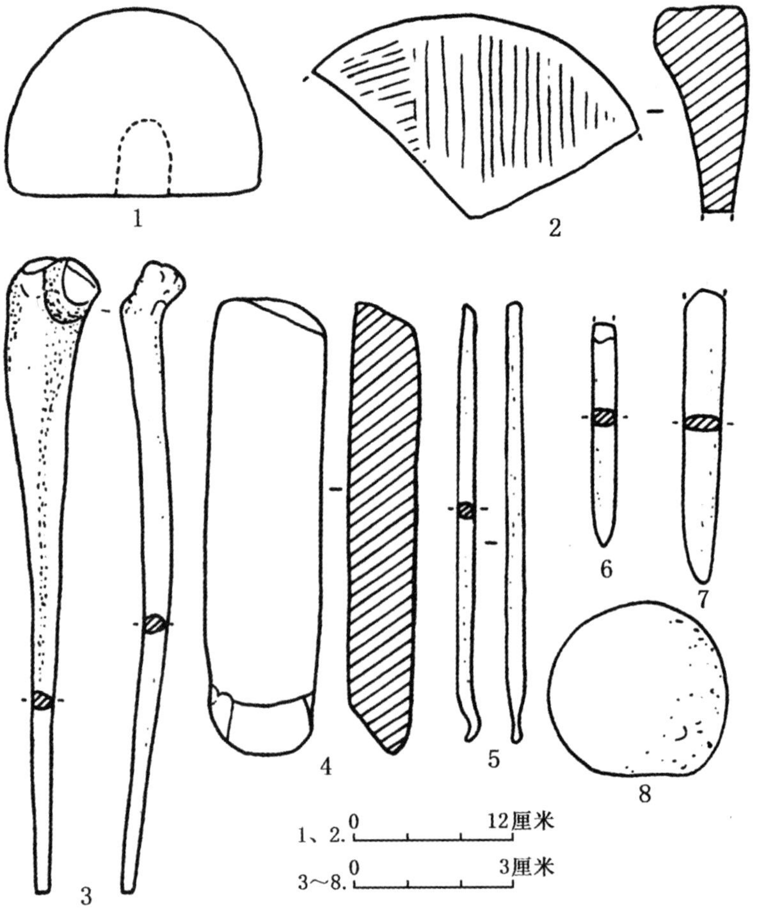

1.石夯锤（ⅠT308②：1） 2.石磨盘（ⅠT407②：1） 3.A型骨锥（ⅡH8：2） 4.砺石（ⅡH91：1） 5.骨簪（ⅡH69：1） 6、7.B型骨锥（ⅡH46：1、ⅠH62：1） 8.石球（ⅠH43：1）

图二十五 骨器和石器

（七）钱币

共出土6枚，均为北宋钱，其中“至道元宝”1枚、“皇宋通宝”3枚、“熙宁元宝”1枚、“元丰通宝”1枚。

二、结语

头道湾古城平面呈方形，北城墙被现代村落破坏，其余三面城墙略见隆起的土垅，城门不清。城内遗迹主要有房址、灰坑、灰沟等。房址发现得较少，墙基不详，只发现有火炕。火炕为北方草原地区常见的“S”形状，灶炕位于房屋一侧，烟道由墙角通出，炕板以板石铺成。灰坑不规则形占多数，多为垃圾坑，作为窖穴使用的圆形坑较少，个别的有方形坑，内埋藏有兽骨。出土的遗物多生活类器皿，以瓷器、陶器为大宗。瓷器多为白瓷，以碗、盘最多，釉色呈白色，釉面多气泡和棕眼，胎施灰色化妆土，胎质呈白色，较粗疏，有拉坯留下的痕迹，盘、碗内心多有4～11个椭圆形的支钉痕迹。盘类器物大多敞口、直壁，呈器盖形状。另外有少量的直壁瓶类器物。陶器以陶盆最多，以方唇、平沿、直壁为主要特点。另外还出土有铁铧、铁刀等农具。同时有少量的宋代钱币，有"至道元宝""皇宋通宝"等种类。

B型碗与准格尔旗城坡二期的Bb型碗的形制一致，A型罐与城坡古城出土的二期A型罐形制相似[①]，C型碗与清水河县下城湾古城出土的AⅢ式碗形制相类，BⅡ式盆与下城湾古城出土的另一类BⅠ式盆形制相同，A型瓷盘与下城湾古城出土的AⅠ式盘形制近似[②]。准格尔旗城坡古城二期文化遗存年代为辽、金、西夏时期，清水河县下城湾古城的相对年代为金代，所以头道湾古城的相对年代应为金代。

头道湾古城的正南方5千米处有一道东西向的金代界壕，根据头道湾古城的位置及形制特点，应属于金界壕边侧的边堡类城址[③]。金界壕又称"壕堑""堡障"，建于金代天眷年间（1138—1140年），承安三年（1198年）建成，主要为防止蒙古势力南下，有内、外两条线。关于金界壕的走向，史书有载："金之壤地封疆，……北自蒲与路之北三千余里，火鲁火疃谋克地为边，右旋入泰州婆卢火所浚界壕而西，经临潢、金山，跨庆、桓、抚、昌、净州之北，出天山外，包东胜，接西夏。"[④]根据上述记载，金界壕起自莫力达瓦达斡尔族自治旗尼尔基镇北嫩江西岸的七家子村[⑤]，西南沿大兴安岭东南麓过扎兰屯、阿荣旗至科尔沁右翼前旗满族屯始分内、外线。内线经突泉县、科尔沁右翼中旗、扎鲁特旗、阿鲁科尔沁旗、巴林左旗、巴林右旗、林西县、克什克腾旗、正蓝旗、正镶白旗、商都县、察哈尔右翼后旗，在四子王旗与外线边墙汇合至红格尔苏木北4千米处，南距净州古城（四子王旗城卜子古城）40千米，与上述文献记载吻合。在察哈尔后旗境内，内线主线主要在头道湾古城以北60千米处的八号地附近[⑥]，而前述头道湾古城附近南侧界壕为主壕之附壕，附线界壕一般根据防卫需要从主线分出后再根据地势归入主线界壕，起辅助防卫作用。这就是金界壕的网状防御体系[⑦]，也称"硬防御系统"。而在界壤的内外边侧则以界壕为纽带，在山谷、

① 内蒙古文物考古研究所：《准格尔旗城坡古城发掘报告》，载内蒙古自治区文物考古研究所编《万家寨水利枢纽工程考古报告集》，呼和浩特：远方出版社，2001年。

② 内蒙古文物考古研究所：《清水河县下城湾古城发掘报告》，载内蒙古自治区文物考古研究所编《万家寨水利枢纽工程考古报告集》。

③ 贾洲杰：《金代长城初议》，《内蒙古大学学报》1979年第3、4期；克什克腾旗博物馆：《克什克腾旗金代界壕边堡调查》，《内蒙古文物考古》1991年第1期；达茂旗文物管理所：《达茂旗境内的金代边堡界壕》，《内蒙古文物考古》2000年第1期。

④ 脱脱等撰：《金史》卷二十四《志第五·地理上》，北京：中华书局，1975年，第549页。

⑤ 内蒙古文物考古研究所、呼盟文物管理委员会、莫旗民族博物馆：《尼尔基水利枢纽工程区内金代界壕发掘简报》，《内蒙古文物考古》2002年第1期。

⑥ 为配合208国道基本建设，内蒙古文物考古研究所曾对这段界壕进行了考古发掘。详见内蒙古文物考古研究所、锡林郭勒盟文物站、苏尼特右旗文物管理所：《苏尼特右旗新民乡全胜段金界壕》，载内蒙古自治区文物考古研究所编、陈永志主编《内蒙古文物考古文集（第三辑）》，北京：科学出版社，2004年。

⑦ 冯恩学：《金代长城的战争观》，载中国长城学会编《长城国际学术研讨会论文集》，长春：吉林人民出版社，1995年。

坡地及河口地带环星式分布有大小不一的戍堡与关城[①]，即史书记载“皆取直列置堡戍”[②]。这些戍堡与关城既是屯兵之所，又是后勤供养基地。在界壕边侧每隔一定距离即设一处戍堡，以达到“营栅相望，烽侯相应”[③]之目的，从而构成了界壕之“软防御系统”。而头道湾古城正是属于这类性质的戍堡类城址。在头道湾古城周围还分布有多处城障类遗址，形制、大小基本相类[④]，其功能应与头道湾古城相同。城址出土的陶、瓷类器皿应为屯戍官兵使用的生活类器具；出土的铁农具，应为建壕或从事农业生产的使用工具。《金史》曾记承安三年（1198年）丞相完颜襄出兵临潢，“用步卒穿壕筑障，起临潢左界北京路以为阻塞”[⑤]，由此可见此类城址的功能和性质。

参加发掘者：赵杰、江岩、青格勒、盖志勇、陈永志
资料整理：李恩瑞
绘图：李宁
执笔：陈永志、杨虎霞

附表　头道湾古城遗址主要灰坑登记表遗址附表

编号	层位关系	形状与结构	堆积	出土物	备注
Ⅰ H2	Ⅰ T410—T409 ②→Ⅰ H2	圆形，直壁，平底。口距地表 0.35 ~ 0.42 米，口径 1.6 米，深 0.47 米	黑灰土为主，夹杂褐色土	陶瓷片	
Ⅰ H3	Ⅰ T410 中部 ②→Ⅰ H3	圆形，直壁，平底。口距地表 0.3 米，口径 1.45 米，深 0.6 米	黑土	陶瓷片、陶碗、黑釉器盖、铜钱、瓷罐	
Ⅰ H4	Ⅰ T411—T410 ②→Ⅰ H4	圆形，直壁，平底。口距地表 0.26 米，口径 1.3 米，深 0.5 米	灰土	瓷碗残片	Ⅰ H4→Ⅰ H6
Ⅰ H5	Ⅰ T410 南部 ②→Ⅰ H5	圆形，直壁，平底。口距地表 0.34 米，口径 1.96 米，深 0.75 米	灰黄土	陶瓷片	
Ⅰ H6	Ⅰ T411 西南部 ②→Ⅰ H6	圆形，直壁，平底。口距地表 0.26 米，口径 0.75 米，深 0.3 米	灰土	瓷碗、瓷盆残片	Ⅰ H6←Ⅰ H4
Ⅰ H13	Ⅰ T408 南部 ②→Ⅰ H13	椭圆形，直壁，平底。口距地表 0.34 米，口长径 1.7 米，口短径 1.4 米，深 0.65 米	分两层：上层黑灰土，下层黄土	陶瓷片、白瓷罐、陶盆、陶瓮	

① 贾洲杰：《金代长城初议》，《内蒙古大学学报》1979年第3、4期；克什克腾旗博物馆：《克什克腾旗金代界壕边堡调查》，《内蒙古文物考古》1991年第1期；达茂旗文物管理所：《达茂旗境内的金代边堡界壕》，《内蒙古文物考古》2000年第1期。

② 脱脱等撰：《金史》卷二十四《志第四·地理上》，第563页。

③ 脱脱等撰：《金史》卷九十三《列传第三十一·仆散揆》，第2068页。

④ 参见内蒙古自治区文物考古研究所、察哈尔右翼后旗文化管理中心：《察哈尔右翼后旗边墙路及其周边遗址的调查》，载内蒙古自治区文物考古研究所编《内蒙古文物考古文集（第三辑）》。

⑤ 《金史》卷九十五《列传第三十二·内族襄》，第2090页。

续表

编号	层位关系	形状与结构	堆积	出土物	备注
Ⅰ H14	Ⅰ T409 北部 ②→Ⅰ H14	圆形，直壁，平底。口距地表0.45米，口径1.65米，深0.7米	灰黑土	陶盆、铁铧	Ⅰ H14←Ⅰ G2
Ⅰ H15	Ⅰ T408 东南部 ②→Ⅰ H15	圆形，直壁，平底。口距地表0.34米，口径1米，深0.26米	黑灰土	陶瓷片	
Ⅰ H16	Ⅰ T408 北部 ②→Ⅰ H16	圆形，直壁，平底。口距地表0.34米，口径1.06米，深0.43米	灰黑土	陶瓷片	
Ⅰ H26	Ⅰ T409—Ⅰ T408 ②→Ⅰ H26	圆形，直壁，平底。口距地表0.2米，口径1.65米，深0.9米	黑灰土	白瓷碗	Ⅰ H26←Ⅰ G2
Ⅰ H27	Ⅰ T409—Ⅰ T408 ②→Ⅰ H27	圆形，直壁，平底。口距地表0.25米，口径0.65米，深0.3米	灰黑土	陶瓷片	
Ⅰ H30	Ⅰ T309 西南部 ②→Ⅰ H30	圈形，直壁，平底。口距地表0.32米，口径0.65米，深0.2米	灰黑土	瓷器残片	
Ⅰ H32	Ⅰ T407 中部 ②→Ⅰ H32	圆角长方形，直壁，平底。口距地表0.32米，坑口长2米，宽1.53米，深0.47米	灰色土，内含较多兽骨	陶瓷片	
Ⅰ H34	Ⅰ T309 南部 ②→Ⅰ H34	椭圆形，直壁，平底。口距地表0.3～0.47米，口长径2.3米，短径1.5米，深0.15～0.2米	灰褐土	白瓷碎片	Ⅰ H34→Ⅰ H36
Ⅰ H41	Ⅰ T309 东部 ②→Ⅰ H41	圆形，直壁，平底。口距地表0.37米，口径0.7米，深约0.28米	灰褐土	陶瓷片	
Ⅰ H44	Ⅰ T310 东部 ②→Ⅰ H44	椭圆形，直壁，平底。口距地表0.4米，口长径1.2米，短径0.75米，深0.55米	灰黑土	瓷器碎片	
Ⅰ H45	Ⅰ T310 中部 ②→Ⅰ H45	圆形，直壁，平底。口距地表0.28米，口径1.75米，深0.64米	黑灰土	纺轮	
Ⅰ H46	Ⅰ T311 东北角 ②→Ⅰ H46	圆形，直壁，平底。口距地表0.2米，口径0.8米，深0.28米	灰黑土	陶瓷片、石器	
Ⅰ H50	Ⅰ T311 北部 ②→Ⅰ H50	圆形，直壁，平底。口距地表0.35米，口径1.05米，深0.24米	灰黑土	壶	
Ⅰ H51	Ⅰ T311 中部 ②→Ⅰ H51	不规则形，直壁，平底。口距地表0.35米，口最大径2.5米	灰色土	陶瓮	
Ⅰ H52	Ⅰ T308 西南部 ②→Ⅰ H52	圆形，直壁，平底。口距地表0.35米，口径0.62米，深0.35米	黄土	陶瓷片	
Ⅰ H54	Ⅰ T308 南部 ②→Ⅰ H54	圆形，斜费，平底。口距地表0.4米，口径1米，底径0.87米，深0.43米	黄褐土	陶瓷片	
Ⅰ H56	Ⅰ T311—Ⅰ T310 ②→Ⅰ H56	圆形，直壁，平底。口距地表0.3米，口径0.8米，深0.42米	黑黄土	陶瓷片	Ⅰ H56→Ⅰ H63

续表

编号	层位关系	形状与结构	堆积	出土物	备注
Ⅰ H58	Ⅰ T312 北部 ②→Ⅰ H58	圆形，直壁，平底。口距地表 0.3 米，口径 1.2 米，深 0.45 米	灰黑土	陶瓷片	Ⅰ H58→Ⅰ H62
Ⅰ H59	Ⅰ T308 东部 ①→Ⅰ H59	圆形，直壁，平底。口距地表 0.15 米，口径 0.8 米，深 0.25 米	灰黑土	陶瓷片	Ⅰ H59←Ⅰ G3
Ⅰ H60	Ⅰ T312 东北部 ②→Ⅰ H60	圆形，直壁，平底。口距地表 0.32 米，口径 0.8 米，深 0.16 米	灰黑土	瓷器残片	Ⅰ H60→Ⅰ H62
Ⅰ H62	Ⅰ T312 北部 ②→Ⅰ H62	圆形，直壁，平底。口距地表 0.28 米，口径 1.2 米，深 0.2 米	黑灰土	铜簪	Ⅰ H62←Ⅰ H60 Ⅰ H62←Ⅰ H58
Ⅰ H63	Ⅰ T311—Ⅰ T310 ②→Ⅰ H63	圆形，直壁，平底。口距地表 0.24 米，口径 1.08 米，深 0.25 米	黑灰土		Ⅰ H63←Ⅰ H64 Ⅰ H63←Ⅰ H56
Ⅱ H1	Ⅰ T505 西南部 ①→Ⅰ H1	圆形，直壁，平底。口距地表 0.12 米，口径 1 米，深 0.5 ~ 0.55 米	灰色土，含黄土结块	陶瓷片	
Ⅱ H2	Ⅱ T505 东南部 ①→Ⅱ H2	圆形，直壁，平底。口距地表 0.12 米，口径 1 米，深 0.45 米	灰色土	陶瓷片 陶盆	
Ⅱ H3	Ⅱ T605 中部 ②→Ⅱ H3	圆形，直壁，平底。口径 1 米，底径 0.98 米，深 0.26 ~ 0.3 米	黑土		Ⅱ H3→Ⅱ G1
Ⅱ H4	Ⅱ T504—Ⅱ T505 ①→Ⅱ H4	圆形，直壁，圜底。口距地表 0.12 米，口径 0.8 米，深 1 米	黄褐土	陶瓷片	Ⅱ H4→Ⅱ H8 Ⅱ H4→Ⅱ H17
Ⅱ H5	DT504 东部 ②→Ⅱ H5	圆形，直壁，平底。口距地表 0.3 米，口径 1.54 米，深 0.8 米	灰色土	陶瓷片	Ⅱ H5→Ⅱ H17
Ⅱ H10	Ⅱ T505 中部 ①→Ⅱ H10	圆形，直壁，平底。口距地表 0.12 米，口径 0.8 米，深 0.4 米	灰土，夹有煤渣、石块等	陶瓷片	Ⅱ H10←Ⅱ G1
Ⅱ H12	Ⅱ T504 北部 ②→Ⅱ H12	圆角长方形，直壁，平底。口距地表 0.45 米，坑口长 1.65 米，宽 0.8 米，深 0.5 米	灰土，掺杂黄褐土	陶瓷片	
Ⅱ H13	Ⅱ T605 东部 ②→Ⅱ H13	椭圆形，直壁，平底。口径 0.96 米，深 0.3 ~ 0.36 米	黑土	陶片	
Ⅱ H14	Ⅱ T505 北部 ①→Ⅱ H14	椭圆形，直壁，平底。口距地表 0.45 米，口长径 1.05 米，短径 0.85 米，深 0.8 米	分两层：上层灰土，夹木炭；下层灰黄土	陶瓷片	
Ⅱ H24	Ⅱ T504—Ⅱ T505 ①→Ⅱ H24	椭圆形，斜壁，平底。口距地表 0.15 米，口长径 1 米，短径 0.8 米，深 0.55 米	灰黑土	陶瓷片	Ⅱ H24→Ⅱ H25
Ⅱ H27	Ⅱ T504 西部 ②→Ⅱ H27	圆角长方形，直壁，平底。坑口长 1.6 米，宽 1.34 米，深 0.3 米	灰黑土	陶瓷片	

续表

编号	层位关系	形状与结构	堆积	出土物	备注
Ⅱ H37	Ⅱ T805 东部 ①→Ⅱ H37	圆形，直壁，平底。口距地表0.15米，口径1.63米，深0.55米	灰土	陶瓷片、兽骨、陶盆	Ⅱ H37←Ⅱ H36 Ⅱ H37→Ⅱ G2
Ⅱ H39	Ⅱ T705 东北部 ①→Ⅱ H39	圆形，直壁，平底。口径1.52米，深0.62米	灰褐土	陶片、瓷双系罐	Ⅱ H39←Ⅱ G3
Ⅱ H40	Ⅱ T804 东部 ①→Ⅱ H40	不规则形，直壁，平底。口距地表0.16米，口最大径2.1米，深0.42米	灰土	陶瓷片	Ⅱ H40→Ⅱ H51 Ⅱ H4←Ⅱ H35 Ⅱ H40→Ⅱ H52
Ⅱ H43	Ⅱ T805 北部 ①→Ⅱ H43	圆形，直壁，平底。口距地表0.1～0.15米，口径0.86米，深0.44米	黄灰色土		Ⅱ H43→Ⅱ H45 Ⅱ H43←Ⅱ H41 Ⅱ H43←Ⅱ H42
Ⅱ H47	Ⅱ T804 北部 ①→Ⅱ H47	圆形，直壁，平底。口距地表0.23米，口径0.9米，深0.86米	灰黑土，夹有木炭渣	瓷器残片	Ⅱ H47←Ⅱ H33
Ⅱ H49	Ⅱ T905 东南部 ①→Ⅱ H49	圆形，直壁，平底。口距地表0.3米，口径1米，深1.1米	分3层：①层灰土，②层黄褐土，③层灰黄土	陶片、兽骨	Ⅱ H49→Ⅱ G2
Ⅱ H50	Ⅱ T905 东部 ①→Ⅱ H50	圆形，斜壁，圜底。口距地表0.3米，口径1.12米，深1.22米	分3层：①层灰黑土，②层灰花土，③层黄褐土	瓷片	Ⅱ H50→Ⅱ G2
Ⅱ H52	Ⅱ T804 中部 ②→Ⅱ H52	圆形，直壁，平底。口距地表0.42米，口径1米，深0.28米	灰黑土	陶双耳罐、瓷盏	Ⅱ H52←Ⅱ H40
Ⅱ H56	Ⅱ T705 东部 ①→Ⅱ H56	圆形，直壁，平底。口径1米，深0.35～0.4米	灰土	兽骨、瓷片	Ⅱ H56←Ⅱ G3
Ⅱ H58	Ⅱ T805 东北角 ①→Ⅱ H58	圆形，直壁，平底。口径0.75米，深0.68米	灰黄土，夹杂有少量黄土结块	陶瓷片	Ⅱ H58←Ⅱ H32
Ⅱ H59	Ⅱ T905—Ⅱ T805 ①→Ⅱ H59	圆形，直壁，圜底。口距地表0.25米，口径0.75米，深0.66米	灰黑土		Ⅱ H59→Ⅱ G2
Ⅱ H60	Ⅱ T905 南部 ①→Ⅱ H60	圆形，直壁，平底。口距地表0.1米，口径0.85米，深0.64米	灰土		Ⅱ H60←Ⅱ G2
Ⅱ H68	Ⅱ T1004 西部 ①→Ⅱ H68	圆形，直壁，平底。口径0.95米，深0.3米	灰土	陶瓷片、黑釉鸡腿瓶	Ⅱ H68←Ⅱ H71
Ⅱ H71	Ⅱ T1004 中部 ①→Ⅱ H71	椭圆形，直壁，底不平。坑口长径2米，短径1.5米，深0.7米	灰黄土	陶瓷片	Ⅱ H71→Ⅱ H68
Ⅱ H73	Ⅱ T904 东南部 ②→Ⅱ H73	圆形，直壁，平底。口距地表0.14米，口径0.85米，深0.55米	灰黄土	陶瓷片	Ⅱ H73→Ⅱ H69

续表

编号	层位关系	形状与结构	堆积	出土物	备注
Ⅱ H74	Ⅱ T1005—Ⅱ T905 ①→Ⅱ H74	椭圆形，直壁，平底。口长径 2.25 米，短径 1.45 米，深 0.8 米	灰色土	陶瓷片	Ⅱ H74→Ⅱ H76 Ⅱ H74→Ⅱ G2
Ⅱ H75	Ⅱ T1005 东北部 ①→Ⅱ H75	圆形，直壁，平底。口径 1 米，深 0.6 米	黄褐土		Ⅱ H75←Ⅱ G2 Ⅱ H75→Ⅱ H79
Ⅱ H76	Ⅱ T905 东北部 ①→Ⅱ H76	圆形，直壁，平底。口距地表 0.45 米，口径 1.5 米，深 0.9 米	灰褐土		Ⅱ H76←Ⅱ H74
Ⅱ H77	Ⅱ T904 东部 ①→Ⅱ H77	圆形，直壁，平底。口距地表 0.28 米，口径 0.9 米，深 0.7 米	灰黑土	陶瓷片	Ⅱ H77→Ⅱ H81
Ⅱ H89	Ⅱ T905 北部 ①→Ⅱ H89	圆形，直壁，平底。口径 1.32 米，深 0.16 ~ 0.2 米	灰黑土		Ⅱ H89→Ⅱ H62 Ⅱ H89→Ⅱ H36 Ⅱ H89←Ⅱ H88 Ⅱ H89→Ⅱ H90
Ⅱ H90	Ⅱ T905 北部 ①→Ⅱ Ⅱ H90	圆角长方形，直壁，平底。坑口长 1.1 米，宽 1 米，深约 0.4 米	黑土	墨书碗	Ⅱ H90←Ⅱ H89
Ⅱ H91	Ⅱ T706 北部 ①→Ⅱ H91	不规则形，直壁、底不平。坑口最大径 1 米，深 0.5 米	灰褐土	砺石、白瓷盘	
Ⅱ H92	Ⅱ T706 西北部 ①→Ⅱ H92	圆形，直壁，平底。口径 0.84 米，深 0.6 米	灰褐土	陶瓷片	
Ⅱ H94	Ⅱ T706—Ⅱ T606 ①→Ⅱ H94	椭圆形，直壁、底不平。口长径 1.45 米，短径 0.7 米，深 0.8 米	灰黑土	陶瓷片	Ⅱ H94→Ⅱ H101
Ⅱ H97	Ⅱ T806 中部 ①→Ⅱ H97	椭圆形，直壁，平底。口距地表 0.25 米，口长径 1.2 米，短径 1.1 米，深 0.4 米	灰黑土	白瓷碎片	Ⅱ H97→Ⅱ F2
Ⅱ H100	Ⅱ T906 南部 ①→Ⅱ H100	圆形，直壁，平底。口径 1.25 米，深 0.74 米	灰黑土	瓷盆	
Ⅱ H101	Ⅱ T706—Ⅱ T606 ①→Ⅱ H101	不规则形，直壁、底不平。坑口最大径 2.5 米，深 0.5 米	灰褐土	陶瓷片	Ⅱ H101←Ⅱ H94
Ⅱ H103	Ⅱ T606 东北部 ①→Ⅱ H103	圆形，直壁，平底。口距地表 0.2 米，口径 1.15 米，深 0.86 米	灰黑土	陶罐	
Ⅱ H106	Ⅱ T506 中部 ①→Ⅱ H106	不规则长方形，直壁，平底。坑口长 3.1、宽 1.85 米，深 0.5 米	灰色土	陶盆、陶碗	有二层台

载于内蒙古自治区文物考古研究所编、陈永志主编：《内蒙古文物考古文集（第三辑）》，北京：科学出版社出版，2004年

乌盟地区元代货币初论

崔利明　董尚礼

新中国成立以来，在乌盟地区南部的兴和县、凉城县、察右前旗、丰镇县、和林格尔县、察右中旗等地的乡村及古城址、古村落遗址中，相继出土了一些元代窖藏古钱币，在出土的钱币中有银铤、“至大通宝”、“大元通宝”等一些元代的钱币。如兴和县大同夭乡出土3枚银铤；礼拜寺乡出土窖藏钱币共818枚，多数是宋代钱币，其中元代八思巴文“大元通宝”6枚；元代集宁路古城出土钱币共1598枚，宋钱占多数，其中“至大通宝”6枚、八思巴文“大元通宝”9枚；凉城县七苏木乡出土19枚八思巴文“大元通宝”。“至大通宝”“大元通宝”是我国古代少数民族所发行的钱币。它是元代武宗孛儿只斤·海山于至大三年（1310年）所铸。据《西清古鉴》记载：“元武宗钱二品，前一品，‘至大通宝’，楷书；后一品，‘大元通宝’，西番篆书。”《元史·食货志》也记载：“武宗至大三年，初行钱法，立资国院、泉货监以领之。其钱曰‘至大通宝’者，一文准至大银钞一厘；曰‘大元通宝’者，一文准至大通宝钱一十文。”从以上文献所载，“大元通宝”的币值是比较高的。

元代乌盟地区的商品经济与货币流通得到发展。出土的这个时期的货币，分布广，地点多。据不完全统计，乌盟有9个旗县先后出土过窖藏钱币。这与遍布乌盟境内的古城、古村落遗址有着十分密切的关系。

乌盟境内属于辽、金、元三代的古城遗址有30多座，古村落遗址有1700余处。其中不少古城遗址里都能拣到各种颜色的琉璃砖瓦残片，说明当时这些古城里都有大型琉璃砖瓦的建筑物。城内散布的遗物种类很多，仅以外来瓷器为例就有河北定窑、磁州窑的划花白瓷和铁锈花瓷，有河南钧窑、浙江龙泉窑的青瓷，还有江西景德镇窑的影青和乳白瓷等这些当时全国名窑烧造的精美瓷器。在遍布乌盟的辽、金、元遗址里不断有窖藏瓷器出土，这些瓷器都是由千里或数千里之外运来的商品，都需要用货币来购买。乌盟地区在元代属中书省，为京畿腹里，元代设于乌盟境内的路级建制有集宁路（察右前旗土城子古城）、净州路（四子王旗城卜子古城）、德宁路（达茂旗敖伦苏木古城或察右中旗广益隆古城）、砂井总管府（四子王旗大庙古城）。这是元代相当于地区一级的行政机构。元代的乌盟地区又是大都、上都通往岭北行省哈拉和林的交通要道，所以商品经济较繁荣，货币流通亦发达。

辽、金、元时期蒙古草原流通的货币比较繁杂。具体表现在两点：其一是新旧互用，即前朝旧货币（主要是中原货币）与自铸新货币一律通用，前朝旧货币也不分朝代，一律通用；其二是有多种流通货币，金、银、钱、钞等混合流通。究其原因，笔者认为，蒙古族本是游牧民族，在中原地区已经进入较高的封建经济阶段时，他们尚处于氏族制经济瓦解阶段，然而周围较高经济发展水平的刺激使他们自身经济（特别是贸易经济）产生跳跃式发展，很快地由氏族经济阶段进入封建经济阶段。这种变化使他们的统治者不得不手忙脚乱地解决接踵而来的矛盾，诸如物物交换已经不能满足商品贸易发展需求的矛盾等。那么解决矛盾的最简便办法就是把先进地区已经尝试过并且取得成效的东西拿来。对于当紧解决的交换手段问题，蒙古族的统治者自然会使用前人所铸的货币，这是不难理解的。当然随着政权的巩固、经济的发展，货币需求量增加，在技术条件和物质条件具备的情况之下，也不妨试试自己铸一些货币，这就是造成元代蒙古草原货币流通较繁杂的原因（史料依据：元“遣忽都忽等籍中都帑藏”）。

元代既造钞，又铸钱；先造钞，后铸钱。主要流通货币为钞，断续地实行过钞、钱并用。特别是成宗以后钞普遍流通，蒙古草原地区至顺帝间乃普遍使用纸币。其原因，乔晓金同志曾说，蒙古人深受中亚影响，崇尚金银而不重视铜，所以刘秉忠曾迎合忽必烈的口味，对世祖说：“钱用于阳，楮用于阴。……今陛下龙兴沙漠，……宜用楮币。”另外，我们认为还有一个原因，即元朝周边的发达地区，特别是宋、金主要流通货币为钞，金代纸币在宋钞基础上有了进一步的发展，这些都为元代用钞铺平了道路。

载于《内蒙古金融研究》1990年第2期

元代八思巴文武昌路民户提举兼管水陆事产印

李兴盛

乌兰察布博物馆于1987年在凉城县文物普查时，征集到一枚元代八思巴文印。该印现收藏于乌兰察布博物馆。现将其介绍如下。

该印为铜质，印面微鼓，呈正方形，长梯形直纽。印文为阳刻八思巴文“武昌路民户提举兼管水陆事产印”；背面阴刻汉字边款，右边镌刻“武昌路民户提举兼水陆事产印”，左边镌刻“中书礼部造元统三年七月　日”。印纽顶端阴刻一“上”字。印面边长7.2厘米，印高8厘米（图一）。

图一　武昌路民户提举兼管水陆事产印

元代武昌路属湖广行省管辖。武昌路应在忽必烈建立元朝之后被攻破。这方印镌刻边款的年代为元朝最后一个皇帝元顺帝妥懽贴睦尔元统三年铸造（1335年），为元朝晚期之官印。据《元史》卷一百二《志第五十·刑法一·职制上》载：“诸司有遗失印信，随即寻获者，罚俸一月；追寻不获者，具申礼部别铸。原掌印官解职坐罪，非获原印，不得给由求叙。”这说明元朝在官印的保管方面有着极其严格的制度，丢失官印的各级官员不但要罢官，并且可能要因此治罪。那么这枚本属于武昌路的地方官印怎么会丢失在远隔1300余千米的凉城县？这应与元末各地农民起义和元王朝的北退有着密切的关系。元朝立国之初，各地人民的反抗斗争就时有发生。到元顺帝时，全国各地农民起义成为当时社会的主流。顺帝时期，仅发生在湖广行省和武昌路的农民起义和战争就有多起。《元史》卷四十二《本纪第四十二·顺帝五》载："己未，徐寿辉遣邹普胜陷武昌，威顺王宽彻普化、湖广行省平章政事和尚弃城走。"至正十二年（1352年），徐寿辉攻占武昌。因此，初步判断这方印是在武昌路被攻陷后，元朝官员向北逃遁中丢失在凉城县境内的。

从印面边长与已发现的元朝官印比较，该印与元朝上千户所千户印边长相当。《元史》卷八十八《志第三十八·百官志四》记载："管民提举司，大都等路、冀宁等路、南阳唐州等处、河南府路等处，凡四司，秩从五品。每司设达鲁花赤一员、提举一员、同提举一员、副提举一员、都目一员、吏二人。"《元史》卷八十五《志第三十五·百官一》载："檀景等处采金铁冶都提举司，秩正四品。提举一员，正四品。"《元史》卷八十七《志第三十七·百官三》载："田赋提举司，秩五品。置提举一员、同提举一员、副提举一员。"

从上述史料来看，提举一职品级为正四品至从五品官员，与元朝的千户所千户相当。从这方官印来看，与上千户所官印一致，应为正四品官印。

载于《北方文物》2003年第3期

内蒙古兴和县明胜村出土一批窖藏古铜钱

李兴盛

1984年7月，内蒙古兴和县南湾子乡明胜村社员取土盖房时，在距地表40厘米处发现一批窖藏古铜钱。这批铜钱盛放在一瓷瓮内。瓷瓮口径33厘米，底径20厘米，通高52厘米，最大腹径48厘米。估计原来窖藏数约有100余千克，可惜大部分已卖给了当地供销社，只留下16.5千克。我们得知消息后，立即赶去将剩下的全部征集回来。现将钱币做初步整理，供专家和钱币爱好者做进一步的研究。

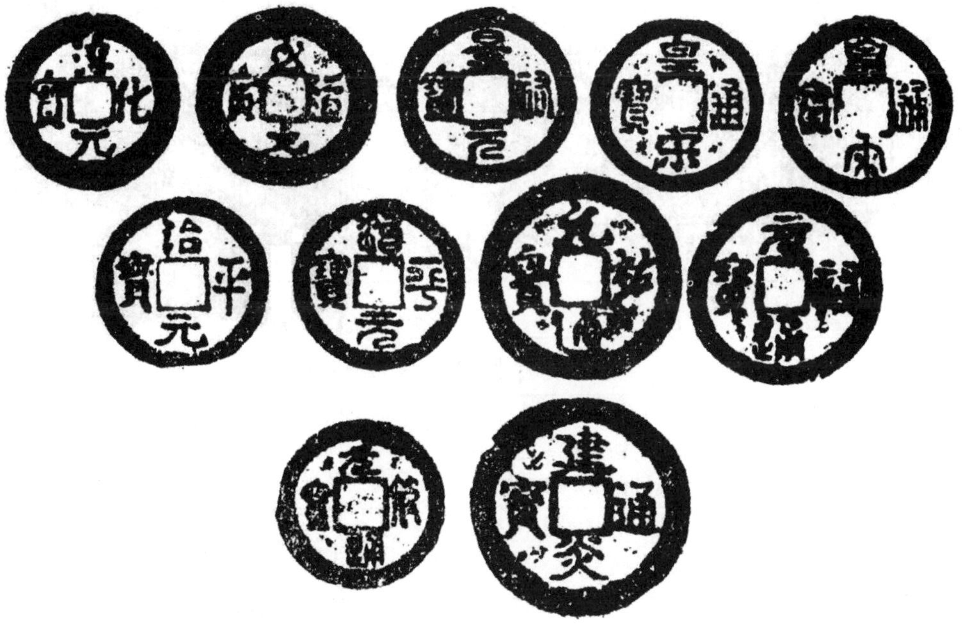

图一　部分钱币

这批窖藏钱币数量较多，它包括有西汉时期的“五铢”，新莽时的“货泉”，唐代的“开元通宝”“乾元重宝”，五代十国时前蜀的“乾德元宝”、南唐的“唐国通宝”，北宋时期的“宋元通宝”等，南宋的“建炎通宝”“绍兴元宝”“绍兴通宝”，金代海陵王完颜亮时的“正隆元宝”。

这批钱币所跨的时代很长，前后共经历了7个朝代，约1300余年，最早为西汉时期的“五铢”，最晚为金代海陵王时的“正隆元宝”。其中以北宋钱为最多，约占全部窖藏的60%（详见附表）。

这批窖藏古钱币最晚的一枚为“正隆元宝”，所以我们认为这批钱币应在金海陵王之后所埋。

附表　兴和县明胜村出土窖藏古铜钱详表

币名	数量	特征	币名	数量	特征
五铢	3 枚		嘉祐元宝	0.15 千克，34 枚	
货泉	1 枚		嘉祐通宝	0.3 千克，74 枚	
开元通宝	1.05 千克，289 枚	背有“日”纹和“洛”“昌”“润”等字	治平元宝	0.35 千克，74 枚	
乾元重宝	9 枚		治平通宝	4 枚	
乾德元宝	1 枚		熙宁元宝	1.6 千克，378 枚	
唐国通宝	5 枚		熙宁重宝	0.5 千克，65 枚	
宋元通宝	0.075 千克，21 枚	穿右有“星”纹	元丰通宝	2.6 千克，447 枚	大、小两种
太平通宝	0.1 千克，31 枚		元祐通宝	1.3 千克，290 枚	大、小两种
淳化元宝	0.125 千克，45 枚		绍圣元宝	0.6 千克，137 枚	大、小两种。小的穿上有“日”纹
至道元宝	0.3 千克，73 枚		元符通宝	0.05 千克，14 枚	
咸平元宝	0.3 千克，76 枚		圣宋元宝	0.75 千克，145 枚	大、小两种
景德元宝	0.3 千克，81 枚		崇宁重宝	0.6 千克，57 枚	
祥符元宝	0.5 千克，128 枚		崇宁通宝	0.15 千克，14 枚	
祥符通宝	0.2 千克，51 枚		大观通宝	0.075 千克，20 枚	
天禧通宝	0.4 千克，104 枚		政和通宝	0.65 千克，132 枚	大、小两种
天圣元宝	0.75 千克，179 枚		宣和通宝	0.2 千克，23 枚	大、小两种
明道元宝	0.125 千克，23 枚		建炎通宝	4 枚	
景祐元宝	0.25 千克，61 枚		绍兴元宝	0.05 千克，9 枚	穿上“日”，穿下“星”
皇宋通宝	1.35 千克，350 枚		绍兴通宝	3 枚	
庆历重宝	1 枚		正隆元宝	0.05 千克，20 枚	
至和元宝	0.175 千克，50 枚				

编者按：这一批钱拓经与丁氏《古钱大辞典》校核，有下列不同之版别，今刊出，请泉友录存：

“淳化元宝”：真书，缘阔，穿小。

“至道元宝”：行书，缘阔，大一轮。

“景祐元宝”：篆书，缘阔，穿小。
“皇宋通宝”：真书，穿大，宝长。
“皇宋通宝”：隶书，穿大。
“治平元宝”：真书，安南铸。
“治平元宝”：篆书，小一轮。
“元祐通宝”：行书，字小，穿小，缘阔。
“元祐通宝”：篆书，体小，宇小，穿小。
“元符通宝”：篆书，“宝”宇小，缘阔。
“建炎通宝”：真书，字大，缘阔。

载于《内蒙古金融·钱币壹》1986年总62期

内蒙古乌兰察布博物馆收藏的铁农具

李兴盛

乌兰察布盟位于内蒙古自治区中部，阴山山脉东段东西横贯中部，其地理位置、自然面貌和气候条件决定了本地区处在一个农牧业交错的特殊地带。近年来，在乌盟境内陆续出土了一定数量的历代农业生产中使用的铁制农具。乌兰察布博物馆历年来共收藏历代铁农具22件，除商都县大库伦乡古豁子村出土的8件北魏铁农具曾做过简要介绍①，其他铁农具因出土地点不明确，故未做介绍。在整理文物库房时，我们感觉到这批铁农具对研究乌盟乃至内蒙古中南部地区历代农业生产有着很高的研究价值，因此将这批铁农具依其时代做了初步整理，现介绍如下。

一、战国—汉代铁农具

共4件，有犁铧、铲等。

犁铧　2件，可分为2式。

Ⅰ式：1件。标本D60040，平面呈梯形，头部圆弧，两边平直，平底，表面微弧，长方形銎。长18厘米，銎口宽10厘米（图一，2）。

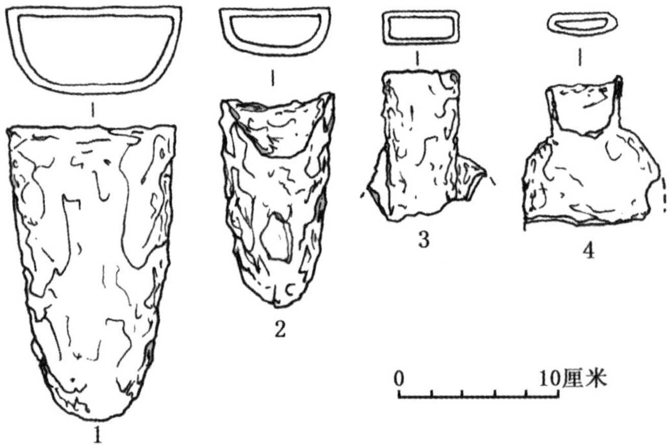

1.Ⅱ式犁铧　2.Ⅰ式犁铧　3、4.铲

图一　战国—汉代铁农具

① 内蒙古自治区乌兰察布盟文物工作站：《内蒙古商都县发现北魏窖藏》，《文物》1989年第12期。

Ⅱ式：1件。标本D60011，平面呈不规则的长梯形，头部尖圆，平底，表面圆弧，长方形銎。长20厘米，銎口宽11厘米（图一，1）。

铲　2件。标本D60012，长方形銎，较短，斜肩，肩以下逐渐加宽，刃部残。残长9.6厘米（图一，4）。标本D60015，长方形銎，较长，斜肩，肩以下残。残长10厘米（图一，3）。

二、北魏铁农具

共8件，皆商都县大库伦乡石豁子村出土，有犁铧、犁镜等。

犁镜　5件。平面呈不规则的长方形，右长角弧形内收，镜身略有弧度，背饰四横穿或三横穿，大小规格不一，留有分段铸造之痕迹。标本D60022，长34厘米，宽20厘米（图二，2）。标本D60021，长22厘米，宽15厘米（图二，4）。

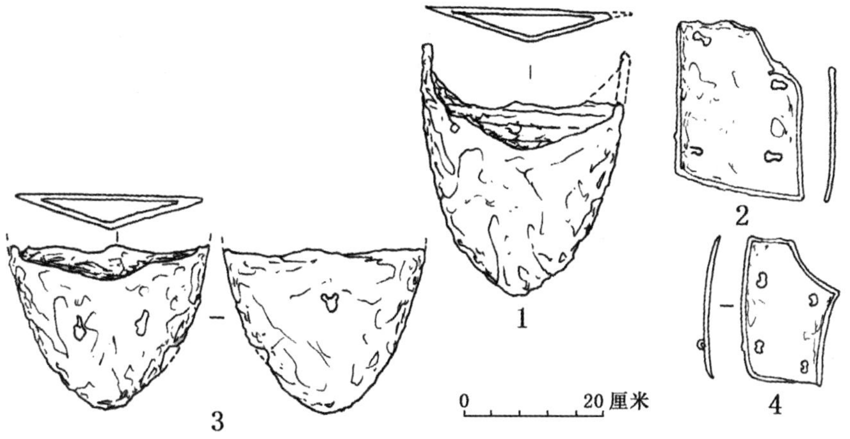

1、2.犁镜　3、4.犁铧

图二　北魏铁农具

犁铧　3件。平面呈三角形，刃部略作弧边，中起脊，脊两侧中部各有一不规则的长方形穿，后部为三角形銎，平底。标本D60020，长37.5厘米，底宽32厘米（图二，1）。标本D60018，背中部有一不规则的长方形穿，尖部有一凸出的长条。长25厘米，底宽30厘米（图二，3）。

三、金元时期铁农具

共10件。有犁镜、V形犁冠、犁铧等。

犁镜　3件，可分为2式。

Ⅰ式：1件。D60025，平面呈椭圆形，镜身略有弧度，背有对称四横穿。身之一侧有两突出的小乳尖，便于和犁杆捆束。尖部圆钝。长30厘米，宽24.2厘米（图三，1）。

Ⅱ式：2件。标本D60026，平面呈椭圆形，镜身较平直，镜背有对称四横穿，穿左侧有一凸出的长方形。镜身左侧有2个凸出的小乳尖，便于和犁杆捆束。尖部呈尖状。长30厘米，宽20厘米（图三，2）。

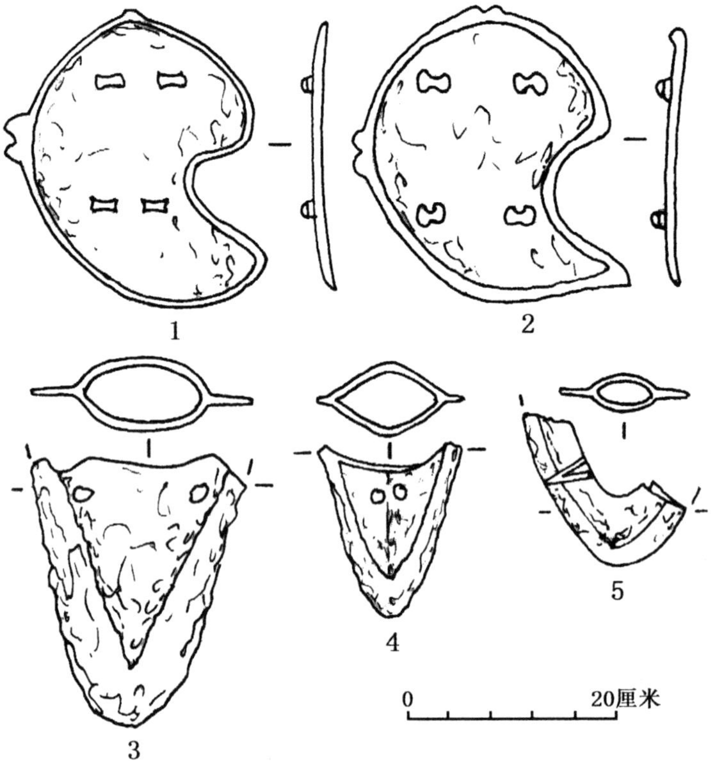

1.Ⅰ式犁镜　2.Ⅱ式犁镜　3.Ⅰ式犁铧　4.Ⅱ式犁铧　5.V形犁冠

图三　金元时期铁农具

V形犁冠　1件。标本D60030，残，单合范铸造，前锐后阔，两翼外侧均有刃，翼侧呈弧形，背为銎口，两翼于前端汇成一尖锋。残长15.5厘米（图三，5）。

犁铧　6件。平面呈三角形，两侧平直，有刃。依其銎口和刃部宽窄可分为2式：

Ⅰ式：4件。标本D60005，前锐后阔，刃部较宽，后部銎口呈椭圆形，一面起固定作用的小圆孔位于近銎部。长27厘米，尾宽21厘米（图三，3）。

Ⅱ式：2件。标本D60029，前尖后阔，刃部较宽，后部銎口呈弧连菱形，一面起固定作用的小孔位于中部。长18厘米，尾宽14.4厘米（图三，4）。

乌兰察布盟位于长城地带，北纬42度左右。据有关专家考证，这条纬度线恰好是农牧交错地带，也是一个北方游牧民族与中原汉民族长期错处杂居的地区，这一论证已为大量的考古发现和现实生活所证实。从乌盟地区乃至内蒙古中南部地区新石器时代遗址出土大量的石制农业生产工具，如掘土翻地用的石铲、石斧，收割庄稼的石刀、石镰，加工粮食用的石磨盘、石磨棒等与农业生产有直接关系的农业生产、加工工具，充分说明这一地区早在新石器时代就有大规模的农业生产活动。

从我馆收藏的铁农具来看，虽然仅限于战国—汉、北魏、金元几个历史时期农业生产的遗物，但也可由此看出其农业发展的过程与农业生产水平。

公元前206年西汉王朝建立后，经常受到当时极其强大的北方匈奴族的侵扰。汉武帝时，先后派卫青、霍去病等人3次北伐征讨匈奴，将匈奴赶到漠北地区，并在阴山北麓修筑了长城（光禄长城），派军队屯垦戍边，出现了内蒙古地区一个农业生产的高潮时期，在农业生产规模和生产工具方面也达到了一定的水平。20世纪70年代初，在呼和浩特市和林格尔县新店子乡发现的东汉壁画墓中[①]，除牧羊图、牧牛图，还有犁耕图和庄园图。壁画画面的犁耕方式已是当时最先进的犁耕技术“二牛抬扛”式。在庄园图中还有反映种植蔬菜、沤制青麻的劳动场面，应是乌盟地区这一时期农业生产的真实写照。同时，在乌盟地区的汉代古城和遗址中也经常出土有各类铁制农具，足以反映这一地区的农业生产规模和农业生产水平。

北魏王朝在东汉末年经过大规模的“西南迁”并大败匈奴之后，由内蒙古呼伦贝尔盟地区来到了内蒙古中南部地区。拓跋珪复国称代王，建立了北魏王朝的第一个都城盛乐城（今和林格尔县土城子古城）。受中原汉文化的影响，拓跋珪很快便确定了“息众课农”和后来的“计口授田”的农业生产发展方针，文献记载：“（太祖）命（仪）督屯田于河北（指黄河之北的河套地区。——笔者注），自五原至棝杨塞外，分农稼，大得人心。”[②]乌盟地区是鲜卑遗存较为集中的地区之一，察右后旗三道湾[③]早期鲜卑墓葬中出土有农业生产工具铁铲，商都县大库伦乡出土的北魏窖藏中出有铁犁镜5件和铁犁铧3件。拓跋珪迁都平城（今山西省大同市）后，为了防止北方柔然族不断南下的侵扰，修筑了北魏长城并在长城内侧设置著名的北魏“六镇”。北魏孝文帝太和十二年（488年）“诏六镇、云中、河西及关内六郡，各修水田，通渠灌溉”[④]，又移民到“六镇”及内蒙古中南部进行屯垦，使乌盟及内蒙古中南部的农业生产出现了一个新的高潮。

进入金元时期，虽然他们分别为北方的游牧民族女真族和蒙古族所建立，但十分重视农业生产的发展。

金元时期，乌兰察布盟地区主要为汪古部的领地，其领地有“砂井、集宁、净州、按答堡子四处，壬子年元籍爱不花驸马位下人户，揭照元籍，依旧开除”[⑤]，管辖着内蒙古中部、阴山南北广大地区，因与元朝皇室有着世代姻亲的关系，势力较大。汪古部在金代伯索麻里也束之前，其经济生活以牧业为主。伯索麻里也束率众迁居“静州天山之后”便转为农牧业并举，后逐渐转入以农业为主。砂井、净州以至延安府境的汪古部人多从事农业，当时被人称为“种田白达达”。

到了元朝，为了解决汪古部领地及岭北行省的缺粮问题，采纳了王恽“广屯田以息远饷”之策。王恽在《便民三十五事》“振武屯田”条说，新城、砂井、静州等仓供饷繁重，和籴粮浩大，应就近屯田，以实砂、静两仓。这里的新城在今达尔罕茂明安联合旗境内，砂井总管府和静州路分别在今四子王旗红格尔图乡境内和吉生太乡境内。在这一地区的古城内和墓葬中出土了一定数量的铁犁铧、铁镂、铁锄钩等与农业生产有关的遗物，在金元时期古城周围和村落遗址中大都可以见到

① 内蒙古博物馆、内蒙古文物工作队：《和林格尔汉墓壁画》，北京：文物出版社，1978年。

② 魏收撰：《魏书》卷十五《昭成子孙·拓跋仪传》，北京：中华书局，1972年，第371页。

③ 乌兰察布博物馆：《察布后旗三道湾墓地》，载内蒙古文物考古研究所编《内蒙古文物考古文集（第一辑）》，北京：大百科全书出版社，1994年。

④ 魏收撰：《魏书》卷七下《高祖纪下》，第164页。

⑤ 黄时鉴点校：《通制条格》卷二，杭州：浙江古籍出版社，1986年，第15页。

用于粮食加工的石碌碡、石磨盘、石臼等，可见农业生产的规模和发展情况。同时，元朝还派军队在这一地区进行屯垦。据《元史·兵制》载："忠翊侍卫屯田。世祖至元二十九年十一月，命各万户府，摘大同、隆兴、太原、平阳等处军人四千名，于燕只哥赤斤地面及红城周回，置立屯田，开耕荒地二千顷，仍命西京宣慰司领其事，后改立大同等处屯储万户府以领之。"文中所指屯田地区应在今呼和浩特以南至和林格尔县。目前，在乌盟地区已发现两方至元元年造的"忠翊侍卫亲军弩军百户印"，就是元代军队屯田戍边的很好例证。在乌盟地区，金元时期的铁犁铧、犁镜等农具出土数量较以前数量更大，几乎每个旗县境内均有发现。1990年，在和林格尔县新店子乡发掘的辽代晚期至元朝的前瓦窑沟遗址[①]中，发现大量的圆形窖穴，这些窖穴四壁整齐、加工精细，特别是H63在坑壁和坑底均在一定厚度的红烧土和灰土层，显然是贮藏粮食防潮用的。这也说明当时的粮食生产不仅满足了本地区的消费，而且已有一定数量的贮存。由此，金元时期这一地区的农业生产又出现了一个新的高潮。

以上是整理这批铁农具时产生的一点个人认识，不妥之处，敬请专家、学者批评指正。

绘画：郝晓菲

载于《农业考古》1999年第1期

① 乌兰察布博物馆：《和林格尔县前瓦窑沟遗址》，载内蒙古文物考古研究所编《内蒙古文物考古文集（第一辑）》。

乌兰察布盟古代农牧业发展概况

李兴盛

乌兰察布盟位于内蒙古自治区中南部，阴山山脉东段东西横贯中部。从大的地理范围来讲，又恰好位于长城地带、北纬42度线左右。这条线从全球范围看，恰好是一条农牧业交错带，向北以畜牧业为主，向南则以农业为主。乌盟地区也是一个北方游牧民族与中原汉族长期杂居错处的地区，这一论证已为大量的考古发现和现实生活所证实。

历史发展到距今6000～5000年的新石器时代仰韶文化阶段，从乌盟发现的100多处该时期遗存分析，当时的人们过着相对定居的生活，出土遗物中有大量的石制农业生产工具，如整地用的石斧、石铲，收割庄稼用的石刀、石镰，加工粮食用的石磨盘、石磨棒等，同时还有一定数量狩猎用的石镞和鹿、狍子等动物骨骼，说明这一阶段的生产结构是以农业生产为主，兼有狩猎及家庭饲养业。从乌盟地区环境考古取得的成果来看，岱海、黄旗海地区形成明显的暖湿气候，年平均温度2～4摄氏度，年降水量380～580毫米，在距今5000～4000年时达650毫米。[①]这是乌盟地区10000年以来最有利于农业发展的时期，其自然景观是以森林草原和灌丛草原为特色。

这里需要注意的是，大量的环境考古资料和现实生活证明客观环境的干湿冷暖变化，决定着农牧业生产的发展去向。凡自然条件适应于农业生产发展的阶段，必然更有利于畜牧业的发展，而自然条件适宜于牧业生产发展的阶段，因气候相对干燥、寒冷，从而对农业生产有着诸多的不利因素。同时，在典型的农业文化与牧业文化之间存在一个过渡时期，而这个时期应该与气候的干湿冷暖等自然因素的转变过程相适应。

进入龙山文化阶段（距今约4000年），无论是气候还是降水量都比仰韶时期偏低、偏少。气温在岱海、黄旗海地区由2～4摄氏度降低至0摄氏度左右，年降水量为420毫米—650毫米—250毫米，呈现出由少转多再趋减少的特点。[②]因此，一个有利于农业发展的环境转变为不利于农业生产的环境，农业文化开始向南移，畜牧业文化在整个社会生活中的比重逐渐加强，乌盟地区的初期农牧业交错文化在这个阶段已经产生。到了三代之际，气候继续向干冷发展，农业文化已不适应该地区的气候条件，继续南移，逐渐被典型的畜牧业文化——鄂尔多斯青铜文化所代替。

---

① 田广金、史培军：《内蒙古中南部原始文化的环境考古研究》，载内蒙古文物考古研究所编《内蒙古中南部原始文化研究文集》，北京：海洋出版社，1991年。

② 田广金、史培军：《内蒙古中南部原始文化的环境考古研究》，载内蒙古文物考古研究所编《内蒙古中南部原始文化研究文集》。

进入春秋战国时期，乌盟地区为戎、狄和后来的匈奴所占据，相当于这一时期的凉城县毛庆沟[①]、饮牛沟[②]、崞县窑子[③]墓地均殉有大量的兽骨及狩猎用弓弭和马具，丧葬习俗也极具北方游牧文化的特征，说明这一阶段的社会经济仍以畜牧业为主。

到战国赵武灵王时期，赵武灵王“胡服骑射”，北击匈奴之后，将乌盟的前山地区（阴山以南）划入赵国的势力范围，属雁门郡和代郡管辖，在乌盟地区修筑了凉城县双古城古城[④]和卓资县三道营古城[⑤]等一批具有一定规模的古城。由于中原地区汉民族的向北扩张，这一地区的农业生产又开始复苏。但阴山以北地区仍为匈奴族所控制，社会经济仍以畜牧业为主。

秦统一全国极短的时间后即灭亡。汉高祖刘邦建立汉王朝后，其北疆范围仍在阴山以南，乌盟阴山以南地区属定襄、雁门和代郡管辖。汉朝立国之初，经常受当时极其强大的北方匈奴族的侵扰。汉武帝时，先后派卫青、霍去病等3次北伐匈奴，将匈奴赶到漠北地区，并在阴山北麓修筑了长城（光禄长城），派军队屯垦戍边，出现了乌盟地区进入历史时期后的第一个农业发展高潮并在农业生产规模和生产工具方面达到了一定水平。20世纪70年代初，在呼和浩特市和林格尔县新店子乡发现的东汉壁画墓[⑥]中，除牧羊、牧牛、牧马图反映畜牧业生产的场面，壁画中犁耕图的犁耕方式已是当时最先进的犁耕技术“二牛抬扛”式；庄园图中还有反映种植蔬菜、沤制青麻的劳动场面。在乌盟地区的汉代古城和遗址中也经常出土铁锄、铁铲等各类铁制农业生产工具。由此，乌盟地区在汉代是一个农牧并举、共同发展的时代。

东汉末年到魏晋时期，拓跋鲜卑经过大规模的“西南迁”，大败匈奴之后，由内蒙古呼伦贝尔盟的大兴安岭地区来到了乌兰察布地区。拓跋跬复国称代王，建立了北魏王朝的第一个都城盛乐城（今和林格尔县土城子古城）。受中原汉文化的影响，北魏王朝很快便确定了“息众课农”和后来的“计口授田”的农业生产发展方针。《魏书·拓跋仪传》载：“（太祖）命（仪）督屯田于河北（指黄河之北的河套地区），自五原至椆杨塞外，分农稼，大得人心。”乌盟地区是鲜卑遗存较为集中的地区之一，察右后旗红格尔图乡三道湾东汉晚期鲜卑墓[⑦]中出土有农业生产工具铁铲，商都县大库伦乡石豁子村[⑧]发现的北魏窖藏中出有铁犁镜5件、铁犁铧3件。拓跋珪迁都平城（今山西省大同市）后，为了防止柔然族不断南下的侵扰，修筑了北魏长城——畿上塞围，在长城内侧设置著名的北魏“六镇”（其中抚冥、柔玄二镇分别在今四子王旗和察右后旗境内）。《魏书·高祖纪》载，北魏孝文帝太和十二年（488年）“诏六镇、云中、河西及关内六郡各修水田，通渠灌溉”，又移民到“六镇”戍边屯田，使乌盟地区的农业生产出现了一个新的高潮。

---

① 内蒙古文物工作队：《毛庆沟墓地》，载内蒙古自治区文物工作队、田广金、郭素新编著《鄂尔多斯式青铜器》，北京：文物出版社，1986年。

② 内蒙古自治区文物工作队：《凉城县饮牛沟墓地清理简报》，《内蒙古文物考古》1989年总第3期。

③ 内蒙古文物考古研究所：《凉城崞县窑子墓地》，《考古学报》1989年第1期。

④ 齐晓光、富占军：《凉城县双古城调查报告》，《乌兰察布文物》1989年总第3期。

⑤ 李兴盛：《内蒙古卓资县三道营古城调查》，《考古》1992年第5期。

⑥ 内蒙古博物馆、内蒙古文物工作队：《和林格尔汉墓壁画》，北京：文物出版社，1978年。

⑦ 乌兰察布博物馆：《察布后旗三道湾墓地》，载内蒙古文物考古研究所编《内蒙古文物考古文集（第一辑）》，北京：中国大百科全书出版社，1994年。

⑧ 陈棠栋：《商都县出土窖藏铜器、铁器考》，《内蒙古文物考古》1991年第1期。

隋唐五代时期，乌盟地区为突厥所占据，因文献资料较少和有关农牧业考古发现不多，其农牧业生产结构目前尚不清楚。

辽朝建国之初，畜牧业仍是第一重要的生产部门。《辽史·食货志上》载："契丹旧俗，其富以马，其强以兵。纵马于野，弛兵于民。有事而战，彍骑介夫，卯命辰集。马逐水草，人仰湩酪，挽强射生，以给日用，糗粮刍茭，道在是矣。"但随着时间的推移，汉文化对该地区的农业发展也产生了重要的影响，农业的重要性大大加强，与畜牧业一道，可以说是农牧并举、共同发展的时期。特别是乌盟所在的西京道，是辽朝农业生产的重要基地。1997年，凉城县崞县窑子辽代寿昌三年墓[①]中随葬的一块砖铭，以砖铭内容来看，为丰州富民县（富民县故城在凉城县境内）榆林村刘□□的一块买地契约，说明当时的土地已划归个人管理并且可以自由买卖。

金元时期，乌盟地区主要为汪古部领地，其领地有"砂井、集宁、净州、按答堡子四处，壬子年元籍爱不花驸马位下人户，揭照元籍，依旧开除"（《通制条格》卷二），管辖着内蒙古中南部阴山南北广大地区，加之与元朝皇室有着世代姻亲的关系，势力极大。汪古部在金代伯索麻里也束之前，其经济生活以畜牧业为主。伯索麻里也束率众迁居"静州天山之后"（四子王旗境内）便转为农牧业并举，逐渐以农业为主。砂井、净州以至居住在内蒙古中南部的汪古人多从事农业，在当时被人称为"种田白达达"。

到了元朝，为了解决汪古部领地及岭北行省的粮食短缺问题，采纳了王辉"广屯田以息远饷"之策。王恽在《便民三十五事》"振武屯田"条说，新城、砂井、净州等仓供饷繁重，和籴粮浩大，应就近屯田，以实砂、静两仓。这里的砂井总管府和静州路分别在今四子王旗红格尔图乡和吉生太乡境内。在乌盟境内的古城和墓葬中出土了一定数量的铁犁铧、铁镂、铁锄钩等与农业生产有关的遗物，在金元时期古城周围和村落遗址中大多可以见到用于粮食加工的石碌碡、石磨盘、石臼等，足以见农业生产的规模和发展状况。同时，元朝还派军队在这一地区进行屯垦。据《元史·兵制》载："忠翊侍卫屯田。世祖至元二十九年十一月，命各万户府，摘大同、隆兴、太原、平阳等处军人四千名，于燕只哥赤斤地面乃红城周回，置立屯田，开耕荒地二千顷，仍命西京宣慰司领其事，后改立大同等处屯储万户府领之。"文中所指的屯田地区应在今呼和浩特市以南的和林格尔县及乌盟南部。近几年来，在乌盟地区发现的至元年间造的"忠翊侍卫亲军弩军百户印"[②]就是元代军队屯田戍边的很好例证。在乌盟地区，金元时期的铁犁铧、犁镜等农业生产工具数量较以前数量更大，几乎每个旗县境内均有发现。1990年，乌兰察布博物馆在和林格尔县新店子乡发掘的辽代晚期至元朝的前瓦窑沟遗址[③]中，发现大量的圆形窖穴。这些窖穴四壁整齐、加工精细，特别是H63在坑壁和坑底均抹有一定厚度的红烧土和灰土层，显然是贮藏粮食防潮用的。这也说明当时的粮食生产不但满足了本地区的消费，而且已有一定数量的贮存。因此，金元时期这一地区的农业生产又出现了一个新的高潮。

金元时期，正是由于农业和商业的发展，给乌盟地区带来了空前的繁荣，增加了财富积累。也

① 该墓于1997年被洪水冲出，砖铭现存凉城县文物管理所，资料待发。

② 李兴盛、包龙梅：《乌兰察布博物馆收藏的几方古代官印》，待刊。

③ 乌兰察布博物馆：《和林格尔县前瓦窑沟辽、金时代遗址》，载内蒙古文物考古研究所编《内蒙古文物考古文集（第一辑）》。

正因为如此，破坏了该地区的天然牧场，使生态失去平衡，部分草场逐渐开始沙化。

元朝时期，乌盟地区农业的发展并不标志着畜牧业的衰落。这一时期，畜牧业仍然是十分重要的经济部门。乌盟地区特别是阴山以北土地辽阔，水草丰美，有着天然的优良牧场。在这一时期的遗址中出有数量较多牛羊骨骼。1991年，在丰镇市巨宝庄乡八号地元代村落遗址①的发掘中，出土的动物骨骼远远超过其他文化遗存的比例，足以见畜牧业在整个生产、生活中占有较大的比重。下面从两条史料中就可窥见畜牧业在这一地区的重要性。《元史·拜住传》载："延祐间朔漠大风雪，羊、马、驼、畜尽死，人民流散，以子女鬻人为奴婢。"又《道图学古录·贾公神道碑》载："大德九年，朔方乞禄伦之地，岁大风雪，畜牧亡损且尽，人乏食。"说明畜牧业在这一地区的人民生活中仍起着十分重要的作用。

朱元璋建立明朝，推翻元朝政权后，蒙古族在退回到漠北草原后继续保持着政权，史称"北元"。明朝修筑了东起山海关、西至嘉峪关的万里长城，两个政权持续了250多年。在250多年中，乌盟大部分地区均没有纳入双方的版图，加上北元政权与明朝的战争时断时续，没有完全停止，成为一个无人管理的拉锯战地带，人口开始南迁或北移。因此，这一地区的农牧业生产受到了相当程度的破坏，许多地方的城市、村镇在这一时期废弃，土地荒芜。

清朝初期，由于蒙古族是这一地区的主体民族，其经济仍是以畜牧业自然经济为主，主要的牲畜有驼、马、牛、羊等。这一时期的畜牧经济既是生产资料，又是生活资料，是社会物质财富的主要体现。这里需要说明的是，清初蒙古地区的畜牧业生产水平是处于原始的游牧状态，生产力水平十分低下。但随着牧民在生产实践中逐渐积累了一定的生产经验后，生产技术和饲养水平有了一定的提高，有些地区开始打井、搭棚、筑圈和冬贮牧草。同时，清政府在蒙古地区设置官办牧场，饲养大量牲畜，用来供应皇室和军队，这在客观上促进了畜牧业生产的发展，畜牧业的生产技术和管理水平有了一定的改进。

清朝初年，乌盟地区虽以畜牧业为主，但农业生产在这一地区局部适合农业生产的地方有所保留。随着国内外形势的变化和清政府屡次对准噶尔用兵，急需就近屯垦以解决军粮供应问题，在这种形势下，清政府逐渐放松了内地汉人出口外垦殖的限制。据史料记载，清政府从雍正二年（1724年）在乌盟境内的察哈尔部、同治三年（1864年）在四子王部两次进行了大规模的放垦，其后在宣统年间又有大规模的放垦。这一时期，随着汉人大量迁入和土地大面积的开垦，农业有了空前的发展，耕作技术有所改进，粮食产量增多，其品种主要有燕麦、糜子、麻黍、豆类等。其农产品除供应蒙古地区，还可向其他地区调运。康熙年间，北京所食米粮"自口外来者甚多"（《清圣祖实录》）。农业生产的发展使这一地区的以畜牧业经济为主的生产模式逐渐向半农半牧发展。到清朝末年，乌盟地区的农业经济已超越畜牧经济，占有相当重要的地位。

载于《农业考古》1999年第3期

① 内蒙古文物考古研究所：《丰镇市八号地元代遗址发掘简报》，载内蒙古文物考古研究所编《内蒙古文物考古文集（第一辑）》。

卓资县三道营乡出土窖藏钱币

李兴盛

1987年春，乌盟文物工作站在所属卓资县三道营乡榆树营村征集到一批窖藏钱币。这批钱币是1979年榆树营村华云文在村北之大黑山南坡石板下面发现的，出土时钱币用绳子穿成几串，没有用器皿盛放。

征集到这批钱币之后，由于种种原因已搁置5年之久，现将其整理出来，作为原始材料供文物考古及钱币学界的同仁进行研究。

这批钱币重8.75千克，共计1795枚，经初步整理有以下若干朝代的货币（图一、图二、图三）：

东汉：“五铢”，1枚。篆书，平钱。字迹清晰，“五”字交笔弯曲，“铢”字圆折，直径2.5厘米。

唐代：“开元通宝”，143枚。平钱，隶书。文字精美、清晰，“元”字第二笔左挑，有的背有仰月纹。直径2.5厘米。具有早、中期之特征。“乾元重宝”，6枚。平钱，楷书。内、外郭均较细。直径2.4厘米。

五代：“唐国通宝”，3枚，平钱，隶书。宽郭。直径2.4厘米。“周元通宝”，1枚。平钱，隶书。宽郭。直径2.4厘米。

辽代：“清宁通宝”，1枚，平钱，楷书。铸制粗糙，文字模糊。直径2.4厘米。

北宋：“宋元通宝”，4枚，平钱，楷书。宽郭。直径2.4厘米。“太平通宝”，10枚，平钱，楷书。直径2.5厘米。“淳化元宝”，22枚，平钱，楷书。宽郭，小穿。直径2.4厘米。“至道元宝”，35枚。平钱，行、楷两体。宽郭，穿较小，字迹略显模糊。直径2.5厘米。“咸平元宝”，49枚。平钱，楷书。宽郭，穿较小。直径2.5厘米。“景德元宝”，45枚。平钱，楷书。铸制精美，文字清晰，内郭较细，直径2.5厘米。“祥符通宝”，121枚。平钱，楷书。字体有大、小两种。直径2.4厘米、2.5厘米。“天禧通宝”，45枚。平钱，楷书。内郭较细。直径2.4厘米。“天圣元宝”，89枚。平钱，楷、篆两体。外郭较细，穿较大。直径2.5厘米。“明道元宝”，11枚。平钱，楷、篆两体。篆书钱较为模糊。直径2.5厘米。“景祐元宝”，31枚。平钱，楷、篆两体。直径2.4、2.5厘米。“皇宋通宝”，210枚。平钱，楷、篆两体。宽郭，内穿大小不一，铸造也不一致，篆书“宋”字有方折和圆折两种。直径2.4、2.5厘米。“庆历重宝”，1枚。折二钱，楷书。直径3厘米。“至和元（通）宝”，24枚，平钱，楷、篆两体。通宝钱为宽郭、花穿。直径2.3厘米、2.4厘米。“嘉祐元（通）宝”，60枚。平钱，楷书。铸造精细，字迹清晰。直径2.4厘米。“治平元（通）宝”，52枚。平钱，楷、篆两体。穿径悬殊较大。直径2.3厘米、2.4厘米。“熙宁元（重）宝”，156枚。平钱、折二钱两种，字体为楷、篆两种。元宝为平钱，重宝为折二钱，铸造较精，字体多样。平钱直径2.3～2.5厘米，折二钱直径分别为2.8厘米、3.3厘米、3.2厘米。“元丰通宝”，347枚。平钱、折二钱，行、篆两体。铸造精细。平钱直径2.4厘米，折二钱直径3厘米。“元祐通宝”，169枚。平钱、折二钱，行、篆两体。平钱为宽郭。平钱直径2.4厘米，折二钱直径3厘米。“绍圣元宝”，52枚。平钱，折二钱，行、篆两体。平钱为宽郭，平钱直径2.5；折二钱直径3厘米。“元符元宝”，23枚。平钱、折二钱，行、篆两体。平钱直径2.4厘米，折二钱直径3厘米。“崇宁重（通）宝”，38枚。折十钱，体为瘦金体和隶书。铸造精美，字迹清晰。直径3.5厘米。“大观通宝”，11枚，平钱，瘦金体。铸工精美。直径2.4厘米。“政和通宝”，62枚。平钱、折二钱，隶、篆两体。铸工精美，字迹清晰。平钱直径2.5厘米，折二钱直径3厘米。“宣和通宝”，20枚。平钱、折二钱，隶、篆两体。铸工精美。平钱直径2.4厘米、2.5厘米，折二钱直径3厘米。

南宋：“建炎通宝”，1枚。折二钱，楷书。铸工粗糙。直径2.7厘米。“绍兴元宝”，6枚。折二钱。楷、篆两体。铸工精细。直径2.8厘米。“隆兴元宝”，1枚。折二钱，楷书。直径3厘米。

金代：“正隆元宝”，3枚。平钱，楷书。铸造精美。直径2.5厘米。

卓资县三道营乡出土的这批窖藏钱币，时代最晚的是铸造于南宋孝宗隆兴年间（1163—1164年）的“隆兴元宝”。与其年代大致相当的还有金海陵王完颜亮在正隆年间（1156—1161年）铸行的“正隆元宝”。因此，大体推断这批钱币应是埋藏于金海陵王时期，应为金代窖藏。

近几年来，在乌兰察布盟境内的兴和、商都、清水河、卓资县、察右前旗等地都有数量较多的窖藏钱币出土。从已发表和整理出的几批窖藏钱币来看，兴和县明胜村[①]、卓资县大榆乡[②]出土的钱币组合及下限与三道营出土的钱币一致，应为金朝时期的窖藏钱币。它对全面正确认识金朝的货币组合提供了一些可靠依据。

金朝是由兴起于东北长白山一带的女真族所建立。在完颜阿骨打建立金王朝政权并灭辽后，其社会形态迅速由奴隶制向封建制转变，在经济上也由“以物易物”的低级交换形式逐渐进入货币经济的轨道。金朝在币制方面受宋朝的影响很大，实行银锭、纸币、铜钱三者并用。铜钱在金初用辽、宋旧钱。海陵王贞元二年（1154年）遂制交钞，正隆二年（1157年）始议鼓铸[③]。说明金王朝在铸行“正隆元宝”之前仍用辽宋时期的旧币。这一文献记载已被大量的考古发现所证实。

从已出土的金朝窖藏钱币分析，金朝铜钱的组合大体是以北宋钱为主、其他朝代货币为辅。目前发现的窖藏钱币中，时代较早的有西汉的“半两”，新莽时期的“大泉五十”“货泉”，东汉的“五铢”，唐代和五代十国时的“开元通宝”“乾元重宝”“唐国通宝”“周元通宝”，等等，上述历代钱币在全部窖藏中仅占百分之几。辽钱所占比例更小，在内蒙古西部地区出土的几批窖藏中大概不足万分之一，因此显得极为罕见。大量出土的是北宋钱币，约占窖藏总数的90%以上。同时还有极少的南宋和金代货币。这种钱币组合与内蒙古地区发现的辽代、元代窖藏钱币组合也相一致，只是上、下限的时代有所差异。

① 李兴盛：《内蒙古兴和县明胜村出土一批窖藏古铜钱》，《内蒙古金融·钱币壹》1986年总62期。

② 这批钱币也是在1987年文物普查中征集，钱币组合基本一致，下限钱币为“正隆元宝”和“大观通宝”。

③ 脱脱等撰：《金史》卷四十八《志第二十九·食货三·钱币》，北京：中华书局，1975年，第1069页。

图一 钱币拓本（一）

图二　钱币拓本（二）

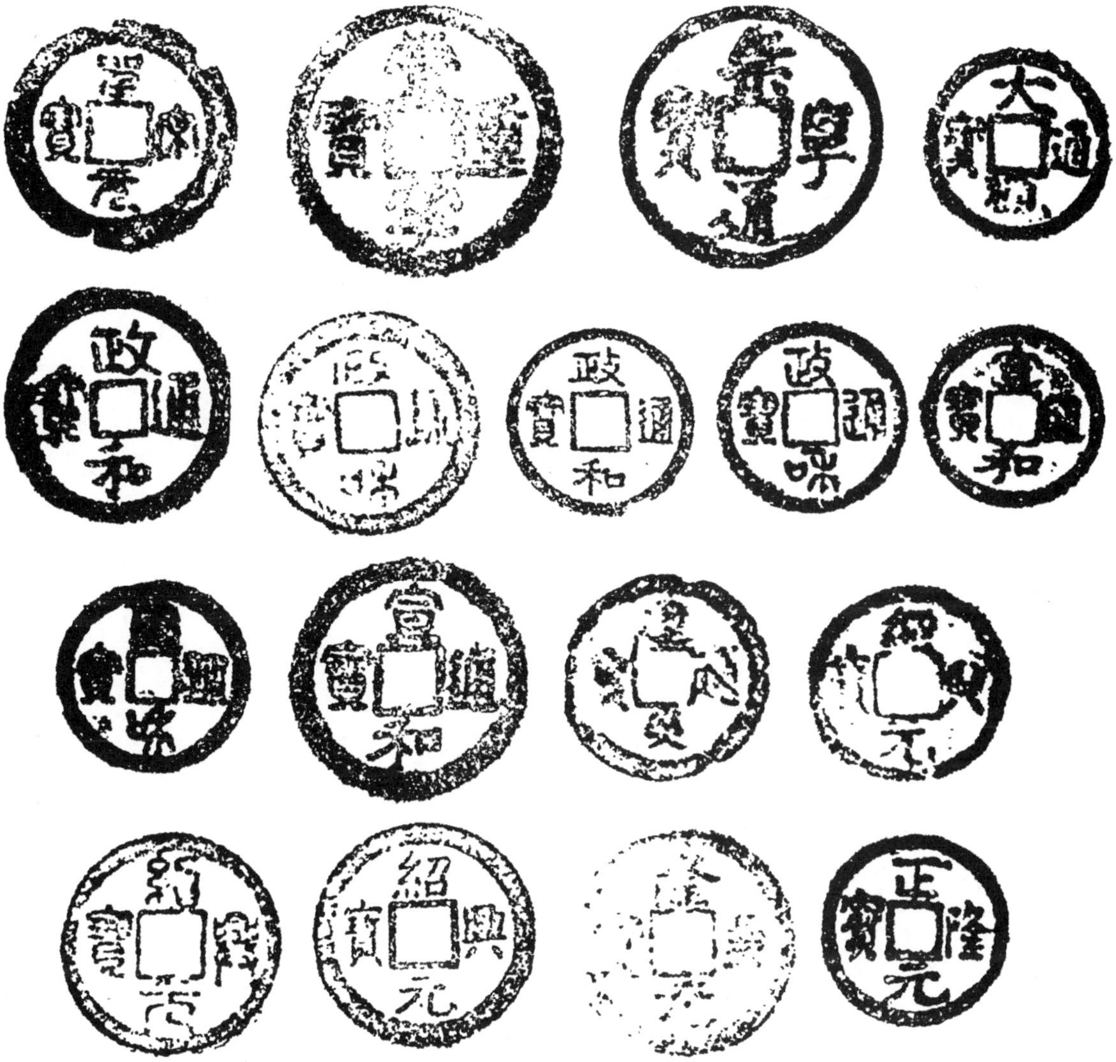

图三　钱币拓本（三）

造成辽、金、元三代窖藏钱币的组合基本一致（北宋钱占绝对主导地位）的原因有很多，其中有两个因素比较重要。第一，辽、金两代为了加强同北宋和南宋的经济贸易，在其边境地区开设了一些榷场进行贸易交换，在双方贸易中收回一定数量的宋代钱币。但这仅仅是一个方面，因为它除了一定量的货币贸易，有相当一部分应该是“以物易物”的交换，因此，构不成90%以上的北宋钱的流入。第二，北宋钱大量流入辽、金境内，是辽朝不断南下对北宋进行侵扰和掠夺的结果。例如，宋真宗景德元年（1004年），北宋向辽求和，订立屈辱的“澶渊之盟”。北宋每年输银10万两绢20万匹，向辽朝纳贡。宋庆历二年（1042年）又增加银、绢各10万两、匹，以后北宋每年要向辽进贡银20万两、绢30万匹。面对这巨额的进贡数额，北宋很难完成，因此很可能将宋钱作为赔款代替一定数量的银、绢大量输入辽朝；又因辽境缺少铜矿资源，自铸钱币很少，从而造成了辽朝境内大量使用北宋钱的结果。这种现象不但在内蒙古西部地区出土的辽代窖藏钱币中得到证实，而且在内蒙古赤峰地区（辽朝的政治中心）出土的几批辽代窖藏钱币中也得到证实。在辽朝以后的金、元两代，因其自铸钱币的数量也相对较少，因此大量沿用前代铜钱，形成了辽、金、元三代行用的铜钱以北宋钱占绝对多数的特点。

载于《内蒙古金融研究》2003年第S2期

内蒙古兴和县发现窖藏铜币

崔利明

1983年10月初，兴和县南湾子乡古城行政村民间房自然村村民刨地时，挖至距地面约73厘米深处，发现一个白釉瓷瓮，瓮内装满铜币。铜币保存完好，字迹清晰可见。瓮，直口，圆唇，鼓膜，小平底。除唇部处身施白釉，内釉豆绿色，胎土黄色，质粗。口径38厘米，高52厘米，腹径48厘米，底径21厘米。

这批铜币出土时重达153.5千克，现存铜币19千克，其余铜币被村民卖到县废品收购站。乌盟文物站对其进行整理。现将典型钱币标本分述如下：

西汉："半两"1式。

西汉："五铢"1式。

新莽："货泉"1式。

唐："开元通宝"2式，面纹"元"字第二笔左挑，背面有指甲纹；"乾元重宝"1式。

南唐："唐国通宝"1式。

北宋："宋元通宝"1式；"太平通宝"1式；"淳化通宝"1式；"至道元宝"1式；"咸平元宝"1式；"景德元宝"1式；"祥符通宝"1式；"天禧通宝"1式；"天圣元宝"2式；"明道元宝"2式；"景祐元宝"1式；"皇宋通宝"2式；"至和元宝"1式；"嘉祐通宝"1式；"治平元宝"1式；"治平通宝"2式；"熙宁元宝"1式；"熙宁重宝"2式；"元丰通宝"1式；"元祐通宝"1式；"绍圣元宝"1式；"元符通宝"1式；"圣宋元宝"1式；"崇宁重宝"1式；"崇宁通宝"1式；"大观通宝"1式，背面有竖纹；"政和通宝"1式；"宣和通宝"2式。

南宋："建炎通宝"1式；"绍兴元宝"1式，背面有星纹和月纹。

金代："正隆元室"1式。

全部铜钱共37种44式（图一），面者篆、隶、真、行各体皆备。铜钱中年代最晚为"正隆元宝"，铸于金代海陵王年间（1156—1161年）。因此，这批铜钱应系1161年后的私人储藏。白釉瓷瓮从质、釉及器型看是金代瓷器。

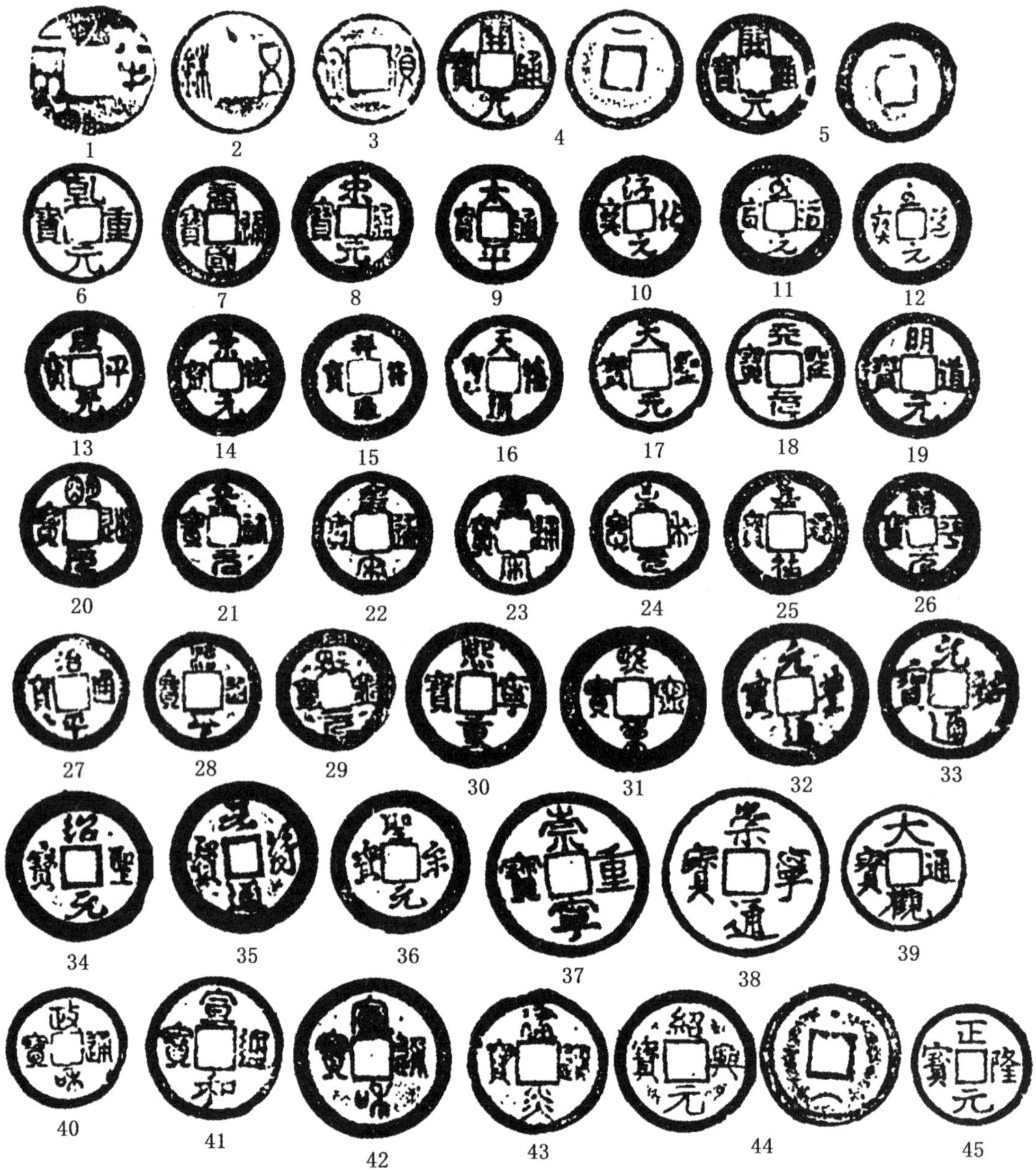

1.西汉“半两” 2.西汉“五铢” 3.新莽“货泉” 4、5.唐“开元通宝”（Ⅰ、Ⅱ式正、背） 6.唐“乾元重宝” 7.南唐“唐国通宝” 8.北宋“宋元通宝” 9.北宋“太平通宝” 10、11.北宋“淳化元宝” 12.北宋“至道元宝” 13.北宋“咸平元宝” 14.北宋“景德元宝” 15.北宋“祥符通宝” 16.北宋“天禧通宝” 17、18.北宋“天圣元宝” 19、20.北宋“明道元宝” 21.北宋“景祐元宝” 22、23.北宋“皇宋通宝” 24.北宋“圣和元宝” 25.北宋“嘉祐通宝” 26.北宋“治平元宝” 27、28.北宋“治平通宝” 29.北宋“熙宁元宝” 30、31.北宋“熙宁重宝” 32.北宋“元丰通宝” 33.北宋“元祐通宝” 34.北宋“绍圣元宝” 35.北宋“元符通宝” 36.北宋“圣宋元宝” 37.北宋“崇宁重宝” 38.北宋“崇宁通宝” 39.北宋“大观通宝” 40.北宋“政和通宝” 41、42.北宋“宣和通宝” 43.南宋“建炎通宝” 44.南宋“绍兴元宝” 45.金“正隆元宝”

图一 钱币拓本

载于《考古》1988年第12期

乌兰察布博物馆馆藏钱币

郝利平

乌兰察布博物馆收藏有大量的历代钱币，为研究乌盟地区各个历史时期社会经济发展状况，提供了可靠的实物依据。为了全面清查博物馆藏古代钱币，我们对馆藏历代钱币做了初步的整理。战国布币及刀币已有专文介绍，这里仅就汉代以后的钱币做一综合介绍。

一、汉代钱币

有“半两”“五铢”铜钱。

（一）“半两”铜钱

3枚。直径2.4厘米，穿径1厘米，重2.2～2.8克。穿孔较大，无外郭，平背。“半两”二字为小篆，然笔画方折，已显汉隶风韵（图一，1）。

（二）“五铢”铜钱

选10枚有特点的介绍如下：

第一枚，直径2.4厘米，穿径0.8厘米，重3.5克。钱币正面穿上为下仰月，穿下为上仰月；背穿上为下仰月，穿下为上仰月。穿左、右各饰星纹。“五”字矮小，笔画较粗，交笔弯曲。“铢”字头仍为方折，“金”头呈三角形（图一，2）。

第二枚，直径2.5厘米，穿径1厘米，重3.5克。“五”字交笔弯曲。“铢”字的“金”字头呈三角形，“朱”字头为方折。光背（图一，3）。

第三枚，直径2.2厘米，穿径0.8厘米，重3.0克。“五”字交叉两笔较直。“铢”字的“金”字头呈三角形，“朱”字为方折。光背（图一，4）。

第四枚，直径2.5厘米，穿径0.9厘米，重3.5克。“五”字交笔弯曲。“铢”字的“金”字头呈三角形，“朱” 字为方折。光背（图一，5）。

第五枚，直径2.5厘米，穿径1.1厘米，重3.5克。“五”字交笔弯曲。“铢”字的“金”字头呈三角形，“朱”为方折。光背（图一，6）。

第六枚，直径2.5厘米，穿径1.1厘米，重3.5克。“五”字交笔弯曲。“铢”字的“金”字头呈三角形，“朱”字不清。光背（图一，7）。

第七枚，直径2.5厘米，穿径1.1厘米，重3.5克。“五”字交笔弯曲。“铢”字的“金”字头呈三角形，“朱”字不清。光背（图一，8）。

第八枚，直径2.5厘米，穿径1.1厘米，重3.5克。“五”字交笔弯曲。“铢”字的“金”字头呈三角形，“朱”字头为方折。光背（图一，9）。

第九枚，直径2.5厘米，穿径1.1厘米，重3.6克。“五”字交笔弯曲。“铢”字的“金”字头呈三角形，“朱”字头为方折。光背（图二，1）。

第十枚，直径2.5厘米，穿径1.1厘米，重3.5克。“五”字交笔弯曲。“铢”字的“金”字头呈三角形，“朱”字为方折。光背（图二，2）。

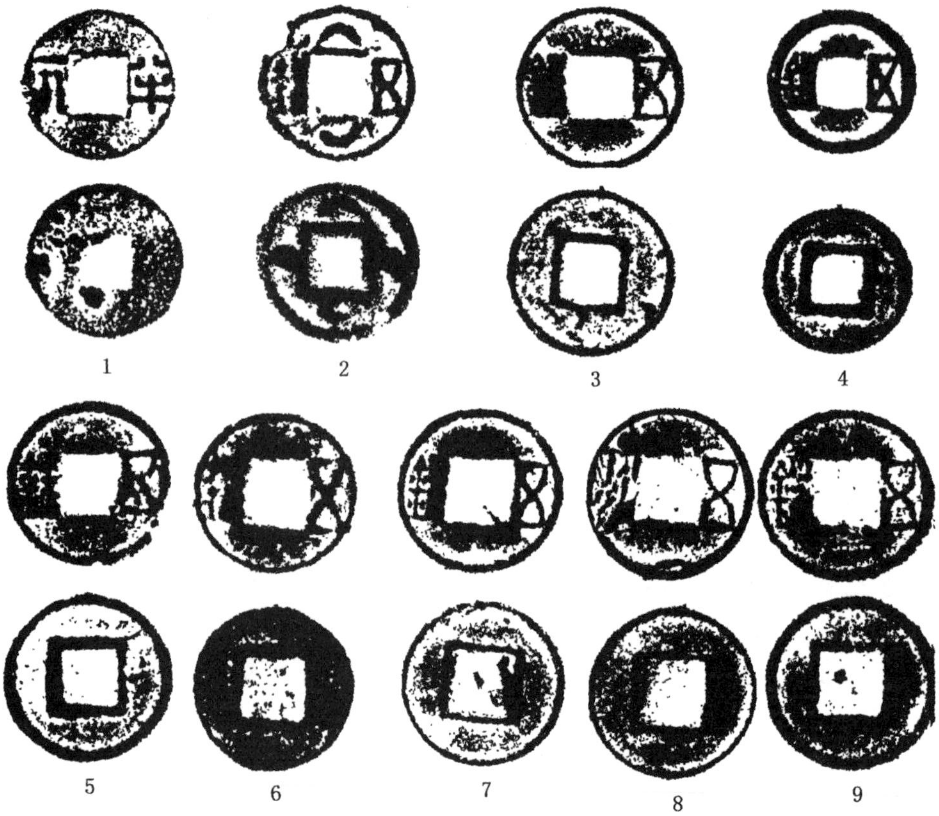

1.“半两”铜钱　2～9.“五铢”铜钱

图一　汉代钱币拓本

二、王莽时期钱币

有“大泉五十”“货泉”“货币”。

（一）“大泉五十”

2枚。直径2.8厘米，穿径1厘米，重约7克。钱体坚挺浑厚，内外郭精致，垂针篆文秀美。王莽于居摄二年（公元7年）货币改制时与金错刀、契刀同时铸行方孔圆钱。“大泉”意为大钱，“五十”意为值五十与“五铢”并行（图二，3）。

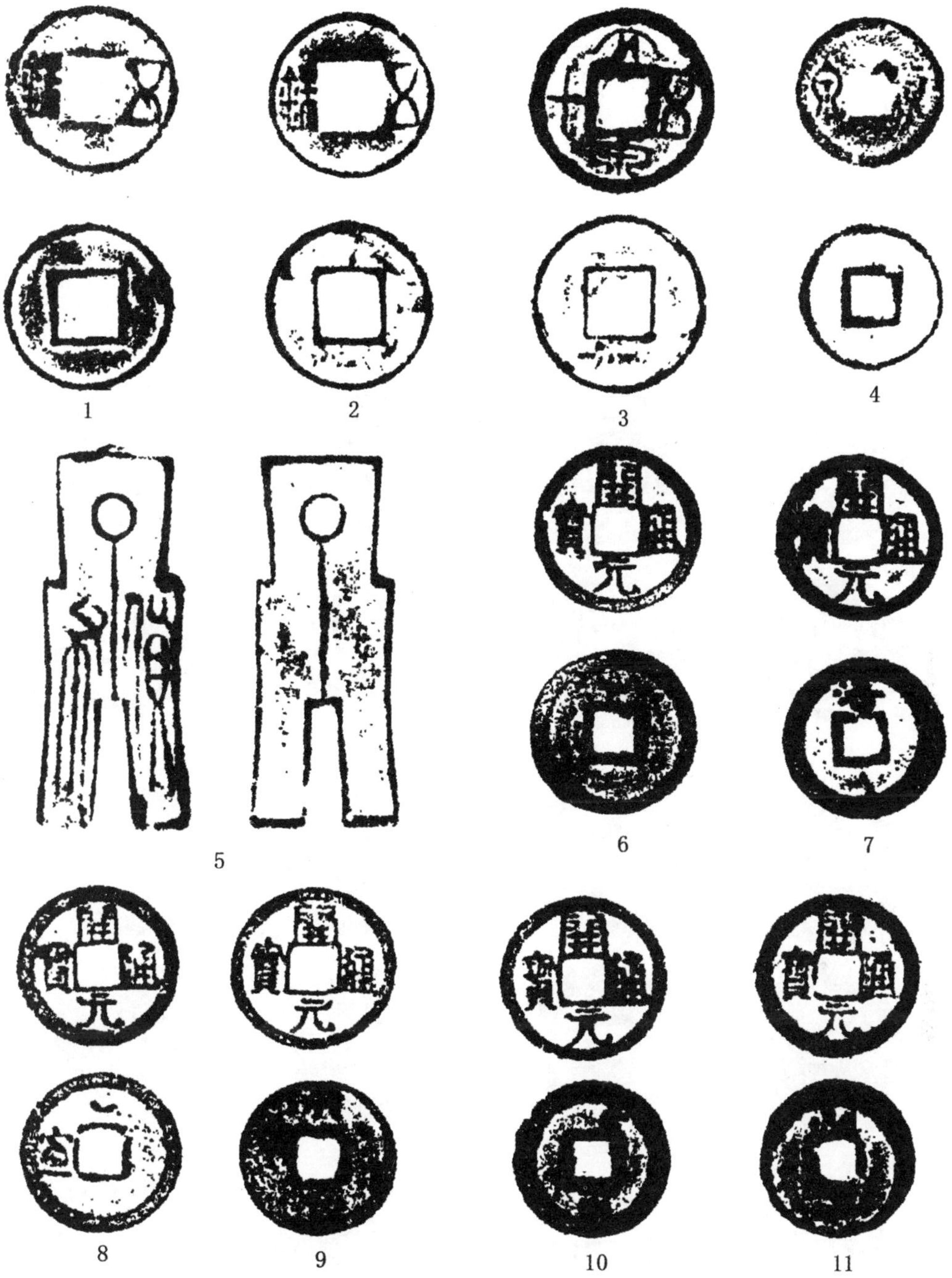

1～2.汉“五铢”　3.王莽“大泉五十”　4.王莽“货泉”　5.王莽“货币”　6～11.唐“开元通宝”

图二　汉代、王莽时期、唐代钱币拓本

（二）“货泉”

3枚。直径2.2～2.4厘米，穿径0.6厘米，重约2.8克。有外郭。“货泉”二字为悬针篆，工整纤秀（图二，4）。

（三）“货币”

1枚。通长5.6厘米，重约16.5克。“货币”二字为垂针篆，列于两侧，方裆，书法潇洒俊逸（图二，5）。

三、唐代钱币

有“开元通宝”和“乾元重宝”。

（一）“开元通宝”

2055枚。直径2.4～2.5厘米，穿径0.5～0.7厘米，重3.1～3.8克。楷书，对读，内外郭精峻深。“元”字第二笔向上右挑和左挑。背多为光背，也有铸星、月纹，以及铸地地名，如“洛”“宣”“京”“润”“昌”等的钱币（图二，6～11；图三，1）。

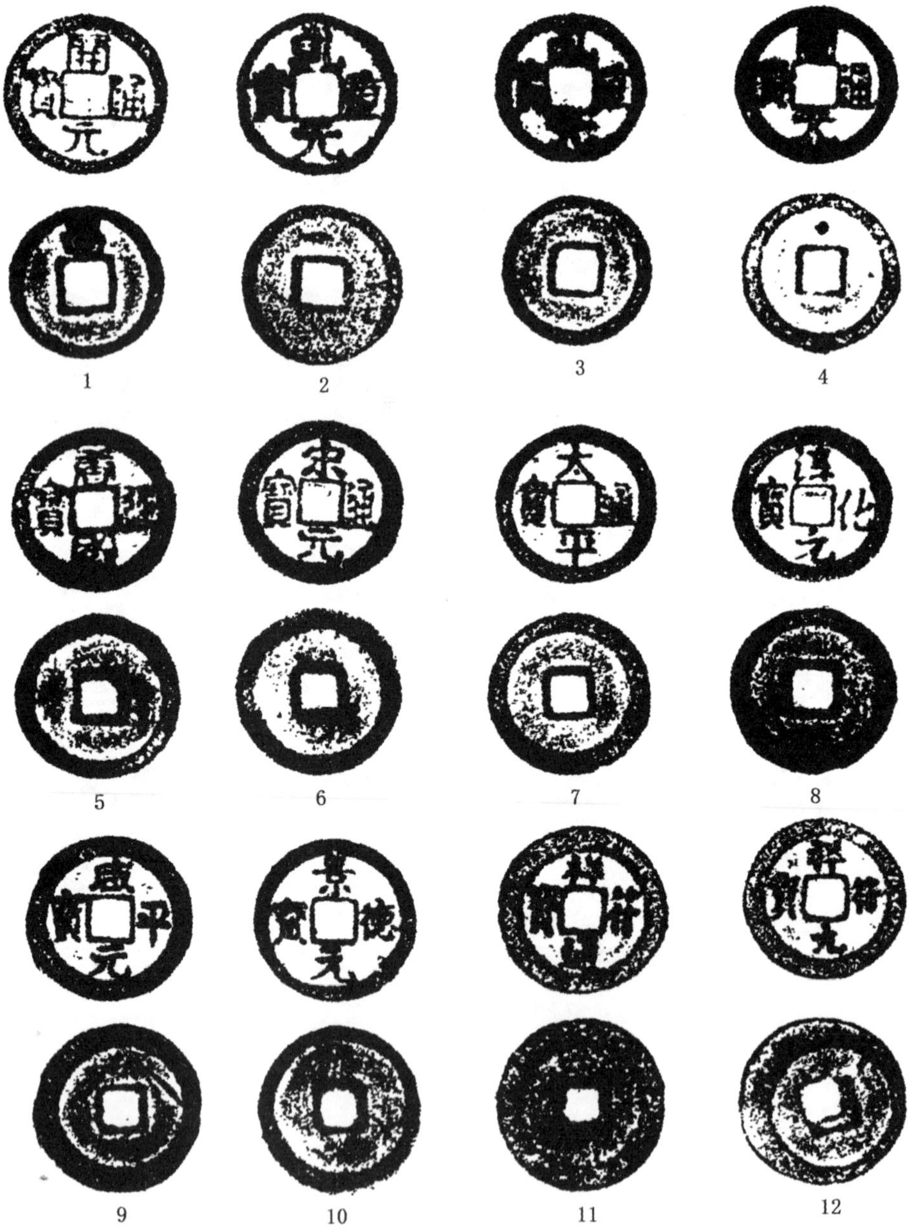

1.唐“开元通宝”　2、3.唐“乾元重宝”　4.后周“周元通宝”　5.南唐“唐国通宝”　6.北宋“宋元通宝”　7.北宋“太平通宝”　8.北宋“淳化元宝”　9.北宋“咸平元宝”　10.北宋“景德元宝”　11、12.北宋“祥符元宝”

图三　唐代、五代十国、北宋钱币拓本

（二）“乾元重宝”

35枚。直径2.2～2.4厘米，穿径0.7～0.8厘米，重3.5～3.6克。有小平钱、小样钱两种，隶书，对读。“乾”字的右侧呈鱼钩状（图三，2、3）。

四、五代十国铜钱

有“周元通宝”和“唐国通宝”。

（一）“周元通宝”

1枚。直径2.4厘米，穿径0.6厘米，重约3.5克。小平钱，隶书，对读。边郭较阔，背文有一上星纹。制作精美，端庄大方，可与唐钱媲美（图三，4）。

（二）“唐国通宝”

14枚。直径2.5厘米，穿径0.6厘米，重3.8克。小平钱，对读，篆书，光背（图三，5）。

五、北宋铜钱

有“宋元通宝”“太平通宝”“淳化元宝”等，共计28种。

（一）“宋元通宝”

50枚。直径2.5厘米，穿径0.5厘米，重约3.6克。小平钱，隶书，对读，光背（图三，6）。

（二）“太平通宝”

205枚。直径2.4厘米，穿径0.5厘米，重约3.4克。小平钱，隶书，对读，光背（图三，7）。

（三）“淳化元宝”

200枚。直径2.4厘米，穿径0.5厘米，重约3.8克。小平钱，真、行、草三书体，旋读，光背（图三，8）。

（四）“咸平元宝”

662枚。直径2.4厘米，穿径0.5厘米，重约4克。小平钱，直书，旋读，背文有上月纹，光背占比例较大（图三，9）。

（五）“景德元宝”

757枚。直径2.4厘米，穿径0.5厘米，重约4克。小平钱，真书，旋读，光背（图三，10）。

（六）“祥符元宝”

1510枚。直径2.3～2.5厘米，穿径0.5厘米，重约4克。有小平钱大、小样两种，真书，旋读，光背。同时祥符元宝的“符”有大“符”、小“符”之别（图三，11、12）。

（七）“天禧通宝”

737枚。直径2.4厘米，穿径0.5厘米，重约4克。小平钱，真书，旋读，光背（图四，1）。

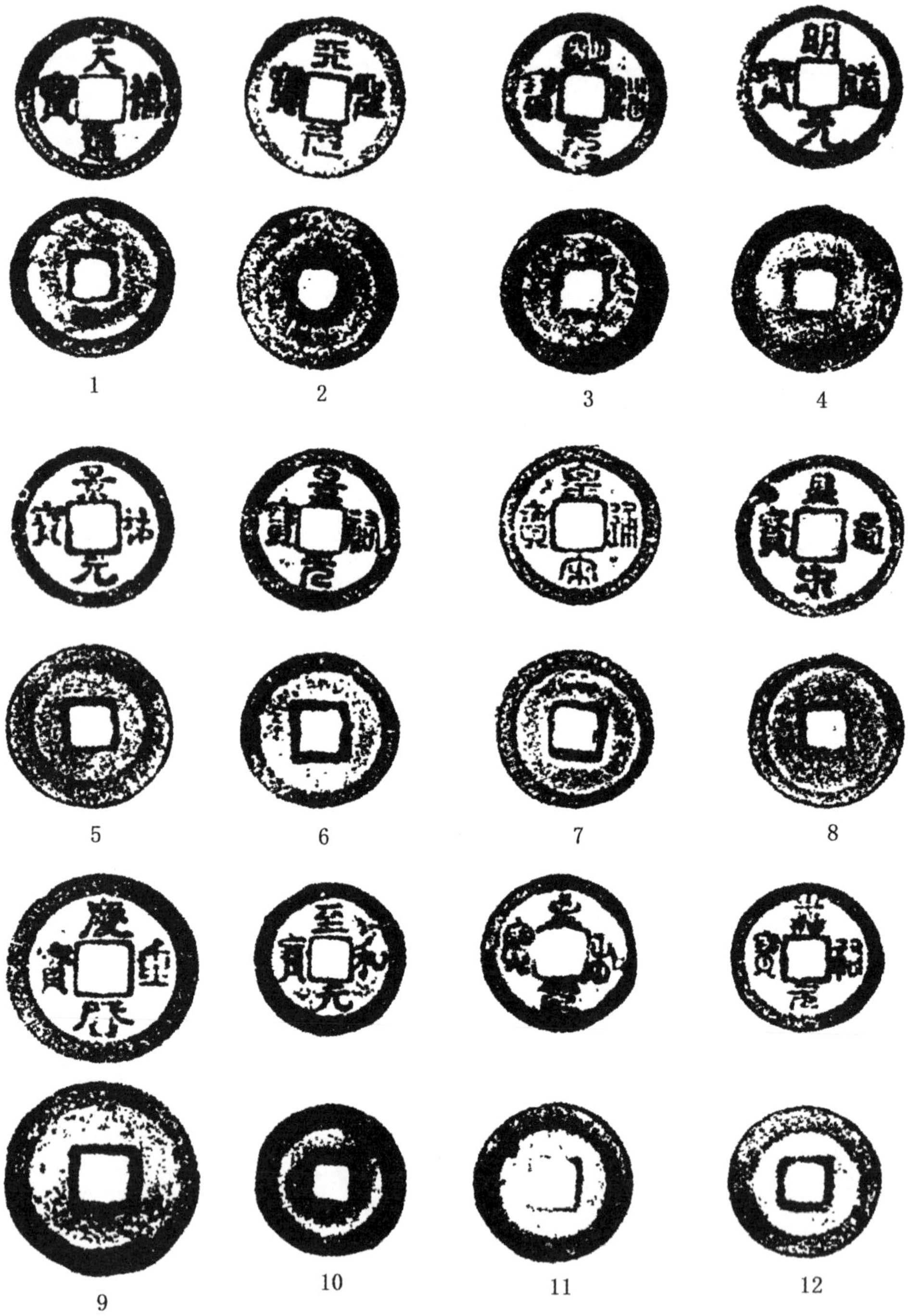

1.北宋“天禧通宝” 2.北宋“天圣元宝” 3、4.北宋“明道元宝” 5、6.北宋“景祐元宝” 7、8.北宋“皇宋通宝” 9.北宋“庆历重宝” 10、11.北宋“至和元宝” 12.北宋“嘉祐元宝”

图四 北宋钱币拓本

（八）“天圣元宝”

963枚。直径2.5厘米，穿径0.6厘米，重约4克。小平钱，篆书，旋读，光背（图四，2）。

（九）“明道元宝”

95枚。直径2.5厘米，穿径0.6厘米，重约4克。小平钱，真、篆二体，旋读，光背（图四，3、4）。

（十）“景祐元宝”

290枚。直径2.5厘米，穿径0.6厘米，重约4克。小平钱，真、篆二体，旋读、光背（图四，5、6）。

（十一）“皇宋通宝”

2947枚。直径2.5厘米，穿径0.6厘米，重约4克。小平钱，真、篆二体，对读，光背（图四，7、8）。

（十二）“庆历重宝”

4枚。直径2.5厘米，穿径0.8厘米，重约7克。折三钱，真书，对读，光背（图四，9）。

（十三）“至和元宝”

165枚。直径2.4厘米，穿径0.5厘米，重约3.8克。小平钱，真、篆二体，旋读，光背（图四，10、11）。

（十四）“嘉祐元宝”

267枚。直径2.5厘米，穿径0.5厘米，重约4克。小平钱，真、篆二体，旋读，光背（图四，12；图五，1）。

（十五）“嘉祐通宝”

590枚。直径2.4厘米，穿径0.5厘米，重约3.9克。小平钱，真、篆二体，对读，光背（图五，2）。

（十六）“治平元宝”

640枚。直径2.5厘米，穿径0.6厘米，重约4克。小平钱，真书、旋读，光背，外郭阔（图五，3）。

（十七）“熙宁元宝”

2586枚。直径2.2～2.5厘米，穿径0.6厘米，重2.1～4克。小平钱有大、小两种版别，真、篆二体，旋读，光背（图五，4、5、6）。

（十八）“熙宁重宝”

164枚。直径3.3厘米，穿径1厘米，重约8克。大样折五钱，真、篆二体，旋读，光背（图五，7、8）。

（十九）“元丰通宝”

3151枚。直径2.3厘米，穿径0.6厘米，重约4克。行、篆二体，旋读，光背（图五，9）。

（二十）“元祐通宝”

1719枚。小平钱直径2.5厘米，穿径0.6厘米，重约4克。折二钱直径3厘米，重约8克。篆、行二体，旋读、光背（图五，10、11、12）。

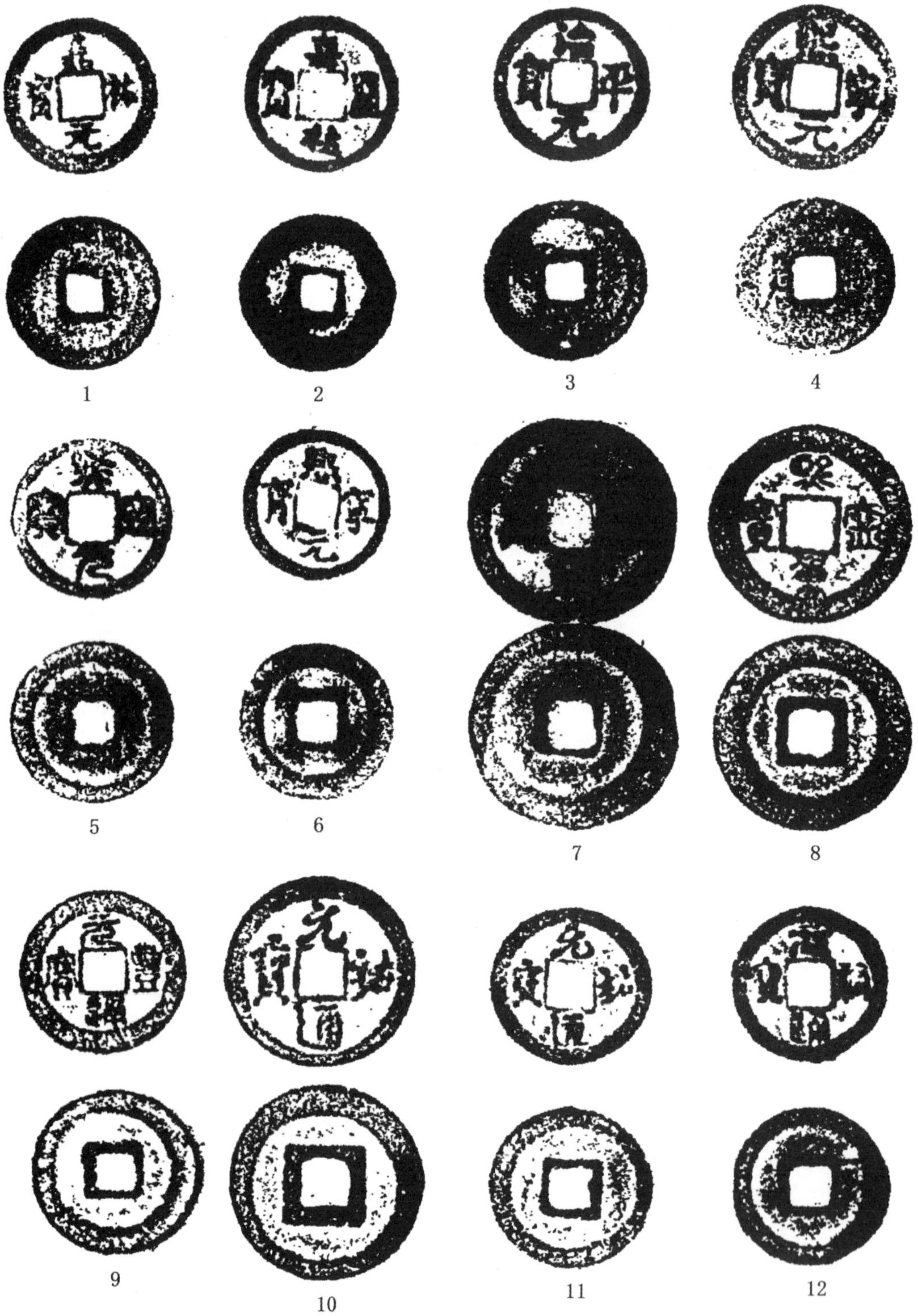

1.北宋“嘉祐元宝” 2.北宋“嘉祐通宝” 3.北宋“治平元宝” 4～6.北宋“熙宁元宝” 7、8.北宋“熙宁重宝” 9.北宋“元丰通宝” 10～12.北宋“元祐通宝”

图五 北宋钱币拓本

（二十一）“绍圣元宝”

624枚。小平钱直径2.4厘米，穿径0.5厘米，重约4克。折三钱直径3厘米，穿径0.8厘米，重约8克。篆、行二体，旋读，光背（图六，1、2）。

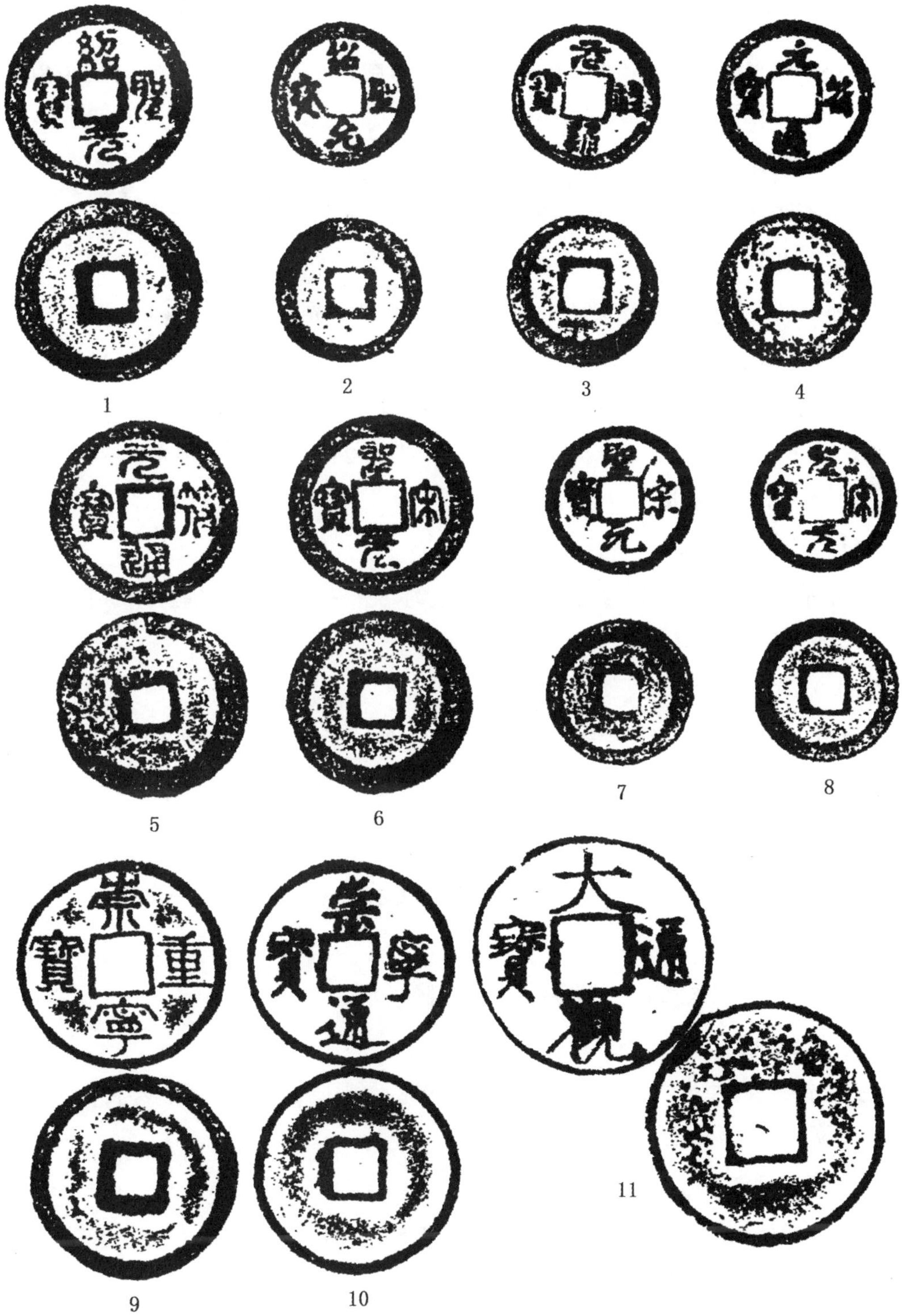

1、2.北宋“绍圣元宝”　3～5.北宋“元符通宝”　6～8.北宋“圣宋元宝”　9.北宋“崇宁重宝”　10.北宋“崇宁通宝”　11.北宋“大观通宝”

图六　北宋钱币拓本

（二十二）“元符通宝”

221枚。小平钱直径2.5厘米，穿径0.6厘米，重约4克。折二钱直径3厘米，穿径0.8厘米，重约8克。篆、行二体，旋读、光背（图六，3、4、5）。

（二十三）“圣宋元宝”

367枚。小平钱直径2.5厘米，穿径0.6厘米，重约4克。折三钱直径3厘米，穿径0.8厘米，重约8克。行、篆二体，旋读，光背（图六，6～8）。

（二十四）“崇宁通宝”

180枚。折五钱直径3.5厘米，穿径1厘米，重约6克。瘦金体，旋读，光背（图六，10）。

（二十五）“崇宁重宝”

173枚。折五钱直径3.5厘米，穿径1厘米。隶书，对读，光背（图六，9）。

（二十六）“大观通宝”

当十钱“大观通宝”3枚。直径4厘米，穿径1.2厘米，重约9克。真书，对读，光背，钱文为宋徽宗书写瘦金体（图六，11）。小型平钱“大观通宝”，24枚。直径2.5厘米，穿径0.6厘米，重约4克。真书，对读，光背（图七，1）。

（二十七）“政和通宝”

236枚。小平钱直径2.5厘米，穿径0.6厘米，重约4克。折三钱直径3厘米，穿径0.8厘米，重约8克。隶、篆二体，对读，光背（图七，2～4）。

（二十八）“宣和通宝”

20枚。小平钱直径2.5厘米，穿径0.6厘米，重约4克。折三钱直径3厘米，穿径0.9厘米，重约8克。钱文为篆、隶二体，对读，光背（图七，5～7）。

六、南宋钱币

有“建炎通宝”“绍兴元宝”“嘉熙通宝”“隆兴元宝”。

（一）“建炎通宝”

6枚。折三钱直径3厘米，穿径0.9厘米，重约9克。折二钱径2.8厘米，穿径0.8厘米，重约5.5克。隶书，对读，光背（图七，8、9）。

（二）“绍兴元宝”

10枚。折二钱径2.8厘米，穿径0.8厘米，重约5.5克。真、篆二体，旋读、光背（图七，10、11）。

（三）“隆兴元宝”

1枚。折二钱径2.8厘米，穿径0.8厘米，重约5.5克。真书，旋读，光背（图七，12）。

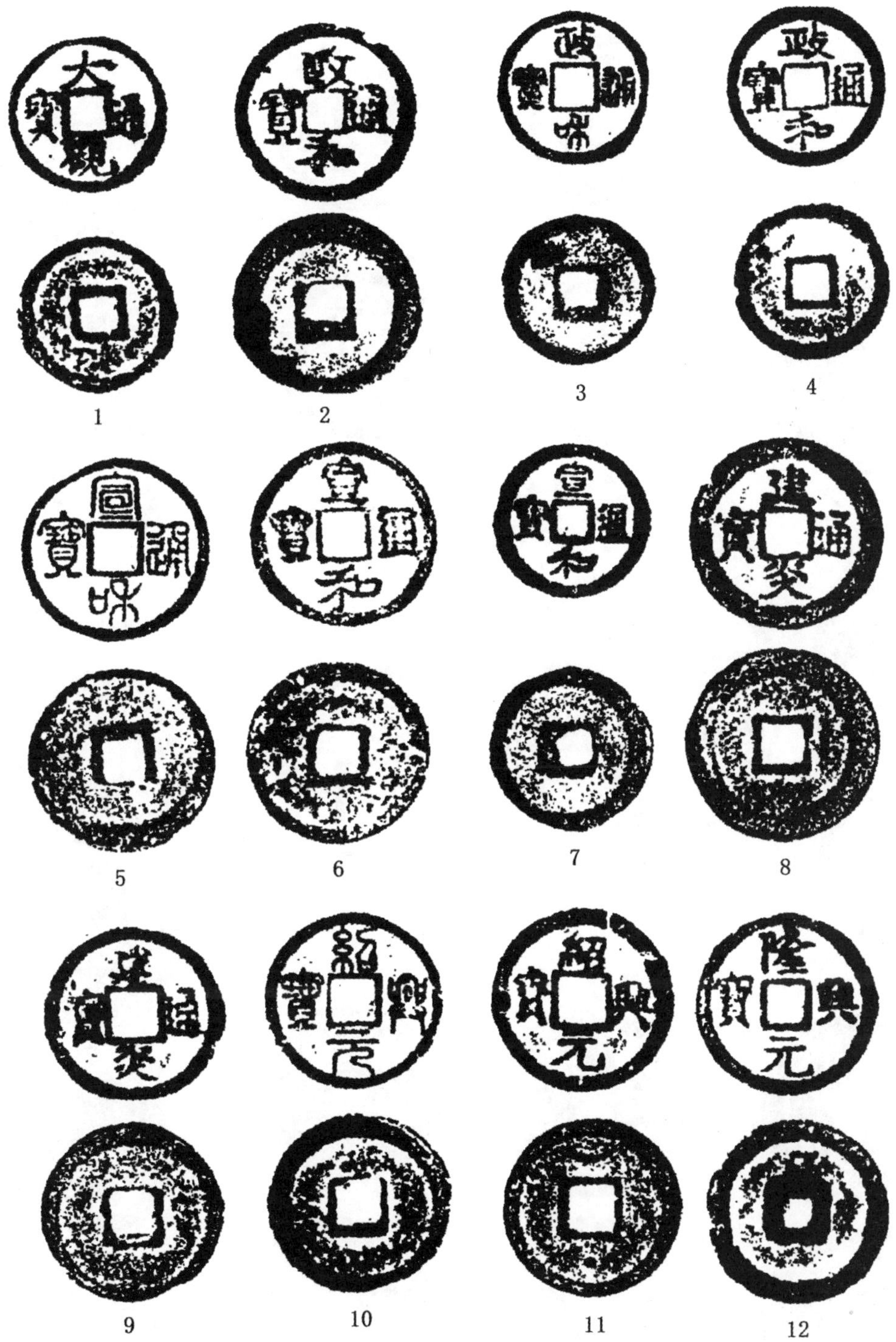

1.北宋“大观通宝”　2～4.北宋“政和通宝”　5～7.北宋“宣和通宝”　8、9.南宋“建炎通宝”　10、11.南宋“绍兴元宝”　12.南宋“隆兴元宝”

图七　北宋、南宋钱币拓本

（四）“嘉熙通宝”

1枚。折二钱径2.8厘米，穿径0.8厘米，重约5.5克。楷书，对读，光背（图八，1）。

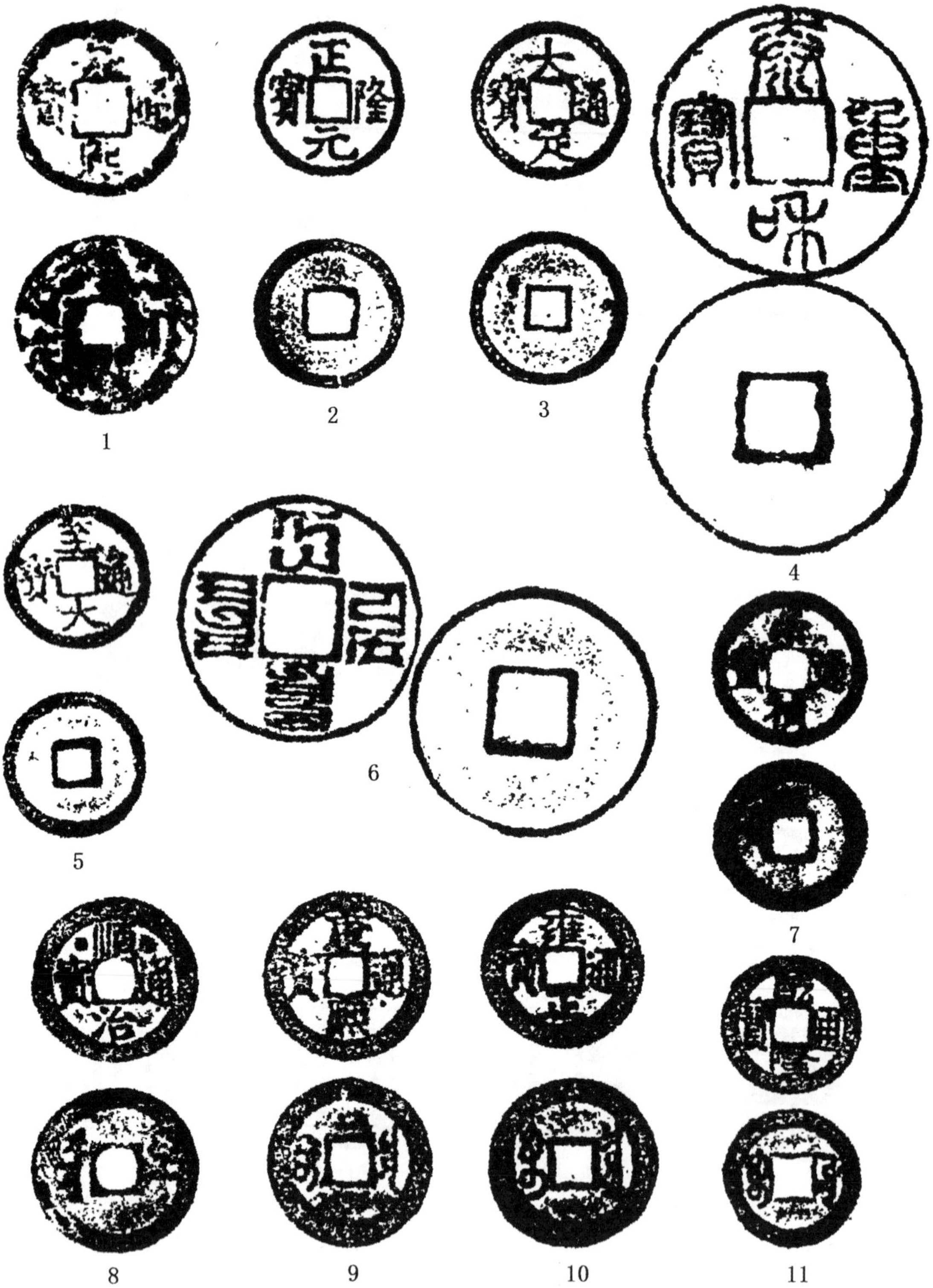

1.南宋“嘉熙通宝”　2.金“正隆元宝”　3.金“大定通宝”　4.金“泰和重宝”　5.元“至大通宝”　6.元八思巴文“大元通宝”　7.明“崇祯通宝”　8.清“顺治通宝”　9.清“康熙通宝”　10.清“雍正通宝”　11.清“乾隆通宝”

图八　南宋、金代、元代、明代、清代钱币拓本

七、金代钱币

有“正隆元宝”“大定通宝”“泰和重宝”。

（一）“正隆元宝”

38枚。直径2.5厘米，穿径0.6厘米，重约3.5克。“正”字为四笔正。小平钱，楷书，旋读，光背（图八，2）。

（二）“大定通宝”

10枚。直径2.5厘米，穿径0.6厘米，重约4克。小平钱，楷书，对读，光背。钱文瘦金体，制作精美，俊逸秀美（图八，3）。

（三）“泰和重宝”

2枚。折十钱直径4.5厘米，穿径1.4厘米，重16～20克。篆书，对读，光背（图八，4）。

八、元代钱币

有“至大通宝”和八思巴文“大元通宝”。

（一）“至大通宝”

2枚。直径2.5厘米，穿径0.6厘米，重2.8～4克。小平钱，楷书，对读，光背（图八，5）。

（二）“大元通宝”

5枚。直径4厘米，穿径1.3厘米，重约19克。当十大钱，八思巴文译文为“大元通宝”，四字按上下左右顺序释读，光背（图八，6）。

九、明代钱币

“崇祯通宝”，2枚。直径2.5厘米，穿径0.5厘米，重约2.6克。小平钱，楷书，对读、光背（图八，7）。

十、清代钱币

有“顺治通宝”“康熙通宝”“雍正通宝”“乾隆通宝”“嘉庆通宝”“道光通宝”“咸丰通宝”“同治通宝”“同治重宝”“光绪通宝”“光绪重宝”“宣统通宝”等12种。

（一）“顺治通宝”

6枚。直径2.5厘米，圆穿径0.6厘米，重约4克。小平大样钱，楷书，对读，“顺”字的两侧各有一星纹，圆穿，外郭阔。钱局已看不太清（图八，8）。

（二）“康熙通宝”

10枚。直径2.7厘米，穿径0.6厘米、重约4克。小平大样钱，楷书，对读。户部宝泉局钱（图八，9）。

（三）“雍正通宝”

1枚。直径2.7厘米，穿径 0.6厘米，重约4克。小平大样钱，楷书，对读。背穿左为满文“宝”字，右为满文“户部”（图八，10）。

（四）“乾隆通宝”

1526枚。直径2.5厘米，穿径0.6厘米，重约4克。小平钱，楷书，对读。背穿左为满文“宝”字，右为记局名“工部”（图八，11）。

（五）“嘉庆通宝”

870枚。直径2.5厘米，穿径0.6厘米，重2～4克。小平钱，楷书，对读。背穿左为满文“宝”，右为记局名“户部”（图九，1）。

（六）“道光通宝”

2064枚。直径2.5厘米，穿径0.6厘米，重2.5～3.6克。小平钱，楷书，对读。背穿左为满文“宝泉”，右为记局名（图九，2）。

（七）“咸丰重宝”

1枚。当十钱直径3.3厘米，穿径0.8厘米，重约8克。隶书，对读。背文为“当十”，穿左满文为“直隶宝”，右为记局名（图九，3）。

（八）“咸丰通宝”

257枚。直径2.5厘米，穿径0.6厘米，重2.4～4克。小平钱，隶书，对读。背穿左为满文“宝”，右为记局名（图九，4）。

（九）“同治通宝”

5枚。直径2.5厘米，穿径 0.6厘米，重2～2.6克。小平钱，楷书，对读。背文为“当十”，穿左为满文“宝”，穿右为记局名（图九，5）。

（十）“同治重宝”

1枚。直径3厘米，穿径0.8厘米，重6～12克。当十钱，楷书，对读。背文为“当十”，穿左为满文“宝”，穿右为记局名（图九，6）。

（十一）光绪重宝

1枚。直径3厘米，穿径0.8厘米，重6～12克。当十钱，宽缘，楷书，对读。背文为“当十”，穿左为满文“宝源”，穿右为记局名（图九，7）。

（十二）“光绪通宝”

1722枚。直径2.4厘米，穿径0.6厘米，重约3克。隶书，对读。背穿左为满文“宝”，右为记局名（图九，8）。

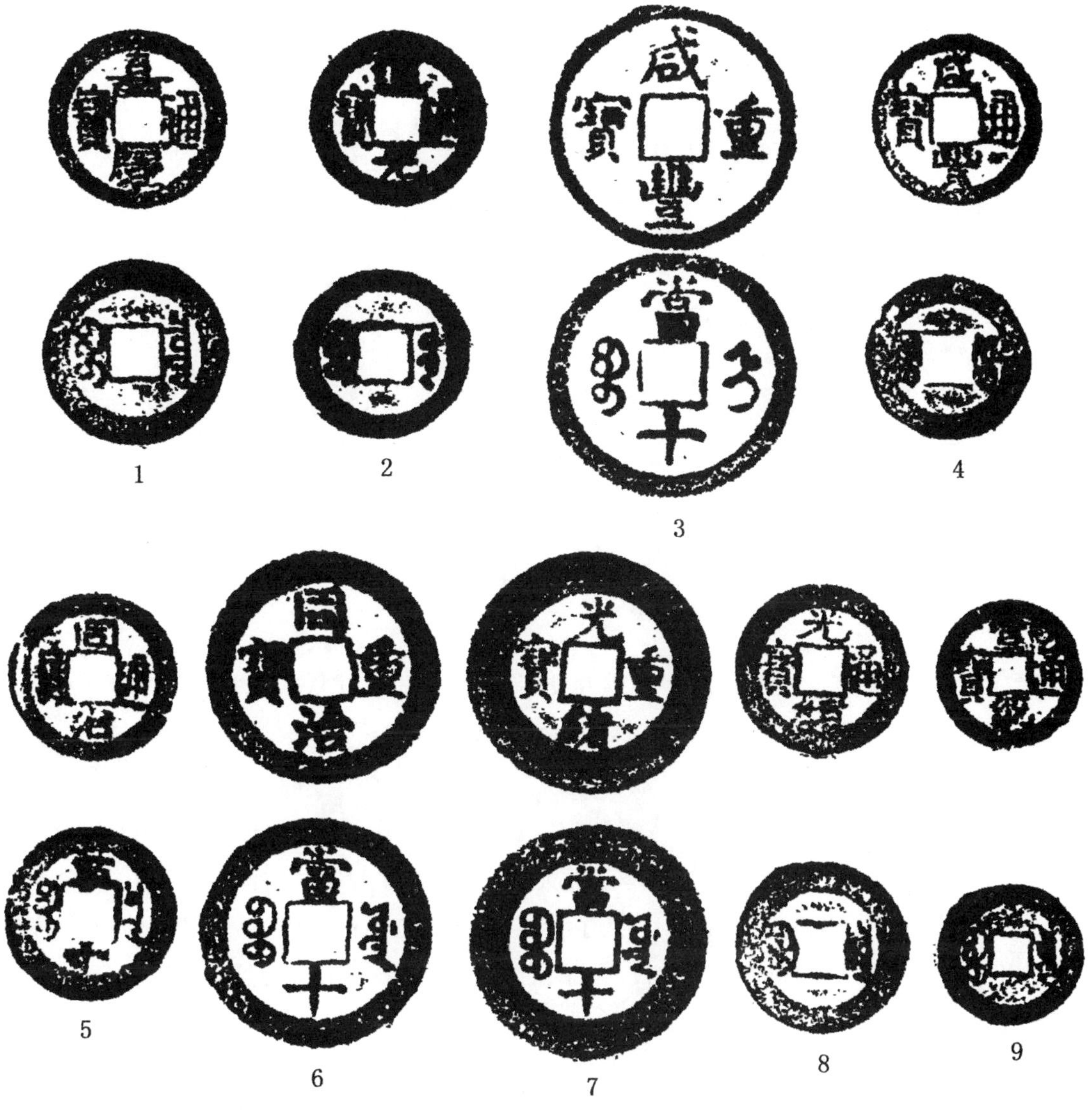

1.清“嘉庆通宝” 2.清“道光通宝” 3.清“咸丰重宝” 4.清“咸丰通宝” 5.清“同治通宝” 6.清“同治重宝” 7.清“光绪重宝” 8.清“光绪通宝” 9.清“宣统通宝”

图九 清代钱币拓本

（十三）“宣统通宝”

345枚。直径2.4厘米，穿径0.4厘米，重1.4～2.8克。楷书，对读，机制。背穿左为满文“宝”，右为记局名（图九，9）。

乌兰察布盟自古以来是北方民族繁衍生息活动的场所，历代遗留下了丰富的货币资料。这些货币反映了乌盟地区经济发展状况和货币流通情况，为研究乌盟地方的历代经济发展提供了实物资料。

载于《内蒙古文物考古》2003年第1期

察右前旗出土窖藏钱币

乌盟文物站

近几年来，察右前旗出土了几批古钱币。出土钱币经乌盟文物工作站业务人员集体整理，现将整理情况分别介绍如下。

一、煤窑乡出土钱币

煤窑乡出土钱币是该乡农民耕地时发现并交予乌盟文物站的。钱币为窖藏，数量较多，总计8728枚，79品：秦“半两”1枚。汉“五铢”2枚，1品。新莽“货泉”1枚。唐“开元通宝”171枚，7品；“乾元重宝”67枚。五代“唐国通宝”15枚，2品；“周元通宝”6枚。宋“宋元通宝”50枚，2品；“乾德元宝”3枚；“太平通宝”113枚，2品；“淳化元宝”167枚，2品；“至道元宝”9枚，2品；“咸平元宝”275 枚；“景德元宝”328枚，2品；“祥符元（通）宝”549枚，7品；“天禧元（通）宝”303枚，2品；“明道元宝”41枚，2品；“天圣元宝”457枚，4品；“景祐元宝”128枚，2品；“皇宋通宝”848枚，4品；“至和通宝”30枚，2品；“至和元宝”129枚，3品；“嘉祐元（通）宝”396枚，4品；“治平元宝”81枚，2品；“治平通宝”240枚；“熙宁通宝”1036枚，4品；“元丰通宝”764枚，3品；“元祐通宝”589枚，2品；“绍圣元宝”258枚，2品；“元符通宝”44枚，3品；“圣宋元宝”54枚，2品；“大观通宝”5枚；“政和通宝”9枚。辽“重熙通宝”1枚、“寿昌元宝”1枚。西夏西夏文“大安宝钱”1枚。

二、礼拜寺乡窖藏钱币

礼拜寺乡窖藏钱币于1984年由村民发现并交予乌盟文物站，共868枚：汉“半两”2枚；“五铢”4枚，2品。新莽“货泉”1 枚、“大泉”51枚。唐“开元通宝”56枚；“乾元通宝”6枚。北宋“淳化元宝”13枚；“至道元宝”19枚，3品；“咸平元宝”20枚；“景德元宝”24枚；“祥符元（通）宝”51枚，2品；“天禧元宝”21枚；“明道元宝”3枚；“天圣元宝”40枚；“景祐元宝”5枚；“皇宋通宝”61枚；“至和元宝”14枚；“嘉祐通宝”23枚；“熙宁通宝”114枚，2品；“元丰通宝”125枚；“元祐通宝”72枚；“绍圣元宝”28枚；“崇宁通宝”16枚，2品；“圣宋通宝”45枚，2品；“大观通宝”20枚；“政和通宝”16枚，2品；“宣和通宝”7枚，2品。南宋“建炎通宝”1枚，“嘉定通宝”1枚，“景定元宝”1枚。金“正隆元宝”1枚。元“至大通宝”1枚、八思巴文“大元通宝”6枚。

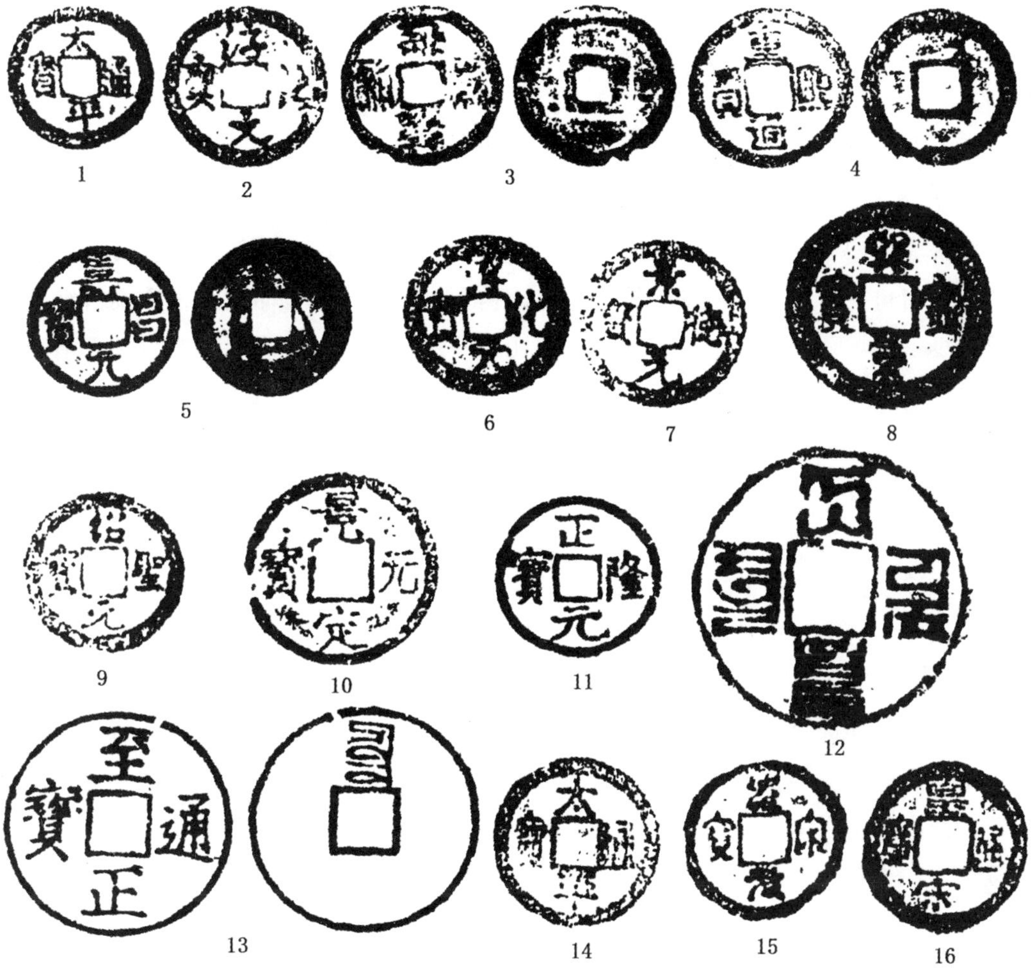

1、10.北宋“太平通宝” 2、6.北宋“淳化元宝” 3.西夏西夏文“大安宝钱” 4.辽代“重熙通宝” 5.辽代“寿昌元宝” 7.北宋“景德元宝” 8、9.北宋“绍圣元宝” 10.南宋“景定元宝” 11.金代“正隆元宝” 12.元八思巴文“大元通宝” 13.元代“至正通宝” 15.北宋“圣宋元宝” 16.北宋“皇宋通宝”

图一 部分窖藏钱币拓本

三、元代集宁路故城出土钱币

1984年，乌盟文物站在察右前旗巴音塔拉乡土城子古城（元代集宁路故城）调查时，对该城历年来出土的古钱币进行了征集，共征得1598枚：唐“乾元重宝”14枚，1品。南唐“唐国通宝”4枚，1品。北宋“宋元通宝”14枚，1品；“太平通宝”43枚，1品；“淳化元宝”38枚，1品；“至道元宝”76枚，3品；“咸平元宝”91枚，1品；“景德元宝”24枚，1品；“祥符元宝”172枚，1品；“天禧通宝”112枚，1品；“天圣元宝”147枚，2品；“明道元宝”6枚，1品；“皇宋通宝”2枚，2品；“景祐元宝”199枚，1品；“至和元宝”50枚，1品；“嘉祐元宝”35枚，2品；“治平元（通）宝”55枚，2品；“熙宁元宝”280枚，3品；“元丰通宝”63枚，2品；“元祐通宝”106枚，2品；“绍圣元宝”34枚，1品；“圣宋元宝”9枚，2品；“元符通宝”15枚，1品。元巴思八文“大元通宝”1枚，1品。

四、结语

察右前旗煤窑乡窖藏钱币数量较多，达8728枚，其上限为秦“半两”，下限至北宋“政和通宝”（宋徽宗，1111—1118年）。其中属中原各朝铸币占99%以上，而北宋钱币又占绝大多数。辽代自铸钱币很少，仅有“重熙通宝”（辽兴宗，1032—1055年）、“寿昌元宝”（辽道宗，1095—1110年）各1枚。另外还有西夏西夏文“大安宝钱”1枚。

察右前旗辽时属西京道（今大同市），是辽朝领地南缘，距北宋较近。如今在此出土大量以中原各朝钱币为主的钱币，这种现象表现出辽代货币流通的鲜明特点。

契丹族初以畜牧为主，商品贸易以物易物。辽建国以后，经济、文化受中原影响而迅速发展，商品贸易也随之受到影响，开始使用货币。辽太宗耶律德光取得“燕云十六州”以后，契丹与汉族之间的民间贸易往来更为频繁。尤其在“澶渊之盟”后，辽朝与北宋的官方贸易达到高潮。然而辽朝自铸钱币较少，解决不了如此庞大的货币流通需要，这就迫使统治者采取一系列措施，除加强自铸钱币，还大量积聚和使用中原铸造的钱币。《辽史》卷六十《志第二十九·食货志下》载：“太宗置五冶太师，以总四方钱铁。石敬瑭又献沿边所积钱，以备军实。景宗以旧钱不足于用，始铸乾亨新钱，钱用流布。圣宗凿大安山，取刘守光所藏钱，散诸五计司，兼铸太平钱，新旧互用。”辽朝除采取以上方法来获得货币，很可能还利用战争不断勒增岁银来解决这一问题。《辽史》卷十四《本纪第十四·圣宗五》载：“（统和）二十二年……十二月……戊子，宋遣李继昌请和，以太后为叔母，愿岁输银十万两，绢二十万匹。许之，即遣阁门使丁振持书极聘。……二十三年……冬十月，……癸卯，宋岁币始至，后为常。”《辽史》卷十九《本纪第十九·兴宗二》载：“（重熙）十一年……八月丙申，宋复遣富弼、张茂实奉书来聘，乞增岁币银绢，以书答之。……闰月癸未，耶律仁先遣人报，宋岁增银、绢十万两、匹，文书称‘贡’，送至白沟。帝喜，宴群臣于昭庆殿。”从史料中看到，在向北宋不断征缴的贡银中，很可能有大量的宋钱币。煤窑乡出土的大量宋钱证实了这一点。

另外，我们还可以看一看兄弟旗县出土的钱币。赤峰林西三道营子窖藏钱币重达775.5千克①，20余万枚，其中中原钱币占绝大多数。巴林右旗上石匠山辽代窖藏钱币②重180千克，其中中原钱币占90%以上。呼盟扎兰屯市出土的辽代窖藏钱币③重14千克，其中北宋钱占绝大多数。这些钱币窖

① 吴宗信：《三道营子窖藏古铜钱》，《内蒙古金融·钱币增刊》1985年总51期。

② 韩仁信：《巴林右旗上石匠山辽代窖藏钱币初探》，《内蒙古金融·钱币增刊》1985年总51期。

③ 张耀庭：《扎兰屯市辽代窖藏钱币初探——兼论呼伦贝尔地区货币经济》，《内蒙古金融·钱币两会专刊》1986年总71期。

藏均在辽上京临潢府附近。而煤窑乡窖藏于辽西京附近，钱币组合基本一致，进一步说明了辽朝货币流通情况。

大批钱币被埋藏，战争因素最大。据《辽史》卷二十七《本纪第二十七·天祚皇帝一》记载："（天庆）四年春正月，……女真起兵。"卷二十九《本纪第二十九·天祚皇帝三》记载："（保大二年）夏四月辛卯，……金已取西京。"辽末也正是北宋政权灭亡的前夕，辽、金、宋之间战乱频频，这批钱币很可能是在西京被金占领之前埋入地下的。

礼拜寺距元代集宁路遗址仅十多千米，属元集宁路管辖范围，两处出土钱币内涵基本相似，其上限分别为汉唐，而下限均为元代"大元通宝"（武宗至大年间，1297—1307年）。这两批钱币中，中原各朝钱币占95%以上，其中宋钱最多。礼拜寺窖藏钱币之埋藏年代应为元末。

元世祖统一中国以后，至武宗正大年间曾发行"中统元宝钞""中统交钞""至元宝钞"等钞票，并且铸造了铜币，有"中统元宝"、"至元通宝"、"至元通宝"巴思八文钱、"元贞通宝"、"大德通宝"、"大德通宝"巴思八文钱、"至大元宝"、"至大通宝"巴思八文钱及"大元通宝"巴思八文钱。在这批钱币中，还有数量不小的中原各朝钱币，很可能到至大年间，起码在元集宁路一带民间仍然流通元代自铸钱币和中原各朝钱币。

从以上几组窖藏钱币的材料来看，使我们初步看到辽朝和元朝货币结构。由于水平有限，难免出现谬误。本着学习的目的向各位专家和同志们公布我们的资料，同时提出我们一点儿粗浅的认识，望批评指正。

执笔：富占军、李兴盛

载于《内蒙古金融研究》2003年S1期

乌兰察布盟钱币普查报告

钱币普查工作组

乌兰察布盟位于内蒙古中部，东界与河北省相连，南部与山西毗邻，北部和蒙古国接壤，自古以来是北方少数民族繁衍生息和活动的园囿。它不仅具有悠久历史的古老文化，还蕴藏着丰富的历史货币文化资源。随着考古事业和钱币事业的不断发展，乌盟地区多次发现钱币窖藏，这些窖藏钱币的时代不同、品类不一、形制各异。货币是商品经济发展的产物。遗留在乌盟境内的历代文化遗址中的历代货币是乌盟历代商品经济发展水平的实物见证。这一枚枚小小的历代货币，透露着历代生活于这里的各族人民商品交换、商品流通的可靠信息。

根据内蒙古钱币学会钱币普查精神要求，以乌盟钱币学会、乌盟人民银行和乌盟文博部门组成的钱币普查组，从1995年11月初至12月中旬，历时40余天完成了9个旗、县、市（含划归呼和浩特市的武川和划归包头市的达茂旗）的钱币普查工作。1996年5月至6月，历时20天完成了4个旗、县、市的钱币普查工作。1983年，察右中旗广益隆古城出土钱币3千克。1984年，兴和县南湾乡明胜古城出土钱币50多千克，察右前旗煤窑乡出土钱币40多千克，察右前旗礼拜寺乡出土钱币6千克，察右前旗元代集宁路古城出土钱币12千克。1987年，卓资县三道营乡出土钱币8千克，兴和县钦宝营乡出土钱币20千克。1990年，商都县小海子乡八号村和西坊乡土城古城出土钱币150千克。1993年，兴和县二台子乡土堡子村西滩地出土3千克。近年来，乌盟地区出土大批窖藏刀、布币30余千克。通过普查摸清了全盟窖藏和出土钱币的分布情况，为今后研究乌盟地区的古代钱币提供了可靠的实物证据。

据初步统计，全盟近几年来出土的钱币有300余千克。这些钱币包括新石器时期至夏商、秦汉、隋唐、五代十国所铸造的200多个品种，是曾经生活于乌盟这块土地的历代各族人民所使用和流通的部分货币，是研究乌盟地区几千年来商品经济发展的最可靠的实物证据。

第一，贝币是中国最原始的货币。乌盟凉城县毛庆沟遗址和墓葬均有发现，在兴和县和四子王旗也发现过贝币，其时代为新石器晚期、夏商到战国早期，数量虽少，但它是乌盟的原始货币信息。货币是商品经济发展的产物，乌盟地区早在距今四五千年前后，已有商品经济萌芽。从文物普查中已发现的分布广泛的细石器和140多处新石器以及夏商的原始村落遗址看，乌盟早在原始社会时期不仅有畜牧业与农业的第一次大分工，还有过农业与手工业的第二次大分工。这两次大分工便是商品经济萌芽的基础与条件。当时乌盟地区已有精美的陶器、白灰等手工业产品。当时的商品流通可能以物物交换为主，但绝不能排除已有原始货币——贝币的流通和使用，所以乌盟地区出现贝币十分正常。

第二，到了春秋战国时期，乌盟地区成为我国北方民族与汉族经常接触和互市的重要区域之一。乌盟南部地区已开始使用金属铸造的布币和刀币。钱币普查时，在兴和、丰镇、凉城等县都有发现，其中以凉城县出土最多。近年来在凉城县双古城乡和麦胡图乡出土布币和刀币30余千克。刀币和布币上绝大多数均铸字，多为铸币的地名，其中有赵国的安阳、平阳、蔺、武安、兹氏，魏国的宅阳、戈邑、一釿、晋阳，韩国的屯留、梁邑。其中燕国刀币可分两种类型，即弦折刀、磬折刀，面纹为“明”。根据币文地名分类，以赵国的布币地名最多，刀币少；魏国的布币较多，韩国最少；刀币以燕国的“明”字刀币最多，无布币。乌盟地区之所以会出土如此多的燕、赵、韩等国的货币，是因为战国时期，阴山以南的乌盟、呼市至河套均为赵国辖地。这些地区不但出战国时期的钱币，而且在凉城县崞县窑乡石匠村出土了赵国铸造“安阳”“戈邑”布币的铁钱范。乌盟的凉城、丰镇、兴和、卓资等县市都发现战国时期古城和村落遗址，上述布币和刀币就是出在这些古城和村落遗址。城市的出现是政治、经济、军事、文化发展的标志，也是商品交换和货币流通的集散中心。这些古城和村落遗址出土窖藏钱币，正说明战国时期这些地区的商品经济与货币流通已达到了相当的水平。

汉承秦制，汉武帝以前沿用“半两”钱。元狩三年（公元前120年）始铸“五铢”钱。直至隋，“五铢”钱沿用700年之久。乌盟地区出土许多不同的秦汉“半两”和不同时期、不同朝代的“五铢”钱币，还出土了不少新莽时期货币。西汉末年，王莽改制，铸造了不少新的钱币，其中以“大泉五十”和“货泉”为最多，“小泉直一”“大布黄千”和“货币”也较多，在乌盟地区也多有发现。兴和县大同窑古城曾出土“平梁四两法码钱”，凉城县曾出土1枚“大泉十五”钱，这些钱都十分珍贵。

东汉时期仍流通“五铢”钱，只是形制略有变化，乌盟地区也有出土。乌盟地区发现的两汉古城遗址有十余座，村落遗址有240余处，其中凉城、卓资、察右前旗、兴和等地都出土过“半两”“五铢”“大泉五十”“货泉”“一刀平五千”等钱。

第三，魏晋南北朝货币在乌盟地区的发现。从东汉末年到魏晋南北朝时期是中国历史上的一个大动荡、大分裂、战乱频仍、民族大迁移与大融合的时期，货币经济倒退，谷、帛又进入流通领域。整个乌盟地区为鲜卑族所占。鲜卑族又以盛乐（和林格尔土城子古城）为中心，逐渐统一北方，建立了北魏王朝，与西域各国建立了密切的关系，进一步沟通了与西域互市贸易的草原丝绸之路。在这个漫长时期，因为货币使用很少，所以在乌盟地区出土不多。除曹魏沿用的汉“五铢”，发现的还有蜀汉的“直百五铢”、北魏的“太和五铢”和北齐的“常平五铢”。这些零星的发现，只能说明这里流入过这种钱币，而不能说明它在货币流通中起过什么重要作用。1983年在察右后旗红格尔图乡三道湾鲜卑墓出土5枚“五铢”钱，1987年在兴和县叭沟鲜卑墓中出土十余枚“五株”钱。在此前后，乌盟地区的二兰虎沟、三道湾等地还出土过东汉末期到北魏时期拓跋鲜卑用过的大型黄金饰牌，其虽非货币，但它是贵金属，有很高的货币价值。

第四，随着隋唐的全国大统一，经济文化有了大发展，乌盟地区也逐渐得到一定的开发，但仍未恢复到汉代的盛况。这一时期乌盟地区为隋唐王朝安置东突厥放牧的场所，当然在某些地区也有一定数量的农耕。当时的政治、经济、文化中心仍在盛乐。到了唐代，唐朝在原定襄郡和盛乐故址的基础上大规模扩建，形成规模宏大的单于都护府，成为处理北方少数民族事务的中心和货币流通的中心。

隋朝仍沿用“五铢”，但形制已与汉“五铢”不同，称“隋五铢”。由于隋朝短命，所以“隋五铢”在乌盟地区虽有发现，但数量较少，只在乌盟地区的凉城、丰镇、察右前旗、兴和等地少量出土过。

唐代开始铸造通宝钱。在钱币普查中发现，乌盟地区有10个旗县出土过“开元通宝”和“乾元重宝”；已发现的“开元通宝”中，唐朝早期、中期、晚期铸造的均有。唐朝中期“开元通宝”上有一种月牙纹，被传为杨贵妃的指甲纹。晚期唐武宗会昌年间，在唐朝的长安、洛阳等23个城市铸造“开元通宝”，为了表明铸币的地点，在钱币背面铸有地名简称，如“京”是长安、“洛”是洛阳、“昌”是扬州等。近年乌盟地区发现的“开元通宝”上有地名简称铸字者已有9种。在兴和县南湾子乡出土“开元通宝”289枚、“乾元重宝”15枚。这批窖藏出土的“开元通宝”只有背月纹者，没有会昌“开元通宝”。在1990年商都县小海子乡八号村出土了1枚比较珍贵的“乾封泉宝”钱，重3.4克，直径2.45厘米，穿宽0.7厘米，厚0.09厘米。

第五，五代与宋辽金元时期货币的发现。乌盟地区出土的五代十国钱币有前蜀“天汉元宝”“光天元宝”“乾德元宝”“咸康元宝”，后汉“汉元通宝”，后周“周元通宝”，南唐“唐国通宝”和“开元通宝”。这一时期乌盟地区出土的钱币也较多。其中商都县八号村出土“周元通宝”13枚、“唐国通宝”20枚。据初步统计，在察右前旗、兴和、丰镇、凉城、卓资、商都、察右中旗等地也出土过五代十国钱币。

第六，辽金元时期，乌盟地区的商品经济与货币流通得到了空前发展。这个时期窖藏出土的货币分布广、数量大。如商都县小海子乡八号村、西坊子乡长胜梁出土了49600枚。近年来察右前旗、兴和、察右中旗、卓资等地都有数处窖藏钱币出土，少则几十斤，多则上百斤。这些窖藏出土钱币又以北宋钱为最多，几乎包括了北宋8个皇帝所铸的30多种年号钱，每种年号钱里又有楷书、行书、篆书、隶书等不同字体，还有大小不同的版别，异常丰富。辽钱极少，金与南宋钱也不多，元钱也较少。其中出土的辽代钱币有“清宁通宝”“大康通宝”“天庆元宝”“寿昌通宝”。在化德县达盖滩乡出土了1枚“丹山拾两”，这枚钱币比较珍贵，为今后研究辽代钱币提供了可靠的实物证据。北宋钱币有“宋元通宝”“太平通宝”“淳化通宝”“至道元宝”“咸平元宝”“天禧通宝”“天圣元宝”“明道元宝”“景祐元宝”“皇宋通宝”“至和元宝”“嘉祐通宝”“治平元宝”“治平通宝”“熙宁元宝”“熙宁重宝”“元丰通宝”“元祐通宝”“圣宋元宝”“崇宁重宝”“崇宁通宝”“大观通宝”“政和通宝”“宣和通宝”。南宋钱有“建炎通宝”“绍兴元宝”“隆兴元宝”“乾道通宝”“淳熙元宝”“嘉定通宝”“嘉熙通宝”“咸淳元宝”。在凉城县出土了1枚“崇宁重宝”，背“十”字，十分珍贵。出土的金代钱币有“正隆元宝”“大定通宝”“泰和重宝”。1987年在兴和县十六号村发现了1枚十分珍贵的“承安宝货壹两半”银铤。在乌盟地区发现的窖藏多数都是金代窖藏。如商都县小海子乡八号村、兴和县南湾子乡明胜古城出土的钱币下限年代都为金代。出土的元代钱币有“至大通宝”、“至正通宝”、八思巴文“大元通宝”等。据初步统计，这一时期的钱币先后在乌盟的9个旗县都出土过。

乌盟境内属于辽、金、元三代的古城遗址有30多座，古村落遗址有1700余处，其中在不少古城遗址里都捡到过各种颜色的琉璃砖瓦残片，说明当年这些古城里都有过大型琉璃砖瓦的建筑物。城里散布的遗物种类很多，仅以外来瓷器为例，就有河北定窑、磁州窑的划花白瓷和铁锈花瓷，有河南钧窑、陕西耀州窑、浙江龙泉窑和越窑的青瓷，还有江西景德镇窑的影青和乳白瓷器。这些当时全国名窑烧造的精美瓷器残片在乌盟的辽金元古城遗址里都能随手捡到，并且不断有完整的窖藏瓷器出土。瓷器都是从千里或数千里外运来的商品，由此可知乌盟地区辽金元时期商品经济和货币流通的盛况。

第七，明清货币的发现。元末明初，乌盟地区的察右中旗广益隆古城、察右前旗集宁路古城在元末明初被战火焚毁，繁荣的城市一度沦入荒草之中。

明代是乌盟地区经济大衰落、大倒退时期。元代星罗棋布的城市与村庄全部毁弃，变成了一片牧场。因此，乌盟境内甚少发现明朝钱币。在兴和、凉城、察右前旗、卓资等地出土过“洪武通宝”“嘉靖通宝”“万历通宝”“天启通宝”“崇祯通宝”等钱币。

清代是一个货币统一度较高的朝代，金属货币基本是全国通行的。清代在乌盟地区流通的金属货币，基本是全国通行的制钱、铜圆、银两和银圆。1987年在兴和县钦宝营乡出土清代钱币窖藏20余千克，有“康熙通宝”“乾隆通宝”“嘉庆通宝”“道光通宝”“咸丰通宝”“光绪通宝”，分类有平钱、当十、当百等多种。

在钱币普查中还发现现代银两、银圆、铜圆、镍币、钞票和革命根据地货币，都是乌盟地区流通行用过的货币。

这次钱币普查得到了全盟各地文化、文物、金融等部门和钱币爱好者的大力支持，在此表示深切感谢！希望今后能够得到各有关方面的进一步支持和帮助。

执笔：崔利明

载于《内蒙古钱币通讯》1997年第1～2期

乌兰察布盟发现“军政府造四川铜币”

郝利平　马丽荣

近日，在整理乌兰察布博物馆收藏的历代钱币时，发现1枚“军政府造四川铜币”。

此钱直径3.7厘米、厚0.2厘米，质地为黄铜，边齿，沙版，机制。正面钱文为“军政府造四川铜币”，字体较大，楷书，下款为“当制钱壹百文”，两侧各饰有“十”字纹，“四川铜币”四字对读，在其中心饰一“人”字纹，四周饰联珠纹；背面上书“中华民国三年”，内郭以圆圈纹环绕，中间有繁体“汉”字（图一）。此钱为甘肃天水镇使孔繁锦在1914年所铸。经查阅有关资料，在《哲里木盟钱币普查报告》中谈到有“军政府造四川铜币十文、二十文”[①]，但没有当一百文的。在华光普先生所著《中国铜元目录》第110页的钱谱上，有与此铜币相符合的拓图。

图一　“军政府造四川铜币”拓本

此钱的发现在乌兰察布盟实属少见，为研究民国时期货币在乌盟境内的使用流通提供了实物依据。

载于内蒙古自治区钱币学会编：《〈内蒙古金融研究〉钱币文集（第七辑）》，2006年总第85～92期

① 布仁布和：《哲里木盟钱币普查报告》，《内蒙古钱币通讯》1997年第7～8期。

介绍一枚“光绪银宝”花钱

郝利平　侯文军

乌兰察布博物馆在整理古钱币时发现1枚“光绪银宝”花钱。因该钱在以往发表的银币文章中极为少见，故将此钱介绍给大家，以供研究。

图一　“光绪银宝”花钱拓本

这枚“光绪银宝”花钱为方孔圆钱，小平大样（图一），直径2.7厘米，穿宽0.7厘米，厚0.05厘米；手工制作，钱体较薄，质地为银，纯白细腻、光亮如镜、制作精美，美中不足的是因受力所致穿下方残缺。“光绪银宝”四字较小，紧接穿孔，楷书，对读，“绪”字因残缺仅存下半部分，“光”字的中间一笔左低右高呈斜状。钱正面内郭较小，饰有点状花纹衬底；背刻4朵扇纹，相互对称。扇纹的四周用点状花纹连接呈卷云纹，纹饰的笔画刚劲有力，行笔圆浑自然。

年号花钱在钱币史上占有重要位置，在定级方面也明显比其他钱币要高，因此素为古钱收藏者所青睐。目前我馆收藏的这枚唯一的方孔圆形银质花钱算得是稀罕之物。该钱正、背轮均较宽，可能是为了装饰钱币花纹而精心设计的，也体现了该钱的贵重之处。

载于内蒙古自治区钱币学会编：《〈内蒙古金融研究〉钱币文集（第六辑）》，
2006年总第79～84期

乌兰察布盟博物馆馆藏铜镜

郝利平　侯文军

乌兰察布盟博物馆在20世纪70—90年代征集和出土了一批铜镜，共105枚。从这些铜镜的年代来看，属汉、唐、宋、金、元时期。这里拣选了其中的一部分有代表性的铜镜，按时代介绍如下。

一、汉代铜镜

四乳四禽镜　1面。圆形，圆纽座，桥纽，镜面残。直径8.9厘米，缘厚0.4厘米。内区置4个重圈乳钉纹，在四乳间配有4只禽鸟，禽鸟做展翅高飞状。近边缘饰锯齿纹1周，锯齿纹外有弧纹环绕（图一，3）。

1.“家常富贵”镜　2.缠枝牡丹镜　3.四乳四禽镜　4.缠枝花草镜　5.仙人龟兽镜

图一　铜镜拓本

二、唐代铜镜

八卦镜　1面。呈方形，边长10.5厘米，桥纽，纽周围饰有八卦图形（图二，6）。

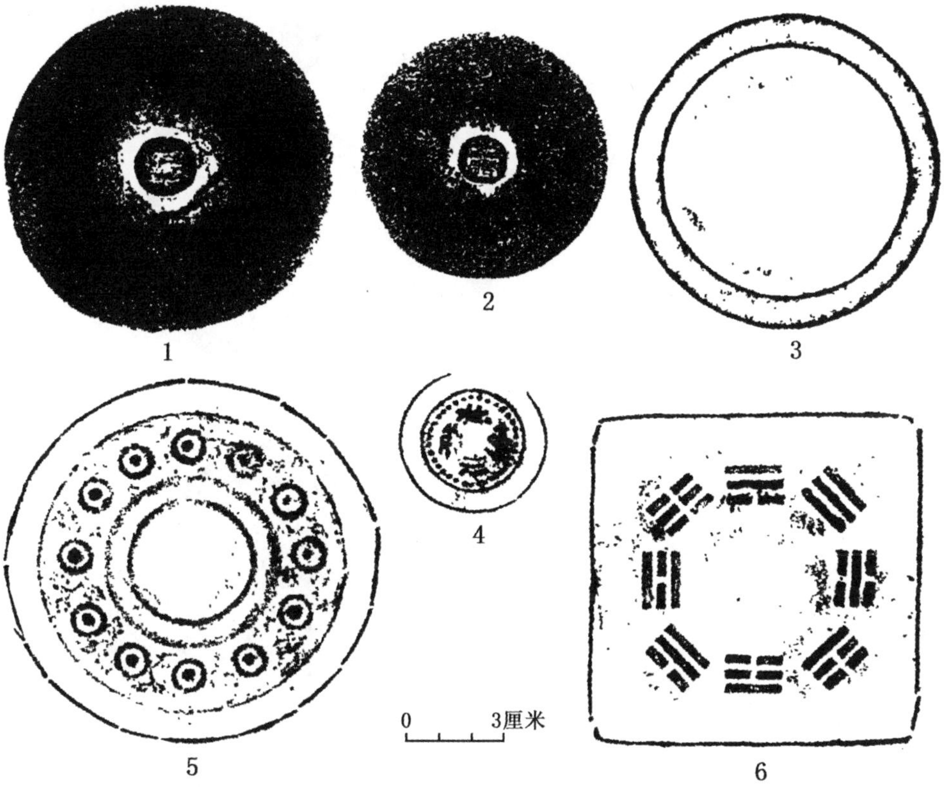

1～3.素面镜　4."林□元弟"铭文镜　5.重圈乳钉纹　6.八卦镜

图二　铜镜拓本

"家常富贵"镜　1面。仿汉。圆形，十二连珠纹纽座，半球形纽。直径17厘米，缘厚0.6厘米。缘饰16个内向连弧纹。内区为内向16个连弧纹，连弧纹两侧为细弧纹。外区为铭文带。铭文为隶书"家常富贵"四字，间隔有4个乳钉纹，四乳周围有8个连珠纹，四字与四乳用弦弧纹连接起来（图一，1）。

三、宋代铜镜

缠枝牡丹镜　1面。圆形，圆纽。直径12.2厘米，厚0.3厘米。半圆形连弧式边缘。内区为12个半圆珠连弧纹，外区为8组缠枝牡丹纹相连，外侧为1周弦纹（图一，2）。

仙人龟兽镜　1面。圆形，圆纽平顶。直径11厘米，厚0.6厘米，缘宽0.8厘米。素宽缘。主体为一小河的松树旁，有二位相对站立的仙人，小河内有一寿龟嬉水相游，仙人、寿龟、松树都包含着祈求长寿之意（图一，5）。

仙人龟鹤镜　1面。圆形，圆纽。直径25厘米，厚0.9厘米。素宽缘。主体纹饰为浮雕仙人龟鹤图，水边松竹林中祥云缭绕。纽上方正中盘坐一仙人，右为仙童侍立，左有仙鹤俯首飞翔、松树盘绕。纽下方正中为一寿龟，寿龟蹒跚爬行，下面有一片水波纹。左侧为一梅花鹿巡走于松林之中，右侧为一梅花鹿昂首向远方张望（图六，3）。

1.瑞兽花草镜　2.竹鹤镜　3.童子攀板镜　4.牛郎织女镜　5.“亚”字形花草镜

图三　铜镜拓本

缠枝花草镜　1面。圆形，圆纽座，桥纽。直径11.5厘米，厚0.15厘米。素宽缘。镜面略呈弧面，镜区内饰缠枝花纹，外侧饰有两道弦纹（图一，4）。

花鸟镜　1面。柄部已残缺，只留有镜面。直径8.1厘米。素宽缘。区内主体为花鸟松树浮雕。上方为两只鸟展翅飞翔，下方两条游鱼戏水。左侧为一花草纹，右侧一芦苇随风摇曳（图四，4）。

人物百鸟镜　1面。圆形，圆纽。直径25.4厘米，厚0.6厘米。素宽缘。镜面略凹，边缘微突。纹饰为浮雕，内容有展翅飞翔的仙鸟和相互对称的4个仙人，以及祥云、花草等纹饰（图六，1）。

人物故事镜　1面。圆形，圆纽。直径17.5厘米，缘宽1.5厘米。素宽缘。纹饰为浮雕。纽上方为大山，纽下方为站立的仙人和蹲坐地上的仙人呈对话状（图四，5）。

重围乳钉镜　1面。圆形。直径11.4厘米，缘厚0.35厘米。缘凸起。镜面略呈弧面，内区饰双圈纹；外区饰有12组重圈乳钉纹，乳钉纹间饰花草纹，花草纹与12组重圈纹相连（图二，5）。

四、金代铜镜

"□□富贵"镜　1面。圆形，桥纽。直径9.8厘米，缘宽1厘米，厚0.3厘米。素宽缘。内区饰较宽的凸统纹和栉齿纹各1周。外区饰有等份的四重乳钉纹，乳钉同饰有花纹和"□□富贵"四字（图四，1）。

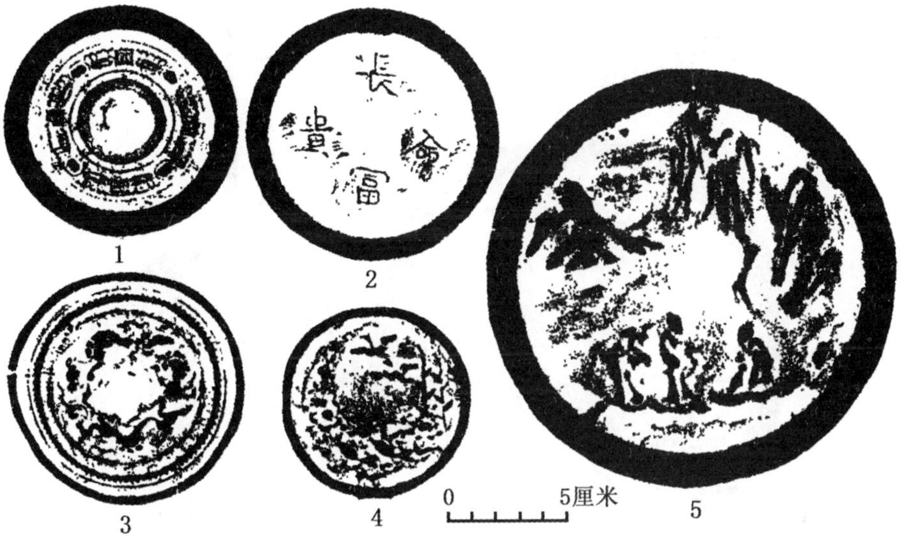

1."□□富贵"镜　2."长命富贵"镜　3.瑞兽镜　4.花鸟镜　5.人物故事镜

图四　铜镜拓本

"长命富贵"镜　1面。圆形，桥纽。直径10.7厘米，厚0.3厘米，缘宽0.6厘米。素宽缘。镜区有隶书"长命富贵"四字环书。镜面呈平面，为仿汉镜（图四，2）。

瑞兽镜　1面。圆形，圆纽座，圆纽。直径9.3厘米。素宽缘。内区饰瑞兽纹，造型优美，气势磅礴。外区饰栉齿纹1周和三角纹2周（图四，3）。

瑞兽花草镜　1面。圆形，圆纽。直径9厘米，厚0.25厘米。素宽缘。内区饰瑞兽葡萄纹，双弦纹2周环绕（图三，1）。

竹鹤镜　1面。圆形。直径13厘米，厚0.5厘米。素宽缘。区内沿边呈梅花形，分两步台阶式。浮雕。纽右侧一朵祥云下，一只仙鹤昂首展翅而立。纽左侧1丛丽竹直立于一侧，竹叶表现手法为双勾法（图三，2）。

童子攀枝镜　1面。圆形，桥纽。直径11厘米，厚0.5厘米。素宽缘。内外区边缘为连珠纹环绕1周。外区为花草纹和5位童子攀枝，或仰或俯，嬉戏于花草间（图三，3）。

牛郎织女镜　1面。圆形，桥纽。直径14.6厘米，厚0.6厘米。素宽缘。图案造型为高浮雕粗线条手法。主体纹饰为织女站在鹊桥左边，背为青山和梧桐树相对称；右侧为牛郎一手牵牛，一手前举而归。下部为长桥流水，水中浮出一怪兽，背景为起伏的山峦（图三，4）。

“亚”字形花草镜　1面。平面呈“亚”字形，小桥纽。直径10.3厘米，缘宽0.9厘米。素宽缘。镜背面鎏银，呈白色。纹饰为四组相同的花草组成缠枝花草纹图案。边缘沿亚字形饰连珠纹1周，左边缘阴刻有女真文“它韦夷”，右边缘阴刻女真文“灵斺第三凮驮”（图三，5）。

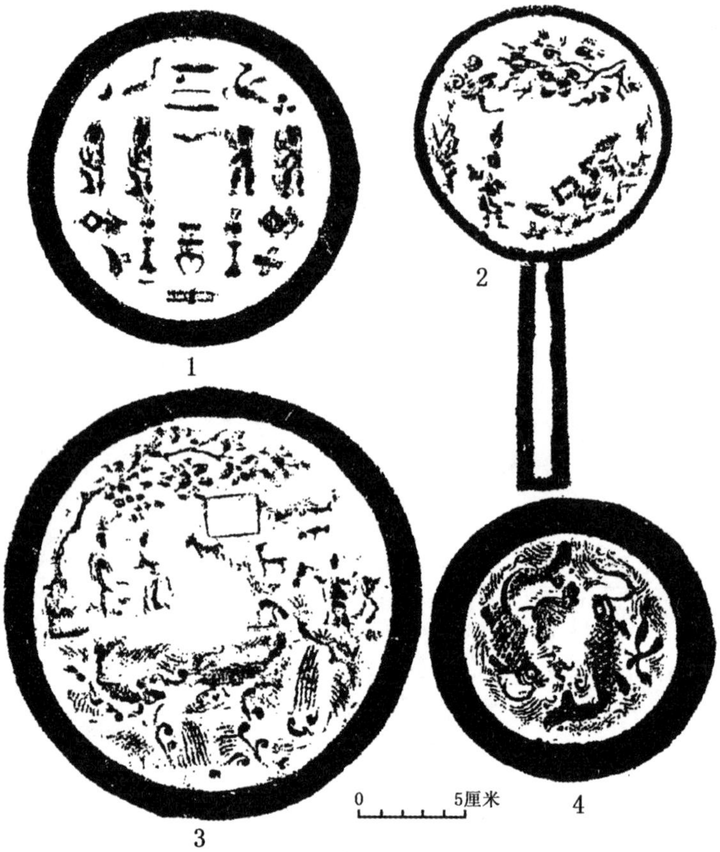

1～3.人物故事镜　4.双鱼镜

图五　铜镜拓本

双鱼镜　1面。圆形，桥纽。直径11厘米，厚0.3厘米。素宽缘。主体纹饰为浮雕式双鱼图案。背景为波浪翻滚的水云面，两鱼长须飘摆于水面，首尾相接，嬉戏于中，一朵美丽的荷花间隔其间（图五，4）。

“真容无鉴”镜　1面。圆形。直径21.4厘米，缘宽1.1厘米。素宽缘。镜面内刻有隶书“真容无鉴”四字，旋读。每个字的中间镶嵌有一束花草纹，在边缘处饰有6只昂首飞翔的仙鸟，在每组仙鸟的中间饰有5朵祥云。在铜镜的边缘上阴刻有“索——豊州禄事司官于——艿”、铸局和押记（图六，2）。

人物故事镜　1面。圆形，圆纽。直径16.8厘米，厚0.3厘米。素宽缘。左侧缘内伸出一株大树，枝叶延伸至右上方。树下站立两人，呈对话状。纽右侧一人牵马，在人物的周围有5只小羊，其下方饰水波纹（图五，3）

人物故事镜　1面，带柄，镜面直径9.7厘米。素宽缘。浮雕。镜面上方沿边缘处有大树，树的左侧有一祥云；下方有两位仙人相互对立，呈谈话状（图五，2）。

1　2　3

0　5厘米

1.人物百鸟镜　2.“真容无鉴”镜　3.仙人龟鹤镜

图六　铜镜拓本

五、元代铜镜

素面镜　1面。圆形，扁圆纽。直径10.4厘米，厚0.2厘米。素面。在纽的顶部刻有“翟隆渔造”四字（图二，1）。

人物故事镜　1面。圆形，桥纽。直径10.3厘米，厚0.35厘米。素宽缘。纽的两侧为对称的仙人，顶部为一空中楼阁，楼阁两侧为两只仙鹤相对而飞。下部为一香炉置于案上，两侧为对称的花瓶，瓶内插有花枝（图五，1）。

素面镜　1面。圆形，扁圆纽。直径7.2厘米，厚0.15厘米。无缘。纽顶部为平顶面，在纽顶平面处刻有“郑明□□”四字（图二，2）。

素面镜　1面。圆形，小圆纽。直径9.8厘米。缘面饰凹弦纹（图二，3）。

“林□元弟”铭文镜　1面。圆形，小桥纽。直径4.5厘米。镜面略凹，缘凸起。纽四周刻有“林□元弟”四字。四字周围有连珠纹和凸弦纹各1周（图二，4）。

上述所介绍的铜镜是我馆多年收藏的较有代表性的铜镜。其纹饰、图案、铭文造型、铸造工艺等方面都反映了各个历史时期的时代特征和文化面貌。

载于《内蒙古文物考古》2003年第1期

乌兰察布市博物馆收藏的几方古代官印

李兴盛　包龙梅

自20世纪70年代之后，我馆先后在乌兰察布盟境内发现和收藏了20余方历代官印，并陆续对一些官印做过报道和初步研究。现择其中未经公布的4枚元代以前官印做一介绍。

一、别部司马印

汉代，1987年征集于察右后旗。铜质，印面呈正方形，桥形纽，印文为阴刻“别部司马”。边长2.4厘米，高1.8厘米（图一）。

图一　“别部司马”印

别部司马印在内蒙古地区发现较多。据《后汉书·百官志》载：“司马主兵，如太尉。……大将军……其别营领属为别部司马，其兵多少各随时宜。”这样看来，它应是汉代统兵的军事武官印。

察右后旗在汉代为北方游牧民族匈奴族所控制，不属于汉王朝的管辖范围。这方官印出土在汉王朝领地以外的地区，应是汉匈之间多年征战所遗失之物。

二、北极驱邪院印

宋代，征集地点不详。用白色细砂岩石制成。印面呈正方形，短长方形直纽。印文“北极驱邪院印”，为不甚规整的阳文曲笔篆书。边长7.8厘米，高3.2厘米（图二，1）。

从印文内容来看，此印为一方道教印。道教从北魏以来一直流行于北方草原地区，特别是宋代全真教派在北方诸教中有极强大的影响力，盛极一时。到元代，经过上都（元上都）的佛道之争失败后，道教在这一地区的势力逐渐削弱，被汉传佛教和藏传佛教所取代。

这方道教印的发现，为研究内蒙古中南部道教传播及活动情况提供了可靠的实物资料。

1　　2　　3

1.北极驱邪院印　2.元帅左都监印　3.淮海等处义兵千户印

图二　宋代、元代官印

三、元帅左都监印

金代，出土地点不详。铜质。印面呈正方形，长方形直纽。印文为阳文九叠篆“元帅左都监印”，其他部位无款识。边长9.3厘米，厚1.2厘米，纽高3.5厘米（图二，2）。

金朝最初采用军民一体的“猛安谋克”制度。金太宗于天会三年（1125年）在伐宋战争中，根据军事斗争的需要，设立军政最高机关都元帅府，在都元帅府中设监军和都监。据《金史·百官志》“都元帅”条载：“左都监一员，从三品。”都监在当时的地位是比较高的，主要负责督察兵马之事，不受军事主官的统率，具有一定的独立性，同时也有相当大的权力。

四、淮海等处义兵千户印

元代，出土地点不详。铜质，印面为正方形，长方形直纽。印文为阳刻八思巴文“淮海等处义兵千户印”。印背阴刻汉字，右为“淮海等处义兵千户印”，左为“中书礼部造　至正十七年七月”。边长7厘米，高6.5厘米（图二，3）。

千户是元朝的基本军事、行政单位，在千户下分别设百户、十户。它已不完全是氏族部落的血缘组织，而是元朝统辖下的军事和行政机构。据《元典章》卷九记载：“至元二十一年，定夺诸官品级：上千户所千户从四品，副千户从五品；中千户所千户正五品；下千户所千户从五品，副千户六正品。”

从此印的规格来看，略大于上百户印的尺寸，应为下千户印。

在整理巴思八文官印的过程中得到中国社会科学院民族研究所照那斯图先生的多方指教，北极驱邪院印和元帅左都监印的印文承蒙上海博物馆孙慰祖先生释读，在此谨表谢意。

载于《北方文物》2001年第2期

乌兰察布市博物馆征集的一块元宝石

赵　杰　高志耀

2011年，乌兰察布市博物馆征集了一块元宝石。石块由青色大理石凿刻而成，质地光滑，做工精湛，呈耸肩平底状。上部宽105厘米，底部宽50厘米，厚52厘米，重约150千克。元宝石正面阴线雕刻瑞兽吐泉图（泉为圆郭方穿），近缘部置边框，框内刻波浪纹，俯视面呈长方形。中部凹处凿刻多枚圆形圜底浅坑（直径多为4厘米左右），两端肩部凿刻数组交错凹槽，用以防止踹工脚下打滑之用，部分已磨平，使用痕迹十分明显。腹部两侧各凿刻一方形或半圆形小洞，应为搬运元宝石之手扣。底部平整光滑，等距凿刻有21条平行凹槽，凹槽宽1厘米、深0.5厘米、间距2厘米。凸棱部十分光滑细腻，为长期使用所致（图一）。

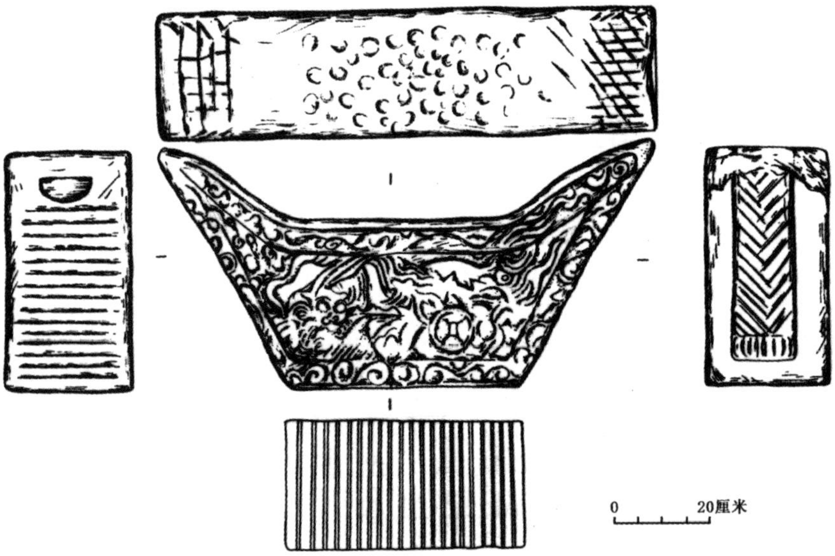

图一　元宝石图

元宝石因其形状酷似元宝而得名，又称为砑光石、踹布石、踩布石、扇布石、飞燕石等。其成套工具由上、下两部分组成，上部为元宝石，下部为一长方形垫石，垫石两边上翘，中部略凹，纵截面呈“U”形。其工作原理为“下置磨光石板为承，取五色布卷木轴上，上压大石如凹字形者，重可千金，一人足踏其两端，往来施转运之，则布质紧薄而有光”[①]。由此可知，经元宝石反复碾

① 褚华：《木棉谱》，载上海通社编《上海掌故丛书》，上海：中华书局，1935年。

压过的织物，可以使织物的结构紧密，同时富有光滑平整之感。

我国古代纺织技术中织物整理是织物加工的最后一道工序，也是必不可少的一道工序。其作用在于改善织物外观和手感，更重要的是能够增强织物的耐用性和尺寸的稳定性。其中研光整理是我国古代用来整理织物的重要方式之一，即用大石块（元宝石）反复碾压织物的过程。汉代以来用研光的方式整理丝麻织物较为普遍。当时称研光为“砑”，《说文解字》云：“砑，以石扞缯。”元代以后，由于纺织业的迅猛发展，棉织物逐步代替了麻织物，使得研光技术更加广泛地用运于棉织物的整理上。清代织物行业达到了空前的发展阶段，研布演变成了踹布。

乌兰察布博物馆征集的这块踹布石，上饰瑞兽吐泉，地纹为起伏之波涛，构图精美，做工精湛，应为元宝石中的上品。闲暇之余，静而思之，踩布工足踏元宝石，石下卷轴“往来施转”，滚滚而来，置于踹布工掌控之间。元宝石的每次转动即寓意着财源滚滚，令世人叫绝。

载于《草原文物》2014年第2期

乌兰察布博物馆收藏的一件凭帖取

杨虎霞　郝利平

图一　凭帖取拓片

在整理馆藏文物过程中，发现一件凭帖取。现略做整理公布，以供研究。

这件凭帖取是一件旧式鞋店的取货单和广告，专门用于联络大客户和当地士绅，凭此可取到该商店的货物。该帖为铜质，平面呈长方形，顶长18.6厘米，宽9.1厘米，厚0.5厘米。端略斜收，铸制，边部饰有整齐的缠枝花草图案。顶部梯形框内有“德和瑞”三字，其下纵向有“凭帖取”三字；中部偏下有一回字连续纹及边框，框内有四言诗一首，为“德足润吾身，和气广招财。瑞绕生财地，记字发万金”（图一）。凭帖取文字皆为繁体楷书且反书。这件凭帖取制作十分精细，且保存完好，是一件不可多得的珍品。

从此凭帖取的形制来看，其时代应为民国时期。从其“德和瑞”和四言诗的内容分析，初步判定其应为鞋庄取鞋时的凭帖。这件凭帖取的发现，对研究民国时期乌兰察布地区的经济、贸易有一定的参考作用。

载于《内蒙古文物考古》2004年第2期

乌兰察布市博物馆馆藏清代蒙古文银质乘驿牌考释

李树国

乌兰察布市博物馆馆藏文物中有16件清代蒙古文银质乘驿牌。根据区域、爵位、官职的不同可以分为六大类：一是与盟长贝子有关的“乌兰察布盟盟长贝子使者全境乘驿牌”2件；二是与副盟长贝子有关的“乌兰察布盟副盟长贝子使者乘驿牌”Ⅰa、Ⅰb两式共5件；三是与副盟长乌喇特中旗札萨克有关的“乌兰察布盟副盟长乌喇特中旗札萨克公差使者乘驿牌”1件；四是与喀尔喀札萨克多罗达尔罕郡王（旗）有关的共有6件，其中“乌兰察布盟札萨克达尔罕旗贝子、协理台吉之使者乘驿牌”1件、“乌兰察布盟盟长喀尔喀札萨克多罗达尔罕王公差使者乘驿牌”1件、“喀尔喀札萨克多罗达尔罕郡王（旗）协理台吉之使者乘驿牌”1件、“乌兰察布盟喀尔喀札萨克多罗达尔罕贝勒使者乘驿牌”2件、“札萨克多罗达尔罕郡王旗管旗章京之使者旗内乘驿牌”1件；五是与旗正参领与章京有关乘驿牌2件，其中“札萨克多罗达尔罕郡王旗管旗章京之使者旗内乘驿牌”1件、“旗正参领处公差所遣使者乘驿牌”1件；六是与喇嘛有关的“广福寺达喇嘛随侍领催旗内乘驿牌”1件。

一、馆藏清代蒙古文银质乘驿牌介绍

（一）乌兰察布盟盟长贝子使者全境乘驿牌

2件。总账登记号WB03032、WB03033，器物编号A3：0013、A3：0014。器型相同，均为片状，顶端为花瓣边弧形，下端平齐直线形，长条状，整体呈圭形（图一，1）。质地为复合质地，由黄铜、银、牛皮组成面部、主板、背部及跨链四部分。制作方法为铜包银，铜铆钉加固，背铜扣连接牛皮跨链（图一，4）。

面部以黄铜捶制，錾刻如意回弦纹，上半部呈内空花瓣三角形，下部呈长方“口”字形（图一，2），内现主板文字部分。

主板以银捶制，片状，呈圭形。面部横向铜条分割银板为上、下两部分。上为刻花纹部分，呈花瓣三角形，阳刻有单龙戏珠纹样（图二）；下为乘驿牌的文字部分，呈长方形，阳刻蒙古文字4列14个，“[illegible]”。用拉丁文拼写该组蒙古文读音为“ulančab-un qiγulγan-u daruγ-a beise-ten-i daqura neigem-iyer ulaγ-a nuqu temdeg”，汉译为“乌兰察布盟盟长贝子使者全境乘驿牌”（图一，6）。

1　2　3　4　5　6

1.正面（A3：0013）　2.正面（A3：0014）　3.侧面（A3：0013）　4、5.背面（A3：0013、A3：0014）　6.正面部拓片（A3：0013）

图一　“乌兰察布盟盟长贝子使者全境乘驿牌”及拓片

图二　“乌兰察布盟盟长贝子使者全境乘驿牌”局部纹饰

背部以黄铜捶制，片状，呈圭形，素面，其上部有两个“┌─┐”形连接口铆钉固定于铜板，与牛皮跨链连接（图一，5）。

编号A3：0013，牌体高17厘米、宽10厘米、厚0.36厘米，皮链长16.1厘米，器物通高24.6厘米，重222.3克（图一，1）。

编号A3：0014，牌体高17厘米、宽10厘米、厚0.35厘米，皮链长16厘米，器物通高23.8厘米，重219.4克（图一，2）。

（二）乌兰察布盟副盟长贝子使者乘驿牌

5件。总账登记号WB03034、器物编号A3：0011，总账登记号WB03035、器物编号A3：0010，总账登记号WB03036、器物编号A3：0009，总账登记号WB03037、器物编号A3：0008，总账登记号WB03038、器物编号A3：0012等各1件。

根据蒙古文字錾刻特点、器物形状及制作方法的不同可分为Ⅰa、Ⅰb两式。

Ⅰa式：3件。编号A3：0011、A3：0010、A3：0008。片状（图三），顶端为弧形，下端为平齐直线形，整体呈拱形。复合质地，由黄铜、银、牛皮组成面部、主板、背部及跨链四部分。制作方法为铜包银，铜铆钉加固，背护牛皮垫，铜扣连接牛皮链。

面部以黄铜捶制，錾刻而成。半圆状，呈拱形。整体用黄铜捶制的半圆形条状物内边錾出一条凹弦纹；由两个部分组成，连接处用锡条焊接。上部拱形，下部直线状，用铜铆钉固定于银板上。

主板用银捶制，片状，呈拱形。面部阳刻有蒙古文文字3列12个，“ᠤᠯᠠᠨᠴᠠᠪ ᠤᠨ ᠴᠢᠭᠤᠯᠭᠠᠨ ᠤ ᠳᠡᠳ ᠳᠠᠷᠤᠭ᠎ᠠ ᠪᠡᠢᠰᠡ ᠶᠢᠨ ᠡᠯᠴᠢ ᠤᠯᠠᠭ᠎ᠠ ᠤᠨᠤᠭᠤ ᠲᠡᠮᠳᠡᠭ”（图三，7）。用拉丁文拼写该组蒙古文读音为“ulančab-un qiγulγan-u ded daruγ-a beise-yin elči ulaγ-a unuqu temdeg”，汉译为“乌兰察布盟副盟长贝子使者乘驿牌”。

背部为黄铜板，片状，呈拱形，素面。黄铜板背上部有两个平行“_┌─┐_”形黄铜制作的链接扣，用黄铜铆钉固定在铜板背上部，内套有皮质链（图三，4）。

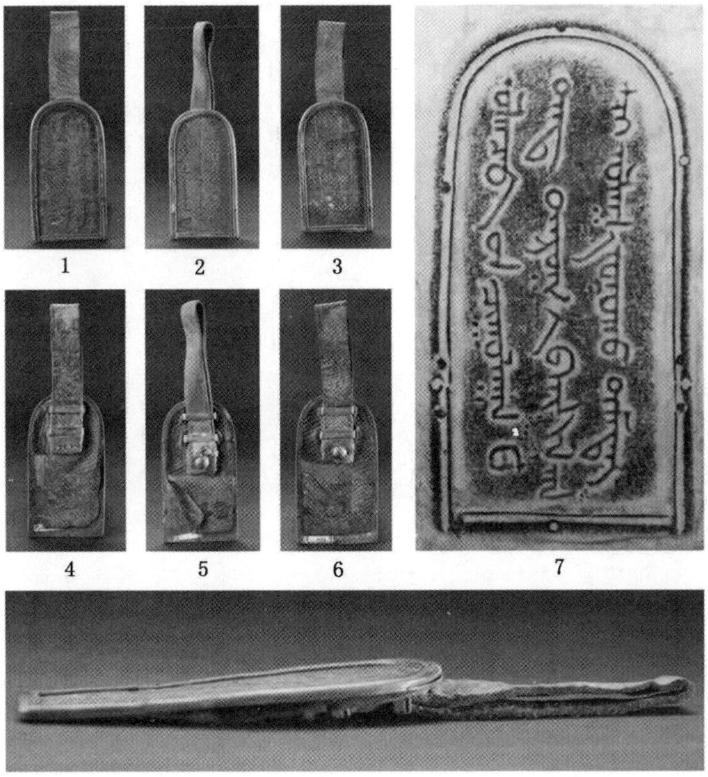

1～3.正面（A3：0011、A3：0010、A3：0008） 4～6.背面（A3：0011、A3：0010、A3：0008） 7.正面部拓片（A3：0011） 8.侧面（A3：0011）

图三 Ⅰa式“乌兰察布盟副盟长贝子使者乘驿牌”及其部分拓片

护垫用牛皮制作，片状，拱形。被套在黄铜扣上，被压在皮跨链下（图三，6）。

跨链用牛皮制作，似套锁型。套在连接扣上。

编号A3：0011，黄铜边铆钉，原有6个铆钉，后因器物损坏而加固4个铆钉。牌体高11.5厘米、宽6厘米、厚0.35厘米，器物通高18.5厘米，皮链长11.6厘米，重101.7克（图三，1）。

编号A3：0010，黄铜镶边铆钉有6个。牌体高11.5厘米、宽6.0厘米、厚0.35厘米，器物通高19.3厘米，皮链长11.6厘米，重105.7克（图三，2）。

编号A3：0008，黄铜边铆钉有6个铆钉。牌体高11.5厘米、宽6.7厘米、厚0.35厘米，器物通高16.3厘米，皮链长11.6厘米，重73.3克（图三，3）。

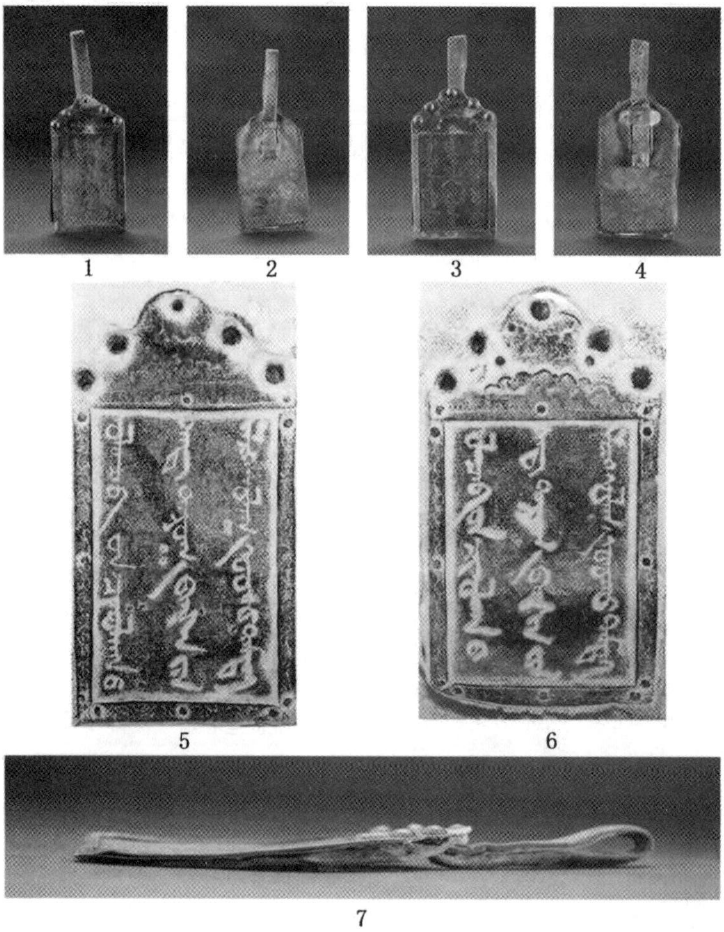

1、3.正面（A3：0009、A3：0012） 2、4.背面（A3：0009、A3：0012） 5、6.正面部拓片（A3：0009、A3：0012） 7.侧面（A3：0009）

图四 Ⅰb式“乌兰察布盟副盟长贝子使者乘驿牌”及拓片

Ⅰb式：2件。编号A3：0009、A3：0012。片状。顶端为三角形，下端为平齐直线形的长条状，整体呈圭形。复合质地，由黄铜、银、牛皮组成面部、主板、背部及跨链四部分。制作方法为铜包银、铆钉加固、背铜扣连接牛皮跨链。银板镶黄铜边，錾刻花草纹，上部用5个铆钉排列成“︿”形装饰。背加黄铜素面板，用黄铜铆钉固定，黄铜镶边、银板和背板。

面部以黄铜捶制，錾刻而成，呈圭形。可以分为上、下两部分，上部呈花瓣边三角形，下部呈长方条形。

主板以银捶制，片状，呈长方形。面部阴刻有蒙古文文字3列12个，“ᠤᠯᠠᠨᠴᠠᠪ ᠤᠨ ᠬᠢᠭᠤᠯᠭᠠᠨ ᠤ ᠳᠡᠳ ᠳᠠᠷᠤᠭ᠎ᠠ ᠪᠡᠢᠰᠡ ᠶᠢᠨ ᠡᠯᠴᠢ ᠤᠯᠠᠭ᠎ᠠ ᠤᠨᠤᠬᠤ ᠲᠡᠮᠳᠡᠭ”（图四，5、6）。用拉丁文拼写该组蒙古文文字读音为“ulančab-un qiγulγan-u ded daruγ-a beise-yin elči ulaγ-a unuqu temdeg”，汉译为“乌兰察布盟副盟长贝子使者的乘驿牌”。

背板以黄铜捶制，片状，呈圭形，素面。黄铜板背上部有两个平行“⅃‾‾L”形黄铜制作的链接扣，内套有皮质链，用黄铜铆钉固定在铜板背上部，后附牛皮护垫（图四，2、4）。

编号A3：0009，黄铜镶边，有铆钉14个，其中装饰铆钉5个、加固铆钉9个。牌体高12.5厘米、宽6.8厘米、厚0.35厘米，器物通高18.4厘米，皮链长12.6厘米，重68.1克（图四，1）。

编号A3：0012，黄铜镶边，有铆钉19个，其中装饰铆钉5个、加固铆钉14个。牌体高12.5厘米、宽6.8厘米、厚0.35厘米，器物通高18.4厘米，皮链长12.6厘米，重68.1克（图四，2）。

（三）乌兰察布盟副盟长乌喇特中旗札萨克公差使者乘驿牌

1件。总账登记号WB03039，器物编号A3：0006。片状（图五，3）。顶端呈梯形，下端平齐直线形（图五，1）。复合质地，由黄铜、银、牛皮组成面部、主板、背部及跨链四部分。制作方法为铜包银，铜铆钉加固，背铜扣连接牛皮跨链。

1.正面　2.背面　3.侧面　4.正面部拓片

图五　“乌兰察布盟副盟长乌喇特中旗札萨克公差使者乘驿牌”及拓片

面部以黄铜捶制，呈平头圭形框架，外框錾刻有缠枝莲纹、凹弦纹、弦断纹，上部分割体为素面。

主板以银捶制。银板可以分为上、下两部分。上为梯形刻花纹部分，阳刻有演化的缠枝莲花纹用来表示“双龙戏珠”图案（图五，1）；下半部为文字部分。银板上阳刻蒙古文文字5列25个，“ᠤᠯᠠᠭᠠᠨ ᠴᠠᠪᠤᠨ ᠬᠢᠭᠤᠯᠭᠠᠨ ᠤ ᠳᠡᠳ ᠳᠠᠷᠤᠭ᠎ᠠ ᠤᠷᠠᠳ ᠤᠨ ᠳᠤᠨᠳᠠᠳᠤ ᠬᠤᠰᠢᠭᠤ ᠶᠢ ᠵᠠᠬᠢᠬᠤ ᠵᠠᠰᠠᠭ ᠭᠦᠩ ᠲᠡᠨ ᠦ ᠭᠠᠵᠠᠷ ᠡᠴᠡ ᠠᠯᠪᠠᠨ ᠵᠠᠷᠤᠯᠭᠠᠨ ᠤ ᠡᠯᠴᠢᠨ ᠤᠯᠠᠭ᠎ᠠ ᠤᠨᠤᠬᠤ ᠲᠡᠮᠳᠡᠭ”（图五，4）。用拉丁文拼写该组蒙古文文字读音为“ulaγan čabun qiγulγan-u ded daruγ-a urad-un dundadu qosiγu-yi ǰakiqu ǰasaγ güng-ten-ü γaǰar-eče alban ǰarulγan-u elčin ulaγ-a unuqu temdeg”，汉译为

“乌兰察布盟副盟长乌喇特中旗札萨克公差使者乘驿牌”。

背板以黄铜捶制，片状，呈圭形，素面。黄铜板背上部有两个平行“┛┏┓┗”形黄铜制作的链接扣，内套有皮质链，用黄铜铆钉固定在铜板背上部，后附牛皮护垫（图五，2）。

编号A3：0006，牌体高14.2厘米、宽7.7厘米、厚0.3厘米，器物通高18.3厘米，皮链高14.3厘米，重138.3克（图五，1）。

（四）与喀尔喀札萨克多罗达尔罕郡王旗有关的6件乘驿牌

其中“乌兰察布盟札萨克达尔罕旗贝子、协理台吉之使者乘驿牌”1件、“乌兰察布盟盟长喀尔喀札萨克多罗达尔罕王公差使者乘驿牌”1件、“喀尔喀札萨克多罗达尔罕郡王（旗）协理台吉之使者乘驿牌”1件、“乌兰察布盟喀尔喀札萨克多罗达尔罕贝勒使者乘驿牌”2件、“札萨克多罗达尔罕郡王旗管旗章京之使者旗内乘驿牌”1件。

1. 乌兰察布盟札萨克达尔罕旗贝子、协理台吉之使者乘驿牌

1件。总账登记号WB03040，器物编号A3：0016。片状（图六，3）。上端花瓣状，尖头；下端平齐。呈圭形（图六，1）。复合质地，由银、黄铜、牛皮组成面部、主板、背部及跨链四部分。制作方法为铜包银，铜铆钉加固，背铜扣连接牛皮跨链。

面部被黄铜保护壳分成上、下两个部分。黄铜保护壳錾刻有回旋纹。被黄铜分割成上、下两部分的银板上部阳刻有“单龙戏珠”纹样，呈花瓣边三角形；下半部呈长方形。

主版以银捶制，银板下部阳刻有蒙古文文字4列18个，“ᠤᠯᠠᠭᠠᠨ ᠴᠠᠪ ᠤᠨ ᠴᠢᠭᠤᠯᠭᠠᠨ ᠤ ᠵᠠᠰᠠᠭ ᠳᠠᠷᠬᠠᠨ ᠸᠠᠩ ᠲᠠᠨ ᠤ ᠬᠣᠰᠢᠭᠤᠨ ᠤ ᠪᠡᠶᠢᠰᠡ ᠲᠤᠰᠠᠯᠠᠭᠴᠢ ᠶᠢᠨ ᠡᠯᠴᠢ ᠤᠯᠠᠭ᠎ᠠ ᠤᠨᠤᠬᠤ ᠲᠡᠮᠳᠡᠭ”（图六，4）。用拉丁文拼写该组蒙古文文字读音为“ulaγan čab-un qiγulγan-u ǰasaγ darqan wang-tan-u qosiγun-u beise tusalaγči-u elči ulaγ-aunuqu temdeg”，汉译为“乌兰察布盟札萨克达尔罕旗贝子、协理台吉之使者乘驿牌”。上为阳刻单龙戏珠纹（图六，1）。

1.正面　2.背面　3.侧面　4.正面部拓片

图六　“乌兰察布盟札萨克达尔罕旗贝子、协理台吉之使者乘驿牌”及拓片

背板以黄铜捶制，片状，呈圭形，素面。黄铜板背上部有两个平行“┛┏┓┗”形黄铜制作的

链接扣，内套有皮质链，用黄铜铆钉固定在铜板背上部（图六，2）。

编号A3：0016，牌体高17.2厘米、宽9.9厘米、厚0.3厘米，器物通高25.6厘米，皮链长17.3厘米，重295.9克（图六，1）。

2.乌兰察布盟盟长喀尔喀札萨克多罗达尔罕王公差使者乘驿牌

1件。总账登记号WB03041，器物编号A3：0003。片状（图七，3）。顶端为花瓣状弧头，下端为齐平直线形。复合质地，由黄铜、银、牛皮组成面部、主板、背部及跨链四部分。

面部以黄铜制作，分上、下两部分。上部为花瓣扇形，阴刻有荷花；下部为直线“口”字形，阴刻有回旋纹（图七，1）。面部有对称的3对铆钉。

主板以银捶制，呈长方形，银板上阳刻蒙古文文字5列21个，“ᠤᠯᠠᠭᠠᠨ ᠴᠠᠪ ᠤᠨ ᠬᠢᠭᠤᠯᠭᠠᠨ ᠤ ᠳᠠᠷᠤᠭ᠎ᠠ ᠬᠠᠯᠬ᠎ᠠ ᠶᠢᠨ ᠵᠠᠰᠠᠭ ᠲᠥᠷᠥ ᠶᠢᠨ ᠳᠠᠷᠬᠠᠨ ᠸᠠᠩ ᠲᠠᠨ ᠤ ᠠᠯᠪᠠᠨ ᠤ ᠡᠯᠴᠢ ᠤᠯᠠᠭ᠎ᠠ ᠤᠨᠤᠬᠤ ᠲᠡᠮᠳᠡᠭ”（图七，4）。用拉丁文拼写该组蒙古文文字读音为“ulaγan čab-un qiγulγan-u daruγ-a qalq-a-yin ǰasaγ törö-yin darqan wang-tan-u alban-u elči ulaγ-a unuqu temdeg”，汉译为“乌兰察布盟盟长喀尔喀札萨克多罗达尔罕王公差使者乘驿牌”。

1.正面　2.背面　3.侧面　4.正面部拓片

图七　“乌兰察布盟盟长喀尔喀札萨克多罗达尔罕王公差使者乘驿牌”及拓片

背板为黄铜板，片状，素面。黄铜板背上部有两个平行“⅃‾‾L”形黄铜制作的链接扣焊接在背板上，与皮链连接（图七，2）。

编号A3：0003，牌体高16.1厘米、宽9.5厘米、厚0.3厘米，器物通高19.5厘米，皮链长12.1厘米，重312.5克（图七，1）。

3.喀尔喀札萨克多罗达尔罕郡王（旗）协理台吉之使者乘驿牌

1件。总账登记号：WB03042，器物编号A3：0001。片状（图八，3）。上端为花瓣弧形，下端平齐，呈圭形（图八，1）。由黄铜、银、牛皮组成面部、主板、背板及跨链四部分。面部用黄铜捶制，主板用白银制作，背板用铁板制作。制作方法为铜包银，铆钉加固，背铁板与铁制扣连接牛皮跨链（图八，2）。

面部用黄铜捶制，框架状，分成上、下两个部分。上端弧头伞形，下端平齐，整体呈弧头圭状。黄铜錾刻有凹弦纹、素面。上部伞状部位用3个银泡钉装饰，固定在主板上。

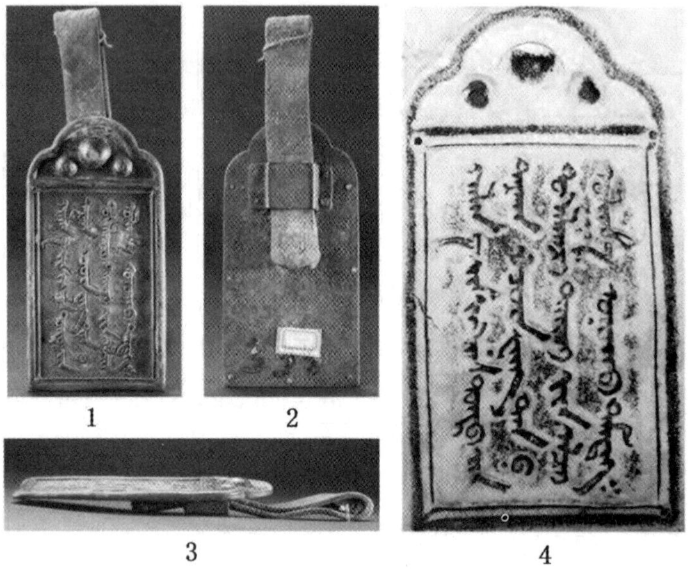

1.正面 2.背面 3.侧面 4.正面部拓片

图八 “喀尔喀札萨克达尔罕郡王（旗）协理台吉使者的乘驿牌”及拓片

主板用银捶制，银板上阳刻有蒙古文文字4列17个，“ᠬᠠᠯᠬ᠎ᠠ ᠶᠢᠨ ᠵᠠᠰᠠᠭ ᠲᠥᠷᠥ ᠶᠢᠨ ᠳᠠᠷᠬᠠᠨ ᠭᠢᠶᠦᠨ ᠸᠠᠩ ᠲᠠᠨ ᠤ ᠲᠤᠰᠠᠯᠠᠭᠴᠢ ᠲᠠᠶᠢᠵᠢ ᠶᠢᠨ ᠡᠯᠴᠢ ᠤᠯᠠᠭ᠎ᠠ ᠤᠨᠤᠬᠤ ᠲᠡᠮᠳᠡᠭ”（图八，4）。用拉丁文拼写该组蒙古文文字读音为“qalq-a-yin ǰasaγ törö-yin darqan giyun wang-tan-u tusalaγči taiǰi-yin elči ulaγ-a unuqu temdeg”，汉译为“喀尔喀札萨克多罗达尔罕郡王（旗）协理台吉使者的乘驿牌”。

背板为铜质，板状，呈弧头圭形，素面。铜板背上部有一个“┘‾└”形铜质链接扣，用4个铆钉固定在背板上部，与皮链连接（图八，2）。

编号A3：0001，牌体高14厘米、宽7.1厘米、厚0.35厘米，乘驿牌通长19.4厘米，皮链长14厘米，重272克。

4.札萨克多罗达尔罕郡王旗管旗章京之使者旗内乘驿牌

1件。总账登记号WB03043，器物编号A3：0002。片状（图九，3）。上端为弧形尖头，下端平齐，呈圭形（图九，1）。由黄铜、银、牛皮组成面部、主板、背部及跨链四部分（图九，2）。

面部用黄铜捶制，框架状，分成上、下两个部分。上端为弧头伞形，下端平齐，整体呈弧头圭状。黄铜錾刻有凹弦纹，素面。上部伞状部位用4个银泡钉三角形装饰，固定在主板上。

主板为银质，在面板和背板中间，上面阳刻蒙古文文字4列21个，“ᠵᠠᠰᠠᠭ ᠲᠥᠷᠥ ᠶᠢᠨ ᠳᠠᠷᠬᠠᠨ ᠭᠢᠶᠦᠨ ᠸᠠᠩ ᠲᠠᠨ ᠤ ᠬᠤᠰᠢᠭᠤᠨ ᠤ ᠬᠤᠰᠢᠭᠤ ᠶᠢ ᠵᠠᠬᠢᠷᠤᠭᠴᠢ ᠵᠠᠩᠭᠢ ᠶᠢᠨ ᠡᠯᠴᠢ ᠬᠤᠰᠢᠭᠤᠨ ᠤ ᠳᠣᠲᠣᠷ᠎ᠠ ᠤᠯᠠᠭ᠎ᠠ ᠤᠨᠤᠬᠤ ᠲᠡᠮᠳᠡᠭ”（图九，4）。用拉丁文拼写该组蒙古文文字读音为“ǰasaγ törö-yin darqan giyun wang-tan-u qosiγun-u qosiγu-yi ǰakiruγči ǰanggi-yin elči qosiγun-u dotur-a ulaγ-a unuqu temdeg”，汉译为“札萨克多罗达尔罕郡王旗管旗章京之使者旗内乘驿牌”。

背板为铜质，板状，呈弧头圭形，素面。铜板背上部有一个“┘‾└”形铜质链接扣，用两个铆钉固定在背板上部，与皮链连接（图九，2）。

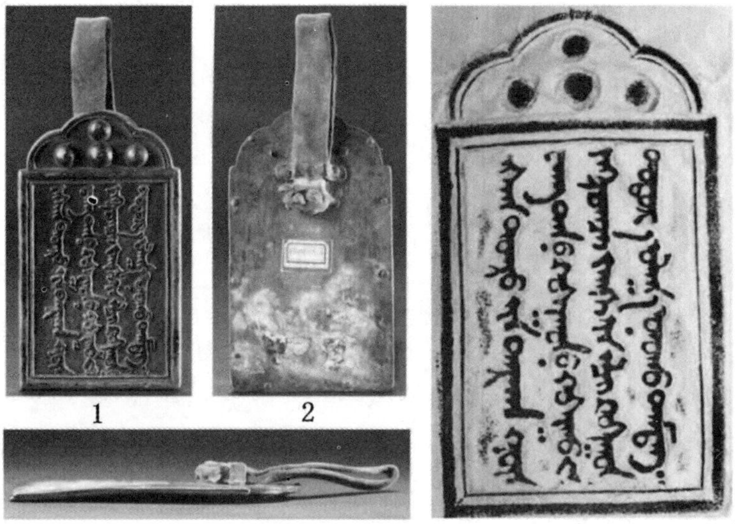

3　　4

1.正面　2.背面　3.侧面　4.正面部拓片

图九　“札萨克达尔罕郡王旗管旗章京使者旗内乘驿牌”及拓片

编号A3：0002，牌体高13.7厘米、宽7.8厘米、厚0.35厘米，器物通高18.5厘米，重179.4克。

5.乌兰察布盟喀尔喀札萨克多罗达尔罕贝勒使者乘驿牌

2件。总账登记号WB03044、WB03045，器物编号A3：0004、A3：0007。根据制作工艺和材质的不同可以分为Ⅰa和Ⅰb式。

Ⅰa式：1件。总账登记号WB03044，器物编号A3：0004。残，跨链和面部装饰缺损。片状（图十，3）。上端为花瓣状弧形圆头，下端平齐（图十，1）。复合质地，由黄铜、银、牛皮组成面部、主板、背部及跨链四部分（图十，2）。

3　　4

1.正面　2.背面　3.侧面　4.正面部拓片

图十　Ⅰa式“乌兰察布盟喀尔喀札萨克多罗达尔罕贝勒使者乘驿牌”及其拓片

面部，装饰部分已脱落，剩上部花瓣状，下部长方形框架。纹饰有凹弦纹。

主板为银质，被包于黄铜框架，阳刻蒙古文文字4列17个，“ᠤᠯᠠᠨᠴᠠᠪ ᠤᠨ ᠴᠢᠭᠤᠯᠭᠠᠨ ᠤ ᠬᠠᠯᠬ᠎ᠠ ᠶᠢᠨ ᠵᠠᠰᠠᠭ ᠲᠥᠷᠥ ᠶᠢᠨ ᠳᠠᠷᠬᠠᠨ ᠪᠡᠢᠯᠡ ᠲᠡᠨ ᠦ ᠡᠯᠴᠢ ᠤᠯᠠᠭ᠎ᠠ ᠤᠨᠤᠬᠤ ᠲᠡᠮᠳᠡᠭ”（图十，4）。用拉丁文拼写该组蒙古文文字读音为“ulančab-un qiγulγan-u qalq-a-yin ǰasaγ törö-yin darqan beile-ten-ü elči ulaγ-aunuqu temdeg”，汉译为“乌兰察布盟喀尔喀札萨克多罗达尔罕贝勒使者乘驿牌”。

背板为铜质，板状，呈弧头圭形，素面。铜板背上部有一个“╝▔▔╚”形铜质链接扣，用两个铆钉固定在背板上部，与皮链连接。皮链部分已经缺损（图十，2）。

A3：0004，牌体高13.5厘米、宽6.7厘米、厚0.35厘米，器物通高13.5厘米，重121.5克。

Ⅰb式：1件。总账登记号WB03045，器物编号A3：0007。片状（图十一，3）。上端为花瓣状，弧形圆头，下端平齐，呈圆头圭形，残（图十一，1）。由黄铜、银、牛皮组成面部、主板、背部及跨链四部分（图十一，2）。剩下花瓣状框架。

主板为银质，主板和面部一体，阳刻蒙古文文字3列17个，“ᠤᠯᠠᠨᠴᠠᠪ ᠤᠨ ᠴᠢᠭᠤᠯᠭᠠᠨ ᠤ ᠬᠠᠯᠬ᠎ᠠ ᠶᠢᠨ ᠵᠠᠰᠠᠭ ᠲᠥᠷᠥ ᠶᠢᠨ ᠳᠠᠷᠬᠠᠨ ᠪᠡᠢᠯᠡ ᠲᠡᠨ ᠦ ᠡᠯᠴᠢ ᠤᠯᠠᠭ᠎ᠠ ᠤᠨᠤᠬᠤ ᠲᠡᠮᠳᠡᠭ”（图十一，3）。用拉丁文拼写该组蒙古文文字读音为“ulaγan čab-un qiγulγan-u qalq-a-yin ǰasaγ törö-yin darqan beile-ten-ü elči ulaγ-a unuqu temdeg”，汉译为“乌兰察布盟喀尔喀札萨克多罗达尔罕贝勒使者乘驿牌”。上面雕刻有缠枝莲纹，形状似云纹。主板中上部断裂，右中部缺损，但文字部分完整，修复痕迹明显，表露出多个铆钉。

背板为铜质，板状，被包入面板，素面。铜板背上部有两个平行“╝▔▔╚”形铜质链接扣，焊接固定在背板上部，与皮链连接（图十一，2）。

A3：0007，牌体高10.9厘米、宽4.4厘米、厚0.33厘米，器物通高15.8厘米，重72.3克。

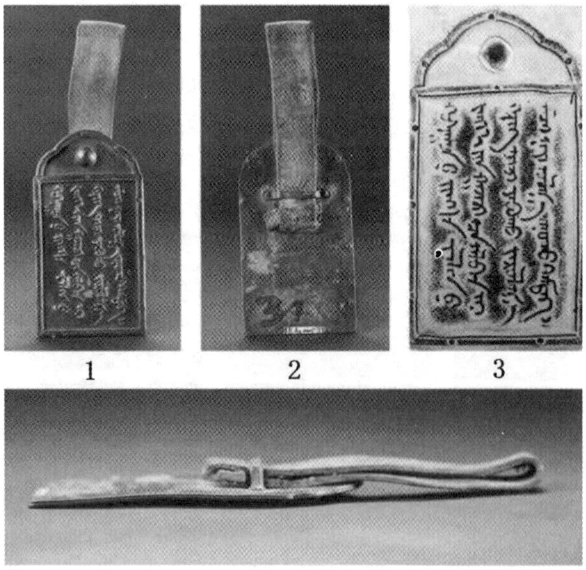

1.正面　2.背面　3.正面部拓片　4.侧面

图十一　Ⅰb式“乌兰察布盟喀尔喀札萨克多罗达尔罕贝勒使者乘驿牌”及其拓片

（五）旗正参领处公差所遣使者乘驿牌

1件。总登记号WB03046，器物编号A3：0005。片状（图十二，4）。上端为花瓣弧形，下端平齐。由黄铜、银、铁、牛皮组成整体器物。器物由面部、主板、背板及跨链四部分组成。面部用黄铜捶制，主板用白银制作，背板用黄铜制作。制作方法为铜包银，铆钉加固，背铜板与铜制扣连接牛皮跨链（图十二，2）。

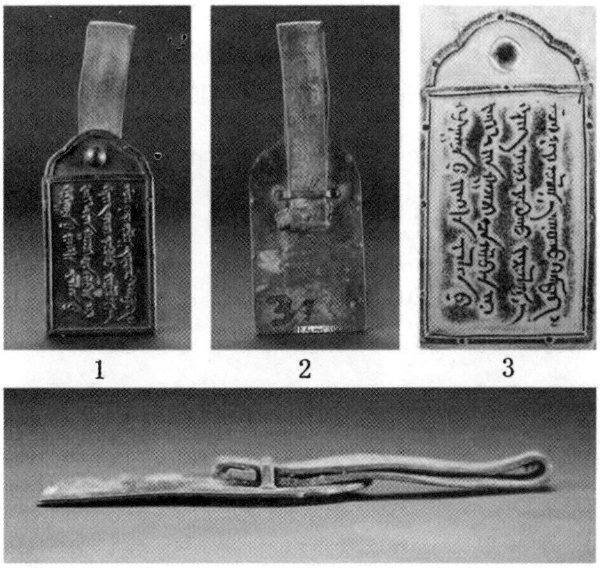

1　　2　　3

4

1.正面　2.背面　3.正面部拓片　4.侧面

图十二　“旗正参领处公差所遣使者乘驿牌”及拓片

面部用黄铜捶制，框架状，分成上、下两个部分。上端为弧头伞形，下端平齐，整体呈弧头圭状。黄铜錾刻，有凹弦纹，素面。上部伞状部位用一个银泡钉装饰，固定在主板上（图十二，1）。

主板为银质，主板和面部一体，阳刻蒙古文文字3列17个，“ᠬᠣᠰᠢᠭᠤᠨ ᠤ ᠵᠢᠩᠬᠢᠨ ᠵᠠᠯᠠᠨ ᠤ ᠵᠠᠩᠭᠢ ᠶᠢᠨ ᠭᠠᠵᠠᠷ ᠠᠴᠠ ᠠᠯᠪᠠᠨ ᠨᠢ ᠬᠡᠷᠡᠭ ᠢᠶᠡᠷ ᠶᠠᠪᠤᠬᠤ ᠵᠠᠷᠤᠯᠭ᠎ᠠ ᠡᠯᠴᠢ ᠨᠠᠷ ᠤᠯᠠᠭ᠎ᠠ ᠤᠨᠤᠬᠤ ᠲᠡᠮᠳᠡᠭ”（十二，3）。用拉丁文拼写该组蒙古文文字读音为“qosiγun-u ǰingkin ǰalan-u ǰanggi-yin γaǰar-ača alban-ni kereg-iyer yabuqu ǰarulγ-a elči-nar ulaγ-a unuqu temdeg”，汉译为“旗正参领处公差所遣使者乘驿牌”。

背板为铜质，板状，素面。铜板背上部有一个“⅃‾‾‾L”形铜质链接扣，铆钉固定在背板上部，与皮链连接（图十二，2）。

编号A3：0005，牌体高12.6厘米、宽6.8厘米、厚0.35厘米，器物通高19.4厘米，重110.5克。

（六）广福寺达喇嘛随侍领催旗内乘驿牌

1件。总账登记号WB03047，器物编号A3：0015。板状。上端为花瓣状圆头，下端平齐，呈圭形（图十三，1）。由黄铜、银、牛皮组成面部、主板、背部及跨链四部分。制作方法为铜包银，铆钉加固，背铜扣连接牛皮跨链（图十三，2）。

面部用黄铜捶制，框架状，分成上、下两个部分。上端为花瓣形，下端平齐。黄铜錾刻有双层凹弦纹，素面。上部伞状部位用3个银泡钉装饰，固定在主板上（图十三，1）。

主板为银质，被面板和背板包在内，阳刻蒙古文字文字4列15个，“[illegible]”（图十三，3）。用拉丁文拼写该组蒙古文文字读音为“buyan-ni badaraγuluγči süm-e-yin da blam-a-yin bošoγo qosiγun-u dotor-aulaγ-a unuqu temdeg”，汉译为“广福寺达喇嘛随侍领催旗内乘驿牌”。

背板为铜质，板状，素面。铜板背上部有一个“⎽⎺⎺⎽”形铜质链接扣，铆钉固定在背板上部，与皮链连接（图十三，2）。

编号A3：0015，牌体高12.1厘米、宽6.6厘米、厚0.35厘米，器物通高15.2厘米，重174.3克。

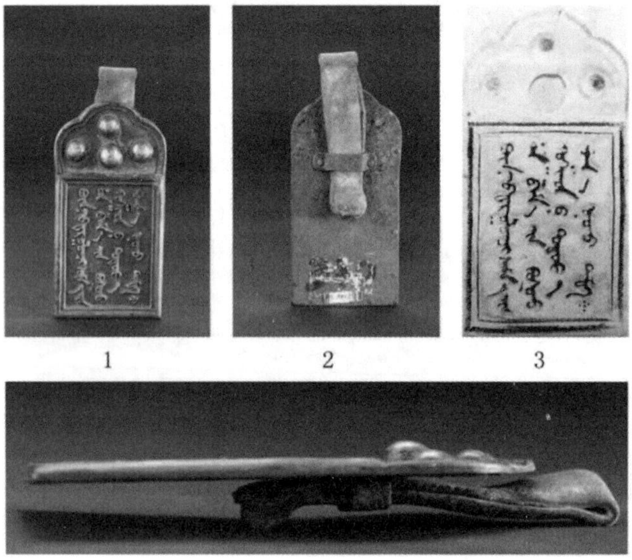

1　　2　　3

4

1.正面　2.背面　3.正面部拓片　4.侧面

图十三　“广福寺达喇嘛随侍领催旗内乘驿牌”及拓片

二、相关问题探讨

第一，乘驿牌上所出现的蒙古语“乌兰察布的楚固拉干（ulaγan čab-un qiγulγan）”在本文中汉译为“乌兰察布盟”。

乌兰察布为地名。盟，原为蒙古封建主的会盟与集会[①]。清代史料中没发现记载有行政区域名称为“楚固拉干（qiγulγan）”一词，有“盟”；盟为礼制名。清代对内、外蒙古实行札萨克制（即封授旗长之制）进行治理。规定内、外札萨克每3年会盟1次，清政府届时遣使赍皇帝制书前往参加，迎送之仪制与册封礼同。盟总管几个或十几个旗，是清代蒙古地区最大的行政区，设盟长和副盟长；盟长和副盟长从各旗札萨克中推荐产生。

① 曹永年主编：《内蒙古通史》第三卷，呼和浩特：内蒙古大学出版社，2007年，第21页。

乌兰察布盟最初是清代蒙古地区行政组织名，为内蒙古诸盟之一。天聪四年至康熙三年（1630—1664年），四子部于天聪四年附清，顺治六年（1649年）设旗；乌喇特部于天聪七年（1633年）附清，同年设旗；茂明安部于天聪七年附清，顺治五年（1648年）设旗；喀尔喀右翼部于顺治十年（1653年）附清，康熙三年（1664年）设旗。清政府对这些部落的上层领主表功勋、授爵位、赐厚禄、封牧地，令世袭罔替。上述四部被分别编为六旗，从原来驻牧的呼伦贝尔、科尔沁以及漠北等地迁往阴山南北的封地。康熙初年，遵照清政府的规定，四子部落旗（四子王旗）、乌喇特前旗、乌喇特中旗、乌喇特后旗、茂明安旗、喀尔喀右翼旗（达尔罕贝勒旗）六旗札萨克首次会盟于四子王旗境内的乌兰察布地方。从此，六旗统属一盟，称为"乌兰察布盟"。

乌兰察布盟这个名称开始使用于清代，后行政管辖区域虽经过多次变动，但此名称始终没有改变。2003年12月31日，国务院批准撤盟设市，乌兰察布盟改名为乌兰察布市。

"乌兰察布"这一名称使用时间可以分为4个阶段：清代的乌兰察布盟、民国时期的乌兰察布盟、抗日战争时期的乌兰察布盟、中华人民共和国内蒙古自治区乌兰察布盟。新中国成立后的"乌兰察布盟"用蒙古文写为"乌兰察布爱马克（ulaγan čab àimaγ）"，和前三者不同，前三者写为"ulaγan čab-un qiγulγan"，即"乌兰察布盟"。

第二，这批乘驿牌上出现的盟级以下行政建制有乌喇特中旗、札萨克达尔罕郡王旗。

旗是清朝在蒙古地区设立最早、数量最多，而且是用来专管从事畜牧业的蒙古族居民的行政建制[①]。

乌喇特中旗在清代也叫乌喇特中公旗。乌喇特部于天聪七年附清，同年设旗。乌喇特中旗在顺治五年设立，隶属于乌兰察布盟。

札萨克达尔罕郡王旗，前身为喀尔喀右翼旗，后称达尔罕旗。喀尔喀右翼部于顺治十年附清，康熙三年设旗。"喀尔喀右翼部，在张家口外，至京师千一百三十里。东西距百二十里，南北距百三十里。东四子部落，西茂明安，南归化城土默特，北瀚海。"[②]隶属于乌兰察布盟。

第三，这批乘驿牌中出现的官名有盟长、副盟长、札萨克（旗长）、协理台吉、管旗章京、章京等。

蒙古语"qiγulγan-u daruγ-a"和"qiγulγan-u ded daruγ-a"即汉语"盟长"和"副盟长"。

盟长　官名。清代在内、外蒙古及青海蒙古各部实行盟旗制，规定若干个旗组为一盟，每盟设盟长、副盟长各1人，由理藩院于同盟各旗之札萨克（旗长）及闲散王公等内拣选，请旨简放。盟长总理一盟事务，会同各旗札萨克等办理旗下大事，每届3年并召集各旗会盟1次，清理刑名，编审丁籍，报送理藩院查核。此外，内札萨克各盟长每年春季验看操练各旗官兵1次，战时则负统一调动指挥之责。

札萨克　关于札萨克（旗长）的任命，崇德元年（1636年）前各旗之长一般称"管事贝勒"或"执政贝勒"。此后开始称"札萨克贝勒"，后又称为"札萨克"[③]。

协理台吉　官名。协助札萨克掌理全旗政务。协理台吉由札萨克从旗内闲散王公台吉中指定人

① 张永江：《论清代漠南蒙古地区的二元管理体制》，《清史研究》1998年第2期。

② 赵尔巽等撰：《清史稿》卷五百二十《藩部三》，北京：中华书局，1977年，14367~14368页。

③ 张永江：《论清代漠南蒙古地区的二元管理体制》，《清史研究》1998年第2期。

选，报理藩院，经皇帝任命，终身任职，但不得世袭。协理台吉在札萨克缺员或有其他事故时代理其职务，札萨克进京年班时可伴随赴京觐见皇帝。

管旗章京　官名。清代内外蒙古、青海蒙古及哈密、吐鲁番各旗札萨克之属官，位在协理台吉之下。每旗1人，统管一旗之事。其下设管旗副章京，十佐领以下之旗设1人，以上设2人，掌分管一旗之事。缺出，由札萨克于本旗台吉、塔布囊内选择强壮能辖众者，以台吉、塔布囊原品补放；如不得其人，则以本旗参领选补。

章京　1.官名。满语音译，汉名“佐领”。清代八旗组织基层编制单位的长官，如参领称“甲喇章京”，佐领称“牛录章京”。又，蒙古各旗札萨克的属员有管旗章京。军机处和总理各国事务衙门办理文书事务的官员亦称章京，为堂官的重要助手。军机处的章京被称为“小军机”。2.世职名。天聪八年（1634年）定“备御”为牛录章京。顺治四年（1647年）改为拜他拉布勒哈番，乾隆元年（1736年）又将拜他拉布勒哈番改为骑都尉。

第四，该组乘驿牌中出现的爵位名有乌喇特中旗札萨克公，喀尔喀达尔罕王、贝勒、贝子等。

贝勒　满语“王”或“诸侯”的意思。满族早期以贝勒为“天生贵族”的称号，其尤尊者称“和硕贝勒”。努尔哈赤曾用以称其子侄。清代颁定宗室爵号，有多罗贝勒，简称“贝勒”。崇德元年定封爵，置贝勒于亲王、郡王下，用以封宗室和蒙古贵族。崇德以前的贝勒，实即后来的亲王。[①]

贝子　爵位名。满语为贝勒的复数，有“王”或“诸侯”的意思。满族早期社会中，贝子意为“天生贵族”。清代颁定宗室爵号，有固山贝子，简称“贝子”。其位在亲王、郡王、贝勒之下，常用以封宗室和蒙古贵族[②]。

第五，“乌兰察布盟盟长贝子使者全境乘驿牌”中的“全境”指当时的乌兰察布盟行政区域，包括私人、衙门（公家）、驿站等所有地方。

第六，“札萨克多罗达尔罕郡王旗管旗章京之使者旗内乘驿牌”“旗正参领处公差所遣使者乘驿牌”中的关键词为“章京”。章京为官名。根据上述章京官名的发展年代可以断定这两枚乘驿牌为清早期遗物。

第七，从乘驿牌的蒙古文的变化可以了解到蒙古文的书写演变过程。

乘驿牌上出现的蒙古文“乌兰察布”有不同的写法，根据写法的不同可以分为3类。第一类，“”（ulančab）。出现这样书写的乘驿牌一共有9件：“乌兰察布盟盟长贝子使者全境乘驿牌”2件，“乌兰察布盟副盟长贝子使者的乘驿牌”5件，“乌兰察布盟喀尔喀札萨克多罗达尔罕贝勒使者乘驿牌”2件。这里阳刻的蒙古文“乌兰察布”和当代蒙古文字比较，使用了白话文中的发音来书写，省略掉了一个音节“γan”。第二类，“”（ulaγan čab）。出现这样书写的乘驿牌有1件，即“乌兰察布盟副盟长乌喇特中旗札萨克公差使者乘驿牌”。此乘驿牌上的蒙古文“乌兰察布”接近当代蒙古语的书写规则，但是在“γan”音节前面的两个点缺失；此写法在蒙古语语法中可以不写两点，但是读音还是“γan”。同样此乘驿牌中的其他蒙古文“”“”“”“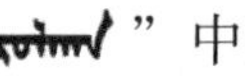”中的“γa”音的写法与“乌兰察布”（ulaγan

① 邱树森主编：《中国历代职官辞典》，南昌：江西教育出版社，1991年，第122~123页。

② 邱树森主编：《中国历代职官辞典》，第122页。

čab）的写法一样。第三类，“ ”（ulaɣan čab）。出现这样书写的乘驿牌一共有2件：“乌兰察布盟札萨克达尔罕旗贝子、协理台吉之使者乘驿牌”1件，“乌兰察布盟盟长喀尔喀札萨克多罗达尔罕王公差使者乘驿牌”1件。这两件乘驿牌中出现的蒙古语“乌兰察布”接近当代蒙古语语法，呈现了正确的“乌兰察布”写法，但是书写规则上还是和当代蒙古语语法有区别。

根据以上的描述可以判断该12件文物的年代顺序：早期9件，即“乌兰察布盟盟长贝子使者全境乘驿牌”“乌兰察布盟副盟长贝子使者的乘驿牌”“乌兰察布盟喀尔喀札萨克多罗达尔罕贝勒使者乘驿牌”；中期1件，即“乌兰察布盟副盟长乌喇特中旗札萨克公差使者乘驿牌”；晚期2件，即“乌兰察布盟札萨克达尔罕旗贝子、协理台吉之使者乘驿牌”“乌兰察布盟盟长喀尔喀札萨克多罗达尔罕王公差使者乘驿牌”。

第八，从“广福寺达喇嘛随侍领催旗内乘驿牌”可以看出：1.广福寺属清代乌兰察布盟喀尔喀右翼部（喀尔喀右翼旗），就是现在位于内蒙古自治区包头市达尔罕茂明安联合旗政府所在地的百灵庙。“百灵庙”字义是蒙古语言中的“达尔罕贝勒庙”的音译演变，亦称乌力吉套海（吉祥湾）召庙群，又叫巴图哈噶拉噶（蒙古语意为“坚固的关口”）。2.根据资料记载，喀尔喀右翼旗第二代札萨克亲王诺乃于康熙三十六年（1697年）亲往五台山拜佛朝圣、请经卷，并赴多伦诺尔、归化城等地同活佛喇嘛、高僧共商建庙事宜。同时派员到西藏、青海、山西、大库伦等地考察，观访庙宇建筑式样，筹储建筑材料，请来能工巧匠。在为建庙做了细致的准备后，大兴土木，诺乃修建了喀尔喀右翼旗历史上规模最大、在漠南蒙古地区享有盛名的著名寺院百灵庙的主殿①。该大雄宝殿建成于康熙四十二年（1703年。另一说认为建成于康熙四十一年）。②庙宇由5座大殿、9顶佛塔和36处藏式结构的院落组成，总占地面积8000多平方米。各处殿塔雕梁画栋、廊柱林立，墙壁上彩绘着佛经里的人物故事，造型生动，构图细腻。康熙四十三年（1704年），诺乃上报康熙帝寺院建造完成的信息。康熙帝御赐庙名“广福寺”，还赐刻有蒙古、藏、满、汉文的牌匾并盖皇帝印，亲自交给了诺乃。③从以上述说可以断定该乘驿牌的制作年代上限应是1704年，属清早期遗物。

第九，这批乘驿牌中存在少量的满语。“乌兰察布盟盟长贝子使者全境乘驿牌”的蒙古语“ ”中，“ ”为蒙古语“beise”，但是该乘驿牌中“se”背后多了个点，应为满语“beise”，意为“贝子”。“ ”一词在蒙古文的写法中没有这种写法，所以笔者认为是满语，读音为“takūra”，意为“使者”或“下人、佣人”；本文翻译为“使者”。“ ”在蒙古语中与助词“nu”相同，多一个点，所以笔者认为该文字应为满语“ne”，也是助词，与汉语中的“的”字相同。这个词在这批乘驿牌中出现15次之多，这里不再重复说明（详见各乘驿牌拓片或蒙古文）。

“喀尔喀札萨克多罗达尔罕郡王（旗）协理台吉之使者乘驿牌”的蒙古语“ ”中，“ ”（wang）字前多一点，笔者认为应该与是满语读音和发音相同的蒙古语中的（wang），汉语意为“王”。

---

① 达茂旗喇嘛事务委员会编：《达茂文史资料（第一辑）》（蒙古文版），1988年，第194页。

② 达茂旗喇嘛事务委员会：《广福寺烛光史》，第17页。

③ 达尔罕茂明安旗文史办公室：《广福寺（巴图哈噶拉噶）》，《乌兰察布文史资料（第三辑）》（蒙古文版），1982年。

“广福寺达喇嘛随侍领催旗内乘驿牌”的蒙古语“[illegible] ᠶᠢᠨ ᠳ᠋ᠠ ᠯᠠᠮ᠎ᠠ ᠶᠢᠨ ᠪᠣᠱᠣᠭᠣ ᠬᠣᠰᠢᠭᠤᠨ ᠤ ᠳᠣᠲᠣᠷᠠᠬᠢ ᠤᠯᠠᠭ᠎ᠠ ᠤᠨᠤᠭᠤ ᠲᠡᠮᠳᠡᠭ”中，“ᠳ᠋ᠠ ᠯᠠᠮ᠎ᠠ”为达喇嘛（dablam-a）。其中“ᠳ᠋ᠠ”（“达”）为满语“长、头目、首领”之意。“达”，后来民间流传演变为汉语中的“大”，即达喇嘛是藏传佛教中的喇嘛职称，是“喇嘛首领”的意思。“ᠳ᠋ᠠ ᠯᠠᠮ᠎ᠠ”中的“ᠯᠠᠮ᠎ᠠ”是蒙古语中的外来语，也就是用藏语中的“喇嘛”的发音直接拼写成的蒙古语字，读音与藏语相同；藏语读为“blama”。“ᠪᠣᠱᠣᠭᠣ”（bošoγo）意为“随侍领催”或“领催”，也可以音译为“拨什库”，即蒙古语（bošoγo），同时也是满语，意为“领催”；满语读音为“bošokū”。本文中的（bošoγo）应为由满文演变的蒙古文。

第十，所有乘驿牌中有共同的关键字“ᠤᠯᠠᠭ᠎ᠠ ᠤᠨᠤᠭᠤ ᠲᠡᠮᠳᠡᠭ”（ulaγ-aunuqu temdeg），本文译为“乘驿牌”，意为在指定的范围内获得马匹、住宿、食物等各类供给时所使用的令牌或证牌；其指定范围多数指驿站。这里的驿站是指清代的驿站。清代内蒙古地区的驿站是清政府为加强对内蒙古地区的政治、军事控制而设置的官方站道，供清政府传达军令、政令和蒙古王公年班、朝觐之用。战时则作为军需供应的运输通道。①

三、小结

本文呈现的16枚清代蒙古文字银质乘驿牌均为佩戴在腰间的腰牌，均为清代乌兰察布盟各级官僚及寺庙上层所拥有乘驿牌，在国内实属少见。它们是上述人员在指定范围内公出时使用的身份证明，此牌在手，可以获得住宿、换乘马匹及其他供给。它们承载了清代乌兰察布盟区域的官府、衙门、王公、贝勒、贝子及寺庙等人员，办理公务、走衙门、住驿站时所使用车马、所走官道、驿站等信息。不同等级及级别的人使用不同的乘驿牌。以上乘驿牌为研究清代乌兰察布盟历史、内札萨克蒙古地区驿站交通运转情况及内蒙古地区历史地理和民俗民族方面的研究提供了珍贵的实物材料。

载于《草原文物》2016年第2期

① 周清澍主编：《内蒙古历史地理》，呼和浩特：内蒙古大学出版社，1994年，第230页。

馆藏银质乌兰察布盟长印赏析

李树国

乌兰察布市属内蒙古自治区一个辖市，地处中国正北方，内蒙古自治区中部。东北部与锡林郭勒盟相邻，东部与河北省接壤，南部与山西省相连，西部与呼和浩特市连接，西北与包头市相接，北部与蒙古国交界。东西长458千米，南北宽442千米，总面积5.4万平方千米。辖区有四旗、五县、一市、一区：察哈尔右翼后旗、察哈尔右翼前旗、察哈尔右翼中旗、四子王旗、化德县、凉城县、商都县、兴和县、卓资县、丰镇市和集宁区。

乌兰察布市博物馆是全市唯一的市级综合性公立博物馆，同时也是全市唯一的市级综合性文博事业单位。它不仅具有文物收藏、展览陈列、学术研究等传统博物馆所固有的基本职能，还承担着全市文物保护、田野考古、协助市文新广局进行文物行政管理、受有关部门委托进行文物行政执法等工作任务。其前身为乌兰察布盟文物工作站，始建于1958年，1962年精简机构被撤销，1977年恢复建制，1985年首座馆舍（位于集宁区桥西的原日建面粉公司大楼，自治区重点文物保护单位）经修缮后投入使用，1992年改名为乌兰察布博物馆。目前的新馆舍始建于2007年，落成于2010年底。2012年，乌兰察布市博物馆被中国博物馆协会、国家文物局评定为国家三级博物馆。

一、乌兰察布盟长印介绍

乌兰察布市博物馆馆藏的这枚清代乌兰察布盟长印系清乾隆十三年（1748年）颁造，征集于乌兰察布市。印为银质，边长10.8厘米，高9.4厘米，重3.9千克（图一）。起步状虎形纽（图二），方形印面。虎纽高6.4厘米，生动严肃，像起步奔跑的虎。虎身上的毛发用印刻戳文表示，斑点用间断波浪纹表示（图三）。虎前腿有力，五爪明显分开。虎头五官用浮雕法雕刻，弯月般的粗眉毛，立双耳，两只大眼睛，超大嘴和鼻子（图四）。虎尾弯曲上翘，贴在后背上，栩栩如生（图五）。

图一　乌兰察布盟长印正面

图二　乌兰察布盟长印虎形纽

图三　乌兰察布盟长印虎形纽侧面

图四　乌兰察布盟长印虎形纽正面

图五　乌兰察布盟长印背面

方形印头，边长10.8厘米，厚3厘米。

印文为蒙古、满两种文字阳刻，印面右侧阳刻蒙古文2行8个字，“ᠤᠯᠠᠭᠠᠨ ᠴᠠᠪ ᠤᠨ ᠴᠢᠭᠤᠯᠭᠠᠨ ᠤ ᠳᠠᠷᠤᠭ᠎ᠠ ᠶᠢᠨ ᠲᠠᠮᠠᠭ᠎ᠠ”，译汉文为“乌兰察布盟长之印”；右侧阳刻满文2行6个字“ᡠᠯᠠᠨᠴᠠᠪ ᡳ ᠴᡠᠯᡤᠠᠨ ᡳ ᡩᠠ ᡳ ᡩᠣᠷᠣᠨ”，译汉文为“乌兰察布盟长印”（见图六、图七）。

印侧前部阴刻有“礼部造”3个字（见图八）；后侧阴刻满文3行3个字“ᡩᠣᡵᠣᠯᠣᠨ ᡳ ᠵᡠᡵᡤᠠᠨ ᡳ ᠸᡝᡳᠯᡝᡥᡝ”，译汉文为“礼部造”（见图九）；左侧阴刻“乾隆拾叁年肆月”（见图十），右侧阳刻“乌兰察布盟长印　乾字壹佰拾陆号”（见图十一）。

印背面虎形纽左右均刻有文字，右侧阴刻蒙古文“ᠤᠯᠠᠭᠠᠨ ᠴᠠᠪ ᠤᠨ ᠴᠢᠭᠤᠯᠭᠠᠨ ᠤ ᠳᠠᠷᠤᠭ᠎ᠠ ᠶᠢᠨ ᠲᠠᠮᠠᠭ᠎ᠠ”，译汉文为“乌兰察布盟长之印”（见图十二）；纽左侧阴刻为满文“ᡠᠯᠠᠨᠴᠠᠪ ᡳ ᠴᡠᠯᡤᠠᠨ ᡳ ᡩᠠ ᡳ ᡩᠣᠷᠣᠨ”，译汉文为“乌兰察布盟长印”（见图十二）。

图六　乌兰察布盟盟长印印面

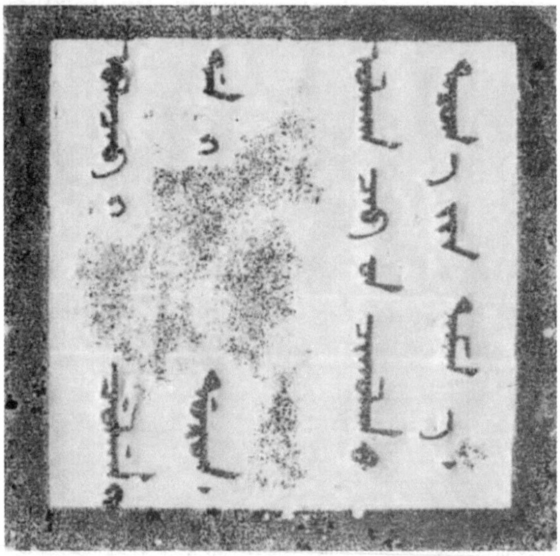

图七　乌兰察布盟盟长印印文拓片

图八　“礼部造”字样

图九　满文“礼部造”字样

图十　印侧面“乾隆拾叁年肆月”字样

图十一　印右侧面“乌兰察布盟长印　乾字壹佰拾陆号”字样

图十二　乌兰察布盟长印俯视图

二、相关问题

（一）乌兰察布盟名称及来源

乌兰察布为地名。盟，原为蒙古封建主的会盟与集会。[①]盟为礼制名。清代对内、外蒙古实行札萨克制（即封授旗长之制）进行管理。规定内、外札萨克每3年会盟1次，清政府届时遣使来参加。盟总管几个或十几个旗，是清代蒙古地区最大的行政区，设盟长和副盟长。盟长和副盟长从各旗札萨克（旗长）中推荐产生。

乌兰察布盟最初是清代蒙古地区行政组织名，为内蒙古诸盟之一。天聪四年至康熙三年（1630—1664年），四子部于天聪四年（1630年）附清，顺治六年（1649年）设旗；乌喇特部于天聪七年（1633年）附清，同年设旗；茂明安部于天聪七年附清，顺治五年（1648年）设旗；喀尔喀右翼部于顺治十年（1653年）附清，康熙三年（1664年）设旗。清政府对这些部落的上层领主表功勋、授爵位、赐厚禄、封牧地，令世袭罔替。上述四部被分别编为六旗，从原来驻牧的呼伦贝尔、科尔沁以及漠北等地迁往阴山南北的封地。康熙元年（1662年），遵照清政府的规定，四子部落旗（四子王旗）、乌喇特前旗、乌喇特中旗、乌喇特后旗、茂明安旗和喀尔喀右翼旗（喀尔喀达尔罕贝勒旗）六旗札萨克首次会盟于四子王旗境内的乌兰察布[②]。从此，六旗统属一盟，称为“乌兰察布盟”。

“乌兰察布盟”这名称开始使用于清代，后行政管辖区域经过多次变动，但此名称始终没有改变。2003年12月31日，国务院批准撤盟设市，乌兰察布盟改名称为乌兰察布市。

“乌兰察布盟”这名称使用时间段可以分为4个阶段：

第一阶段：清代的乌兰察布盟。

第二阶段：民国时期的乌兰察布盟。

第三阶段：抗日战争时期的乌兰察布盟。

第四阶段：中华人民共和国内蒙古自治区乌兰察布盟。此时“乌兰察布盟”在蒙古文中写作“乌兰察布爱马克”，和前三个阶段写法不同，前三个阶段写为“乌兰察布盟”。

（二）清代早中期乌兰察布盟盟长

根据历史资料记载，清代前中期历任乌兰察布盟盟长如下：

约1683—1707年，喀尔喀右翼部亲王诺内。

1711—1771年，四子部札萨克阿喇布坦道尔济。

1771年，四子部札萨克车凌旺扎勒。

---

① 曹永年主编：《内蒙古通史》第三卷，呼和浩特：内蒙古大学出版社，2007年，第21页。

② 关于乌兰察布盟的会盟地点和时间，在《蒙古游牧记》《大清一统志》《清史稿》等史料中均有记载，在金海、莫德力图《乌兰察布盟首次会盟地址、地名、时间考》（《中国边疆史地研究》1998年第4期），刘忠和《乌兰察布首次会盟考》[《内蒙古社会学科》（汉文版）2007年第2期]，《乌兰察布与会盟敖包》（《内蒙古日报》2007年6月4日第7版）等文章中均有讨论，本文不再赘述。

1772—1781年，四子部郡王喇什雅木丕勒。

1781—1800年，喀尔喀右翼部札萨克车布登那木吉勒。

该盟长印颁造时间为1748年，此时乌兰察布盟长是阿喇布坦道尔济。

三、结语

乌兰察布盟长印，清乾隆十三年制作，工艺精湛。清代官府印章用虎作为纽者少见。古代虎符代表着兵权，拥有虎符者拥有调拨和指挥军队之权。乌兰察布盟长印印纽制作为虎形，说明清代乌兰察布盟盟长掌握着当地军队。此印应当是最直接的实物证明。

从乌兰察布盟长印的制作及印上阴刻的文字信息来看，此印制作和颁发单位为清朝礼部。刻有“乾字壹佰拾陆号”，说明清乾隆年间对官印的控制严格。印文使用蒙古文和满文阳刻，说明清朝对少数民族地区特别重视，使用少数民族本民族的文字。

乌兰察布盟长印是一件国家一级文物，它是研究乌兰察布地区历史、经济、政治及民族民俗方面不可缺少实物资料。

载于《文物鉴定与鉴赏》2017年第2期

乌兰察布盟文物考古的主要收获

李兴盛

乌兰察布盟位于内蒙古自治区中部，阴山山脉东段东西横贯中部，其地理位置、自然面貌和气候条件决定了本地区处在一个农牧业交错的特殊地带。古代游牧民族与中原华夏民族不断碰撞，创造出悠久灿烂的历史文化。

乌兰察布盟的文物考古工作开始于20世纪30年代，日本学者江上波夫、鸟居龙藏及俄国学者在内蒙古中南部及乌兰察布盟做了大量的考古发掘和调查工作。但是，乌兰察布盟的文物考古工作真正起步还是在新中国建立之后，内蒙古文物考古界汪宇平、李逸友、张郁、盖山林、田广金、陆思贤、郭素新等前辈曾在乌盟地区做了大量的工作，为乌盟的文物考古奠定了坚实的基础。特别是改革开放以来，1979年盟文物工作站（1992年改为乌兰察布博物馆）恢复组建。20年来通过自治区、盟文物工作者的艰苦、努力和辛勤工作，对全盟各旗、县、市进行了大规模的文物普查工作，基本上摸清了全盟文物的分布状况和保存现状。50年来，内蒙古文物考古研究所、内蒙古博物馆、乌兰察布博物馆先后在乌兰察布盟境内清理发掘了环岱海新石器时代遗址聚落群、察右前旗新风乡庙子沟新石器时代遗址、察右前旗豪欠营辽墓群、凉城县崞县窑子元代壁画墓等在国内外较有影响的一批重要遗址和墓葬，征集和收藏了大量的珍贵文物；同时也为乌盟培养出一批业务干部，这些业务干部已成为乌盟文物战线的骨干力量，在文物保护、考古发掘及研究上都取得了一定的成果，使乌盟地区的文物考古事业由起步走向成熟。

本文试就内蒙古文物考古研究所和乌兰察布博物馆（原盟文物工作站）50年来所做的工作和重大考古发现，结合有关文献史料，对乌盟的文物考古工作做一概述和介绍，以展示乌盟地区50年来文物考古工作所取得的巨大成就。

一、石器时代考古

乌盟地区大量的考古发现证明，早在几十万年前的远古时期就有人类在这里生息。目前为国内外学术界所承认的呼和浩特市东郊大窑村旧石器时代早期石器制造场[①]，已正式命名为“大窑文

① 汪宇平：《呼和浩特市东郊旧石器时代石器制造场1983年发掘报告》，《史前研究》1987年第2期。

化”。大窑旧石器制造场为全国首次发现，经地质学、考古学等多种手段研究，距今已有五六十万年的历史。这类旧石器时代遗存，考古工作者在乌盟的卓资县三道营乡后营子村、哈达图乡火石窑沟村，武川县大青山乡二道洼村，四子王旗供济堂乡阿玛乌素村①等地均有发现。

进入新石器时代，由于乌盟地区当时的气候条件十分有利于农业生产的发展，到距今6000年左右（相当于中原地区后岗一期、半坡、庙底沟文化阶段），来自陕、晋、冀地区的原始先民沿着南流黄河两岸、汾河谷地溯源北上，纷纷涌入乌兰察布地区。目前，调查发现或经考古发掘的这个阶段居住村落遗址有商都县章毛勿素②，凉城县红台坡王墓山③，和林格尔县秦家27号④，清水河县白泥窑子⑤、后城嘴⑥等20余处遗址。这一时期的遗存与中原地区同时代遗存的文化面貌虽基本一致，但也存在明显的地方文化因素。这时的人们已开始定居，居住在半地穴式的房屋中。出土遗物主要有陶器、骨器及石制农业生产和狩猎工具，说明其经济结构主要从事初期农业生产和狩猎业。

距今5500年左右（即仰韶文化晚期），乌兰察布地区的原始文化逐渐发展成以察右前旗新风乡庙子沟遗址⑦为代表，因其出土器物有别于周邻地区的同时代考古学文化，具有明显的地域特征，考古学界将其命名为“庙子沟文化”。这类遗存在察右前旗、丰镇市、化德县、商都县、察右后旗、凉城县、和林格尔县、清水河县等地均有大量的发现。据环境考古研究证明，由于这一时期的干湿度非常适宜农业生产，从而使乌盟地区的原始文化在这时得到了空前发展，其经济结构仍以农业生产为主，兼营狩猎、渔猎业，家庭饲养业开始出现。

距今4500年左右（即龙山文化阶段），乌盟地区的考古学文化被以凉城县永兴乡老虎山遗址⑧为代表的老虎山文化所取代。环境考古证明，由于这一时期的气候条件呈现出较强的干冷气候，不利于农业的发展，其分布范围和数量较庙子沟文化均有退缩。老虎山文化的人们在居住方式上改变了单纯的半地穴式房屋，在有条件的乌兰察布南部黄土丘陵区出现了窑洞式房屋，在房屋的地面和墙壁上抹有平整的白灰面，有效地改善了居住条件。这种窑洞式房屋是国内目前发现的时代最早的窑洞式房屋。在遗址内还发现有小型陶窑，是乌盟地区到目前为止发现的最早的陶窑。从遗址出土遗物分析，初期的农牧交错文化可能在老虎山文化时期开始萌芽。

---

① 汪宇平：《内蒙古阴山地带石器制造场》，《内蒙古文物考古》1981年创刊号。

② 内蒙古文物考古研究所、乌兰察布博物馆、商都县文物管理所：《商都县章毛勿素遗址》，载内蒙古文物考古研究所编《内蒙古文物考古文集（第二辑）》，北京：中国大百科全书出版社，1997年。

③ 乌盟文物站、凉城县文物普查队：《内蒙古凉城县岱海周围古遗址调查》，《考古》1989年第2期。内蒙古文物考古研究所对王墓山、红台坡遗址进行发掘，资料存该所。

④ 李兴盛：《内蒙古和林格尔县浑河沿岸新石器时代遗址调查》，《北方文物》1993年第3期。

⑤ 内蒙古社会科学院历史研究所考古研究室：《清水河县白泥窑子遗址K点发掘报告》《清水河县白泥窑子遗址A点发掘报告》《清水河县白泥窑子遗址D点发掘报告》，载内蒙古文物考古研究所编《内蒙古文物考古文集（第二辑）》。

⑥ 内蒙古文物考古研究所、清水河县文物管理所：《清水河县后城嘴遗址》，载内蒙古文物考古研究所编《内蒙古文物考古文集（第二辑）》。

⑦ 内蒙古文物考古研究所：《内蒙古察右前旗庙子沟遗址考古纪略》，《文物》1989年第12期。

⑧ 田广金：《凉城县老虎山遗址1982—1983年发掘简报》，《内蒙古文物考古》1986年总第4期；田广金：《内蒙古中南部龙山时代文化遗存研究》，载内蒙古文物考古研究所编《内蒙古中南部原始文化研究文集》，北京：海洋出版社，1991年。

进入历史时期的夏、商、周三代，环境考古的结论是气候继续向干冷气候发展。大量的土地已不适应农业耕作，迫使农业文化南迁，畜牧业在经济中占有越来越突出的地位并逐渐从农业生产中分离出来，形成一个独立的经济部门，初级畜牧业生产在这个时期形成。目前，在乌盟凉城县杨厂沟[①]、三道沟、板城[②]，卓资县大平梁[③]等遗址，出土以蛇纹鬲、蛋形腹三足瓮为代表的遗存应归属于朱开沟文化。北方游牧民族迅速形成和壮大起来。从这一时期的甲骨卜辞、《周易》、《诗经》等文献记载中看出，先后活动在乌兰察布地区的几支较为著名的北方游牧民族有鬼方、舌方、土方、羌、熏鬻等，这些北方游牧民族为乌兰察布乃至中华民族的形成做出了应有的贡献。

西周时期，活动在乌盟地区的北方游牧民族泛称为“狄”，在乌盟境内已发现的凉城县毛庆沟墓地[④]、饮牛沟墓地[⑤]、崞县窑子墓地[⑥]，和林格尔县范家窑子出土遗物[⑦]均属于这一时期的遗存。在这些墓葬中，大量出土诸如弓饵、牌饰等具有北方游牧民族特点的随葬品，流行殉牲习俗，表明其经济结构主要以畜牧业为主。

二、战国至两汉考古

战国初期，乌盟地区先后被林胡、楼烦、匈奴等北方游牧民族所控制，与中原地区的三晋形成鼎立之势，并对南面的赵国经常相扰。公元前325年，赵武灵王赵雍即位后，为了摆脱首尾受敌的困境，采取了“变俗胡服，习骑射，北破林胡、楼烦，筑长城，自代并阴山下，至高阙为塞”[⑧]的政策。随着国力的强盛，赵武灵王向北拓展疆土，迫使林胡、楼烦北退至阴山以北地区。这样乌盟阴山以南地区划入了赵国的版图，阴山以北地区仍为北方游牧民族所控制。赵武灵王在取得阴山以南地区后，设立了云中、雁门、九原等郡，乌盟阴山以南地区分属云中、雁门两郡管辖。为了防止北面游牧民族的南侵，巩固其势力范围，赵国在阴山南麓修筑了东起河北蔚县（代）、西至巴盟临河市两狼山口（高阙塞）的赵北界长城。这条长城进入乌盟兴和县，经察右前旗、卓资县，由旗下营镇进入呼和浩特市。上述地区至今保留有该长城的遗迹[⑨]。同时，在长城之内建筑了一批城市

① 内蒙古文物考古研究所、北京大学考古系：《凉城县杨厂沟遗址清理简报》，《内蒙古文物考古》1991年第1期。

② 王连葵：《河套和岱海地区夏商时期文化初探》，载内蒙古文物考古研究所编《内蒙古中南部原始文化研究文集》。

③ 卓资县文物普查资料。

④ 内蒙古文物工作队：《毛庆沟墓地》，载内蒙古自治区文物工作队、田广金、郭素新编著《鄂尔多斯式青铜器》，北京：文物出版社，1986年。

⑤ 内蒙古自治区文物工作队：《凉城饮牛沟墓葬清理简报》，《内蒙古文物考古》1984年总第3期。

⑥ 内蒙古文物考古研究所：《凉城崞县窑子墓地》，《考古学报》1989年第1期。

⑦ 李逸友：《内蒙古和林格尔县出土的铜器》，《文物》1959年第6期。

⑧ 司马迁撰：《史记》卷一百十《匈奴列传》，北京：中华书局，1959年，第2885页。

⑨ 盖山林、陆思贤：《阴山南麓的赵长城》，载文物编辑委员会编《中国长城遗迹调查报告集》，北京：文物出版社，1981年；李兴盛、郝利平：《乌盟卓资县战国长城调查》，《内蒙古文物考古》1994年第2期。

（见附表），清水河县拐子上古城[①]、林格尔县土城子古城[②]、卓资县三道营古城[③]、兴和县南湾古城[④]就是这一时期出现的古城，也是乌盟地区最早的城市，对当地的经济发展起到了积极的作用。

战国时期的墓葬在乌盟境内发现不多。1994年，在配合丰（镇）准（格尔）铁路建设发掘中，在丰镇市黑圪塔洼乡十一窑子[⑤]、新城湾乡潘家圪塔[⑥]清理了两处战国墓地。墓葬皆为土坑竖穴式，从出土遗物分析，均为战国中晚期汉人之墓葬。在十一窑子清理的8座墓中，有3座墓的尸骨上有箭头射入，其中1具尸体上多达5枚箭头，反映出战争的频繁与残酷。此外，在卓资县、凉城县也有零星战国时期墓葬出土。

乌盟地区出土的战国文物主要以钱币为主，集中在凉城县境内，丰镇市、察右前旗也有一定数量的出土。刀币多为战国的"明"字刀，个别为赵国直背刀。布币数量较多[⑦]，钱文地名复杂，其中以赵国地名最多，魏国地名次之。这些战国货币大多出土于战国古城或村落遗址内。大量战国货币的发现，充分说明了当时乌盟地区的商品经济与货币流通已达到了相当的水平。

秦时期，秦始皇在全国范围内实行郡县制。乌盟阴山以南地区分属云中、雁门两郡，阴山以北地区仍为匈奴族控制。但该时期的遗存和文物在乌盟地区发现甚少。

西汉初期是匈奴空前强大的时期，"控弦之士三十余万"，在冒顿单于的统率下，利用楚汉相争，中原内乱之机，南越长城，不断侵扰汉朝北方广大地区，乌盟地区尽为匈奴占有。到汉武帝刘彻时，发动了对匈奴的3次大规模反击战，将匈奴逐至漠北地区，再次形成了汉匈以阴山为界的对峙状态。汉武帝派光禄勋徐自为在阴山以北修筑长城，史称"光禄长城"。这条长城在乌盟境内的武川县大青山顶端保存有较好的遗迹。西汉王朝还在此设置郡县，大量构筑城市，乌盟阴山以南地区分属定襄、雁门、代郡管辖。其中经过考证，认定的古城有定襄郡治及成乐县在今和林格尔县土城子古城[⑧]，属县桐过县城址在今清水河县上城湾古城[⑨]、骆县城址在今清水河县古城村古城[⑩]、武成县城址在今和林格尔县新店子乡榆林城[⑪]、武要县城址在今卓资县三道营古城[⑫]；雁门郡之参合县城址在今凉城县板城村古城[⑬]、沃阳县城址在今凉城县双古城古城[⑭]。众多城市的建立，使乌盟地区

① 乌兰察布盟文物工作站：《清水河县拐子上古城调查》，《内蒙古文物考古》1991年1期。

② 内蒙古文物工作队：《和林格尔县土城子试掘纪要》，《文物》1961年第9期。

③ 李兴盛：《内蒙古卓资县三道营古诚调查》，《考古》1992年第5期。

④ 兴和县1988年文物普查资料。

⑤ 乌兰察布博物馆：《内蒙古丰镇市十一窑子战国墓清理简报》，待刊。

⑥ 乌兰察布博物馆1994年发掘资料。

⑦ 乌盟文物站：《内蒙古凉城县发现的战国布币》，《内蒙古金融·钱币》1988年总96期；李兴盛，郝利平：《乌兰察布博物馆收藏的战国布币——兼论乌盟地区战国时期的经济发展状况》，《内蒙古金融研究》1999年增刊。

⑧ 李逸友：《论内蒙古文物考古》，载内蒙古文物考古研究所编《内蒙古文物考古文集（第一辑）》，北京：中国大百科全书出版社，1994年。

⑨ 李逸友：《论内蒙古文物考古》，载内蒙古文物考古研究所编《内蒙古文物考古文集（第一辑）》。

⑩ 李逸友：《论内蒙古文物考古》，载内蒙古文物考古研究所编《内蒙古文物考古文集（第一辑）》。

⑪ 李逸友：《论内蒙古文物考古》，载内蒙古文物考古研究所编《内蒙古文物考古文集（第一辑）》。

⑫ 李兴盛：《内蒙古卓资县三道营古诚调查》，《考古》1992年第5期。

⑬ 李逸友：《论内蒙古文物考古》，载内蒙古文物考古研究所编《内蒙古文物考古文集（第一辑）》。

⑭ 齐晓光、富占军：《凉城县双古城调查》，《乌兰察布文物》1989年总第3期。

进入了一个繁荣的发展阶段。

东汉初年，匈奴乘中原内乱之机，不断南下入侵，扶植沿边诸郡的割据势力，重新进入阴山以南，将单于庭迁入鄂尔多斯高原。至此，东汉王朝对乌盟大部地区的管理名存实亡。

两汉时期的墓葬在乌盟均有发现，属于西汉时期的墓葬有察右前旗呼和乌素墓群①、凉城县北营子墓群②，这些墓葬均为土洞墓和土坑竖穴式中小型墓葬，墓内随葬物品较少。1991年，乌盟博物馆在和林格尔县新店子乡城麻沟清理的3座墓葬③均为砖券多室墓，属于大型汉代墓葬。特别是20世纪70年代发现的和林格尔东汉壁画墓④，在墓壁及顶部绘有46组，面积达百余平方米的壁画。壁画中既有反映死者生平的举孝廉，到任西河长史、繁阳令、护乌桓校尉的官场生涯画面，也有反映当时生产活动的牧牛图、牧马图、庄园图。庄园图中的“二牛抬扛”的犁耕方式是汉代十分先进的生产方式。还有反映当时儒家经学、圣贤弟子、历史故事、神话传说的内容。这是研究东汉时期政治、经济、文化、艺术不可多得的资料，也从一个侧面反映了乌盟地区当时的真实生活写照。

东汉晚期，拓跋鲜卑经过大规模的西南迁移，大败匈奴，由呼伦贝尔盟的大兴安岭地区进入乌兰察布地区，迅速成为中国北方草原上一支举足轻重的集团势力。东汉晚期鲜卑族的遗存到目前为止发现的均为墓葬，且数量较多。经考古发掘的墓地有察右后旗二兰虎沟⑤、赵家房子⑥、三道湾⑦，商都县东大井⑧，察右前旗下黑石沟⑨，兴和县叭沟⑩等。这些墓地都规模较大，在墓葬结构、葬俗、随葬品、体质诸方面都具有强烈的共性，均为拓跋鲜卑南迁至乌盟地区的遗存。诸多的墓群反映出东汉晚期乌盟地区已成为拓跋鲜卑的政治、经济中心。拓跋鲜卑以此为基地，南下中原，最终建立统治中国北方半壁江山的封建王朝。

三、魏晋南北朝至隋唐考古

魏晋南北朝时期，随着拓跋鲜卑势力的不断膨胀，338年，拓跋什翼键即代王位，正式建立国

① 魏坚编著：《内蒙古中南部汉代墓葬》第五编《乌兰察布汉墓·呼和乌素墓葬》，北京：中国大百科全书出版社，1998年。

② 内蒙古文物考古研究所、乌兰察布文物工作站：《凉城县北营子汉墓发掘简报》，《内蒙古文物考古》1991年第1期。

③ 魏坚编著：《内蒙古中南部汉代墓葬》第四编《呼和浩特汉墓·城麻沟墓葬》。

④ 内蒙古自治区博物馆文物工作队编：《和林格尔汉墓壁画》，北京：文物出版社，1978年。

⑤ 郑隆：《内蒙古文物工作组再一次调查二兰虎沟的匈奴古墓》，《文物参考资料》1956年第11期。

⑥ 盖山林：《内蒙古察右后旗赵家房村发现匈奴墓群》，《考古》1977年第2期。

⑦ 乌兰察布博物馆：《察右后旗三道湾墓地》，载内蒙古文物考古研究所编《内蒙古文物考古文集（第一辑）》。

⑧ 内蒙古文物考古研究所、乌兰察布博物馆1998年发掘资料。

⑨ 郭治中、魏坚：《察右前旗下黑沟鲜卑墓及其文化性质初论》，载内蒙古文物考古研究所编《内蒙古文物考古文集（第一辑）》。

⑩ 兴和县文物普查组：《兴和县叭沟村鲜卑墓葬》，《内蒙古文物考古》1992年第1、2合期。

家体制，在乌盟和林格尔县建立第一个都城盛乐（即今和林格尔土城子古城）。这一时期乌兰察布地区是鲜卑族政治、经济、文化活动的中心区域。386年，拓跋珪即代王位，改称魏王，迁都平城（今山西省大同市），最终形成了统治中国半壁江山的北魏王朝。其时，乌盟境内阴山以南地区分属朔州之云中郡、恒州之凉城郡管辖。阴山以北属“六镇”之武川、抚冥、柔玄三镇管辖。经过考证，确定的城址有盛乐城（北魏建立的第一个都城）在和林格尔土城子古城、长川城在兴和县土城子古城[①]、武川镇在武川县二份子古城[②]、抚冥镇在四子王旗乌兰花土城子古城[③]、柔玄镇在察右后旗白音察干镇东北[④]。

乌盟地区这一时期的墓葬发现不多，经清理发掘的墓地有和林格尔县西沟村墓地[⑤]、察右中旗七郎山慕地[⑥]、和林格尔县三道营墓葬[⑦]。西沟村、七郎山墓地均为小型土洞墓或侧洞室墓，随葬物品不多，有陶器、铁器、铜器，个别墓葬有殉牲习俗。三道营墓葬为大型砖室壁画墓，壁画内容丰富多彩，其中狩猎图是北魏壁画墓中不可多得的珍品，是内蒙古中南部较为重要的北魏墓葬。

乌盟地区出土有较多魏晋南北朝时期文物，其中有凉城县小坝子滩出土的西晋时期“猗㐌金”金饰牌、“晋鲜卑归义侯”金印、“晋鲜卑率善中郎将”银印[⑧]，商都县石豁子村出土的“大员”铜壶、熊足铜案[⑨]等，达茂旗西河子乡出土北魏时期的金龙项饰、牛头鹿角金步摇冠饰、马头鹿角金步摇冠饰[⑩]，在全国都是不可多得的文物珍品，对研究北魏时期鲜卑族的政治、经济、风俗都有着极其重要的学术价值。此外，乌盟地区还出有一定数量的北魏铁农具，反映了当时农业生产力的发展水平，是研究乌盟地区农牧业生产不可多得的实物资料。

隋朝时期，乌盟地区基本属于隋王朝的统辖范围之内。隋朝将地方政权改为州、县两级，后又改州为郡。乌盟地区属云州总管府，后又改为定襄郡管辖，郡址设在大利城（即今和林格尔土城子古城）。隋时，活动在乌盟以北地区的北方游牧民族突厥族由于遭受严重的自然灾害和统治集团的内讧，分裂为东、西两部。其中，东突厥在沙钵略可汗的率领下进入白道川（即土默川平原），隋朝政府将其众部安置于大利城，后来又将其安置在胜州和夏州之间。隋朝因为建立政权时间很短，到目前为止，还没有发现准确的隋朝遗址和遗物。

唐朝统一全国后，其地方政权有两个系统，一是管领汉人的道、州、县三级政权，二是在边疆各族地区设置的羁縻府、州。这两种建制在乌盟地区同时存在。乌盟地区属关内道管辖，麟德元年（664年）唐朝在和林格尔土城子古城设立单于大都护府，天宝四年（745年）又将振武军节度使迁到这里。

① 常谦：《北魏长川古城遗址考略》，《内蒙古文物考古》1998年第1期。

② 乌兰察布市博物馆：《武川县二份子古城调查》，载内蒙古文物考古研究所编《内蒙古文物考古文集（第一辑）》。

③ 李兴盛、赵杰：《四子王旗土城子、城卜子古城再调查》，《内蒙古文物考古》1998年第1期。

④ 李逸友：《内蒙古历史名城》，呼和浩特：内蒙古人民出版社，1993年。

⑤ 乌兰察布盟文物工作站：《内蒙古和林格尔县西沟村北魏墓葬》，《文物》1992年第8期。

⑥ 内蒙古文物考古研究所、乌兰察布博物馆1995年、1996年发掘资料。

⑦ 内蒙古文物考古研究所发掘资料。

⑧ 内蒙古自治区文物工作队编：《内蒙古出土文物选集》，北京：文物出版社，1963年。

⑨ 陈棠栋：《商都县出土窖藏铜器、铁器考》，《内蒙古文物考古》1991年第1期。

⑩ 陆思贤、陈棠栋：《达茂旗出土的古代北方民族金饰件》，《文物》1984年第1期。

隋唐时期的古城及遗址除和林格尔土城子、察右中旗园山子古城，在乌盟境内经考证确认者不多。目前，发现的唐代遗存多为墓葬，这些墓葬大多集中在和林格尔土城子周围。经过考古发掘的墓葬有和林格尔土城子古墓群[①]、和林格尔大梁村唐代李氏墓[②]。这些墓葬成为研究乌盟地区唐代考古和历史的宝贵资料。

晚唐五代时期，在乌兰察布盟清水河县、和林格尔县及伊盟准格尔旗出土一种以清水河县山跳峁墓地[③]为代表的塔形陶器墓。这类墓葬的墓室结构、丧葬习俗、随葬物品、壁画内容均与同时代的典型唐代墓葬有较大的区别，具有浓郁的北方游牧民族特征，又明显受到中原汉文化的影响。为此，近年来有的文物考古工作者在对这类墓进行认真研究、分析的基础上，结合文献记载，初步将其推定为隋唐五代时期突厥人的墓葬[④]。这种推断如果成立的话，则为突厥研究开辟了一条新的途径。

四、辽金时期考古

随着唐王朝的覆灭，契丹族的势力迅速西扩至黄河以东地区，于916年建立辽王朝。辽朝共设五京，乌盟地区统属辽西京道（今山西省大同）管辖。其中，武川县、和林格尔县、察右后旗、察右中旗、察右前旗的西部属丰州管辖，和林格尔土城子古城是辽振武县治所在地；清水河县属东胜州管辖；凉城县、卓资县、丰镇市属宣德州（德州）管辖，宣德州治在今凉城县岱海北岸；兴和县、商都县、化德县、察右前旗东部属奉圣州管辖；达茂旗、四子王旗属倒塌岭节度使司管辖。

乌盟境内的辽代考古首推察右前旗豪欠营墓地的发掘。该墓地六号墓中出土1具保存完好的契丹女尸[⑤]，同时出土有完整的铜丝网格、鎏金铜面具和丝织品服饰。契丹女尸是目前国内发现的唯一完整的辽代女尸，对研究辽代的丧葬习俗、服饰、丝织品、发型、人类体质、古尸保护等方面，都有着极其重要的学术价值。填补和补充了文献记载的不足，被学术界公认为是一次前所未有的收获，是我国辽代考古的一个极其重要的发现。此外，在兴和县尖山[⑥]、商都县前海子[⑦]、卓资县忽洞坝[⑧]、丰镇市九墩沟[⑨]、凉城县崞县窑子[⑩]等地也都发现有辽代墓葬，这些墓葬中出土了大量的文物

① 内蒙古文物工作队：《和林格尔县土城子古城古墓发掘简介》，《文物》1961年第9期。

② 孙建华：《和林格尔县大梁村唐代李氏墓》，《内蒙古文物考古》1996年第1、2合期。

③ 内蒙古文物考古研究所、乌兰察布博物馆、清水河县文物管理所：《内蒙古清水河县三跳峁墓地》，《文物》1997年第1期。

④ 内蒙古文物考古研究所、和林格尔县文物管理所：《和林格尔县南园子墓葬清理简报》，载内蒙古文物考古研究所编《内蒙古文物考古文集（第二辑）》。

⑤ 乌盟文物工作站、内蒙古文物工作队编：《契丹女尸》，呼和浩特：内蒙古人民出版社，1985年。

⑥ 乌兰察布博物馆：《内蒙兴和尖山辽墓发掘简报》，《北方文物》1988年第4期。

⑦ 富占军：《内蒙古商都县前海子村辽墓》，《北方文物》1990年第2期。

⑧ 乌兰察布博物馆1981年发掘资料。

⑨ 乌兰察布博物馆1986年发掘资料。

⑩ 1997年被水冲毁，资料现存凉城县文物管理所。

精品，为研究辽代乌盟地区的历史提供了极其宝贵的资料。

乌盟地区辽代文物出土较多，瓷器以定窑白瓷和景德镇影青瓷为主，大量中原瓷器的输入，反映了辽代乌兰察布的经济繁荣。乌盟地区出土有一定数量的辽代金银器，其中以丰镇市永善庄乡郭三号村出土的金花银碗①最具代表性，是辽代金银器的最高水平。凉城县崞县窑子辽墓出土的辽寿昌三年（1097年）"土地买卖契约"砖铭②，说明了当时土地已划归个人管理并且可以自由买卖。卓资县忽洞坝辽墓出土的象牙算筹也是辽代文物中的精品。丰富的辽代文物为研究乌盟地区经济和与中原北宋王朝的贸易流通提供了翔实可靠的实物依据。

金朝建国后，仍袭辽制，设五京。乌盟地区属金西京路管辖，其中清水河县属宁边州管辖，达茂旗属云内州管辖，四子王旗、和林格尔县、武川县属丰州管辖，察右中旗、察右后旗、集宁市、卓资县、凉城县、丰镇市属大同府管辖，察右前旗、兴和县、商都县、化德县属宣德州管辖。目前，经过考证，认定的城镇有宁边州治在今清水河县下城湾古城③，振武镇（丰州下属振武镇）城址在今和林格尔土城子古城④，丰州属县天山县（后升为静州）城址在今四子王旗城卜子古镇⑤，大同府属县天成县城址在今凉城县天成村古城⑥、宣宁县城址在今凉城县淤泥滩古城⑦，宣德州属县集宁县城址在今察右前旗土城子古城⑧、威宁县城址在今兴和县台基庙古城⑨，按答堡子（金汪古部族首领所居，亦称"黑水旧城"）在今达茂旗木胡儿索卜嘎古城⑩。

金朝为了防御其北面日益强大的另一支北方游牧民族蒙古族的南下，修筑了金代长城（亦称"金界壕"）。该长城由岭北长城和南、北两线共3条主线构成。其中，北线长城从锡盟苏尼特右旗进入乌盟四子王旗、达茂旗、武川县；南线长城由锡盟正镶白旗进入乌盟化德县，经商都县、察右后旗，在四子王旗查干敖包苏木与北线相接，至武川大青山北麓消失。因此，在乌盟境内保存有较完整的金长城遗迹，在长城之内还筑有用于屯戍官兵驻扎的规模不等的边堡。

金朝时期的墓葬在乌盟境内有一定数量的发现。其中武川县大顺城金墓⑪为大型砖室墓，是迄今乌盟地区乃至内蒙古中南部墓葬结构较具规模和出土文物较为丰富的墓葬。此外，在武川县东土城乡乌兰窑子⑫发掘小型砖室墓和石室墓各1座，墓葬结构简单，随葬物品较少，在清理中发现，在死者埋葬后有进入墓葬内进行祭奠的迹象。这些墓葬为研究金代葬俗提供了可靠的依据。

---

① 王新宇、崔利明：《丰镇市出土辽代银器》，《乌兰察布文物》1989年总第3期。

② 砖铭现存凉城县文物管理所。

③ 李逸友：《论内蒙古文物考古》，载内蒙古文物考古研究所编《内蒙古文物考古文集（第一辑）》。

④ 李逸友：《论内蒙古文物考古》，载内蒙古文物考古研究所编《内蒙古文物考古文集（第一辑）》。

⑤ 内蒙古文物考古研究所、乌兰察布博物馆、四子王旗文物管理所：《四子王旗城卜子古城及墓葬》，载内蒙古文物考古研究所编《内蒙古文物考古文集（第二辑）》。

⑥ 李逸友：《论内蒙古文物考古》，载内蒙古文物考古研究所编《内蒙古文物考古文集（第一辑）》。

⑦ 李逸友：《论内蒙古文物考古》，载内蒙古文物考古研究所编《内蒙古文物考古文集》（第一辑）》。

⑧ 乌兰察布盟文物工作站：《察右前旗土城子古城调查简报》，《乌兰察布文物》1989年总第3期。

⑨ 李逸友：《论内蒙古文物考古》，载内蒙古文物考古研究所编《内蒙古文物考古文集》（第一辑）》。

⑩ 笔者于1985年对古城进行了调查。

⑪ 乌兰察布博物馆1981年发掘资料。

⑫ 乌兰察布盟文物工作站：《内蒙古武川县乌兰窑子金墓清理简报》，《考古》1999年第8期。

五、元明时期考古

也是崛起于东北大兴安岭的蒙古族，先后灭掉金、西夏、南宋，统一中原后，于1271年建立元朝。元朝政府设立中书省和11个行中书省，省（行省）下设路、府、州、县等地方政权。乌盟属中书省管辖，是元朝的腹里地区，在乌盟设置数量较多的路、州、府、县。元朝时，乌盟各旗县（市）分别属静州路、德宁路、集宁路、兴和路、大同路管辖。经考证，确认的路、州、府、县有德宁路城址（汪古部首领居所，亦称“黑水新城”）在今达茂旗敖伦苏木古城[①]；静州路城址（金代天山县升）在今四子王旗吉生太乡城卜子古城[②]；砂井总管府城址在今四子王旗红格尔苏木大庙古城[③]；集宁路城址（金代集宁县升）在今察右前旗巴音塔拉乡土城子古城[④]；大同路属县宣宁县城址在今凉城县麦胡图乡淤泥滩古城[⑤]，平地县城址在今察右前旗三号地乡苏集村南[⑥]；兴和路属县威宁县城址在今兴和县台基庙古城[⑦]；红城屯田所治在今和林格尔县大红城乡小红城古城[⑧]。诸多路、府、县的设置，给乌盟地区带来了繁荣昌盛的景象。

汪古部在金朝时期迁徙至乌盟阴山以北地区后，成为乌盟北部地区的主要民族，居住了前后长达200多年。因此，乌盟阴山以北地区元代墓葬（有的可能早到金朝）以汪古部墓葬为主。目前，在乌盟达茂旗、四子王旗、察右后旗、兴和县等地均有发现。经过考古发掘的墓葬有四子王旗潮洛温克钦墓地[⑨]、王墓梁耶律氏家族陵园[⑩]、砂井总管府附近墓葬群[⑪]，达茂旗敖包苏木东北墓群[⑫]、毕其格好来墓地[⑬]，察右后旗种地沟墓地[⑭]，兴和县五甲地墓地[⑮]，等等。这类墓葬均为小型土坑竖穴墓，随葬物品不多，最具特色的随葬品是桦树皮顾姑冠、桦树皮鞋垫和反映其宗教信仰的景教墓顶石。元朝的汉人墓主要发现于阴山以南的集宁路古城周围[⑯]和凉城县境内，均为砖室墓。凉城县崞

① 邓宏伟、张文芳：《阿伦斯木古城遗址》，《内蒙古文物考古》1992年第1、2合期。

② 内蒙古文物考古研究所、乌兰察布博物馆、四子王旗文物管理所：《四子王旗城卜子古城及墓葬》，载内蒙古文物考古研究所编《内蒙古文物考古文集（第二辑）》。

③ 李逸友：《内蒙古元代古城概说》，《内蒙古文物考古》1986年总第4期。

④ 乌兰察布盟文物工作站：《察右前旗土城子古城调查简报》，《乌兰察布文物》1989年总第3期。

⑤ 李逸友：《内蒙古元代古城概说》，《内蒙古文物考古》1986年总第4期。

⑥ 李逸友：《论内蒙古文物考古》，载内蒙古文物考古研究所编《内蒙古文物考古文集（第一辑）》。

⑦ 李逸友：《论内蒙古文物考古》，载内蒙古文物考古研究所编《内蒙古文物考古文集（第一辑）》。

⑧ 李逸友：《内蒙古元代古城概说》，《内蒙古文物考古》1986年总第4期。

⑨ 盖山林：《阴山汪古》，呼和浩特：内蒙古人民出版社，1991年。

⑩ 盖山林：《阴山汪古》。

⑪ 田广金：《四子王旗红格尔地区金代遗址和墓葬》，《内蒙古文物考古》1981年创刊号。

⑫ 盖山林：《阴山汪古》。

⑬ 盖山林：《阴山汪古》。

⑭ 乌兰察布博物馆、察右后旗文物管理所：《察右后旗种地沟墓地发掘简报》，《内蒙古文物考古》1997年第1期。

⑮ 盖山林：《兴和县五甲地古墓》，《内蒙古文物考古》1984年第3期。

⑯ 内蒙古文物工作队：《乌兰察布察右前旗古墓清理记》，《文物》1961年第9期。

县窑子后德胜发现的元代壁画墓①，墓内四壁及墓顶绘有精美的墓主人家居图、牡丹图、二十四孝行图、神怪图、招魂图等内容，形象生动地反映了元代儒家思想和人们的价值观念，在国内外具有较高的知名度。

元朝的文物在乌盟境内十分丰富。在众多古城、遗址、墓葬中出土的瓷器在数量和质量上均很可观，瓷器除有钧窑、磁州窑、龙泉窑、定窑等中原或南方名窑产品，还有邻近山西省浑源县界庄窑的瓷器。此外，在清水河县下城湾、窑沟等地也曾发现有瓷窑遗迹，但未经考古发掘，还不能正式确定。

在乌盟境内的古城和墓葬中出土有一定数量的铁犁铧、铁镂等与农业生产有关的遗物，在金元时期的遗址中还可以见到加工粮食用的石碌碡、石磨盘、石臼等，足见农业生产的规模和发展状况。元朝政府为了解决汪古部领地及岭北行省的粮食短缺问题，采纳了王恽“广屯田以息远饷”之策，王恽在《便民三十五事》“振武屯田”条说，新城、砂井、静州等仓供饷繁重，和籴粮浩大，应就近屯田，以实砂、静两仓。这里的砂井总管府和静州路分别在今四子王旗红格尔苏木和吉生太乡境内。同时，元朝还派军队在这一地区进行屯垦。“忠翊侍卫屯田。世祖至元二十九年十一月，命各万户府，摘大同、隆兴、太原、平阳等处军人四千名，于燕只哥赤斤地面及红城周回，置立屯田，开耕荒地二千顷，仍命西京宣慰司领其事，后改立大同等处屯储万户府以领之。”②文中所指屯田地区应在今和林格尔县及乌盟南部地区。近年来，在乌盟地区发现的至元年间制造的“忠翊侍卫亲军弩军百户印”③就是元代军队屯田的很好例证。1990年，乌兰察布博物馆在辽代晚期至元朝的前瓦窑沟遗址中④发现大量的圆形窖穴，这些窖穴四壁整齐、加工精细，特别是H63在坑壁和底部均抹有红烧土和灰土层，显然是贮藏防潮之用，这说明当时的粮食生产不但满足了本地区的消费，而且有一定数量的储存。

朱元璋于1368年建立明朝后，蒙古贵族退回漠北草原，继续保持政权，史称“北元”。而明朝则修筑了东起山海关、西至嘉峪关的万里长城。乌盟地区均没有纳入双方的版图，加上北元政权与明朝的战争仍时有发生，因此乌盟地区的人口开始南迁或北移，城市焚毁、村镇倒闭、土地荒芜，呈现出一种凋敝的景象。到16世纪中叶，俺答汗与明朝修好，进入土默川平原，乌盟地区才又逐渐开发成半农半牧区。

明朝修筑长城后，一度企图北扩，在长城以北设置军事镇城——卫。在乌盟境内设置了云川卫（今和林格尔县大红城古城）、榆林卫（今和林格尔县榆林城古城）、官山卫（今卓资县三道营古城）和宣宁卫（今凉城县麦胡图乡淤泥滩古城）。但这些卫因地处塞外，十分孤立，在作战中无法相互有效支援，后勤补给十分困难，无法长期坚持下去，很快又撤回长城以南。

乌兰察布盟的文物考古工作在国家文物局、自治区文化厅和有关业务部门及盟委、行署的领导下，取得了一系列的成果。这里不能忘记的是自治区老一辈考古学家在乌兰察布大地流下的辛勤汗

① 内蒙古文化厅文物处、乌兰察布盟文物工作站：《内蒙古凉城县崞县窑子元墓》，《文物》1994年第10期。

② 宋濂等撰：《元史》卷一百《志第四十八·兵三》，北京：中华书局，1976年，第2561页。

③ 李兴盛、包龙梅：《乌兰察布博物馆收藏的几方古代官印》，待刊。

④ 乌兰察布博物馆：《和林格尔县前瓦窑沟辽、金时代遗址》，载内蒙古文物考古研究所编《内蒙古文物考古文集（第一辑）》。

水，为乌盟的文物工作做出了卓越的贡献。乌盟的文物工作虽然在50年中取得了一定的成绩，但是仍存在许多不足，仍需继续努力开拓，把乌盟的文物考古工作提高到一个新的水平。

这里需要说明的是，1995年和1996年，经国务院批准，先后将原乌盟管辖的达茂旗划归包头市，武川县、和林格尔县划归呼和浩特市。乌盟的文物考古工作者在这些地区做了大量的调查、发掘、研究工作，故在叙述中将这几个旗县1996年以前的工作纳入本文的范畴。

本文在构思和写作过程中，力图把50年来乌盟文物考古工作的成果做一个全面、翔实的总结。但由于本人水平有限，加之手中资料不足，难免有错误和遗漏之处，敬请专家、同行批评指正。

附表　乌兰察布盟历代古城一览表

所在旗县	序号	城址名称	时代	面积（米）	位置	沿革
清水河县	1	上城湾古城	汉	边长约 500	小缸房乡城咀村西	定襄郡桐过县
	2	古城坡古城	汉		城关镇北	定襄郡骆县
	3	拐子上古城	战国、汉	572×583	喇嘛湾镇拐子上村东	
	4	下城湾古城	金	300×300	县城关镇西南 33 千米窑沟乡城湾煤矿	宁边州城址
和林格尔县	5	榆林城古城	汉	300×900	新店子乡榆林村南	定襄郡武成县
	6	小红城古城	元	415×446	大红城乡小红城村北 500 米	元代红城屯田所
	7	土城子古城	战国、汉、北魏、北齐、隋、唐、金	1550×2250	土城子乡土城村西	西汉定襄郡治所成乐县、北魏盛乐城、北齐紫河镇、隋大利城、唐振武节度使与单于都护府、金代振武镇
	8	榆林城古城	明	1200×1400	新店子乡榆林村	明代榆林卫故城
	9	大红城古城	明	1440×1500	大红城乡政府北	明代云川卫故城
凉城县	10	板城村古城	汉		永兴乡板城村	西汉雁门郡参合县
	11	左卫夭村古城	汉	250×327	程家营乡左卫夭村	
	12	双古城古城	汉	300×500	双古城乡	西汉雁门郡沃阳县
	13	马莲滩古城	辽	300×370	六苏木乡马莲滩村东	
	14	天成村古城	金		天成乡天成村	金西京路直属天成县
	15	小围子古城	金、元	240×460	麦胡图乡小围子村南	
	16	淤泥滩城	金、元	323×504	麦胡图乡淤泥滩村	金代西京路直属宣宁县、元大同路宣宁县、明代宣宁卫
察右前旗	17	呼和乌素古城	汉	230×234	呼和乌素乡	
	18	土城子古城	金、元	800×900	巴音塔拉乡土城村北	金代抚州集宁县、元代集宁路
	19	苏集村古城	元		三号地乡苏集村南	元大同路平地县

续表

所在旗县	序号	城址名称	时代	面积（米）	位置	沿革
兴和县	20	南湾村古城	战国	360×400	南湾乡古城村内	战国延陵县
	21	土城子古城	北魏	500×500	团结乡大五号村	北魏长川城
	22	台基庙古城	金元		台基庙乡	金抚州下属威宁县、元兴和路威宁县
	23	魏家村古城	元	840×1370	赛乌素村魏家村	
	24	大圪达古城	元	410×410	五一乡大圪达村西北	
卓资县	25	三道营古城	战国 汉、明	600×910	三道营乡土城村	西汉定襄郡武要县、明代官山卫
	26	城卜子古城	战国	165×170	六苏木乡城子村南	
化德县	27	土城子古城	元	300×330	土城子乡土城村	
	26	白土卜子古城	辽	300×400	白土卜子乡	
商都县	29	新围子村古城	辽、金	350×350	八股地乡新围子村西	
	30	西坊子古城	辽、金	500×600	西坊子乡土城村北	
	31	大拉子古城	金、元	400×700	大拉子乡西土城村	
	32	西井子古城	金、元	450×700	西井子乡东南10千米	
	33	泉子沟古城	金、元	300×300	卯都乡泉子沟村北	
	34	公主城古城	金、元	500×680	四台坊子乡公主城村	
察右后旗	35	克里孟古城	北魏	500×1300	韩勿拉乡克里孟村北	
	36	白音察干古城	北魏	已毁	白音察干镇东北	北魏“六镇”之一柔玄镇
	37	韩元店古城	金、元	400×400	红格尔图乡韩元店村西	
	38	察汗不浪古城	元	285×285	当朗忽洞乡察汗不浪村	
察右中旗	39	广益隆古城	元	760×1100	广益隆乡土城村	
	40	园山子古城	唐	347×455	园山子乡	
四子王旗	41	土城子古城	北魏	900×900	乌兰花乡土城村南	北魏“六镇”之一抚冥镇
	42	库伦图古城	北魏	420×455	库伦图乡政府东南	
	43	城卜子古城	金、元	670×920	吉生太乡城卜子村东	金代天山县、元代静州路
	44	希拉哈达古城	金、元	740×750	红格尔苏木西南20千米	
	45	大庙古城	金、元	520×570	红格尔苏木西南1千米	元代砂井总管府
	46	波罗板申古城	金、元	600×750	大黑河乡古城南村北	

续表

所在旗县	序号	城址名称	时代	面积（米）	位置	沿革
武川县	47	乌兰不浪古城	北魏	130×90（小） 300×400（大）	大青山乡	
	48	二份子古城	北魏	690×744	二份子乡政府西	北魏“六镇”之一武川镇
	49	东土城古城	元	100×200	东土城乡	
	50	北土城古城	元	174×179	东土城乡北土城村	
	51	什兰哈达古城	汉	150×150	大兰旗乡	
	52	城圐圙古城	北魏	452×426（大） 89×238	希日穆仁苏木西约 3 千米	
达茂旗	53	敖伦苏木古城	元	970×565	百灵庙镇东北约 30 千米	元代德宁路
	54	木胡儿索卜嘎古城	金、元	500×500	额尔敦敖包苏木	金代按打堡子
	55	城圐圙古城	元	400×400	大苏吉乡城村南	

载于《内蒙古文物考古》2003年第1期

考古发掘现场文物保护中的整体提取技术

侯文军

在考古发掘现场对文物进行保护是文物保护工作的重要组成部分。由于文物在出土前后环境的巨大差异，很多时候会导致文物的迅速腐蚀，因此在文物发掘现场做好文物保护工作非常重要。在发掘现场的文物保护技术中，最重要的一项是整体提取技术。整体提取技术，指把文物与其包裹物一起进行提取和迁移的过程。因文物经历史变迁，会受到不同程度的腐蚀或损坏，本身十分脆弱，再加上环境变化的影响，使提取难度加大。[①]整体提取技术的应用，可有效保持文物的完好，是文物保护最初始也是最重要的一步。

一、整体提取技术的应用条件

（一）文物破碎

在考古发掘时，如果文物严重破碎且破碎物分布散乱，就要对文物采用整体提取技术，以确保破碎物不遗失，使各部分之间的关系保持原状。通过整体提取，将文物迁移到合适的场所进行整理、拼对和保护，避免在出土时因工作的失误，使文物遭到损失和损坏。

（二）文物易碎

如果发现的文物极易破碎，对其进行直接提取容易导致文物损毁，此时运用整体提取技术，可以有效降低文物损毁的概率。在文物被转移后，可以通过研究，制订详细的方案，进行整理和保护。

（三）文物与周边环境的关联度高

若文物与其出土环境的关联信息复杂且丰富，短时间内难以理清之间的关系，对文物也很难做到单独提取，此时运用整体提取技术可以最大限度地保持信息的完整性，为研究工作提供重要依据。

---

① 李斌、吴晨、容波：《考古发掘现场文物保护方法和材料的新进展》,《长安大学学报（社会科学版）》2014年第3期，第136～140页。

二、常用的整体提取技术

（一）基本提取技术

这种技术是最基本的整体提取方式，在提取中将文物和其包裹土壤进行整体提取。该技术一般在土壤强度较大的条件下进行，充分利用土壤的强度保证提取的顺利进行。具体的步骤：一是制作台基。首先去除文物周围的泥土，围着文物制作一个承载文物的台基。台基的纵剖面一般为矩形。当土质强度较大时，也可以做成倒梯形，以便减少后续工作量。制作台基时，文物边缘与台基外缘的距离一般为4～5厘米，上、下底距文物上、下边缘的距离一般不少于5厘米。二是加固。台基制作好以后，运用特定的材料，对台基周边进行加固处理。处理的方法：绷带法，即用绷带对台基进行包裹，对台基的侧面进行螺旋式包裹，缠绕要紧实；石膏法，若绷带法不足以给台基以稳固的保护，可通过石膏对绷带进行进一步的加固支撑；树脂法，以树脂为原料，加热后涂抹于绷带上，增加绷带的强度。三是底切处理。使用刀具、锯或金属丝线沿着台基的底部进行切割作业，使台基与土壤完全分离。在切割的过程中，切忌振动和晃动，以免造成台基崩解。四是支撑迁移。切割完成后，将台基整体通过滑移的方式转移到支撑板上，然后使用支撑板将台基移出发掘现场。为了减少工序，保证作业过程的稳定性，也可以使用一侧带刃的金属板进行切割，切割完成后直接用该金属板做支撑板进行迁移，最大限度地减少不确定因素的影响。①

（二）套箱提取技术

套箱提取法是指使用木质的框架，对台基进行加固处理，使台基更加稳固。其运用步骤：一是制作台基。台基纵剖面为矩形。②二是加固。使用木质材料，将台基周围进行坚实的加固性包裹，然后用绷带在木质材料外围进行紧密缠绕，这一过程中要保持材料与台基侧面贴合紧密。三是底面切割。底面切割方法与基本提取技术的方法相同。另外还可以采用底面掏空法，即在台基底面以下进行掏空处理，然后将板材插入空隙处，最后使用绳索或者铁丝将框架与底板缠绕紧实。四是支撑。在底面切割完成后，将支撑板水平放置于与台基平行的位置，将台基推移至支撑板上，然后将支撑板与台基一同迁离发掘现场。如果运用底面掏空插板技术，因台基整体被加固处理，这个步骤可被省略。③

（三）石膏提取技术

该种技术是利用石膏的强度，完成对台基的加固支撑，一般用于土壤强度不高的地方。其步骤：一是制作台基。台基的纵剖面为正梯形，台基上、下边缘距文物上、下边缘不少于5厘米。纵剖面为正梯形的原因是土壤强度不高，而正梯形有利于台基的稳定性。二是框架包围。使用木质材料对台基周边进行包围处理。木质材料不与台基边缘接触，而应保持3厘米左右的距离，为浇灌石

① 王坤：《考古发掘现场文物保护方法和材料的新进展》，《赤子》2015年第6期，第35页。

② 姚永余：《浅析考古发掘现场文物保护中的整体提取技术》，《魅力中国》2016年第8期，第57页。

③ 谭桂兰：《论考古发掘现场文物保护的重要性与科学意义》，《北方文学（下旬刊）》2015年第9期，第121页。

膏留出空间。为避免石膏对文物造成污染，要对台基顶部进行覆盖隔离。三是浇注石膏。使用熟石膏浇注到台基与木质材料的空隙处，使其固化后形成对台基的刚性支撑。四是底面切割。方法与以上所述相同。五是翻转。在底面切割完成后，在木质框架的顶端加装和固定一个木质的顶盖，然后将台基进行180度的翻转，使石膏充分发挥支撑和保持作用。

（四）泡沫提取技术

使用石膏提取技术，虽然在土壤强度不高的情况下保证了文物的安全，但是石膏自身质量过大，增加了文物迁移时的难度和危险系数。在文物自重较大的情况下，就不宜采用石膏提取技术，而应使用一种作用与石膏相同，但材料自身质量较小的技术。①这种替代性材料就是聚氨酯泡沫。聚氨酯泡沫由于其质量小，支撑、保护和保温功能强，因而被广泛应用于包装、建筑、运输等行业。聚氨酯泡沫分为硬质、半硬质和软质3种。文物整体提取中运用的聚氨酯材料一般为硬质类型。在文物的提取过程中，要用到聚氨酯硬泡组合聚醚和聚合MDI。当二者混合后，会产生大量的泡沫。泡沫固化以后非常坚固，可以为物体提供强力的支撑作用。在运用这种技术时，一般要对台基外缘运用塑料薄膜进行包裹，以便完成对泡沫的剥离。因为聚氨酯泡沫具有很强的保温保湿作用，因此在文物需要保持一定湿度时，宜采用这种方法。另外需注意的是，聚氨酯泡沫对人体有一定的毒性，在操作时要加强安全保护；聚氨酯发泡反应对温度也有要求，通常在10摄氏度以上才能正常发生发泡反应，因此要注意操作时的温度；聚氨酯燃点较低，在使用过程中，还应注意与火源和热源进行隔离。②

使用聚氨酯技术的步骤：一是制作台基。这种方法与石膏提取技术相同。二是台基加固。操作过程与石膏法基本相同，其区别是木材框架与台基边缘的距离要保持在10～15厘米，原因是聚氨酯在发泡过程中，会对框架及台基施加很大的压力，留出较大的空隙可以减缓这种压力对台基的冲击。因泡沫会对文物造成污染，要对台基顶部进行覆盖。同时，要分别使用塑料薄膜、铝箔对台基进行两层隔离保护。在薄膜、铝箔衔接处要做好密封处理，一般先对衔接边缘进行折叠，然后用胶带进行黏接，确保泡沫不会污染到文物。三是泡沫灌注。按照规定的配比要求，将聚氨酯硬泡组合聚醚和聚合MDI进行混合，然后立即用力搅拌。当开始发泡反应时，迅速将混合物注入框架与台基之间的空隙处。发泡凝固时间与温度有关，一般情况下聚氨酯材料会在15分钟完成发泡和凝固的过程。泡沫凝固以后，要对溢出框架顶部的泡沫进行切割，使泡沫的顶端与框架的顶端保持水平状态。四是底面切割。操作过程与上述方法相同。

三、结语

在考古发掘现场文物保护中，采用整体提取技术是一个系统工程，需要制订详细的技术实施方案，还要对实施条件进行考察和研究。因其财力消耗大、耗时比较长、技术细节要求高，只有满足

① 王坤：《考古发掘现场文物保护中的整体提取技术》，《赤子》2015第5期，第61页。

② 夏芸：《考古发掘中文物的现场保护问题研究》，《环球人文地理》2015第18期，第142页。

必要的条件时才使用这种技术，针对土壤特点、文物大小、文物质量选择相适宜的技术。[①]当土壤的强度较高、文物形体较小时，可采取基本提取技术；当土壤强度较高、文物形体较大时，宜采用套箱提取技术；当土壤强度较小、文物形体较小时，应采用石膏提取技术；当土壤强度较小、文物形体较大时，要采取聚氨酯提取技术。在进行整体提取后，要尽快将文物通过安全的方式迁移到文物整理和保护场所，及早去除文物外部的包裹物，对泥土进行清理，不宜将台基长时间保存。

载于《中国民族博览》2016年第12期

① 张冲：《浅析考古发掘中文物的现场保护》，《科技经济市场》2015年第10期，第110～111页。

新时期下的文物博物馆管理体制探讨

刘丽芳

博物馆作为文物的收藏机构，是传承人类文明的重要场所。随着人们生活水平的日益提高，越来越多的人开始注重精神层面上的文化，注重精神层面的提升，博物馆成了人们探知历史文化的最佳场所。因此，提高博物馆的管理工作水平，加强博物馆的安全，与时俱进地发挥博物馆的文化传承作用，才能更好地推动博物馆事业的健康和谐发展。

一、更新观念，深化体制改革

抓住当下正在进行的文化事业体制改革机遇，根据博物馆的实际情况及各单位的制度，选准改革的突破点，采取行之有效的措施，积极推动体制创新，建立“开放、流动、竞争、协作”的机制，为全面推动博物馆的各项改革的顺利进行，增强博物馆的创新能力和运转活力提供强有力保障。比如，以创新管理体制作为突破口，结合社会主义市场经济的要求积极调整政策，同时也要遵循博物馆事业自身的发展规律，实现发展模式由封闭型向开放型模式转变，加快推进博物馆事业的社会化、和谐化、开放化发展。

二、丰富展览活动，提升展览水平和服务质量

随着人们生活水平的日益提高，人们开始越来越重视精神层面的享受，博物馆则成为人们充实精神层面的最佳选择场所。因此，博物馆要丰富展览活动，提升展览水平和服务质量，为参观者带来全方位的服务。一方面，利用馆内收藏的文物组织展览，也可编辑有关出版物，定期举办讲座，提升文化与科技含量，打造特色展览，同时也要提升展览的趣味性与观赏性，要注重加强与参观者的互动，调整参观者走马观花式的参观理念，用科学、专业的讲解提高他们的鉴赏能力。另一方面，要充分利用互联网、多媒体等加大各博物馆之间藏品和管理经验的交流，让广大群众都能共享文化发展的成果。也要提高博物馆的服务意识，因为服务的好坏将直接影响参观者的心情，也影响着博物馆的形象。因此，博物馆要真诚服务于每一位参观者。比如，工作人员态度和蔼可亲、语言

文明委婉等，让参观者有宾至如归之感。博物馆还要完善服务设施，如停车场、医务部、咨询处、休息厅等，为参观者提供方便的同时，还能带来一定的经济效益。

三、健全博物馆管理制度，细化相关管理措施

博物馆管理工作一旦不到位，好事也将变成坏事。管理不到位是因为制度的不健全导致的。很多博物馆由于规章制度不够健全、不够完善，比如有的博物馆没有制订免费开放的各种安全工作预案以及紧急处置办法，这样会导致过大的人流量，降低参展的质量，而且还会给文物保护带来一定的压力。一旦出现紧急情况，很难及时有效应对，其后果是非常可怕的。为及时应对各类情况，博物馆制订有关免费开放的各种安全工作预案意义重大。比如，设立专门的应急事件处理办公室以及观众投诉接待室，及时解决因游客大增导致随时可能会引发的各种问题，将潜在的风险降到最低。

四、实现管理模式的信息化

随着网络技术的迅速发展，建立完善的数据库和核心网络平台为博物馆的工作带来了极大的便利。博物馆信息化管理中最重要的是建立庞大的数字博物馆，要对历史文化遗产进行采集、管理、保护和利用。实施信息管理模式的目的是不断增强博物馆的功能，实现各种关系的协调，为实现过去和未来的有机连接奠定基础，这样才能使博物馆真正成为展示历史文化的演变与为人民服务的机构。

五、提高博物馆的安保意识

要想提高博物馆的安全水平，加强防盗意识、纠正不文明行为是非常关键的。比如，安保巡防要安排到位，不定期地补强安保力量，有针对性地调整安保巡防的路线与班次。其次，在技防力量上，也要不断更新完善电子防盗器材与手段。要时刻加强风险管理水平与意识，同时要对防盗系统的问题进行科学、合理的评估，并且深入剖析，有不完善之处要及时进行整改和完善，以此来提高文物保护工作的效率。

六、提高管理人员的综合素质

加强管理人员队伍的建设，全面提高管理水平和服务质量，更有利于推动博物馆的健康发展。

完善绩效制度，加强考核机制，提高奖励机制，积极为员工谋福利、促发展，结合员工在工作中的态度、成绩及出勤的考核等发放福利，提供与之相对应的待遇，从根本上提高员工的工作效率。当员工的工作效率提高了，博物馆的各项工作也能顺利开展。

现代博物馆承担着传承文化及宣传教育的双重任务，是中国特色社会主义文化发展中不可或缺的重要部分。博物馆管理工作效率的高低将直接反映社会公共政策建设的完善程度，管理工作效率高更有利于和谐社会的构建。作为博物馆工作人员，为了社会主义文化建设的长远发展，要努力贡献自己的一份微薄之力。

【参考文献】

1.侯晓斌：《博物馆服务理念与社会教育——“中德博物馆管理培训”学习心得》，《乾陵文化研究》2015年第10期。

2.鞠园：《新时期博物馆管理工作的发展方向探究》，《中小企业管理与科技（上旬刊）》2014年第4期。

3.时兰兰：《新时期博物馆管理工作的突出问题及对策思考》，《丝绸之路》2014年第12期。

载于《中国民商》2018年第2期

现代博物馆文物保护和管理工作分析

刘丽芳

众所周知，文物保护工作对文化传承与发展有着重要意义，是我国文化建设的重要组成部分。文物具有很高的历史、艺术及科学研究价值，做好文物保护工作是博物馆义不容辞的责任。文物保护工作也要建立一套有效的管理体系，为加大文物保护力度奠定坚实基础。基于此，文章将围绕增加文物保护的财政投入，建立健全文物管理体系，文物保护的场所发生了变化，需要用新技术构建新的安防网络，注重对文物保护知识的宣传等方面进行分析。

一、应增加文物保护的财政投入

文物保护工作艰巨、责任重大，想要真正将其做好，首先要拥有充足的经费。国家及地方政府要结合本地区的实际情况，合理制定文物保护的法律法规，也要给博物馆下拨足够的经费，为顺利开展文物保护工作提供强有力的资金保障。在市场经济环境影响下，很多地方政府放在经济发展上的精力远远高于放在文化建设与文物保护上的精力，从长远发展来看是非常不利于文物保护工作的。因此，地方政府要真正摒弃落后的思想观念，在思想认识上提高对文物保护工作的重视程度，真正将文物保护工作和经济建设工作协调起来，为文物保护工作提供充足的资金，确保博物馆的文物保护工作顺利开展。

二、建立健全文物管理体系

文物保护工作的开展应该将制度建设作为出发点，目的是建立健全文物保护的管理体系，其中最重要的一点是把管理责任划分到每一个管理人员身上。当然，文物管理人员也要深刻意识到文物保护工作的重要性，要不断构建全民参与的保护制度，妥善处理好经济发展和文物保护两者的关系，并且将其纳入建设项目当中。在正式实施之前，文物管理部门要结合当地的实际情况，有目的、有秩序地开展地下文物保护活动。另外，各地政府也要不断健全文物保护法规，重点是要处理好文物与建房的问题。此外，也要对文物保护制度进行细化，更利于各部门各司其职，将责任落实到位，为进一步加大文物保护的力度奠定基础。

三、文物保护的场所发生了变化，需要用新技术构建新的安防网络

文物对保护场所的要求非常高，现有的文物保护工程经过多年的使用后，在技术条件等方面已经很难再满足保护要求。为了紧跟新时代的发展潮流，积极利用新技术组建新的安全防护网络是十分有必要的。在保护文物的基础条件上，要提高安全防护质量，有效解决文物保护中的安防手段偏弱等问题。此外，为了提高工作效率，要对文物进行分门别类，进一步完善不可移动文物、可移动文物的基础属性数据库，同时也要新建地下文物埋藏区及田野考古基础数据库，使各项管理工作有序开展，为实现基层文物保护工作模式的革新，有效促进文博事业的持续、健康发展做好充分准备。

四、注重对文物保护知识的宣传

博物馆作为传统文化传承的重要载体，是展现中华民族文化魅力的关键部门，具有传承并发扬民族精神的重大使命，一定要加强文物保护宣传的力度，提高公众的保护意识，奠定全民参与文物保护工作的基础。与此同时，也要提升文物讲解员的技能，使他们都能在讲解的过程中将文物的价值更全面、更深刻地传达给每一个参观者，不断提升文物文化传播的力度。所以，为确保文物保护工作的顺利开展，提高文物保护工作的有效性，加强文物保护知识的普及也是至关重要的。博物馆要强化全社会对文物保护的法律观念，增强全社会的文物保护意识，为文物保护工作创造良好的环境。

文物是记录中国悠久历史的无价财富，对历史、文化、经济、政治等方面的研究意义重大。伴随社会经济的不断发展，人民的物质生活水平得到了极大提高，文化水平、审美意识以及求知欲也在不断提高，对精神文化生活提出了更高的要求。因此，博物馆应该建立特色文物保护体系，利用多种手段保护文物。博物馆应当根据实际情况，积极制定文物保护策略，促进博物馆文物保护和管理工作不断进步，迈上新的台阶。

【参考文献】

1.朱春慧：《博物馆文物管理的关键问题与解决对策》，《文艺生活·文海艺苑》2015年第4期，第248页、第250页。

2.姜伟宁、朱小曼：《浅谈博物馆文物保护及管理》，《技术与市场》2013年第7期，第242～242页。

3.张晖：《关于对博物馆文物保护工作的思考》，《遗产与保护研究》2017年第5期，第107～109页。

4.边质洁：《基于实践的文物保护工作问题与对策研究》，《科技创新导报》2014年第11期，第184页。

5.刘晓坤：《浅谈文物库房管理现状及数字化建设》，《科技创业家》2013年第2期，第225页。

6.胡丽华：《图书资料管理在文物工作中的作用》，《黑龙江科学》2016年第7期，第146～147页。

7.张美芳：《图书保护、档案保护、文物保护学科整合研究》，《大学图书馆学报》2016年第34期，第69～73页、第42页。

8.李静：《基层文物管理工作中馆藏文物的管理如何面向现代化》，《大众文艺》2017年第6期，第42页。

载于《中国民商》2018年第3期

新时期文物鉴定的几点有效思考

刘丽芳

文物是中国宝贵的物质文化遗产，价值很高。在文物博物馆工作中，文物鉴定工作可以说是文博工作中最重要的一环。那么，如何把文物鉴定工作从传统模式转向现代模式，之后又要沿着怎样的道路继续走下去呢？这不仅仅是文博工作者，更是文物鉴定工作者需要思考和讨论的重要课题。基于此，文章从文物鉴定的概念，引入现代科技手段，通过鉴定与收藏使一定的流散文物得到有效保护，辨识技术等几点展开有效研究，不断提高鉴定水平，使文物市场健康长久地发展下去。

一、文物鉴定的概念

文物鉴定作为文物学的核心架构，对文物收藏以及文物保护等工作的顺利开展有直接影响。文物鉴定主要是一项通过传统的方法或利用现代科学技术对文物的年代、质地、真伪等进行的一系列鉴定。文物鉴定本身属于博物馆学与文物学的范畴。通常而言，对考古地层中出土的文物原则上是不需要辨别真伪的，利用类型学、地层学等知识就能够对文化遗存进行判别。

二、引入现代科技手段

现代科学技术的发展突飞猛进、日新月异，在推动生产力发展的同时，还不断推动着各个领域的创新，无时无刻不在影响着人们生活的各个方面。王治国、王晖《我国文物鉴定理论与方法亟待创新、突破、完善》一文提出将现代科技手段引入文物鉴定。有鉴于此，各级文物主管部门应该将其作为一项系统工程常抓不懈。首先，从促进社会主义文化发展，保护并且弘扬中华优秀传统文化的高度去认识这一问题，将研发文物鉴定的现代科技手段作为国家级的科研项目给予足够重视，比如，从破解各类文物老化规律以及微观痕迹着手，进行相关的开发研究工作。其次，要积极鼓励各类文化艺术品交易机构、民营科研机构以及企业、法人组织等积极投资并参与文物鉴定技术的研发工作，对研究成果要授予专利，投入市场后进行有偿使用，保护研发人的合法利益。唯有如此，才能不断推动文物鉴定创新的市场化进程。再者，将文物鉴定技术研发和实际应用结合在一起，在实践中不断完善鉴定技术。科学梳理目前正在鉴定实践中应用的科技手段的利弊，不断提高鉴定技术，不断推进技术创新。

三、通过鉴定与收藏使一定的流散文物得到有效保护

博物馆要积极征集流散的文物，这也是其业务的主攻方向之一。博物馆的当务之急是提高文物鉴定人员的鉴定水平，为群众营造出良好的收藏、保护文物的氛围，让更多的流散文物进入博物馆并得到很好的保护。唯有如此，才能使各类文物得以永久保存。

四、辨识技术

辨识技术主要是指基于丰富的实际经验，借助调查、考证、科学检验等方法，结合分析鉴别对象的规律，对文物的本质进行考察，在理论思维的作用下结合此类文物形成一种普遍概念。比如，鉴定古瓷，需要从瓷器的釉色、纹饰、造型等方面着手，推断出瓷器的年代以及所属窑系。一般来看，文物鉴定主要有几点：一是辨伪，二是断代，三是评价。辨伪是文物流通并且使用的基本前提，明晰文物的时代更利于在特定的历史环境下更全面地研究此文物，进而揭示其内在的价值以及历史地位。

放眼世界，中国是历史文物出土最多的国家之一，文物消费市场越规范，消费者的利益也越能够得到保护。作为文物市场中最具影响力、权威性的鉴定者，博物馆文物鉴定人员更应该提高鉴定技术和自身素养，认真对待每一件文物，保证文物消费市场平稳有效地发展，保障整个文物市场的安全，保护消费者的权益，为推动建立社会主义特色文物市场贡献微薄之力。

【参考文献】

1.来守英、毕传峰、鲁莎莎：《现代科技在文物鉴定中的运用探讨》，《文物鉴定与鉴赏》2017年第7期。

2.谷岸、罗涵、杨晓丹：《近红外光谱结合化学计量学无损鉴定软玉产地的可行性研究》，《文物保护与考古科学》2015年第3期。

3.刘玉梅：《新技术条件下文物鉴定与鉴赏方法探析》，《艺术科技》2017年第2期。

4.宋晖：《现代显微技术在纸质文物鉴定与修复中应用》，《文物保护与考古科学》2015年第2期。

5.刘雪杉：《鉴宝二十年记：几件鲜为人知的国家文物鉴定委员会鉴定案例》，《艺术市场》2005年第10期。

载于《文存阅刊》2018年第8期

方大曾绥远之行摄影展设计解析

顾 佩 郑 燕

方大曾是第一位报道卢沟桥事变的战地记者，被誉为“中国的卡帕”。他于1912年7月生于北京。1937年9月，他在《大公报》发表了《平汉线北段的变化》的报道后消失在华北抗日战场，年仅25岁。在国家危亡之际，他永远地把自己的生命和国家的命运结合在了一起。

日本制造九一八事变，占领东北三省之后，继而妄图侵占绥远，意图通过北方草原开辟进攻中原的侵略路线。绥远省陶林县的红格尔图是察绥交界之要冲、绥东之门户，是从日伪占领下的察哈尔进入归绥（今呼和浩特）的必经之路。当时绥东大部分区域为今乌兰察布市辖区范围；当时的陶林县，今更名为乌兰察布市察哈尔右翼中旗；当时的红格尔图，现归乌兰察布市察哈尔右翼后旗管辖。“乌兰察布”，蒙古语意为“红色的山口”。80年前，方大曾就与这片红色的热土结下了深厚的情谊。1936年，方大曾在国难当头的危机局势下两次踏上乌兰察布这片土地，取笔名为“小方”，用新闻报道和照片让全国民众关注丰镇、集宁、卓资、陶林等地。在方大曾存世的800多张底片中，竟然有400多张摄于乌兰察布地域。绥远抗战爆发后，《大公报》《申报》连续刊登了方大曾创作的红格尔图战役的捷报，在全国掀起了如火如荼的救亡运动高潮，激发了民族复兴的勇气和决心。

80年后，乌兰察布市得到国家博物馆的支持，收集到方大曾在乌兰察布拍摄的400多幅照片。这批摄影作品真实地记录了绥远战争的过程，题材和视角特别丰富，具有非常难得的完整性和连贯性，有着珍贵的史料价值和学术价值。这些作品能够强烈地展现出方大曾内心的家国情怀、危机意识和职业精神。为了缅怀这位为民族解放而献身的新闻战士，2016年，乌兰察布市博物馆设立了“方大曾绥远之行摄影展”展厅。

方大曾摄影作品展先后在成都、澳门和国家博物馆成功举办，并且取得极高赞誉，社会反响强烈。此次方大曾摄影展将作为乌兰察布市博物馆基本陈列之一来打造，展览设计形式要求充分体现当时社会风貌，准确地运用设计语言表现展品的思想性和艺术性，以达到启迪教育观众的目的，使之成为一次撼动心灵的展览。

“方大曾绥远之行摄影展”内容设计分为5个部分：第一部分为“方大曾，‘卢沟桥事变’战地报道中国记者第一人”，第二部分为“乌兰察布和绥远省”，第三部分为“方大曾镜头下的绥远抗战”，第四部分为“八十年前的乌兰察布”，第五部分为“寻找方大曾”。

对于展览而言，展览内容蕴含着思想和灵魂，那么展览的形式设计就如同躯体和媒介，形式设计可以使用设计语言来更好地为观众解读展览的思想内容。所以，形式设计的过程也就是实现这5个部分的展品与造型空间完美结合的推理过程，需要设计师与内容编撰者深入的沟通交流，仔细地研读大纲，在空间设计中既要发挥大胆的想象，又要对产生的效果进行联想和预判，并且及时修正设计方案。对方大曾及其摄影作品的研究和感悟是此次设计思路的源泉，并且明确了展示环境的定位。与一般的文物展品不同，摄影作品蕴含的信息和思想表达会更直接，方大曾摄影画面中所具有的能量可以强烈地撼动观众的心灵，激发出民族精神。所以，我们营造的展厅氛围尽可能地让展品激发观众的认知，实现展品与观众的时空对话，控制设计中不必要的色彩和造型以减少对观众心理干扰。这就需要在空间划分、造型艺术、材料运用、版面逻辑、色彩心理等方面的设计表达过程中，忠实地观照方大曾摄影作品鲜明的主题思想。

一、空间的节奏感引导观众的心理认知

展厅空间划分采用前后双立面构造展墙的形式，按照规划的开合顺序连接封闭立柱，实现单一顺向的S形展线。为使展线更加流畅，在相邻立面构建过程中，使展墙的衔接角趋于较大的钝角，尽量避免形成直角或锐角转折，从而增强展墙的延展度，面与面舒缓的过渡可以营造出更具张力的空间效果。规划后的展厅空间形成长廊式的线性空间与开阔中厅结合的展示结构，使展线具有鲜明的节奏感和层次感。

展览由弧面浮雕标题墙围拢产生的具有包容感的空间引入，主题浮雕开宗明义，设计由战火中冲锋的骑兵的场景过渡为层叠的立体胶片造型构成，胶片造型的弧线产生强烈视觉冲击力，造成比较深刻的心理影响，成为接纳观众的第一个缓冲区域。经过第一部分展区和第二部分展区一道平直展墙简短的空间过渡，是处于展厅核心位置的第三部分展区。第三部分展区是展览的重点，照片内容全面展示绥远抗战中中国军队迎战和社会各界援绥抗战的场景，镜头里的每一幅画面都见证了中国人民永不屈服的抗争精神。该章节的精神内涵要求在空间设计中有所启悟和突破。所以，在设计伊始就为第三部分展区确立了大空间的定位，所有的展线规划、空间变化将以此展开。第三部分展区的展示空间由两段展墙相向围合而成，围合后形成的大空间具有较强的包容性和独立性，在整体展线中造成形式上的节奏感，起到承上启下的作用。这种空间变化是强调展览重点内容的设计手段，更重要的是这一空间变化满足观众充分解读展品过程的心理需要，让观众在参观的过程中有驻足思考、相互交流的空间，实现了展览在重点内容与形式设计上的契合统一，起到了由设计空间引导观众开启自我认知的心理空间的作用。开展后的实践证明，为观众创造与展品对话的时间与空间取得了非常理想的效果。

作为近代历史题材的摄影展览，这些珍贵照片是展览版面设计的主要元素。由这些元素排列组合所表现的视觉感受在遵循美学原理的同时，必须是以为展览内容服务为前提，根据每部分内容的主题差异采取与之相符的排版方式，用合理的设计语言来唤起观众的心理感知。

图片展览的展陈有自身独特的表达方式，强调视觉感受，而版式设计在展览中发挥着重要作用。在“方大曾绥远之行摄影展”的布展过程中，通过版面的形式变化，将丰富的信息运用平面构成一定的逻辑进行梳理，可以有效地传达展品信息，统一对主题的理解。以展览第三部分、第四部分展区为例。在第三部分展区，展出了方大曾拍摄的从战斗工事到武器装备，从行军的队伍到站岗的哨兵，从战前筹备到胜利后民众慰问等大量照片。排版设计的第一步是将照片按内容信息进行分

类，然后采取更能突出主题的结构进行组合。例如将行军、筑工事等内容采用紧凑的块面构成形式，以产生集结效果，表达出紧张感和凝聚力；将反映武器装备和作战的照片连续纵向排列，形成错落的排列组合，使版面达到展墙高度，这种顶天立地的纵向构成形式意在实现对空间的突破，寓意对日本军事侵略压力的抗争和击破。第四部分展区展示了方大曾所拍摄的20世纪30年代乌兰察布的人文、宗教主题内容作品。该部分版面设计采取水平线性构成方式，强调同一主题的对齐与呼应关系，图片的间距调整较为宽舒，较之第三部分展区，减少了紧张感和压力感，为观众营造了平和、舒缓的心理感受。

作为一种视觉艺术，此次版式设计注重对受众的心理影响，遵循版式的变化服从展览氛围的统一原则，通过有节奏的变化让观众持续地专注于展示内容，避免产生视觉疲劳。同时，在设计过程中防止各个部分的形式构成产生强烈、独立的变化，以免造成内容上的孤立和分裂，导致观众很难进入对下一部分展区的认知。

二、视角还原让观众体验历史的瞬间

20世纪30年代国民党政府统治下的中国，政治黑暗，经济基础薄弱，而日本的侵略更加剧了民族矛盾。作为记者的方大曾，敏锐地感受到国家危亡和百姓的苦难，他的作品表现出对社会底层人民的同情和关怀。他用绥远之行拍摄的山河草原、边塞烽燧、城镇村落的一景一物述说着对国家深切的希望和担忧。在形式设计过程中，我们试图让这一主题的照片活起来，让照片自身的感染力打动观众，同时尽可能让观众走进方大曾的精神世界，贴近历史现场，获得内心的感动。其中一幅俯视作品《缝穷者》，画面中衣着粗陋的老妇倚墙而坐，身边有一堆破布头和一个筐。这一场景是对那个凄凉世道的无声控诉。我们利用摄影作品纪实性和画面感的特性，采取简单的创意还原视觉场景，将这一场景融入单元标题造型。首先，将宽2米的展墙平面向后拓出90厘米，形成与照片背景几乎相等的现实空间，将照片根据真实人体尺寸和盘坐的高度位置等比放大，进行装裱。为了避免下半身墙角处转折变形，让画面在墙边处自然弯曲为较大弧角并延伸至地面，将画面左右两边做同背景虚化，顶面补一暖色环境光来突出主题，然后用玻璃板封闭空间，玻璃板上半部附上文字说明，衬托空间的层次距离。在这一场景设计中，利用二维画面的视角与模拟空间的重合创造出一个真实的老人就坐在面前的错觉。当观众面对这历史性的一幕时，会受到很强的心理震撼，产生和小方一样的悲悯之情。

《集宁城老街》是最吸引观众，也是最能体现当时社会状态的照片。基于尊重作品，让照片来说话的设计原则，我们采取在副展线的过渡空间做全景复原的方式展现。利用照片做复原有省时、低造价、更逼真的优点，成功的关键是要做到画面视点与观展视点的重合。将原作放大至展墙高度并作为背景，装裱施工必须将照片透视灭点与正常拍摄视高1.6米匹配，才能符合现实的视觉效果。把近景的一组人物用雕塑的形式从画面中拉出，雕塑人物的创作完全表现出了作品中人物的精神状态，准确表达出那个时代百姓生活之艰辛。观众站在场景前似乎可以感受到小方当年端着相机站在匆匆的行人中的忧虑，一个担着满筐白菜、喘着粗气的汉子从他身边走过，他的心情似乎比肩上的担子还要沉重，而面前另一个背着行李的赶路人不知是逃难至此，还是要投军抗战。毕竟在那个动荡的时局里，每个人的命运和国家的命运都有太多的未知，但是抗战救国的信念是坚定的。

方大曾作品的丰富题材和视角是这次展览设计创意实现的决定因素。其中有两幅照片，一幅是1936年发表在《申报》上的《集宁的城墙》，是小方站在城南山顶的一幅俯视图，记录下了在城墙庇佑下静谧的集宁；另一幅拍摄于数丈宽的红格尔图战壕之上。两幅作品都是抓取了壕沟、城墙的线性透视造成画面强烈的景深和视觉冲击力，所表现出的共同感受是战争阴霾下的肃杀气氛。这两幅作品兼具艺术性和新闻性，体现出了方大曾极高的职业素养。所以，采用这种大画面视点重合的手法展现这两幅作品，为观众营造出如临其境的场景效果。

三、用历史的色彩唤起观众的记忆

展墙饰面材料选择土黄偏灰色的真石漆。色调上汲取了北方冬季草原、当年战场以及街巷村落的色彩。在那个年代，当地城镇的街道是由砂土铺成，大部分住宅是就地取材，把经过简单加工的土坯砌成墙体，外立面和屋顶用大苒泥抹平，只有少数房子屋顶铺有灰瓦。这种民居状态在方大曾拍摄的照片资料中可以充分得到考证，而且在20世纪七八十年代的老城区依然可见。那时老百姓的穿着也是以低饱和度的黑、深蓝和灰色占主体，所以那个年代所呈现的灰黄色就是我们寻求的历史的色彩。如同方大曾镜头里那个时代的色彩背景一样，虽然让人感到沧桑，但是唤起了我们并不遥远的记忆。对灰黄基调的色彩处理要十分谨慎，可以选择非常弱的饱和度来衬托黑白照片。这种柔和的色调营造出了朴实、沉静的展示氛围，观众可以在这种怀旧色彩的环境里走进历史；粗糙的花岗岩质感给观众坚定和牢固的心理感受，传达出中华民族不可撼动的民族自信和抵抗决心；局部造型和标题设计吸取了炮弹的铜质元素，采用拉丝铜板的饰面材料间断性地出现，不断强调战争氛围、贯穿展览始终，同时，拉丝铜板与粗糙真石漆形成的质感对比可以打破平淡，让设计形式具有节奏感，使展览分部标题造型突出，展览内容整体结构层次更加明确；局部采用玻璃材料造成虚实变化，装饰金色云纹体现民族地域特色，通过色彩和材料的合理运用使展厅环境达到了整体协调统一、局部变化对比的理想效果。

在此次展览设计实践过程中，我们深刻地感受到展览设计过程需要不断研究主题和空间、空间和造型、造型和主题的协调关系，这个创造过程需要用科学的态度和批判性的思维来实现，而展示艺术的思想更需要内心的感动，用至真至诚的设计语言来表达。

纵览“方大曾绥远之行摄影展”展厅，没有夸张的造型和装饰，只有展厅中的一幅幅照片在无声地倾诉。这是一次设计形式和展览内容的思想交融，也是一次精神升华的实践。在历时一年多的策展工作中，我们得到了许多专家学者以及方大曾亲属的支持，他们对展览提出了很高的要求，寄予了很高的期望，他们所秉持的严谨的学术态度和工作激情都源自方大曾精神的感召，是敬畏，也是使命。也许，方大曾不曾想到他的作品会在80年后的这片故土以展览的形式面世。让我们在见证历史的同时告慰那赤忱的灵魂：现在的乌兰察布天蓝水美，我们的祖国繁荣富强！

载于《中国文物报》2018年4月24日第8版、5月22日第6版

浅谈博物馆讲解员专业素质及其提升

苏依拉其其格

一、博物馆讲解员

讲解是一种基于展示的社会活动，使用科学的语言和其他辅助表达方式将知识传递给观众。讲解员是博物馆、纪念馆和社会之间的桥梁和纽带，是博物馆、纪念馆的名片。讲解服务的质量和水平直接影响着观众的受教育和参观质量，影响着博物馆、纪念馆乃至一个地区甚至国家的形象。因此，如何选择和培养优秀的讲解员对博物馆、纪念馆来说极其重要。讲解员处于特殊的关键地位。讲解员面对的是一个知识水平、年龄等不同的特殊群体。讲解员除了担负着宣传和教育的职能，还要能够组织和引导观众，负责协调处理、编写研究和其他义务和责任。

二、博物馆讲解员应具备的专业素质

（一）心理素质

如果讲解员讲解的经验少，讲解之前准备得不够充分，就会因担心讲不好而紧张。因此，对讲解员来说，心理素质很重要。有效地调节心理素质可以使用以下的方法：一是调节呼吸，用语言暗示自己，回避目光。在讲解之前，讲解员可以深呼吸以调整面部肌肉和神经系统，放松全身并默念心中的数字，以平息紧张的情绪。讲解员在讲解之前一定要鼓励自己："这次的讲解我一切准备就绪，加油！"讲解员在工作前向自己暗示："我准备好了，来吧！"或者把自己的成功经验或以前某场成功的讲解案例联系起来，以缓和紧张的气氛。在面对领导和重要人物时，讲解员会紧张。在这种场合下，讲解员应该学会有意识地避免眼神碰撞，以保持良好的心理状态。二是加强自信心。作为新时代的讲解员，仅仅具有一定的工作能力显然是无竞争力的。拥有一定的自信可以事半功倍，以最高的效率做出最完美的事。首先，要正确看待成败得失，经常默念："我行！我能行！"特别是在遇到困难时更要默念。其次，要正确地评价自己，看准自己的优缺点。最后，作为讲解员一定要有准确的目标，而且自己所定的目标一定要符合实际和社会发展的需要，通过自身不懈的努力和追求，一定可以取得成功。

（二）形象气质

讲解员是在很多观众面前做讲解工作的，要有良好的卫生习惯、庄重大方的穿着、文静的行为举止，才能给观众留下良好的第一印特别重要。如果一个博物馆给人留下良好的第一印象，就会增添魅力，吸引更多的游客和观众。作为新时代的讲解员，在讲解中要求穿着整洁、得体，面带微笑，保持良好的形象气质，让更多的观众认可讲解员并愿意继续了解更多的展览内容。

（三）专业能力

1.语言表达能力

作为新时代的讲解员，必须提高语言表达能力。讲解员不仅要掌握标准的普通话，还要学会一门少数民族语言或外语。在充分具备语言表达能力的基础上，需要努力创造自己的讲解特色。要有自己的讲解特色，不能光念博物馆、纪念馆的藏品等简介，还要对博物馆、纪念馆的陈列藏品、历史、文化等进行研究，丰富讲解内容，加强表达能力，达到宣传博物馆的目的和效果。

2.对不同观众讲解的应变能力和沟通能力

讲解员在讲解的过程中应该制定相应的讲解内容和具体的解释方法，并且要充分地了解观众的年龄、性别、职业等信息。讲解员要秉承“以人为本”的理念进行讲解，要清楚地理解所要讲解的内容，对观众提出的问题能够随机应变地应答而不慌乱。如果有特殊情况，暂时不能回答某一问题，就必须找相关的专业人员进行解答；也可以留下有特殊要求的观众的联系方式，在讲解结束后解答。同时，讲解员要注意提高自己的沟通能力讲解时，激发观众的参与热情，使观众积极参与各类互动环节。讲解员还应仔细观察观众的心理活动状态，留心观众的不同反应，在合适的时候向观众提出能够引起他们讨论与互动的话题或问题，更进一步地拉近讲解员和观众的距离。

3.对于讲解过程的掌控能力

讲解员应提前熟悉讲解的内容，控制讲解的节奏，要给观众讲明要点，保证合适的停留时间并使观众有参观的想法。要稳妥处理突发事件，面对观众的无礼或观众之间的矛盾，讲解员应该保持良好的态度，礼貌地让观众表达自己的想法，然后用一个较好的方式来解决问题。如果影响较大，应请相关人员进行解决。讲解员在每次讲解后要善于总结，吸取教训，不断积累经验，提高对讲解过程的掌控能力。

三、新时期博物馆讲解员专业素质提升途径与策略

（一）端正工作态度，提升专业素质

工作态度对于讲解员来说极其重要。同样，讲解员的专业素质也很重要。有了良好的专业素质，才能顺利地开展讲解工作。新时代博物馆的讲解工作还需要加强政治意识和思想意识，也需要有强有力的事业心。讲解员应该培养和提高自己的道德情操，严格要求自己，要有责任心，按照博物馆的要求努力完成讲解工作。

（二）通过专业知识的积累，提高其专业素质

专业知识是专业素质的重要组成部分，通过积累专业知识，提升专业素质，是讲解员成长的必经之路。讲解员的讲解工作需要通过语言表达来完成，语言表达是一门综合性很强的艺术，也是对讲解员最高水准的要求。在讲解过程中，需要讲解员使用标准普通话，语言要通顺、流利、清晰、准确、简洁、易懂。不仅如此，在讲解过程中还要注意音律，通过有亲和力的声音提高展览对人的吸引。例如，在基本技能培训过程中，应注意呼吸、口齿方面的训练，选择一些有一定难度的语句进行快口训练。

（三）通过培训学习，提高讲解员的专业素质

新时代的博物馆要建立完善的针对讲解人员的培训制度，在加强内部管理中，形成创新学习的激励机制。对于勤奋的讲解员，确保其在工作日专业学习的时间，还要为他们提供继续接受教育的机会，鼓励学以致用。此外，博物馆要制定一些奖励学习的相关制度，有意识地构建一个沟通平台，让讲解员可以通过这个平台和窗口参观学习、讲解切磋、发表论文，在互相学习和帮助中拓宽视野，建立归属感和认同感，正确认识讲解员的价值和作用，做好文化交流工作。

博物馆的讲解员是直接面向观众的服务人员，其专业素质对博物馆形象有很大的影响，也直接影响到博物馆的社会影响力。因此，作为新时代的博物馆讲解员，要具备专业基础知识、组织协调能力、文字写作能力、语言表达能力、良好的外表、较好的心理素质等，在日常讲解工作中要注意形象气质和个人修养，在工作中充满热情和自信心，以完美的讲解来打动每一位观众，永远维护和保持博物馆的良好形象。

【参考文献】

1.翟群涛：《浅谈如何做好博物馆讲解工作》，《文物工作》2005年第7期。

2.黄蔓：《博物馆讲解员：新时代要有新定位》，《群文天地》2010年第7期。

3.卢翠梅：《关于基层博物馆讲解员综合素质修养的几点看法和建议》，《大众文艺（理论）》2009年第5期。

4.廖巧勤：《浅谈讲解员如何做好讲解服务工作》，《神州民俗》2007年第8期。

载于《文物鉴定与鉴赏》2018年第12期

初探博物馆展陈的交互方式

张　涛

随着社会的发展，我国科学技术正迅猛地发展。博物馆作为文化产业中的重要组成部分，不仅是公共文化服务机构，还是区域历史文化传承、发扬的主要阵地，博物馆也正朝着多元化的方向不断发展。随着虚拟空间技术、信息技术、数字媒体技术等的发展，传统博物馆展陈静止、孤立的状态被打破，转变成现代化的交互式展陈，有效地体现了展陈文物所蕴含的历史意义与文化价值，为人们带来强烈的感官冲击，提高了参观者的体验效果，有效地推动了博物馆事业的发展。

一、当下博物展陈设计现状

（一）交互式展陈的实际使用情况

随着2010年上海世博会的盛大开幕，交互式展陈方式逐渐被世人所熟知。世博会的主办方结合影像技术为人们展示了网络虚拟化的世博会，使人民群众足不出户就能了解世博会。在世博会举办期间，中国馆以新媒体技术为基础，将《清明上河图》以动态化的方式展现出来，使画中的景象与人物都"活"了起来，带给观众强烈的感官冲击力，给人以身临其境的体验。通过这种方式，观众不仅可以感受到古代绘画的艺术性与唯美性，还可以穿越时空，亲身体会宋代街道的喧闹。自此之后，交互式设计逐渐被运用到博物馆的展陈之中，博物馆在此基础上对传统展陈的技术、造型、创意等方面进行了有效创新，将博物馆事业推向全新的发展领域。我国博物馆的展陈方式已经从简单的图文展示转变成相应的影音展示，最后演变成交互式虚拟展示。

（二）交互式展陈的不平衡

当下，在社会不断发展的背景下，人们对利润的不断追求和科学技术的迅猛发展，使人们对技术产生了一定的认知摩擦，进而造成行为与思想被割裂的现象。世博会之后，我国各个地区的博物馆开始对交互式展陈进行大规模运用，进而使博物馆在发展过程中出现了"世博会后遗症"的问题，馆内的交互式展陈设计体现出不合理性与不科学性，具体表现在：1.展陈的交互式设计不能站在更多的角度去认识交互式设计与博物馆展陈之间的关系。在实际设计过程中，只重视技术手段的运用，而没有考虑现实世界的科学规律、心理研究、建筑空间和艺术手段。2.部分博物馆的交互式展陈设计与实际展陈内容发生偏离。部分博物馆只重视技术的高利润回报，在实际设计过程中重技术、轻设计，使交互内容与实际展陈内容不符，造成交互式展陈设计毫无创新、千篇一律，进而造成人力、财力与物力的浪费。3.对交互式设计的认知产生偏差。部分人认为交互式设计在展陈中的体现就是传统展陈外加几个互动的内容而已，对交互式设计在博物馆展陈中的运用产生了不利影响。

二、博物馆交互式展陈运用的研究

（一）定制个性化的交互

在当下的博物馆展陈中，要想将交互式设计有效运用其中，需要对交互的定义进行拓展，将“交互”衍生成一种设计方式与设计理念，然后将此设计理念贯穿于整个博物馆的建设、发展之中。例如，克利夫兰艺术博物馆就对交互式设计理念进行了合理运用。该博物馆在整体优化建设过程中，将交互式设计理论有效地渗透其中，使交互式展陈方式得到有效运用。在实际使用过程中，参观者可以通过移动终端对自己感兴趣的艺术品进行选择。克利夫兰艺术博物馆的交互设计还实现了个性化的定制功能，该功能可以帮助参观者制定符合自身需求的专属浏览路线。而当参观者参观某件艺术品时，馆内的互动设计功能能帮助参观者对展品的相关资料进行细致浏览。交互设计还可以针对参观者的行为进行识别，从而与参观者进行有效的互动。通过上述方式，博物馆在极大限度上对参观者的体验时间与体验空间进行了拓展，强化了参观者与博物馆、展品之间的互动，符合人们的实际需求，进而有效提升了交互式展陈的实际使用价值。

（二）发掘交互式展陈中的观众体验

在交互式展陈设计中，需要重视参观者的亲身体验，并以文物和文物信息为背景，构建出一条可以被参观者所感知的线索。参观者可以沿着这条线索进行深度的体验，体会到身临其境的感觉。因此，在实际设计过程中，需要对展品的历史背景与蕴含信息进行深度发掘，以此来丰富交互式设计的体验内容，有效提升交互式展陈设计的运用效果和价值。

北京某博物馆有一项关于城市演变史的互动设计，开发者在设计过程中从《聊斋志异》的《画壁》中获得相应的设计灵感，将此作为互动设计的核心思想，提出“现在的参观者走进去，过去的人们走出来”。通过此互动设计，可以让参观者直观感受到城市演变的动态化过程，加深自己对历史发展的认知。此外，在指定的区域中，参观者可以从现实“走到”展示的画面中，而画面中的皇帝也可以“站到”参观者之中。该互动设计拓展了展览的深度与宽度，在一定程度上突破了现实和虚拟之间的限制，有效提升了参观者的感官体验，让参观者充分融入互动之中，体现了交互式展陈的价值。

（三）注重对意境与场景的营造

在交互式展陈设计过程中，需要重视情境的塑造，设计人员可结合多种空间设计方式来进行场景与氛围的营造。在实际设计过程中，可以采用动静对比的方式。设计人员可以将原本动态、生动的场景直接转化成静态的场景，通过静态的场景来渲染意境。这种鲜明的场景对比，可以让参观者获得不同的体验感受，让参观者在寂静的环境中对历史进行沉思。例如，在良渚遗址博物馆，设计人员为了将良渚古国遗址充分地展现在参观者的眼前，对良渚古国人们的劳作、生活进行了全面的分析，以相关文献记载为支撑，对良渚古国人们的生活进行了全面的模拟，然后通过交互式展陈进行展现。参观者在互动体验过程中，仿佛置身于莫角山宏伟、空旷的宫殿之中。当参观者内心产生巨大波澜时，原本动态的环境被突然换成一个寂静的空间，巧妙地将动、静两个场景融合起来，形成鲜明的对比。另外，设计人员可以将真实遗迹与虚拟建筑进行结合，以此来构成一个完整的整体。通过这种方式，可以为参观者营造出良好的意境和氛围，在提升参观者体验感受的同时让参观者更深一步地认识历史文化，进而将互动式展陈的效果发挥到极致。

三、结束语

综上所述，交互式展陈在博物馆中的运用，对提升参观者的感官体验、促进博物馆的可持续发展有着重要的影响。因此，需要重视对交互式展陈的运用，明确当下博物馆在设计交互式展陈过程中存在的问题，结合有效的策略来提升交互式展陈的效果，带给参观者不一样的体验和感受，提升交互式展陈的实际价值，促进博物馆向前发展。

【参考文献】

1.李广栋：《安徽省博物馆展示交互设计》，硕士学位论文，安徽工程大学，2018年。

2.赵红阳、邓开发：《刍论新媒体背景下博物馆展示系统的交互设计——以上海博物馆为例》，《美术教育研究》2018第17期，第61～62页。

3.吕淘沙、汤汶、万韬阮等：《增强现实交互技术在历史博物馆中的应用》，《西安工程大学学报》2015第6期，第728～732页。

4.闫东：《全息技术下的博物馆展陈交互设计——以红山文化牛河梁女神庙遗址为例》，《科技展望》2016第2期，第264页。

5.王文聪、贺鹏、何莎莎：《中国风在博物馆非遗文化传播中的交互应用》，《艺术科技》2016第7期，第27～28页。

6.方建国、姜小林：《以增强观众体验为导向的三维虚拟博物馆交互设计思路》，《大众文艺》2014第17期，第78～79页。

7.陈啸宇：《博物馆展示空间交互设计的原则——对爱尔兰汉特博物馆的研究分析》，《戏剧之家》2014第8期，第251～253页。

载于《文物鉴定与鉴赏》2019年第1期

文物保护部门工作存在的问题及完善措施

曹永利

随着社会经济不断发展，人们越来越重视物质文化，设立了相应的文物保护部门，推进我国文物保护工作取得了一定成效。然而，我国文化事业的发展相对滞后，不能充分满足人们对于物质文化的需求，给我国文物保护部门的工作带来了诸多难题。因此，应积极寻找相应的完善措施，改善文物保护工作现状，加强我国文物保护工作成效，促进社会经济良好发展。

一、普遍存在着部分文物相应受损的问题

受传统管理观念影响，当前文物保护未能受到相应部门的重视，诸多历史文物屡屡遭受破坏，给历史文化传承与发扬带来诸多负面影响，不利于文物保护部门工作良好发展。同时，各地区、各级文物保护单位未能积极掌握、了解文物保护的重要意义，也未能加强宣传力度，提升人民群众的文物保护意识，部分人民群众认为文物保护工作只是相关部门的责任，与自身并无关系。诸多工作疏漏和错误认识，导致文物保护工作出现漏洞，使一些文物受损。

二、尚未建立健全法律体系的问题

目前，我国文物部门的管理工作还存在着一定的问题与不足，其中尚未建设一套完整的文物保护管理体系是影响文物保护工作良好发展的主要问题之一。而文物保护部门未能积极重视这一特点，致使文物保护工作实际操作的条款不清晰，在工作过程中容易出现法律问题，甚至在出现问题之后不能以法律为依据或执法力度不够，影响了文物保护部门工作的良好展开。

三、严重缺乏文物保护专业人才的问题

新时期，多数文物管理部门严重缺乏文物保护的专业人才，成为阻碍文物保护工作良好发展的

关键因素之一。例如一些文物保护工作人员缺乏相关的专业知识与文化素养，致使文物保护部门严重缺乏能够鉴定文物、从事文物考古等工作的专业人才，阻碍文物保护工作的稳定发展。

四、积极提升文物保护部门工作质量的完善措施

（一）增强全民文物保护意识

现阶段，文物保护工作未能有效开展，导致部分文物受损，影响文物保护工作质量提升。为此，要积极采取措施，增强全民文物保护意识，促进人民群众了解保护文物的重要性和更多的文物知识，积极主动地参与文物保护工作，有效提升文物部门保护的工作质量。增强全民文物保护意识可以从多方面入手。例如，可通过新媒体等工具加大文物保护宣传力度，让人民群众能够正确认识和了解我国文物保护工作的重要意义，进一步增强各地区、各级文物保护部门对文物保护的责任意识，促进全社会一起开展文物保护工作。

（二）完善文物保护的法律体系

完善文物保护的法律体系是顺利开展文物保护工作的重要保障。我国的文物保护工作法律体系尚需进一步完善。文物保护单位必须正确认识建立健全的文物保护法律体系的重要意义，积极主动地完善我国文物保护法律法规，实现文物保护工作有法可依，确保新时期我国文物保护工作的顺利开展。

（三）加强文物保护部门专业人才队伍建设

加强我国文物保护部门专业人才队伍建设是提高文物保护部门工作质量的主要手段之一，可为文物保护工作提供重要保障，有助于实现新时期文物保护工作的主要目标。例如，积极引进具有较高专业知识与技能的相关人才，使其将先进的文物保护理念带入工作中，让他们在各自的工作岗位上发挥其最大价值，促进文物保护工作稳定发展。同时，可通过培训、实践观摩、交流学习、奖惩制度的设立等，提升原有员工的专业素养和工作能力，调动员工的主观能动性，提高他们的工作积极性，提高文物保护工作的成效。

五、结语

综上所述，针对当前文物保护部门工作中存在的不足与问题，应大力宣传保护文物的意义，提高全民文物保护意识。同时，要健全文物保护的相关法律制度，积极引进高素质的文物保护业人才，最终提高我国文物保护部门工作质量，实现新时期文物保护工作的主要目标。

【参考文献】

1.王峰：《加强文物保护的意义及措施》，《文物鉴定与鉴赏》2018年第12期，第98～99页。

2.丁建涛：《地方文物保护与管理相关问题分析》，《旅游纵览（下半月）》2018第6期，第178页。

3.谭素苗：《新时期文物保护管理工作困境及对策思考》，《农家参谋》，2018第2期第257页。

载于《智富时代》2019年第1期

文物保护部门基层管理工作体系革新策略

师瑞平

近年来，我国政府职能部门针对文化保护工作制定了一系列相关措施，加强文物保护的力度，提高文物保护工作的质量。但是在实际的文物保护管理工作之中，依然存在着较多亟待解决的问题，这些问题将会对社会主义文化建设事业产生消极的影响。

一、文物保护部门基本概述

文物保护部门的工作内容为对具有历史性、艺术性、价值性、科学性的古文化遗址、建筑、文物等进行保护。我国文物保护分为3级，即全国重点文物保护单位、省级文物保护单位及市县级文物保护单位。历史文物具有唯一性及不可再生性的基本特点，因此新时代的文物保护工作应紧跟时代的发展潮流，将各级部门、社会资源等进行整合，解决基层文物保护管理工作的问题。

二、文物保护部门基层管理工作体系现状

（一）管理能力有待提升

现阶段文物保护部门基层管理工作能力有待提升。首先，文物保护基层管理工作涉及的范围较广，其中包含对于文物的实地研究、记录文物的基本信息，后期文物保护管理中的宣传管理工作等，因此在基层文物保护工作中，工作人员的工作量较大且难度较大。其次，基层文物保护工作队伍的专业程度虽然逐渐提高，但是工作人员多为刚毕业的学生，缺少实践经验及处理能力，同时部分文物保护管理工作人员并未充分了解文物保护的知识，因此文物保护管理队伍的整体素质较低。

（二）管理经费较为紧张

文物保护部门基层管理工作具有长期性、复杂性及周期性的特点，文物保护工作的管理、宣传、研究等工作需要消耗大量的人力、物力、财力等，而部分地区正在不断缩减文物保护及开发的资金投入力度，致使部分文物保护工作并未有效开展。在部分地区，文物保护工作人员需要消耗大量的时间进行走访调查和查阅相应的文献资料，向有关部门提交完整、系统、准确的报告，以便于

有关部门制定必要的保护措施。但是文物保护部门基层管理工作经费较为紧张，报告的实效性大打折扣。

（三）管理体系不够完整

由于不同地域之间的经济水平存在差异性，文物保护管理能力存在较大的差异，甚至部分地区文物保护管理工作较为滞后，无法切实适应市场经济环境下文物保护发展的现实需求，在全国范围并未形成具有统一性的文物保护管理制度及文物保护工作流程。文物保护部门基层管理工作流程的不完整，将导致文物保护工作人员权责不明确，工作易产生混乱及错误。

三、文物保护部门基层管理工作体系革新策略

（一）提高管理能力

文物保护部门基层管理工作的创新发展，需要国家相关职能部门健全相应的法律法规，加大文物保护工作的宣传力度，提高社会民众主动参与文物保护的意识及能力。文物保护部门应创新文物保护的管理制度及管理模式，严厉打击社会上出现的文物破坏行为。首先，相关的政府职能部门应积极转变文物保护的理念，充分认识文物保护对于文明发展的重要意义，明确自身肩负的重要责任及使命。相关的工作部门应借助网络平台等媒体向民众宣传文物保护工作，提高民众对文物保护工作的了解程度。其次，文物保护部门基层管理工作人员应根据市场经济的变化趋势进行观念调整，始终坚持文物保护第一、抢救第二的理念。

（二）增加经费来源

经费紧张是限制文物保护部门基层管理工作的主要的因素，因此需要增加文物保护经费的投入，以保证文物保护部门基层管理工作的开展。首先，国家的相关职能部门应制定优惠政策及有效措施，积极鼓励企业及社会团体等参与文物保护工作。企业和社会团体参与文物保护管理工作时，可由其出资开展文物保护工作。在完成保护工作和建成相应的旅游景点后，在旅游景点中为赞助的企业社会团体投放广告版面，提高其知名度，并且以此作为吸引赞助的措施。其次，政府可组织企业及社会团体对文物保护工作进行捐款，缓解文物保护经费紧缺的问题。

（三）完善管理体系

文物保护部门应重视基层管理部门文物保护队伍的建设，完善文物保护发展的整体机制。首先，在文物保护部门基层管理工作队伍的建设中，应健全文物保护人员培养机制，将最先进的文物保护技术及修复技术作为培训的基本内容，提高文物保护人员文物的专业素养及工作能力。其次，应对文物保护人员的职业素养、道德修养、法律意识等进行培训，使得文物保护人员能够积极且热情地投身于文物保护管理工作。最后，文物保护部门基层管理工作的革新，需要文物保护整体环境的创新发展，相关部门可加强对于文物资源的开发利用，形成良好的文物保护环境。

四、结语

文物保护工作的顺利开展是社会发展的重要组成部分，因此应加大文物保护部门基层管理工作力度，提高工作效率，积极创新文物保护部门基层管理工作模式，完善相应的机制及法律制度，促进我国文物保护事业的不断发展。

【参考文献】

1.李孜宣：《浅谈基层文物保护管理工作现状与对策》，《文物鉴定与鉴赏》2018年第7期，第144～145页。

2.张杰、庞骏：《旅游视野下文物保护单位保护规划常态抗辩——兼论文物保护单位保护规划的制度创新》，《规划师》2011年第11期，第102～107页。

3.罗哲文：《关于建立有中国特色的文物建筑保护维修与合理利用理论与实践科学体系的意见》，《古建园林技术》2006年第1期，第5～13页。

载于《智富时代》2019年第1期

针对大遗址的挖掘与保护措施研究

师瑞平　谢　伟

近年来，我国城市化进程的不断加快，给大遗址挖掘与保护工作带来了巨大的冲击，这也使大遗址的保护工作形势变得愈发严峻。如何合理地协调大遗址挖掘和保护之间的关系，已经成为我国现代化城市发展中面临的重要问题。鉴于此，本文对大遗址的挖掘与保护措施进行深入的研究，以期能够在有效保护我国文化遗产的同时，充分展现我国古代先民的民族精神。

一、引言

所谓大遗址，是指遗存本体及其相关联环境载体的综合体。大遗址有着巨大的历史价值，含有大量的历史信息。由于大遗址是不可再生的，因此其在我国文化遗产中占据着至关重要的位置。随着我国国民经济的快速增长，城市内的大遗址正逐渐被蚕食，同时其过度开发现象也变得日益严重，再加上政府对大遗址文化价值的认知错位，没有在政策上进行行之有效的保护，致使大遗址所含有的历史信息正逐渐丧失，历史文化价值显著降低。为此，有必要针对大遗址的挖掘与保护措施进行深入的研究。

二、大遗址挖掘及展示

大遗址挖掘决策应结合其价值需求来进行。对于大遗址来说，是否要对其进行挖掘，需以科研需求、发展需求、保护需求、国家规定统筹以及国家资源的展示需求等方面进行全面考虑。在大遗址挖掘中不能过于盲目服从，同时也不能进行主观决断，应禁止以试掘为名来进行挖掘，因此对于大遗址挖掘工作来说，必须具有较强的保护意识。在大遗址挖掘时，只有在多学科参与下，才能为大遗址的挖掘保护工作提供保障。由于大遗址挖掘涉及的知识面非常广，因此只依赖于考古，势必无法对挖掘过程中发现的信息进行有效获取与保护。此外，挖掘是具有破坏性的，因此需要考虑如何以最小的破坏来获取最大的挖掘价值。在大遗址挖掘与保护中，需要遵循可持续保护原则，不能对大遗址的环境造成影响，应对大遗址的遗存、格局、成果展示、环境保护等进行全方位的考虑，应确保成果展示和大遗址自身及其遗存有着较强的针对性。在对大遗址进行挖掘之前，必须对建设的可行性及合理性、管理措施、是否能够进行生存延续等进行认真考虑。

三、大遗址的保护措施研究

（一）以“保护为主、抢救第一”为理念来保护大遗址

我国在“八五”期间便对文物保护工作的具体保护方针进行了明确。如果大遗址在建设活动中受到的影响较小或是大遗址位于地下深处，则应对其良好环境进行保护。如果大遗址已经暴露或埋深较浅，则应做好大遗址的抢救工作。对于如何抢救，需要制订具体而科学的规划，以此确保保护方案的到位，最大限度地减少外界活动的干预程度。在保护措施中所采用的保护材料必须有相应的实验依据，同时还要确保通过专家的多次评审。如果大遗址的损毁较为严重，则应利用传统工艺来进行还原；如果无法采用传统工艺，也要通过试验来证明该工艺能够对遗址进行可持续保护。

（二）需明确科学且可行的保护方法及材料

现阶段，我国在保护大遗址时所采用的方法主要有两种，一种是现状保护，另一种则是回填保护。其中，回填保护虽然在操作上较为便捷，但要确保能够对保护材料及方法进行有效应用，以此确保在回填后能够在后续挖掘中保留上次挖掘时所遗留的信息。对于大遗址保护工作来说，这是非常科学而严谨的。在大遗址中，土、石、砖、木是其主要的构成材料，而对于土质遗存来说，其更需要得到保护。这是因为土质遗存在建造工艺、环境及地域上的差异，其受到的侵蚀程度也有所不同，同时其力学性能、容重等方面也有着相应的特殊性，这就需要按照因地制宜的原则来保护土质遗址，将土质遗址的抢救工作放在第一位，并对行之有效的抢救方法及材料进行不断的研究，确保抢救方法及材料的科学而实用。在土质遗址保护方面，应以物理保护为主，但需要采用化学保护措施时，必须对其可持续保护以及遗址老化等影响进行充分考虑。在保护砖石结构遗址时，则需遵循“以我为主、为我所用”原则，积极借鉴其他国家在文物保护中的相关方法及材料，同时结合我国在文物保护方面的具体需求，对大遗址的保护方法及材料进行适时创新与改进。

（三）确立正确的保护思路及对策

从地理分布来看，大遗址主要分布在城镇区、村落、城乡接合部以及野外农田。由于我国经济的快速发展、产业结构的调整，使大遗址的周边环境保护需求更加强烈，对于不同地理位置的大遗址，其保护理念及保护要求也有所不同。因此在保护大遗址过程中，必须确立正确的保护思路及对策，应在确保大遗址完整且真实的基础上，根据其背景及标准的差异来对可行的保护规划进行编制。

（四）需结合保护规划要求来进行大遗址保护

在编制大遗址的保护规划时，必须严格执行我国在保护规划编制中的规定及要求，体现出遗址评估、保护范围、遗址安全、利用的科学性与合理性，本体、载体及环境保护的突出性，以此确保大遗址在完整性、真实性、安全性等方面能够得到可持续保护。在大遗址保护中，必须要明确划

定相应的保护范围，严格执行管理要求，这也是保护工作的重中之重，必须严格遵守，考虑到建控地带管理及界限划定的要求不同，不能一概而论。同时，为了防止人为保护和生产生活产生矛盾，还要对土地置换方法进行灵活运用，对国家相关政策进行有效落实，特别是在农田保护方面更要如此，以此防止人为导致的法规矛盾。

四、结语

总而言之，对于大遗址的挖掘与保护问题，我国必须要予以高度重视，认真做好大遗址的挖掘决策工作，避免大遗址挖掘的盲目服从。同时要树立正确和科学的保护理念，明确科学且可行的保护方法及材料，确立正确的保护思路，制定行之有效的保护对策，严格按照保护规划要求来进行，以此实现对大遗址挖掘与保护关系的合理协调。

载于《今日财富》2019年第17期

博物馆文物的管理和保护工作

李晓风

文物管理与保护是博物馆职能中非常基础的一部分内容，文物也是历史工作者进行科学研究的主要依据。社会在发展，博物馆的文物管理和保护工作模式与过去相比也在不断改革创新，所取得的成绩是显而易见的，但其中存在的问题也需要我们给予足够的重视。今后需要在解决问题的基础上进一步推进其文物管理与保护工作的改革。

一、现阶段博物馆文物管理与保护工作中存在的问题

（一）缺乏科学严谨的文物管理保护制度

任何工作的推进落实都需要制度给予相应的支持，以博物馆为主导的文物管理与保护工作更应如此。因为文物的管理与保护需要实现各方资源的优化整合，因此需要馆内各业务部门加强配合与沟通，既要让其各司其职，又要在工作中做到重点突出，集中力量解决主要矛盾。结合当前国内博物馆的管理运营现状分析，缺乏科学严谨的文物管理及保护制度是首先需要关注的问题。此外，各地政府部门对文物管理及保护工作也没有给予足够的重视，目前尚未建立起科学严谨的管理引导制度，这也是实际工作中问题百出的主要原因。因为各类政府及管理制度缺乏足够的约束力，所以传统的文物管理及保护管理制度仍在博物馆日常运营管理中占据主导地位。针对以上问题，未来需要在完善管理制度的基础上制定相应的措施给予切实有效的解决。

（二）文物管理保护资金不到位

结合实际调查结论分析，当前国内博物馆文物管理与保护工作中仍存在诸多疏漏，用于文物管理与保护的专项资金投入不足是造成这一局面的主要原因。因为资金无法及时到位，所以博物馆无法及时更新各项文物管理及保护设备，因此影响了各项工作的推进落实。再者，博物馆其实还承担着文物回流的任务，这一工作需要投入大量的资金，但因为资金无法及时到位，所以很多有价值的文物也一直没有得到有效保护。总体来说，想要解决文物管理及保护资金投入不足的问题，仅靠政府部门的力量是不现实的，未来可以尝试在政策允许的范围内寻求社会闲置资金的支持。

二、博物馆文物管理与保护工作创新改革的具体策略

（一）规范管理秩序，制订科学合理的文物保护方案

博物馆文物管理及保护工作要想得以顺利进行，必须从规范管理制度入手。在实际工作中，相关人员要严格遵守国家的法律法规和工作准则，在符合条件的基础上开展相应工作。对馆内的文物进行修复时也要严格遵循文物修复的基本原则，避免保护性损坏等问题的发生。现代科技的不断发展给文物的管理及保护工作创造了发展契机，博物馆文物管理要迎合当今时代的发展趋势，不断更新管理手段，引进先进的技术和设备，尽可能降低文物损坏或遗失的风险。与此同时，工作人员要定期对馆内的文物信息进行整理汇总，力求做到面面俱到。此外，还要结合自身实际情况及文物特点制订有针对性的文物保护方案，以确保相关工作的推进落实可以做到重点突出、有的放矢。这也是博物馆文物管理及保护工作顺利开展的重要前提。

（二）加大文物管理及保护资金的投入力度，购置先进的文物管理及保护设备

文物在历史研究、文化传承等方面发挥着非常重要的作用，因此新时期政府部门应当进一步加强文物管理及保护的资金投入力度。这要求各地政府部门在正确认识这部分工作重要性的基础上为该领域内相关工作的推进落实提供必要的保障资金。如果政府部门的专项资金无法及时到位，那么也应当在博物馆与社会群体间搭建起沟通、交流的桥梁，以确保其可以获得社会闲置资金的支持。需要强调的是，加强文物保护既可以推动社会主义精神文明建设，又可以在一定程度上促进当地旅游业的发展，提升相关地区的文化产业收入水平。

在加大资金投入的基础上，还需要购置相应的计算机设备，以实现文物管理与保护工作的精细化改革。首先，要构建起科学严谨的文物信息数据化管理系统，主要在于利用多媒体计算机技术将馆藏文物的信息进行备份储存，以创新其展示方式。这一环节的改革是博物馆实现自动化办公、文物管理与保护的关键。其次，需要借助数字化文物管理系统在馆内创建一套完成的防火墙体系，以保障文物的安全。之后可尝试将整合后的文物资料上传至互联网，进而开辟“线上博物馆”，这一举措可以在现有基础上扩大博物馆的影响力。

总结：博物馆文物管理与保护工作虽说异常烦琐，但文物代表的是中华民族灿烂悠久的历史文化，我们应当将其传承下去。上文中笔者在分析问题的基础上就如何加强博物馆文物管理及保护工作提出了自己的见解。

【参考文献】

1.朱琳：《如何做好博物馆馆藏文物的保护管理工作》，《智库时代》，2019第22期，第121～122页。

载于《东西南北》2019第20期

当前文物保护工作存在的问题与解决措施分析

张晓燕

在各个历史时期发展过程中，每个时期文物的保护工作都存在一定的困难和挑战。党和政府一直非常重视和关心文物保护事业，文物不仅可以反映出一个时期的文化内涵，还是中华民族发展过程中的文化精髓和文化宝库。

一、引言

当前文物保护工作过程中存在文物保护意识有待提升、缺乏文物保护专业人才等问题，因此有效解决文物保护工作过程中存在的问题，可以更好地提升文物保护工作的质量和效率。

二、当前文物保护工作存在的问题

（一）文物保护意识有待提升

在当前文物保护工作过程中依然存在一些问题，很多人对文物保护的意识相对薄弱，未充分认识到文物保护不仅是一份工作，还是一份责任。文物保护意识薄弱，主要集中在距离城市较远的乡村，认为文物保护工作是可有可无的，部分地区未建立专门的文物保护单位和机制，在当地经济建设和文物保护发生冲突时，很多地区对文物缺乏有效的监督和保护，造成文物遭到不同程度的破坏。

（二）缺乏文物保护专业人才

在文物保护工作过程中，不仅需要相应的保护部门，还需要拥有文物保护的专业人才，才能更好地对文物进行有效监管和保护。当前文物保护工作依然缺乏文物保护专业人才，而在选拔文物保护工作人员时没有选拔真正的高素质专业人才，使很多不具备文物保护素质的人员，通过不合理的方式进入文物保护工作单位，造成文物保护人员的综合素质较低，难以满足当前文物保护工作的需要。此外，很多年轻的高素质人才认为文物保护工作的内容过于枯燥和单一，且工作收入低，不愿从事文物保护工作，使当前文物保护工作缺乏专业的人才队伍，在一定程度上影响文物保护工作效率和质量的提升。

（三）文物保护规章制度不完善

文物保护工作不仅需要专业的文物保护人才，还需要相应的文物保护规章制度，才能更好地将文物保护工作落实到实处。当前文物保护工作中依然存在文物保护规章制度不完善的问题。规章制度过于单一，未根据文物的性质和类别制定合理的规章制度和保护方法，不仅不利于更好地对不同文物进行合理保护，还会使文物保护工作过于片面化。

三、解决当前文物保护工作存在问题的有效措施

（一）提高文物保护意识

解决当前文物保护工作中存在的问题，就必须提高全社会对文物保护的意识，才能更好地保护文物，进一步提高工作的效率和质量。首先，要加大对文物保护工作的宣传力度，不断提高全社会对文物保护工作的重视程度。政府要加强对文物保护工作的规划和建设，明确当前文物保护工作的目标和方向，转变以往只看重文物经济价值的观念和思想，要深刻认识到文物体现中华民族的文化和精神，要将这种文化和精神传播和弘扬下去。其次，在文物保护工作过程中要加强对田野文物的重点保护。田野文物很容易受到自然因素和人为因素的破坏，例如碑刻和古墓这些田野文物很容易受到不法分子的盗窃和破坏，因此要加强对田野文物的保护力度，进一步提升文物保护工作的效率。最后，政府要从多个方面看待文物的价值，采用合理有效的方法解决文物保护工作与经济建设和旅游开发之间的矛盾，减少对文物的破坏。

（二）加强人才队伍建设

加强文物保护工作，不仅需要提高文物保护意识，还要不断加强人才队伍建设，为文物保护工作提供更多的专业人才。一是文物保护单位要不断健全和完善人才队伍，采用讲座、授课等方式对文物保护人员进行技能教育和培训，提高他们的专业素养和技能，以更好地从事文物保护工作。二是文物专家可以编写文物保护措施手册让文物保护工作人员进行学习，当文物遭到破坏时，可以根据文物保护措施手册对文物进行修补和完善。三是文物保护单位可以通过相应的奖励机制，招聘更多的专业人才，为文物保护工作队伍注入新鲜的血液，从而更好地将文物保护工作落实到实处。

（三）完善相关规章制度

当前文物保护工作的相关法律法规还存在一些不足和缺陷，需要政府不断完善，建立健全保护管理体系，严格要求工作人员按照相应的管理制度进行工作，对文物进行分类、建档和入库。在这个过程中，要有专业人员进行监督，确保这一工作安全、高效、有序地进行。此外，文物保护单位要根据文物的性质和类别制定相应的规章制度，避免使用单一的规章制度来保护文物，从而打好文物保护工作基础，提高工作效率，保证工作质量，促进文物保护工作的稳定发展。

四、结语

总之，当前文物保护工作过程中还存在很多不足和问题，需要从提高文物保护意识和完善相应规章制度等方面出发解决这些问题，做好文物保护工作，进一步促进我国传统文化的传承和弘扬。

载于《今日财富（中国知识产权）》2019年第12期

基层文物保护管理工作现状与策略分析

张晓红

文物保护管理工作是我国基层文物各项工作开展的基础与先决保障，通过科学合理的手段，有效提升文物保护质量。本文结合基层文物保护工作现状，提出相应的应对策略，以期规范当前文物保护流程，提升基层文物保护管理工作质量。

一、引言

基层文物是最具科学价值、历史价值与艺术价值的人类历史遗产，是民族与国家发展的印证，不仅包含着深邃的科学、历史和艺术价值，还由于其所拥有的不可再生的特性而显得弥足珍贵。基层文物管理作为文化事业的关键组成部分，在保护与管理优秀文化遗产中发挥着举足轻重的作用，为我国考古学研究、历史研究、文化人类学研究提供有力的历史依据。

二、我国基层文物管理现状

（一）缺乏对基层文物价值重视

从我国文物管理与保护工作的基本情况出发，部分主管部门尚未深刻到基层文物所具有的社会价值与历史价值，在行政工作方面，过于注重当地经济、产业及教育的发展，无法利用具体的政策措施加强相关文物保护工作的力度，没有正确认识到基层文物所独具的经济价值与文化价值。甚至部分地方政府出于对经济建设与城乡旅游发展的考量，拆除具有历史价值与人文价值的文物，造成基层文物的大规模破坏。这些问题的出现，完全出自部分基层政府对文物价值的认识不到位及对文物管理与保护工作的忽视。

（二）基层文物管理的经费不足

作为公益项目的文物保护与管理，经费的充足与否，极大影响着相关工作质量与效率的高低。虽然在《中华人民共和国文物保护法》中有对文物保护部门经费补贴等规定，同时也是国家“五纳入”标准之一，然而部分地区的财政收入仅仅能维持对部分濒临损毁的基层文物的维修，无法形成对各种文物建筑的资金性保障。究其原因，我国基层政府部门管辖的区域辽阔，涉及的领域繁多，各项事业发展均需一定的资金作为支撑，而在当前阶段，部分主管部门很难为文物保护机构提供充足的保护经费。

（三）旅游业与文物保护相冲突

当前阶段，基层文物作为当地旅游资源的重要组成部分，能够有效提升当地旅游业发展质量，推进地方各项产业的持续性发展，同时为文物保护部门带来充足的资金支持。然而，旅游业的不断发展也给当地文物管理保护工作带来负面影响。部分地方政府在产业发展的趋势下，不顾基层文物管理工作的需求，在景区内大搞旅游开发，导致部分基层文物损毁，给国家及人民带来难以弥补的损失。

三、优化文物管理工作策略

（一）重视文物管理工作

要使基层文物保护获得理想的效果，相关政府部门首先应增强对文物的保护与管理意识，平衡地方经济发展与文物保护工作的关系。在具体工作中，文物保护部门及基层主管机构要认识到基层文物重要的文化价值和历史价值，意识到强化基层文物保护对各产业发展及经济发展所具有的关键意义和作用，努力将文物保护作为政府工作的主要内容与重要环节，发挥基层文物所具有的时代意义与行政价值。尤其在经济全球化的视域下，地方政府机构要充分发挥文物所蕴含的人文底蕴与历史意味，丰富地方的文化气息。此外，地方政府可利用网络宣传、电视宣传、广播宣传等形式增强当地居民的文物保护意识。一般来讲，文物保护工作虽属于政府工作范畴，但如果缺乏足够的群众基础，很难达到提高基层文物保护质量的目的。

（二）加强文物资金投入

当地主管部门可根据各项产业发展情况，调整财政投入比例，加大基层文物保护管理资金投入力度，为相关保护工作形成健康稳固的资金支持。在此基础上，为确保文物保护工作收到理想的保护效果，政府主管部门也可制定促进性政策，引导社会企业及组织通过钱物捐赠的方式缓解相关文物保护机构的资金压力，以此增强保护机构的行政能力，加大基层文物保护力度。同时，利用产业手段（旅游或文化展），为文物保护机构增加资金收入，以此保障文物保护资金的充足。此外，相关政府部门应与时俱进，应用先进的互联网技术，构建虚拟文物展，发挥基层文物独具的文化价值，将当地独有的特色文化通过互联网技术传递到全国各地，以此构建全新的盈利体系，增加文物保护机构资金收益。

（三）协调旅游与文物关系

在当前基层文物保护工作力度不足的环境下，协调旅游产业与文物保护的关系，是促进地方旅游经济发展、增加文物保护部门资金收入的重要手段。首先，地方主管部门应在满足基层文物保护的需求下，进行科学合理的旅游产业开发，确保文物保护与旅游开发的协调发展。其次，要充分挖掘基层文物的艺术价值、历史价值和文化价值，将基层文物与景区文化相融合，以此实现旅游资源与文物资源的最优配置，从而在推进旅游产业发展的同时，加大文物保护力度。最后，实现相互发展。基层文物能够在为地方旅游经济带来独具特色的竞争力的同时，推动旅游业的快速发展。因此，旅游产业应提供一定比例的资金用于基层文物的保护，以此形成良好的生态平衡体系，彰显基层文物所独具的经济价值。

四、结语

在新时代发展的语境下，我国社会主义市场经济结构正在发生重大转变，为我国文物保护工作带来全新的挑战。因此，相关政府部门在处理各项事业性工作的同时，应确保对基层文物保护管理工作的力度，从资金投入与旅游开发角度入手，从基层文物自身所具有的历史价值、经济价值、文化价值的层面出发，深度挖掘基层文物保护的时代价值与社会意义，在确保文物保护机构在获取充足的资金支持的前提下，努力将当地旅游产业与基层文物保护统一起来，以此形成相互协调、相互统一，符合社会与时代发展规律的新型文物保护管理机制。

载于《今日财富（中国知识产权）》2019年12期

文化遗产保护与利用研究

吕海英

文化遗产作为旅游与文化的核心资源愈发受到重视。研究文化遗产保护与利用，需要研究者清楚文化遗产分类与基本内涵，以文化遗产原真性保护与完整性保护对我国文化遗产进行有效保护，基于商品化角度分析文化遗产在现今社会的利用，促进文化遗产的价值在现代社会充分实现。

一、引言

我国历史悠久，创造出丰富而独特的历史文化遗产，在现代社会具有很高的利用价值。现今社会经济发展迅速，在社会建设过程中，部分文化遗产受到不同程度的破坏，因此研究如何保护与利用文化遗产，有利于文化遗产实现更好的传承与发展。

二、文化遗产基本概述

（一）物质文化遗产

文化遗产主要分为物质文化遗产与非物质文化遗产。在传统意义上，文化遗产即物质文化遗产，也被称作“有形文化遗产”，主要包括人类文化遗址、历史建筑、历史文物等。文化遗址指基于人类学、人种学、审美学、历史学等角度分析，具备突出普遍价值的考古区域、人类工程以及人与自然联合工程等。历史建筑指基于科学、艺术、历史等角度分析，在环境景色、分布状况、建筑式样等方面，具备突出普遍价值的连接建筑群或单立建筑群。历史文物指基于科学、艺术、历史等角度分析，具备突出普遍价值的绘画、书法、书籍、雕塑、碑刻、建筑物、洞窟、铭文以及联合体，或者具备考古性质的结构或成分等。

（二）非物质文化遗产

非物质文化遗产简称“非遗”，指被个人、团体、群体看作文化遗产的技能、知识体系、表现形式、表演与实践等，或者是相关文化场所、工艺品、实物与工具等。在团体与群体所处环境、历史条件、与自然界关系等不断变化的情况下，非物质文化遗产代代相传并得以创新，在非物质文化遗产具有历史感的同时，也使团体或群体成员对其产生认同感，激发出更好的创造力，促进文化多样性发展。在公约定义下，非物质文化遗产主要包括传统手工工艺、宇宙与自然界相关知识实践、表演艺术、表现形式、口头传统、社会实践、节庆活动与仪式等。

三、文化遗产保护

（一）原真性

文化遗产具有经济价值、科研价值、认同价值、审美价值、教育价值等五大价值。这些价值需要被充分利用，使其为当代人提供更好的服务，但是利用需要以保护为前提条件。原真性保护指按照文化遗产原样对文化遗产，尤其是对物质文化遗产进行保护。原真性保护旨在保护文化遗产的真实性。对于原真性保护原则，部分学者并不认同，反而提出创古或创造遗产等保护方法，也就是说在文化遗址基础上进行建筑仿古再造或者拆除重建。这种文化遗产保护方式有待商榷。虽然现代社会的创造在未来社会就属于遗产，但是在今天它并不是遗产。例如，武汉黄鹤楼的重建，即使对原样进行最大限度的还原，它也不属于文化遗产。创古与创造遗产需要按照具体情况分析其价值，但并没有起到保护文化遗产作用，将其作为文化遗产保护方法，会对文化遗产造成一定损害，背离文化遗产保护初衷。

（二）完整性

完整性保护主要是保护文化遗产的意义性，需要在文化遗产保护过程中全面贯彻完整性原则。完整性主要包括两方面，即结构形式或空间范围的完整和文化意义内容的完整。例如，完整性保护一个古村落，需要在保护其民居建筑的基础上，对村落的民居方式与传统活动等也进行保护。在公约中，这种保护属于文化空间保护，符合非物质文化遗产保护要求。对于我国民族文化保护村，例如花腰傣民族村寨，其传统特色为花腰傣文化，保护该村落，需要对村寨传统农耕方式与农田进行同等保护，不将现代农业形式，如大棚农业在村寨中进行推广，以起到保护传统农耕氛围与景观的作用。

四、文化遗产利用

保护的目的是利用，利用包括当代人利用与后代子孙利用，因此需要保持利用的可持续性。利用文化遗产的方式与途径有许多，比如博物馆展示与科研等。但是按照经济尺度，文化遗产利用可以分为经济利益直接获取利用与经济利益非直接获取利用。经济尺度下的文化遗产利用等同于开发，其中至二级利用包括文物仿制品复制品出售、文物交易、商业性展演等。而间接利用主要指核心是文化遗产的地区文化品牌建设，或者是文化旅游带动与有关产业发展等。在文物交易中，部分文化遗产可作为商品，大部分文化遗产并不能直接作为商品参与交易，直接经济利益需要借助与文化遗产有关的商品生产与服务实现。因此，更要加强文化遗产的保护与利用，以更好地体现文化遗产在现今社会的经济价值。

对文化遗产商品属性进行否定并不等同于否定文化遗产的经济价值，而是旨在说明大部分文化遗产并不是借助直接交易实现自身经济价值。实际情况是文化遗产对于带动旅游商品交易与相关产业发展、打造地区文化品牌、提升地区知名度、提升地区美誉度等方面文化遗产能够起到积极作用，能够带动整个地区发展。分析国内外旅游胜地可以发现，大部分旅游地的发展源于文化遗产，人们对这种文化遗产产生向往，才会产生去旅游的愿望。因此，利用文化遗产、开发文化遗产，需要在重视文化遗产的同时关注文化遗产相关产业发展状况，促进地区整体发展，实现文化遗产利用的社会效益与经济效益最大化。

五、结语

综上所述，文化遗产的保护与利用需要以正确认识文化遗产的内涵为基础，对文化遗产进行原真性保护与完整性保护，从文化遗产商品化与文化遗产相关服务商品化的角度，分析如何在现代社会乃至未来社会有效保护与利用文化遗产。

载于《今日财富（中国知识产权）》2019年第12期

中小博物馆展览策划研究
——以乌兰察布市博物馆为例

张　涛

一、我国博物馆陈列展览发展概况及存在问题

（一）我国博物馆陈列展览发展状况

进入21世纪，我国迎来了博物馆建设的新高潮。据国家文物局官方统计，2014年底，全国博物馆总数达到了4510座；截至2018年5月，发展到5400多家。与此同时，我国博物馆每年举办的陈列展览也大大增加。

博物馆陈列展览是一项基于传播学和教育学的，集学术文化、思想知识和审美于一体的，面向大众的知识信息和文化艺术的传播媒介。博物馆陈列展览的目的是进行知识传播和公众教育，知识性和教育性是博物馆陈列展览的目的。因此，对博物馆陈列展览来说，其选题及其内容策划是博物馆陈列展览的关键，而形式设计则是对陈列展览内容准确、完整、生动的表达，即内容是核心，形式是手段，形式必须服务和服从于内容表达和传播的需要。

（二）我国博物馆陈列展览存在问题

自1998年国家文物局首次实施全国博物馆十大精品陈列评选以来，我国博物馆陈列展览在展示手段和表现方式方面有了显著进步，但我们必须清醒地认识到，我国博物馆陈列展览水平总体不高，除少量博物馆陈列展览的参观人数较多，大部分博物馆陈列展览依然面临吸引不了观众的尴尬境地。一个关键的原因是普遍不重视陈列展览的内容策划，陈列展览的内容策划水平不高——或选题缺乏新意，似曾相识，千馆一面，与普通观众的关注点和兴趣不相契合，不能吸引广大观众的眼球，难以激发观众参观的欲望；或陈列展览的传播目的不清楚，展示内容逻辑结构混乱，平铺直叙，面面俱到，观众看得很累，难以保持观众参观的欲望；或陈列展览内容阐释理性有余、感性不足，学究气太浓，趣味性、观赏性、通俗性不足，观众看不懂或觉得不好看；等等。陈列展览内容策划水平低下是制约当前我国博物馆陈列展览进步的一个关键因素。

二、乌兰察布博物馆陈列展览发展现状

乌兰察布市博物馆始建于2007年，落成于2010年，是一座集文物收藏、保护、展览陈列、学术研究等为一体的国家三级博物馆。

乌兰察布历史悠久，人文环境多元。从“裕民人”到“老虎山人”“庙子沟人”，一直到后来的众狄、诸胡、匈奴、鲜卑、契丹、女真、蒙古等部族，这些部族经过世代繁衍生息、交往融合，培植了深厚的历史文化底蕴，形成了博大精深的草原文化遗产，为乌兰察布市的文物考古事业奠定了深厚的基础。

乌兰察布市博物馆自2014年11月20日开馆以来，在市委、市政府的亲切关怀和社会各界的大力支持下，各项事业稳步推进，收获颇丰。馆藏文物数量与质量都有了很大的提高。根据第一次全国可移动文物普查的数据，乌兰察布市博物馆现有文物3万余件（套）。主要有以下几类：新石器时代具有地域特色文化的代表性遗物，历代北方部族遗珍，璀璨夺目的民族、民俗文物及与近现代重大历史事件相关的革命文物。其中，价值较高、具有唯一性的珍贵文物有虎衔鹰金饰牌，金项圈、牛头、鹿头型步摇冠金饰牌，“大员”铜壶，熊足铜案，白瓷瓜棱提梁壶，蟾蜍形砚滴，乌兰察布盟盟长印等。

免费开放以来，乌兰察布市博物馆成为社会公众拓宽视野、提升素养的重要场所。陈列展览是依托馆藏资源，充分让文物“活起来”的重要形式，也是博物馆具有持久生命力的核心要素。为此，乌兰察布市博物馆在主打基本陈列的同时，丰富临时展览，以丰富的藏品、生动的陈列、先进的技术为基本陈列，全面展现了乌兰察布大地深厚的历史文化积淀，得到了公众与同行的好评，观展人数持续增加。近年来，相继策划、举办的“方大曾绥远之行”摄影展、“民族的骄傲——乌兰夫同志光辉一生”、“英雄史诗・永垂丰碑——纪念中国工农红军长征胜利80周年”主题图片展等多个临展，迎来了大量观众。尤其是2017年的“草原儿女心向党——庆祝内蒙古自治区成立70周年・乌兰察布展览”吸引了大量不同年龄、不同阶层的人群前来参观。同时，乌兰察布市博物馆携展走进社区、学校、军营等，吸引了众多观众前来参观，收到了很好的宣传效果。

三、乌兰察布市博物馆陈列展览策划方向

在现有博物馆陈列展览策划理论指导下，本文结合乌兰察布市博物馆具体发展情况，给出今后陈列展览策划方面工作方向。

（一）找准目标市场

陈列展览的服务对象是社会公众，而社会公众是一个十分庞大博杂的群体。由于年龄、职业、知识结构、认知能力、价值观念、精神追求等方面的差异，所以其精神文化需求必然是多层次的。

任何一个陈列展览，由于主题、内容、艺术形式、举办时间和所适应文化程度的局限，总是对某一部分公众最为适合，比如“契丹女尸展览”与“英雄史诗·永垂丰碑——纪念中国工农红军长征胜利80周年”主题摄影展的受众就有很大不同。陈列展览策划，尤其是选题策划阶段，必须首先确定目标受众，然后根据目标观众群的需求运筹策划展览。实践证明，有的放矢，针对不同的目标观众群精心设计不同的陈列展览是行之有效的，能够实现更好的社会效益。

博物馆所担负的使命决定陈列展览要面向广泛的社会公众，要尽可能满足更多社会公众学习历史科学文化知识、陶冶情操、求知启智的文化需求。因此可以说，陈列展览更为理想的目标市场应该是广大的社会公众。从上述分析可以得出这样的结论：在策划陈列展览时，找准目标观众群固然重要，但更为成功并值得推崇的做法则是在对观众市场进行调研的基础上，既要及时、准确地把握目标观众群的需求，又要关注社会公众潜在的文化需求，力求寻找两者的契合点，同时结合博物馆的馆藏资源及相关文化机构的资源条件，进行综合研究分析。

（二）融入新颖独特的创意

就陈列展览策划而言，创意是策划的前提和基础，是策划的构想阶段，而且将贯穿融通于策划全过程。陈列展览策划则是对创意进行有机组合，使创意得到升华，使其转化为具体策划方案的创造过程。

与众不同、具有鲜明个性的创意可以赋予陈列展览策划更广阔的视野，更新和更独特的思路，从而使陈列展览具有高雅品位和独特个性，提升陈列展览的层次和水平。举例而言，“乡情墨韵·乌兰察布籍中国书法家协会会员作品展”“地毯上的艺术”“火花收藏特展”等，这些展览因其创意独特，成为当时乌兰察布市博物馆的参观亮点，收到了良好的社会和经济效益。高质量的创意是这些展览成功的关键因素。

（三）重视整体策划

陈列展览是一项系统工程，对陈列展览涉及的各项策划、多种因素需要进行全面考虑，整体把握，协调推进。其关键是要把握如下两点：一是策划的复杂性。陈列展览策划涉及众多方面，诸多层次和环节，它是内容、形式、宣传推广等多项策划共同作用的结果。每一项策划都是成功的陈列展览策划不可或缺的重要方面，都有着不可替代的重要作用，因而要高度重视和充分发挥单项策划的优势。二是策划的系统性。陈列展览策划涉及的每一项策划彼此都是相互依存和互相制约的。需要将各方面的策划统一在一个可操作的大系统中，统筹兼顾，通盘考虑，注重各项策划的相互联系和相互作用，以及它们的相互联系与整体策划的关系。

（四）注重策划的实践性

陈列展览策划是在创新思维的指导下，对将要举办的陈列展览进行事先筹划，用于指导陈列展览实践，提高陈列展览的成功率。因此，陈列展览策划必须注重实践性，其实践性主要有以上三方面的含义。

四、结束语

陈列展览是博物馆传播先进文化、发挥社会教育作用的主要手段，是博物馆为公众提供公共文化产品和服务的主要形式。因此，做好博物馆的陈列展览，不仅是博物馆经营的主要内容，还是衡量一个博物馆经营绩效的主要指标。作为国家和自治区指定的社会科学普及基地，乌兰察布市博物馆主动承担起文明传承和全民教育的责任，在今后工作中要加强陈列展览策划，搭建学术与大众沟通、结合的桥梁，将乌兰察布市博物馆打造成为解读乌兰察布市历史文化的前沿阵地。

载于《卷宗》2020年第10期

通感修辞手法在陈列设计中的运用
——“方大曾绥远之行摄影展”形式设计的创意与实践

顾 佩

一、陈列设计的通感修辞方法

展览是由内容和形式组成的综合艺术表现方式。可以简单地理解“内容”是以一定的逻辑关系表现特定思想主题的展品构成的展览主体，而“形式”是用以展现主体的艺术空间，是展览的载体。由展览内容激发灵感形式化的表达过程就是陈列设计过程。展览形式（陈列）设计具有自身的创造性，但也不是完全独立的，要受内容的约束，即遵循“形式服从内容”的原则。形式设计往往也受其他艺术形式、地域文化、科技发展和时代社会背景的影响，造成展览设计师可驾驭的设计资源不尽相同，设计思想存在选择性和针对性的差异。

展览的表现形式是建立在对主题思想进行理性分析和研究的基础上，最终通过形式设计中感性沟通与情感表达实现差异化、风格化特征效果。所以，展览在艺术构思的过程中需要通过审美通感强化表现力。审美通感是人们在探索艺术美感和社会实践过程中的思想体悟，是对声色意象在理性认知过程中形成的交融互通的感性积累。在展览的设计创作过程中，设计师需要有绘画、音乐、文学等多方面的艺术鉴赏力和思想沉淀，当这种积淀与展览主题共通的情感被激发出来并付诸艺术构思后，便可以形成通感效应。通感效应是陈列设计语言的修辞方法之一，是重要的创作方法和应用技巧，也是设计师的灵感之源。“通过适当的修辞手法增强设计中各形式元素的表现力和感染力并提高表意的效果之外，修辞更重要的是能够系统地构建展示设计的组织方式，从而成为设计创作思维重要的思考工具。”通感修辞手法分为复合多感官互通方式和单感官互通方式。

视觉通感在博物馆的建筑外观设计和展览设计中有广泛的运用。如山西省博物院和河南省博物院的建筑外观设计分别汲取了文化遗产中“斗”和元代“观星台”的造型艺术，通过视觉通感表达建筑的文化特征和精神象征。在展览设计的实践中，绘画艺术的情感特质往往会成为设计灵感之源，在形与色的塑造过程中利用视觉通感实现情感交流与文化认同。

下面以怀斯的绘画艺术对“方大曾绥远之行摄影展”设计构思的影响为例，进一步阐述产生视觉通感的心理基础和通感修辞的应用。

二、怀斯与方大曾的艺术思想共鸣

从古今文学作品或者现代艺术设计的实践中，可以认识到通感的修辞手法蕴含着两个意识层面：首先是对客体的认知与思想积淀的过程，之后是触发审美情感的思想融通和升华表达过程，其中体现了“知行合一”的哲学思想。所以，展览设计中通感修辞运用的准确性、艺术性所能达到的高度就取决于审美感悟的丰富积累和对展品认知的深度，既要“超以象外”，又要“得其环中”。而“方大曾绥远之行摄影展”的设计构思得益于怀斯的绘画艺术，有感于一种相同的人文精神，进而在设计中表现出相似的情感气质。

方大曾被誉为“中国的卡帕”，在短暂的职业生涯中他的摄影作品不断刊登于《伦敦新闻画报》《申报》《大公报》《世界知识》这些重量级的报刊上。1937年7月7日卢沟桥事变爆发，中华民族的全面抗战开启，方大曾是第一位从前线发回图文报道的战地记者。然而在9月18 日自河北蠡县发出《平汉线北段的变化》的战报后，方大曾再无音信，很有可能牺牲在抗战前线。他宛如暗夜里瞬间划过的流星，将璀璨的生命定格在了25岁。1979年的一次偶然发现，使得方大曾拍摄的837张底片重现在世人面前，其中大部分拍摄于1936年绥远抗战期间的乌兰察布地区。2006年，这批珍贵的史料被国家博物馆收藏。为了缅怀这位杰出的战地记者、民族斗士，乌兰察布市博物馆打造了方大曾摄影展馆。方大曾具有艺术家的敏感和强烈的家国情怀，以及自我的坚守和信仰，使作品有很强的感召力。方大曾从不拍摄美女和明星，他关注民族抗战将士和社会底层平民百姓，敢于用镜头向世人揭露事物的本质。对于自己“小方”的笔名，他有这样的解释：“方者，刚正不阿也；小则含有谦逊之意，正是为人处世之道。我就是要做一个正直的、于国于民有用的人。”方大曾以敏锐的视角为我们揭示了20 世纪30年代中国的社会矛盾和民族危机。“方大曾绥远之行摄影展”以时代背景为基点再现那段沉重的国家记忆，表达出中国人民在重重苦难中的民族抗争精神和方大曾以生命捍卫良知与正义的献身精神。内容的主体是从19世纪 30年代的国家现状、绥远抗战和同时期的乌兰察布3个层面来构建，以“方大曾是谁”开篇，以“寻找方大曾”结束。同时，展览的形式设计致力于以具有历史时代感和富有情感的表达方式，推动观众对方大曾心灵世界的认知。方大曾镜头里或疲惫或麻木的身影带给我们恍若隔世的感觉。游走在旧时光中，我们可以深切地感受到方大曾内心对社会底层人民的悲鸣。当我们凝视方大曾作品时，会感到有一种力量把我们潜在的情绪引向怀斯绘画艺术中对生命深邃的忧思，这种力量具有明确的指向性，触发机制就是在一种悲悯和深切人文关怀精神作用下产生的思想共鸣，即两种艺术情感之源产生的通感效应。

安德鲁·怀斯出生于1917年，被誉为20世纪美国最伟大的怀乡写实主义绘画大师。父亲的意外离世和二战时期的成长经历使他对生命有着更深刻的体悟，其作品表现出的伤逝、忧郁与孤独的气质，流露出怀斯内心对人类命运的同情和困惑。我们可以在克里斯蒂娜的背影中感受到孤独的抗争，在海格尔的眼神里感受到失落的人生，在查兹佛德灰褐色山坡上感受到岁月的流逝。虽然是不同的民族，生活在不同的国家，但是怀斯作品折射出深层的现实问题与方大曾艺术思想中对战争、国家命运与个人命运的深刻思考存在着共性表达。同时，怀斯作品中色彩与构图表现出的静穆的氛围和情感的能量，也是我们在“方大曾绥远之行摄影展”情感设计所寻求的着力点。

三、对怀斯作品中色彩和构图艺术的分析与应用

展览设计是一门综合艺术，需要运用准确的设计语言和丰富的元素构建起与观众交流的空间。设计元素构成中的色彩可以表达人的情绪，引发心理变化，发挥着情感沟通的作用。怀斯的绘画艺术与方大曾摄影主题有强烈的思想共鸣，通过对怀斯作品的解读，汲取其中的审美体验和思想感情，形成感性积累，使之转化为更具表现力的创作语言来解读展览的主题思想。

怀斯对生命的顽强有着深刻体验，对心灵的孤独和悲凉具有强烈而持久的感悟，或者说他能够为亲身体验到的痛苦找到一种色彩并将其赋予作品中，从而以一种独特的悲怆感激发观者的审美情感。怀斯作品多采用不饱和的灰褐、灰蓝色调，如代表作*Christina's World*和 *Trodden Weed* 画面色彩整体统一协调，具有一种沉静而凝重的吸引力，在这种灰调影响下容易唤起观者久违的感动和内心深处的哀伤。所以，灰褐色引起伤逝、悲鸣的心理反应与方大曾摄影作品的人文精神具有同样的感染力，可以为观众营造观展的心理基础。首先，从方大曾作品拍摄的时代讲，20世纪30年代是国家苦难深重、民族危亡之时，无论是方大曾的镜头里还是每个人的心里，怀斯作品的灰暗、阴郁的色调就是20世纪30年代中国的底色，也是最贴近观众心理的色彩语言。基于怀斯色彩的情感认同和心理引导作用，方大曾摄影展立面展墙确定灰褐色为主体色调，其表现力在以低饱和度色彩的厚重的包容性衬托黑白摄影作品，使展示效果更加庄重。其次，这种色调融入了乌兰察布大地的色彩和时代的沧桑，蕴含着人文特色。借助这一色彩特征还可以隐喻国民党政府统治下萧瑟、衰亡的社会气息，表达民族危亡时期人们忧虑、紧张和压抑的情绪。最后，力求通过这种色彩赋予展览空间厚重的情感力量，让观众从灰暗悲凉的时代里感受到方大曾作品中人性的温暖和闪亮的精神世界。

此外，根据内容设计的需要，局部采用深灰偏蓝色调的红格尔图战场远景、方大曾拍摄的集宁城俯视图、四子王草原等作为大幅背景图，以灰暗、压抑的冷色调表现战争阴霾笼罩下令人担忧的绥远。地面选用中灰偏蓝的聚氯乙烯（PVC）地板，在明确平、立面空间关系的同时，进而烘托静穆的气氛。展示空间形成以灰蓝色局部背景、地面和灰褐色展墙为主体构成的色彩体系，营造出凝重的环境氛围。从展厅制作完成后的效果可以感受到这一色彩体系对主题的解读作用，当观众步入展厅，空间色彩拉近了与观众的心理距离，产生的心理诱导作用使观众更容易实现情绪转化，把思绪沉浸于过去的时光叙事之中。

怀斯的构图艺术是我们探究的又一课题。怀斯的作品构图简洁，画面主体单一，背景较为平面化，通过概括和提炼的几何面与主体构成协调关系，体现出现代主义绘画特征。这与“方大曾绥远之行摄影展”所要求的极简风格的空间设计理念相契合。方大曾展览设计中为观众开启了心灵之窗，单元标题的造型借鉴了窗的形式，尝试利用窗的形式丰富时空场景。方法是在展墙中嵌

入等墙高度的窗口造型，窗口左右两边以拉丝铜的方立柱为象征性竖框，每个窗口形式的变化分别与单元主题相呼应，这样“窗”的元素贯穿展览始终，在延展的立面中形成节奏感，强化了单元标题的逻辑引领作用。下面以其中两个单元的设计方式和意象表达为例做进一步说明。

方大曾摄影展览第一单元的主题是“方大曾——‘卢沟桥事变’战地报道中国记者第一人”，介绍方大曾的生平及其作品的学术价值。本单元的形式设计以窗为主体，开宗明义，在展现时代背景的同时突出方大曾的人物形象。在展墙起首完成象征左右窗框的铜立柱后，在框中以实景比例装入1936年方大曾拍摄于集宁前线指挥部的照片，再将去掉背景后身着军装的方大曾影像放至比真人略大的高度，用200毫米厚聚氯乙烯（PVC）板装裱之后置于窗框之前，使人像与窗外环境产生二维半的构成效果，造成方大曾走出历史，步入展厅的错觉。这个创意的思路受到怀斯的作品《恋人》通过窗造成时空界面的启发，实现了方大曾通过窗跨越百年时空的效果。

第二单元的主题是“乌兰察布与绥远省”。方大曾在1936 年北上绥远，用镜头记录下生命存在的艰难状态。其中《缝穷者》这幅作品具有很高的艺术性和思想性。画面中衣着粗陋的老妇倚墙而坐，黝黑的脸向一边张望，身旁有一堆破布头和一只筐，在灰白平淡的背景中形象十分突出，尤显孤单无助。方大曾在老妇平静自然的状态下捕捉到了这一瞬间，反映了时代给予这个社会阶层的磨难与坎坷。这幅作品表现出了方大曾对国家和民族前途命运的忧虑和思考，同时让人体会到他内心对国家强盛的渴望。在这个单元里，我们延续了窗的造型，以《缝穷者》的主题为视觉中心，通过窗的视角再现方大曾面对缝穷者的这一历史瞬间，让观众透过时空界面感受20世纪30年代中国社会底层百姓的生活状态。首先，在距窗口外1米远的位置建造空间，拓展出与缝穷者背靠墙体一致的景深，再将摄影作品《缝穷者》以实际比例放大，按正常人盘坐高度将图片从立面向下装裱，直至铺满拓展出的地面，立面与地面的衔接处用大斜弧面进行装裱过渡，再配以灯光的渲染，产生了如同真实视角的场景。当观众浏览至此，凝视窗外，呈现在眼前的这一幕会与方大曾的历史视角重合，通过窗的造型将展品主题在形式上进行强化，触发观众身临其境的情感，引起对当时社会现实和老妇命运的思考。突出这幕场景更重要的意义在于铭记过去的苦难与抗争，懂得今日幸福生活的珍贵；今天我们也可告慰英灵，中华民族再度崛起，中国正以崭新的姿态走向世界。

在虚拟的窗里积蓄了更多的遗憾和回忆，但窗无法禁锢我们心灵深处的希望。怀斯在作品《海风》中对窗寄予了深情——窗外的海风带来慰藉和希望。我们借鉴怀斯作品中窗的隐喻，在方大曾摄影展的设计理念中力求以有限的形式诠释展览作品的思想内涵，拓宽与观众沟通的渠道，无论是展品体现出的忧国忧民的情怀，还是陈列形式中蕴含的情感，我们期望看到窗的另一边是我们的良知和向善向美的灵魂，是实现民族复兴的坚定决心。

方大曾摄影展的展览设计中汲取了怀斯绘画艺术的思想，而对怀斯思想运用与实践的目的并非要创造一个怀斯式的展厅，而是为了对方大曾摄影展览进行更好的解读，是要探索不同门类艺术之间的情感互通，让审美通感给予陈展设计理念以丰富的滋养。用威廉·莫里斯的观点总结如下：艺术家参与设计研究，投入设计实践可以推动设计进步。设计师关注艺术，投入艺术研究可以推动设计进步。设计师与艺术家合作，则更有可能推动设计进步。

【参考文献】

1.苗岭：《新媒体技术在展示设计语言修辞中的运用——以美国大学橄榄球名人堂为例》，《装饰》2016第9期，第126～127页。

2.冯雪松：《方大曾：消失与重现》，上海：上海锦绣文章出版社，2014年。

3.李砚祖：《艺术设计概论》，武汉：湖北美术出版社，2019年。

载于《文物鉴定与鉴赏》2021年第3期